개정3판

Do what's right
the right way
at the right time

스마트 경영과학

민재형 지음

Smart Management Science

생능

스마트 경영과학

초판발행 2015년 7월 15일
제3판2쇄 2024년 1월 29일

지은이 민재형
펴낸이 김승기, 김민정
펴낸곳 (주)생능 / **주소** 경기도 파주시 광인사길 143
출판사 등록일 2014년 1월 8일 / **신고번호** 제406-2014-000003호
대표전화 (031)955-0761 / **팩스** (031)955-0768
홈페이지 www.booksr.co.kr

책임편집 신성민 / **편집** 이종무, 최동진 / **디자인** 유준범, 노유안
마케팅 최복락, 김민수, 심수경, 차종필, 백수정, 송성환, 최태웅, 명하나
인쇄 성광인쇄(주) / **제본** 일진제책사

ISBN 979-11-86689-43-1 93320
정가 39,000원

개정3판 머·리·말

경영과학의 입문서이자 과학적 경영의 실천서를 표방하며 독자들에게 이 책을 선보인 지도 7년이 넘었다. 2015년 초판, 그리고 2018년에 개정판을 발간하면서 7년이라는 짧지 않은 시간 동안 독자들이『스마트 경영과학』에 보내주신 성원에 깊은 감사를 드린다. 이제 개정판을 내놓은 지 3년 반이 지나 다시금 개정3판을 출간하게 되었다.

개정3판은 독자들의 피드백을 반영하여 내용을 덧붙이고 업데이트하였다. 개정3판은 5부 14장으로 구성하였다. 덧붙인 내용은 우선 6장 비선형계획모형이다. 학부 수준에서는 비선형계획모형을 다루지 않는 경우가 많으나 내용의 완성도를 고려하고, 또 비선형계획모형의 학습을 원하는 독자를 위해 추가하였다. 12장 계층화분석과정(AHP)에서는 AHP의 수학적 내용이 필요한 독자를 위해 〈부록〉을 추가하여 해당 내용을 보완하였다. 13장 의사결정분석에서는 개인 및 조직의 위험성향, 효용함수, 의사결정나무 분석을 지원하는 PrecisonTree의 활용 내용 등을 추가하였다. 14장 몬테칼로 시뮬레이션도 @RISK의 활용을 중심으로 그 내용을 확장하였다. 아울러 각 장의 익힘문제도 책 내용이 덧붙여짐에 따라 추가하였다. 결국 개정3판은 이전의 개정판보다 160쪽 가량 늘어나게 되었다.

감히 말씀드리건대 이 책의 모든 내용을 한 학기에 다루기는 불가능하다. 저자도 학부의 경영과학 수업에서 책의 내용을 선별해서 강의한다. 저자의 경우, 학부 경영과학에서는 개정3판의 1장, 2장, 3장, 4장, 5장, 7장, 8장, 10장, 11장, 12장의 내용을 다룬다. 나머지 6장 비선형계획모형, 9장 프로젝트 일정관리, 13장 의사결정분석, 14장 몬테칼로 시뮬레이션 등의 내용은 다른 교과목, 예를 들어 의사결정론, 시뮬레이션, 경영과학 심화 과목의 일부로 다루고 있다. 이 책을 사용하시는 교수님들께 제언하건대, 교과목의 목표, 성격, 수강생의 학습 단계에 따라 강의 내용의 범위와 깊이를 절충하시어 수업에서 다룰 내용을 선택하시기를 추천한다.

개정3판 머·리·말

개정3판을 준비하는데 수고해 준 서강대학교 경영대학 Business Analytics 연구실의 김태윤 조교에게 고마움을 표한다. 아울러 개정3판의 발간을 독려해준 ㈜생능의 김승기 대표님과 까다로운 편집작업을 묵묵히 수행해 준 편집부 임직원 여러분께 감사의 말씀을 전한다. 마지막으로 이 책이 독자 여러분의 현명한 의사결정과 행동에 보탬이 될 수 있다면 저자에게는 더없는 보람이자 영광이 될 것이다.

2022년 5월

바오로관 연구실에서 저자 씀

개정판 머·리·말

『스마트 경영과학』을 독자들에게 선보인지도 3년이 훌쩍 넘었다. 그동안 이 책을 사용해 주신 독자들의 성원에 깊은 감사를 드린다. 저자의 기대를 훨씬 뛰어넘는 독자들의 반응은 이 책의 개정판을 준비하는 원동력이 되었다. 개정판은 독자들의 애정 어린 충고에서 탄생하였다.

이 책을 강의에 사용하시는 교수님들은 책의 분량을 조정해 주었으면 하는 바람이 가장 많았다. 700페이지에 가까운 초판의 내용을 한 학기에 모두 소화하기에는 부담이 되는 것이 사실이다. 하지만 과거 이 책의 초판을 준비하면서 「경영과학」이라는 분야와 이의 현실 적용을 공부하기 위해서 이러한 내용은 꼭 알아두는 것이 필요하다고 믿는 주제들을 선별하여 필요한 내용만을 담고자 했기 때문에 초판의 내용을 줄이는데 많은 고민을 하지 않을 수 없었다. 결국 Part I의 세 챕터를 두 챕터로 줄였고, 보통 학부 강의에서 많이 다루지 않는 「비선형계획모형」과 「다기간 의사결정」의 두 챕터를 과감히 삭제하였다. 아울러 「자료포괄분석」, 「계층화분석과정」, 「의사결정분석」, 그리고 「몬테칼로 시뮬레이션」 챕터 각각에서 분량을 줄이면 좋겠다고 조언을 받은 부분 중 줄여도 내용 이해에 크게 부담이 되지 않을 내용을 줄이게 되었다.

아울러 두 챕터를 개정판에 추가하였다. Part III의 「네트워크 모형」과 「프로젝트 일정관리」 챕터이다. 두 챕터 모두 독자들의 조언에 따라 필요한 내용을 추가하였다. 결과적으로 초판의 5부 14장이 개정판에서는 5부 13장으로 줄게 되었고, 기존 챕터의 내용도 일부분 조정되어 분량은 100페이지 정도 줄게 되었다.

하지만 개정판의 내용을 한 학기에 모두 다루기에는 시간적인 제약이 존재한다. 저자도 학부에서 경영과학을 강의할 때 이 책의 모든 내용을 다루지는 않는다. 저자의 경우, 이 책의 초판에서 7장 비선형계획모형, 13장 의사결정분석, 14장 몬테칼로 시뮬레이션은 다루지 않았다. 이들의 내용은 다른 과목, 예를 들어, 의사결정론 또는 시뮬레이션 과목의 일부로 다루고 있다. 개정판의 경우도 마찬가지이다. 저자의 경우, 개정판에서도 Part III의 「프로젝트 일정관리」와 Part V의 「의사결정분석」과 「몬테칼로 시뮬레이션」 챕터는 아쉽지만 시간의 제약으로 다루지 않을 것이다.

이 책을 사용하시는 교수님들께 감히 제안하건대, 과목의 목표와 성격에 따라 학습내용의 범위와 깊이의 절충관계를 고려하시어 한 학기에 다룰 챕터들을 선정하시기를 추천한다. 초판에서 삭제된 내용이 필요한 독자들은 출판사에 요청하면 해당 챕터를 제공받을 수 있을 것이다.

마지막으로 개정판 작업을 진행하는데 수고해 준 서강대학교 Business Analytics 연구실의 김재식 조교에게 고마움을 표한다. 또한 개정판의 준비를 독려해준 ㈜생능의 김승기 사장님과 편집부 임직원 여러분께 감사의 말씀을 전한다. 초판에서와 같이 이 책이 여러분의 스마트한 의사결정에 조금이라도 보탬이 될 수 있다면 저자로서는 더 없는 보람이자 영광이라 하겠다.

2018년 11월
단풍이 깊게 물든 노고산을 바라보며
저자 씀

머·리·말

이 책을 집필한 이유는 간단하다. 보다 많은 사람들이 과학적인 방법을 자신들의 중요한 의사결정문제에 적용해서 지금보다 더 나은 일처리 방법을 모색하는데 도움을 주기 위해서이다. 나는 공부란 우리 이웃과 세상에 조금이라도 도움이 되는 것이어야 한다고 믿는다. 조선 후기의 실학사상을 그래서 좋아한다. 학문이란 세상과 교감하고 사회의 진화와 발전에 도움을 주는 일종의 계몽도구와도 같다.

많은 학문분야 중에서 경영과학이란 매우 현실지향적인 계몽도구가 될 수 있다. 많은 사람들이 경영과학이란 복잡하고 난해한 수식으로 이루어진, 그래서 일반인들은 가까이 할 수 없는 어려운 분야로 인식하고 있다. 이러한 부정적 인식의 뒷면에는 이 분야 학자들의 잘못도 있다. 과학적 방법의 사용을 자신들의 전유물로 여기고, 자기들만의 언어로 학문의 울타리를 높게 쌓아왔기 때문이다. 사실 경영과학이란 우리 모두가 쉽게 이해할 수 있고, 또 현실에 적용할 수 있는 분야이다. 이 책은 지금까지 일반인들이 가져온 경영과학에 대한 선입견을 불식시킬 수 있도록 쉽게 쓰였다.

인생은 의사결정의 연속이다. 경영이라는 것도 알고 보면 매일매일 조직에서 행해지는 의사결정의 집합체이다. 과연 우리는 좋은 의사결정을 위해 노력하고 있는가? 아니면 지금까지 해오던 대로, 관성에 따라 일을 처리하고 있지는 않는가? 세상이 많이 바뀌었다. 그럼에도 불구하고 아직도 많은 조직에서 몇몇 사람의 제한된 경험이나 직관, 감(感)에 의존하여 중요한 의사결정도 행해지고 있음을 관찰할 수 있다. 위험한 일이 아닐 수 없다. 세상에는 자신의 경험과 직관 외에도 배워둘만한 좋은 것들이 많이 있다. 이 책은 독자들이 배워둘만한, 그래서 지금보다는 현명한 의사결정을 이끌도록 하는 여러 가지 방법들을 담고 있다.

이 책은 모두 5부로 구성되었다. 제1부는 경영에 대한 이야기로부터 출발한다. 경영이란 무엇이고, 어떠한 핵심 활동들로 이루어지는지, 왜 경영에서 과학적 접근이 중요한지, 그리고 과학적으로 문제를 해결한다는 것은 어떠한 절차를 거치는지 등에 대해 논의한다. 제2부에서부터는 과학적 문제해결을 위한 여러 가지 방법론에 대해 설명한다. 제2부는 최적화 모형에 대한 것이다. 최적화란 주어진 환경에서 가장 좋은 행동방안을 모색함을 의미한다. 어떤 일을 처리하는 방법이 여러 가지 있다는 말은 그 중에 가장 좋은 방법이 반드시 존재함을 의미한다. 제2부에서는 현실 문제의 최적화를 위한 선형계획모형, 정수계획모형, 비선형계획모형 등 핵심적인 수리적 모형에 대하여 설명한다. 제3부는 최적화 모형의 응용부분으로 구성되었다. 수송문제, 할당문제, 경유수송문제 등의 네트워크 문제, 의사결정 시점이 여럿이고 각 시점의 의사결정이 서로 연결된 다기간 의사결정문제, 추구하는 목표가 다수이고 상충하는 문제 상황을 해결할 수 있는 만족화 방안에 대해 논의한다.

제4부는 많은 사람들이 관심을 보이는 효율성 평가와 스마트한 선택을 위한 방법론을 담고 있다. 조직들의 효율성을 비교 평가하고, 비효율적인 조직이 효율적인 조직으로 변모할 수 있도록 구조조정 방안을 제시해주는 자료포괄분석, 그리고 다기준의사결정 상황에서 현명한 선택을 위해 유용하게 사용할 수 있는 계층화분석과정에 대해 심도 있게 다룬다. 제5부는 불확실성 하에서의 의사결정 기법을 다룬다. 신(神)이 아닌 이상 어느 누구도 미래를 정확히 예측할 수는 없다. 만일 미래를 정확히 예측할 수 있다면 의사결정은 매우 쉬울 것이다. 미래에 전개될 그 상황에 대한 준비만 하면 되기 때문이다. 하지만 미래에 전개될 수 있는 상황은 다수이고, 각 상황이 일어날 가능성도 가변적이다. 이러한 상황에서 제5부는 가급적 후회 없는 의사결정을 위한 중요한 방법론 두 가지를 담고 있다. 의사결정분석과 몬테칼로 시뮬레이션이다. 의사결정분석에서는 미래의 불확실성에 대비해 현명한 선택을 도와주는 방법에 대해 다룬다. 의사결정나무 분석을 중심으로 정보와 위험을 고려한 최적의 선택 방안을 모색한다. 몬테칼로 시뮬레이션은 제2부에서 다룬 선형계획법과 함께 경영과학 기법 중 가장 많이 활용되는 기법이다. 모든 것이 가변적일 수 있는 복잡한 현실 시스템의 행태를 수리적으로 모사(模寫)함으로써 시스템의 성과를 예측하고, 대안 시스템을 발굴하며, 개선된 시스템을 디자인할 수 있는 방법을 학습한다.

이 책은 경영과학의 입문서임과 동시에 과학적 방법의 실천서이다. 이 책은 백과사전식으로 경영과학의 모든 주제와 기법을 나열하는 것은 피했다. 독자들이 배워서 현실에 적용할 수 있는 쓰임새 많은 주제들을 선별하여 이 책에 담았다. 가능한 난해한 수식을 배제하고, 독자의 입장에서 쉽고도 충실하게 설명하고자 노력하였다. 또한 소프트웨어의 선택에도 신중을 기했다. 21세기 들어와 전 세계적으로 의사결정지원시스템으로 스프레드시트를 많이 활용하는 추세이다. 하지만 어떤 소프트웨어는 개인에게는 매우 부담스러운 가격으로 구입해야 하는 문제가 있다. 이 책에서는 평소 우리가 범용 소프트웨어로 많이 사용하는 엑셀(Excel)과 엑셀에 탑재된 솔버(Solver), 그리고 무료로 이용할 수 있는 오픈 소프트웨어를 이용하여 여러 가지 경영과학 기법을 문제에 적용할 수 있도록 하였다.

이 분야를 대학 강단에서 가르친 지도 어느덧 사반세기가 지났다. 하지만 지금까지 마음만 있었지 나의 생각을 글로 옮기지 못하여 항상 마음에 부담으로 남았었다. 이제 마음의 빚을 조금은 갚는 듯하다. 더 나은 책을 만들 수 있도록 독자 여러분의 건설적인 비판을 기대한다. 이 책의 초고를 편집하는데 많은 수고를 해준 서강대학교 경영대학 Business Analytics 연구실의 김범석 조교와 배은성 조교의 노고에 고마움을 표한다. 또한 게으른 저자를 이해하고 원고를 기다려준 생능출판사의 김승기 사장님과 편집부 임직원 여러분께 감사의 말씀을 전한다. 마지막으로 바라건대 이 책이 여러분의 스마트한 의사결정에 조금이라도 보탬이 될 수 있다면 저자로서는 더없는 보람이자 영광이라 하겠다.

2015년 6월
바오로관 연구실에서 저자 씀

차·례

스마트

경영과학

SMART MANAGEMENT SCIENCE

PART I

경영, 의사결정, 그리고 경영과학

1 CHAPTER 경영과 의사결정

스마트 경영이란 무엇인가? 한마디로 정의하면 해야 할 올바른 일을 올바르게 수행하는 것을 말한다. 이 정의는 경영이 추구하는 두 가지 상호보완적인 개념인 효율성과 효과성의 의미를 담고 있다. 이 장에서는 경영의 정의와 함께 현대 사회에서 왜 과학적 경영이 중요한 지, 그리고 의사결정의 개념과 접근방식에 대해 논의한다. 아울러 인간의 사고체계와 두뇌의 한계에 대해 살펴봄으로써 이 책의 주제인 과학적 경영의 당위성을 이해하도록 한다.

경영과 의사결정은 동의어이다.

– 허버트 사이먼(Herbert A. Simon),
1978년 노벨경제학상 수상자

"경험은 수업료가 비싼 학교임에도 불구하고, 바보들은 경험 이외의 다른 학교에서는 배우려 하지 않는다." 미화 100달러 지폐의 주인공인 미국의 계몽사상가 벤저민 프랭클린(Benjamin Franklin)의 이 말은 타성에서 벗어나 새로운 방법의 시도가 중요함을 상기시키는 말이다. 근래 들어 과학적 경영[1], 비즈니스 애널리틱스(business analytics), 데이터 사이언스(data science) 등의 용어를 자주 접하게 된다. 감(感, gut feeling), 경험(experience), 직관(intuition)에만 의존한 경영이 아닌 사실에 입각한(fact-based), 자료에 기반한(data-driven) 경영의 추구를 위한 개념들이다.

사실 과학적인 경영을 학습하기 위해서는 어느 정도의 시간과 노력이 필요하고 때로는 수학적인 방법의 적용도 요구된다. 하지만 많은 사람들이 생각하듯 과학적 경영이란 일반인들이 가까이 하기에 너무 먼 존재는 아니다. 일반인들도 배우고자 하는 마음만 있으면 충분히 배워 현업에 적용할 수 있

1) 여기서 말하는 **과학적 경영**은 20세기 초 프레드릭 테일러(Frederick W. Taylor, 1856~1915)가 주창한 **과학적 관리법(scientific management)**보다 훨씬 포괄적인 개념이다. 산업혁명으로 인해 가내수공업에서 대량생산체제로 급격히 이동되는 시점에서 당시 철강회사 엔지니어였던 테일러는 노동자들의 일하는 방식이 생산체제가 바뀌었음에도 변하지 않고 매우 비효율적으로 수행되고 있음을 발견하였다. 그는 관습이나 주먹구구식 관리보다는 과학적인 관리 방법을 응용함으로써 생산성을 향상시킬 수 있다고 믿었고, 노동자들의 작업 현장을 관찰, 분석하여 노동자의 생산성과 일처리 효율을 극대화시킬 수 있는 여러 가지 방법(직무 표준화 및 능률화, 표준 과업량 설정, 차별적 성과급제, 기능별 전문인 제도)을 제안하였다. **테일러리즘(Taylorism)**이라고 불리는 테일러의 과학적 관리법은 인간의 노동을 기계화하여 노동생산성을 높이는 데만 초점을 맞추고, 인간의 심리적, 생리적, 사회적 측면에 대한 고려를 하지 않았다는 비판도 받았다. 하지만 과학을 당시의 일처리과정과 작업관리에 접목시킨 최초의 시도 중 하나로 평가받고 있으며, 우리가 이 책에서 이야기할 과학적 경영의 기초가 되었다는 점에서 그 의의를 찾을 수 있다. 이 책에서의 과학적 경영은 경영의 제반 문제 해결을 위한 과학적 접근방식의 총체를 말한다.

는 내용이다. 과학적인 경영이란 지금까지 자신이 갖고 있던 생각이나 믿음, 가정을 바꿈으로써 실천할 수 있는 것이다. 이 책에서는 과학적 경영을 위한 여러 가지 개념과 방법에 대해 논의할 것이다. 책의 내용을 익히다 보면 과학적인 방법이란 것도 우리의 선입견처럼 그리 어려운 것이 아니라는 것을 독자들은 경험할 것이다. 과학적인 경영에 대해 이야기하기 전에 경영이란 무엇인지부터 알아보자.

1.1 경영의 정의

효율성(efficiency)
효과성(effectiveness)

경영에 대한 정의는 학자에 따라 조금씩 달리 표현되나 공통적인 점은 **효율성(efficiency)**과 **효과성(effectiveness)**의 개념을 정의에 항상 포함한다는 것이다. 경영에서 중요시 하는 이 두 가지 개념은 비슷한 용어처럼 들리지만 서로 다른 개념으로 상호보완적인 역할을 한다. 독자들이 경영학 교과서에서 익숙하게 들은 경영에 대한 정의 하나를 예로 들어보자. 경영이란 '조직이 이용 가능한 자원을 효율적으로 배분하여 조직이 추구하는 목표를 최대로 달성하고자 노력하는 역동적 생명체'라는 정의이다. 이 정의도 효율성과 효과성의 개념을 담고 있다.

우선, 이 정의에 포함된 몇 가지 단어에 대한 설명부터 시작해 보자. 조직이란 작게는 가정에서부터 시작하여 다양한 사적/공적 모임, 사기업, 공기업, 공공기관, 정부부처, 국가에 이르기까지 어떤 목표를 달성하기 위해 상호작용하는 구성요소들의 집합을 말하고, 자원이란 인적 자원, 물적 자원, 재화 등 조직의 운영과 부가가치적 생산에 필요한 모든 투입물을 의미한다. 조직은 그 존재 이유가 무엇이냐에 따라 추구하는 목표 또한 다양하다. 예를 들어, 사기업의 목표가 이윤이나 주주의 부를 극대화하는 것이라면, 공공기관의 목표는 주민 행복의 극대화가 될 것이고, 자선기관의 목표는 구호대상자의 생활과 복지를 개선하는 것이 될 것이다.

또한 위의 정의에서 경영을 역동적 생명체라고 부르는 이유는 경영이라는 것이 어느 시점이 되면 그 활동이 소멸되는 것이 아닌 계속 진화하는 과정이기 때문이다. 예를 들어, 특정 회계연도가 끝날 시점이 되면 회계결산이 필요하지만 그 시점이 되어도 경영은 결산한다고 하지 않는다. 이처럼 경영이란 계속 진행되는 과정(on-going process)이라는 의미를 갖고 있기 때문에 경영은 계속 성장하고 진화하는 생명을 가진 유기체로 간주된다. 그리고 이러한 경영의 특성 때문에 **지속가능성(sustainability)**은 현대 경영이 추구해야 하는 주요 가치 중 하나가 되고 있다.

지속가능성(sustainability)

1 효율성과 효과성

효율성과 효과성의 개념을 구체적으로 설명하기 위해 **일처리과정** 또는 소위 **비즈니스 프로세스(business process)**라는 것을 간략히 도시해 보자. 모든 일처리과정은 [그림 1-1]과 같이 투입(input), 변환(transformation), 산출(output)이라는 흐름도로 나타낼 수 있다.[2)]

일처리과정
비즈니스 프로세스(business process)

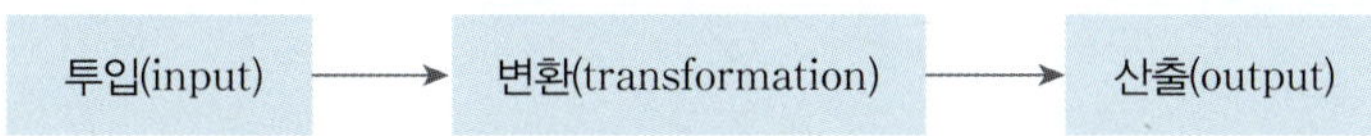

그림 1-1
일처리과정의 도시

여기서, **투입**이란 변환의 대상이 되는 자원(resources)을 말하며, **변환**은 이러한 투입물을 가공하여 가치를 부가시키는 과정을 말한다. 그리고 **산출**이란 이러한 부가가치과정을 통해 나타나는 산출물 또는 사업 결과를 통칭한다. 어떠한 일처리과정도 투입, 변환, 산출이라는 개념을 이용하여 간략히 표현할 수 있다.

투입(input)
변환(transformation)
산출(output)

산출물과 결과 산출은 다시 **산출물(outputs)**과 **결과(outcomes)**로 분류할 수 있다. 산출물이란 투입물의 변환에 의한 생성물 자체를 말하며, 결과(outcomes)란 이러한 산출물이 개인, 조직 또는 사회에 가져다주는 혜택(benefits), 비용(costs), 영향(impact) 등을 말한다. TV 제조 공정을 예로 들어보자. TV를 만들기 위해서는 여러 가지 자원, 즉 인력, 부품, 재화, 시설 등이 필요하고, 이를 투입이라고 할 수 있다. 그리고 이러한 자원을 생산 공정(자원의 조합 및 처리 방법의 집합)에 투입하여 가치가 부가된 TV가 만들어진다. 여기서 생산 공정은 변환과정이라 할 수 있으며, TV는 산출물로서의 역할을 한다. 그리고 TV를 판매함으로써 얻게 되는 수익이라든지 소비자가 우리가 만든 TV를 사용함으로써 느끼는 만족도, 생산된

산출물(outputs)
결과(outcomes)

2) 물론 일처리과정의 외곽에는 **환경**이 존재한다. 환경이란 시장, 기술, 법적 규제, 이해관계자의 욕구 등 일처리과정의 주체가 통제할 수 없는, 하지만 일처리과정과 영향을 주고받는 제반 요소를 말한다.

TV의 불량률, TV가 대중문화에 미치는 영향 등은 결과라고 말할 수 있다. [그림 1-1]에서는 산출물과 결과를 합하여 산출이라고 간단히 표현하였다.

효율성이란 우리가 투입한 것에 비해 얼마나 많은 것을 얻었느냐를 측정하는 개념이다. 동일한 투입으로 더 많은 산출을 얻거나 또는 더 적은 투입을 통해 동일한 산출을 얻은 경우, 그리고 이상적으로는 더 적은 투입으로 더 많은 산출을 획득하는 상태를 효율적이라고 말한다. 효과성이란 우리가 설정한 표준이나 목표와 비교하여 우리가 취한 행동의 결과가 그것에 얼마나 근접했는지를 평가하는 개념이다. 이 두 가지는 상호보완적인 개념으로 경영에서 기본적으로 추구해야 하는 두 가지 가치이다. 효율성과 효과성에 대해 보다 구체적으로 설명해 보자.

효율성
효과성

효율성은 투입에 대한 산출의 비율로서 과정지향적인 개념이고, **효과성**은 목표 대비 결과의 근접 정도를 나타내는 결과지향적인 개념이다.

① 효율성

효율성은 과정지향적인(process-oriented) 용어로 투입 대비 산출의 비율을 말한다. 이 값이 크면 클수록 해당 변환과정은 효율적이라고 한다. 예를 들어, A라는 일처리방법과 B라는 일처리방법이 있을 때 A라는 방법이 더 효율적이라고 한다면, 이는 A라는 방법을 이용할 때가 B라는 방법을 이용할 때보다 투입 대비 산출이 큼을 의미한다. 따라서 남보다 적게 투입하고 남보다 많은 혜택을 누릴수록 그 변환과정은 효율적이라고 말할 수 있다. 하지만 남보다 적은 자원을 투입해서 남보다 더 많은 혜택을 누린다는 것이 말처럼 쉬운 일이 아니다. 특히, 경쟁이 심화되는 현대 사회에서 이 말은 불가능하지는 않지만 실천하기 매우 어려운 것이 사실이다. 따라서 남과 동일한 자원을 투입하고도 남보다 많은 혜택을 얻거나 또는 남과 같은 혜택을 얻지만 남보다 적은 자원을 투입한 경우에도 해당 변환과정은 효율적이라고 말할 수 있다.

② 효과성

효과성은 결과지향적인(output-oriented, outcome-oriented) 용어이다. 효과성은 개인이나 조직이 설정한 표준이나 목표 대비 우리가 취한 행동결과의 근접 정도로 평가한다. 예를 들어, A라는 제약회사와 B라는 제약회사가 경쟁적으로 새로운 감기약을 시판하였는데, 임상실험 결과 회사 A의 감기약이 회사 B의 감기약보다 더 효과적이라는 평가가 나왔다고 하자. 여기서 더 효과적이라는 말은 무엇인가? 감기약은 감기의 치료가 목표이다. 각기 100명씩의 감기환자 집단을 대상으로 약을 투여하고 3일 후 감기가 치유된 환자의 수가 얼마나 되는지 조사하였더니 회사 A의 감기약을 투여한 집단에서는 그 수가 70명, 회사 B의 감기약을 투여한 집단에서는 그 수가 30명이라면 회사 A의 감기약이 훨씬 효과적이라고 말한다.

효과성

즉, 효과성이란 목표 대비 실제, 표준 대비 성과의 근접 정도를 나타내는 개념으로 목표를 달성했을 때 우리는 해당 행동이나 방법이 효과적이라고 말하고, 목표를 달성하지 못했을 경우 해당 행동이나 방법은 효과적이지 못하다고 말한다. 그리고 목표의 초과 달성 정도나 미달 정도에 따라 효과성의 수준은 결정된다.

스마트 경영이란? **스마트 경영**이란 올바른 일을 올바르게 수행하는 것(doing right things in right way)을 말한다. '올바른 일을 수행하는 것'은 효과성을 의미하고, '올바르게 수행하는 것'은 효율성을 의미한다. 즉, 스마트 경영이란 효과성과 효율성의 상호보완적 추구를 의미한다.

스마트 경영

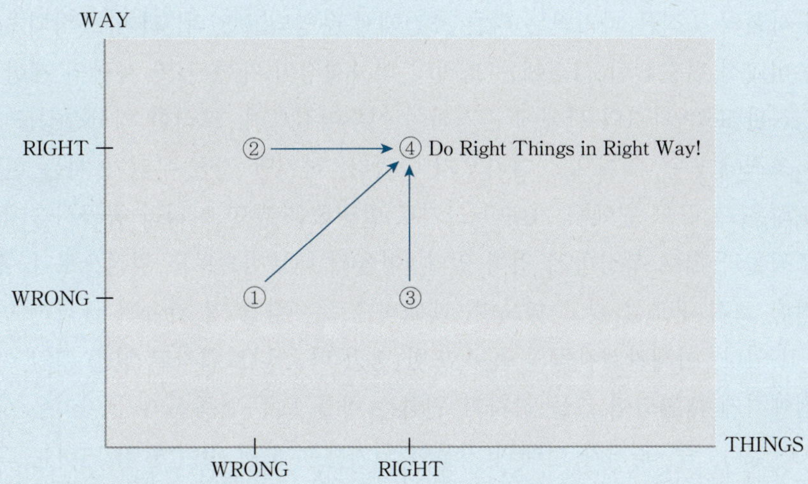

그림 1-2
일하는 4가지 방법

조직에서 구성원들이 수행하는 일과 그 방법은 [그림 1-2]와 같이 네 가지로 분류할 수 있다. ① 하지 말아야 할 일을 잘못된 방법으로 수행하는 것(doing wrong things in wrong way), ② 하지 말아야 할 일을 올바르게 수행하는 것(doing wrong things in right way), ③ 해야 할 올바른 일을 잘못된 방법으로 수행하는 것(doing right things in wrong way), ④ 해야 할 올바른 일을 올바르게 수행하는 것(doing right things in right way)이다.

①은 효과성과 효율성 모두를 놓치게 된다. 조직의 목표를 달성할 수 없을 뿐만 아니라 조직의 자원도 낭비하는 잘못된 관행이다. ②는 빗나간 목표를 향해 조직의 자원을 효율적으로 배분함을 의미한다. 결국 조직을 잘못된 곳으로 남보다 빨리 도달하게 하는 헛똑똑이와 같은 우(愚)를 범하게 한다. ③은 가야 할 방향은 맞게 설정했지만 가는 길이 잘못된 경우이다. 경쟁 환경에서 비효율적인 자원의 관리로 인해 항상 추종자(followers)의 위치에 머물게 한다. ④는 우리가 지향해야 할 스마트 경영을 의미한다. 바른 곳에 가장 빠르고 효율적으로 도달하게 함으로써 선도자(leaders)의 위치를 공고히 할 수 있다.

1.2 왜 과학적 경영인가?

현대 사회의 조직은 과거와는 다른 조건에서 운영되고 있다. 과거 조직의 규모나 형태가 비교적 단순했던 시절에는 조직의 의사결정이 제한된 몇 사람의 제한된 경험이나 직관 또는 과거의 관행에 근거하여 이루어졌으며, 그러한 의사결정도 그 당시에는 조직에게 큰 위협으로 다가오지 않았다. 하지만 지금 우리가 사는 현대 사회의 조직은 그 규모 면에서 거대한 크기로 발전했을 뿐만 아니라 공급사슬에 의해 다른 조직들과 서로 복잡하게 얽혀 있다. 아울러 내부적으로도 횡적으로나 종적으로 복잡한 조직 구조를 갖고 있으며, 대외적으로는 환경 및 기술의 급격한 변화를 경험하고 있다. 이해관계자들의 욕구 또한 점점 더 까다로워지고 있을 뿐만 아니라 서로 첨예하게 대립되어 그들 각자가 원하는 바를 모두 만족시키기 어려운 상황도 맞이하고 있다. 즉, 과거가 미래의 거울이 되기에는 모든 것이 빨리 변하는 그러한 세상에 우리는 살고 있다. 이러한 상황에서 과거가 아직도 미래의 거울이라는 그릇된 믿음 하에 기존의 성공방정식이나 **경험칙(rules of thumb)**[3)]에만 의존해 조직을 운영하는 것은 조직의 생존조차 위협하게 되었다.

경험칙(rules of thumb)

비즈니스계에서 사용되는 경험칙 몇 가지를 예로 들면 다음과 같다.

- 코너에 위치한 상점의 가치는 인접한 두 개 상점의 가치와 같다.
- 새로운 식품을 시장에 내다 팔려면 소비자가 그 제품의 맛을 주요 경쟁제품의 맛보다 2배 선호해야 한다.
- 식당에서 음식의 가격은 원재료 가격의 3배 정도로 책정하면 된다.
- 광고를 만들 때 12단어 이상은 쓰지 말라.
- 집을 팔고 싶으면 봄에 내놓아라. 집 매매의 71퍼센트는 4월에서 7월 사이에 거래된다.

경험칙의 유래 경험에 의한 법칙을 영어로는 'rules of thumb', 즉 엄지손가락의 법칙이라고 하는데 왜 경험칙을 이렇게 표현했는지 그 유래를 살펴보자. 옛날 유럽에서는 맥주 제조업자들이 맥주의 온도가 적절한지 체크하기 위해 엄지손가락을 넣었다고 한다. 정확한 온도계를 통해서가 아니라 오랜 경험에 의해 터득한 측정방법인 셈이다. 다른 유래로는 옛날 목수들이 목재의 길이를 측정할 때 엄지손가락을 이용했다는 말도 있다. 그리고 옛날 영국에서는 남편이 아내를 채찍으로 때리는 경우도 있었다는데, 채찍의 굵기가 엄지손가락 이하이면 별 문제를 삼지 않았다는 데서 유래되었다는 우스갯소리도 있다.

많은 이들이 경험칙을 과신한다. 다른 합리적인 방법을 적용할 수 있는데도 특정한 법칙들을 반드시 지켜야 할 표준처럼 맹신할 때도 있다. 경험칙이란 문제의 복잡성을 단순화시켜 인간의 정신적 부담을 덜어주고, 당장 닥친 시급한 문제를 경험에 근거하여 신속히 해결하게 해주는 장점은 있는 반면, 환경에 종속적인 특성을

3) 경험칙을 보다 전문적인 용어로 **휴리스틱(heuristics)**이라고 한다. 인간은 태생적으로 불완전한 정보처리능력으로 인해 의사결정을 위해 처리해야 할 정보량이 방대하고, 신속한 의사결정을 필요로 할 때 소위 휴리스틱이라는 판단의 지름길을 택한다. 휴리스틱은 경험에 의한 법칙(rules of thumb), 자기발견적 판단방법(simplifying strategy), 신속추론법(decision making shortcuts)이라고도 불린다. 휴리스틱은 인간의 판단을 암묵적으로 조정하는 표준적인 규칙으로 직관적 판단 시 빈번히 이용되지만 체계적이고(systematic) 예측가능한(predictable) 오류를 발생시킨다.

갖고 있다. 세월이 지나고 기술이 진보하고 환경이 바뀜에 따라서 경험칙도 계속 바뀌어야 한다.

파레토법칙(Pareto's principle)
롱테일법칙(long-tail theory)

예를 들어, 오랫동안 하나의 원칙처럼 지켜왔던 핵심 소수(vital few)가 전체의 대부분을 설명한다는 20:80의 **파레토법칙(Pareto's principle)**도 정보통신기술의 발달에 따라 사소한 다수(trivial many)가 핵심 소수보다 많은 것을 설명하고 보다 큰 가치를 창출할 수 있다는 **롱테일법칙(long-tail theory)**으로 바뀌고 있다. 경험칙이 만고불변의 진리는 아니다.

파레토법칙과 롱테일법칙 이탈리아 경제학자 빌프레도 파레토(Vilfredo Pareto)가 자국의 부를 조사해보았더니 국민 20%가 전체 토지의 80%를 차지하고 있었다는데서 유래한 파레토의 20:80 법칙은 많은 곳에 적용되어 왔다. 즐겨 입는 옷의 80%는 옷장에 걸려있는 옷의 20%에 불과하다든지, 인터넷 사용자의 20%가 80%의 양질의 정보를 생산한다든지, 20%의 운전자가 전체 교통위반의 80%를 유발한다든지, 운동선수의 20%가 전체 상금의 80%를 싹쓸이 한다 등의 여러 가지 사례에서 파레토법칙이 성립함을 볼 수 있었다. 하지만 이런 경험칙이 더 이상 성립되지 않는 경우도 있다. 과거에는 오프라인 서점에서 잘 팔리는 베스트셀러 20%가 전체 매출의 80%를 차지한다고 했지만 이 파레토법칙이 정보통신기술의 발달로 인한 유통구조의 혁신으로 롱테일법칙으로 바뀌고 있다. 2004년에 미국의 와이어드(Wired)라는 인터넷 비즈니스 잡지의 편집장 크리스 앤더슨(Chris Anderson)이 온라인 서점 아마존을 대상으로 조사를 해보았더니 베스트셀러 20%가 전체 매출의 80%를 차지하는 것이 아니라 오프라인 서점에는 비치되어 있지도 않은 비인기 도서, 희귀본 같은 것들이 합쳐지니까 전체 매출의 반 이상을 차지한다는 것이다. 롱테일법칙이란 이름의 유래는 다음과 같다. 횡축에는 잘 팔리는 순으로 책 이름을 쓰고 종축은 판매액으로 하여 그래프를 그리면 잘 팔리는 책들의 매출 경사는 급격히 떨어지는 반면 안 팔리는 책들, 과거에 오프라인 서점에 비치도 안 된 책들의 매출 경사는 느리게 끝없이 가고 있어 마치 공룡의 모습처럼 길고 굵은 꼬리 모양을 한데서 유래한 것이다. 과거에는 매출에 도움이 되지 않을 것 같았던 그런 책들의 매출을 모아 보니까 베스트셀러의 매출액보다 더 많더라는 것이다. 인터넷 포털 구글(Google)에도 여러 가지 광고가 뜨는데 그 광고주들은 포천(Fortune) 500대 기업이 아니라 생각하기에 사소해 보이는 조그마한 상점들, 예를 들어 꽃집, 제과점 이런 곳들이 광고 매출의 반 이상을 차지하는 것도 사실이다.

이렇듯 복잡하고, 빨리 변하는, 그리고 미래의 불확실성도 더욱 고조되는 세상의 문제를 올바로 해결하기 위해서는 사실(fact)과 자료(data)에 근거한 분석적이고 체계적인 의사결정방법의 학습이 대단히 중요하다. 근래 들어 우리 사회에서도 과학적 의사결정의 중요성이 부각되는 이유가 바로 이 때문이다. 물론 체계적인 방법이 어려운 문제를 쉽게 바꾸어 주는 것은 아니다. 하지만 성공적인 선택과정을 학습함으로써 우리는 선택에 대한 후회를 최소화하고, 바라는 결과가 일어날 가능성을 최대화할 수 있다. 그리고 이러한 학습을 통해 궁극적으로는 의사결정의 질을 높일 수 있다. 사실, 조직에서 행해지는 일련의 의사결정과정은 조직 운영을 위한 가장 중요한 요소이다. 사이몬(Herbert A. Simon)이 말한 "경영과 의사결정은 동의어"라는 표현은 경영에서 의사결정이 차지하는 비중이 얼마나 큰지를 보여주고 있다.

경영과 의사결정이 동의어인 것처럼 과학적 경영이란 과학적인 의사결정의 집합을 말한다. "인생은 B(birth)와 D(death) 사이의 C(choice)다."[4]라는 말처럼 우리 인생은 수많은 선택과 판단, 그리고 의사결정의 연속이라 해도 과언이 아니다. 성공이나 행복 등 인생의 질은 살면서 누가 더 나은 의사결정을 위해 노력했는지에 따라 달라진다. 이 책은 독자들에게 의사결정을 위한 과학적인 방법을 소개함으로써 보다 나은 의사결정, 보다 나은 경영, 그리고 궁극적으로는 보다 나은 인생을 설계할 수 있는 지침을 제시하고자 한다.

1.3 의사결정의 개념과 접근방식

1 의사결정의 정의

"한 번의 선택이 10년을 좌우한다."는 오래 전의 유명한 광고 카피가 있다. 신중한 선택의 중요성을 말하는 것이다. 왜 선택은 신중해야 할까? 선택이라는 것은 단순히 가장 매력적인 대안을 고르는 일에 그치는 것이 아니라 그러한 선택에 따라 후속적으로 자원을 실제로 배분하는 일까지 포함하기 때문이다. 예를 들어, 아파트

4) 프랑스의 실존주의 철학자 사르트르(Jean-Paul Charles Aymard Sartre)의 말, "Life is between B and D and is C, B being birth and D being death and C being choice."

를 구입하는 상황을 생각해보자. 우리 가족이 살 집을 마련하기 위해 현재 나의 능력이 허용하는 여러 가지 대안들을 살펴보고, 최종적으로 한 곳을 보금자리로 선택했다고 하자. 그런 후 계약을 하고, 계약금을 지불했다고 하자. 그러나 며칠 후 생각해보니 다른 곳이 더 마음에 들어 이 계약을 취소하려고 한다. 그냥 내가 이전에 선택한 것을 취소하면, 선택 전의 상황으로 돌아갈 수 있을까? 부동산 매매계약 관련 법률에 의해 계약금을 그냥 잃거나 또는 그 이상의 비용을 치러야 할 것이다.

의사결정(decision making)

선택을 신중하게 해야 하는 이유는 바로 선택과 함께 자원의 실질적인 배분(계약금, 중도금 또는 잔금의 지불)이 수반되어 선택 전의 상황으로 돌아가는 것이 불가능하거나 불가능하지는 않더라고 매우 큰 비용을 치러야하기 때문이다. 이처럼 선택이라는 개념이 후속적인 행동과 자원배분을 수반하면 이를 **의사결정(decision making)**이라고 한다.

행동지향적 사고(actionable thought)

> **의사결정**이란 어떤 일을 하겠다는 정신적 의지(mental commitment)에 그치는 것이 아니라 이러한 의지에 따라 개인이나 조직의 한정된 자원을 돌이킬 수 없게 배분하는(irrevocable allocation of scarce resources) 일까지를 포함하는 **행동지향적 사고(actionable thought)**이다.

선택(choice)
판단(judgment)

실제로 우리는 일상에서 의사결정이라는 말을 **선택(choice)**, **판단(judgment)** 등과 동의어로 많이 사용한다. 의사결정이 무엇인지 인터넷에서 한번 검색해보라. 보통 "전략과 전술의 결정", "여러 대안 중 가장 좋은 대안의 선택", "두 개 이상의 방향 중 바람직한 방향의 결정" 등으로 정의되고 있다. 잘못된 정의는 아니지만 무언가 충분하지 않은 느낌이다. 의사결정이란 단순한 선택이나 판단의 범주를 넘어서는 개념이다. 의사결정은 단순히 어떠한 대안을 고르겠다, 어떠한 행동을 하겠다는 정신적인 의지(mental commitment)에 그치는 것이 아니라 이러한 의지에 따라 자원을 돌이킬 수 없게 실제로 배분하는 일(irrevocable allocation of scarce resources)까지를 포함한다. 즉, 의사결정이란 어떤 일을 하겠다는 추상적인 의지라기보다는 자원의 배분을 통한 실질적인 행동의 추구를 말한다. 의사결정이란 바로 당신과 조직의 자원배분활동을 필연적으로 수반하는 **행동지향적 사고(actionable thought)**인 것이다.

2 의사결정의 기본 개념

의사결정에 대해 이야기하기 위해서는 우선 명확히 해야 할 개념 몇 가지가 있다. 의사결정과 결과의 관계, 선택에 대한 미련, 그리고 의사결정의 경중이다.

① 의사결정과 결과의 관계

좋은 의사결정(good decision)
좋은 결과(good outcomes)

의사결정을 공부하는 데 있어 확실히 해야 할 첫 번째 개념은 의사결정과 결과의 관계이다. 과연 **좋은 의사결정**(good decision)은 **좋은 결과**(good outcomes)를 낳을까? 이 질문에 대한 대답은 반드시 그렇지는 않다는 것이다. 좋은 의사결정과 좋은 결과는 구별되어야 한다. 좋은 의사결정이란 의사결정자가 갖고 있는 정보, 가치관, 선호도에 기반을 둔 논리적이고 이성적인 의사결정을 말한다. 이는 의사결정자가 직면한 불확실성, 의사결정자의 가치 체계, 그리고 선호도를 논리적인 틀로 구성하여 유도된다.

반면, 좋은 결과란 의사결정이 필요한 개인이나 조직에게 높은 가치를 부여하고 이득을 주는 결과를 말한다. 우리가 일어났으면 하고 바라는 결과이다. 결과란 의사결정이 이루어진 후에는 우리가 통제할 수 없는 것이다. 물론 가능하면 좋은 의사결정이 좋은 결과를 가져왔으면 하는 것이 우리의 바람일 것이나 현실은 꼭 그런 것은 아니다. 좋은 의사결정이 나쁜 결과를 가져오기도 하고, 나쁜 의사결정이 우연히 좋은 결과를 낳기도 한다. 그렇다면 우리는 왜 좋은 결과를 담보할 수 없는 좋은 의사결정을 하기 위해 노력해야 하는가? 이에 대한 부분적인 답은 다음과 같다. 인간이 신처럼 완전한 통찰력(clairvoyance)을 가진 존재가 아닌 이상 우리는 우리가 바라는 결과가 일어날 수 있도록 최선의 방법을 취해야 하며, 이를 위해서는 체계화 되고 논리적인 의사결정을 함으로써 결과에 대한 후회를 최소화 해야 하기 때문이다.

[그림 1-3]과 같은 상황을 고려해 보자. 주사위게임과 동전게임이 있는데 각 게임에 참여하는 비용은 동일하다. 게임의 규칙은 다음과 같다. 주사위게임에서는 주사위를 던져 주사위 눈이 '1'이 나오면 성공이고, 다른 눈이 나오면 실패이다. 동전게임에서는 동전을 던져 앞면이 나오면 성공이고, 뒷면이 나오면 실패이다. 성공과 실패의 크기가 동일할 때 여러분은 어떤 게임에 참여하겠는가?

그림 1-3
주사위게임과 동전게임

여러분이 예상하듯이 동전게임이라고 답하는 것이 합리적인 선택이고 옳은 판단이다. 왜냐하면 동전게임이 성공할 가능성이 더 높기 때문이다. 하지만 막상 동전게임을 선택해 동전을 던졌더니 뒷면이 나와 실패할 수도 있고, 주사위게임을 선택한 다른 사람을 봤더니 주사위 눈이 '1'이 나와 성공한 것을 목격할 수도 있다. 이러한 상황이 여러분에게 일어났다면 동전게임을 선택한 것이 잘못된 의사결정이고 그때 주사위게임을 선택했어야 했을까? 아닐 것이다. 동전게임을 선택해 실패하더라도 다음에 또 비슷한 기회가 오면 다시 동전게임을 선택해야 한다. 왜냐하면 동전게임이 더 큰 성공가능성을 갖고 있기 때문이다.

결과편향(outcome bias)
자기위주편향(self-serving bias)
선례의 함정

결과편향(outcome bias) 실제로 많은 조직에서 올바른 선택으로 동전게임에 참여했는데 결과가 뒷면이 나와 실패하게 되면 문책을 당하고, 주사위게임에 참여하는 것은 옳지 않은 결정임에도 운이 좋아 그 결과가 좋으면 칭찬이나 보상을 받는 경우가 종종 있다. 그래서 조직의 실패가 학습 기회로 이용되지 못하고 그저 빨리 잊거나 감추고 싶은 일로 쉬쉬 묻히는 경향이 있고, 이 때문에 결과 중에서도 성공적인 결과가 실패한 결과보다 더 뚜렷이 드러난다. 비즈니스 세계에서 성공스토리가 넘쳐나는 이유이다. 하지만 성공은 타성과 자만심을 불러일으켜 독(毒)이 될 수도 있지만 실패는 반성과 겸양과 교정의 배움을 가져올 수 있다. 과정보다는 결과를 중시하는 행태, 즉 **결과편향(outcome bias)**은 예방조치보다는 문제의 해결책이 더 중요한 것처럼 보이게 한다. 당장 시급한 문제를 해결하면 쉽게 부각되어 보상을 받을 수 있지만 문제가 재발하지 않도록 미연에 조치를 취하는 사람은 눈에 띄기 어렵기 때문이다. 또한 운에 의한 우연한 성공도 자신의 능력 때문이라는 **자기위주편향(self-serving bias)**에 빠지게 만들기도 한다. 경험이란 좋은 것이기도 하지만 우리를 큰 위험에 빠뜨릴 수도 있다. **선례의 함정**이라는 말이 있다. 성공을 이루게 했던 과거의 성공방정식을 유일한 문제해결방법으로 생각하는 것이다. 선례의 함정이 위험한 이유는 기억나는 내용의 정확성도 문제지만 선례에 얽매여 문제를 해결하다 보면 선례 이상의 결과는 얻을 수 없고 과거에 매몰되어 새로운 시도를 방해하기 때문이다. 델컴퓨터의 창업자인 마이클 델(Michael Dell)의 "성공을 이루었거든 10억분의 1초 동안만 축배를 들고, 계속 전진하라(Celebrate for a nanosecond. Then move on)."는 말은 이러한 점에서 의미심장하다.

아무리 논리적이고 신중한 의사결정을 하더라도 그 결과는 바라던 것이 아닐 수도 있다. 왜 좋은 의사결정이 좋은 결과를 담보하지 못할까? 의사결정과 결과 사이에는 시간 간격이 있기 때문이다. 의사결정은 현재 내가 내리는 것이고, 결과는 일정한 시간 간격을 두고 나중에 일어나는 것이다. 그 시간 사이에 내가 생각하지 못했고 통제하지 못하는 여러 가지 변수가 출현할 수 있기 때문이다. 결과란 의사결정이 이루어진 후에는 우리가 통제할 수 없는 것으로, 우리가 통제할 수 있는 의사결정과 우리의 통제를 벗어난 결과와는 명확한 구별이 필요하다.

우리가 할 수 있는 일은 우리가 원하는 결과가 일어나도록 최선의 방법을 모색하고, 이를 행동에 옮김으로써 바라는 결과가 일어날 가능성을 최대화 하고 후회와 회한을 최소화 하는 것이다. 이것이 바로 좋은 의사결정을 위한 방법과 절차를 학습하고 공부를 해야 하는 이유이다. 배우자의 질병 치료를 위해 최고의 의사를 선택하여 그에게 배우자에 대한 최선의 수술을 청할 수는 있어도(좋은 의사결정), 이것이 배우자의 완쾌(좋은 결과)로 항상 이어지는 것은 아니다. 우리가 천하의 명의를 선택하였다 하더라도 수술 결과는 우리가 통제하지 못하는 여러 가지 변수들로 인해, 예를 들어 수술 당일 의사의 컨디션, 수술실의 환경, 간호사들의 실수 등으로 인해 우리가 바라는 것과는 다를 수 있다.

② 선택에 대한 미련

훗날에 훗날에 나는 어디선가 한숨을 쉬며 이야기할 것입니다. 숲 속에 두 갈래 길이 있었다고, 나는 사람이 적게 간 길을 택하였다고, 그리고 그것 때문에 모든 것이 달라졌다고.

프로스트(Robert Frost)의 시 '가지 않은 길(The Road Not Taken)'의 마지막 구절이

다. 이 시를 보면 어딘지 모르게 주인공의 회한을 느낄 수 있다. 어떤 사람이 두 가지 대안 중 어느 것을 선택할까 고심하다가 한 대안을 선택해 그 길을 가다보니 바라던 것과는 다른 결과를 얻은 듯하다. 여기서 질문이 하나 제기된다. 이 사람이 그때 다른 선택을 했더라면 지금보다 더 나은 결과를 얻었을까? 대답은 아쉽게도 '아니다'이다. 물론 더 나을 수도 있겠지만 지금보다 더 못할 수도 있다. 결론적으로 말하면 자신이 선택하지 않은 대안의 결과는 결코 알 수 없다는 것이다. 하지만 사람들은 자신의 선택이나 판단, 결정이 바라지 않은 결과를 낳게 되면 '그때 내가 다른 선택이나 판단, 결정을 했더라면 지금 더 좋았을 텐데'라고 후회하곤 한다. 정신적인 위안은 될 수 있을지 몰라도 실직적인 이득은 없다. 분명한 것은 사람은 자신이 선택한 대안의 결과만을 알 수 있을 뿐, 내가 선택하지 않은 대안의 결과는 결코 알 수 없다는 사실이다.

③ 의사결정의 경중

의사결정의 경중(輕重)

우리 모두는 매일 매일 어떠한 사안에 대해 결정을 내려야 하는 상황에 부닥치게 된다. 개인의 사소한 일에서부터 국가 대사에 이르기까지 우리는 제한된 시간 내에 어떠한 대안을 선택하고 이를 행동으로 옮기려는 과정을 겪고 있다. 과연 우리는 올바른 선택을 위해 모든 노력을 다 하고 있는가? 이 질문에 대한 답은 우리가 올바른 선택을 위해 얼마나 체계적인 방법을 사용하느냐에 따라 달라진다. 하지만 모든 의사결정을 위해 체계적이고 과학적인 방법을 이용할 필요는 없다. 중요한 의사결정도 있고 그렇지 않은 의사결정도 있기 때문이다. **의사결정의 경중(輕重)**은 해당 의사결정에 영향을 받는 사람들이 얼마나 많으냐와 그 파급효과가 얼마나 크냐에 따라 결정된다.

점심메뉴는 어떻게 선택하는가? 여러 가지 음식들 각각에 대해 어떤 재료로 만들어졌는지, 칼로리는 어느 정도인지, 가격은 얼마인지, 내 몸의 상태는 지금 어떠한지 등등을 모두 따져 오늘은 비빔밥이 나에게 맞는 최적의 메뉴라며 선택하는 사람은 아무도 없을 것이다. 그보다는 지난 번 먹어봤더니 괜찮았던 음식이나 동료들이 맛있다고 추천하는 것을 주문한다. 혹은 누군가 자장면을 외치면 그것으로 통일하는 방법도 있다. 보통 그렇게 점심 메뉴는 정한다. 하지만 이와 성격이 다른 의사결정도 우리 주위에는 많이 있다. 예를 들어, '차세대 전투기는 어디서 구입할까?',

'세제개편을 어떻게 할 것인가?' 등은 점심메뉴 선택과는 무척 차이를 보이는 의사결정 사안이다. 개인의 일이나 가정사에 대한 판단이 잘못될 경우, 피해를 보는 사람은 개인이나 그 가족에게로 한정된다. 하지만 기업이나 국가의 중요한 의사결정이 잘못되었을 경우, 그것이 미치는 정치적, 경제적, 사회적 파급효과는 실로 대단한 것이다.

그러나 불행하게도 아직도 많은 조직에서 행해지고 있는 의사결정과정을 관찰해 보면 개인의 일이나 가정사에 대한 의사결정 수준을 크게 벗어나고 있지 못하고 있다. 아직도 많은 조직에서 한정된 사람들의 제한된 경험과 직관을 의견수렴이라는 그럴듯한 이름으로 포장하여 중요한 사안을 처리하고 있는 것도 사실이다. 그들의 경험이 잘못되었다는 것이 아니라 그들의 경험과 직관에만 의존해서 중요한 일을 결정하기에는 세상이 너무도 복잡해졌다는 것이다. 점심 메뉴 결정하는 방법과 차세대 전투기의 구입처를 결정하는 방법은 당연히 차별화 되어야 한다.

3 의사결정의 접근방식

기술(art)
과학(science)

의사결정은 **기술**(art)과 **과학**(science)의 상호보완적 합성체다. 기술이란 일을 처리하는 개인적 소양으로 개인의 경험, 직관, 리더십, 감(感)등을 이용하여 문제에 대한 해결책과 행동지침을 구하는 의사결정의 주관적인 측면을 말한다. 반면, 과학이란 사실과 데이터, 그리고 문제해결을 위한 공식화된 틀(formalized framework)과 절차를 이용하여 문제에 대한 해결책과 행동지침을 체계적으로 탐구하는 의사결정의 객관적인 측면을 의미한다. 올바른 의사결정을 위해서는 기술과 과학이라는 의사결정의 두 가지 측면이 상호보완적으로 결합될 필요가 있다. 즉, 인간 개개인이 갖고 있는 기술적 측면을 과학적 측면이 보완함으로써 보다 나은 의사결정은 이루어질 수 있다. 이 책에서는 의사결정의 과학적 측면에 초점을 맞춘다.

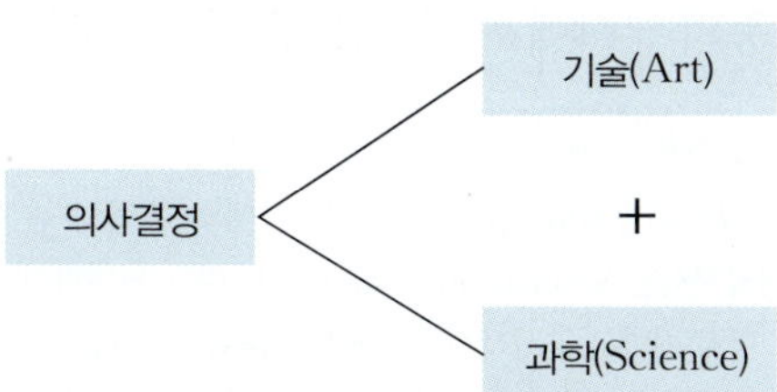

그림 1-4
의사결정의 두 가지 측면

기술(art)과 과학(science)의 상호보완성 20세기 중반 이후 인간의 판단이나 의사결정을 객관화 하고 합리화 하기 위한 많은 분석적 기법들이 개발되었고[5] 컴퓨터의 발달로 그 활용성 및 응용성은 높아지고 있다. 이러한 시대적 조류에 따라 현대 조직에서는 과거의 관행이나 직관, 경험에 근거한 주관적 의사결정방식보다는 객관적이며 분석적인 의사결정방식에 보다 큰 관심을 두고 후자가 의사결정을 위해 취해야 할 옳은 방향으로 생각하고 있다. 하지만 경영, 그리고 궁극적으로는 의사결정을 기술(art)과 과학(science)의 합성체라고 할 때 이 두 가지는 상호보완관계에 있어야 할 것이다. 즉, 조직의 의사결정에 있어 의사결정의 기술적 측면이 현실적으로 배제될 수도 없고, 또 배제될 필요도 없다. 중요한 것은 의사결정의 기술적 측면의 한계를 과학적인 측면을 이용하여 보완함으로써 의사결정의 질을 제고시키는데 있다. 독자들이 이 책에서 학습하게 될 과학적 의사결정기법들이 독자들의 문제해결 능력을 보완하고 향상시키는데 도움이 되기를 기대한다.

의사결정 접근방식은 크게 기술적 접근방식(descriptive approach), 규범적 접근방식(normative approach), 처방적 접근방식(prescriptive approach)의 세 가지로 구분할 수 있다.[6]

① 기술적 접근방식

기술적 접근방식(descriptive approach)

기술적 접근방식(descriptive approach)이란 여러 가지 인지적 한계를 가진 보통 사람들의 실제 의사결정 행태를 관찰하고, 기술하는 것(describe how ordinary people make actual decisions)을 말한다. 행태적 접근방식(behavioral approach)이라고도 한다. 의사결정의 기술적인 측면(art)을 이용한 주관적 접근방식으로, 합리성을 추구하지만 실제로는 합리적이지 않은 보통 사람들의 판단과 행동 양식을 관찰하고 기술함으로써 인간의 여러 가지 의사결정 한계를 탐구할 수 있다. 행태적 의사결정(behavioral decision making), 행동경제학(behavioral economics), 인지심리학(cognitive psychology), 인지과학(cognitive science) 등의 분야에서 관심을 갖고 연구하는 접근방식이다.

5) 제2차 세계대전 중 연합군은 수학적인 탤런트를 갖춘 여러 분야의 전문가들을 모아 전쟁의 승리를 위한 과학적인 군사작전기법을 학제적으로 개발하였다. 그 당시 이 학제적 기법의 총체를 작전연구(OR: 영국에서는 'Operational Research', 미국에서는 'Operations Research')라고 명명하였다. 오늘날 과학적 의사결정을 위해 사용되는 많은 기법들도 그 당시 개발된 군사작전기법에 뿌리를 두고 있다.

6) 학자에 따라 규범적 접근방식과 처방적 접근방식을 합쳐 규범적 접근방식이라고 통칭하기도 한다. 하지만 이 책에서는 규범적 접근방식과 처방적 접근방식을 구분한다.

② 규범적 접근방식

규범적 접근방식(normative approach)이란 이성적이고, 지적이며, 합리적인 사람이라면 마땅히 준수해야 할 의사결정 규칙과 지침을 지시하는 것(direct how intelligent, educated, and rational people should make decisions)을 말한다. 문제해결을 위해 체계적인 절차와 규칙을 이용하며, 사실에 근거하고(fact-based), 자료에 기반한(data-driven) 객관적인 의사결정을 추구한다. 의사결정의 과학적 측면(science)을 이용한 접근방식으로, 규범적인 의사결정을 위해서는 과학적 문제해결 방법과 절차에 대한 일정 기간의 학습과 훈련이 필요하다. 이 책에서 다루는 경영과학 기법들이 여기에 해당한다.

규범적 접근방식(normative approach)

③ 처방적 접근방식

처방적 접근방식(prescriptive approach)이란 보통 사람들이 더 나은 의사결정을 할 수 있도록 처방하는 것(prescribe how ordinary people can make better decisions)을 말한다. 즉, 인간의 의사결정 행태를 관찰하고, 오류의 원인을 밝히고, 이를 교정할 수 있도록 처방하고 치료하는 것을 말한다. 규범적 접근방식과 다른 점은 처방적 접근방식은 꼭 과학적인 방법이 아니더라도 사람들의 잘못된 의사결정 습관을 교정해 줄 수 있는 간단한 실무적 방법과 지침도 포함한다.

처방적 접근방식(prescriptive approach)

예를 들어, 사람들이 자주 범하는 인지편향 중에서 **확신의 덫(confirmation trap)**이라는 고질적인 판단의 함정이 있다. 확신의 덫이란 자신이 현재 갖고 있는 생각이나 믿음, 가치에 반하는 정보나 증거는 의식적이든 무의식적이든 배척하거나 평가절하하고, 자신의 입맛에 맞는 정보만을 받아들이는 성향을 말한다.[7] 많은 사람들이 확신의 덫이 가져오는 폐해를 잘 안다고 하면서도 헤어나기 힘든 함정이다. 이를 치료할 수 있는 간단한 방법으로 **반대 고려하기(consider-the-opposite)** 전략을 들 수 있다. 내가 갖고 있는 생각이 잘못 되었거나 내 믿음과는 정반대의 상황이 발생한다면 과연 어떤 결과를 초래할 것인가를 생각하면 자신의 현재 믿음을 교정할 수 있는 기회를 갖게 된다. 여기서 '반대 고려하기'는 확신의 덫에 걸리지 않게 하는 간단한 처방전이 될 수 있다. 처방적 접근방식은 그 이름에서 보듯이 사람들의 잘못된 판단습관을 치료해 줄 수 있는 의사의 처방전과 같은 역할을 한다.

확신의 덫(confirmation trap)
반대 고려하기(consider-the-opposite)

7) **확신의 덫**은 인간 정보처리시스템의 한계 중 하나인 **선택적 지각(selective perception)**에 기인한다. 인간 정보처리시스템의 한계에 대해서는 다음 절에서 구체적으로 언급한다.

1.4 인간의 사고체계와 두뇌의 한계

2003년 영화 '살인의 추억'을 기억할 것이다. 그 영화에는 두 명의 성격이 다른 형사가 등장한다. 송강호가 분한 박두만이란 시골 형사와 김상경이 분한 서태윤이라는 형사이다. 박두만은 '무당눈깔'이라는 별명처럼 직관과 감각에 의존하는 감성적 사고의 소유자다. 사람 얼굴만 보면 죄가 있는지 없는지 답이 나온다면서 용의자들의 사진을 열심히 들여다본다. 반면에 서울에서 자원해 내려온 서태윤은 '데이터는 거짓말을 안 한다'는 신조로 과학 수사를 강조하는 인물이다. 자료를 꼼꼼하게 검토하며 논리적으로 사건의 실마리를 찾아가기 때문에 육감 수사를 벌이는 박두만과 팽팽한 대립각을 세운다. 독자는 이 두 사람 중 어느 쪽에 가까운가? 직관적으로 판단하는 편인가? 아니면 매사 이성적인가?

1 인간의 두 가지 사고체계

시스템 1(system 1)
시스템 2(system 2)

인간의 머릿속에는 두 가지 사고체계가 공존한다. 하나는 **시스템 1(system 1)**이라 불리는 직관적이고 자연반사적인 사고체계, 다른 하나는 **시스템 2(system 2)**라 불리는 이성적이고 생각을 동반하는 사고체계이다.[8] '살인의 추억'에서 박두만은 시스템 1의 아이콘이고 서태윤은 시스템 2의 아이콘이라 할 수 있다. 시스템 1은 속도가 빠르고(fast), 별다른 노력이 필요 없으며(effortless), 무의식적이고(unconscious), 함축적이며(implicit), 감성적인(emotional) 특성을 갖고 있다. 반면, 시스템 2는 생각을 동반하므로 속도가 느리고(slow), 노력이 필요하며(effortful), 의식적이고(conscious), 구체적이며(explicit), 논리적(logical)이다. 사람들이 모국어를 자유자재로 구사하는 것은 직관적인 사고체계인 시스템 1을 이용하는 것이고, 익숙하지 않은 외국어를 구사할 때 머릿속에서 일단 번역한 후 이를 느리게 말로 표현하는 것은 생각을 동반하는 사고체계인 시스템 2를 이용하기 때문이다.

의사결정을 기술(art)과 과학(science)의 합성체라고 할 때 시스템 1은 의사결정의 기술적인 측면과 맥을 같이 하고, 시스템 2는 과학적인 측면과 맥을 같이 한다. 하

8) 인간은 태어나면서 시스템 1 사고체계가 머릿속에 우선 자리 잡는다. 이후 교육과 훈련 등을 통해 시스템 2 사고체계가 만들어진다. 그리고 세월이 지나 어떤 정점을 지나게 되면 시스템 2가 붕괴하기 시작하고 궁극적으로 시스템 1이 머리에 우세하게 남는다. 노인과 어린 아이의 행태가 비슷하다고 이야기 하는 것은 이 때문이다.

지만 우리가 시간적 제약이나 스트레스 하에서 문제나 위기에 닥치면 우선적으로 가동하는 것은 시스템 1이다. 위기에 닥치면 머릿속이 하얗게 되어 논리적으로 찬찬히 생각하기보다는 몸이 반사적으로 반응하는 것과 마찬가지이다. 시스템 1을 우선 가동하는 것은 인간이기 때문에 자연스러운 현상이다. 문제는 시스템 1을 우선 가동하는데 있는 것이 아니라 시스템 1을 가동한 후 더 이상 되돌아보지 않는데 있다. 시스템 1에 의한 자신의 판단에 지나친 신뢰와 자신감을 갖고 거기에 안주함으로써 잘못된 판단이 일어나게 된다.

다음의 더하기 계산을 암산으로 해보자. 숫자를 하나씩 머릿속에서 더해보자.

$$
\begin{array}{r}
1{,}000 \\
20 \\
30 \\
1{,}000 \\
1{,}030 \\
1{,}000 \\
+\quad 20 \\
\hline
?
\end{array}
$$

혹시 5,000이 나왔는가? 잘못된 대답이다. 수학자들도 틀리기 쉬운 문제다. 시스템 2보다는 시스템 1 사고체계를 우선 가동한 결과다. 시스템 1은 생각을 동반하기보다는 반사적인 행동을 순간적으로 유도한다.

다음의 세 가지 질문 각각을 5초 내에 답해 보도록 하자.

① 야구방망이 한 개와 야구공 한 개의 가격을 합하면 11,000원이다. 야구방망이는 야구공보다 10,000원이 비싸다. 야구공 한 개의 가격은 얼마인가?

② 공장에서 5분 동안 5개의 부품을 만드는데 5대의 기계가 필요하다. 그럼 100대의 기계로 100개의 부품을 만드는데 몇 분이 걸릴까?

③ 호수에 커다란 한 무리의 연꽃잎들이 떠 있다. 이 연꽃잎들의 너비는 날마다 두 배씩 늘어나 호수 전체를 덮는 데는 48일이 걸린다고 한다. 호수의 절반을 덮는 데는 며칠이나 걸릴까?

①의 답으로 1,000원이라고 대답하는 경우가 많다. 하지만 정답은 1,000원이 아니라 500원이다. 만약에 야구공이 1,000원이라면 야구방망이와 합쳐서 12,000원이 된다. ②의 답으로도 많은 사람들이 운율에 맞추어 100분이라고 대답한다. 하지만 찬찬히 생각하면 100분이 아니라 5분이다. ③에서는 24일이 걸린다고 답하는 경우가 많지만 정답은 47일이다.

오답을 말했다면 시스템 1을 가동한 결과이다. 이제 시스템 2를 가동해 문제를 검토해보기 바란다. 조금만 생각을 해보면 야구공 한 개의 가격은 500원이구나, 100대의 기계로 100개의 부품을 만드는 데는 5분이 걸리는구나, 호수의 절반을 덮는 데는 47일이 걸리는구나 하는 것을 알 수 있다. 하지만 처음 이 문제를 접할 때는 틀린 답을 말하는 경우가 많다.

어떤 판단 문제에 닥쳤을 때 인간은 우선적으로 시스템 1 사고체계를 가동한다. 그게 편하기 때문이다. 깊은 사고가 필요하지 않고, 신속하고, 경험적이고, 자연스럽고, 상식적이라고 생각한다. 그러나 인간은 우리가 생각하는 것처럼 그렇게 합리적이지도 이성적이지도 않다. 그래서 경험이나 직관에만 의존하는 판단이 위험한 것이다. 인간이 만물의 영장으로 인류 문화와 문명의 진보를 이끌 수 있었던 건 1.4kg 정도의 무게를 가진 두뇌 덕분이다. 하지만 인간의 두뇌는 인간이 만들어낸 컴퓨터에 훨씬 못 미치는 정보처리와 관련한 여러 가지 한계점도 갖고 있다. 이러한 인지적 한계 때문에 직관과 경험에만 의존한 의사결정이 많은 허점을 보이는 것이다. 인간 정보처리시스템의 한계에는 어떤 것이 있는지 살펴보자.

2 인간 정보처리시스템의 한계

인간의 직관적 판단은 인간의 마음속에서 처리되어 변환되는 정보에 기초한다. 따라서 큰 틀에서 인간의 판단과정도 투입, 변환, 산출이라는 과정을 거치는 하나의 정보처리시스템으로 간주할 수 있다. 하지만 인간의 정보처리시스템은 컴퓨터의 정보처리시스템과는 그 성격이 확연히 다르다. 인간은 창조적이고 사상과 감정을 가지고 있으며 환경의 변화에 적응할 수 있는 장점이 있지만 정보처리에 관해서는 컴퓨터와 비교했을 때 여러 가지 한계를 보인다.

인간이 가진 정보처리의 한계는 크게 정보의 지각, 정보처리속성, 정보처리능력, 기억재생과정 등 네 가지 측면에서 설명할 수 있다.

① 정보의 지각

인간은 정보를 종합적으로 지각하지 못하고 선택적으로 받아들이는 특성이 있다. 이러한 인간의 정보지각 특성을 **선택적 지각**(selective perception)이라고 한다. 이는 주어진 정보나 메시지를 자신에게 유리한 방향으로 인식하고 해석하는 경향을 말하는데, 정보를 인식하는 사람의 배경이나 흥미, 경험, 태도 등이 여기에 영향을 미치게 된다. 즉, 정보의 홍수 속에 인간은 선택적으로 정보를 받아들일 수밖에 없는데, 이때 본인이 갖고 있는 선입견 또는 기대감이 개입되어 문제해결을 위한 정보 수집에 큰 영향을 미칠 수 있다. '사람은 자기가 보고 싶은 것만 보고, 자기가 듣고 싶은 것만 듣는다'는 말이 이에 해당된다. 예를 들어, 인간은 현재 자신이 갖고 있는 믿음이나 논리를 지원하는 정보는 그것이 중복된 것이든 동일한 출처에서 나온 것이든 상관없이 '그럼 그렇지' 하고 애착을 갖지만 자신의 머릿속 믿음에 반하는 증거는 의식적이든 무의식적이든 그것을 폄하하거나 무시하는 행태를 보인다. 이를 가리켜 **확증편향**(confirmation bias) 또는 **확신의 덫**(confirmation trap)이라고 하는데, 인간의 판단착오를 일으키는 주요 원인 중 하나이다.

선택적 지각(selective perception)
확증편향(confirmation bias)
확신의 덫(confirmation trap)

② 정보처리속성

인간의 정보처리는 **순차적 특성**(sequential processing)을 가지고 있다. 인간은 여러 가지 활동을 동시에 수행할 수 있는 멀티 플레이어(multi-player)가 되기 힘들다. 여러 가지 활동을 동시에 수행하려면 우리 머리에서 여러 가지 활동을 수행하도록 여러 가지 정보가 동시에 처리되어야 한다. 하지만 인간은 여러 가지 정보를 동시에 처리할 수 있는 능력(정보의 병렬처리 능력)이 부족하다. 운전 중 휴대폰을 쓰지 말라는 이유가 이 때문이다. 자신은 휴대폰을 사용하면서도 운전을 잘 할 수 있다고 생각하지만 실제로는 그렇지 않다. 인간의 정보처리는 병렬적으로 이루어지는 것이 아니라 점진적이고 순차적으로 이루어진다. 따라서 최근에 수행한 정보처리의 결과가 앞으로의 정보처리에 영향을 미치는 특성(**축차처리 속성**)을 갖는다. 이러한 순차적 정보처리 방식은 상황이 안정적일 때는 미래를 예측하는 데 효과적일 수 있으나 환경이 급변하는 상황에서는 큰 판단착오를 일으키는 원인이 된다. 예상치 못한 변수의 등장으로 인해 지금까지의 상황과는 매우 다른 국면으로 상황이 급전환될 수 있는 위험을 수반하기 때문이다. 금융위기나 경제위기가 발생하게 되는 주요 원인 중

순차적 특성(sequential processing)
축차처리 속성

하나는 과거의 패턴대로 일이 진행되지 않았기 때문이다. 이러한 인간의 정보처리 속성으로 인해 환경이 급변하는 현대 사회에서 미래를 올바로 내다보고 판단하는 것은 점점 더 어려운 과제가 되고 있다. 과거가 미래의 거울이 되기에는 모든 것이 빨리 변하는 시대에 우리는 살고 있다.

③ 정보처리능력

최적해(optimal solution)
휴리스틱(heuristics)

인간은 제한된 정보처리능력으로 인해 머릿속으로 모든 정보를 종합적으로 고려하여 **최적해(optimal solution, 가장 좋은 해)**를 구할 능력을 갖고 있지 않다. 인간의 정보처리능력은 컴퓨터에 비하면 '새 발의 피'도 안 될 만큼 매우 미약하다. 그래서 인간은 정보처리과정의 단순화와 신속성을 위해 정신적 부담을 덜 수 있도록 **휴리스틱(heuristics)**과 같은 판단의 지름길을 사용하곤 한다. 다음의 간단한 문제를 예로 들어보자.

예제 대한상회는 여유자금 1억원의 투자대상을 찾고 있다. 이 회사의 재무책임자는 현 시장상황을 고려한 후, 이 자금으로 정유회사, 철강회사, 그리고 국채에 투자할 것을 제안하였다. 구체적으로 재무책임자는 다섯 가지의 투자대상을 선별한 후, 각 투자대상의 연간예상수익률을 분석해 다음 표와 같이 제시하였다.

투자대상	연간예상수익률(%)
H정유	7.3
S정유	10.3
P철강	6.4
Y철강	7.5
국채	4.5

재무책임자의 보고를 받은 대한상회 경영진은 기업 내외의 상황을 고려해 다음과 같은 투자지침을 설정했다.

① 총신규투자액의 50% 이상을 동일 산업에 투자하지 말 것.
② 국채에 투자되는 금액은 철강산업 투자액의 25% 이상은 되어야 함.

③ S정유의 예상수익률은 높으나 투자위험 또한 높으므로 정유산업 투자액의 60% 이상을 S정유에 투입해서는 안 됨.

이러한 투자지침을 만족시키면서 연간예상수익을 최대화 하기 위해서는 각 투자 대상에 얼마씩 투자하는 것이 바람직하겠는가?

위 문제는 1억원을 다섯 가지 투자대안 각각에 얼마씩 배분하는 것이 연간예상수익을 가장 크게 할 수 있느냐는 문제다. 투자대안의 수익률만을 고려한 간단한 문제이다. 하지만 머릿속에서 가장 좋은 투자방법을 찾는 것은 쉽지 않다. 왜일까? 바로 몇 가지 안 되는 투자지침 때문이다. 우리 인간에겐 이 세 가지밖에 안 되는 조건들을 함께 고려해 가장 좋은 투자방안을 찾는 것도 거의 불가능한 일이다.

만일 별도의 투자지침이 없다면 위 문제의 답은 무엇일까? 여유자금 1억원을 연간예상수익률이 가장 높은 S정유에 모두 투자하는 것이다. 그러면 연간수익은 1,030만원을 기대할 수 있고, 이것이 현 상황에서 가장 좋은 투자방법이다. 하지만 투자지침이 있는 경우는 어떨까? 저자가 수업시간에 학생들에게 5분이나 10분 정도의 시간을 주고 가장 좋은 투자방법을 제안하라고 하면 보통 학생들이 내놓은 답은 최적해와는 거리가 멀다. 하지만 컴퓨터는 이 정도 문제는 100분의 1초도 안 되어 최적해를 내놓는다. 인간은 몇 가지 안 되는 조건이라도 이를 머릿속에서 모두 고려해 가장 좋은 해를 내놓을 만한 정보처리능력을 갖추고 있지 않다.

④ 기억재생과정

우리 인간은 우리가 생각하는 것보다 훨씬 기억력이 좋지 못할 뿐더러 선별적으로 기억하는 특성이 있다. 또한 최근의 일은 잘 기억해도 시간상 거리가 먼 사건일수록 기억에서 희미해진다. 사고 목격자의 증언이 결국 잘못된 것이었다고 밝혀지는 경우를 영화나 뉴스에서 종종 접했을 것이다. 인간은 이렇듯 제한된 기억능력을 갖고 있으며, 기억재생과정도 컴퓨터와는 확연히 다르다.

매직 넘버 7, 플러스 마이너스 2

단기기억능력의 한계 (limited short-term memory capacity)

'매직 넘버 7, 플러스 마이너스 2'라는 말이 있다.[9] 인간의 **단기기억능력의 한계**

9) Miller, George A. (1956), "The Magical Number Seven, Plus or Minus Two: Some Limits on Our Capacity for Processing Information," *Psychological Review*, Vol. 63, No. 2, pp. 81–97.

변별력의 한계(limited discrimination ability)

(limited short-term memory capacity)와 **변별력의 한계**(limited discrimination ability)를 지칭하는 말이다. 일반적으로 인간은 어떤 한계 이상의 개체들을 한꺼번에 다루는 데 한계를 느낀다고 한다. 우선 단기기억능력과 관련하여 사람에 따라 조금씩 차이가 있기는 하지만 대부분의 사람들이 7개 이상의 개체를 단기간 머릿속에 담아두고 이를 기억하는 데 어려움을 느낀다는 것이다. 다음과 같은 실험을 한번 해보자. 한 자리 숫자 7개를 천천히 사람들에게 불러준 다음, 방금 들은 숫자를 기억해 종이에 써보라고 한다. 대부분의 사람들이 7개 숫자는 기억해내는 것을 알 수 있다. 하지만 7개가 아니라 9개, 11개 등 숫자의 개수를 늘려보면 그것들을 기억해내는 사람들의 수는 급격히 감소하게 될 것이다.

선택대안의 과잉

인간은 7개 이상의 개체들을 한꺼번에 비교할 때도 변별력이 떨어지는 인지적 한계를 보인다. 이 때문에 제품 종류가 너무 많은 매장보다는 종류가 적절하게 갖추어진 매장이 매출이 높다고 한다. 너무 다양한 종류를 판매하는 매장에서는 손님들이 오히려 물건 고르기가 힘들어 구경만 하는데서 그치고, 적절한 몇 가지 종류의 제품이 있는 매장에서 실제 구매가 이뤄지는 것이다. 이러한 현상을 '**선택대안의 과잉**'이라고 하는데, 이 현상에 관한 증거는 다양한 연구에 의해 제시되고 있다.

예를 들어, 아이엔가(Sheena Iyengar)와 레퍼(Mark Lepper)는 대안이 많을 때보다 적을 때 실제로 선택이 더 잘 이뤄지고, 선택 후의 만족도도 높다는 연구결과를 내놓았다.[10] 그들은 초콜릿과 잼을 가지고 실험을 했다. 우선 6종류의 초콜릿과 30종류의 초콜릿을 두 집단에게 제공하고, 각 집단의 실험 참가자들에게 그중 하나의 초콜릿을 선택하게 했다. 처음에는 30종류의 초콜릿이 제공된 집단이 6종류의 초콜릿이 제공된 집단보다 더 많은 초콜릿 중에서 하나를 고른다는 선택과정 자체에 즐거움을 느꼈다. 하지만 초콜릿을 선택한 다음 자신의 선택에 대한 만족도가 더 높은 건 6종류의 초콜릿이 제공된 집단이었다. 또한 참가자들에게 실험에 참가한 대가로 5달러를 받거나 5달러어치의 초콜릿을 받는 것 중 선택하도록 했는데, 결과는 6종류의 초콜릿이 제공된 집단이 실험의 대가로 초콜릿을 선택한 비율이 훨씬 높았다.

10) Iyengar, Sheena S. and Mark R. Lepper (2000), "When choice is demotivating: Can one desire too much of a good thing?" *Journal of Personality and Social Psychology*, Vol. 79, No. 6, pp. 995–1006.

잼을 이용한 다른 실험에서도 동일한 결과를 확인할 수 있었다. 6종류의 잼과 24종류의 잼을 진열한 시식 부스를 각각 설치했다. 24종류의 잼이 진열된 부스에는 지나가던 사람 242명 중 60퍼센트(145명)가 들렀고, 6종류의 잼이 진열된 부스에는 지나가던 사람 260명 중 40퍼센트(104명)만이 방문했다. 하지만 24종류의 잼이 진열된 부스에서는 방문객 중 3퍼센트(4명)만이 실제로 잼을 구입한 반면, 6종류의 잼이 진열된 부스에서는 방문객 중 30퍼센트(31명)나 실제로 잼을 구입했다. 선택대안이 많을수록 인지적 과부하로 인해 변별력이 떨어져 선택을 미루거나 또는 선택하더라도 자신의 선택에 대한 만족도가 떨어짐을 보여주는 실험 결과다.

스티브 잡스의 단순함의 추구 지금은 고인이 된 스티브 잡스(Steve Jobs)가 1997년 7월 애플(Apple)의 CEO로 다시 복귀했을 때 애플이 팔고 있던 컴퓨터 모델은 1400, 2400, 3400, 4400, 5400, 5500, 6500, 7300, 7600, 8600, 9600, 창사 20주년 맥(Mac), 이메이트(e-Mate), 뉴턴(Newton), 피핀(Pippin) 등 그야말로 가지각색이었다. 3주에 걸쳐 제품 구성에 대해 설명을 들은 잡스는 도무지 이해할 수 없었다. 친구들에게조차 어떤 컴퓨터를 사라고 이야기할 수 없을 만큼 제품 구성이 복잡했기 때문이다. 고객만 혼란스러웠던 게 아니다. 애플도 연구개발과 마케팅 초점을 어느 제품에 맞춰야 할지 혼란스러운 상황이었다. 잡스는 곧바로 제품을 사무용 데스크톱, 사무용 노트북, 개인용 데스크톱, 개인용 노트북 등 종류별로 하나씩 네 가지로 줄이고, 나머지는 시장에서 모두 철수시켰다. 이러한 단순함을 추구한 결과 애플은 2년 후 아이맥(iMac)이라는 미국에서 가장 잘 팔리는 컴퓨터를 만들게 되었고, 다시금 흑자를 내는 회사로 변모할 수 있었다.

과유불급(過猶不及)이라고 지나침은 모자람과 같다. 인간의 인지능력은 복잡성보다는 적절한 단순함을 선호한다.

또한 인간의 기억재생과정은 컴퓨터의 그것과는 매우 다르다. 우리가 마우스나 키보드를 이용해 컴퓨터에 입력한 자료는 기억장치에 차분히 자리 잡게 된다. 그리고 시간이 얼마나 지나든 상관없이 우리가 그 자료를 필요로 할 때마다 입력될 당시와 다름없는 동일한 자료를 기억장치에서 그대로 꺼내 다시 사용할 수 있다. 하지만 인간의 기억재생과정은 소위 **능동적 재구성 과정(active reconstruction process)**

능동적 재구성 과정(active reconstruction process)

이라는 말로 특징지어진다. 다시 말해 인간은 무엇을 머릿속에 받아들이게 되면 그 정보는 머릿속에 입력됨과 동시에 머릿속에서 산산조각으로 흩어진다. 이후에 무언가를 기억하려 할 때는 머릿속에 흩어져 있는 해당 정보의 수많은 정보조각들을 연결시켜 재구성하는 과정이 필요하다.

이러한 특징으로 인해 다양한 종류의 수많은 정보조각들이 머릿속에 혼재하는 상황에서 개인의 연상 작용 또는 의미부여 패턴에 따라 정보조각의 연결내용, 즉 기억하는 내용이 달라질 수 있다. 동일한 강의를 들은 학생들이 다음 수업시간에 서로 다른 기억을 하거나 전혀 기억을 못하는 것은 바로 이 때문이다.

나의 일화 오래전 이런 일이 있었다. 수원 모처에서 외부 강의를 하기로 했는데, 당일 오전 10시에 확인 차 연락을 받았다. 수원의 지리를 잘 몰라 대중교통을 이용하기로 하고 가장 빨리 갈 수 있는 방법을 물었더니, 사당역에서 777번 버스를 타면 된다고 했다. 2시간 후 사당역에서 어떤 일이 벌어졌을까? 777번이 아닌 766번 버스를 30분 이상 기다리다가 강의시간에 늦을 뻔 했다. 오래전도 아닌 고작 2시간 전에 들은 정보조차 제대로 기억해 내지 못해 그런 실수를 한 것이다. 그렇다면 나는 왜 그때 버스 번호를 777번이 아닌 766번으로 착각했을까? 2시간 전 그곳 관계자에게 777이라는 버스 번호를 들었을 때 참 좋은 숫자라고 생각했다. 그와 동시에 나는 행운의 숫자 777과 대비되는 숫자로 기독교에서 소위 악마의 숫자라고 칭하는 666을 순간적으로 떠올렸다. 그러면서 777이라는 숫자와 666이라는 숫자가 내 머릿속에 들어와서 조각 나 흩어진 것이다. 그러고 나서 2시간 후 사당역에 가서 버스 번호를 기억해 내기 위해 머릿속에 있는 번호 조각을 꿰맞출 때 7이라는 숫자와 6이라는 숫자가 잘못 연결되고 말았던 것이다.

이러한 인간 두뇌의 태생적 한계는 당면한 문제의 합리적 해결을 위해 과학적 방법론의 도움을 필요로 한다. 이 책의 나머지 부분은 인간의 두뇌를 보완할 수 있는 과학적 문제해결 절차와 그 구체적인 방법에 대하여 설명한다.

익·힘·문·제

1. "경험은 수업료가 비싼 학교임에도 불구하고 바보들은 경험 이외의 학교에서는 배우려 하지 않는다." 벤저민 프랭클린(Benjamin Franklin)의 이 말이 의미하는 바로 가장 가까운 것은?

① 조직이 발전하려면 건강한 실패를 약으로 받아들이라.
② 당신의 직관과 경험을 사실과 데이터로 검증해 보라.
③ 역지사지의 태도로 문제를 바라보라.
④ 현상에 머물지 마라.
⑤ 위에 적절한 보기가 없다.

2. 효율성과 효과성에 대한 설명으로 바르지 않은 것은?

① 효과성은 결과지향적인 개념이다.
② 효율성은 부가가치과정의 질을 측정하는 개념이다.
③ 효율성과 효과성이 지나칠 경우 탐욕이 발생할 수 있다.
④ 효율성의 수준은 목표 대비 행동 결과의 근접 정도로 측정할 수 있다.
⑤ 위에 적절한 보기가 없다.

3. 의사결정과 관련된 설명으로 옳지 않은 것을 모두 고르시오.

① 의사결정이란 어떤 일을 하겠다는 정신적인 의지이다.
② 어떤 한 대안을 선택한 경우 내가 선택한 대안이 선택하지 않은 다른 대안보다 나은지의 여부는 사후에 평가할 수 있다.
③ 좋은 의사결정이 좋은 결과를 보장하는 것은 아니다.
④ 의사결정의 경중은 잘못된 의사결정이 가져올 파급효과의 크기와 범위에 달려 있다.
⑤ 이성적인 선택과정의 학습은 선택에 따른 후회를 최소화 할 수 있다.

4. "의사결정은 기술(art)과 과학(science)의 합성체다."라는 표현에서 기술과 과학에 대한 설명으로 부적절한 것은?

① 기술이란 의사결정의 행태적인 접근방식을 말한다.
② 기술의 예로는 개인적 경험, 직관, 리더십, 감(感) 등을 들 수 있다.
③ 과학이란 문제해결을 위한 체계적이고 분석적인 접근방식을 말한다.
④ 올바른 문제해결을 위해서는 기술적인 측면보다는 과학적인 측면을 중요시해야 한다.
⑤ 위에 적절한 보기가 없다.

5. 의사결정 접근방식에 대한 설명으로 바른 것은?

① 기술적인 접근(descriptive approach)이란 이성적인 사람이라면 실제로 의사결정을 어떻게 해야 하는지를 기술하는 것이다.
② 규범적인 접근(normative approach)이란 의사결정이 행해지는 법규와 절차에 대하여 다루는 것이다.
③ 처방적인 접근(prescriptive approach)이란 잘못된 판단 습관을 교정할 수 있는 과학적인 처방을 말한다.
④ 보통 사람들의 예측 가능한 판단착오는 기술적인 접근의 산물이다.
⑤ 위에 적절한 보기가 없다.

6. 델(Dell) 컴퓨터의 설립자 마이클 델(Michael Dell)의 "Celebrate for a nanosecond. Then move on."이라는 말이 경계(警戒)하는 것으로 가장 적절한 것은?

① 첫 제안의 닻에 휘둘리지 말라.
② 자기 자신의 맹신에서 벗어나라.
③ 미리 짜놓은 틀에 얽매이지 마라.
④ 과거의 성공 경험에 매몰되지 말라.
⑤ 위에 적절한 보기가 없다.

7. 다음 중 휴리스틱(heuristics)에 대한 설명으로 부적절한 것은?

① 인간의 직관적 판단 도구로 제한된 시간 내에 신속한 판단을 용이하게 해줄 수 있다.
② 인간의 일상생활에서부터 조직의 중요한 의사결정문제까지 사용되고 있다.
③ 복잡한 상황을 단순화시켜 인간의 정신적 부담(mental efforts)을 경감시켜줄 수 있다.
④ 동기적 판단착오(motivational biases)를 일으킬 수 있다.
⑤ 위에 적절한 보기가 없다.

8. 인간의 두 가지 사고체계에 대한 다음 설명 중 바른 것은?

① 시스템 1 사고체계는 생각을 동반한 사고체계로 속도가 느리고, 논리적이다.
② 운전을 하다 위험에 닥치면 운전석 쪽으로 갑자기 핸들을 꺾는 것은 시스템 1 사고체계에 의한 것이다.
③ 어떤 문제에 닥치게 되면 인간은 시스템 2 사고체계부터 가동한다.
④ 시스템 1 사고체계는 교육과 훈련에 의해 계속 발전하다가 인생의 어느 정점을 지나면서 붕괴하기 시작한다.
⑤ 위에 적절한 보기가 없다.

9. 인간정보처리의 한계가 아닌 것은?

① 선택적 지각
② 정보의 병렬처리
③ 제한된 정보처리능력
④ 능동적 재구성 과정에 의한 기억
⑤ 위에 적절한 보기가 없다.

10. 마법의 숫자(The magical number) 7, ±2와 관련이 없는 것은?

① 선택대안의 과잉 현상
② 제한된 단기기억능력
③ 제한된 판별능력
④ 경험칙의 변화
⑤ 위에 적절한 보기가 없다.

11. 괄호 안에 알맞은 단어를 채우시오.

> 스마트 경영이란 올바른 일(right things)을 올바르게 수행함(doing right)을 의미한다. 이 정의는 경영에서 추구하는 두 가지 중요한 개념을 잘 나타내고 있다. 즉, 올바른 일을 수행함은 (   )을 추구함을 의미하고, 그 일을 올바르게 수행함은 (   )을 추구함을 의미한다.

12. 스마트 경영이란 올바른 일을 올바르게 수행하는 것(doing right things in right way)을 말한다. 그러나 조직의 일 처리를 관찰해보면 ① 하지 말아야 할 일을 잘못된 방법으로 수행하는 것(doing wrong things in wrong way), ② 하지 말아야 할 일을 올바르게 수행하는 것(doing wrong things in right way), ③ 올바른 일을 잘못된 방법으로 수행하는 것(doing right things in wrong way) 등의 잘못된 관행도 목격할 수 있다. 이 세 가지 잘못된 관행 각각이 어떠한 위험을 초래할 수 있는지 예를 들어 기술하시오.

13. 비즈니스 세계에서 사용되는 경험칙(rules of thumb) 중 이제는 들어맞지 않거나 들어맞지 않을 가능성이 높은 경험칙 하나를 선택해 그것이 더 이상 들어맞지 않는 이유를 구체적인 예를 들어 기술하시오.

14. 결과편향(outcome bias)이란 과정보다는 결과를 중시하는 행태를 말한다. 특히, 성공적인 결과는 조직에 여러 가지 문제를 발생시킬 수 있다. 결과편향이 초래할 수 있는 문제점을 예를 들어 기술하시오.

2

CHAPTER

과학적 문제해결 접근방식

과학적 경영을 위한 지식의 총체인 경영과학에 대한 정의와 함께 최적해의 모색과 실천이 왜 중요한지, 그리고 문제를 과학적으로 해결하는 것은 어떠한 절차를 밟는지 설명한다. 문제의 구조화(formulation), 분석(analysis), 실행(implementation) 등 세 단계에서 구체적으로 어떠한 과제들이 수행되고 어떠한 문제가 발생할 수 있는지 논의함으로써 과학적 문제해결이 어떻게 이루어지는지 학습한다.

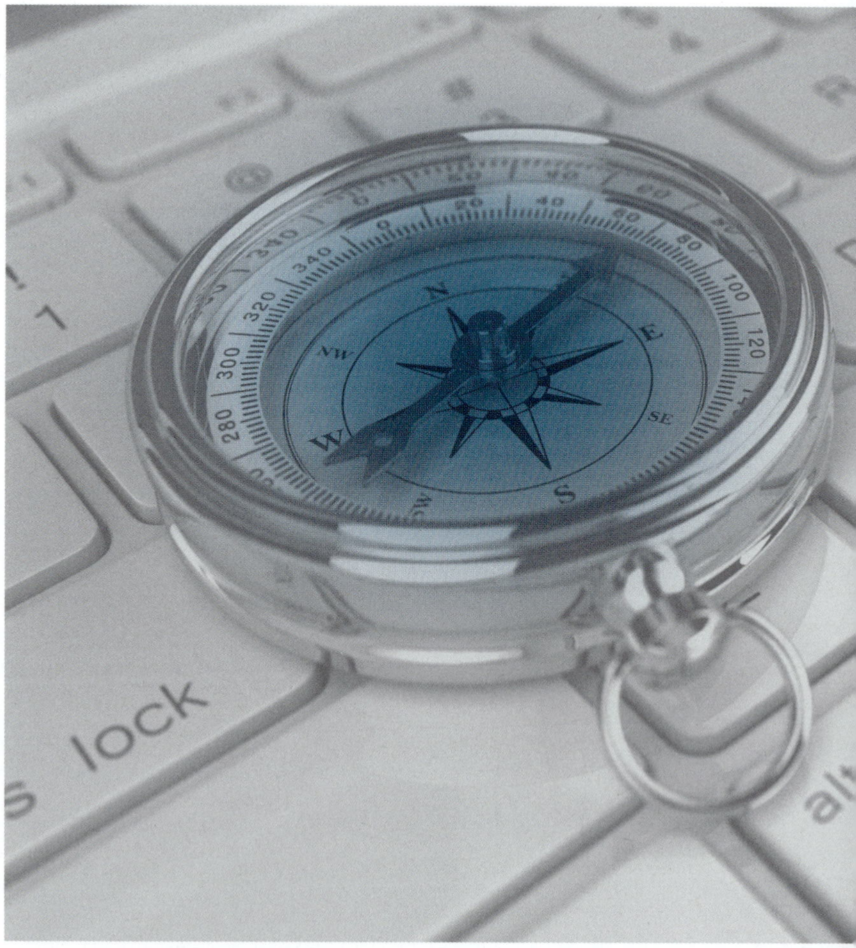

수학적인 사고방식을 응용하지 못하는 학문이나 수학과 관련이 없는 사항 중에 확실한 것은 아무것도 없다.

– 레오나르도 다빈치(Leonardo da Vinci)

좋은 의사결정이란 어떻게 하는 것인가? 좋은 의사결정이란 체계적인 의사결정을 말하며, 체계적이라는 것은 의사결정의 절차가 공식적으로 존재함을 의미한다. 다시 말하면, 좋은 의사결정을 위해서는 의사결정에 영향을 미치는 요소들을 균형 있게 연결시키고자 하는 논리적 절차가 필요하며, 이 절차는 개인이나 조직의 가치, 선호도, 환경, 불확실성 등을 포함하게 된다. 그리고 이 논리적 절차의 핵심은 문제에 대한 객관적인 분석이 후속적으로 가능하도록 의사결정 문제를 계량적인 모델로 구조화 하는 것이다.

의사결정절차를 공식화 하는 것의 이점은 의사결정과 관련된 이해관계자들에게 의사소통을 위한 공식적이고 명확한 언어를 제공한다는 것이다. 또한 어떠한 대안이나 평가기준을 고려할지에 대한 생각은 개인마다 다를 수 있는데, 이는 개인마다 갖고 있는 정보가 다르거나 또는 대안이 가져오는 결과에 대한 가치를 다르게 부여하기 때문이다. 공식적인 절차는 이러한 의견 불일치의 원인을 공개하고, 이에 대한 논의를 활성화 하도록 함으로써 협동적인 문제해결의 가능성을 증진시킬 수 있는 이점이 있다.

경영과학(management science)

2.1 경영과학의 정의

문제를 경험이나 직관에 의존하여 해결하지 않고 과학적으로 접근하여 해결하기 위해서는 여러 가지 따라야 할 절차와 학습해야 할 내용이 있다. **경영과학(management science)**이란 당면한 경영 문제를 과학적으로 해결하기 위한 학제적 접근방법의 총체를 말한다. 경영과학의 정의 두 가지를 소개하면 다음과 같다.

보조(aid)

우선, 경영과학은 "과학적 방법을 이용하여 경영관리자의 의사결정을 **보조(aid)**해 주는 지식의 총체"로 정의할 수 있다. 이 정의에서 중요한 단어는 보조이다. 특정 학문이 인간을 대신해 의사결정이라는 과업을 수행할 수 있는 것은 아니다. 의사결정은 인간이 하는 것으로, 경영과학이라는 학문분야는 인간이 보다 나은 의사결정을 할 수 있도록 과학적 방법과 절차를 통해 도와주는 역할을 한다.

한정된 자원
최선의 방안
최적해(optimal solution)

또한 경영과학은 "한정된 자원을 효율적으로 배분하여 주어진 시스템에 대한 최선의 설계 및 운용 방안을 모색하는 일련의 과학적 의사결정 접근방식(a scientific approach to decision making)"이라고도 정의할 수 있다. 이 정의에서 중요한 단어는 '**한정된 자원**'과 '**최선의 방안**'이다. 인적 자원이든 물적 자원이든 우리가 필요로 하는 자원은 항상 부족하다. 이러한 한정된 자원을 어떻게 하면 잘 배분해서 시스템이 추구하는 바를 가장 잘 달성할 수 있는 해결책을 찾을 수 있는지, 그 과학적인 탐색 방법을 학습함으로써 효율성과 효과성을 동시에 추구하는 **최적해(optimal solution)**를 모색하게 된다.

경영과학의 기원 제2차 세계대전 중 연합군은 수학적인 탤런트를 갖춘 여러 분야의 전문가들을 모아 전쟁의 승리를 위한 여러 가지 군사작전기법을 학제적으로 연구, 개발하였다. 이 학제적 기법의 총체를 군사작전(operations) 연구(research)라는 의미에서 영국은 'Operational Research', 미국은 'Operations Research'라고 불렀다(아직도 영국과 미국은 이 분야의 이름을 이처럼 조금 달리 부른다). 현대 의사결정 세계에서 과학적 문제해결을 위한 많은 기법들도 이때 개발된 군사작전기법에 그 뿌리를 두고 있다. 2014년에 개봉된 영화 이미테이션 게임(The Imitation Game)에서 영국의 수학자이자 논리학자인 앨런 튜링(Alan Turing, 1912~1954)도 2차 세계대전 당시 나치독일의 에니그마(Enigma) 암호를 해독하기 위해 영국의 블레츨리 파크 암호해독팀(Bletchley Park codebreaking team)으로 소집된 전문가 중 하나이다. 특히, 튜링이 만든 튜링머신(Turing machine)은 현대 컴퓨터의 기원이 되었는데, 세계 컴퓨터 학회인 ACM(Association for Computing Machinery)에서 컴퓨터과학에 중요한 업적을 남긴 사람들에게 매년 시상하는 튜링상(Turing Award)은 그의 이름을 따 제정한 것이다. 전쟁이 끝난 후 이 과학적 기법들은 경영학에 응용되어 미국 경영과학회(TIMS: The Institute of Management Sciences)에서 1952년 경영과학(management science)이라고 명명하였다. 이후 미국의 ORSA(Operations Research Society of America)와 TIMS는 1995년 **INFORMS**(The Institute for Operations Research and the Management Sciences)라는 이름으로 합병되어 현재 세계에서 가장 큰 경영과학자들의 모임이 되었다. 우리나라에는 1976년에 설립된 한국경영과학회(**KORMS**: The Korean Operations Research and Management Science Society)가 있다.

INFORMS
KORMS

2.2 최적해의 모색과 실천

어떤 일을 수행하는 방법은 여러 가지가 있을 수 있다. **최적해(optimal solution)**란 조직의 행동을 제약하는 모든 조건을 만족시키는 **실행가능한 해(feasible solutions)** 중에서 우리가 추구하는 바를 가장 잘 달성시켜 줄 수 있는 '가장 좋은' 해(best solution)를 말한다. 여기서 '좋다'라는 말은 앞서 경영에서 추구해야 하는 두 가지 개념인 효율성과 효과성을 만족시킴을 의미한다. 최적해의 모색이란 가장 효율적이면서도 가장 효과적인 대안의 모색을 말한다. 즉, 주어진 환경 하에서 우리가 추구하는 바를 가장 잘 달성시켜 줄 수 있는 행동방법을 찾는 것을 말한다.

최적해(optimal solution)
실행가능한 해(feasible solutions)

우리 속담에 "모로 가도 서울만 가면 된다."는 말이 있다. 이 말은 '목적만 달성하면 그 방법이야 무엇이든 상관이 없다.'는 것으로 그 나름대로의 의미도 갖는다. 하지만 우리가 이제부터 배우고자 하는 과학적 경영의 세계에서 이 말은 그리 바람직한 말이 아니다. 훌륭한 경영자라면 서울로 가는 목표를 달성하는 데서 그치지 말고, 가장 좋은 방법으로 그 목표를 달성하는 것이 중요하다.

예를 들어, 부산에서 서울로 가는 방법을 생각해 보자. 자동차로 가는 방법, 기차를 타고 가는 방법, 비행기를 타고 가는 방법, 걸어가는 방법, 말을 타고 가는 방법 등 여러 가지가 있을 수 있다. 이러한 방법들은 서울로 갈 수 있는 우리가 생각할 수 있는 대안들이다. 이 대안들 중에는 우리가 이용할 수 있는 대안이 있는 반면, 우리가 이용할 수 없는 대안도 있다. 전자를 **실행가능한 대안(feasible alternatives)**이라 하고, 후자를 **실행불가능한 대안(infeasible alternatives)**이라고 한다.

실행가능한 대안(feasible alternatives)
실행불가능한 대안(infeasible alternatives)

대안의 실행가능 여부는 우리의 가진 자원과 역량, 그리고 우리를 둘러싼 환경을 분석함으로써 결정된다. 예를 들어, 서울로 가기 위해 내 수중에 돈이 얼마나 있나 보았더니 비행기 타고 갈 여유가 안 된다면(자원의 부족), 비행기를 타고 가는 것은 실행불가능한 대안이 된다. 마찬가지로 현행 도로교통법에 의해 말을 타고 가는 것이 금지되어 있다면(법적 규제), 말을 타고 가는 방법도 실행불가능한 대안이 되는 것이다. 이제 나머지 대안인 걸어가거나, 기차를 타거나, 자동차를 타고 서울로 가는 것이 실행가능한 대안이라고 할 때 과거 많은 경영자들은 이 실행 가능한 대안들 중에서 적당히 하나의 대안을 선택해 이를 행동으로 옮기곤 하였다. 하지만 우리가 사는 지금의 세상은 과거와 비교할 때 조직의 규모나 복잡성, 이해관계자의 욕구, 환경변화나 기술진보의 속도, 시민사회의 영향력 측면에서 크게 다른 양상을 보이며, 경쟁 또한 심화되고 있다. 이러한 환경에서 과거와 같이 실행가능한 대안들 중 한 대안을 적당히, 임의로 선택하는 결정은 해당 조직의 생존마저도 위협할 수 있는 시대가 되었다.

현명한 경영자라면 실행가능한 대안들 중 가장 좋은 대안을 찾아 이를 행동으로 옮기는 것이 요구된다. 이것이 시장에서 살아남고, 지속가능하며, 다른 조직보다 앞서가기 위한 방법이기 때문이다. 즉, 실행가능한 대안들의 장점과 단점을 비교하여, 가장 효율적이고도 효과적인 방법으로 서울로 가는 목표를 달성하는 것이 현대의 경영자가 갖추어야 할 자질인 것이다. 이 책에서 여러분은 가장 좋은 대안을 찾는 구체적인 방법을 학습할 것이다.

아울러 현명한 경영자라면, 최적 대안의 모색에만 그치지 말고 이를 행동으로 옮기는 실행력이 필요하다. 아는 것과 행동하는 것은 다르다. 그러나 아직도 많은 경영자들이 자신이 아는 것을 자신이 해낸 것으로 착각하는 경우도 있다. 조직의 경쟁력은 아이디어 창출 능력이나 기획 능력이라기보다는 실행 능력이다. 1그램의 행동이 1톤의 아이디어보다 무겁다는 말처럼 아는 것을 행동으로 적시에 옮길 수 있는 능력도 훌륭한 경영자의 자질이다.

2.3 과학적 문제해결 절차

문제를 과학적으로 해결하기 위해서는 밟아야 할 단계가 있다. 학자에 따라 단계의 수와 내용이 다를 수 있지만, 이 책에서는 과학적 문제해결 절차를 크게 문제의 **구조화(formulation)**, **분석(analysis)**, **실행(implementation)**이라는 세 단계로 분류하고, 각 단계를 다시 하위 단계로 나누고자 한다. 이 절차는 **피드백(feedback)** 과정[1]을 거쳐 다시 반복되는 특성을 가진다.

구조화(formulation)
분석(analysis)
실행(implementation)
피드백(feedback)

우선, 문제의 **구조화** 단계에서는 ① 해결하고자 하는 문제를 바로 인식하고, ② 문제의 주요 구성요소와 그들 간의 관계를 파악하며, ③ 관련 자료의 수집을 통해 주요 매개변수의 값 또는 분포를 추정한 후, ④ 당면한 문제를 객관적으로 해결이 가능한 수리적 모형으로 전환한다. 이 단계는 과학적 문제해결 절차의 가장 기본이 되는 단계로서 후속적인 단계들에 영향을 미치며 새로운 정보의 취득에 따라 필요할 경우 피드백 과정에 의해 수정된다.

구조화

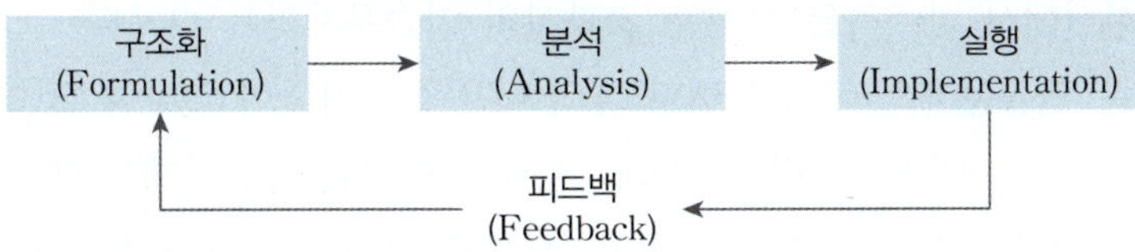

그림 2-1
과학적 문제해결 절차

두 번째는 **분석** 단계이다. 이 단계는 구조화 단계에서 만든 수리적 모형의 해를 산출하는 단계이다. 모형의 해는 다음 단계인 실행 단계에서 실제 문제에 대한 해결책을 제시하기 위한 객관적 근거를 제공한다. 과거에는 경영과학 전문가들이 분석 단계에 많은 노력을 기울였다. 수리적 모형의 해를 보다 효율적으로 찾기 위한 방법(해법, algorithms)을 개발하기 위한 수학적이고 기술적인(technical) 노력을 예로 들 수 있다. 그러나 컴퓨터의 급속한 발달에 따른 컴퓨터 비용의 감소와 사용자 친화적인 소프트웨어의 개발은 이제 수학적인 배경이 없는 일반인들도 저렴하고도 쉽게 과학적인 문제해결 방법을 실제 문제에 적용할 수 있도록 분석 단계를 변모시켰

분석

1) 피드백이 모두 바람직한 것은 아니다. 불필요한 피드백은 사전에 예방되어야 하는데, 이에 대해서는 과학적 문제해결 절차의 세 번째 단계인 실행 단계를 다룰 때 언급한다.

다. 이는 마치 대부분의 운전자들이 자동차의 물리적 구동역학은 모르더라도 운전은 잘 할 수 있듯이, 수학적인 배경이 없는 사람들도 이제는 과학적인 문제해결 방법을 실제 문제에 적용할 수 있는 환경이 조성되어 경영과학의 현실 적용을 가속화하는 계기가 되었다.

실행

세 번째는 **실행** 단계이다. 이는 분석 단계에서 제시된 모형의 해를 근거로 실제 문제에 대한 해결책을 제시하고, 이러한 해결책이 경영진에 의해 받아들여졌을 경우 행동으로 이어지는 단계이다. 즉, 무엇을 어떻게 하겠다는 정신적 의지에 따라 자원이 실제로 배분되는 단계이다. 이 단계는 실제로는 문제가 가장 많이 발생하는 어려운 단계인데, 그 이유는 의사결정과 관련된 이해관계자들의 행태 때문이다. 여기에 대한 구체적인 내용은 실행 단계를 설명할 때 기술한다. 이 단계에서는 새로운 정보의 취득에 따라 필요 시 피드백 과정이 수행된다.[2)]

과학적 문제해결 절차의 각 단계에 대하여 구체적으로 설명하면 다음과 같다.

1 구조화 단계

우리가 현실에서 마주하는 문제는 교과서의 연습문제와는 다르다. 교과서의 각 장 끝에 있는 연습문제의 목적은 해당 장의 내용을 독자들이 얼마나 잘 이해했는지를 검토하기 위한 것으로 그 장의 내용을 이해하면 모든 연습문제는 해결이 가능하다. 연습문제의 특징은 질문이 명료하고, 필요한 모든 정보가 독자에게 제공되며, 문제를 해결하기 위한 가정들(assumptions)도 이미 제시되어 있는 것이 대부분이다. 그러나 실제문제는 이와는 성격이 크게 다르다. 실제로 우리가 당면하는 문제는 모호한 생각들의 집합으로, 우선 해결해야 할 문제가 무엇인지부터 올바로 파악하는 것이 요구된다. 따라서 문제의 구조화 단계를 구성하는 첫 번째 하위 단계는 문제를 올바로 판별하는 것이다.

① 문제의 판별

문제의 판별(problem identification)
문제의 정의(problem definition)

문제의 판별(problem identification) 또는 **문제의 정의(problem definition)**란 당면한 문제에서 우리가 해결해야 할 근본적 문제점, 지향하는 궁극적 가치, 왜 이 문제를 해결해야 하는지 그 이유, 이 문제를 해결함으로써 우리가 얻게 되는 혜택과 치러

2) 새로운 정보의 취득이 가져다주는 피드백의 혜택이 그 비용을 초과할 경우에 한하여 피드백은 경제적으로 의미가 있다.

야 할 비용, 그리고 그 문제를 해결하기 위해 우리가 구체적으로 답해야 할 일련의 질문들을 명확히 파악하는 단계이다.

여기서 중요한 점은 당면한 문제 상황을 명확히 정의해야 한다는 것이다. 즉, 의사결정의 대상이 되는 문제를 시스템으로 간주하고, 시스템 경계를 중심으로 우리가 통제할 수 있는 요소와 우리가 통제할 수 없는 요소를 구분할 수 있어야 한다.

의사결정이란 우리의 의지에 의해 배분할 수 있는, 즉 우리가 통제할 수 있는 자원이 존재하는 경우에 할 수 있는 것이지, 해당 문제가 우리가 통제할 수 없는 것이라면 어떠한 후속적인 분석도 이루어질 필요가 없다. 예를 들어, 수술을 위해 어떤 병원과 의사를 선택할 것인가 하는 것은 내가 통제할 수 있는 사안이지만 수술 결과가 어떻게 될 지는 나의 통제 밖의 일이며, 내 의지대로 되는 것도 아니다. 따라서 후자에 대해서는 어떠한 분석도 도움이 되지 않는다. 즉, 의사결정이란 우리가 통제할 수 있는 자원이 있는 경우에 한하며, 우리의 의지에 의해 자원 배분이 이루어지는 상황으로 문제를 국한시켜야 한다. 즉, 해결해야 할 문제와 희망사항을 구분하는 것이 필요하다.

다음으로 우리가 이용할 수 있는 대안들을 판별하는 것이 필요하다. 즉, "당면한 문제를 해결하기 위해 어떠한 행동을 우리가 취할 수 있는가?"라는 질문에 답하는 것이다. 문제의 판별에 있어 대안들의 모색은 가장 창의적인 부분에 속한다. 대안은 그 폭이 넓을수록 당면한 문제를 창의적으로 해결할 수 있는 가능성을 증진시킨다. 대안의 폭을 넓히기 위해서는 우선 의사결정자의 사고가 가치지향적인 사고로 변모될 필요가 있다.

의사결정자의 중요한 덕목 중 하나는 대안을 선정하는 데 있어 공평무사해야 한다는 것이다. 노련한 의사결정자는 의사결정과 관련하여 정치적 논쟁에 휘말리지 않고, 새로운 정보의 취득 시 필요하다면 기존의 대안을 기꺼이 바꾸고자 하는 의지를 보여준다. 이러한 전문가적인 **공정성(fairness)**이야말로 의사결정자가 갖추어야 할 자질이라 할 수 있다. 종종 개인적인 일이 조직의 일과 연관이 되면 논리라는 것은 심히 손상될 수 있다. 의사결정자의 공평무사함은 관찰자의 자세로 문제를 조망하도록 함으로써 해당 문제와 이해가 깊이 연루된 사람에게서는 나올 수 없는 창의적인 대안을 제시할 수 있도록 한다.

공정성(fairness)

대안중심적 사고와 가치지향적 사고

대안중심적 사고(alternative-focused thinking)
가치지향적 사고(value-focused thinking)

인간의 사고방식은 크게 **대안중심적 사고(alternative-focused thinking)**와 **가치지향적 사고(value-focused thinking)**로 구분할 수 있다. 전자는 당면한 문제의 목표를 피상적으로 파악한 후, 이러한 목표를 달성할 수 있는 대안들을 근시안적으로 판별하고, 이렇게 제한된 대안들의 비교, 평가에 많은 공을 들이는 사고방식이다. 제한된 대안들의 비교를 통해 당면한 문제의 해결을 위해서는 이러이러한 대안이 최선이라고 섣불리 결론짓는 사고방식을 말한다. 이 사고방식에서는 대안들의 비교와 평가라는 기술적인 부분(technical aspects)에 많은 시간과 노력을 할애한다. 이러한 사고방식은 창의적이고, 획기적인 문제해결방안을 낳기에는 한계를 갖는데, 그 이유는 문제의 목표가 피상적인 것에 머무르고 있기 때문에 생각할 수 있는 대안의 폭도 한정되기 때문이다.

획기적인 대안(breakthrough)

과거에는 생각지도 못했던 **획기적인 대안(breakthrough)**을 발견하기 위해서는 의사결정자의 사고방식이 대안중심적 사고에서 가치지향적 사고로 바뀌는 것이 필요하다. 가치지향적 사고란 우선적으로 문제의 근본적인 목표가 무엇인지에 대하여 깊이 고민하는 사고방식을 말한다. 우리가 문제에서 쉽게 볼 수 있는 목표는 피상적인 것에 지나지 않는 경우가 많다. 피상적인 목표에 대하여 "왜 이러한 목표를 달성해야 하는가?"라는 질문을 스스로에게 함으로써 우리는 피상적인 목표에서 보다 근본적인 목표로 이동할 수 있으며, 이러한 과정을 반복함으로써 궁극적으로 문제의 핵심을 이루는 가장 근본적인 가치에 도달할 수 있는 것이다.

그림 2-2
가치지향적 사고

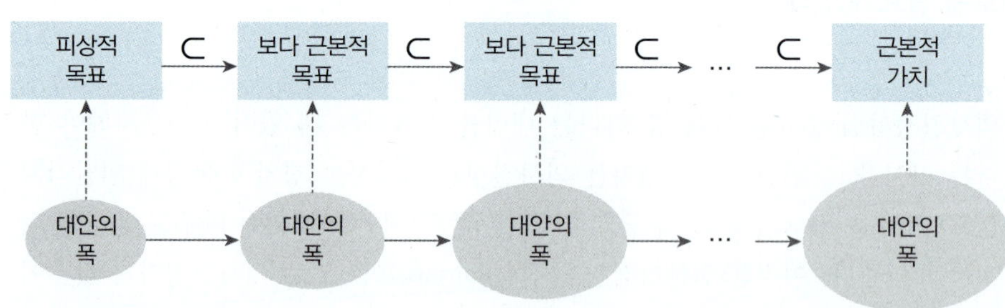

그렇다면 가치지향적 사고는 어떠한 유용성을 갖는가? [그림 2-2]에서 보는 바와 같이 목표가 보다 근본적이 되어간다는 것은 지금의 목표가 이전의 목표들을 포

함한다는 의미이다. 즉, 목표가 보다 근본적으로 이동함에 따라 이전의 목표는 현재 목표의 부분집합이 된다. 그리고 이전 목표를 달성하기 위해 우리가 생각할 수 있었던 대안들의 폭은 목표가 보다 근본적인 것으로 이동함에 따라 이전 대안들을 포함하면서 증가하게 된다. "대안 폭의 증가는 이전보다 더 악화된 해를 낳을 수 없다."는 것은 잘 알려진 진리이다. 즉, 대안 폭의 증가는 우리의 목표가 피상적인 것에 머물렀을 때는 전혀 생각지도 못했던, 새롭고도, 창의적인, 그리고 비용 효과적인 획기적인 대안을 찾을 수 있는 가능성을 증진시킨다.

② 관련 자료의 수집

해결책이 객관성을 갖추기 위해서는 해결책이 사실에 근거해야 한다. 따라서 문제를 과학적으로 해결하기 위해서는 관련 자료의 수집과 정제 활동이 필요하다. 당면한 문제를 하나의 **시스템(system)**[3]으로 간주하여 시스템 구성요소들의 상호작용과 인과관계를 수리적으로 표현하는 것이 다음 단계인 모형화 단계에서 해야 하는 일인데, 이의 사전 작업으로 시스템 구성요소들의 속성과 시스템의 상태를 사실에 근거해 묘사하기 위한 자료 수집이 필요하다.

시스템(system)

하지만 자료 수집은 말처럼 쉬운 일은 아니다. 과학적 문제해결을 위한 여러 가지 활동들 중 가장 많은 시간과 비용이 요구되는 작업이라고 해도 과언이 아니다. 문제와 관련된 최신 자료를 정확히 수집하는 일은 그 중요성을 아무리 강조해도 지나치지 않는다. '**GIGO(garbage in, garbage out)**'라는 표현에서도 알 수 있듯이, 아무리 분석도구가 훌륭하다 할지라도, 잘못된 자료에 기반을 둔 모형은 잘못된 결과를 초래할 수밖에 없기 때문이다. 자료 수집은 시간과 노력이 많이 소요되는 관계로 문제의 인식과 함께 자료 수집의 대상이 선정되면 바로 수집이 시작되어야 한다. 자료 수집 없이는 당면한 문제에 대한 모형화는 이루어질 수 없다.

GIGO(garbage in, garbage out)

③ 문제의 모형화

모형(model)이라는 말을 사전에서 찾아보면 보통 '실제 원형을 목적에 맞추어 축소하고 단순화 시킨 것'이라고 정의되어 있다. 이러한 정의의 예로는 아이들이 갖

모형(model)

3) 시스템이란 어떠한 목적을 달성하기 위해 상호작용하는 구성요소들의 집합(a set of interrelated elements that function in a purposeful manner)이라고 정의한다.

물리적 모형(physical model)
수리적 모형(mathematical model)

고 노는 장난감 자동차, 3차원 그림이나 도형으로 만들어진 캠퍼스 조감도, 우리나라 지도(사용 목적에 따라 십만분의 일 지도 또는 백만분의 일 지도) 등을 들 수 있다. 하지만 여기서 우리가 다루고자 하는 모형은 이러한 **물리적 모형**(physical model)이 아닌 **수리적 모형**(mathematical model)을 말한다. 수리적 모형이란 당면한 문제의 수리적 표현 또는 이의 근사한 표현양식이라고 정의할 수 있다. 왜 모형을 만드는 것이 필요할까?

우리가 해결해야 할 문제는 앞서 언급한 바와 같이 말로 이루어진 모호한 아이디어들의 집합이다. 말이란 사람에 따라 그 느낌이나 해석이 달라질 수 있는 문제가 있다. '좋다'라는 말에 대한 느낌이나 해석은 갑이라는 사람과 을이라는 사람이 다를 수 있다는 것이다. 하지만 수에 대한 해석은 모든 사람이 동일하다. '2'라는 숫자를 예로 들어 보자. '2'는 '1'보다는 1만큼 큰 숫자이고, '4'의 절반이 되는 숫자이다. 모든 사람이 공통된 해석을 할 수 있다. 또한 수는 컴퓨터가 잘 이해할 수 있는 언어로, 인간의 수작업으로는 거의 불가능한 연산 작업도 컴퓨터를 이용하면 단시간 내에 아무 지루함이나 실수 없이 수행할 수 있는 장점이 있다. 즉, 당면한 문제를 수리적 모형으로 변환하는 이유는 문제를 객관적이고도 신속하게 해결하기 위함이다.

확정적 모형(deterministic model)
확률적 모형(stochastic model)
이산형 모형(discrete model)
연속형 모형(continuous model)
정적 모형(static model)
동적 모형(dynamic model)

수리적 모형의 종류 수리적 모형은 모형에 불확실성이 포함되었는가의 여부에 따라, 즉 확률변수의 포함 여부에 따라 **확정적 모형**(deterministic model)과 **확률적 모형**(stochastic model)으로 구분되고, 모형의 상태가 바뀌는 시점이 이산적이냐 연속적이냐에 따라 **이산형 모형**(discrete model)과 **연속형 모형**(continuous model), 그리고 모형에 시간의 개념이 포함되었는지의 여부, 즉 시간의 흐름에 따라 모형의 상태에 변화가 있는지의 여부에 따라 **정적 모형**(static model)과 **동적 모형**(dynamic model)으로 구분할 수 있다. 그러나 현실에서 우리가 해결하고자 하는 문제 상황은 이러한 분류에 따라 둘 중 어느 한 쪽의 모형으로 명확히 구분하여 구조화 할 수 있는 것이 아니라 두 가지 성격 모두를 갖추는 것이 일반적이다.

의사결정문제를 수리적 모형으로 변환하는 데는 절차가 있다. 일반적으로 의사결정의 대상이 되는 문제 상황은 처음부터 하나의 완전한 모형으로 만들어지는 것이 아니라 여러 가지의 모형이 점진적으로 진화됨으로써 완성된다.

모형의 단계별 진화

문제의 모형화(modeling)를 위해서는 우선 **개념적 모형(conceptual model)**을 만드는 것이 필요하다. 개념적 모형이란 수리적 모형을 만들기 전에 시스템의 구성요소들을 논리적으로 연결한 것으로 컴퓨터 프로그램을 예로 들면, 논리흐름도(flowchart)나 유사 프로그램(pseudocode)이 이에 해당된다. 즉, 우리의 논리(logic)를 그림이나 말, 기호 등으로 표현하는 단계이다.

개념적 모형(conceptual model)

다음으로 수리적 모형의 기본이 되는 **예비모형(pilot model)**의 작성이 필요하다. 예비모형은 문제의 가장 단순화된 수리적 표현으로 가장 중요한 구성요소들 간의 관계만을 나타내고 있다. 이 모형은 **견본모형(prototype model)**으로 진화하게 된다. 견본모형은 예비모형보다 구체적인 표현을 담고는 있지만, 아직 문제해결의 기반을 제공할 **운영모형(operational model)**이 되기에는 부족한 모형이다. 견본모형에는 보통 제거할 요소와 추가할 요소가 존재하며, 이는 **모형의 검토(verification)**와 **타당성 확인(validation)** 작업을 통해 판별할 수 있다.

예비모형(pilot model)
견본모형(prototype model)
운영모형(operational model)
모형의 검토(verification)
타당성 확인(validation)

실제 우리가 문제 해결을 위해 사용하는 모형은 운영모형인데, 현실 문제를 가장 적절히 반영한다고 의사결정자가 믿는 모형이다. 이 모형은 문제의 주요 구성요소와 그들 간의 역학관계를 포함하며, 현실 시스템의 행태를 무리 없이 반영하고 있다고 입증된 모형으로 분석 단계의 대상이 된다.

TIP

예비모형부터 시작되는 수리적 모형의 진화는 **민감도 분석(sensitivity analysis)**에 의해 이루어진다. 만일, 모형 일부분의 변화에 의사결정이 민감하게 반응하지 않는다면, 그 부분은 더 이상 모형에 구체적으로 고려할 필요가 없다. 노련한 모형 작성자는 의사결정에 영향을 미치는 사안만을 구체적으로 모형에 반영하지, 그렇지 않은 부분을 모형에 추가함으로써 모형의 복잡성과 비용을 증가시키지는 않는다. 가용한 자원 제약 하에서 경제적인 손익을 저울질하여 모형의 추가적인 정제(refinement) 작업이 필요한지의 여부를 따지는 것 또한 모형 작성자의 임무이다.

민감도 분석(sensitivity analysis)

모형화를 위한 두 가지 고려 요소

모형의 구축 시 고려해야 하는 두 가지 상충된 개념은 실제근접성(fidelity)과 실

실제근접성(fidelity)
실행불가능한 모형(infeasible model)

행가능성(feasibility)이다. 우선, **실제근접성**이란 문제의 모든 구성요소와 그들 간의 관계를 모형에 다 반영하여 실제 문제와 가능하면 동일한 모형을 만들어 보자는 것이다. 현실과 가급적 유사한 모형을 만들자는 의미에서 이 개념은 일견 무척 바람직하게 보이지만, 이를 너무 강조할 경우, 해를 찾을 수 없는 **실행불가능한 모형(infeasible model)**이 만들어질 우려도 있다.

앞서도 언급하였지만 현실에서 만나게 되는 문제는 교과서의 문제와는 달리 정형화된 것이 아니다. 문제의 모든 구성요소와 그들 간의 관계를 모두 다 반영하는 모형을 만들 수는 있다. 하지만 모형의 구축 목적은 이의 분석을 통해 문제의 해결책을 찾고자 하는 것인 만큼 모형 자체는 현실을 잘 반영한다 하더라도 해결할 수 없는 모형은 모형으로서의 가치가 없는 것이다. 컴퓨터의 발달에 힘입어 과거에는 상상조차 할 수 없었던 복잡한 모형들도 쉽게 해결할 수 있는 시대에 살고 있지만, 아직도 고성능 컴퓨터로도 해결할 수 없는 복잡한 구조를 가진 모형도 있다는 것을 인식해야 할 것이다. 또한 문제의 모든 구성요소를 반영하여 모형을 구조화할 경우, 경제적인 부담뿐만 아니라 의사결정에 영향을 미치지 않는 많은 요소들이 모형에 포함됨으로써 주요 변수의 영향력을 희석시킬 수 있으며, 이로 인해 주요 변수의 역할이 과소평가되고, 모형 분석의 초점이 흐려지는 위험을 초래할 수도 있다.

실행가능성(feasibility)

실행가능성이란 모형을 가급적이면 단순하게 만들어 해결하기 쉽게 하자는 것이다. 이 개념은 실제근접성과 반대되는 개념으로 모형의 해결에 초점을 맞추고 있다. 하지만 이 개념을 너무 강조할 경우, 우리가 만든 모형은 실제 문제와는 동떨어진 것이 되어 모형의 결과가 실제 문제를 해결하는 데 별 도움이 되지 못할 위험이 있다. 앞서도 언급하였듯이 모형의 해는 실제 문제에 대한 해결책을 제시하는 객관적인 근거로서의 역할을 한다. 현실과 동떨어진 모형은 다음 단계인 실행 단계에 어떠한 도움도 주지 못한다.

수리적 모형의 구축 시 이 두 가지 상충된 개념은 적절히 통합될 필요가 있다. 두 개념의 통합은 어떠한 혼합 규칙이 있는 과학(science)이라기보다는 기술(art)에 가깝다. 모형화는 규칙에 의한 것이라기보다는 경험에 의한 것으로 현실 문제의 어떠한 요소를 모형에 포함시켜야 하는지에 대한 통찰력은 모형화 경험에 비례한다고 할 수 있다.

지금까지 문제의 구조화 단계에 대하여 언급하였다. 요약하면 구조화 단계는 당면한 문제 상황의 정확한 인식과 함께 관련 자료를 수집하고, 추후 객관적인 분석을 위하여 문제 상황을 수리적인 모형으로 전환하는 단계이다.

2 분석 단계

해법(algorithms)

분석 단계는 구조화 단계에서 만든 수리적 모형을 해결하는 단계이다. 모형을 해결하는 방법을 **해법(algorithms)**이라고 하는데, 과거 컴퓨터 비용이 중요한 고려사항이었던 시절에는 이 분야 전문가들이 보다 효율적인 해법을 개발하기 위해 많은 노력을 기울였다. 그리고 해법의 개발을 위해서는 일정 수준 이상의 수학적인 지식이 필요했기 때문에 경영과학 분야는 전문가만의 영역으로 일반인들에게 인식되었다. 그러나 컴퓨터의 발달에 따른 사용자 친화적인 소프트웨어의 개발과 보급은 이제 일반인들도 과거에는 전문가의 전유물로만 여겨졌던 과학적 기법들을 자신들의 현실 문제에 쉽게 적용할 수 있게 만들었다.

사실 분석 단계는 일반인들에게는 과학적 문제해결 절차의 세 단계 중 가장 쉬운 단계라고 할 수 있다. 수학적인 배경이 없는 일반인들도 사용자 친화적인 소프트웨어를 이용함으로써 과거에는 전문가들의 영역으로만 간주되었던 곳에서 활동할 수 있게 되었다. 물론 사용자는 소프트웨어가 산출하는 모형의 결과를 올바로 해석하고, 이에 근거하여 후속 조치를 취할 수 있는 능력은 갖추어야 한다. 요약하면, 분석 단계는 구조화 단계에서 만든 수리적 모형의 해를 구하는 단계로서 모형의 해는 다음 단계인 실행 단계에서 문제의 해결책을 제시하는 근거 자료로 이용된다.

민감도 분석(sensitivity analysis)

상황 분석(what-if analysis)

시나리오 분석(scenario analysis)

아울러 분석 단계에서 추가적으로 수행해야 할 작업은 **민감도 분석(sensitivity analysis)**이다. 민감도 분석은 **상황 분석(what-if analysis)** 또는 **시나리오 분석(scenario analysis)**이라고 하는데, 시스템의 변화에 따른 해의 변화를 추적하는 분석이다. 민감도 분석을 통해 어떤 변수의 얼마큼의 변화가 결과에 어떠한 영향을 주며, 또 현재의 최적해를 변화시키는지를 파악함으로써 결과 또는 성과지표에 중요한 영향을 미치는 변수에 대하여 관리를 집중할 수 있다. 또한 민감도 분석은 환경의 변화에 따른 해의 민감도를 검토하도록 함으로써 환경 변화에 동적으로 부응할 수 있는 해결책을 준비하게 하는 유용성도 갖는다.

3 실행 단계

다음으로 의사결정자는 분석 결과에 따라 행동을 추진해야 한다.[4] 실행 단계란 분석 단계에서 도출한 모형의 결과를 근거로 실제 문제에 대한 해결책을 제시하고, 이것이 경영진에 의해 받아들여졌을 경우, 행동으로 옮겨지는 단계이다. 이 정의를 보면 모형의 결과에 근거하여 실제 문제에 대한 해결책을 제시하더라도 이것이 경영진에게 받아들여지지 않거나 행동으로 이어지지 않는 경우도 있음을 암시하는데, 사실 실행 단계는 과학적 문제해결 절차에서 가장 많은 문제점이 노출되는 단계이다.

그렇다면 지금까지 언급한 구조화와 분석 단계를 거쳐 제안된 해결책이 경영진에 의해 받아들여지지 않거나 행동으로 옮겨지지 않는 이유는 무엇일까? 이 질문에 다음과 같은 몇 가지 가능한 대답을 할 수 있다.

첫째, 구조화 단계에서 문제의 인식이 제대로 되지 않은 경우이다. 문제를 구성하는 중요한 요소를 일부 간과하였거나, 중요한 파라미터나 변수에 대해 수집한 자료가 실제 현상을 잘 나타내지 못하였거나, 또는 문제에 영향을 주고받는 이해관계자들의 욕구를 제대로 반영하지 못한 것을 예로 들 수 있다. 이러한 문제는 조직의 문제를 해결하기 위해 일시적으로 외부에서 초청된 전문가의 경우 더 많이 발생할 수 있다. 외부 전문가는 객관적인 관찰자의 시각으로 조직의 문제점을 진단하고 처방할 수 있다는 장점은 갖고 있지만, 조직 내부의 숨겨진 사정이나 미묘한 이해관계, 정치적 이슈 등에 대해서는 알지 못하는 경우가 대부분이다. 이 경우 불필요한 피드백이 발생할 수 있는데, 이러한 피드백은 시간과 자원의 낭비를 초래할 뿐이다. 많은 사람들이 피드백은 새로운 정보를 반영하여 문제를 최신화 하는 바람직한 순환과정으로 인식하는 경우가 많은데, 항상 그런 것은 아니다. 사전에 방지할 수 있는 불필요한 피드백은 최소한으로 줄이는 것이 바람직하다.

사용자-설계자 파트너십 (user-designer partnership)

불필요한 피드백을 방지하기 위해서는 문제 해결의 첫 단계인 구조화 단계의 시작부터 외부 전문가와 내부 구성원 간의 철저한 협력이 요구된다. **사용자-설계자**

4) 이러한 행동은 후속적인 의사결정의 시발점이 될 수 있다. 예를 들어, 신제품을 시장에 새로이 소개하기로 결정하였다면, 의사결정자는 이러한 결정이 초래할 미래 매출에 대하여 관심을 갖게 된다. 그리고 미래 매출을 검토함으로써 의사결정자는 유통시설의 규모나 영업 인력에 대한 후속적인 의사결정을 하게 된다. 하나의 의사결정과 이에 따른 행동은 후속적인 의사결정을 위한 새로운 정보를 제공하게 된다.

파트너십(user-designer partnership)이라 불리는 이 개념은 문제 해결의 전 과정에 문제를 분석하여 해결책을 제시하는 전문가(설계자)와 문제의 해결책에 영향을 받고 해결책을 행동으로 옮기는 구성원(사용자)을 함께 참여시키는 것을 말한다. 이러한 파트너십을 통하여 문제 해결에 필요한 조직 내부의 정보를 상호간에 충분히 의사소통함으로써 외부 전문가는 조직을 위해 보다 현실적이고 의미 있는 해결책을 제시할 수 있고, 조직 구성원은 외부 전문가의 해결책을 보다 잘 이해하고 받아들일 수 있는 분위기가 고취될 수 있다.

둘째, 과학적 방법에 의해 새로이 도출된 해결책은 하나의 **변화**를 의미하며, 이는 구성원들에게 과거와는 다른 행동을 취할 것을 요구한다. 다음의 두 질문에 스스로 답해보라. '귀하는 변화를 해야 한다는데 동의하십니까?', '귀하는 변화를 좋아하십니까?' 처음 질문에 대한 대답은 대체로 긍정적인 반면, 두 번째 질문에 대한 대답은 처음 질문에 대한 대답만큼 긍정적이지 않을 것이다. 사실 변화에 대한 당위성은 많은 사람들이 인정하고 있으나 변화를 진정으로 원하는 사람은 소수인데, 그 이유는 자신이 지금까지 해오던 방법대로 일을 처리하고 행동하는 것이 가장 익숙하고 편하기 때문이다. 변화에 대한 거부감은 인간의 본성일 수 있다.[5] 따라서 변화에 대한 부정적 인식을 줄일 수 있는 당근이 필요하다. 조직의 변화를 이끄는 방법 중 가장 추천할만한 것은 사람들에게 변화에 대한 구체적인 보상안을 제시하는 것이다. 단지 변화를 하면 우리 모두에게 이러이러한 혜택이 있다는 거시적이고 추상적인 표현보다는 변화에 동참함으로써 구성원 개개인이 구체적으로 어떠한 혜택을 누릴 수 있는지를 명확히 제시하는 것이 중요하다. 일선 실무자의 변화에 대한 동참 없이는 조직의 새로운 아이디어는 행동으로 변환될 수 없다.

변화

셋째, 최고경영자의 변화 의지, 변화에 대한 확고한 경영철학, 그리고 지원이 필요하다. 변화를 추진하는 데 있어 **최고경영자의 역할**은 매우 크다. 특히, 최고경영자가 대주주일 경우에는 더욱 그러하다. 실행력의 부족은 동서양을 막론하고 예전부터 최고경영자의 가장 큰 실패원인으로 지적되고 있다. 예를 들어, 차란과 콜빈(Ram Charan and Geoffrey Colvin)의 조사에 따르면[6] 최고경영자의 실패원인 중 가장 큰 빈도를 차지하는 것이 새로운 아이디어를 실천으로 옮기지 못하는 실행력의 부

최고경영자의 역할

5) 이를 **현상유지편향(status-quo bias)**이라고 한다.

6) Charan, Ram and Geoffrey Colvin (1999), "Why CEOs Fail," *Fortune*, June 21.

족으로 꼽고 있다. 변화를 이끄는 최고경영자의 리더십과 변화를 위한 물질적, 정신적 지원은 조직의 변화를 성공으로 이끄는 가장 강력한 원동력 중 하나이다.

사용자–설계자 파트너십 과학적 경영의 성공적 시행을 위해서는 객관적 관찰자로서 조직의 의사결정을 도와주는 전문가와 의사결정의 주체인 경영층 간의 밀접한 파트너십이 요구된다. 경영층은 궁극적인 의사결정의 책임자이며, 전문가는 조직이 당면한 문제를 합리적으로 해결하기 위한 지식과 도구를 제공한다. **사용자–설계자 파트너십(user–designer partnership)**은 경영층을 문제해결의 전 과정에 보다 철저히 참여시킴으로써 이루어지는 문제해결 접근방식이다. 경영층은 그들이 당면한 조직의 문제에 대한 포괄적인 지식 및 경험을 축적하고 있으며, 조직 내의 미묘한 이해관계를 감지할 수 있고, 문제점이나 그 해결책에 영향을 받는 이해관계자들을 판별할 수 있는 능력을 보유하고 있다. 경영층의 적극적인 참여는 또한 과학적 의사결정기법의 적용을 통해 산출된 새로운 해결책을 그들이 보다 잘 이해하고 받아들일 수 있는 분위기를 고취시킬 수 있다. 아울러 조직도 새로운 변화를 맞을 준비가 되어 있어야 한다. 조직 내에 혁신 및 변화의 수용 분위기가 조성되어 있지 않다면 과학적 경영의 성공적 시행은 이루어지지 않을 것이다. 또한 새로운 해결책을 궁극적으로 사용하게 되는, 즉 변화를 행동으로 옮기는 조직 구성원들의 참여, 그리고 그들을 위한 교육을 고무하고 장려하는 것도 중요한 사안이다. 즉, 사용자–설계자 파트너십은 과학적 기법에 대해 잘 모르는 경영층과 전문가 사이의 의사소통과 상호이해를 증진시켜, 조직이 당면한 문제를 보다 확실히 파악하고 분석하도록 함으로써 결과적으로 성공적인 문제해결의 가능성을 증진시킬 수 있는 장점을 갖고 있다. 그러나 이 모든 것도 최고경영자의 확고한 변화 의지와 적극적인 지원, 그리고 과학적 경영에 대한 일관성 있는 경영철학이 없이는 불가능하다. 결국, 과학적 경영의 성공적인 시행을 위해서는 경영층과 문제해결 전문가의 팀워크(teamwork), 조직의 변화수용 분위기, 그리고 이를 뒷받침해주는 최고경영자의 의지와 지원이 필요하다 하겠다.

익·힘·문·제

1. 경영과학에 대한 설명으로 옳지 않은 것은?

① 경영과학의 기원은 제2차 세계대전 중 연합군의 전쟁 승리 노력인 작전연구이다.

② 경영과학은 과학적 방법을 이용하여 의사결정을 수행하는 지식의 총체이다.

③ 한정된 자원의 효율적 배분을 통한 최선의 문제 해결 방안을 모색한다.

④ 조직의 문제를 과학적으로 해결하기 위한 학제적 접근방법이다.

⑤ 위에 적절한 보기가 없다.

2. 조직의 의사결정과 관련하여 "모로 가도 서울만 가면 된다."는 말은 다음의 어떤 보기와 가장 상충되는가?

① 조직의 지향점 설정

② 최선의 행동 방안 모색

③ 실행가능한 대안의 탐구

④ 조직의 자원, 역량, 환경의 분석

⑤ 위에 적절한 보기가 없다.

3. 과학적 문제해결 절차는 구조화(formulation), 분석(analysis), 실행(implementation)의 세 단계로 크게 구분할 수 있다. 이 중 실행단계에서 발생할 수 있는 문제점을 극복할 수 있는 방안으로 부적절한 것은?

① 사용자-설계자 파트너십(user-designer partnership)

② 구성원 개개인에 대한 구체적 보상 마련

③ 변화를 수용하는 조직 분위기의 고취

④ 피드백을 통한 모형의 수정

⑤ 위에 적절한 보기가 없다.

4. 가치지향적 사고(value-focused thinking)와 관련이 없는 것은?

① 근본적인 목표가 무엇인지를 탐구한다.
② 획기적인 문제해결방안(breakthrough)을 찾을 수 있다.
③ 보다 넓은 시야에서 실행 가능한 대안들을 찾을 수 있다.
④ 주어진 목표를 달성하기 위한 대안들의 비교, 평가에 중점을 둔다.
⑤ 위에 적절한 보기가 없다.

5. 모형화에 관한 설명으로 옳지 않은 것은?

① 실행가능성(feasibility)의 지나친 강조는 문제의 해결책을 제시하는 데 별 도움을 주지 못한다.
② 실제근접성(fidelity)이란 가능하면 모형을 현실과 가깝게 만드는 것을 말한다.
③ 실행가능성이란 실제근접성과 상충하는 개념이다.
④ 민감도 분석은 모형의 정제 과정에 도움을 줄 수 있다.
⑤ 위에 적절한 보기가 없다.

6. 당면한 문제 상황을 수리적 모형으로 변환하는 이유로 타당하지 않은 것은?

① 문제 상황을 간결하고 명확하게 표현할 수 있다.
② 문제를 객관적으로 분석할 수 있도록 한다.
③ 컴퓨터가 잘 이해할 수 있는 언어이다.
④ 근본적인 문제점을 찾기 위함이다.
⑤ 위에 적절한 보기가 없다.

7. 사람은 원래 현재의 상태를 선호하는 습성이 있고, 현재의 상태에서 벗어나는 것을 불안해하고 불편해한다. 그리고 일단 선택한 후에는 이를 변경하기 싫어하는 습성이 있다. 인간의 이러한 **현상유지편향(status-quo bias)**은 모든 정책 입안에서 **기본값(default)**의 중요성을 상기시킨다. 기본값이란 내가 특별히 다른 선택을 하지 않는 한 나에게 적용되는 기본적인 규칙이나 제도를 말한다. 기본값은 인간으로 하여금 지금 무엇을 선택해야 한다는 정신적인 고통을 제거한다. 금융상품이나 복지제도의 기본값을 잘 만들어야 하는 이유가 여기에 있다. 기본값이 초래할 수 있는 바람직한 상황과 그렇지 않은 상황 하나씩을 예를 들어 기술하시오.

스마트 경영과학

SMART MANAGEMENT SCIENCE

PART II 최적화 모형

3

CHAPTER

최적화와 선형계획법

가장 좋은 행동방안(the best course of action)을 모색하기 위한 최적화(optimization) 방법을 다룬다. 문제를 간결하고 명확히 구조화하고 객관적인 분석을 가능하게 하는 수리적 모형의 정립 방법부터 시작하여 최적화 기법들 중 가장 기본이 되면서도 응용범위가 넓은 선형계획법(LP: linear programming)에 대해 구체적으로 학습한다. 선형계획모형의 정립부터 해결, 민감도 분석에 이르는 제반 과정을 학습한다.

> 복잡한 문제를 구조화하고 해결하는 인간의 능력은 객관적이고도 이성적인 해결책이 요구되는 현실 문제의 크기와 비교하면 새 발의 피도 안된다.
>
> – 허버트 사이먼(Herbert Simon)

최적화(optimization)
규범적인 해(normative solutions)
수리적 모형(mathematical models)

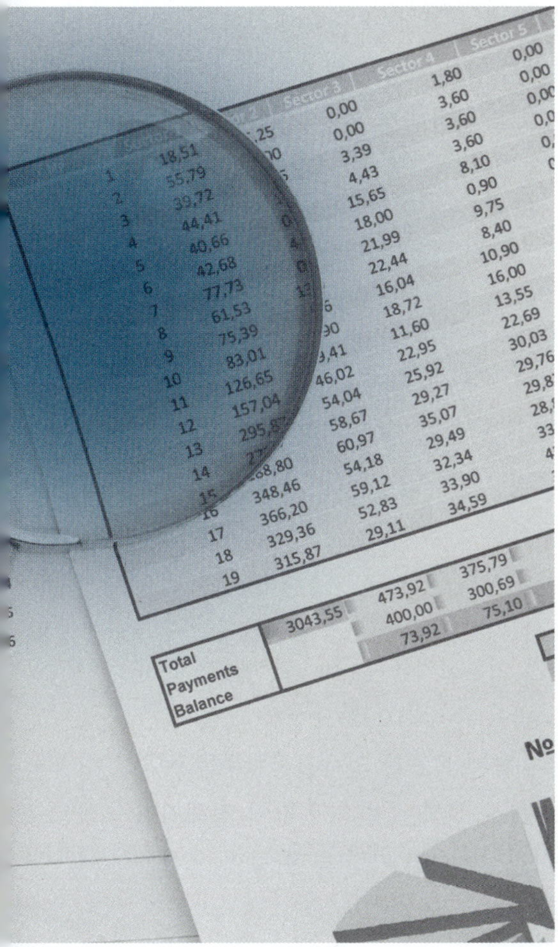

최적화(optimization)란 주어진 문제에 대한 가장 좋은 해결책, 즉 최적해(optimal solution)를 모색하는 것을 말한다. 어떤 일을 하는 방법이 여러 가지 있다는 말은 그 여러 가지 방법 중에서 가장 좋은 방법이 반드시 존재함을 의미한다. 지금부터 우리가 학습하고자 하는 것은 당면한 문제를 가장 잘 해결할 수 있는 솔루션을 찾는 수리적인 방법이다.

최적화는 **규범적인 해**(normative solutions)를 찾는 과정을 말한다. 즉, 최적화를 통해 우리는 이성적인 사람이라면 취해야 할 당위적 해결책을 구한다. 최적화를 위해 우리는 **수리적 모형**(mathematical models)을 이용할 것이다. 수리적 모형이란 앞서도 언급했듯이 문제의 수리적 표현 또는 근사한 표현양식을 의미한다. 수리적 모형은 그 형태에 따라 여러 가지가 있는데, 대표적인 것으로는 선형계획모형, 정수계획모형, 비선형계획모형, 목표계획모형 등을 들 수 있다.

3.1 수리적 모형

수리적 모형의 종류는 여러 가지가 있지만 모형의 구성요소는 세 가지로 동일하다. 당면한 문제를 수리적으로 표현하기 위한 모형의 세 가지 구성요소는 **의사결정변수**(decision variables), **목적함수**(objective function), 그리고 **제약조건**(constraints)이다. 이 중 목적함수와 제약조건은 의사결정변수의 함수와 식으로 각각 나타낸다. 세 가지 요소에 대하여 구체적으로 설명해 보자.

1 의사결정변수

의사결정변수(decision variables)

수리적 모형을 만들 때 가장 먼저 설정해야 하는 것은 **의사결정변수(decision variables)**이다. 의사결정변수란 문제에서 의사결정자가 결정해야 할 대상(decisions to be made), 찾고자 하는 대상을 말한다. 우선, 의사결정변수라는 용어부터 살펴보자. 왜 의사결정의 대상을 변수(variables)라고 부르게 되었을까? 변수라는 용어는 두 가지 조건을 충족시켜야 한다. 하나는 그 값을 아직 모른다는 것이다(the value is unknown), 그리고 다른 하나는 그 값은 숫자라는 것이다(the value is numerical). 즉, 의사결정변수란 우리가 찾고자 하는 대상(변수)의 값은 아직 모르지만 그 값은 숫자로 표현된다는 의미이다.

의사결정변수의 정의

다음 분기 매출을 가장 크게 할 수 있는 제품 1, 2, 3의 광고비용을 구하는 문제를 예로 들어보자. 이 문제에서 의사결정변수는 제품 1, 2, 3의 광고에 각각 지출될 금액의 크기이다. 하지만 아직은 각 제품 광고에 투입할 가장 바람직한 광고비용을 모르므로 수리적 모형에서는 이들을 임의의 기호로 나타내게 된다. 예를 들어, A_1을 제품 1에 투입될 광고금액, A_2를 제품 2에 투입될 광고금액, A_3을 제품 3에 투입될 광고금액이라고 정의해 보자. 이와 같이 어떤 기호가 어떤 의미를 갖는다고 설명한 것을 **의사결정변수의 정의**라고 한다.

의사결정변수의 정의는 수리적 모형에서 매우 중요한 역할을 하는데, 이러한 정의를 보고 다른 사람도 내가 만든 모형을 보고 이해할 수 있고, 필요 시 수정할 수 있기 때문이다. 또한 수리적 모형의 목적함수와 제약조건은 의사결정변수를 이용해 만들기 때문에 의사결정변수의 명확한 정의는 수리적 모형의 논리를 이해하기 위해 모형에 반드시 수반되어야 한다.

2 목적함수

목적함수(objective function)

목적함수(objective function)란 문제에서 우리가 이루고자 하는 바, 달성하고자 하는 바, 추구하는 목표를 말한다. 즉, 우리의 소망을 수리적으로 표현한 것을 말한다. 함수(function)라고 부르는 이유는 우리가 추구하는 목표가 의사결정변수를 이용해 함수형태로 표현되기 때문이다. 함수는 함수를 구성하는 변수의 값이 정해지면 그 값이 정해지는 것처럼 목적함수의 값도 의사결정변수의 가장 좋은 값이 모형을 통해 정해지면 그 값은 자동적으로 정해지게 된다.

목적함수는 최대화(maximize) 또는 최소화(minimize)의 대상이 된다. 목적함수의 예로서 매출의 극대화, 이윤의 극대화, 행복의 최대화, 비용의 최소화, 거리의 최소화, 불만의 최소화 등을 들 수 있다. 만일 수리적 모형이 제약조건 없이 목적함수만 가지고 있다면 우리가 추구하는 목적함수의 값은 한없이 커지거나 한없이 작아질 수도 있다. 예를 들어, 제품 광고비를 지출함에 따라 매출이 비례적으로 증가한다면 매출 극대화를 위한 가장 좋은 방법은 광고비를 무한정 지출하는 것이 될 것이고, 또 그때의 목적함수 값인 매출도 무한히 증가하게 될 것이다. 물론 이것은 우리가 구하고자 하는 해는 아닐 것이다. 왜냐하면 자원(위의 예에서는 광고비 지출액)은 보통 한정되어 있기 때문이다. 따라서 수리적 모형에는 일반적으로 제약조건이라는 세 번째 요소가 포함된다.

3 제약조건

제약조건(constraints)

제약조건(constraints)이란 우리의 소망을 달성하지 못하도록 방해하는 현실적 제약을 말한다. 제약조건이 모형에 포함됨으로 해서 수리적 모형의 목적함수 값이 한없이 커지거나 한없이 작아지는 현상을 제어해준다. 제약조건은 의사결정변수를 이용하여 등식이나 부등식으로 표현한다. 예를 들어, 제품 1, 2, 3의 광고에 투입될 광고비 예산이 100으로 한정되어 있다면 $A_1+A_2+A_3 \leq 100$이라는 조건이 모형에 추가되어야 하며, 이 제약조건은 목적함수의 값이 무한히 커지는 것을 방지한다.

요약하면, 의사결정변수, 목적함수, 제약조건이라는 세 가지 요소로 구성된 수리적 모형은 한정된 자원을 가장 효율적으로 배분하여 우리가 추구하는 목표를 가장 잘 달성시킬 수 있는 행동방법인 최적해를 모색한다. 즉, 수리적 모형은 경영에서 중요시하는 두 가지 개념인 효율성과 효과성을 동시에 추구하여 당면한 문제의 해결책을 꾀하는 현실 문제의 유용한 추상물이다.

3.2 선형계획법

선형계획법(LP: linear programming)
최적화 기법(optimization techniques)

선형계획법(LP: linear programming)이란 한정된 자원을 효율적으로 배분하여 의사결정주체가 추구하는 목표를 가장 잘 달성시키도록 하는 **최적화 기법(optimization techniques)**의 하나로서 경영학의 모든 기능영역, 예를 들어 재무, 마케팅, 생산운영, 인사조직, 회계뿐만 아니라 행정, 교통, 보건, 환경, 에너지 등 공공부문에도 널리 이용되어 많은 성공사례를 만들고 있다. 선형계획법은 시뮬레이션(simulation)과 더불어 경영과학 기법 중 가장 널리 사용되고 있는데, 그 이유로는 잘 짜인 이론적 틀, 광범위한 응용성, 그리고 이해의 용이성 등을 들 수 있다.

선형계획법이라는 용어의 영문 표현을 보면 프로그래밍(programming)이란 말이 들어있는데, 이 말은 컴퓨터 언어(예를 들어, C++, Fortran, Java 등)를 이용해서 프로그램을 만든다는 의미가 아니라 계획수립(planning), 최적화(optimizing)로 이해하면 된다. 즉, 미래의 소망을 달성하기 위해 어떻게 하는 것이 최선인지를 꾀하는 최적화 기법을 말한다.

선형계획모형(linear programming models)
선형(linearity)

선형계획법은 최적화 기법 중 가장 기본이 되는 중요한 기법으로, 선형계획법이 적용되는 수리적 모형을 **선형계획모형(linear programming models)**이라고 한다. 선형계획모형은 목적함수와 제약조건 모두가 의사결정변수의 선형 함수, 선형의 식으로 이루어진 모형을 말한다. 선형계획모형의 '**선형(linearity)**'이란 이차원 그래프에서는 직선을 나타내고, 삼차원 그래프에서는 평면을 나타낸다. 일반적으로 선형이란 의사결정변수의 일차함수나 일차식을 의미한다. 예를 들어, 함수 $f(X_1, X_2) = 3X_1 + 2X_2$는 선형함수(linear function)이지만 $f(X_1, X_2) = 3X_1X_2 + 2X_2$는 선형함수가 아니다. 마찬가지로, $2X_1 + 3X_2 = 100$과 $X_1 + X_2 \leq 80$은 각각 선형의 등식(linear equality)과 선형의 부등식(linear inequality)이지만 $2X_1^2/X_2 = 30$이나 $X_1X_2 \leq 80$은 선형의 식이 아니다. 요약하면, 선형계획모형의 목적함수는 의사결정변수에 대한 선형의 함수이며, 모든 제약조건도 선형의 등식이나 부등식으로 표현된다.

그렇다면 선형계획모형이란 어떤 것인지 간단한 예제를 통해 설명해 보도록 하자.

예제 수공예 하회탈 제조업체인 안동하회탈은 양반탈과 각시탈, 두 가지 탈을 만들어 팔고 있다. 양반탈의 개당 판매가는 2만7천원이고, 재료비는 1만원이며, 가변비용(노동비, 간접비 등 탈 하나 만들 때마다 발생하는 비용)은 1만4천원이다. 각시탈의 경우, 개당 판매가는 2만1천원이고, 재료비는 9천원, 그리고 가변비용은 1만원이라고 한다.

하회탈을 만들기 위해서는 목공기술과 마무리기술, 두 종류의 기술이 필요하다. 목공기술이란 나무를 양반이나 각시 모양으로 깎는 기술을 말하고, 마무리기술은 도색작업, 마무리 등의 상품화 기술을 말한다. 양반탈 한 개를 만드는 데는 1시간의 목공기술과 2시간의 마무리기술이 필요하고, 각시탈 한 개를 만드는 데는 1시간의 목공기술과 1시간의 마무리기술이 필요하다. 매주 안동하회탈에서는 필요한 재료는 모두 구입할 수 있으나 노동력에는 한계가 있어 매주 80시간의 목공기술과 100시간의 마무리 기술을 이용할 수 있다. 과거의 경험으로 볼 때 각시탈의 수요는 무제한이나, 양반탈은 많아야 40개가 팔렸었다.

안동하회탈은 주당 이윤을 최대화하기 위한 제품생산계획안을 마련하고자 한다. 즉, 주당 양반탈과 각시탈을 각각 몇 개씩 생산하는 것이 안동하회탈의 주당이윤을 최대화 시킬 수 있겠는가?

1 선형계획모형 만들기

이제 위 문제 상황을 수리적 모형으로 추상화 해보자. 이를 위해 앞서 언급한 수리적 모형의 세 가지 구성요소 각각이 이 문제에서는 무엇인지 알아보자.

우선, 의사결정변수가 무엇인지 파악해 보자. 안동하회탈이 결정해야 하는 것이 무엇인가? 안동하회탈은 주당 만들고자 하는 양반탈과 각시탈의 개수를 구하고 싶어 한다. 그러나 아직 몇 개씩 만드는 것이 안동하회탈이 추구하는 바(주당 이윤의 최대화)를 가장 잘 달성시켜 줄지는 모른다. 따라서 우리는 아직 그 값을 모르는 의사결정 대상을 다음과 같이 정의한다.

X_1: 주당 양반탈 생산개수
X_2: 주당 각시탈 생산개수

다음은 목적함수이다. 즉, 안동하회탈이 추구하는 바를 말한다. 안동하회탈이 추구하는 바는 주당 이윤을 최대화하는 것이다. 최대화(또는 최소화)의 대상을 의사결정변수의 함수로 표현한 것이 목적함수이므로, 안동하회탈의 목적함수를 의사결정변수 X_1과 X_2를 이용하여 나타내 보자.

앞에서 X_1과 X_2를 아직 그 값을 모르는 양반탈과 각시탈의 생산개수라고 정의한 바 있다. 따라서 양반탈을 X_1만큼 생산하고 각시탈을 X_2만큼 생산하면 안동하회탈의 이윤은 얼마가 될지 생각해보자. 이윤(profit)은 수입(revenue)에서 비용(cost)을 차감한 값이므로

주당 이윤=(양반탈 1개 판매 시의 이윤)×X_1+(각시탈 1개 판매 시의 이윤)×X_2가 된다.

여기서 양반탈 1개 판매 시의 이윤
= 27,000−(10,000+14,000)
= 3,000(원)이고,
각시탈 1개 판매 시의 이윤
= 21,000−(9,000+10,000)
= 2,000(원)이다.

하지만 아직 X_1과 X_2의 값을 모르므로 주당 이윤의 값도 모른다. 따라서 주당 이윤을 관례상 Z라는 변수로 놓기로 하자. 이제 위 예제의 목적함수는 다음과 같이 표현된다.

$Z = 3{,}000X_1 + 2{,}000X_2$ (단위: 원)

여기서 목적함수의 단위를 천원으로 바꾸면[1)]

$Z = 3X_1 + 2X_2$(단위: 천원)이 된다.

이 문제에서는 주당 이윤을 최대화(maximize)하고자 하므로 목적함수 앞에 '*MAX*'

1) 목적함수에 나타나는 '0'의 숫자를 줄여 보다 간결한 표현을 위해 종종 목적함수나 제약조건의 단위를 조정한다.

를 붙인다.

목적함수가 완성되었으므로 다음으로 제약조건을 만들어보자. 안동하회탈이 추구하는 목표의 달성을 방해하거나 제한하는 현실은 무엇인가? 안동하회탈의 목표는 주당 이윤을 최대화하는 것이다. 그렇다면 X_1과 X_2가 무한대의 값을 갖는다면, 즉, 안동하회탈이 각 제품을 무한정 만들어 판매한다면 주당 이윤은 무한대가 되어 안동하회탈의 목표를 가장 잘 달성할 수 있지 않을까?

하지만 현실은 이러한 일이 일어나지 않도록 하는 자원의 제약이 있게 마련이다. 문제에서 안동하회탈은 두 가지 탈을 만드는데 사용할 수 있는 자원의 양이 한정되어 있다. 양반탈 한 개를 만드는 데는 1시간의 목공기술과 2시간의 마무리기술이 필요하고, 각시탈 한 개를 만드는 데는 1시간의 목공시간과 1시간의 마무리기술이 필요한데, 안동하회탈이 일주일에 사용할 수 있는 노동력은 80시간의 목공기술시간과 100시간의 마무리기술시간뿐이다. 따라서 각 제품의 생산개수가 무한히 커질 수는 없는 노릇이다. 그렇다면, X_1과 X_2의 값을 제한하는 제약조건에는 어떠한 것이 있는가? 문제를 보면 다음과 같은 세 가지의 제약조건을 생각할 수 있다.

① 주당 목공기술은 80시간까지 이용할 수 있다.

② 주당 마무리기술은 100시간까지 이용할 수 있다.

③ 과거의 경험으로 보아 양반탈은 많아야 40개가 팔렸으므로 이번 주에도 양반탈은 40개보다 많이 생산할 필요는 없다.

이 중 세 번째 조건은 과거의 판매추세가 미래에도 지속되리라는 가정을 반영한 것이다. 하지만 우리는 과거가 미래의 거울이 되기에는 모든 것이 너무도 빨리 바뀌는 세상에 살고 있다. 따라서 과거의 행동패턴이 미래에도 지속된다는 가정 하에서는 세 번째 조건을 고려해야겠지만 과거가 미래를 대변하기 어렵다는 판단 하에서는 위의 세 번째 조건은 제약조건으로서의 역할을 더 이상 하지 못한다.

이처럼 해결해야 할 문제 상황을 수리적 모형으로 표현할 때는 여러 가지 **가정(assumptions)**이 필요하다. 하지만 가정이란 이성적인 근거가 뒷받침되어야 한다. 예를 들어, 근로자의 하루 노동시간이 문제에 주어져 있지 않다고 해서 근로자 개

가정(assumptions)

합리적 근거(rationale)

인의 하루 근무시간을 24시간으로 가정해서는 안 된다는 것이다. 하지만 8시간이나 10시간의 근무시간은 현실적으로 가능한 가정이 된다. 중요한 점은 하루 8시간이든 10시간이든 그 가정은 **합리적 근거(rationale)**에 의해 뒷받침되어야 한다는 것이다.

이 예제에서는 양반탈의 과거 수요패턴이 미래에도 지속될 것이라는 가정 하에 위의 세 번째 조건을 포함시키기로 한다.

이제 세 가지 제약조건을 의사결정변수를 이용하여 식으로 표현해 보자. 우선, 제약조건 ①은 다음과 같이 표현될 수 있다.

$$1 \cdot X_1 + 1 \cdot X_2 \leq 80 \quad \cdots\cdots \quad ①$$

식 ①의 좌변항 $1 \cdot X_1 + 1 \cdot X_2$는 양반탈과 각시탈을 각각 X_1, X_2만큼씩 생산할 때 소요되는 목공시간을 나타내며 계수 1을 생략하여 이후 $X_1 + X_2$로 표현한다. 식 ①의 우변항은 안동하회탈이 주당 이용할 수 있는 목공시간을 나타낸다. 같은 방법으로 제약조건 ②와 제약조건 ③도 다음과 같이 나타낸다.

$$2X_1 + X_2 \leq 100 \quad \cdots\cdots \quad ②$$
$$X_1 \leq 40 \quad \cdots\cdots \quad ③$$

제약조건을 만들 때 하나 주의해야 할 사항은 각 제약조건의 좌변항과 우변항의 단위는 같아야 한다는 것이다. 예를 들어, 제약식 ①의 좌변항 단위는 시간이고 우변항의 단위도 시간이다. 이것을 좌변항의 단위는 시간으로 두고 우변항은 분으로 나타내서는 안 된다는 것이다.

기술계수(technological coefficients)
우변항(rhs: right-hand-side)

제약조건에서 각 의사결정변수 앞에 붙은 계수는 **기술계수(technological coefficients)**라고 부르는데, 이는 각 제품을 생산하는 데 드는 기술 수준을 나타낸다. 그리고 각 제약조건의 우변항은 말 그대로 **우변항(rhs: right-hand-side)**이라고 부른다.

부호제약(sign restrictions)

마지막으로 본 예제에서 의사결정변수 X_1과 X_2가 음(−)의 값을 갖는 것은 무의미하므로 $X_1,\ X_2 \geq 0$이라는 **부호제약(sign restrictions)**을 모형에 추가한다. 우리가 보는 대부분의 문제에서 의사결정변수가 음의 값을 갖는 것은 무의미하나 문제에 따라 음의 값을 갖는 경우도 있다. 예를 들어, 의사결정변수 X를 나의 재산상태라고 정의하자. 그러면 의사결정변수 X는 음의 값도 가질 수가 있는데, 예를 들어 $X=1{,}000$이라면 나의 재산상태가 $+1{,}000$임을 나타내고, $X=-500$이라면 내가 남에게 500을 빚진 상태임을 나타낸다.

이제 기본예제에 대한 선형계획모형은 다음과 같이 표현될 수 있다. 문제가 말로 표현했을 때보다 다섯 줄의 식으로 간결하게 나타났음을 알 수 있다.

$$
\begin{aligned}
&MAX\ Z = 3X_1 + 2X_2 \\
&s.t. \quad X_1 + X_2 \le 80 \\
&\qquad 2X_1 + X_2 \le 100 \\
&\qquad X_1 \le 40 \\
&\qquad X_1,\ X_2 \ge 0
\end{aligned}
$$

위 모형에서 목적함수는 Z를 생략해서 $MAX\ 3X_1 + 2X_2$로 표현해도 무방하다. 또한 제약조건 앞에 있는 '*s.t.*'는 'subject to'의 약자로서 의사결정변수 X_1과 X_2는 '*s.t.*' 다음에 나오는 모든 제약조건과 부호제약을 동시에 만족시켜야 한다는 의미이다.

마지막으로 위 모형과 관련하여 한 가지 질문을 더 해보자. 위 모형의 가장 큰 가정은 무엇인가? 바로 목적함수의 해석과 관련된 것이다. 우리는 의사결정변수 X_1과 X_2를 각각 양반탈과 각시탈의 생산개수로 정의하였다. 모형의 목적함수를 보자. 생산한 것이 모두 이윤으로 바뀌기 위해서는 생산한 양반탈과 각시탈이 모두 팔린다는 가정이 필요하다. 실제로는 이러한 가정이 성립되지 않는 경우가 많다. 생산한 제품 중 일부는 판매되지만 나머지는 판매되지 않고 재고로 쌓이거나 또는 만든 제품이 식품일 경우 부패하여 상품으로서의 가치가 없는 경우도 있을 것이다. 물론 이러한 경우도 모형화가 가능하지만 이 예제에서는 만든 것은 다 팔린다는 가정을 하기로 한다.

이제 선형계획모형에 대해 요약해 보자. 선형계획모형은 최적화 모형의 한 종류로 다음과 같은 특징을 갖는다.

① 의사결정변수로 표시된 선형의 함수를 극대화 하거나 극소화 한다. 극대화(또는 극소화) 대상인 선형의 함수를 목적함수라 부른다.

② 의사결정변수는 반드시 모든 제약조건과 부호제약을 동시에 만족시켜주어야 한다. 각 제약조건은 선형의 등식(=)이나 선형의 부등식(≤ 또는 ≥)으로 표현된다.

비음조건(non-negativity condition)

부호제약이 없는 변수(urs variables: unrestricted-in-sign variables)

자유변수(free variables)

③ 각 의사결정변수에 대한 부호제약을 명시해 준다. 대부분의 문제에서 의사결정변수는 **비음조건(non-negativity condition)**을 만족하나, 음의 값을 갖는 경우도 있다. 양의 값과 음의 값 모두를 가질 수 있는 의사결정변수를 우리는 **부호제약이 없는 변수(urs variables: unrestricted-in-sign variables)** 또는 **자유변수(free variables)**라고 부른다.

2 선형계획법의 기본 원리

실행가능한 해(feasible solutions)

선형계획모형의 해는 어떻게 구하는가? 이제 이것이 궁금할 것이다. 위의 모형을 보면 그다지 복잡해 보이지 않는다. 그래서 쉽게 최적해(best solution; optimal solution)를 찾을 수 있을 것으로 생각한다. 한번 최적해를 찾아보라. 그리 쉽지 않을 것이다. 최적해를 찾기 쉽지 않은 이유는 위의 모형뿐만 아니라 일반적으로 선형계획모형의 **실행가능한 해(feasible solutions)**가 수없이 많기 때문이다. 실행가능한 해란 모든 제약조건과 부호제약을 만족시키는 우리가 이용할 수 있는 모든 대안을 말한다. 이렇게 무수히 많은 해들 중에서 가장 좋은 해를 찾기 위해서는 수없이 많은 해들을 열거하고 이를 비교해 보아야 하는데, 해가 무수히 많기 때문에 이러한 비교는 실제로 가능하지 않다.

앞서의 기본예제만 하더라도 모든 제약조건과 부호제약을 만족시키는 (X_1, X_2) 조합의 수는 무수히 많다. 예를 들어, $(X_1, X_2) = (20, 40)$ 또는 (30, 40)과 같은 해들은 모든 제약조건과 부호제약을 만족시켜주는 해이기 때문에 실행가능한 해(feasible solutions)가 된다. 이제부터 우리가 해야 할 일은 이렇게 무수히 많은 실행가능한 대안들 중에서 우리가 추구하는 바를 가장 잘 달성시켜줄 수 있는 최적의 대안(optimal solution)을 찾는 것이다. 그렇다면 이렇게 무수히 많은 대안들 중에서 어떤 대안이 우리가 찾는 최적 대안인가? 어떻게 우리는 한 대안이 다른 대안보다 낫다고 평가하는가? [그림 3-1]은 선형계획모형의 최적해를 찾아가는 과정을 개괄적으로 보여준다.

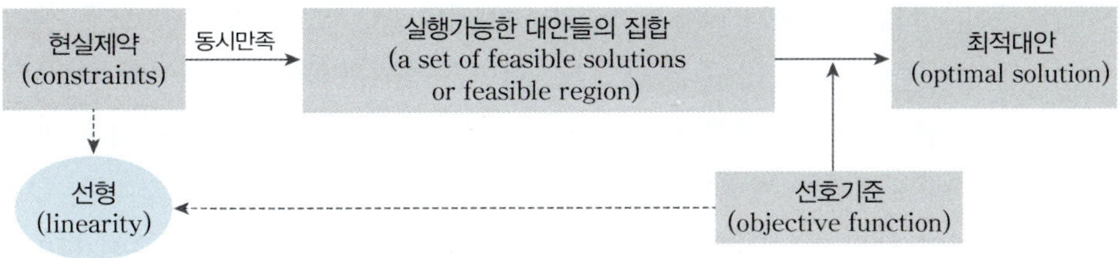

그림 3-1
선형계획모형의 최적해를 찾아가는 과정

실행가능지역(feasible region)
볼록집합(convex set)

선형계획모형의 최적해를 찾는 과정은 **실행가능지역(feasible region)**을 판별하는 것부터 시작한다. 실행가능지역이란 실행가능한 해들의 집합(a set of feasible solutions; a set of alternatives)을 말하는 것으로 모형에서 모든 제약조건과 부호제약을 만족하는 해들의 집합을 말한다. 선형계획모형의 실행가능지역은 항상 **볼록집합(convex set)**이다. 선형계획모형의 이러한 특성 때문에 선형계획모형의 최적해는 실행가능한 해들 모두가 아닌 그 중 일부만 비교해서도 구할 수 있는 매우 효율적인 해법(algorithm)이 존재한다.[2]

> **볼록집합** 무수히 많은 점들로 구성된 집합에서 임의의 두 점을 선택해 선분으로 연결해 보라. 연결한 선분 위의 점들 모두가 다시 그 집합 내에 포함되면 우리는 그 집합을 볼록집합(convex set)이라고 부른다. 예를 들어, 삼각형(▲)이나 사각형(■) 모양의 집합은 볼록집합이다. 하지만 ★이나 ◣◢ 모양의 집합은 볼록집합이 아니다. 후자의 경우, 임의의 두 점을 연결한 선분 위의 점들 일부분이 다시 그 집합에 포함되지 않기 때문이다.

초기해(initial solution)

최적해를 찾기 위해서는 어떤 기준에 의해 해들을 비교할 수 있어야 한다. 그래야 임의의 **초기해(initial solution)**에서 더 좋은 해(better solutions)로 이동할 수 있고, 이러한 과정의 반복을 통해 더 이상 좋은 해를 찾을 수 없는 지경에 이르렀을 때 우리는 최적해를 구했다고 말하게 된다. 즉, [그림 3-2]처럼 임의의 초기해에서 더 나은 해로 이동하는 과정을 수학적으로 정리한 것이 바로 해법이다.

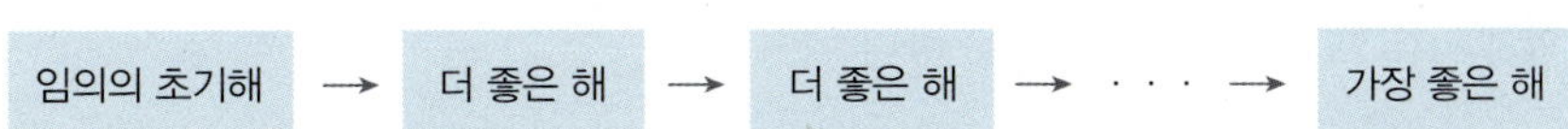

그림 3-2
임의의 초기해에서 더 나은 해로 이동하는 과정

2) 선형계획모형의 대표적 해법은 **심플렉스법(Simplex method)**이다. 이 책에서 사용하는 엑셀의 **해 찾기(Solver)**에도 이 해법이 내장되어 있다.

예를 들어, 앞의 예제에서 $(X_1, X_2)=(20, 40)$이나 $(X_1, X_2)=(30, 40)$ 모두 실행 가능한 해이다. 어느 해가 더 좋은 해인가? 당연히 후자가 더 좋은 해이다. 왜냐하면 후자가 더 큰 목적함수 값을 산출하기 때문이다. 앞의 예제에서 추구하는 바는 두 가지 하회탈을 만들어 판매함으로써 얻게 되는 이윤을 극대화하는 것이다. $(X_1, X_2)=(20, 40)$일 경우 이윤은 140(천원)이 되지만 (30, 40)일 경우에는 이윤이 170(천원)으로 더 많은 이윤을 산출하므로 (30, 40)은 (20, 40)보다 더 좋은 해가 되는 것이다. 즉, 모형에서 한 대안이 다른 대안보다 더 좋은 지를 평가하는 선호기준은 바로 목적함수가 된다. 그리고 선형계획모형의 목적함수와 제약조건은 의사결정변수의 선형의 함수와 식으로 나타난다.

3 선형계획모형의 최적해 구하기

선형대수학(linear algebra)

선형계획법의 기본 원리를 학습했으므로 이제 선형계획모형의 최적해를 구해보자. 모형의 해를 구하는 방법은 크게 세 가지이다. 첫째는 그래프를 이용하는 방법, 둘째는 수학적 해법을 이용하는 방법, 셋째는 소프트웨어를 이용하는 방법이다. 세 가지 방법은 모두 연결된 것으로 선형계획법에 대해 깊이 있게 공부하고자 하는 독자는 세 가지 방법 모두를 학습하는 것을 추천한다. 하지만 두 번째 방법인 선형계획모형의 해법을 이해하기 위해서는 **선형대수학(linear algebra)**에 대한 배경 지식이 요구된다. 따라서 수학적 해법의 학습 필요성이 덜한 일반 독자들은 그래프를 이용한 방법과 소프트웨어를 이용한 방법을 익히는 것으로 충분하다.

자동차 가속페달을 밟으면 힘이 어떻게 전달되어 바퀴가 구르는지 그 구동역학을 아는 운전자는 별로 없다. 하지만 이러한 구동역학을 모르더라도 일상생활에서는 아무런 불편 없이 차는 잘 운전할 수 있듯이, 대부분의 독자들은 해법에 대한 수학적인 이해 없이도 해법이 내장된 소프트웨어를 이용해 모형의 최적해는 쉽게 구할 수 있다. 이 책에서는 수학적 해법에 대해서는 생략하고, 그래프를 이용한 방법과 소프트웨어를 이용한 방법에 대해 설명한다. 실제로는 소프트웨어를 이용한 방법을 주로 사용할 것이나, 선형계획모형의 최적해가 어떻게 찾아지는지 그 개념을 이해하기 위해서는 그래프 분석이 필요하다.

따라서 우선 그래프를 이용해서 선형계획모형의 최적해가 어떻게 찾아지는지 개념적으로 이해하고, 아울러 그래프 분석을 통해 민감도 분석의 맛을 보도록 한다. 그래프 분석은 의사결정변수가 2개인 경우나 3개인 경우에만 가능하다. 의사결정변수가 2개인 경우에는 이차원 평면에서 최적해가 구해지는 과정을 시각적으로 가장 편안하게 볼 수 있다. 의사결정변수가 3개인 경우에도 그래프 분석은 가능하지만 3차원 공간에서 모형을 입체적으로 나타내야 하므로 시각적으로 분석하기가 불편하다.

일반적으로 모형의 의사결정변수는 4개 이상인 경우가 많은데 이런 경우에는 그래프 분석이 불가능하다. 이때에는 수학적인 해법이나 해법이 내장된 소프트웨어를 이용해 최적해를 구하게 된다. 지금부터 학습할 그래프 분석의 목적은 선형계획법을 개념적으로 이해하고, 나중에 소프트웨어(엑셀의 해 찾기)를 이용해 최적해를 구하는 경우 모형의 결과인 해답 보고서와 민감도 보고서의 내용을 이해하기 위해서이다.

① 그래프 분석

하회탈 예제에 대한 선형계획모형은 의사결정변수가 X_1, X_2 2개이다. 따라서 이차원 평면에서 모형을 시각적으로 분석할 수 있다. 또한 의사결정변수가 비음조건을 만족시켜야 하므로 이차원 평면의 일사분면으로 모형의 공간이 제한된다. 이제 이차원 평면에 모형을 표현해 보자. 우선, 선형계획법의 기본 원리에 따라 [그림 3-3]에 실행가능지역부터 나타내 보자.

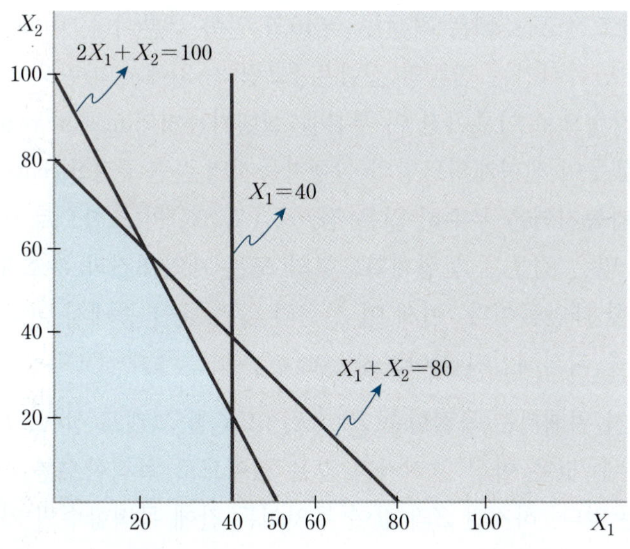

그림 3-3
실행가능지역

실행가능지역은 모든 제약조건과 부호제약을 만족시키는 점들의 집합이므로 우선 비음조건에 따라 이차원 평면의 일사분면으로 (X_1, X_2)의 범위는 제한된다. 이제 일사분면에 제약조건부터 나타내보기로 하자. [그림 3-3]에서 횡축은 X_1, 종축은 X_2를 나타내므로 일사분면은 점 (X_1, X_2)의 모든 조합을 나타낸다.

우선, $X_1+X_2 \leq 80$을 그림에 나타내 보자. 이 제약조건을 그래프로 나타내려면 제약조건의 부등호를 잠시 등호로 생각하고 직선 $X_1+X_2=80$을 우선 그려본다. $Y=aX+b$ 형태의 직선을 그릴 줄 하는 독자라면 쉽게 그릴 수 있을 것이다. 즉, X_2를 Y로, X_1을 X로 생각하여 $X_1+X_2=80$을 $X_2=-X_1+80$의 형태로 바꾸어 기울기가 -1이고, 절편이 80인 직선을 그릴 수 있을 것이다. 하지만 이 직선을 보다 쉽게 그릴 수 있는 방법이 있는데, 그 방법은 다음과 같다.

$X_1=0$이면 그때의 X_2의 값은 80이다. 따라서 해당 점인 $(X_1, X_2)=(0, 80)$을 그래프 위에 찍는다. 마찬가지로 $X_2=0$이면 X_1은 80이다. 이 점 $(X_1, X_2)=(80, 0)$도 그래프 위에 찍는다. 이제 두 점을 직선으로 연결하면 이 직선은 등식 $X_1+X_2=80$을 나타낸다. 그런데 원래의 제약조건은 등식이 아니라 부등식 $X_1+X_2 \leq 80$이다. 따라서 이 부등식을 만족시키는 점들은 [그림 3-3]에서 직선 $X_1+X_2=80$을 포함해 그 아래 부분이 된다.

나머지 제약조건도 마찬가지로 그려보자. 제약조건 $2X_1+X_2 \leq 100$을 만족하는 점들의 집합은 두 점 $(X_1, X_2)=(0, 100)$과 $(X_1, X_2)=(50, 0)$을 잇는 직선의 아래 부분이고, 제약조건 $X_1 \leq 40$은 직선 $X_1=40$의 왼쪽 부분이다. 이제 세 가지 제약조건을 동시에 만족시키는 점들의 집합은 [그림 3-3]에서 파란색으로 표시된 부분이 된다. 오각형으로 이루어진 이 부분을 실행가능지역(feasible region)이라고 하며, 앞서 언급했듯이 선형계획모형의 실행가능지역은 볼록집합(convex set)임을 알 수 있다. 실행가능지역은 무수히 많은 점, 즉 (X_1, X_2)의 조합으로 이루어져 있는데, 이 무수히 많은 점들은 선형계획모형의 모든 제약조건과 부호제약을 만족시키는 실행가능한 대안들이다. 이제 이 무수히 많은 대안 중에서 어떠한 대안이 가장 좋은 대안, 즉 최적해인지 찾아보자.

최적해를 찾기 위해서는 목적함수 $Z=3X_1+2X_2$를 그래프 상에 그리는 것이 필요하나, 목적함수 값은 아직 알려지지 않은 값이므로 목적함수를 정확히 그래프에 나타낼 수는 없다. 하지만 Z의 값이 무엇이든 간에 목적함수의 기울기는 -1.5

로 동일함을 알 수 있다. 기울기가 −1.5인 임의의 직선을 한번 그려보자. [그림 3-4]에서 검은색 점선으로 표시된 직선이 바로 임의의 목적함수를 나타낸 것이다. 이 목적함수의 값(Z-값)은 120임을 알 수 있다. 사실 목적함수를 나타내는 선분의 양 끝 두 점인 (0, 60), (40, 0)뿐만 아니라 이 선분 위의 어떤 점을 목적함수에 대입해도 목적함수 값은 120으로 동일하게 나오게 되는데, 이러한 직선을 **등이익선(iso-profit line)**이라고 부른다.

등이익선(iso-profit line)

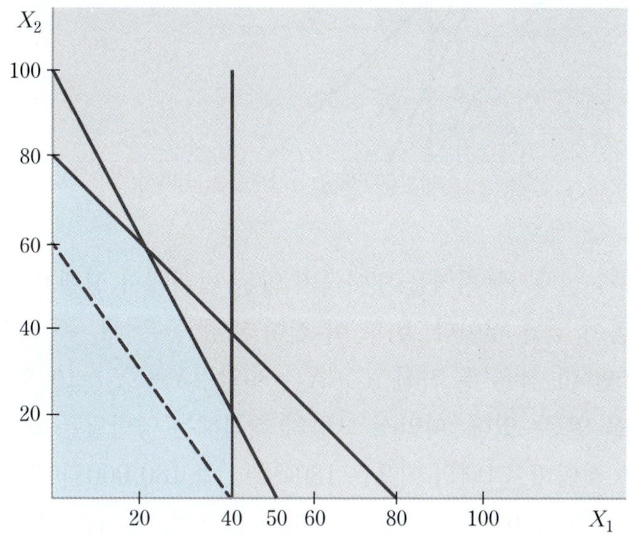

그림 3-4
임의의 목적함수가 표시된 실행가능지역

이제 우리가 원하는 바는 가능하면 목적함수 값을 크게 만드는 것이므로 Z-값에 상관없이 기울기가 일정한 목적함수를 오른쪽 위 방향(右上向)으로 평행이동 시켜보자. 그러면 절편이 커져 목적함수 값은 점점 커지는 것을 알 수 있다. 하지만 목적함수 값이 커진다고 목적함수를 한없이 우상향으로 이동시킬 수는 없는데, 그 이유는 모든 제약조건을 만족시키는 범위 내에서 목적함수의 값을 최대한 크게 만들어야 하기 때문이다. 따라서 실행가능지역을 벗어나지 않는 범위에서 목적함수를 우상향으로 이동시킨다.

그림 3-5
그래프를 이용한 최적해의 발견

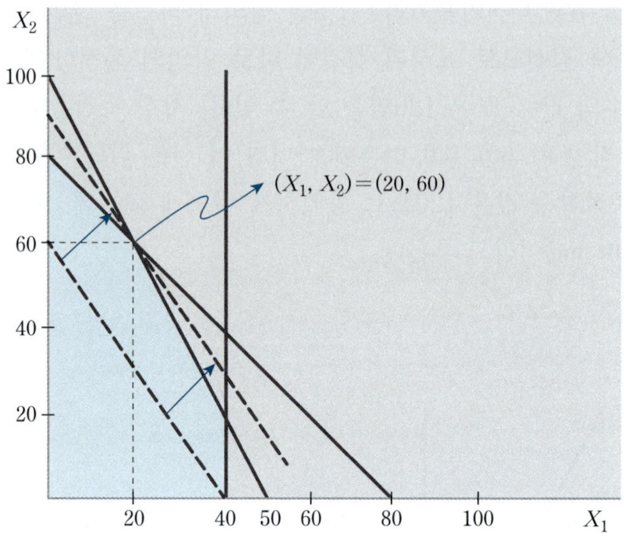

이제 목적함수가 실행가능지역을 벗어나지 않는 범위에서 실행가능지역과 마지막으로 만나는 점이 있을 것이다. 바로 이 점이 가장 좋은 해, 즉 최적해가 된다. [그림 3-5]를 보면 이 점은 두 직선 $X_1+X_2=80$과 $2X_1+X_2=100$의 교점인 $(X_1, X_2)=(20, 60)$임을 알 수 있다. 따라서 모형의 최적해는 양반탈은 20개, 각시탈은 60개를 생산하는 것이며, 그때의 이윤은 180(천원), 즉 180,000원이 됨을 알 수 있다. 현 상황에서 이보다 더 좋은 해는 존재하지 않으며, 우리는 그래프를 이용해 최적해를 발견한 것이다.

② 꼭지점 비교 방법

꼭지점(extreme points)

독자들은 혹 다른 교재에서 실행가능지역의 **꼭지점(extreme points)**을 비교해서 선형계획모형의 최적해를 구하는 방법을 본 경우가 있을 것이다. 하지만 이 방법은 독자들을 오도할 수 있는데, 그 문제점을 지적해 보겠다.

[그림 3-6]에서 실행가능지역은 5각형의 볼록집합으로 O, A, B, C, D 등 다섯 개의 꼭지점을 갖고 있다. 각 꼭지점에 해당하는 목적함수 값(Z-값)은 다음 표와 같다.

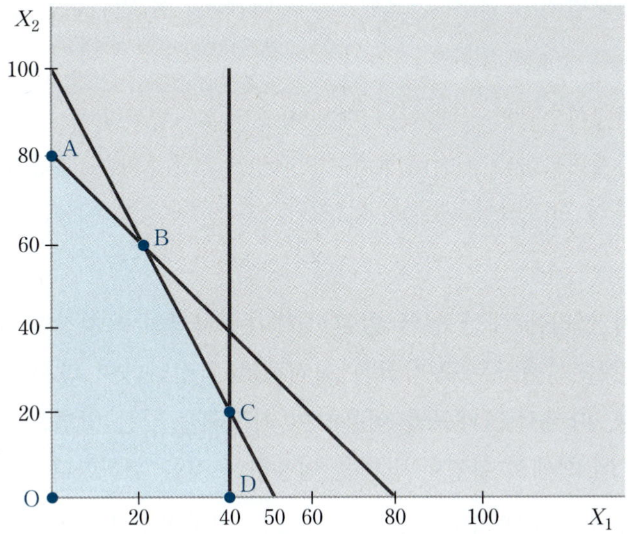

그림 3-6
실행가능지역의
꼭지점

꼭지점	(X_1, X_2)	Z-값
O	(0, 0)	0
A	(0, 80)	160
B	(20, 60)	180
C	(40, 20)	160
D	(40, 0)	120

위 표를 보면 다섯 개의 꼭지점 중 가장 큰 목적함수 값을 산출하는 것은 꼭지점 B로 이것이 바로 최적해라는 것이다. 이 결과는 우리가 앞서 목적함수를 나타내는 등이익선을 우상향으로 이동시켜 구한 최적해와 동일하다.

하지만 실행가능지역의 꼭지점을 비교해 최적해를 구하는 방법은 독자들에게 혼란을 가져올 위험이 있다. 즉, 실행가능지역은 실행가능한 대안들의 집합인데, 왜 실행가능지역을 구성하는 수많은 점들 중에서 하필 실행가능지역의 꼭지점만 비교하고 나머지 대안들은 비교대상에서 제외시키느냐는 의문이다.

이러한 의문을 해소시키기 위해서는 꼭지점 비교방법을 이야기하기 전에 다음과 같은 선형계획법의 두 가지 중요한 정리(theorems)[3]를 언급하는 것이 필요하다.

> **[정리 1]** 선형계획모형의 실행가능지역은 항상 볼록집합이다.
> **[정리 2]** 선형계획모형의 최적해가 존재한다면, 그 최적해는 실행가능지역의 꼭지점 중 하나에서 반드시 발생한다.

위의 두 가지 정리에 대한 언급 없이 실행가능지역의 꼭지점만 비교해서 가장 큰 목적함수 값을 산출하는 꼭지점을 최적해로 결정하다면 앞서와 같은 의문이 들 수밖에 없다. 따라서 그래프를 이용하여 최적해를 찾는 방법으로는 꼭지점 비교 방식보다는 이 책에서 설명한 방법을 이용하는 것을 추천한다.

기본가능해(BFS: basic feasible solution)

위의 두 가지 정리와 관련해 첨언하자면, 의사결정변수가 2개일 경우에는 [그림 3-6]과 같이 실행가능지역의 꼭지점을 쉽게 눈으로 볼 수 있지만 의사결정변수가 4개 이상인 일반적인 모형의 경우에는 실행가능지역의 꼭지점은 눈으로 확인할 수 없다. 이때는 수학적인 방법으로 꼭지점을 비교해서 최적해를 찾아가게 되는데, 꼭지점 역할을 하는 실행가능한 해를 **기본가능해(BFS: basic feasible solution)**라고 부른다. 선형계획모형의 해법이 매우 효율적인 이유는 바로 위의 정리 덕분이다. 즉, 선형계획모형의 최적해는 실행가능한 해 모두를 비교하지 않고[4] 그 중 일부인 기본가능해들만 비교해서 찾게 된다.

③ 무한해와 실행불가능한 해

위의 [정리 2]를 보면 '선형계획모형의 최적해가 존재한다면'이라는 조건이 붙어 있다. 이 말은 선형계획모형의 최적해가 존재하지 않는 경우도 있다는 것으로, 선형계획모형의 최적해가 존재하지 않는 경우는 다음의 두 가지이다.

무한해(unbounded solution)

- 모형이 **무한해(unbounded solution)**를 갖는 경우이다. 무한해란 최대화 문제에서 목적함수의 값이 무한히 커지거나 최소화 문제에서 목적함수의 값이 무한히 작아지는 것을 말한다. 이러한 해가 발생하는 이유는 제약조건들이 너무 느슨하게 설정되었거나 또는 하나 이상의 중요한 제약조건이 빠져 의사결정변수

3) 이 책에서는 정리에 대한 증명은 생략한다.

4) 사실 선형계획모형의 실행가능한 해는 무한개이므로 비교가 불가능하다.

의 값을 제대로 제어하지 못하기 때문이다. 결과적으로 목적함수의 값이 무한히 커지거나 작아지는 현상이 발생한다.

- 다른 하나는 모형의 해를 찾을 수 없는, **실행불가능한 해**(infeasible solution)가 발생하는 경우이다. 이 경우 해당 모형은 실행불가능하다고 말한다. 모형의 해를 찾을 수 없는 이유는 실행가능지역이 존재하지 않기 때문이고, 실행가능지역이 존재하지 않는 이유는 제약조건들이 너무 엄격하게 의사결정변수의 값을 제한하고 있어 모든 제약조건을 만족시키는 실행가능한 해가 존재하지 않기 때문이다.

실행불가능한 해(infeasible solution)

위의 두 가지 경우 모두 모형의 검토와 수정을 통해 최적해를 찾을 수 있도록 할 수 있다. 만일 여러분이 만든 모형이 두 가지 경우 중 하나에 해당한다면 모형의 제약조건이 너무 느슨하거나 또는 너무 엄격하게 설정되지 않았는지 검토하는 것이 필요하다.

4 민감도 분석

민감도 분석(sensitivity analysis)이란 **상황 분석**(what-if analysis), **시나리오 분석**(scenario analysis) 등 여러 가지 이름으로 불린다. 상황이 현재와 같지 않을 경우 결과는 어떠한 영향을 받게 될지를 미리 알아보는 것을 말한다. 예를 들어 보자. 앞의 안동하회탈 문제에서 양반탈 하나를 만들어 팔면 3,000원의 이윤이 남는다고 가정하고 있다. 만일 양반탈 단위당 이윤이 2,000원이라면 최적해는 어떻게 될 것인지, 현재 이용할 수 있는 목공기술시간이 80시간인데 인력이 추가되어 일주일에 100시간을 이용할 수 있다면 이윤은 어떠한 영향을 받을 것인지를 모형의 변화 없이 현재 모형의 분석결과를 가지고 파악하는 것을 말한다.

민감도 분석(sensitivity analysis)

상황 분석(what-if analysis)

시나리오 분석(scenario analysis)

물론 예제와 같이 간단한 문제에서는 관련 자료의 값이 변화하더라도 그때그때 모형을 바꾸어 다시 풀면 새로운 최적해를 쉽게 얻을 수 있을 것이다. 하지만 수많은 의사결정변수와 제약조건으로 이루어진 큰 모형의 경우, 관련 자료의 값이 바뀌었을 때의 영향을 파악하기 위해 그때그때마다 모형을 바꾸어 최적해를 다시 구하는 것은 효율적이지 못하다. 이럴 경우, 민감도 분석을 통해 관련 자료의 변화에 따른 여러 가지 결과의 변화를 예측할 수 있다.

미래가 불확실하다는 것은 모든 것이 가변적일 수 있다는 말이다. 민감도 분석은 이러한 관련 자료의 가변성의 영향을 파악할 수 있는 유용한 도구이다.

ceteris paribus

본 절에서는 그래프를 이용하여 민감도 분석의 기본적인 내용을 살펴보겠다. 본 절에서 익힌 내용은 소프트웨어(엑셀의 해 찾기)가 제공하는 모형의 결과를 해석하고 이해하는 데 도움을 줄 것이다. 민감도 분석에서는 다른 조건은 모두 동일하다는 (**ceteris paribus**) 가정이 필요하다.

① 목적함수계수의 변화

목적함수계수(objective function coefficients)의 변화가 최적해에 미치는 영향을 살펴보기 위해 다음의 질문에 답해보자.

질문1 [그림 3-6]에서 왜 최적해는 다른 꼭지점이 아니라 꼭지점 B에서 발생했을까?

이 질문에 대한 대답은 여러 가지로 나올 수 있다. 가장 많은 대답은 '그 점이 가장 큰 목적함수 값을 산출하기 때문'이라는 대답일 것이다. 하지만 다음과 같이 다른 대답도 가능하다. '현재의 목적함수 기울기 −1.5가 최적해를 관통하는 두 직선 $X_1+X_2=80$과 $2X_1+X_2=100$의 기울기 −1과 −2 사이에 있기 때문'이라는 대답이다.

안동하회탈 문제에 대한 선형계획모형을 다시 보기로 하자.

$$
\begin{aligned}
&MAX\ Z = 3X_1 + 2X_2 \\
&s.t. \quad X_1 + X_2 \le 80 \\
&\qquad\ \ 2X_1 + X_2 \le 100 \\
&\qquad\ \ X_1 \le 40 \\
&\qquad\ \ X_1, X_2 \ge 0
\end{aligned}
$$

모형에서 목적함수계수는 일반적으로 c_j로 나타낸다. 기호 c_j는 j번째 의사결정변수의 목적함수계수를 의미한다. 현재의 모형에서 $c_1=3$, $c_2=2$임을 알 수 있다. 모형에서 우변항은 b_i로 나타낸다. 기호 b_i는 제약조건 i의 우변항을 의미한다. 현재의 모형에서 $b_1=80$, $b_2=100$, $b_3=40$이다.

질문2 현재의 최적해, $(X_1, X_2)=(20, 60)$를 변화시키지 않는 양반탈 단위당 이윤의 범위를 구하라.

현재의 최적해는 양반탈은 20개, 각시탈은 60개 만드는 것으로 그때의 이윤은 180(천원)이다. 이제 양반탈의 단위당 이윤이 판매가 및 제반 비용의 가변성으로 인해 하나의 숫자로 예측하기가 어렵다고 가정하자. 그러면 양반탈의 단위당 이윤은 더 이상 3(천원)이 아니라 미지의 수이므로 c_1으로 표기하자. 다른 조건이 일정하다면 목적함수의 기울기는 이제 $-\frac{c_1}{2}$이 된다. 따라서 질문 1의 답을 근거로 현재의 최적해를 그대로 유지시키는 c_1의 범위는 다음의 식으로 구할 수 있다.

$$-2 \le -\frac{c_1}{2} \le -1 \longrightarrow 2 \le c_1 \le 4$$

즉, 양반탈의 단위당 이윤이 2(천원)에서 4(천원) 사이에 있으면 현재의 최적해는 $(X_1, X_2)=(20, 60)$으로 그대로 유지된다(물론 이 범위 내에서 의사결정변수의 값은 동일하나 목적함수값은 목적함수계수가 바뀌므로 당연히 바뀔 것이다).

독자들은 스스로 ① 현재의 최적해를 유지시키는 각시탈 단위당 이윤의 범위, ② 양반탈의 단위당 이윤과 각시탈의 단위당 이윤 모두 가변적일 경우, 현재의 최적해를 유지시키는 두 제품 단위당 이윤의 관계를 구해보기 바란다.[5]

② 복수해의 발생

복수해(multiple solutions)란 복수의 최적해를 말한다. 즉, 모형의 최적해가 유일하게 존재하는 것이 아니라 복수로 발생함을 의미한다. 현재 안동하회탈 문제에서 최적해는 $(X_1, X_2)=(20, 60)$으로 유일하다. 하지만 양반탈 단위당 이윤이 3(천원)이 아니라 2(천원)이라고 가정하자. 질문 2의 대답을 보면 양반탈의 단위당 이윤이 2(천원)으로 변화한다 하더라도 현재의 최적해는 그대로 유지된다고 하였다. 하지만 이 경우 복수해가 발생한다. 즉, 현재의 최적해와 함께 다른 해도 최적해가 될 수 있음을 의미한다. [그림 3-7]은 복수해가 발생하는 상황을 도시하고 있다.

복수해(multiple solutions)

5) ① $1.5 \le c_2 \le 3$ ② $c_2 \le c_1 \le 2c_2$

그림 3-7

복수해의 발생

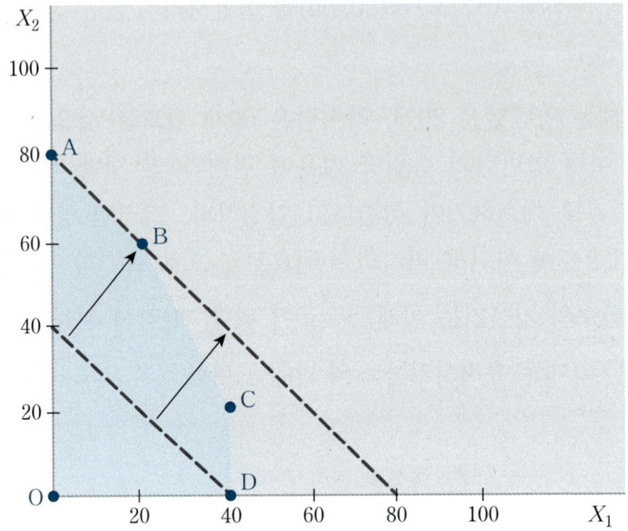

[그림 3-7]에서 목적함수의 기울기는 이제 −1이다. 이 직선을 우상향으로 이동시켜 실행가능지역과 마지막에서 만나는 점이 어딘지 살펴보자. 하나의 점에서 만나는 것이 아니라 목적함수와 실행가능지역이 겹치는 곳은 선분 AB임을 알 수 있다. 이 경우, 최적해는 선분 AB 위의 모든 점이 된다. 즉, 점 B뿐만이 아니라 점 A, 그리고 두 점을 잇는 선분 위의 모든 점들이 최적해가 되는 복수해가 발생한 것이다. 마찬가지로 양반탈의 단위당 이윤이 4(천원)으로 변한 상황에서는 선분 BC 위의 모든 점이 최적해가 된다.

복수해를 표기하는 방법은 다음과 같다. 예를 들어, 선분 AB 위의 모든 점이 복수해일 경우, 선분 위의 모든 점 (X_1, X_2)는 점 A와 점 B를 다음과 같이 결합해 나타낸다.

$$\text{선분 AB 위의 모든 점} = \begin{bmatrix} X_1 \\ X_2 \end{bmatrix} = c\begin{bmatrix} 0 \\ 80 \end{bmatrix} + (1-c)\begin{bmatrix} 20 \\ 60 \end{bmatrix},\ \text{여기서 } 0 \le c \le 1$$

볼록결합(convex combination)

선형결합(linear combination)

위의 식을 점 A와 점 B로 이루어진 **볼록결합(convex combination)**이라고 한다. 볼록결합은 **선형결합(linear combination)**의 특수한 형태로 결합계수의 합이 1인 선형결합을 말한다. 결합계수의 합이 1이 아닌 경우의 결합은 선형결합이라 한다.

앞의 볼록결합 식에서 $c=1$이면 점 A가 되고, $c=0$이면 점 B가 된다. 따라서 0과 1 사이의 모든 c의 값에 따라 이 식은 해당 선분 위의 모든 점을 나타낸다.

③ 우변항의 변화

우변항의 변화에 따른 해의 변화를 이해하기 위해 안동하회탈 문제의 모형을 다시 보도록 하자.

$$
\begin{aligned}
&MAX\ Z = 3X_1 + 2X_2 \\
&s.t. \quad X_1 + X_2 \le 80 \\
&\qquad 2X_1 + X_2 \le 100 \\
&\qquad X_1 \le 40 \\
&\qquad X_1, X_2 \ge 0
\end{aligned}
$$

현재의 제약조건은 모두 3개로 제약조건의 부등호 방향이 '≤' 형태로 되어 있다.[6] 이러한 형태를 갖는 제약조건의 우변항은 일반적으로 **자원(resources)**이라고 통칭한다. 제약조건 1과 2의 우변항은 이용할 수 있는 목공기술시간과 마무리기술시간을 나타내므로 물리적인 자원이라고 할 수 있다. 하지만 제약조건 3의 우변항은 물리적인 자원은 아니다. 하지만 '≤' 형태의 제약조건의 우변항이므로 자원으로 통칭하고 이를 수요 자원이라고도 해석할 수 있다.

자원(resources)

모형에서 자원은 **희소자원(scarce resources)**과 **잉여자원(abundant resources)** 두 가지로 구분한다. 희소자원은 최적해를 행동으로 옮겼을 때 다 써버리게 되는 자원을 말한다. 즉, 최적해를 해당 제약조건에 대입했을 때 부등호(≤)는 등호(=)로 성립한다. 이렇게 최적해를 대입했을 때 등호로 성립하는 제약조건을 **속박적 제약조건(binding constraints)**이라고 부른다.

희소자원(scarce resources)

잉여자원(abundant resources)

속박적 제약조건(binding constraints)

반면, 잉여자원이란 최적해를 행동으로 옮겼을 때 쓰고도 남게 되는 자원을 말한다. 즉, 최적해를 해당 제약조건에 대입했을 때 부등호(≤)는 엄격한 부등호(<)로 성립하게 된다. 최적해를 대입했을 때 엄격한 부등호로 성립하는 제약조건은 **비속박적 제약조건(nonbinding constraints)**이라고 부른다. 이 경우 남게 되는 자원의 양을

비속박적 제약조건(nonbinding constraints)

6) 이 모형의 제약조건은 우연히 모두 그 형태가 '≤'로 되어 있다. 하지만 제약조건은 '≥', '≤', '=' 등의 형태로 혼재해서 나타날 수 있다.

여유분(slack)

여유분(slack)이라고 한다. 잉여자원의 경우 여유분은 양(+)의 값을 갖고, 희소자원의 경우 여유분의 값은 '0'이다. 잉여자원의 경우, 여유분의 양만큼 해당 자원을 줄여도 최적해에는 영향을 미치지 않는다.

이제 안동하회탈 문제로 돌아가 위에서 언급한 내용이 어떻게 적용되는지 살펴보자.

① 세 가지 제약조건 각각에 최적해를 대입해 제약조건이 등호로 성립하는지, 엄격한 부등호로 성립하는지 살펴보자. 최적해를 대입했을 때 제약조건 1의 좌변항은 양반탈 20개, 각시탈 60개를 만들 때 실제로 사용하게 되는 목공기술시간을 나타내는데, 이 양이 이용할 수 있는 목공기술시간인 우변항과 같아져 남는 자원이 없게 된다. 즉, 여유분이 없게 된다. 따라서 제약조건 1의 우변항(b_1)은 희소자원이다. 마찬가지 논리로 제약조건 2의 우변항(b_2)도 희소자원이다. 하지만 제약조건 3의 좌변항 값은 20으로 우변항(b_3) 40보다 그 값이 작아 제약조건 3의 우변항(b_3)은 여유분이 발생하는 잉여자원임을 알 수 있다.

② ①의 내용에 따라 제약조건을 속박적인 제약조건과 비속박적인 제약조건으로 나눌 수 있다. 최적해를 행동으로 옮겼을 때 여유분이 없게 되는 제약조건 1과 제약조건 2는 속박적 제약조건이고, 여유분이 발생하는 제약조건 3은 비속박적 제약조건이다.

③ 그래프 상에서 속박적인 제약조건을 나타내는 직선은 최적해를 관통해 지나는 반면, 비속박적인 제약조건의 직선은 최적해를 비켜 지나간다.

〈표 3-1〉은 '≤' 형태의 제약조건에서 우변항은 어떤 자원을 나타내는지, 최적해를 실행에 옮겼을 때 해당 제약조건의 상태는 무엇인지, 그리고 그때 여유분은 존재하는지의 여부를 연결하여 요약한 것이다.

표 3-1
자원의 종류, 제약조건의 상태, 여유분의 관계

자원의 종류	제약조건의 상태(status)	여유분(slack)
희소자원	속박적(binding)	없음(0)
잉여자원	비속박적(nonbinding)	양(+)의 값으로 존재

이제 다음의 질문에 답해보자.

질문1 현재의 최적해를 변화시키지 않고 어떤 자원을 얼마만큼 줄일 수 있는가?

이 질문에 대한 대답은 중요한 관리적 시사점을 제공할 수 있다. 모형을 만들어 분석하는 이유는 미래에 대한 계획을 수립하기 위해서이다. 안동하회탈 문제에서도 보았듯이 현재 가용한 자원을 효율적으로 배분하여 이윤을 최대화 하기 위해서는 각 제품을 얼마큼 만들어야 하는지를 모형을 통해 미리 파악한 것이다. 안동하회탈 문제에서 잉여자원은 제약조건 3의 우변항으로 현재는 그 값이 40이지만 이를 여유분의 값(20)만큼 뺀 20만 가지고 있어도 현재의 최적해는 변하지 않음을 [그림 3-8]을 통해 볼 수 있다. 아울러 제약조건 3의 우변항이 40이 아니라 20이라면 이 제약조건 또한 속박적 제약조건이 되면서 이 제약조건을 나타내는 직선이 최적해를 관통함을 알 수 있다.

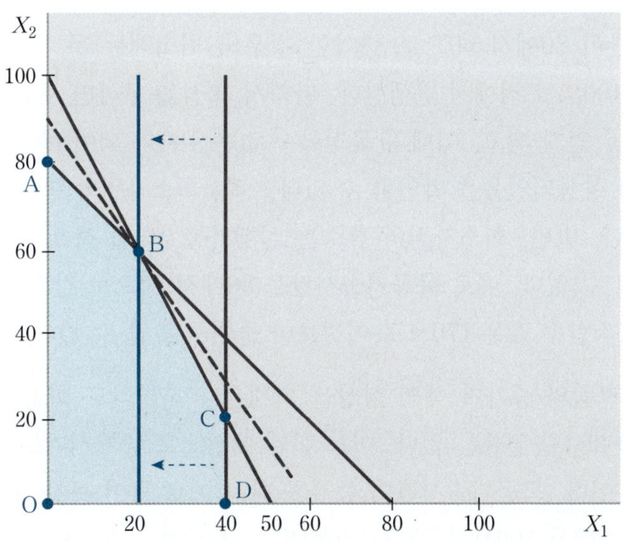

그림 3-8
제약조건의 여유분 분석

제약조건 3의 우변항은 비록 물리적인 자원은 아니지만, 만일 여유분을 갖는 제약조건의 우변항이 물리적인 자원일 경우에는 이와 같은 분석을 통해서 해당 자원을 필요한 양만큼만 구입하여 자원구입비용을 절감할 수 있을 것이다.

질문2 ― 만일 여유자금이 생겨 이 돈을 자원 구입에 사용하고자 한다면 어떤 자원의 구입에 우선순위를 두는 것이 경제적으로 타당한가?

우선, 자원은 희소자원과 잉여자원으로 나눌 수 있는데, 잉여자원은 지금도 남는 자원이므로 돈을 들여 더 구입해서는 안 될 것이다. 잉여자원의 경우 그 양이 증가해도 현재의 해는 전혀 향상되지 못함을 그래프를 통해 확인할 수 있다. 해의 향상이란 최대화 문제에서는 목적함수 값의 증가를 의미하고, 최소화 문제에서는 목적함수 값의 감소를 의미한다.

따라서 희소자원 증가에 돈을 쓰는 것이 타당하다. 실제로, 그래프 분석에서 희소자원인 목공기술시간의 양을 현재의 80에서 90으로 증가시킬 경우, 실행가능지역은 넓어지고, 실행가능지역이 넓어진다는 것은 이전보다 이용할 수 있는 대안이 많아짐을 의미한다. 따라서 해는 그 이전보다 향상되고, 최악의 경우에도 이전의 해보다 악화될 수는 없다.

목공기술시간이 80에서 90으로 증가한 경우의 최적해는 두 직선 $X_1+X_2=90$과 $2X_1+X_2=100$의 교점에서 발생한다. 따라서 교점을 구하면 새로운 최적해 $(X_1, X_2)=(10, 80)$를 얻게 되고, 이때의 목적함수 값은 190이 되어 목공기술시간이 80일 때보다 해가 향상되었음을 확인할 수 있다.[7] 즉, 희소자원의 증가는 해를 향상시킴을 알 수 있다. 반면, 희소자원의 감소는 실행가능지역을 축소시켜 이전보다 더 좋은 해를 가질 수 없다. 예로 목공기술시간을 80에서 70으로 감소시킬 경우, 새로운 최적해의 목적함수 값은 170으로 이전보다 줄어듦을 알 수 있다.

하지만 희소자원의 증가가 해의 향상을 가져온다 하더라도 희소자원을 어느 한계 이상으로 증가시킬 필요는 없다. 어느 한계 이상으로 증가시켜도 최적해는 향상되지 않기 때문이다. 목공기술시간의 증가를 다시 예로 들어 보자. 목공기술시간을 80에서 90으로, 다시 100으로 증가시킴에 따라 최적해는 향상됨을 알 수 있다. 하지만 목공기술시간이 100을 초과하게 되면 최적해는 더 이상 향상되지 않고, 목공기술시간이 100일 때의 해인 $(X_1, X_2)=(0, 100)$에서 머물게 된다. 다른 제약조건의 구속으로 실행가능지역이 더 이상 확장되지 않기 때문이다.

7) 목적함수의 값이 190으로 증가한다는 사실은 새로운 최적해를 구하지 않고서도 **잠재가격(shadow prices)**이라는 민감도 분석 정보를 이용하면 알 수 있다. 여기에 대해서도 곧 학습하게 된다.

따라서 희소자원이라 할지라도 어느 한계 이상은 늘릴 필요가 없음을 알 수 있다. 즉, 목공기술시간의 경우, 해의 향상을 가져올 수 있는 최대 증가분은 20시간이 된다. 독자들은 마무리기술시간의 경우에도 마찬가지 논리를 이용하여 해의 향상을 가져올 수 있는 최대 증가분을 구해보기 바란다. 마무리기술시간의 경우에도 최대 증가분은 20시간이 나올 것이다.

실행가능지역과 최적해의 관계 실행가능지역이란 실행가능한 대안들의 집합을 말한다. 실행가능지역의 확장은 대안의 추가를 의미하며, 따라서 이전보다 악화된 최적해를 가질 수는 없다. 반면, 실행가능지역의 축소는 대안의 감소를 의미하며, 최적해는 이전보다 향상될 수 없다. 제약조건의 부등호 형태는 '≤'와 '≥' 두 가지이다. 전자의 경우, 우변항을 통상적으로 자원이라 칭하고, 자원은 희소자원과 잉여자원으로 나뉜다. 그리고 희소자원의 증가는 실행가능지역이 넓어짐을 의미하고, 희소자원의 감소는 실행가능지역이 줄어듦을 의미한다. 실행가능지역이 넓어질 경우 최적해는 이전보다 악화되지 않고, 실행가능지역이 축소될 경우, 최적해는 그 이전보다 향상될 수 없다. 반면, 제약조건의 형태가 '≥'인 경우의 우변항은 요구조건이나 요구량을 의미한다. 그리고 이러한 제약조건의 우변항이 증가한다는 것은 요구량이 많아짐을 의미하고, 요구량의 증가는 이전보다 내게 지워지는 부담이 더 커짐을 의미한다. 실행가능지역이 줄어드는 것이다. 따라서 최적해는 이전보다 향상되지 않는다. 반대로 '≥' 형태의 제약조건에서 우변항이 감소하면, 요구량은 적어지고 실행가능지역은 넓어지게 되어 최적해는 이전보다 악화되지 않는다.

자원의 추가적 한 단위의 가치 (worth of one additional unit of a resource)

예제에서 희소자원으로는 목공기술시간과 마무리기술시간 두 가지가 있다. 그렇다면 어떤 희소자원의 구입에 우선순위를 두는 것이 경제적으로 타당할까? 이 질문에 대답하기 위해서는 각 **자원의 추가적 한 단위의 가치(worth of one additional unit of each resource)**를 알 수 있어야 한다. 자원의 추가적 한 단위의 가치란 해당 자원을 추가적으로 한 단위 더 이용할 수 있을 때 목적함수 값이 얼마나 향상되는가를 측정한 것이다. 즉, 자원의 추가적 한 단위의 가치는 다음의 식으로 정의할 수 있다.

$$\text{자원 } i\text{의 추가적 한 단위의 가치} = \frac{\text{목적함수 값의 변화분}}{\text{자원 } i\text{의 최대 증가분}}$$

이 정의를 이용하여 목공기술시간, 마무리기술시간, 수요자원 각각의 추가적 한 단위의 가치를 계산하면 다음과 같다.

$$\text{목공기술시간 추가적 한 단위의 가치} = \frac{20}{20} = 1\text{(천원)}$$

$$\text{마무리기술시간 추가적 한 단위의 가치} = \frac{20}{20} = 1\text{(천원)}$$

$$\text{수요자원 추가적 한 단위의 가치} = \frac{0}{\infty} = 0\text{(천원)}$$

우리가 예상한대로 잉여자원인 수요자원의 추가적 한 단위의 가치는 '0'임을 알 수 있다. 그리고 희소자원인 목공기술시간과 마무리기술시간 추가적 한 단위의 가치는 각각 1(천원)으로 경제적인 관점에서 자원구입의 우선순위는 두 자원 모두 동일함을 알 수 있다.

잠재가격(shadow prices)

자원 i의 추가적 한 단위의 가치라고 정의한 이 개념은 **잠재가격(shadow prices)**[8] 이라고 불린다. 잠재가격은 우변항의 변화가 목적함수 값에 어떠한 영향을 미치는지를 파악하는 데 중요한 역할을 한다.

지금까지 그래프를 이용하여 민감도 분석의 기본을 살펴보았다. 지금까지 학습한 그래프 분석의 내용은 앞으로 사용할 엑셀의 해 찾기(Solver)가 제공하는 모형의 결과를 해석하는 데 유용하게 활용될 것이다.

8) 잠재가격은 **쌍대가격(dual prices)**이라고도 부른다. 모든 선형계획모형은 다른 형태의 모형으로 재구조화 할 수 있는데, 처음 만든 모형을 **원모형(primal model)**이라 하고, 동일한 특성을 유지한 다른 형태의 모형을 **쌍대모형(dual model)**이라고 한다. 원모형의 목적함수가 최대화 형태이고 의사결정변수가 n개, 제약조건의 수가 m개라면, 이 모형의 쌍대모형은 목적함수가 최소화 형태가 되고, 의사결정변수는 원모형의 제약조건 수인 m개, 제약조건의 수는 원모형의 의사결정변수의 개수인 n개가 된다. 원모형의 잠재가격은 쌍대모형에서 의사결정변수의 최적해가 된다. 또한 두 모형의 최적해가 산출하는 목적함수 값은 일치한다. 이 책에서는 쌍대모형에 관한 설명은 생략한다.

5 선형계획모형의 기본 가정

선형계획모형은 많은 현실 문제를 수리적으로 추상화 하는데 기여하고 있지만 문제를 모형화 하는데 있어 네 가지 기본적인 가정을 하고 있다. **선형계획모형의 기본 가정(basic assumptions of LP models)** 네 가지 중 비례성(proportionality), 가산성(additivity), 가분성(divisibility)은 선형계획모형의 **선형성(linearity)**에 기인한다.

선형계획모형의 기본 가정(basic assumptions of LP models)
선형성(linearity)

① 비례성(proportionality)

목적함수 값과 제약조건 좌변항의 값이 의사결정변수의 값에 비례함을 의미한다. 예를 들어, 어떤 의사결정변수의 값이 현재의 2배가 되면 해당 의사결정변수가 목적함수와 제약조건 좌변항에 기여하는 몫도 비례적으로 2배 증가함을 말한다. 앞서 예제로 든 안동하회탈 문제에서 양반탈과 각시탈의 생산량이 반으로 줄면 거기에 따라 주당이윤과 소요되는 자원의 양도 해당 의사결정변수의 값에 비례해 반으로 줄게 됨을 의미한다. 하지만 이 가정이 맞지 않는 상황도 있다. 예를 들어, 제품의 생산량과는 관계없이 제품 생산을 위한 초기비용으로 발생하는 준비비용이나 기계조정비용과 같은 **고정비(fixed cost)**가 고려될 경우에는 비례성의 조건이 만족되지 않는다. 또한 구매량에 따라 구매단가가 달라지는 **수량할인(quantity discount)** 문제 또는 여러 가지 원료를 화학적으로 결합해 제품을 생산하는 경우 원료의 양에 비례해 화학제품의 생산량이 결정되지 않는 경우에는 이 가정은 만족되지 못한다. 전자의 경우 5장에서 학습할 **정수계획모형(integer programming models)**에서 **이진변수(binary variables)**를 이용해 해결할 수 있고, 후자의 경우 6장에서 학습할 **비선형계획모형(nonlinear programming models)**으로 선형계획모형의 한계점을 해결할 수 있다.

비례성(proportionality)
고정비(fixed cost)
수량할인(quantity discount)
정수계획모형(integer programming models)
이진변수(binary variables)
비선형계획모형(nonlinear programming models)

② 가산성(additivity)

목적함수의 값은 각 의사결정변수가 기여한 몫의 합과 같고, 제약조건 좌변항의 값도 각 의사결정변수가 기여한 몫의 합이라는 가정이다. 앞서 예제로 든 안동하회탈 문제에서 목적함수인 주당 이윤은 양반탈의 판매이윤과 각시탈의 판매이윤의 합과 같고, 주당 소요되는 목공기술시간도 양반탈을 만드는 데 소요되는 목공기술시간과 각시탈을 만드는 데 소요되는 목공기술시간의 합과 같다는 것이다. 가산성은

가산성(additivity)

독립성(independence)
상승효과(synergy effect)
자기잠식효과(cannibalization effect)

한 의사결정변수가 목적함수나 제약조건의 좌변항에 기여하는 몫이 다른 의사결정변수들의 값과는 독립적이라는 **독립성(independence)**의 가정도 함의한다. 즉, 양반탈이 주당 이윤에 기여하는 정도는 각시탈의 생산량과는 관계없이 독립적이고, 각시탈 생산에 소요되는 목공시간은 양반탈의 생산량과는 무관하다는 것이다. 하지만 두 개 이상의 활동이 같이 수행됨으로써 **상승효과(synergy effect)** 또는 **자기잠식효과(cannibalization effect)**를 내는 경우도 있다. 예를 들어, 두 제품을 함께 처리함으로써 두 제품을 각각 처리할 때보다 처리시간을 줄일 수 있거나(상승효과), 두 제품을 함께 시장에 소개함으로 인해 서로의 매출을 일정 부분 잠식할 경우에는(자기잠식효과) 이 가정이 만족되지 않게 된다.

③ 가분성(divisibility)

가분성(divisibility)

의사결정변수의 값이 분수나 소수점으로 표현되어도 괜찮다는 가정이다. 즉, 의사결정변수는 정수 값뿐만 아니라 모든 실수 값을 가질 수 있음을 의미한다. 의사결정변수의 값 하나 차이가 별 문제가 되지 않는 경우에는 선형계획모형의 해를 구한 후 이를 근사화해서 정수해를 찾는 방법도 사용할 수 있지만 의사결정변수의 값 하나 차이가 매우 큰 경제적, 사회적, 환경적 파급효과를 미칠 수 있는 경우, 예를 들어 원자력 발전소의 추가 설치 기수를 결정하는 문제나 최신예 전투기를 몇 대 구입하는 것이 최적일지를 결정하는 문제에서는 정확한 정수 최적해를 찾는 것이 필요하다. 이 경우, 의사결정변수에 정수조건을 추가한 정수계획모형을 사용해서 문제를 해결할 수 있다. 정수계획모형에 대해서는 5장에서 학습한다.

④ 확실성(certainty)

확실성(certainty)
파라미터(parameters)
목적함수계수(objective function coefficients)
기술계수(technological coefficients)
우변항(rhs: right-hand-side)
입력자료(input data)
민감도 분석(sensitivity analysis)

확실성은 사실 선형계획모형만의 가정은 아니다. 확실성이란 선형계획모형을 포함한 모든 확정적 모형(예를 들어, 정수계획모형, 비선형계획모형 등)에서 모형의 **파라미터(parameters)**가 확실히 알려져 있거나 하나의 값으로 추정될 수 있다는 가정이다. 모형의 파라미터란 **목적함수계수(objective function coefficients)**, **기술계수(technological coefficients)**, 제약조건의 **우변항(rhs: right-hand-side)** 등의 **입력자료(input data)**를 말한다. 즉, 확실성 가정은 파라미터의 불확실성을 반영하지 못하고 있다. 이러한 문제를 해결하고자 선형계획모형에서는 파라미터 값의 변화에 따른 해의 변화를 살펴보는 **민감도 분석(sensitivity analysis)**이 중요한 주제가 된다. 또 선형계획모형을 포함한 수리적 모형의 파라미터가 확률분포로 표현될 때는 14장에서 학습할 **몬테칼로 시뮬레이션(Monte Carlo simulation)**이 유용한 문제해결방법으로 활용될 수 있다.

몬테칼로 시뮬레이션(Monte Carlo simulation)

선형계획모형은 모형의 선형성으로 인해 여러 가지 가정을 필요로 하지만 선형계획모형의 **해법(algorithms)**은 정수계획모형이나 비선형계획모형의 해법보다 매우 효율적인 장점이 있다. 따라서 의사결정변수와 제약조건이 매우 많은 대규모 문제의 경우 선형의 조건이 일정 부분 만족되지 않을 때에도 선형계획모형으로 해를 구한 후 이를 근사화 하여 문제 해결에 이용하는 것이 때로는 비용 효과적인 측면에서 바람직하다.

해법(algorithms)

익·힘·문·제

1. 선형계획모형에 대한 설명으로 옳지 않은 것은?

① 선형계획모형의 실행가능한 해는 모든 제약조건을 만족시키는 해를 말한다.

② 최적해는 모든 제약조건을 만족시킨다.

③ 실행불가능한 해는 제약조건 모두를 만족시키지 않는 해를 말한다.

④ 실행가능한 해는 실행가능지역(feasible region)의 경계선에 위치할 필요는 없다.

⑤ 무한해(unbounded solution)의 발생이란 목적함수가 최대화인 경우, 목적함수 값이 무한히 커지는 현상이 발생함을 말한다.

2. 선형계획모형의 목적함수로 타당한 것은?

① $MAX\ 6XY$

② $MIN\ 2X+5Y-(3/4)Z$

③ $MAX\ 5X^2+8Y$

④ $MIN\ (2X^1+3X^2)/X^3$

⑤ 위에 적절한 보기가 없다.

3. 다음 그림은 선형계획모형의 최적해를 찾아가는 과정을 나타낸 것이다. 그림의 빈칸 A, B, C에 들어갈 단어를 바르게 짝지은 것은?

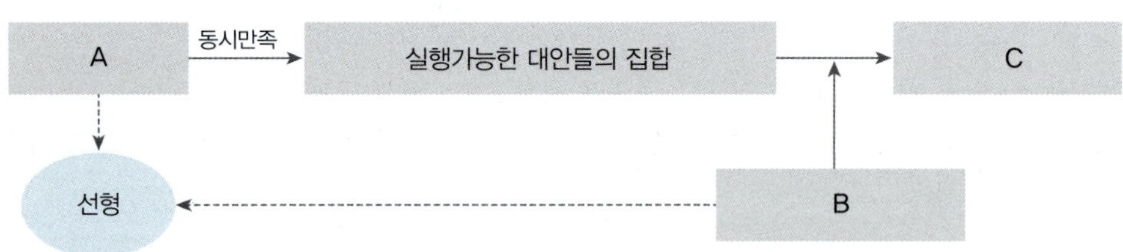

① 현실제약 － 선호기준 － 최적대안

② 선호기준 － 현실제약 － 최적대안

③ 최적대안 － 선호기준 － 현실제약

④ 최적대안 － 선호기준 － 현실제약

⑤ 위에 적절한 보기가 없다.

4. P_{ij}를 기간 j에 생산한 제품 i의 생산량이라고 하자. 기간 3과 기간 4에 생산할 제품 1의 생산량 차이가 100보다 많아서는 안 된다는 선형계획모형의 제약조건을 올바르게 나타낸 것은?

① $|P_{13} - P_{14}| \leq 100$

② $P_{13} - P_{14} \leq 100,\ P_{13} - P_{14} \geq 100$

③ $P_{13} - P_{14} \leq 100,\ P_{14} - P_{13} \geq 100$

④ $P_{13} - P_{14} \geq 100,\ P_{14} - P_{13} \geq 100$

⑤ $P_{13} - P_{14} \leq 100,\ P_{14} - P_{13} \leq 100$

5. 현재 이용할 수 있는 투자안으로 A, B, C가 있다고 하자. 이제 기호 A, B, C를 투자안 A, B, C에 각각 투자할 금액이라고 정의하자. 투자안 B에 전체 투자금액의 50%를 초과해서 투자할 수 없다는 투자지침을 표현한 식으로 적절한 것은?

① $B \leq 50$

② $A - 0.5B + C \geq 0$

③ $0.5A - B - 0.5C \leq 0$

④ $-0.5A + 0.5B - 0.5C \leq 0$

⑤ $A - B + C \leq 0$

6. 목적함수가 $MAX\ Z = 3X_1 + 8X_2$인 선형계획모형의 최적해가 $X_1 = 5$, $X_2 = 6$이라고 하자. 현재의 최적해를 유지시키는 c_2(X_2의 목적함수계수)의 범위가 $5 \leq c_2 \leq 12$라고 할 때, 만일 c_2가 현재보다 2만큼 감소하면 목적함수 값은 어떠한 변화를 보이는가?

① 2만큼 감소한다. ② 12만큼 감소한다.

③ 2만큼 증가한다. ④ 12만큼 증가한다.

⑤ 변화가 없다.

7. 다음의 선형계획모형에서 첫 번째 제약조건의 우변항이 한 단위 증가했을 때 나타날 수 있는 현상으로 바른 것은?

$$
\begin{aligned}
MAX\ Z = {} & 3X_1 + 2X_2 + 6X_3 \\
s.t. \quad & 4X_1 + 2X_2 + 3X_3 \geq 100 \\
& 2X_1 + X_2 - 2X_3 \leq 200 \\
& 4X_2 + X_3 \geq 200 \\
& X_1,\ X_2,\ X_3 \geq 0
\end{aligned}
$$

① 목적함수 값은 증가한다.
② 목적함수 값은 감소하거나 그대로 유지된다.
③ 목적함수 값은 증가하거나 그대로 유지된다.
④ 목적함수 값은 1만큼 증가한다.
⑤ 위 정보만으로는 나타날 현상을 알 수 없다.

8. 목적함수가 기대수익의 최대화인 포트폴리오 선택문제(portfolio selection problem)를 고려하자. 문제의 제약조건들 중 이용 가능한 투자자금에 대한 제약조건의 잠재가격(shadow price)은 어떠한 정보를 제공하는가?
① 특정 투자대안에 투자할 금액의 변화 비율
② 투자자금이 추가로 이용 가능할 때의 기대수익의 변화량
③ 최적 포트폴리오 구성의 변화 정도
④ 특정 투자대안에 투자할 경우 발생하는 기회비용
⑤ 특정 투자대안에 투자하지 않을 경우 발생하는 기대수익의 감소분

9. 선형계획모형의 목적함수가 MIN(최소화)이고, 의사결정변수의 수는 4개, 제약조건의 수는 5개라면, 이 모형의 쌍대모형(dual)의 목적함수 형태와 의사결정변수의 수, 그리고 제약조건의 수를 바르게 나타낸 것은?
① 목적함수 MIN, 의사결정변수 4개, 제약조건 4개
② 목적함수 MAX, 의사결정변수 4개, 제약조건 5개
③ 목적함수 MIN, 의사결정변수 5개, 제약조건 4개
④ 목적함수 MAX, 의사결정변수 5개, 제약조건 4개
⑤ 목적함수 MAX, 의사결정변수 5개, 제약조건 5개

10. 다음 각 문장이 옳을 경우, '옳다'라고 답하고, 옳지 않은 문장일 경우, 옳지 않은 부분을 바르게 고치시오. (옳지 않은 문장의 경우, 주어와 조건은 고치지 마시오.)
(1) 선형계획모형의 가산성(additivity) 가정은 독립성(independence) 가정을 함의한다.
(2) '≥' 형태의 제약조건에서 우변항의 증가는 실행가능지역의 확대를 의미한다.
(3) 목적함수가 MIN 형태인 선형계획모형에서 '≤' 형태인 제약조건의 우변항을 증가시키면 우변항을 증가시키기 전보다 목적함수 값은 더 작을 수 없다.

11. 이차원 평면의 두 점 $(X_1, X_2) = (0, 5)$와 $(4, 1)$을 잇는 선분 위의 모든 점(복수해)을 나타내는 식을 기술하시오.

12. 다음의 선형계획모형을 고려하자.

$$
\begin{aligned}
&MIN\ Z = 3X_1 + 5X_2 \\
&s.t. \quad X_1 + 5X_2 \geq 20 \\
&\quad -3X_1 + 2X_2 \leq 6 \\
&\quad X_1 + X_2 \geq 8 \\
&\quad X_1, X_2 \geq 0
\end{aligned}
$$

(1) 그래프를 이용하여 위 모형의 최적해를 구하시오. 의사결정변수의 값과 목적함수 값을 명시하시오.

(2) 3개 제약조건의 상태를 속박적(binding)과 비속박적(nonbiding)으로 구분하시오.

(3) 현재의 해를 최적으로 유지시키는 c_2(X_2의 목적함수계수)의 범위를 구하시오. 다른 조건을 일정하다고 가정한다.

(4) 두 번째 제약조건의 잠재가격을 구하고, 이는 무엇을 의미하는지 해석하시오.

13. 한국자동차는 SUV와 트럭 두 가지 차량만을 생산하는 특화된 자동차 제조업체이다. 각 차량은 조립공정과 마무리공정을 거쳐야 한다. 만일 조립공정에서 SUV만 조립한다면 하루에 50대의 SUV를 처리할 수 있고, 트럭만 조립한다면 하루에 50대의 트럭을 처리할 수 있다. 마무리공정의 경우, SUV만 처리한다면 하루에 60대의 SUV를 처리할 수 있고, 트럭만 처리한다면 하루에 40대의 트럭을 처리할 수 있다. SUV는 단위당 20만원의 이윤을 가져오고, 트럭은 단위당 30만원의 이윤을 가져온다. 요즈음 SUV는 인기가 있어 자동차 딜러들은 하루에 적어도 20대의 SUV가 생산되기를 원하고 있다. 한국자동차는 자사의 이윤의 극대화를 위해 일일 생산계획을 어떻게 수립할지 고민하고 있다. 즉, 하루에 몇 대의 SUV와 트럭을 생산하는 것이 최적인지를 결정하고자 한다.

(1) 위 문제 상황을 선형계획모형으로 구조화 하시오.

(2) 그래프를 이용하여 위 문제의 최적해를 구하시오. 의사결정변수의 값과 목적함수 값을 명시하시오.

(3) 제약조건 중 어느 것이 속박적(binding)인지 판별하시오.

(4) 현재의 해를 최적으로 유지시키는 SUV 단위당 이윤의 범위를 구하시오. 다른 조건을 일정하다고 가정한다.

(5) 하루에 적어도 21대의 SUV가 생산되어야 한다면, 목적함수 값은 어떠한 영향을 받을지 개념적으로 설명한 후, 그 구체적인 수치(잠재가격)를 구하시오.

(6) 위 문제에서 비례성(proportionality)과 가산성(additivity)의 조건은 무엇인지 예를 들어 설명하시오.

14. 듀퐁화학은 세 가지 종류의 화학제품을 제조판매하고 있다. 다음 한달 동안 듀퐁화학은 아래와 같은 양의 세 가지 화학제품을 납품하기로 계약을 체결하였다.

화학제품	수량(단위: 파운드)
1	2000
2	3500
3	1800

듀퐁화학의 제품은 두 가지 화학반응처리를 거쳐 생산되는데 제조물량은 가용공정시간에 의해 제약을 받고 있다. 각각의 화학제품은 반응장치 1에서 먼저 처리된 후 반응장치 2로 간다. 다음 표는 각 반응장치의 다음 달 가용처리시간과 각 화학제품의 단위(파운드) 처리에 소요되는 각 반응장치의 공정시간을 나타내고 있다.

반응장치 공정시간(시간/파운드)				
	화학제품			반응장치 가용처리시간
	1	2	3	
반응장치 1	0.05	0.04	0.01	200시간
반응장치 2	0.02	0.06	0.03	150시간

반응장치 공정시간이 제한되어 있기 때문에 듀퐁화학은 자체생산만으로는 수요를 만족시킬 수 없다고 판단하였다. 따라서 듀퐁화학은 부족한 양만큼의 화학제품을 구입하여 그것을 고객에게 판매하고자 한다. 아래의 표에는 각 화학제품의 단위당 자체생산비용과 외부구입비용이 나타나 있다.

화학제품	자체생산비용($/파운드)	외부구입비용($/파운드)
1	2.50	2.80
2	1.75	2.50
3	2.90	3.25

듀퐁화학은 자체생산과 외부구입의 적절한 조화를 통해 최소의 비용으로 고객의 주문을 만족시켜주고자 한다. 즉, 듀퐁화학은 각 제품의 자체생산량과 외부구입량을 각각 얼마로 할 것인지를 결정해야 한다. 위의 문제 상황을 모형화 하시오.

15. 박민배씨는 조그만 목재가구공장의 주인으로 이 가구공장에서는 3가지 제품을 만들고 있다. 제품종류로는 보석상자, 24"×12"×12" 크기의 작은 상자, 그리고 36"×15"×15" 크기의 트렁크이다. 박민배씨는 각 제품의 생산비용을 감안해서 단위당 이윤을 계산했는데 보석상자는 9,000원, 작은 상자는 20,000원, 트렁크는 30,000원이다. 이 가구공장의 규모는 작기 때문에 고려되고 있는 생산계획기간 동안 세 가지 제품을 만드는데 이용할 수 있는 노동력은 단지 180시간뿐이다. 그리고 3가지 제품의 원자재인 호도나무판을 구입할 수 있는 자금으로는 610,000원이 책정되어 있다. 호도나무판의 평방피트당 가격은 2,500원이며 각 제품 한 단위를 만드는데 요구되는 노동시간 및 자재량은 다음과 같다.

제품	제조시간(단위: 시간)	판재요구량(단위: 평방피트)
보석상자	4	4
작은상자	6	12
트렁크	10	18

이 가구공장은 또한 완제품을 보관하는 창고의 공간도 제한되어 있어 이용할 수 있는 창고공간은 총 58,752입방인치이다. 각 제품이 차지하는 공간면적은 보석상자의 경우 단위당 360입방인치, 작은 상자는 3,456입방인치, 트렁크는 8,100입방인치이다. 고려하고 있는 계획기간 동안 이 가구공장에 최대의 이윤을 가져다 줄 수 있는 제품생산 방안을 제시하시오. 단, 현재 한 개의 트렁크와 세 개의 보석상자는 이미 주문요청이 있었으므로 생산계획기간에 이것들은 꼭 공급해야 한다. 문제 상황을 모형화 하시오.

16. 조민우씨는 아르헨티나에 350에이커의 경지를 소유하고 있는데 여기에 옥수수, 콩, 밀, 팥을 경작하고자 한다. 매년 봄 조민우씨는 각 작물의 경작면적을 결정해야 한다. 조민우씨는 다음과 같은 정보는 갖고 있으나 이를 해석하여 경작면적을 결정하는 데는 어려움이 있다고 한다. 조민우씨는 각 작물을 경작했을 때의 에이커당 이윤을 알고 있는데, 밀의 경우 에이커당 $200, 옥수수는 $300, 콩은 $240, 팥은 $240라고 한다. 하지만 콩의 경작에 적합한 땅은 총 350에이커의 땅 중에서 150에이커뿐이며 팥은 적어도 35에이커 이상은 심어야 한다. 또한 각 경작물의 수확에 드는 시간도 따져야 한다. 조민우씨는 수확하는 데 총 288시간을 쓸 수 있는데, 1에이커 당 밀은 20분, 옥수수는 40분, 콩은 30분, 팥은 45분이 걸린다. 각 작물에 얼마만큼의 경작면적을 할당하는 것이 최적인지를 결정하기 위한 모형을 만드시오.

17. 에이스설계사무소는 선임설계사와 견습설계사를 고용하여 다양한 설계업무를 하고 있다. 선임설계사에게는 하루 150,000원의 임금이 지급되며, 견습설계사에게는 하루 80,000원의 임금을 지불하고 있다. 선임설계사 혼자 하나의 설계도를 작성할 경우 완성하는데 4일이 걸리고 견습설계사가 같은 종류의 설계도 하나를 완성하는 데는 5일이 걸린다. 그리고 하나의 설계도를 선임설계사와 견습설계사가 함께 작성할 경우에는 하루 반(1.5일)의 선임설계사의 시간과 이틀의 견습설계사의 시간이 소요된다. 완성된 설계도를 감독하고 검토하는데도 누가 설계를 했느냐에 따라 소요시간이 다른데, 선임설계사의 설계를 감독기사가 검토하는 데는 7시간이 소요되고 견습설계사가 작성한 설계도의 검토에는 10시간, 선임설계사와 견습설계사가 함께 만든 설계도의 검토에는 15시간이 소요된다. 그러나 현 작업분기에는 400일의 감독기사 노동시간과 750일의 선임설계사 노동시간, 그리고 1,000일의 견습설계사의 노동시간을 이용할 수 있다. 에이스설계사무소는 완성된 설계도당 감독기사 검토비용 및 기타 간접비용을 제하고 850,000원을 벌어들일 수 있다. 에이스설계사무소의 이윤을 최대로 하기 위한 인력 할당 방안을 모색하기 위한 모형을 제시하시오.

18. 한성제지는 인쇄소에 종이를 납품하는 중견업체로 이 분야에서는 선두를 달리는 업체이다. 이제까지 한성제지는 너비 10피트인 표준형 종이 두루마리를 만들어왔다. 그러나 근래에 와서 인쇄소들이 다양한 너비의 인쇄용지를 요구해옴에 따라 한성제지도 기존의 10피트 폭의 표준형 종이 두루마리를 고객의 요구에 맞게 재단하기로 하였다. 최근 가장 빈번하게 주문되고 있는 종이 두루마리의 폭은 2피트, 4피트, 그리고 5피트이다. 현재 이 회사는 2피트 폭의 종이 두루마리 200개, 4피트 폭의 종이 두루마리 56개, 그리고 142개의 5피트 폭 종이 두루마리 주문을 받아놓고 있다. 아래 표에는 한성제지가 10피트 폭의 표준형 종이 두루마리를 2피트, 4피트, 그리고 5피트 폭으로 재단할 수 있는 방법이 나열되어 있다.

〈10피트 폭 종이 두루마리 재단방법〉

종이 폭	재단방법에 따라 만들어지는 종이 두루마리 수					
2피트	0	0	2	1	3	5
4피트	0	1	0	2	1	0
5피트	2	1	1	0	0	0

위의 6가지 재단방법을 고려하여 재단 시 나오게 되는 파지의 양을 최소화할 수 있는 방안을 모형을 통해 제시하시오.

19. 신촌제과는 다가오는 크리스마스 시즌에 맞추어 초콜릿을 주원료로 하는 과자를 생산하려고 한다. 이 제품들은 아몬드크런치, 피칸딜라이트, 그리고 월넛수프림이라는 이름으로 고객들에게 알려져 있다. 이 과자들은 세 종류의 초콜릿을 주원료로 하여 만들어지는데, 과자 종류에 따라 초콜릿 배합비율이 다르다. 신촌제과는 이 과자들을 만드는데 들어가는 초콜릿의 배합비율을 실험한 후, 각 과자에 함유되어야 하는 초콜릿의 배합비율 범위를 다음과 같이 결정하였다.

과자	초콜릿 배합기준		
	초콜릿 A	초콜릿 B	초콜릿 C
아몬드크런치	50% 이상	정확히 25%	40% 이하
피칸딜라이트	40% 이상	25%에서 35% 사이	60% 이하
월넛수프림	60% 이하	정확히 35%	20% 이상

아몬드크런치는 파운드당 7,100원에 판매되고, 피칸딜라이트는 5,250원, 월넛슈프림은 6,400원에 판매된다. 각 과자에는 초콜릿 외에 과자 종류에 따라 다른 견과(아몬드, 피칸, 월넛)가 함유되는데, 함유비율은 총량의 10%이다. 아몬드 구입비용은 파운드당 5,000원, 피칸은 3,000원, 월넛은 4,000원이다. 신촌제과는 과자를 제조하는 데 필요한 견과는 시장에서 얼마든지 구입할 수 있다. 그러나 초콜릿의 구입량은 한정되어 있다. 초콜릿 A의 구입가격은 파운드당 2,600원으로 많아야 450파운드까지 구입할 수 있으며, 초콜릿 B의 구입가격은 파운드당 2,400원으로 475파운드까지 구입할 수 있다. 그리고 초콜릿 C의 경우 구입가격은 파운드당 2,200원이며, 650파운드까지 구입할 수 있다. 신촌제과의 이윤을 최대화할 수 있는 초콜릿 믹스 방안을 모형을 통해 제시하시오.

20. 서울의 한 파출소는 적절한 대민활동 및 방범활동을 위하여 하루(24시간) 동안 각 시간대에 따라 다음과 같은 근무인력이 필요하다고 판단하였다.

근무시간대	필요 근무인력(명)
자정 ~ 새벽 4시	8
새벽 4시 ~ 오전 8시	7
오전 8시 ~ 정오	6
정오 ~ 오후 4시	6
오후 4시 ~ 저녁 8시	5
저녁 8시 ~ 자정	4

규정상 모든 경찰관은 8시간 동안 계속 근무해야 한다. 예를 들어, 자정에 일을 시작하는 경찰관은 오전 8시까지 근무해야 한다. 이 파출소는 각 시간대의 근무인력 필요조건을 충족시키면서 일일 총 근무자 수를 최소화하기 위한 방안을 마련하고자 한다. 문제 상황을 선형계획모형으로 구조화 하시오.

21. 사이판(Saipan) 은행의 이글루(Igloo)씨는 금전출납원의 근무계획을 짜는 임무를 맡고 있다. 그가 현재 맡고 있는 임무는 각 업무시간대에 근무하는 적절한 출납원의 수를 결정해 은행을 찾는 고객들이 많은 시간을 기다리는 불편함을 덜어주고자 하는 것이다. 은행에는 총 6개의 일반 업무창구가 있다. 이글루씨는 출납원들의 업무를 관찰한 결과, 하루 8시간을 근무하는 정규 출납원은 매시간당 평균 20명의 고객을 상대할 수 있고, 파트타임 출납원은 시간당 평균 25명의 고객을 처리할 수 있다는 것을 알았다. 정규 출납원과 파트타임 출납원은 모두 시간당 $8.50의 임금을 받는다. 이글루씨는 고객이 오래 기다림으로 해서 발생하는 손실을 조사한 결과, 도착한 시간대 내에 서비스를 받지 못하는 고객에게는 시간당 $6.50의 비용(penalty cost)이 들 것으로 추정했다. 각 시간대에 근무하는 출납원의 수를 결정하기 위해서 이글루씨는 출납원들을 대표하는 노동조합이 정한 다음과 같은 근무교대방침을 참고로 해야 한다는 것을 알았다.

근무조	근무시간 수	근무시간
1	8	9am ~ 12pm, 1pm ~ 6pm
2	4	9am ~ 1pm
3	5	1pm ~ 6pm
4	3	11am ~ 2pm
5	3	3pm ~ 6pm

또한 이글루씨는 과거의 경험을 통해 고객들이 다음 표와 같은 패턴으로 각 시간대에 은행을 찾는다고 가정하였다.

시간	고객도착율(단위: 명)
9am ~ 10am	50
10am ~ 11am	75
11am ~ 12pm	150
12pm ~ 1pm	160
1pm ~ 2pm	150
2pm ~ 3pm	75
3pm ~ 4pm	58
4pm ~ 5pm	93
5pm ~ 6pm	88

위 상황을 고려하여 각 근무조에서 일하는 출납원의 수를 최적화시킬 수 있는 방안을 제시하시오.

(1) 위 문제 상황을 모형화 하시오. 모형화를 위해 다음을 고려하시오. 제 시간대에 서비스 받지 못한 고객은 두 가지 행동을 할 수 있다. 하나는 시스템을 이탈하는 행동, 다른 하나는 기다려 다음 시간대에 서비스를 받는 것이다. 제 시간대에 서비스 받지 못한 고객의 다음 시간대로의 이월 여부를 고려하여 최적화 방안을 모색하시오.

(2) 정규 출납원은 파트타임 출납원보다 동일한 임금을 받지만 시간당 처리할 수 있는 평균 고객의 수는 적기 때문에 (1)의 해에서 당연히 정규 출납원의 수는 '0'가 된다. 하지만 파트타임 출납원의 관리감독을 위해서라도 정규 출납원이 적어도 한 명 근무하는 것이 필요하다면 최적해는 어떻게 달라지는가?

4 CHAPTER

해 찾기를 이용한 모형의 분석

수리적 모형의 최적해를 찾는 의사결정 지원도구로 전 세계적으로 가장 많이 사용되는 엑셀(Excel) 기반의 해 찾기(Solver)를 이용해서 모형의 최적해를 찾는 방법에 대해 구체적으로 학습한다. 엑셀 환경에서 모형의 작성, 해 찾기의 실행, 모형의 최적해 구하기, 해답 보고서와 민감도 보고서의 해석에 이르는 전 과정을 3장과 연계하여 구체적으로 설명한다. 선형계획모형의 적용사례로 자본예산 편성문제와 포트폴리오 선택문제에 대해서도 다룬다.

컴퓨터와 함께 일하는 것은 멋지다. 그것은 당신과 싸우지도 않고 모든 것을 기억해주고 내 맥주를 뺏어 마시지도 않는다.

– 폴 리어리(Paul Leary), 미국의 음악가

마이크로소프트 엑셀에는 수리적 모형의 최적해를 구할 수 있는 매우 유용한 기능이 탑재되어 있다. 이 기능은 **솔버(Solver)**라는 이름의 소프트웨어로 우리말로는 '**해 찾기**'라고 한다. 이 해 찾기 기능은 프론트라인 시스템스(Frontline Systems, http://www.solver.com)라는 소프트웨어 회사에서 만든 것인데, 이 기능이 엑셀에 탑재됨으로써 전 세계적으로 기업 및 학계에서뿐만 아니라 일반인들도 가장 많이 활용하는 최적화 소프트웨어가 되었다.

솔버(Solver)
해 찾기

사실 1990년대까지는 수리적 모형의 최적화를 위해 다른 소프트웨어(예를 들어, LINDO[1])도 많이 활용되었으나 21세기에 들어와 스프레드시트 프로그램이 일반인들에게 많이 알려지면서 이제 최적화를 위한 프로그램도 스프레드시트에 기반을 둔 해 찾기가 전 세계적으로 가장 많이 활용되고 있다. 본 장에서는 엑셀에 기본적으로 탑재된 해 찾기를 이용하여 선형계획모형의 최적해를 찾는 과정과 해 찾기가 제공하는 여러 가지 결과물을 해석하는 방법에 대해 학습한다.

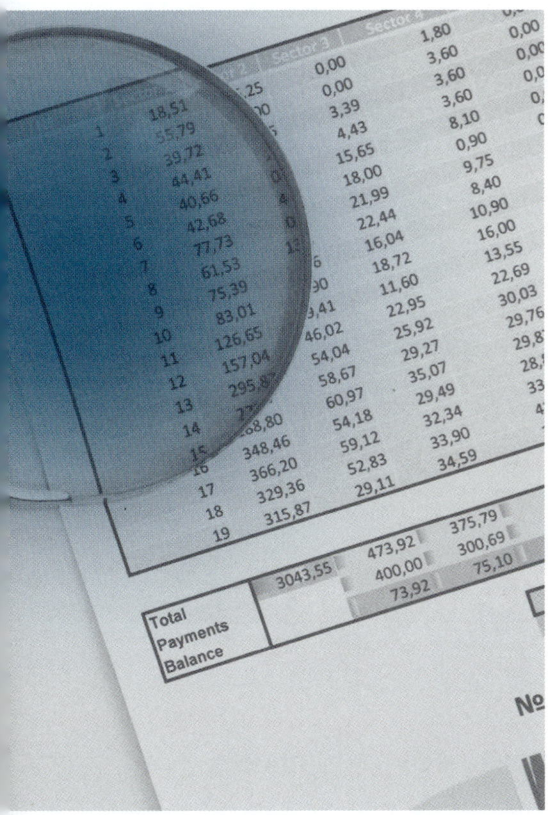

1) **LINDO**™는 LINDO 시스템(LINDO Systems Inc.)에서 개발한 최적화 소프트웨어로 스프레드시트 기반의 솔버(Solver)가 나오기 전에는 학계나 산업계에서 수리적 모형의 분석을 위해 가장 많이 활용했던 프로그램이다. 아직도 솔버와 같은 스프레드시트 기반의 소프트웨어보다 LINDO와 같은 모형 기반 프로그램을 선호하는 사용자들도 많다. 관심 있는 독자들은 LINDO 사이트(http://www.lindo.com)를 방문하여 데모 버전의 프로그램을 다운받아 사용해 보기 바란다.

4.1 해 찾기 기능의 설치

엑셀에서 제공하는 해 찾기 기능을 이용하면 선형계획모형의 최적해를 구하고, 민감도분석을 수행할 수 있다.[2] 엑셀에서 해 찾기 기능을 이용하려면, 우선 [그림 4-1]과 같이 **데이터** 메뉴의 **분석** 리본에 **해 찾기**가 포함되어 있는지 확인한다. Microsoft Office을 표준 설치했을 경우 해 찾기 기능은 자동적으로 설치되지 않는다.

그림 4-1
해 찾기

데이터 메뉴의 **분석** 리본에 **해 찾기** 기능이 없다면 다음의 절차를 이용하여 **해 찾기** 기능을 추가로 설치한다.

① 엑셀 워크시트의 좌측 상단 모서리에 있는 **파일** 단추를 누른다. 그러면 [그림 4-2]와 같이 메뉴가 펼쳐진다.

그림 4-2
파일 단추 메뉴

2) 엑셀의 해 찾기 기능을 이용하면 선형계획모형뿐만 아니라 앞으로 학습할 정수계획모형, 비선형계획모형, 목표계획모형도 해결할 수 있다.

② 펼쳐진 메뉴에서 좌측 하단의 **옵션** 단추를 누른다. 그러면 엑셀의 옵션 화면으로 넘어가는데, 여기서 왼쪽에 나열된 여러 가지 메뉴 중 **추가 기능**을 선택하면 [그림 4-3]과 같은 화면이 나타난다.

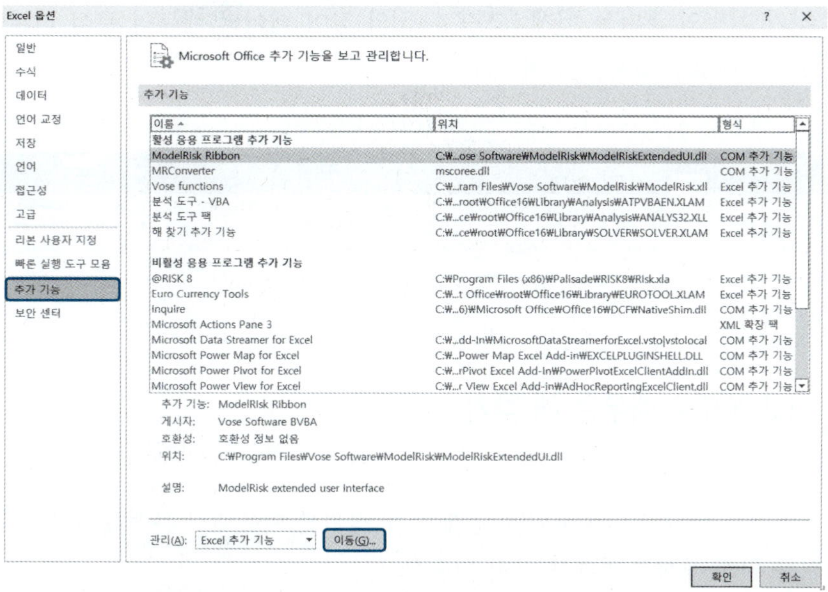

그림 4-3
엑셀의 추가 기능

③ 여기서 하단부에 나타난 **Excel 추가 기능 [이동]** 버튼을 누른다. 그러면 [그림 4-4]와 같은 **추가 기능** 대화상자가 나타난다. **추가 기능** 대화상자에는 사용자가 엑셀을 처음 설치한 방법에 따라 조금씩 다른 선택 항목들이 나타날 수 있다.

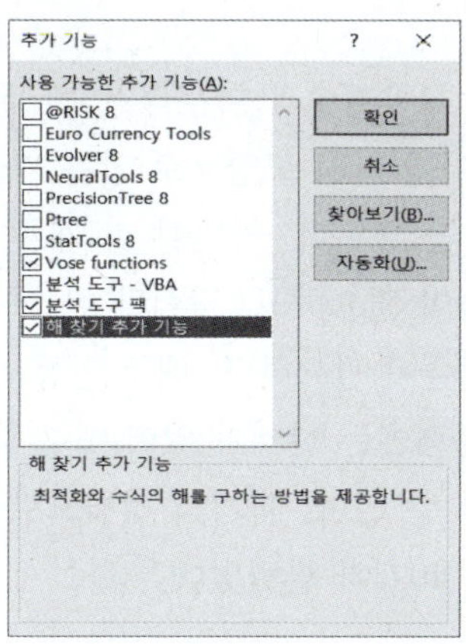

그림 4-4
추가 기능 대화상자

④ **해 찾기 추가 기능**이 체크되어 있는지 보고(Microsoft Office를 표준 설치한 경우에는 체크되어 있지 않을 것이다), 체크되어 있지 않다면 해당 란을 체크하고, **확인** 버튼을 누른다.

⑤ 해 찾기 기능의 추가는 이제 [그림 4-5]와 같이 **데이터** 메뉴의 **분석** 리본에 **해 찾기**라는 새로운 항목을 보여준다.

그림 4-5
해 찾기의 추가

4.2 예제로 배우는 해 찾기

앞서 예제로 학습한 안동하회탈 문제를 해 찾기를 이용해서 분석해 보자. 독자들의 편의를 위해 예제를 아래에 다시 기술한다.

예제 수공예 하회탈 제조업체인 안동하회탈은 양반탈과 각시탈 두 가지 하회탈을 만들어 팔고 있다. 양반탈의 개당 판매가는 2만7천원이고, 재료비는 1만원이며, 가변비용(노동비, 간접비 등 인형 한 개 만들 때마다 발생하는 비용)은 1만4천원이다. 각시탈의 경우, 개당 판매가는 2만1천원이고, 재료비는 9천원, 그리고 가변비용은 1만원이라고 한다.

하회탈을 만들기 위해서는 목공기술과 마무리기술, 두 종류의 기술이 필요하다. 목공기술이란 나무를 양반이나 각시 모양으로 깎는 기술을 말하고, 마무리기술은 도색작업 등의 상품화 기술을 말한다. 양반탈 한 개를 만드는 데는 1시간의 목공기술과 2시간의 마무리기술이 필요하고, 각시탈 한 개를 만드는 데는 1시간의 목공기술과 1시간의 마무리기술이 필요하다. 매주 안동하회탈에서는 필요한 재료는 모두 구입할 수 있으나 노동력에는 한계가 있어 매주 80시간의 목공기술과 100시간의 마무리 기술을 이용할 수 있다. 과거의 경험으로 볼 때 각시탈의 수요는 무제한이나, 양반탈은 많아야 40개가 팔렸었다.

안동하회탈은 주당 이윤을 최대화하기 위한 제품생산계획안을 마련하고자 한다. 즉, 주당 양반탈과 각시탈을 각각 몇 개씩 생산하는 것이 안동하회탈의 주당 이윤을 최대화시킬 수 있겠는가?

1 문제의 모형화

문제의 모형화에 대해서는 앞에서 자세히 설명했지만 독자들의 편의를 위해 간단히 다시 기술하도록 한다.

이 문제에서 안동하회탈의 목표는 생산한 제품을 판매하여 얻는 이윤을 최대화하는 것이므로 목적함수는 두 제품(양반탈, 각시탈)이 가져오는 이윤의 합을 최대화하는 것이다. 따라서 의사결정변수 X_1과 X_2를 양반탈과 각시탈의 생산량으로 정의하면 목적함수는 다음과 같이 표현할 수 있다.

$MAX\ Z = 3X_1 + 2X_2$ (단위: 천원)

그런데 안동하회탈은 제품 생산에 필요한 노동력(목공기술과 마무리기술)에는 한계가 있으므로 제약조건은 다음과 같이 표현된다.

$X_1 + X_2 \leq 80$ (목공기술시간은 80시간까지 이용할 수 있음)
$2X_1 + X_2 \leq 100$ (마무리기술시간은 100시간까지 이용할 수 있음)

또한 과거의 판매추이로 보면 양반탈은 많아야 한 주에 40개가 팔렸으므로 과거의 판매패턴이 미래에도 지속된다는 가정 하에서는 양반탈을 40개보다 많이 생산할 필요는 없다. 따라서 다음과 같은 제약조건이 추가된다.

$X_1 \leq 40$ (양반탈을 40개 이하로 생산함)

그리고 양반탈과 각시탈의 생산량이 음의 값을 갖는 것이 의미가 없으므로 의사결정변수에 대한 비음조건을 다음과 같이 추가한다.

$X_1, X_2 \geq 0$

결국, 앞의 예제에 대한 선형계획모형은 다음과 같다.

$$
\begin{aligned}
&MAX\ Z = 3X_1 + 2X_2 \\
&s.t. \quad X_1 + X_2 \leq 80 \\
&\qquad 2X_1 + X_2 \leq 100 \\
&\qquad X_1 \leq 40 \\
&\qquad X_1, X_2 \geq 0
\end{aligned}
$$

이제 이 모형을 엑셀의 해 찾기를 이용해서 풀어보도록 하자.

2 해 찾기의 실행

안동하회탈 문제에 대한 모형화 작업이 끝났으므로 엑셀의 해 찾기 도구를 이용하여 안동하회탈의 주당 이윤을 최대화하는 양반탈과 각시탈의 생산량을 구해보도록 하자.

① 엑셀을 실행한다.

엑셀 기본모형
변수 셀

② 엑셀 워크시트에 [그림 4-6]과 같이 입력한다.[3] [그림 4-6]과 같은 워크시트를 이 책에서는 **엑셀 기본모형**이라고 부른다. 엑셀 기본모형을 보면 우리가 만든 선형계획모형의 모습은 보이지 않는다. 하지만 모형을 만드는 방법을 알고 있어야 해 찾기를 쉽게 이용할 수 있다. 엑셀 기본모형에서 셀 B10과 셀 C10은 의사결정변수에 해당하는 셀로 '**변수 셀**'이라 부른다. 이 셀에 들어갈 양반탈과 각시탈의 생산량은 아직 그 값을 모르므로 '0'으로 초기값을 임의 설정한다.[4]

엑셀 기본모형에는 문제에서 주어진 기본 데이터를 입력하고, 엑셀의 함수나 수식을 이용하여 입력한 데이터를 가공한다. 예를 들어, 양반탈 단위당 이윤을 나타내는 셀 **B9**에는 다음과 같은 식을 입력하여 그 값을 구한다.
=B6-B7-B8 또는 =B6-SUM(B7:B8)

3) [그림 4-6]은 하나의 예를 보여 준 것이지, 반드시 [그림 4-6]과 같이 입력할 필요는 없다. 사용자에 따라 엑셀 워크시트에 문제를 입력하는 방식은 다를 수 있다.

4) 초기값으로 다른 숫자를 입력해도 되나 관례적으로 '0'을 입력한다. 다른 숫자를 입력하는 것보다 보기에도 깔끔하다.

	A	B	C	D	E	F
1	**안동하회탈 문제**					
2						
3	**의사결정변수: 각 제품의 생산량**					
4						
5		양반탈	각시탈			
6	판매가(천원)	27	21			
7	재료비(천원)	10	9			
8	가변비용(천원)	14	10			
9	이윤(천원)	3	2			
10	생산량	0	0			
11						
12	**제약조건**					
13				좌변항 결과		우변항
14	목공기술(시간)	1	1	0	<=	80
15	마무리기술(시간)	2	1	0	<=	100
16	양반탈 수요제약	1		0	<=	40
17						
18	**총이윤(천원)**					
19	0					

그림 4-6

기본 자료의 입력

③ 셀 B10와 셀 C10에 임의로 설정한 양반탈과 각시탈의 생산량을 이용하여 목적 함수인 총이윤과 각 제약조건의 좌변항 값을 구한다. 먼저 총이윤은 양반탈과 각시탈의 단위당 이윤에 생산량을 곱하여 그 합을 구하면 되므로 셀 A19에 다음과 같은 식을 입력한다(엑셀에서 특정 셀에 수식이나 함수를 입력할 때는 그 앞에 **등호**(=)를 입력해야 한다).

=B9*B10 + C9*C10[5] 또는 **=SUMPRODUCT(B9:C9,B10:C10)**

다음으로 셀 D14, D15, D16에 목공기술시간과 마무리기술시간 제약식의 좌변항, 그리고 양반탈 생산량 제약식의 좌변항을 나타내는 식을 각각 입력한다. 이를 위해서는 각 제약조건의 기술계수에 양반탈과 각시탈의 생산량(현재는 '0'으로 설정)을 곱해서 더해주면 되므로 셀 D14, D15, D16에 다음과 같이 입력한다.

셀 **D14**(목공기술시간 제약식의 좌변항):
=B14*B10+C14*C10 또는 **=SUMPRODUCT(B14:C14,B10:C10)**
셀 **D15**(마무리기술시간 제약식의 좌변항):
=B15*B10+C15*C10 또는 **=SUMPRODUCT(B15:C15,B10:C10)**
셀 **D16**(양반탈 생산량 제약식의 좌변항): **=B16*B10** 또는 기술계수가 '1'이므로 **=B10**

5) 안동하회탈의 경우 제품이 두 가지이므로 이때는 =B9*B10+C9*C10과 같이 입력해도 무방하다. 하지만 의사결정변수가 3개 이상일 경우에는 **SUMPRODUCT** 함수를 이용하는 것이 편리하다. SUMPRODUCT 함수는 형태가 동일한 두 개 이상의 열, 행, 행렬 등의 대응 셀들을 곱한 후 이를 모두 더해 주는 함수이다. =B9*B10+C9*C10을 SUMPRODUCT 함수를 이용해서 표현하면 =SUMPRODUCT(B9:C9,B10:C10)이 된다. 이 경우, 두 행의 상응하는 셀들을 곱하여 더한 결과를 산출한다.

이를 자동채우기를 이용해 입력하려면, 셀 D14에 =SUMPRODUCT(B14:C14,$B$10:$C$10)을 입력한 후, 이 셀을 마우스로 아래로 끌기하여 셀 D16까지 채우면 된다.[6]

④ [그림 4-7]은 셀 A19, D14, D15, D16에 해당 수식을 입력한 후의 화면이다. 화면에서 보듯이 현재 양반탈과 각시탈의 생산량을 '0'으로 설정하였으므로 목적함수 값과 모든 제약조건의 좌변항도 '0'으로 나타남을 알 수 있다.

그림 4-7

목적함수와 제약조건 좌변항의 계산

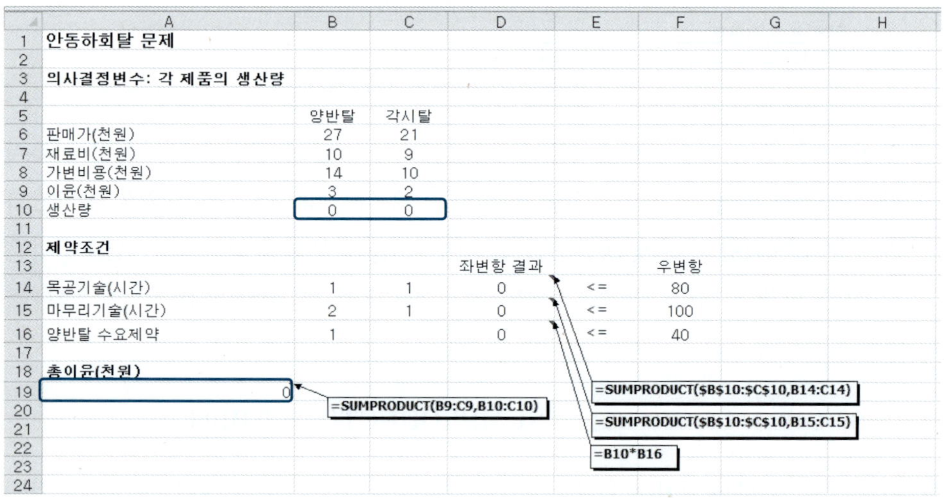

해 찾기 매개 변수

⑤ 이제 필요한 내용은 엑셀 기본모형에 모두 입력이 되었으므로 해 찾기를 실행해 보자. **데이터** 메뉴의 **분석** 리본에 있는 **해 찾기**를 누른다. 그러면 [그림 4-8]과 같은 **해 찾기 매개 변수** 대화상자가 나타난다.[7] 이 상자에 선형계획모형의 구성요소인 의사결정변수, 목적함수, 제약조건, 비음조건 등을 다음과 같이 입력한다.

6) 엑셀에서 동일한 형태의 수식을 여러 개 반복해 입력할 때는 각각의 식을 따로 입력하기보다는 하나의 식을 입력한 후 이를 마우스로 끌어 복사하는 자동채우기 기능을 이용하는 것이 편리하다. 단, 자동채우기를 이용하려면 수식에서 절대참조(셀번호 앞에 $기호를 사용)와 상대참조(셀번호 앞에 $기호를 사용하지 않음)를 반드시 구분해야 한다.

7) 대화상자는 엑셀의 버전에 따라 모습이나 항목 이름이 조금씩 다르다. 이 책에서는 엑셀 2010 버전을 이용해 설명하나, 엑셀 2007 버전 사용자도 큰 어려움 없이 설명을 따라올 수 있을 것이다.

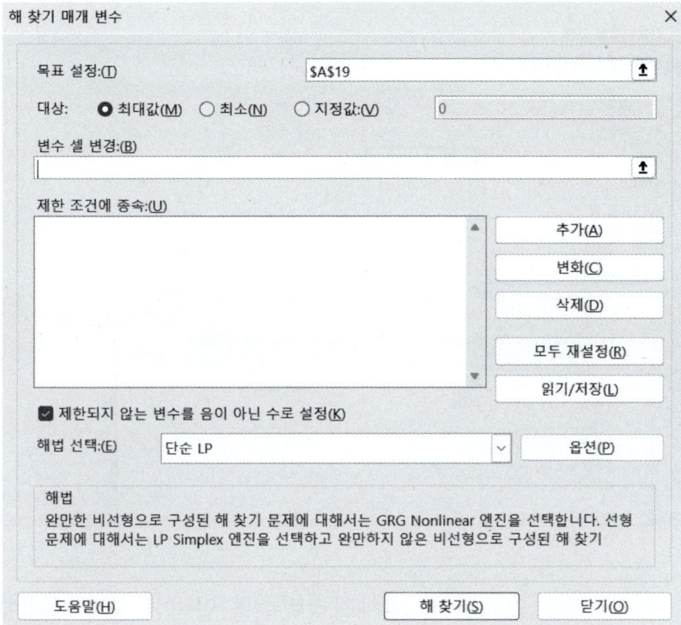

그림 4-8
해 찾기 매개 변수 대화상자

⑥ [그림 4-8]에서 **목표 설정:(T)** 상자에는 목적함수의 셀번호를 입력한다. 셀번호를 직접 입력하는 대신 엑셀 기본모형에서 총이윤의 계산식이 입력되어 있는 셀 A19을 마우스로 선택하면 해당 셀번호가 자동적으로 입력된다. **목표 설정:(T)** 아래의 **대상**에는 현재 목적함수를 최대화 하는 문제를 다루고 있으므로 **최대값(M)** 옵션을 선택한다(최대값 옵션은 기본값(default)으로 지정되어 있으므로 최대화 문제에서는 다시 지정할 필요는 없다). **변수 셀 변경:(B)** 상자에는 의사결정변수에 해당하는 셀번호를 입력한다. 엑셀 기본모형에서 양반탈과 각시탈의 생산량을 나타내는 셀 B10:C10을 선택하면 해당 셀번호가 상자에 자동으로 입력된다.

그림 4-9

목표 설정:(T), 대상, 변수 셀 변경:(B)의 지정

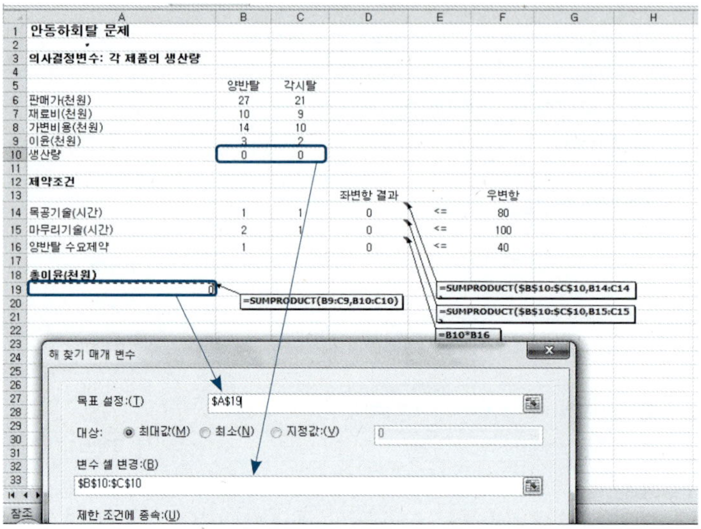

⑦ 다음으로 제약조건을 입력한다. 의사결정변수를 입력한 상자 아래에 보면 **제한 조건에 종속:(U)**이라는 상자가 보이는데 이곳에 제약조건을 입력한다. 제약조건의 입력을 위해 우선 **제한 조건에 종속:(U)** 상자 오른쪽 제일 위에 있는 **추가(A)** 버튼을 누른다. 그러면 [그림 4-10]과 같은 **제한 조건 추가** 대화상자가 나타난다.

그림 4-10

제한 조건 추가 대화상자

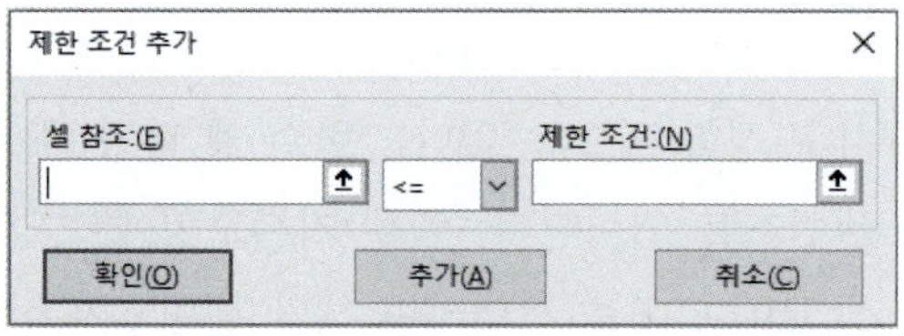

⑧ [그림 4-10]의 **제한 조건 추가** 대화상자의 **셀 참조:(E)** 상자에는 제약조건의 좌변항 결과를 나타내는 셀번호를 입력한다. 여기서 한 가지 주의해야 할 사항은 **셀 참조:(E)** 상자에는 수식이 들어가면 안 되고, 그 수식의 결과를 나타내는 셀의 번호가 들어가야 한다는 것이다. 이런 이유로 엑셀 기본모형([그림 4-6] 참조)에서 제약조건의 좌변항 결과를 나타내는 셀 D14, D15, D16을 만든 것이다. 엑셀 기본모형에서 각 제약조건의 좌변항 결과를 나타내는 셀 D14, D15, D16을 각각 마우스로 선택하면 해당 셀번호가 상자에 입력된다. **제한 조건:(N)** 상자에

는 제약조건의 우변항을 입력한다. 각 제약조건의 우변항에 해당하는 셀은 각각 F12, F13, F14이다. 그리고 가운데에 위치한 연산자 메뉴에서는 제약조건의 부등호 방향(≤ 또는 ≥)이나 제약조건이 등식일 때는 등호(=)를 선택한다. 본 예제의 제약조건 부등호 방향은 모두 '≤'이므로 이것을 메뉴에서 선택한다. 본 예제의 엑셀 기본모형에서는 사용자의 편의를 위해 셀 E12, E13, E14에 제약조건의 부등호 방향을 입력해 놓았다. 일반적으로 한 제약조건을 입력하고 추가 버튼을 눌러 다음 제약조건을 입력한다.

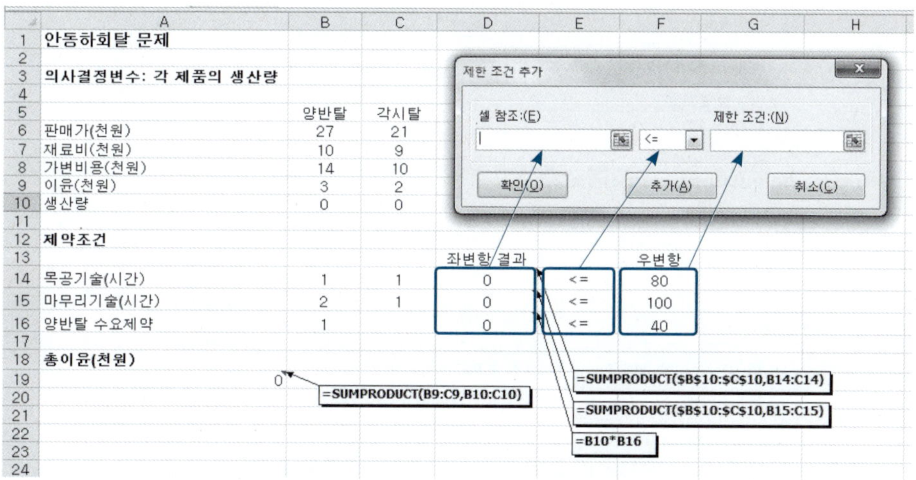

그림 4-11
제한 조건 추가 대화상자의 구성요소

하지만 본 예제의 경우에는 모든 제약식의 부등호 방향이 '≤'로 동일하므로 제약조건을 하나씩 따로따로 추가할 필요 없이 [그림 4-12]와 같이 **셀 참조:(E)** 상자에는 셀범위 D14:D16을 마우스로 선택하여 입력하고, 연산자는 ≤, 그리고 **제한 조건:(N)** 상자에는 셀 범위 F14:F16를 선택해 한꺼번에 입력할 수도 있다. 두 가지 방법 모두 동일한 결과를 가져온다.

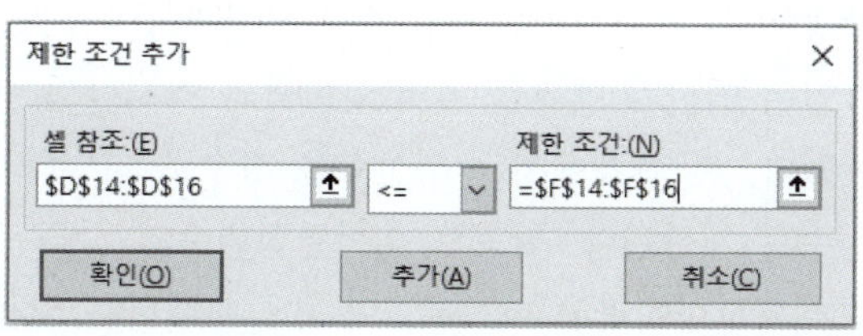

그림 4-12
세 가지 제약조건의 동시 입력

⑨ 제약조건을 모두 입력하였으면 **확인** 버튼을 누른다. 그러면 [그림 4-13]과 같이 **해 찾기 매개 변수** 대화상자로 다시 돌아온다. 제약조건이 입력된 결과를 보면 한 줄로 입력이 되어 있어 하나의 제약조건 같지만 실제로는 세 가지 제약조건이 한꺼번에 입력된 것이다. 즉, 본 예제의 제약조건 형태는 모두 동일하므로 제약조건을 하나씩 입력하지 않고 한꺼번에 입력하는 [그림 4-12]의 방법을 택한 결과이다.

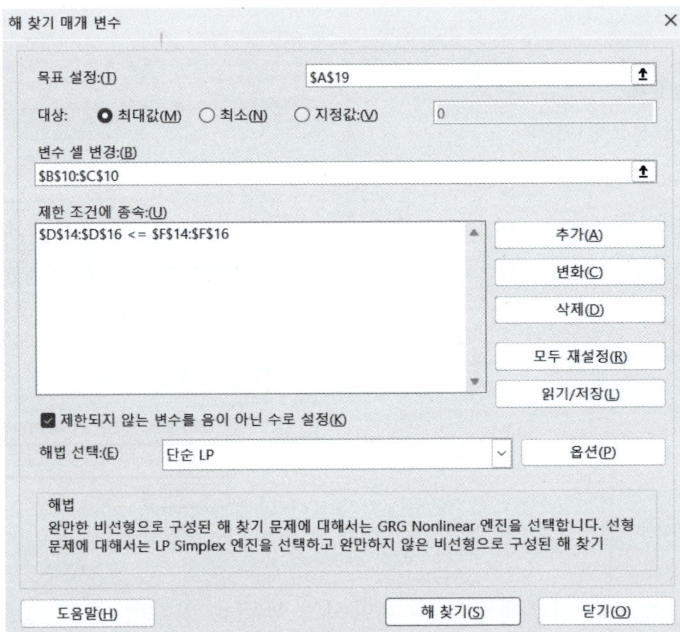

그림 4-13
제약조건이 입력된 해 찾기 매개 변수 대화상자

가분성(divisibility)

선형계획모형에서 의사결정변수의 값은 소수점으로도 나타낼 수 있는 실수 값을 갖는다. 이것을 선형계획모형의 **가분성(divisibility)** 조건이라 한다. 하지만 양반탈과 각시탈의 생산량이 20.5와 같이 소수점 형태로 그 값이 계산된다면 해를 실행하는데 문제가 발생할 수 있다. 이럴 경우 다음 그림과 같이 제한 조건 추가 대화상자의 가운데에 있는 연산자 메뉴를 펼쳐 양반탈과 각시탈의 생산량을 정수(int)로 지정해 줄 수 있다. 본 예제에서는 생산량을 정수로 지정하지 않아도 최적의 생산량이 모두 정수로 계산된다. 참고로 의사결정변수의 값을 정수로 지정한 수리적 모형을 정수계획모형이라고 하는데, 여기에 대해서는 5장에서 구체적으로 다루도록 한다.

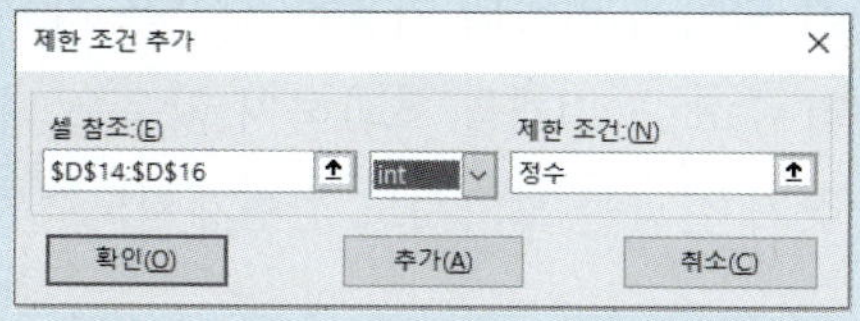

⑩ 다음으로 제약조건 아래에 있는 **제한되지 않는 변수를 음이 아닌 수로 설정(K)**을 선택하고, **해법 선택:(E)** 메뉴에서 **단순 LP**를 선택한다. 전자는 의사결정변수의 비음조건을 설정한 것이고, 후자는 선형계획모형의 해법을 지정한 것이다. 비음조건은 제약조건으로 설정하지 않는다. 참고로 **해법 선택:(E)** 메뉴에는 세 가지 해법이 있는데, **단순** LP는 선형계획모형과 정수계획모형을 해결할 때 선택하고, **GRG Nonlinear**와 **Evolutionary** 엔진은 비선형계획모형을 해결할 때 선택한다.[8)]

단순 LP
GRG Nonlinear
Evolutionary

⑪ 이제 선형계획모형을 풀기 위한 모든 입력이 완료되었다. 모형의 최적해를 구하기 위해 **해 찾기 매개 변수** 대화상자의 하단에 위치한 **해 찾기(S)** 버튼을 누른다. 그러면 [그림 4-14]와 같이 엑셀 기본모형이 있는 워크시트에 최적해를 나타내 줌과 동시에 **해 찾기 결과** 대화상자가 나타난다. **해 찾기 결과** 대화상자 상단에는 "해를 찾았습니다. 모든 제한 조건 및 최적화 조건이 만족되었습니다."라는 메시지가 나타나는데, 이 메시지는 해당 모형의 최적해가 발견되었음을 알려준다.

⑫ 이제 모형의 최적해를 살펴보자. 우선, 엑셀 기본모형을 보면 양반탈과 각시탈의 생산량이 초기값 '0'에서 각각 20과 60으로 바뀌었음을 알 수 있다. 또한 목적함수인 주당 총이윤은 180으로 변했음을 알 수 있다. 즉, 이 문제의 최적해는 양반탈은 주당 20개, 각시탈은 60개 생산하는 것으로, 이러한 생산계획안을 행동으로 옮기게 되면 총이윤은 180(천원)이 된다는 것이다. 또한 각 제약조건의 좌변

8) '단순 LP'라는 용어는 선형계획모형(LP models)의 해법인 **심플렉스법(Simplex method)**을 한국 마이크로소프트에서 잘못 번역한 것이다. 또한 [그림 5-13]의 해 찾기 매개 변수 대화상자에 나타난 해법에 대한 설명에서 두 번째 줄의 '비선형 문제에 대해서는 LP Simplex 엔진을 선택하고'에서 **비선형은 선형으로 수정**되어야 한다.

항 결과도 각각 80, 100, 20으로 바뀌었는데, 이는 양반탈과 각시탈을 각각 20개, 60개 생산하면 실제로 사용하게 되는 목공기술시간과 마무리기술시간은 각각 80시간, 100시간이 되어 우변항의 가용한 시간을 다 쓰게 되고, 양반탈의 생산량은 20개로 기존의 수요량 40개를 초과하지 않음을 나타낸다. 즉, 엑셀 기본모형에 나타나는 해 찾기 결과를 보고서도 선형계획모형의 최적해는 기본적으로 파악할 수 있다.

그림 4-14
선형계획모형의 최적해와 해 찾기 결과 대화상자

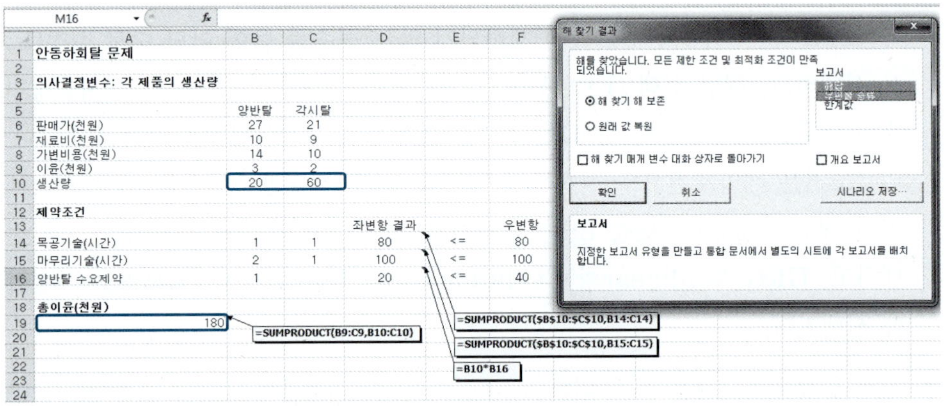

⑬ 다음으로 **해 찾기 결과** 대화상자를 보도록 하자. 대화상자에서 **해 찾기 해 보존** 옵션을 선택하고 **보고서**에서 **해답**과 **우편물 종류**(민감도 보고서)를 선택한 후 **확인** 버튼을 누른다.[9] 그러면 [그림 4-15]와 같이 화면 하단에 해답 보고서 1, 민감도 보고서 1이라는 새로운 워크시트가 만들어진다.[10]

해답 보고서
민감도 보고서
한계값 보고서

모형의 결과 보고서는 **해답 보고서, 민감도 보고서, 한계값 보고서** 등 세 가지이다. 이 중 한계값 보고서는 각 의사결정변수가 취할 수 있는 최대값과 최소값, 그리고 그때의 목적함수 값을 보여주는 보고서로 많이 이용하지 않는다. 보통 모형의 보고서로는 해답 보고서와 민감도 보고서를 출력한다.

9) **원래 값 복원** 옵션을 선택하고 확인 버튼을 누르면 워크시크에 있는 엑셀 기본모형의 값들이 원래의 상태인 초기값으로 돌아간다. 보고서에서 **우편물 종류**는 민감도 보고서가 잘못 입력된 것이다.

10) 여기서 보고서 번호는 해당 모형에 대해 해 찾기 실행을 몇 번 했느냐에 따라 차례로 부여된다. 해당 모형에 대해 해 찾기 실행을 처음 한 경우에는 1번이 되고, 같은 모형에 대해 한 번 더 해 찾기 실행을 한 후 보고서를 출력하면 2번이 된다.

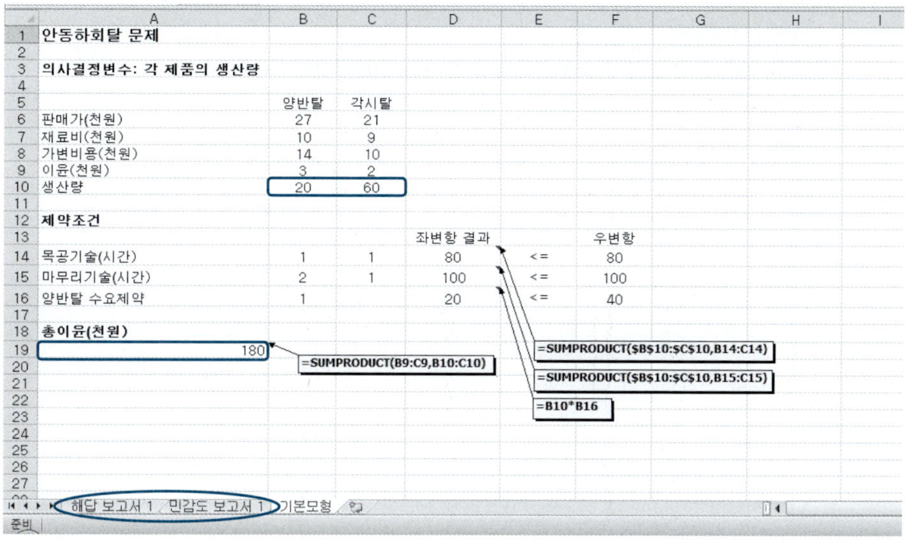

그림 4-15

해답 보고서와 민감도 보고서의 생성

이제 [그림 4-15]의 하단에 생성된 해답 보고서와 민감도 보고서 탭을 각각 선택해보자. 그러면 [그림 4-16], [그림 4-17]과 같이 해답 보고서와 민감도 보고서의 내용이 화면에 나타난다. 보고서의 내용은 해당 문제에 대한 여러 가지 유용한 정보를 제공한다.

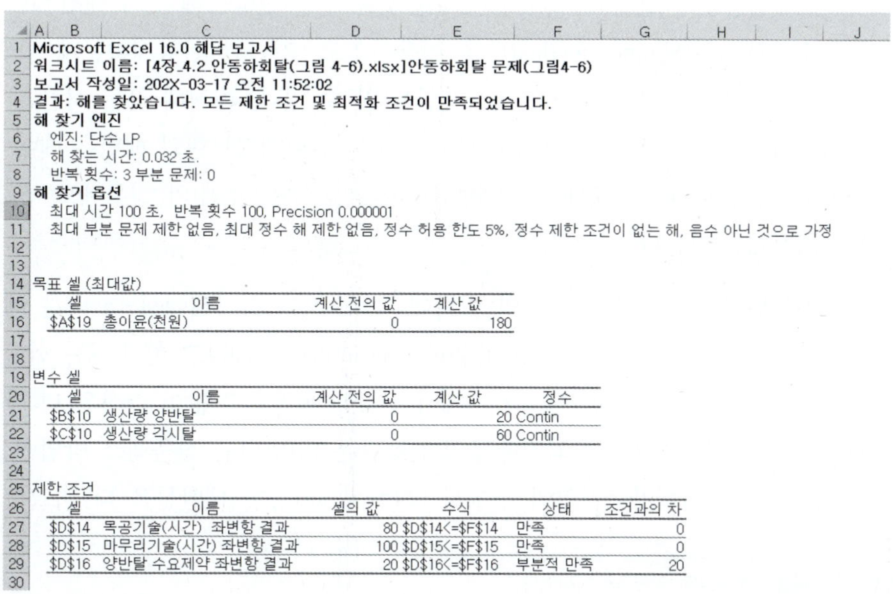

그림 4-16

해답 보고서

그림 4-17

민감도 보고서

Microsoft Excel 16.0 민감도 보고서
워크시트 이름: [4장_4.2_안동하회탈(그림 4-6).xlsx]안동하회탈 문제(그림4-6)
보고서 작성일: 202X-03-17 오전 11:52:02

변수 셀

셀	이름	계산 값	한계 비용	목표 셀 계수	허용 가능 증가치	허용 가능 감소치
$B$10	생산량 양반탈	20	0	3	1	1
$C$10	생산량 각시탈	60	0	2	1	0.5

제한 조건

셀	이름	계산 값	잠재 가격	제한 조건 우변	허용 가능 증가치	허용 가능 감소치
$D$14	목공기술(시간) 좌변항 결과	80	1	80	20	20
$D$15	마무리기술(시간) 좌변항 결과	100	1	100	20	20
$D$16	양반탈 수요제약 좌변항 결과	20	0	40	1E+30	20

4.3 해 찾기 보고서의 해석

1 해답 보고서

해답 보고서의 내용을 항목별로 해석해 보자.

해 찾기 엔진
심플렉스법(Simplex method)

① 우선 해답 보고서의 상단을 보면 엑셀 기본모형이 작성된 워크시트의 이름과 이 보고서가 만들어진 날짜와 시간이 나타난 것을 볼 수 있다. **해 찾기 엔진**(해법)으로는 **심플렉스법(Simplex method)**[11]을 이용하였고, 간단한 선형계획문제이므로 최적해를 찾은 시간은 '0'초, 즉 순식간임을 알 수 있다. 최적해 찾는 시간은 사용자의 컴퓨터 성능에 따라 차이를 보이나 보통 선형계획모형의 해법은 매우 효율적이어서 규모가 큰 문제(의사결정변수와 제약조건이 많은 문제)의 경우에도 몇 초 내에 최적해를 찾는다.

반복횟수(number of iterations)

② 다음으로 **반복횟수**는 '3'으로 나와 있는데, 이 숫자는 초기해에서 더 나은 해로 이동한 횟수를 말한다. 이를 반복횟수(number of iterations)라고 한다. 즉, 선형계획모형의 초기해(의사결정변수의 초기값)에서 시작해 목적함수 값이 향상된 더 나은 해(꼭지점)로 3번 이동한 후 최적해를 발견했다는 의미이다. 심플렉스 방법이 효율적인 이유는 실행가능지역의 무수히 많은 실행가능한 대안들을 다 비교하지

11) '단순 LP'라는 잘못 번역된 이름으로 나타난다.

않고, 이처럼 그 중 3개의 해만 비교해서도 최적해를 찾을 수 있기 때문이다.[12] 부분문제는 선형계획모형에서는 항상 '0'으로 나타난다. 부분문제는 나중에 학습할 정수계획모형의 최적해를 구할 때는 양의 값을 갖게 되는데, 이것의 의미에 대해서는 정수계획모형에서 설명하기로 한다.

③ **해 찾기 엔진** 다음에 나오는 해 찾기 옵션을 보면 **최대시간 100초, 반복횟수 100**으로 표시되어 있는데, 이는 심플렉스 방법으로 모형의 최적해를 찾을 때 소요되는 시간과 반복횟수의 상한값으로 기본으로 제공된 값(default)이다.[13] 즉, 독자들이 해결하고자 하는 대부분의 선형계획문제는 100초 내에, 그리고 100번의 반복활동 내에서 최적해를 찾을 수 있다는 말이다.

해 찾기 옵션

④ 목표 셀은 목적함수를 의미한다. 현재의 문제가 목적함수의 최대화를 추구하므로 **목표 셀(최대값)**이라고 나타나 있다. **계산 전의 값**이란 최적해를 구하기 전의 초기해에서의 목적함수 값을 말한다. 즉, 의사결정변수 X_1과 X_2가 각각 초기값 '0'을 가질 때의 목적함수 값이다. **계산 값**은 최적해의 발생에 따라 계산된 목적함수 값이다. 계산 값은 180으로 나타나 있는데, 최적해(아래에 나타나 있는 **변수 셀**의 **계산 값**)를 행동으로 옮기게 되면 그 때의 총이윤은 180(천원)이라는 말이다.

목표 셀

셀의 이름 엑셀 워크시트에서 셀의 이름은 어떻게 정해지는가? 예를 들어, 해답 보고서를 보면 목표 셀 A19의 이름이 총이윤(천원)이라고 나타나 있는데, 이는 어떻게 정해진 것인가? 목적함수 셀의 이름이 이렇게 만들어진 것은 엑셀 워크시트의 특성 때문이다. 엑셀 워크시트에서 특정 셀의 이름은 그 셀의 왼쪽에서 처음 나오는 문자열과 그 셀의 위에서 처음 나오는 문자열의 조합으로 만들어진다. 따라서 셀 A19의 이름은 그 셀의 왼쪽에는 문자열이 없고 그 셀 위에서 처음 나오는 문자열은 **총이윤(천원)**이므로 셀의 이름은 문자열의 조합인 **총이윤(천원)**으로 자동적으로 만들어진 것이다. 만일 목적함수 식을 셀 B18에 입력했다면, 목표 셀의 이름은 **총이윤(천원) 양반탈**로 나타나게 되어 목표 셀의 이름으로는 적합하지 않음을 알 수 있다. 물론, 이렇게 나타나더라도 해답 보고서 역시

12) 일반적으로 선형계획모형의 해를 찾는 속도는 제약조건의 수에 큰 영향을 받는다. 선형계획모형의 제약조건의 수가 m개일 경우, 최적해는 보통 $3m$개의 반복활동 이전에 발견된다.

13) 해 찾기 매개변수 대화상자의 옵션 버튼을 눌러 기본값(default)으로 주어진 이 수치를 원하는 값으로 조정할 수 있다. 보통 기본값으로 그냥 두어도 선형계획모형의 최적해를 찾는 데는 아무런 불편이 없다.

엑셀 워크시트임으로 사용자가 해당 셀을 클릭하여 잘못된 이름을 수정할 수는 있지만 번거로운 수정 없이 의미 있는 셀 이름이 자동적으로 정해지기 위해서는 엑셀 기본모형을 사전에 잘 디자인해야 할 것이다.

변수 셀

⑤ **변수 셀**은 의사결정변수를 나타낸다. 의사결정변수의 값이 계산전의 값(초기값) '0'에서 계산값(최적해)인 20과 60으로 각각 바뀌었음을 알 수 있다. 계산값 우측의 'Contin'은 'continuous variable'의 약자로 의사결정변수의 값이 실수(實數, real number)임을 의미한다. 즉, 선형계획모형의 최적해는 소수점으로도 나타날 수 있다는 말인데, 이 문제의 경우에는 의사결정변수의 값이 우연히 정수로 나왔음을 알 수 있다. 목적함수를 최대화시키는 양반탈과 각시탈의 생산량은 각각 20개와 60개이며, 이때의 총이윤은 180(천원)임을 알 수 있다.

제한 조건
셀의 값

⑥ **제한 조건**은 제약조건을 말한다. 예제에는 모두 3개의 제약조건이 있는데, 각 제약조건이 최적해에서 어떤 상태가 되는지를 보여준다. 우선, 첫 번째 열과 두 번째 열은 각 제약조건의 좌변항 식이 들어 있는 셀이 무엇이고, 그 셀의 이름은 무엇인지 보여준다. 그리고 세 번째 열의 **셀의 값**은 최적해를 각 제약조건에 대입했을 때 계산되는 좌변항의 값을 말한다. 예를 들어, 첫 번째 제약조건의 좌변항 값은 80으로 나타나 있는데, 이는 양반탈 20개, 각시탈 60개를 생산할 때 실제로 소요되는 목공기술시간을 말한다. 네 번째 열인 수식은 해당 제약조건의 부등호 형태를 보여준다.

상태(status)
속박적(binding)
비속박적(nonbinding)

다섯 번째 열의 **상태(status)**는 최적해에서 해당 제약조건이 **속박적(binding)**인지, **비속박적(nonbinding)**인지를 보여준다. **만족**은 해당 제약조건이 속박적임을 말하고, **부분적 만족**은 해당 제약조건이 비속박적임을 의미한다.[14] 그래프 분석에서 제약조건이 속박적인 경우와 비속박적인 경우에 대해서 학습하였다. 제약조건이 속박적이라 함은 최적해를 해당 제약조건에 대입했을 때 해당 제약조건이 등호(=)로 성립함을 말하고, 비속박적이라 함은 최적해에서 해당 제약조건이 등호

14) **상태** 열의 **만족**과 **부분적 만족**이라는 용어도 한국마이크로소프트에서 잘못 번역한 것으로, 독자들을 오도할 위험이 있다. 즉, **부분적 만족**이라는 용어를 보면 마치 해당 제약조건이 부분적으로는 만족되지 않은 것으로 생각될 수 있다. 모형의 모든 제약조건은 동시에 만족되어야 한다. 만족은 'binding'을 잘못 번역한 것이고, 부분적 만족은 'nonbinding'을 잘못 번역한 것이다.

로 성립하지 않고 엄격한 부등호로 나타남을 말한다.

마지막 열에 있는 **조건과의 차**는 제약조건의 우변항과 좌변항의 차이를 나타내는 값으로 제약조건의 형태에 따라 **여유분(slack)**과 **잉여분(surplus 또는 excess)**으로 구분한다. 여유분이란 '≤' 형태의 제약조건에 해당하는 용어로 우변항에서 좌변항을 뺀 값, 즉 쓰고도 남게 되는 자원의 양을 말한다. 잉여분은 '≥' 형태의 제약조건에 해당하는 용어로 이러한 형태의 제약조건의 우변항은 통상 요구조건 또는 요구량을 나타내므로 잉여분은 좌변항에서 우변항을 뺀 값, 즉 요구조건이나 요구량의 과만족분을 의미한다. 속박적 제약조건에서 조건과의 차는 '0'이 되고, 비속박적 제약조건에서 조건과의 차는 양(+)의 값을 갖는다.

조건과의 차
여유분(slack)
잉여분(surplus 또는 excess)

본 예제에서 제약조건은 모두 '≤' 형태이므로 조건과의 차는 모두 여유분을 나타낸다. 즉, 가용한 자원의 양(우변항)에서 실제로 사용한 자원의 양(좌변항)을 뺀 값이다. 예를 들어, 첫 번째 제약조건과 두 번째 제약조건의 여유분은 '0'으로 나타났는데, 이는 최적해를 행동으로 옮기게 되면 현재 이용할 수 있는 목공기술시간과 마무리기술시간은 다 써버리게 되어 여유분이 존재하지 않음을 나타낸다. 반면, 세 번째 제약조건의 여유분은 '20'으로 나타났는데, 이 값은 우변항 40에서 좌변항 20을 뺀 값이다. 즉, 양반탈의 최적 생산량은 20개이므로 세 번째 제약조건인 '양반탈 생산량은 40개를 초과하지 말아야 한다.'는 조건은 만족시켰으나 이 제약조건의 우변항 40과는 20의 차이가 존재함을 나타낸다. 앞서 그래프 분석에서 여유분이 '0'일 경우 해당 제약조건은 속박적이 되고, 여유분이 존재하는 경우에는 해당 제약조건이 비속박적이 됨을 시각적으로 보았다. 또한 비속박적인 제약조건의 여유분 20은 그만큼 우변항을 줄여도 최적해에는 전혀 영향을 미치지 않는다는 사실도 보았다.

조건과의 차 최적해를 행동으로 옮겼을 때 해당 제약조건의 우변항과 좌변항의 차이를 말하는 것으로 제약조건의 형태에 따라 다음의 두 가지 개념으로 나눌 수 있다.[15)]

- **여유분(slack)**: '≤' 형태의 제약조건의 여유분을 나타낸다. 여유분의 값은 해당

15) 제약조건의 형태가 등호(=)인 경우에는 최적해에서 좌변항과 우변항이 일치해야 하므로 당연히 조건과의 차는 '0'이 된다.

당 제약조건의 우변항에서 좌변항을 뺀 값이다. 즉, 이용할 수 있는 자원의 양에서 실제로 이용된 자원의 양을 뺀 값이다. 따라서 이는 이용되지 않은 (따라서 그만큼 줄여도 최적해가 변하지 않는) 자원의 양을 의미한다.

• **잉여분(surplus 또는 excess)**: '≥' 형태의 제약조건의 요구조건 또는 요구량 초과분을 나타낸다. 잉여분의 값은 해당 제약조건의 좌변항에서 우변항을 뺀 값이다. 즉, '≥' 형태의 제약조건 우변항은 보통 '요구량 또는 요구조건'을 나타낸다. 따라서 잉여분이란 실제로 만족시킨 요구량(요구조건)에서 최소한 만족시켜주어야 하는 요구량(요구조건)을 뺀 값으로 최소한 요구되는 요구량(요구조건)의 과만족분이라고 해석할 수 있다.

2 민감도 보고서

해 찾기가 산출하는 민감도 보고서는 상황분석(what-if analysis)을 위한 여러 가지 정보를 사용자에게 제공한다. 앞서 그래프 분석을 통해 우리는 목적함수계수나 우변항의 값이 변화함에 따라 최적해가 어떠한 영향을 받는지 시각적으로 그 움직임을 살펴보았다. 민감도 보고서는 우리가 그래프 분석에서 학습한 민감도 분석 내용을 포함하고 있는데, 관련 자료의 값이 변화함에 결과가 어떻게 변화하는지 모형을 다시 만들어 풀지 않고서도 민감도 보고서를 보면 그 결과를 파악할 수 있다. 민감도 보고서의 내용을 항목별로 설명하면 다음과 같다. 독자들은 그래프 분석에서 학습한 민감도 분석 내용을 상기하면서 보고서 각 항목의 숫자가 의미하는 바를 이해하기 바란다.

민감도 보고서는 크게 두 부분으로 나뉘어져 있다. 하나는 **변수 셀** 파트, 다른 하나는 **제한 조건** 파트이다. **변수 셀** 파트는 목적함수계수의 변화에 따른 최적해의 변화를 파악할 때 이용하는 정보이고, **제한 조건** 파트의 내용은 제약조건 우변항의 변화에 따른 최적해의 변화를 파악할 때 이용한다.

① 변수 셀 파트

계산 값
목표 셀 계수

우선, **계산 값**은 현 상황에서 각 의사결정변수의 최적해를 말한다. 다음으로 **목표 셀 계수**는 각 의사결정변수의 목적함수계수를 말한다. 안동하회탈 문제에서 양반탈의 생산량을 나타내는 의사결정변수 X_1의 목적함수계수는 3이고, 각시탈의 생산량을 나타내는 의사결정변수 X_2의 목적함수계수는 2임을 알 수 있다. **허용 가능 증가치**(allowable increase)와 **허용 가능 감소치**(allowable decrease)는 현재의 최적해 $(X_1, X_2) = (20, 60)$를 변화시키지 않는 목적함수계수의 증감 상한값을 나타낸다. 앞서 그래프 분석에서 우리는 현재의 최적해를 변화시키지 않는 양반탈 개당 이윤의 범위는 2(천원)에서 4(천원)임을 보았다. 이 범위는 목표 셀 계수에 허용 가능 증가치와 허용 가능 감소치를 가감함으로써 구할 수 있다. 즉, 현재의 양반탈 생산량의 목표 셀 계수인 3에 허용 가능 감소치 1을 빼면 2이고, 허용 가능 증가치 1을 더하면 4가 됨을 알 수 있다. 2에서 4라는 이 범위는 바로 현재의 최적해를 변화시키지 않는 양반탈의 단위당 이윤의 범위가 된다.

허용 가능 증가치(allowable increase)
허용 가능 감소치(allowable decrease)

각시탈 단위당 이윤의 경우에도 그래프 분석에서 구한 범위와 민감도 보고서의 범위가 일치함을 알 수 있다. 민감도 보고서의 정보를 이용하면 각시탈 단위당 이윤이 1.5(천원)에서 3(천원) 사이에 있을 경우, 최적해는 그대로 유지되어 양반탈은 20개, 각시탈은 60개 생산해야 함을 알 수 있다. 물론 해당 범위 내에서 의사결정변수의 값(최적해)은 변하지 않으나 목적함수계수의 변화에 따라 목적함수 값은 당연히 변하게 된다. 예를 들어, 양반탈의 단위당 이윤이 3,800원이라면 양반탈은 20개, 각시탈은 60개 생산하는 것이 최적이나, 그때의 목적함수 값은 양반탈의 목적함수계수가 3,000원에서 3,800원으로 증가하였으므로 당연히 180(천원)에서 196(천원)으로 증가한다는 말이다.

이제 **한계비용**에 대해 알아보자. 해 찾기의 민감도 보고서에는 한계비용이라는 용어로 나타나지만 옳은 용어는 **수정비용**(reduced cost)이다. 수정비용은 의사결정변수와 관련된 수치로서 하지 말아야 할 것을 하는 경우, 내가 치러야 할 대가(penalty)라고 해석하면 된다. 예를 들어, 최대화 문제에서 어떤 의사결정변수 X_i(제품 i의 생산개수라 하자)의 최적해가 0이고 수정비용은 5라고 하자. 그렇다면 수정비용 '5'는 무엇을 의미하는가? 제품 i는 생산하지 않는 것이 현 상황에서는 최적이나, 이를 무시하고 만일 제품 i를 한 단위 생산한다면 목적함수 값은 5만큼씩 감소함을 의미한다.

한계비용
수정비용(reduced cost)

수정비용의 의미는 경제학에서 이야기하는 '완전경쟁 하에서 어떤 제품의 최적 생산수준'을 결정하는 문제와 관련이 있다. 어떤 제품을 어느 수준까지 생산하는 것이 가장 좋은가? 이 질문에 대답하기 위해서는 한계수입(MR: marginal revenue)

과 한계비용(MC: marginal cost)의 개념을 이용하게 되는데, 한계수입과 한계비용이 같아지는, 즉 한계이익(MP: marginal profit)이 '0'이 되는 지점에서 최적의 생산수준이 결정된다. 수정비용이란 바로 한계이익에 해당하는 개념으로 해당 제품 한 단위를 만들어 팔 때 얻게 되는 한계수입이 해당 제품 한 단위를 만들어 파는 데 들어가는 한계비용과 일치하는 점에서 최적 생산량은 정해진다.

이러한 개념을 염두에 두고 민감도 보고서의 한계비용(수정비용)을 다시 보자. 현재 두 가지 의사결정변수의 한계비용(수정비용)은 '0'으로 나타났는데, 이는 두 가지 의사결정변수의 값이 최적을 유지하고 있음을 뜻한다. 즉, 경제학적인 관점에서 한계이익이 '0'이 되는 지점에서 양반탈의 최적 생산량(20)과 각시탈의 최적 생산량(60)이 결정되었음을 의미한다. 일반적으로 민감도 보고서에서 의사결정변수의 최적해(계산 값)와 한계비용(수정비용)은 다음과 같은 관계를 보인다. 의사결정변수의 계산 값이 양(+)의 값을 가지면 한계비용(수정비용)은 '0'의 값을 가지고, 의사결정변수의 계산 값이 '0'의 값을 가지면 한계비용(수정비용)은 양(+)의 값을 갖는 관계를 보인다.[16)]

다만 해 찾기는 한계비용(수정비용)을 목적함수가 최대화(MAX)일 경우 음(−)의 값으로, 목적함수가 최소화(MIN)일 경우 양(+)의 값으로 나타내 주어 사용자가 해당 의사결정변수가 값을 가질 때 치러야 할 대가(penalty)를 목적함수에 쉽게 적용할 수 있게 한다. 예를 들어, 해 찾기가 산출한 민감도 보고서에서 어떤 의사결정변수의 한계비용(수정비용)이 최대화 문제에서 '−10'을 갖는다면 이 의사결정변수가 '1'의 값을 갖게 되면 목적함수 값은 10만큼 감소함을 의미한다. 하지만 최소화 문제에서 어떤 의사결정변수의 한계비용(수정비용)이 '10'을 갖는다면, 이는 이 의사결정변수가 '1'의 값을 갖게 되면 목적함수 값은 10만큼 증가함을 의미한다.

벌칙(penalty)

앞서 언급한 바와 같이 한계비용(수정비용)은 **벌칙(penalty)**의 의미를 갖는다. 예를 들어, '0'의 값을 갖는 의사결정변수가 어떤 제품의 생산량이라고 가정하자. 그러면 현 상황에서는 그 제품을 생산하지 않는 것이 최적인데, 만일 이러한 규범적인 제안을 무시하고 그 제품의 생산을 고집한다면, 한 단위 생산할 때마다 한계비용(수정비용)만큼의 벌칙이 가해진다는 말이다. 여기서 벌칙이란 목적함수 값의 희생을 의미하는 것으로, 최대화 문제에서는 목적함수 값의 감소를, 최소화 문제에서는 목적함수 값의 증가를 말한다.

16) 의사결정변수의 값과 한계비용(수정비용)의 값이 둘 다 '0'인 경우도 있다.

수정비용이 존재한다는 것은 최적 생산수준의 결정 개념에서 제품의 한계비용이 한계수입을 초과하는 것을 의미한다. 즉, 수정비용은 한계비용의 한계수입 초과분으로 정의할 수 있다. 그런데 경제학에서의 한계수입은 선형계획모형에서는 목적함수 값의 변화분으로 표현되므로 목적함수가 무엇을 나타내느냐 따라 한계수입이라는 용어는 달라질 수 있다. 예를 들어, 목적함수가 행복의 최대화라면 한계수입은 한계행복의 개념이 될 것이다. 이처럼 목적함수가 무엇이냐에 따라 한계에 따라 한계수입의 개념은 달라지므로 이 책에서는 **한계혜택(marginal benefit)**이라는 용어로 통칭하겠다. 따라서 민감도 보고서 상의 한계비용(수정비용)은 어떤 활동의 한계혜택에서 한계비용을 뺀 값의 절대치이다.

한계혜택(marginal benefit)

② 제한 조건 파트

제한 조건 파트에서 **계산 값**은 최적해를 해당 제약조건에 대입했을 때 계산되는 좌변항의 값이고, **제한 조건 우변**은 각 제약조건의 우변항 값을 나타낸다. 다음으로 **허용 가능 증가치**와 **허용 가능 감소치**는 목적함수계수의 경우와는 그 의미가 다르다. 사실 제약조건 우변항의 허용 가능 증가치와 허용 가능 감소치를 정확히 이해하기 위해서는 선형계획모형의 해법을 학습해야 한다. 따라서 여기서는 앞서 그래프 분석에서 우리가 학습한 내용을 이용해 이들의 개념을 개략적으로 설명하고자 한다.

계산 값
제한 조건 우변
허용 가능 증가치
허용 가능 감소치

그래프 분석에서 우리는 희소자원의 경우 그 양을 늘리면 해가 향상되고, 그 양을 줄이면 해가 악화됨을 관찰하였다. 하지만 희소자원이라 할지라도 어떤 한계 이상은 그 양을 늘릴 필요가 없음도 보았는데, 그 이유는 해당 희소자원을 어떤 한계 이상 늘리더라도 다른 제약조건으로 인해 실행가능지역은 이전과 동일하게 유지되어 최적해가 향상되지 않기 때문이다.

우변항의 허용 가능 증가치란 이처럼 최적해를 더 이상 향상시키지 않는 우변항 증가폭의 상한선이라고 생각할 수 있다. 예를 들어, 목공기술시간 제약조건의 현재 우변항 값은 80시간인데 이를 100시간까지 늘리는 경우에는 해가 계속 향상되었지만, 우변항의 값이 100을 초과하는 경우에는 해는 더 이상 향상되지 않고 우변항이 100일 때와 동일한 곳에서 발생함을 그래프 분석에서 보았다. 즉, 이 경우 허용 가능 증가치 20은 100에서 80을 뺀 수치이다. 마무리기술시간의 허용 가능 증가치도 마찬가지로 해석할 수 있다.

한편, 세 번째 제약조건의 허용 가능 증가치는 '1E+30'으로 나타나 있는데, 이는 엑셀의 표기방식으로 엑셀에서는 매우 크거나 작은 숫자는 'E'라는 기호를 이용한다. 예를 들어, 1E+30는 10^{30}을 의미하고, 2E−10은 2×10^{-10}을 나타낸다. 즉, 세 번째 제약조건의 허용 가능 증가치 1E+30는 무한대로 생각하면 된다. 세 번째 제약조건은 비속박적 제약조건으로 현재도 자원이 남는 상태인데 그 양을 더 늘릴 필요는 없을 것이다. 하지만 그 양을 계속 더 늘리더라도 해의 변화는 없고, 그 증가량도 무한대로 커질 수 있다는 것이다.

잠재가격(shadow prices)
쌍대가격(dual prices)

다음으로 **잠재가격(shadow prices)**에 대해 알아보자. 앞서 그래프 분석에서 우리는 어떤 자원을 한 단위 추가적으로 이용할 수 있을 때의 가치를 계산한 적이 있다. 바로 이 가치가 잠재가격이다. 잠재가격은 제약조건과 관련한 수치로 **쌍대가격(dual prices)**이라고도 부른다. 잠재가격의 일반적인 정의는 다음과 같다. 이 정의는 제약조건의 형태(≤, ≥, =)나 목적함수의 형태(MAX, MIN)와 상관없이 동일하게 적용된다.

제약조건 i의 잠재가격

제약조건 i의 잠재가격이란 제약조건 i의 우변항을 한 단위 증가시켰을 때 증가하는 목적함수 값, 즉 목적함수 값의 증가분을 의미한다. 예를 들어, 다른 제약조건은 변화가 없는 상태에서 이용 가능한 목공기술시간을 현재의 80시간에서 81시간으로 증가하면 총이윤은 180(천원)에서 181(천원)으로 1(천원) 증가한다는 것이고, 이 1(천원)이 바로 첫 번째 제약조건의 잠재가격이다. 마찬가지로 두 번째 제약조건의 잠재가격은 1(천원), 세 번째 제약조건의 잠재가격은 '0'으로 보고서에 나타나 있는데, 이는 그래프 분석에서 구한 각 자원의 추가적 한 단위의 가치와 동일함을 알 수 있다.

따라서 잠재가격을 이용하면 제약조건 우변항의 변화에 따른 목적함수 값의 변화를 파악할 수 있다. 예를 들어, 이용할 수 있는 목공기술시간이 80시간에서 90시간으로 10시간 증가한다면 목적함수 값은 어떻게 변화하는지 잠재가격을 이용해 구해보면 다음과 같다. 현재의 목적함수 값은 180(천원)인데, 목공기술시간 제약조건의 우변항이 10만큼 증가했으므로 새로운 목적함수 값은 180+잠재가격×우변항의 변화분=180+1×10=190이 된다. 이 결과는 앞서 그래프 분석에서 구한 결과와 동일함을 알 수 있다.

자원을 줄이면 목적함수 값은 어떻게 될까? 예를 들어, 목공기술시간이 80시간에서 60시간으로 20시간 감소하는 경우를 고려해보자. 그래프 분석에서 우리는 가용한 희소자원의 양을 줄이게 되면 실행가능지역이 축소되어 해가 악화되는 것을 보았다. 그러면 이때 목적함수 값은 얼마나 줄어들지 잠재가격을 이용해 구해보자. 잠재가격×변화분인 1×(−20)=−20만큼 목적함수 값이 증가하므로 20(천원)만큼 목적함수 값이 줄어듦을 알 수 있다. 따라서 잠재가격을 이용하면 우변항의 변화에 따른 목적함수 값의 변화를 쉽게 파악할 수 있다.

하지만 잠재가격을 이용해서 우변항의 변화에 따른 목적함수 값의 변화를 파악하기 위해서는 우변항의 변화가 민감도 보고서의 허용 가능 증가치와 허용 가능 감소치 범위 내에 있어야 한다. 그래프 분석에서 우리는 가용한 목공기술시간을 100시간보다 많이 늘려도 해는 더 이상 향상되지 못하고 우변항이 100일 때의 최적해에서 머무는 것을 보았다. 즉, 잠재가격에 우변항의 변화분을 곱해서 목적함수 값의 변화를 파악할 때는 항상 우변항의 변화가 허용 가능한 범위 내에 있는지를 우선 검토해야 한다.

잠재가격(shadow prices) 제약조건 i의 잠재가격이란 제약조건 i의 우변항이 한 단위 증가할 때 증가하는 목적함수 값을 말한다. 따라서 이 개념을 이용하면 다음과 같은 식이 성립한다. 단, 다음의 식은 우변항의 허용 가능 증가치와 허용가능 감소치 범위 내에서 가능하다.

새로운 목적함수 값 = 현재의 목적함수 값 + (제약조건 i의 잠재가격)×(제약조건 i의 우변항 증가분)

이제 잠재가격을 이용해 다음의 질문에 답해보자.

예제 안동하회탈에서는 시장조사를 통해 기존의 양반탈과 각시탈 외에도 선비탈에 대한 수요가 상당하다는 것을 파악하였다. 이에 따라 선비탈을 시장에 소개하는 것이 과연 경제적으로 타당한지를 결정하고자 한다. 선비탈의 단위당 이윤은 예상 판매가와 비용을 고려하여 2,500원으로 예상하고 있다. 또한 선비탈 한 개를 만드는 데는 목공기술시간이 2시간, 마무리기술시간은 1시간 소요될 것으로 예측하고 있다.

제품이 한 가지 더 추가된 이 문제의 해를 구하기 위한 방법으로 모형을 다시 만들어 푸는 방법도 있을 수 있다. 즉, 선비탈의 생산량을 새로운 의사결정변수 X_3으로 설정하여 기존의 모형에 추가한 후 해 찾기를 이용해 해를 구하는 방법이다. 최적해에서 X_3의 값이 양수라면 선비탈을 시장에 소개하는 것이 타당하고 X_3의 값이 '0'이라면 시장에 소개하지 않는 것이 타당하다고 결론지을 수 있다. 물론 이처럼 작은 문제의 경우에는 모형을 다시 만들어 해를 구하는 것이 크게 불편하지 않으나, 우리가 학습한 잠재가격의 개념을 이용하면 모형을 수정하여 다시 풀지 않고서도 이 문제의 답을 구할 수 있다.

한계혜택(marginal benefit)
한계비용(marginal cost)

이 문제에서 선비탈 하나를 만들어 판매함으로써 얻을 수 있는 이윤은 2,500원으로 이는 목적함수에 기여하는 **한계혜택(marginal benefit)**의 크기가 된다. 반면, 선비탈 하나를 만들기 위해서는 목공기술 2시간과 마무리기술 1시간의 노동력이 필요한데, 이 노동력은 기존의 제품인 양반탈과 각시탈 만드는 자원에서 가져와야 함으로, 기존 제약조건 우변항의 감소를 의미한다. 따라서 새로운 제품인 선비탈의 **한계비용(marginal cost)**은 목공기술시간 제약조건의 잠재가격 1(천원)과 마무리기술시간 제약조건의 잠재가격 1(천원)을 이용하여 다음과 같이 계산된다.

선비탈의 한계비용 = 1천원×2시간 + 1천원×1시간 = 3천원

따라서 선비탈의 한계혜택이 한계비용보다 500원이 작으므로 선비탈은 시장에 소개하지 않는 것이 경제적으로 타당하다. 만일 이러한 규범적인 제안을 어기고 선비탈을 만들어 시장에 소개한다면 선비탈 하나 만들어 팔 때마다 500원씩 목적함수 값이 감소하는 손해를 보게 된다.

잠재가격을 이용한 이러한 논리가 사실인지를 확인하고 싶은 독자는 선비탈의 생산량을 의사결정변수 X_3으로 정의하여 모형을 수정한 후 해 찾기를 이용해 최적해를 한번 구해보라. 그러면 X_3의 값은 '0'으로 나올 것이고, X_3의 수정비용(해 찾기의 민감도 보고서에는 한계비용으로 나옴)은 0.5(목적함수의 단위가 천원이므로 이는 500원을 뜻함)로 나오는 것을 확인할 수 있을 것이다.

허용 가능 증가치
허용 가능 감소치

참고로 제약조건 우변항의 **허용 가능 증가치**와 **허용 가능 감소치**의 정확한 의미

기본변수(basic variables)

를 기술하면 다음과 같다.[17] 제약조건의 우변항이 허용 가능 증가치와 허용 가능 감소치 범위 내에서 변할 경우, 최적해를 이루는 의사결정변수의 값과 목적함수 값은 바뀌지만 현재의 최적해를 구성하는 **기본변수(basic variables)**의 종류(이를 'basis'라고 함)는 바뀌지 않음을 의미한다. 즉, 양반탈과 각시탈 모두 생산해야 한다는(즉, 의사결정변수 값 > 0) 것에는 변함이 없음을 의미한다.

민감도 보고서의 목적함수계수의 범위와 우변항의 범위에 대한 일반적인 정의를 요약하면 다음과 같다.[18]

[목적함수계수의 범위]

현재의 기본변수(basic variables) 종류를 변화시키지 않는 목적함수계수의 범위로서 해당 범위에서 의사결정변수의 값은 변하지 않으나 목적함수 값은 변할 수 있다.

[우변항의 범위]

현재의 기본변수(basic variables) 종류를 변화시키지 않는 우변항의 범위로서 기본변수의 종류는 변하지 않으나, 의사결정변수의 값과 목적함수 값은 변한다.

17) 허용 가능 증가치와 허용 가능 감소치의 정확한 의미를 이해하기 위해서는 **기본변수(basic variables)**의 개념을 이해하는 것이 필요하고, 기본변수의 개념을 이해를 위해서는 선형계획모형의 해법을 이해하는 것이 필요하다. 하지만 입문 과정에서 이 내용은 생략해도 무방하며, 기본변수의 개념을 모르더라도 이 책의 내용을 이해하는 데는 아무런 문제가 없다.

18) 이 개념 또한 입문 과정에서는 생략해도 무방하다.

4.4 최소화 문제

지금까지 우리는 최대화 문제를 이용해 해 찾기 결과를 학습하였다. 다음 예제를 이용하여 최소화 문제의 해답 보고서와 민감도 보고서를 해석해 보자.

예제 매일의 식단구성에 있어서 하루에 필요한 영양분 요구량을 만족시키면서 가장 저렴한 비용의 식단구성방법에 대해 생각해 보자. 이 예제에서는 우유, 고등어, 밥, 시금치를 이용하여 비타민 A, C, D와 철분의 일일필요량을 만족시키는 최소 비용의 식단을 구성하려고 한다. 다음의 표에는 각 음식물의 영양소 함유량과 가격이 나와 있다.

〈음식물의 영양소 함유량과 구입비용〉

영양소	우유 (리터)	고등어 (파운드)	밥 (공기)	시금치 (파운드)	하루 필요량
비타민 A(단위: IU)	6,400	237	0	34,000	5,000
비타민 C(단위: mg)	40	0	0	71	75
비타민 D(단위: IU)	540	0	0	0	400
철분(단위: mg)	28	7	13	8	12
구입비용(단위: 원)	1,600	1,000	650	300	

이 문제는 앞서 우리가 보았던 안동화회탈 문제보다 더 간단해 보이지만 의사결정변수를 무엇으로 해야 하는지 문제에서 구체적으로 제시하고 있지 않다. 실제 문제는 이와 같이 의사결정변수가 무엇인지 이야기해주지 않는 경우가 많다. 사실 당면한 문제의 의사결정변수가 무엇인지 제대로 파악할 수 있다면 문제에 대한 모형화 작업은 반 이상 완성되었다고 해도 무리가 아니다.

위 문제에서 우리가 결정해야 할 것(의사결정변수)은 하루에 네 가지 음식물 각각을 얼마나 섭취해야 하는가이다. 그리고 음식물을 섭취하기 위해서는 음식물을 시장에서 구입해야 하므로 목적함수는 음식물 구입비용, 즉 식단구성비용이 되고 이 비용을 최소화 하는 것이 목표이다.

모형이 목적함수에서 끝난다면 이 모형의 해는 매우 쉽게 찾을 수 있다. 즉, 식단 구성비용을 최소화 하는 방법은 간단한데, 그 방법은 어떤 음식물도 섭취하지 않는 것이다. 하지만 음식물을 섭취하지 않으면 문제에서 이야기한 각 영양소의 하루 필요량 조건을 만족시킬 수 없고, 건강한 삶도 유지할 수 없게 된다. 따라서 모형에는 영양소에 대한 제약조건이 포함되어야 하고, 이 제약조건은 음식물 섭취로 인한 각 영양소의 실제 섭취량이 최소한 하루 필요량 이상은 되어야 한다는 것이다.

이러한 논리를 수식으로 표현한 것이 문제에 대한 수리적 모형이다. 의사결정변수를 다음과 같이 정의하자.

X_1: 우유 일일 섭취량 (단위: 리터)
X_2: 고등어 일일 섭취량 (단위: 파운드)
X_3: 밥 일일 섭취량 (단위: 공기, 한 공기는 210그램)
X_4: 시금치 (단위: 파운드)

의사결정변수를 이용하여 문제에 대한 선형계획모형은 다음과 같이 표현할 수 있다.

$$
\begin{aligned}
MIN\ Z = {} & 1{,}600X_1 + 1{,}000X_2 + 650X_3 + 300X_4 \text{ (식단구성비용)} \\
s.t. \quad & 6{,}400X_1 + 237X_2 + 34{,}000X_4 \ge 5{,}000 \text{ (비타민 A 제약조건)} \\
& 40X_1 + 71X_4 \ge 75 \text{ (비타민 C 제약조건)} \\
& 540X_1 \ge 400 \text{ (비타민 D 제약조건)} \\
& 28X_1 + 7X_2 + 13X_3 + 8X_4 \ge 12 \text{ (철분 제약조건)} \\
& X_1,\ X_2,\ X_3,\ X_4 \ge 0
\end{aligned}
$$

위 모형의 제약조건을 설명하기 위해 첫 번째 제약조건을 예로 보자. 이 제약조건의 좌변항은 네 가지 음식물 각각을 X_1, X_2, X_3, X_4만큼씩 섭취할 때 실제로 섭취하게 되는 비타민 A의 양을 나타내고, 우변항은 비타민 A의 하루 필요량을 나타낸다. 이제 위의 선형계획모형을 해 찾기를 이용해 풀기 위해 엑셀 기본모형을 만들고, 해 찾기를 통해 모형의 최적해를 구해보자.

[그림 4-18], [그림 4-19], [그림 4-20]은 문제에 대한 엑셀 기본모형, 해답 보고서, 민감도 보고서를 각각 보여주고 있다.

그림 4-18

엑셀 기본모형

	A	B	C	D	E	F	G
1	**식단구성 문제**						
2							
3	**의사결정변수: 음식물 섭취량**						
4							
5		우유	고등어	밥	시금치		
6	비타민 A	6400	237	0	34000		
7	비타민 C	40	0	0	71		
8	비타민 D	540	0	0	0		
9	철분	28	7	13	8		
10	섭취량	0	0	0	0		
11	가격	1600	1000	650	300		
12							
13	제약조건						
14		실제섭취량		일일필요량			
15	비타민 A	0	≥	5000			
16	비타민 C	0	≥	75			
17	비타민 D	0	≥	400			
18	철분	0	≥	12			
19							
20	총비용(원)						
21	0						

그림 4-19

해답 보고서

1 **Microsoft Excel 16.0 해답 보고서**
2 **워크시트 이름: [4장_4.4_식단구성문제(그림 4-18).xlsx]식단구성**
3 **보고서 작성일: 202X-03-17 오전 11:59:40**
4 **결과: 해를 찾았습니다. 모든 제한 조건 및 최적화 조건이 만족되었습니다.**
5 **해 찾기 엔진**
6 엔진: 단순 LP
7 해 찾는 시간: 0.032 초.
8 반복 횟수: 6 부분 문제: 0
9 **해 찾기 옵션**
10 최대 시간 제한 없음, 반복 횟수 제한 없음, Precision 0.000001, 단위 자동 설정 사용
11 최대 부분 문제 제한 없음, 최대 정수 해 제한 없음, 정수 허용 한도 1%, 음수 아닌 것으로 가정

14 목표 셀 (최소)

셀	이름	계산 전의 값	계산 값
$A$21	총비용(원)	0	1376.890975

19 변수 셀

셀	이름	계산 전의 값	계산 값	정수
$B$10	섭취량 우유	0	0.740740741	Contin
$C$10	섭취량 고등어	0	0	Contin
$D$10	섭취량 밥	0	0	Contin
$E$10	섭취량 시금치	0	0.639019301	Contin

27 제한 조건

셀	이름	셀의 값	수식	상태	조건과의 차
$B$15	비타민 A 실제섭취량	26467.39697	$B$15>=$D$15	부분적 만족	21467.39697
$B$16	비타민 C 실제섭취량	75	$B$16>=$D$16	만족	0
$B$17	비타민 D 실제섭취량	400	$B$17>=$D$17	만족	0
$B$18	철분 실제섭취량	25.85289515	$B$18>=$D$18	부분적 만족	13.85289515

[그림 4-18]에서 셀 범위 B10:E10은 의사결정변수(변수 셀)를 나타내고, 셀 A21

은 목적함수(목표 셀)로서 =SUMPRODUCT(B11:E11,B10:E10)을 입력하였다. 그리고 셀 B15은 첫 번째 제약조건인 비타민 A 제약조건의 좌변항으로 이 셀에 =SUMPRODUCT(B6:E6,$B$10:$E$10)을 입력한 후, 셀 B18까지 아래로 끌기하여 셀 B16, B17, B18에 두 번째(비타민 C), 세 번째(비타민 D), 네 번째(철분) 제약조건의 좌변항이 각각 입력되도록 하였다.

1 해답 보고서

규범적인 해(normative solution)

해답 보고서를 보면 이 문제의 최적해가 무엇인지 알 수 있다. 모든 영양소 일일 필요량을 만족시키면서 약 1,377원의 최소 비용 식단을 구성하기 위해서는 우유는 하루에 0.74리터, 고등어와 밥은 먹지 말고, 시금치는 하루에 0.64파운드 정도 먹어야 한다는 것이다. 수리적 모형의 해는 **규범적인 해**(normative solution)이다. 즉, 비용 최소화 관점에서 이렇게 음식물을 섭취하는 것이 모든 영양소 하루 필요량을 만족시키면서 식단구성비용을 최소화할 수 있는 방법으로 합리적인 사람이라면 마땅히 취해야할 해라는 것이다. 개인의 미각이나 음식물에 대한 기호는 여기에 고려되지 않았음을 알 수 있다.

다음으로 해답 보고서에서 제약조건에 관한 내용을 살펴보자. 제약조건의 만족정도는 최적해를 제약조건에 대입했을 때 제약조건이 등호로 성립하는지의 여부에 따라 만족(속박적)과 부분적 만족(비속박적)으로 나누어진다는 것은 앞서 학습하였다. 예를 들어, 첫 번째 제약조건인 비타민 A 제약조건은 최적해에서 엄격한 부등호(이 경우에는 '>')로 성립하는 비속박적 제약조건이다. 그리고 해당 제약조건의 조건과의 차는 잉여분(surplus)을 나타내는 것으로 비타민 A 하루 필요량의 과만족분을 나타낸다. 즉, 최적해에서 제시한 대로 음식물을 섭취하면 실제로 섭취하게 되는 비타민 A의 양은 26,467.39697(IU)인데,[19] 이는 비타민 A의 하루 필요량 5,000(IU)보다 21,467.39697(IU)만큼 더 섭취하게 됨을 의미한다.[20] 반면, 두 번째 제약조건인 비타민 C 제약조건은 최적해에서 속박적인 제약조건이 되어 실제로 섭취하는 비타민 C의 양이 하루 필요량 75(mg)과 정확히 일치하고, 따라서 조건과의 차는 '0'으로 나타났음을 알 수 있다.

19) 해답 보고서의 **셀의 값**을 보면 해당 제약조건의 좌변항 값, 즉 실제로 섭취한 영양소의 양이 나타나 있다.
20) 요구량의 과만족분은 해답 보고서의 **조건과의 차**에 나타나 있다.

그림 4-20

민감도 보고서

Microsoft Excel 16.0 민감도 보고서
워크시트 이름: [4장_4.4_식단구성문제(그림 4-18).xlsx]식단구성
보고서 작성일: 202X-03-17 오전 11:59:40

변수 셀

셀	이름	계산 값	한계 비용	목표 셀 계수	허용 가능 증가치	허용 가능 감소치
$B$10	섭취량 우유	0.740740741	0	1600	1E+30	1430.985915
$C$10	섭취량 고등어	0	1000	1000	1E+30	1000
$D$10	섭취량 밥	0	650	650	1E+30	650
$E$10	섭취량 시금치	0.639019301	0	300	2540	300

제한 조건

셀	이름	계산 값	잠재 가격	제한 조건 우변	허용 가능 증가치	허용 가능 감소치
$B$15	비타민 A 실제섭취량	26467.39697	0	5000	21467.39697	1E+30
$B$16	비타민 C 실제섭취량	75	4.225352113	75	1E+30	44.82897603
$B$17	비타민 D 실제섭취량	400	2.649973918	400	612.5	318.4172662
$B$18	철분 실제섭취량	25.85289515	0	12	13.85289515	1E+30

2 민감도 보고서

민감도 보고서에서는 의사결정변수의 한계비용(수정비용)을 살펴보자. 의사결정변수의 값이 양수이면 한계비용은 '0'이고, 의사결정변수의 값이 '0'이면 한계비용은 양의 값을 갖는 것을 관찰할 수 있다. 예를 들어, 고등어 섭취량의 한계비용(수정비용)은 1,000(원)으로 나타나 있는데, 이 수치의 의미는 하지 말라는 것을 했을 때 지불해야 하는 대가(penalty)라고 설명한 바 있다. 즉, 현재 고등어는 섭취하지 않는 것이 최적이나 이를 무시하고 고등어를 먹게 되면 1파운드 섭취마다 목적함수 값은 1,000(원)씩 증가함을 의미한다. 비용의 최소화 문제이므로 지불해야 하는 대가, 즉 벌칙은 목적함수 값의 증가임에 유의하라. 예를 들어, 어떤 사람이 하루에 0.5파운드의 고등어는 꼭 먹겠다고 주장한다면 이를 말릴 수는 없는 노릇이지만, 이는 최적해에 반하는 행동이기 때문에 $0.5 \times 1,000$(원)$=500$(원)의 식단비용 증가를 초래한다는 것이다.[21]

다음으로 잠재가격을 보면 비속박적인 제약조건의 잠재가격은 '0'으로 나타났는데, 해당 제약조건은 현재의 최적해에서 잉여분이 존재하므로 우변항을 잉여분만큼 늘리더라도 목적함수 값은 영향을 받지 않는다는 말이다. 반면, 속박적인 제약조건

21) 현재의 예제에서는 고등어의 한계비용(수정비용)이 고등어 단위당 구입비용과 같게 나왔으나 일반적으로 한계비용은 다른 의사결정변수의 값과 제약조건을 모두 고려해서 계산된다.

인 두 번째와 세 번째 제약조건은 잠재가격이 존재하는데, 세 번째 제약조건을 예로 들어 잠재가격을 설명하면 다음과 같다.

세 번째 제약조건의 우변항인 비타민 D의 하루 필요량은 현재 400(IU)인데, 이 요구량이 한 단위 더 증가하게 되면 목적함수 값(식단구성비용)은 2.65(천원)만큼 증가한다는 것이다. 즉, '≥' 형태의 제약조건 우변항은 요구량(요구조건)을 나타내고, 요구량의 증가는 내가 짊어져야하는 부담이 커짐을 의미하므로 실행가능지역은 축소된다. 따라서 해는 이전보다 악화된(식단구성비용의 최소화 문제이므로 식단구성비용이 증가한) 결과를 가져옴을 알 수 있다. 아울러 비타민 C 하루 필요량의 한 단위 증가가 비타민 D 하루 필요량의 한 단위 증가보다 식단구성비용을 더 크게 증가시킴도 알 수 있다.

4.5 민감도 분석의 복습

이제 다음 예제를 이용해 해 찾기 보고서의 해석 방법을 복습해 보자. 해답 보고서와 민감도 보고서를 보고 다음의 다섯 문제에 대해 막힘 없이 대답할 수 있다면 지금까지의 내용을 잘 따라온 것이다.

예제 대한상회는 두 곳의 공장에서 세 가지 제품(제품 1, 제품 2, 제품 3)을 생산한다. 각 공장에서의 제품 단위당 생산비용(단위: 천원)은 다음 표에 나타나 있다. 각 공장의 생산용량은 세 가지 제품을 모두 합쳐 10,000단위이다. 수요예측에 의하면 제품 1, 제품 2, 제품 3은 각각 적어도 6,000단위, 8,000단위, 5,000단위는 생산하여야 한다. 이러한 수요를 만족시키면서 총생산비용을 최소화할 수 있는 방안을 선형계획모형을 이용해 구해보자. 의사결정변수 X_{ij}는 공장 i에서 생산하는 제품 j의 단위 수로 정의하자.

	제품 1	제품 2	제품 3
공장 1	5	6	8
공장 2	8	7	10

앞 예제에 대한 엑셀 기본모형은 [그림 4-21]과 같고, 해 찾기 결과로 산출된 해답 보고서와 민감도 보고서는 각각 [그림 4-22], [그림 4-23]과 같다.

그림 4-21
엑셀 기본모형

	A	B	C	D	E	F	G
1	**대한상회 생산수준 결정문제**						
2							
3	**의사결정변수: 공장 i 에서 생산되는 제품 j 의 단위수**						
4							
5	공장 i 에서의 제품 j 단위당 생산비용(천원)						
6			제품1	제품2	제품3		
7		공장1	5	6	8		
8		공장2	8	7	10		
9							
10	의사결정변수 및 제약조건						
11						실제생산량	생산용량
12		공장1	0	0	0	0	10000
13		공장2	0	0	0	0	10000
14		실제생산량	0	0	0	0	
15		수요량	6000	8000	5000		
16							
17	총비용						
18	0						

그림 4-22
해답 보고서

Microsoft Excel 16.0 해답 보고서
워크시트 이름: [4장_4.5_대한상회(그림 4-21).xlsx]대한상회
보고서 작성일: 202X-03-17 오후 12:08:59
결과: 해를 찾았습니다. 모든 제한 조건 및 최적화 조건이 만족되었습니다.
해 찾기 엔진
엔진: 단순 LP
해 찾는 시간: 0.031 초.
반복 횟수: 7 부분 문제: 0
해 찾기 옵션
최대 시간 제한 없음, 반복 횟수 제한 없음, Precision 0.000001
최대 부분 문제 제한 없음, 최대 정수 해 제한 없음, 정수 허용 한도 1%, 음수 아닌 것으로 가정

목표 셀 (최소)

셀	이름	계산 전의 값	계산 값
$A$18	총비용	0	128000

변수 셀

셀	이름	계산 전의 값	계산 값	정수
$C$12	공장1 제품1	0	6000	Contin
$D$12	공장1 제품2	0	0	Contin
$E$12	공장1 제품3	0	4000	Contin
$C$13	공장2 제품1	0	0	Contin
$D$13	공장2 제품2	0	8000	Contin
$E$13	공장2 제품3	0	1000	Contin

제한 조건

셀	이름	셀의 값	수식	상태	조건과의 차
$C$14	실제생산량 제품1	6000	$C$14>=$C$15	만족	0
$D$14	실제생산량 제품2	8000	$D$14>=$D$15	만족	0
$E$14	실제생산량 제품3	5000	$E$14>=$E$15	만족	0
$F$12	공장1 실제생산량	10000	$F$12<=$G$12	만족	0
$F$13	공장2 실제생산량	9000	$F$13<=$G$13	부분적 만족	1000

Microsoft Excel 16.0 민감도 보고서
워크시트 이름: [4장_4.5_대한상회(그림 4-21).xlsx]대한상회
보고서 작성일: 202X-03-17 오후 12:09:00

변수 셀

셀	이름	계산 값	한계 비용	목표 셀 계수	허용 가능 증가치	허용 가능 감소치
$C$12	공장1 제품1	6000	0	5	1	7
$D$12	공장1 제품2	0	1	6	1E+30	1
$E$12	공장1 제품3	4000	0	8	1	1
$C$13	공장2 제품1	0	1	8	1E+30	1
$D$13	공장2 제품2	8000	0	7	1	7
$E$13	공장2 제품3	1000	0	10	1	1

제한 조건

셀	이름	계산 값	잠재 가격	제한 조건 우변	허용 가능 증가치	허용 가능 감소치
$C$14	실제생산량 제품1	6000	7	6000	1000	1000
$D$14	실제생산량 제품2	8000	7	8000	1000	8000
$E$14	실제생산량 제품3	5000	10	5000	1000	1000
$F$12	공장1 실제생산량	10000	-2	10000	1000	1000
$F$13	공장2 실제생산량	9000	0	10000	1E+30	1000

그림 4-23
민감도 보고서

① 만일 공장 1에서 제품 2를 생산한다면, 이것은 총생산비용에 어떠한 영향을 미치겠는가?

풀이 해답 보고서를 보면 현재 공장 1에서는 제품 2를 생산해서는 안 된다. 하지만 이를 어기고 공장 1에서 제품 2를 생산한다면, 한 단위 생산마다 1(천원)의 비용이 목적함수에 추가됨을 민감도 보고서의 한계비용(수정비용)을 보고 알 수 있다.

② 만일 공장 2의 생산용량이 9,500단위로 하락하였다면 총생산비용은 어떻게 되겠는가?

풀이 해당 제약조건의 우변항이 500단위 감소한 경우이다. 두 가지 정보를 이용해 문제에 답할 수 있다. 하나는 해답 보고서에 나타난 마지막 제약조건의 조건과의 차(여유분, slack)를 보면 '1000'으로 나타나 공장 2의 생산용량을 1,000단위까지 줄여도 현재의 해는 변하지 않음을 알 수 있다. 따라서 공장 2의 생산용량을 500단위 줄이는 것은 최적해에 아무런 영향을 미치지 않는다. 이러한 사실은 민감도 보고서의 잠재가격을 보아도 알 수 있다. 해당 제약조건의 잠재가격은 '0'으로 나타나 우변항의 500단위 감소가 목적함수에는 아무런 영향을 미치지 못함을 알 수 있다. 결국 총생산비용은 변화가 없다.

③ 공장 1에서 제품 3을 생산하는 데 드는 단위당 비용이 9(천원)라면, 새로운 최적해는 무엇인가?

풀이 목적함수계수의 변화와 관련된 문제이다. 단위당 비용이 현재의 8(천원)에서 9(천원)로 증가한다는 것은 목적함수계수가 '1'만큼 증가하는 것이다. 이러한 변화는 목적함수계수의 허용 가능 범위 내에 있으므로 의사결정변수의 값은 현재의 최적해를 유지한다. 하지만 목적함수인 총생산비용은 현재보다 4,000×1(천원)만큼 증가하여 132,000(천원)이 될 것이다.

④ 제품 3의 수요가 1,000단위 늘어 제품 3을 적어도 6,000단위 생산하여야 한다면, 총생산비용은 어떻게 되겠는가?

풀이 '≥' 형태의 제약조건 우변항의 증가에 관한 문제이다. 세 번째 제약조건의 우변항이 1,000단위 증가하는 것은 상황의 악화를 의미하고, 따라서 비용의 증가를 초래한다. 세 번째 제약조건의 잠재가격이 '10'이고, 우변항의 증가분이 허용 가능 범위 내에 있으므로 목적함수인 총생산비용은 현재보다 10(천원)×1,000=10,000(천원), 즉 1,000만원 증가한다.

⑤ 공장 1의 생산용량을 한 단위 늘이기 위해 대한상회는 얼마까지의 비용을 기꺼이 지불하고자 하겠는가?

풀이 공장 1의 잠재가격, 즉, 네 번째 제약조건의 잠재가격을 이용하면 된다. 잠재가격은 '−2'로서 해당 제약조건의 우변항이 한 단위 증가함에 따라 총생산비용이 −2(천원) 증가, 즉 2(천원) 감소함을 뜻한다. 따라서 2(천원)까지 지불하면 된다.

4.6 선형계획모형의 적용

1 자본예산편성문제

자본예산편성문제(capital budgeting problem)

자본예산편성문제(capital budgeting problem)란 가용한 자금을 이용해 미래에 수행하고자 하는 프로젝트들의 가장 바람직한 조합을 결정하는 문제로 재무 분야에서 중요하게 다루어진다. 다음의 간단한 자본편성문제를 선형계획모형을 이용해 해결해 보자.

다국적기업인 P사는 향후 3년 동안의 프로젝트 투자자금으로 178(억원)을 보유하고 있다. 과거의 경험에 비추어 볼 때, 선택된 모든 프로젝트는 기업에 정(+)의 순현재가치(NPV: Net Present Value)를 제공해 주었으나 아마도 최적믹스는 아닌 것이라고 생각되었다. 투자될 총자금 178(억원)은 3년 동안 첫해에 87(억원), 둘째 해에 44(억원), 마지막으로 셋째 해에 47(억원)씩 분배된다. 향후 3년 동안 각 프로젝트의 수행을 위해 필요한 자금과 각 프로젝트의 순현재가치는 〈표 4-1〉과 같다.

표 4-1
프로젝트 소요자금과 순현재가치[22]
(단위: 억원)

프로젝트	첫 해	둘째 해	셋째 해	순현재가치(NPV)
1	17	7	10	12
2	27	10	15	21
3	21	20	14	39
4	15	13	17	28
5	21	26	14	40
6	14	8	10	17
7	56	9	24	29
8	19	16	12	21
9	11	7	15	16
10	20	9	21	37

22) **순현재가치(NPV: net present value)**란 미래의 순현금흐름(net cash flows)을 현재 시점의 가치로 할인한 값을 말한다. 미래의 순현금흐름이란 미래의 현금유입(cash inflows)에서 현금유출(cash outflows)을 차감한 값이다.

P사에서는 프로젝트 3, 5, 10은 나머지 프로젝트들 보다 위험도가 낮을 것이라고 예측하였다. 따라서 P사는 이 세 가지 프로젝트에 대한 참여비율의 합이 1 이상이 되도록 하고자 한다. 위 10개의 프로젝트는 다른 기업과 합작으로 수행될 수 있으므로 P사는 각 프로젝트에 부분적으로 투자할 수 있다. 즉, 합작투자가 가능하다. 이제 향후 3년 동안 이용 가능한 자금을 고려해서 선택된 프로젝트의 순현재가치를 극대화 시킬 수 있는 수리적 모형을 만들고, 이를 이용해 프로젝트 최적 조합을 구하라.

풀이

이 문제에서 가장 중요한 가정은 각 프로젝트에 합작투자가 가능하다는 것이다. 즉, 내가 어떤 프로젝트에 50% 참여하기로 했으면 프로젝트 수행에 소요되는 비용의 50%를 내가 부담하고, 프로젝트 수행으로부터 발생하는 혜택도 50% 갖게 된다. 예를 들어, 〈표 4-1〉의 프로젝트 1에 P사가 50% 참여하기로 했으면, 기간 1, 2, 3 각각에 8.5(억원), 3.5(억원), 5(억원)의 비용을 부담하고, 순현재가치의 50%인 6(억원)을 갖게 되는 것이다.

이 문제에서 우리가 결정해야 할 것은 P사가 각 프로젝트에 얼마만큼 참여하는 것이 가장 좋을지 그 비율을 찾는 것이다. 따라서 의사결정변수는 다음과 같이 정의한다.

X_j : 프로젝트 j에 대한 참여비율 ($j=1, 2, \cdots, 10$)

다음으로 P사가 추구하는 바는 참여한 프로젝트로부터 얻게 되는 순현재가치를 극대화 하는 것이므로 목적함수는 다음과 같이 표현된다.

$$MAX\ 12X_1+21X_2+39X_3+28X_4+40X_5+17X_6+29X_7+21X_8+16X_9+37X_{10}$$

이제 제약조건을 나타내 보자. 제약조건으로는 우선 각 해에 이용할 수 있는 자금의 제약이 있다. 이를 식으로 표현하면 다음과 같다.

$$17X_1+27X_2+21X_3+15X_4+21X_5+14X_6+56X_7+19X_8+11X_9+20X_{10} \le 87 \cdots ①$$
$$7X_1+10X_2+20X_3+13X_4+26X_5+8X_6+9X_7+16X_8+7X_9+9X_{10} \le 44 \cdots ②$$
$$10X_1+15X_2+14X_3+17X_4+14X_5+10X_6+24X_7+12X_8+15X_9+21X_{10} \le 47 \cdots ③$$

또한 P사에서는 투자지침으로 프로젝트 3, 5, 10에 대한 참여비율의 합이 1 이상이 되고자 하므로 다음의 식이 필요하다.

$$X_3+X_5+X_{10} \ge 1 \cdots ④$$

불필요한 제약조건(redundant constraint)

더 필요한 제약조건이 없는지 생각해보자. 혹시 3년간 소요되는 금액이 178(억원)을 초과하지 않아야 한다는 조건은 어떤가? 이 조건을 모형에 추가한다고 모형이 잘못되는 것은 아니다. 하지만 이 조건은 이미 식 ①, ②, ③이 설명하고 있기 때문에 모형에 포함되면 **불필요한 제약조건(redundant constraint)**이 된다. 불필요한 제약조건은 모형의 해결 속도를 늦추기 때문에 다른 제약조건에 의해 설명되는 조건은 가급적 모형에 포함시키지 않는 것이 좋다. 왜냐하면 선형계획모형의 해결 속도는 제약조건의 수에 많은 영향을 받기 때문이다.

그럼 이제 의사결정변수의 비음조건만 추가하면 모형이 완성된 것일까? 아직 한 가지 간단하지만 중요한 제약조건이 남아 있다. 모든 의사결정변수가 '1' 이하라는 제약조건($X_j \le 1$, $j=1, 2, \cdots, 10$)이다. 만일 이 제약조건을 넣지 않고 모형의 해를 한번 구해보라. 그러면 프로젝트 3의 참여비율과 프로젝트 10의 참여비율은 '1'을 초과하는 값을 갖고,[23] 다른 프로젝트의 참여비율은 모두 '0'으로 나오는 것을 보게 될 것이다. 참여비율이 '0'이라는 것은 해당 프로젝트에 참여하지 않는다는 말이다. 하지만 참여비율이 '1'을 초과한다는 것은 무슨 의미인가? 결론적으로 말하면 모형으로부터 의미 없는 결과를 얻게 된 것이다.

프로젝트 참여비율은 '1'이 상한선이기 때문에(어떤 프로젝트의 참여비율이 '1'이라는 것은 해당 프로젝트에 독자적으로 100% 참여한다는 의미이다) '1'을 초과하는 값은 의미를 갖지 않는다. 하지만 많은 사람들이 모든 의사결정변수가 '1' 이하의 값을 가져야 한다는 제약조건을 간과한다. 컴퓨터는 소프트웨어에 내장된 해법에 따라 모형의 해를 도

23) X_3=1.70, X_{10}=1.10의 값을 갖는다.

출할 뿐 우리가 일러주지 않은 내용은 알아들을 능력이 없다. 의사결정변수를 각 프로젝트의 참여비율이라고 정의하였다고 해서 컴퓨터도 우리의 의도를 이해하는 것은 아니다. 컴퓨터는 우리의 의도가 무엇인지 정확히 지시받을 때만 우리의 의도를 이해할 수 있다.

이제 자본예산편성문제에 대한 수리적 모형을 완성하면 다음과 같다.

$$
\begin{aligned}
MAX\ & 12X_1+21X_2+39X_3+28X_4+40X_5+17X_6+29X_7+21X_8+16X_9+37X_{10} \\
s.t.\ & 17X_1+27X_2+21X_3+15X_4+21X_5+14X_6+56X_7+19X_8+11X_9+20X_{10} \le 87 \\
& 7X_1+10X_2+20X_3+13X_4+26X_5+8X_6+9X_7+16X_8+7X_9+9X_{10} \le 44 \\
& 10X_1+15X_2+14X_3+17X_4+14X_5+10X_6+24X_7+12X_8+15X_9+21X_{10} \le 47 \\
& X_3+X_5+X_{10} \ge 1 \\
& X_j \le 1,\ j=1,\ 2,\ \cdots,\ 10 \\
& X_j \ge 0,\ j=1,\ 2,\ \cdots,\ 10
\end{aligned}
$$

위의 모형을 해 찾기를 이용해 풀기 위해 만든 엑셀 기본모형은 [그림 4-24]와 같다.

그림 4-24
엑셀 기본모형

	A	B	C	D	E	F	G	H	I	J	K	L	M
1	**자본예산 편성문제**												
2													
3	의사결정변수 : 각 프로젝트의 투자비율(j=1,2,⋯,10)												
4		프로젝트1	프로젝트2	프로젝트3	프로젝트4	프로젝트5	프로젝트6	프로젝트7	프로젝트8	프로젝트9	프로젝트10		
5	투자비율	0	0	0	0	0	0	0	0	0	0		
6	순현재가치	12	21	39	28	40	17	29	21	16	37		
7													
8	제약조건:											실제소요금액	가용예산
9	기간 1 소요자금	17	27	21	15	21	14	56	19	11	20	0	87
10	기간 2 소요자금	7	10	20	13	26	8	9	16	7	9	0	44
11	기간 3 소요자금	10	15	14	17	14	10	24	12	15	21	0	47
12													
13	프로젝트 3, 5, 10의 선택 비율의 합	0	>=	1									
14													
15	순현재가치의 합												
16	0												

프로젝트 j에 대한 참여비율($j=1,\ 2,\ \cdots,\ 10$)에 해당하는 셀 범위 B5:K5을 변수 셀로 지정하고, 셀 A16을 목표 셀로 지정하여 해 찾기를 실행하면 [그림 4-25]와 같은 해답 보고서를 얻게 된다.

	A	B	C	D	E	F	G
14	목표 셀 (최대값)						
15		셀	이름	계산 전의 값	계산 값		
16		$A$17	순현재가치의 합	0	102.3108108		
17							
18	변수 셀						
19		셀	이름	계산 전의 값	계산 값	정수	
20		$B$5	참여비율 프로젝트1	0	0	Contin	
21		$C$5	참여비율 프로젝트2	0	0	Contin	
22		$D$5	참여비율 프로젝트3	0	1	Contin	
23		$E$5	참여비율 프로젝트4	0	0	Contin	
24		$F$5	참여비율 프로젝트5	0	0.364864865	Contin	
25		$G$5	참여비율 프로젝트6	0	0.689189189	Contin	
26		$H$5	참여비율 프로젝트7	0	0	Contin	
27		$I$5	참여비율 프로젝트8	0	0	Contin	
28		$J$5	참여비율 프로젝트9	0	0	Contin	
29		$K$5	참여비율 프로젝트10	0	1	Contin	
30							
31	제한 조건						
32		셀	이름	셀의 값	수식	상태	조건과의 차
33		$L$9	기간 1 실제소요금액	58.31081081	$L$9<=$M$9	부분적 만족	28.68918919
34		$L$10	기간 2 실제소요금액	44	$L$10<=$M$10	만족	0
35		$L$11	기간 3 실제소요금액	47	$L$11<=$M$11	만족	0
36		$A$14	프로젝트 3, 5, 10의 선택 비율의 합	2.364864865	$A$14>=$C$14	부분적 만족	1.364864865
37		$B$5	참여비율 프로젝트1	0	$B$5<=1	부분적 만족	1
38		$C$5	참여비율 프로젝트2	0	$C$5<=1	부분적 만족	1
39		$D$5	참여비율 프로젝트3	1	$D$5<=1	만족	0
40		$E$5	참여비율 프로젝트4	0	$E$5<=1	부분적 만족	1
41		$F$5	참여비율 프로젝트5	0.364864865	$F$5<=1	부분적 만족	0.635135135
42		$G$5	참여비율 프로젝트6	0.689189189	$G$5<=1	부분적 만족	0.310810811
43		$H$5	참여비율 프로젝트7	0	$H$5<=1	부분적 만족	1
44		$I$5	참여비율 프로젝트8	0	$I$5<=1	부분적 만족	1
45		$J$5	참여비율 프로젝트9	0	$J$5<=1	부분적 만족	1
46		$K$5	참여비율 프로젝트10	1	$K$5<=1	만족	0

그림 4-25

해답 보고서

해답 보고서의 결과를 요약하면 다음과 같다.

목적함수	X_1	X_2	X_3	X_4	X_5	X_6	X_7	X_8	X_9	X_{10}
102.31	0	0	1	0	0.365	0.689	0	0	0	1

표 4-2

자본예산편성문제의 최적해

즉, P사의 최적의 프로젝트 참여비율은 프로젝트 3에 100%, 프로젝트 5에 36.5%, 프로젝트 6에 68.9%, 그리고 프로젝트 10에 100% 참여하는 것이고, 나머지 프로젝트에는 참여하지 않는 것이다. 이렇게 참여하면 P사는 102억3천백만원 정도의 순현재가치를 얻게 된다.

이제 이 최적해를 행동으로 옮기는데 문제가 없는지 논의해 보자. 사실, 이 최적해는 합작투자가 가능하다는 가정 하에 도출된 것으로 공동 투자자를 찾지 못할 경우에는 실행이 불가능한 해가 될 수 있다. 예를 들어, 프로젝트 5에는 36.5% 참여하는 것이 최적이다. 하지만 이러한 해가 의미를 갖기 위해서는 나머지 63.5%를 다른 회사에서 참여해야 의도한 바를 달성할 수 있다. 공동 투자자를 찾지 못할 경우,

P사가 프로젝트 5에 36.5%를 참여해 비용을 36.5% 부담한다 하더라도 프로젝트 5가 가져올 순현재가치의 36.5%를 얻을 수 있는 것은 아니다.

이기적인 해(selfish solution)

즉, 위의 해는 P사의 입장에서는 최적이나 P사의 입장만을 고려한 **이기적인 해(selfish solution)**이다. P사는 자신에게 최적인 비율로 각 프로젝트에 참여하면 나머지는 다른 회사에서 기꺼이 참여할 것이라 기대하고 있지만 다른 회사 입장에서는 생각이 다를 수 있다. P사가 나머지 비율대로 참여할 공동 투자자를 찾지 못한다면 앞서도 말했듯이 위의 최적해는 행동으로 옮길 수 없는 해가 된다.

가부간의 의사결정문제(either-or type decision problems)

이러한 문제로 인해 자본예산편성문제에서는 내가 어떤 프로젝트에 얼마만큼 참여할지 그 비율을 찾기보다는 내가 참여할 프로젝트가 무엇인지를 결정하는 것이 일반적이다. 즉, 매력적인 투자안에는 100% 참여하고, 그렇지 않은 투자안에는 참여를 포기하는 것이다. 이런 이유로 자본예산편성문제는 일반적으로 각 프로젝트에 참여할지 말지를 결정하는 **가부간의 의사결정문제(either-or type decision problems)**로 구조화된다.

그럼 위의 자본예산편성문제를 가부간의 의사결정문제로 재구조화 해보자.

의사결정변수는 이제 다음과 같이 정의된다.

X_j: 프로젝트 j의 참여 여부 ($j=1, 2, \cdots, 10$)

이진변수(binary variables)

여기서 X_j는 **이진변수(binary variables)**가 되는데, 이진변수란 '0' 또는 '1' 두 가지 값만을 갖는 의사결정변수를 말한다. 예를 들어, $X_1=1$이면 프로젝트 1에 100% 참여한다는 말이고, $X_1=0$이면 프로젝트 1에는 참여하지 않는다는 말이다.

의사결정변수가 이진변수로 바뀜으로써 목적함수와 제약조건은 어떤 변화가 필요할까? 목적함수는 아무런 변화도 필요하지 않다. 제약조건의 경우도 대부분은 동일하다. 위험도가 낮은 세 가지 투자대안에 대한 참여비율의 합이 '1' 이상이 되어야 한다는 투자지침($X_3+X_5+X_{10}\geq 1$ 제약조건)도 세 가지 프로젝트 중 적어도 하나가 선택되면 성립하므로 그대로 놓아두자. 단, 모형에서 X_j는 이제 이진변수로 '0' 또는 '1' 두 가지 값만을 가지므로 '$X_j\leq 1$, $j=1, 2, \cdots, 10$'이라는 10개의 제약조건은 이제 생략된다. 대신 '$X_j=0$ 또는 1, $j=1, 2, \cdots, 10$'이라는 조건이 추가된다.

변형된 모형은 다음과 같다.

$$
\begin{aligned}
MAX\ & 12X_1+21X_2+39X_3+28X_4+40X_5+17X_6+29X_7+21X_8+16X_9+37X_{10} \\
s.t.\ & 17X_1+27X_2+21X_3+15X_4+21X_5+14X_6+56X_7+19X_8+11X_9+20X_{10} \le 87 \\
& 7X_1+10X_2+20X_3+13X_4+26X_5+8X_6+9X_7+16X_8+7X_9+9X_{10} \le 44 \\
& 10X_1+15X_2+14X_3+17X_4+14X_5+10X_6+24X_7+12X_8+15X_9+21X_{10} \le 47 \\
& X_3+X_5+X_{10} \ge 1 \\
& X_j = 0 \text{ 또는 } 1,\ j=1,\ 2,\ \cdots,\ 10
\end{aligned}
$$

이제 위의 모형은 더 이상 선형계획모형이라고 부르지 않고 **정수계획모형(IP models: integer programming models)**이라고 부른다. 정수계획모형이란 의사결정변수들 중 일부 또는 전부가 정수 값을 갖는 선형계획모형을 말한다. 특히, 의사결정변수의 값이 가부간의 결정을 위해 '0' 또는 '1' 두 가지 정수로 한정되는 경우, 그 모형은 **0−1 정수계획모형(0−1 integer programming models)**이라고 부른다. 따라서 위의 모형은 0−1 정수계획모형의 범주에 속한다. 정수계획모형에 대해서는 5장에서 자세히 다루도록 한다. 다만 엑셀의 해 찾기를 이용해서 이진변수가 포함된 위 모형의 해를 구하는 방법을 여기서 간단히 설명한다.

정수계획모형(IP models: integer programming models)

0−1 정수계획모형(0−1 integer programming models)

① 정수계획모형을 선형계획모형으로 생각하여 엑셀 기본모형을 만들고, 해 찾기 매개변수 대화상자에서 목적함수와 제약조건도 선형계획모형의 경우와 마찬가지로 입력한다.

② [그림 4−26]과 같이 특정 의사결정변수가 정수 값을 갖는다는 조건을 추가하기 위해 제한 조건 추가 대화상자의 **셀 참조:(E)** 상자에 해당 의사결정변수를 선택하여 입력하고, 연산자 메뉴에서 의사결정변수가 0−1 값을 갖는 경우 bin을 선택한다. 그러면 우측의 **제한 조건:(N)** 상자에는 자동적으로 '2진수'라고 표시된다.

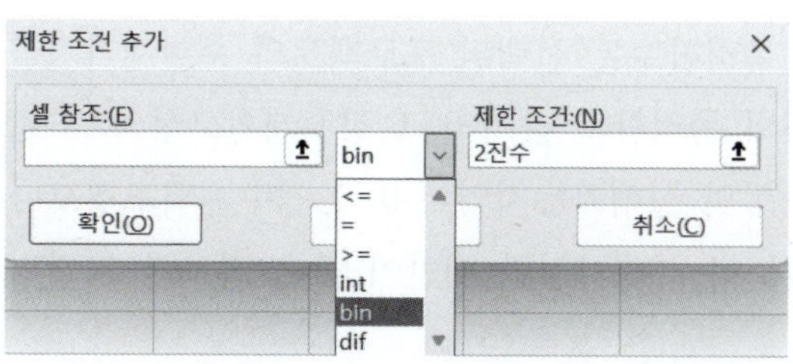

그림 4−26
0−1 정수조건의 추가

[그림 4-27]은 해 찾기를 실행하여 얻은 0–1 정수계획모형의 해답 보고서이다.

그림 4-27

0–1 정수계획모형의 해답 보고서

목표 셀 (최대값)

셀	이름	계산 전의 값	계산 값
$A$17	순현재가치의 합	0	94

변수 셀

셀	이름	계산 전의 값	계산 값	정수
$B$5	참여비율 프로젝트1	0	0	2진수
$C$5	참여비율 프로젝트2	0	0	2진수
$D$5	참여비율 프로젝트3	0	0	2진수
$E$5	참여비율 프로젝트4	0	0	2진수
$F$5	참여비율 프로젝트5	0	1	2진수
$G$5	참여비율 프로젝트6	0	1	2진수
$H$5	참여비율 프로젝트7	0	0	2진수
$I$5	참여비율 프로젝트8	0	0	2진수
$J$5	참여비율 프로젝트9	0	0	2진수
$K$5	참여비율 프로젝트10	0	1	2진수

제한 조건

셀	이름	셀의 값	수식	상태	조건과의 차
$A$14	프로젝트 3, 5, 10의 선택 비율의 합	2	$A$14>=$C$14	부분적 만족	1
$L$9	기간 1 실제소요금액	55	$L$9<=$M$9	부분적 만족	32
$L$10	기간 2 실제소요금액	43	$L$10<=$M$10	부분적 만족	1
$L$11	기간 3 실제소요금액	45	$L$11<=$M$11	부분적 만족	2
$B$5:$K$5=2진수					

해답 보고서의 결과를 요약하면 다음과 같다.

표 4-3

자본예산편성문제의 최적해(0–1 정수계획모형)

목적함수	X_1	X_2	X_3	X_4	X_5	X_6	X_7	X_8	X_9	X_{10}
94	0	0	0	0	1	1	0	0	0	1

즉, P사는 프로젝트 5, 6, 10에는 100% 참여하고 나머지 프로젝트에는 참여하지 않는 것이 가장 좋은 전략이다. 이렇게 참여하면 P사는 94억원의 순현재가치를 얻게 된다.

이제 동일한 자본예산편성문제에 대한 선형계획모형과 0–1 정수계획모형의 결과를 비교해 보자. 두 가지에 초점을 맞추어 보자.

첫째, 동일한 문제 상황에 대한 두 모형의 목적함수 값은 어느 쪽이 더 클까? 자본예산편성문제의 목적함수는 선택된 프로젝트의 순현재가치를 극대화 하는 것이므로 선형계획모형의 목적함수 값이 0–1 정수계획모형의 그것보다 클 것이다. 왜냐하면 선형계획모형의 실행가능지역이 0–1 정수계획모형보다 훨씬 넓기 때문이다. 앞서도 강조했듯이 실행가능한 대안이 많은 경우가 그렇지 않은 경우보다 더 좋은 해를 갖게 된다. 최악의 경우에도 실행가능한 대안이 많은 경우는 적은 경우보다 더 나쁜 해를 가질 수는 없다. 0–1 정수계획모형의 경우 의사결정변수가 취할 수 있는 값은 0 또는 1 두 가지뿐이지만 선형계획모형의 경우는 0과 1을 포함한 그 사이의 모든 실수값을 의사결정변수가 취할 수 있다. 실제로 위의 자본예산편성문제를 선형계획모형으로 구조화 했을 때의 목적함수 값은 102.31이지만 0–1 정수계획모형으로 구조화 했을 때의 목적함수 값은 이보다 작은 94임을 알 수 있다.

둘째, 선형계획모형의 최적해를 반올림 등으로 근사화 한 것이 혹시 0–1 정수계획모형의 최적해가 되지 않느냐이다. 예를 들어, 선형계획모형의 최적해에서 X_5의 값은 0.365인데, 0–1 정수계획모형의 최적해에서 X_5의 값이 혹시 0.365를 반올림 한 '0'이 되지 않느냐이다. 결론부터 말하면 그렇지 않다. 만일 그렇다면 정수계획모형의 최적해를 따로 구할 필요 없이 선형계획모형의 해를 근사화 하면 될 것이다. 하지만 위에서 본 것처럼 두 모형의 최적해는 전혀 그런 관계를 갖고 있지 않음을 알 수 있다.

〈표 4–4〉는 예제에 대한 선형계획모형과 0–1 정수계획모형의 최적해를 비교한 것이다.

표 4-4

선형계획모형과 0–1 정수계획모형의 최적해 비교

	선형계획모형	0–1 정수계획모형
목적함수	102.31	94
X_1	0	0
X_2	0	0
X_3	1	0
X_4	0	0
X_5	0.365	1
X_6	0.689	1
X_7	0	0
X_8	0	0
X_9	0	0
X_{10}	1	1

〈표 4-4〉에서 보듯이 두 모형의 의사결정변수 값은 서로 근사 관계에 있지 않고 상이한 조합을 이루는 것을 알 수 있다.

동일한 문제 상황에 대한 선형계획모형과 정수계획모형의 목적함수 값(Z-값)은 다음과 같은 관계를 갖는다.

- **최대화** 문제에서는 선형계획모형의 Z-값 ≥ 정수계획모형의 Z-값
- **최소화** 문제에서는 선형계획모형의 Z-값 ≤ 정수계획모형의 Z-값

두 모형의 목적함수 값이 같아지는 경우는 선형계획모형의 최적해를 구했을 때 우연히 모든 의사결정변수의 값이 정수로 나오는 경우이다. 이 경우는 선형계획모형의 최적해(의사결정변수의 값과 목적함수의 값)는 정수계획모형의 최적해와 일치한다.

2 포트폴리오 선택문제

포트폴리오 선택문제(portfolio selection problem)

김과장은 강서은행의 포트폴리오 관리자이다. 그의 임무는 고객에게 여러 가지 투자대안을 제시하고, 선택된 투자안에 따라 그들을 대신해 투자를 수행하는 것이다.

모든 투자자는 그들 나름대로의 투자목적을 갖고 있지만, 경험을 통해 볼 때 김과장은 그들에게 공통된 특징이 있다는 것을 알았다. 예를 들면, 모든 투자자는 선택된 포트폴리오로부터 수익율을 극대화 하기를 원하고 있으며, 선택된 포트폴리오의 평균성장가능성은 최소한 10%이어야 한다고 주장한다. 또한 모든 투자자는 선택된 포트폴리오의 평균투자회수기간은 5년 이하가 되기를 원하고 있다. 한편, 일련의 투자안들에 내재되어 있는 위험도를 측정하기 위해 김과장은 1부터 10까지의 척도를 이용하였다. 여기서 1은 가장 낮은 위험도를, 10은 가장 높은 위험도를 나타내고, 위험도 10은 위험도 1보다 위험이 10배 큰 것을 의미한다. 선택된 포트폴리오의 평균위험도는 5 이하이어야 한다고 결정했다.

마찬가지로 투자위험도를 고려해 볼 때 포트폴리오는 분산되어야 한다는 것이 그의 생각이었다. 따라서 김 과장은 다음과 같은 투자지침도 설정하였다.

① 최소한 포트폴리오의 10%는 정기예금 구좌에 유보되어져야 한다.

② 포트폴리오의 20%에서 30%는 회사채에 투자되어야 한다.
③ 포트폴리오의 20% 이하는 합작회사에 투자되어야 한다.

김 과장은 포트폴리오 구성을 위하여 자신이 생각하기에 가장 전망이 좋을 것으로 생각하는 투자대안들의 목록을 다음과 같이 개발했다. 각 투자대안의 연수익률, 기대성장률, 위험도, 투자회수기간 등이 〈표 4-5〉에 나타나 있다.

표 4-5
투자대안의 정보

대안	연수익률(%)	기대성장률(%)	위험도	투자회수기간(단위: 년)
현 금	0	0	0	0
보통주 A	10	20	9	6
보통주 B	12	14	7	5
보통주 C	18	12	1	7
우선주 A	18	4	6	4
우선주 B	16	8	5	3
회사채 A	19	5	2	2
회사채 B	21	6	3	2
합작회사	4	28	8	8
투자신탁	17	9	4	2
정기예금	6	0	1	1
국채	11	4	1	1

선택된 포트폴리오로부터 연 수익률을 극대화 시킬 수 있는 방안을 제시하라.

풀이

이 문제의 경우, 투자자들이 김 과장에게 맡기는 금액이 다양하므로 의사결정변수는 각 투자대안에 투자하는 금액이 아닌 각 투자대안에 투자되는 금액의 비율, 즉 프트폴리오 구성비율로 설정한다. 모두 12개의 투자대안이 존재하므로 의사결정변수를 다음과 같이 정의하자.

X_1: 현금에 대한 투자비율,[24)] X_2: 보통주 A에 대한 투자비율,
X_3: 보통주 B에 대한 투자비율, X_4: 보통주 C에 대한 투자비율,

24) 현금은 투자수익률이 없으므로 투자수익률 극대화 차원에서 현금에 투자되는 금액의 비율은 당연히 '0'이 될 것이다. 하지만 이렇게 상식적으로 그 값(포트폴리오 구성비율)을 알 수 있는 의사결정변수라 할지라도 그대로 의사결정변수로 놓아두는 것이 좋은 모형화 습관이다.

X_5: 우선주 A에 대한 투자비율, X_6: 우선주 B에 대한 투자비율,
X_7: 회사채 A에 대한 투자비율, X_8: 회사채 B에 대한 투자비율,
X_9: 합작회사에 대한 투자비율, X_{10}: 투자신탁에 대한 투자비율,
X_{11}: 정기예금에 대한 투자비율, X_{12}: 국채에 대한 투자 비율

목적함수는 포트폴리오 수익률의 극대화이므로 의사결정변수를 이용해 위 문제를 선형계획모형으로 구조화 하면 다음과 같다.

$$\begin{aligned}
MAX\ & 0X_1+10X_2+12X_3+18X_4+18X_5+16X_6+19X_7+21X_8+4X_9+17X_{10}+ \\
& 6X_{11}+11X_{12}\ (\text{단위: }\%) \\
s.t.\ & X_1+X_2+X_3+X_4+X_5+X_6+X_7+X_8+X_9+X_{10}+X_{11}+X_{12}=1 \\
& 0X_1+20X_2+14X_3+12X_4+4X_5+8X_6+5X_7+6X_8+28X_9+9X_{10}+0X_{11} \\
& +4X_{12} \geq 10 \\
& 0X_1+6X_2+5X_3+7X_4+4X_5+3X_6+2X_7+2X_8+8X_9+2X_{10}+1X_{11} \\
& +1X_{12} \leq 5 \\
& 0X_1+9X_2+7X_3+1X_4+6X_5+5X_6+2X_7+3X_8+8X_9+4X_{10}+1X_{11} \\
& +1X_{12} \leq 5 \\
& X_{11} \geq 0.1 \\
& X_7+X_8 \geq 0.2 \\
& X_7+X_8 \leq 0.3 \\
& X_9 \leq 0.2 \\
& X_1, X_2, X_3, X_4, X_5, X_6, X_7, X_8, X_9, X_{10}, X_{11}, X_{12} \geq 0
\end{aligned}$$

위 모형에서 첫 번째 제약조건은 포트폴리오 구성비율의 합은 1이라는 것으로 포트폴리오 선택문제에서 중요한 조건이 된다. 이 제약조건의 등호(=)를 부등호(≤)로 바꾸어도 최적해에서 이 제약조건은 등호로 만족되는 속박적인 제약조건이 된다. 즉, 투자수익률 극대화 관점에서 포트폴리오 구성비율의 합은 전체 비율인 '1'이 되어야 한다는 것이다.[25)]

또한 두 번째, 세 번째, 네 번째 제약조건은 각각 선택된 포트폴리오의 평균성장

25) 만일 최적해에서 이 제약조건의 좌변항 값이 우변항보다 작게 나온다면, 이는 투자금액의 일부가 투자되지 않음을 의미한다. 하지만 이러한 경우는 투자수익률의 극대화 관점에서는 발생할 수 없는 일이다. 투자금액 모두는 대안들에 분산 투자됨으로써 투자수익률을 극대화 할 수 있다. 따라서 이 제약조건은 등호(=)가 아닌 부등호(≤)로 설정하더라도 최적해에서는 항상 등호로 성립하는 속박적인 제약조건이 된다.

가능성, 평균투자회수기간, 평균위험도에 관한 조건인데, 여기서 평균은 **가중평균 (weighted average)**의 개념이다. 예를 들어, 네 번째 제약조건인 선택된 포트폴리오의 평균위험도는 5 이하여야 한다는 조건은 원래 다음과 같이 표현된다.

가중평균(weighted average)

$$\frac{(0X_1+9X_2+7X_3+1X_4+6X_5+5X_6+2X_7+3X_8+8X_9+4X_{10}+1X_{11}+1X_{12})}{(X_1+X_2+X_3+X_4+X_5+X_6+X_7+X_8+X_9+X_{10}+X_{11}+X_{12})}\leq 5$$

하지만 위의 식의 좌변항의 분모는 포트폴리오 구성비율의 합으로 그 값이 '1'이므로 좌변항은 분자만 남게 되어 해당 제약조건은 다음과 같이 간단히 표현된다.

$$0X_1+9X_2+7X_3+1X_4+6X_5+5X_6+2X_7+3X_8+8X_9+4X_{10}+1X_{11}+1X_{12} \leq 5$$

이제 위 모형을 해 찾기를 이용해 풀기 위해 작성한 엑셀 기본모형은 [그림 4-28]과 같으며, 모형의 해답 보고서는 [그림 4-29]와 같다.

	A	B	C	D	E	F	G	H	I	J	K	L	M	N	O
1	포트폴리오 선택문제														
2															
3	의사결정변수: 각 투자대안의 포트폴리오 구성비율														
4															
5		현금	보통주 A	보통주 B	보통주 C	우선주 A	우선주 B	회사채 A	회사채 B	합작회사	투자신탁	정기예금	국채		
6	투자비율	0	0	0	0	0	0	0	0	0	0	0	0		
7	연 수익율	0	10	12	18	18	16	19	21	4	17	6	11		
8															
9	제약조건:														
10															
11	포트폴리오 합														
12	0	=	1												
13														실제합	요구조건
14	평균성장가능성	0	20	14	12	4	8	5	6	28	9	0	4	0	10
15	평균투자회수기간	0	6	5	7	4	3	2	2	8	2	1	1	0	5
16	평균위험도	0	9	7	1	6	5	2	3	8	4	1	1	0	5
17															
18	정기예금 구성비율														
19	0	>=	0.1												
20	회사채 구성비율														
21	0	>=	0.2	and	<=	0.3									
22	합작회사 투자비율														
23	0	<=	0.2												
24	수익률의 합														
25	0														

그림 4-28
엑셀 기본모형

해답 보고서를 보면 투자수익률을 극대화 하기 위한 최적의 포트폴리오는 보통주 C에 투자금액의 55%(0.5486), 회사채 B에 29%(0.2918), 합작회사에 6%(0.0594), 정기예금에 10%(0.1) 투자하는 것으로 이때 포트폴리오의 연수익률은 16.84%임을 알 수 있다. 현 상황에서 이 해는 가장 좋은 포트폴리오 구성 방안이 된다.

이 해는 김과장으로 하여금 투자성향이 비슷한 일반투자자들에게 개인별 투자금액이 무엇이든 상관없이 각 개인에게 적합한 포트폴리오를 제안할 수 있도록 한다.

예를 들어, 어떤 투자자가 2,000만원을 김과장에게 맡겼다면 김과장은 위의 최적해에 따라 보통주 C에 투자금액 2,000만원의 55%, 회사채 B에 2,000만원의 29%, 합작회사에 2,000만원의 6%, 정기예금에 2,000만원의 10%를 투자하는 것이 최적이며, 이때의 투자수익률은 2,000만원의 16.84%가 될 것이라 조언할 수 있다.

그림 4-29
해답 보고서

목표 셀 (최대값)

셀	이름	계산 전의 값	계산 값
$A$25	수익률의 합	0	16.84324324

변수 셀

셀	이름	계산 전의 값	계산 값	정수
$B$6	투자비율 현금	0	0	Contin
$C$6	투자비율 보통주 A	0	0	Contin
$D$6	투자비율 보통주 B	0	0	Contin
$E$6	투자비율 보통주 C	0	0.548648649	Contin
$F$6	투자비율 우선주 A	0	0	Contin
$G$6	투자비율 우선주 B	0	0	Contin
$H$6	투자비율 회사채 A	0	0	Contin
$I$6	투자비율 회사채 B	0	0.291891892	Contin
$J$6	투자비율 합작회사	0	0.059459459	Contin
$K$6	투자비율 투자신탁	0	0	Contin
$L$6	투자비율 정기예금	0	0.1	Contin
$M$6	투자비율 국채	0	0	Contin

제한 조건

셀	이름	셀의 값	수식	상태	조건과의 차
$A$12	포트폴리오 구성비율의 합	1	$A$12=$C$12	만족	0
$A$19	정기예금 구성비율	0.1	$A$19>=$C$19	만족	0
$A$21	회사채 구성비율	0.291891892	$A$21<=$F$21	부분적 만족	0.008108108
$A$21	회사채 구성비율	0.291891892	$A$21>=$C$21	부분적 만족	0.091891892
$A$23	합작회사 투자비율	0.059459459	$A$23<=$C$23	부분적 만족	0.140540541
$N$14	평균성장가능성 좌변항	10	$N$14>=$O$14	만족	0
$N$15	평균투자회수기간 좌변항	5	$N$15<=$O$15	만족	0
$N$16	평균위험도 좌변항	2	$N$16<=$O$16	부분적 만족	3

자본예산편성문제와 포트폴리오 선택문제의 차이 학생들이 가끔 자본예산편성문제와 포트폴리오 선택문제를 혼동하는 경우가 있다. 포트폴리오 선택문제의 경우 포트폴리오 구성비율의 합은 반드시 '1'이 되어야 한다. 포트폴리오 구성비율이란 투자대안 각각에 투자금액을 어떠한 비율로 나눌지, 그 배분비율을 나타내는 것이므로 당연히 배분비율의 합은 '1'이 되어야 하기 때문이다. 합작투자를 가정한 자본예산편성문제의 경우, 의사결정변수는 각 프로젝트(투자대안)에 얼마큼 참여할지를 나타내는 참여비율인데 이 참여비율의 합도 '1'이 되어야 하는 것으로 착각할 수 있다. 합작투자가 가능한 자본예산편성문제에서는, 예를 들어 10개의 프로젝트가 있는 경우, 재원이 허락하는 한 프로젝트 1에는 50%, 프로젝트 2에는 70%, 프로젝트 3에는 100% 등으로 각 프로젝트에 참여할 수 있다. 따라서 자본예산편성문제에서 참여비율의 합은 '1'로 한정되지 않는다.

익·힘·문·제

1. 엑셀의 해 찾기를 이용하여 선형계획모형의 해를 구했을 때 산출되는 해답 보고서의 내용으로 잘못된 것은?

① 제약조건의 상태(status)에서 만족(binding)은 최적해를 해당 제약조건에 대입하였을 때 해당 제약조건이 등호로 성립함을 나타낸다.

② 부분적 만족(nonbinding)이란 최적해를 해당 제약조건에 대입하였을 때 해당 제약조건이 부분적으로 만족되지 않음을 나타낸다.

③ $\le$ 형태의 제약조건의 조건과의 차는 여유분(slack)을 나타내는 것으로 여유분의 값은 해당 제약식의 우변항에서 좌변항을 뺀 값이다. 즉, 이용할 수 있는 자원의 양에서 실제로 사용된 자원의 양을 뺀 값이다.

④ $\ge$ 형태의 제약조건의 조건과의 차는 잉여분(surplus)을 나타내는 것으로 잉여분의 값은 해당 제약식의 좌변항에서 우변항을 뺀 값이다.

⑤ 위에 적절한 보기가 없다.

2. 셀 범위 A1에서 E1까지 5개의 셀로 이루어진 행과 셀 범위 A2에서 E2까지 동일한 구조로 이루어진 행의 상응하는 각 요소를 곱하여 모두 더하게 하는 엑셀 함수를 기술하시오.

3. 3장 익힘문제 16번에서 구축한 모형의 최적해를 해 찾기를 이용하여 구하시오.

4. 3장 익힘문제 17번에서 구축한 모형의 최적해를 해 찾기를 이용하여 구하시오.

5. 3장 익힘문제 18번에서 구축한 모형의 최적해를 해 찾기를 이용하여 구하시오.

6. 3장 익힘문제 19번에서 구축한 모형의 최적해를 해 찾기를 이용하여 구하시오.

7. 3장 익힘문제 20번에서 구축한 모형의 최적해를 해 찾기를 이용하여 구하시오.

8. 3장 익힘문제 21번의 (1)과 (2)에서 구축한 모형의 최적해를 해 찾기를 이용하여 구하시오.

9. 온라인 교육 콘텐츠를 개발하는 새롬교육㈜는 올해 새로운 콘텐츠 개발을 위해 4가지의 프로젝트를 고려하고 있다. 각 프로젝트에 소요되는 자금, 필요인력, 그리고 예상이익(NPV)은 다음 표에 제시되어 있다.

프로젝트	소요자금(단위: 억원)	필요인력(단위: 명)	예상이익(단위: 억원)
1	6	12	4
2	8	14	6
3	9	15	7
4	5	8	2

새롬교육(주)는 현재 프로젝트 수행을 위해 20억원의 자금을 창업투자회사로부터 지원약속 받았으며, 현재 이용할 수 있는 프로젝트 수행 인력은 35명이다.

(1) 선정된 프로젝트로부터 취할 수 있는 예상이익을 최대화하기 위한 수리적 모형을 구축하시오. 각 프로젝트에는 부분적으로 투자할 수 없다.

(2) (1)에서 각 프로젝트에 부분적인 투자가 허용될 경우, (1)의 모형은 어떻게 달라지며, 이 결과를 실행하는 데는 어떠한 문제점이 있겠는가?

(3) (1)번의 목적함수 값과 (2)번의 목적함수 값은 어느 것이 더 크겠는가? 모형의 해를 구하지 말고 답하시오. 근거를 제시하시오.

10. 3장 익힘문제 14번에 대한 해 찾기 결과(해답 보고서와 민감도 보고서)를 이용하여 다음 문제에 답하시오. 민감도 분석 문제에서 다른 조건은 다 일정하다고 가정하시오.

[해답 보고서]

목표 셀 (최소)

셀	이름	계산 전의 값	계산 값
$A$24	총비용	0	18225

변수 셀

셀	이름	계산 전의 값	계산 값	정수
$F$18	제품 1 생산량	0	2000	Contin
$G$18	제품 1 구입량	0	0	Contin
$F$19	제품 2 생산량	0	1833.333333	Contin
$G$19	제품 2 구입량	0	1666.666667	Contin
$F$20	제품 3 생산량	0	0	Contin
$G$20	제품 3 구입량	0	1800	Contin

제한 조건

셀	이름	셀의 값	수식	상태	조건과의 차
$B$13	반응장치 1 실제처리시간	173.3333333	$B$13<=$B$14	부분적 만족	26.66666667
$C$13	반응장치 2 실제처리시간	150	$C$13<=$C$14	만족	0
$H$18	제품 1 생산구입량	2000	$H$18>=$B$4	만족	0
$H$19	제품 2 생산구입량	3500	$H$19>=$B$5	만족	0
$H$20	제품 3 생산구입량	1800	$H$20>=$B$6	만족	0

[민감도 보고서]

변수 셀

셀	이름	계산 값	한계 비용	목표 셀 계수	허용 가능 증가치	허용 가능 감소치
$F$18	제품 1 생산량	2000	0	2.5	0.05	2.75
$G$18	제품 1 구입량	0	0.05	2.8	1E+30	0.05
$F$19	제품 2 생산량	1833.333333	0	1.75	0.05	0.15
$G$19	제품 2 구입량	1666.666667	0	2.5	0.15	0.05
$F$20	제품 3 생산량	0	0.025	2.9	1E+30	0.025
$G$20	제품 3 구입량	1800	0	3.25	0.025	3.25

제한 조건

셀	이름	계산 값	잠재 가격	제한 조건 우변	허용 가능 증가치	허용 가능 감소치
$B$13	반응장치 1 실제처리시간	173.3333333	0	200	1E+30	26.66667
$C$13	반응장치 2 실제처리시간	150	-12.5	150	40	110
$H$18	제품 1 생산구입량	2000	2.75	2000	727.2727273	2000
$H$19	제품 2 생산구입량	3500	2.5	3500	1E+30	1666.667
$H$20	제품 3 생산구입량	1800	3.25	1800	1E+30	1800

(1) 기술의 개발로 인하여 제품 2의 단위당 자체생산비용을 $1.60으로 낮출 수 있다면 최적해는 어떻게 변화하는가? 의사결정변수의 값과 목적함수의 값을 명시하시오.

(2) 현재의 최적해를 보면 제품 1은 외부에서 구입하지 않을 계획이다. 만일 제품 1을 외부에서 구입한다면, 이는 총비용에 어떠한 영향을 미치는가?

(3) 반응장치 1과 2 중 어떤 반응장치의 가용처리시간을 얼마까지 줄여도 현재의 최적해는 변화가 없는가?

(4) 제품 3의 납품 계약량이 1,800파운드에서 2,000파운드로 증가할 경우 총비용은 어떻게 변화하는가?

(5) 반응장치 2의 가용처리시간이 150시간에서 180시간으로 30시간 증가할 경우 총비용은 어떠한 영향을 받는가?

(6) 현재 제품 3의 자체생산비용은 단위당 $2.90으로 제품 3을 자체생산할 계획은 없다. 제품 3을 자체생산하는 것이 매력적이기 위해서는 자체생산비용이 얼마 미만이어야 하는가?

11. 3장 익힘문제 15번에 대한 해 찾기 결과(해답 보고서와 민감도 보고서)를 이용하여 다음 문제에 답하시오. 민감도 분석 문제에서 다른 조건은 다 일정하다고 가정한다.

[해답 보고서]

목표 셀 (최대값)

셀	이름	계산 전의 값	계산 값
$A$13	총이윤(단위: 천원)	0	473.1666667

변수 셀

셀	이름	계산 전의 값	계산 값	정수
$F$2	보석상자 생산량	0	28.5	Contin
$F$3	작은상자 생산량	0	9.333333333	Contin
$F$4	트렁크 생산량	0	1	Contin

제한 조건

셀	이름	셀의 값	수식	상태	조건과의 차
$B$6	제조시간 제약 좌변항	180	$B$6<=$C$6	만족	0
$B$7	판재요구량 제약 좌변항	610	$B$7<=$C$7	만족	0
$B$8	창고 제약 좌변항	50616	$B$8<=$C$8	부분적 만족	8136
$B$9	보석상자 주문량 좌변항	28.5	$B$9>=$C$9	부분적 만족	25.5
$B$10	트렁크 주문량 좌변항	1	$B$10>=$C$10	만족	0

[민감도 보고서]

변수 셀

셀	이름	계산 값	한계 비용	목표 셀 계수	허용 가능 증가치	허용 가능 감소치
$F$2	보석상자 생산량	28.5	0	9	4.3333333	2.333333
$F$3	작은상자 생산량	9.33333333	0	20	7	0.875
$F$4	트렁크 생산량	1	0	30	1.1666667	1E+30

제한 조건

셀	이름	계산 값	잠재 가격	제한 조건 우변	허용 가능 증가치	허용 가능 감소치
$B$6	제조시간 제약 좌변항	180	1.166666667	180	56	20.54545
$B$7	판재요구량 제약 좌변항	610	0.433333333	610	41.851852	140
$B$8	창고 제약 좌변항	50616	0	58752	1E+30	8136
$B$9	보석상자 주문량 좌변항	28.5	0	3	25.5	1E+30
$B$10	트렁크 주문량 좌변항	1	-1.166666667	1	2.4565217	1

(1) 트렁크 단위당 이윤이 천원 증가하여 31,000원이라면 최적해는 어떻게 변화하는가?

(2) 이용할 수 있는 노동력(제조시간)이 20시간 감소하여 160시간만 가용하다면 총이윤은 어떠한 영향을 받는가?

(3) 트렁크 주문량이 2개 늘어나 적어도 3개를 생산해야 한다면 총이윤은 어떠한 영향을 받는가?

(4) 박민배씨는 새로운 여행용 가방의 생산을 고려하고 있다. 이 여행용 가방을 하나 생산하는 데에는 제조시간이 10시간 소요되고, 호도나무 판재는 10평방피트 요구된다. 그리고 창고의 공간은 단위당 5,000입방인치를 차지한다. 이 여행용 가방의 단위당 이윤은 21,000원으로 예상하고 있다. 이 제품을 생산하는 것이 과연 타당한지의 여부를 근거를 제시하고 답하시오.

12. 탐라보석㈜는 루비, 사파이어, 그리고 백금을 가공하여 결혼용 예물 반지를 새로이 사장에 소개하고자 한다. 반지의 종류는 세 가지(반지 1, 반지 2, 반지 3)를 고려하고 있으며, 각 반지 하나를 만드는 데 소요되는 자원의 양과 가공시간, 그리고 판매가에 대한 정보는 다음 표와 같다.

정보 \ 반지	반지 1	반지 2	반지 3
루비	1	2	0.5
사파이어	2	2	1
백금	1	3	1
가공시간(단위: 시간)	2	4	1
판매가(단위: 만원)	300	500	200

현재 탐라보석㈜는 100단위의 루비, 150단위의 사파이어, 그리고 80단위의 백금을 보유하고 있으며, 노동력의 한계로 고려하는 계획기간동안 200시간의 가공시간을 이용할 수 있다. 또한 반지 3은 보급형 반지로 가장 인기가 있어 이미 주문이 30개가 있는 상황이다. 백금이 추가적으로 필요할 경우에는 10단위까지 단위당 50(만원)에 구입할 수 있으나 루비와 사파이어는 추가적으로 구입하기 힘든 형편이다. 이제 위의 정보를 이용하여 탐라보석㈜의 이윤을 극대화 하기 위한 제품생산 계획안은 다음과 같은 선형계획모형으로 나타낼 수 있다. 여기서 생산된 반지는 모두 판매된다고 가정하고, 의사결정변수는 다음과 같이 정의한다.

> X_j: 반지 j 생산량 (j=1은 반지 1, j=2는 반지 2, j=3은 반지 3을 나타냄)
> W: 추가로 구입하는 백금 단위의 수

(1) 다음의 선형계획모형을 완성하시오.

MAX	____________________	(단위: 만원)
$s.t.$	$X_1 + 2X_2 + 0.5X_3 \le 100$	(루비 자원 제약)
	$2X_1 + 2X_2 + X_3 \le 150$	(사파이어 자원 제약)
	____________________	(백금 자원 제약)
	$2X_1 + 4X_2 + X_3 \le 200$	(가공시간 제약)
	$X_3 \ge 30$	(반지 3 수요 제약)
	$W \le 10$	(추가 백금 단위 제약)
	모든 변수 ≥ 0	

(2) 해 찾기 결과(해답 보고서와 민감도 보고서)를 보고 다음 질문에 답하시오. 민감도 분석의 경우 다른 조건은 다 일정하다고 가정한다.

[해답 보고서]

목표 셀 (최대값)

셀	이름	계산 전의 값	계산 값
$A$16	이윤(단위: 만원)	0	23500

변수 셀

셀	이름	계산 전의 값	계산 값	정수
$B$2	반지 1 생산량	0	60	Contin
$B$3	반지 2 생산량	0	0	Contin
$B$4	반지 3 생산량	0	30	Contin
$A$7	추가 백금 단위 수	0	10	Contin

제한 조건

셀	이름	셀의 값	수식	상태	조건과의 차
$B$9	루비 제약 좌변항	75	$B$9<=$C$9	부분적 만족	25
$B$10	사파이어 제약 좌변항	150	$B$10<=$C$10	만족	0
$B$11	백금 제약 좌변항	90	$B$11<=$C$11	만족	0
$B$12	가공시간 제약 좌변항	150	$B$12<=$C$12	부분적 만족	50
$B$13	반지 3 수요 좌변항	30	$B$13>=$C$13	만족	0
$B$14	추가 백금 단위 수 좌변항	10	$B$14<=$C$14	만족	0

[민감도 보고서]

변수 셀

셀	이름	계산 값	한계 비용	목표 셀 계수	허용 가능 증가치	허용 가능 감소치
$B$2	반지 1 생산량	60	0	300	100	0
$B$3	반지 2 생산량	0	0	500	400	0
$B$4	반지 3 생산량	30	0	200	0	1E+30
$A$7	추가 백금 단위 수	10	0	-50	1E+30	50

제한 조건

셀	이름	계산 값	잠재 가격	제한 조건 우변	허용 가능 증가치	허용 가능 감소치
$B$9	루비 제약 좌변항	75	0	0	1E+30	25
$B$10	사파이어 제약 좌변항	150	100	0	0	80
$B$11	백금 제약 좌변항	90	100	0	50	0
$B$12	가공시간 제약 좌변항	150	0	200	1E+30	50
$B$13	반지 3 수요 좌변항	30	0	30	0	30
$B$14	추가 백금 단위 수 좌변항	10	50	10	50	0

① 현재의 최적해를 말하시오. 목적함수 값도 명시하시오.

② 현재의 최적해를 변화시키지 않고 어떠한 자원을 얼마만큼 줄일 수 있는가?

③ 백금의 추가구입비용이 단위당 100만원이라면 최적해는 어떻게 변화하는가? 의사결정변수의 값과 목적함수 값을 명시하시오.

④ 사파이어 1단위를 추가적으로 이용하는 데 탐라보석㈜는 얼마까지의 비용을 기꺼이 지불하겠는가?

⑤ 현재 이용할 수 있는 백금의 양이 20단위 늘어 100단위라면 이윤에는 어떠한 영향을 미치겠는가?

⑥ 추가로 구입할 수 있는 백금의 양이 10단위 늘어 20단위라면 이윤에는 어떠한 영향을 미치겠는가?

⑦ 탐라보석㈜는 새로운 반지(반지 4)의 생산을 고려하고 있다. 이 반지 한 단위를 생산하는 데는 루비 1단위, 사파이어 2단위, 백금 2단위가 필요하며, 가공시간은 2시간이 소요될 것으로 추정하고 있다. 그리고 판매가는 500(만원)으로 책정하고자 한다. 탐라보석㈜가 과연 반지 4를 생산하는 것이 타당한지의 여부를 근거를 제시하고 판단하시오.

13. 남대문제화(주)는 소규모 등산화 전문업체로 두 가지 등산화(백두산, 한라산) 생산에 전념을 다하고 있다. 남대문제화(주)의 등산화는 반수제화로 수요예측에 맞추어 각 제품을 생산하고 있다. 각 제품의 단위당 정보는 다음과 같다.

정보	백두산	한라산
판매가(단위: 만원)	15	8
필요노동시간(단위: 시간)	0.75	0.50
기계가공시간(단위: 시간)	1.50	0.80
원자재 요구량	2단위	1단위

매주 원자재는 400단위까지 단위당 1.5만원에 구입할 수 있으며, 기계가공시간은 320시간까지 사용할 수 있다. 이 업체는 현재 4명의 제화공을 고용하고 있는데, 이들은 주당 40시간을 일하고 있다. 주문이 많아 작업이 밀릴 때는 제화공들은 시간외 근무(overtime work)도 하게 되는데 이때는 월급 외에 초과근무시간 한 시간당 2만원을 받는다. 남대문 제화(주)는 백두산의 주당 수요를 50켤레로 예측하고 있으며, 한라산의 경우에는 60켤레로 예측하고 있다. 그러나 수요를 촉진하기 위해 전단지 광고도 고려하고 있는데, 광고에 투입된 비용은 다음과 같이 각 제품의 수요를 촉진시킬 것으로 예측하고 있다. 백두산 광고에 1만원을 투입할 때마다 백두산 수요는 10켤레씩 증가하고, 한라산 광고에 1만원을 투입할 때마다 한라산 수요는 15켤레씩 증가한다. 현재 주당 20만원까지 광고비로 쓸 수 있다고 한다. 단, 생산량이 수요량보다 많아 발생하는 재고는 존재하지 않도록 한다. 또한 생산된 등산화는 모두 판매된다고 가정한다. 의사결정변수를 다음과 같이 정의하자.

P_1: 백두산 생산량/주(단위: 켤레),	P_2: 한라산 생산량/주(단위: 켤레)
OT: 초과근무시간/주(단위: 시간),	RM: 원자재 구입단위/주
A_1: 백두산 광고비/주(단위: 만원),	A_2: 한라산 광고비/주(단위: 만원)

(1) 다음의 선형계획모형을 완성하시오.

MAX 이윤: ______________________

$s.t.$ 백두산 생산량 조건: ______________________

한라산 생산량 조건: ______________________

노동시간 제약조건: ______________________

$1.50P_1 + 0.8P_2 \le 320$

$2P_1 + P_2 \le RM$

$A_1 + A_2 \le 20$

$RM \le 400$

모든 변수 ≥ 0

(2) 해 찾기 결과(해답 보고서와 민감도 보고서)를 보고 다음 물음에 답하시오. 민감도 분석에서 다른 조건은 다 일정하다고 가정한다.

[해답 보고서]

목표 셀 (최대값)

셀	이름	계산 전의 값	계산 값
$A$13	이윤(단위: 만원)	0	2490

변수 셀

셀	이름	계산 전의 값	계산 값	정수
$B$2	백두산 생산량	0	20	Contin
$C$2	한라산 생산량	0	360	Contin
$D$4	초과근무시간	0	35	Contin
$F$6	원자재구입단위	0	400	Contin
$B$7	백두산 광고비	0	0	Contin
$C$7	한라산 광고비	0	20	Contin

제한 조건

셀	이름	셀의 값	수식	상태	조건과의 차
$B$15	백두산 생산량 제약 좌변항	20	$B$15<=$C$15	부분적 만족	30
$B$16	한라산 생산량 제약 좌변항	360	$B$16<=$C$16	만족	0
$B$17	노동시간 제약 좌변항	195	$B$17<=$C$17	만족	0
$B$18	기계가공시간 제약 좌변항	318	$B$18<=$C$18	부분적 만족	2
$B$19	원자재 요구량 제약 좌변항	400	$B$19<=$C$19	만족	0
$B$20	광고비 제약 좌변항	20	$B$20<=$C$20	만족	0
$B$21	원자재구입량 제약 좌변항	400	$B$21<=$C$21	만족	0

[민감도 보고서]

변수 셀

셀	이름	계산 값	한계 비용	목표 셀 계수	허용 가능 증가치	허용 가능 감소치
$B$2	백두산 생산량	20	0	15	0.366666667	10.5
$C$2	한라산 생산량	360	0	8	1E+30	0.183333333
$D$4	초과근무시간	35	0	-2	2	1.466666667
$F$6	원자재구입단위	400	0	-1.5	1E+30	5.25
$B$7	백두산 광고비	0	-3.75	-1	3.75	1E+30
$C$7	한라산 광고비	20	0	-1	1E+30	2.75

제한 조건

셀	이름	계산 값	잠재 가격	제한 조건 우변	허용 가능 증가치	허용 가능 감소치
$B$15	백두산 생산량 제약 좌변항	20	0	0	1E+30	30
$B$16	한라산 생산량 제약 좌변항	360	0.25	0	40	60
$B$17	노동시간 제약 좌변항	195	2	0	35	1E+30
$B$18	기계가공시간 제약 좌변항	318	0	0	1E+30	2
$B$19	원자재 요구량 제약 좌변항	400	6.75	0	2.666666667	40
$B$20	광고비 제약 좌변항	20	2.75	0	2.666666667	4
$B$21	원자재구입량 제약 좌변항	400	5.25	0	2.666666667	40

① 초과시간 수당의 상한값이 시간당 얼마까지일 때 현재의 최적해는 유지되는가?

② 백두산 한 켤레의 판매가가 10만원이라면 새로운 최적해는 어떻게 변화하는가? 의사결정변수의 값과 함께 목적함수 값을 명시하시오.

③ 원자재 추가적 한 단위 구입을 위해 남대문제화(주)는 얼마까지의 비용을 지불하고자 하겠는가?

④ 백두산 광고에 2만원을 투입할 경우, 이는 목적함수 값(주당 이윤)에 어떠한 영향을 미치는가?

⑤ 제화공의 주당 정규근무시간이 45시간이라면, 남대문제화(주)의 주당 이윤은 어떻게 변화하는가?

⑥ 남대문제화(주)는 고객들의 요청에 따라 새로운 등산화 '지리산'의 시장 소개를 고려하고 있다. 지리산 한 켤레의 판매가는 10만원으로 생각하고 있는데, 지리산 한 켤레를 만드는 데는 노동시간 2시간, 기계작업시간 1시간, 그리고 원자재 1단위가 필요하다. 남대문제화(주)는 경제적인 관점에서 지리산 등산화를 시장에 소개할 당위성이 있는가? 근거를 제시하고 판단하시오.

5

CHAPTER

정수 최적화와 가부간의 의사결정

선형계획모형은 의사결정변수가 어떠한 실수 값(real numbers)을 가져도 괜찮다는 가분성(divisibility)의 가정을 하고 있다. 하지만 의사결정변수의 값이 반드시 정수가 되어야 하는 문제 상황도 존재한다. 또한 이것이냐 저것이냐, 할 것이냐 말 것이냐, 갈 것이냐 멈출 것이냐 등 가부간의 의사결정을 해야 하는 상황(either-or type decisions)도 있다. 이 장에서는 이러한 문제를 구조화 할 수 있는 정수계획모형에 대해 학습한다. 가부간의 의사결정에서 이진변수의 쓰임새를 살펴보고, 아울러 정수계획모형으로 해결이 가능한 독특한 문제들의 모형화 과정과 해 찾기를 이용한 최적해의 도출 과정, 그리고 결과의 해석에 대해 다룬다.

사느냐 죽느냐, 그것이 문제로다. 포악한 운명의 화살이 꽂혀도 죽은 듯 참는 것이 장한 일인가. 아니면 창칼을 들고 노도처럼 밀려드는 재앙과 싸워 물리치는 것이 옳은 일인가.

— 세익스피어의 햄릿(Hamlet)에서

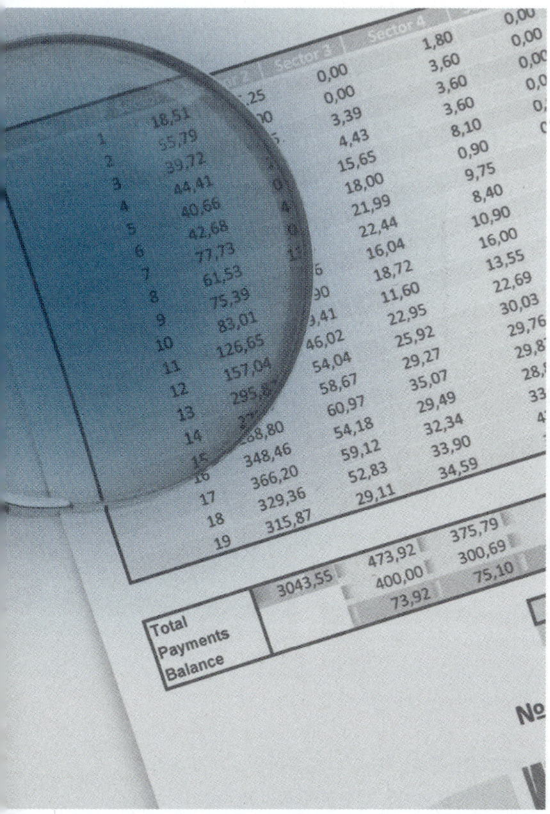

사람의 수를 1.5명이나 2.7명 등과 같이 소수로 표현할 수 있는가? 사람을 27.6명 고용하면 이윤을 100만큼 올릴 수 있다고 말할 수 있을까? 고려자동차(주)가 다음 분기에 시장에 소개할 특정 모델 자동차의 생산량을 선형계획모형을 이용해 구해보았더니 최적해가 300,000.7대로 나왔다고 하자. 이 경우 몇 대를 생산할 것인가? 30만대를 만들고 나머지 한 대는 70% 공정에서 멈추라는 말은 아닐 것이다. 그러면 소수점 아래의 수치는 잘라내 30만대를 생산할 것인가, 아니면 반올림을 해 30만1대를 만들 것인가? 30만1대를 만들면 어떤 제약조건은 만족되지 않을 터인데, 그럼 30만대를 생산해야 하나? 독자들은 어떻게 생각하는가? 이때에는 30만대를 생산하든 30만1대를 생산하든 두 경우 모두 최적 생산량에 매우 근접하리라 생각할 수 있다. 따라서 두 해 중 어느 하나를 선택해 행동으로 옮겨도 크게 문제될 것이 없다. 30만1대를 만들었을 때 만족되지 않는 제약조건이 마음에 걸리는가? 큰 자동차회사에서 그 정도 자원은 당연히 융통할 수 있을 것이다. 걱정하지 말라.

우리나라의 미래 전력수요를 예측해 보았더니 원자력 발전소의 추가 건설이 필요한 것으로 의견이 모아졌다. 원자력 발전소 몇 기(基)를 추가로 건설해야 하는가를 결정하기 위해 선형계획모형을 이용해 최적해를 구했더니 2.4가 나왔다고 하자. 이 경우에는 어떠한 의사결정을 하겠는가? 위의 자동차 사례처럼 원자력 발전소를 2개 만들거나 3개 만들거나 별 상관이 없을까? 두 문제의 상황은 다르다. 자동차 한 대의 차이와 원자력 발전소 한 기의 차이는 그 파급효과가 다르기 때문이다. 원자력 발전소 한 기를 더 만들고 덜 만들고 하는 것은 자동차의 경우와는 달리 경제적, 환경적, 사회적 파급효과가 매우 크다.

가부간의 결정(either-or type decisions)

우리는 실생활에서 햄릿의 명대사처럼 이것이냐 저것이냐 가부간에 택일을 해야 하는 상황에 직면하는 경우가 많다. 어떤 일을 할 것이나 말 것이냐, 어떤 곳에 갈 것이냐 말 것이냐 같은 **가부간의 결정(either-or type decisions)** 상황이다. 특정 지역에 공장을 설치할 것인지의 여부, 특정 제품의 생산 여부, 특정 프로젝트의 추진 여부, 특정 지역에 판매원 배치 여부, 특정 지역에 방범초소 설치 여부 등 가부간의 선택을 해야 하는 문제는 우리 주변에서 얼마든지 찾을 수 있다. 그렇다면 이런 문제는 어떻게 해결할 수 있는가?

가분성(divisibility)

선형계획법에서 우리는 의사결정변수의 값이 소수점이나 분수로 나타나도 괜찮다는 **가분성(divisibility)**의 가정을 한 바 있다. 그러나 만일 모든 의사결정변수 또는 의사결정변수들 중 일부가 반드시 정수이어야 한다면, 그리고 가부간의 결정을 해야 하는 상황이라면 이 문제들은 어떻게 해결할 수 있는가? 본 장에서는 여기에 대한 대답을 하고자 한다.

의사결정변수가 정수이어야 한다는 조건이 들어간 문제는 선형계획문제를 해결하는 것보다 훨씬 큰 비용이 소요된다. 여기서 비용이란 모형을 푸는 데 소요되는 시간, 노력, 컴퓨터 비용 등을 말한다. 즉, 정수조건이 포함된 수리적 모형은 선형계획모형보다 해결하기가 훨씬 힘들다. 이런 이유로 비용과 혜택 사이의 저울질이 필요하다. 정확한 정수 최적해를 구해야 하는 문제 상황인가 아니면 선형계획모형의 해를 근사화 시킨 정수해를 행동으로 옮겨도 괜찮은 상황인가를 구별할 수 있어야 한다. 위의 자동차 문제에서는 선형계획모형의 해를 구한 후 이것의 근사해를 이용해도 별 문제가 없는 반면, 원자력 발전소 문제의 경우에는 의사결정변수의 값 하나가 매우 큰 파급효과를 미치게 되므로 힘들더라도[1] 정수 최적해를 구하는 것이 추천된다. 즉, 의사결정자는 정수 최적해의 혜택과 비용을 저울질해서 혜택이 비용을 초과한다는 믿음이 있을 때에는 본 장에서 학습할 최적화 방법을 이용할 것을 추천한다.

1) 독자들은 정수 최적해를 구하기 위해 해 찾기를 이용하므로 정수 최적해를 구하는데 별 다른 불편을 느끼지 못한다. 하지만 정수 조건이 포함된 모형의 해를 구하는 방법은 선형계획모형의 해를 구하는 방법보다 훨씬 비효율적이다.

5.1 정수계획문제란?

정수계획문제(integer programming problems)란 의사결정변수들 중 일부 또는 모두가 정수 값(일반적 정수 또는 0-1 정수)을 갖는 선형계획문제를 말한다. 의사결정변수가 일반적인 정수 값(integers)을 갖는 정수계획모형은 위의 원자력 발전소의 예처럼 정수 최적해를 구하는데 사용하고, 의사결정변수가 '0' 또는 '1'의 값만을 갖는 정수계획모형은 가부간의 결정을 위해 사용한다. 이 때 '0' 또는 '1'의 값만을 갖는 의사결정변수를 **이진변수(binary variables)**라고 한다. 가부간의 의사결정에서 '0'은 부(否)를 나타내고, '1'은 가(可)를 나타낸다.

정수계획문제(integer programming problems)
이진변수(binary variables)

정수계획모형은 선형계획모형에 정수 조건만 추가된 모형이므로 목적함수와 제약조건은 의사결정변수의 선형성을 그대로 유지한다. 하지만 정수계획모형을 해결하는 방법은 선형계획모형을 해결하는 방법과 판이하게 다르며, 훨씬 더 많은 컴퓨터 시간을 필요로 한다. 즉, 정수계획모형의 해법은 선형계획모형의 해법보다 훨씬 비효율적인데, 그 주된 이유는 정수계획모형의 실행가능지역이 **볼록집합(convex set)**이 아니기 때문이다.

볼록집합(convex set)

정수계획모형에서 의사결정변수의 정수 조건을 해제한 모형을 '**선형계획모형으로 완화된 모형(LP relaxation)**'이라고 하는데, 정수계획모형의 최적해를 구하기 위해서는 정수계획모형에서 정수 조건을 완화한 여러 개의 선형계획모형을 순차적으로 풀어가는 방법을 취한다. 이러한 해법을 **분단탐색법(branch and bound method)**이라고 하며, 정수계획모형의 대표적인 해법이다.

선형계획모형으로 완화된 모형(LP relaxation)
분단탐색법(branch and bound method)

해 찾기를 이용해 정수계획모형의 최적해를 구하는 경우, 해답 보고서의 상단에 **부분문제**의 개수가 표시되는데, 바로 이 부분문제가 정수계획모형의 최적해를 구하기 위해 풀어야 했던 'LP relaxation'의 개수이다.

5.2 정수계획모형의 종류

정수계획모형(IP models: integer programming models)
순수정수계획모형(pure IP models)
0–1 정수계획모형(0–1 IP model)
혼합정수계획모형(mixed IP model)

정수계획모형(IP models: integer programming models)의 종류는 크게 세 가지로 나눌 수 있다. 첫째는 **순수정수계획모형**(pure IP models)으로 모든 의사결정변수가 일반적인 정수 값을 갖는 정수계획모형을 말한다. 둘째는 **0–1 정수계획모형**(0–1 IP model)으로 이 모형은 보통 가부간의 결정을 위해 많이 사용하는데, 모든 의사결정변수가 '0' 또는 '1'의 값을 갖는 정수계획모형을 말한다. 세 번째는 **혼합정수계획모형**(mixed IP model)으로 의사결정변수가 여러 가지 형태로 혼합된 모형을 말한다. 즉, 의사결정변수들 중 일부는 정수 값(0–1 또는 일반적인 정수 값)을 갖고 나머지 의사결정변수는 실수 값을 갖는 정수계획모형을 말한다.

일반적으로 정수계획모형은 세 번째 종류의 형태를 많이 취한다. 한 가지 강조할 점은 동일한 조건 하에서 정수계획모형의 해는 선형계획모형의 해보다 더 좋을 수는 없다는 것이다. 즉, 선형계획모형의 최적해는 정수계획모형 최적해의 상한선이 된다.

5.3 정수계획모형의 최적해

정수계획모형에서 정수 조건을 제외시킨 모형의 최적해를 구한 후, 이 해를 근사화(예를 들어, 반올림) 하면 정수계획모형의 최적해가 될까? 독자들은 어떻게 생각하는가? 결론부터 말하면 그렇게 되지 않는다. 만일 선형계획모형의 최적해를 근사화한 것이 정수계획모형의 최적해가 된다면 별도로 정수계획모형의 최적해를 구하는 해법이 존재할 필요가 없을 것이다. 간단한 예를 통해 선형계획모형으로 완화한 모형(LP Relaxation)의 최적해를 근사화한 것이 정수계획모형의 최적해가 되지 않음을 확인해 보자.

반대 예(counterexample)

> 어떤 주장이 사실이 아니라는 것을 증명하는 방법은 간단하다. 해당 주장이 성립하지 않는 한 가지 **반대 예**(counterexample)만 들 수 있으면 증명은 끝이 난다.

다음의 정수계획모형을 고려하자.

$$
\begin{aligned}
&MAX\ Z = 21X_1 + 11X_2 \\
&s.t. \quad 7X_1 + 4X_2 \le 13 \\
&\qquad X_1, X_2 \ge 0,\ X_1, X_2 \text{ integer}
\end{aligned}
$$

이 정수계획모형에서 의사결정변수의 정수 조건을 제외하면 다음과 같은 선형계획모형으로 완화한 모형이 된다.

$$
\begin{aligned}
&MAX\ Z = 21X_1 + 11X_2 \\
&s.t. \quad 7X_1 + 4X_2 \le 13 \\
&\qquad X_1, X_2 \ge 0
\end{aligned}
$$

의사결정변수가 2개이므로 이 모형의 최적해는 그래프를 이용해 쉽게 구할 수 있다. 선형계획모형의 최적해는 $(X_1, X_2)=(13/7, 0)$에서 발생함을 알 수 있다. 그렇다면 이 해를 근사화한 해, 즉 $(X_1, X_2)=(1, 0)$, $(X_1, X_2)=(2, 0)$ 중 하나는 정수계획모형의 최적해가 될까? 두 해 중 후자의 경우는 제약조건을 만족시키지 않음으로 결국 정수계획모형의 최적해는 $(X_1, X_2)=(1, 0)$이 될까?

그렇지 않다. 정수계획모형의 최적해는 $(X_1, X_2)=(0, 3)$으로 선형계획모형의 최적해 $(X_1, X_2)=(13/7, 0)$과는 전혀 다른 곳에서 발생하게 된다. 그리고 최적해에서 정수조건이 없는 선형계획모형의 목적함수 값은 39로 정수조건이 추가된 정수계획모형의 목적함수 값 33보다 큼을 알 수 있다. [그림 5-1]은 위 예제에 대한 선형계획모형과 정수계획모형의 최적해를 비교한 그래프이다. 그래프에서 음영으로 표시된 지역은 선형계획모형의 실행가능지역이고, 점으로 표시된 곳은 정수계획모형의 실행가능지역(실행가능한 해들의 집합)인데, 선형계획모형의 실행가능지역과는 달리 정수계획모형의 실행가능지역은 볼록집합이 아님을 쉽게 확인할 수 있다.

그림 5-1
선형계획모형과 정수계획모형의 최적해 비교

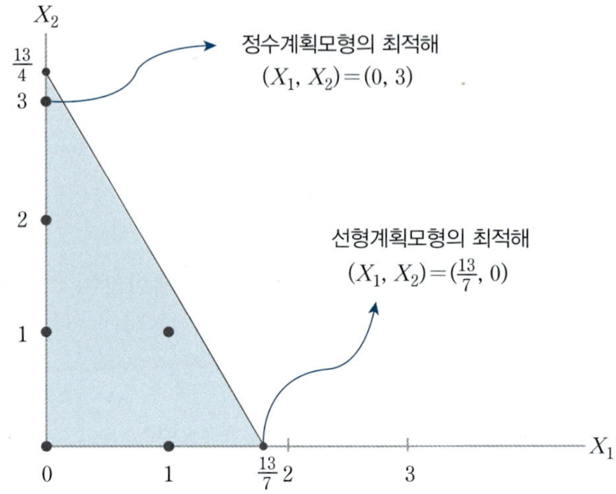

5.4 해 찾기를 이용한 정수계획모형의 풀이

정수계획모형은 선형계획모형의 연장이기 때문에 정수 조건을 추가하는 것 이외에는 선형계획모형을 풀 때와 마찬가지 방법으로 해를 구하게 된다. 하지만 정수 조건이 추가된 모형의 경우 민감도 보고서는 제공되지 않는다. 그 이유는 정수계획모형의 실행가능지역이 볼록집합이 아니기 때문에 정수계획모형의 민감도 분석에 대한 일반적 이론이 아직 정립되어 있지 않기 때문이다.

해 찾기를 이용해서 정수계획모형을 해결하는 방법은 다음과 같다.

① 정수계획모형을 선형계획모형과 마찬가지로 생각하고 엑셀 기본모형을 만든다. 그리고 해 찾기 매개 변수 대화상자에서 정수계획모형의 목적함수와 제약조건을 같은 방법으로 입력한다.

연산자 메뉴

② 정수 조건을 추가하기 위해 제약조건 추가 대화상자의 **셀 참조 영역(E)**에 해당 의사결정변수를 선택하고 **연산자 메뉴**에서 다음과 같이 옵션을 선택한다.

- 의사결정변수가 일반적인 정수 값을 갖는 경우는 '**int**'를 선택한다. 그러면 우측의 **제한 조건:(N)** 상자에는 '정수'라고 자동적으로 입력된다.

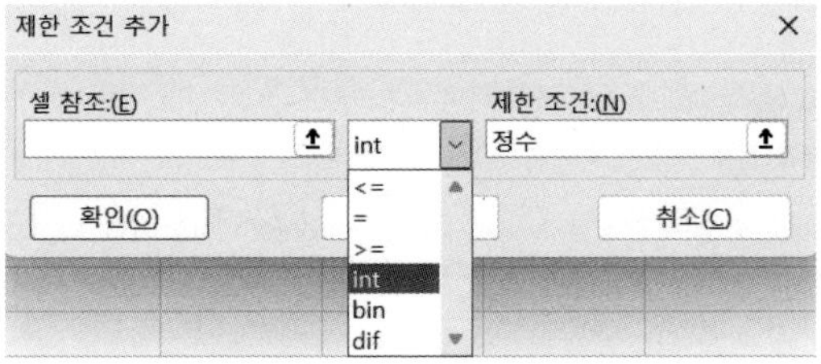

• 의사결정변수가 0–1 값을 갖는 경우는 ‘**bin**’을 선택한다. 그러면 우측의 **제한 조건:(N)** 상자에는 자동적으로 ‘2진수’라고 입력된다.

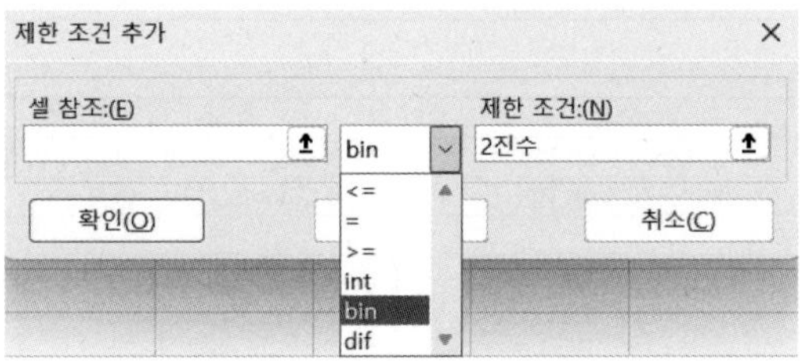

예를 들어, 다음의 정수계획모형을 해 찾기를 이용해 최적해를 구한 결과는 [그림 5–2]의 해답 보고서와 같다. 독자들은 스스로 그래프 분석을 수행하여 그래프 분석의 결과와 해 찾기 결과가 일치함을 확인하기 바란다.

$$
\begin{aligned}
MAX\ Z &= 4X_1 + X_2 \\
s.t.\quad & 2X_1 + X_2 \le 5 \\
& 2X_1 + 3X_2 = 5 \\
& X_1,\ X_2 \ge 0,\ X_1,\ X_2 \text{ integer}
\end{aligned}
$$

그림 5-2

정수계획모형의 해답 보고서

해 찾기 엔진

엔진: 단순 LP

해 찾는 시간: 0.046 초.

반복 횟수: 1 부분 문제: 4

해 찾기 옵션

최대 시간 Unlimited, 반복 횟수 Unlimited, Precision 0.000001, 단위 자동 설정 사용

최대 부분 문제 Unlimited, 최대 정수 해 Unlimited, 정수 허용 한도 1%, 음수 아닌 것으로 가정

목표 셀 (최대값)

셀	이름	계산 전의 값	계산 값
$A$12	목적함수 값 (Z)	0	5

변수 셀

셀	이름	계산 전의 값	계산 값	정수
$B$4	X1 변수 값	0	1	정수
$B$5	X2 변수 값	0	1	정수

제한 조건

셀	이름	셀의 값	수식	상태	조건과의 차
$B$8	제약조건 1 좌변항	3	$B$8<=$D$8	부분적 만족	2
$B$9	제약조건 2 좌변항	5	$B$9=$D$9	만족	0
$B$4:$B$5=정수					

[그림 5-2]를 보면 위 정수계획모형의 최적해는 $(X_1, X_2)=(1, 1)$에서 발생하며, 그때의 목적함수 값은 5임을 알 수 있다. 또한 각 제약조건의 최적해에서의 상태, 즉 속박적인지 비속박적인지도 알 수 있고, 비속박적인 제약조건의 경우, 조건과의 차가 얼마인지도 알 수 있다. 해답 보고서의 상단을 보면 이처럼 작은 모형임에도 불구하고 정수조건이 추가됨으로써 해 찾는 시간이 0.046초나 걸렸음을 알 수 있다. 참고로 같은 모형을 정수조건을 해제하고 풀 경우 해 찾는 시간은 '0'초로 나온다. 또한 정수계획문제의 최적해를 찾기 위해 순차적으로 해결한 부분문제, 즉 선형계획모형으로 완화된 문제의 수도 4개임을 알 수 있다.

5.5 정수계획문제

다음의 문제는 해 찾기를 이용하여 순수정수계획모형과 0-1 정수계획모형의 해를 찾는 과정을 설명하기 위한 예제이다.

1 선박건조계획문제

장보고조선(주)는 소형 유람선을 건조하는 회사이다. 장보고조선에서 건조한 선박들은 성능이 매우 우수한 것으로 평가되고 있어 그에 따른 수요도 많은 상황이다. 장보고조선은 세 가지 유형의 선박을 건조하고 있는데 크기에 따라 각 선박의 이름은 거북호, 한바다호, 오대양호이다.

장보고조선은 내년 회계연도의 선박건조계획을 세우고자 한다. 즉, 각 유형의 선박을 몇 개씩 건조할 것인지를 결정하고자 한다. 장보고조선은 내후년부터 선박의 모양을 새롭게 바꿀 계획이기 때문에, 기존 유형의 선박을 건조하는 것은 내년이 마지막이다. 따라서 세 유형 선박의 수주 물량은 내년 회계연도 내에 완성되어야 한다. 각 유형 선박 한 대의 건조비용, 판매이익, 그리고 각 유형 선박의 내년도 시장수요 예측치는 다음 표에 요약되어 있다.

	선박 유형		
	거북호	한바다호	오대양호
건조비용(천원)	250,000	225,000	300,000
판매이익(천원)	50,000	38,000	68,000
수요예측(선박 수)	5	7	4

장보고조선은 조선 장소의 제한으로 인해 내년에 8척의 선박만을 건조할 수 있다. 또한 선박건조에 따라 발생하는 비용을 충당할 수 있는 자금도 1,500,000(천원)으로 한정되어 있다. 장보고조선은 현재의 수요예측을 근거로 자사의 판매이익을 극대화시키는 선박건조계획을 세우고자 한다.

간단한 문제이므로 공식적으로 정수계획모형을 만들지 않고 엑셀 기본모형에서 바로 해를 찾도록 하자. [그림 5-3]은 해 찾기를 실행한 후 나타난 해를 엑셀 기본모형에서 보여주고 있다.

이 책에서 보여주는 엑셀 기본모형은 해 찾기를 위한 하나의 모형 디자인을 보여주는 것으로, 독자들은 자신의 취향에 따라 이 책보다 더 나은 디자인의 엑셀 기본모형을 만들 수 있다.

그림 5-3

엑셀 기본모형과 해 찾기 매개 변수 대화상자

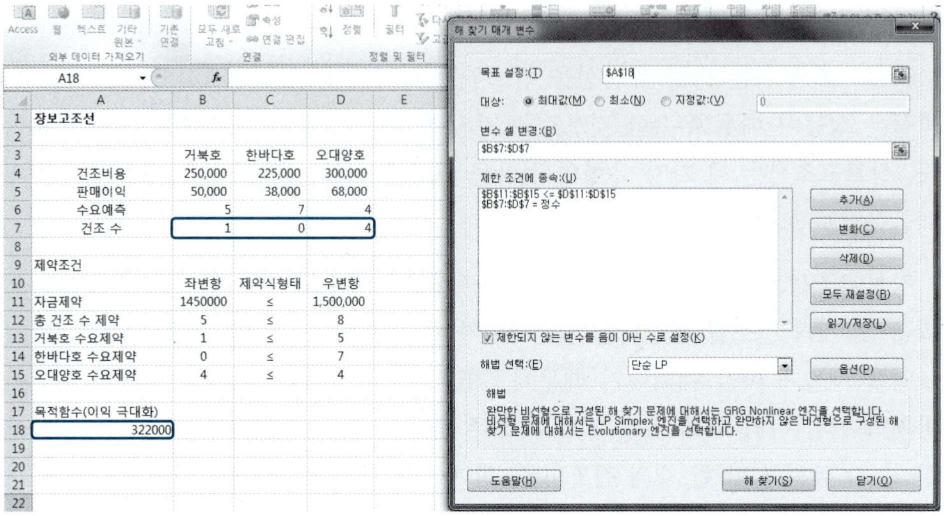

[그림 5-3]에 나타난 결과를 보면 거북호는 1대, 오대양호는 4대 건조하고, 한바다호는 건조하지 않는 것이 최적으로 그때의 판매이익은 3억2천2백만원임을 보여주고 있다. 또한 실제로 사용된 건조비용은 14억5천만원으로 5천만원의 여유 자금이 발생한 것도 알 수 있다.

그림 5-4

옵션 대화상자

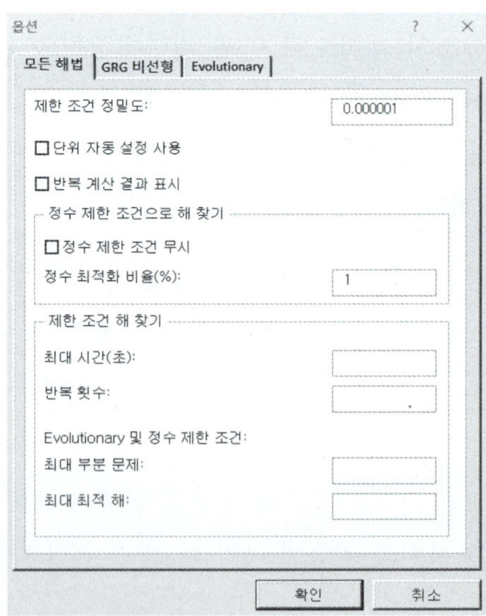

정수 최적화 비율(%)

정수 조건이 포함된 모형의 최적해를 구할 때 한 가지 고려해야 할 사항은 소위 정수 최적화 비율이다. [그림 5-3]의 해 찾기 매개 변수 대화상자의 옵션 단추를 누르면 [그림 5-4]와 같은 옵션 대화상자가 나타나는데, 이 대화상자의 가운데 부분을 보면 **정수 최적화 비율(%)** 상자가 보인다. 정수계획모형을 푸는 데는 많은 컴퓨터 시간이 소요됨은 앞서 언급한 바 있다. 따라서 의사결정변수와 제약조건이 매우 많은 정수계획문제의 경우, 풀어야 할 부분문제들이 기하급수적으로 늘어남에 따라 최적해를 구하는데 우리가 생각하는 것보다 훨씬 많은 컴퓨터 시간이 소요될 수 있다.

정수 최적화 비율(%)이란 최적해는 아니더라도 '이 정도면 만족하겠다'라고 사용자가 해의 하한선을 선언할 수 있는 옵션이다. 예를 들어, 정수 최적화 비율(%)을 '1'로 설정한 경우에는 최적해는 아니더라도 최적해에서 1% 벗어난 해에서 해의 탐색을 마쳐도 된다는 옵션이다. 정수 최적화 비율은 그 정도의 허용한도 내에서 해의 탐색을 마쳐도 된다는 명령이므로 간단한 모형의 경우, 보통 최적해를 찾아주게 된다. 하지만 정수 최적해를 보장 받으려면 정수 최적화 비율(%)을 '0'으로 설정한다.

2 투자계획문제 1

S사에서는 현재 여섯 가지의 투자대안을 고려하고 있다. 모든 대안은 향후 3년에 걸쳐 진행되는데, 각 연도에 필요한 자금과 각 대안의 순현재가치, 그리고 각 연도에 이용 가능한 자금에 대한 정보는 다음 표에 제시되어 있다.

투자대안	순현재가치(만원)	자금소요액(만원)		
		제1년	제2년	제3년
1) 창고시설의 부분적 확장	4,000	3,000	1,000	4,000
2) 창고시설의 전면적 확충	6,000	2,500	3,500	3,500
3) 신제품의 판매개시	10,500	6,000	4,000	5,000
4) 제품광고	4,000	2,000	1,500	1,800
5) 기본적 연구개발	8,000	5,000	1,000	4,000
6) 신기계 도입	3,000	1,000	500	900
자금조달 능력(만원)		10,500	7,000	8,750

순현재가치를 최대로 하는 투자계획을 수립하기 위한 방안을 제시하라.

이 문제는 자본예산편성문제로, 여섯 가지 투자대안 중에 어떤 대안을 선택해 추진하는 것이 바람직한지를 결정하라는 것이다. 따라서 의사결정변수는 각 대안의 추진여부가 될 것이고, 이를 X_1, X_2, X_3, X_4, X_5, X_6으로 정의하고 이진변수로 설정하게 된다. 자본예산편성문제의 수리적 모형에 대해서는 선형계획모형에서 언급했으므로 독자들 스스로 모형을 만들어 어느 대안을 추진하는 것이 최적인지를 판단하기 바란다.

자본예산편성문제를 여기서 다시 언급하는 이유는 이진변수의 유용성을 이야기하기 위해서이다. 이진변수는 말로 된 문장을 간결한 식으로 표현하는데 유용하게 활용될 수 있다. 이제 문제에 다음과 같은 제약조건이 추가되었다고 가정하자. 다음의 각 문장을 이진변수를 이용하여 식으로 만들어 보자.

① 두 가지 창고시설의 확장계획을 모두 추진하는 것은 바람직하지 못하다는 결론을 내렸다. 이를 나타내는 제약조건을 제시하라.

풀이 앞의 표를 보면 첫 번째와 두 번째 대안은 상식적으로 동시에 추진되어서는 안 되는 대안들이다. 따라서 첫 번째 대안과 두 번째 대안이 함께 추진되지 않도록 하는 제약조건을 이진변수를 이용해서 구현하면 된다. 이진변수는 '1'(可)과 '0'(否)의 값만을 가지므로 위의 문장을 표현하는 식은 $X_1 + X_2 \le 1$이다. 이 식은 X_1과 X_2가 동시에 '1'의 값을 갖지 못하도록 한다.

② 신제품의 판매개시를 하면 제품광고는 필수적으로 뒤따라야 된다. 이를 나타내는 제약조건을 제시하라.

풀이 X_3가 '1'의 값을 가지면 X_4는 반드시 '1'의 값을 가져야 한다는 말이다. X_3가 '0'의 값을 가지면 X_4는 '0' 또는 '1' 어느 값을 가져도 무방하다. 따라서 올바른 표현은 $X_3 \le X_4$이다.

③ 기본적인 연구개발이 없으면 신제품의 판매개시는 있을 수 없다. 이를 나타내는 제약조건을 제시하라.

풀이 X_5가 '0'의 값을 가지면 X_3는 반드시 '0'의 값을 가져야 한다. 따라서 올바른 표현은 $X_5 \ge X_3$이다.

이러한 표현은 의사결정변수가 '0'과 '1의 값만을 갖는 이진변수이기에 가능하다. 이제 독자들은 스스로 다음 문제에 답해 봄으로써 이진변수의 유용성을 경험하기 바란다.

3 투자계획 문제 2

A사에서는 6개의 투자계획을 고려 중에 있다. X_1, X_2, X_3, X_4, X_5, X_6을 각 투자계획의 추진 여부를 나타내는 이진변수라 하자.

① 투자계획 1과 3을 동시에 수행하지 않고는 투자계획 4를 추진할 수 없다. 이를 하나의 식으로 표현하라.

풀이 $X_1 + X_3 \geq 2X_4$

② 투자계획 1과 3을 동시에 수행하는 경우에는 투자계획 4를 필수적으로 수행해야 한다. 이를 하나의 식으로 표현하라.

풀이 $X_1 + X_3 - 1 \leq X_4$

③ 투자계획 1, 3, 5, 6 중 최소한 두 개는 추진해야 함을 나타내라.

풀이 $X_1 + X_3 + X_5 + X_6 \geq 2$

④ 투자계획 3과 5는 동시에 추진해야 함을 나타내라.

풀이 $X_3 = X_5$

⑤ 투자계획 1과 4 중 단 한 개를 추진해야 함을 나타내라.

풀이 $X_1 + X_4 = 1$

5.6 0-1 정수계획모형의 응용

선형계획모형은 다양한 현실 문제의 최적화를 위해 많이 활용되고 있다. 하지만 선형계획모형으로는 해결하지 못하는 문제 유형도 있다. 본 절에서는 선형계획모형으로는 해결하지 못하는 대표적인 문제 유형 세 가지에 대하여 논의한다.

1 집합 커버링 문제(set covering problem)

집합 커버링 문제에는 다음과 같이 두 가지 집합(set)이 존재한다.

집합 커버링 문제(set covering problem)

Set 1 = {커버 대상들}
Set 2 = {커버 주체들}

이 문제에서 우리가 결정하고자 하는 것은 Set 1의 구성요소를 모두 커버하면서 Set 2의 구성요소의 수를 최소화 하기 위한 방안이다. 이 문제는 여러 가지 공공 시설물의 위치 선정문제에 활용될 수 있다. 어떤 신도시의 소방서 위치 선정 문제나 방범지구대 위치 선정 문제 등을 예로 들 수 있다. 다음 예제를 고려해 보자.

방범지구대 위치 선정 문제

새로이 건설되고 있는 H시는 7개의 행정구역으로 구성되어 있는데, 이 구역들을 담당하기 위한 방범지구대의 위치를 선정하고자 한다. 고려 대상이 되는 위치는 A, B, C, D, E, F, G 등 7곳으로, 각 위치에서 담당할 수 있는 행정구역들은 다음과 같다.

지구대 위치	A	B	C	D	E	F	G
담당 구역	1, 5, 7	1, 2, 5, 7	1, 3, 5	2, 4, 5	3, 4, 6	4, 5, 6	1, 5, 6, 7

모든 행정구역을 커버하면서 개설해야 하는 지구대의 수를 최소화 하기 위한 지구대 설치 계획을 수립하라.

풀이

이 문제는 집합 커버링 문제의 간단한 예로서 커버 대상의 집합인 Set 1은 7개의 행정구역이 되고, 커버 주체의 집합인 Set 2는 방범지구대의 잠재적 위치가 된다. 모든 행정구역을 커버하면서 방범지구대의 수를 최소화 하기 위해서는 어느 곳에 지구대를 설치해야 하는지를 묻고 있다. 이 문제에서 지구대의 수를 최소화 하는 이유는 비용 측면의 이유도 있지만 어떤 지역이 둘 이상의 지구대에 의해 중복 관할됨으로 해서 발생할 수 있는 책임 떠넘기기 현상을 방지하기 위함이다.

의사결정변수는 다음과 같이 정의할 수 있다.

X_j : 위치 j에 방범지구대 설치 여부 (j=A, B, C, D, E, F, G)

지구대의 수는 의사결정변수의 합이 되므로 목적함수는 다음과 같다(의사결정변수 X_j는 설치가 되면 '1'의 값을 갖고, 설치되지 않으면 '0'의 값을 갖는 이진변수이므로 7개 의사결정변수의 합은 지구대의 수가 된다).

$$MIN\ X_A + X_B + X_C + X_D + X_E + X_F + X_G$$

다음으로 모든 행정구역은 적어도 한 방범지구대에 의해 반드시 커버되어야 한다는 제약조건이 있다. 행정구역 1의 경우를 예로 들어 제약조건을 표현해 보자.

앞의 표를 보면 행정구역 1을 커버할 수 있는 지구대의 잠재적 위치는 A, B, C, G이다. 따라서 행정구역 1에 대한 제약조건은 다음과 같이 표현할 수 있다.[2)]

$$X_A + X_B + X_C + X_G \geq 1$$

마찬가지로 행정구역 2에 대한 제약조건은 다음과 같다.

$$X_B + X_D \geq 1$$

이런 방식으로 7개 행정구역 각각에 대한 제약조건을 만든다. 결과적인 정수계획 모형은 다음과 같다.

$$\begin{aligned}
MIN\quad & X_A + X_B + X_C + X_D + X_E + X_F + X_G \\
s.t.\quad & X_A + X_B + X_C + X_G \geq 1 \\
& X_B + X_D \geq 1 \\
& X_C + X_E \geq 1 \\
& X_D + X_E + X_F \geq 1 \\
& X_A + X_B + X_C + X_D + X_F + X_G \geq 1 \\
& X_E + X_F + X_G \geq 1 \\
& X_A + X_B + X_G \geq 1 \\
& X_j = 0 \text{ 또는 } 1,\ j = A, B, C, D, E, F, G
\end{aligned}$$

2) 제약조건의 부등호가 '≥'이라고 해서 좌변항의 값이 필요 없이 커지지는 않는다. 목적함수가 방법지구대의 수를 최소화 하는 것이므로 각 행정구역을 커버하는 최소의 방범지구대 위치가 결정된다.

해 찾기를 이용해 모형의 해를 구한 결과는 [그림 5-5]와 같다. H시는 방범지구대를 위치 B와 E에 세움으로써 모든 행정구역을 커버하면서 지구대의 수는 2개로 최소화 할 수 있음을 알 수 있다.

그림 5-5
엑셀 기본모형 및 해 찾기 결과

	A	B	C	D	E	F	G	H	I	J
1		**방범지구대 위치 선정 문제**								
2										
3			A	B	C	D	E	F	G	
4		설치여부	0	1	0	0	1	0	0	
5										
6			제약조건							
7		구역 1	1		≥	1				
8		구역 2	1		≥	1				
9		구역 3	1		≥	1				
10		구역 4	1		≥	1				
11		구역 5	1		≥	1				
12		구역 6	1		≥	1				
13		구역 7	1		≥	1				
14										
15		지구대 수								
16		2								

위 모형을 보면 제약조건이 모두 '≥' 형태로 되어 혹시 어떤 지역은 둘 이상의 지구대에 의해 중복 커버되지 않겠느냐는 의구심도 들 수 있다. 하지만 목적함수가 지구대의 수를 최소화 하는 것이므로 모형은 가급적 모든 제약조건이 최적해에서 속박적인 제약조건(최적해에서 '≥'가 '='로 성립하는 제약조건)이 되도록 할 것이다. 실제로 [그림 5-5]의 해 찾기 결과를 보면 모든 제약조건이 좌변항 값과 우변항이 일치하는 속박적인 제약조건이 됨을 확인할 수 있다.

2 고정비용 문제(fixed-charge problem)

고정비용(fixed cost)
가변비용(variable cost)

고정비용을 설명하기 위해 생산 공정을 예로 들어보자. 어떤 제품을 생산하는 데는 두 가지 비용이 발생한다. 하나는 **고정비용(fixed cost)**이고, 다른 하나는 **가변비용(variable cost)**이다. 여기서 고정비용이란 제품의 생산량과는 관계없이 어떤 제품을 생산하는 데 들어가는 기본비용을 말한다. 고정비용의 예로는 생산준비비용(set-up cost), 새로운 제품을 만들기 위해 기존의 기계나 공정을 조정하는 기계조정비용 등을 들 수 있다. 가변비용이란 제품 단위당 발생하는 비용을 말한다.

이제 어떤 제품을 만드는 데 필요한 고정비용을 FC, 그리고 변동비용을 VC라고 하자. 그러면 해당 제품을 X개 만드는데 소요되는 총비용(TC)은 어떻게 될까? 많은 학생들이 이 질문에 다음과 같이 대답한다.

$$TC = FC + VC \cdot X \cdots\cdots ①$$

하지만 식 ①은 옳은 식이 아니다. 왜냐하면 위의 식에 따르면 X가 '0', 즉 해당 제품을 생산하지 않는데도 고정비용이 발생하기 때문이다. X가 '0'이라는 것은 해당 제품을 생산하지 않는다는 것을 말하며, 해당 제품을 생산하지 않을 계획이면 당연히 해당 제품의 생산을 준비할 필요도 없으므로 준비비용은 '0'이 되어야 할 것이다. 하지만 위의 식은 이 점을 설명하지 못하고 있다. 총비용(TC)은 식 ②와 같이 해당 제품의 생산 여부에 따라 두 가지 식으로 표현되는 의사결정변수 X에 대한 **점프 함수(jump function)**가 될 것이다.

점프 함수(jump function)

$$TC=\begin{cases} FC+VC\cdot X, & X>0 \\ 0 & X=0 \end{cases} \cdots\cdots ②$$

따라서 이 문제도 제품 생산량의 유무에 따라 총비용 함수가 달라지므로 선형계획모형으로는 해결할 수 없는 문제가 된다. 이러한 유형의 문제도 이진변수를 포함한 정수계획모형을 이용하면 쉽게 해결할 수 있다. 다음의 문제를 고려해 보자.

베어링 생산 문제

베어링 생산 전문업체인 백제기계는 모 업체로부터 특수 베어링을 납품해 달라는 주문을 받았다. 이 제품을 생산하는 데는 4가지 종류의 기계를 선택해서 사용할 수 있는데 어떠한 기계를 이용해서 주문된 베어링을 생산할 것인지는 아직 결정하지 못했다. 현재 주문된 베어링의 물량은 1,900개인데, 백제기계는 이 정도 물량은 현재의 생산용량으로도 충분히 만족시킬 수 있다고 판단하였다. 그러나 어떤 기계든지 이 특수 베어링을 생산하기 위해서는 기계조정이 필요하다. 사용할 수 있는 각 기계의 조정비용 및 단위당 생산비용, 그리고 최대생산능력은 다음과 같다.

기계	조정비용(원)	단위당생산비용(원)	최대생산능력(개)
1	150,000	12,000	650
2	300,000	5,000	750
3	225,000	7,000	1,250
4	200,000	6,000	500

백제기계는 주문된 베어링을 생산하는 데 소요되는 비용을 최소화 할 수 있도록 사용할 기계 또는 기계의 조합을 결정하고자 한다.

풀이

의사결정변수는 두 가지이다. 하나는 각 기계를 사용해서 생산하는 특수 베어링의 양이고, 다른 하나는 특수 베어링을 만드는 데 각 기계를 사용할지의 여부이다. 전자는 일반적인 비음변수로 놓고,[3] 후자는 이진변수로 설정한다. 의사결정변수를 다음과 같이 정의하자.

X_j : 기계 j를 사용해서 생산한 특수 베어링의 양 ($j=1, 2, 3, 4$)
Y_j : 기계 j의 사용 여부 ($j=1, 2, 3, 4$)

목적함수는 기계조정비용과 변동비용의 합인 생산비용의 최소화이므로 다음과 같다.

MIN 기계조정비용+변동비용 (단위: 천원)
$= MIN\ (150Y_1+300Y_2+225Y_3+200Y_4)+(12X_1+5X_2+7X_3+6X_4)$

제약조건은 우선 특수 베어링의 주문 물량이 1,900개이므로 생산물량은 주문물량 1,900개를 만족시켜 주어야 할 것이다.

3) 물론 이 변수가 정수 값을 갖도록 하고 싶으면 해 찾기에서 'int' 옵션을 이용해서 정수해를 갖도록 할 수 있다.

$$X_1 + X_2 + X_3 + X_4 \geq 1,900$$

다음은 각 기계를 이용해 생산할 수 있는 특수 베어링의 최대 생산량이다. 따라서 다음과 같은 제약조건을 생각할 수 있다.

$$X_1 \leq 650,\ \ X_2 \leq 750,\ \ X_3 \leq 1250,\ \ X_4 \leq 500$$

하지만 위의 제약조건은 한 가지를 간과하고 있다. 한번 위 모형의 최적해를 해찾기를 이용해 구해보라. 그러면 $Y_2 = 0$, $X_2 = 750$과 같은 납득할 수 없는 해가 나올 것이다. $Y_2 = 0$, $X_2 = 750$이라는 것은 기계 2가 특수 베어링을 만드는데 사용되지 않는데, 기계 2을 이용해서 특수 베어링을 750개 만든다는 의미이다.

Y_j가 '0', 즉 기계 j가 특수 베어링을 생산하는데 사용되지 않았으면 당연히 그 기계를 이용해서 생산한 특수 베어링의 양은 '0', 즉 $X_j = 0$가 되어야 하는데, 위의 모형은 이러한 관계를 고려하지 않아 이상한 해를 산출한 것이다.

그렇다면 모형은 어떻게 수정되어야 하는가? 다음과 같이 각 기계를 이용해 생산할 수 있는 특수 베어링 최대 생산량 제약조건의 우변항 각각에 Y_j를 곱함으로써 위 문제를 해결할 수 있다.

$$X_1 \leq 650Y_1,\ \ X_2 \leq 750Y_2,\ \ X_3 \leq 1,250Y_3,\ \ X_4 \leq 500Y_4$$

예를 들어, Y_1이 '1'의 값을 갖게 되면 이는 기계 1을 특수 베어링 생산을 위해 사용한다는 의미이므로 기계 1을 이용해서 생산할 수 있는 특수 베어링의 최대 양은 650으로 제한된다. 하지만 Y_1이 '0'의 값을 가지면 기계 1은 사용하지 않는다는 결정이므로 해당 식의 우변항은 650(0)=0이 되어 기계 1을 사용해서 생산하는 특수 베어링의 양 Y_1은 '0'이 될 수밖에 없다. 결과적으로 위 문제를 해결하기 위한 혼합정수계획모형은 다음과 같다.

$$\begin{aligned} &MIN \quad 150Y_1 + 300Y_2 + 225Y_3 + 200Y_4 + 12X_1 + 5X_2 + 7X_3 + 6X_4 \\ &s.t. \quad\ \ X_1 + X_2 + X_3 + X_4 \geq 1,900 \end{aligned}$$

$$X_1 \le 650Y_1$$
$$X_2 \le 750Y_2$$
$$X_3 \le 1,250Y_3$$
$$X_4 \le 500Y_4$$
$$X_j \ge 0,\ Y_j = 0 \text{ 또는 } 1,\ j = 1, 2, 3, 4$$

해 찾기를 이용해 모형의 해를 구한 결과는 [그림 5-6]과 같다. 결과를 보면 백제 기계는 기계 2, 기계 3, 기계 4를 이용하여 각각 750개, 650개, 500개의 특수베어링을 생산하고 이를 통해 총비용을 12,025(천원)으로 최소화 할 수 있다.

그림 5-6

베어링 생산 문제의 해 찾기 결과

	A	B	C	D	E	F	G	H	I
1	베어링 생산 문제								
3			기계1	기계2	기계3	기계4			
4		생산량	0	750	650	500			
5		사용 여부	0	1	1	1			
6		단위변동비	12	5	7	6			
7		고정비	150	300	225	200			
8		최대생산량	650	750	1250	500			
9		수정된우변항	0	750	1250	500			
10									
11			총생산량		주문물량				
12			1900	≥	1900				
13									
14		총비용							
15		12025							

해 찾기를 실행하기 전, [그림 5-6]의 주요 셀에 입력된 내용을 설명하면 다음과 같다.

① 의사결정변수(변수 셀)는 셀 범위 C4:F5이다. 각 기계별 생산량(C4:F4)과 각 기계의 사용여부(C5:F5)는 해 찾기를 실행하기 전에는 아직 그 값을 모르므로 초기값을 '0'으로 설정하였다.

② 주문량을 만족시켜야 한다는 생산량 제약조건에서 총생산량은 각 기계의 생산량 합이므로 셀 C12에는 =SUM(C4:F4)를 입력하였다.

③ 각 기계의 최대생산능력 제약조건에서 수정된 우변항은 기계별 최대 생산량×각

기계의 사용여부이므로 셀 C9에는 =C8*C5를 입력하고, 이 식을 우측으로 끌기하여 셀 F9까지 복사하였다.

④ 목적함수(목표 셀)인 셀 B15에는 기계조정비용과 변동비용의 합인 =SUMPRODUCT(C7:F7,C5:F5)+SUMPRODUCT(C6:F6,C4:F4)를 입력하였다.

3 설비입지문제(facility location problem)[4)]

설비입지문제(facility location problem)

수송문제(transportation problem)

설비입지문제란 일반적으로 두 가지 의사결정이 필요한 문제이다. 하나는 어느 곳에 새로운 설비 또는 시설물을 세울 것인가, 다른 하나는 어느 곳에서 어느 곳으로 얼마큼의 물량을 이동시킬 것인가를 결정하는 문제이다. 후자는 보통 **수송문제(transportation problem)**에서 다루는 문제이다. 수송문제란 다수의 공급지와 다수의 수요지가 있는 상황에서 어느 공급지에서 어느 수요지로 물량을 얼마큼 이동시키는 것이 가장 좋은지를 결정하는 문제이다. 따라서 설비입지문제란 수송문제에다 시설물의 최적 입지를 결정하는 문제까지 포함한다.

다음의 예제를 통해 설비입지문제란 무엇인지 구체적으로 살펴보자.

예제 현재 A지역에 공장을 갖고서 X, Y, Z 등 세 도시의 수요를 공급하고 있는 M사는 내년에 수요의 급증이 예상됨에 따라 B, C, D, E 등 네 곳을 새로운 공장의 입지로 고려하고 있다. 공장신설 고려 대상이 되는 지역에서 수요지까지의 단위당 수송비(단위: 천원), 그리고 각 입지에 공장이 신설될 경우 각 공장의 연간생산능력과 각 도시의 수요량 예측치는 다음 표에 요약되어 있다.

공장입지 \ 도시	X	Y	Z	연간생산능력
A	8	4	3	30,000
B	5	2	3	10,000
C	4	3	4	20,000
D	9	7	5	30,000
E	10	4	2	40,000
연간수요량	30,000	20,000	20,000	

4) 설비입지문제를 다루기 전에 6장의 수송문제를 먼저 학습하여도 무방하다.

한편 B, C, D, E 지역에 신설되는 공장의 총건설비는 각각 17억5천만원, 30억원, 37억5천만원, 50억원으로서 공장건설비의 연간금융비용은 10%의 이율을 적용할 때 각각 1억7,500만원, 3억원, 3억7,500만원, 5억원씩이다. 이 회사에서는 연간 총수송비와 금융비용의 합을 최소화하는 건설 및 수송계획을 수립하고자 한다.

① 이 문제를 이진변수를 갖는 혼합정수계획모형으로 구조화 하라.

풀이 우선 이 문제에서 금융비용은 건설비용의 대리치 역할을 한다. 수송비용은 공장의 수가 증가함에 따라 감소하고, 건설비용(금융비용)은 공장의 수가 증가함에 따라 증가하는 역의 관계에 있으므로 두 비용의 합을 최소화 하는 신설 공장의 입지를 구하고, 어느 공장에서 어느 도시로 얼마큼의 물량을 이동시킬지도 함께 결정하는 것이 문제에서 요구하는 두 가지 사항이다.

따라서 의사결정변수를 다음과 같이 정의하자.

T_{ij} : 공장 i에서 도시 j로 이동하는 물량 ($i=A, B, C, D, E$; $j=X, Y, Z$)
Y_i : 공장 i의 신설여부 ($i=B, C, D, E$), 공장 A는 현재 가동 중이므로 신설 대상에서 제외됨을 유의하라.

목적함수는 연간 총수송비와 금융비용의 합을 최소화 하는 것이므로 주어진 정보를 이용하여 다음과 같이 나타낼 수 있다.

MIN 총수송비+금융비용 (단위: 천원)

$$= MIN\ (8T_{AX}+4T_{AY}+3T_{AZ}+5T_{BX}+2T_{BY}+3T_{BZ}+4T_{CX}+3T_{CY}+4T_{CZ}+ 9T_{DX}+7T_{DY}+5T_{DZ}+10T_{EX}+4T_{EY}+2T_{EZ})+(175,000Y_B+300,000Y_C+ +375,000Y_D+500,000Y_E)$$

제약조건으로는 우선 각 공장의 연간생산능력이다. 따라서 다음과 같은 공급지 제약조건을 생각할 수 있다. 각 공급지 제약조건의 좌변항은 각 공장에서 세 도시로 이동되는 물량의 합을 나타내고, 우변항은 연간생산능력을 나타낸다.

여기서 한 가지 눈여겨 볼 사항은 공장 B, C, D, E의 경우, 아직 해당 공장의 신설 여부가 결정되지 않았으므로 우변항은 해당 공장의 연간생산능력에다 해당 공장의 신설여부를 곱해주었다는 것이다. 이렇게 함으로써 해당 공장이 신설되지 않으면, 우변항은 '0'이 되어 그 공장에서는 어떤 도시로도 물량이 흐르지 않게 된다. 공장 A의 경우는 현재 가동 중인 공장이므로 우변항에 연간생산능력을 그대로 놓아둔다.

$$
\begin{aligned}
&T_{AX} + T_{AY} + T_{AZ} \le 30,000 \\
&T_{BX} + T_{BY} + T_{BZ} \le 10,000Y_B \\
&T_{CX} + T_{CY} + T_{CZ} \le 20,000Y_C \\
&T_{DX} + T_{DY} + T_{DZ} \le 30,000Y_D \\
&T_{EX} + T_{EY} + T_{EZ} \le 40,000Y_E
\end{aligned}
$$

다음은 수요지 제약조건으로 모든 공장에서 각 도시로 들어오는 물량의 합이 연간수요량을 만족시켜주어야 한다.

$$
\begin{aligned}
&T_{AX} + T_{BX} + T_{CX} + T_{DX} + T_{EX} \ge 30,000 \\
&T_{AY} + T_{BY} + T_{CY} + T_{DY} + T_{EY} \ge 20,000 \\
&T_{AZ} + T_{BZ} + T_{CZ} + T_{DZ} + T_{EZ} \ge 20,000
\end{aligned}
$$

결국 설비입지문제를 해결하기 위한 혼합정수계획모형은 다음과 같이 나타낼 수 있다.

$$
\begin{aligned}
MIN\ &(8T_{AX} + 4T_{AY} + 3T_{AZ} + 5T_{BX} + 2T_{BY} + 3T_{BZ} + 4T_{CX} + 3T_{CX} + 4T_{CZ} + \\
&9T_{DX} + 7T_{DY} + 5T_{DZ} + 10T_{EX} + 4T_{EY} + 2T_{EZ}) + (175,000Y_B + 300,000Y_C \\
&+ 375,000Y_D + 500,000Y_E) \\
s.t.\ &T_{AX} + T_{AY} + T_{AZ} \le 30,000 \\
&T_{BX} + T_{BY} + T_{BZ} \le 10,000Y_B \\
&T_{CX} + T_{CY} + T_{CZ} \le 20,000Y_C \\
&T_{DX} + T_{DY} + T_{DZ} \le 30,000Y_D \\
&T_{EX} + T_{EY} + T_{EZ} \le 40,000Y_E
\end{aligned}
$$

$$
\begin{aligned}
&T_{AX}+T_{BX}+T_{CX}+T_{DX}+T_{EX} \geq 30,000\\
&T_{AY}+T_{BY}+T_{CY}+T_{DY}+T_{EY} \geq 20,000\\
&T_{AZ}+T_{BZ}+T_{CZ}+T_{DZ}+T_{EZ} \geq 20,000\\
&T_{ij} \geq 0\ (i=A,\ B,\ C,\ D,\ E;\ j=X,\ Y,\ Z)\\
&Y_i=0 \text{ 또는 } 1\ (i=B,\ C,\ D,\ E)
\end{aligned}
$$

모형의 해를 구한 결과는 [그림 5-7]과 같다.[5] [그림 5-7]을 보면 M사는 E 지역 한 곳에 공장을 신설함으로써 도시 X, Y, Z의 내년도 수요를 충족시킬 수 있다. 구체적으로, 공장 A에서는 도시 X로 30,000단위의 물량을 이동시키고, 신설 공장 E는 도시 Y와 도시 Z로 각각 20,000단위의 물량을 이동시킴으로써 비용을 최소화 할 수 있다. 이때 수송비용은 360,000(천원), 금융비용은 500,000(천원) 발생하여 모든 제약조건을 만족시키면서 총비용을 860,000(천원)으로 최소화 하게 된다.

그림 5-7
설비입지문제 해 찾기 결과

	B	C	D	E	F	G	H	I	J	K
1	**설비입지문제**									
2							단위당 수송비			
3		수요지X	수요지Y	수요지Z	신설여부			수요지X	수요지Y	수요지Z
4	공장A	30000	0	0			공장A	8	4	3
5	공장B	0	0	0	0		공장B	5	2	3
6	공장C	0	0	0	0		공장C	4	3	4
7	공장D	0	0	0	0		공장D	9	7	5
8	공장E	0	20000	20000	1		공장E	10	4	2
9										
10		수요지X	수요지Y	수요지Z				금융비용		
11	유입량	30000	20000	20000			공장B	175000		
12	연간수요	30000	20000	20000			공장C	300000		
13							공장D	375000		
14		공급량		생산능력			공장E	500000		
15	공장A	30000	≤	30000						
16	공장B	0	≤	0						
17	공장C	0	≤	0			수송비	금융비용	총비용	
18	공장D	0	≤	0			360000	500000	860000	
19	공장E	40000	≤	40000						

② B와 C지역에는 합쳐서 한 개의 공장을 세우기로 결정하였다. 어떠한 제약조건을 모형에 추가해야 하는가?

5) 설비입지문제에서 의사결정변수 T_{ij}는 그 값이 정수이어야 하는 문제 상황에서 정수 조건을 주지 않아도 정수 값만을 갖게 된다. 왜냐하면 모든 공장의 공급량(연간생산능력)과 모든 도시의 수요량이 정수이므로 수송문제의 특성에 따라 의사결정변수 T_{ij}는 정수해를 갖는다. 이에 대한 자세한 논의는 6장의 수송문제를 참조하기 바란다.

풀이 공장신설 여부를 나타내는 이진변수의 특성에 따라 $Y_B + Y_C = 1$이다. 이 제약조건은 두 지역 중 한 지역에는 반드시 공장이 신설되도록 한다.

③ 만일 B지역에 공장이 세워지지 않으면 C지역에는 공장이 세워질 수 없다면 어떠한 제약조건이 필요한가?

풀이 $Y_B \geq Y_C$

④ D, E, A지역에는 합쳐서 최소한 두 개의 공장을 세우기로 하였다면 어떠한 제약조건이 필요한가?

풀이 지역 A에는 현재 공장이 가동 중이므로 $Y_D + Y_E \geq 1$

⑤ D지역의 경우에는 두 가지 공장이 고려되고 있다. 하나는 연간생산능력이 30,000이고 건설비가 37억5,000만원인 공장이고, 다른 하나는 연간생산능력이 60,000이고 건설비는 55억원인 공장이다. 이때의 모형을 제시하라.

풀이 동일한 지역 D에 고려 중인 두 공장의 입지를 D와 D′으로 구분하자. 그러면 신설 가능한 공급지가 하나 더 추가된 것이므로 의사결정변수는 다음과 같이 변화된다.

T_{ij} : 공장 i에서 도시 j로 이동하는 물량 ($i = A, B, C, D, D', E$; $j = X, Y, Z$)
Y_i : 공장 i의 신설여부 ($i = B, C, D, D', E$)

기존 모형에는 이미 입지 D에 신설할 공장이 포함되었으므로 입지 D′에 신설한 공장을 모형에 추가하면 된다. 입지 D와 입지 D′은 같은 지역이므로 입지 D′에서 도시 X, Y, Z로의 단위당 수송비용은 입지 D에서의 수송비용과 동일하고, 입지 D′에 공장을 신설할 경우 소요되는 금융비용은 건설비용의 10%인 5.5억원이다. 따라서 기존의 목적함수에 다음을 추가한다.

$$9T_{D'X} + 7T_{D'Y} + 5T_{D'Z} + 550,000Y_{D'}$$

다음으로 신설 가능한 공장 D′이 추가되었으므로 다음과 같이 연간생산능력이

60,000인 공급지 제약조건을 하나 더 추가한다.

$$T_{D'X}+T_{D'Y}+T_{D'Z}\leq 60,000Y_{D'}$$

또한 수요지 제약조건에 입지 D′로부터 도시 X, Y, Z로 유입되는 물량을 다음과 같이 추가한다.

$$T_{AX}+T_{BX}+T_{CX}+T_{DX}+T_{D'X}+T_{EX}\geq 30,000$$
$$T_{AY}+T_{BY}+T_{CY}+T_{DY}+T_{D'Y}+T_{EY}\geq 20,000$$
$$T_{AZ}+T_{BZ}+T_{CZ}+T_{DZ}+T_{D'Z}+T_{EZ}\geq 20,000$$

아울러 동일한 지역에 공장 둘을 함께 설립하는 것이 지역균형발전이라는 정책적 명분에 문제가 된다면 다음의 제약조건을 추가할 수 있다.

$$Y_D+Y_{D'}\leq 1$$

⑥ 만일 기존 공장(공장 A)에 80,000(천원)의 비용을 투자하면 연간생산용량을 5,000단위 확장시킬 수 있다고 한다. 기존 공장의 생산용량을 확장시킬 것인지의 여부를 결정하기 위해서 기존의 모형을 어떻게 수정하면 되겠는가?

풀이 우선 다음과 같은 의사결정변수를 추가한다.

Y_A : 공장 A의 생산용량 확장 여부 ($Y_A=0$ 또는 1)

목적함수에는 $80,000\,Y_A$를 추가한다. 그리고 공장 A의 공급지 제약조건은 다음과 같이 수정한다.

$$T_{AX}+T_{AY}+T_{AZ}\leq 30,000+5,000Y_A$$

위 제약조건에서 $Y_A=1$이면, 공장 A의 연간생산능력은 5,000단위 확장되어 35,000이 되고, $Y_A=0$이면 생산용량을 확장하지 않는 것이므로 기존의 연간생산능력인 30,000으로 유지됨을 알 수 있다.

익·힘·문·제

1. 동일한 문제 상황에 대한 선형계획모형과 정수계획모형에 관한 내용으로 옳지 않은 것은?

① 선형계획모형의 실행가능한 해는 무한개이다.

② 정수계획모형의 최적해는 선형계획모형의 최적해보다 더 좋을 수 없다.

③ 선형계획모형의 최적해를 근사화한 것은 정수계획모형의 최적해가 된다.

④ 선형계획모형의 최적해와 정수계획모형의 최적해가 동일한 경우는 선형계획모형의 의사결정변수 값이 우연히 정수로 나온 경우이다.

⑤ 위에 적절한 보기가 없다.

2. 동일한 문제 상황을 선형계획모형과 정수계획모형으로 구조화했을 때 다음 중 옳지 않은 설명은?

① 선형계획모형의 실행가능한 해는 무한하나 최적해는 실행가능지역의 꼭지점 중 하나에서 반드시 발생한다.

② 선형계획모형의 실행가능지역은 볼록집합(convex set)이나 정수계획모형의 실행가능지역은 볼록집합이 아니다.

③ 최소화 문제의 최적해에서 선형계획모형의 목적함수 값은 정수계획모형의 목적함수 값보다 더 클 수 없다.

④ 최대화 문제의 최적해에서 선형계획모형의 목적함수 값은 정수계획모형의 목적함수 값보다 더 작을 수 없다.

⑤ 위에 적절한 보기가 없다.

3. 서울전자(주)는 현재 6개 투자안의 추진여부를 결정하기 위해 0−1 정수계획모형을 만들고자 한다. 6개의 투자안의 추진여부는 0과 1의 값을 갖는 이진변수(binary variables)이다. 이 중 '신제품의 판매개시 여부'를 X_3, '제품광고 여부'를 X_4라고 정의하자. 그렇다면 신제품의 판매개시를 하면 제품광고는 반드시 뒤따라야 한다.'는 조건을 바르게 표현한 것은?

① $X_3 + X_4 = 1$

② $X_3 + X_4 \geq 1$

③ $X_3 - X_4 = 0$

④ $X_3 - X_4 \leq 0$

⑤ $X_3 - X_4 \geq 0$

4. S그룹에서 6개의 투자대안을 고려하고 있는데, 이에 관한 정수계획모형을 세우고자 한다. 의사결정변수 $X_j(j=1, 2, 3, 4, 5, 6)$를 투자대안 j의 수행 여부라고 정의하자. 대안 1과 대안 2를 동시에 수행하는 경우에는 대안 5를 반드시 수행해야 한다면 어떠한 제약조건으로 이를 표현할 수 있는가?

① $X_1 + X_2 = 2X_5$ ② $X_1 + X_2 \leq X_5+1$

③ $X_1 + X_2 \leq 2X_5$ ④ $X_1 + X_2 \geq X_5+1$

⑤ 위에 적절한 보기가 없다.

5. 마포구는 현재 6개 투자안의 추진여부를 결정하기 위해 0-1 정수계획모형을 이용하고자 한다. 6개 투자안의 추진여부는 0과 1의 값을 갖는 의사결정변수로 각각 X_1, X_2, X_3, X_4, X_5, X_6로 나타내기로 하자. 이제 투자안 1과 투자안 2를 동시에 추진하지 않고는 투자안 5도 추진할 수 없다면 어떠한 제약조건으로 이를 표현할 수 있는지 기술하시오.

6. 서강㈜는 향후 4년 동안 다양한 자본 지출이 요구되는 네 가지의 프로젝트를 고려하고 있다. 그러나 예산의 제한으로 서강㈜는 가장 많은 이익을 얻을 수 있는 프로젝트의 조합을 선택하고자 한다. 이러한 자본예산편성문제에 대한 자료는 다음 표와 같다.

프로젝트	추정된 순현재가치 (단위: 백만원)	자본지출(단위: 백만원)			
		1년	2년	3년	4년
공장 확장	95	15	25	20	15
창고 확장	37	10	15	20	7
기계 대체	12	11	0	0	4
신제품 연구	35	17	10	10	9

서강㈜가 향후 4년 동안 이들 프로젝트에 투자할 수 있는 자금은 제한되어 있다. 첫해에는 45(백만원)이 사용될 수 있고, 둘째 해에는 50(백만원), 셋째 해에는 43(백만원), 그리고 넷째 해에는 37(백만원)이 프로젝트 자금으로 사용되어 질 수 있다.

(1) 투자된 자금의 순현재가치를 최대화하기 위한 프로젝트 선정방안을 제시할 수 있는 수리적 모형을 구축하시오.

(2) 공장 확장이 되지 않으면 창고 확장도 이루어질 수 없다면 어떠한 제약조건이 필요한가?

(3) 공장을 확장하면 창고 확장도 따라서 이루어져야 한다면 어떠한 제약조건이 필요한가?

(4) 공장 확장과 기계 대체가 동시에 이루어지지 않으면 신제품 연구를 할 수 없다면 어떠한 제약조건이 필요한가?

7. 나라홀딩스㈜는 현재 고려대상이 되는 4개의 프로젝트 중 어떤 프로젝트를 선정하여 수행할지를 결정하고자 한다. 다음 표는 각 프로젝트의 순현재가치(NPV), 연매출증가율, 실패확률, 추진비용 등을 정리한 것이다.

프로젝트	1	2	3	4
NPV(단위: 억원)	45	30	60	40
연매출증가율	20%	16%	12%	9%
실패확률	0.25	0.30	0.50	0.40
추진비용(단위: 억원)	220	180	280	240

나라홀딩스㈜는 선택된 프로젝트의 NPV 합을 최대화하는 방안을 제시하고자 한다. 의사결정변수 X_j를 프로젝트 j의 선정 여부라고 정의할 때 다음을 식으로 나타내시오.

(1) 선택된 프로젝트의 수는 2개 이상이 되도록 하자.

(2) 선택된 프로젝트의 평균 실패확률은 30% 이하가 되도록 하자.

8. 새로이 건설되고 있는 S시는 6개의 소행정구역으로 나눌 수 있는데 원활한 소방업무를 위해 소방서를 어느 구역에 위치시킬 것인가를 결정하고자 한다. S시의 책임자는 각 행정구역은 적어도 하나의 소방서로부터 15분 이내의 거리에 있도록 하고자 하며, 또 설립하고자 하는 소방서의 수도 최소화 하기를 원한다. S시의 두 행정구역 간 소방차 운행 소요시간(단위: 분)은 다음 표와 같다.

출발지 \ 도착지	행정구역 1	행정구역 2	행정구역 3	행정구역 4	행정구역 5	행정구역 6
행정구역 1	0	10	20	35	30	20
행정구역 2	10	0	25	30	20	10
행정구역 3	20	25	0	15	20	30
행정구역 4	35	30	15	0	15	25
행정구역 5	30	20	20	15	0	12
행정구역 6	20	10	30	25	12	0

(1) S시에는 몇 개의 소방서가 필요하며, 각 소방서는 어느 구역에 위치해야 하는지를 결정하기 위한 0-1 정수계획모형을 구축하시오.

(2) 행정구역 1에 소방서가 위치하지 못하면 행정구역 3에는 소방서가 위치할 수 없다면 어떤 제약조건이 추가되어야 하는가?

(3) 행정구역 1과 2에 소방서가 위치하면 행정구역 5에는 소방서를 반드시 설치해야 한다면 어떤 제약조건이 필요한가?

(4) 행정구역 1과 5 두 곳에 함께 소방서가 위치하지 못하면 행정구역 4에는 소방서를 설치할 수 없다면 어떤 제약조건이 필요한가?

9. 닥종이 인형 제조업체는 두 가지 인형(신랑, 각시)을 만들어 팔고 있다. '신랑'은 개당 4(천원)의 이윤을 가져오고, '각시'는 개당 6(천원)의 이윤을 가져온다. 신랑 하나를 만드는 데는 원재료 3단위가 필요하고, 각시 하나를 만드는 데는 원재료 5단위가 필요하다. 인형을 만드는데 현재 150단위의 원재료를 이용할 수 있다고 가정하자. 각 인형을 만들려면 준비비용이 필요하다. 신랑을 만들기 위한 준비비용(set-up cost)은 20(천원)이 소요되고, 각시를 만들기 위한 준비비용은 30(천원)이라고 한다. 닥종이 인형 제조업체의 이윤을 극대화 하기 위한 전략을 제안하기 위한 수리적 모형을 만들어보자. 만든 제품은 모두 팔린다고 가정하자. 또한 두 가지 인형의 생산량은 소수점으로 표현되어도 괜찮다고 가정하자.

(1) 의사결정변수를 명확히 정의하고, 위 문제를 모형화 하시오.

(2) 위 모형의 어떤 부분이 선형계획모형의 네 가지 가정 중 어떤 가정을 왜 만족하지 않는지 답하시오.

10. 제주렌트카는 최근 온라인 예약시스템을 도입하였다. 예약시스템의 원활한 운용을 위해 예약부서 직원들은 전화로 고객의 예약을 접수하기 위해 다음 표의 시간대에 근무하여야 한다. 다음 표에는 근무시간대와 각 근무시간대에 필요한 최소 인원수가 나타나 있다.

시간대	근무시간	최소필요인원
1	6am ~ 8am	6
2	8am ~ 10am	12
3	10am ~ 12pm	20
4	12pm ~ 2pm	20
5	2pm ~ 4pm	12
6	4pm ~ 6pm	10
7	6pm ~ 8pm	6
8	8pm ~ 10pm	5
9	10pm ~ 0am	4
10	0am ~ 2am	3

제주렌트카는 6개의 근무조를 교대로 활용할 계획이다. 각 근무조의 근무시간은 다음과 같다. 근무조 5와 6은 하루에 4시간씩 2번 근무한다.

근무조	근무시간
1	6am ~ 2pm
2	8am ~ 4pm
3	10am ~ 6pm
4	6pm ~ 2am
5	10am ~ 2pm 및 4pm ~ 8pm
6	8am ~ 12pm 및 6pm ~ 10pm

제주렌트카는 예약수요를 충족시킬 수 있게끔 예약부서 직원들을 6개의 근무조에 적절히 편성하고자 한다. 아울러 제주렌트카는 예약부서 직원들의 숫자도 최소화 하고자 한다. 직원들의 임금은 근무조에 관계없이 동일하기 때문에 입사순으로 원하는 근무조에 편성한다는 방침을 세워놓고 있다. 제주렌트카가 예상수요를 만족시키면서 고용인원을 최소화 할 수 있는 방안을 정수계획모형을 통해 제시하시오.

11. 고급 케이크 생산업체인 파리제과㈜는 판매량을 확대하기 위해 광고 캠페인을 실시하려고 한다. 판매확장을 위해 표적시장으로 선정된 도시는 서울, 부산, 인천, 대전, 대구, 광주, 춘천, 강릉이다. 파리제과㈜는 광고캠페인을 만들고, 적절한 광고매체를 선정하기 위해 광고대행사를 고용하였다. 또한 파리제과㈜는 광고매체를 이용하기 위해 1억5천만원의 예산을 책정해 놓고 있다. 파리제과㈜는 관심의 대상이 되는 표적시장의 특성을 다음 표와 같이 판별하여 각 특성의 중요도에 따라 가중치를 매겼다.

특성	가중치
미식가	0.5
나이 25 ~ 45세	0.1
연 수입 5천만원 이상	0.3
여성	0.1
	1.0

광고대행사는 이 캠페인을 위한 최상의 광고매체로서 4개의 잡지들과 2개의 케이블 TV 방송국을 선정하였다. 광고대행사가 수집한 관련 자료들은 다음과 같다.

독자/시청자 구성비율	광고매체					
	잡지 A	잡지 B	잡지 C	잡지 D	TV A	TV B
미식가	70%	80%	90%	40%	20%	20%
나이 25 ~ 45세	70%	50%	80%	80%	60%	63%
연 수입 5천만원 이상	50%	58%	80%	60%	30%	35%
여성	65%	75%	50%	40%	20%	20%
광고비용	17,995 (천원)	12,800 (천원)	12,500 (천원)	6,975 (천원)	720 (천원)	900 (천원)
최소 광고 수	1	1	1	1	5	6
최대 광고 수	6	6	6	6	26	20
독자(시청자)규모	1,155,303	800,981	671,178	525,361	217,600	391,666

예를 들어, 잡지 A의 독자층의 70%는 미식가로 분류되고, 70%가 나이 25~45세 사이이며, 50%가 연 수입이 5천만원 이상이고, 65%가 여성이다. 그리고 잡지 A는 광고비용으로 17,995(천원)을 부과한다. 파리제과㈜는 이 매체를 통해 캠페인 기간 중 최소한 한번에서 최대 여섯 번까지 광고를 할 수 있고, 잡지 A의 독자규모는 1,155,303명이다. 다른 매체들에 대한 자료도 같은 방법으로 해석할 수 있다. 노출 수(the number of exposures)를 최대화하기 위한 매체선정방안을 마련하시오. 광고매체의 광고효과를 나타내는 노출 수는 각 매체의 독자/시청자 구성비율의 가중평균(각 특성의 중요도에 따른 가중치 적용)에 독자/시청자 규모를 곱한 수치를 말한다.

12. 호주의 Y기획은 휴가지로 개인 소유의 한 호수를 개발하여 회원을 모집하고자 한다. 주요 대상은 개발지로부터 150마일 이내에 살고 있는 중산층으로 하였다. Y기획은 앞으로 한 달 동안 이 새로운 상품의 판매를 촉진하기 위해 광고를 하기로 결정했고, 광고매체는 다음과 같은 5가지의 매체 중에서 선택하려고 한다. 각 광고매체와 관련하여 수집한 정보로는 각 매체를 통해 도달 가능한 잠재고객의 수, 단위당 광고비용, 각 매체를 통해 한 달 동안 이용 가능한 최대광고횟수, 그리고 각 매체를 통한 광고의 예상인지도 등이다.

광고매체	매체를 통해 도달 가능한 잠재고객의 수	단위당 광고비용	한 달 동안 이용 가능한 광고횟수	광고의 예상인지도 (단위: 1,000)
낮시간 TV광고(1분)	1,025	$1,600	15	70
저녁시간 TV광고(1분)	2,100	$3,200	11	95
일간지 전면광고	1,600	$450	25	42
주간지 반면컬러광고	2,600	$2,100	4	65
라디오광고(30초) (오전8시 또는 5시뉴스)	325	$150	30	22

Y기획은 광고비용으로 $37,000을 책정해 놓고 있다. 적어도 11회의 TV광고를 하고, 적어도 50,000명의 잠재고객에게 메시지를 전달해야 하며, $19,500 이상을 TV광고에 사용해서는 안 된다는 방침을 정해놓고 있다. 또한 이 캠페인을 위한 광고매체의 선정은 부분적으로 할 수 없다(예를 들어, TV광고의 경우 1회 방송분의 30%만 사용하는 것은 불가능함). 또한 두 가지 TV 광고를 동시에 할 경우에는 1회당 $200을 할인받을 수 있다. 한정된 광고예산의 할당을 통해 Y기획은 이 캠페인의 예상인지도를 최대화 하려고 한다. 어떠한 광고매체의 조합을 통해 캠페인을 벌이는 것이 타당한지 제안하시오.

13. 조립식 탁자와 조립식 의자를 생산하고 있는 한 가구제조업체는 매 계획기간(보통 한 달) 말에 성형, 비닐포장, 최종조립 등 3가지 주요 공정에서 여분의 생산능력이 발생하는 것을 발견하였다. 따라서 이 제조업체는 여분의 생산능력으로 새로운 제품을 생산해 보고자 한다. 회사원들이 주로 사용하는 서류가방의 제조기술은 조립식 탁자와 조립식 의자를 제조하는 기술과 유사하기 때문에 이 제조업체는 표준형과 고급형 두 가지의 서류가방을 생산하기로 결정하였다. 서류가방의 두 가지 모델은 앞서 말한 3가지 주요 공정을 모두 거쳐야 한다. 그러나 모델에 따른 디자인의 특성으로 모델별로 공정시간에는 차이가 있다. 표준형의 경우 성형에 10초, 비닐포장에 15초, 최종조립에 5초의 시간이 소요된다. 고급형의 경우에는 성형과정에서 좀 더 세심한 작업이 필요하여 성형에 20초가 걸리며, 비닐포장에는 5초(고급비닐 사용), 최종조립에 4초의 시간이 소요된다. 이 제조업체는 현 계획기간 동안 성형공정에 150,000초, 비닐포장에 150,000초, 그리고 최종조

립에 100,000초를 사용할 수 있다. 기존의 성형기계를 통해 특정모델의 서류가방을 생산하기 위해서는 기계조정시간(set-up time)이 필요하다. 다시 말해 조립식 탁자와 조립식 의자를 만드는데 사용된 기계로 서류가방을 만들기 위해서는 전문가에 의한 기계조정이 필요하다. 표준형의 서류가방을 생산하기 위해 성형기계를 조정하는 데는 150,000원의 비용이 들 것으로 추정되고, 고급형의 서류가방을 생산하기 위해 성형기계를 조정하는 데는 300,000원이 들 것으로 예상된다. 한번 조정이 이루어지면 모델별로 3,000개까지의 서류가방을 생산할 수 있으며, 그 후에는 재조정이 필요하다. 예를 들어, 현 계획기간 동안 두 가지 모델의 서류가방을 생산하기로 결정했다면 두 번의 조정비용이 발생하며(150,000원과 300,000원), 모델별로 3,000개의 서류가방을 생산한 후에는 추가적인 조정비용이 발생한다. 표준형 서류가방은 단위당 4,000원의 이익이 발생하며, 고급형의 경우에는 6,000원의 이익이 남을 것으로 예상하고 있다. 이러한 제조업체의 문제를 혼합정수계획모형을 이용하여 해결하시오. 표준형 서류가방과 고급형 서류가방의 최적 생산량 및 최적 제품믹스로부터 발생하는 이익을 구하시오.

14. 새로이 골동품 가게를 낸 프랭크씨는 다음 달 한 주말을 택해 대대적인 할인판매계획을 구상하고 있다. 그는 이러한 판매를 위해 목표시장(target market)을 선정하였고, 목표시장의 특성을 고려하여 각 특성별로 그 중요도에 따라 다음과 같은 가중치를 부여하였다.

특성	가중치
기혼 여성	0.2
35세 이상	0.2
연 수입 $50,000 이상	0.6

프랭크씨는 목표시장에 대한 할인판매광고를 위해 일차로 5개의 광고매체를 선별하였다. 그런데 이들 매체를 통한 광고횟수는 보통 복수로 일괄 구매하게 되어 있다. 예를 들어, 라디오 방송국 KLAX를 매체로 선택할 경우, 프랭크씨의 광고는 이 매체를 통해 21번 나오게 되며, 이것은 750,000명 규모의 청취자에게 메시지를 전달하는 효과가 있다. 이 라디오 방송국은 광고방송을 위한 장비설치 비용으로 인해 광고를 낱개로 판매하는 것은 수익성이 없다고 판단하여 21번의 광고를 일괄적으로 하지 않으면 광고를 할 수 없다고 프랭크씨에게 설명했다. 이와 같이 일주일에 한번 발행되는 주말신문의 첨부물 광고를 제외하고는 나머지 다른 광고매체들도 복수광고의 일괄적인 판매를 주장하고 있다. 즉, 각 매체가 일괄적으로 요구하는 광고의 수보다 더 적게 구매할 수는 없다. 프랭크씨도 어느 한 광고매체를 두 번 이상 사용하는 것은 메시지 전달에 별로 큰 효과가 없을 것

으로 판단했다. 프랭크씨는 할인판매광고를 위해 $2,000을 쓰기로 결정했다. 광고매체에 대한 자료는 다음과 같다.

독자/청취자/시청자 구성비율	KLAX 라디오	신문 주중 3일	신문 주말판 광고물	TV1 주중 10번	TV2 주중 11번
기혼 여성 35세 이상 연 수입 $50,000 이상	62% 80% 75%	55% 75% 60%	75% 83% 70%	85% 77% 75%	80% 75% 70%
광고비용	$600	$650	$400	$1,300	$1,000
독자/청취자/시청자 규모	750,000	950,000	1,000,000	2,000,000	1,500,000

예를 들어, 주중에 방송되는 TV1의 시청자를 특성별로 분류해 보면 85%가 기혼 여성, 77%가 35세 이상, 그리고 75%가 연 수입 $50,000 이상의 사람들이다. 이 매체를 통해 10번의 TV 광고를 할 경우 광고비용은 $1,300이고, 시청자 규모는 2,000,000명으로 추정된다. 다른 자료들도 이와 유사하게 해석할 수 있다. 프랭크씨는 두 가지 TV 광고를 모두 하지는 않기로 결정을 하였다. 또한 앞서 말한 대로 각 매체를 통한 광고는 낱개로 구입할 수 없다. 즉, TV1을 매체로 선택할 경우, 광고 수는 10번이다. 더욱이 신문사는 프랭크씨에게 주중 신문광고와 주말판 광고를 둘 다 이용하면 전체 광고비에서 $150을 할인해 주겠다고 약속하였다. 책정된 예산범위 내에서 목표시장에 대한 광고효과를 최대화 하기 위해서는 어떠한 광고매체를 선택해야 하는지 결정하시오. 각 매체의 광고효과는 독자/청취자/시청자 구성비율의 가중평균(각 특성의 중요도에 따른 가중치 적용)에 독자/청취자/시청자 규모를 곱한 수치로 측정하시오.

6

CHAPTER

비선형계획모형

선형계획모형과 정수계획모형은 목적함수와 제약조건이 모두 선형으로 이루어져 있다. 하지만 이러한 선형의 조건을 만족시키지 못하는 문제도 많이 존재한다. 이 장에서는 이러한 문제를 해결하기 위한 비선형계획모형을 다룬다. 비선형계획모형의 구조적 특성, 최적화가 어려운 이유, 비선형계획모형의 일반적 해법인 GRG(generalized reduced gradient) 방법으로 해결할 수 있는 문제와 그렇지 않은 문제를 구분하여 논의한다. 후자의 경우, 유전자 해법(genetic algorithm)을 이용해서 모형을 해결하는 과정에 대해 학습한다. 사례를 이용하여 비선형계획모형의 정립 방법과 해 찾기를 이용해 비선형계획모형의 두 가지 해법을 적용하는 과정을 구체적으로 학습한다.

구부러진 길처럼 살아온 사람이 나는 또한 좋다
반듯한 길 쉽게 살아온 사람보다
흙투성이 감자처럼 울퉁불퉁 살아온 사람의
구불구불 구부러진 삶이 좋다

– 이준관의 '구부러진 길'에서

비선형계획모형(NLP models: nonlinear programming models)

포트폴리오 선택문제(portfolio selection problem)

투자위험(investment risk)

수익률의 기복(volatility)

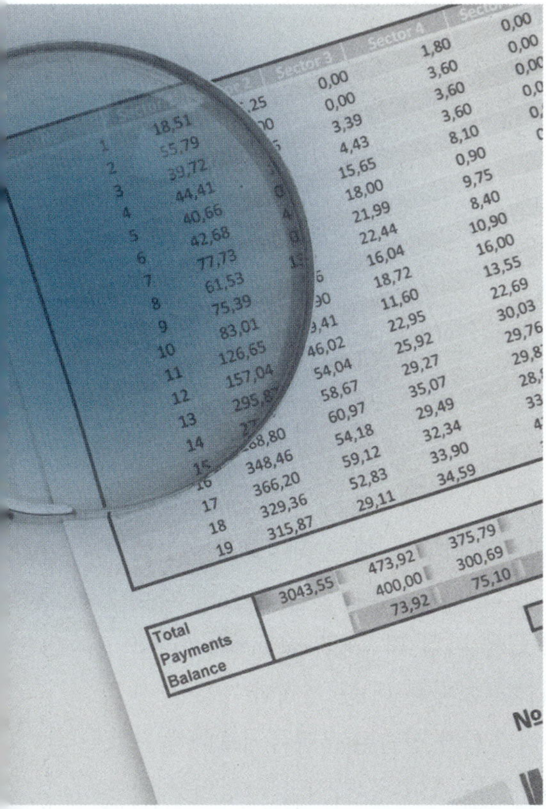

비선형계획모형(NLP models: nonlinear programming models)이란 목적함수 또는 제약조건이 선형이 아닌 비선형의 함수나 식으로 표현된 모형을 말한다. 앞서 우리는 선형계획모형에 대해 학습하였다. 선형계획모형은 목적함수와 모든 제약조건이 의사결정변수에 대한 선형의 함수와 식으로 이루어진 모형으로, 현실 시스템의 모습이 정확히 선형의 조건을 만족하지 않더라도 선형을 가정하여 시스템을 모형화하고, 모형의 해를 기반으로 현실 시스템의 해결책을 구하였다.

하지만 목적함수나 제약조건을 선형으로 나타내기 힘든 경우도 존재한다. 예를 들어, **포트폴리오 선택문제(portfolio selection problem)**는 재무 분야에서 매우 중요하게 다루는 문제이다. 내가 가진 한정된 자원(보통 돈)을 여러 가지 투자대안들 중 어떤 대안에 어떤 비율로 나누어 투자하는 것이 가장 좋을 것인지를 결정하는 문제이다. 여기서 선택된 투자대안의 집합을 포트폴리오라고 한다.

앞서 선형계획모형에서도 우리는 이 문제를 다루었는데, 그때의 목적함수는 투자수익의 극대화나 투자수익률의 극대화였다. 이제 문제에서 추구하는 목표를 일정 수익률을 달성하면서 **투자위험(investment risk)**을 최소화하는 것으로 바꾸어 보자. 보통 투자위험은 **수익률의 기복(volatility)**으로 측정하는데, 수익률의 기복은 수익률의 분산(variance) 또는 분산을 제곱근한 표준편차(standard deviation)로 많이 측정한다. 이때 포트폴리오의 수익률 분산이나 표준편차는 의사결정변수의 비선형 함수가 된다.

비선형계획모형은 이처럼 선형의 가정이 적용되지 않는 문제 상황을 모형화 하는데 이용되어 문제의 보다 현실적인 추상

전체 최적화(global optimization)

화에 기여할 수 있지만 일반적으로 비선형계획모형의 해를 구하는 것은 선형계획모형의 해를 구하는 것보다 훨씬 힘들다. 또한 문제의 **전체 최적화(global optimization)**를 달성하지 못할 위험도 있다. 그 이유는 무엇인지 개념적으로 알아보자.

6.1 비선형계획모형의 최적화

지역 최적해(local optimum)
전체 최적해(global optimum)

선형계획모형은 실행가능지역(feasible region)이 존재하면 모형의 최적해는 항상 존재한다. 하지만 비선형계획모형의 경우, 목적함수의 모양에 따라 찾게 되는 최적해가 **지역 최적해(local optimum)**가 될 수도 있다. 즉, 더 나은 **전체 최적해(global optimum)**가 있음에도 불구하고 지역 최적해에 머물러 이를 찾지 못할 위험이 있다.

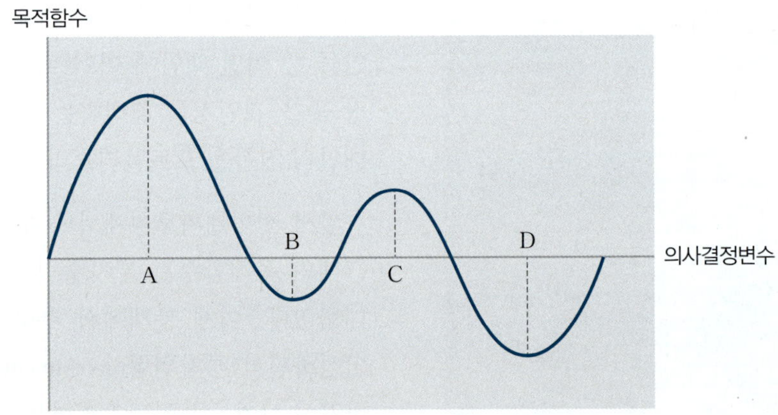

그림 6-1

비선형 목적함수의 전체 최적해와 지역 최적해

예를 들어, [그림 6-1]과 같은 목적함수를 극대화하는 해를 찾아보자. [그림 6-1]을 보면 봉우리가 둘이 있음을 알 수 있다. 하나는 A가 만드는 봉우리, 다른 하나는 C가 만드는 봉우리이다. 여기서 A와 C를 지역 최적해(local maxima)라고 부르는데, 그 이유는 A와 C가 인접한 주위의 점들보다는 더 큰 목적함수 값은 산출하기 때문이다. 하지만 A가 산출하는 봉우리가 C가 산출하는 봉우리보다 높으므로 전체 최적해(global maximum)를 가져오는 점은 A이다. 하지만 모형의 해를 비선형계획모형의 일반적 해법인 **GRG(generalized reduced gradient)** 방법을 이용해 찾다 보면 해가 지역 최적해인 C 주위에 머무르게 되어 진짜 최적해인 A를 찾지 못할 위험이 있다는 것이다.

GRG(generalized reduced gradient)

마찬가지로 [그림 6-1]에서 목적함수를 최소화하는 해를 찾을 경우, B와 D가 그 주위의 점들보다 작은 목적함수 값을 산출하므로 이들은 최적해 후보로 고려될 수 있는 지역 최적해(local minima)이다. 하지만 모형을 풀다 보면 D가 전체 최적해(global minimum)임에도 불구하고, B 주변에서 해 찾기가 멈추어 B를 최적해라고 잘못 결론지을 수 있다는 것이다.

지역 최적해 vs. 전체 최적해 지역 최적해(local optimum)란 인접한 주변 해들보다 더 좋은(최대화 문제에서는 더 큰, 최소화 문제에서는 더 작은) 목적함수 값을 산출하는 해를 말한다. 지역 최적해는 둘 이상일 수 있다. 전체 최적해(global optimum)란 실행가능지역 전체에서 가장 좋은 목적함수 값을 산출하는 해를 말한다. 해 찾기(Solver)가 GRG 엔진을 이용해 비선형계획모형을 풀 때 지역 최적해에서 해의 탐색을 마치고 그곳에 머물러 전체 최적해를 못 찾을 위험도 있다.

하지만 비선형계획모형이 특정 형태를 갖는 경우에는 비선형계획모형의 전체 최적해도 쉽게 찾을 수 있다. 목적함수가 실행가능지역 전체에 걸쳐 의사결정변수의 **오목함수(concave function)** 또는 **볼록함수(convex function)**로 구성되어 단일 봉우리를 갖고 제약조건 모두가 의사결정변수의 선형의 식으로 구성된 경우이다. 이 경우, 지역 최적해와 전체 최적해는 일치한다.

오목함수(concave function)
볼록함수(convex function)

6.2 오목함수와 볼록함수

오목함수와 볼록함수를 2차원 평면으로 설명하기 위해 하나의 변수로 이루어진 함수를 예로 들어보자. 단일변수 x의 오목함수 $f(x)$는 [그림 6-2]와 같은 형태를 갖는다.

그림 6-2

오목함수(concave function)

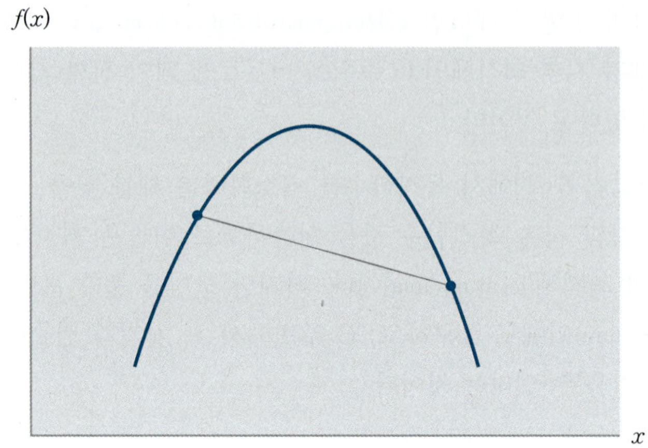

즉, 함수가 정의되는 변수 x의 모든 값에 대한 함수곡선의 기울기는 비증가하는(non-increasing) 특성을 보인다. 이는 함수곡선의 임의의 두 점을 선택해 이를 선으로 연결하면 그 선은 항상 곡선 아래에 위치함을 의미한다. 오목함수임을 판단하는 식은 다음과 같다.

$$f''(x) \leq 0$$

즉, 함수에 대한 변수의 2차 미분값이 '0'보다 작거나 같으면 해당 함수는 오목함수가 된다. 비선형계획모형의 목적함수가 이와 같은 형태를 취할 경우 전체 최적화가 가능하며, 목적함수를 극대화 하는 의사결정변수의 값을 찾을 수 있다. 단일변수로 이루어진 오목함수의 예는 다음과 같다.

$$f(x) = 4\ln(x)$$

위의 함수가 오목함수가 되는지 확인해 보자. $f'(x) = 4/x$, $f''(x) = -4/x^2$
따라서 x의 모든 값에 대하여 $f''(x) = -4/x^2 \leq 0$이므로 위의 함수는 오목함수이다.

반면, 단일변수 x의 볼록함수 $f(x)$는 [그림 6-3]과 같은 형태를 갖는다.

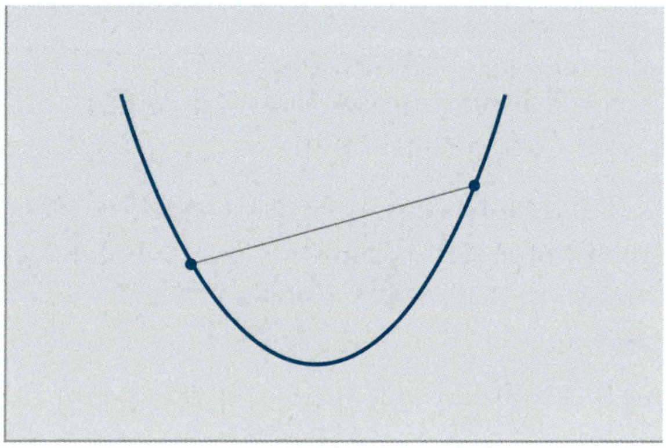

그림 6-3
볼록함수(convex function)

즉, 함수가 정의되는 변수 x의 모든 값에 대한 함수곡선의 기울기는 비감소하는(non-decreasing) 특성을 보인다. 이는 함수곡선의 임의의 두 점을 선택해 이를 선으로 연결하면 그 선은 항상 곡선 위에 위치함을 의미한다. 블록함수임을 판단하는 식은 다음과 같다.

$$f''(x) \geq 0$$

즉, 함수에 대한 변수의 2차 미분값이 '0'보다 크거나 같으면 해당 함수는 볼록함수가 된다. 비선형계획모형의 목적함수가 이와 같은 형태를 취할 경우 전체 최적화가 가능하며, 목적함수를 최소화 하는 의사결정변수의 값을 찾을 수 있다. 단일변수로 이루어진 볼록함수의 예는 다음과 같다.

$$f(x) = 3x^2+1$$

위의 함수가 블록함수임을 판단해 보자. $f'(x) = 6x$, $f''(x)=6 \geq 0$이므로 $f(x)$는 모든 x에 대하여 볼록함수이다.

선형함수(linear function)

선형함수(linear function)는 오목함수이기도 하고 볼록함수이기도 하다. 선형함수의 판별식은 $f''(x)=0$인데, 이는 선형함수의 기울기가 변수의 모든 값에

엄격한 오목함수(strictly concave function)

엄격한 볼록함수(strictly convex function)

서 일정함을 의미한다. 비선형계획모형에서 오목함수라 부르는 목적함수는 보통 **엄격한 오목함수**(strictly concave function)를 말하고, 볼록함수라 부르는 목적함수는 **엄격한 볼록함수**(strictly convex function)를 말한다. '엄격한(strictly)'이라는 말이 있게 되면, 오목함수의 판별식은 $f''(x)<0$, 볼록함수의 판별식은 $f''(x)>0$이 된다. '엄격한'이라는 단어가 추가됨으로써 오목함수와 볼록함수 각각의 판별식에서 선형함수의 판별식에 해당하는 $f''(x)=0$이 사라짐을 알 수 있다.[1)]

여러분은 본 장에서 목적함수가 오목함수이거나 볼록함수인 비선형계획모형의 해를 찾는 과정을 학습할 것이다. 잠시 오목함수와 볼록함수가 어떠한 관계에 있는지 알아보자. 우선, 오목함수와 오목함수의 합은 오목함수가 되며, 볼록함수와 볼록함수의 합은 볼록함수가 된다. 여기서 오목함수와 볼록함수는 선형함수를 포함한다. 또한 오목함수에 양의 상수를 곱한 결과는 오목함수가 되고, 오목함수에 음의 상수를 곱하게 되면 그 결과는 볼록함수가 된다. 마찬가지로 볼록함수에 양의 상수를 곱한 결과는 볼록함수가 되고, 볼록함수에 음의 상수를 곱하게 되면 그 결과는 오목함수로 바뀌게 된다. 예를 들어, $f(x) = x^2$은 볼록함수이지만, 이 함수에 음의 상수 -1을 곱해준 $f(x) = -x^2$은 오목함수가 된다.

6.3 다변수 함수의 모양[2)]

함수를 구성하는 변수가 여러 개인 다변수 함수의 경우는 단일변수 함수와 같이 시각적으로 해당 함수가 오목함수인지 볼록함수인지 구분하는 것이 어렵다. 이럴 경우 수학적인 방법을 이용해 함수의 모양을 판별한다. 다변수 함수의 모양

1) **오목함수(concave function)**의 모양을 보면 위가 볼록하게 나와 있어 볼록함수라 불러야 할 것 같고, 반대로 **볼록함수(convex function)**는 분지처럼 아래로 들어가 오목함수라 불러야 할 것 같지만 우리말 이름은 우리가 보는 모습과는 반대이다. 하지만 그림을 아래에서 바라보라. 그러면 오목함수는 함수모양이 오목하게 들어가 있고, 볼록함수는 함수모양이 볼록하게 나와 있음을 알 수 있다.

2) 이 절의 내용은 생략해도 후속적인 내용을 이해하는 데 무리가 없다.

을 판별하기 위한 방법을 이해하기 위해서는 우선 행렬에 관한 몇 가지 사전 지식이 필요하다.

1 행렬식

행렬식(determinants)이란 $n \times n$ 정방행렬(square matrix)에 수를 대응시키는 규칙이다. $n \times n$ 정방행렬을 A로 표기하면 행렬 A의 행렬식은 $\det A$ 또는 $|A|$로 표기한다. 행렬식은 여러 개의 의사결정변수가 포함된 비선형계획모형에서 목적함수가 오목함수인지, 볼록함수인지를 판단하는데 유용하게 사용된다.

행렬식(determinants)

$n \times n$ 정방행렬 A의 행렬식 $\det A$를 구하는 방법은 $n=1$일 경우와 $n=2$일 경우 다음과 같다.

① 1×1 정방행렬 $A=[a_{11}]$의 행렬식

$$\det A = a_{11}$$

즉, 하나의 요소로 이루어진 행렬의 행렬식은 그 요소 자체이다.

② 2×2 정방행렬 $A=\begin{bmatrix} a_{11} & a_{12} \\ a_{21} & a_{22} \end{bmatrix}$의 행렬식

$$\det A = a_{11} \times a_{22} - a_{21} \times a_{12}$$

예를 들어, $A=\begin{bmatrix} 4 & 9 \\ 3 & 6 \end{bmatrix}$의 행렬식은 다음과 같이 계산된다.

$$\det A = 4(6) - 3(9) = -3$$

일반적으로 $n \times n$ 정방행렬 A는 다음과 같이 표현할 수 있다.

$$A=\begin{bmatrix} a_{11} & a_{12} & \cdots & a_{1n} \\ a_{21} & a_{22} & \cdots & a_{2n} \\ \vdots & \vdots & \vdots & \vdots \\ a_{n1} & a_{n2} & \cdots & a_{nn} \end{bmatrix}$$

여기서 $a_{ij}(i=1,\ 2,\ \cdots,\ n;\ j=1,\ 2,\ \cdots,\ n)$는 행렬의 i행과 j열이 만나는 요소이다. 행렬 A의 행렬식을 구하는 방법은 다음과 같다.

$$\det A=(-1)^{i+1}a_{i1}(\det A_{i1})+(-1)^{i+2}a_{i2}(\det A_{i2})+\cdots+(-1)^{i+n}a_{in}(\det A_{in}) \quad \cdots ①$$[3]

여기서 i는 1에서 n까지의 행 번호 중 임의로 선택한 값을 말한다. 행 i는 이제 기준 행이 된다.

소행렬(minors)

식 ①은 $n\times n$ 행렬의 $\det A$를 구하기 위해 여러 개의 $(n-1)\times(n-1)$ 행렬 A_{ij}의 행렬식을 구하는 방법을 취한다. 여기서 $(n-1)\times(n-1)$ 행렬 A_{ij}를 행렬 A의 **소행렬(minors)**이라고 부른다.

2 소행렬(小行列)

ij 차 소행렬(the ij^{th} minor of A)

행렬 A가 $n\times n$ 정방행렬일 경우, 어떠한 i값과 j값에 대하여 i행과 j열 하나씩을 삭제한 $(n-1)\times(n-1)$ 행렬을 행렬 A의 **ij 차 소행렬(the ij^{th} minor of A)**이라고 하고, A_{ij}로 표기한다.

예를 들어, $A=\begin{bmatrix}1&2&3\\4&5&6\\7&8&9\end{bmatrix}$의 소행렬 A_{12}, A_{23}는 다음과 같다.

$$A_{12}=\begin{bmatrix}1&2&3\\4&5&6\\7&8&9\end{bmatrix}=\begin{bmatrix}4&6\\7&9\end{bmatrix}$$

$$A_{23}=\begin{bmatrix}1&2&3\\4&5&6\\7&8&9\end{bmatrix}=\begin{bmatrix}1&2\\7&8\end{bmatrix}$$

즉, 식 ①은 2×2 행렬식을 구하는 방법으로 $n\times n$ 행렬식을 구할 수 있도록 $n\times n$ 행렬을 $(n-1)\times(n-1)$ 소행렬로 계속 분해하는 과정을 나타낸다. 결국, 식 ①을 이용하면 행렬의 크기를 계속 축소함으로써 $n\times n$ 행렬식을 2×2 행렬식을 이용해 계산할 수 있다.

예를 들어, 다음과 같은 3×3 행렬의 행렬식을 구해보자.

3) 이를 **라플라스 전개(Laplace expansion)**라고 한다.

$$A=\begin{bmatrix}1 & 2 & 3\\4 & 5 & 6\\7 & 8 & 9\end{bmatrix}$$

임의의 행을 '1'로 설정하자. 즉, $i=1$이 기준 행이 된다.

TIP

기준 행은 '0'이 가장 많이 포함된 행으로 설정하라. 그러면 식 ①에 의한 후속적인 계산이 수월해진다.

이제 $i=1$을 기준 행으로 하여 2×2 소행렬 A_{11}, A_{12}, A_{13}과 해당 행렬식을 구해보자.

$$A_{11}=\begin{bmatrix}5 & 6\\8 & 9\end{bmatrix} \longrightarrow \det A_{11}=5(9)-8(6)=-3$$

$$A_{12}=\begin{bmatrix}4 & 6\\7 & 9\end{bmatrix} \longrightarrow \det A_{12}=4(9)-7(6)=-6$$

$$A_{13}=\begin{bmatrix}4 & 5\\7 & 8\end{bmatrix} \longrightarrow \det A_{13}=4(8)-7(5)=-3$$

따라서 식 ①에 의해 행렬 A의 행렬식은 다음과 같이 구해진다.

$$\begin{aligned}\det A &= (-1)^{1+1}a_{11}(\det A_{11})+(-1)^{1+2}a_{12}(\det A_{12})+(-1)^{1+3}a_{13}(\det A_{13})\\ &=(1)(1)(-3)+(-1)(2)(-6)+(1)(3)(-3)\\ &=-3+12-9=0\end{aligned}$$

3 다변수 함수의 모양 판별하기

① 헤시안

n개의 변수 $x_1,\ x_2,\ \cdots,\ x_n$로 이루어진 함수를 $f(x_1,\ x_2,\ \cdots,\ x_n)$이라 하자. 그러면 다변수 함수 $f(x_1,\ x_2,\ \cdots,\ x_n)$의 **헤시안(Hessian)**은 $n\times n$ 행렬이 되며, $H(x_1,\ x_2,\ \cdots,\ x_n)$으로 표기한다. 여기서 헤시안의 (i, j) 요소는 헤시안(Hessian)

$f_{ij}(x_1,\ x_2,\ \cdots,\ x_n)$이다.

2계 편미분(second-order partial differentiation)

2계 편도함수(second-order partial derivatives)

헤시안의 (i, j) 요소 f_{ij}는 $\dfrac{\partial^2 f}{\partial x_i \partial x_j}$를 말한다$(i, j=1,\ 2,\ \cdots,\ n)$. 즉, 함수 $f(x_1,\ x_2,\ \cdots, x_n)$를 어느 두 변수로 **2계 편미분(second-order partial differentiation)** 한 **2계 편도함수(second-order partial derivatives)**를 말한다.[4)]

TIP

편미분(partial differentiation)이란 해당 변수 이외의 모든 변수는 상수로 취급하고 함수를 미분하는 과정을 말한다. 편도함수(partial derivatives)는 편미분한 결과를 말한다.

예를 들어, $f(x_1, x_2)=x_1^3+2x_1x_2+x_2^2$의 헤시안 $H(x_1, x_2)$을 만들어보자.

$$f_1=\frac{\partial f}{\partial x_1}=3x_1^2+2x_2,\ \ f_2=\frac{\partial f}{\partial x_2}=2x_1+2x_2,$$

$$f_{11}=\frac{\partial^2 f}{\partial x_1^2}=6x_1,\ \ f_{12}=\frac{\partial^2 f}{\partial x_1 \partial x_2}=2,\ \ f_{21}=\frac{\partial^2 f}{\partial x_2 \partial x_1}=2,\ \ f_{22}=\frac{\partial^2 f}{\partial x_2^2}=2 \text{이므로}$$

$$H(x_1,\ x_2)=\begin{bmatrix} 6x_1 & 2 \\ 2 & 2 \end{bmatrix}\text{이다.}$$

② 주소행렬(主小行列)

i차 주소행렬(the ith principal minor)

$n\times n$ 행렬의 ***i*차 주소행렬(the ith principal minor)**이란 해당 행렬의 마지막 $(n-i)$개의 행과 $(n-i)$개의 열을 제외한 $i\times i$ 행렬을 말한다. 헤시안의 i차 주소행렬은 H_i로 표기한다. H_i의 행렬식(determinants)을 이용하면 모든 실수 공간에서[5)] 다변수 함수 $f(x_1,\ x_2,\ \cdots, x_n)$이 오목함수인지 볼록함수인지를 판별할 수 있다.

4) 편미분 기호 '∂'은 '라운드 디(round d)'라고 읽는다.

5) '모든 실수 공간에서'라는 말은 '$x_1,\ x_2,\ \cdots,\ x_n$의 모든 실수값에 대하여'라는 의미이다.

[정리 1] $f(x_1, x_2, \cdots, x_n)$이 모든 실수 공간에서 연속적인 2계 편도함수(continuous second-order partial derivatives)를 갖는 경우, 헤시안 H의 i차 주소행렬(the ith principal minor of H) H_i의 행렬식(determinants)이 모든 i에 대해 비음(non-negative)이라면 $f(x_1, x_2, \cdots, x_n)$은 볼록함수(convex function)이다.

예 1 $f(x_1, x_2)=x_1^2+2x_1x_2+x_2^2$의 함수 형태를 판별하라.

풀이 $f_1=2x_1+2x_2$, $f_2=2x_1+2x_2$, $f_{11}=2$, $f_{12}=f_{21}=2$, $f_{22}=2$이다.

따라서 헤시안 $H(x_1, x_2)=\begin{bmatrix} 2 & 2 \\ 2 & 2 \end{bmatrix}$이고, $\det H_1=2>0$, $\det H_2=2(2)-2(2)=0\geq 0$이다. 헤시안 $H(x_1, x_2)$의 모든 주소행렬의 행렬식이 비음이므로 $f(x_1, x_2)$는 모든 실수 공간에서 볼록함수(convex function)이다.

[정리 2] $f(x_1, x_2, \cdots, x_n)$이 모든 실수 공간에서 연속적인 2계 편도함수(continuous second-order partial derivatives)를 갖는 경우, 헤시안 H의 i차 주소행렬(the ith principal minor of H) H_i의 행렬식(determinants)이 모든 i에 대해 '0' 또는 $(-1)^i$과 동일한 부호의 값을 가지면 $f(x_1, x_2, \cdots, x_n)$은 오목함수(concave function)이다.

예 2 $f(x_1, x_2)=-x_1^2-2x_1x_2-x_2^2$이 오목함수(concave function)임을 보여라.

풀이 $f_1=-2x_1-2x_2$, $f_2=-2x_1-2x_2$, $f_{11}=-2$, $f_{12}=f_{21}=-2$, $f_{22}=-2$이다.

따라서 헤시안 $H(x_1, x_2)=\begin{bmatrix} -2 & -2 \\ -2 & -2 \end{bmatrix}$이고, $\det H_1=-2<0$, $\det H_2=4-1=3>0$이다. 헤시안 $H(x_1, x_2)$의 i차 주소행렬의 행렬식이 $(-1)^i$과 동일한 부호를 가지므로 $f(x_1, x_2)$는 오목함수이다.[6]

6) [예 1]의 함수는 [예 2]의 함수에 (−1)을 곱한 것이다. 앞서 언급했듯이 볼록함수에 음의 상수를 곱한 결과는 오목함수가 됨을 알 수 있다. 역으로 오목함수에 음의 상수를 곱한 결과는 볼록함수가 된다.

생산함수(production function)

예제 노동 L단위와 자본 K단위를 이용하여 제품을 P단위 생산할 수 있다고 가정하면, **생산함수(production function)**는 다음과 같이 표현할 수 있다.

$$P=f(L, K)$$

노동의 한계생산성(marginal productivity of labor)
자본의 한계생산성(marginal productivity of capital)

이때 노동 L에 대한 편도함수(partial derivative) $\frac{\partial f}{\partial L}$은 노동 한 단위에 대한 생산량의 변화(노동 한 단위의 생산성)를 나타내는 개념으로 **노동의 한계생산성(marginal productivity of labor)**이라 부르고, 자본 K에 대한 편도함수 $\frac{\partial f}{\partial L}$는 자본 한 단위에 대한 생산량의 변화(자본 한 단위의 생산성)를 나타내는 개념으로 **자본의 한계생산성(marginal productivity of capital)**이라고 한다.

콥-더글라스(Cobb-Douglas) 생산함수

특히, $P=f(L, K)=bL^aK^{(1-a)}$일 경우, 이 생산함수 P를 **콥-더글라스(Cobb-Douglas) 생산함수**라고 부른다.

콥-더글라스 생산함수가 다음을 만족함을 보여라.

$$L\frac{\partial P}{\partial L}+K\frac{\partial P}{\partial K}=P$$

이 식은 노동과 자본을 동시에 α배 증가시키면 생산량도 마찬가지로 α배 증가함을 나타낸다.

풀이 $\frac{\partial P}{\partial L}=abL^{a-1}K^{(1-a)}$이고, $\frac{\partial P}{\partial K}=(1-a)bL^aK^{-a}$이다.

따라서 $$L\frac{\partial P}{\partial L}+K\frac{\partial P}{\partial K}=LabL^{a-1}K^{1-a}+K(1-a)bL^aK^{-a}$$
$$=abL^aK^{1-a}+(1-a)bL^aK^{1-a}$$
$$=bL^aK^{1-a}(a+1-a)$$
$$=bL^aK^{1-a}=P$$ 이다.

6.4 비선형계획모형의 최적화 조건

해 찾기(Solver)의 **GRG 엔진**을 이용해 비선형계획모형의 전체 최적해(global optimum)를 찾기 위한 조건은 다음과 같다. 이 절에서는 우선 이 조건에 맞는 모형의 최적해를 찾는 과정을 학습한다. 비선형계획모형의 다른 해법인 **유전자 해법(genetic algorithm)**에 대해서는 6.7절과 6.8절에서 논의한다.

GRG 엔진

유전자 해법(genetic algorithm)

1 최대화 문제

목적함수(또는 목적함수에 자연로그를 취한 함수)[7]가 오목함수이고, 제약조건이 선형인 모형

2 최소화 문제

목적함수(또는 목적함수에 자연로그를 취한 함수)가 볼록함수이고, 제약조건이 선형인 모형

하지만 위의 조건을 만족하지 않는 문제도 많이 있다. 위의 조건을 만족하지 않을 경우 비선형계획모형의 일반적 해법인 GRG 방법은 전체 최적해를 못 찾을 위험이 있다. 이런 경우에는 의사결정변수의 초기값을 여러 가지로 설정해 해 찾기를 실행하고, 그 중 가장 좋은 해를 취하는 것이 번거롭기는 하지만 실무적으로는 가장 좋은 전략이다.[8]

하나의 의사결정변수로 이루어진 간단한 예제를 통해 의사결정변수의 초기값에 따라 비선형계획모형의 해가 어떻게 바뀌는지 살펴보자.

예제 — $MAX\ f(x)=(x-1)(x-2)(x-3)(x-4)(x-5)$

$s.t.\ \ x\geq 1$

$x\leq 5$

7) 어떤 함수에 자연로그를 취하면 그 함수의 특성은 변하지 않는다. 이를 함수의 **단조변환(monotonic transformation)**이라고 한다. 어떤 함수를 그대로 해결하는 것이 기술적으로 어려울 때 자연로그를 취하면 해당 함수를 쉽게 해결할 수 있다.

8) 이러한 전략을 자동으로 수행하게 하는 **Multistart** 기능에 대해서는 6.5절에서 학습한다.

위 모형의 목적함수는 [그림 6-4]와 같은 봉우리가 여러 개인 연속적인 비선형 함수의 형태를 보이고 있다. 제약조건은 두 개로 의사결정변수가 취할 수 있는 값의 하한선과 상한선을 나타낸다.

그림 6-4

함수 $f(x)=(x-1)(x-2)(x-3)(x-4)(x-5)$의 모양

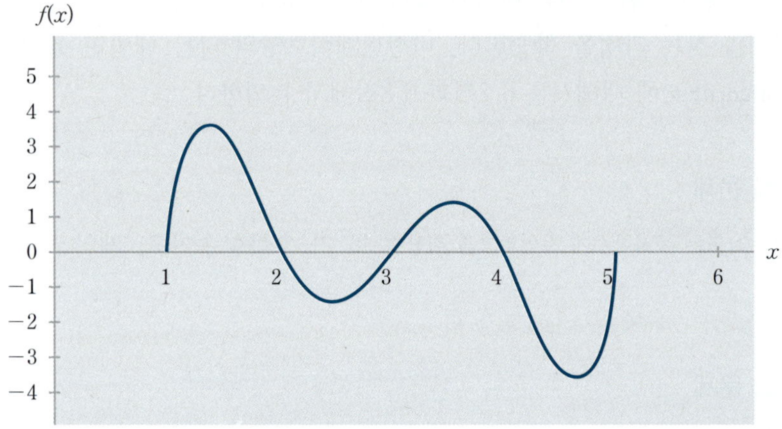

[그림 6-4]를 보면 위 예제의 전체 최적해는 $x=1$과 $x=2$ 사이에 존재하지만 $x=3$과 $x=4$ 사이에서 지역 최적해가 발생함을 알 수 있다. 이렇게 목적함수의 봉우리가 여러 개인 비선형계획모형의 경우 해 찾기의 GRG 해법은 의사결정변수 x의 초기값을 무엇으로 설정하였느냐에 따라 전체 최적해가 아닌 지역 최적해에 머무르게 할 위험이 있다. 과연 우리의 우려대로 GRG 해법이 의사결정변수의 초기값에 따라 전체 최적해를 찾지 못하고 지역 최적해에 머물게 하는지 실험해 보자.

[그림 6-5]는 예제의 최적해를 찾기 위한 해법으로 GRG 비선형을 선택했음을 보여준다. 엑셀 기본모형에서 의사결정변수 x(변수 셀)의 초기값은 '0'으로 설정하였다.

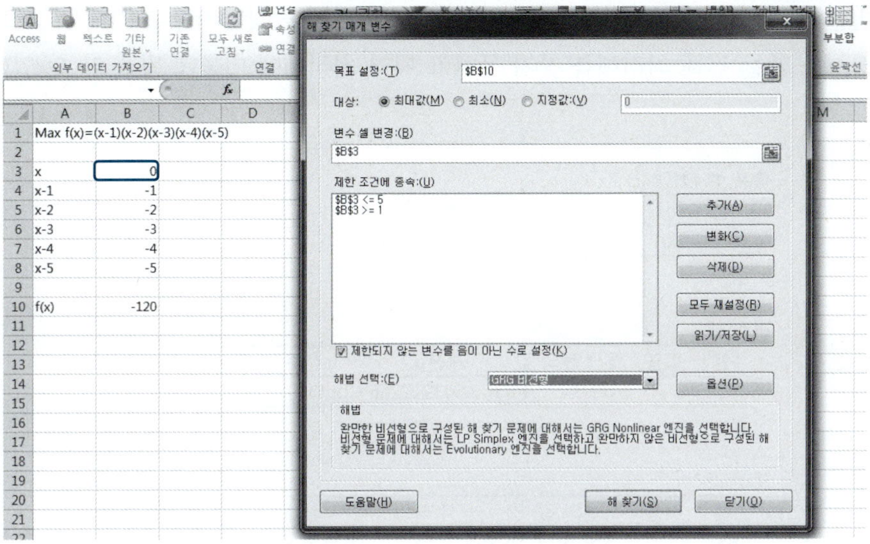

그림 6-5

GRG 비선형을 선택한 해 찾기 매개 변수 대화상자

[그림 6-6]은 모형의 해를 찾은 결과를 보여주고 있다. 의사결정변수 x의 초기값을 '0'으로 설정을 때의 결과이다. x=1.355567, 목적함수 $f(x)$의 값은 3.146432이다. 이 해는 다행히 [그림 6-4]에서 보듯이 전체 최적해임을 알 수 있다.

목표 셀 (최대값)

셀	이름	계산 전의 값	계산 값
$B$10	f(x)	-120	3.631432208

변수 셀

셀	이름	계산 전의 값	계산 값	정수
$B$3	x	0	1.355567132	Contin

제한 조건

셀	이름	셀의 값	수식	상태	조건과의 차
$B$3	x	1.355567132	$B$3<=5	부분적 만족	3.644432868
$B$3	x	1.355567132	$B$3>=1	부분적 만족	0.355567132

그림 6-6

초기값이 0일 때의 GRG 해법 결과

반면 [그림 6-7]은 x의 초기값을 '3'으로 설정해서 해를 찾은 결과이다. x=3.543912이고, 그때의 목적함수 값은 1.418697로 나타났다. 불행하게도 이 해는 [그림 6-4]에서 보듯이 전체 최적해가 아님을 알 수 있다. 즉, 해 찾기의 GRG

해법은 초기해를 '0'으로 설정했을 때는 전체 최적해를 찾았지만 초기해를 '3'으로 설정했을 때는 전체 최적해를 찾지 못하고 지역 최적해에 머물게 됨을 알 수 있다.

그림 6-7

초기값이 3일 때의 GRG 해법 결과

목표 셀 (최대값)

셀	이름	계산 전의 값	계산 값
$B$10	f(x)	0	1.418696626

변수 셀

셀	이름	계산 전의 값	계산 값	정수
$B$3	x	3	3.543912256	Contin

제한 조건

셀	이름	셀의 값	수식	상태	조건과의 차
$B$3	x	3.543912256	$B$3<=5	부분적 만족	1.456087744
$B$3	x	3.543912256	$B$3>=1	부분적 만족	2.543912256

이처럼 비선형계획모형의 전체 최적해를 찾기 위한 조건을 만족하지 않는 문제의 경우, 의사결정변수의 초기값을 무엇으로 설정했느냐에 따라 구한 해가 우리가 찾는 전체 최적해가 될 수도 있고 지역 최적해에 머물 수도 있다. 만일 의사결정변수의 초기값을 여러 가지 다르게 설정했는데도 해 찾기가 동일한 해를 가져다주었다면 이 해는 최적해가 될 가능성이 무척 크다. 실무적인 측면에서 볼 때 의사결정변수의 초기값에 따라 다른 해가 산출되었다면 그들 중 가장 좋은 해를 전체 최적해로 선택하는 것이 GRG 해법을 이용해서 비선형계획모형을 해결하는 가장 좋은 전략이다.

Multistart

하지만 이를 수작업으로 진행하는 것은 무척 번거로운 일이다. 다행히 해 찾기(Solver)는 이러한 번거로운 작업을 자동으로 수행하는 **Multistart** 기능을 제공한다. Multistart는 의사결정변수의 초기값에 따른 지역 최적해를 비교하여 비선형계획모형의 전체 최적해를 자동으로 찾아주는 편리한 기능이다.

6.5 Multistart 기능의 이용

앞서 GRG 해법을 통해 구한 비선형계획모형의 해는 목적함수의 모양에 따라 지역 최적해(local optimum)에 머무를 수 있음을 보았다. 즉, 의사결정변수의 초기값에 따라 지역 최적해가 달리 나타남을 보았고, 이러한 지역 최적해 중 가장 큰 목적함수 값(*MAX* 문제의 경우) 또는 가장 작은 목적함수 값(*MIN* 문제의 경우)을 갖는 해를 전체 최적해(global optimum)로 결정하는 과정에 대해 살펴보았다.

Multistart

Multistart 기능은 사용자가 의사결정변수의 초기값을 여러 개로 설정하여 수작업으로 해를 비교하지 않고도 전체 최적해를 찾도록 도와주는 기능이다. 이 기능은 사용자가 원하는 만큼 초기값 개수를 설정하면, 이들 초기값에 따른 지역 최적해를 자동으로 산출하여 비교한 후, 전체 최적해를 제공한다. 물론 여러 개의 초기값을 가지고 지역 최적해를 산출하고, 이들을 비교한 후 전체 최적해를 찾기 때문에 시간을 더 걸리는 단점이 있지만,[9] 전체 최적해를 한 번에 찾을 수 없는 구조를 가진 모형의 전체 최적해를 찾는데 편리성을 제공하는 기능이다.

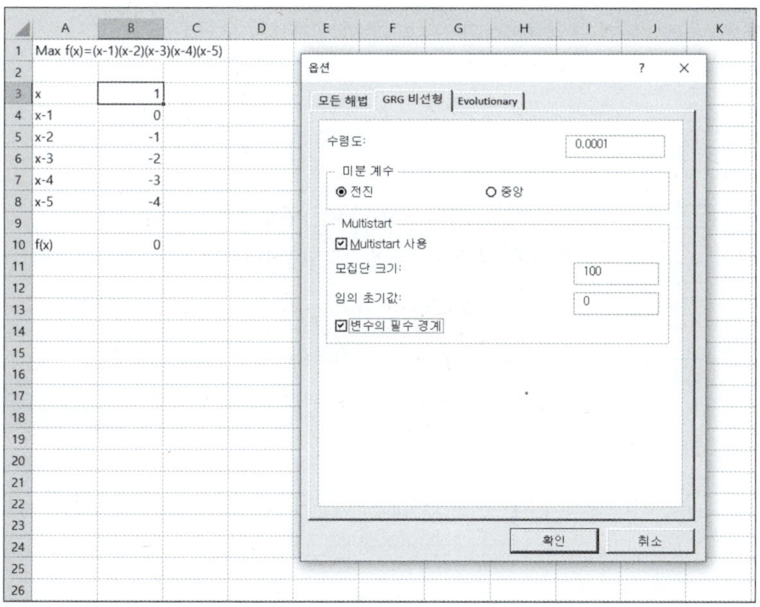

그림 6-8

옵션 대화상자

9) 컴퓨터 성능의 진화로 사용자는 시간의 증가를 거의 느끼지 못한다.

옵션 대화상자
GRG 비선형
Multistart 대화상자
Multistart 사용
모집단 크기(Population Size)
임의 초기값(Random Seed)

Multistart 기능을 이용하기 위해서는 우선, 해 찾기 대화상자의 옵션 버튼을 눌러 **옵션 대화상자**를 불러온다. 그리고 [그림 6-8]과 같이 옵션 대화상자에서 **GRG 비선형** 탭을 누르면 나타나는 **Multistart 대화상자**에서 **Multistart 사용**을 선택한다. 여기서 **모집단 크기(Population Size)**는 비교하고자 하는 초기값의 개수로 '10' 이상의 정수로 선택할 수 있는데, 일반적으로 기본값으로 제시된 '100'으로 설정한다. 기본값 '100'의 의미는 100개의 초기값에 대한 지역 최적해를 비교하겠다는 것이다. 다음으로 **임의 초기값(Random Seed)**은 '0' 또는 양수로 설정할 수 있는데, 기본값인 '0'으로 설정하면 해 찾기를 반복 수행할 때 의사결정변수의 초기값이 랜덤으로 설정된다. 하지만 양수로 설정하면 의사결정변수의 초기값은 해 찾기를 여러 번 반복 수행해도 동일하게 설정된다.

변수의 필수 경계(Require Bounds on Variables)

마지막에 나타나는 **변수의 필수 경계(Require Bounds on Variables)**는 모형에서 의사결정변수에 대한 상한값과 하한값 제약이 모두 있는 경우에 선택한다. 의사결정변수의 경계가 설정될 경우, 모형의 전체 최적해는 보다 효율적으로 발견된다. 앞서 예제에서는 의사결정변수의 하한값이 1이고, 상한값이 5로 제약조건에 설정되어 있으므로 변수의 필수 경계를 선택한다. 대화상자에서 변수의 필수 경계를 선택했는데, 실제로 모형에는 의사결정변수의 하한값과 상한값에 대한 제약이 없는 경우, 해 찾기를 수행하면 오류 메시지가 나타난다.

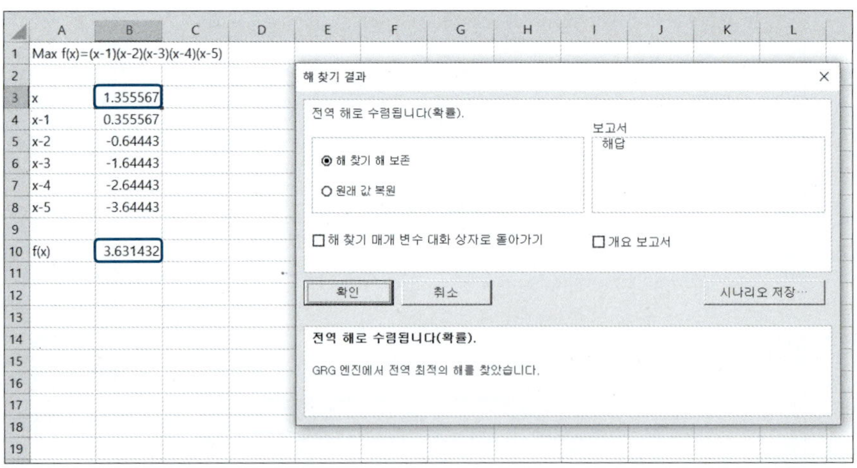

그림 6-9

Multistart 기능을 이용한 전체 최적해의 발견

[그림 6-9]는 Multistart 기능을 이용하여 예제에 대한 **전체 최적해**(**전역 해**)를 찾은 결과이다. 전역 해를 찾았다는 메시지와 함께 나타나는 해 찾기 결과를 보면, 앞서 우리가 여러 개의 해를 비교해서 구한 전체 최적해와 같음을 알 수 있다. 해답 보고서를 보면 CPU 시간은 각각의 초기값을 이용해 지역 최적해를 구할 때 보다는 조금 더 걸렸지만, 여러 개의 초기값을 각각 이용하여 지역 최적해를 구하고, 그런 다음 이들을 비교해 전체 최적해를 구하는 번거로움에 비하면 훨씬 간편한 방법임을 알 수 있다.

전역 해

6.6 포트폴리오 선택문제

선형계획모형에서도 **포트폴리오 선택문제**에 대해 설명하였는데, 선형계획모형에서 우리가 추구한 목표는 투자수익률의 최대화였다. 사실 포트폴리오 선택문제는 비선형계획문제의 대표적인 예인데, 이 경우에는 **투자수익률**을 일정 수준 이상으로 유지하면서 **투자위험**을 최소화하는 것을 목표로 한다.

포트폴리오 선택문제
투자수익률
투자위험

투자자들이 포트폴리오를 구성할 때는 두 가지 목표를 추구한다. 하나는 투자로부터 기대하는 이익을 최대화 하는 것이고(maximize expected return), 다른 하나는 투자위험을 최소화 하는 것(minimize risk)이다. 여기서 투자위험은 보통 투자수익률의 분산으로 측정하므로 투자위험은 비선형 함수로 나타나게 된다. 포트폴리오 선택문제는 일반적으로 원하는 기대수익률을 제약조건으로 놓고 투자위험을 최소화하는 비선형계획모형으로 구조화 된다. 포트폴리오 선택모형은 1990년에 노벨경제학상을 받은 해리 마코위츠(Harry Markowitz)가 1950년대에 개발한 **자산배분모형(asset allocation models)**에 기초한다. 즉, 나의 자산을 이용 가능한 여러 가지 투자대안(예를 들어, 주식, 채권, 금 등)에 어떻게 분산 투자하는 것이 높은 기대수익률을 유지하면서 투자위험을 최소화 할 수 있느냐는 질문에 답을 꾀하는 것이다.

자산배분모형(asset allocation models)

1 포트폴리오 선택문제의 이해

포트폴리오 선택문제를 이해하기 위해서는 우선 다음과 같은 기본적인 내용을 학습할 필요가 있다.

투자대안 j에 투자했을 때 얻게 되는 연수익률을 R_j로 표기하자. 예를 들어, $R_j=0.2$라면 오늘 내가 투자대안 j에 100만원을 투자하면 1년 후 원금과 수익의 합은 120만원이 된다는 것으로 연수익률(annual return)은 20%가 됨을 뜻한다. 반면, $R_j=-0.3$이라면 내가 오늘 투자한 100만원이 1년 후에는 70만원으로 줄어든다는 이야기로 수익률은 -30%가 된다. 여기서, R_j는 확률변수로서 그 값은 현재로서는 확실히 알 수 없는 특징을 갖는다.

이제 n가지의 투자대안을 내가 이용할 수 있다고 가정하자. 그리고 $X_j(j=1, 2, \cdots, n)$를 투자대안 j에 투자하는 금액의 비율이라고 정의하자. 여기서 X_j를 포트폴리오 구성비율이라고 한다. 물론 X_j는 비음의 조건을 만족해야 한다. 또한 포트폴리오 선택문제에서 포트폴리오 구성비율의 합, $X_1+X_2+\cdots+X_n$은 1이 되어야 한다. 즉, 모든 투자금액이 대안들에 투자됨을 의미한다.

이러한 전제 하에서 오늘 내가 n가지 대안에 투자함으로써 얻게 되는 포트폴리오의 연수익률 R_p는 다음의 식으로 표현될 수 있다.

$$R_p=R_1X_1+R_2X_2+\cdots+R_nX_n \quad \cdots\cdots ①$$

이제 확률변수 R_j의 기댓값(평균)을 μ_j, 분산을 σ_j^2로 놓고, 서로 다른 확률변수 R_i와 R_j의 상관계수를 ρ_{ij}로 표기하자. 그러면 기댓값의 법칙에 따라 투자 포트폴리오의 연수익률 R_p의 기댓값과 분산은 다음과 같이 표현된다.

$$\begin{aligned} R_p\text{의 기댓값, 즉 } E(R_p) &= E(R_1X_1+R_2X_2+\cdots+R_nX_n) \\ &= \mu_1X_1+\mu_2X_2+\cdots+\mu_nX_n \quad \cdots\cdots ② \end{aligned}$$

$$\begin{aligned} R_p\text{의 분산, 즉 } \mathrm{Var}(R_p) &= \mathrm{Var}(R_1X_1+R_2X_2+\cdots+R_nX_n) \\ &= \sigma_1^2X_1^2+\sigma_2^2X_2^2+\cdots+\sigma_n^2X_n^2+\sum_{i\neq j}\rho_{ij}\sigma_i\sigma_jX_iX_j \quad \cdots ③ \end{aligned}$$

R_p의 분산을 나타내는 식 ③에서 시그마로 표현된 후반부 항은 투자 포트폴리오의 공분산을 나타낸다.

포트폴리오 선택문제에서 의사결정자는 위험과 수익을 절충하는 것이 필요한

데, 그 이유는 평균수익률이 좋은 대안은 수익률의 기복이 큰 위험한 대안인 경우가 많고, 수익률의 기복이 작은 덜 위험한 대안은 평균수익률이 떨어지는 행태를 보이기 때문이다. 식 ②로 표현된 투자 포트폴리오의 연수익률의 기댓값은 의사결정자의 수익을 나타내고, 식 ③으로 표현된 투자 포트폴리오의 연수익률의 분산은 투자위험을 나타낸다.

하지만 식 ②와 식 ③에서 R_j의 평균과 분산인 μ_j와 σ_j^2, 그리고 R_i와 R_j의 상관계수 ρ_{ij}는 미지의 모수(population parameters)로서 우리가 그 값을 알 수 없다는 한계가 있다. 따라서 실제로는 과거 수 년 간의 수익률 자료를 이용해 연수익률의 평균과 분산을 구한 후 이 값들을 모수 값 대신에 사용한다. 과거 자료를 통해 우리가 모수 값 대신에 사용하는 투자 수익률의 평균과 표준편차는 통계학에서 이야기하는 통계량의 값이다.

이제 과거 자료를 통해 추정한 R_j의 평균(표본평균)과 분산(표본분산), 그리고 상관계수(표본상관계수)를 각각 $\overline{R}_j$, s_j^2, r_{ij}로 표기하자. 그러면 투자 포트폴리오의 연수익률 R_p의 추정된 기댓값과 분산은 각각 식 ④와 식 ⑤로 표현된다.

$$R_p\text{의 추정된 기댓값} = \overline{R}_1 X_1 + \overline{R}_2 X_2 + \cdots + \overline{R}_n X_n \quad \cdots\cdots ④$$

$$R_p\text{의 추정된 분산} = s_1^2 X_1^2 + s_2^2 X_2^2 + \cdots + s_n^2 X_n^2 + \sum_{i \neq j} r_{ij} s_i s_j X_i X_j \quad \cdots\cdots ⑤$$

식 ⑤의 추정된 분산 식에서 뒷부분에 있는 공분산을 나타내는 항은 추정된 공분산 기호 $c_{ij} = r_{ij} s_i s_j$를 이용해서 $\sum_{i \neq j} c_{ij} X_i X_j$로 나타낼 수 있다. 또한 동일한 R_i끼리의 상관계수 $r_{jj} = 1$이므로 i와 j가 같을 경우에는 $c_{ij} = s_i^2 = s_j^2$이 된다. 따라서 R_p의 추정된 분산은 식 ⑥과 같이 간단히 나타낼 수 있다.

$$R_p\text{의 추정된 분산} = \sum_{\text{all}(i,j)} c_{ij} X_i X_j \quad \cdots\cdots ⑥$$

2 포트폴리오 선택문제 해결하기

이제 이러한 포트폴리오 선택문제의 이론적 배경을 가지고 다음의 예제를 해결해 보자.

예제 서울투자자문(주)는 고객이 맡긴 돈을 세 가지 주식(1, 2, 3)에 나누어 투자하고자 한다. 세 주식의 과거 성과를 분석한 결과, 세 주식의 연수익률(annual return)의 평균과 표준편차, 그리고 주식 수익률 간의 상관계수는 다음 표와 같이 추정되었다. 서울투자자문은 투자로부터 기대하는 연수익률이 적어도 12%가 되도록 하면서 투자위험을 최소화 할 수 있는, 즉 투자 수익률의 분산을 최소화 하는 포트폴리오를 구성하고자 한다.

〈주식 수익률의 평균과 표준편차〉

주식	평균	표준편차
1	0.14	0.20
2	0.11	0.15
3	0.10	0.08

〈주식 수익률간의 상관계수〉

조합	상관계수
주식 1과 주식 2	0.6
주식 1과 주식 3	0.4
주식 2와 주식 3	0.7

이 문제에서 의사결정변수는 고객이 맡긴 돈을 세 가지 주식 각각에 어떤 비율로 배분하느냐이다. 따라서 의사결정변수는 다음과 같이 정의한다.

X_j: 주식 j에 투자하는 금액의 비율 (j=1, 2, 3)

목적함수는 포트폴리오 수익률의 분산을 최소화 하는 것이므로

$$\begin{aligned} MIN \quad Z = &0.2^2 X_1^2 + 0.15^2 X_2^2 + 0.08^2 X_3^2 \\ &+ 0.6(0.20)(0.15)X_1 X_2 + 0.4(0.20)(0.08)X_1 X_3 + 0.7(0.15)(0.08)X_2 X_3 \end{aligned}$$

제약조건은 포트폴리오 구성비율의 합은 1이고, 기대 수익률은 적어도 12%는

되어야 한다는 것이므로 다음과 나타낼 수 있다.

$$X_1 + X_2 + X_3 = 1$$
$$0.14X_1 + 0.11X_2 + 0.10X_3 \geq 0.12$$

따라서 문제에 대한 비선형계획모형은 다음과 같다.

$$\begin{aligned} MIN \quad Z = & 0.2^2 X_1^2 + 0.15^2 X_2^2 + 0.08^2 X_3^2 \\ & + 0.6(0.20)(0.15)X_1 X_2 \\ & + 0.4(0.20)(0.08)X_1 X_3 \\ & + 0.7(0.15)(0.08)X_2 X_3 \end{aligned}$$

$$\begin{aligned} s.t. \quad & X_1 + X_2 + X_3 = 1 \\ & 0.14X_1 + 0.11X_2 + 0.10X_3 \geq 0.12 \\ & \text{모든 } X_j \geq 0 \ (j = 1, 2, 3) \end{aligned}$$

이 모형의 목적함수는 볼록함수(convex function)이고, 제약조건은 모두 선형의 식이므로 해 찾기의 GRG 해법을 이용한 전체 최적화가 가능하다. 목적함수가 볼록함수인 이유는 목적함수를 구성하는 6개 항 모두가 의사결정변수의 이차식으로 표현된 볼록함수이고, 볼록함수들의 합은 다시 볼록함수가 되기 때문이다. 이러한 비선형계획모형을 **이차계획모형(quadratic programming)**이라고 부른다.

이차계획모형(quadratic programming)

이차계획모형(quadratic programming models) 비선형계획모형의 특수한 형태로 제약조건이 모두 선형이고, 목적함수의 모든 항(terms)이 의사결정변수의 이차식, 일차식, 또는 상수로 구성된 모형을 말한다. 위의 포트폴리오 선택문제는 목적함수의 모든 항이 의사결정변수의 이차식으로 표현되었으므로 이차계획모형의 예이다.

목적함수의 모양 판정[10] 포트폴리오 선택문제의 목적함수가 볼록함수임을 6.3절의 내용을 이용하여 확인해 보자.

우선 목적함수 $f(X_1, X_2, X_3)=0.2^2X_1^2+0.15^2X_2^2+0.08^2X_3^2$의 헤시안 $H(X_1, X_2, X_3)$을 만들자.

$f_1=2(0.2)^2X_1$, $f_2=2(0.15)^2X_2$, $f_3=2(0.08)^2X_3$, $f_{11}=2(0.2)^2=0.08$, $f_{12}=0$, $f_{13}=0$, $f_{21}=0$, $f_{22}=2(0.15)^2=0.045$, $f_{23}=0$, $f_{31}=0$, $f_{32}=0$, $f_{33}=2(0.08)^2=0.0128$이므로

$H(X_1, X_2, X_3)=\begin{bmatrix}0.08 & 0 & 0\\ 0 & 0.045 & 0\\ 0 & 0 & 0.0128\end{bmatrix}$이고, $\det H_1=|0.08|=0.08>0$,

$\det H_2=\begin{vmatrix}0.08 & 0\\ 0 & 0.045\end{vmatrix}=0.08(0.045)-0=0.0036>0$,

$\det H_3=\begin{vmatrix}0.08 & 0 & 0\\ 0 & 0.045 & 0\\ 0 & 0 & 0.0128\end{vmatrix}$ 이다.

$\det H_3$을 구하기 위해 1행(i=1)을 기준 행으로 하여 라플라스 전개(Laplace expansion)를 이용하면,[11]

$$\det H_3=(-1)^{i+1}a_{i1}(\det A_{11})+(-1)^{i+2}a_{i2}(\det A_{12})+(-1)^{i+3}a_{i3}(\det A_{13})$$

$$\begin{aligned}\det H_3&=(-1)^{1+1}a_{11}(\det A_{11})+(-1)^{1+2}a_{12}(\det A_{12})+(-1)^{1+3}a_{13}(\det A_{13})\\ &=(-1)^2 0.08\begin{vmatrix}0.045 & 0\\ 0 & 0.0128\end{vmatrix}+(-1)^3 0\begin{vmatrix}0 & 0\\ 0 & 0.0128\end{vmatrix}+(-1)^4 0\begin{vmatrix}0 & 0.045\\ 0 & 0\end{vmatrix}\\ &=1(0.08)(0.045\times0.0128-0)\\ &=4.608^{-5}>0\end{aligned}$$

이다.

따라서 헤시안 $H(X_1, X_2, X_3)$의 1차, 2차, 3차 주소행렬(principal minors)인 H_1, H_2, H_3의 행렬식(determinants) 모두가 양수이므로 목적함수는 볼록함수이다.

10) 이 내용은 생략해도 후속적인 내용을 이해하는데 무리가 없다.

11) 전개식에서 A_{11}, A_{12}, A_{13}는 H_3의 ij차 소행렬(the ij^{th} minor of H_3)이다.

이제 포트폴리오의 기대 수익률을 최소한 12%로 유지하면서 포트폴리오의 위험을 최소화 하는 포트폴리오 구성비율, 즉 각 주식에 대한 투자비율을 해 찾기를 이용해 구해보자.

[그림 6-10]은 위의 포트폴리오 선택문제를 해 찾기를 이용해 풀기 위해 관련 정보와 해당 함수를 엑셀 시트에 입력한 화면이다.

	A	B	C	D
1	**포트폴리오 선택 문제**			
2				
3	**자료**			
4		주식 1	주식 2	주식 3
5	수익률 평균	0.14	0.11	0.1
6	수익률의 표준편차	0.2	0.15	0.08
7				
8	**상관계수**	주식 1	주식 2	주식 3
9	주식 1	1	0.6	0.4
10	주식 2	0.6	1	0.7
11	주식 3	0.4	0.7	1
12				
13	**의사결정변수**			
14		Stock 1	Stock 2	Stock 3
15	포트폴리오 구성비율	0.000	0.000	0.000
16				
17	**제약조건**			
18				
19	포트폴리오 구성비율의 합	0.000	=	1
20				
21	포트폴리오 기대 수익률	0	>=	0.12
22				
23	**목적함수**			
24				
25	포트폴리오 위험(분산)			
26	0.0000			
27	포트폴리오 위험(표준편차)			
28	0.0000			

공분산	주식 1	주식 2	주식 3
주식 1	0.04	0.018	0.0064
주식 2	0.018	0.0225	0.0084
주식 3	0.0064	0.0084	0.0064

그림 6-10

포트폴리오 선택문제의 엑셀 기본모형

우선, 주어진 정보(주식 1, 2, 3의 수익률 평균 및 표준편차, 두 주식의 수익률 상관계수)를 입력하고, 의사결정변수인 포트폴리오 구성비율의 초기값을 B15:D15에 입력한다.

다음으로 제약조건의 좌변항을 엑셀 함수를 이용해 입력한다. 포트폴리오 구성비율의 합은 1이 되어야 하므로 셀 B19에 =SUM(B15:D15)를 입력하고, 셀 B21에는 포트폴리오의 기대수익률인 =SUMPRODUCT(B5:D5,B15:D15)를 입력한다.

목적함수는 포트폴리오 분산의 최소화이므로 셀 A26에 포트폴리오의 분산을 나타내는 식을 입력해야 한다. 그런데 포트폴리오의 분산을 계산하기 위해서는 식 ⑥에서 보는 바와 같이 공분산 행렬을 우선 계산할 필요가 있다. 공분산

HLOOKUP 함수

$c_{ij}=r_{ij}s_is_j$이므로[12] 공분산행렬 G9:I11을 구하기 위해 셀 G9에 **HLOOKUP 함수**를 이용한 식 ⑦을 입력하고, 이를 G9:I11에 복사한다.

=HLOOKUP($F9,$B$4:$D$6,3)*B9*HLOOKUP(G$8,$B$4:$D$6,3) …… ⑦

식 ⑦에서 앞의 =HLOOKUP은 주식 i의 표준편차를 나타내는 함수이고, 뒤의 HLOOKUP은 주식 j의 표준편차를 나타내는 함수이다. 그리고 가운데 위치한 B9은 셀 범위 B9:D11에서 주식 i와 주식 j의 수익률 상관계수를 나타낸다. 따라서 식 ⑦은 셀 범위 G9:I11에 주식 i(i=1, 2, 3)와 주식 j(j=1, 2, 3)의 수익률 공분산을 계산해 나타내 준다. 여기서 i와 j가 같을 경우 위 식은 각 주식의 수익률 분산을 나타낸다.

참조값
테이블
값을 찾을 행
논리값

HLOOKUP 함수 HLOOKUP 함수는 다음과 같이 네 가지 구성인자(arguments)를 가지고 있다.[13]

=HLOOKUP(참조값, 테이블, 값을 찾을 행, 논리값)

여기서, **참조값**이란 우리가 지정한 테이블(표)의 첫 번째 행에서 찾아야 하는 값이다. 테이블의 첫 번째 행은 오름차순으로 정렬되어 있어야 한다. **테이블**에는 내가 지정한 테이블의 이름(셀 범위에 이름을 지정한 경우) 또는 해당 테이블의 셀 범위를 입력한다. **값을 찾을 행**이란 참조값과 같은 열에 있는 값을 찾을 행 번호를 말한다. **논리값**으로는 TRUE 또는 FALSE를 입력할 수 있는데,[14] TRUE는 테이블의 첫 번째 행에서 참조값과 동일한 값이 있으면 그것을 찾고, 동일한 값이 존재하지 않을 경우 참조값보다 작은 값 중 가장 큰 값을 찾으라는 지시이다. 논리값 TRUE는 입력하지 않고 생략해도 마찬가지 기능을 한다. 논리값 FALSE는 테이블의 첫 번째 행에서 참조값과 동일한 값을 찾으라는 지시로 참조값과 동일한 값이 존재하지 않을 경우, 에러(error)가 발생한다.

이제 G9:I11의 공분산행렬을 이용해서 목표 셀인 A26에 포트폴리오의 분산을 입력한다. 이 문제의 경우, 포트폴리오의 분산을 계산하는 식 ⑥을 행렬을 이용해

12) r_{ii}=1이므로 i=j일 경우도 마찬가지로 성립한다.
13) HLOOKUP의 앞자 'H'는 가로(horizontal)를 나타낸다.
14) 논리값 TRUE 대신에 1, FALSE 대신에 0을 입력해도 된다.

나타내면 다음과 같다.

$$[X_1 X_2 X_3]\begin{bmatrix} c_{11} & c_{12} & c_{13} \\ c_{21} & c_{22} & c_{23} \\ c_{31} & c_{32} & c_{33} \end{bmatrix}\begin{bmatrix} X_1 \\ X_2 \\ X_3 \end{bmatrix}$$

따라서 셀 A26에 식 ⑧과 같은 엑셀 함수를 입력한다.

=MMULT(B15:D15,MMULT(G9:I11,TRANSPOSE(B15:D15))) ········· ⑧

식 ⑧에서 **=MMULT 함수**는 두 행렬을 곱하는 함수이다. 셀 범위 B15:D15는 각 주식의 포트폴리오 구성비율을 나타내고, 셀 범위 G9:I11는 주식 *i*와 주식 *j*의 수익률 공분산행렬을 나타내므로 식 ⑧은 결국 포트폴리오의 추정된 분산을 구하게 된다.

=MMULT 함수

식 ⑧에서 후반부에 있는 MMULT(G9:I11,TRANSPOSE(B15:D15))는 [3×1] 행렬을 산출한다. 따라서 =MMULT(B15:D15,MMULT(G9:I11,TRANSPOSE(B15:D15)))는 [1×3] 행렬과 [3×1] 행렬을 곱한 결과인 [1×1] 행렬, 즉 상수를 산출한다. 이 상수가 바로 포트폴리오의 분산이다.

① =MMULT(A,B)는 행렬 A와 행렬 B의 곱을 구하는 함수이다. 두 행렬 A와 B를 곱하기 위해서는 행렬 A의 열의 수와 행렬 B의 행의 수가 같아야 한다. 예를 들어, 여기서 A가 [3×2] 행렬이고, B가 [2×4] 행렬이면 A의 열의 수와 B의 행의 수가 2로 같으므로 두 행렬의 곱이 가능하고, =MMULT(A,B)의 결과는 [3×4] 행렬이 된다. =MMULT 함수를 이용해 두 행렬을 곱한 결과를 산출하기 위해서는 결과가 산출될 셀 범위를 마우스로 선택한 후 =MMULT(A,B)를 입력하고, [Ctrl]+[Shift]+[Enter]를 누른다.[15] 그러면 선택한 셀 범위에 두 행렬을 곱한 결과가 나타난다.

② 행이 하나인 행렬을 **행벡터(row vector)**라 부르고, 열이 하나인 행렬을 **열벡터(column vector)**라고 부른다. 예를 들어, 행렬 A가 1×3 행렬이면 행벡터라 부르고, 행렬 B가 4×1 행렬이면 열벡터라 부른다.

행벡터(row vector)
열벡터(column vector)
=TRANSPOSE

15) [Ctrl]+[Shift]+[Enter]를 누르면 =MMULT 함수 식 주변에 중괄호 { }가 자동적으로 생기게 된다.

③ **=TRANSPOSE**는 행벡터(row vector)를 열벡터(column vector)로 변화시키거나 반대로 열벡터(column vector)를 행벡터(row vector)로 변환시키는 함수이다. 행렬 A가 [3×1]이고, 행렬 B가 [3×3]일 경우, =MMULT(A,B)는 에러 값을 산출한다. 반면, =MMULT(TRANSPOSE(A),B)는 [1×3] 행렬을 만들어준다.

때때로 포트폴리오의 위험을 나타내는 수치로 분산보다는 표준편차를 선호하기도 하는데, 그 이유는 표준편차의 단위가 수익률의 단위와 같아 직관적으로 이해하기 쉽기 때문이다. 셀 A28에 =SQRT(A26)를 입력하여 포트폴리오 수익률의 표준편차를 구하였다. 당연히 분산을 최소화하는 것과 표준편차를 최소화 하는 것은 마찬가지 결과를 가져온다.

이제 해 찾기를 이용하여 최적의 포트폴리오 구성비율을 구하기 위해 [그림 6-11]과 같이 해 찾기 매개변수 대화상자에 목적함수, 의사결정변수, 제약조건을 입력하고, 해법으로는 비선형계획모형의 일반적 해법인 GRG 비선형을 선택하고 해 찾기를 실행한다.

그림 6-11

해 찾기 매개변수 대화상자

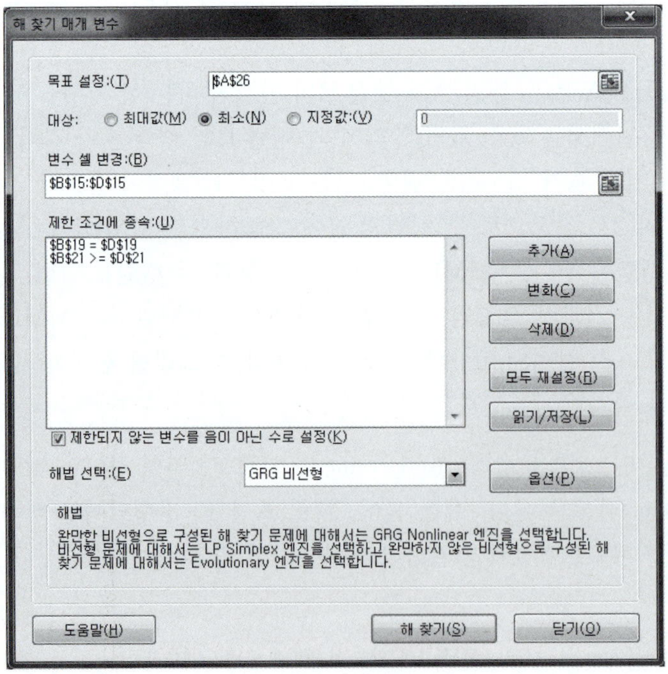

[그림 6-12]는 해 찾기 결과를 보여주고 있다. 주식 1과 주식 3에 투자금액의 50%씩을 투자하고, 주식 2에는 투자하지 않는 것이 가장 좋은 포트폴리오 구성 방안임을 보여준다. 이때 포트폴리오의 기대 수익률은 최소 요구값인 12%가 되고, 포트폴리오의 표준편차는 12.17%로 나타남을 알 수 있다. 과연 우리가 해 찾기를 이용해 구한 이 해는 최적해일까? 모형의 목적함수가 볼록함수이고, 모든 제약조건이 선형이므로 GRG 해법은 이 모형의 최적해를 구했다고 확신할 수 있다.

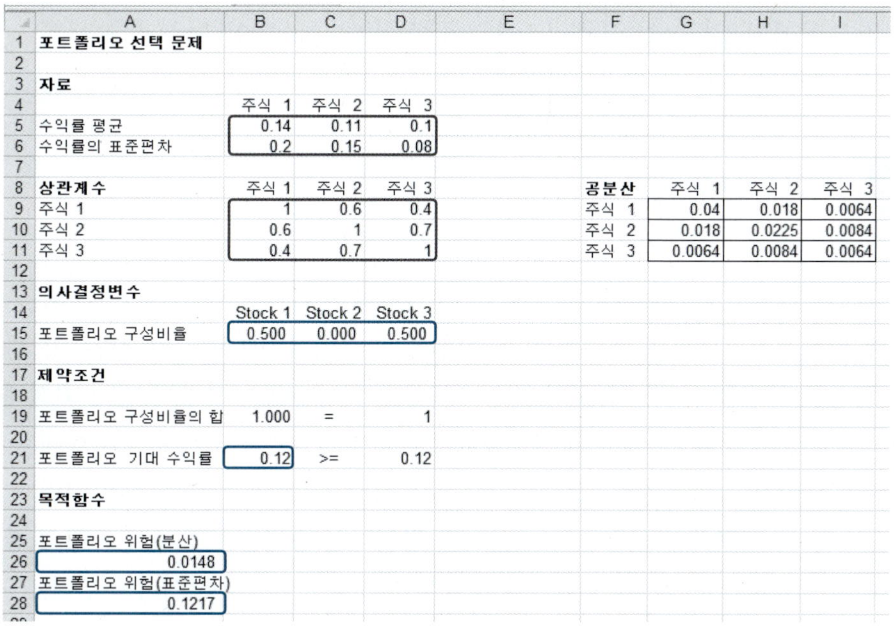

	A	B	C	D	E	F	G	H	I
1	포트폴리오 선택 문제								
2									
3	자료								
4		주식 1	주식 2	주식 3					
5	수익률 평균	0.14	0.11	0.1					
6	수익률의 표준편차	0.2	0.15	0.08					
7									
8	상관계수	주식 1	주식 2	주식 3		공분산	주식 1	주식 2	주식 3
9	주식 1	1	0.6	0.4		주식 1	0.04	0.018	0.0064
10	주식 2	0.6	1	0.7		주식 2	0.018	0.0225	0.0084
11	주식 3	0.4	0.7	1		주식 3	0.0064	0.0084	0.0064
12									
13	의사결정변수								
14		Stock 1	Stock 2	Stock 3					
15	포트폴리오 구성비율	0.500	0.000	0.500					
16									
17	제약조건								
18									
19	포트폴리오 구성비율의 합	1.000	=	1					
20									
21	포트폴리오 기대 수익률	0.12	>=	0.12					
22									
23	목적함수								
24									
25	포트폴리오 위험(분산)								
26	0.0148								
27	포트폴리오 위험(표준편차)								
28	0.1217								

그림 6-12

해 찾기 결과

한편, 모형의 최적해는 우리의 직관과 일치하는지 살펴보자. 주식 1, 2, 3의 기대 수익률과 표준편차를 보면 주식의 위험도는 주식 1, 2, 3 순으로 작아짐을 알 수 있다. 포트폴리오의 위험을 최소화 하는 측면에서 보면, 주식 1은 기대 수익률은 가장 높지만 위험도 가장 커 포트폴리오로 선택되지 않을 것 같은 생각도 든다. 하지만 최적해를 보면 가장 위험도가 높은 주식 1과 가장 위험도가 낮은 주식 3은 선택된 반면, 중수익, 중위험의 주식 2는 선택되지 않았음을 알 수 있다. 이러한 결과가 나온 이유는 포트폴리오 선택에 있어 주식 간의 수익률 상관계수가 중요한 역할을 했기 때문이다. 단지 개별 주식의 기대수익률과 분산(표준편차)만을 독립적으로 고려해 포트폴리오를 구성하는 것은 우리의 기대와는 달리 열등한 결과를 유도할 수 있음을 이 예제는 보여주고 있다.

한편, 주식 1, 2, 3 각각의 수익률이 개략적으로 정규분포를 한다면, 포트폴리오의 수익률도 정규분포와 유사해질 것이다. 따라서 정규분포의 특성에 따라 포트폴리오의 수익률이 기대 수익률을 중심으로 ±1개의 표준편차 범위 내에 존재할 확률은 68% 정도가 되고, ±2개의 표준편차 범위 내에 존재할 확률은 95% 정도가 된다. 그러면 포트폴리오의 수익률이 음의 값을 가질 가능성은 얼마나 될까? 포트폴리오의 기대 수익률은 12%이고, 표준편차는 12.17%이므로 이 포트폴리오가 손실을 가져올 가능성은 거의 16%[16]에 가깝다고 볼 수 있다.

6.7 유전자 해법

유전자 해법(GA: genetic algorithm)
탐색적인 방법
좋은 해(good solutions)

유전자 해법(GA: genetic algorithm)은 생명체의 진화과정(evolution process)을 이용해 비선형계획모형을 해결하는 방법이다. 비선형계획모형의 목적함수가 완만한 곡선의 형태를 이루는 볼록함수나 오목함수일 경우에는 모형의 전체 최적해를 찾는 것이 가능하다. 하지만 비선형계획모형의 목적함수가 비연속적인 형태를 갖는다면 일반적인 비선형계획모형의 해법으로 전체 최적해를 찾는 것이 어렵게 된다. 이 경우, 최적해를 보장하지는 않지만 **탐색적인 방법**을 이용해서 모형의 **좋은 해(good solutions)**를 찾게 되는데, 이 탐색적 방법을 유전자 해법이라고 한다.

수량할인(quantity discount)

예를 들어, [그림 6-13]은 **수량할인(quantity discount)** 문제를 나타내고 있다. 제품 주문량에 따라 비연속적으로 달라지는 총비용(주문비용+재고유지비용)의 세 가지 함수 형태를 보여주고 있다. 이 문제의 경우, 총비용을 최소화 할 수 있는 최적 주문량이 무엇인지를 결정하기 위해 기존의 GRG(generalized reduced gradient) 해법을 사용하게 되면 의사결정변수의 초기해가 무엇이냐에 따라 해를 잘못 도출할 위험이 있다. 만일 초기해가 점 B의 오른쪽에서 시작한다면 전체 최적해를 찾을 수 있지만, 초기해가 점 B나 점 A의 왼쪽에서 시작하게 되면 지역 최적해에 머무를 수 있기 때문이다. 모형에 IF, MAX, MIN, ABS[17] 등이 포함되는 경우, 목

16) (1−0.68)÷2=0.16

17) =ABS(값) 함수는 해당 값의 절대값을 구하는 함수이다.

적합수는 보통 [그림 6-13]과 같이 의사결정변수의 값에 따라 단절된 모양을 취하게 된다.

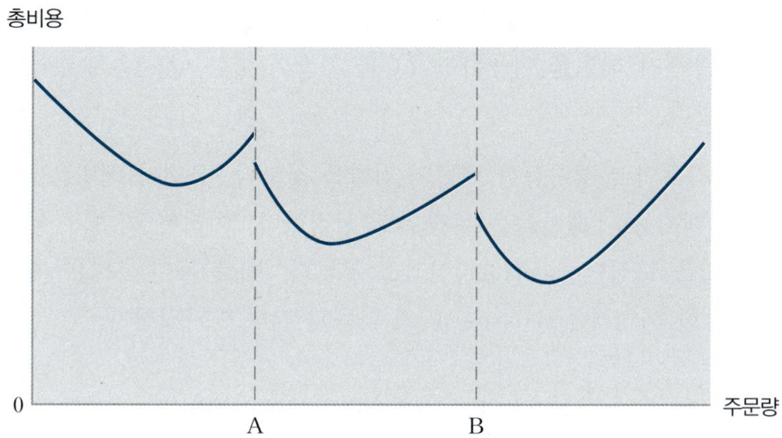

그림 6-13

비연속적인 형태의 목적함수

적합함수(fitness function)
염색체(chromosome)

적자생존, 돌연변이와 같은 자연계의 진화과정은 비연속적인 형태의 목적함수를 갖는 모형의 해를 찾는데 효과적임이 알려졌는데, 이 방법은 생태계의 진화과정을 이용했다고 해서 유전자 해법이라는 이름으로 불리게 되었다. 유전자 해법은 탐색적 해법으로 모형의 실행가능지역에서 생명체의 진화과정과 유사한 방법으로 해를 이동시키면서 최적해를 모색하는 방법이다. 유전자 해법에서 모형의 목적함수는 **적합함수(fitness function)**라고 부르고, 실행가능한 대안은 **염색체(chromosome)**라고 부른다. 대부분의 문제에서 유전자 해법은 의사결정변수의 값을 이진수로 표시한다. 예를 들어, 이진수 1001은 십진수로는 다음과 같이 표현된다.

$$1001=1(2^3)+0(2^2)+0(2^1)+1(2^0)=8+1=9$$

1 유전자 해법의 문제 해결 과정

유전자 해법이 어떻게 문제를 해결하는지 간단한 예를 들어 설명해 보자. 어느 스마트폰 제조업체에서는 주요 부품 두 가지를 외부에서 주문하는데, 각 제품을 얼마나 주문하는 것이 좋을지 결정하고자 한다. 수량할인이 적용되어 주문비용과 재고유지비용을 합한 총비용은 [그림 6-13]과 같이 주문량에 따라 비연속적인 함수 형태를 한다고 가정하자. 물론 제품이 두 개이므로 총비용은 [그림 6-13]보다는 훨씬 복잡한 형태를 보일 것이다. 문제의 단순화를 위해 우리가 최소화하고자 하는 총비용은 두 제품의 주문량인 Q_1과 Q_2의 조합에 따른 함수, $TC(Q_1, Q_2)$로 표현되고, 각 제품의 주문량 Q_1과 Q_2는 0 이상 500 이하라고 가정하자. 이런 문제 상황에서 유전자 해법을 이용하여 TC를 최소화 하는 Q_1, Q_2의 값을 찾는 과정은 다음과 같다.

모집단(population)

[단계 1] 최초의 실행가능한 해들의 집합을 찾는다. 유전자 해법은 처음 적어도 50개의 실행가능한 대안들을 무작위로 선정한다. 이러한 최초의 실행가능한 대안들의 집합을 **모집단(population)**이라고 부른다. 예를 들어, 모집단에 속한 두 가지 실행가능한 해(염색체, chromosome)가 다음과 같다고 가정하자.

염색체 1 $= (Q_1, Q_2) = (100, 400) = (001100100, 110010000)$
염색체 2 $= (Q_1, Q_2) = (300, 200) = (100101100, 011001000)$

여기서, Q_1과 Q_2의 범위인 0에서 500까지의 모든 수치는 9개의 이진수로 표현될 수 있다(참고: 2^8=256, 2^9=512).

세대(generation)
교배(crossover)
돌연변이(mutation)

[단계 2] 새로운 **세대(generation)**를 창조한다. 해를 개선할 수 있는 새로운 염색체들의 세대를 만든다. 한 세대에서 목적함수(적합함수)의 값을 향상시키는(최소화 문제에서는 목적함수의 값을 작게 하고, 최대화 문제에서는 목적함수의 값을 크게 하는) 염색체(실행가능한 대안)는 다음 세대에도 살아남을 가능성이 커지고, 그렇지 못하는 염색체는 다음 세대에는 살아남을 가능성이 희박해 진다. 예를 들어, 단계 1에서 최초의 모집단을 구성한 염색체들 중 염색체 1은 목적함수(적합함수) 값을 100으로 만들고, 염색체 2는 목적함수(적합함수) 값을 150으로 만든다면, 더 낮은 비용을 산출하는 염색체 1이 다음 세대에 살아남을 가능성이 크게 된다. 다음 세대의 염색체는 현 세대에서 염색체끼리의 **교배(crossover)**와 **돌연변이(mutation)**에 의해 만들어진다.

▶ **교배**란 두 염색체를 미리 지정한 지점에서 함께 엮는 것을 말한다. 예를 들어, 단계 1의 염색체 1과 2를 교배하는데, 교배 지점은 이진수로 표현된 값의 오른쪽에서 네 번째와 다섯 번째 수치 사이로 하면, 두 염색체의 교배로부터 새로운 세대의 염색체는 다음과 같이 탄생한다.

새로운 염색체 1 = (Q_1, Q_2) = (100100100, 011000000) = (292, 192)
새로운 염색체 2 = (Q_1, Q_2) = (001101100, 110011000) = (108, 408)

새로운 염색체 1의 Q_1 값은 원래 염색체 2의 Q_1 값 왼쪽 다섯 개의 수치 10010과 원래 염색체 1의 Q_1 값 오른쪽 네 개의 수치 0100의 결합으로 이루어졌음을 알 수 있다. 새로운 염색체의 다른 값도 마찬가지 방법으로 교배된 것이다. 교배는 새로운 세대의 염색체를 만드는데 보통 사용된다.

▶ **돌연변이**란 교배와 같이 이전 염색체들의 정상적 결합을 통해 새로운 염색체가 만들어지는 것이 아니라 말 그대로 비정상적으로 염색체가 나타나는 현상으로, 염색체를 구성하는 이진수 하나를 무작위로 선택해 그것을 반대로 바꾸어(1을 0으로 또는 0을 1로) 새로운 염색체를 만들어낸다. 예를 들어, 단계 1의 염색체 2의 Q_1 값의 맨 왼쪽 수치에 돌연변이를 일으키면, 새로운 세대의 염색체 2의 Q_1 값은 '000101100'이 되어 십진수로는 '44'가 된다. 즉, 염색체에 돌연변이가 적용되어 새로운 염색체가 만들어지면, 이 염색체는 실행가능지역의 전혀 다른 곳으로 우리를 인도하여 해의 급격한 향상을 이룰 수 있다. 즉, 가끔씩 나타나는 돌연변이 현상은 특정 지역에 해가 머무르지 않도록 하는 유용성이 있다.

[단계 3] 유전자 해법의 종료이다. 유전자 해법에 의해 각 세대에서 가장 좋은 목적함수(적합함수) 값을 산출하는 염색체가 기록되고, 다시 새로운 세대의 염색체들이 만들어진다. 새로운 세대들이 계속 만들어졌음에도 불구하고 목적함수의 값이 더 이상 향상되지 않으면 유전자 해법은 멈추게 된다.

제약조건의 추가 만일 예제에서 두 제품의 주문량을 합해 600을 초과할 수 없다는 제약조건($Q_1 + Q_2 \leq 600$)이 추가되었다고 가정하자. 그러면 최소화 문제에서는 목적함수에 $M(Q_1 + Q_2 - 600)$이라는 **벌칙 항(penalty term)**을 추가하고 해를 구한다.[18] 여기서 M은 매우 큰 양수를 나타낸다. 따라서 어떤 염색체가 $Q_1 + Q_2 \leq 600$이라는 조건을 만족시키지 않으면, 이는 목적함수 값을 매우 크게 만들게 되므로 목적함수를 최소화 하는 관점에서 이 염색체는 바람직하지 않은 염색체가 되어 배제되도록 한다.

벌칙 항(penalty term)

18) 최대화 문제에서는 목적함수에서 벌칙 항을 뺀다.

2 유전자 해법의 특징

① 시간적 측면

유전자 해법을 이용해서 매우 많은 세대의 염색체를 만들게 되면 어떠한 최적화 문제도 해결할 수 있는 장점이 있다. 하지만 최적해를 찾기 위해서는 매우 많은 시간을 소비해야 하는 단점도 있다. 유전자 해법을 얼마 동안 실행해야 최적해를 찾을 수 있는지는 아무도 모른다. 하지만 지금까지 우리가 이용했던 심플렉스 해법이나 GRG 해법에 비해 모형을 푸는데 많은 시간이 소요되는 것은 사실이다. 문제의 크기와 컴퓨터의 성능에 따라 유전자 해법으로 문제를 해결하는 시간은 달라질 수 있으나 비교적 간단한 모형의 경우에도 몇 분 정도의 시간이 걸리는 것이 보통이다.

진화 해법(evolutionary algorithm)
최적해(optimal solution)
좋은 해(good solution)

따라서 해 찾기에서 유전자 해법(해 찾기에서는 **진화 해법, evolutionary algorithm**이라고 부름)을 이용해 모형의 해를 찾을 때에는 몇 분 정도 해법을 실행한 후 발견한 해를 '좋은' 해로 간주하면 된다. 여기서 유의해야 할 점은 여러분이 유전자 해법을 통해 찾은 해가 최적해라는 보장은 없다는 것이다. 하지만 해의 향상이 더 이상 이루어지지 않는 시점에서 구한 해는 **최적해(optimal solution)**에 가까운 **좋은 해(good solution)**로서의 역할을 할 수 있다.

② 모형의 구조 측면

일반적으로 유전자 해법은 제약조건이 적으면 적을수록 해를 잘 찾는 특징이 있다. 유전자 해법에서 의사결정변수의 상한값이나 하한값의 설정은 제약조건에 포함되지 않는다. 따라서 제약조건이 많은 문제의 경우 유전자 해법은 좋은 성능을 발휘하지 못한다. 예를 들어, 선형계획모형의 경우, 매우 많은 제약조건이 있더라도 심플렉스 해법은 매우 효율적으로 단시간 내에 최적해를 찾는다. 동일한 문제를 유전자 해법으로 풀게 되면 아마 훨씬 많은 시간을 보내야 할 것이다. 하지만 모형의 목적함수가 어떠한 형태를 취하더라도 유전자 해법은 모형의 '좋은' 해를 찾아주는 장점을 갖는다. 앞서도 언급했듯이 유전자 해법은 IF, MIN, MAX, ABS 등을 포함한 복잡하고 비연속적인 형태의 함수도 다룰 수 있는 장점이 있다. 이것이 다른 해법과 비교해서 유전자 해법이 우리에게 제공하는 가장 큰 혜택이라 할 수 있다.

3 유전자 해법의 적용

해 찾기를 이용해 유전자 해법을 비선형계획모형에 적용하는 과정에 대해 학습해 보자. 엑셀의 해 찾기에서는 **GRG 비선형**, **단순 LP**(Simplex), **Evolutionary**(유전자 해법) 등 세 가지 해법을 이용할 수 있다. 이 중 비선형계획모형을 해결하는 데는 GRG와 Evolutionary 해법을 사용한다. 일반적으로 GRG 해법은 목적함수가 연속성을 갖는 봉우리가 하나인 비선형 함수(볼록함수 또는 오목함수)의 해를 찾는데 사용되고, 유전자 해법은 목적함수가 비연속적이거나 봉우리가 여러 개인 비선형 함수의 해를 찾는데 사용한다.

GRG 비선형
단순 LP(Simplex)
Evolutionary(유전자 해법)

유전자 해법을 이용해 비선형계획모형을 푸는 과정을 설명하기 위해 비선형계획모형의 지역 최적해와 전체 최적해의 비교를 위해 사용했던 다음의 예제를 다시 고려해 보자.

예제 — $MAX\ f(x)=(x-1)(x-2)(x-3)(x-4)(x-5)$

$s.t.\ \ x\geq 1$

$x\leq 5$

위 모형의 목적함수는 [그림 6-14]와 같은 봉우리가 여러 개인 연속적인 비선형 함수 형태를 보이고 있다. 제약조건은 두 개로 의사결정변수가 취할 수 있는 값의 하한선과 상한선을 나타내고 있다.

[그림 6-14]를 보면 위 문제의 전체 최적해는 $x=1$과 $x=2$ 사이에서 발생하지만, 지역 최적해는 $x=3$와 $x=4$ 사이에서도 발생함을 알 수 있다. 이렇게 봉우리가 여러 개인 비선형계획모형의 경우, GRG 해법은 의사결정변수 x의 초기값을 무엇으로 하느냐에 따라 전체 최적해가 아닌 지역 최적해에 머무르게 할 위험이 있음은 앞서 실험을 통해 설명한 바 있다.

그림 6-14

봉우리가 여러 개인 연속적인 비선형 함수

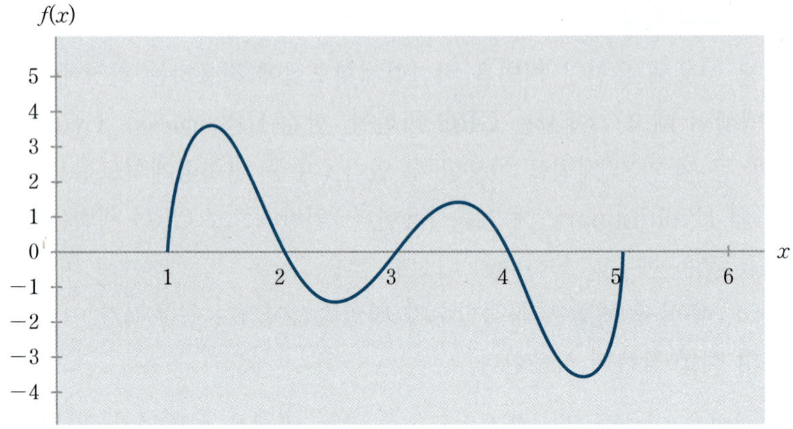

이제 이 문제를 유전자 해법(Evolutionary)을 이용해서 해결해 보자. [그림 6-15]는 해 찾기 매개변수 대화상자에서 유전자 해법을 선택한 화면이다. 의사결정변수 x의 초기값은 '3'으로 설정하였다. 유전자 해법을 선택한 후, 해 찾기를 실행하면 화면 좌측 하단이 깜빡거리면서 계산이 진행되는 것을 감지할 수 있을 것이다. 한 20초 후에 키보드의 [Esc]를 눌러보라. 그러면 [그림 6-16]과 같이 '중간 해 표시'라는 창이 뜨면서 해 찾기가 멈추어지고 그때까지 유전자 해법이 찾은 가장 좋은 해가 [그림 6-17]과 같이 제공된다.

그림 6-15

유전자 해법의 선택

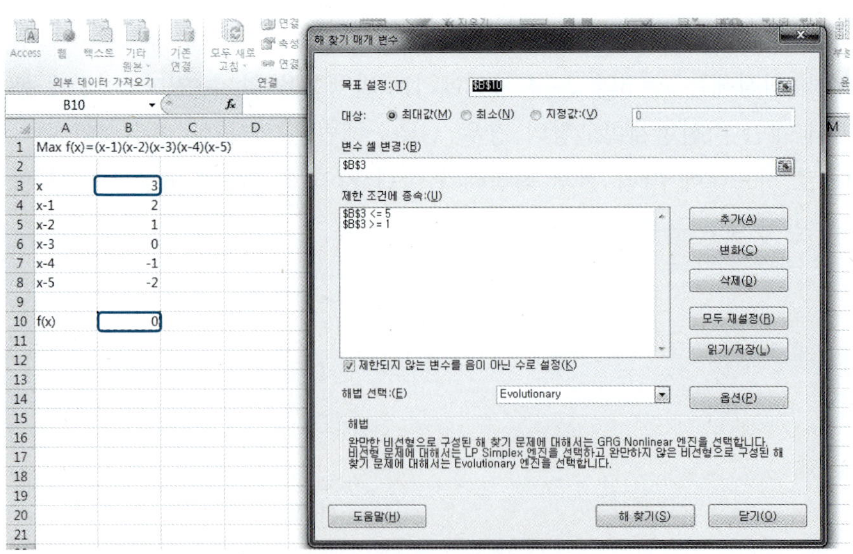

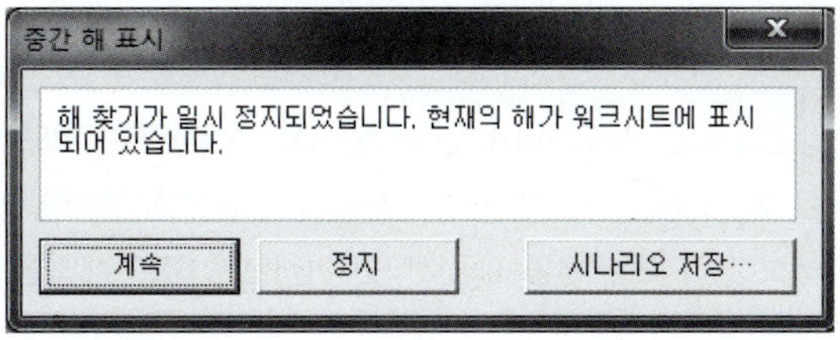

그림 6-16

유전자 해법의 중간 해 표시

목표 셀 (최대값)

셀	이름	계산 전의 값	계산 값
$B$10	f(x)	0	3.631432208

변수 셀

셀	이름	계산 전의 값	계산 값	정수
$B$3	x	3	1.355567136	Contin

제한 조건

셀	이름	셀의 값	수식	상태	조건과의 차
$B$3	x	1.355567136	$B$3<=5	부분적 만족	3.644432864
$B$3	x	1.355567136	$B$3>=1	부분적 만족	0.355567136

그림 6-17

유전자 해법의 해

여기서 눈여겨볼 점은 변수 셀(의사결정변수)의 초기값을 '3'으로 설정했지만 유전자 해법은 GRG 해법과는 달리 지역 최적해에 머무르지 않고 $x=1.355567$, $f(x)=3.631432$라는 전체 최적해를 찾은 것이다. 즉, 유전자 해법은 초기해에 상관없이 전체 최적해를 구할 수 있는 장점이 있다. 하지만 해를 찾는 속도는 GRG 해법에 비해 느리며, 또 일정 시간 후에 우리가 찾은 해가 최적해가 되리라 보장할 수 없는 단점이 있다. 하지만 유전자 해법을 이용해 일단 중간 해를 구한 후, 다시 일정 시간동안 개선된 해를 찾도록 해 찾기를 진행해 보라. 만일 지금의 해가 이전의 해와 동일하다면 우리는 최적해에 근사한 해를 찾았다고 이야기할 수 있다.

TIP

목적함수가 여러 개의 봉우리를 가지거나 비연속적인 형태인 비선형계획모형의 해를 유전자 해법을 이용해 일단 구한 후, 그 해를 초기해로 하여 GRG 해법을 적용해보라. 만일 GRG 해법이 유전자 해법이 제공한 해보다 더 나은 해를 제공했다면 여러분은 GRG 해법을 이용해 전체 최적해를 구한 것으로 생각해도 좋다. 해가 향상되지 않는다면 여러분이 유전자 해법을 이용해 얻은 해는 거의 전체 최적해에 가깝다고 확신해도 좋다.

4 해 찾기 진화 해법의 옵션

진화(Evolutionary) 해법

해 찾기에서 유전자 해법은 **진화(Evolutionary) 해법**이라고 불리는데, 해 찾기 매개변수 대화상자에서 해법으로 'Evolutionary'을 선택한 후, 옵션 버튼을 누르면 [그림 6-18]과 같은 Evolutionary 옵션 대화상자를 볼 수 있다. 일반적으로 유전자 해법을 이용해 모형의 해를 구할 때는 대화상자의 기본값(defaults)을 그대로 이용해도 무방하다. 대화상자의 각 항목을 설명하면 다음과 같다.

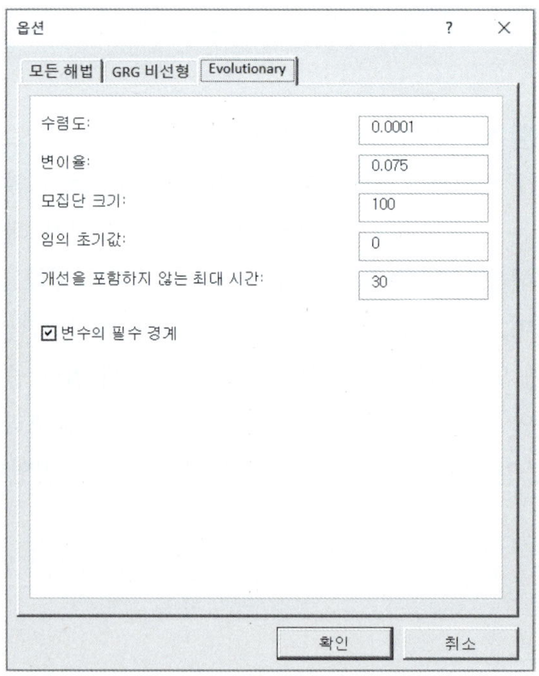

그림 6-18

Evolutionary 옵션 대화상자

- **수렴도**(convergence): 목적함수 값의 변화율 단위를 나타내는 수치이다. 기본값을 그대로 이용하면 된다.

수렴도(convergence)

- **변이율**(mutation rate): 변이율은 돌연변이의 빈도를 관장한다. 돌연변이는 너무 빈번하게 발생해서는 그 의미를 잃는다. 돌연변이가 발생함으로써 유전자 해법은 실행가능지역에서 기존 대안(염색체)들과는 전혀 다른 곳으로 해를 이동시킴으로써 새로운 해를 탐색한다. 기본값인 0.075로 그대로 이용해도 무방하나, 변이율을 0.25로 변화시켰을 때 더 성공적인 경우도 보고되고 있다.

변이율(mutation rate)

- **모집단 크기**(population size): 한 세대에서 실행가능한 해(염색체)의 개수이다. 기본값 100을 그대로 이용하거나 경험상 150까지 증가시켜도 무방하다. 한 세대에서 염색체는 교배와 변이에 의해 무작위로 만들어지나 초기 모집단은 우리가 엑셀 기본모형에서 설정한 초기해를 포함한다.

모집단 크기(population size)

- **임의 초기값**(random seed): 유전자 해법은 무작위로 해를 탐색한다. 임의 초기값이란 무작위적인 탐색의 기준이 되는 값으로 이 값이 달라지면 동일한 문제에 대한 해도 조금씩 달라진다. 임의 초기값은 어떠한 정수값도 취할 수 있는데, 보통 기본값을 그대로 이용한다.

임의 초기값(random seed)

- **개선을 포함하지 않는 최대 시간**(max time w/o improvement): 유전자 해법을 멈추게 하는 기준이 되는 시간(단위: 초)이다. 이 시간동안 해가 향상되지 않으면(목적함수 값이 향상되지 않으면) 해법은 해의 탐색을 멈추고 현재의 해를 최적해로 간주한다. 기본값을 그대로 이용한다. 물론 사용자가 최대 시간을 증가할 수는 있으나 해가 향상되지 않는 상태에서 해법을 긴 시간 동안 가동시키는 결과를 초래할 수 있다.

개선을 포함하지 않는 최대 시간(max time w/o improvement)

- **변수의 필수 경계**(require bounds on variables): 의사결정변수가 취할 수 있는 값의 상한선과 하한선이 있는 경우에 선택한다. 의사결정변수의 구체적인 상한선이나 하한선이 없더라도 의사결정변수의 값은 보통 비음인 경우가 많으므로 이 옵션을 체크한다. 옵션을 체크한 후, 해의 효율적 탐색을 위해 의사결정변수의 상한값과 하한값을 제약조건으로 추가하는 것을 추천한다.

변수의 필수 경계(require bounds on variables)

6.8 유전자 해법의 적용 사례

1 복점 공모 문제(collusive duopoly model)

복점구조(duopoly)

어떤 제품에 대해 **복점구조(duopoly)**를 갖는 두 회사 A와 B가 있다고 하자. 복점구조란 시장에 두 회사의 제품만 존재하는 경우를 말한다. 복점구조에서 각 회사가 X개의 제품을 생산하는데 드는 비용은 aX^b로 나타낼 수 있다. 즉, 회사 A가 X_A개의 제품을 생산하는 데는 aX_A^b의 비용이 들고, 회사 B가 X_B개의 제품을 생산하는 데는 aX_B^b의 비용이 든다. 이 경우 시장에서의 소비자의 제품구입가는 단위당 $c-d(X_A+X_B)$라고 한다. 여기서 상수 a, b, c, d는 임의의 수치이다.

> **예제** 복점구조를 갖는 두 회사 A와 B의 제품 생산비용이 구체적으로 다음과 같다고 하자. 회사 A가 X_A개의 제품을 생산하는 데는 X_A^2의 비용이 들고, 회사 B가 X_B개의 제품을 생산하는 데는 $0.5X_B^2$의 비용이 든다. 두 회사에서 생산된 제품의 양에 따라 소비자들의 제품구입가는 결정되는데, 제품구입가는 이제 단위당 $200-(X_A+X_B)$이 된다. 두 제조업체가 자신들의 이윤의 합을 극대화하고자 공모한다면 각 회사는 제품을 얼마큼씩 생산해야 하는가?

위 문제에서 의사결정변수는 회사 A와 B의 제품 생산량으로 다음과 같이 정의하자.

X_A: 회사 A의 제품 생산량
X_B: 회사 B의 제품 생산량

그러면 목적함수는 두 회사 이윤의 합이므로 다음과 같이 나타낼 수 있다.

MAX 두 회사 이윤의 합
= 두 회사의 수입 - 두 회사의 비용
= (복점 판매가×두 회사의 생산량) − 두 회사의 생산비용의 합
$= [200-(X_A+X_B)](X_A+X_B) - (X_A^2+0.5X_B^2)$

제약조건으로는 단위당 제품구입가 $200-(X_A+X_B)$는 비음이어야 하므로 $X_A+X_B \le 200$이다.

따라서 완성된 비선형계획모형은 다음과 같다.

$$\begin{aligned} MAX \ & [200-(X_A+X_B)](X_A+X_B) - (X_A^2+0.5X_B^2) \\ s.t. \ & X_A+X_B \leq 200 \\ & X_A,\ X_B \geq 0 \end{aligned}$$

이제 위의 모형을 해 찾기를 이용해 해결해 보자.

해 찾기를 이용하기 위해 우리가 만든 엑셀 기본모형은 [그림 6-19]와 같다.

	A	B	C	D	E	F
1	복점 공모 문제					
2						
3	생산비용 파라미터 a, b의 값					
4						
5		회사 A	회사 B			
6	a	1	0.5			
7	b	2	2			
8						
9	단위당 제품구입가 파라미터 c, d의 값					
10						
11	c	200				
12	d	1				
13						
14	각 회사의 생산량(의사결정변수)					
15		회사 A	회사 B	생산량 합		
16		0	0	0		
17						
18	총수입	₩0				
19	총비용	₩0				
20	이윤의 합(목적함수)	₩0				

그림 6-19

복점 공모 문제의 엑셀 기본모형

[그림 6-19]를 보면 복점 공모 문제의 파라미터 값들이 입력되어 있고, 각 회사의 생산량을 변수 셀(의사결정변수)로 지정하여 초기값을 '0'으로 설정하였다. 수리적 모형에 따라 셀 D16에는 =SUM(B16:C16)을 입력하여 두 회사 생산량의 합을 나타냈다. 셀 B18에는 =(B11-B12*D16)*D16을 입력하여 총수입을 나타냈고, 셀 B19에는 =B6*B16^B7+C6*C16^C7을 입력하여 총비용을 나타냈다. 그리고 목표 셀인 B20에는 =B18-B19을 입력하여 목적함수인 이윤을 나타냈다.

해 찾기에서 GRG 해법을 선택하여 모형의 최적해를 구한 결과는 [그림 6-20]과 같다. 모형의 목적함수는 두 가지 의사결정변수에 대해 모든 항이 이차식인 오목함수 형태를 취하고,[19] 제약조건은 선형이므로 모형은 **이차계획모형(quadratic**

이차계획모형(quadratic programming models)

19) 본 장의 익힘문제에서 복점 공모 문제의 목적함수가 오목함수임을 6.3절의 내용을 이용해 확인하라.

programming models)의 범주에 속한다. 따라서 GRG 해법을 이용해 전체 최적해를 구할 수 있다.

그림 6-20

GRG 해법을 이용해 구한 최적해

	A	B	C	D	E	F
1	복점 공모 문제					
2						
3	생산비용 파라미터 a, b의 값					
4						
5		회사 A	회사 B			
6	a	1	0.5			
7	b	2	2			
8						
9	단위당 제품구입가 파라미터 c, d의 값					
10						
11	c	200				
12	d	1				
13						
14	각 회사의 생산량(의사결정변수)					
15		회사 A	회사 B	생산량 합		
16		25	50	75		
17						
18	총수입	₩9,375				
19	총비용	₩1,875				
20	이윤의 합(목적함수)	₩7,500				

위의 복점 공모 문제에서 두 회사는 자신들의 이윤의 합을 극대화하기 위해 회사 A는 해당 제품을 25단위, 회사 B는 50단위를 생산하는 것이 최적임을 알 수 있다. 위의 복점 공모 문제는 복점구조를 갖는 두 회사의 역량과 시장 상황에 맞게 파라미터 값을 변화시킴으로써 다양한 복점 공모 문제에 응용할 수 있다.

그림 6-21

유전자 해법을 이용해 구한 해

	A	B	C	D	E	F
1	복점 공모 문제					
2						
3	생산비용 파라미터 a, b의 값					
4						
5		회사 A	회사 B			
6	a	1	0.5			
7	b	2	2			
8						
9	단위당 제품구입가 파라미터 c, d의 값					
10						
11	c	200				
12	d	1				
13						
14	각 회사의 생산량(의사결정변수)					
15		회사 A	회사 B	생산량 합		
16		25	50	75		
17						
18	총수입	₩9,375				
19	총비용	₩1,875				
20	이윤의 합(목적함수)	₩7,500				

이제 동일한 문제를 유전자 해법을 이용해 해결해 보자. [그림 6-21]은 유전자 해법을 이용해 모형의 해를 구한 결과를 보여주고 있다.

GRG 해법을 이용했을 때와 동일한 해를 산출하므로 두 해법의 해 모두 최적해임을 알 수 있다. 다른 점은 GRG 해법을 이용했을 때 최적해는 순식간에 구해진 반면, 유전자 해법을 이용했을 때의 해 찾는 시간은 GRG 해법보다 훨씬 많이 걸렸음을 두 해법이 산출한 해답 보고서를 보면 알 수 있다. [그림 6-22]는 두 해법의 해답 보고서를 비교한 것이다. 해답 보고서의 상단에 나타난 '해 찾는 시간'을 보면 GRG 해법의 경우는 최적해를 찾는 시간이 '0.032'초로 나타난 반면, 유전자 해법의 경우에는 '95.234'초가 걸렸음을 알 수 있다.

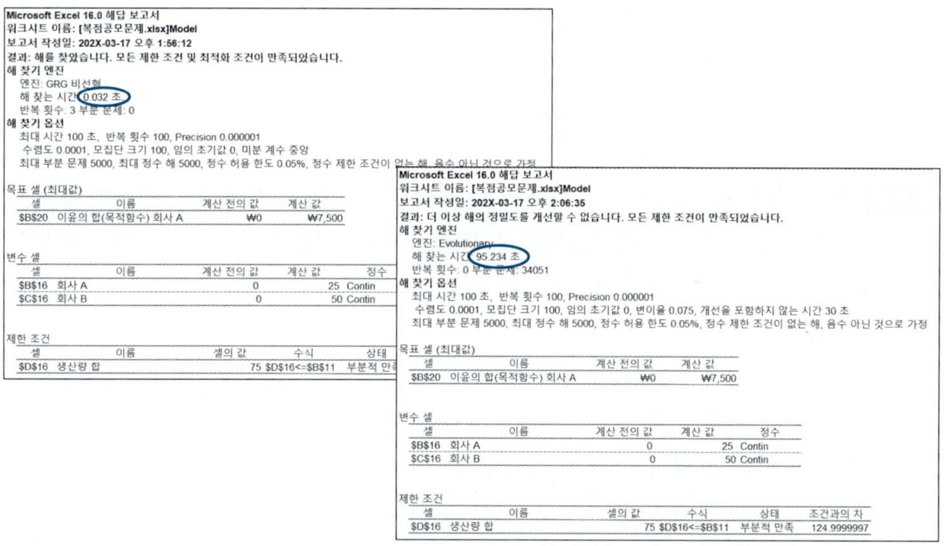

Microsoft Excel 16.0 해답 보고서
워크시트 이름: [복점공모문제.xlsx]Model
보고서 작성일: 202X-03-17 오후 1:56:12
결과: 해를 찾았습니다. 모든 제한 조건 및 최적화 조건이 만족되었습니다.
해 찾기 엔진
엔진: GRG 비선형
해 찾는 시간 0.032 초
반복 횟수: 3 부분 문제: 0
해 찾기 옵션
최대 시간 100 초, 반복 횟수 100, Precision 0.000001
수렴도 0.0001, 모집단 크기 100, 임의 초기값 0, 미분 계수 중앙
최대 부분 문제 5000, 최대 정수 해 5000, 정수 허용 한도 0.05%, 정수 제한 조건이 없는 해, 음수 아닌 것으로 가정

목표 셀 (최대값)

셀	이름	계산 전의 값	계산 값
$B$20	이윤의 합(목적함수) 회사 A	₩0	₩7,500

변수 셀

셀	이름	계산 전의 값	계산 값	정수
$B$16	회사 A	0	25	Contin
$C$16	회사 B	0	50	Contin

제한 조건

셀	이름	셀의 값	수식	상태
$D$16	생산량 합	75	$D$16<=$B$11	부분적 만

Microsoft Excel 16.0 해답 보고서
워크시트 이름: [복점공모문제.xlsx]Model
보고서 작성일: 202X-03-17 오후 2:06:35
결과: 더 이상 해의 정밀도를 개선할 수 없습니다. 모든 제한 조건이 만족되었습니다.
해 찾기 엔진
엔진: Evolutionary
해 찾는 시간 95.234 초
반복 횟수: 0 부분 문제: 34051
해 찾기 옵션
최대 시간 100 초, 반복 횟수 100, Precision 0.000001
수렴도 0.0001, 모집단 크기 100, 임의 초기값 0, 변이율 0.075, 개선을 포함하지 않는 시간 30 초
최대 부분 문제 5000, 최대 정수 해 5000, 정수 허용 한도 0.05%, 정수 제한 조건이 없는 해, 음수 아닌 것으로 가정

목표 셀 (최대값)

셀	이름	계산 전의 값	계산 값
$B$20	이윤의 합(목적함수) 회사 A	₩0	₩7,500

변수 셀

셀	이름	계산 전의 값	계산 값	정수
$B$16	회사 A	0	25	Contin
$C$16	회사 B	0	50	Contin

제한 조건

셀	이름	셀의 값	수식	상태	조건과의 차
$D$16	생산량 합	75	$D$16<=$B$11	부분적 만족	124.9999997

그림 6-22

GRG 해법과 유전자 해법의 해 찾는 시간 비교

따라서 비선형계획모형의 목적함수가 봉우리가 하나인 오목함수나 볼록함수로 표현되어 GRG 해법을 이용해도 전체 최적해를 구할 수 있는 경우에는 GRG 해법을 이용하는 것을 추천한다. 하지만 목적함수가 비연속적인 함수로 표현되고, 제약조건이 많지 않을 때는 유전자 해법을 이용하기를 추천한다.

2 매출반응함수의 파라미터 구하기

기업의 매출은 영업팀의 노력과 어떤 관계에 있을까? 매출을 *R*이라 하고, *E*를

매출반응함수(sales response function)

영업팀의 노력이라고 하면, 둘 사이의 관계는 적절한 상수 a, b, c, d를 갖는 다음의 식으로 표현할 수 있다고 한다. 이 식을 **매출반응함수(sales response function)**라고 한다.

$$R = a + \frac{(b-a)E^c}{d+E^c}$$

한계매출체감현상

매출반응함수는 일정 시점이 지난 후에는 **한계매출체감현상**, 즉 영업팀의 노력(E)이 한 단위 추가될 때 추가되는 매출(R)은 점점 작아지는 현상을 보인다. 즉, 긴 S자 형태의 곡선으로 나타나는 위의 함수는 처음에는 매우 완만한 형태로 출발하다가 어느 지점에 이르면 경사가 급해지고, 다시 경사가 완만해지는 모습을 보인다. 영업팀의 노력은 어떤 지점(critical point)을 지나야 매출 증대에 큰 폭으로 기여할 수 있음을 의미한다. 다음의 예제를 이용하여 매출반응함수의 파라미터 a, b, c, d의 적절한 값을 구해보자.

예제 한성자동차보험은 콜센터 직원들의 홍보 전화 수가 보험판매수입과 어떠한 관계가 있는지를 매출반응함수로 추정하고자 한다. 이 회사의 마케팅 담당 임원은 자신의 경험을 근거로 다음과 같은 다섯 가지의 전화 홍보 시나리오를 생각하고 있다.

1. 전화 홍보를 하지 않음
2. 전화 홍보를 현재 수준의 반으로 줄임
3. 전화 홍보를 현재 수준으로 유지함
4. 전화 홍보를 지금보다 50% 증가시킴
5. 전화 홍보를 최대한으로 증가시킴

다섯 가지 시나리오가 가져올 매출수준을 현재 수준을 100으로 하여 백분율(%)로 추정한 값은 다음 표와 같다. 현재의 홍보전화 수는 350,000통화이다.

〈전화홍보수준에 따른 매출 추정치〉

홍보전화 수(단위: 1,000통화)	매출 추정치
0	47
175	68
350	100
525	126
3500	152

표를 보면 홍보전화의 수를 현재 수준의 반으로 줄이게 되면 매출은 현재의 68%로 감소하고, 홍보전화의 수를 현재보다 50% 늘리면, 매출수준은 현재보다 26% 증가함을 알 수 있다. 또한 콜센터의 홍보전화 수를 최대 3,500,000통화로 증가시킬 경우, 매출 추정치는 현재보다 52% 증가하는데 그침을 알 수 있다. 즉, 홍보에 따른 매출반응함수는 S자 모습을 보임을 알 수 있다.

이제 마케팅 임원의 추정치를 가장 잘 지원해줄 수 있는 매출반응함수의 파라미터 값을 유전자 해법을 이용해 구해보자.

함수의 파라미터 값을 구하는 기준 관찰된 자료를 가장 잘 나타내는 함수의 파라미터 값을 구하는 일반적인 기준 세 가지로는 ① 예측오차(예측값과 실제값의 차이)의 제곱합(**SSE: sum of squared errors**)을 최소화 하는 방법(**최소자승법, least squares method**), ② 예측오차의 제곱평균(mean squared error)을 제곱근한 값(**RMSE: root mean squared error**)을 최소화 하는 방법, ③ 예측오차의 절대값의 평균, 즉 절대평균편차(**MAD: mean absolute deviation**)를 최소화 하는 방법이 있다.

SSE(sum of squared errors)
최소자승법(least squares method)
RMSE(root mean squared error)
MAD(mean absolute deviation)

본 예제에서는 매출반응함수의 파라미터 값을 구하는 기준 세 가지 모두를 이용해 그 결과를 비교해 보도록 한다.

위 문제에 대한 엑셀 기본모형은 [그림 6-23]과 같다.

그림 6-23

매출반응함수 문제의 엑셀 기본모형

	A	B	C	D	E	F
1	한성 자동차 보험					
2						
3	매출반응함수의 파라미터 값 구하기					
4	홍보전화 수가 E(단위: 천통)일 경우, 매출 R = a+(b-a)*E^c/(d+E^c)					
5						
6	파라미터	a	b	c	d	
7		40.000	150.000	2.500	800000.000	
8						
9	마케팅 임원의 추정치					
10		E(단위:천통)	임원의 매출 추정치	함수에 의한 추정치	오차	절대오차
11		0	47	40.000	7.000	7.000
12		175	68	76.979	-8.979	8.979
13		350	100	121.537	-21.537	21.537
14		525	126	137.632	-11.632	11.632
15		3500	152	149.879	2.121	2.121
16						
17	오차제곱합(SSE)	733.2858239				
18	RMSE	12.11020911				
19	절대평균편차(MAD)	10.254				

[그림 6-23]에서 셀 D11에는 =$B$7+($C$7−$B$7)*B11^$D$7/($E$7+B11^$D$7)을 입력하고, 이를 아래로 끌기 하여 D12:D15에 복사하였고, 셀 E11에는 =C11−D11을 입력하고 E12:E15에 복사하였다. 마찬가지로 셀 F11에는 =ABS(E11)을 입력하고 F12:F15에 복사하였다.

다음으로 파라미터 값을 구하는 세 가지 기준으로 셀 B17에는 오차제곱합(SSE)인 =SUMSQ(E11:E15), 셀 B18에는 RMSE를 구하는 식인 =SQRT(B17/COUNT(E11:E15)), 셀 B18에는 MAD를 구하는 식인 =AVERAGE(F11:F15)를 입력하였다.

위 문제의 의사결정변수는 파라미터 a, b, c, d이다. 유전자 해법을 이용해 파라미터의 값을 효율적으로 찾기 위해서는 4가지 파라미터의 초기값과 4가지 파라미터의 범위를 우선 설정하는 것이 필요하다. 하지만 매출반응함수만 보고서는 이들의 값이 어느 정도 커야 하고, 각 파라미터의 하한값과 상한값을 어느 수준으로 설정해야 할지 파악하는 것이 용이하지 않다. 따라서 유전자 해법을 이용해 문제를 해결하기 전에 매출반응함수에 대한 사전 분석이 필요하다.

매출반응함수 $R = a+(b-a)E^c \div (d+E^c)$를 보면 몇 가지 추론은 가능하다. 첫째, E의 값, 즉 영업팀의 노력(홍보전화 수)이 '0'이면 R(매출추정치)의 값은 a가 된다. 매출은 음의 값을 가질 수 없으므로 파라미터 a는 양의 값을 가짐을 알 수 있다. 둘째, E의 값이 무한대로 증가하면 매출반응함수의 비율 항인 $(b-a)E^c \div (d+E^c)$

는 $(b-a)$로 접근하고, 따라서 R의 값은 b에 접근한다. 즉, b는 E의 값이 매우 커질 때 매출추정치 R의 상한값이 됨을 알 수 있다. 셋째, 전화홍보수준에 따른 매출 추정치 데이터를 보면 E가 증가함에 따라 R은 증가하는 추세를 보이므로 E가 증가함에 따라 E^c도 증가해야 할 것이다. 따라서 c의 값은 1보다 커야 함을 알 수 있다. 넷째, E의 모든 값에 대하여 R이 증가하는 추이를 보이려면 매출반응함수의 비율 항의 분모는 양의 값을 가져야 하고, 따라서 d는 양의 값을 가져야 한다.

하지만 이러한 사전 분석도 4가지 파라미터 값의 범위를 일정 수치 이내로 추정하는 데는 그리 도움이 되지 않을 수도 있다. 따라서 이의 대안으로 파라미터 값을 변화시킴에 따라 임원의 매출 추정치와 매출반응함수의 값이 얼마나 일치하는지를 검토함으로써 파라미터 값의 적절한 범위를 추정할 수 있다.

[그림 6-24]는 매출반응함수에 대한 사전 분석을 바탕으로 시행착오를 거쳐 임원의 매출 추정치와 매출반응함수의 값을 어느 정도 일치시키는 파라미터 a, b, c, d의 값을 보여주고 있다. [그림 6-24]의 아래쪽 그래프는 파라미터 값의 변화에 따른 임원의 매출 추정치와 매출반응함수 값의 일치 정도를 보여준다.

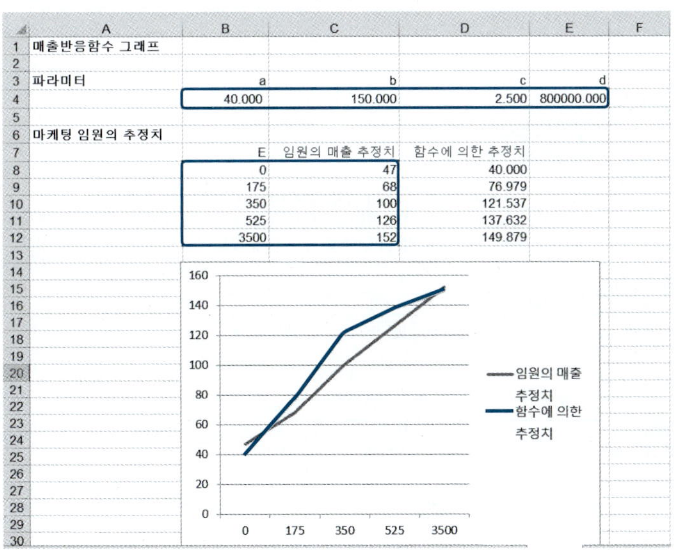

그림 6-24

파라미터 값의 변화에 따른 추정치 간의 일치 정도

이제 이러한 사전 분석을 바탕으로 4가지 파라미터 값의 범위를 다음과 같이 설정하였다.

$a \le b$, $a \ge 40$, $a \le 45$, $b \ge 140$, $b \le 150$, $c \ge 1$, $c \le 3$, $d \ge 400000$, $d \le 800000$

파라미터 값의 범위를 해 찾기의 제약조건으로 넣고, 목표 셀을 SSE, RMSE, MAD 세 가지 기준으로 하여 유전자 해법을 통해 최적의 파라미터 값을 구한 결과는 [그림 6-25], [그림 6-26], [그림 6-27]과 같다.

그림 6-25

SSE의 최소화

해 찾기 엔진
엔진: Evolutionary
해 찾는 시간: 0.998 초
반복 횟수: 337 부분 문제: 1422

해 찾기 옵션
최대 시간 Unlimited, 반복 횟수 Unlimited, Precision 0.000001, 단위 자동 설정 사용
수렴도 0.0001, 모집단 크기 100, 임의 초기값 0, 변이율 0.075, 개선을 포함하지 않는 시간 300 초
최대 부분 문제 Unlimited, 최대 정수 해 Unlimited, 정수 허용 한도 1%, 음수 아닌 것으로 가정

목표 셀 (최소)

셀	이름	계산 전의 값	계산 값
$B$17	오차제곱합(SSE)	733.2876789	24.76643817

변수 셀

셀	이름	계산 전의 값	계산 값	정수
$B$7	a	40.000	45.000	Contin
$C$7	b	150.000	150.000	Contin
$D$7	c	2.500	2.315	Contin
$E$7	d	800000.000	636720.844	Contin

그림 6-26

RMSE의 최소화

해 찾기 엔진
엔진: Evolutionary
해 찾는 시간: 1.139 초
반복 횟수: 0 부분 문제: 1697

해 찾기 옵션
최대 시간 Unlimited, 반복 횟수 Unlimited, Precision 0.000001, 단위 자동 설정 사용
수렴도 0.0001, 모집단 크기 100, 임의 초기값 0, 변이율 0.075, 개선을 포함하지 않는 시간 300 초
최대 부분 문제 Unlimited, 최대 정수 해 Unlimited, 정수 허용 한도 1%, 음수 아닌 것으로 가정

목표 셀 (최소)

셀	이름	계산 전의 값	계산 값
$B$18	RMSE	12.1102106	2.196092238

변수 셀

셀	이름	계산 전의 값	계산 값	정수
$B$7	a	40.000	45.000	Contin
$C$7	b	150.000	150.000	Contin
$D$7	c	2.500	2.280	Contin
$E$7	d	800000.000	520234.015	Contin

해 찾기 엔진

엔진: Evolutionary

해 찾는 시간 1.981 초

반복 횟수: 0 부분 문제: 3077

해 찾기 옵션

최대 시간 Unlimited, 반복 횟수 Unlimited, Precision 0.000001, 단위 자동 설정 사용

수렴도 0.0001, 모집단 크기 100, 임의 초기값 0, 변이율 0.075, 개선을 포함하지 않는 시간 300 초

최대 부분 문제 Unlimited, 최대 정수 해 Unlimited, 정수 허용 한도 1%, 음수 아닌 것으로 가정

목표 셀 (최소)

셀	이름	계산 전의 값	계산 값
$B$19	절대평균편차(MAD)	10.254	1.996

변수 셀

셀	이름	계산 전의 값	계산 값	정수
$B$7	a	40.000	45.000	Contin
$C$7	b	150.000	150.000	Contin
$D$7	c	2.500	2.298	Contin
$E$7	d	800000.000	529324.200	Contin

그림 6-27

MAD의 최소화

세 가지 기준을 이용해서 최적의 파라미터 값을 구한 결과를 비교해 보면 큰 차이를 보이지 않음을 알 수 있다. 해 찾는 시간의 경우, 동일한 조건에서 SSE를 목적함수로 하였을 때가 가장 빨랐으며, MAD를 목적함수로 하였을 때 가장 시간이 많이 걸렸음을 볼 수 있다.

익·힘·문·제

1. 다음 행렬의 행렬식(determinants)을 구하시오.

(1) $A=\begin{bmatrix} 1 & 2 & 3 \\ 4 & 5 & 6 \\ 7 & 8 & 9 \end{bmatrix}$ (2) $A=\begin{bmatrix} 1 & 0 & 3 & -2 \\ 4 & -1 & 3 & 0 \\ 0 & 0 & 5 & 0 \\ 0 & 1 & 3 & 2 \end{bmatrix}$

2. 다음의 함수가 오목함수(concave function)인지, 볼록함수(convex function)인지 판단하시오.

(1) $f(x) = 1/x$ $(x \geq 0)$

(2) $f(x) = x^a$ $(0 \leq a \leq 1,\ x \geq 0)$

(3) $f(x) = \ln(x)$ $(x \geq 0)$

(4) $f(x_1, x_2) = 3x_1 + 9x_2 - x_1^2 - x_1x_2 - 2x_2^2$ (x_1, x_2는 모든 실수)

(5) $f(x_1, x_2) = -x_1^3 + 3x_1x_2 + x_2^2$ (x_1, x_2는 모든 실수)

3. 함수 $ax_1^2 + bx_1x_2 + cx_2^2$가 오목함수(concave function)가 되기 위한 상수 a, b, c의 조건을 기술하시오. 또 볼록함수(convex function)가 되기 위한 상수 a, b, c의 조건을 기술하시오.

4. 본 장에서 학습한 복점 공모 문제의 목적함수가 오목함수(concave function)임을 보이시오.

5. K단위의 자본과 L단위의 노동이 사용되면 KL단위의 부(富)가 창출될 수 있다고 한다. 자본은 한 단위에 4만원에 구입할 수 있고, 노동은 한 단위에 1만원에 구입할 수 있다. 자본과 노동을 구입하는데 800만원의 자금을 이용할 수 있다면 부의 극대화 전략은 무엇인지 문제 상황을 모형화하고, 자본과 노동의 최적 조합을 구하시오.

6. 한국샴푸는 새로이 개발한 탈모방지 샴푸의 홍보비용으로 1천만원을 사용할 수 있다. TV 광고는 1분당 300만원이고, 라디오 광고의 경우 1분당 100만원이 소요된다. 만일 한국샴푸가 x분의 TV 광고와 y분의 라디오 광고를 이용하는 경우 한국샴푸의 매출(단위: 억원)은 함수 $f(x, y) = -2x^2 - y^2 + xy + 8x + 3y$로 예측된다. 매출을 극대화 할 수 있는 TV 광고와 라디오 광고 각각의 시간(단위: 분)을 결정하고, 그때의 매출 추정치를 구하시오.

7. 초등학교에 도시락을 배달하는 명품도시락(주)는 모 도시에 있는 4곳의 초등학교에 도시락을 납품하기 위한 배달 거점의 위치를 결정하고자 한다. 4곳 초등학교의 위치와 각 초등학교로의 연간 도시락 배달일 수는 다음 표와 같다. 4곳 초등학교의 위치는 이차원 평면의 (x, y) 좌표로 나타냈는데, 기준 지점 $(x, y) = (0, 0)$에서 몇 킬로미터(km) 떨어져 있는가를 보여준다.

초등학교	x 좌표	y 좌표	연간 배달일 수
1	5	10	200
2	10	5	150
3	0	12	200
4	12	0	300

명품도시락은 배달 거점에서 4곳 초등학교까지의 연간 이동거리를 최소화 할 수 있는 배달 거점의 위치를 결정하고자 한다. 배달 거점의 최적 위치를 (x, y) 좌표로 나타내시오. 어느 두 지점 (a, b)와 (c, d)의 거리는 피타고라스의 정리에 의해 $\sqrt{(a-c)^2 + (b-d)^2}$으로 나타낼 수 있다. 거리 계산을 위해 엑셀 함수 =SUMXMY2(array_x,array_y)를 이용하시오.

8. 어떤 독점업체는 제품을 x개 생산할 경우, 단위당 판매가를 $100-5x$(천원)으로 책정하고 있다. 제품 생산을 위한 고정비용이 5만원이고 변동비용이 2천원일 경우, 이 독점업체는 어떻게 이윤을 최대화 할 수 있나? 만일 이 독점업자가 단위판매당 1500원의 세금을 내야 한다면 세금이 없을 때와 비교하여 제품의 생산수준을 올리는 것이 타당한가? 아니면 내리는 것이 타당한가? 근거를 기술하고 답하시오.

9. 신사업의 성공 가능성을 자문받기 위해 전문가를 찾아갔다. 전문가는 나에게 신사업의 성공 확률을 알려주어야 한다. 전문가는 자신의 자문이 맞느냐 틀리냐에 따라 후불로 지불되는 자문료가 달라진다. 만일 전문가가 신사업의 성공 확률이 p라고 했는데, 진짜 사업이 성공하면 자문료는 $1-(1-p)^2$이 되는 반면, 사업이 실패하면 자문료는 $1-p^2$이 된다. 전문가는 자신의 기대 자문료 수입을 최대화 하려면 성공 확률을 얼마로 제시해야 하는가? 근거와 함께 답하시오.

10. 본 장에서 예제로 학습한 포트폴리오 선택문제에서 새로운 주식(주식 4)이 추가되었다고 가정하자. 주식 4의 수익률 평균은 12.5%, 표준편차는 17.5%로 추정되었다고 한다. 또한 주식 4와 기존의 주식인 주식 1, 주식 2, 주식 3의 수익률 상관관계는 각각 0.3, 0.5, 0.8이라고 한다. 포트폴리오의 기대수익률을 12% 이상으로 하고자 할 때 포트폴리오의 분산을 최소화 하는 최적 포트폴리오를 구성하시오.

11. 여러분이 투자 자금으로 1000만원을 이용할 수 있다고 가정하자. 세 가지 대안에 투자가 가능하다. 각 대안의 연 수익률을 각각 R_1, R_2, R_3로 표기하자. 각 대안의 연 수익률의 기댓값과 분산이 다음과 같다고 가정하자.

$$E(R_1)=0.16,\ E(R_2)=0.13,\ E(R_3)=0.10,$$
$$Var(R_1)=0.20,\ Var(R_2)=0.08,\ Var(R_3)=0.18$$

(1) 세 가지 대안의 수익률이 서로 독립일 경우, 연 기대수익률을 적어도 14%로 만들기 위한 최소 분산 포트폴리오를 구성하시오.

(2) 세 가지 대안의 수익률 관계를 조사한 결과 $r_{12}=0.8$, $r_{13}=0.7$, $r_{23}=0.9$라고 한다. 연 기대수익률을 14% 이상으로 만들기 위한 최소 분산 포트폴리오를 구성하시오.

12. 서울음료(주)는 수도권 판매지역을 강남과 강북으로 나누어 새로 출시한 비타민 음료의 홍보행사를 진행하고자 한다. 강남지역 홍보에 x_1(천원)을 지출하면 강남지역의 매출은 $60{x_1}^{0.5}$ 상자가 된다. 한 상자에는 20병의 비타민 음료가 들어 있다. 강북지역의 경우, 홍보에 x_2(천원)을 지출하면 강북지역의 매출은 $40{x_2}^{0.5}$로 추정된다. 강남지역의 경우, 비타민 음료 한 상자의 도매가는 1만원인데, 제조 및 운송비용이 한 상자에 5천원이 발생한다. 강북지역의 경우, 비타민 음료 한 상자의 도매가는 9천원이고, 제조 및 운송비용이 한 상자에 4천원이다. 홍보비로는 6백만원을 이용할 수 있다.

(1) 서울음료의 이윤을 극대화하기 위한 홍보 전략을 제안하시오.

(2) 홍보비용으로 1천원이 추가될 때마다 서울음료의 이윤은 어떠한 변화 추이를 보이는지 기술하시오.

스마트
경영과학
SMART MANAGEMENT SCIENCE

PART III 최적화의 응용

7

CHAPTER

수송, 할당, 경유수송

현대 사회에서 물류는 기업의 경쟁력 확보 차원에서 중요한 문제이다. 이 장에서는 선형계획문제의 특수한 형태인 수송문제와 수송문제의 특수한 형태인 할당문제를 다룬다. 할당문제는 적재적소에 특정인을 배치하거나 특정 작업을 할당하는 모든 짝짓기 상황에 적용될 수 있다. 균형수송문제와 불균형수송문제, 균형할당문제와 불균형할당문제의 모형화와 해결 과정을 학습한다. 아울러 수송문제의 연장인 경유수송문제에 대해서도 논의한다.

로마군대는 병참으로 이긴다.

—로마 격언

본 장에서는 수송문제, 수송문제의 특수한 형태인 할당문제, 그리고 수송문제를 연장한 경유수송문제에 대해 학습한다. 이들 문제는 특수한 형태의 선형계획문제이다.

7.1 수송문제

수송문제(transportation problem)

수송문제(transportation problem)란 다수의 공급지와 다수의 수요지가 존재하는 상황에서 어떤 공급지에서 어떤 수요지로 얼마만큼의 물량을 이동시키는 것이 가장 좋을지를 결정하는 문제이다. 여기서 공급지는 물량이 유출되는 곳을 말하고, 수요지는 물량이 유입되는 곳을 말한다. 사실 모든 것을 자급자족하던 시대에는 수송문제가 발생하지 않았다. 필요한 것을 그때그때 스스로 마련하여 필요를 충족시키면 되었기 때문이다. 하지만 시대가 산업화, 전문화, 분업화, 도시화로 변모함에 따라 공급지와 수요지는 여러 가지 입지 특성의 차이로 인해 공존하지 못하고 멀리 떨어지게 되었다. 서울시청 앞에 시멘트 공장이 있는 것은 상상할 수도 없는 노릇이다.

일반적으로 공급지는 공업용수의 획득이 용이하고 노동력이 풍부한 곳, 세제혜택이 있는 곳 등에 존재하고, 수요지는 상업지대가 발달하고 인구밀도가 높아 소비성향이 높은 곳에 위치한다. 예를 들어, 공단의 조건과 도시의 조건을 생각하면 쉽게 공급지와 수요지를 구별할 수 있을 것이다. 이처럼 성격과 위치 조건이 다른 공급지와 수요지는 서로 유리(遊離)되어 있는 것이 일반적인데, 이러한 상황에서 최적의 수송경로와 이동 물량을 결정하는 일은 물류비용의 절감을 통한 경쟁력 확보 차원에서 중요한 문제로 자리 잡게 되었다.

수송문제를 해결하기 위해서는 다음과 같은 세 가지 정보가 필요하다. 첫째는 공급지의 공급능력, 둘째는 수요지의 수요량, 그리고 세 번째는 각 공급지와 각 수요지를 잇는 경로(path)를 통해 물량을 한 단위 이동시킬 때 소요되는 비용, 즉 단위당 수송비용이다. 여기서 세 번째 정보인 단위당 수송비용은 문제에 따라 다른 지표, 예를 들어 단위당 혜택, 단위당 이익 등으로 대체될 수 있다.

일반적으로, 수송문제에서 공급지가 m곳, 수요지가 n곳이 존재한다면, 공급지 $i(i=1, 2, \cdots, m)$의 공급능력은 s_i, 수요지 $j(j=1, 2, \cdots, n)$의 수요량은 d_j, 그리고 공급지 i와 수요지 j를 잇는 수송경로의 단위당 수송비용은 c_{ij}로 표시한다. 수송문제에서 우리가 해결하고자 하는 것은 어떤 공급지에서 어떤 수요지로 얼마만큼의 물량을 이동시키는 것이 최적인지를 결정하는 것이다. 여기서 최적의 기준은 문제에 따라 수송비용의 최소화, 수송혜택의 최대화 등으로 다양하게 나타날 수 있다.

수송문제에 대해 구체적으로 학습하기 위해 다음의 문제를 고려하자.

1 수송문제 익히기

김 부장은 자동차 타이어 생산업체인 한성타이어(주)의 물류책임자이다. [그림 7-1]에서 보는 바와 같이 한성타이어는 인천, 대전, 광주에 공장(□으로 표시)을 가지고 있고, 서울, 전주, 강릉, 대구, 부산에는 지역창고(○으로 표시)가 있다. 각 공장에서 각 지역창고로 타이어를 수송하는 데 있어 한성타이어는 톤(1톤=1000kg)을 측정 단위로 사용하고 있다. 한 공장에서 지역창고로 선적되는 타이어 1톤에는 한성타이어가 생산한 타이어들이 표준분류방식에 의해 취합되어 들어있다.

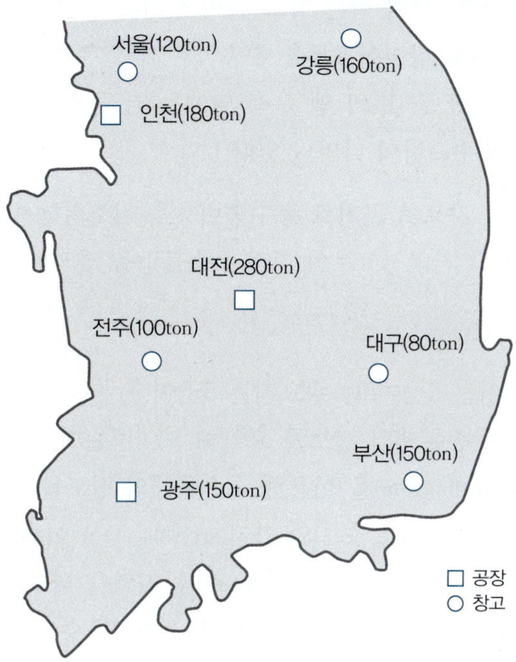

그림 7-1
공장과 지역창고 위치

표 7-1
한성타이어 수송표

수요지 / 공급지	지역창고 1 (서울)	지역창고 2 (전주)	지역창고 3 (강릉)	지역창고 4 (대구)	지역창고 5 (부산)	공급량 (ton)
공장 1 (인천)	4	6	5	12	19	180
공장 2 (대전)	10	4	8	5	14	280
공장 3 (광주)	13	9	3	6	10	150
수요량(ton)	120	100	160	80	150	

〈표 7-1〉은 이번 달에 김 부장이 해결해야 할 수송문제에 대한 자료를 요약한 것이다. 〈표 7-1〉은 3행과 5열로 이루어진 **수송표(transportation tableau)**인데, 수송표의 행은 각 공장을 가리키고, 열은 지역창고를 나타내고 있다. 수송표의 15개 셀(cell)은 공급지와 수요지를 잇는 경로를 나타내는데, 각 셀 안에는 최적의 수송량이

수송표(transportation tableau)

단위당 수송비용

결정되어 표시될 것이다. 셀의 작은 박스 안의 숫자는 공장 $i(i=1, 2, 3)$에서 지역창고 $j(j=1, 2, 3, 4, 5)$로 타이어 1톤을 수송하는 데 드는 **단위당 수송비용**(단위: 만원)을 나타낸다. 또한 〈표 7-1〉의 맨 우측 열에는 각 공장의 공급능력이, 맨 아래 행에는 각 지역창고의 수요량이 나타나 있다.

〈표 7-1〉에 주어진 자료를 근거로 총수송비용을 최소화하기 위한 수송모형을작성하고, 각 공장에서 각 지역창고로의 최적 수송물량을 결정하라.

풀이

네트워크 다이어그램(network diagram)
공급지(supply points)
수요지(demand points)
길(road)

이 문제에서 공급지는 3곳이고, 수요지는 5곳이다. 따라서 경로는 모두 15개가 존재한다. 수송표는 수송문제의 정보를 요약해 보여주는데, 수송표 대신에 **네트워크 다이어그램(network diagram)**을 이용해 수송문제의 정보를 요약할 수도 있다. 네트워크 다이어그램은 마디(node, 노드)와 가지(arc, 화살표)을 이용해 그리는데, 마디는 **공급지(supply points)**와 **수요지(demand points)** 등 지역을 나타내고, 가지는 공급지와 수요지를 잇는 **길(road)**을 나타낸다. [그림 7-2]는 위 수송문제에 대한 네트워크 다이어그램이다.

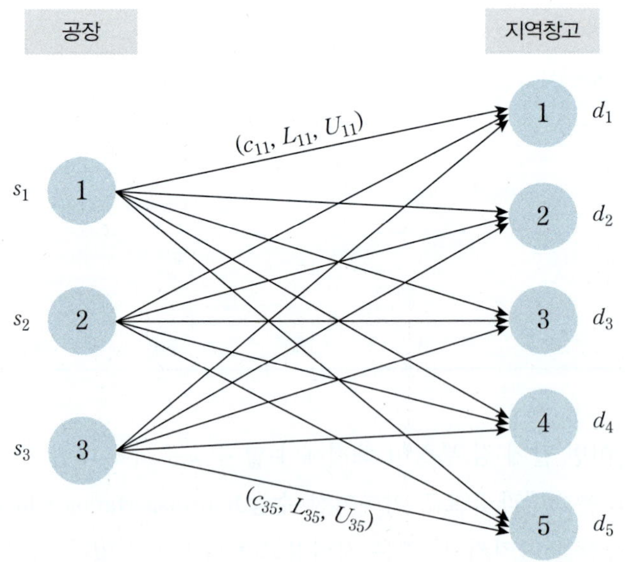

그림 7-2
수송문제의 네트워크 다이어그램

[그림 7-2]에서 공장을 나타내는 마디 좌측에 있는 s_1, s_2, s_3는 공장(공급지) 1, 2, 3 각각의 **공급능력(공급량)**을 나타내고, 지역창고 마디 우측에 있는 d_1, d_2, d_3, d_4, d_5는 지역창고(수요지) 1, 2, 3, 4, 5 각각의 **수요량**을 나타낸다. 그리고 공장 i와 지역창고 j를 잇는 길 위에 (c_{ij}, L_{ij}, U_{ij}) 등 세 가지 숫자를 표시하는데, c_{ij}는 해당 길을 이용할 때의 단위당 수송비용, L_{ij}는 해당 길의 **이동 물량 하한값(lower limit)**, U_{ij}는 해당 길의 **이동 물량 상한값(upper limit)**을 나타낸다. 하한값과 상한값은 해당 길을 이용해 이동시키는 물량의 최소값(적어도 이 정도는 이동시켜야 한다는 최소 물량)과 이동 물량의 최대값(이 값을 초과해서는 이동시킬 수 없는 최대 물량)을 의미한다. 하한값이나 상한값이 없는 경우에는 하한값은 '0', 상한값은 '∞'로 생각하면 된다. 위 예제의 경우 하한값과 상한값에 대한 정보가 없으므로 경로 위에는 단위당 수송비용만 표시한다.

공급능력(공급량)
수요량
이동 물량 하한값(lower limit)
이동 물량 상한값(upper limit)

이제 위 문제를 선형계획모형으로 구조화 하여 최적해를 구해보자. 수송문제에서 의사결정변수는 보통 다음과 같이 정의한다.

X_{ij}: 공급지 i에서 수요지 j로 이동하는 물량 ($i=1, 2, 3; j=1, 2, 3, 4, 5$)

목적함수는 총수송비용을 최소화 하는 것이므로 다음과 같이 표현할 수 있다.

$$
\begin{aligned}
& MIN \sum_{i=1}^{3}\sum_{j=1}^{5} c_{ij}X_{ij} \\
&= MIN \ \ 4X_{11}+6X_{12}+5X_{13}+12X_{14}+19X_{15} \\
&\quad +10X_{21}+4X_{22}+8X_{23}+5X_{24}+14X_{25} \\
&\quad +13X_{31}+9X_{32}+3X_{33}+6X_{34}+10X_{35}
\end{aligned}
$$

다음으로 수송문제의 제약조건은 **공급지 제약**과 **수요지 제약**이 있다. 공급지 제약조건은 각 공급지에서 유출되는 물량의 합은 해당 공급지의 공급능력을 초과해서는 안 된다는 것으로 다음과 같이 표현된다.

공급지 제약
수요지 제약

$$\sum_{j=1}^{5} X_{ij} \le s_i \ (i=1,\ 2,\ 3)$$

$$
\begin{aligned}
\text{즉, } & X_{11}+X_{12}+X_{13}+X_{14}+X_{15} \le 180 \\
& X_{21}+X_{22}+X_{23}+X_{24}+X_{25} \le 280 \\
& X_{31}+X_{32}+X_{33}+X_{34}+X_{35} \le 150
\end{aligned}
$$

수요지 제약조건은 각 수요지로 유입되는 물량은 해당 수요지의 수요량을 만족시켜주어야 하므로 다음과 같이 표현된다.

$$\sum_{i=1}^{3} X_{ij} \geq d_j \; (j=1,\ 2,\ 3,\ 4,\ 5)$$

즉, $X_{11}+X_{21}+X_{31} \geq 120$

$X_{12}+X_{22}+X_{32} \geq 100$

$X_{13}+X_{23}+X_{33} \geq 160$

$X_{14}+X_{24}+X_{34} \geq 80$

$X_{15}+X_{25}+X_{35} \geq 150$

따라서 위 수송문제에 대한 선형계획모형은 다음과 같다.

$$\begin{aligned}
MIN\ & 4X_{11}+6X_{12}+5X_{13}+12X_{14}+19X_{15}+10X_{21}+4X_{22}+8X_{23}+5X_{24}+14X_{25} \\
& +13X_{31}+9X_{32}+3X_{33}+6X_{34}+10X_{35} \\
s.t.\ & X_{11}+X_{12}+X_{13}+X_{14}+X_{15} \leq 180 \\
& X_{21}+X_{22}+X_{23}+X_{24}+X_{25} \leq 280 \\
& X_{31}+X_{32}+X_{33}+X_{34}+X_{35} \leq 150 \\
& X_{11}+X_{21}+X_{31} \geq 120 \\
& X_{12}+X_{22}+X_{32} \geq 100 \\
& X_{13}+X_{23}+X_{33} \geq 160 \\
& X_{14}+X_{24}+X_{34} \geq 80 \\
& X_{15}+X_{25}+X_{35} \geq 150 \\
& X_{ij} \geq 0 \, (i=1,\ 2,\ 3;\ j=1,\ 2,\ 3,\ 4,\ 5)
\end{aligned}$$

기술계수(technological coefficients)

위 모형은 일반적인 선형계획모형과는 다른 특이한 모습이 보여주고 있는데, 모든 **기술계수**(제약조건에서 의사결정변수의 계수)가 모두 '1'로 나타났음을 알 수 있다. 이러한 이유로 수송모형을 특수한 형태의 선형계획모형이라고 한다. 이러한 특이한 형태는 일반적인 선형계획모형보다 최적해를 더 효율적으로 찾을 수 있도록 하고, 의사결정변수 X_{ij}가 정수 값을 가져야 하는 문제 상황에서도 정수 조건 없이 비음 조건만 주고 풀어도 X_{ij}는 정수해만을 갖게 된다.

> 수송문제에서 의사결정변수의 값은 모든 공급지의 공급량이 정수이고, 모든 수요지의 수요량이 정수이면 정수 조건을 주지 않아도 정수 값만을 갖게 된다.

그 이유를 간단히 설명하면, 선형계획모형의 해법은 제약조건을 모두 등식으로 바꾼 후 연립방정식을 푸는 방법과 유사한 방법[1]을 이용해 의사결정변수의 값을 구하게 된다. 이때 모든 제약조건의 우변항이 정수이면, 의사결정변수의 값을 구하는 연산과정에서 곱하기(×)나 나누기(÷) 없이 더하기(+)와 빼기(−)만 적용되므로 의사결정변수의 값은 정수 조건 없이도 정수 값만을 갖게 된다.

위 모형을 엑셀 시트에 구현한 후, 해 찾기를 이용해 구한 최적해는 [그림 7-3]과 같다.

	A	B	C	D	E	F	G	H	I
1	수송비용 (단위: 만원)	지역창고 1 (서울)	지역창고 2 (전주)	지역창고 3 (강릉)	지역창고 4 (대구)	지역창고 5 (부산)			
2	공장 1 (인천)	4	6	5	12	19			
3	공장 2 (대전)	10	4	8	5	14			
4	공장 3 (광주)	13	9	3	6	10			
5									
6	의사결정변수	지역창고 1	지역창고 2	지역창고 3	지역창고 4	지역창고 5			공급량(ton)
7	공장 1	120	0	60	0	0	180	<=	180
8	공장 2	0	100	0	80	100	280	<=	280
9	공장 3	0	0	100	0	50	150	<=	150
10		120	100	160	80	150			
11		>=	>=	>=	>=	>=			
12	수요량(ton)	120	100	160	80	150			
13									
14	목적함수								
15	3780								

그림 7-3 한성타이어 물류문제의 최적해

[그림 7-3]의 주요 셀에 대해 설명해 보자.

① 의사결정변수(변수 셀)는 셀 범위 B7:F9에 위치한다. 초기값은 '0'으로 설정하였다.

② 공급지 제약조건의 좌변항 계산 결과는 G7:G9에 입력하였다. 예를 들어, 공장 1에서 각 지역창고로 이동되는 물량의 합을 구하기 위해 셀 G7에 =SUM(B7:F7)을 입력하고, 아래로 끌기하여 셀 G8과 G9에 복사하였다.

1) 가우스-조단(Gauss-Jordan) 방법이라고 한다.

③ 마찬가지로 수요지 제약조건의 좌변항 계산 결과는 B10:F10에 입력하였다. 예를 들어, 공장 1, 2, 3에서 지역창고 1로 유입되는 물량의 합을 구하기 위해 셀 B10에 =SUM(B7:B9)을 입력하고 이를 우측으로 끌기하여 셀 C10, D10, E10, F10에 복사하였다.

④ 목적함수(목표 셀)은 셀 A15에 입력하였다. 총수송비용의 최소화가 목표이므로 15개 경로 각각의 단위당 수송비용과 해당 경로의 수송물량을 곱한 후 모두 더해주는 함수인 =SUMPRODUCT(B2:F4,B7:F9)을 입력하였다.

[그림 7-3]의 최적해 결과에 따르면, 한성타이어는 인천(공장 1)에서 생산된 180톤의 타이어는 서울(지역창고 1)로 120톤, 강릉(지역창고 3)으로 60톤을 수송하고, 대전(공장 2)에서 생산된 280톤의 타이어는 전주(지역창고 2)로 100톤, 대구(지역창고 4)로 80톤, 부산(지역창고 5)으로 100톤 수송해야 한다. 그리고 광주(공장 3)에서 생산된 150톤의 타이어는 강릉(지역창고 3)으로 100톤, 부산(지역창고 5)으로 수송해야 한다. 그러면 수송비용은 3,780(만원)이 발생한다. 이 결과는 모든 공장의 공급능력과 모든 지역창고의 수요량을 만족시키면서 수송비용을 최소화 할 수 있는 최적의 수송계획이 된다.

2 수송문제의 종류

균형수송문제(balanced transportation problems)
불균형수송문제(unbalanced transportation problems)
총공급량
총수요량

수송문제는 **균형수송문제**(balanced transportation problems)와 **불균형수송문제**(unbalanced transportation problems) 두 가지로 구분할 수 있다. 수송문제를 이처럼 두 가지로 구분하는 기준은 **총공급량**(모든 공급지의 공급량을 합한 값)과 **총수요량**(모든 수요지의 수요량을 합한 값)의 일치 여부이다.

① 균형수송문제

균형수송문제는 총공급량과 총수요량이 일치하는 문제이다. 앞서 예제로 든 한성타이어 문제는 총공급량과 총수요량이 610톤으로 일치하므로 균형수송문제에 해당한다. 균형수송문제에서 모든 공급지의 공급량은 하나도 남김 없이 수요지로 이동하게 되고, 모든 수요지의 수요량도 정확히 만족된다. 이런 이유로 균형수송문제에서는 제약조건을 모두 등호(=)로 바꾸어도 동일한 결과를 제공한다.[2)] 실제로,

2) 일반적으로 수송문제에서 공급지 제약조건은 '≤', 수요지 제약조건은 '≥'로 두는 것을 추천한다.

한성타이어 문제의 해를 보면 최적해에서 모든 제약조건이 등호로 성립함을 알 수 있다.

② 불균형수송문제

총공급량과 총수요량이 일치하지 않는 불균형수송문제는 다음과 같이 다시 두 가지로 나눌 수 있다.

총공급량 > 총수요량

먼저 총공급량이 총수요량을 초과하는 불균형수송문제를 고려해 보자. 이 문제에서는 어떤 공급지의 공급량은 수요지로 이동되지 않고 남게 되는 현상이 발생한다. 이 문제의 경우, 기존의 방법과 마찬가지로 모형을 만들어 해를 구하면 된다. 어느 공급지에서 얼마만큼의 물량이 이동되지 않느냐 하는 것은 최적해에서 공급지 제약조건의 여유분(slack)을 보면 판단할 수 있다.

하지만 어떤 공급지에서 물량이 이동되지 않고 남음으로 해서 보관비용이나 재고비용이 발생한다면 불균형수송문제를 균형수송문제로 변환시켜 문제를 해결해야 한다. 예를 들어, 공급지가 두 곳이고, 수요지가 세 곳인 수송문제를 고려해 보자. 공급지 1의 공급량은 100, 공급지 2의 공급량도 100인데, 수요지 세 곳의 수요량은 각각 60이라고 가정하자. 이 경우, 총공급량이 총수요량을 20만큼 초과하므로 어떤 공급지의 공급량은 20만큼 수요지로 이동하지 않고 남게 될 것이다. 공급지 $i(i=1, 2)$에서 수요지로 이동되지 않고 남게 되는 물량 한 단위에 대해서는 보관비용, $P_i(i=1, 2)$가 발생한다면 이 문제는 다음과 같이 균형수송문제로 변환시킴으로써 해결할 수 있다.

총공급량이 총수요량을 초과하는 불균형수송문제는 **가상의 수요지(dummy demand point)**를 추가함으로써 균형수송문제로 만들 수 있다. 그리고 이 가상 수요지의 수요량은 총공급량이 총수요량을 초과하는 양으로 정의한다. 〈표 7-2〉의 수송표는 이 상황을 나타내고 있다.

가상의 수요지(dummy demand point)

표 7-2
총공급량이 총수요량을 초과하는 상황에서의 균형 수송표

공급지 \ 수요지	수요지 1	수요지 2	수요지 3	수요지 4 (가상의 수요지)	공급량
공급지 1					100
공급지 2					100
수요량	60	60	60	20	

즉, 공급지가 두 곳이고, 수요지가 4곳인 균형수송문제로 바꾸어 문제를 해결하면 된다. 여기서 공급지 1에서 수요지 4로 이동되는 물량(의사결정변수 X_{14})이나 공급지 2에서 수요지 4로 이동되는 물량(의사결정변수 X_{24})은 바로 해당 공급지에서 이동되지 않고 남게 되는 물량을 나타낸다. 따라서 목적함수에는 수송비용과 함께 공급지에 남게 되는 물량에 대한 보관비용($P_1X_{14}+P_2X_{24}$)이 추가된다. 공급지 제약조건은 2개, 수요지 제약조건은 가상의 수요지를 포함해서 4개가 있게 된다.

총공급량 < 총수요량

가상의 공급지(dummy supply point)

불균형수송문제의 또 다른 형태는 총수요량이 총공급량을 초과하는 경우이다. 이 경우, 특정 수요지의 수요량이 만족되지 않는 상황이 발생하므로 기존의 수송모형을 이용하게 되면 해당 문제는 실행불가능한 문제가 된다. 따라서 이 경우에는 **가상의 공급지(dummy supply point)**를 추가하여 문제를 균형수송문제로 변환한 후 문제를 해결해야 한다. 가상의 공급지에서 어떤 수요지로 이동되는 물량은 바로 그 수요지에서 만족되지 않은 수요량을 의미한다. 어떤 수요지에서 수요량이 만족되지 않으면 피해가 발생할 수 있는데, 이 피해는 비용으로 환산되어 목적함수에 추가된다. 다음의 예제를 이용해 이 상황을 구체적으로 설명해 보자.

✎ 식수공급문제

두 곳의 저수지에서 세 곳의 도시에 식수를 공급하고 있다. 각 저수지에서는 일일 200(백만)리터씩 식수를 공급할 수 있다. 각 도시에서는 식수를 일일 150(백만)리터씩은 받아야 한다. 각 도시에서 필요한 양만큼 식수를 공급받지 못할 경우에는 시민들에게 충분한 물을 공급하지 못함으로 인해서 여러 가지 민원이 제기되는 바, 이러한 불편함을 각 도시에서는 수치로 평가하였다. 즉, 충족되지 않은 식수 1(백만)리터에 대해서 식수부족비용이 발생하는데 도시 1에서는 백만리터당 2만원, 도시 2에서는 2

만2천원, 도시 3에서는 2만3천원으로 추정하고 있다. 두 곳의 저수지에서 세 곳의 도시로 식수를 어떠한 방법으로 공급하는 것이 총수송비용과 식수부족비용의 합을 최소화할 수 있는가? 각 공급지에서 각 수요지로의 단위당 수송비(단위: 천원)는 다음의 수송표에 나타나 있다.

공급지 \ 수요지	도시 1	도시 2	도시 3	공급량
저수지 1	7	8	10	200
저수지 2	9	7	8	200
수요량	150	150	150	

풀이

위 문제는 총수요량이 총공급량보다 50(백만)리터가 초과하는 불균형수송문제이다. 따라서 가상의 공급지를 만들어 수송표를 구성하면 〈표 7-3〉과 같다.

표 7-3 총수요량이 총공급량을 초과하는 상황에서의 균형 수송표

공급지 \ 수요지	도시 1	도시 2	도시 3	공급량
저수지 1	7	8	10	200
저수지 2	9	7	8	200
저수지 3 (가상의 공급지)	20	22	23	50
수요량	150	150	150	

저수지 3(가상의 공급지)에서 어떤 도시로 식수가 공급된다는 것은 해당 도시에서 그만큼의 식수를 받지 못한다는 의미이므로 저수지 3에서 각 도시로의 단위당 수송비는 각 도시에서 자신들의 식수 수요량보다 실제로 공급받은 식수의 양이 한 단위

(1백만리터) 모자를 때마다 발생하는 식수부족비용이다.

따라서 위 문제에 대한 선형계획모형은 다음과 같다.

X_{ij}: 저수지 i에서 도시 j로 공급되는 식수의 양(단위: 백만리터), $i=1, 2, 3; j=1, 2, 3$

$$MIN\ 7X_{11}+8X_{12}+10X_{13}+9X_{21}+7X_{22}+8X_{23}+20X_{31}+22X_{32}+23X_{33}$$

$$\begin{aligned} s.t.\ & X_{11}+X_{12}+X_{13} \le 200 \\ & X_{21}+X_{22}+X_{23} \le 200 \\ & X_{31}+X_{32}+X_{33} \le 50 \\ & X_{11}+X_{21}+X_{31} \ge 150 \\ & X_{12}+X_{22}+X_{32} \ge 150 \\ & X_{13}+X_{23}+X_{33} \ge 150 \\ & X_{ij} \ge 0 (i=1,\ 2,\ 3;\ j=1,\ 2,\ 3) \end{aligned}$$

해 찾기를 이용해 모형의 해를 구한 결과는 [그림 7-4]와 같다.

그림 7-4
식수공급문제의 해 찾기 결과

	A	B	C	D	E	F	G
1	공급비용 (단위: 천원)	도 시 1	도 시 2	도 시 3			
2	저수지 1	7	8	10			
3	저수지 2	9	7	8			
4	저수지 3 (가상의 저수지)	20	22	23			
5							
6	의사결정변수	도 시 1	도 시 2	도 시 3			공급량(백만리터)
7	저수지 1	100	100	0	200	<=	200
8	저수지 2	0	50	150	200	<=	200
9	가상의 저수지	50	0	0	50	<=	50
10		150	150	150			
11		>=	>=	>=			
12	수요량(백만리터)	150	150	150			
13							
14	목적함수						
15	4050						

[그림 7-4]의 결과에 따르면 저수지 1에서는 도시 1과 도시 2에 각각 100(백만)리터씩의 식수를 공급하고, 저수지 2에서는 도시 2에 50(백만)리터, 도시 3에 150(백만)리터의 식수를 공급한다. 이처럼 식수를 공급하면 도시 2와 도시 3은 수요량 150(백

만)리터를 다 공급받게 되지만, 도시 1은 수요량 150(백만)리터 중 50(백만)리터는 공급받지 못하는 현상이 발생한다. [그림 7-4]에서 가상의 저수지에서 도시 1로 공급하는 50(백만)리터가 바로 도시 1의 수요량 부족분을 나타낸다. 식수공급비용(수송비용+식수부족비용)은 4,050(천원)으로 최소화됨을 알 수 있다.

7.2 할당문제

할당문제(assignment problems)란 여러 개의 작업과 여러 명의 작업자가 있는 상황에서 어떤 작업을 어떤 작업자에게 할당할지를 결정하는 문제이다. 여기서 할당은 기본적으로 **1:1 할당**을 말한다. 할당문제는 여러 가지 상황에 응용될 수 있다. 어떤 지점에 누구를 지점장으로 배치할 것인지, 어떤 작업을 어떤 기계로 처리할 것인지, 어떤 고객의 회계업무를 어떤 회계사에게 맡길 것인지, 결혼정보회사에서 어떤 남자를 어떤 여자와 매치시킬지 등 여러 가지 문제에 적용할 수 있다.

할당문제(assignment problems)
1:1 할당

수송문제가 특수한 형태의 선형계획문제라면, 할당문제는 특수한 형태의 수송문제이다. 즉, 모든 공급지의 공급량과 모든 수요지의 수요량이 '1'인 수송문제가 할당문제가 된다. 예를 들어, m명의 작업자와 n개의 작업이 있는 상황을 고려해 보자. 어떤 작업자를 어떤 작업에 할당할 것인지를 결정하기 위한 수리적 모형을 만들어 보자. 의사결정변수는 다음과 같이 정의한다.

X_{ij}: 작업자 i와 작업 j의 할당여부 ($i=1, 2, \cdots, m$; $j=1, 2, \cdots, n$)

의사결정변수 X_{ij}는 '0' 또는 '1'의 값을 갖는 이진변수이다. 즉, 작업 j가 작업자 i에게 할당되면 '1'의 값을, 할당되지 않으면 '0'이 값을 갖는다. 하지만 할당문제의 특수한 구조로 인해 X_{ij}를 이진변수로 지정하지 않아도 X_{ij}는 '0'과 '1'의 값만을 갖게 된다. 그 이유는 다음의 할당모형을 보면 알 수 있다.

일반적으로 할당문제에서는 할당을 통해 얻게 되는 혜택을 최대화 하는 것을 목적으로 한다. 따라서 목적함수는 다음과 같이 표현할 수 있다. 목적함수에서 H_{ij}는 작업 j가 작업자 i에게 할당되었을 때 발생하는 혜택의 크기를 의미한다.

$$MAX \sum_{i=1}^{m}\sum_{j=1}^{n} H_{ij}X_{ij}$$

할당문제는 모든 공급지의 공급량과 모든 수요지의 수요량이 '1'인 수송문제로 생각할 수 있다. 작업자를 공급지, 작업을 수요지로 가정하고, 1:1 할당을 이루려면 제약조건의 우변항은 모두 '1'이 되어야 한다. 따라서 할당문제의 제약조건은 다음과 같이 표현된다.

$$\sum_{j=1}^{n} X_{ij} \le 1 (i=1,\ 2,\ \cdots,\ m)$$
$$\sum_{i=1}^{m} X_{ij} \ge 1 (j=1,\ 2,\ \cdots,\ n)$$

제약조건을 보면 할당문제의 기술계수도 수송문제와 같이 모두 '1'인 것을 알 수 있다. 수송문제에서 모든 공급지의 공급량과 모든 수요지의 수요량이 정수이면 의사결정변수의 값이 정수 값만을 갖게 됨을 알고 있을 것이다. 할당문제도 우변항이 '1'인 수송문제이므로 의사결정변수 X_{ij}는 수송문제에서와 같은 이유로 정수 값만을 가질 수밖에 없다. 그런데 할당문제의 제약조건 우변항은 '1'로 제한되므로 의사결정변수는 정수 값 중에서 '0' 또는 '1'의 값만을 갖게 된다. 따라서 할당문제의 의사결정변수 X_{ij}는 개념적으로는 이진변수이지만 0−1 정수 조건을 주지 않더라도 그 값은 '0' 또는 '1'의 값만을 갖는다.

완성된 할당모형은 다음과 같다.

$$
\begin{aligned}
& MAX \sum_{i=1}^{m}\sum_{j=1}^{n} H_{ij}X_{ij} \\
& s.t.\ \sum_{j=1}^{n} X_{ij} \le 1\ (i=1,\ 2,\ \cdots,\ m) \\
& \qquad \sum_{i=1}^{m} X_{ij} \ge 1\ (j=1,\ 2,\ \cdots,\ n) \\
& \qquad X_{ij} \ge 0 (i=1,\ 2,\ \cdots,\ m;\ j=1,\ 2,\ \cdots,\ n)
\end{aligned}
$$

균형할당문제(balanced assignment problems)
불균형할당문제(unbalanced assignment problems)

할당문제도 **균형할당문제(balanced assignment problems)**와 **불균형할당문제(unbalanced assignment problems)**로 나눠진다. 균형할당문제란 공급지(작업자)와 수요지(작업)의 수가 동일한 문제를 말하고, 불균형할당문제란 공급지와 수요지의 수가 동일하지 않은 문제를 말한다.

1 균형할당문제

쏠로결혼정보

〈사단법인〉쏠로결혼정보는 농촌총각과 도시처녀를 짝 지워주는 일을 하는 공익단체이다. 오늘 이 결혼정보에서는 농촌에서 올라온 4명의 총각(홍길동, 임꺽정, 일지매, 변강쇠)과 서울의 한 회사에 근무하는 4명의 처녀(성춘향, 심청이, 황진이, 어우동)를 매치시켜 주려고 한다. 〈표 7-4〉에 나타난 수치는 각 남녀의 신상명세서를 컴퓨터가 입력하여 나타낸 '행복도'이다. 행복도는 1에서 9까지 척도로 측정되는데 큰 숫자일수록 둘이 매치되었을 경우 훗날 결혼 가능성이 많음을 의미한다. 예를 들면, 홍길동과 심청이와의 행복도는 4이며, 일지매와 황진이의 행복도는 6이다. 규정에 의하면 한 총각이 두 처녀 이상과 매치될 수 없으며, 그 역도 마찬가지이다. 쏠로결혼정보는 전체의 행복도를 극대화 시키기 위한 총각과 처녀의 매치 방안을 마련하고자 한다. 쏠로결혼정보는 경영과학 지식이 있는 여러분의 도움을 필요로 하고 있다.

처녀 / 총각	성춘향(처녀 1)	심청이(처녀 2)	황진이(처녀 3)	어우동(처녀 4)
홍길동(총각 1)	8	4	9	4
임꺽정(총각 2)	7	8	8	2
일지매(총각 3)	3	6	6	7
변강쇠(총각 4)	4	5	7	9

표 7-4
행복도 매트릭스

풀이

위 문제는 총각과 처녀의 수가 동일한 균형할당문제의 예이다. 따라서 모든 총각과 모든 처녀는 1:1로 매치가 가능하다. 총각을 공급지, 처녀를 수요지로 생각하고,[3] 공급지에서 수요지로 '사랑'이 이동한다고 보면, 사랑의 양은 쏠로결혼정보의 규정에 따라 '1'이 되어야 한다. 따라서 위 문제에 대한 모형은 다음과 같이 만들 수 있다.

3) 물론 처녀를 공급지로, 총각을 수요지로 설정해도 무방하다.

의사결정변수는 다음과 같이 정의하자.

X_{ij}: 총각 i와 처녀 j의 매치 여부 ($i=1, 2, 3, 4; j=1, 2, 3, 4$)

목적함수는 전체 행복도의 극대화이므로 다음과 같다.

$$MAX \sum_{i=1}^{4}\sum_{j=1}^{4} H_{ij}X_{ij}$$

$$\begin{aligned}=MAX\ \ & 8X_{11}+4X_{12}+9X_{13}+4X_{14}\\ &+7X_{21}+8X_{22}+8X_{23}+2X_{24}\\ &+3X_{31}+6X_{32}+6X_{33}+7X_{34}\\ &+4X_{41}+5X_{42}+7X_{43}+9X_{44}\end{aligned}$$

공급지(총각) 제약조건과 수요지(처녀) 제약조건은 모두 우변항을 '1'로 설정하여 다음과 같이 나타낼 수 있다.

공급지 제약조건은 $\sum_{j=1}^{4} X_{ij} \le 1 (i=1,\ 2,\ 3,\ 4)$

즉, $X_{11}+X_{12}+X_{13}+X_{14} \le 1$

$X_{21}+X_{22}+X_{23}+X_{24} \le 1$

$X_{31}+X_{32}+X_{33}+X_{34} \le 1$

$X_{41}+X_{42}+X_{43}+X_{44} \le 1$

수요지 제약조건은 $\sum_{i=1}^{4} X_{ij} \ge 1 (j=1,\ 2,\ 3,\ 4)$

즉, $X_{11}+X_{21}+X_{31}+X_{41} \ge 1$

$X_{12}+X_{22}+X_{32}+X_{42} \ge 1$

$X_{13}+X_{23}+X_{33}+X_{43} \ge 1$

$X_{14}+X_{24}+X_{34}+X_{44} \ge 1$

완성된 할당모형은 다음과 같다.

$$
\begin{aligned}
MAX \;\; & 8X_{11}+4X_{12}+9X_{13}+4X_{14}+7X_{21}+8X_{22}+8X_{23}+2X_{24} \\
& +3X_{31}+6X_{32}+6X_{33}+7X_{34}+4X_{41}+5X_{42}+7X_{43}+9X_{44}
\end{aligned}
$$

$$
\begin{aligned}
s.t. \;\; & X_{11}+X_{12}+X_{13}+X_{14} \le 1 \\
& X_{21}+X_{22}+X_{23}+X_{24} \le 1 \\
& X_{31}+X_{32}+X_{33}+X_{34} \le 1 \\
& X_{41}+X_{42}+X_{43}+X_{44} \le 1 \\
& X_{11}+X_{21}+X_{31}+X_{41} \ge 1 \\
& X_{12}+X_{22}+X_{32}+X_{42} \ge 1 \\
& X_{13}+X_{23}+X_{33}+X_{43} \ge 1 \\
& X_{41}+X_{24}+X_{34}+X_{44} \ge 1 \\
& X_{ij} \ge 0 (i=1,\ 2,\ 3,\ 4;\ j=1,\ 2,\ 3,\ 4)
\end{aligned}
$$

해 찾기를 이용해 위 모형의 최적해를 구한 결과는 [그림 7-5]와 같다.

	A	B	C	D	E	F	G	H
1		처녀 1 (성춘향)	처녀 2 (심청이)	처녀 3 (황진이)	처녀 4 (어우동)			
2	총각 1 (홍길동)	8	4	9	4			
3	총각 2 (임꺽정)	7	8	8	2			
4	총각 3 (일지매)	3	6	6	7			
5	총각 4 (변강쇠)	4	5	7	9			
6								
7	의사결정변수	처녀 1	처녀 2	처녀 3	처녀 4			
8	총각 1	0	0	1	0	1	<=	1
9	총각 2	1	0	0	0	1	<=	1
10	총각 3	0	1	0	0	1	<=	1
11	총각 4	0	0	0	1	1	<=	1
12		1	1	1	1			
13		>=	>=	>=	>=			
14		1	1	1	1			
15								
16	목적함수							
17	31							

그림 7-5

쏠로결혼정보 문제의 최적해

[그림 7-5]를 보면, 홍길동(총각 1)과 황진이(처녀 3), 임꺽정(총각 2)과 성춘향(처녀 1), 일지매(총각 3)와 심청이(처녀 2), 그리고 변강쇠(총각 4)와 어우동(처녀 4)을 매치시키는 것이 최적으로 이때의 전체 행복도는 31로 최대가 된다. 〈표 7-4〉의 행복도 매트릭스를 보면 임꺽정은 최적으로 매치된 성춘향보다는 심청이나 황진이와 매치

되었을 때, 일지매는 심청이보다는 어우동과 매치되었을 때 개인적인 행복도는 더 높지만, 총각 4명과 처녀 4명 전체의 행복도를 극대화시키기 위해서는 [그림 7-5]의 결과를 따라야 함을 알 수 있다.

가상의 작업
가상의 작업자

2 불균형할당문제

불균형할당문제란 공급지(작업자)와 수요지(작업)의 수가 일치하지 않는 할당문제를 말한다. 불균형수송문제와 마찬가지로 불균형할당문제도 두 가지로 나눠진다. 하나는 작업자의 수가 작업의 수보다 많은 경우이고, 다른 하나는 작업의 수가 작업자의 수보다 많은 경우이다. 전자의 경우는 **가상의 작업**을 추가하고, 후자의 경우는 **가상의 작업자**를 추가하여 균형할당문제로 전환할 수 있다. 전자의 경우 어떤 작업자가 가상의 작업에 할당되면 그 작업자는 어떤 작업도 할당받지 못함을 의미한다. 후자의 경우 어떤 작업이 가상의 작업자에게 할당되는 결과가 나오면 그 작업은 어떤 작업자에게도 할당되지 않음을 의미한다.

다음의 예를 통해 불균형할당문제를 모형화 하고, 최적해를 구해보자.

서경회계법인

회계법인에서 흔히 발생하는 문제는 어떻게 하면 인력을 효율적으로 이용하느냐이다. 특히 대부분의 기업들이 연말결산을 시작하려는 시점에서 회계법인은 효율적인 고객관리 일정을 반드시 수립해야 한다. 다음의 예에서 우리는 작업시간의 최소화를 꾀하면서 주어진 회계업무를 성공적으로 수행하게끔 공인회계사들을 고객에게 할당하는 문제를 다루고자 한다.

서경회계법인은 세 곳의 고객으로부터 결산작업을 요청받았다. 서경회계법인은 소속 회계사들의 작업일정을 검토한 후에 홍길동, 임꺽정, 장보고, 박문수 등 4명의 회계사를 요청받은 결산작업에 투입할 수 있다고 판단하였다. 하지만 이 4명의 회계사도 작업이 밀려있는 관계로 각 회계사는 기껏해야 한 고객만을 상대할 수 있다. 4명의 회계사는 경험과 능력에 개인차가 있어 업무처리시간에도 차이가 존재한다. 과거의 업무처리시간을 근거로 하여 서경회계법인은 〈표 7-5〉와 같이 고객이 요청한 업무에 대한 4명 회계사의 작업시간을 추정하였다.

회계사 \ 고객	남강제약(고객1)	건영화물(고객 2)	북부통상(고객 3)
홍길동(회계사 1)	150	210	270
임꺽정(회계사 2)	170	230	220
장보고(회계사 3)	180	230	225
박문수(회계사 4)	160	210	230

표 7-5
추정된 업무처리시간 (단위: 시간)

예를 들어, 남강제약의 결산작업을 임꺽정 회계사가 맡을 경우 170시간이 걸리며, 이 작업을 박문수 회계사가 맡으면 160시간이 걸릴 것으로 추정된다. 위의 자료를 토대로 가장 효율적인(총작업시간을 최소화하는) 회계사-고객 할당방법을 제시하라.

풀이

회계사를 전문지식을 제공하는 공급지로 생각하고, 고객을 전문지식을 제공받는 수요지로 생각하면, 위 문제는 공급지의 수가 수요지의 수보다 많은 불균형할당문제이다.

불균형할당문제를 균형할당문제로 변환하기 위해서는 가상의 고객이 필요하다. 이 고객을 고객 4라고 하면, 균형할당문제는 다음과 같이 모형화 할 수 있다.

의사결정변수를 다음과 같이 정의하자.

X_{ij}: 회계사 i가 고객 j에 할당되는지의 여부 ($i=1, 2, 3, 4; j=1, 2, 3, 4$)

위의 정의에서 고객 4는 가상의 고객을 나타내며, 각 회계사가 고객 4를 처리하는데 드는 작업시간은 실제로 존재하지 않으므로 '0'으로 설정한다.

$$MIN\ \ 150X_{11}+210X_{12}+270X_{13}+170X_{21}+230X_{22}+220X_{23} \\ +180X_{31}+230X_{32}+225X_{33}+160X_{41}+210X_{42}+230X_{43}$$

$$s.t.\ \ X_{11}+X_{12}+X_{13}+X_{14}\le 1 \\ X_{21}+X_{22}+X_{23}+X_{24}\le 1 \\ X_{31}+X_{32}+X_{33}+X_{34}\le 1 \\ X_{41}+X_{42}+X_{43}+X_{44}\le 1$$

$$X_{11}+X_{21}+X_{31}+X_{41}\geq 1$$
$$X_{12}+X_{22}+X_{32}+X_{42}\geq 1$$
$$X_{13}+X_{23}+X_{33}+X_{43}\geq 1$$
$$X_{14}+X_{24}+X_{34}+X_{44}\geq 1$$
$$X_{ij}\geq 0(i=1,\ 2,\ 3,\ 4;\ j=1,\ 2,\ 3,\ 4)$$

위 모형의 최적해는 다음과 같다.

그림 7-6

서경회계법인 문제의 최적 할당 방법

	A	B	C	D	E	F	G	H
1		고객 1 (남강제약)	고객 2 (건영화물)	고객 3 (북부제과)	고객 4 (가상의 고객)			
2	회계사 1 (홍길동)	150	210	270	0			
3	회계사 2 (임꺽정)	170	230	220	0			
4	회계사 3 (장보고)	180	230	225	0			
5	회계사 4 (박문수)	160	210	230	0			
6								
7	의사결정변수	고객 1	고객 2	고객 3	가상의 고객			
8	회계사 1	1	0	0	0	1	<=	1
9	회계사 2	0	0	1	0	1	<=	1
10	회계사 3	0	0	0	1	1	<=	1
11	회계사 4	0	1	0	0	1	<=	1
12		1	1	1	1			
13		>=	>=	>=	>=			
14		1	1	1	1			
15								
16	목적함수							
17	580							

[그림 7-6]의 최적 할당 방법에 따르면, 홍길동(회계사 1)은 남강제약(고객 1), 임꺽정(회계사 2)은 북부통상(고객 3), 박문수(회계사 4)는 건영화물(고객 2)의 결산작업을 맡고, 장보고(회계사 3)는 가상의 고객(고객 4), 즉 고객을 할당받지 않는 것이 총작업시간을 580시간으로 최소화 하게 된다.

한편, 이 문제에서는 회계사가 고객을 할당받지 못함으로 해서 벌칙비용(penalty cost)이 발생하는 것은 아니므로 균형할당문제로 전환하지 않고 다음의 할당모형을 이용해서도 동일한 해를 구할 수 있다.

$$MIN\ \ 150X_{11}+210X_{12}+270X_{13}+170X_{21}+230X_{22}+220X_{23}$$
$$+180X_{31}+230X_{32}+225X_{33}+160X_{41}+210X_{42}+230X_{43}$$

$$
\begin{aligned}
s.t.\ & X_{11}+X_{12}+X_{13}\le 1\\
& X_{21}+X_{22}+X_{23}\le 1\\
& X_{31}+X_{32}+X_{33}\le 1\\
& X_{41}+X_{42}+X_{43}\le 1\\
& X_{11}+X_{21}+X_{31}+X_{41}\ge 1\\
& X_{12}+X_{22}+X_{32}+X_{42}\ge 1\\
& X_{13}+X_{23}+X_{33}+X_{43}\ge 1\\
& X_{ij}\ge 0\,(i=1,\ 2,\ 3,\ 4;\ j=1,\ 2,\ 3)
\end{aligned}
$$

위 모형에서 어느 회계사가 고객을 할당받지 못하는지는 모형의 최적해에서 공급지(회계사) 제약조건의 여유분이 '1'인 회계사를 찾으면 된다. 바로 이 회계사가 고객을 할당받지 못한 회계사이다.

	A	B	C	D	E	F	G
1		고객 1 (남강제약)	고객 2 (건영화물)	고객 3 (북부제과)			
2	회계사 1 (홍길동)	150	210	270			
3	회계사 2 (임꺽정)	170	230	220			
4	회계사 3 (장보고)	180	230	225			
5	회계사 4 (박문수)	160	210	230			
6							
7	의사결정변수	고객 1	고객 2	고객 3			
8	회계사 1	1	0	0	1	<=	1
9	회계사 2	0	0	1	1	<=	1
10	회계사 3	0	0	0	0	<=	1
11	회계사 4	0	1	0	1	<=	1
12		1	1	1			
13		>=	>=	>=			
14		1	1	1			
15							
16	목적함수						
17	580						

그림 7-7

서경회계법인 문제의 대안적 최적해

[그림 7-7]은 대안적 모형의 최적해를 보여주고 있다. [그림 7-7]의 공급지 제약조건을 보면 최적해에서 여유분을 갖는 회계사는 회계사 3인 장보고 회계사임을 알 수 있다. [그림 7-7]에 나타난 불균형할당문제의 해는 [그림 7-6]의 균형할당문제의 해와 동일하다.

7.3 경유수송문제

경유수송문제(transshipment problems)
경유지(transshipment points)

수송문제에서는 공급지와 수요지만 존재하였다. **경유수송문제(transshipment problems)**란 [그림 7-8]과 같이 공급지와 수요지 사이에 **경유지(transshipment points)**가 존재하는 수송문제를 말한다.

그림 7-8
공급지, 경유지, 수요지의 관계

경유지는 보통 물량이 잠시 머무르는 곳을 말한다. 예를 들어, 세관의 보세창고처럼 수입된 물품이 통관절차를 위해 잠시 머무르는 지점을 말한다. 경유지에서는 일반적으로 생산이나 소비가 일어나지 않는다. 따라서 어떤 경유지로 유입된 물량의 합은 해당 경유지에서 유출되는 물량의 합과 일치하게 된다.

이제 다수의 공급지와 다수의 경유지, 그리고 다수의 수요지가 존재하는 경유수송문제에서 우리가 해결하고자 하는 문제는 어떤 공급지에서 어떤 경유지를 거쳐 어떤 수요지로 얼마만큼의 물량을 이동시키는 것이 가장 좋은가 하는 것이다. 여기서 선호기준은 문제에 따라 수송비용의 최소화도 될 수 있고, 혜택의 최대화도 될 수 있다.

경유수송문제의 의사결정변수는 어떻게 정의해야 하는가? 앞서 수송문제에서는 의사결정변수 X_{ij}를 공급지 i에서 수요지 j로 이동되는 물량이라고 정의한 바 있다. 경유수송문제에서는 공급지와 수요지뿐만 아니라 경유지도 존재하므로 의사결정변수는 세 가지 첨자를 이용하여 X_{ikj}로 정의하면 어떨까? 즉, 공급지 i에서 경유지 k를 거쳐 수요지 j로 이동되는 물량이라고 정의하면 될까? 대답은 '그렇지 않다'이다.

다음과 같은 간단한 경유수송문제를 고려해 보자. [그림 7-9]는 공급지가 2곳이고, 경유지도 2곳, 그리고 수요지는 3곳인 경유수송문제를 네트워크 다이어그램으로 표현한 것이다.

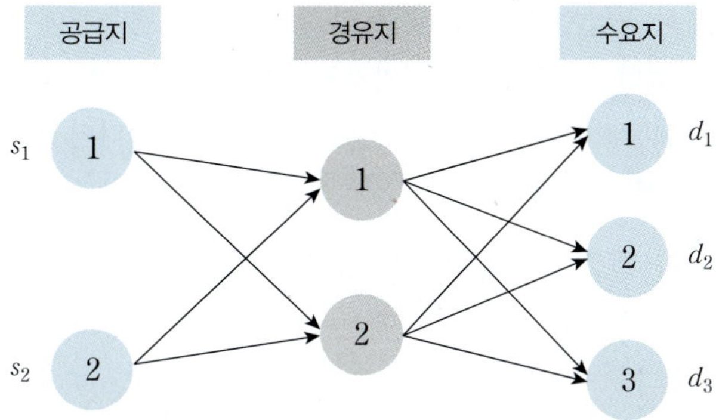

그림 7-9
경유수송문제의 네트워크 다이어그램

[그림 7-9]를 보면 모두 10개의 길이 존재함을 알 수 있다. 각 공급지의 공급량과 각 수요지의 수요량을 명시하고, 각 길 위에 수송문제에서와 같이 단위당 수송비용, 이동물량의 상한값과 하한값을 기입하면 네트워크 다이어그램이 완성된다.

이제 의사결정변수 X_{ikj}를 공급지 i에서 경유지 k를 거쳐 수요지 j로 이동되는 물량이라고 정의해 보자. 그리고 이러한 정의를 이용해 만든 모형의 해가 예를 들어 X_{111}=1,000으로 나타났다고 하자. 이 해를 해석하면 공급지 1에서 경유지 1을 거쳐 수요지 1로 이동되는 물량이 1,000이라는 말이다. 무엇이 잘못된 것일까? 첨자를 세 개로 함으로써 공급지 1에서 경유지 1로 이동되는 물량과 경유지 1에서 수요지 1로 이동되는 물량이 항상 동일해야 하는 문제가 발생한다. 다수의 공급지에서 특정 경유지로 들어온 물량은 그 경유지에서 다시 다수의 수요지로 분산 이동되어야 함을 간과한 것이다.

공급지를 나타내는 첨자를 i, 경유지를 나타내는 첨자를 k, 수요지를 나타내는 첨자를 j라고 하자. 그러면 [그림 7-9]의 경유수송문제에 대한 올바른 의사결정변수는 다음과 같이 정의할 수 있다.[4)]

X_{ik}: 공급지 i에서 경유지 k로 이동되는 물량 ($i=1, 2; k=1, 2$)
Y_{kj}: 경유지 k에서 수요지 j로 이동되는 물량 ($k=1, 2; j=1, 2, 3$)

4) 대안적 방법으로는 [그림 7-9]에서 공급지, 경유지, 수요지를 나타내는 모든 노드의 번호를 차례대로 1에서 7까지 매기고, 노드 1과 2는 공급지, 노드 3과 4는 경유지, 노드 5, 6, 7은 수요지로 보는 것이다. 이 경우, 의사결정변수 X_{ij}는 지역 i에서 지역 j로 이동되는 물량(i=1, 2, 3, 4; j=3, 4, 5, 6, 7)으로 정의하면 된다.

경유수송문제에서 공급지에서 경유지로의 운송방법과 경유지에서 수요지로의 운송방법은 다를 수 있다. 예를 들어, 싱가포르에서 인천항으로 선박을 이용해 수입된 물건은 인천 보세창고에서 세관절차를 위해 잠시 머물렀다가 트럭으로 수요지로 배송되는 경우가 이에 해당된다.

경유수송문제의 목적함수, 공급지 제약조건, 수요지 제약조건은 수송문제의 경우와 동일하다. 예를 들어, [그림 7-9]에서 공급지 1의 제약조건과 수요지 1의 제약조건은 다음과 같다.

$$X_{11} + X_{12} \le s_1 \quad \text{(공급지 1 제약조건)}$$
$$Y_{11} + Y_{21} \ge d_1 \quad \text{(수요지 1 제약조건)}$$

경유지는 유입된 물량이 일정 시간 머물렀다가 다수의 수요지로 전량 유출되는 곳이므로 경유지 i의 제약조건은 다음의 식으로 특징화 된다.

경유지 i로의 유입 물량 = 경유지 i에서의 유출 물량

예를 들어, [그림 7-9]에서 경유지 1에 대한 제약조건은 다음과 같다. 이 제약조건의 좌변항은 공급지 1과 2에서 경유지 1로 유입된 물량의 합을 나타내고, 우변항은 경유지 1에서 수요지 1, 2, 3으로 유출되는 물량의 합을 말한다.

$$X_{11} + X_{21} = Y_{11} + Y_{12} + Y_{13}$$

한편, 경유수송문제에서 이동되는 제품이 식품이나 생명체인 경우, 경유지 제약조건은 달라질 수 있다. 예를 들어, 이동되는 제품이 식품이라고 가정하자. 과거의 경험으로 볼 때 공급지에서 경유지까지의 이동 시간이 길어 평균적으로 이동되는 제품의 20%가 경유지에 도착하기까지 상하게 되어 상품으로서의 가치를 잃는다면 경유지 1의 제약조건은 어떻게 달라질까? 경유지 1로 유입되는 물량의 80%만 수요지로 이동하게 되므로 해당 제약조건은 다음과 같이 바뀌게 된다.

$$0.8(X_{11} + X_{21}) = Y_{11} + Y_{12} + Y_{13}$$

이제 이동되는 대상이 생명체(예를 들어, 토끼)라고 가정하자. 과거의 경험으로 볼 때 공급지에서 경유지까지의 이동시간 동안 토끼 5마리당 평균적으로 아기 토끼 한 마리가 태어난다고 하면 경유지 제약조건은 어떻게 표현할 수 있을까? 경유지 1을 다시 예로 들어 보자. 공급지 1과 2에서 경유지 1로 유입된 물량의 120%가 수요지로 이동하므로 제약조건은 다음과 같이 나타낼 수 있다.

$$1.2(X_{11}+X_{21})=Y_{11}+Y_{12}+Y_{13}$$

경유수송문제도 기술계수가 모두 '1'이므로 수송문제와 마찬가지로 모든 공급지의 공급량과 모든 수요지의 수요량이 정수이면 의사결정변수의 값은 정수로 지정하지 않아도 정수 값을 갖게 된다.

다음 문제를 이용하여 경유수송문제를 모형화 하고, 최적해를 구해보도록 하자.

M전자회사의 경유수송문제

미국 전역에 판매망을 갖춘 M전자는 주문자 상표부착 방식(OEM: original equipment manufacturing)으로 TV를 해외에 주문하여 미국 시장에 판매하는 회사이다. M전자는 세 곳의 해외 제조업체로부터 납품을 받아 네 곳의 미국 도시에 판매를 하고 있다. 해외 제조업체들은 M전자의 제품명세서에 따라 TV를 제조하고 M전자의 상표를 부착한 다음 M전자로 TV를 납품한다.

[그림 7-10]은 생산지에서 수요지까지의 제품흐름을 네트워크 다이어그램으로 표현하고 있다. 제품의 흐름을 설명하면 다음과 같다.

- M전자는 도쿄, 타이페이, 그리고 홍콩에 있는 제조업체로부터 TV를 납품받는다.
- M전자는 시애틀과 LA에 있는 선박회사와 TV 운송계약을 맺는다. 운송 단위는 콘테이너로 콘테이너 한 대에는 1000대의 TV가 선적된다. 선박회사는 콘테이너를 생산지에서 시애틀과 LA에 있는 하역창고로 해상 운송한다.
- 콘테이너가 하역되어 통관절차를 마치면 이것은 트럭으로 M전자회사의 TV 판매거점인 시카고, 뉴욕, 애틀란타, 그리고 달라스로 육상 운송된다.

이 회사의 물류책임자인 피터 박은 향후 1사분기 동안 각 판매거점의 수요를 만족시키면서 수송비용을 최소화하는 가장 효율적인 운송계획을 수립하고자 한다.

그림 7-10
네트워크 다이어그램

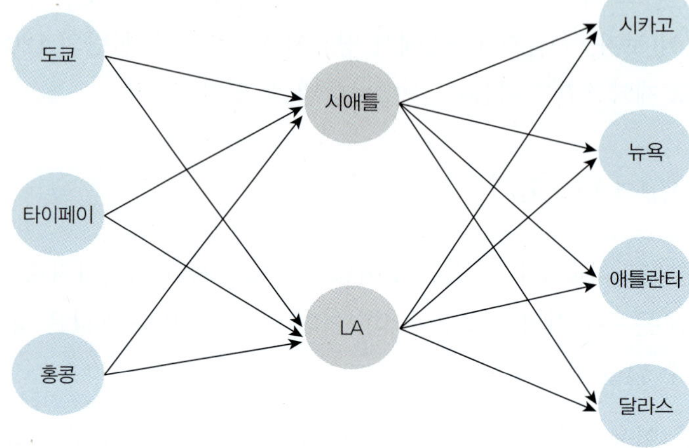

향후 1사분기 동안 공급지의 생산량, 해상 및 육상 운송비용, 선적량의 상한선과 하한선, 판매거점의 수요량 등의 자료가 〈표 7-6〉에 요약되어 있다. 〈표 7-6〉의 선적량 정보에서 '~'는 상한선이나 하한선이 없음을 나타낸다. 주어진 정보를 이용하여 총수송비용을 최소화 할 수 있는 물류 방안을 제시하라.

풀이

공급지가 세 곳, 경유지가 두 곳, 수요지가 네 곳인 경유수송문제이다. 의사결정 변수를 다음과 같이 정의하자.

X_{ik}: 공급지 i에서 경유지 k로 운송되는 선적량 ($i=1, 2, 3$; $k=1, 2$)
Y_{kj}: 경유지 k에서 수요지 j로 운송되는 선적량 ($k=1, 2$; $j=1, 2, 3, 4$)

위의 의사결정변수 정의에서 $i=1, 2, 3$은 각각 도쿄, 타이페이, 홍콩을 나타내고, $k=1, 2$는 시애틀과 LA, $j=1, 2, 3, 4$는 시카고, 뉴욕, 애틀란타, 달라스를 나타낸다. 목적함수는 총수송비용, 즉 공급지에서 경유지로의 운송비용과 경유지에서 수요지로의 운송비용을 합한 비용을 최소화 하는 것으로 다음과 같이 표현할 수 있다.

표 7-6

경유수송문제 자료

(1) OEM 자료

공급지	최대생산량(단위: 콘테이너)
도쿄	25
타이페이	29
홍콩	16

(2) 해상 운송 자료

콘테이너당 수송비용($1000)

	시애틀	LA
도쿄	18	23
타이페이	19	21
홍콩	25	16

선적량 상한선 (단위: 콘테이너)

	시애틀	LA
도쿄	24	13
타이페이	25	30
홍콩	~	14

선적량 하한선 (단위: 콘테이너)

	시애틀	LA
도쿄	~	5
타이페이	10	12
홍콩	7	~

(3) 육상 운송 자료

콘테이너당 수송비용 ($1000)

	시카고	뉴욕	애틀란타	달라스
시애틀	5	7	14	11
LA	12	15	10	8

선적량 상한선

	시카고	뉴욕	애틀란타	달라스
시애틀	10	~	12	8
LA	~	10	9	5

선적량 하한선

	시카고	뉴욕	애틀란타	달라스
시애틀	~	4	2	3
LA	5	1	3	~

(4) 판매거점 수요량

판매거점	수요량
시카고	19
뉴욕	24
애틀란타	17
달라스	10

$$MIN \ \sum_{i=1}^{3}\sum_{k=1}^{2} c_{ik}X_{ik} + \sum_{k=1}^{2}\sum_{j=1}^{4} c_{kj}Y_{kj}$$

$$= MIN \ \ 18X_{11}+23X_{12}+19X_{21}+21X_{22}+25X_{31}+16X_{32}$$
$$5Y_{11}+7Y_{12}+14Y_{13}+11Y_{14}+12Y_{21}+15Y_{22}+10Y_{23}+8Y_{24}$$

경유수송문제의 공급지 제약조건과 수요지 제약조건은 수송문제와 동일하게 다음과 같이 표현된다.

공급지 제약조건

$$\sum_{k=1}^{2} X_{ik} \le s_i \ (i=1,\ 2,\ 3)$$

즉, $X_{11} + X_{12} \le 25$

$X_{21} + X_{22} \le 29$

$X_{31} + X_{32} \le 16$

수요지 제약조건

$$\sum_{k=1}^{2} Y_{kj} \ge d_j \ (j=1,\ 2,\ 3,\ 4)$$

즉, $Y_{11} + Y_{21} \ge 19$

$Y_{12} + Y_{22} \ge 24$

$Y_{13} + Y_{23} \ge 17$

$Y_{14} + Y_{24} \ge 10$

다음으로 경유수송문제에는 경유지 제약조건이 추가된다.

경유지 제약조건

$$\sum_{i=1}^{3} X_{ik} = \sum_{j=1}^{4} Y_{kj} \ (k=1,\ 2)$$

즉, $X_{11} + X_{21} + X_{31} = Y_{11} + Y_{12} + Y_{13} + Y_{14}$

$X_{12} + X_{22} + X_{32} = Y_{21} + Y_{22} + Y_{23} + Y_{24}$

M전자 문제의 경우, 선적량의 상한선과 하한선이 정해져 있으므로 이에 대한 제약조건이 추가되어야 한다.

모든 i, k, j에 대하여,

$X_{ik} \ge L_{ik}$ (공급지에서 경유지로의 선적량 하한선)

$X_{ik} \le U_{ik}$ (공급지에서 경유지로의 선적량 상한선)

$Y_{kj} \geq L_{kj}$ (경유지에서 수요지로의 선적량 하한선)
$Y_{kj} \leq U_{kj}$ (경유지에서 수요지로의 선적량 상한선)

결국, M전자의 경유수송문제는 다음과 같은 선형계획모형으로 표현할 수 있다.

$$\begin{aligned}
MIN\ \ & 18X_{11}+23X_{12}+19X_{21}+21X_{22}+25X_{31}+16X_{32} \\
& 5Y_{11}+7Y_{12}+14Y_{13}+11Y_{14}+12Y_{21}+15Y_{22}+10Y_{23}+8Y_{24} \\
s.t.\ \ & X_{11}+X_{12} \leq 25,\ X_{21}+X_{22} \leq 29,\ X_{31}+X_{32} \leq 16 \\
& Y_{11}+Y_{21} \geq 19,\ Y_{12}+Y_{22} \geq 24,\ Y_{13}+Y_{23} \geq 17,\ Y_{14}+Y_{24} \geq 10 \\
& X_{11}+X_{21}+X_{31} = Y_{11}+Y_{12}+Y_{13}+Y_{14} \\
& X_{12}+X_{22}+X_{32} = Y_{21}+Y_{22}+Y_{23}+Y_{24} \\
& X_{12} \geq 5,\ X_{21} \geq 10,\ X_{22} \geq 12,\ X_{31} \geq 7 \\
& X_{11} \leq 24,\ X_{12} \leq 13,\ X_{21} \leq 25,\ X_{22} \leq 30,\ X_{32} \leq 14 \\
& Y_{12} \geq 4,\ Y_{13} \geq 2,\ Y_{14} \geq 3,\ Y_{21} \geq 5,\ Y_{22} \geq 1,\ Y_{23} \geq 3 \\
& Y_{11} \leq 10,\ Y_{13} \leq 12,\ Y_{14} \leq 8,\ Y_{22} \leq 10,\ Y_{23} \leq 9,\ Y_{24} \leq 5 \\
& \\
& X_{ik} \geq 0,\ Y_{kj} \geq 0\,(i=1,\ 2,\ 3;\ k=1,\ 2;\ j=1,\ 2,\ 3,\ 4)
\end{aligned}$$

이 모형의 최적해를 엑셀 기본모형에 나타내면 [그림 7-11]과 같다.

	A	B	C	D	E	F	G	H	I	J	K	L	M	N	O
1	수송비용	시애틀 (경유지 1)	L.A. (경유지 2)		수송비용	시카고 (수요지 1)	뉴욕 (수요지 2)	애틀란타 (수요지 3)	달라스 (수요지 4)						
2	도쿄 (공급지 1)	18	23		시애틀 (경유지 1)	5	7	14	11						
3	타이페이 (공급지 2)	19	21		L.A. (경유지 2)	12	15	10	8						
4	홍콩 (공급지 3)	25	16												
5															
6		경유지 1	경유지 2			최대생산량		선적량 상한선		선적량 하한선					
7	공급지 1	20	5	25	<=	25		24	13	~	5				
8	공급지 2	17	12	29	<=	29		25	30	10	12				
9	공급지 3	7	9	16	<=	16		~	14	7	~				
10	경유지유입	44	26												
11															
12		수요지 1	수요지 2	수요지 3	수요지 4	경유지유출		선적량 상한선				선적량 하한선			
13	경유지 1	8	23	8	5	44		10	~	12	8	~	4	2	3
14	경유지 2	11	1	9	5	26		~	10	9	5	5	1	3	~
15		19	24	17	10										
16		>=	>=	>=	>=										
17	수요량	19	24	17	10										
18															
19	목적함수		=SUMPRODUCT($B$2:$C$4,$B$7:$C$9)+SUMPRODUCT($F$2:$I$3,$B$13:$E$14)												
20	2014														

그림 7-11
M전자 경유수송문제의 최적해

[그림 7-11]에서 변수 셀(의사결정변수)는 셀 범위 B7:C9과 셀 범위 B13:E14인데, 전자는 공급지에서 경유지로의 이동물량, 후자는 경유지에서 수요지로의 이동

물량을 나타낸다. 셀 A20은 목표 셀(목적함수)로서, [그림 7-11]에서 보듯이 이 셀에는 두 가지 =SUMPRODUCT 함수의 합이 입력되었다. 두 가지 함수 중 전자는 공급지에서 경유지로의 수송비용을, 후자는 경유지에서 수요지로의 수송비용을 나타낸다. 두 가지 =SUMPRODUCT 함수 모두 단위당 수송비용 행렬과 변수 셀 행렬의 대응 요소끼리 각각 곱하여 합하도록 함으로써 목적함수를 쉽게 나타낼 수 있도록 한다.

균형경유수송문제

[그림 7-11]의 최적해에 따르면, 도쿄(공급지 1)에서는 시애틀(경유지 1)과 LA(경유지 2)로 각 20개와 5개의 콘테이너를, 타이페이(공급지 2)에서는 시애틀(경유지 1)과 LA(경유지 2)로 각 17개와 12개의 콘테이너를, 그리고 홍콩(공급지 3)에서는 시애틀(경유지 1)과 LA(경유지 2)로 각각 7개와 9개의 콘테이너를 해상 운송하는 것이 추천된다. 그리고 경유지에 도착한 콘테이너들은 통관절차를 거친 후 시애틀(경유지 1)에서는 시카고(수요지 1), 뉴욕(수요지 2), 애틀란타(수요지 3), 달라스(수요지 4)로 각각 8개, 23개, 8개, 5개의 콘테이너를 육상 운송하고, LA(경유지 2)에서는 시카고(수요지 1), 뉴욕(수요지 2), 애틀란타(수요지 3), 달라스(수요지 4)로 각각 11개, 1개, 9개, 5개의 콘테이너를 육상 운송하는 것이 최적이다. 이러한 수송계획이 실행될 경우, 총수송비용은 201만4천달러로 최소화 된다. 이 경유수송문제는 공급지의 공급량 합과 수요지의 수요량 합이 동일한 **균형경유수송문제**로서 최적해에서 공급지 제약조건과 수요지 제약조건 모두가 등호로 성립하는 속박적 제약조건이 됨을 알 수 있다.

익·힘·문·제

1. 수송문제와 할당문제에 대한 설명으로 옳은 것을 모두 고르시오.

① 수송문제에서 총공급량과 총수요량은 항상 일치한다.

② 수송문제에서 공급지의 개수는 수요지의 개수와 항상 일치한다.

③ 할당문제란 모든 공급지의 공급량과 모든 수요지의 수요량이 각각 1인 수송문제를 말한다.

④ 수송문제에서 모든 공급지의 공급량과 모든 수요지의 수요량이 정수라고 해서 공급지에서 수요지로의 최적 수송물량이 반드시 정수로 나오는 것은 아니다.

⑤ 할당문제에서 의사결정변수의 값은 0 또는 1이 되어야 하므로 선형계획모형으로 문제를 해결할 수 없다.

⑥ 수송문제에서 총공급량과 총수요량이 같으면 최적해에서 모든 제약조건은 속박적(binding)이 된다.

⑦ 총수요량이 총공급량을 초과하는 불균형수송문제를 균형수송문제로 변환하기 위해서는 가상의 공급지가 필요하다.

2. 다음 보기 중 잘못 기술된 것은?

① 1:1 할당문제는 특수한 형태의 수송문제로 모든 공급지의 공급량과 모든 수요지의 수요량이 각각 '1'인 수송문제를 말한다.

② 작업자가 작업보다 많은 1:1 불균형 할당문제에서 작업을 할당받지 못한 작업자가 누구인지는 모형의 최적해에서 작업자 제약조건의 조건과의 차(slack)가 '1'로 나타난 작업자를 찾으면 알 수 있다.

③ 할당문제에서 의사결정변수는 이진변수(binary variables)로 지정하지 않고 그냥 비음변수로 놓아도 '0'과 '1' 이외의 값은 가질 수 없다.

④ 설비입지문제에서 각 공급지에서 각 수요지로 이동되는 물량을 나타내는 의사결정변수는 정수 조건을 주지 않더라도 모든 공급지의 공급량과 모든 수요지의 수요량이 정수이면 정수값만을 갖는다.

⑤ 위에 적절한 보기가 없다.

3. 세 곳의 공급지(1, 2, 3)와 두 곳의 수요지(A, B), 그리고 두 곳의 경유지(S, T)가 있는 경유수송문제를 고려해보자. 경유지는 예를 들어 세관의 보세창고를 생각할 수 있다. 의사결정변수 X_{ij}를 지역 i에서 지역 j로 이동되는 물량이라고 정의하자.

(1) 경유지 S에 대한 제약조건을 기술하시오. 경유지에서는 일반적으로 생산이나 소비가 이루어지지 않는다.

(2) 경유지 T의 제약조건을 기술하시오. 이동되는 물품이 육류이고, 경유지 T로 들어온 육류 중 20%는 운송 상의 문제로 상품으로서 가치가 없다고 가정하자.

4. 셀 범위 A1:D4의 4×4 행렬과 셀 범위 H1:K4의 4×4 행렬은 같은 크기의 두 행렬이다. 이 두 행렬의 상응하는 요소들을 곱하여 더하게 하는 엑셀 함수를 기술하시오.

5. 다음과 같은 수송표를 고려하자.

공급지 \ 수요지	1	2	3	공급량
1	4	2	7	120
2	5	10	4	150
수요량	80	80	80	

수송표에 근거하여 총수송비용을 최소화 하기 위한 수송모형을 만들고 최적 수송량을 결정하시오. 단, 공급지에서 이동되지 않고 남게 되는 물량 한 단위에 대해서는 재고유지비용이 발생하는데, 공급지 1에서는 단위당 3, 공급지 2에서는 단위당 5의 비용이 발생한다. 의사결정변수 X_{ij}는 공급지 i에서 수요지 j로 이동되는 물량으로 정의하고, 현재의 불균형수송문제를 균형수송문제로 전환하여 문제를 해결하시오.

6. 한 곳의 공급지(공급지 1)와 두 곳의 수요지(A, B)가 있는 수송문제를 고려해보자. 공급지 1의 공급량은 현재 150이고, 수요지 A의 수요량은 100, 수요지 B의 수요량은 200이다. 공급지 1의 공급량은 P만큼의 비용을 투자할 경우, 그 용량을 50만큼 늘릴 수 있다. 아울러 부족한 수요량을 충족하기 위해 새로운 공급지(공급지 2)의 건설도 계획하고 있다. 공급지 2를 건설하기 위해서는 Q만큼의 비용이 발생하며, 공급지 2의 공급량은 150으로 예상하고 있다. 의사결정변수 X_{ij}를 공급지 i에서 수요지 j로 이동되는 물량이라고 정의할 때, 비용 최소화 관점에서 이 설비입지문제를 모형화하시오. 공급지 i에서 수요지 j로의 단위당 수송비용은 c_{ij}로 나타내시오. 모형화를 위해서는 추가적인 의사결정변수가 필요하다. 의사결정변수를 명확히 정의하고 위 문제 상황을 모형화하시오.

7. 세종시는 여섯 곳의 버스회사로부터 8개 노선 운행권에 대한 입찰을 받고자 한다. 각 노선은 세종시의 초중고교를 포함하고 있다. 모든 회사가 모든 노선에 입찰할 필요는 없다. 다음 표는 어느 버스회사가 어떤 노선에 얼마의 입찰가(단위: 만원)를 제시했는지를 보여준다. 빈칸은 해당 버스회사가 해당 노선에는 입찰하지 않았음을 나타낸다.

	노선 1	노선 2	노선 3	노선 4	노선 5	노선 6	노선 7	노선 8
회사 1		820	780	540		390		
회사 2	780	820		630		330	490	
회사 3		480				440	560	360
회사 4			800	500	680		670	420
회사 5	720	640		390	640	280		300
회사 6	720	580	750	450	560		600	420

세종시는 각 노선을 어느 회사에 배정할 것인지를 결정하고자 한다. 배정조건은 다음과 같다. 첫째, 입찰하지 않은 노선에 버스회사를 배정할 수는 없다. 둘째, 한 노선에는 한 버스회사만 배정해야 한다. 셋째, 한 버스회사는 많아야 두 노선까지 배정받을 수 있다. 모든 노선을 커버하면서 총비용을 최소화 하기 위한 노선 배정 방안을 마련하시오.

8. 김치냉장고를 전문으로 생산하는 김치테크(주)는 3곳의 공장(A, B, C)과 2곳의 물류창고(S, T), 그리고 4곳의 판매처(1, 2, 3, 4)를 갖고 있다. 다음의 네트워크 다이어그램은 김치냉장고가 공장에서 물류창고를 거쳐 판매처로 이동되는 경로를 보여주고 있다. 각 공장을 나타내는 마디(node) 왼편의 숫자는 공장의 생산능력을 나타내고, 판매처 마디의 오른편 숫자는 판매처의 수요량을 나타낸다. 그리고 각 가지 위의 숫자는 해당 가지로 김치냉장고 한 단위(한 트럭분)를 이동시키는 데 드는 단위당 수송비용(단위: 만원)이다. 단, 공장 B에서 물류창고 S로 이동되는 김치냉장고의 단위 수는 최소 7단위, 최대 12단위이다. 아울러 모든 공장에서 이동되지 않고 남는 김치냉장고 한 단위에 대해서는 보관비용 10(만원)이 발생한다. 김치냉장고의 최적 경유수송경로를 제안하시오.

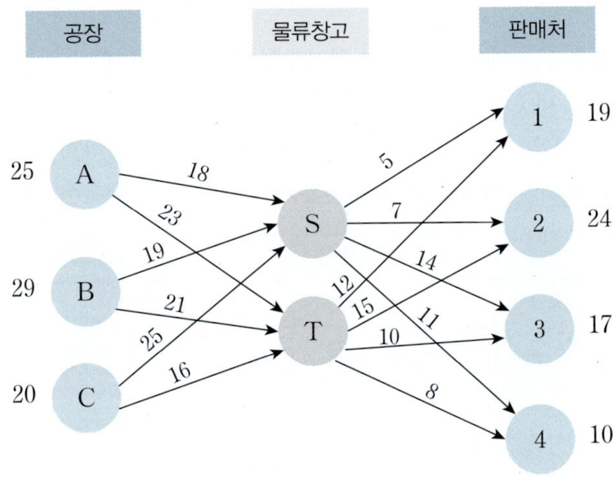

9. 마켓프레시(주)는 세 곳의 직영 농장에서 유기농 채소를 키우는데, 여기서 수확된 채소는 마켓프레쉬의 두 주요 고객사에 직접 배송되거나 또는 자사의 지역창고 두 곳으로 이송된 후 고객사에게 배송된다. 이 문제 상황을 네트워크 다이어그램으로 그릴 경우, 마디(node) 1, 2, 3은 농장을, 마디 4, 5는 지역창고를, 그리고 마디 6, 7은 고객사를 나타낸다. 네트워크 다이어그램에서 농장들끼리, 지역창고들끼리, 고객사끼리도 상품 이동이 가능하다고 가정한다. 즉, 농장들 간, 지역창고들 간, 고객사들 간의 가지(arc)는 양방향 이동이 가능한 가지(↔)이다. 채소를 생산하는 비용은 모든 농장에서 같다고 가정하자.

마켓프레시(주)는 수송비용을 최소화하는 수송방안을 마련하고자 한다. 농장 1, 2, 3(노드 1, 2, 3)의 연 생산능력(단위: 톤)은 각각 200, 300, 100이고, 고객사 1, 2(노드 6, 7)의 연 수요량(단위: 톤)은 각각 400, 180이다. 다음 표는 채소 한 단위(톤)를 각 가지(길)를 이용해 수송할 때의 단위당 수송비용(단위: 만원)이다. 표에서 수치가 표시되지 않은 것은 해당 가지(길)로는 채소를 이동시킬 수 없음을 나타낸다. 표에서 두 지점 사이의 단위당 수송비가 양쪽 길이 다름을 유의하라. 예를 들어, 노드 1에서 노드 3으로의 단위당 수송비는 30(만원)이지만 노드 3에서 노드 1로의 단위당 수송비는 4(만원)이다. 또한 각 가지를 이용해 연간 수송할 수 있는 채소의 양은 최대 200(톤)이다. 과거의 경험을 통해 볼 때 고객에게 직접 배송되지 않고 지역창고를 거쳐 고객에게 배송되는 경우, 지역창고로 들어온 채소의 10%는 상품으로서의 가치가 없어 고객에게 배송될 수 없다고 한다.

〈단위당 수송비용(단위: 만원)〉

From \ To	1	2	3	4	5	6	7
1		50	30	50	50	200	200
2	90		90	10	10	80	150
3	4	80		10	5	100	120
4					12	20	120
5				8		20	120
6							10
7						70	

(1) 문제 상황을 네트워크 다이어그램으로 나타내시오.

(2) (1)의 네트워크에 근거하여 수송비용을 최소화할 수 있는 채소 수송방안을 제안하시오.

10. 미국의 SMC(Special Motors Corporation)는 특정 모델의 자동차 생산에 전력을 다하고 있다. SMC는 현재 5곳의 도시에 자동차 생산 공장을 가지고 있으며, 6곳의 도시에 물류창고를 소유하고 있다(공장에서 지역창고로 수송된 자동차는 다시 각 지역의 자동차딜러들에게 배분된다). 다음 그림은 현재의 공장과 창고의 위치를 나타내고 있다. 그림에서 'P'는 공장을 나타내고 'W'는 물류창고를 나타낸다.

SMC의 최고경영진은 요즈음 회사가 너무 방만하게 운영되고 있다고 판단하여 한 곳 이상의 공장 문을 닫고자 계획하고 있다. 한 곳 이상의 공장 문을 닫게 되면 이에 따라 수송비용은 증가할 것으로 보이나, 반면에 고정운영비는 크게 감소할 것으로 생각하고 있다. 또한 고정운영비의 감소분은 수송비용의 증가분을 상쇄하고도 남을 것이라고 믿었다. 이러한 사안을 체계적으로 연구하기 위해 SMC는 기획팀을 구성하였다. 기획팀의 리더인 존슨씨는 관련 자료를 수집하여 〈표 1〉과 같이 요약하였다. 〈표 1〉에는 각 공장으로부터 각 물류창고까지의 단위당 수송비용과 각 공장의 연간생산용량과 연간고정운영비, 그리고 각 물류창고의 연간수요량이 나타나 있다. 예를 들어, 공장 2의 연간생산용량은 자동차 24,000대이며, 이 공장의 연간고정운영비(감가상각비 포함)는 $140,000이다. 또한 창고 1의 연간수요량은 자동차 10,000대이며, 공장 2에서 창고 1로의 수송비용은 자동차 1,000대당 $58,000이다.

〈표 1〉 SMC의 관련 자료

수송비($1000)	창고 1	창고 2	창고 3	창고 4	창고 5	창고 6	연간생산용량 (1000대)	연간고정운영비 ($1000)
공장 1	67	16	27	65	46	112	18	306
공장 2	58	78	39	4	20	48	24	140
공장 3	17	96	57	20	38	32	27	200
공장 4	15	54	22	42	27	93	22	164
공장 5	37	66	28	20	12	72	31	88
연간수요량 (1000대)	10	8	12	6	7	11		

현재 시행되고 있는 수송방식에 대한 자료는 〈표 2〉에 요약되어 있다. 현행 방식에 따르면 연간 총비용은 $1,900,000로서 여기에는 연간수송비용 $1,002,000와 연간고정운영비 $898,000가 포함되어 있다. 또한 〈표 2〉에서 볼 수 있듯이 5개의 공장 중 공장 4만이 연간생산용량을 충분히 활용하고 있다는 사실은 SMC 최고경영진의 판단을 뒷받침할 수 있는 자료이다. 즉, 한 곳 이상의 공장 문을 닫음으로써 연간총비용을 감소시킬 수 있을 것으로 판단된다. 존슨씨의 기획팀은 두 가지 중요한 의사결정을 해야 한다. 첫째, 어느 공장을 폐쇄하고 어느 공장을 계속해서 운영할 것인가? 둘째, 어느 공장에서 어느 창고로 얼마만큼의 물량을 수송할 것인가?

〈표 2〉 SMC의 현행 수송방식

	창고 1	창고 2	창고 3	창고 4	창고 5	창고 6
공장 1		8				
공장 2				6		
공장 3						11
공장 4	10		12			
공장 5					7	

(1) 고정운영비와 수송비용의 관계에 대하여 논의하고, 위 문제에서 최고경영진의 생각처럼 한 곳 이상의 공장을 폐쇄함으로써 고정운영비의 감소가 수송비용의 증가분을 상쇄하고도 남는지 확인하시오.

(2) 기존 공장의 생산용량 확장 또는 감소 여부를 문제에 어떻게 고려할 수 있는지 논의하시오.

8

CHAPTER

네트워크 모형

네트워크는 우리 주위의 많은 현실 문제를 구조화 하고 해결할 수 있는 도구이다. 7장에서 학습한 수송, 할당, 경유수송문제도 네트워크 문제의 특수한 유형이다. 이 장에서는 세 가지 대표적인 네트워크 문제인 최단경로문제, 최대흐름문제, 그리고 최소걸침나무문제에 대해 다룬다.

우리 모두는 연결되어 있다(미타큐에 오야신).

—아메리카 인디언 라코타족(Lakota)의 인사말

네트워크(network, 망)
최적화 문제(optimization problems)
최단경로문제(shortest path problem)
최대흐름문제(maximal flow problem)
최소걸침나무문제(minimum spanning tree problem)

네트워크(network, 망)는 우리 주위에서 흔히 볼 수 있다. 도로망, 전철망, 통신망, 수송망, 철도망, 항공망, 전자제품의 부품 회로망, 제품조립라인, 조직의 지휘체계 등이 네트워크의 전형적인 예라고 할 수 있다. 많은 **최적화 문제(optimization problems)**는 네트워크 구조로 모형화 할 수 있다. 앞서 우리가 학습했던 수송문제, 할당문제, 경유수송문제도 네트워크 문제의 특수한 경우이다. 본 장에서는 세 가지 대표적 네트워크 문제에 대해서 논의한다. 최단경로문제(shortest path problem), 최대흐름문제(maximal flow problem), 그리고 최소걸침나무문제(minimum spanning tree problem)이다.

최단경로문제(shortest path problem)는 두 지점 사이를 잇는 가장 짧은 경로를 찾는 문제로서 거리, 시간, 비용은 모두 같은 개념이므로 출발지로부터 최단거리, 최단시간, 또는 최소비용으로 목적지까지 이동할 수 있는 경로를 찾는 문제이다. 출발지에서 목적지까지 가장 짧은 여정을 찾고자 하는 여행객의 여정선택문제, 전철 갈아타기 문제 등을 예로 들 수 있다.

최대흐름문제(maximal flow problem)는 네트워크상의 한 지점에서 다른 지점으로 보낼 수 있는 흐름의 양(유통량)을 최대화 하는 방안을 모색한다. 교통흐름, 정보흐름, 물자흐름 분석이나 상하수도관, 송유관 설계문제 등을 예로 들 수 있다.

최소걸침나무문제(minimum spanning tree problem)는 네트워크의 모든 지점을 빠짐 없이 연결하는 방법 중 최단거리, 최단시간, 또는 최소비용으로 연결할 수 있는 방법을 찾는 문제이다. 설비 배치, 오피스 배치, 컴퓨터 네트워크 설계, 비상연락망 구성 등을 예로 들 수 있다.

8.1 네트워크 용어의 정의

마디(노드, nodes)
가지(아크, arcs)
꼭지점(vertices)

네트워크[1] 문제를 이해하기 위해서는 우선 관련 용어를 정의하는 것이 필요하다. 네트워크는 두 가지 기호를 이용하여 작성한다. 하나는 **마디**(노드, nodes, ○)이고, 다른 하나는 **가지**(아크, arcs, →)이다. 마디를 **꼭지점(vertices)**이라 부르기도 한다. 가지는 방향성을 갖는(화살표 머리가 있는) 가지가 있는 반면 방향성이 없는 가지도 존재한다. 방향성이 없는 가지의 경우, 양방향 이동이 가능하다. 즉, 네트워크는 간단히 말해 가지들(arcs)로 이어진 마디들(nodes)의 집합으로 정의할 수 있다.

경로(path)

네트워크 문제에서 마디는 보통 장소(points)를 나타내는데, 가지로 표현되는 길(road)의 시작과 종료 지점을 말한다. 네트워크의 출발 마디 번호는 보통 "1"로 나타내고, 가지는 (i, j)로 나타낸다. 여기서 i는 해당 가지의 시작마디, j는 해당 가지의 종료 마디를 의미한다. **경로(path)**란 네트워크의 출발 마디에서 특정 마디까지 한 방향으로 이어진 가지(길)의 집합을 말한다. 마디를 연결하는 가지 위의 숫자는 해당 가지의 특성을 나타낸다. 해당 가지의 특성은 문제에 따라 달라지는데, 소요시간, 길이, 비용, 흐름의 양 등을 특성의 예로 들 수 있다.

체인(chain)

체인과 경로의 구분 체인(chain)은 네트워크를 구성하는 가지(arcs)의 집합을 말하는데, 체인을 구성하는 모든 가지는 이전의 가지와 정확히 하나의 마디(꼭지점)를 공유한다.

그림 8-1
체인과 경로

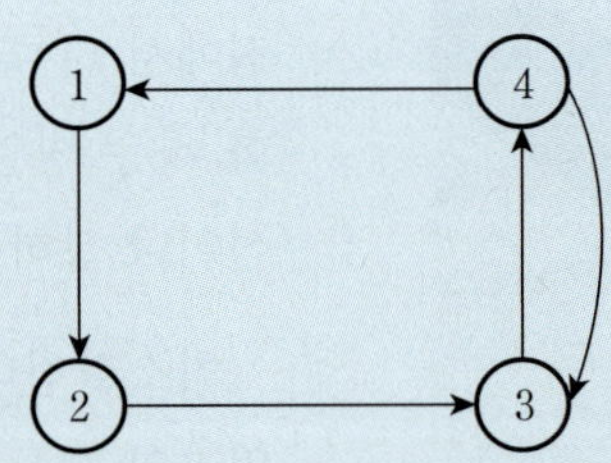

예를 들어, [그림 8-1]의 네트워크에서 (1,2)−(2,3)−(4,3)은 체인이지만 경로는 아니다. 반면, (1,2)−(2,3)−(3,4)는 체인이면서 경로이다. 경로 (1,2)−(2,3)−(3,4)은 마디 1에서 마디 4로 갈 수 있는 길을 나타낸다.

1) 네트워크를 **그래프(graph)**라고도 부른다.

8.2 최단경로문제

최단경로문제(shortest path problem)

최단경로문제(shortest path problem)는 말 그대로 네트워크의 출발 마디에서 특정 마디까지 이어지는 여러 경로들 중 가장 짧은 경로를 찾는 문제이다. 예를 들어, 서울에서 진주로 가는 길은 여러 가지가 있을 수 있는데, 네트워크의 가지(arcs)가 갖는 특성이 거리인 경우 가장 짧은 경로, 가지의 특성이 통행료인 경우, 가장 비용이 덜 드는 경로, 가지의 특성이 시간인 경우, 가장 빨리 갈 수 있는 경로를 찾는 문제를 최단경로문제라 한다.

다음 예제를 이용하여 최단경로문제를 이해해 보자.

예제 1 대전에 있는 물류창고에서 서울의 할인점으로 물건을 배송하는 유통문제를 고려해 보자. [그림 8-2]의 네트워크에서 마디 1은 대전의 물류창고를 나타내고, 마디 6은 서울의 할인점을 나타낸다. 네트워크의 가지 위에 나타난 수치는 한 마디에서 다른 마디까지의 거리(단위: km)를 나타낸다. 여기서 물류비용이 거리에 비례한다고 가정하면 최단경로를 찾는 문제는 최소비용의 경로를 찾는 문제와 동일하게 된다. 대전의 물류창고에서 서울의 할인점까지의 최단경로를 찾아보자.

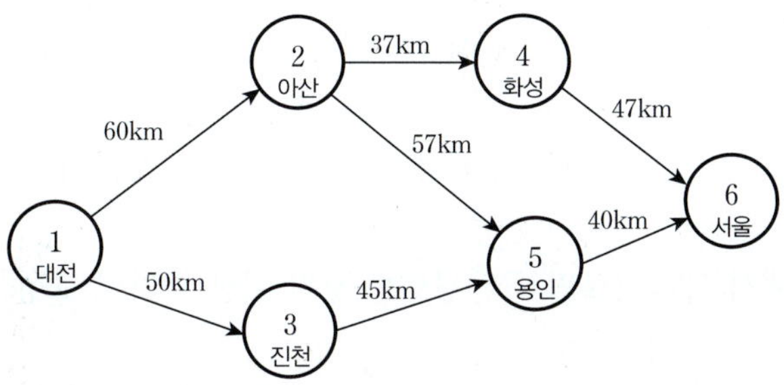

그림 8-2 최단경로문제의 네트워크

풀이 이 문제를 선형계획모형으로 구조화 해보자. 의사결정변수는 다음과 같이 정의할 수 있다.

X_{ij} : 마디 i에서 마디 j로의 길이 선택되는지의 여부 $(i < j)$

이 문제에서 추구하는 바는 마디 1(출발지)에서 마디 6(목적지)까지의 거리를 최소화 하는 것이므로 목적함수는 다음과 같이 표현할 수 있다.

$$MIN\ Z = 60X_{12} + 50X_{13} + 37X_{24} + 57X_{25} + 45X_{35} + 47X_{46} + 40X_{56}$$

다음으로 제약조건은 각 마디에 대하여 작성한다. 예를 들어, 출발지인 마디 1에서 나가는 길은 하나이어야 하므로 $X_{12} + X_{13} = 1$이다. 경유지 마디의 경우에도 해당 마디로 유입되는 길의 수와 해당 마디에서 유출되는 길의 수는 모두 "1"로 같아야 한다. 따라서 마디 2에 대한 제약조건은 다음과 같다.

$X_{12} = X_{24} + X_{25}$ 〈마디 2 제약조건〉

마찬가지로 마디 3에 대한 제약조건은 다음과 같다.

$X_{13} = X_{35}$ 〈마디 3 제약조건〉

마디 4와 마디 5에 대해서도 마찬가지 논리의 식을 세우면 다음과 같다.

$X_{24} = X_{46}$ 〈마디 4 제약조건〉
$X_{25} + X_{35} = X_{56}$ 〈마디 5 제약조건〉

마지막으로 목적지인 마디 6에 대한 제약조건은 $X_{46} + X_{56} = 1$이다.

결국, 출발지에서 목적지로의 최단경로를 찾기 위한 수리적 모형은 다음과 같다.

$$MIN\ Z = 60X_{12} + 50X_{13} + 37X_{24} + 57X_{25} + 45X_{35} + 47X_{46} + 40X_{56}$$
$$s.t.\ X_{12} + X_{13} = 1$$
$$X_{12} = X_{24} + X_{25}$$
$$X_{13} = X_{35}$$
$$X_{24} = X_{46}$$
$$X_{25} + X_{35} = X_{56}$$
$$X_{46} + X_{56} = 1$$
$$\text{모든 } X_{ij} \geq 0$$

위 모형에서 $X_{ij}(i < j)$는 마디 i에서 마디 j로의 길이 선택되는지의 여부를 나타내는 이진변수(binary variables)이지만 제약조건의 기술계수가 모두 "0" 또는 "1"이고 우변항이 정수이므로 위 모형은 이진변수 제약조건을 빼고 선형계획모형으로 해결해도 의사결정변수 X_{ij}는 항상 "0" 또는 "1"의 값만을 갖는다.[2)]

[그림 8-3]은 위의 선형계획모형을 해 찾기를 이용해 푼 결과이다.

	A	B	C	D	E	F	G	H	I	J	K	L	M
1	최단경로문제												
2													
3	거리	1	2	3	4	5	6						
4	1		60	50									
5	2				37	57							
6	3					45							
7	4						47						
8	5						40						
9													
10	선택여부	1	2	3	4	5	6		마디	유입		유출	
11	1	0	0	1	0	0	0		1	1	=	1	
12	2	0	0	0	0	0	0		2	0	=	0	
13	3	0	0	0	0	1	0		3	1	=	1	
14	4	0	0	0	0	0	0		4	0	=	0	
15	5	0	0	0	0	0	1		5	1	=	1	
16									6	1	=	1	
17	총거리												
18	135												
19													

그림 8-3
최단경로문제의 해 찾기 결과

우선 [그림 8-3]의 엑셀 모형을 설명해보자. 셀 범위 B4:G8에는 [그림 8-2]의 네트워크에 나타나 있는 마디들 사이의 거리를 입력하였다. 셀 범위의 행은 마디 i, 열은 마디 j를 나타낸다. 셀 범위에서 빈칸은 두 마디 사이에 길(가지)이 존재하지 않아 그 거리는 "0"임을 의미한다. 셀 범위 B11:G15는 의사결정변수(변수 셀)를 나타내는 것으로 두 마디 사이의 길이 선택될 경우 "1", 그렇지 않을 경우 "0"이 표시되었음을 알 수 있다.

제약조건으로는 여섯 마디 각각에 대해 각 마디로 유입되는 길의 수와 각 마디에서 유출되는 길의 수가 모두 "1"로 같아야 하므로 해 찾기 매개변수 대화상자에 제약조건으로 J11:J16=L11:L16을 입력하였다. 구체적으로, 마디 1의 유입인 셀 J11에는 1, 유출인 L11에는 =C11+D11, 마디 2의 유입인 J12에는 =C11, 유출인 L12에는 =E12+F12, 마디 3의 유입인 J13에는 =D11, 유출인 L13에는 =F13,

2) 앞서 할당문제에서 의사결정변수의 이러한 특성에 대하여 설명한 바 있다.

마디 4의 유입인 J14에는 =E12, 유출인 L14에는 =G14, 마디 5의 유입인 J15에는 =F12+F13, 유출인 L15에는 =G15, 마디 6의 유입인 J15에는 =G14+G15, 유출인 L15에는 1을 입력하였다.

마지막으로 [그림 8-3]의 셀 A18에는 출발지에서 목적지까지의 거리를 나타내는 =SUMPRODUCT(B4:G8,B11:G15)을 입력하였다.

[그림 8-3]의 해 찾기 결과를 보면 출발지(마디 1)에서 목적지(마디 6)까지의 최단거리는 135(km)이고, 최단경로는 ①-③-⑤-⑥임을 알 수 있다.

[그림 8-4]는 [그림 8-3]의 결과를 가져오게 한 해 찾기 매개변수 대화상자의 입력내용을 보여준다.

그림 8-4

최단경로문제의 해 찾기 매개변수 대화상자

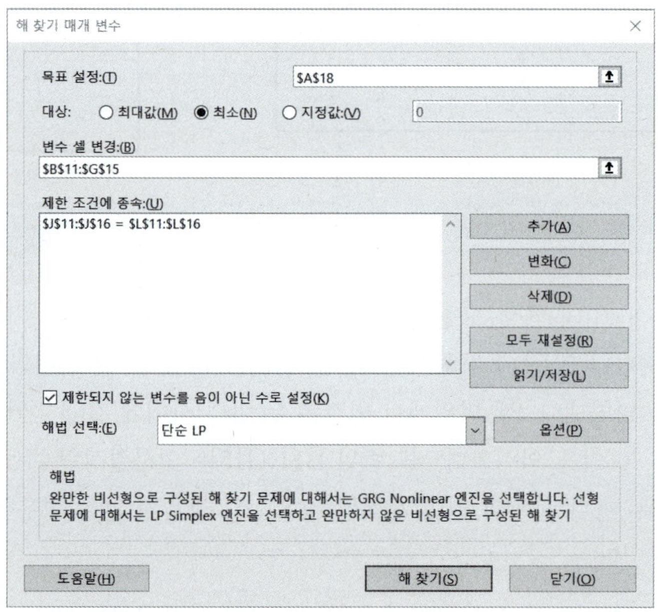

앞서 언급한대로 최단경로문제에서 의사결정변수 X_{ij}는 해당 가지(길)의 선택여부로 정의되므로 이진변수이나, 이 경우에는 이진변수 조건을 주지 않아도 제약조건의 특성으로 인해 의사결정변수의 최적해는 항상 "0" 또는 "1"로 나타난다.

8.3 최대흐름문제

물량의 상한선(흐름의 용량, flow capacity)

최단경로문제에서 가지(화살표)는 두 지점을 이은 길을 나타낸다고 하였다. 이제 가지의 특성이 해당 길을 이용해 이동시킬 수 있는 단위시간당 **물량의 상한선(흐름의 용량, flow capacity)**이라고 가정하자. 그러면 우리가 해결하고자 하는 문제는 단위시간당 출발 마디에서 종료 마디까지 흐름의 양을 최대화 하기 위해 어떤 경로로 얼마큼의 물량을 흘려보내는 것이 가장 좋을지로 바꿀 수 있다.

최대흐름문제(maximal flow problems)
출발지(source)
목적지(sink)

이러한 유형의 문제를 **최대흐름문제(maximal flow problems)**라고 한다. 최대흐름문제에서 출발 마디는 **출발지(source)**, 종료 마디는 **목적지(sink)**라고 부른다. 예를 들어, 파이프라인으로 이동시키는 물량이 가스, 기름, 물인 경우, 이동 물량의 상한선은 파이프라인의 굵기에 달려 있고, 철도망을 이용해 여객을 수송할 경우, 단위시간에 배차되는 객실편성에 따라 수송인원의 상한선은 결정된다. 또한 조립라인의 부품 흐름문제, 인터넷 망을 통해 유포되는 정보의 흐름도 최대흐름문제로 구조화 할 수 있다.

예제 2 K오일(주)는 지하에 매설된 파이프라인을 통해 울산의 정유공장(출발지, source)에서 서울의 유류보관창고(목적지, sink)까지 시간당 이동되는 기름의 양을 최대화 시키고자 한다. 출발지에서 목적지 사이에는 세 곳의 유류 저장고가 있는데, 이들 중 일부를 거쳐야 기름은 목적지로 이동될 수 있다. [그림 8-5]의 네트워크에서 가지는 파이프라인을 나타내는데, 파이프라인의 굵기가 달라 이동시킬 수 있는 기름의 상한선(용량)도 다르다. 가지에 표시된 숫자는 각 파이프라인의 용량(단위: 백만 배럴)을 나타낸다. 울산에서 서울로 시간당 이동시킬 수 있는 기름의 양을 최대로 할 수 있는 방법을 제안하시오.

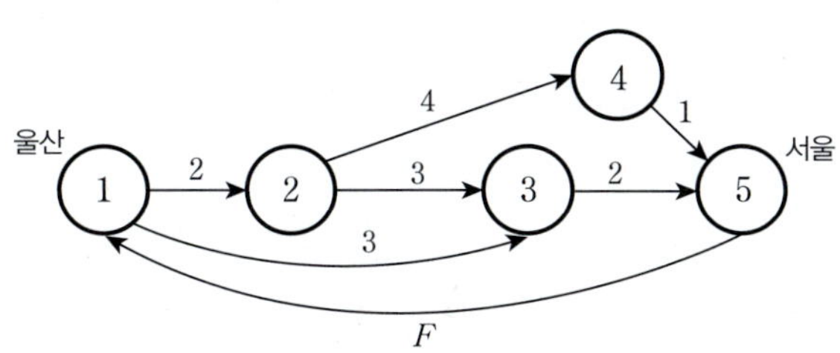

그림 8-5 최대흐름문제의 네트워크

풀이 이 문제에서 우리가 결정해야 할 사항은 각 가지(파이프라인)로 기름을 얼마나 흘려보내야 울산에서 서울까지 시간당 이동되는 기름의 양을 최대화 할 수 있느냐 이다. 따라서 의사결정변수는 다음과 같이 정의한다.

X_{ij} : 가지 (i, j)로 시간당 이동되는 기름의 양(단위: 백만 배럴)

흐름보전제약(conservation-of-flow constraint)

각 마디에서는 기름의 유입량과 유출량이 균형을 이루어야 하므로 마디 i에 대하여 식 ①과 같은 **흐름보전제약(conservation-of-flow constraint)**이 성립하여야 한다.

마디 i로의 기름 유입량 = 마디 i로부터의 기름 유출량 ························ ①

또한 각 파이프라인 (i, j)에는 흐름의 상한선(용량)이 있으므로 식 ②가 성립하여야 한다.

파이프라인 (i, j)로 흐르는 기름의 양 ≤ 파이프라인 (i, j)의 용량 ··········· ②

이제 [예제 2]에서의 목적함수는 마디 ①에서 마디 ⑤로 시간당 흐르는 기름의 양을 최대화 하는 것이므로 흐름보전제약에 따라 [그림 8-5]의 종료 마디(마디 ⑤)에서 시작 마디(마디 ①)로 이어지는 가상의 가지(artificial arc)를 하나 만들면, 이 가지로 흐르는 기름의 양이 바로 최대화의 대상이 된다.

가지 (5,1)로 흐르는 가상의 흐름을 F로 표기하자. 그러면 목적함수는 다음과 같이 나타낼 수 있다.

$$MAX\ Z = F$$

다음으로 각 마디에서 기름의 유입량과 기름의 유출량이 균형을 이루어야 한다는 흐름보존제약을 식으로 나타내면 다음과 같다.

$F = X_{12} + X_{13}$ 〈마디 1〉
$X_{12} = X_{23} + X_{24}$ 〈마디 2〉

$X_{13}+X_{23}=X_{35}$ 〈마디 3〉
$X_{24}=X_{45}$ 〈마디 4〉
$X_{35}+X_{45}=F$ 〈마디 5〉

그리고 각 파이프라인(가지)의 용량 제약을 식으로 나타내면 다음과 같다.

$X_{12}\leq 2$
$X_{13}\leq 3$
$X_{23}\leq 3$
$X_{24}\leq 4$
$X_{35}\leq 2$
$X_{45}\leq 1$

결과적으로 위 최대흐름문제의 수리적 모형은 다음과 같이 구조화 할 수 있다.

$$
\begin{aligned}
& MAX\ Z = F \\
& s.t.\ F = X_{12}+X_{13} \\
& \quad X_{12} = X_{23}+X_{24} \\
& \quad X_{13}+X_{23} = X_{35} \\
& \quad X_{24} = X_{45} \\
& \quad X_{35}+X_{45} = F \\
& \quad X_{12} \leq 2 \\
& \quad X_{13} \leq 3 \\
& \quad X_{23} \leq 3 \\
& \quad X_{24} \leq 4 \\
& \quad X_{35} \leq 2 \\
& \quad X_{45} \leq 1 \\
& \quad F,\ \text{모든}\ \ X_{ij} \geq 0
\end{aligned}
$$

위 모형의 해 찾기 결과는 [그림 8-6]과 같고, [그림 8-7]은 [그림 8-6]의 결과를 가져오게 한 해 찾기 매개변수 대화상자의 입력내용을 보여준다.

우선, [그림 8-6]에서 의사결정변수(변수 셀)는 셀 범위 C5:C11로 각 셀은 각 가지(파이프라인)로 시간당 흐르는 기름의 양을 나타낸다. 각 가지로 흐르는 기름의 양은 각 가지의 용량을 초과할 수 없으므로 각 가지의 용량 제약조건 C5:C11≤D5:D11을 해 찾기 매개변수 대화상자에 입력하였다. 여기서 가상의 가지인 가지 (5,1)의 용량으로는 실제 가지들의 용량보다 훨씬 큰 임의의 숫자 "100"을 입력하였다.

또 각 마디에서의 기름 유입량과 기름 유출량은 동일해야 하므로 다섯 마디에 대한 흐름보전제약식(G5:G9=H5:H9)을 해 찾기 매개변수 대화상자에 입력하였다. 구체적으로, [그림 8-6]의 셀 G5에는 =C11, 셀 H5에는 =C5+C6, 셀 G6과 H6 각각에는 =C5와 =C7+C8, 셀 G7과 H7 각각에는 =C6+C7과 =C9, 셀 G8과 H8 각각에는 =C8과 =C10, 그리고 마지막으로 셀 G9와 H9 각각에는 =C9+C10과 =C11을 입력하였다.

목적함수는 셀 A14로 이 셀에는 가상의 가지 (5,1)의 흐름인 =C11을 입력하였다. 셀 A14는 목표 셀로 최대화의 대상이 된다.

결과적으로 위 모형의 최적해는 $F=3$, $X_{12}=1$, $X_{13}=2$, $X_{23}=0$, $X_{24}=1$, $X_{35}=2$, $X_{45}=1$로 나타났음을 알 수 있다.

그림 8-6
최대흐름문제의 해 찾기 결과

	A	B	C	D	E	F	G	H	I
1	최대흐름문제								
2									
3	마디		가지						
4	From	To	흐름	용량		마디	유입	유출	
5	1	2	1	2		1	3	3	
6	1	3	2	3		2	1	1	
7	2	3	0	3		3	2	2	
8	2	4	1	4		4	1	1	
9	3	5	2	2		5	3	3	
10	4	5	1	1					
11	5	1	3	100					
12									
13	총흐름								
14	3								
15									

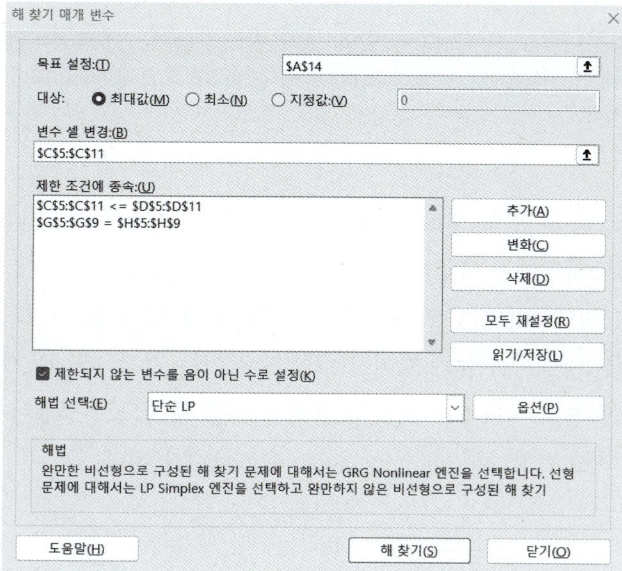

그림 8-7

최대흐름문제의 해 찾기 매개변수 대화상자

[그림 8-6]의 최적해를 해석하면, 울산에서 서울로 시간당 보낼 수 있는 기름의 최대량은 3백만 배럴이고, 이러한 흐름을 가능하게 하는 경로와 그 경로를 이용해 시간당 이동시켜야 하는 기름의 양은 각각 경로 ①-②-④-⑤로 1백만 배럴, 그리고 경로 ①-③-⑤로 2백만 배럴이다.

8.4 최소걸침나무문제

최소걸침나무문제(minimum spanning tree problem)는 네트워크의 모든 마디를 빠짐 없이 연결하는 방법 중에서 최단거리로 연결할 수 있는 방법을 찾는 문제이다. 즉, 네트워크의 모든 마디를 연결하는 가지들의 집합 중에서 가장 거리가 짧은 가지들의 집합을 찾는 문제이다. 따라서 최소걸침나무는 **루프(loop)**[3]를 형성해서는 안 된다.

최소걸침나무문제(minimum spanning tree problem)

루프(loop)

3) 루프를 **닫힌 경로(closed path)**, **순환고리(cycle)**라고도 부른다.

걸침나무(spanning tree)

걸침나무 걸침나무(spanning tree)란 n개의 마디가 있는 네트워크에서 네트워크의 모든 마디를 연결하면서 루프를 형성하지 않는 $(n-1)$개 가지들의 집합이다.

예를 들어, [그림 8-8]의 네트워크는 방향성이 없는 가지들로 마디들이 연결되어 있는데,[4] 이 네트워크에서 (1,2)-(2,3)-(3,1)은 루프이다. 하지만 (1,2)-(2,3)은 걸침나무이다. [그림 8-8]에는 모두 3개의 걸침나무가 있는데, (1,2)-(2,3), (1,2)-(1,3), 그리고 (1,3)-(2,3)이다. 그리고 그들의 길이는 각각 15, 12, 7이다. 이들 걸침나무 중에서 걸침나무 (1,3)-(2,3)의 길이가 가장 짧으므로 걸침나무 (1,3)-(2,3)이 네트워크의 최소걸침나무(minimum spanning tree)가 된다.[5]

그림 8-8
루프와 걸침나무

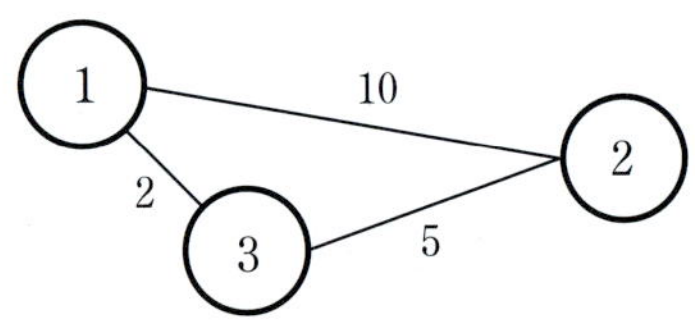

최소걸침나무문제는 앞서 설명한 최단경로문제나 최대흐름문제와 같이 선형계획모형으로 간결하게 구조화하기 어려우므로 최소걸침나무문제를 해결하기 위한 고유한 해법을 이용한다. 최소걸침나무를 구하기 위한 일반적인 해법은 다음과 같다.

최소걸침나무 해법

연결된 마디의 집합 (connected set of nodes)
연결되지 않은 마디의 집합 (unconnected set of nodes)

단계 1 임의의 마디 i에서 출발하여 이 마디에서 가장 가까운 마디 j를 가지로 연결한다.[6] 이제 마디 i와 마디 j는 **연결된 마디의 집합**(C: connected set of nodes)을 구성하고, $C=\{i, j\}$로 표기한다. 아울러 가지 (i,j)는 최소걸침나무의 일부가 된다. 네트워크의 나머지 마디들은 **연결되지 않은 마디의 집합**(unconnected set of nodes)이라 부르고, 이 집합은 C'로 표기한다.

단계 2 집합 C에 속한 마디와 가장 가까이 위치한 집합 C'의 마디 n을 선택한

4) 방향성이 없는 가지들로 마디들이 연결되어 있으면 양방향으로 소통이나 흐름이 가능함을 의미한다.
5) 걸침나무를 구성하는 가지들은 방향성이 없으므로 가지 (i, j)와 가지 (j, i)는 같은 가지이다.
6) 가장 가까운 마디 j가 복수이면 이들 중 임의의 마디를 선택한다.

다. 마디 n과 가장 가까이 위치한 집합 C의 마디를 m이라 표기하자. 그러면 이제 가지 (m, n)은 최소걸침나무의 일부가 된다. 이제 집합 C와 집합 C'을 최신화 한다. 즉, 마디 n은 이제 가지 (i, j)와 연결되므로 집합 C'에서는 마디 n을 제거하고, 집합 $C=\{i, j, n\}$이 된다.

단계 3 최소걸침나무가 완성될 때까지 단계 2를 반복한다. 즉, 집합 C에 모든 마디가 포함될 때까지 단계 2를 반복한다.

이 해법을 [그림 8-8]에 적용하여 최소걸침나무를 구해보자.

단계 1 임의의 마디 1에서 출발하여 이 마디와 가장 가까운 마디 3을 가지로 연결한다. 이제 마디 1과 마디 3은 연결된 마디의 집합이 되고, $C=\{1,3\}$로 표기한다. 아울러 가지 (1,3)는 최소걸침나무의 일부가 된다. 네트워크의 나머지 마디들은 연결되지 않은 마디의 집합 C'를 구성하는데 여기서 $C'=\{2\}$이다.

단계 2 집합 C'에 속한 마디는 마디 2 하나이므로 이 마디와 가장 가까이 위치한 집합 C의 마디를 찾으면 마디 3이다. 따라서 가지 (3,2)는 최소걸침나무의 일부가 된다. 집합 C와 집합 C'을 최신화 한다. 즉, 마디 2는 이제 가지 (1,3)과 연결되므로 집합 C'에서 마디 2를 제거하고, 집합 $C=\{1,3,2\}$가 된다.

단계 3 집합 C에 네트워크의 모든 마디가 포함되었으므로 최소걸침나무가 완성되었고, 따라서 알고리듬을 종료한다.

결과적으로 [그림 8-8]의 최소걸침나무는 (1,3)−(3,2)가 되고, 그 길이는 2+5=7이다.

예제 3 수도권을 제외한 5개 지역(충청, 강원, 전라, 경상, 제주) 거점대학들의 메인프레임 컴퓨터를 지하케이블(해저케이블 포함)로 연결하는 문제를 고려해 보자. [그림 8-9]는 5개 거점대학 컴퓨터의 케이블 연결망을 보여주고 있다. 네트워크 가지 위의 숫자는 거리(단위: km)를 나타낸다. 5개 거점대학의 컴퓨터를 모두 연결하면서 가장 짧은 연결망을 구성해보자. 네트워크의 어느 두 마디가 가지로 연결되어 있지 않은 것은 기술적인 문제로 인해 두 대학의 컴퓨터를 케이블로 연결할 수 없음을 의미한다.

그림 8-9
5개 거점대학의
컴퓨터 연결망

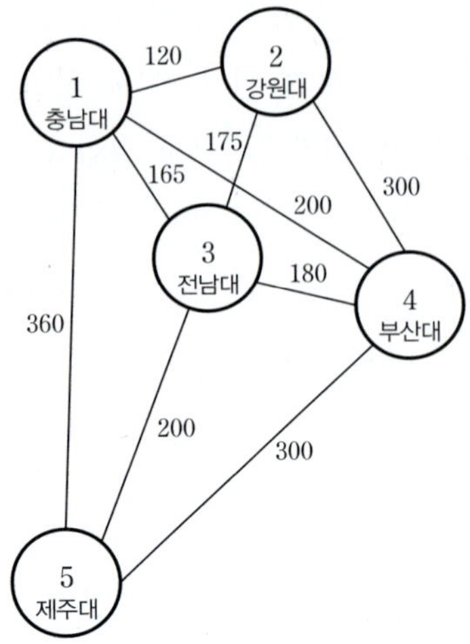

최소걸침나무문제 해법을 [예제 3]에 적용해 5개 거점대학의 연결망을 구해 보자.

단계 1 [그림 8-9]의 네트워크에서 임의의 마디로 마디 1을 선택하자.[7] 그러면 마디 1에서 가장 가까운 마디는 마디 2이다. 따라서 가지 (1,2)는 최소걸침나무의 일부가 되고, $C=\{1,2\}$이고, $C'=\{3,4,5\}$가 된다.

단계 2 집합 C에서 가장 가까운 마디는 3이다. 따라서 가지 (1,3)을 최소걸침나무에 포함한다. 이제 $C=\{1,2,3\}$이고, $C'=\{4,5\}$가 된다.

단계 3 이제 집합 C에서 가장 가까운 마디는 집합 C의 마디 3에서 180(km) 떨어진 마디 4이므로 가지 (3,4)를 최소걸침나무에 포함시킨다. 그러면 $C=\{1,2,3,4\}$이고, $C'=\{5\}$가 된다.

단계 4 이제 집합 C'에 속한 마디 5는 집합 C에 속한 마디들 중 마디 3에서 가장 가까우므로 가지 (3,5)를 최소걸침나무에 포함한다. 그러면 $C=\{1,2,3,4,5\}$가 되어 네트워크의 모든 마디는 C에 포함된다. 따라서 알고리듬은 종료되고, 최소걸침나무는 완성된다.

[그림 8-10]은 해법의 단계별로 찾아진 5개 거점대학의 컴퓨터 연결망 구성을 보여준다.

7) 다른 어떠한 마디가 먼저 선택되어도 해법은 마찬가지로 적용된다.

그림 8-10
최소걸침나무의 단계별 구성

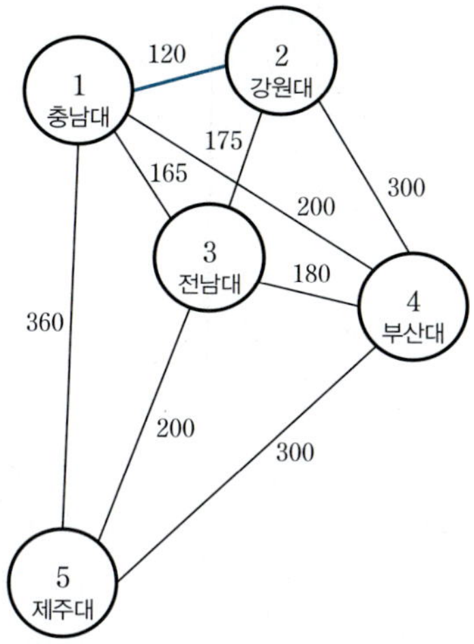

단계 ①

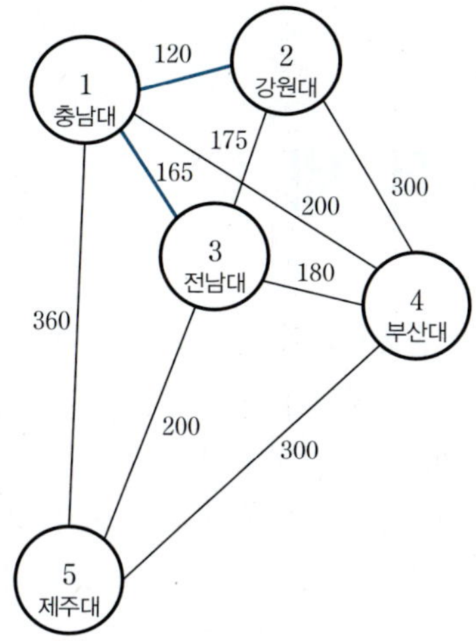

단계 ②

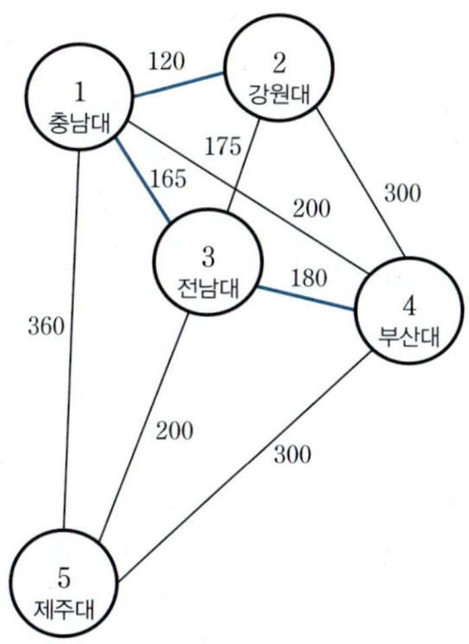

단계 ③

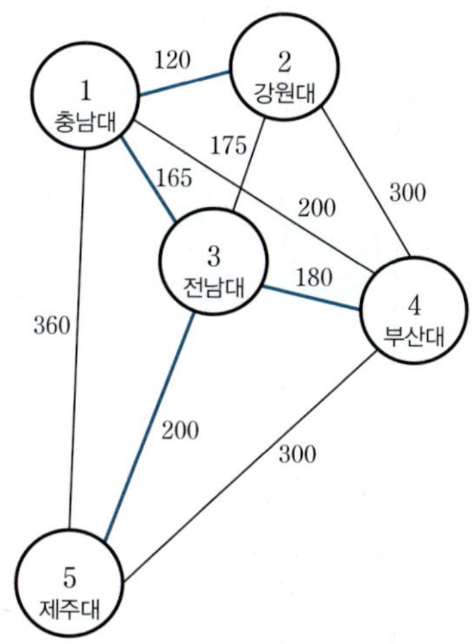

단계 ④ 최소걸침나무의 완성

결국, 최소걸침나무는 가지 (1,2)-(1,3)-(3,4)-(3,5)로 구성되고. 이 최소걸침나무의 길이는 120+165+180+200=665(km)가 된다.

익·힘·문·제

1. 이천에 있는 물류창고에서 서울의 집하장으로 물건을 배송하는 문제를 고려해보자. 다음의 네트워크 다이어그램에서 마디 1은 이천의 물류창고를 나타내고, 마디 6은 서울의 집하장을 나타낸다. 가지(화살표) 위에 나타난 수치는 한 마디에서 다른 마디로의 거리를 나타낸다. 마디 1(출발지)에서 마디 6(목적지)까지의 거리를 최소화하기 위한 경로(가지들의 집합)를 찾기 위한 모형을 만들어보자. 경로란 출발지에서 목적지까지의 가지(길)들의 집합을 말한다. 예를 들어, 출발지에서 목적지로의 경로가 1 → 2 → 4 → 6이라면 그 경로의 거리는 9가 된다.

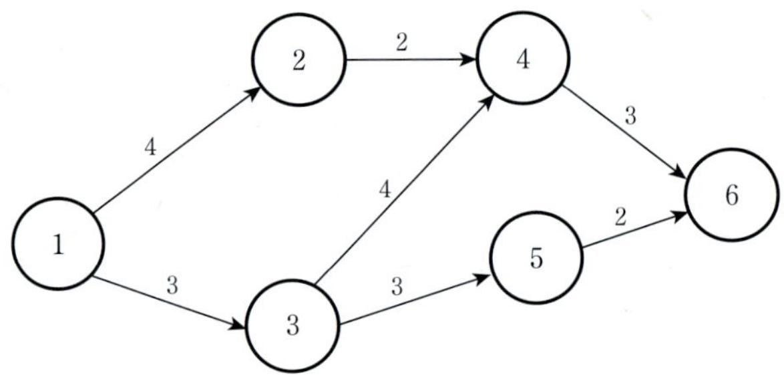

(1) 이 문제의 의사결정변수는 다음과 같이 정의할 수 있다. X_{ij}를 마디 i에서 마디 j로의 가지(길)가 선택되는지의 여부로 정의하자($i < j$). 그러면 이 문제의 목적함수는 다음과 같다.

$$Min\ Z = 4X_{12} + 3X_{13} + 2X_{24} + 4X_{34} + 3X_{35} + 3X_{46} + 2X_{56}$$

이 모형의 마디 1, 마디 4, 마디 6에 대한 제약조건을 각각 기술하시오.

(2) 네트워크 다이어그램에서 경로 위의 숫자가 해당 가지로 이동시킬 수 있는 물량의 상한값이라고 가정하자. 이제 마디 1에서 마디 6으로 흘려보낼 수 있는 물량을 최대화하는 방안을 마련해 보자. 이 경우, 의사결정변수 X_{ij}를 마디 i에서 마디 j로 이동되는 흐름의 양이라고 다시 정의하자($i < j$).

① 목적함수를 나타내시오.

② 마디 1, 마디 4, 마디 6에 대한 제약조건을 각각 기술하시오.

(3) 네트워크 다이어그램의 모든 가지가 방향성이 없는 가지라고 가정하자. 이때의 최소걸침나무(minimum spanning tree)를 구하시오. 최소걸침나무를 구할 때 가지는 (i, j)로 나타내고, 이 최소걸침나무의 길이도 구하시오.

2. M교수는 여름방학동안 우리나라 전국의 명소를 자전거를 이용해 배낭여행을 계획하고 있다. 서울에서 출발하여 남해까지의 여정은 다음 그림과 같다. 그림에서 마디는 지역을 나타내고 마디와 마디를 잇는 가지는 자전거 길을 의미한다. 예를 들어, 출발지인 서울은 마디 1로 나타내고, 목적지인 남해는 마디 10으로 나타낼 수 있다. 가지 위의 숫자는 마디 간 거리(단위: km)를 나타내고, 화살표 머리가 양방향으로 되어 있는 가지는 양방향으로의 이동이 가능함을 의미한다. 어떤 경로를 선택해야 가장 짧은 거리로 남해에 도착할 수 있는지 M교수의 자전거 여정을 제안하시오.

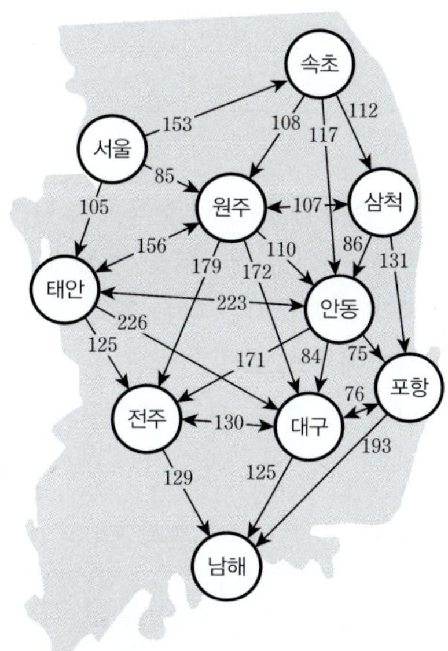

3. 한국항공(주)는 인천에서 일본 아키타로의 항공편을 하루에 몇 편이나 운항할지 결정하고자 한다. 현재 한국항공은 인천에서 일본 아키타로 직항편을 운영하지 않으므로 필요할 경우 제휴사의 연결 항공편(connecting flights)을 이용하여 인천에서 아키타로 이동해야 한다. 아키타로 가기 위해서는 우선 인천에서 김해공항이나 제주공항으로 이동한 후, 그 다음 오사카 또는 동경에 기착한 후 아키타로 가게 된다. 연결편과 관련하여 각 공항의 이착륙 용량에는 한계가 있어 한국항공이 하루에 이용할 수 있는 도시 간 운항 횟수에

는 제한이 있다. 다음 표는 한국항공이 하루에 이용할 수 있는 도시 간 최대 운항 횟수를 보여주고 있다. 일일 인천에서 아키타로 갈 수 있는 항공편의 횟수를 최대화 하기 위한 방안을 마련하시오.

〈도시 간 일일 최대 운항 횟수〉

항공편	일일 최대 운항 횟수
인천-김해	4
인천-제주	3
김해-오사카	2
김해-동경	3
제주-오사카	3
제주-동경	1
오사카-아키타	2
동경-아키타	3

4. 새로운 신도시가 개발되었다. 이 신도시는 다섯 개의 행정구역(A, B, C, D, E)으로 나누어지는데, 이 다섯 개의 행정구역을 빠짐 없이 연결하는 도로망을 건설하고자 한다. 행정구역 간의 거리(단위: km)는 다음 표와 같다. 행정구역 간의 정치적 마찰로 인해 행정구역 A와 B 사이에는 도로가 건설될 수 없고, 또 같은 이유로 행정구역 C와 E 사이에도 도로가 건설될 수 없다. 모든 행정구역을 연결하면서 최단거리의 도로망을 제안하시오.

〈행정구역 간 거리(단위: km)〉

행정구역	A	B	C	D	E
A	0	26	43	33	12
B	26	0	58	40	16
C	43	58	0	23	60
D	33	40	23	0	38
E	12	16	60	38	0

5. 에어하루방(주)는 김포와 제주를 오가는 LCC 항공사이다. 이 항공사는 김포－제주 노선에 다음 표와 같은 비행 일정을 갖고 있다. 에어하루방의 승무원들은 서울에 거주하거나 제주에 거주한다. 승무원은 매일 김포－제주 노선 1회와 제주－김포 노선 1회에 투입된다. 승무원의 비행 안전을 위해 노선 사이의 휴식시간은 적어도 두 시간은 되어야 한다. 이것은 노사합의에 의한 노동계약이다. 예를 들어, 서울에 거주하는 승무원이 9시－10시 김포－제주 노선에 투입된다면 이 승무원은 빨라야 14시－15시 제주－김포 노선에 투입되어 서울로 돌아올 수 있다. 이 경우, 노선 사이에 4시간의 유휴시간이 발생한다. 에어하루방은 모든 일일 비행 일정을 소화하면서 승무원의 휴식으로 인한 총 유휴시간을 최소화하기 위한 승무원 비행 일정을 디자인하고자 한다. 비행 일정을 제안하시오.

〈에어하루방(주)의 일일 비행 일정〉

항공편	김포 출발	제주 도착	항공편	제주 출발	김포 도착
1	06:00	07:00	1	07:00	08:00
2	09:00	10:00	2	08:00	09:00
3	12:00	13:00	3	11:00	12:00
4	15:00	16:00	4	14:00	15:00
5	18:00	19:00	5	17:00	18:00
6	20:00	21:00	6	21:00	22:00

6. 대학을 졸업하고 사회에 진출한 김군은 신차 구입을 고려하고 있다. 김군은 생애 첫차로 경차를 고려하고 있는데, 구입하고 싶은 경차 Q는 현재 구입가가 1,000만원이다. 자동차는 해가 거듭될수록 노후화 되면서 연간 유지비용이 증가하고, 또 재판매가치(resale value)도 감소한다. 다음 표는 경차 Q의 구입 후 향후 6년까지의 재판매가치와 연간 유지비용을 보여주고 있다. 김군이 다음에도 경차 Q를 재구입한다는 가정 하에 오늘 경차 Q를 구입한 후 언제 새 것으로 교체하는 것이 비용 최소화 관점에서 최적인지를 제안하시오.

〈경차 Q의 재판매가격과 연간 유지비용〉

차 연령(년)	재판매가격(단위: 만원)	연간 유지비용(단위: 만원)
1	700	30
2	600	50
3	400	80
4	300	120
5	200	160
6	100	220

7. 고려컨설팅(주)는 앞으로 4개월 동안 3개의 주요 프로젝트를 수행해야 한다. 프로젝트 1은 지금부터 2개월 이내에 완료되어야 하고, 이 프로젝트를 수행하는 데는 10 컨설턴트-월(consultant-months)의 노동력이 필요하다. 여기서 1 컨설턴트-월이란 1명의 컨설턴트가 한 달 동안 일해야 하는 작업량을 말한다. 프로젝트 2는 지금부터 3개월 이내에 완료되어야 하고, 7 컨설턴트-월의 노동력을 요구한다. 마지막으로 프로젝트 3은 지금부터 4개월 이내에 완료되어야 하고, 13 컨설턴트-월의 노동력이 요구된다. 매월 9명의 컨설턴트가 프로젝트에 투입될 수 있다. 하지만 노동규약에 따라 어떠한 월(month)에도 5명보다 많은 컨설턴트가 특정 프로젝트에 투입될 수는 없다. 고려컨설팅(주)는 이 세 개의 프로젝트 모두를 기한 내(4개월 이내)에 마칠 수 있을지의 여부를 알고 싶어 한다. 문제를 네트워크 모형으로 구조화하여 해결하시오.

9

CHAPTER

프로젝트 일정관리

네트워크 모형은 프로젝트 관리를 위한 계획 및 통제도구로도 활용될 수 있다. 이 장에서는 프로젝트 일정관리 기법인 PERT/CPM에 대하여 논의한다. PERT와 CPM 두 기법은 거의 같은 시기에 서로 다른 목적을 갖고 독립적으로 개발되었으나 그 유사성 때문에 오늘날에는 기법의 이름을 분리해 부르기 보다는 통합해서 사용한다. 실무적으로도 중요도가 높은 PERT/CPM이 프로젝트의 일정, 시간, 비용 관리 측면에서 어떻게 활용될 수 있는지 살펴본다.

계획을 적당히 세운 프로젝트는 계획보다 3배의 시간을 필요로 하지만 심사숙고하여 계획된 프로젝트도 계획보다 2배의 시간이 소요된다.

–로렌스 퍼트남(Lawrence H. Putnam)
미국의 소프트웨어 엔지니어링 구루(guru)

프로젝트(project)
활동(activities)
직전선행활동(immediate predecessors)

프로젝트(project)란 일련의 연계된 **활동(activities)**의 집합을 말한다. 프로젝트를 구성하는 활동들은 순차적으로 서로 연결되어 있기 때문에 해당 프로젝트가 완성되기 위해서는 프로젝트를 구성하는 모든 활동들이 그 선후관계에 따라 반드시 완료되어야 한다. 프로젝트를 구성하는 활동들 중 어떤 활동은 사전에 특정 활동(들)이 끝나야만 시작할 수 있는데, 어떤 활동이 시작되기 전에 반드시 앞서 수행되어야 하는 활동을 **직전선행활동(immediate predecessors)**이라고 부른다.

프로젝트 일정관리 문제에서 일반적으로 관심을 끄는 사안은 해당 프로젝트를 완성하는데 어느 정도의 시간이 걸릴 것이냐이다. 만일 프로젝트를 구성하는 각 활동에 소요되는 시간이 확실하게 알려져 있다면 프로젝트 완성시간을 구하는 것은 그리 어려운 일이 아니다. 하지만 일반적으로 각 활동에 소요되는 시간은 상황에 따라 조금씩 늦추어지거나 빨라질 수 있는 가변성을 갖고 있어 프로젝트 완성시간도 하나의 숫자로 확실히 추정할 수 없는 것이 현실이다. 따라서 프로젝트 일정관리 문제는 확률변수가 개입된 문제로 다루어지게 된다. 본 장에서는 각 활동에 소요되는 시간이 확실하게 알려져 있다는 가정 하에 프로젝트 일정관리와 관련한 여러 가지 문제상황을 다루고자 한다. 각 활동의 소요시간이 확률변수로 표현될 경우, 본 장에서 언급하는 내용은 14장에서 다루게 될 **몬테칼로 시뮬레이션(Monte Carlo Simulation)** 기법을 이용해 해결하게 된다.

9.1 PERT/CPM

PERT/CPM

간트 차트(Gantt chart)

프로젝트 일정관리 문제에 대해 구체적으로 논의하기 전에 우선 프로젝트 일정관리 기법으로 많이 사용되고 있는 **PERT/CPM**에 대해 살펴보기로 한다. PERT/CPM이 개발되기 전 프로젝트 일정관리 기법으로 가장 많이 사용된 것은 **간트 차트(Gantt chart)**이다. 1919년 미국의 헨리 간트(Henry Gantt)가 만든 이 차트는 오늘날에도 간단한 일정계획수립을 위해 사용된다. 예를 들어, 연구 사업에 지원할 때 향후 수행할 연구 활동 일정을 표로 제시해야 하는데, 이때 간트 차트를 많이 이용한다. 일반적으로 간트 차트의 행(rows)은 활동의 이름을, 열(columns)은 시간의 흐름을 나타내는데, 연구기간 동안 언제부터 언제까지 어떤 연구 활동을 수행할지를 화살표 또는 음영을 이용하여 표로 작성한다. [그림 9-1]은 간트 차트의 예를 보여주고 있다.

그림 9-1

간트 차트의 예

이 방법은 일정계획을 수립하기 위해 간단히 작성할 수 있고, 전체적인 프로젝트 일정을 한 장의 표로 요약해서 나타낼 수 있는 장점은 있지만 어떤 활동을 수행하기 전에 반드시 완료해야 할 직전선행활동이 무엇인지를 판별하기 어렵고, 활동시간의 가변성을 고려하기 어려운 단점이 있다. 이 때문에 전체 프로젝트 일정을 늦추지 않으면서 반드시 제 시간에 시작되어야 하는 활동[1]과 얼마큼 늦게 시작되어도 전체 프로젝트 일정을 맞추는 데는 아무런 영향을 미치지 않는 활동이 무엇인지에 대한 정보를 얻기가 힘들다.

이러한 단점을 극복하기 위한 기법으로 **PERT**(program evaluation and review technique)와 **CPM**(critical path method)이 탄생되었다. PERT와 CPM는 거의 같은 시기에 서로 다른 목적으로 개발되었다. PERT는 1958년 미 해군의 폴라리스 미사일(Polaris nuclear missile) 개발 프로젝트의 일정관리를 위해 미 해군과 록히드(Lockheed), 그리고 컨설팅사인 부즈알렌해밀턴(Booz Allen Hamilton)이 공동으로 개발한 기법이고, CPM은 화학공장의 신축 및 유지보수 일정 문제를 해결하기 위해 1957년 듀퐁사(Dupont)와 레밍턴-랜드사(Remington-Rand)가 공동으로 개발한 일정계획수립 및 통제 기법이다.

PERT(program evaluation and review technique)
CPM(critical path method)

두 기법의 주요 차이점은 다음과 같다. 우선, PERT는 이전에 시도된 적이 없는 새로운 프로젝트의 일정관리를 위해 개발된 기법으로 프로젝트를 구성하는 각 활동의 소요시간이 확실히 알려져 있지 않아 소요시간을 확률분포로 가정한다. 따라서 프로젝트의 일정도 가변적인 특성을 가지게 되므로 프로젝트 완성시간의 분포를 추정하는데 초점을 맞춘 기법이다. 반면, CPM은 반복적으로 수행되는 프로젝트의 일정관리를 위해 개발된 기법으로 프로젝트를 구성하는 각 활동의 소요시간은 과거의 반복된 경험에 의해 비교적 확실하게 알려져 있다고 가정하고, 프로젝트 수행에 소요되는 시간과 비용의 절충문제에 초점을 맞추었다.

이처럼 두 기법은 서로 다른 목적으로 개발되었지만 의외로 공통점이 많아 요즈음은 두 기법을 따로 이용하기 보다는 두 기법의 특징을 한데 묶어, 이름도 **PERT/CPM**이라고 통칭하고 있다. PERT/CPM은 대형 건설 프로젝트(도로, 항만, 공항, 거주단지 건설 등) 수주를 위해서는 반드시 요구되는 프로젝트 일정계획수립 및 통제 기법이다.

PERT/CPM

1) 이러한 활동을 **주활동(critical activities)**이라고 한다.

9.2 프로젝트 다이어그램

네트워크 다이어그램(network diagram)
프로젝트 다이어그램(project diagram)

PERT/CPM을 문제에 적용하기 전에 프로젝트를 구성하는 활동들의 선후관계를 **네트워크 다이어그램(network diagram)**으로 그려 파악하면 편리하다. 프로젝트 일정관리를 위해 작성한 네트워크 다이어그램은 **프로젝트 다이어그램(project diagram)**이라고도 불린다. 프로젝트 다이어그램은 프로젝트를 구성하는 활동들의 흐름, 그리고 한 활동을 시작하기 전에 끝내야 할 직전선행활동이 무엇인지를 일목요연하게 파악할 수 있게 하는 도구이다.

마디(node)
가지(arc)
AOA(activity on arc)
AON(activity on node)

프로젝트 다이어그램은 두 가지 기호로 작성되는데, **마디**(node, "○"로 표기)와 **가지**(arc, "→"로 표기)이다. 프로젝트 다이어그램은 두 가지 방법으로 작성할 수 있는데, 하나는 **AOA(activity on arc)** 방법이고, 다른 하나는 **AON(activity on node)** 방법이다. AOA는 활동을 가지 위에 나타내고, AON은 활동을 마디 위에 나타낸다. 이 책에서는 일반적으로 많이 활용되는 AOA 방법을 이용해서 프로젝트 다이어그램을 작성한다.

사건(events)
활동(activities)

AOA 방법에서 마디는 **사건(events)**을 나타내는데, 사건이란 활동의 시작과 끝을 말한다. 프로젝트에서 첫 번째 활동의 시작은 프로젝트의 시작을 의미하고, 마지막 활동의 끝은 프로젝트의 종료를 의미한다. 프로젝트 시작 마디의 번호는 "1"이 된다. 가지는 **활동(activities)**을 나타낸다. 활동이란 일정시간이 소요되는 행위를 말한다.

주활동(critical activities)
주경로(critical path)

프로젝트 다이어그램을 그리면 프로젝트를 구성하는 활동들의 선후관계, 전체 프로젝트의 최단 완성시간, 그리고 전체 프로젝트 완성시간을 지연시키지 않으면서 어느 정도 지체될 수 있는 활동들과 지체될 수 없는 활동들(critical activities)이 무엇인지 파악할 수 있다. 후자를 프로젝트를 제시간에 완료하는데 주요한(critical) 영향을 미치는 활동이라고 하여 **주활동(critical activities)**이라고 부른다. 그리고 프로젝트의 시작 마디에서 종료 마디까지 주활동들로 이어진 경로를 **주경로(critical path)**라고 부르며, 주경로의 길이가 해당 프로젝트를 완성할 수 있는 가장 짧은 시간(the shortest completion time of the project)이 된다.

1 프로젝트 일정관리 용어

프로젝트 일정관리에 대한 충실한 이해를 위해서는 우선 관련 용어부터 구체적으로 살펴보는 것이 필요하다.

① 경로, 주경로, 주활동

경로(path)

프로젝트는 일련의 활동들로 연결되어 있음은 이미 언급한 바 있다. 우선 **경로(path)**란 프로젝트의 시작과 끝을 연결하는 활동들의 집합이다. AOA 방식의 프로젝트 다이어그램에서 프로젝트의 시작 마디와 종료 마디를 연결하는 경로는 여러 개가 있을 수 있는데 이들 중 가장 긴 경로(the longest path)를 주경로라고 부르고, 주경로를 구성하는 활동들을 주활동이라고 부른다. 주경로의 길이가 해당 프로젝트를 완성할 수 있는 가장 짧은 시간(the shortest project completion time)이 된다. 즉, 주경로를 구성하는 어떤 주활동의 처리시간이 조금이라도 지연되면 전체 프로젝트 일정도 그만큼 지연됨을 의미한다. 따라서 주활동의 판별과 이에 대한 시간관리는 프로젝트 일정관리에서 중요한 이슈가 된다.

② 각 활동의 가장 빠른 시작시간(ES), 가장 빠른 종료시간(EF)

가장 빠른 시작시간(ES, earliest start time)

가장 빠른 종료시간(EF, earliest finish time)

활동의 소요시간(d, duration)

프로젝트를 구성하는 모든 활동은 활동들의 선후관계를 고려하여 시작될 수 있는 가장 빠른 시간(ES, earliest start time)과 종료될 수 있는 가장 빠른 시간(EF, earliest finish time)을 갖고 있다. 당연히 어떤 활동의 **가장 빠른 종료시간(EF)**은 그 활동의 **가장 빠른 시작시간(ES)**에 그 **활동의 소요시간(d, duration)**을 더한 것과 같다. 따라서 활동 j에 대하여 식 ①이 성립한다.

$$EF(j) = ES(j) + d(j) \quad \cdots\cdots ①$$

이제 활동 j의 직전선행활동을 i라고 하면, 활동 j는 활동 i가 끝나기 전에는 시작할 수 없다. 따라서 활동 j의 직전선행활동이 여러 개일 경우, 활동 j의 가장 빠른 시작시간은 직전선행활동 i들의 가장 빠른 종료시간들 중 가장 늦은 시간이 된다. 즉, 식 ②가 성립한다.

$$ES(j) = max\{all\ EF(i)'s\} \quad \cdots\cdots ②$$

식 ①과 식 ②를 이용하면 프로젝트를 구성하는 모든 활동에 대한 가장 빠른 시작시간과 가장 빠른 종료시간을 구할 수 있다. 프로젝트의 완성시간은 프로젝트 종료마디의 가장 빠른 발생시점이 된다. 각 활동의 ES와 EF는 프로젝트의 시작마디에서 출발하여 종료마디까지 순방향으로 이동하면서 계산된다.

③ 각 활동의 가장 늦은 시작시간(LS), 가장 늦은 종료시간(LF)

가장 늦은 시작시간(LS, latest start time)

가장 늦은 종료시간(LF, latest finish time)

아울러 프로젝트를 구성하는 모든 활동 각각은 프로젝트 전체 일정을 지연시키지 않으면서 시작될 수 있는 가장 늦은 시간(LS, latest start time)과 종료될 수 있는 가장 늦은 시간(LF, latest finish time)을 갖고 있다. 당연히 어떤 활동의 **가장 늦은 시작시간(LS)**은 그 활동의 **가장 늦은 종료시간(LF)**에서 그 활동의 소요시간(d)을 뺀 것과 같다. 따라서 활동 j에 대하여 식 ③이 성립한다.

$$LS(j) = LF(j) - d(j) \quad \cdots\cdots ③$$

이제 활동 i의 직후활동을 j라고 하면, 활동 j가 시작되기 위해서는 반드시 사전에 활동 i가 끝나야 한다. 따라서 활동 i의 직후활동이 여러 개일 경우, 활동 i의 가장 늦은 종료시간은 직후활동 j들의 가장 늦은 시작시간들 중 가장 빠른 시간이 된다. 즉, 식 ④가 성립한다.[2)]

$$LF(i) = min\{all\ LS(j)'s\} \quad \cdots\cdots ④$$

식 ③과 식 ④를 이용하면 프로젝트를 구성하는 모든 활동에 대한 가장 늦은 시작시간과 가장 늦은 종료시간을 구할 수 있다. 프로젝트 완성시간은 프로젝트 종료마디의 가장 늦은 발생시점이 된다. 즉, 프로젝트 종료 마디의 가장 빠른 발생시점과 가장 늦은 발생시점은 동일하다.[3)] 각 활동의 LS와 LF는 프로젝트의 종료 마디에서 출발하여 시작 마디까지 역으로 이동하면서 계산된다.

2) 예를 들어, 활동 A의 직후활동이 활동 B와 활동 C인데, 활동 B의 가장 늦은 시작시간이 9일 후, 활동 C의 가장 늦은 시작시간이 12일 후라면, 활동 A의 가장 늦은 종료시간은 9일 후가 되어야 한다는 것이다. 만일 활동 A의 가장 늦은 종료시간이 이보다 늦어지면 전체 프로젝트 일정도 지연되게 된다.

3) 프로젝트 다이어그램 종료 마디의 가장 빠른 발생시점과 가장 늦은 발생시점은 동일하다고 정의한다. 따라서 프로젝트 완성시간은 프로젝트 다이어그램 종료 마디의 가장 빠른 발생시점이자 가장 늦은 발생시점이 된다.

④ 각 활동의 여유시간

앞서 설명한 각 활동의 ES와 LS, EF와 LF를 이용하면 소위 각 **활동의 여유시간**(slack)을 구할 수 있다. 각 활동의 여유시간이란 전체 프로젝트의 완성시간을 늦추지 않으면서 각 활동이 지연될 수 있는 최대 시간을 말한다. 즉, 여유시간만큼 늦게 시작되거나 여유시간만큼 늦게 종료되어도 전체 프로젝트 완성시간에는 영향을 주지 않는 활동시간의 여유분을 말한다. 활동 j의 여유시간은 식 ⑤와 같이 정의된다.

활동의 여유시간(slack)

$$\text{활동 } j\text{의 여유시간} = LS(j) - ES(j) = LF(j) - EF(j) \quad \cdots\cdots ⑤$$

활동 j의 여유시간이 양(+)의 값을 가지면 활동 j가 그만큼 늦게 시작되거나 종료되어도 전체 프로젝트 일정은 지연되지 않는 반면, 여유시간이 "0"의 값을 가지면 해당 활동의 소요시간이 조금이라도 늦어지면 전체 프로젝트 일정도 그만큼 늦추어지게 된다. 따라서 여유시간이 "0"인 활동은 관리의 대상이 되며, 이러한 활동을 주활동라고 하고, 주활동들로 이루어진 경로를 주경로라고 함은 앞서 언급한 바 있다. 아울러 주경로의 길이는 프로젝트의 가장 빠른 완성시간이 된다.

주활동 주활동(critical activity)이란 여유시간이 "0"인 활동을 말한다.

주경로 프로젝트 다이어그램에서 시작 마디에서 종료 마디까지 주활동들로 이루어진 경로를 말하며, 이는 가장 긴 경로(the longest path)가 된다. 아울러 주경로(critical path)의 길이는 해당 프로젝트의 가장 빠른 완성시간(the shortest completion time of the project)이 된다.

주활동(critical activity)
주경로(critical path)
the longest path
the shortest completion time of the project

프로젝트 다이어그램과 관련하여 지금까지 설명한 내용을 다음의 예제를 이용해 복습해보자.

예제 1 어떤 프로젝트가 A, B, C, D, E, F 등 6개의 활동으로 구성되어 있고, 활동들의 선후관계와 각 활동을 수행하는 데 소요되는 시간이 〈표 9-1〉과 같다고 가정하자.

표 9-1
프로젝트 구성 활동들과 그 선후관계

활동	직전선행활동	소요시간(단위: 일)
A	-	9
B	-	7
C	A, B	8
D	A, B	10
E	D	6
F	C, E	11

〈표 9-1〉을 AOA 방법을 이용해 프로젝트 다이어그램으로 나타내면 [그림 9-2]와 같다.[4)]

4) 과거에는 프로젝트 다이어그램을 그릴 때 두 개의 마디(nodes)는 많아야 하나의 가지(arc)에 의해서만 연결되어야 한다는 엄격한 규칙이 있었다. 이런 규칙 하에서는 [그림 9-2]와 같이 마디 1과 마디 2를 두 개의 가지로 연결하는 것은 규칙의 위반이다. 따라서 과거에는 **가상의 가지(dummy arc)**를 만들어 다음 그림과 같이 두 개의 마디는 반드시 하나의 가지로만 연결되도록 하였다.

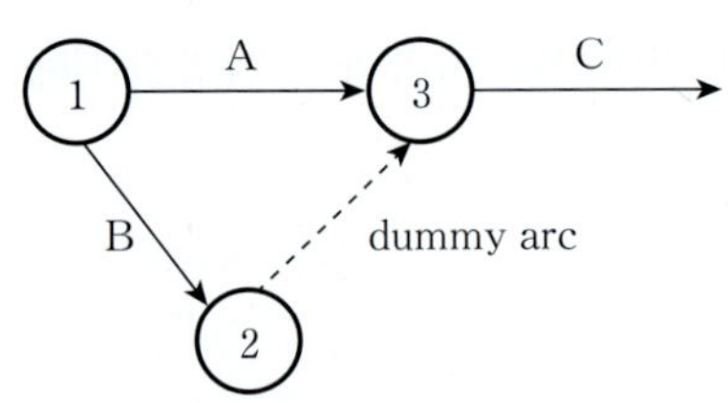

하지만 프로젝트 다이어그램이란 사용자가 프로젝트의 구조를 한 눈에 쉽게 알아볼 수 있도록 하는 것이 목적이므로 오늘날은 특별한 목적이 없는 한 두 개의 마디를 필요할 경우 두 개 이상의 가지로 연결해도 무방하다.

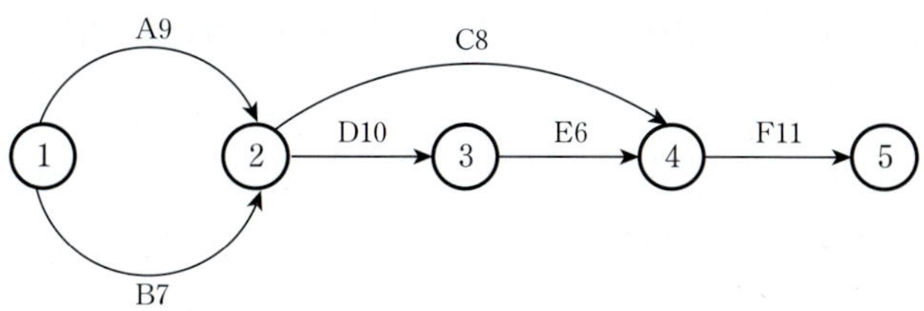

그림 9-2
프로젝트 다이어그램

마디 다섯 개와 가지(화살표) 6개로 이루어진 [그림 9-2]를 보면 활동들의 선후관계를 시각적으로 확인할 수 있다. 예를 들어, 활동 C와 활동 D는 활동 A와 활동 B가 완료되어야만 시작할 수 있고, 활동 E는 활동 D가 끝난 후, 그리고 활동 F는 활동 C와 활동 E가 완료된 후에야 시작할 수 있다. 또한 프로젝트의 시작을 나타내는 마디의 번호는 1이고, 프로젝트 종료를 나타내는 마디의 번호는 5이다. 각 가지 위에는 각 활동의 이름과 그 옆에 소요시간이 쓰여 있는데, 이 예제에서는 각 활동의 소요시간이 확실히 알려져 있다고 가정하고 있다.[5)]

경로(path)

앞서 정의했듯이 **경로(path)**는 프로젝트의 시작과 끝을 잇는 활동들의 집합을 말한다. [그림 9-2]에서 프로젝트의 시작(마디 1)과 끝(마디 5)을 잇는 경로는 다음과 같이 네 가지가 있다.

경로 1: A–C–F
경로 2: A–D–E–F
경로 3: B–C–F
경로 4: B–D–E–F

각 경로의 길이를 보면, 경로 1은 28(일), 경로 2는 36(일), 경로 3은 26(일), 경로 4는 34(일)이다. 이 중 가장 긴 경로는 경로 2이고, 그 길이는 36(일)이다. 이렇게 가장 긴 경로를 주경로라고 부르는데, 이 주경로의 길이가 해당 프로젝트를 완성할 수 있는 가장 짧은 시간이 된다. 하나의 프로젝트 다이어그램에서 주경로는 둘 이상이 될 수 있다. 아울러 주경로를 구성하는 활동 A, D, E, F를 주활동이라고 하

5) 물론 각 활동의 소요시간은 하나의 숫자로 확실히 알려져 있기보다는 가변적이다. 따라서 각 활동의 소요시간을 확률분포로 추정해서 프로젝트 완성시간을 추정하고, 또 주활동을 탐색하는 과정은 본 장의 후반부에 언급하기로 한다.

고, 이 활동들은 관리의 대상이 된다. 그 이유는 앞서 언급한 바와 같이 이 활동들 중 어느 하나라도 지체되면 전체적인 프로젝트 시간도 그만큼 지체되므로 전체 프로젝트 일정을 차질 없이 맞추기 위해서는 주활동에 초점을 맞추어 관리가 이루어져야 하기 때문이다. 반면 주활동이 아닌 활동들은 프로젝트 전체 일정과 관련하여 시간적 융통성(여유시간)을 갖고 있어 어느 정도 지체되더라도 전체 프로젝트 시간에는 영향을 미치지 않는다.

예를 들어, [그림 9-2]의 활동 A와 활동 B를 고려해 보자. 두 활동이 모두 끝나야 활동 C와 활동 D는 시작될 수 있는데, 활동 A의 소요시간은 9일, 활동 B의 소요시간은 7일로서 활동 B는 활동 A보다 길게는 이틀까지 늦게 시작되어도 전체 프로젝트 완성시간에는 영향을 미치지 않는다. 하지만 주활동인 A의 경우 소요시간이 조금이라도 지체되면 프로젝트 완성시간도 그만큼 지체되는 특성을 갖는다.

2 엑셀을 이용한 주활동의 판별과 프로젝트 완성시간의 추정

가장 빠른 시작시간(ES, earliest start time)
가장 빠른 종료시간(EF, earliest finish time)
가장 늦은 시작시간(LS, latest start time)
가장 늦은 종료시간(LF, latest finish time)

[예제 1]과 같은 간단한 프로젝트의 경우에는 프로젝트의 모든 경로를 열거하고 이들 중 가장 긴 경로(주경로)가 무엇이지를 찾아, 주경로를 구성하는 주활동이 무엇인지, 그리고 프로젝트 완성시간은 얼마나 될지 쉽게 파악할 수 있다. 하지만 복잡한 프로젝트의 경우에는 주활동의 판별과 프로젝트 완성시간을 추정하기 위해 각 활동의 **가장 빠른 시작시간(ES, earliest start time)**과 **가장 빠른 종료시간(EF, earliest finish time)**, **가장 늦은 시작시간(LS, latest start time)**과 **가장 늦은 종료시간(LF, latest finish time)**을 구할 필요가 있다.

직전선행활동
직후활동

[그림 9-3]은 [예제 1]에 대하여 지금까지 논의한 내용을 엑셀을 이용해 구현한 것이다. 프로젝트를 구성하는 각 활동의 ES, EF, LS, LF를 구하고, 이에 근거하여 각 활동이 주활동인지의 여부를 밝히고, 주활동들로 이루어진 주경로의 길이를 구하여 프로젝트의 가장 빠른 완성시간을 구하는 제반 과정을 담고 있다. 각 활동의 **직전선행활동**은 프로젝트의 시작 마디에서 출발하여 각 활동의 ES와 LS를 구하는데 사용되고, 각 활동의 **직후활동**은 각 활동의 EF와 LF를 구하는 데 사용하였다. [그림 9-3]의 논리를 구체적으로 설명하면 다음과 같다.

프로젝트 일정 관리

활동	직전선행활동	직후활동	소요시간(일)	ES	EF	LS	LF	LS-ES	LF-EF	주활동여부
A	-	C, D	9	0	9	0	9	0	0	O
B	-	C, D	7	0	7	2	9	2	2	X
C	A, B	F	8	9	17	17	25	8	8	X
D	A, B	E	10	9	19	9	19	0	0	O
E	D	F	6	19	25	19	25	0	0	O
F	C, E	-	11	25	36	25	36	0	0	O

프로젝트 완성시간 36

마디 발생 시점(ET)

마디	발생시점
1	0
2	9
3	19
4	25
5	36

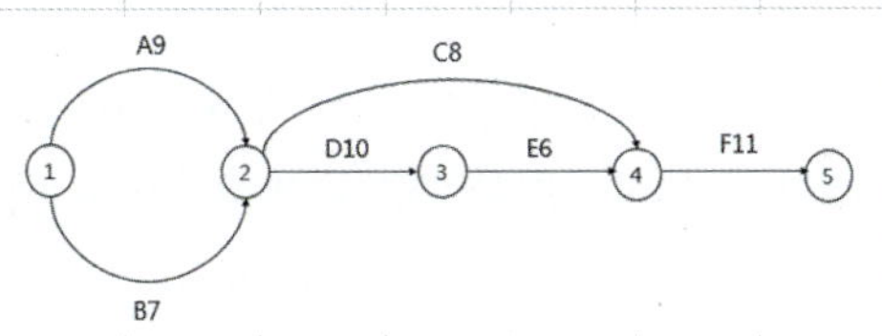

그림 9-3 [예제 1]에 대한 엑셀 모형

셀 범위 A4:D9에는 프로젝트 다이어그램에 근거하여 프로젝트 구성 활동들의 선후관계와 소요시간 정보를 입력하였다. 다음으로 각 활동의 ES와 EF는 셀 범위 E4:F9에 입력하였다. 우선, 셀 E4와 E5에는 프로젝트의 시작 시간을 나타내는 "0"을 입력하였고, 앞의 식 ③과 식 ④를 이용하여 나머지 셀에 식을 입력하였다. 구체적으로, 셀 F4에는 =E4+D4, 셀 F5에는 =E5+D5를 입력하였다. 그리고 셀 E6과 셀 E7에는 동일하게 =MAX(F4:F5)을 입력하고, 셀 F6에는 =E6+D6, 셀 F7에는 =E7+D7을 입력하였다. 다음으로 셀 E8에는 =F7을 입력하고, 셀 F8에는 =E8+D8, 다시 셀 E9에는 =MAX(F6,F8)을 입력하였고, 마지막으로 셀 F9에는 =E9+D9를 입력하였다.

각 활동의 LS와 LF는 셀 범위 G4:H9에 입력하였다. 각 활동의 LS와 LF는 종료 마디에서 시작하여 역으로 계산되므로 활동 F의 LF부터 시작한다. 프로젝트 종료 마디의 가장 늦은 발생시점(활동 F의 LF)은 프로젝트 종료 마디의 가장 빠른 발생시점(활동 F의 EF)와 동일하므로 우선 셀 H9에 =F9를 입력하였다. 여기서부터 식 ③과 식 ④를 이용하여 각 활동의 LS와 LF가 역으로 계산된다. 즉, 활동 F의 LS인 셀 G9에는 =H9−D9를 입력하고, 셀 H8에는 =G9, 셀 G8에는 =H8−D8을 입력하였다. 그리고 셀 H7에는 =G8, 셀 G7에는 =H7−D7을 입력하였고, 셀 H6에는 =G9, 셀 G6에는 =H6−D6을 입력하였다. 다음으로 셀 H5에는 =MIN(G6:G7), 셀 G5에는 =H5−D5를 입력하였고, 셀 H4에는 =MIN(G6:G7),

셀 G4에는 =H4−D4를 입력하였다.

각 활동의 ES와 LS, EF와 LF를 산출하였으므로 각 활동의 여유시간(LS−ES, LF−EF)도 계산할 수 있다. 셀 I4와 셀 J4에 =G4−E4, =H4−F4를 각각 입력하고 셀 I9와 셀 J9까지 아래로 끌기하여 각 활동의 여유시간을 계산하였다. 각 활동의 LS−ES와 LF−EF는 당연히 동일하게 산출됨을 확인할 수 있다. 여유시간이 '0'인 활동이 주활동이므로 셀 K4에 =IF(I4=0,"O","X")를 입력하고 셀 K9까지 아래로 끌기하였다. 각 활동의 LS−ES가 '0'이면 주활동임을 나타내는 'O', 그렇지 않으면 주활동이 아니라는 'X'가 표시되도록 하였다. 결국, 주활동은 A, D, E, F임을 확인할 수 있고, 주경로는 A−D−E−F, 그리고 프로젝트의 최단 완성시간은 주경로의 길이인 9+10+6+11=36(일)임을 알 수 있다. 프로젝트 완성시간을 나타내는 셀 C11에는 =SUMIF(K4:K9,"O",D4:D9)을 입력하였다.[6] 이러한 결과는 앞서 프로젝트 시작 마디에서 종료 마디까지 이어지는 모든 경로를 열거하고, 이들 중 가장 긴 주경로를 찾고, 또 주경로를 구성하는 주활동들이 무엇인지 파악함으로써 프로젝트 완성시간을 구한 것과 동일한 결과를 보임을 알 수 있다.

=SUMIF

=SUMIF

=SUMIF는 조건에 맞는 셀 범위의 숫자를 합해 나타내라는 명령으로 =SUMIF 함수의 인자는 (조건이 적용될 셀 범위, 조건, 조건이 적용되어 합이 구해지는 셀 범위)의 세 가지이다. 예를 들어, =SUMIF(K4:K9,"O",D4:D9)는 셀 범위 K4:K9에서 조건 "O"에 맞는 셀을 찾고, 셀 D4:D9에서 이 셀에 해당되는 숫자를 찾아 더하라는 명령이다.

3 마디의 발생시점을 이용한 프로젝트 완성시간의 추정

프로젝트 일정관리에서 중요한 질문 중 하나는 프로젝트 완성시간을 추정하는 일이다. 특히, 프로젝트를 구성하는 활동들의 소요시간이 가변적일 경우에는 과연 프로젝트가 특정시간 내에 완료될 가능성이 어떻게 되는지, 프로젝트가 예기치 않게

6) 만일 주활동 여부를 '0' 또는 '1'로 나타냈으면 셀 C11에 =SUMPRODUCT(D4:D9,K4:K9)를 입력하여 프로젝트 완성시간을 구할 수 있을 것이다.

사건(events)

지연되어 원래 예상한 기간을 초과할 가능성은 얼마나 되는지를 추정하는 일은 실무에서 중요한 사안이다. 앞에서는 주활동을 판별함으로써 프로젝트 완성시간을 계산하였는데, 프로젝트 다이어그램의 마디 발생시점을 이용해서도 동일한 결과를 얻을 수 있다. AOA 방식의 다이어그램에서 각 마디는 특정 활동의 출발과 종료를 나타내는 **사건(events)**을 의미한다. 또한 프로젝트 다이어그램을 구성하는 활동들의 선후활동에서 볼 수 있듯이 어떤 활동이 특정 마디에서 출발한다면 그 활동의 직전 선행활동은 해당 마디로 들어와야 한다. 각 마디의 발생시점을 T_j(마디 j의 발생시점, event time)리고 표기하면 T_j는 마디 j에 이르는 가장 빠른 시간(earliest event time)을 의미한다.

① 마디 j의 T_j 계산

[그림 9-2]에서 각 마디는 활동의 시작과 종료를 나타낸다. 특히, 마디 1은 프로젝트의 시작을, 마디 5는 프로젝트의 종료를 나타낸다. 마디 1의 발생시점인 T_1을 '0'으로 정의하면 T_5는 전체 프로젝트가 완료되는 가장 빠른 시점을 나타낸다. 이제 T_1에서 출발하여 후속 마디 j의 가장 빠른 발생시점(T_j)을 구해보자. 여기서 마디 i와 j를 잇는 활동을 (i,j)로 표기하고($i<j$), 활동(i,j)의 소요시간을 $d(i,j)$로 표기하면[7], 식 ⑥가 성립해야 한다.

$$T_j = max(T_i + d(i,j)) \cdots\cdots ⑥$$

이제 $T_1=0$으로 정의했으므로 T_2부터 T_5까지 구해보자. 우선, 식 ⑥에 따라 $T_2= max(T_1+9,\ T_1+7)$이므로 $T_2=9$임은 쉽게 알 수 있다. 또한 $T_3=T_2+10=9+10=19$이다. 다음으로 T_4는 ET(2)+8과 ET(3)+6중에 큰 수가 되므로 다음과 같이 표현할 수 있다.

$$T_4 = max(T_2+8,\ T_3+6) = max(17, 25) = 25$$

따라서 프로젝트 종료 마디의 발생시점인 $T_5=T_4+11=36$(일)이 된다. 즉, 프로젝트의 가장 빠른 완성시간은 36(일)임을 알 수 있다. 프로젝트 다이어그램에서 노

7) 활동(i,j)는 복수일 수 있다.

드 j의 T_j를 알기 위해서는 선행마디 i의 T_i를 우선 계산해야 함을 알 수 있다.

마디 j의 발생시점 T_j의 계산절차

① 활동 (i,j)로 이어진 마디 j의 직전선행마디 i를 찾으라($i<j$). 직전선행마디 i는 둘 이상일 수 있고, 직전선행마디가 하나일지라도 직전선행활동은 둘 이상일 수 있다.
② 마디 j의 직전선행마디 i에 대하여 T_i를 구하고, 여기에 마디 i에서 마디 j로 이어지는 직전선행활동 (i,j)의 소요시간 $d(i,j)$를 더하라.
③ T_j는 ②에서 구한 값들 중 가장 큰 값이 된다.

위 절차에 따라 T_j를 다시 구해보자. 우선, $T_1=0$이다. 다음으로 마디 2의 직전선행마디는 마디 1 하나지만 직전선행활동은 A와 B 둘이므로 $T_2=max(T_1+9, T_1+7)=max(9,7)=9$가 된다. 다음으로 마디 3의 직전선행마디는 하나이고, 직전선행활동도 D 하나이므로 $T_3=T_2+10=9+10=19$가 된다. 이제 마디 4의 직전선행마디는 마디 2와 마디 3 둘이고, 직전선행활동도 각각 C와 E 둘이므로 T_4는 다음과 같이 계산된다.

$$T_4 = max(T_2+8, T_3+6) = max(9+8, 19+6) = max(17, 25) = 25$$

마지막으로 종료 마디 5의 직전선행마디는 마디 4 하나이고, 직전선행활동도 F 하나이므로 $T_5=T_4+11=25+11=36$이 된다. 따라서 이 프로젝트를 완성하는 데 걸리는 가장 빠른 시간은 지금부터 36(일) 후임을 알 수 있고, 이 결과는 앞서 주활동을 이용해서 구한 시간과 일치한다.

[그림 9-3]에서 셀 범위 B16:B20의 숫자는 위의 절차에 따라 마디 j의 가장 빠른 발생시점 T_j를 구한 것이다. 셀 B16은 프로젝트의 시작시점이므로 '0'을 입력하였고, B17에는 =B16+MAX(D4:D5)을 입력하였다. 그리고 셀 B18에는 =B17+D7, 셀 B19에는 =MAX(B18+D8,B17+D6), 그리고 프로젝트의 종료시점인 셀 B20에는 =B19+D9를 입력하였다. 결국 프로젝트 완성시간은 마디 5의 발생시점인 36(일) 후임을 확인할 수 있다.

9.3 선형계획모형의 적용

프로젝트의 최단 완성시간과 주경로는 **선형계획모형**을 이용해서도 구할 수 있다. [예제 1]의 모형화를 위해 우선 다음과 같이 의사결정변수를 정의하자. 선형계획모형

T_j: 마디 j의 발생시점(j=1, 2, 3, 4, 5)

그리고 마디 i에서 마디 j로 이어지는 활동을 활동 (i,j)로 표기하자(여기서 $i<j$). 그러면 각 활동 (i,j)에 대하여 마디 i는 마디 j가 발생되기 전에 반드시 발생되어야 하고, 활동 (i,j) 또한 완료되어야 한다. 따라서 프로젝트 다이어그램의 각 활동 (i,j)에 대하여 식 ⑦이 성립되어야 한다.

$$T_j = T_i + d(i,j) \quad \cdots\cdots ⑦$$

여기서 $d(i,j)$는 활동(i,j)의 소요시간을 나타낸다.

[그림 9-2]의 프로젝트 다이어그램에서 종료마디는 j=5이고, 우리가 목표로 하는 것은 프로젝트 완성시간의 최소화이므로 [예제 1]에 대한 선형계획모형의 목적함수는 $MIN\ Z = T_5 - T_1$이다. 그리고 식 ⑦에 따라 각 활동 (i,j)의 시작마디 i와 종료마디 j의 발생시점 선후관계를 제약식으로 나타내면 다음과 같다.[8)]

$T_2 \geq T_1 + 9$ (활동 A)
$T_2 \geq T_1 + 7$ (활동 B)
$T_4 \geq T_2 + 8$ (활동 C)
$T_3 \geq T_2 + 10$ (활동 D)
$T_4 \geq T_3 + 6$ (활동 E)
$T_5 \geq T_4 + 11$ (활동 F)

8) 예를 들어, 마디 2의 발생시점은 앞서 $T_2 = max(T_1+9,\ T_1+7)$로 정의하였으나 선형계획모형에서는 max 함수가 선형의 조건을 위배하므로 제약조건 $T_2 \geq T_1+9$와 $T_2 \geq T_1+7$을 동시에 만족하는 가장 작은 T_2의 값을 찾게 된다. 당연히 동일한 결과를 낳게 된다.

따라서 완성된 선형계획모형은 다음과 같다.

$$
\begin{aligned}
&MIN\ Z = T_5 - T_1 \\
&s.t.\ \ T_2 \geq T_1 + 9 \\
&\qquad T_2 \geq T_1 + 7 \\
&\qquad T_4 \geq T_2 + 8 \\
&\qquad T_3 \geq T_2 + 10 \\
&\qquad T_4 \geq T_3 + 6 \\
&\qquad T_5 \geq T_4 + 11 \\
&\qquad \text{모든}\ \ T_j's \geq 0
\end{aligned}
$$

위 모형에서 프로젝트의 시작시점인 T_1은 현재를 나타내는 "0"으로 정의되므로 목적함수는 간단히 $MIN\ Z = T_5$로 나타낼 수 있다. 위 모형의 최적해를 해 찾기를 이용해 구한 결과는 [그림 9-4]와 같고, [그림 9-4]의 최적해를 찾기 위해 해 찾기 매개변수 대화상자에 입력한 내용은 [그림 9-5]와 같다. [그림 9-5]에서 목표 셀(목적함수)은 C21, 변수 셀 범위(의사결정변수)는 B15:B18, 그리고 제약조건으로는 H14:H19≥J14:J19가 입력되었음을 알 수 있다.

그림 9-4
해 찾기 결과

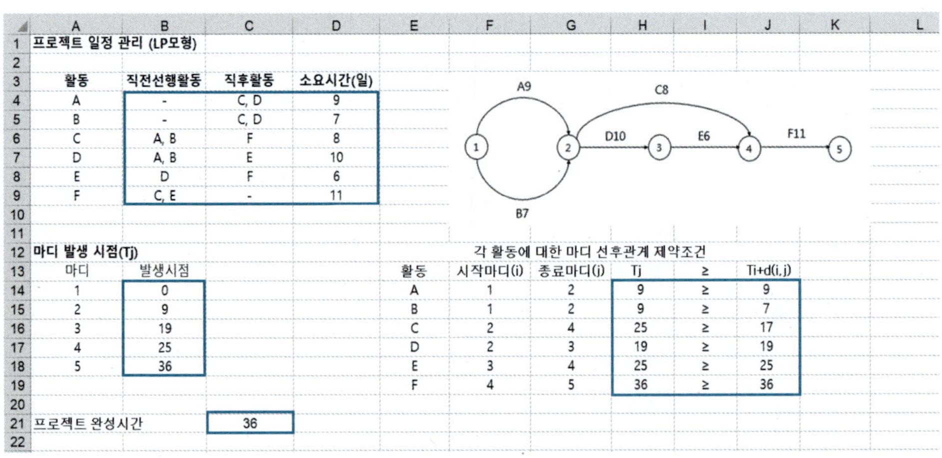

프로젝트 일정 관리 (LP모형)

활동	직전선행활동	직후활동	소요시간(일)
A	-	C, D	9
B	-	C, D	7
C	A, B	F	8
D	A, B	E	10
E	D	F	6
F	C, E	-	11

마디 발생 시점(Tj)

마디	발생시점
1	0
2	9
3	19
4	25
5	36

각 활동에 대한 마디 선후관계 제약조건

활동	시작마디(i)	종료마디(j)	Tj	≥	Ti+d(i,j)
A	1	2	9	≥	9
B	1	2	9	≥	7
C	2	4	25	≥	17
D	2	3	19	≥	19
E	3	4	25	≥	25
F	4	5	36	≥	36

프로젝트 완성시간: 36

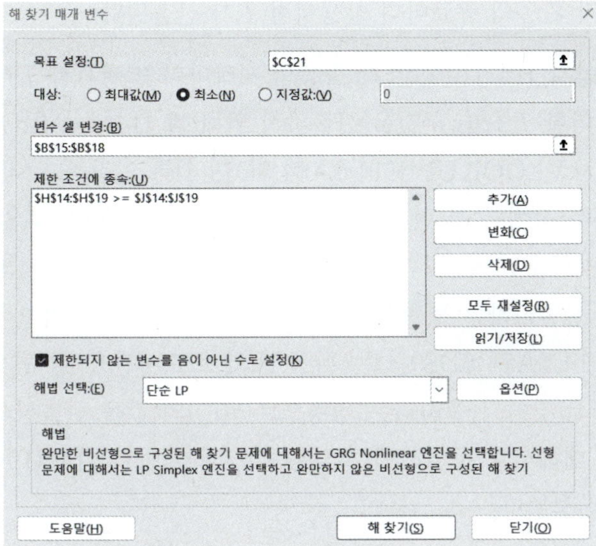

그림 9-5
해 찾기 매개변수 입력

이제 [그림 9-4]의 모형을 구체적으로 살펴보자. 우선 각 마디의 발생시점인 셀 범위 B15:B18은 의사결정변수의 역할을 하고, 셀 C21은 목적함수인 프로젝트 완성시간을 나타낸다. 의사결정변수를 나타내는 셀 범위 B15:B18의 초기해로는 "0"을 입력하였다.[9] 프로젝트 완성시간은 마디 5의 발생시점과 동일하므로 목표 셀인 C21에는 =B18을 입력하였다. 각 활동 (i, j)의 시작마디 i와 종료마디 j의 발생시점 관계를 나타내는 제약조건은 셀 범위 H14:J19에 나타내었다.

=VLOOKUP

구체적으로, 활동 A의 종료마디 발생시점을 나타내는 셀 H14에는 **=VLOOKUP**(G14,$A$14:$B$18,2)를 입력하였다.[10] 그리고 이 식을 셀 H19까지 아래로 끌기하여 다른 활동들의 종료 마디 발생시점을 산출하였다. =VLOOKUP 함수의 두 번째 인자인 셀 범위 $A$14:$B$18은 각 마디의 발생시점을 나타내는 표이다. 즉, =VLOOKUP(G14,$A$14:$B$18,2)은 활동 A의 종료마디(G14)인 마디 2의 발생시점을 셀 범위 $A$14:$B$18의 두 번째 열에서 찾아 산출하라는 명령이다. 이러한 명령을 다른 활동에 대해서도 동일하게 복사하여 입력함으로써 셀 범위

9) 마디 1의 발생시점인 셀 B14의 값은 "0"으로 정의한다. 참고로 의사결정변수를 나타내는 셀 범위를 마디 1의 발생시점을 포함하여 B14:B18로 설정하여도 B14의 최적해는 "0"으로 나타난다.

10) **=VLOOKUP**은 각 활동의 시작시점과 종료시점, 그리고 각 활동의 소요시간을 쉽게 산출해 줄 수 있는 매우 유용한 함수이다.

H14:H19에는 각 활동의 종료마디 발생시점 T_j가 산출된다.

다음으로 셀 범위 J14:J19에는 각 활동의 시작마디 발생시점 T_i에 각 활동의 소요시간 $d(i,j)$를 더한 $T_i+d(i,j)$ 값을 산출하기 위해 셀 J14에 =VLOOKUP(F14,$A$14:$B$18,2)+VLOOKUP(E14,$A$4:$D$9,4)를 입력하고, 셀 J19까지 아래로 끌기하였다. 이 식에서 첫 번째 함수인 =VLOOKUP(F14,$A$14:$B$18,2)은 활동 A의 시작마디(F14)인 마디 1의 발생시점을 셀 범위 $A$14:$B$18의 두 번째 열에서 찾아 산출하라는 명령으로 T_i의 값을 산출한다. 그리고 두 번째 함수인 VLOOKUP(E14,$A$4:$D$9,4)는 활동 A의 소요시간을 셀 범위 $A$4:$D$9의 네 번째 열에서 찾아 산출하라는 명령으로 $d(i,j)$의 값을 산출한다. 이러한 명령이 다른 활동에 대해서도 동일하게 복사됨으로써 셀 범위 J14:J19에는 각 활동의 $T_i+d(i,j)$ 값이 산출된다.

VLOOKUP 함수

VLOOKUP 함수 VLOOKUP[11] 함수는 다음과 같이 네 가지 구성인자(arguments)를 가지고 있다.

=VLOOKUP(참조값, 테이블, 값을 찾을 열, 논리값)

참조값
테이블
값을 찾을 열
논리값

여기서, **참조값**이란 우리가 지정한 테이블(표)의 첫 번째 열에서 찾아야 하는 값이다. 테이블의 첫 번째 열은 오름차순으로 정렬되어 있어야 한다. 두 번째 인자인 **테이블**에는 사용자가 지정한 테이블의 이름(셀 범위에 이름을 지정한 경우) 또는 테이블의 셀 범위를 입력한다. 세 번째 인자인 **값을 찾을 열**이란 참조값과 같은 행에 있는 값을 찾을 테이블의 열 번호를 말한다. **논리값**으로는 TRUE 또는 FALSE를 입력할 수 있는데,[12] TRUE는 테이블의 첫 번째 열에서 참조값과 동일한 값을 찾거나 동일한 값이 존재하지 않을 경우 참조값보다 작은 값 중 가장 큰 값을 찾으라는 명령이다. 논리값 TRUE는 입력하지 않고 생략해도 마찬가지 기능을 한다. 논리값 FALSE는 테이블의 첫 번째 열에서 참조값과 동일한 값을 찾으라는 것으로 참조값과 동일한 값이 존재하지 않을 경우, 에러(error)가 발생한다.

11) VLOOKUP의 앞자 'V'는 세로(vertical)를 나타낸다.
12) 논리값 TRUE 대신에 1, FALSE 대신에 0을 입력해도 된다.

[그림 9-6]과 [그림 9-7]은 각각 해 찾기 결과로 산출한 해답 보고서와 민감도 보고서이다. **해답 보고서**는 [그림 9-4]와 동일한 정보를 담고 있다. 목표 셀의 값은 '36'으로 이는 프로젝트 최단 완성시간을 나타내고, 변수 셀의 값은 마디 2부터 마디 5의 가장 빠른 발생시점을 나타낸다. 다음으로 각 활동의 시작마디 발생시점과 종료마디 발생시점의 관계를 나타내는 제약조건에서 활동 B와 활동 C에 대한 제약조건은 **비속박적**(nonbinding constraint)으로 나타나고 있으며, 각각 조건과의 차가 '2'와 '8'로 산출되었음을 볼 수 있다. 이 수치는 각 활동의 여유시간(slack)으로 해당 활동의 소요시간이 이만큼씩 지체되어도 프로젝트 완성시간에는 아무런 영향을 미치지 않음을 의미한다.

해답 보고서
비속박적 제약조건
(nonbinding constraint)

해답 보고서

목표 셀 (최소)

셀	이름	계산 전의 값	계산 값
$C$21	프로젝트 완성시간 -	0	36

변수 셀

셀	이름	계산 전의 값	계산 값	정수
$B$15	발생시점	0	9	Contin
$B$16	발생시점	0	19	Contin
$B$17	발생시점	0	25	Contin
$B$18	발생시점	0	36	Contin

제한 조건

셀	이름	셀의 값	수식	상태	조건과의 차
$H$14	A Tj	9	$H$14>=$J$14	만족	0
$H$15	B Tj	9	$H$15>=$J$15	부분적 만족	2
$H$16	C Tj	25	$H$16>=$J$16	부분적 만족	8
$H$17	D Tj	19	$H$17>=$J$17	만족	0
$H$18	E Tj	25	$H$18>=$J$18	만족	0
$H$19	F Tj	36	$H$19>=$J$19	만족	0

그림 9-6
해답 보고서

하지만 활동 B와 활동 C를 제외한 다른 활동 A, D, E, F에 대한 제약조건은 **속박적**(binding constraint)으로 나타나고 있으며, 따라서 활동 A, D, E, F의 여유시간도 '0'으로 나타남을 알 수 있다. 이는 해당 활동 각각의 소요시간이 조금이라도 지체되면 프로젝트 완성시간은 지금의 '36'보다 그만큼 지체됨을 의미한다. 즉, 활동 A, D, E, F는 **주활동**(critical activities)임을 의미하고, **주경로**는 A-D-E-F, 그리고 이들 주활동의 소요시간을 더한 주경로의 길이가 바로 프로젝트 최단시간과 일치함을 알 수 있다.

속박적 제약조건(binding constraint)
주활동(critical activities)
주경로(critical path)

그림 9-7

민감도 보고서

민감도 보고서

변수 셀

셀	이름	계산 값	한계 비용	목표 셀 계수	허용 가능 증가치	허용 가능 감소치
$B$15	발생시점	9	0	0	1E+30	1
$B$16	발생시점	19	0	0	1E+30	1
$B$17	발생시점	25	0	0	1E+30	1
$B$18	발생시점	36	0	1	1E+30	1

제한 조건

셀	이름	계산 값	잠재 가격	제한 조건 우변	허용 가능 증가치	허용 가능 감소치
$H$14	A Tj	9	1	0	1E+30	2
$H$15	B Tj	9	0	0	2	1E+30
$H$16	C Tj	25	0	0	8	1E+30
$H$17	D Tj	19	1	0	1E+30	8
$H$18	E Tj	25	1	0	1E+30	8
$H$19	F Tj	36	1	0	1E+30	36

민감도 보고서
잠재가격

어떤 활동이 주활동인지의 여부는 [그림 9-7]의 **민감도 보고서**를 보고도 알 수 있다. 민감도 보고서에서 제약조건의 **잠재가격**을 보면, 주활동에 대한 제약조건의 잠재가격은 '1', 주활동이 아닌 활동에 대한 것은 여유시간 한도 내에서 '0'임을 알 수 있다. 잠재가격의 정의에 따라, 잠재가격이 '1'이라는 것은 해당 활동의 소요시간(우변항)이 △만큼 지연되면, 목적함수의 값인 프로젝트 완성시간도 1×△=△만큼 지연됨을 의미한다. 반면, 잠재가격이 '0'이라는 것은 해당 활동의 소요시간이 △만큼 지연되더라도(여유시간 범위 내에서) 프로젝트 완성시간은 아무런 영향을 받지 않음을 의미한다. 따라서 잠재가격이 '1'로 나타난 제약조건에 해당하는 활동 A, D, E, F가 주활동이고, 주활동들로 이루어진 경로 A-D-E-F는 주경로가 된다.

9.4 속성처리

속성처리(crashing the activities)

프로젝트를 원하는 시간에 맞추기 위해 활동의 처리시간을 단축할 필요가 있다. 이를 **속성처리(crashing the activities)**라고 한다. 즉, 활동의 속성처리란 활동의 소요시간을 줄이고자 하는 노력으로 이러한 노력이 실현되기 위해서는 인력 및 시설의 추가 투입, 시간외 근무 등이 필요하며, 이로 인해 추가적인 비용이 발생한다. 따라서 속성처리와 관련하여 우리가 관심을 갖는 질문은 원하는 프로젝트 완성시간에 맞추기 위해 어떤 활동의 소요시간을 얼마큼 줄이는 것이 비용 최소화 관점에서 가장 바람직할 지를 결정하는 것이다.

속성처리방법을 예시하기 위해 [예제 1]에 기반을 둔 [예제 2]를 이용해 보자.

예제 2 [예제 1]에서 활동들의 선후관계와 소요시간 정보에 따르면 프로젝트를 완성하는데 소요되는 최단 시간은 36일임을 알 수 있다. 그런데 프로젝트의 발주처에서 프로젝트 현장 책임자에게 프로젝트 완성시간을 27일로 줄여줄 것을 요구하고 있다. 현장 책임자는 자신의 과거 경험을 통해 프로젝트를 구성하는 활동 각각의 소요시간을 최대 며칠정도씩은 줄일 수 있지만 이를 위해서는 추가비용이 불가피하게 발생되어야 함을 알고 있다. 현장 책임자가 추정하는 각 활동 소요시간의 최대 감소분(단위: 일)과 소요시간을 하루 줄이는 데 들어가는 속성처리비용은 〈표 9-2〉와 같다.

표 9-2 속성처리비용

활동	정상처리시간(단위: 일)	최대감소시간(단위: 일)	속성처리비용/일(단위: 만원)[13]
A	9	5	10
B	7	4	15
C	8	5	30
D	10	6	20
E	6	4	45
F	11	5	50

예를 들어, 활동 F의 경우, 소요시간을 현재의 11일에서 최대 5일만큼 줄일 수 있는데, 소요시간을 줄이는데 들어가는 비용은 하루에 50만원이라는 의미이다. 즉, 11일에서 10일로 하루 줄이는 데 50만원이 들고, 11일에서 6일로 닷새 줄이는 데는 250만원이 든다. 소요시간은 소수점으로 줄이는 것도 가능하다고 가정하자. 예를 들어. 활동 F의 소요시간을 현재의 11일에서 10.5일로 0.5일만큼 줄이

13) 물론 속성처리비용은 매일 일정할 필요는 없다. 현실적으로 속성처리비용은 시간이 지날수록 더 높아지기도 한다. 예를 들어, 오늘 어떤 활동의 소요시간을 하루 줄이는 데 들어가는 비용보다 내일 그 활동의 소요시간을 하루 줄이는 데 들어가는 비용이 더 비쌀 수 있다. 이 경우, 속성처리비용은 현재와 같은 **선형의 함수(linear function)**로 표현하기 보다는 **비선형의 함수(nonlinear function)**로 표현하는 것이 적절하고, 이 경우 **비선형계획법(nonlinear programming)**으로 최적해를 구하게 된다.

는 데는 25만원이 든다.[14)]

과연 이 프로젝트의 현장 책임자는 어떤 활동의 소요시간을 얼마큼 줄여 최소의 비용으로 프로젝트 완성시간을 현재의 36일에서 27일로 줄일 수 있을까?

풀이 이 문제는 앞서 우리가 활용한 선형계획모형을 조금 변형하면 해결할 수 있다. 의사결정변수를 다음과 같이 정의하자. 우선, [그림 9-4]의 선형계획모형에서 정의한 의사결정변수는 다음과 같다.

T_j: 마디 j의 발생시점($j=1, 2, 3, 4, 5$)

이 문제에서는 추가적으로 각 활동의 소요시간 감소분을 의사결정변수로 정의할 필요가 있다. 추가적인 의사결정변수를 다음과 같이 정의하자.

A: 활동 A의 소요시간 감소분(단위: 일) B: 활동 B의 소요시간 감소분(단위: 일),
C: 활동 C의 소요시간 감소분(단위: 일), D: 활동 D의 소요시간 감소분(단위: 일),
E: 활동 E의 소요시간 감소분(단위: 일), F: 활동 F의 소요시간 감소분(단위: 일)

속성처리문제에서 우리가 목표로 하는 것은 각 활동의 소요시간 감소에 따른 속성처리비용의 최소화이다. 따라서 목적함수는 다음과 같이 표현할 수 있다.

$$MIN\ Z = 10A + 15B + 30C + 20D + 45E + 50F$$

다음으로 제약조건은 세 가지이다. 하나는 각 활동의 처리시간 감소분의 상한선을 나타내는 제약이고, 다른 하나는 각 활동의 시작 마디와 종료 마디 발생시점의 선후관계, 그리고 마지막으로 프로젝트 완성시간이 27일을 초과해서는 안 된다는 것이다.

첫 번째는 단순히 각 활동의 소요시간 감소분이 최대 감소시간을 초과해서는 안 된다는 제약이다. 즉, $A \le 5$, $B \le 4$, $C \le 5$, $D \le 6$, $E \le 4$, $F \le 5$ 등으로 나타낼 수 있다. 두 번째 제약조건의 경우, [그림 9-4]의 제약조건 $T_j \ge T_i + d(i,j)$의 우변항에

14) 이 가정은 선형계획모형의 가분성(divisibility)을 유지하기 위한 것이다.

서 속성처리로 인한 각 활동의 소요시간 감소분을 빼주게 된다. 즉, 활동 (i,j)에 대하여 식 ⑧이 성립되어야 한다.

$$T_j \geq T_i + d(i,j) - \text{활동}(i,j)\text{ 소요시간 감소분} \cdots\cdots\cdots\cdots\cdots\cdots ⑧$$

예를 들어, 활동 A에 대해서는 $T_2 \geq T_1 + 9 - A$, 활동 B에 대해서는 $T_2 \geq T_1 + 7 - B$가 성립하여야 한다. 다른 활동에 대해서도 마찬가지로 식 ⑧을 이용해 제약조건을 나타낼 수 있다. 마지막으로 세 번째 제약조건은 프로젝트 종료 마디인 마디 5의 발생시점 T_5가 27보다 작거나 같아야 한다는 조건이다.

결과적으로 속성처리 문제를 해결하기 위한 선형계획모형은 다음과 같다.

$$\begin{aligned}
&MIN\ Z = 10A + 15B + 30C + 20D + 45E + 50F \\
&s.t.\ \ A \leq 5 \\
&\qquad B \leq 4 \\
&\qquad C \leq 5 \\
&\qquad D \leq 6 \\
&\qquad E \leq 4 \\
&\qquad F \leq 5 \\
&\qquad T_2 \geq T_1 + 9 - A \\
&\qquad T_2 \geq T_1 + 7 - B \\
&\qquad T_4 \geq T_2 + 8 - C \\
&\qquad T_3 \geq T_2 + 10 - D \\
&\qquad T_4 \geq T_3 + 6 - E \\
&\qquad T_5 \geq T_4 + 11 - F \\
&\qquad T_5 \leq 27 \\
&\qquad \text{모든 변수} \geq 0
\end{aligned}$$

이 모형의 해를 구하기 위한 해 찾기 매개변수 입력내용은 [그림 9-8]과 같고, 그 결과는 [그림 9-9]와 같다.

앞서 가장 빠른 프로젝트 완성시간이 얼마인지를 구하고자 했던 [그림 9-5]와 지금의 [그림 9-8]을 비교하면 목표 셀의 내용이 프로젝트 완성시간(C21)에서 속성처리비용(C23)으로 바뀌었고, 의사결정변수도 각 마디의 발생시간(B15:B18)뿐만 아니라 각 활동의 소요시간 감소분(E4:E9)도 추가되었다. 그리고 제약조건도 [그림 9-5]에서는 각 활동의 시작마디와 종료마디 발생시점의 선후관계에 대한 것(H14:H19≥J14:J19)만 존재했는데, [그림 9-8]에서는 프로젝트 완성시간이 27일을 초과해서는 안 된다는 것(C21≤E21)과 각 활동의 소요시간 감소분이 그 상한값을 초과해서는 안 된다는(E4:E9≤G4:G9) 두 가지 조건이 추가되었음을 알 수 있다.

그림 9-8
속성처리문제 해 찾기 매개변수 입력

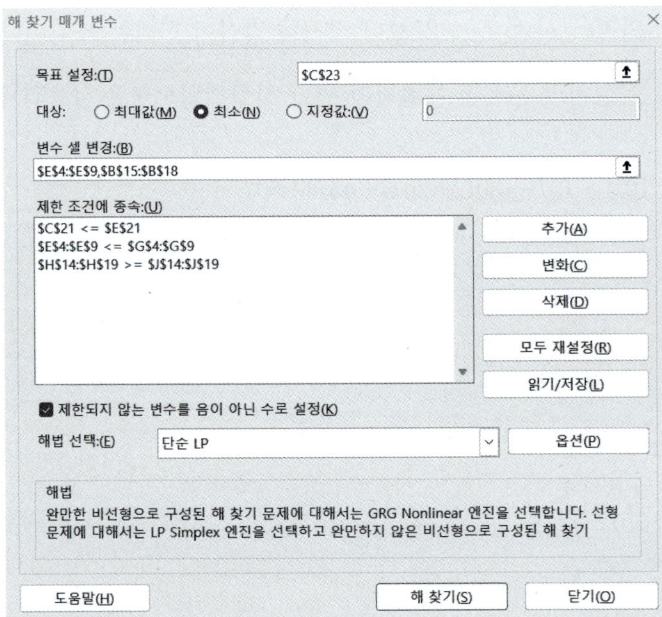

이제 [그림 9-9]의 해 찾기 결과와 모형을 구체적으로 살펴보자. 우선, 각 활동의 소요시간 감소분은 셀 범위 E4:E9에 산출되었음을 알 수 있다. 속성처리를 통해 활동 A는 3일, 활동 B는 1일, 활동 D는 6일 줄이고, 나머지 활동들의 소요시간은 줄이지 않는 것이 프로젝트 완성시간을 27일로 맞추면서 속성처리비용을 최소화할 수 있는 가장 바람직한 방안임을 알 수 있다. 이렇게 각 활동의 소요시간을 줄이게 되면, 각 마디의 발생시점은 셀 범위 B15:B18과 같이 나타나고, 프로젝트 완성시간은 27일로 줄어들게 된다. 그리고 이때 속성처리비용은 165(만원) 발생함을 알 수 있다.

	A	B	C	D	E	F	G	H	I	J	K
1	프로젝트 일정 관리 (속성처리)										
2											
3	활동	직전선행활동	정상처리시간	속성처리비용	소요시간 감소분	≤	최대 감소시간				
4	A	-	9	10	3	≤	5				
5	B	-	7	15	1	≤	4				
6	C	A, B	8	30	0	≤	5				
7	D	A, B	10	20	6	≤	6				
8	E	D	6	45	0	≤	4				
9	F	C, E	11	50	0	≤	5				
10											
11											
12	마디 발생 시점(Tj)					각 활동에 대한 마디 선후관계 제약조건					
13	마디	발생시점			활동	시작마디(i)	종료마디(j)	Tj	≥	Ti+d(i,j)-감소분	
14	1	0			A	1	2	6	≥	6	
15	2	6			B	1	2	6	≥	6	
16	3	10			C	2	4	16	≥	14	
17	4	16			D	2	3	10	≥	10	
18	5	27			E	3	4	16	≥	16	
19					F	4	5	27	≥	27	
20											
21	프로젝트 완성시간		27	≤	27						
22											
23	속성처리비용		165								
24											

그림 9-9

속성처리문제 해 찾기 결과

그리고 셀 범위 H14:J19에 나타난 각 활동의 시작마디와 종료마디 발생시점의 선후관계 제약조건 결과를 보면 제약조건이 속박적(binding)으로 나타난(즉, 조건과의 차가 "0"이며 따라서 여유시간이 존재하지 않는) 활동 A, B, D, E, F가 주활동임을 알 수 있다. 여기서 활동 A와 활동 B의 시작마디와 종료마디는 모두 마디 1과 마디 2로 동일하므로 주경로는 A–D–E–F와 B–D–E–F 두 가지로 나타낼 수 있다. 당연히 두 경로 모두 길이는 27(일)로 동일하다. [그림 9–10]은 속성처리 결과를 프로젝트 다이어그램으로 표현한 것이다. 파란 선으로 표시된 경로가 주경로이고, 각 가지 위의 숫자는 각 활동의 속성처리시간을 나타낸다.

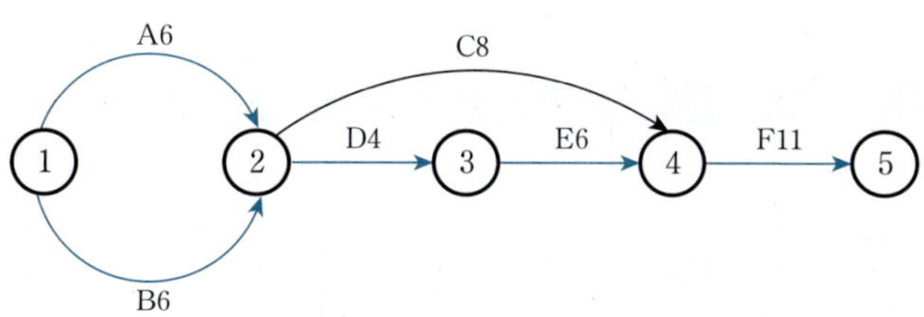

그림 9-10

속성처리 후의 프로젝트 다이어그램

다음으로 모형화 측면에서 [그림 9–9]가 [그림 9–4]와 비교하여 다른 점 몇 가지를 살펴보기로 하자. 첫째, [그림 9–9]에서 의사결정변수는 두 가지로 하나는 [그림 9–4]에서와 같은 각 마디의 발생시점(B15:18), 그리고 다른 하나는 속성처리에 따른 각 활동의 소요시간 감소분(E4:E9)이 새로이 추가되었다.

둘째, [그림 9-4]에서 목적함수는 프로젝트 완성시간인 셀 C21이었으나, [그림 9-9]에서의 목적함수는 속성처리비용인 셀 C23으로 바뀌었다. 셀 C23에는 =SUMPRODUCT(D4:D9,E4:E9)을 입력하였다. 즉, 각 활동의 일일 속성처리비용에 소요시간 감소분을 곱해 모두 합한 비용을 최소화하고자 하였다.

셋째, [그림 9-4]와 비교하여 [그림 9-9]에는 두 가지 제약조건이 추가되었다. 하나는 각 활동의 소요시간 감소분이 그 상한값을 초과해서는 안 된다는 것(E4:E9≤G4:G9), 그리고 다른 하나는 프로젝트 완성시간이 요구된 시간(여기서는 27일)을 초과해서는 안 된다는 것(C21≤E21)이다. 또 하나 주목할 것은 각 활동의 시작마디와 종료마디의 선후관계를 나타내는 식이 [그림 9-4]에서는 $T_j \geq T_i + d(i,j)$이었으나 [그림 9-9]에서는 각 활동의 속성처리를 고려하여 제약식이 $T_j \geq T_i + d(i,j) -$ 활동(i,j) 소요시간 감소분으로 바뀌었다는 것이다. 따라서 [그림 9-9]의 셀 H14에는 [그림 9-4]와 같이 =VLOOKUP(G14,$A$14:$B$18,2)을 입력하고, 셀 H19까지 아래로 끌기 하였다. 하지만 셀 J14에는 =VLOOKUP(F14,$A$14:$B$18,2)+VLOOKUP(E14,$A$4:$E$9,3)-VLOOKUP(E14,$A$4:$E$9,5)을 입력한 후 셀 J19까지 아래로 끌기 하였다. 이 식에서 세 번째 항은 각 활동의 소요시간 감소분을 VLOOKUP 함수를 이용하여 산출한 것이다.

9.5 활동 소요시간이 불확실한 경우의 일정관리

지금까지 우리는 프로젝트를 구성하는 활동에 소요되는 시간이 확실히 알려져 있다고 가정하였다. 하지만 현실적으로 각 활동에 소요되는 시간은 확실하게 하나의 숫자로 알려져 있기보다는 가변적인 상황이 더 많다. 미래의 상황이 어떻게 전개되느냐에 따라 프로젝트를 구성하는 각 활동에 소요되는 시간은 우리가 기대하는 것보다 짧을 수도 있고, 훨씬 길어지기도 한다. 본 절에서는 활동 소요시간이 확률변수인 경우, 프로젝트 완성시간을 추정하는 방법에 대해 알아본다.

예를 들어, [예제 1]에서 다룬 여섯 활동의 소요시간이 〈표 9-3〉과 같은 평균과 표준편차를 갖는 정규분포를 한다고 가정하자.

표 9-3
활동 소요시간의 분포
(정규분포 가정)

활동	소요시간 평균 (단위: 일)	소요시간 표준편차 (단위: 일)
A	9	2
B	7	1
C	8	1
D	10	2
E	6	1
F	11	2

프로젝트를 구성하는 활동들의 소요시간이 확률변수이면 프로젝트 완성시간도 확률변수가 된다. 이 경우, 우리가 관심을 갖는 문제는 예를 들어, ① 프로젝트가 34일 이내에 완성될 가능성을 어떻게 되는가? ② 프로젝트 완성시간이 40일을 초과하면 계약에 의해 벌금을 물게 된다. 과연 프로젝트 완성시간이 40일을 초과할 가능성은 어떻게 되는가? 등이다.

이러한 질문에 답하기 위해 우선 다음과 같은 가정을 해보자. 첫째, 주경로는 각 활동의 평균소요시간을 이용해 구한다고 가정하자. 즉, [예제 1]에서와 동일하다고 가정하자.[15] [예제 1]에서 우리는 주경로가 A-D-E-F임을 알고 있다. 또한 활동들의 소요시간은 서로 독립적이라고 가정하자.[16]

이제 각 활동의 소요시간이 〈표 9-3〉과 같은 평균과 표준편차를 갖는 정규분포를 하고, 또 활동들의 소요시간이 독립적이라면 프로젝트 완성시간(주경로의 길이)의 평균(E, expected value)은 식 ⑨과 같이 나타낼 수 있다.

15) 물론 이 가정은 합리화 하기 매우 어려운 것이다. 왜냐하면 각 활동의 소요시간이 가변적인 확률변수이므로 만일 활동 A의 소요시간이 7일이고, 활동 B의 소요시간은 8일, 다른 활동들의 소요시간은 〈표 9-3〉의 평균과 같다면 주경로는 A-D-E-F에서 B-D-E-F로 바뀌게 된다.

16) 활동들의 소요시간이 독립적이라 함은 활동들의 소요시간이 서로 어떠한 관련도 없음을 의미한다. 예를 들어, 활동 A와 활동 C가 어떤 관계가 있어 활동 A의 소요시간이 빨라지면 활동 C의 소요시간도 따라서 빨라지게 된다면 독립성의 가정에 위배된다.

E(프로젝트 완성시간) ·· ⑨
= E(주경로 길이)
= E(활동 A 소요시간+활동 D 소요시간+활동 E 소요시간+활동 F 소요시간)
= E(활동 A 소요시간)+E(활동 D 소요시간)+E(활동 E 소요시간)+E(활동 F 소요시간)
= 9+10+6+11 = 36

다음으로 활동들의 소요시간이 독립적이므로 프로젝트 완성시간의 분산(Var, variance)은 식 ⑩와 같이 나타낼 수 있다.

Var(프로젝트 완성시간) ·· ⑩
= Var(주경로 길이)
= Var(활동 A 소요시간+활동 D 소요시간+활동 E 소요시간+활동 F 소요시간)
= Var(활동 A 소요시간)+Var(활동 D 소요시간)+Var(활동 E 소요시간)+Var(활동 F 소요시간)
= $2^2+1^2+1^2+2^2+1^2+2^2 = 15$

따라서 프로젝트 완성시간의 표준편차는 $\sqrt{15}=3.87$ (일)이다.

각 활동의 소요시간이 정규분포를 하므로 주활동의 집합인 주경로의 길이(프로젝트 완성시간)의 분포도 정규분포를 따른다. 즉, 프로젝트 완성시간은 평균이 36, 표준편차가 3.87인 정규분포를 따르게 된다.

① 따라서 프로젝트가 34일 이내에 완성될 가능성은 다음과 같이 계산할 수 있다.

$$P(\text{프로젝트 완성시간} \leq 34) = P\left(Z \leq \frac{(34-36)}{3.87}\right) = P(Z \leq -0.52) = 0.3015$$

여기서 Z는 평균이 0이고 표준편차가 1인 표준정규분포 확률변수를 나타낸다.

=NORM.S.DIST

즉, 프로젝트를 34일 이내에 완성할 가능성은 30.15%가 됨을 알 수 있다. Z분포의 확률은 표를 찾거나 또는 엑셀 함수 **=NORM.S.DIST**(−0.52, TRUE)[17]를 이

17) 확률변수 Z의 값이 −0.52일 때 표준정규분포의 왼쪽꼬리면적을 산출하는 엑셀 함수로서 엑셀 2007 및 이전 버전에서는 =NORMSDIST(−0.52)를 사용하였다. 호환성을 위해 엑셀 2010 이후 버전에서도 =NORMSDIST(−0.52)을 사용할 수 있다.

용해 찾을 수 있다.

② 같은 논리로 프로젝트 완성시간이 40일을 초과할 가능성은 다음과 같이 구할 수 있다.

$$P(\text{프로젝트 완성시간}>40)=P\left(Z>\frac{(40-36)}{3.87}\right)=P(Z>1.03)=0.1515$$ [18)]

즉, 프로젝트 완성시간이 40일을 초과해 계약 위반으로 벌금을 물게 될 가능성은 15.15%임을 알 수 있다.

1 활동 소요시간이 확률변수일 경우의 문제점

프로젝트를 구성하는 활동들의 소요시간이 확률변수일 경우 지금까지 우리가 논의한 내용은 몇 가지 문제점을 안고 있다.

첫째, 활동들의 소요시간이 가변적임에 따라 주경로는 바뀔 수 있다는 것이다. 즉, 활동들의 소요시간이 확정적일 때 구한 주경로를 그대로 이용하여 프로젝트 완성시간의 분포를 추정하는 것은 정당화 될 수 없다.

[예제 1]에서처럼 프로젝트를 구성하는 활동들의 소요시간이 하나의 숫자로 확실히 알려져 있다면 프로젝트 완성시간을 추정하고, 주활동을 판별하는 작업은 쉽게 수행될 수 있다. 하지만 프로젝트를 구성하는 활동들의 소요시간이 확률변수인 경우 소요시간은 그때그때의 상황에 따라 변할 수 있으며, 따라서 프로젝트 완성시간도 36일보다 길거나 짧아질 수 있다. 아울러 관리의 대상이 되는 주활동도 가변적이 된다. 예를 들어, [예제 1]에서는 활동 A가 주활동이지만 활동 A와 활동 B의 소요시간이 확률분포로 묘사됨에 따라 활동 B의 소요시간이 활동 A의 소요시간보다 긴 경우도 발생할 수 있다. 그때는 활동 B가 주활동이 되고 따라서 주경로도 바뀌게 된다.

둘째, 활동들의 소요시간이 독립적이라는 가정도 문제에 따라 현실과 맞지 않는 가정일 수 있다. 즉, 활동들의 연관관계로 인해 활동들의 소요시간이 서로 어떤 관계를 가질 수도 있기 때문이다.

18) =1−NORM.S.DIST(1.03,TRUE) 또는 =1−NORMSDIST(1.03)을 이용해 구할 수 있다.

셋째, 활동들의 소요시간 분포에 관한 가정이다. 앞서 예에서는 활동들의 소요시간을 정규분포로 가정하였으므로 프로젝트 완성시간도 정규분포로 가정할 수 있었다. 하지만 활동들의 소요시간은 정규분포보다는 다른 분포로 더 잘 묘사될 수 있다. 실제로 가변성을 갖는 변수의 분포는 해당 변수의 행태를 장시간 관찰하고, 관찰 결과인 자료를 수집한 후, 수집한 자료의 정리와 분석을 통해 해당 자료에 가장 적합한 분포를 통계적으로 산출하는 과정을 거친다.

2 삼각분포와 퍼트분포

삼각분포(triangular distribution)
퍼트분포(PERT distribution)

PERT/CPM에서 활동들의 소요시간이 가변적일 경우, 일반적으로 많이 사용하는 분포는 **삼각분포(triangular distribution)**와 삼각분포의 모습을 완만하게 곡선으로 변형한 **퍼트분포(PERT distribution)**이다. 퍼트분포는 그 이름에서 보듯이 PERT 분석을 위해 많이 사용하는 분포이다.

① 삼각분포

최소값(minimum value)
가장 가능성이 많은 값(most likely value)
최대값(maximum value)

삼각분포는 그 확률분포(확률밀도함수)의 모양이 삼각형으로 표현된다고 해서 붙여진 이름이다. 이 분포의 구체적 모습은 **최소값(minimum value)**, **가장 가능성이 많은 값(most likely value)**, **최대값(maximum value)**이라는 세 가지 모수(parameters) 의해 결정된다.

가장 비관적인 값(most pessimistic value)
가장 낙관적인 값(most optimistic value)

예를 들어, 프로젝트 수행 경험이 많은 사람은 자신의 경험을 통해 유사한 프로젝트의 구성 활동들의 소요시간에 대하여 다음과 같은 세 가지 정보를 제공할 수 있을 것이다. 상황이 어려울 때 이 활동의 소요시간은 최악의 경우 얼마까지 지연될지(**최대값 또는 가장 비관적인 값, most pessimistic value**), 또 상황이 매우 순조롭게 진행될 때 그 활동의 소요시간은 얼마까지 단축될 수 있을지(**최소값 또는 가장 낙관적인 값, most optimistic value**), 그리고 일반적으로 이러한 활동을 수행하는 데 걸리는 가장 가능성이 많은 시간에 대한 정보이다. 이 세 가지 수치는 삼각분포의 구체적인 모습을 결정하게 된다.

삼각분포의 구체적 모습을 보기 위해 활동들의 소요시간 분포가 〈표 9-4〉와 같은 모수를 갖는 삼각분포를 따른다고 가정하자.

활동	최소값	가장 가능성이 많은 값	최대값
A	5	9	17
B	5	7	11
C	6	8	12
D	6	10	18
E	4	6	10
F	7	11	19

표 9-4
삼각분포의 세 가지 모수

그러면 활동 A의 소요시간 분포는 [그림 9-11]과 같이 묘사된다. [그림 9-11]의 삼각분포 모습은 몬테칼로 시뮬레이션 소프트웨어인 **@RISK**[19]의 **Define Distributions** 기능을 이용해 나타낸 것이다. 세 가지 모수인 최소값(가장 낙관적인 값), 가장 가능성이 많은 값, 최대값(가장 비관적인 값)이 각각 5, 9, 17일 때의 삼각분포의 모습을 보여주고 있다.

@RISK
Define Distributions

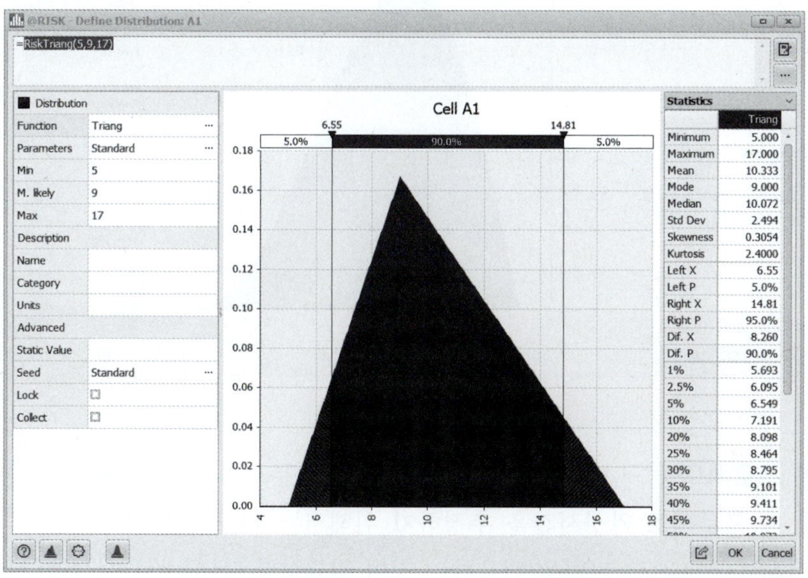

그림 9-11
모수가 (5, 9, 17)인 삼각분포의 모습

19) Lumivero社의 몬테칼로 시뮬레이션 소프트웨어이다. 독자들은 https://lumivero.com에서 15일간 사용할 수 있는 데모 버전(trial version)을 다운로드 받을 수 있다.

② 퍼트분포

퍼트분포(PERT distribution)
@RISK
Define Distributions

퍼트분포(PERT distribution)도 삼각분포와 마찬가지로 가장 낙관적인 값(최소값), 가장 가능성이 많은 값, 가장 비관적인 값(최대값)을 모수로 하는 연속형 확률분포이다. 퍼트분포의 모습은 삼각분포의 직선을 곡선으로 부드럽게 만든 것이다. 삼각분포와 마찬가지로 유사 프로젝트 경험이 많은 사람은 프로젝트를 구성하는 각 활동의 소요시간과 관련하여 가장 낙관적인 값, 가장 가능성이 많은 값, 가장 비관적인 값을 자신의 경험을 통해 제시할 수 있다. [그림 9-12]는 퍼트분포의 최소값, 가장 가능성이 많은 값, 최대값이 각각 5, 9, 17인 경우의 모습을 **@RISK**의 **Define Distributions** 기능을 이용해 나타낸 것이다.

그림 9-12
모수가 (5, 9, 17)인 퍼트분포

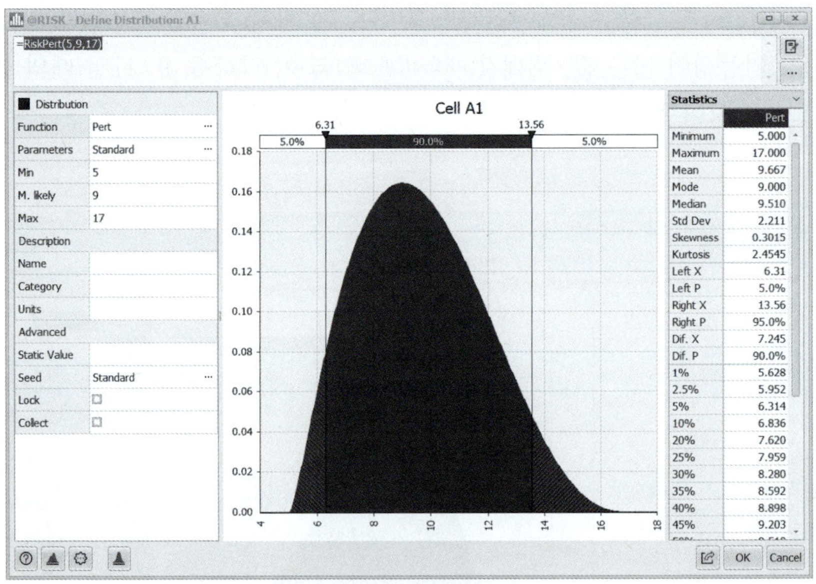

몬테칼로 시뮬레이션(Monte Carlo simulation)

만일 프로젝트를 구성하는 활동들의 소요시간 분포가 삼각분포나 퍼트분포로 묘사될 때 프로젝트 완성시간을 추정하기 위해서는 14장의 **몬테칼로 시뮬레이션(Monte Carlo simulation)** 기법을 적용하는 것이 필요하다. 몬테칼로 시뮬레이션 기법을 적용함으로써 프로젝트 완성시간의 분포를 추정할 수 있고(즉, 프로젝트가 어느 시간 이내에 완성될 확률이나 프로젝트 완성시간이 일정 기간을 초과할 확률 등을 구할 수 있고), 또 활동들의 소요시간이 가변적임에 따라 앞서 언급했듯이 프로젝트의 주경로는 시시각각 변할 수 있으므로 프로젝트를 구성하는 각 활동이 주활동이 될 가능성은 얼마나 되는지도 추정할 수 있다.

14장에서 다루게 될 몬테칼로 시뮬레이션 기법은 불확실성이 많이 개입된(확률변수가 많이 개입된) 현실 문제의 해결책을 모색하는데 도움을 줄 수 있는 중요한 경영과학 기법이다.

익·힘·문·제

1. 서울의 한 대학은 새로운 경영대학 건물을 짓고자 하며, 다음 표는 건물 건립을 위한 구체적 활동과 각 활동의 직전선행활동(immediate predecessors), 각 활동에 소요되는 시간의 평균과 표준편차, 그리고 각 활동의 소요시간을 1개월 단축시키는 데 필요한 속성처리비용을 나타내고 있다. 여기서 모든 시간의 단위는 월(month)이고, 비용의 단위는 백만원이다.

〈프로젝트 정보〉

활동	직전활동	평균소요시간	표준편차	속성처리비용/월
A. 자금 확보	-	6	0.6	10
B. 건물 설계	A	8	1.3	15
C. 대지 준비	A	2	0.2	15
D. 기초 공사	B, C	2	0.3	20
E. 벽, 지붕 공사	D	3	1.0	20
F. 외부 공사 완료	E	3	0.6	25
G. 내부 공사 완료	D	7	1.5	25
H. 주변 환경 조성	F, G	5	1.2	30

(1) 각 활동의 평균소요시간을 확정된 소요시간으로 가정하고 프로젝트 다이어그램(project diagram)을 AOA(activity on arc) 방법으로 작성하시오.

(2) (1)의 프로젝트 다이어그램에 근거하여 각 마디의 발생시점, 각 활동의 ES(earliest start time)와 EF(earliest finish time), LS(latest start time)와 LF(latest finish time)을 각각 계산하고, 이에 근거하여 주활동과 주경로, 그리고 프로젝트 최단 완성시간을 구하시오. 엑셀 스프레드시트를 이용하시오.

(3) (1)에서 작성한 프로젝트 다이어그램 각 마디의 발생시점을 의사결정변수로 하는 선형계획모형을 구조화하고, 해 찾기를 이용하여 모형의 최적해를 구하시오. 그리고 모형의 최적해에 근거하여 주활동과 주경로, 그리고 프로젝트 최단 완성시간을 구하시오.

(4) 프로젝트 완성시간을 24개월 이내로 줄이면서 속성처리비용을 최소화 할 수 있는 선형계획모형을 구조화 하시오. 모형의 최적해를 통해 각 활동의 소요시간은 얼마씩 단축할 수 있는지 파악하고, 그때의 주활동과 주경로, 그리고 프로젝트 최단 완성시간과 속성처리비용을 구하시오. 단, 각 활동의 소요시간은 1개월까지 단축할 수 있다.

(5) 각 활동의 소요시간이 위 표의 평균과 표준편차를 갖는 정규분포를 따르고, 서로 독립적인 확률변수라고 가정하자. 이러한 가정 하에 프로젝트가 2년 이내에 완성될 가능성은 얼마인가? 또 프로젝트 완성시간이 30개월을 초과할 가능성은 얼마인지 추정하시오. 주경로는 활동들의 평균소요시간을 이용해 구한 것으로 가정하시오.

10 CHAPTER 다목표 의사결정

개인이나 조직이 추구하는 목표가 여럿인 경우가 있다. 하지만 목표들이 서로 충돌할 경우 이들을 다 만족시켜 줄 수 있는 행동방안을 찾기란 현실적으로 불가능하다. 이 경우, 최적화(optimizing)보다는 만족화(satisficing)의 추구가 필요하다. 이 장에서는 다수 목표의 만족화 방안을 모색하는 목표계획법(GP: goal programming)에 대해 학습한다. 만족화의 개념과 만족화를 위한 두 가지 접근방법에 대해 논의하고, 각 접근방법이 다목표 의사결정문제에 어떻게 적용되어 만족해를 이끌어내는지 사례를 이용해 구체적으로 학습한다.

행복한 삶을 원한다면, 사람이나 사물이 아닌 목표에 의지하라.

– 앨버트 아인슈타인(Albert Einstein)

앞서 우리가 최적화를 위해 학습했던 선형계획모형, 정수계획모형 등에서는 단일 목표를 추구하였다. 예를 들어, 이윤의 최대화 또는 비용의 최소화를 위해 우리가 취해야 할 최선의 행동방안이 무엇인지를 모색하였다. 하지만 현실에서 우리가 부닥치는 문제는 여러 개의 목표를 포함하는 경우도 많다. 본 장에서는 의사결정자가 추구하는 목표가 다수이고, 이러한 목표들이 서로 충돌하는 문제 상황에서 해결책은 어떻게 모색할 수 있는지 그 방법에 대해 학습한다.

예를 들어, 기업의 경영자는 머릿속에 여러 가지 상충된 목표들을 고려하기 때문에 골치가 아프다. 기업의 일차적 목표로서 높은 수익을 추구하고자 할 뿐만 아니라 경쟁 상황에서 시장점유율을 적정 수준으로 유지하기 위해 제품의 가격도 될 수 있으면 경쟁사보다는 낮은 수준으로 유지하고 싶어 한다. 한정된 예산을 갖고 있는 경영자는 기업의 미래 발전을 위해 연구개발에도 많은 투자를 하고 싶지만 다른 한편으로는 단기적 이윤의 확보를 위해 생산자재 구입에도 이 예산을 쓰고 싶어 한다. 또한 경영자는 지속가능한 성장을 위해 기업의 사회적 책임을 위한 활동에도 돈을 쓰고 싶지만 종업원들의 복지 향상에도 신경을 써야 하고, 또 미래 수요에 대비해 필요한 설비 확장도 고려해야 한다.

이러한 다수의 목표들을 동시에 만족시킬 수 있는 대안을 찾을 수 있다면 별 문제가 없으나 이러한 목표들은 상충하는 특성을 갖고 있어 추구하는 모든 목표를 달성시킬 수 있는 실행가능한 대안을 찾기란 현실적으로 거의 불가능하다. 쉬운 예를 들어보자. 어느 학생이 이번 학기 추구하는 목표가 세

다수의 상충되는 목표

가지라고 하자. 하나는 학점을 올리는 것, 다른 하나는 아르바이트를 해서 필요한 용돈을 버는 것, 또 다른 하나는 동아리 활동을 열심히 해서 교우들과의 관계를 돈독히 하는 것이다. 이 세 가지 목표는 동시에 달성될 수 있을까? 한 목표를 달성하려고 노력하면 다른 목표들도 따라서 달성이 될까? 그렇지 않을 것이다. 학교 성적을 올리기 위해 공부에 시간을 많이 할애하려 하면 아르바이트나 동아리 활동은 억제해야 할 것이고, 동아리 활동에 시간을 할애하고자 하면 다른 목표들은 불가피하게 희생할 수밖에 없다. 그렇다면 이렇게 **다수의 상충되는 목표**가 존재하는 문제 상황은 어떻게 해결할 수 있는가?

절충(trade-offs)

다수 목표들 간의 **절충(trade-offs)**을 시도해야 한다. 즉, 어떠한 목표를 희생함으로써 전체적으로 더 많은 혜택을 누릴 수 있는 방향으로 문제를 해결할 수 있는 방법이 필요하다. 이것이 이 장에서 우리가 학습할 목표계획법의 개념이다.

10.1 목표계획법의 개념

목표계획법(GP: goal programming)

만족해(satisficing solution)

목표계획법(GP: goal programming)은 다수 목표가 존재하는 문제 상황(multi-objective decision problems)을 체계적으로 해결할 수 있는 기법이다. 다수의 상충되는 목표들이 존재하는 상황에서는 모든 목표를 달성할 수 있는 해는 존재하지 않는다. 따라서 우리는 전체적인 관점에서 우리가 고려하는 목표들을 가급적 달성하면서 만족되지 않는 목표의 희생 폭을 최소화 하는 방법을 모색하게 된다. 이렇게 구한 해를 **만족해(satisficing solution)**라 한다.

제한된 합리성(bounded rationality)

만족해 만족해(satisficing solution)란 용어에서 'satisfice'는 두 가지 의미를 가진다. 첫째는 'satisfy'와 'suffice'의 합성어로서 인간은 **제한된 합리성(bounded rationality)**, 즉 시간과 비용, 가용한 정보의 질과 양, 그리고 인지적 한계로 인하여 가장 좋은 대안은 아니더라도 "이 정도면 되었다."라고 생각하는 수준에서 해의 탐색을 마치곤 한다. 즉, 더 나은 해를 찾기 위한 추가적 탐색 비용이 더 나은 해를 찾음으로써 얻을 수 있는 추가적 혜택을 초과한다고 생각하는 시점에서 해의 탐색을 마치고, 이 해를 "이 정도면 충분하다."라고 생각하고 만족해로 이용하게 된다. 둘째는 'satisfy'와 'sacrifice'의 합성어로서 어떤 의사결정에 영향을 받는 개체들, 즉 이해관계자들이 다양하고, 그들의 욕구가 상충될 때, 실제로 모든 이해관계자들의 욕구를 동시에 만족시켜줄 수 있는 대안은 존재하지 않는다. 이 경우, 일부 이해관계자들의 욕구는 만족시키지만 나머지 이해관계자들의 욕구는 희생될 수밖에 없는데, 전체적인 관점에서 그 희생의 폭을 최소화 할 수 있는 해를 찾는 것이 필요하다. 이 해를 다른 의미에서 만족해라고 한다. 본 장에서의 만족해는 후자의 경우를 이야기한다.

목표계획모형(GP models)은 목표계획법이 적용되는 수리적 모형을 말한다. 목표계획모형은 다수의 상충된 목표들을 고려하기 때문에 최적해(optimal solution)[1]가 아닌 만족해(satisficing solution)를 모색한다. 즉, 다수의 목표 각각에 대해 의사결정자가 달성하기 원하는 **목표수준(target level, aspiration level)**을 정해 놓고 가능한 각 목표의 목표수준을 만족시키는 해를 찾는 **만족화(satisficing)**를 추구한다.

목표계획모형(GP models)
목표수준(target level, aspiration level)
만족화(satisficing)

10.2 목표계획모형의 구성요소

목표계획법을 이용해 문제를 수리적으로 해결하기 위해서는 해당 문제를 목표계획모형으로 전환하는 것이 필요하다. 목표계획모형도 선형계획모형, 정수계획모형, 비선형계획모형처럼 수리적 모형이므로 수리적 모형의 구성요소인 의사결정변수, 목적함수, 제약조건 등 세 가지 요소를 모두 갖추고 있다. 하지만 목표계획모형에서 추구하는 목표는 목적함수로 표현되는 것이 아니라, 그 수가 다수이므로 적절한 변환을 통해 제약조건 형태로 나타낸다. 목표계획모형의 목적함수는 항상 최소화 형태인데, 곧 자세히 설명하겠지만 바람직하지 않은 편차변수들의 합을 최소화한다.

1) 목표계획모형의 최적해가 발견되었다는 것은 모든 목표들을 달성할 수 있는 해가 존재함을 말한다. 실제로는 다수 목표들이 서로 충돌하기 때문에 그러한 해는 존재하지 않는다.

1 변수

의사결정변수(decision variables)

편차변수(deviational variables)

목표계획모형에서 사용되는 변수는 두 가지이다. 하나는 우리가 잘 알고 있는 **의사결정변수**(decision variables)이고, 다른 하나는 **편차변수**(deviational variables)이다. 편차변수란 각 목표의 목표수준 미달분과 목표수준 초과분을 나타내는 비음변수(non-negative variables)이다. 목표계획모형에서는 바람직하지 않은 편차변수의 값을 가능한 줄여나감으로써(즉, 바람직하지 않은 편차변수의 값을 0으로 만들고자 노력함으로써) 만족해를 찾게 된다.

① 편차변수의 종류

목표수준 초과분(overachievement, positive deviation)

목표수준 미달분(underachievement, negative deviation)

편차변수는 의사결정자가 고려하는 목표들과 관련된 변수로서, 각 목표의 목표수준 초과분을 나타내는 변수와 미달분을 나타내는 변수 두 가지가 있다. 현재 고려하는 목표가 n개 있고, 특정 목표를 목표 $i(i=1, 2, \cdots, n)$라고 하자. 그렇다면 목표 i의 **목표수준 초과분**(overachievement, positive deviation)과 **목표수준 미달분**(underachievement, negative deviation)을 나타내는 변수는 다음과 같이 정의할 수 있다.[2)]

U_i: 목표 i의 목표수준 초과분 $(i=1, 2, \cdots, n)$
V_i: 목표 i의 목표수준 미달분 $(i=1, 2, \cdots, n)$

예를 들어, 다음 분기 마케팅부서의 영업활동비용을 '100' 이하로 억제하자는 목표가 있다고 하자. 여기서 '100'은 이 목표의 **목표수준**(target level, aspiration level)을 나타낸다. 만일 다음 분기 영업팀의 실제 영업활동비용이 '120'이라면 이 목표는 달성되지 못한 것이고, 그때는 목표수준 초과분은 '20', 목표수준 미달분은 '0'이 된다. 반면, 다음 분기 영업팀의 영업활동비용이 '90'밖에 발생하지 않았다면 이 목표는 달성된 것이고, 이때의 목표수준 초과분은 '0', 목표수준 미달분은 '10'이 된다.

2) 많은 책에서 목표 i에 대한 편차변수를 초과분의 경우에는 d_i^+, 미달분인 경우에는 d_i^-로 나타내지만 이 책에서는 기호의 단순화를 위해 초과분은 U_i, 미달분은 V_i로 나타낸다.

② 편차변수의 특징

각 목표의 목표수준 초과분과 미달분도 만족해가 나오기 전까지는 아직 그 값을 알지 못하므로 변수로 설정하게 되고, 이 변수의 값도 의사결정변수와 같이 모형에 의해 결정된다. 따라서 엑셀의 해 찾기를 이용해 목표계획모형의 해를 찾는 경우, 의사결정변수뿐만 아니라 편차변수도 변수 셀로 지정한다. 편차변수의 특징을 기술하면 다음과 같다.

첫째, 초과분과 미달분을 나타내는 편차변수는 모두 비음변수이다. 즉, 편차변수는 음의 값을 갖지 않는다.

둘째, 한 목표에서 두 가지 편차변수가 동시에 양의 값을 가질 수는 없다. 즉, 한 목표에서 목표수준 초과분과 미달분 중 어느 하나만 양(+)의 값을 갖지, 한 목표에서 초과분이 발생하는 동시에 미달분도 같이 발생하는 일은 없다.[3] 두 가지 편차변수 모두 '0'의 값을 가질 수는 있다.

셋째, 한 목표에서 두 가지 편차변수 모두의 값이 '0'이라는 것은 만족해를 행동으로 옮겼을 때 행동결과는 목표수준과 정확히 일치함을 의미한다. 이 경우도 해당 목표는 달성된 것이다.

넷째, 편차변수는 **바람직한 편차변수**와 **바람직하지 않은 편차변수**로 나뉜다. 바람직한 편차변수란 그 편차변수가 양(+)의 값을 가지면 해당 목표가 달성되는 편차변수를 말하는 반면, 바람직하지 못한 편차변수란 그 편차변수가 양(+)의 값을 가지면 해당 목표가 달성되지 못하는 편차변수를 말한다. 예를 들어, 마케팅부서의 영업활동비용을 '100' 이하로 억제하자는 목표에서 초과분이 발생했다는 것은 해당 목표를 달성하지 못함을 나타내지만 미달분이 발생했다는 것은 해당 목표가 달성되었음을 의미한다. 따라서 이 경우, 초과분은 바람직하지 못한 편차변수가 된다. 반면, 다음 분기 판매 수익을 200 이상으로 하자는 목표에서는 미달분이 바람직하지 않은 편차변수가 될 것이다.

바람직한 편차변수
바람직하지 않은 편차변수

한 목표에서 초과분과 미달분 모두 바람직하지 않은 경우도 있다. 예를 들어, 대학 신입생 선발문제에서 고려하고 있는 여러 목표 중의 하나가 신입생 수를 가급적 정원에 맞추고자 하는 것이라면 초과분과 미달분 모두가 바람직하지 않은 편차변

3) 상식적으로도 그러하고, 이러한 상식은 수학적으로도 증명될 수 있다.

수가 된다. 이 경우, 해당 목표가 만족되기 위해서는 두 편차변수의 값이 모두 '0'이 되어야 한다. 이처럼 고려하는 목표가 무엇이냐에 따라 바람직하지 않은 편차변수는 달라진다.

2 제약조건

시스템 제약조건(system constraints)

목표 제약조건(goal constraints)

목표계획모형의 제약조건은 **시스템 제약조건(system constraints)**과 **목표 제약조건(goal constraints)** 두 가지로 나뉜다.

① 시스템 제약조건

시스템 제약조건이란 우리가 단일 목표 모형에서 보았던 제약조건으로 위배할 수 없는 제약조건을 말한다. 의사결정주체가 통제할 수 없는 환경적 또는 시스템적 제약조건을 말한다.

② 목표 제약조건

목표계획모형에서는 다수의 목표를 목적함수로 표현하지 않고 제약조건으로 표현한다. 제약조건 형태로 표현한 다수의 목표들을 **목표 제약조건**이라고 한다. 다수의 상충된 목표가 존재하는 상황에서 모든 목표를 만족시킬 수 있는 해는 존재하지 않으므로 목표 제약조건은 불가피할 경우 위배될 수 있는 제약조건이 된다. 목표 제약조건이 위배된다는 것은 해당 목표가 달성되지 않음을 말한다.

③ 목표 제약조건 만들기

목표 제약조건은 편차변수를 이용하여 '=' 형태의 등식으로 표현된다. 예를 들어, 다른 여러 가지 목표들과 함께 '투자 포트폴리오의 수익률은 최소한 12%는 되어야 한다'는 목표가 있다고 하자. 이 목표를 시스템 제약조건의 형태로 나타내면 다음과 같다.

투자 포트폴리오의 수익률 $\geq$ 12% ·································· ①

하지만 다른 목표들도 있는 상황에서 이 목표가 실현될지의 여부는 아직 모르는 상황이다. 따라서 이 목표를 보다 유연한 식으로 나타내면 다음과 같다.

투자 포트폴리오의 수익률 ≃ 12% ······································ ②

식 ②의 표현은 투자 포트폴리오의 수익률이 가급적이면 12%가 되어야 한다는 것으로 개념적으로는 적절한 표현이나 '≃' 기호는 후속적으로 이루어져야 할 수학적 분석을 어렵게 만든다.

하지만 식 ②를 편차변수를 이용하여 식 ③과 같은 등식으로 만들게 되면, 이 등식은 해당 목표의 달성 여부뿐만 아니라 미달성 정도 모두를 계량적으로 표현할 수 있게 된다. 즉, 식 ③은 식 ②의 좌변항에서 초과분을 빼고 미달분을 더한 것을 우변항과 등호(=)로 일치시킨 것이다. 여기에서 우변항 12%는 이 목표의 목표수준을 나타낸다.

투자 포트폴리오의 수익률 − 초과분 + 미달분 = 12% ······ ③

이제 식 ③이 목표 제약조건으로 과연 적절한 표현인지 확인해보자. 우선, 식 ③에서 초과분이 발생했다고 가정하자. 초과분이 발생한 상황에서 미달분은 당연히 '0'이 되므로, 식 ③은 식 ④와 같이 표현된다.

초과분 = 투자 포트폴리오의 수익률 − 12% ≥ 0 ················ ④

편차변수의 특징에서 초과분과 미달분은 모두 비음의 값을 가지므로 식 ④는 투자 포트폴리오의 실제 수익률이 목표 수익률 12%를 초과한 양, 즉 목표수준 초과분을 나타낸다.

마찬가지로 식 ③에서 미달분이 발생했다고 가정하자. 그러면 초과분은 '0'이 되므로, 식 ③은 식 ⑤와 같이 표현된다.

미달분 = 12% − 투자 포트폴리오의 수익률 ≥ 0 ··················· ⑤

식 ⑤는 목표 수익률 12%에서 투자 포트폴리오의 실제 수익률을 뺀 값이 비음의 값을 갖는다는 말이므로 이 식은 목표수준 미달분을 나타낸다.

식 ③에서 초과분과 미달분이 모두 '0'인 경우에는 투자 포트폴리오의 수익률이 목표 수익률과 같아져 해당 목표수준을 정확히 달성했음을 나타낸다. 이처럼 식 ③의 목표 제약조건은 해당 목표의 목표수준 달성여부와 목표수준 초과분 및 미달분 모두를 나타낼 수 있는 우리가 의도한 식이 된다.

④ 목표 제약조건에서 바람직하지 않은 편차변수 판별하기

각 목표에서 바람직하지 않은 편차변수가 무엇인지 판별하는 방법은 해당 목표를 시스템 제약조건 형태로 나타냈을 때의 식의 부등호 방향을 보면 된다. 식의 형태가 '좌변항 ≥ 우변항'인 경우에는 미달분이 바람직하지 않은 편차변수인 반면, 식의 형태가 '좌변항 ≤ 우변항'인 경우에는 초과분이 바람직하지 않은 편차변수가 된다. 식의 형태가 '좌변항 = 우변항'인 경우에는 초과분과 미달분 모두가 바람직하지 않은 편차변수가 된다. 여기서 식의 우변항은 목표수준을 나타낸다. 예를 들어, 식 ①을 보면 투자 포트폴리오의 수익률을 12% 이상으로 만들고자 하는 식이므로 식 ③에서 바람직하지 않은 편차변수는 미달분이 된다.

3 목적함수

목적함수
바람직하지 않은 편차변수들의 합

문제에서 고려하는 다수의 목표들은 이미 제약조건에 포함되었으므로 **목적함수**는 과연 무엇으로 해야 할지 궁금할 것이다. 목표계획모형의 목적함수는 항상 최소화 형태로 최소화의 대상은 **바람직하지 않은 편차변수들의 합**이다. 우리는 각 목표마다 바람직하지 않은 편차변수가 존재함을 보았다. 바람직하지 않은 편차들의 합을 최소화 한다는 것은 이 변수들의 값을 가능하면 '0'으로 만들자는 것으로, 바람직하지 않은 편차변수의 값이 '0'이 된다는 것은 해당 목표가 달성됨을 의미한다. 따라서 목적함수 값이 '0'이 된다는 것은 고려하는 모든 목표가 달성됨을 의미한다. 하지만 목표들이 상충하는 특성으로 인해 목적함수가 '0'이 되는 경우는 실제로는 발생하지 않는다.

상대적 중요도
가중치
바람직하지 않은 편차변수들의 가중합계

목적함수에서 한 가지 추가적으로 고려해야 할 사안은 바람직하지 않은 편차변수들의 **상대적 중요도**이다. 즉, 문제에서 고려하는 다수의 목표들은 그 중요도가 다를 수 있기 때문에 목표들의 중요도에 따라 바람직하지 않은 해당 편차변수들에는 적절한 **가중치**를 부여하게 된다. 결과적으로 목표계획모형의 목적함수는 **바람직하지 않은 편차변수들의 가중합계** 형태가 된다.

다수 목표들의 우선순위

우선순위에는 두 가지가 있다. 하나는 **절대적 우선순위**이고, 다른 하나는 **상대적 우선순위**이다. 절대적 우선순위란 한 목표가 다른 목표보다 몇 배 또는 얼마큼 중요하다고 계량적으로 그 차이를 표현하는 것이 아니라 한 목표가 다른 목표보다 절대적으로 중요함을 의미한다. 의사결정주체는 절대적 우선순위에 따라 우선순위가 높은 목표부터 목표 달성에 온 힘을 기울이게 된다.

절대적 우선순위
상대적 우선순위

상대적 우선순위란 목표들의 중요도 차이를 배수로 표현한 것을 말한다. 예를 들어, 세 가지 목표 A, B, C가 있을 때, 목표 A가 목표 B보다 2배 중요하고, 목표 B가 목표 C보다 3배 중요하면, 목표 A는 목표 C보다 6배 중요한 것이다. 또한 목표들의 상대적 중요도를 수치를 이용하여 표현할 수도 있다. 예를 들어, 목표 A, B, C의 상대적 중요도(가중치)가 4:3:3이라든지, 목표 A의 중요도는 10, 목표 B의 중요도는 6, 목표 C의 중요도는 4 등과 같이 목표들의 상대적 중요도를 **비율척도(ratio scale)**로 평가함을 의미한다.[4] 물론 이 경우, 목표들의 상대적 중요도를 왜 이러한 수치로 나타냈는지를 설명할 수 있는 합리적 근거가 필요할 것이다.

비율척도(ratio scale)

10.3 목표계획모형의 종류

목표들의 우선순위가 절대적이냐 상대적이냐에 따라 목표계획모형은 두 가지로 나뉘며, 각 모형의 문제해결 접근방식도 상이하다.

1 우선순위모형

세 가지 목표 A, B, C가 있다고 하자. 이 중 가장 중요한 목표는 A, 그 다음으로 중요한 목표는 B, 세 번째로 중요한 목표가 C라고 한다면, 세 가지 목표에 **절대적 우선순위**가 부여된 것이다. 이러한 경우의 문제해결 접근방식은 개인이나 조직

절대적 우선순위

4) 목표들의 상대적 중요도(가중치)의 합을 꼭 1이나 10, 100으로 나타낼 필요는 없다. 예를 들어, 목표 A, B, C의 상대적 중요도를 1:4:10으로 표현해도 무방하다. 비율척도란 사칙연산인 가감승제 결과 모두가 의미를 갖는 수치를 말한다. 척도의 종류에 대해서는 12장 〈부록 2〉를 참고하기 바란다.

의 역량과 자원을 총동원하여 가장 중요한 목표를 달성하는 데 온 힘을 쏟고, 남은 힘으로 그 다음 중요한 목표를 달성하는 데 힘을 쏟고, 다시 나머지 힘으로 그 다음 중요한 목표를 달성하는 데 힘을 쏟는 접근방식이다. 이 접근방식을 이용하면 우선순위가 높은 목표들은 달성되지만 우선순위가 낮은 목표들은 전혀 건드려보지도 못하는 경우가 발생할 수 있다.

우선순위모형(preemptive models)

예를 들어, 내가 이용할 수 있는 힘(개인이나 조직의 역량과 자원을 의미함)의 합을 '1'이라고 하자. 이제 세 가지 목표 중 가장 우선순위가 높은 목표 A를 달성하는데 드는 힘이 0.6, 그 다음 중요한 목표 B를 달성하는데 드는 힘이 마찬가지로 0.6, 가장 덜 중요한 목표 C를 달성하는데 필요한 힘이 0.4라고 가정하자.[5] 그렇다면 이 접근방식을 이용하면, 가장 중요한 목표 A는 달성되지만, 그 다음 중요한 목표 B는 '0.2' 만큼 달성이 되지 않으며, 목표 C는 건드려보지도 못하는 결과를 낳는다. 이러한 접근방식의 목표계획모형을 **우선순위모형**(preemptive models)이라고 한다.

2 가중합계모형

상대적 우선순위
가중치

다수 목표가 존재하는 상황을 해결하는 또 다른 접근방식은 목표들의 **상대적 우선순위** 또는 **가중치**에 따라 미리 개인이나 조직의 힘을 배분한 후, 배분된 각 힘을 각 목표를 달성하는 데 사용하는 것이다. 어린 시절 방학이 되면 하루 24시간을 어떻게 보낼지 활동의 중요도에 따라 시간을 나누어 하루 생활표를 만든 것처럼 말이다.

가중합계모형(non-preemptive models)

예를 들어, 세 가지 목표 A, B, C의 가중치가 5:3:2라고 하자. 그러면 이제 나의 힘을 이 비율로 미리 나눈 후(즉, 0.5, 0.3, 0.2로 나눈 후), 각 힘으로 각 목표를 달성하는 데 사용하는 것이다. 각 목표를 달성하는 데 드는 힘은 앞서와 같이 목표 A는 0.6, 목표 B도 0.6, 목표 C는 0.4라고 가정하자. 그러면 목표 A는 0.1만큼, 목표 B는 0.3만큼, 목표 C는 0.2만큼 달성되진 않지만 세 목표 모두에 나의 힘이 목표들의 가중치에 따라 배분되어 투입되는 특징을 갖는다. 이러한 접근방식의 목표계획모형을 **가중합계모형**(non-preemptive models)이라고 부른다.

5) 우선순위가 높은 목표라고 해서 반드시 목표 달성에 힘이 많이 드는 것은 아니다. 우선순위는 낮지만 목표 달성에 오히려 힘이 많이 드는 목표가 있을 수 있다.

우선순위모형 vs. 가중합계모형

우선순위모형은 다수 목표의 절대적 우선순위를 의사결정주체가 결정한 후, 우선순위가 높은 목표부터 달성하고자 노력한다.

가중합계모형은 다수 목표의 상대적 우선순위 또는 가중치를 의사결정주체가 결정한 후, 각 목표의 바람직하지 못한 편차변수에 가중치를 부여하여 바람직하지 못한 편차변수의 가중합계를 최소화 한다. 여기서 가중치란 해당 목표가 한 단위 달성되지 못했을 때 부과되는 벌칙(penalty)을 나타낸다.

10.4 목표계획모형의 해결

다수 목표가 존재하는 문제 상황이 어떻게 해결되는지 그 과정을 구체적으로 학습하기 위해 다음의 예제를 이용해 보자.

예제 수공예로 백자다기(白磁茶器)를 만드는 이천도자기(주)는 두 가지 다기세트(세트 1, 세트 2)를 만들어 판매하고 있는데, 각 다기세트와 관련된 정보는 다음과 같다.

	세트 1	세트 2
단위 생산 당 소요되는 노동시간(시간)	8	4
단위당 이윤(만원)	10	6

이천도자기에서 다음 주에 이용할 수 있는 노동력은 80시간인데, 다음 주 이윤이 최소한 120만원은 되어야 업체를 계속 유지할 것으로 보고 있다. 다기세트에 대한 과거 수요 패턴을 고려할 때 세트 1은 다음 주 적어도 12단위를 생산하여야 하며, 세트 2는 적어도 20단위는 생산해야 한다. 다음 주 이천도자기는 각 다기세트를 몇 단위씩 만들어야 하는지 결정하라. 과연 이천도자기에서 원하는 바를 100% 성취할 수 있는 생산계획은 존재하는가?

1 선형계획모형으로의 정립

우선 이 문제를 이윤극대화를 목적함수로 하는 선형계획모형으로 표현해 보자. 의사결정변수는 다음과 같이 정의하자.

X_1: 세트 1 생산 단위 수
X_2: 세트 2 생산 단위 수

그러면 선형계획모형은 다음과 같이 나타낼 수 있다.

$$
\begin{aligned}
& MAX\ Z = 10X_1 + 6X_2 \\
& s.t. \quad 10X_1 + 6X_2 \ge 120 \text{ (이윤 제약)} \\
& \qquad\quad 8X_1 + 4X_2 \le 80 \text{ (노동시간 제약)} \\
& \qquad\quad X_1 \ge 12 \text{ (세트 1 생산량 제약)} \\
& \qquad\quad X_2 \ge 20 \text{ (세트 2 생산량 제약)} \\
& \qquad\quad X_1, X_2 \ge 0
\end{aligned}
$$

아쉽게도 위의 선형계획모형은 네 가지 제약조건을 동시에 만족시키는 실행가능한 해를 갖지 않음을 알 수 있다. 독자들은 의사결정변수가 두 개인 위 선형계획모형의 해를 그래프 분석이나 엑셀의 해 찾기를 이용해 찾아보고, 실행가능한 해가 존재하지 않음을 확인하기 바란다. 이제 선형계획모형으로는 해를 찾을 수 없는 이 모형을 목표계획모형으로 전환해 만족해를 찾아보자.

2 목표계획모형으로의 변환

① 우선순위모형 만들기

이천도자기에서는 자신들이 원하는 바를 모두 다 만족시킬 수 있는 대안이 없음을 확인하고 자신들의 원하는 바를 다음과 같은 네 가지 목표로 나타내고 각 목표의 절대적 우선순위를 정하였다. 목표들의 우선순위는 목표 번호와 같다고 가정하자. 즉, 목표 1이 가장 중요한 목표를 나타내고, 목표 4는 가장 덜 중요한 목표를 나타낸다고 하자.

목표 1. 다음 주 이용할 수 있는 노동력의 미사용을 피한다.
목표 2. 세트 1의 수요를 만족시킨다.
목표 3. 세트 2의 수요를 만족시킨다.
목표 4. 다음 주 초과 노동력은 사용하지 않는다.

위의 목표들과 함께 이천도자기는 업체를 계속 유지하기 위해 다음 주 이윤을 최소한 120(만원)이 되도록 해야 한다면, 이것은 위배될 수 없는 시스템 제약조건이 된다. 이제 목표들의 절대적 우선순위와 시스템 제약조건을 고려하여 우선순위모형을 만드는 과정을 설명해 보자.

변수

우선 **의사결정변수**는 선형계획모형과 동일하게 다음과 같다.

X_1: 세트 1 생산 단위 수
X_2: 세트 2 생산 단위 수

편차변수는 네 가지 목표 각각에서 목표수준의 초과분과 미달분을 나타내는 변수로 다음과 같이 정의한다.

U_i: 목표 i의 목표수준 초과분 (i=1, 2, 3, 4)
V_i: 목표 i의 목표수준 미달분 (i=1, 2, 3, 4)

제약조건

다음 주 이윤은 적어도 120(만원)이 되어야 한다는 조건은 위배할 수 없는 **시스템 제약조건**으로 선형계획모형에서 우리가 보았던 제약조건이다. 시스템 제약조건

$$10X_1 + 6X_2 \geq 120$$

다음으로 이천도자기가 원하는 바 네 가지를 **목표 제약조건**으로 만들어 보자. 즉, 선형계획모형에서 부등호로 표현된 제약조건을 편차변수를 고려하여 융통성 있는, 즉 불가피할 경우 위배될 수 있는 제약조건으로 바꾸어 보자. 목표 제약조건

우선, 목표 1은 다음 주 가용한 노동력 80시간을 가급적 다 사용하도록 하는 것

이다. 따라서 이 목표의 목표수준은 가용한 노동시간 '80'으로, 부등호로 표현되었던 제약조건을 편차변수를 이용하여 다음과 같이 목표 제약조건으로 변환시킨다.

$$8X_1 + 4X_2 \le 80$$
$$\rightarrow 8X_1 + 4X_2 \simeq 80$$
$$\rightarrow 8X_1 + 4X_2 - U_1 + V_1 = 80 \quad \cdots\cdots ①$$

목표 1에서 바람직하지 않은 편차변수는 목표수준 미달분인 V_1이다.[6]

목표 2는 세트 1의 수요를 만족시키는 것이므로 부등호로 표현되었던 제약조건은 목표수준이 '12'인 목표 제약조건으로 다음과 같이 변환된다. 여기서 바람직하지 않은 편차변수는 목표수준 미달분인 V_2가 된다.

$$X_1 \ge 12$$
$$\rightarrow X_1 \simeq 12$$
$$\rightarrow X_1 - U_2 + V_2 = 12 \quad \cdots\cdots ②$$

다음으로 목표 3은 세트 2의 수요를 만족시키는 것이므로 부등호로 표현되었던 제약조건은 목표수준이 '20'인 목표 제약조건으로 다음과 같이 변환된다. 여기서도 바람직하지 않은 편차변수는 목표수준 미달분인 V_3가 된다.

$$X_2 \ge 20$$
$$\rightarrow X_2 \simeq 20$$
$$\rightarrow X_2 - U_3 + V_3 = 20 \quad \cdots\cdots ③$$

마지막으로 목표 4는 다음 주 초과 노동력을 가급적 사용하지 않는 것이므로 목표 제약조건은 위의 식 ①과 같으며, 여기서 바람직하지 않은 편차변수는 목표수준 초과분인 U_1이 된다.

6) 일반적으로 제약조건의 형태가 '좌변항≥우변항'인 경우에는 목표수준 미달분이 바람직하지 않은 편차변수, '좌변항≤우변항'인 경우에는 목표수준 초과분이 바람직하지 않은 편차변수가 된다. 따라서 제약조건 $8X_1 + 4X_2 \le 80$의 경우 목표수준 초과분이 바람직하지 않은 편차변수가 될 것으로 착각하기 쉽다. 하지만 바람직하지 않은 편차변수는 문제에서 목표를 어떻게 설정했느냐에 따라 달라진다. 이 문제에서 설정한 목표 1과 목표 4를 보면 가용한 노동시간의 미달분과 초과분 모두가 바람직하지 않은 편차변수임을 알 수 있다.

즉, 식 ①에서 바람직하지 않은 편차변수는 목표수준 초과분과 미달분 모두가 됨을 알 수 있다.

목적함수

목표계획모형의 목적함수는 바람직하지 않은 편차변수들의 가중합계임은 앞서 설명한 바 있다. 이제 다수 목표들의 우선순위를 고려하여 우선순위모형의 목적함수를 구성해 보자. 우선순위모형에서는 우선순위가 높은 목표부터 달성하도록 노력하므로 우선순위가 높은 목표의 바람직하지 않은 편차(초과분 또는 미달분)부터 순차적으로 최소화 하도록(그 값을 '0'으로 만들도록) 한다. 위 예제에서 우선순위에 따라 최소화 해야 하는 바람직하지 않은 편차변수는 다음과 같다.

첫째, V_1의 최소화
둘째, V_2의 최소화
셋째, V_3의 최소화
넷째, U_1의 최소화를 달성한다.

따라서 목적함수는 다음과 같이 표현할 수 있다.

$$MIN\ Z = P_1V_1 + P_2V_2 + P_3V_3 + P_4U_1 \cdots\cdots\cdots\cdots④$$

식 ④에서 각 편차변수 앞의 계수 P_1, P_2, P_3, P_4는 해당 목표의 절대적 우선순위를 나타내는 기호이다. 즉, V_1의 최소화가 1순위, V_2의 최소화가 2순위, V_3의 최소화가 3순위, 그리고 U_1의 최소화가 4순위임을 나타낸다. 여기서 한 가지 유의해야 할 사항은 P_1, P_2, P_3, P_4는 수치가 아닌 절대적 우선순위를 나타내는 기호로서 $P_1 \ggg P_2 \ggg P_3 \ggg P_4$로 표현하는데, '⋙'는 하나의 목표가 다른 목표보다 훨씬 더 중요함을 나타낸다. 의사결정자는 가장 우선순위가 높은 목표를 먼저 달성하고, 다음에 두 번째 우선순위의 목표, 그 다음 세 번째 우선순위의 목표 등으로 다수 목표들을 순차적으로 달성해야 함을 의미한다.

지금까지 설명한 우선순위모형의 구성요소를 종합한 결과는 다음과 같다.

$$
\begin{aligned}
&MIN \quad Z = P_1V_1 + P_2V_2 + P_3V_3 + P_4U_1 \\
&s.t. \quad 10X_1 + 6X_2 \geq 120 \quad \text{(시스템 제약조건)} \\
&\left.\begin{aligned}
8X_1 + 4X_2 - U_1 + V_1 &= 80 \\
X_1 - U_2 + V_2 &= 12 \\
X_2 - U_3 + V_3 &= 20
\end{aligned}\right\} \text{목표제약조건} \\
&X_1, X_2, U_1, V_1, U_2, V_2, U_3, V_3 \geq 0
\end{aligned}
$$

② 가중합계모형 만들기

가중합계모형은 목표들의 상대적 우선순위나 가중치를 적용하여 바람직하지 않은 편차변수들의 가중합계를 최소화하는 모형으로 결과적인 모형의 형태는 선형계획모형과 동일하다.

상대적 우선순위의 적용

예를 들어, 이천도자기가 고려하는 네 가지 목표의 상대적 우선순위가 다음과 같이 결정되었다고 가정하자. 목표 1은 목표 2보다 2배 중요하고, 목표 2는 목표 3보다 3배 중요하며, 목표 3은 목표 4보다 2배 중요하다.

목표 1. 다음 주 이용할 수 있는 노동력의 미사용을 피한다.
목표 2. 세트 1의 수요를 만족시킨다.
목표 3. 세트 2의 수요를 만족시킨다.
목표 4. 다음 주 초과 노동력을 사용하지 않는다.

그러면 목표 4의 중요도를 기준으로 목표 1은 목표 4보다 12배, 목표 2는 목표 4보다 6배, 목표 3은 목표 4보다 2배 중요함을 의미한다. 따라서 가중합계모형의 목적함수는 우선순위모형의 목적함수를 변형하여 식 ⑤와 같이 나타낼 수 있다.

$$MIN \ Z = 12P_4V_1 + 6P_4V_2 + 2P_4V_3 + P_4U_1 \cdots\cdots ⑤$$

그런데 식 ⑤에서 P_4는 모든 항에 동일하게 존재하므로 이를 모든 항에서 생략하면 가중합계모형의 목적함수는 다음과 같이 나타낼 수 있다.

$$MIN \ Z = 12V_1 + 6V_2 + 2V_3 + U_1 \cdots\cdots ⑥$$

결국 가중합계모형은 다음과 같으며, 이는 선형계획모형의 형태와 동일함을 알 수 있다.

$$
\begin{aligned}
MIN \quad Z = 12V_1 + 6V_2 + 2V_3 + U_1 \\
s.t \quad 10X_1 + 6X_2 \geq 120 \\
8X_1 + 4X_2 - U_1 + V_1 = 80 \\
X_1 - U_2 + V_2 = 12 \\
X_2 - U_3 + V_3 = 20 \\
X_1, X_2, U_1, V_1, U_2, V_2, U_3, V_3 \geq 0
\end{aligned}
$$

가중치의 적용

목표들의 상대적 중요도를 가중치로 나타낸 경우의 가중합계모형도 그 형태는 선형계획모형과 동일하다. 예를 들어, 위 네 가지 목표들의 상대적 중요도가 6:3:2:1이라면, 목적함수는 각 목표의 바람직하지 않은 편차변수에 가중치를 적용한 것이므로 가중합계모형은 다음과 같다.

$$
\begin{aligned}
MIN \quad Z = 6V_1 + 3V_2 + 2V_3 + U_1 \\
s.t \quad 10X_1 + 6X_2 \geq 120 \\
8X_1 + 4X_2 - U_1 + V_1 = 80 \\
X_1 - U_2 + V_2 = 12 \\
X_2 - U_3 + V_3 = 20 \\
X_1, X_2, U_1, V_1, U_2, V_2, U_3, V_3 \geq 0
\end{aligned}
$$

즉, 상대적 우선순위 또는 가중치를 적용한 가중합계모형은 목적함수를 최소화하는 의사결정변수와 편차변수의 최적해를 구하는 선형계획모형과 동일한 형태를 취하므로 선형계획모형의 해를 찾는 방법과 동일하게 만족해를 구하게 된다.

3 목표계획모형의 만족해 찾기

가중합계모형은 선형계획모형의 형태와 동일하므로 선형계획모형의 해를 찾는 방법을 이용하면 목표계획모형의 만족해를 구할 수 있다. 하지만 우선순위모형의 경우에는 우선순위가 높은 목표부터 만족시키려는 접근방식을 취하므로 다음과 같은 방법으로 만족해를 구한다.

그림 10-1
우선순위모형의
그래프 분석

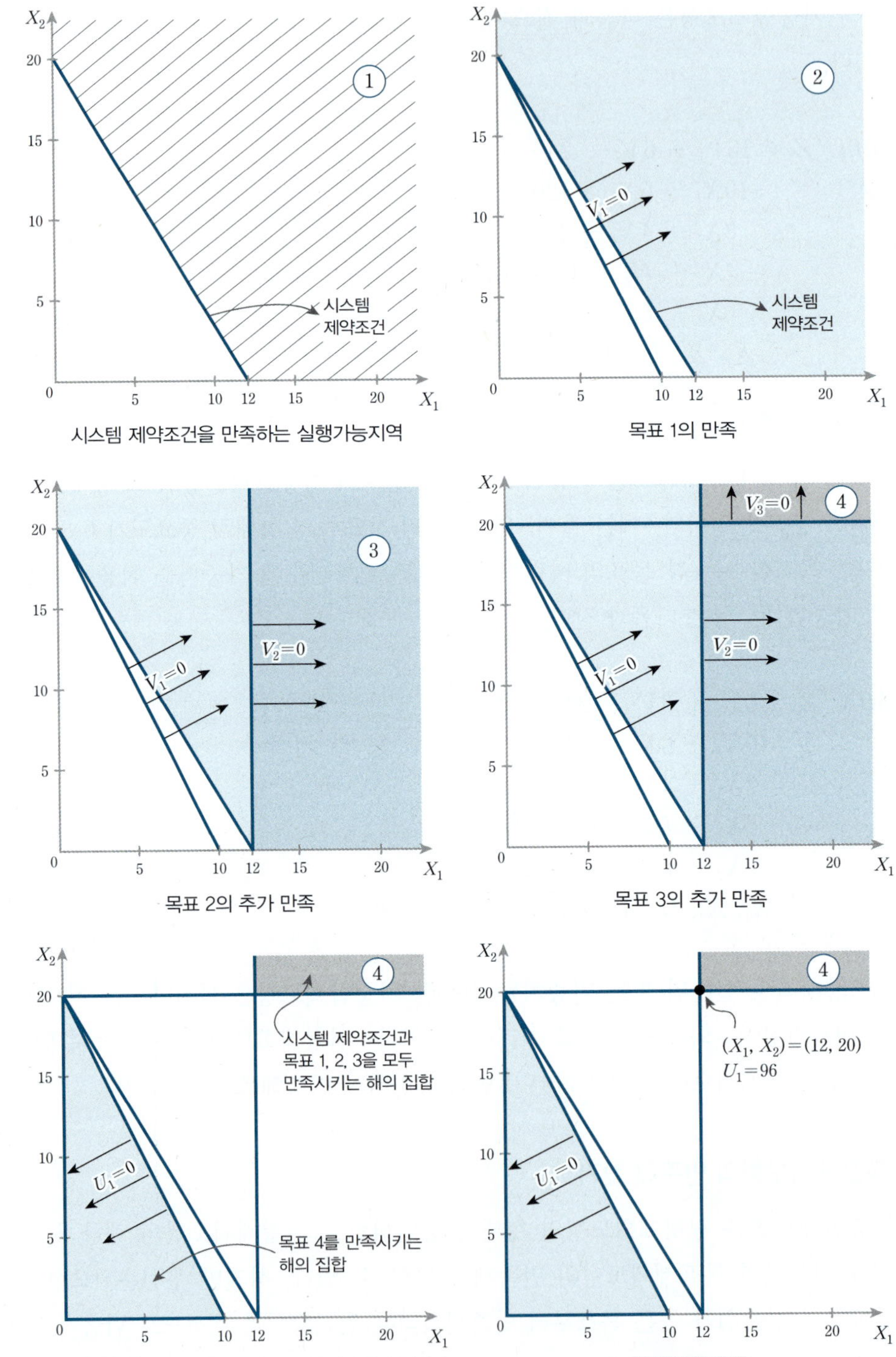

① 그래프 분석

그래프 분석은 우선순위모형의 만족해가 어떻게 찾아지는지를 이해하는 데 도움이 된다. 위 예제의 경우, 의사결정변수가 둘이므로 그래프를 이용하여 만족해를 구해보자.

[그림 10-1]은 우선순위모형의 시스템 제약조건과 목표제약조건을 우선순위에 따라 차례로 만족시키는 해들의 집합을 나타낸 것이다.

우선, 만족해를 포함한 모든 실행가능한 해는 시스템 제약조건을 위배할 수 없으므로 실행가능지역은 $10X_1 + 6X_2 \geq 120$을 만족시키는 빗금친 부분 ①이 된다. 이제 실행가능지역에서 우선순위에 따라 네 가지 목표를 차례로 달성시키는 해의 집합을 찾아보자. 우선, 네 가지 목표 중 가장 중요한 목표는 가용한 노동시간의 미사용을 피하는 것이다. 따라서 이 목표를 만족시키는, 즉 V_1을 '0'으로 만드는 해의 집합은 실행가능지역에서 ②로 나타난다. 예제에서 실행가능지역 ①과 목표 1을 만족시키는 해의 집합 ②는 동일함을 알 수 있다. 다음으로 목표 1을 만족시키면서 두 번째로 중요한 목표까지 만족시키는(V_2를 '0'으로 만드는) 해의 집합을 찾으면 그림에서 ③과 같다. 이제 첫 번째와 두 번째 목표를 만족시키는 해의 집합 ③에서 세 번째 목표까지 만족시키는(V_3을 '0'으로 만드는) 해의 집합은 ④가 된다.

현재까지 시스템 제약조건 하에서 목표 1, 2, 3 모두를 만족시키는 해가 존재함을 보았다. 이제 해의 집합 ④에서 마지막 목표인 목표 4까지 만족시켜주는 해가 존재하는지 살펴보자. 목표 4는 가급적 초과 노동시간을 사용하지 않는 것으로, 이를 만족시키는 해의 범위는 [그림 10-1]에서 U_1을 '0'으로 만드는 부분으로 목표 1, 2, 3을 만족시키는 해의 집합과는 공유하는 부분이 없음을 알 수 있다.

상위 목표들을 만족시키는 해의 집합과 목표 4을 만족시키는 해가 공존할 수 없다는 말은 목표 4는 불가피하게 희생될 수밖에 없으며, 우리가 지금부터 찾고자 하는 만족해는 이러한 희생의 폭을 최소화하는 해가 된다. 그렇다면 목표 1, 2, 3을 만족시키는 해의 집합 ④에서 목표 4의 바람직하지 않은 편차변수 U_1을 최소화 할 수 있는 만족해는 [그림 10-1]에서 어디에 존재하는가?

바로 $(X_1, X_2) = (12, 20)$임을 알 수 있다. 즉, 다기세트 1을 12단위, 다기세트 2를 20단위 만들어 팔게 되면, 시스템 제약조건과 목표 1, 2, 3은 달성되나 목표 4는 불가피하게 희생될 수밖에 없다. 하지만 이 해가 전체적인 관점에서는 가장 만족스러운 해가 되는 것이다. 이때의 초과노동시간(U_1의 값)은 다기세트 1을 12단위, 다기세트 2를 20단위 만드는데 소요되는 노동시간 176시간에서 현재 가용한 노동시간(목표수준) 80시간을 뺀 96(시간)이 된다. 즉, 초과노동시간이 불가피하게 96시간 발생함을 알 수 있다.

② 해 찾기를 이용한 우선순위모형의 해결

정석 방법(regular method)

그래프를 이용해 우선순위모형의 만족해를 순차적으로 구하는 과정은 우선순위모형의 만족해를 찾는 **정석 방법(regular method)**을 설명해 준다.

우선순위모형은 가장 중요한 목표부터 달성시키도록 하는 문제해결 접근방식을 취하므로 k개의 목표가 있는 경우 k개의 선형계획모형을 순차적으로 풀어가는 과정을 거치게 된다. 즉, 각각의 목표에서 바람직하지 않은 편차변수를 목적함수로 하는 k개의 선형계획모형을 그 우선순위에 따라 순차적으로 풀게 되면, 마지막 모형의 해가 우리가 찾는 만족해가 된다. 이는 그래프 분석에서 우선순위가 높은 목표부터 차례대로 만족시키는 해의 집합을 찾는 과정과 동일하다.

정석 방법

[단계 1] 우선순위가 가장 높은 목표의 바람직하지 않은 편차변수(V_1)의 값을 최소화한다. 이를 위해서 다음의 선형계획모형의 해를 찾는다.

[LP 1]

$$
\begin{aligned}
&MIN\ \ V_1\\
&s.t.\ \ 10X_1 + 6X_2 \ge 120\\
&\qquad 8X_1 + 4X_2 - U_1 + V_1 = 80\\
&\qquad X_1 - U_2 + V_2 = 12\\
&\qquad X_2 - U_3 + V_3 = 20\\
&\qquad X_1,\ X_2,\ U_1,\ V_1,\ U_2,\ V_2,\ U_3,\ V_3 \ge 0
\end{aligned}
$$

[LP 1]을 엑셀의 해 찾기를 이용해 푼 결과는 다음과 같다.

목표 셀 (최소)

셀	이름	계산 전의 값	계산 값
\$B\$10	V1	0	0

변수 셀

셀	이름	계산 전의 값	계산 값	정수
\$B\$2	생산량 세트 1	0	0	Contin
\$C\$2	생산량 세트 2	0	20	Contin
\$A\$10	U1	0	0	Contin
\$B\$10	V1	0	0	Contin
\$C\$10	U2	0	0	Contin
\$D\$10	V2	0	12	Contin
\$E\$10	U3	0	0	Contin
\$F\$10	V3	0	0	Contin

제한 조건

셀	이름	셀의 값	수식	상태	조건과의 차
\$D\$4	이윤	120	\$D\$4>=\$F\$4	만족	0
\$D\$5	노동소요시간	80	\$D\$5=\$F\$5	만족	0
\$D\$6	세트1 생산량	12	\$D\$6=\$F\$6	만족	0
\$D\$7	세트2 생산량	20	\$D\$7=\$F\$7	만족	0

그림 10-2
[LP 1]의 해

[LP 1]의 목적함수 값이 '0'이 나왔다는 것은 목표 1을 만족시키는 해가 존재함을 의미한다. 이제 첫 번째 목표는 달성되었으므로 우리가 해야 할 다음 일은 목표 1을 만족시키면서 목표 2를 가능하면 달성하는 것이다. 이를 위해 두 번째 선형계획모형 [LP 2]를 [단계 2]와 같이 만든다.

[단계 2] [LP 2]의 목적함수는 목표 2의 바람직하지 않은 편차변수(V_2)의 값을 최소화하는 것이다. 그리고 기존의 제약조건([LP 1]의 제약조건)에 [LP 1]에서 구한 목적함수의 값, 즉 $V_1 = 0$이라는 조건을 새로이 추가한다. 결과적으로 [LP 2]는 목표 1을 달성하면서 목표 2도 달성시키는 해를 찾는 모형이다.

[LP 2]

$$
\begin{aligned}
&MIN \;\; V_2 \\
&s.t. \;\; 10X_1 + 6X_2 \geq 120 \\
&\qquad 8X_1 + 4X_2 - U_1 + V_1 = 80 \\
&\qquad X_1 - U_2 + V_2 = 12 \\
&\qquad X_2 - U_3 + V_3 = 20 \\
&\qquad \mathbf{V_1 = 0} \\
&\qquad X_1,\ X_2,\ U_1,\ V_1,\ U_2,\ V_2,\ U_3,\ V_3 \geq 0
\end{aligned}
$$

[LP 2]를 엑셀의 해 찾기를 이용해 푼 결과는 다음과 같다.

그림 10-3
[LP 2]의 해

목표 셀 (최소)

셀	이름	계산 전의 값	계산 값
$D$10	V2	0	0

변수 셀

셀	이름	계산 전의 값	계산 값	정수
$B$2	생산량 세트 1	0	12	Contin
$C$2	생산량 세트 2	0	20	Contin
$A$10	U1	0	96	Contin
$B$10	V1	0	0	Contin
$C$10	U2	0	0	Contin
$D$10	V2	0	0	Contin
$E$10	U3	0	0	Contin
$F$10	V3	0	0	Contin

제한 조건

셀	이름	셀의 값	수식	상태	조건과의 차
$D$4	이윤	240	$D$4>=$F$4	부분적 만족	120
$D$5	노동소요시간	80	$D$5=$F$5	만족	0
$D$6	세트1 생산량	12	$D$6=$F$6	만족	0
$D$7	세트2 생산량	20	$D$7=$F$7	만족	0
$B$10	V1	0	$B$10=$B$12	만족	0

[LP 2]의 목적함수 값이 '0'이 나왔다는 것은 목표 1을 만족시키면서 목표 2도 만족시키는 해가 존재함을 의미한다. 이제 목표 2까지 달성되었으므로 우리가 해야 할 다음 일은 목표 1과 2를 만족시키면서 목표 3까지 가능하면 달성하는 것이다. 이를 위해 세 번째 선형계획모형 [LP 3]을 [단계 3]과 같이 만든다.

[단계 3] [LP 3]의 목적함수는 목표 3의 바람직하지 않은 편차변수(V_3)의 값을 최소화 하는 것이다. 그리고 기존의 제약조건([LP 2]의 제약조건)에 [LP 2]에서 구한 목적함수의 값, 즉 $V_2 = 0$이라는 조건을 새로이 추가한다. 결과적으로 [LP 3]은 목표 1과 2를 달성하면서 목표 3도 가급적 달성시킬 수 있는 해를 찾는 모형이다.

[LP 3]

$$
\begin{aligned}
&MIN\ \ V_3 \\
&s.t.\ \ 10X_1 + 6X_2 \ge 120 \\
&\qquad 8X_1 + 4X_2 - U_1 + V_1 = 80 \\
&\qquad X_1 - U_2 + V_2 = 12 \\
&\qquad X_2 - U_3 + V_3 = 20
\end{aligned}
$$

$$V_1 = 0$$

$$V_2 = 0$$

$$X_1,\ X_2,\ U_1,\ V_1,\ U_2,\ V_2,\ U_3,\ V_3 \geq 0$$

목표 셀 (최소)

셀	이름	계산 전의 값	계산 값
$F$10	V3	0	0

변수 셀

셀	이름	계산 전의 값	계산 값	정수
$B$2	생산량 세트 1	0	12	Contin
$C$2	생산량 세트 2	0	20	Contin
$A$10	U1	0	96	Contin
$B$10	V1	0	0	Contin
$C$10	U2	0	0	Contin
$D$10	V2	0	0	Contin
$E$10	U3	0	0	Contin
$F$10	V3	0	0	Contin

제한 조건

셀	이름	셀의 값	수식	상태	조건과의 차
$D$4	이윤	240	$D$4>=$F$4	부분적 만족	120
$D$5	노동소요시간	80	$D$5=$F$5	만족	0
$D$6	세트1 생산량	12	$D$6=$F$6	만족	0
$D$7	세트2 생산량	20	$D$7=$F$7	만족	0
$B$10	V1	0	$B$10=$B$12	만족	0
$D$10	V2	0	$D$10=$D$12	만족	0

그림 10-4

[LP 3]의 해

[단계 4] [그림 10-4]에서 [LP 3]의 목적함수인 V_3의 값이 '0'으로 나온 것은 목표 1, 목표 2와 함께 목표 3도 달성되었음을 의미한다. 이제 마지막으로 목표 4도 가급적 만족시킬 수 있는 해를 찾기 위해 앞에서와 마찬가지 방법으로 [LP 4]를 만든다. [LP 4]는 목표 1, 2, 3을 만족시키면서 목표 4의 바람직하지 않은 편차변수 U_1을 최소화 하는 모형으로 이 모형의 해가 바로 우리가 찾는 만족해가 된다.

[LP 4]

$$MIN\ \ U_1$$

$$\begin{aligned} s.t.\quad 10X_1 + 6X_2 &\geq 120 \\ 8X_1 + 4X_2 - U_1 + V_1 &= 80 \\ X_1 - U_2 + V_2 &= 12 \\ X_2 - U_3 + V_3 &= 20 \\ V_1 &= 0 \end{aligned}$$

$$V_2 = 0$$
$$V_3 = 0$$
$$X_1,\ X_2,\ U_1,\ V_1,\ U_2,\ V_2,\ U_3,\ V_3 \geq 0$$

그림 10-5
[LP 4]의 해

목표 셀 (최소)

셀	이름	계산 전의 값	계산 값
$A$10	U1	0	96

변수 셀

셀	이름	계산 전의 값	계산 값	정수
$B$2	생산량 세트 1	0	12	Contin
$C$2	생산량 세트 2	0	20	Contin
$A$10	U1	0	96	Contin
$B$10	V1	0	0	Contin
$C$10	U2	0	0	Contin
$D$10	V2	0	0	Contin
$E$10	U3	0	0	Contin
$F$10	V3	0	0	Contin

제한 조건

셀	이름	셀의 값	수식	상태	조건과의 차
$D$4	이윤	240	$D$4>=$F$4	부분적 만족	120
$D$5	노동소요시간	80	$D$5=$F$5	만족	0
$D$6	세트1 생산량	12	$D$6=$F$6	만족	0
$D$7	세트2 생산량	20	$D$7=$F$7	만족	0
$B$10	V1	0	$B$10=$B$12	만족	0
$D$10	V2	0	$D$10=$D$12	만족	0
$F$10	V3	0	$F$10=$F$12	만족	0

[그림 10-5]는 [LP 4]의 최적해를 보여주고 있다. 목적함수 $U_1 = 96$, $X_1 = 12$, $X_2 = 20$으로 나타났는데, 이 해가 바로 우선순위모형의 만족해이다. 이 해는 앞서 우리가 그래프를 이용해 구한 만족해와 일치하는 것을 알 수 있다. [LP 4]의 목적함수 값이 96이라는 것은 다기세트 1을 12개, 다기세트 2를 20개 만들게 되면 목표 1, 2, 3은 달성하나 목표 4는 목표수준보다 96만큼 초과분이 발생함을 의미한다. 즉, 만족해를 행동으로 옮기기 위해서는 96시간만큼의 초과노동시간을 사용해야 함을 의미한다. 하지만 이것이 현 상황에서 다수의 목표를 가능한 만족시키면서 희생을 최소화 하는 가장 만족스러운 해가 된다.

편법

정석을 통해 우선순위모형의 해를 구하기 위해서는 앞의 예제의 경우 4개의 선형계획모형을 순차적으로 풀어야 하는 번거로움이 있었다. 다시 말해, 목표가 k개일 경우 k개의 선형계획모형을 순차적으로 풀어야 한다. 물론 모형에서 변화되는 부분은 목적함수와 제약조건이 하나씩 추가되는 것 이외에는 없지만 그래도 번거로운 것이 사실이다. 이와 같은 번거로움을 피하기 위해 다음과 같은 방법을 사용하면 하나의 선형계획모형으로 우선순위모형의 만족해를 구할 수 있다. 이 방법은 정상적인 방법은 아니지만 신속하게 우선순위모형을 해결할 수 있는 **편법(quick and dirty method)**이다. 이 방법을 설명하기 위해 앞의 예제를 다시 이용하자. 앞의 예제에 대한 우선순위모형은 다음과 같았다.

편법(quick and dirty method)

$$
\begin{aligned}
MIN \quad & Z = P_1V_1 + P_2V_2 + P_3V_3 + P_4U_1 \\
s.t. \quad & 10X_1 + 6X_2 \geq 120 \\
& 8X_1 + 4X_2 - U_1 + V_1 = 80 \\
& X_1 - U_2 + V_2 = 12 \\
& X_2 - U_3 + V_3 = 20 \\
& X_1,\ X_2,\ U_1,\ V_1,\ U_2,\ V_2,\ U_3,\ V_3 \geq 0
\end{aligned}
$$

위의 우선순위모형에서 목적함수계수인 P_1, P_2, P_3, P_4는 수치가 아니라 절대적 우선순위를 나타내는 기호로서 상위목표가 하위목표보다 훨씬 더 중요함을 나타낸다고 앞서 언급한 바 있다. 이제 P_1, P_2, P_3, P_4 대신에 1000, 10, 0.1, 0.001이라는 수치를 이용해 보자. 그러면 위의 모형은 다음과 같이 표현된다.

$$
\begin{aligned}
MIN\, Z = \; & 1000V_1 + 10V_2 + 0.1V_3 + 0.001U_1 \\
s.t. \quad & 10X_1 + 6X_2 \geq 120 \\
& 8X_1 + 4X_2 - U_1 + V_1 = 80 \\
& X_1 - U_2 + V_2 = 12 \\
& X_2 - U_3 + V_3 = 20 \\
& X_1,\ X_2,\ U_1,\ V_1,\ U_2,\ V_2,\ U_3,\ V_3 \geq 0
\end{aligned}
$$

이 모형은 이제 한 번의 해 찾기로 해를 구할 수 있는 선형계획모형의 형태를 취하는데, 다행히도 모형의 해는 우리가 찾는 우선순위모형의 만족해와 일치한다. 왜냐하면 목적함수 값을 최소화 하기 위해서 모형은 가장 큰 계수가 붙어있는 편차변수 V_1을 제일 먼저 최소화 할 것이고, 그 다음에 V_2, 그 다음에 V_3, 마지막으로 U_1을 차례대로 최소화 할 것이기 때문이다. 위 모형에 대한 해 찾기 결과는 [그림 10-6]과 같다.

그림 10-6

편법을 이용한 우선순위모형의 해

목표 셀 (최소)

셀	이름	계산 전의 값	계산 값
$A$14	목적함수	0	0.096

변수 셀

셀	이름	계산 전의 값	계산 값	정수
$B$2	생산량 세트 1	0	12	Contin
$C$2	생산량 세트 2	0	20	Contin
$A$10	U1	0	96	Contin
$B$10	V1	0	0	Contin
$C$10	U2	0	0	Contin
$D$10	V2	0	0	Contin
$E$10	U3	0	0	Contin
$F$10	V3	0	0	Contin

제한 조건

셀	이름	셀의 값	수식	상태	조건과의 차
$D$4	이윤	240	$D$4>=$F$4	부분적 만족	120
$D$5	노동소요시간	80	$D$5=$F$5	만족	0
$D$6	세트1 생산량	12	$D$6=$F$6	만족	0
$D$7	세트2 생산량	20	$D$7=$F$7	만족	0

이 결과는 우리가 정석 방법을 통해 얻은 결과와 일치한다. 이 방법의 요점은 목표들의 절대적 우선순위를 나타내는 기호(P_1, P_2, P_3 등) 대신에 목표 우선순위에 따라 100배 또는 1000배 차이가 나는 수치를 편법으로 대신 부여함으로써, 즉 가중치의 차이를 매우 크게 함으로써 우선순위가 높은 목표부터 먼저 달성하도록 하는 효과를 가져오게 하는 것이다. 여기서 모형의 목적함수 값은 별 의미가 없다. 사실 우선순위를 나타내는 기호 대신에 어떤 수치를 대입했느냐에 따라 목적함수 값은 달라지기 마련이므로 목적함수 값이 '0'이 아닌 이상 목적함수 값은 별 의미를 갖지 않는다. 목적함수 값이 '0'이 된다는 것은 모든 목표들을 만족시키는 해가 존재한다는 의미이다.

또한 목표 우선순위를 나타내는 기호(P_1, P_2, P_3 등) 대신에 사용하는 수치는 우선순위별로 적어도 100배 이상 차이가 나도록 설정해야 우리가 원하는 우선순위모형의 만족해를 가져다 줄 수 있다.

10.5 목표계획모형의 특징

단일 목표 최적화 모형인 선형계획모형, 정수계획모형과 **다수 목표 만족화 모형**인 목표계획모형의 차이점은 여러 가지 측면에서 관찰될 수 있다.

단일 목표 최적화 모형
다수 목표 만족화 모형

첫째, **단일 목표**의 추구이냐 **다수의 상충된 목표**를 추구하느냐의 차이이다. 단일 목표를 추구하는 최적화 모형은 모든 제약조건을 만족시키면서 추구하는 목표를 가장 잘 달성시켜 줄 수 있는 **최적해**를 모색한다. 반면 다수의 상충된 목표들이 존재하는 문제 상황에서는 모든 목표들을 동시에 달성시키는 대안이 존재하지 않으므로 전체적인 관점에서 희생의 폭을 최소화 하는 **만족해**를 추구한다.

단일 목표
다수의 상충된 목표
최적해
만족해

둘째, 목표계획모형의 경우, **의사결정변수**와 함께 **편차변수**라는 변수를 도입함으로써 어떤 목표가 얼마만큼 만족되지 않는지를 모형을 통해 미리 예측할 수 있다.

의사결정변수
편차변수

셋째, 목표계획모형의 목적함수는 항상 최소화 형태이다. 바람직하지 않은 편차변수들에 목표들의 절대적 우선순위, 상대적 우선순위, 가중치 등을 적용함으로써 현 상황에서 가장 만족스러운 해를 추구한다. **절대적 우선순위**가 적용된 **우선순위 모형**은 우선순위가 높은 목표부터 달성하려는 문제해결 접근방식을 취한다. 반면, **상대적 우선순위**나 **가중치**가 적용된 **가중합계모형**은 미리 개인이나 조직의 힘을 목표들의 상대적 우선순위나 가중치에 따라 분배한 후 분배된 각 힘으로 각 목표를 달성하기 위해 노력한다.

절대적 우선순위
우선순위모형
상대적 우선순위
가중치
가중합계모형

넷째, 단일 목표 최적화모형은 나에게 주어진 모든 제약조건을 만족시켜야 하는 **현실 순응적 문제해결 접근방식**을 취한다. 반면, 목표계획모형에서는 다수 목표 각각의 목표수준을 의사결정자가 자신의 역량이나 처지에 맞게 미리 설정한 후 자신이 설정한 목표수준을 가급적 달성하기 위해 어떠한 행동을 취해야 하는지를 결정하는 **현실 개척적 문제해결 접근방식**을 취한다.

현실 순응적 문제해결 접근방식
현실 개척적 문제해결 접근방식

시스템 제약조건과 목표의 구분
목표수준
절대적 우선순위
상대적 우선순위
가중치
우선순위모형
가중합계모형

목표계획모형을 실제에 적용하기 위한 조건 다수의 상충된 목표들이 존재하는 상황에서 목표계획모형을 이용해 만족해를 구하기 위해서는 사전에 의사결정자가 결정해야 사항들이 있다. 첫째, **시스템 제약조건과 목표의 구분**이다. 시스템 제약조건이란 내가 통제할 수 없는 환경적인 제약으로 반드시 만족시켜야 하는 조건인 반면 목표란 내가 달성하기 원하는 여러 가지 희망사항이다. 따라서 목표들은 서로 충돌하는 특성에 따라 불가피할 경우 달성되지 않을 수도 있다. 둘째, 다수 목표 각각의 **목표수준**을 설정하는 일이다. 각 목표에서 달성하기 원하는 수준이나 희망하는 수준을 자신의 역량과 상황에 맞게 미리 설정해야 한다. 목표수준은 도전적이어야 하지만 너무 이상적일 필요는 없다. 셋째, 우선순위모형에서는 목표들의 **절대적 우선순위**를 정해야 하고, 가중합계모형의 경우는 목표들의 **상대적 우선순위**나 **가중치**를 정해야 한다. 앞서 언급했듯이 **우선순위모형**과 **가중합계모형**의 문제해결 접근방식은 상이하다. 따라서 의사결정자가 어떠한 접근방식을 원하느냐에 따라 이용하는 모형은 달라질 수 있다. 저자의 경험에 비추어보면 목표들의 절대적 우선순위는 의사결정자가 여러 명인 집단 의사결정 상황에서도 우선순위에 대한 합의가 이루어지기 비교적 쉬운 반면, 목표들의 상대적 우선순위나 가중치는 집단 의사결정 상황에서뿐만 아니라 개인 의사결정 상황에서도 전문적인 방법을 이용하지 않으면 신뢰성이 떨어지거나 객관화하기 어려운 단점이 있다.

익·힘·문·제

1. 다수의 상충된 목표가 존재하는 문제 상황에서 만족해(satisficing solution)란 무엇을 의미하는지 기술하시오.

2. 선형계획법과 목표계획법의 문제해결 접근방식의 차이점을 논의하시오.

3. 목표계획모형에 관한 다음 보기 중 잘못 기술된 것은?

① 우선순위 목표계획모형에서 가장 중요한 목표라도 달성되지 않을 수 있다.

② 목표계획모형에서 어느 한 조건을 시스템 제약조건과 목표 제약조건으로 함께 놓으면 목표 제약조건의 바람직하지 않은 편차변수의 값은 항상 "0"이 된다.

③ 가중합계 목표계획모형에서 목적함수의 값이 "0"이 된다는 것은 모든 목표를 달성하는 해가 발견되었음을 의미한다.

④ 목표계획모형의 어느 한 목표 제약조건에서 목표수준 초과분과 미달분이 동시에 "0"의 값을 가질 수는 없다.

⑤ 위에 적절한 보기가 없다.

4. 온라인 게임을 개발하는 베타비전(주)는 올해 4가지의 프로젝트를 고려하고 있다. 각 프로젝트에 소요되는 자금, 필요인력, 그리고 예상이익(순현재가치, NPV)은 다음 표에 제시되어 있다.

프로젝트	소요자금(단위: 억원)	필요인력(단위: 명)	예상이익(단위: 억원)
1	6	12	4
2	8	14	6
3	9	15	7
4	5	8	2

베타비전(주)는 현재 프로젝트 수행을 위해 22억원의 자금을 창업투자회사로부터 지원을 약속받았다. 자금의 증액은 힘든 상황이나 프로젝트 1과 프로젝트 2는 상호연관성이 있

어 이 두 프로젝트를 동시에 진행할 경우에는 소요자금을 2억원 줄일 수 있다. 베타비전(주)는 프로젝트 수행과 관련하여 다음의 목표들을 감안하고 있으며, 직원들의 합의하에 목표들의 우선순위도 정하였다. 목표 우선순위는 번호 순이다.

목표 1. 예상 이익은 15억원이 되도록 한다.
목표 2. 프로젝트 수행에 투입되는 인력의 수를 35명이 되도록 한다. 현재 인력이 35명이므로 이 수준에 맞추고자 한다. 추가 인력을 외부에서 조달하기도 어려우며, 유휴 인력의 발생도 바람직하지 않다.
목표 3. 수행할 프로젝트의 수가 가능하면 3개 이상이 되도록 한다.
목표 4. 프로젝트 수행에 필요한 추가 인력이 2명을 넘지 않도록 한다.

(1) 앞의 상황에서 가장 만족스러운 프로젝트 선정 방안을 우선순위 목표계획모형을 이용하여 제안하시오. 어떤 목표가 얼마큼 만족되지 않는가?
(2) 일반적으로 목표계획모형을 이용하여 실제 문제를 해결하고자 할 때 의사결정자 또는 의사결정자 집단이 사전에 결정해야 할 일은 무엇인지 논의하시오.

5. 이 문제는 우리가 5장에서 예제로 다루었던 베어링 생산 문제를 다목표 상황으로 확장한 것이다. 베어링 생산 전문업체인 백제기계는 모 업체로부터 특수 베어링을 납품해달라는 주문을 받았다. 특수 베어링을 생산하는 데는 4가지 종류의 기계를 선택해서 사용할 수 있는데 어떤 기계를 이용하여 주문된 베어링을 만들 것인지는 아직 결정하지 못했다. 현재 주문된 베어링의 물량은 2,000개이고 백제기계는 이 정도의 물량은 현재의 생산용량으로 충분히 만족시킬 수 있다고 판단하였다. 하지만 어떤 기계든지 이 특수 베어링을 생산하기 위해서는 기계조정이 필요하다. 사용할 수 있는 각 기계의 조정비용 및 단위당 생산비용, 그리고 최대 생산능력은 다음과 같다. 단, 기계 1과 기계 2를 동시에 사용하는 경우 조정비용은 합쳐서 10만원 할인된다.

기계	조정비용 (단위: 만원)	단위당 생산비용 (단위: 만원)	최대생산능력
1	30	1.2	650
2	60	0.5	750
3	45	0.7	1,250
4	40	0.6	500

(1) 다음의 목표들을 고려하여 위 문제의 만족해를 구하시오. 목표 우선순위는 번호 순으로 가정하시오.

> 목표 1. 베어링을 생산하는데 소요되는 비용을 2천만원 이하로 억제하자.
> 목표 2. 세 가지 종류 이하의 기계를 사용하도록 하자.
> 목표 3. 기계 1과 기계 2를 이용하여 생산된 베어링의 양이 기계 3과 기계 4를 이용하여 생산된 베어링의 양과 가급적 같도록 하자.

(2) 목표 1, 2, 3의 상대적 중요도가 6:3:2라면 만족해는 어떻게 변화하는지 기술하시오.

(3) (1)의 우선순위모형(preemptive model)과 (2)의 가중합계모형(non-preemptive model)의 문제해결 접근방식의 차이점에 대해 논의하시오.

6. 나라홀딩스(주)는 현재 고려대상이 되는 4개의 프로젝트 중 어떤 프로젝트를 선정하여 수행할지를 결정하고자 한다. 다음 표는 각 프로젝트의 순현재가치(NPV), 실패확률, 추진비용을 정리한 것이다. 현재 나라홀딩스의 프로젝트 수행예산은 500(억원)으로 예산의 증액은 불가하다. 하지만 프로젝트 3과 4가 동시에 선택되면 추진비용은 시너지 효과에 의해 20억원 줄어든다.

프로젝트	1	2	3	4
NPV(단위: 억원)	45	30	60	40
실패확률	0.25	0.30	0.60	0.40
추진비용(단위: 억원)	220	180	280	240

나라홀딩스가 고려하는 목표는 다음과 같다.

목표 1: 선택된 프로젝트의 NPV 합은 적어도 100(억원) 이상이 되도록 하자.

목표 2: 선택된 프로젝트의 평균 실패확률은 30% 이하가 되도록 하자.

목표 3: 선택된 프로젝트의 수는 3개가 되도록 하자. 현재 인력의 최적 활용을 위해 선택된 프로젝트의 수가 이보다 많거나 적어도 모두 문제가 발생할 수 있다.

(1) 위 세 가지 목표들의 우선순위는 목표 번호 순이라고 가정하자. 위 문제 상황을 우선순위 목표계획모형으로 구조화 하시오.

(2) 위 3개 목표들의 상대적 우선순위가 다음과 같다고 가정할 때 문제 (1)의 목적함수를 재구조화 하시오. 가장 덜 중요한 목표인 목표 3을 기준으로 목표 2의 중요도는 목표 3의 3배, 목표 1의 중요도는 목표 2의 5배로 의사결정자가 목표들의 상대적 우선순위를 평가했다고 가정하시오.

7. 김투자씨는 현재 두 가지 금융상품에 여유자금 1억원을 투자하고자 한다. 상품 1의 경우, 연평균 수익률은 10%로 높으나 수익률의 변동성, 즉 투자위험이 존재한다. 연수익률의 표준편차로 측정한 상품 1의 위험도는 8%이다. 상품 2는 안전한 금융자산으로 위험 없이 연 4%의 수익률을 보장하는 상품이다. 김투자씨는 한 곳에 자금을 모두 투자하는 것은 현명치 못하다고 판단하여 두 가지 대안에 자금을 분산 투자하고자 한다. 즉, 어느 상품에도 6,000만원을 초과해 투자하지 않으며, 한 상품에 적어도 3,000만원은 투자하기를 원하고 있다. 김투자씨는 가장 중요한 목표로 연평균 투자수익률이 적어도 6%는 되기를 원하며, 두 번째 목표로 투자위험도는 2% 이내로 억제하고자 한다. 두 상품 각각의 투자비율 하한선과 상한선은 세 번째로 중요하게 생각하는 투자 지침이다. 목표계획모형을 이용하여 김투자씨의 투자 방안 마련에 조언하시오.

8. 한 자동차 제조업체는 4가지 유형의 연료분사시스템 부품을 외부의 부품업체로부터 공급받기로 하였다. 4곳의 부품업체는 이 4가지 부품에 대한 입찰서를 제출했다. 다음 표는 부품 단위당 입찰가를 요약한 것이다. 입찰가가 기입이 안 된 것은 부품업자가 해당 부품에 대해 입찰을 하지 않은 것이다.

〈단위당 입찰가(단위: 천원)〉

부품	부품업체				수요량(개)
	1	2	3	4	
1	25	28	-	30	15,000
2	-	80	75	82	30,000
3	30	28	33	-	10,000
4	40	-	-	42	20,000

어느 한 부품이 한 부품업자에 의해서만 공급되어야 하는 것은 아니다. 사실 4곳의 부품업체중 3곳은 입찰가로 공급할 수 있는 최대 납품량을 제시하였다. 부품업체 1은 부품 4를 최대 18,000개까지 공급할 수 있고, 부품업체 2는 부품 1을 최대 3,000개까지 공급할 수 있으며, 부품업체 4는 부품 2를 최대 15,000개, 부품 4를 최대 5,000개까지 공급할 수 있다. 낮은 입찰가를 제시한 부품업체가 납품계약을 따낸다는 규정은 없다. 또한 부품업자 4는 어떠한 부품을 공급하든지 최소한 5억원어치의 계약을 해줄 것을 요구하였다. 각 부품을 얼마큼씩 각 부품업체에 할당할 것인가를 결정하기 위해 이 회사 경영층은 다음과 같은 목표를 그 중요도 순으로 나열하였다.

목표 1. 모든 부품업체에 지급될 총금액이 35억원을 넘지 않도록 한다.
목표 2. 부품업체 4에 지급될 금액이 5억원은 되도록 한다.
목표 3. 각 부품업체에게 지급될 금액이 12억원을 넘지 않도록 한다.
목표 4. 부품업체 1과는 우호적인 관계에 있으므로 그 업체에 지급되는 금액이 10억원은 되도록 한다.

(1) 위 문제의 만족해를 구하시오.
(2) 가장 중요한 목표는 항상 달성이 되는지 논의하고, 아니라면 그 이유는 무엇인지 답하시오.
(3) 부품업자 4의 요구사항은 모형에서 시스템 제약조건으로 처리해야 하는지 목표로 처리해야 하는지 논의하시오.
(4) 동일한 사안을 시스템 제약조건과 목표로 함께 고려하면 어떠한 일이 발생하는지 논의하시오.

9. 모 광역단체에 소재한 한국대학교는 3개의 단과대학(문리대학, 경영대학, 공과대학)으로 구성되어 있는데, 내년도 각 단과대학에 입학할 해당 광역단체 거주 학생과 기타 지역 거주 학생의 수를 결정하고자 한다. 3개의 단과대학은 각각 1,500명, 400명, 200명의 신입생 정원을 가지고 있다. 한국대학교는 내년도 2,000명의 신입생이 등록하는 것을 목표로 하고 있다. 또한 신입생의 75%를 해당 광역단체 거주 학생, 나머지 25%를 그 밖의 지역 거주 학생으로 구성하고자 한다. 더욱이 한국대학교는 신입생 중 여학생 비율이 40% 이상 되기를 원하고 있으며, 1,300명의 신입생이 기숙사에 입주하기를 원한다. 기숙사 입사를 제한하는 남녀 학생 비율은 없다. 〈표 1〉은 시간의 흐름에 관계없이 비교적 안정적이었던 기숙사의 남녀 학생 비율을 나타내고 있다. 예를 들어, 해당 광역단체 출신 남학생의 50%가 기숙사에 입주하고 있음을 나타낸다.

〈표 1〉 기숙사에서 생활하는 학생들의 거주지와 성별 비율

거주지	남자	여자
해당 광역단체	0.50	0.60
기타 지역	0.80	0.95

이 대학 입학처는 과거의 경험을 토대로 최소한의 입학자격을 갖춘 지원자들의 최대 숫자를 〈표 2〉와 같이 추정하였다.

〈표 2〉 최소한의 입학자격을 갖춘 학생의 최대 수

학생	문리대학	경영대학	공과대학
해당 광역단체 거주 남학생	800	400	200
해당 광역단체 거주 여학생	400	100	10
기타 지역 거주 남학생	300	100	50
기타 지역 거주 여학생	150	50	5

입학사정위원회는 다음과 같이 입학사정에 고려해야 할 사항들을 그 중요도 순으로 열거하였다.

1. 신입생의 숫자는 2,000명이 되어야 한다.
2. 각 단과대학의 신입생 정원을 달성한다(목표달성 우선순위는 단과대학의 정원크기와 동일하다).
3. 기타 지역 거주 학생의 입학비율이 25%를 초과하지 않도록 한다.
4. 기숙사에 입주하는 신입생의 숫자가 최소한 1,300명이 되게 한다.
5. 여학생의 입학비율이 최소한 40%가 되게 한다.
6. 기숙사 정원 목표에서 50명 이상의 학생을 초과로 받지 않도록 한다.

신입생의 숫자는 정원보다 많거나 적은 경우 모두 문제가 발생할 수 있다. 목표들의 상대적 중요도가 우선순위에 따라 2배씩 차이진다고 가정하고 가중합계모형을 이용하여 위 문제에 대한 만족해를 구하시오.

스마트 경영과학

SMART MANAGEMENT SCIENCE

PART IV 효율성 평가와 스마트한 선택

11

CHAPTER

자료포괄분석

효율성 평가는 말처럼 쉽지 않다. 이 장에서는 유사한 활동을 수행하는 경쟁 조직들의 효율성을 상대적으로 측정하고, 이에 근거해 후속적인 구조조정 방안을 마련해 줄 수 있는 자료포괄분석(DEA: data envelopment analysis)에 대해 학습한다. 다른 조직과 비교해 우리 조직의 효율성은 어느 정도인가? 우리는 효율적으로 운영되고 있는 조직인가, 아니면 비효율적인 조직인가? 우리가 본받아야 할 벤치마킹 대상은 누구인가? 우리가 효율적인 조직으로 변모하기 위해 조정해야 할 투입물과 산출물은 무엇인가? 또 얼마큼 조정해야 하는가? 등 일련의 질문에 대한 답을 모색한다.

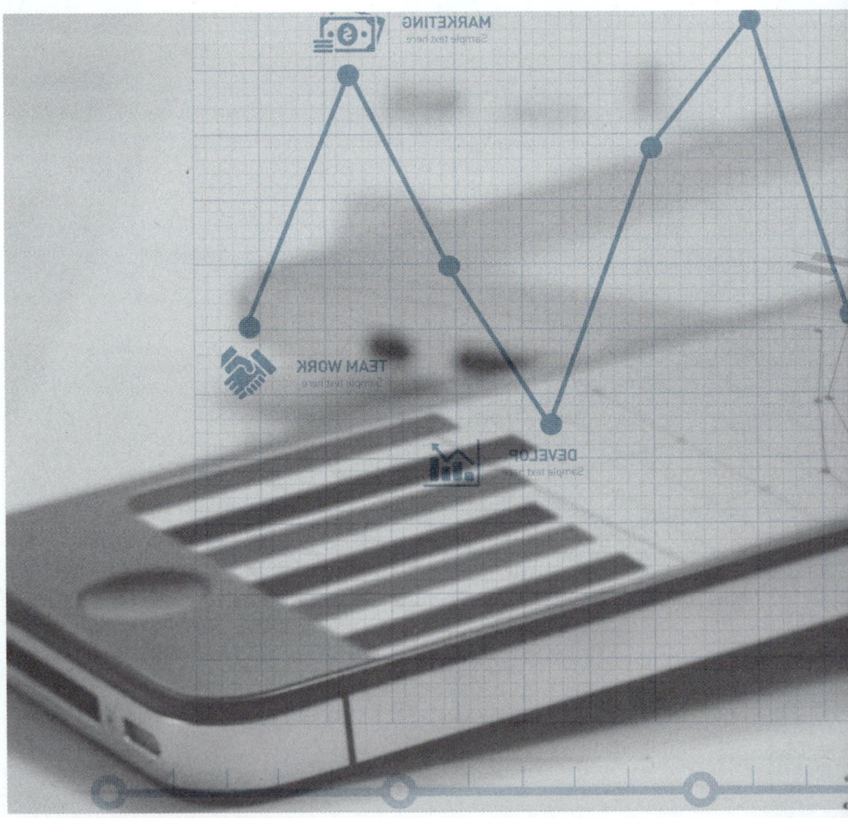

11.1 자료포괄분석의 기본 개념

당신이 이야기하는 것을 측정할 수 있고, 또 그것을 숫자로 표현할 수 있다면 당신은 그것에 대해 뭔가를 아는 것이다. 그렇지 않다면 당신의 지식이란 건 보잘 것 없을 뿐만 아니라 불충분한 것이다.

– 켈빈 남작 윌리엄 톰슨(William Thomson, Lord Kelvin), 영국의 수리물리학자

자료포괄분석(DEA: data envelopment analysis)
벤치마킹(benchmarking)
의사결정단위(DMUs: decision making units)

과연 우리 조직은 효율적으로 운영되고 있는가? 본 장에서 학습할 **자료포괄분석(DEA: data envelopment analysis)**는 이러한 질문에 대한 답을 하는데 도움을 줄 수 있다. DEA는 기본적인 분석을 통해서도 다음과 같은 **벤치마킹(benchmarking)**을 위한 세 가지 중요한 질문에 대한 답을 제공한다. ① 과연 우리는 다른 조직에 비해서 효율적인가, 아니면 비효율적인가? ② 만일 우리가 비효율적으로 운영되고 있다면 우리가 모범으로 삼아야 할 효율적인 조직은 어느 조직인가? ③ 비효율적인 조직이 효율적인 조직으로 변모하기 위해서는 어떻게 구조조정을 해야 하는가? 지금부터 학습하는 DEA를 통해 이 세 가지 질문에 대해 답해보도록 하자.

1 DEA란 무엇인가?

DEA는 유사한 활동을 수행하는 **의사결정단위들(DMUs: decision making units)**의 효율성을 측정, 비교, 평가하는 방법으로, 의사결정단위들은 [그림 11-1]처럼 다수의 속성(attributes)이 다른 투입물(multiple incommensurate inputs)을 다수의 속성이 다른 산출물(multiple incommensurate outputs)로 변환(transformation)시키는 활동을 수행한다. DEA에서 의사결정단위란 평가대상 조직을 말한다. 예를 들어, 서울에 있는 모 은행의 40개 지점의 효율성을 상대적으로 평가하고자 할 때, 40개 지점 각각은 의사결정단위의 역할을 한다.

그림 11-1
투입, 변환, 산출

투입물(inputs)
산출물(outputs)

[그림 11-1]에서 **투입물(inputs)**은 보통 의사결정단위들이 이용하는 여러 가지 자원을 나타내며, **산출물(outputs)**은 이러한 자원을 이용해서 의사결정단위가 수행한 활동의 수준(activity levels)이나 성과(performance measures)를 말한다. 투입물의 예로는 부품, 노동력, 자금 등을 들 수 있고, 산출물로는 영업이익, 매출, 생산량, 불량률, 소비자 만족도 등을 예로 들 수 있는데, 다수의 투입물과 산출물은 속성이 다른 만큼 그 측정단위도 다른 특징을 갖는다.

2 효율성의 정의

효율성

특정 의사결정단위의 **효율성**이란 투입물의 가중합계에 대한 산출물의 가중합계 비율로 정의한다.

$$\text{효율성} = \frac{\text{산출물의 가중합계}}{\text{투입물의 가중합계}}$$

위의 효율성을 측정하는 식을 보면, 여러 개의 투입물과 여러 개의 산출물의 가중합계를 이용하여 의사결정단위의 효율성이 쉽게 측정될 수 있는 것처럼 보이지만 실제로 효율성을 측정하는 것은 생각처럼 쉬운 일이 아니다. 가중합계를 구하기 위해서는 여러 개의 투입물과 여러 개의 산출물의 가중치를 알고 있어야 하는데, 이러한 가중치는 쉽게 구할 수 있는 것이 아니기 때문이다.

결론적으로 말하면, DEA에서는 투입물과 산출물의 가중치를 미리 결정하는 것이 아니라 수리적 모형을 이용해 각 의사결정단위에게 가장 유리한, 즉 그 의사결정단위의 효율성을 극대화 시키는 가중치를 도출하게 된다. 따라서 투입물과 산출물의 가중치는 모든 의사결정단위에 공통적으로 적용되는 것이 아니라 의사결정단위마다 다를 수 있다. 그 이유가 무엇인지 다음의 대화를 통해 알아보자.

3 투입물과 산출물의 가중치 결정에 관한 두 사람의 대화

갑: DEA에서는 각 의사결정단위의 투입물과 산출물의 가중치가 해당 의사결정단위에게 가장 유리하도록(즉, 해당 DMU의 효율성을 극대화하도록) 수리적 모형에 의해 그 값이 도출됩니다.

을: 그렇다면 의사결정단위마다 투입물과 산출물의 가중치는 달라질 수 있다는 이야기인데, 모든 의사결정단위의 효율성을 공정하게 비교하기 위해서는 사전에 공통적으로 적용할 투입물과 산출물의 가중치를 결정해야 하는 것이 아닙니까?

갑: 우리가 공정하다고 생각하는 것이 오히려 **공정성(fairness)**을 해칠 수도 있습니다. 예를 들어, 서울 시내 초등학교의 효율성을 평가하는 문제에서 서울 시내 모든 초등학교의 학생을 대상으로 치러진 학력고사의 점수를 산출물로 사용한다고 가정해 봅시다. 보통 공정성을 위해 사전에 여러 교과목의 점수, 예를 들어 국어, 수학, 영어, 음악, 체육 등의 점수에 공통적으로 적용하는 가중치를 선정하는데, 이러한 가중치의 선정은 오히려 특정 학교에는 불리한 결과를 가져올 수 있습니다. 예를 들어, 어떤 초등학교의 설립목적이 음악 영재를 기르는 것이라면 국어, 수학, 영어에 부여된 상대적으로 큰 가중치는 음악을 중요시하는 이 초등학교에는 오히려 공정하지 않게 작용할 수 있기 때문입니다. 결론적으로, DEA에서는 모든 의사결정단위에 공통적으로 적용되는 투입물과 산출물의 가중치를 사전에 결정하지 않습니다.

공정성(fairness)

을: 가중치를 사전에 결정하지 않는 또 다른 이유는 무엇인지요?

갑: 당신이라면 실제로 그러한 가중치를 결정할 수 있습니까? 특히 의사결정자가 여러 명일 경우 그들의 가중치에 대한 각기 다른 생각들을 어떻게 종합하거나 합의에 이르게 할 수 있는지요? 그들 모두가 동의할 수 있는 투입물과 산출물에 대한 가중치의 결정이 실무적으로 가능할까요?

4 가중치의 사전 결정이 어려운 이유

첫째, 투입물의 가중치는 **투입물 단위당 비용(cost per unit)**을 의미하고, 산출물의 가중치는 **산출물 단위당 가치(value per unit)**라고 말할 수 있다. 그런데 속성과 측정

투입물 단위당 비용(cost per unit)

산출물 단위당 가치(value per unit)

단위가 다양한 투입물과 산출물의 비용 및 가치를 상대적으로 평가하는 것은 실제로는 매우 어려운 일이다. 특히, 의사결정단위가 공공부문이나 서비스 산업에 속하는 경우에는 더욱 그렇다. 왜냐하면 이러한 조직의 경우, 투입물이나 산출물이 정량적(quantitative)이기보다는 정성적인(qualitative) 특성을 갖는 경우가 많기 때문이다. 다음 질문에 답해보자.

① 모든 투입물의 비용과 모든 산출물의 가치를 하나의 측정단위(예를 들어, 화폐단위)로 변환하여 측정할 수 있는가? 이를 위해서는 투입물과 산출물 한 단위의 화폐가치를 추정하는 것이 필요한데, 예를 들어 고객만족도 1점의 화폐가치가 얼마라고 정확히 추정하는 것이 가능한가? 무척 어려운 일이다. 추정을 한다 해도 그 결과가 정확치 않다면, 정확치 않은 추정치에 기반한 효율성 평가는 그 의미를 잃게 될 것이다.

절충관계(trade-offs)

② 가중치란 여럿 간의 절충관계를 수치로 표현한 것이다. 그런데 속성이 다르고 측정단위도 상이한 다수의 투입물 또는 다수의 산출물, 예를 들어 종업원 수, 연료사용량, 매출액, 시장점유율, 고객만족도, 불량률들 간의 **절충관계(trade-offs)**를 당신이라면 정확히 측정할 수 있는가? 이 또한 실무적으로 무척 어려운 일이다.

둘째, 평가대상 조직들, 즉 의사결정단위들은 물론 유사한 변환 과정(transformation process)을 갖고 있지만, 의사결정단위마다 수행하는 구체적인 활동은 다를 수 있다. 의사결정단위 각각은 자신의 투입물과 산출물의 비용 및 가치를 달리 평가할 수 있으며, 따라서 투입물과 산출물의 가중치는 획일적으로 같기보다는 해당 조직의 특성에 따라 달라질 수 있다. 그리고 이것이 오히려 모든 의사결정단위에게 공정하고도 불만 없는 가중치로서의 역할을 할 수 있다.

5 DEA의 기본 가정

① 의사결정단위 각각은 투입물의 단위당 비용과 산출물의 단위당 가치를 달리 평가할 수 있다. 즉, 투입물과 산출물의 가중치를 달리하여 자신의 효율성을 측정할 수 있다.

② 의사결정단위 각각은 자신에게 가장 우호적인, 즉 자신의 효율성을 극대화 하는 가중치를 이용하여 효율성을 측정한다. 자신에게 가장 우호적인 가중치가 부여

되었는데도 불구하고 비효율적인 단위로 평가되었다면 그 의사결정단위는 다른 어떤 가중치를 적용해도 비효율적일 수밖에 없다는 것을 의미한다.

11.2 자료포괄분석의 적용

DEA를 예제에 적용함으로써 의사결정단위의 효율성이 어떻게 측정되는지 알아보자. 우선 투입물이 하나이고 산출물이 두 개인 간단한 예제에서 시작하여 다수의 투입물과 다수의 산출물을 갖는 일반적인 예제로 확장해 보자.

1 단순예제

<표 11-1>은 하나의 투입물과 두 가지 산출물을 갖는 의사결정단위(DMUs) 세 곳의 효율성을 측정하는 문제이다. 이 예제를 이용하여 DEA가 효율성 평가 문제에 어떻게 적용되는지 기본적으로 살펴보자. 이 문제에서 우리는 각 의사결정단위가 다른 의사결정단위들과 비교하여 얼마나 효율적인지를 평가하고자 한다.

만일 산출물이 두 가지가 아니라 산출물 1 하나라면 각 의사결정단위의 효율성은 투입물 대비 산출물의 비율로 쉽게 구할 수 있고, 이 경우 그 비율이 가장 큰 DMU 1이 가장 효율적인 단위라고 말할 수 있다. 하지만 산출물이 하나 더 추가됨으로써 효율성 평가문제는 이제 쉽지 않은 문제가 된다. 예제에서 투입물은 하나이고 그 양도 동일하지만 산출물의 경우는 어느 하나의 값이 크면 다른 하나의 값은 작은 특징을 갖고 있다. 더욱 문제를 어렵게 하는 것은 산출물 1과 산출물 2가 동일한 측정단위를 갖는 동일한 속성의 산출물이 아니라는 데 있다. 예를 들어, 산출물 1은 측정단위가 억 원인 매출액이고, 산출물 2는 측정단위가 %인 시장점유율이라면 두 산출물의 가중합계를 구할 수 있어야 효율성을 측정할 수 있을 것이다. 이처럼 투입물과 산출물이 다수인 경우, 효율성의 측정은 생각처럼 쉬운 작업이 아니다.

표 11-1
단순예제의 투입-산출 자료

	투입물	산출물 1	산출물 2
DMU 1	100	40	0
DMU 2	100	20	5
DMU 3	100	10	20

이제 DEA를 이용하여 의사결정단위들의 효율성을 측정해 보자. 예로써 DMU 2의 상대적 효율성을 구해보자. 의사결정단위의 효율성을 구하기 위해서는 우리가 앞서 학습했던 선형계획모형을 이용하게 된다. 우선 DMU 2의 상대적 효율성을 구하는 개념적 모형은 다음과 같다.

① 개념적 모형

MAX DMU 2의 효율성
$s.t.$ 모든 DMU의 효율성 ≤ 1
모든 가중치 > 0

우선 위의 개념적 모형이 추구하는 바는 DMU 2의 효율성을 극대화 하는 것이다. 그리고 목적함수의 값이 무한히 커지는 것을 제한하는 조건으로는, 첫째 모든 DMU의 효율성은 1 이하의 값으로 표준화하는 것이다. 모든 DMU의 효율성을 1 이하의 값으로 측정함으로써 각 DMU가 다른 DMU들과 비교하여 얼마나 효율적인지를 알 수 있다.

둘째, 모든 투입물과 산출물의 가중치가 양(+)의 값을 갖도록 하는 것이다. 모형에서 투입물과 산출물의 가중치는 의사결정변수의 역할을 한다. 여기서 모든 가중치가 양수이어야 한다는 조건은 일반적인 선형계획모형에서의 비음조건과는 조금 다르다. 비음조건이란 의사결정변수가 '0' 이상의 값을 가져야 한다는 것으로, 위 모형에서는 의사결정변수가 '0'의 값을 갖는 경우를 배제하였음을 알 수 있다. 즉, 모든 가중치가 양수이어야 한다는 조건은 모든 투입물과 산출물을 고려하여 효율성을 측정해야 한다는 의미이다. 모형을 통해 각 의사결정단위에게 가장 유리한 가중치가 부여되도록 하겠지만 자신에게 불리한 투입물이나 산출물이라고 그것의 가중치를 '0'으로 하여 효율성 측정 시 해당 투입물이나 산출물을 배제하지 못하도록 하는 조건이다. 즉, 모든 의사결정단위는 공정한 평가를 위해 모든 투입물과 산출물을 이용해야 함을 의미한다.

이제 개념적 모형을 후속적으로 분석하기 위해 수리적 모형으로 전환하면 다음과 같다.

② 수리적 모형

DMU 2의 효율성 평가모형은 다음과 같다. 모형에서 DMU 2의 효율성은 E_2로 표기하고, 산출물 1과 산출물 2의 가중치는 각각 V_1과 V_2로 나타냈다.

$$
\begin{aligned}
&MAX\ E_2 = [V_1(20) + V_2(5)]/100 \\
&s.t. \quad [V_1(40) + V_2(0)]/100 \le 1 \quad \text{(DMU 1)} \\
&\qquad\ \ [V_1(20) + V_2(5)]/100 \le 1 \quad \text{(DMU 2)} \\
&\qquad\ \ [V_1(10) + V_2(20)]/100 \le 1 \quad \text{(DMU 3)} \\
&\qquad\ \ V_1, V_2 \ge \varepsilon > 0
\end{aligned}
$$

여기서 ε는 매우 작은 양의 상수

위 모형은 의사결정변수가 V_1과 V_2인 선형계획모형으로, 모형의 해는 DMU 2에게 가장 우호적인 가중치(V_1과 V_2의 값)를 제공해 줄뿐만 아니라 다른 DMU들에 비해 DMU 2가 얼마나 효율적으로 운영되는지 그 상대적 효율성(목적함수의 값)도 제공한다.

모형에서 **ε(epsilon, 엡실론)**은 매우 작은 양수를 나타내는 기호이다. V_1과 V_2가 양수이어야 한다는 조건을 수리적으로 분석하기 위해서는 V_1과 V_2의 하한값을 설정하는 것이 필요한데, ε은 이 목적으로 사용한다. 일반적으로 ε의 값으로 10^{-6}이 사용되곤 하는데, 사실 이 값은 '0'과 실무적으로 큰 차이가 없으므로 엑셀의 해 찾기를 이용하여 모형의 해를 구할 경우에는 가중치의 값을 비음으로 설정해도 무방하다. 단, 가중치의 값이 양수이어야 한다는 조건은 다른 DMU들과 동일하게 모든 투입물과 산출물을 이용하여 효율성을 측정한다는 의미가 있음을 알고 있어야 한다. 가중치의 값을 비음으로 설정하여 해 찾기로 모형의 해를 구하게 되면, 해당 DMU에게 불리한 투입물이나 산출물의 가중치는 '0'의 값을 갖게 될 것이다.

ε(epsilon, 엡실론)

DMU 1과 DMU 3의 상대적 효율성도 위와 유사한 모형을 만들어 각각 구할 수 있다. 실제로 DMU 1과 DMU 3에 대한 모형은 DMU 2의 효율성 측정모형에서 목적함수만 달리 표현하면 된다. 즉, DMU 1과 DMU 3의 효율성을 각각 E_1, E_3로 표기하면, DMU 1의 효율성 측정모형의 목적함수는 $MAX\ E_1 = [V_1(40) + V_2(0)]/100$, DMU 3의 효율성 측정모형의 목적함수는 $MAX\ E_3 = [V_1(10) + V_2(20)]/100$이다. 위 문제의 경우 모형의 제약조건은 모두 동일하다.

2 모형의 결과 해석

의사결정단위(DMU)의 효율성 측정을 위한 선형계획모형의 해는 다음과 같이 해석한다.

효율적(efficient)

① 평가대상 DMU의 효율성(목적함수의 값)이 ‘1’로 나타나는 경우, 해당 DMU는 다른 DMU들과 비교하여 **효율적(efficient)**인 조직으로 판단한다.

비효율적(inefficient)

② 평가대상 DMU의 상대적 효율성이 ‘1’보다 작은 수치로 나타날 경우, 해당 DMU는 다른 DMU들과 비교하여 **비효율적(inefficient)**인 조직으로 평가한다. 이러한 결과는 현재의 DMU들 중에는 이 DMU보다 효율적인 조직(들)이 분명히 존재한다는 말이다.

③ 자신에게 가장 우호적인(즉, 자신의 효율성을 극대화시키는) 가중치를 적용했는데도 불구하고 비효율적인 조직으로 판명되었다는 말은 다른 어떠한 가중치를 적용하더라도 비효율적으로 판명될 수밖에 없다는 말이다. 따라서 해당 DMU가 비효율적인 조직이라는 강력한 메시지(a strong statement for inefficiency)를 제공한다.

④ DMU 1, 2, 3의 효율성을 모형을 통해 측정한 결과는 다음과 같다.

DMUs	DMU 1	DMU 2	DMU 3
효율성	1.0	0.6875	1.0

3 효율성 지수의 의미

비효율성의 정도

① DMU의 효율성 지수는 해당 DMU가 다른 DMU들에 비해 효율적인 단위인지의 여부와 함께 비효율적인 단위의 경우, **비효율성의 정도**를 알려준다. 예를 들

어, DMU 2의 상대적 효율성은 0.6875로 나타났다. 이 수치는 DMU 2가 다른 DMU들에 비해 상대적으로 비효율적인 단위임을 의미한다. 그리고 DMU 2의 비효율성 정도는 개략적으로 다음과 같이 표현할 수 있다. DMU 2는 자신이 현재 사용하는 자원(input)의 68.75% 정도만 사용해도 현재의 산출물 수준은 달성할 수 있다.

② ①의 비효율성 정도에 대한 해석은 다음과 같이 좀 더 정확히 표현할 수 있다. DMU 2의 **벤치마킹 대상**(DMU 2와 투입물 및 산출물 구조가 유사한 효율적인 단위들을 말한다. 이 예제에서는 DMU 1과 DMU 3이다.)을 **선형결합(linear combination)**해서 만든 **가상의 효율적 단위(virtual efficient unit)**는 현재 DMU 2가 사용하는 자원의 68.75%만 가지고도 DMU 2와 동일한 산출물을 내놓을 수 있다는 말이다.

벤치마킹 대상
선형결합(linear combination)
가상의 효율적 단위(virtual efficient unit)

③ 여기서 가상의 효율적 단위는 DMU 2가 효율적 단위로 변모하기 위해 **구조조정의 목표로 삼아야 할 조직(target unit)**이 된다. 비효율적인 단위가 벤치마킹 대상(모범으로 삼아야 할 현존하는 조직, 위의 예에서는 DMU 1와 DMU 3)을 구조조정 목표로 삼지 않고, 벤치마킹 대상의 투입물과 산출물을 선형결합하여 만든 가상의 효율적 단위를 구조조정 목표로 삼는 이유는 무엇일까? 구조조정의 크기를 가장 작게 하면서, 즉 투입물과 산출물의 변화를 가장 작게 하면서 가장 빨리 효율적인 단위로 변모할 수 있는 방법이기 때문이다. 여기에 대해서는 나중에 구체적으로 이야기 하도록 한다.

구조조정 목표(target unit)

[그림 11-2]는 비효율적인 단위로 판명된 DMU 2에 대한 해 찾기 결과이고, [그림 11-3]과 [그림 11-4]는 효율적인 단위로 판명된 DMU 1과 DMU 3 각각에 대한 해 찾기 결과이다. 효율적인 단위의 경우는 해답 보고서만 있으면 되지만 비효율적인 단위의 경우, 결과의 후속적 분석을 위해 해답 보고서와 민감도 보고서 모두가 필요하다. 비효율적인 단위의 경우, 후속적으로 벤치마킹 대상의 판별과 효율적인 단위로 변모하기 위한 **구조조정 방안**을 마련할 필요가 있기 때문이다.

구조조정 방안

그림 11-2

DMU 2 모형의 해 찾기 결과

〈해답 보고서〉

목표 셀 (최대값)

셀	이름	계산 전의 값	계산 값
$C$9	목적함수	0	0.6875

변수 셀

셀	이름	계산 전의 값	계산 값	정수
$B$3	V1	0	2.5	Contin
$C$3	V2	0	3.75	Contin

제한 조건

셀	이름	셀의 값	수식	상태	조건과의 차
$D$5	제약조건1	1	$D$5<=$F$5	만족	0
$D$6	제약조건2	0.6875	$D$6<=$F$6	부분적 만족	0.3125
$D$7	제약조건3	1	$D$7<=$F$7	만족	0

〈민감도 보고서〉

변수 셀

셀	이름	계산 값	한계 비용	목표 셀 계수	허용 가능 증가치	허용 가능 감소치
$B$3	V1	2.5	0	0.2	1E+30	0.175
$C$3	V2	3.75	0	0.05	0.35	0.05

제한 조건

셀	이름	계산 값	잠재 가격	제한 조건 우변	허용 가능 증가치	허용 가능 감소치
$D$5	제약조건1	1	0.4375	1	0.714285714	1
$D$6	제약조건2	0.6875	0	1	1E+30	0.3125
$D$7	제약조건3	1	0.25	1	1.25	0.75

세 DMU의 해답 보고서를 보면 우선 목적함수는 해당 DMU의 효율성 지수를 보여주고 있다. 비효율적인 단위로 판명된 DMU 2의 해답 보고서([그림 11-2] 참조)에서 목적함수 값과 두 번째 제약조건(DMU 2의 효율성은 1 이하이다.)의 조건과의 차의 합이 '1'이 됨을 눈 여겨 보라. 아울러 효율성 측정에 사용된 두 산출물의 가중치가 DMU마다 각각 다름을 눈 여겨 보라. 각각의 DMU에 가장 우호적인 가중치가 적용되었음에도 불구하고 DMU 2의 효율성 지수는 '1'보다 작게 나와 비효율적인 단위로 평가되었는데, 이 결과는 DMU 2가 다른 어떤 가중치를 부여받더라도 비효율적인 단위가 될 수밖에 없다는 강력한 메시지를 우리에게 전한다.

〈해답 보고서〉

목표 셀 (최대값)

셀	이름	계산 전의 값	계산 값
$C$9	목적함수	0	1

변수 셀

셀	이름	계산 전의 값	계산 값	정수
$B$3	V1	0	2.5	Contin
$C$3	V2	0	0	Contin

제한 조건

셀	이름	셀의 값	수식	상태	조건과의 차
$D$5	제약조건1	1	$D$5<=$F$5	만족	0
$D$6	제약조건2	0.5	$D$6<=$F$6	부분적 만족	0.5
$D$7	제약조건3	0.25	$D$7<=$F$7	부분적 만족	0.75

그림 11-3

DMU 1 모형의 해 찾기 결과

〈해답 보고서〉

목표 셀 (최대값)

셀	이름	계산 전의 값	계산 값
$C$9	목적함수	0	1

변수 셀

셀	이름	계산 전의 값	계산 값	정수
$B$3	V1	0	0	Contin
$C$3	V2	0	5	Contin

제한 조건

셀	이름	셀의 값	수식	상태	조건과의 차
$D$5	제약조건1	0	$D$5<=$F$5	부분적 만족	1
$D$6	제약조건2	0.25	$D$6<=$F$6	부분적 만족	0.75
$D$7	제약조건3	1	$D$7<=$F$7	만족	0

그림 11-4

DMU 3 모형의 해 찾기 결과

한편, DMU 1과 DMU 3에 대한 해 찾기 결과를 보면, 어떤 가중치의 값은 '0'으로 나타났음을 알 수 있다. 이는 해당 투입물이나 산출물을 고려하지 않는다는 의미가 아니라, 앞서 언급했듯이 투입물과 산출물의 가중치 값의 하한선을 매우 작은 양수 ε으로 제한하는 것이 원칙이나, 실무적으로는 이러한 제약조건을 설정하든 비음조건으로 처리하든 별 차이가 없으므로 해 찾기를 이용할 때 모든 가중치를 비음조건으로 처리해서 나타난 결과이다.

이제 효율성 지수의 의미에 대해 보다 구체적으로 알아보자. 왜 효율성 지수의 값이 '1'이면 해당 DMU를 효율적이라 평가하고, '1'보다 작으면 비효율적으로 평가하는지 그 이유를 그래프를 이용해 알아보자. 일반적으로 DEA는 그래프만 가지고는 분석하기 힘들다. 하지만 지금 우리가 다루고 있는 예제는 투입물은 하나이고 산출물이 두 개인, 그리고 모든 DMU의 투입물 양도 동일한 문제이므로 이차원 평면에 그래프를 그려 분석할 수 있다. 그래프 분석은 효율성 지수의 의미를 명확히 알 수 있게 해주며, 앞으로 우리가 답하고자 하는 질문에 대한 통찰력도 제공한다.

11.3 그래프를 이용한 효율성 분석

[그림 11−5]는 세 DMU의 효율성을 나타내고 있다. [그림 11−5]에서 횡축은 산출물 1, 종축은 산출물 2를 나타내며, 그래프 상의 점 A, B, C는 각각 DMU 1, 2, 3의 산출물 1과 산출물 2의 조합을 나타낸다. 평가대상 세 조직(DMU)의 투입물 양은 100으로 동일하므로 두 가지 산출물의 비교를 통해 효율성을 평가할 수 있다.

그림 11−5
효율적 경계와 효율성 지수

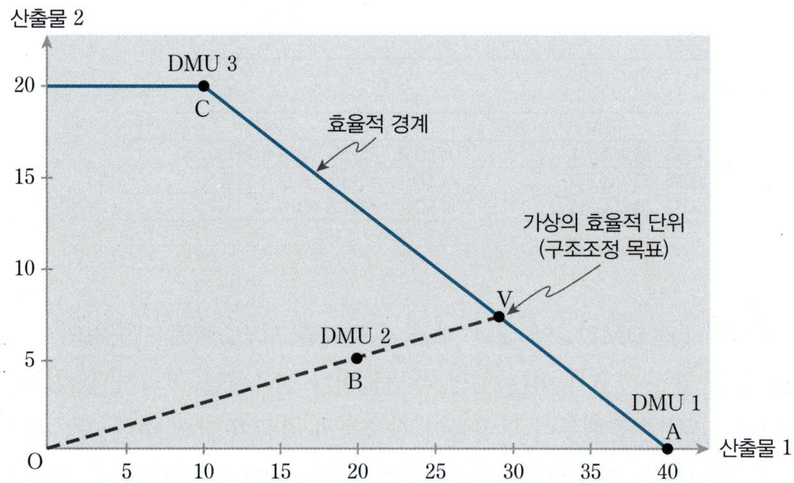

OB/OV = 0.6875

1 효율적 경계

효율적 경계(efficient frontier)
경험적 효율적 경계(empirical efficient frontier)

효율성 측정 모형을 통해 DMU 1과 3은 효율적인 단위임을 알고 있다. 이제 효율적으로 판명된 DMU 1과 3의 산출물 조합인 점 A와 점 C를 선으로 연결해 보자. 그리고 점 C에서 왼쪽으로 수평선을 그어 공간을 막아보자. 효율적 단위들의 산출물 조합을 연결한 이 직선을 **효율적 경계**(efficient frontier)라고 부른다.[1] 이 효율적 경계는 실제 자료를 이용해 만든 것이므로 **경험적 효율적 경계**(empirical efficient frontier)라고도 부른다. 이 효율적 경계 위에는 효율적 단위들의 산출물 조합인 점 A와 C가 존재하며, 이 효율적 경계 내부에는 비효율적인 단위인 DMU 2의 산출물 조합인 점 B가 위치함을 알 수 있다.

2 방사거리의 비율

방사거리(radial distance)

[그림 11-5]에서 DMU의 효율성은 **방사거리**(radial distance)의 비율로 측정된다. 방사거리의 비율이란 원점에서 시작하여 해당 DMU의 투입-산출 구조를 지나 효율적 경계와 만나는 점까지의 직선거리에 대한 원점에서 시작하여 해당 DMU의 투입-산출 구조를 나타내는 점까지의 직선거리의 비율을 말한다. [그림 11-5]를 보면 DMU 1과 3의 경우, 방사거리의 비율은 1이 됨을 알 수 있다. 하지만 DMU 2의 경우, 방사거리의 비율은 선분 OV에 대한 선분 OB의 비율로, 이 비율은 1보다 작음을 알 수 있다. 실제로 이 비율은 선형계획모형에 의해 구해진 DMU 2의 효율성 지수 0.6875와 일치한다. 즉, 효율적 단위들의 방사거리의 비율은 '1'이 되고, 비효율적인 단위의 방사거리 비율은 '1'보다 작음을 알 수 있다.

자료포괄분석(DEA: data envelopment analysis)이라는 이름의 유래 [그림 11-5]에서 보듯이 평가대상 조직들의 모든 투입물 및 산출물 자료는 효율적 경계 내에 포함되어 있다. 즉, 효율적 경계 내에 포함된(envelop) 모든 자료(data)를 이용해 분석(analysis)한다는 의미에서 자료포괄분석이라는 이름이 붙여졌다.

1) 이 예제에서는 투입물이 하나이고 그 양이 동일하므로 산출물 조합만을 연결한 직선이 효율적 경계가 되지만, 일반적으로 효율적 경계는 효율적 단위들의 투입물과 산출물의 조합을 연결한 것이다.

벤치마킹 대상
참조집단(reference group)
동료그룹(peer group)

3 벤치마킹 대상

현재 비효율적인 단위로 판명된 DMU 2가 모범으로 삼아야 할 벤치마킹 대상은 누구일까? **벤치마킹 대상**이란 비효율적인 단위와 투입–산출 구조가 유사하면서 효율적인 단위로 판명된 DMU를 말한다. **참조집단(reference group)** 또는 **동료그룹(peer group)**이라고도 한다. 위의 예제에서는 [그림 11–5]에서 보듯이 효율적 경계 상에 위치한 효율적 단위인 DMU 1과 3이 벤치마킹 대상이 될 것이다. 하지만 벤치마킹 대상이 바로 비효율적인 단위가 효율적인 단위로 변모하기 위한 구조조정 목표가 되는 것은 아니다. 벤치마킹 대상은 구조조정 목표를 만드는 도구가 된다.

구조조정
가상의 효율적 단위

4 구조조정 목표

비효율적인 단위가 효율적인 단위로 변모하기 위해서는 투입물과 산출물의 조정, 즉, **구조조정**이 필요하다. 구조조정의 목표가 되는 조직은 벤치마킹 대상 자체가 아니라 벤치마킹 대상의 투입–산출 구조를 선형결합해 만든 **가상의 효율적 단위**이다. [그림 11–5]에서 점 V는 DMU 2가 구조조정의 목표로 삼아야 할 가상의 효율적 단위의 투입–산출 구조를 나타나고 있다. 즉, 비효율적인 단위인 DMU 2는 효율적인 단위가 되기 위해 점 A나 점 C를 목표로 삼는 것이 아니라, 점 A와 점 C를 선형결합해서 만든 점 V를 목표로 한다. 이렇게 함으로써 가장 빠른 시간 내에 가장 작은 변화를 통해서 효율적 경계로 이동할 수 있는 것이다. [그림 11–5]에서 보듯이 점 B에서 점 V로 이동하는 것이 점 A나 점 C로 이동하는 것보다 훨씬 그 이동 거리가 짧음을 알 수 있다.

하지만 여기서 한 가지 주의해야 할 사항이 있다. 효율적인 단위라고 해서 항상 비효율적인 단위의 벤치마킹 대상이 되는 건 아니라는 것이다. 이를 설명하기 위해 [그림 11–6]을 고려해 보자. [그림 11–6]은 [그림 11–5]를 연장한 것으로 [그림 11–6]에는 여섯 개의 DMU가 존재한다. 이 중 DMU 1, 2, 3, 4는 효율적 경계를 구성하는 효율적인 단위이고, DMU 5와 6은 효율적 경계 내부에 존재하는 비효율적인 단위임을 알 수 있다.

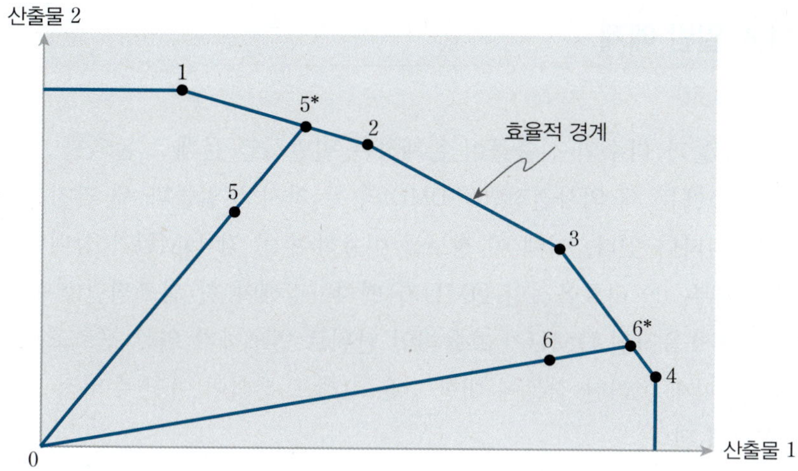

그림 11-6
벤치마킹 대상과 구조조정 목표 찾기

[그림 11-6]에서 DMU 5의 벤치마킹 대상이 누구인지 판별해보자. DMU 1, 2, 3, 4가 효율적인 단위로 판명되었지만 DMU 5의 벤치마킹 대상은 효율적인 단위 모두가 아니라 DMU 1과 2로 한정된다. DMU 3과 4는 왜 DMU 5의 벤치마킹 대상에서 제외된 것일까? DMU 3과 4도 효율적인 단위이긴 하지만 DMU 5와는 투입-산출 구조에서 큰 차이를 보이기 때문이다. 중소 전자업체가 삼성전자와 같은 대규모 전자업체를 벤치마킹하지 못하는 이유이다. 그리고 DMU 5가 효율적인 단위로 변모하기 위해 목표로 삼아야 할 조직은 벤치마킹 대상인 DMU 1과 2가 아니라 이 둘을 선형결합해 만든 가상의 효율적 단위 5^*가 된다. 비효율적인 단위 6의 경우도 마찬가지 이유로 벤치마킹 대상은 DMU 3과 4가 되고, 구조조정 목표는 가상의 효율적 단위인 6^*가 된다.

지금까지의 그래프 분석은 다수의 투입물과 다수의 산출물이 존재하는 일반적인 상황에서는 이용하기 어렵다. 왜냐하면 다수의 투입물과 다수의 산출물이 존재하는 문제의 경우, 이를 이차원 평면에 그래프로 나타낼 수 없기 때문이다. 예를 들어, 위 예제와 같이 두 가지 산출물만 고려해서 효율성을 평가할 수 있는 간단한 예제에서는 비효율적인 단위의 벤치마킹 대상이 왜 효율적으로 평가된 단위들 모두가 될 수 없는지, 그리고 비효율적인 단위와 투입-산출 구조가 유사한 벤치마킹 대상이 누구인지를 그래프를 이용하여 설명할 수 있었다. 하지만 다수의 투입물과 다수의 산출물이 존재하는 일반적인 상황에서는 이를 그래프로 표현할 수 없기 때문에 비효율적인 단위의 벤치마킹 대상은 수리적 모형의 결과를 보고 판단하게 된다.

11.4 일반 예제

다수의 투입물과 다수의 산출물이 존재하는 일반적인 문제로 논의를 연장해 보자. 〈표 11-2〉에는 세 의사결정단위(DMU)의 두 가지 투입물과 세 가지 산출물에 대한 정보가 나타나 있다. 이제 이 정보를 이용하여 ① 각 DMU가 상대적으로 효율적인지의 여부, ② 비효율적인 DMU가 벤치마킹해야 할 참조집단(벤치마킹 대상)의 판별, ③ 비효율적인 DMU가 효율적인 단위로 변모하기 위한 구조조정 방안을 모색해 보자. 이제 이러한 질문에 대한 답은 그래프 분석이 아닌 수리적 모형의 해를 이용해 찾게 된다.

표 11-2
일반 예제의 투입-산출 자료

DMUs	투입물 1	투입물 2	산출물 1	산출물 2	산출물 3
1	5	14	9	4	16
2	8	15	5	7	10
3	7	12	4	9	13

1 의사결정단위의 효율성 측정

각 DMU의 상대적 효율성은 앞서와 같이 선형계획모형을 이용해서 측정한다. 예를 들어, DMU 2의 상대적 효율성을 측정하기 위한 모형은 다음과 같다.

$$
\begin{aligned}
&MAX\ E_2 = [5V_1+7V_2+10V_3]/[8U_1+15U_2]\\
&s.t.\quad [9V_1+4V_2+16V_3]/[5U_1+14U_2]\le 1\\
&\qquad\ [5V_1+7V_2+10V_3]/[8U_1+15U_2]\le 1\\
&\qquad\ [4V_1+9V_2+13V_3]/[7U_1+12U_2]\le 1\\
&\qquad\ U_1,\ U_2,\ V_1,\ V_2,\ V_3 \ge \varepsilon
\end{aligned}
$$

여기서 U_i: 투입물 i의 가중치($i=1, 2$)
V_i: 산출물 i의 가중치($i=1, 2, 3$)
ε: 매우 작은 양의 상수

위 모형은 우리가 지금까지 보아온 선형계획모형의 형태와는 조금 다르다. 제약조건의 경우, 좌변항의 분모를 우변항으로 이동하면 선형의 식이 되지만, 목적함수는 선형의 조건을 위배하고 있다. 이러한 선형계획모형을 **분수선형계획모형(fractional LP model)**이라고 한다. 이 모형을 해결하는 방법은 목적함수의 분모를 '1'로 놓고 제약조건으로 추가하는 것이다. 목적함수의 분모를 '1'로 놓게 되면 목적함수는 분자만 남게 된다. 목적함수의 분모를 '1'로 놓아 제약조건에 추가하고, 기존 제약조건의 좌변항의 분모를 우변항으로 이동하면 위의 분수선형계획모형은 다음과 같은 일반적인 선형계획모형으로 바뀌게 된다.

분수선형계획모형(fractional LP model)

$$
\begin{aligned}
MAX\ E_2 &= 5V_1+7V_2+10V_3 \\
s.t. \quad & 8U_1+15U_2=1 \\
& 9V_1+4V_2+16V_3 \le 5U_1+14U_2 \\
& 5V_1+7V_2+10V_3 \le 8U_1+15U_2 \\
& 4V_1+9V_2+13V_3 \le 7U_1+12U_2 \\
& U_1,\ U_2,\ V_1,\ V_2,\ V_3 \ge \varepsilon
\end{aligned}
$$

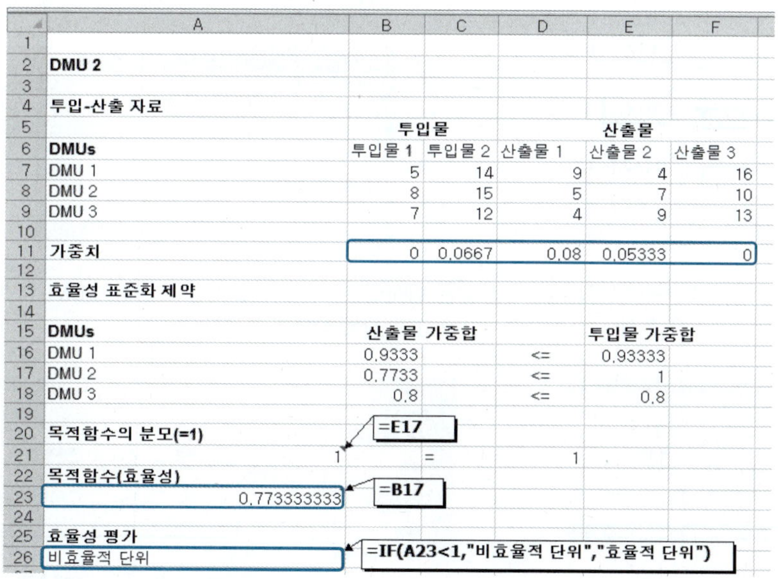

	A	B	C	D	E	F
1						
2	DMU 2					
3						
4	투입-산출 자료					
5		투입물			산출물	
6	DMUs	투입물 1	투입물 2	산출물 1	산출물 2	산출물 3
7	DMU 1	5	14	9	4	16
8	DMU 2	8	15	5	7	10
9	DMU 3	7	12	4	9	13
10						
11	가중치	0	0.0667	0.08	0.05333	0
12						
13	효율성 표준화 제약					
14						
15	DMUs	산출물 가중합			투입물 가중합	
16	DMU 1	0.9333		<=	0.93333	
17	DMU 2	0.7733		<=	1	
18	DMU 3	0.8		<=	0.8	
19						
20	목적함수의 분모(=1)					
21	1		=	1		
22	목적함수(효율성)					
23	0.773333333					
24						
25	효율성 평가					
26	비효율적 단위					

=E17

=B17

=IF(A23<1,"비효율적 단위","효율적 단위")

그림 11-7

DMU 2의 효율성 분석 결과

이제 위의 선형계획모형을 풀게 되면 목적함수 값이 바로 DMU 2의 효율성이 된다. DMU 1과 DMU 3의 효율성도 마찬가지 방법으로 구할 수 있다. 단지 목적함수와 첫 번째 제약조건만 바뀌게 되므로 한 DMU에 대한 모형을 만든 후 엑셀 시트에서 복사 기능을 이용하여 다른 DMU에 대한 모형을 만들고 목표 셀과 첫 번째 제약조건만 바꾸어 주면 쉽게 다른 DMU에 대한 효율성도 구할 수 있다.

[그림 11-7]은 해 찾기를 이용한 DMU 2의 효율성 분석 결과이고, [그림 11-8]은 복사 기능을 이용하여 DMU 1과 DMU 3에 대한 모형을 만들고 각각의 효율성 분석 결과를 보여주는 화면이다.

그림 11-8 복사 기능을 이용한 DEA 모형 만들기

1. [그림 11-7]의 엑셀 시트 좌측 하단에 있는 시트 탭(DMU 2 Model)에서 마우스 우측 버튼을 클릭한 후, 이동/복사(M)를 선택

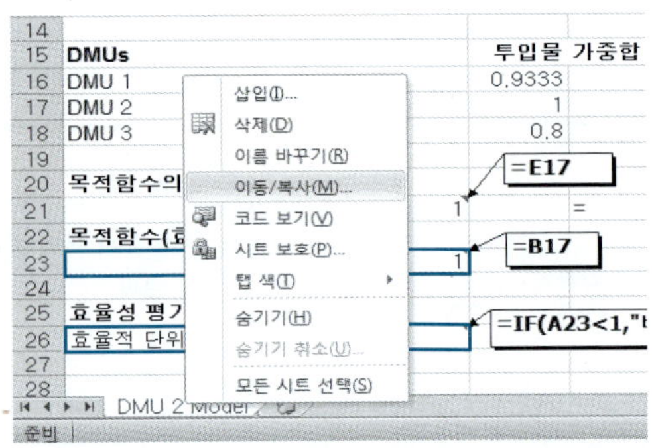

2. '복사본 만들기'를 체크한 후 확인 버튼을 누름

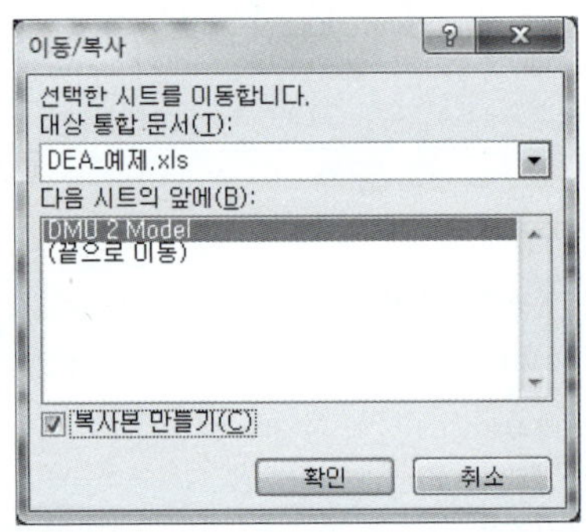

3. 목표 셀(A23), 목적함수의 분모(=1) 제약조건의 좌변항(A21), 그리고 시트 이름을 'DMU 1 Model'로 변경한 후 해 찾기 실행

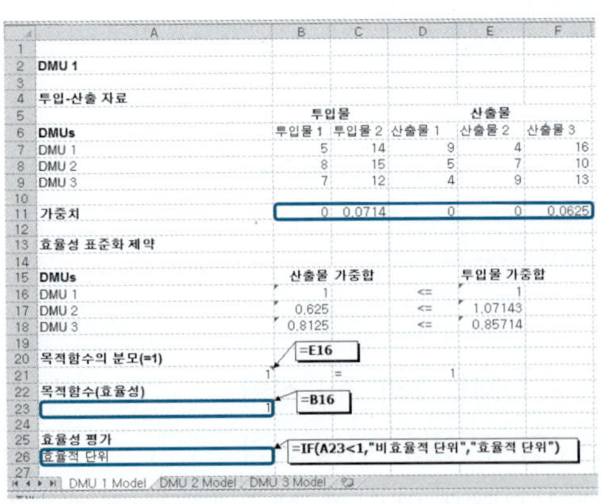

4. 같은 방식으로 '이동/복사(M)'를 이용하여 DMU 3 Model을 만들고 해 찾기 실행

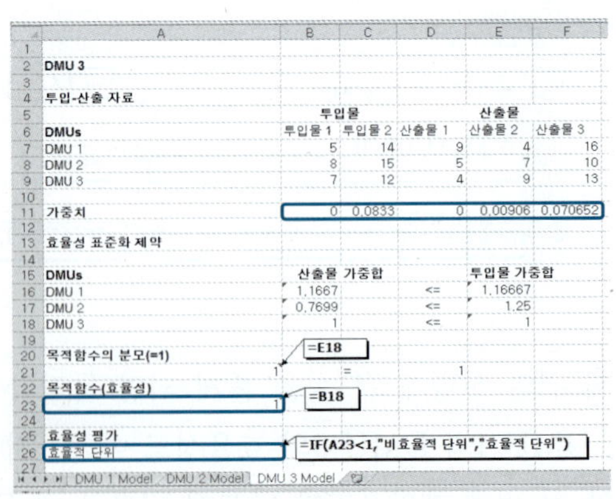

TIP

분수선형계획모형을 선형계획모형으로 바꾸기 위해 분수선형계획모형의 목적함수 분모를 '1'로 설정하였는데, 사실 목적함수의 분모는 어떠한 상수로 놓아도 선형계획모형으로 변환시키는 데는 아무런 문제가 없다. 위에서 분수선형계획모형의 목적함수 분모를 '1'로 설정한 이유는 그래야 변환된 선형계획모형의 목적함수 값이 바로 효율성이 되기 때문이다. 예를 들어, 분수선형계획모형의 목적함수 분모를 '10'으로 설정했다면, DMU의 효율성을 구하기 위해 변환된 선형계획모형의 목적함수 값을 다시 10으로 나누어야 하는 불편함이 따른다.

위의 방법으로 구한 세 DMU의 상대적 효율성은 다음과 같다.

DMUs	DMU 1	DMU 2	DMU 3
효율성	1.0	0.773	1.0

위 결과를 보면 DMU 1과 DMU 3는 효율적인 단위로 나타난 반면, DMU 2는 비효율적 단위로 판명되었음을 알 수 있다. 이제 DMU 2에 대한 추가적인 분석을 해 보자. 비효율적인 단위가 모범으로 삼아야 할 참조집단과 효율적인 단위로 변모하기 위한 구조조정 방안을 DMU 2에 대한 해 찾기 결과를 이용해 찾아보자.

2 비효율적인 DMU의 참조집단 판별하기

비효율적인 단위인 DMU 2에 대한 해 찾기 결과는 [그림 11-9]와 같다. 우선, 목적함수 값 0.773은 DMU 2의 효율성을 나타내는 것으로, DMU 2는 다른 DMU에 비해 상대적으로 비효율적인 단위임을 알 수 있다.

다음으로 제약조건 2, 3, 4는 각각 DMU 1, 2, 3의 효율성을 '1' 이하의 값으로 표준화 하는 조건이다. 제약조건의 상태가 최적해에서 만족(binding)이 된다는 것은 자신에게 가장 우호적인 가중치가 아니라 DMU 2에게 가장 우호적인 가중치가 사용되었음에도 불구하고 해당 제약조건에 해당하는 DMU는 좌변항(산출물의 가중합)과 우변항(투입물의 가중합)이 일치하는, 즉 효율성이 1이 되는 효율적인 DMU라는 의미이다. 바로 이 DMU가 비효율적인 단위(이 예제에서는 DMU 2)의 참조집단이 된다. 즉, DMU 2의 참조집단은 최적해에서 제약조건의 상태가 만족(binding, 속박적)으로 나타난 DMU 1과 DMU 3이다. 이들은 DMU 2와 투입-산출 구조가 유사하면서 효율적 경계에 위치한 효율적 단위이다.

그림 11-9

DMU 2에 대한 해 찾기 결과

목표 셀 (최대값)

셀	이름	계산 전의 값	계산 값
$A$23	목적함수(효율성)	0	0,773333333

변수 셀

셀	이름	계산 전의 값	계산 값	정수
$B$11	가중치 투입물 1	0	0	Contin
$C$11	가중치 투입물 2	0	0,066666667	Contin
$D$11	가중치 산출물 1	0	0,08	Contin
$E$11	가중치 산출물 2	0	0,053333333	Contin
$F$11	가중치 산출물 3	0	0	Contin

제한 조건

셀	이름	셀의 값	수식	상태	조건과의 차
$A$21	목적함수의 분모(=1)	1	$A$21=$D$21	만족	0
$B$16	DMU 1 산출물 가중합	0,933333333	$B$16<=$E$16	만족	0
$B$17	DMU 2 산출물 가중합	0,773333333	$B$17<=$E$17	부분적 만족	0,226666667
$B$18	DMU 3 산출물 가중합	0,8	$B$18<=$E$18	만족	0

이 예에서는 효율적인 단위 모두가 비효율적인 단위의 참조집단으로 나타났지만, 그래프 분석에서 보았듯이 효율적인 단위라고 해서 모두 비효율적인 단위의 참조집단이 되는 것은 아니다. 비효율적인 단위에 대한 해 찾기 결과에서 부분적 만족(nonbinding, 비속박적)으로 나타나는 제약조건에 해당하는 DMU는 그 자체는 효율적인 단위라 할지라도 해당 비효율적인 단위의 참조집단은 되지 않는다.

3 비효율적인 단위의 구조조정

이제 비효율적인 단위의 참조집단이 판별되었으므로, 이들을 이용해 비효율적인 단위를 효율적인 단위로 변모시키기 위한 구조조정 방안을 마련해 보자. 그래프 분석에서 설명했듯이 비효율적인 단위가 가장 빨리(가장 작은 변화를 통해) 효율적인 단위로 변모하기 위한 방법은 참조집단의 투입물과 산출물의 선형결합(선형결합계수를 이용한 가중합계)을 통해 가상의 효율적 단위를 만들고, 이 단위의 투입물과 산출물 수준을 구조조정의 목표로 삼는 것이다.

이 가상의 효율적 단위는 비효율적인 단위인 DMU 2보다 많은 자원을 사용하지 않으면서, 적어도 DMU 2가 내놓고 있는 산출물 수준 이상을 달성하는 효율적 단위이다. 그리고 이 가상의 단위가 갖게 되는 투입물과 산출물의 수준이 바로 비효율적인 단위가 효율적 단위로 변모하기 위해 목표로 삼아야 할 투입물과 산출물의 수준(target level)이 된다.

앞서 DMU 2의 참조집단은 DMU 1과 DMU 3임을 알고 있으므로 DMU 1

과 DMU 3의 투입물과 산출물을 선형결합하기 위해서는 **선형결합계수(composite weights)**가 필요하다. 이 선형결합계수는 해 찾기의 민감도 보고서에 **잠재가격(shadow prices)**으로 나타나 있다. 선형계획모형의 민감도 분석을 공부할 때 우리는 잠재가격이 제약조건과 관련된 정보임을 배운 바 있다. [그림 11-10]에서 DMU 2의 참조집단인 DMU 1과 DMU 3의 효율성을 표준화하는 제약조건이 제약조건 2와 제약조건 4이므로 이 제약조건들의 잠재가격 0.2615와 0.6615를 선형결합계수로 이용한다.[2)]

선형결합계수(composite weights)
잠재가격(shadow prices)

변수 셀

셀	이름	계산 값	한계 비용	목표 셀 계수	허용 가능 증가치	허용 가능 감소치
$B$11	가중치 투입물 1	0	-0.248205128	0	0.248205128	1E+30
$C$11	가중치 투입물 2	0.066666667	0	0	1E+30	0.465384615
$D$11	가중치 산출물 1	0.08	0	5	10.75	0.655826558
$E$11	가중치 산출물 2	0.053333333	0	7	1.056768559	3.41509434
$F$11	가중치 산출물 3	0	-2.784615385	10	2.784615385	1E+30

제한 조건

셀	이름	계산 값	잠재 가격	제한 조건 우변	허용 가능 증가치	허용 가능 감소치
$A$21	목적함수의 분모(=1)	1	0.773333333	1	1E+30	1
$B$16	DMU 1 산출물 가중합	0.933333333	0.261538462	0	0.866666667	0.577777778
$B$17	DMU 2 산출물 가중합	0.773333333	0	0	1E+30	0.226666667
$B$18	DMU 3 산출물 가중합	0.8	0.661538462	0	0.342635659	0.385185185

그림 11-10
DMU 2에 대한 민감도 보고서

비효율적인 단위의 구조조정 목표를 찾기 위한 참조대상의 선형결합 방법을 요약하면 다음과 같다.

① 비효율적인 단위의 해 찾기 결과에서 각 DMU의 효율성을 표준화하는 제약조건('산출물의 가중합계 ≤ 투입물의 가중합계' 제약조건)의 조건과의 차(slack)가 '0'이 되는, 즉 해당 제약조건이 만족(binding, 속박적)이 되는 DMU를 찾으라. 이 DMU가 바로 비효율적인 단위의 참조대상이 된다.

② ①에서 해당 제약조건이 만족(binding, 속박적)인 제약조건의 잠재가격을 보라. 잠재가격은 해당 제약조건의 부등호 형태에 따라 양(+)의 값을 가질 수도 있고, 음(-)의 값을 가질 수도 있다. 따라서 잠재가격의 절대값을 이용하라. 이 잠재가격

2) 효율성 측정모형에서 각 DMU의 효율성을 표준화하는 제약조건은 [그림 11-7]에서처럼 '산출물의 가중합계 ≤ 투입물의 가중합계'로 놓거나 또는 '투입물의 가중합계 ≥ 산출물의 가중합계'로 놓거나 마찬가지이다. 하지만 후자의 잠재가격은 전자의 잠재가격에 (-1)을 곱한 값이 산출된다. 따라서 선형결합계수로는 잠재가격의 절대값을 이용하면 된다.

의 절대값이 바로 해당 참조대상의 선형결합계수가 된다.

③ 위의 예제에서는 0.2615와 0.6615가 참조대상인 DMU 1과 DMU 3 각각의 선형결합계수가 된다. 따라서 DMU 1의 투입물과 산출물 수준에 0.2615를 곱한 값과 DMU 3의 투입물과 산출물 수준에 0.6615를 곱한 값의 합이 바로 DMU 2가 효율적 단위로 변모하기 위해 구조조정 목표로 삼아야 할 가상의 효율적 단위의 투입물과 산출물 수준이 된다. 이러한 과정을 참조대상의 선형결합이라고 한다.

이제 비효율적인 단위가 얼마나 자신의 투입물과 산출물을 조정해야 효율적인 단위로 변모할 수 있는지 알아보자.

〈표 11-3〉은 참조대상의 선형결합을 통해 구한 가상의 효율적 단위의 투입-산출 수준과 비효율적인 단위인 DMU 2의 투입-산출 수준을 비교한 것이다.

표 11-3 가상의 효율적 단위와 비효율적 단위의 투입-산출 수준의 비교

	DMU 1 (참조대상)	DMU 3 (참조대상)	가상의 효율적 단위 (구조조정 목표)	비교	DMU 2	구조조정
투입물 1	5	7	.2615(5) + .6615(7) = 5.94	〈	8	Δ2.06
투입물 2	14	12	.2615(14) + .6615(12) = 11.60	〈	15	Δ3.40
산출물 1	9	4	.2615(9) + .6615(4) = 5	=	5	0
산출물 2	4	9	.2615(4) + .6615(9) = 7	=	7	0
산출물 3	16	13	.2615(16) + .6615(13) = 12.78	〉	10	+2.78

〈표 11-3〉를 보면 비효율적인 단위 DMU 2가 사용하는 자원(투입물)보다 적게 사용하면서 DMU 2의 현재 산출물 이상을 내놓는 DMU 1과 DMU 3의 결합(가상의 효율적 단위)이 존재함을 알 수 있다. 이 가상의 단위의 투입-산출 수준이 바로 비효율적인 단위가 효율적인 단위로 변모하기 위한 목표수준이 된다.

DMU 2가 효율적인 단위로 변모하기 위해서는 자신의 투입물은 목표수준으로 줄이고, 산출물은 목표수준으로 늘려야 함을 알 수 있다. 즉, 투입물 1은 2.06단위, 투입물 2는 3.40단위 줄이고, 산출물 3은 2.78단위 증가시켜야 함을 알 수 있다. 예를 들어, 투입물 1이 백명 단위로 측정한 인력수준이고, 투입물 2는 억원 단위로 측정한 시설유지비용, 그리고 산출물 3은 십억원 단위로 측정한 매출액이라고 가정

하자. DMU 2가 효율적인 단위로 변모하기 위해서는 인력수준은 현재보다 206명, 시설유지비용은 3억4천만원 감소시키고, 매출액은 27억8천만원 증가시켜야 함을 이야기 하고 있다. 독자들은 이렇게 구조조정을 한 후 DMU 2의 효율성을 재평가해 보라. 효율성 지수는 '1'이 나올 것이다.

여기서 중요한 점은 단지 비효율적인 단위의 구조조정 양을 구하는 데서 DEA 분석을 그칠 것이 아니라 이러한 구조조정 방안을 행동으로 옮길 수 있는 전략과 그 실천방안을 모색해야 한다는 것이다. 즉, 인력수준을 현재보다 206명, 시설유지비용은 3억4천만원 감소시키고, 매출액은 27억8천만원 증가시키기 위해서 어떠한 전략과 방법을 취해야 할지 해당 조직은 고민해야 할 것이다.

11.5 자료포괄분석이 제공하는 정보

지금까지 여러분이 학습한 자료포괄분석은 기본적인 내용임에도 불구하고 우리에게 다음과 같은 유용한 정보를 제공해 줄 수 있다.

① **우수 관행(best practices)**을 보이는 조직들과 이들로 구성된 **효율적 경계(efficient frontier, envelopment surface)**를 판별할 수 있게 한다. 즉, 평가대상 조직들 중 어느 조직이 상대적으로 효율적이고, 어느 조직이 비효율적인지를 판별할 수 있도록 한다.

우수 관행(best practices)
효율적 경계(efficient frontier, envelopment surface)

② 의사결정단위의 효율성을 0과 1 사이의 수치로 측정하고, 각 의사결정단위의 공간 위치와 효율적 경계와의 **방사거리(radial distance)**를 이용하여 비효율성의 정도를 제공해 준다.

방사거리(radial distance)

③ 비효율적으로 판명된 조직의 **참조대상(벤치마킹 대상)**을 판별해 준다. 여기서 참조대상은 효율적인 단위들 중 해당 비효율적인 단위와 그래프 상에서 보면 가장 가까운 위치에 있는 단위들로 정의된다. 즉, 참조대상은 해당 비효율적인 단위와 유사한 투입 및 산출 구조를 갖는 효율적 단위가 된다.

참조대상(벤치마킹 대상)

④ 비효율적인 단위가 효율적인 단위로 변모하기 위해 목표로 삼아야 할 **가상의 효**

가상의 효율적 단위

율적 단위가 무엇인지 알려주고, 비효율적인 단위가 효율적인 단위로 변모하기 위해 필요한 투입물과 산출물의 조정량을 알려준다.

11.6 자료포괄분석의 장점 및 유의점

자료포괄분석(DEA)은 유사한 활동을 수행하는 의사결정단위들의 효율성을 객관적으로 평가할 수 있는 기법으로 여러 가지 독특한 장점을 갖고 있는 반면, 이 기법을 사용하는 데 유의해야 할 점도 있다.

우선 DEA의 장점은 다음과 같다.

① DEA에서는 속성이 다양한 다수의 투입물과 산출물 자료를 척도의 조정 없이 실물 크기 그대로 이용한다.

② DEA는 의사결정자로 하여금 투입물 단위당 비용과 산출물 단위당 가치를 하나의 측정단위(예를 들어, 화폐단위)로 평가하도록 요구하지 않는다. 다시 말해 DEA는 다수의 투입물과 다수의 산출물의 절충관계를 나타내는 가중치를 사전에 공통적으로 추정하도록 요구하지 않는다. 이러한 가중치는 의사결정단위(DMU)별로 달리 적용되며, 평가대상 DMU에게 가장 우호적인 가중치, 즉 해당 DMU의 효율성을 극대화 하는 가중치는 수리적 모형에 의해 결정된다.

③ DEA는 다수의 투입물과 다수의 산출물 사이의 수학적 함수관계(functional relationships)를 추정하도록 요구하지 않는다. 자원으로서의 투입물과 결과로서의 산출물 간의 관계를 수학적으로 추정하는 것은 실무적으로 쉬운 작업이 아니다. 또한 함수관계가 잘못 추정될 경우 이에 근거한 분석 결과는 당연히 잘못될 수밖에 없다.

이러한 장점과 함께 이 기법을 이용할 때 유의해야 할 점을 지적하면 다음과 같다.

상대적 효율성(relative efficiency)

절대적 효율성(absolute efficiency)

① DEA가 제공하는 효율성은 상대적 효율성(relative efficiency)이지 절대적 효율성(absolute efficiency)은 아니다. DEA는 각 의사결정단위(DMU)가 현재 평가대상

으로 고려되는 다른 DMU들에 비해 얼마나 효율적으로 운영되고 있는 가를 말해준다. 따라서 평가대상 조직들이 추가되거나 지금보다 축소되면 각 DMU의 효율성은 달라질 수 있다. 예를 들어, 40개의 평가대상 DMU들 중 10개 DMU가 효율적으로 평가되었다고 가정하자. 이제 효율적으로 판명된 10개의 단위들만 추려 그들의 효율성을 다시 평가하면 DEA의 효율성은 상대적이기 때문에 10개 단위들 중 일부 DMU는 효율적인 단위로 유지되지만 나머지는 비효율적으로 판명된다.

② DMU의 효율성을 측정하기 위해 우리는 선형계획모형을 이용하였다. 평가대상 DMU의 수가 '*n*'이라면, 이 DMU들의 효율성을 평가하기 위해서는 '*n*'개의 선형계획모형이 필요하며, 평가대상의 수가 많을 경우 과거에는 상당한 컴퓨터 비용이 초래되었다. 하지만 현재는 소프트웨어의 발달과 컴퓨터 비용의 감소로 인하여 이 점은 별 문제가 되지 않는다. 엑셀의 해 찾기를 이용해서 DEA 모형의 해를 구하고자 할 경우, 한 DMU에 대한 모형을 만든 후, 엑셀 시트의 복사 기능을 이용하여 다른 DMU의 효율성도 목적함수만 바꾸면 쉽게 찾을 수 있다.

③ 평가대상 DMU들 사이의 효율성의 변별력을 확보하기 위해서 **평가대상 DMU의 수**는 고려하는 투입물 및 산출물의 수와 비교하여 충분히 커야 한다. 이에 대한 과학적인 원칙이 있는 것은 아니지만 경험적으로 다음과 같은 두 가지 지침이 제시된다.

평가대상 DMU의 수

- 평가대상 DMU의 수는 투입물의 수와 산출물의 수를 곱한 값 이상이 되어야 한다.
- 평가대상 DMU의 수는 투입물과 산출물의 수를 합한 값의 3배 이상이 되어야 한다.

위의 두 가지 지침 중 적어도 하나는 만족하는 것이 좋다. 예를 들어, 우리가 예제로 사용한 2개의 투입물과 3개의 산출물 문제의 경우, 평가대상 DMU의 수는 첫 번째 지침에 따르면 6개(2×3), 두 번째 지침에 따르면 15개(3×5)이므로 평가대상 DMU는 적어도 6개 이상을 확보하는 것이 좋다.

일반적으로 DEA에서는 평가대상 DMU의 수가 사전에 결정되는 경우가 많으므로, 평가대상의 수가 결정된 후 분석에 이용할 투입물과 산출물의 수를 DMU

의 수에 맞게 조정하는 것이 필요하다.

투입물과 산출물의 선정 실제 문제에서 효율성 측정을 위해 투입물과 산출물은 무엇으로 할지 결정하는 일은 의사결정자의 몫이다. 투입물과 산출물의 결정은 DEA를 수행하기 전에 해야 할 가장 중요한 일인데, 그 이유는 투입물과 산출물이 무엇이냐에 따라 평가대상 조직의 효율성은 달라질 수 있기 때문이다. 투입물과 산출물을 무엇으로 할지 결정하기 위해서는 ① 우선 투입물과 산출물 간에는 인과관계가 있다는 믿음이 있어야 한다. 즉, 투입물은 자원의 역할을 하고, 산출물은 이러한 자원을 변환하여 내놓게 되는 결과의 역할을 하므로 투입물과 산출물은 원인과 결과의 관계로 이어진다는 논리와 그 근거가 있어야 한다. ② 서로 다른 측면을 이야기할 수 있는 요소들로 투입물과 산출물 각각은 구성되어야 한다. 예를 들어, 투입물로 구성원의 수와 임금을 함께 선정했다고 가정하자. 두 요소는 같은 이야기를 하는 요소들이므로 둘 중 하나만 이용하는 것이 투입물의 수도 줄일 수 있을 뿐만 아니라 보다 간결한 모형을 만들 수 있다. 즉, 상관관계가 높은 요소들은 그들 중 하나만 사용하는 것이 추천된다. 투입물과 산출물 각각은 독립적이면서도 평가대상 조직의 자원과 성과의 모든 측면을 대변할 수 있는 그런 요소들로 구성되는 것이 바람직하다.

익·힘·문·제

1. 현대은행은 새로 개발된 수도권 신도시에 3개의 지점(지점 A, B, C)을 운영하고 있다. 다음 표는 3개 지점의 투입물(inputs)과 산출물(outputs) 정보를 나타내고 있다.

> 투입물 1: 월평균 근무시간(단위: 100시간)
> 투입물 2: 시설면적(단위: 평)
> 투입물 3: 영업활동비용(단위: 백만원)
> 산출물 1: 대출신청건수
> 산출물 2: 월평균 예탁고 수준(단위: 백만원)

요소 / DMU	투입물 1	투입물 2	투입물 3	산출물 1	산출물 2
지점 A	15	200	50	200	25
지점 B	14	230	52	220	28
지점 C	16	190	52	210	27

(1) 각 지점이 효율적으로 운영되고 있는지의 여부를 판단하시오.

(2) 비효율적으로 운영되고 있는 조직은 어떻게 효율적인 조직으로 변모할 수 있는지 그 구조조정 방안을 제시하시오.

2. 다음 표는 유사한 활동을 수행하는 네 조직(DMUs)의 투입 · 산출 구조를 나타내고 있다.

요소 / DMU	투입물 1	투입물 2	산출물 1	산출물 2
1	8	15	5	10
2	4	15	9	16
3	5	11	4	13
4	6	12	12	12

앞의 투입물 및 산출물 자료를 이용하여 각 의사결정단위의 상대적 효율성을 DEA를 통해 구한 결과는 다음과 같다.

DMU	1	2	3	4
효율성	0.59	1	1	1

이 결과를 보면 DMU 1은 비효율적인 단위임을 알 수 있다. DMU 1에 대한 DEA 모형의 해답 보고서 및 민감도 보고서는 다음과 같다(자료의 수치는 소수점 셋째 자리에서 반올림하여 사용하시오).

[해답 보고서]

목표 셀 (최대값)

셀	이름	계산 전의 값	계산 값
$A$20	DMU 1 효율성	0	0.592592593

변수 셀

셀	이름	계산 전의 값	계산 값	정수
$B$8	투입물 1 가중치	0	0	Contin
$C$8	투입물 2 가중치	0	0.066666667	Contin
$D$8	산출물 1 가중치	0	0.014814815	Contin
$E$8	산출물 2 가중치	0	0.051851852	Contin

제한 조건

셀	이름	셀의 값	수식	상태	조건과의 차
$A$18	DMU 1 투입물 가중합계	1	$A$18=$C$18	만족	0
$B$12	DMU 1 산출물 가중합계	0.592592593	$B$12<=$D$12	부분적 만족	0.407407407
$B$13	DMU 2 산출물 가중합계	0.962962963	$B$13<=$D$13	부분적 만족	0.037037037
$B$14	DMU 3 산출물 가중합계	0.733333333	$B$14<=$D$14	만족	0
$B$15	DMU 4 산출물 가중합계	0.8	$B$15<=$D$15	만족	0

[민감도 보고서]

변수 셀

셀	이름	계산값	한계비용	목표 셀 계수	허용 가능 증가치	허용 가능 감소치
$B$8	투입물 1 가중치	0	-0.574074074	0	0.574074074	1E+30
$C$8	투입물 2 가중치	0.066666667	0	0	1E+30	1.076389
$D$8	산출물 1 가중치	0.014814815	0	5	5	1.923077
$E$8	산출물 2 가중치	0.051851852	0	10	6.25	5

제한 조건

셀	이름	계산값	잠재가격	제한 조건 우변	허용 가능 증가치	허용 가능 감소치
$A$18	DMU 1 투입물 가중합계	1	0.592592593	1	1E+30	1
$B$12	DMU 1 산출물 가중합계	0.592592593	0	0	1E+30	0.407407
$B$13	DMU 2 산출물 가중합계	0.962962963	0	0	1E+30	0.037037
$B$14	DMU 3 산출물 가중합계	0.733333333	0.555555556	0	0.047619048	0.466667
$B$15	DMU 4 산출물 가중합계	0.8	0.231481481	0	0.075471698	0.123077

(1) DMU 1의 상대적 효율성을 분석하기 위한 수리적 모형을 구축하시오. 투입물 1, 2의 가중치는 U_1, U_2로, 산출물 1, 2의 가중치는 V_1, V_2로 놓으시오.

(2) 해 찾기 결과를 보고 의사결정단위 1의 참조집단(reference group)을 판별하시오.

(3) DMU 1이 효율적 단위로 변모하기 위해서는 투입 및 산출 구조를 어떻게 변화시켜야 하는지 제안하시오.

3. 다음 표는 유사한 활동을 수행하는 네 조직(DMUs)의 투입 · 산출 구조를 나타내고 있다.

DMU \ 요소	투입물 1	투입물 2	투입물 3	산출물 1	산출물 2
1	13	18	50	18	42
2	15	20	50	15	35
3	16	19	51	17	40
4	14	23	51	18	45

위 투입 · 산출 자료를 이용하여 네 조직의 상대적 효율성을 DEA를 통해 구한 결과는 다음과 같다.

DMU	1	2	3	4
효율성	1	0.83	0.93	1

이 결과를 보면 DMU 2와 3은 비효율적인 단위임을 알 수 있다. 이 중 DMU 3에 대한 모형의 해 찾기 결과(해답 보고서 및 민감도 보고서)는 다음과 같다.

[해답 보고서]

목표 셀 (최대값)

셀	이름	계산 전의 값	계산 값
$A$20	DMU 3 효율성	0	0.928104575

변수 셀

셀	이름	계산 전의 값	계산 값	정수
$B$8	투입물 1 가중치	0	0	Contin
$C$8	투입물 2 가중치	0	0	Contin
$D$8	투입물 3 가중치	0	0.019607843	Contin
$E$8	산출물 1 가중치	0	0.039215686	Contin
$F$8	산출물 2 가중치	0	0.006535948	Contin

제한 조건

셀	이름	셀의 값	수식	상태	조건과의 차
$A$18	DMU 3 투입물 가중합계	1	$A$18=$C$18	만족	0
$B$12	DMU 1 산출물 가중합계	0.980392157	$B$12<=$D$12	만족	0
$B$13	DMU 2 산출물 가중합계	0.816993464	$B$13<=$D$13	부분적 만족	0.163398693
$B$14	DMU 3 산출물 가중합계	0.928104575	$B$14<=$D$14	부분적 만족	0.071895425
$B$15	DMU 4 산출물 가중합계	1	$B$15<=$D$15	만족	0

[민감도 보고서]

변수 셀

셀	이름	계산값	한계비용	목표 셀 계수	허용 가능 증가치	허용 가능 감소치
$B$8	투입물 1 가중치	0	-2.460784314	0	2.460784314	1E+30
$C$8	투입물 2 가중치	0	-0.078431373	0	0.078431373	1E+30
$D$8	투입물 3 가중치	0.019607843	0	0	1E+30	0.210526
$E$8	산출물 1 가중치	0.039215686	0	17	0.142857143	0.021583
$F$8	산출물 2 가중치	0.006535948	0	40	0.050847458	0.333333

제한 조건

셀	이름	계산값	잠재가격	제한 조건 우변	허용 가능 증가치	허용 가능 감소치
$A$18	DMU 3 투입물 가중합계	1	0.928104575	1	1E+30	1
$B$12	DMU 1 산출물 가중합계	0.980392157	0.833333333	0	0.019607843	0.047059
$B$13	DMU 2 산출물 가중합계	0.816993464	0	0	1E+30	0.163399
$B$14	DMU 3 산출물 가중합계	0.928104575	0	0	1E+30	0.071895
$B$15	DMU 4 산출물 가중합계	1	0.111111111	0	0.050420168	0.019608

(1) DMU 3의 상대적 효율성을 분석하기 위한 수리적 모형을 만드시오. 투입요소 1, 2, 3의 가중치는 U_1, U_2, U_3으로, 산출요소 1, 2의 가중치는 V_1, V_2로 놓으시오.

(2) 해 찾기 결과를 보고 의사결정단위 3의 참조집단(reference group)을 판별하시오.

(3) DMU 3이 효율적 단위로 변모하기 위한 구조조정 방안을 제시하시오(해 찾기 결과의 수치를 이용할 때 소수점 3째 자리에서 반올림하시오).

4. 매년 한 신문사에서는 다양한 기준에 근거하여 전국 4년제 대학들에 대한 평가를 실시하고 있다. 그러나 기존의 평가방식은 외형적인 크기에 초점이 맞추어져 있어 규모가 작은 대학들에게 불리하고, 또 일률적으로 부여된 가중치가 각 대학의 특수성을 제대로 반영하지 못한다는 문제가 지적되었다. 이에 한 조사기관에서는 기존의 평가방식이 아닌 자료포괄분석(DEA)을 이용하여 대학들의 효율성을 평가하고자 한다. 다음은 서울 소재 8개 대학에 대한 투입요소 2개와 산출요소 3개에 대한 자료를 조사하여 정리한 것이다.

대학	투입요소		산출요소		
	학생 1인당 교수 수(명)	학생 1인당 예산(백만원)	재학생 만족도(%)	대기업 취업률(%)	학생 1인당 상장기업 임원 수(명)
A대	0.0503	40.45	62	45.1	0.1711
B대	0.0513	114.66	58	39.0	0.2578
C대	0.0441	23.91	71	55.1	0.1459
D대	0.0684	32.05	57	34.1	0.1653
E대	0.0258	40.47	55	19.6	0.0423
F대	0.0348	31.54	64	37.0	0.1588
G대	0.0574	44.19	69	12.0	0.0134
H대	0.0257	21.82	65	32.8	0.0784

(1) DEA를 이용하여 8개 대학의 효율성을 평가하고, 가장 비효율적으로 판명된 대학의 구조조정 방안을 제시하시오.

(2) 투입요소를 독립변수로 설정하고, 산출요소 각각을 종속변수로 설정하여 회귀분석을 수행하고, 각 투입요소의 회귀계수가 5% 유의수준에서 의미가 있는지 평가하시오.

(3) 세 가지 산출요소의 상관계수를 구하고, 이들 산출요소가 독립적인지를 평가하시오.

(4) (2)과 (3)의 결과를 이용하여 효율성 평가에 이용된 투입요소와 산출요소의 적정성을 논의하시오.

12 CHAPTER

계층화분석과정

스마트한 선택을 위한 다기준의사결정(MCDM: multi-criteria decision making) 기법을 학습한다. 다기준의사결정이란 평가기준이 여럿일 때 여러 대안 중 하나를 고르거나 대안들의 우선순위를 결정하는 것을 말한다. 평가기준의 속성이 다양하고 상호간의 절충이 필요할 때 개인이나 조직의 진정한 선호체계를 반영한 선택은 쉽지 않은 과제이다. 이 장에서는 계층화분석과정(AHP: analytic hierarchy process)을 이용하여 다기준의사결정문제를 해결하는 제반 과정에 대해 심도 있게 논의한다. AHP의 두 가지 접근방식인 상대적 측정과 절대적 측정에 대해 학습하며, 각 접근방식이 적용되는 차별적인 문제 환경에 대해서도 논의한다. AHP 소프트웨어인 ODM(Open Decision Maker)의 활용방법에 대해서도 사례를 이용해 구체적으로 설명한다.

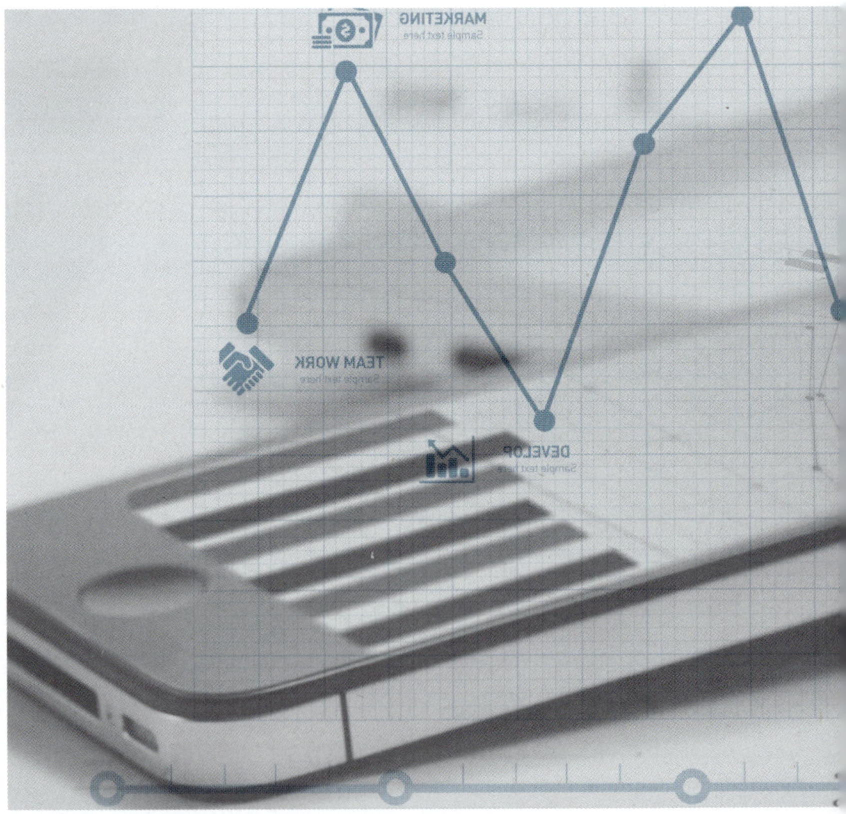

12.1 선택은 쉬운 일인가?

우연이 아닌 선택이 운명을 결정한다.

– 진 니데치(Jean Evelyn Nidetch),
웨이트워처스(Weight Watchers) 설립자

여럿 가운데 하나를 고르는 선택은 쉬운 일인가, 아니면 어려운 일인가? 넥타이를 사러 백화점 매장에 들린 경험이 있을 것이다. 마음에 드는 넥타이를 쉽게 골랐는가? 많은 사람들의 첫 반응은 디자인과 색상이 비슷비슷해 보여 하나를 고르기가 무척 힘들다는 것이다. **선택 대안의 과잉**이라는 말이 있다. 대안이 너무 많으면 변별력이 떨어져 오히려 고르기가 힘들다. 이러한 현상은 **인간 두뇌의 한계**와도 관련이 있다. 인간은 사람에 따라 다소 편차를 보일 수 있지만 선택 대안이 7개를 초과하면 대안들을 구별할 수 있는 능력이 현저히 떨어진다. 그래서 대안의 수가 많으면 그 중 가장 선호하는 대안을 고르기가 힘든 것이다.

선택 대안의 과잉
인간 두뇌의 한계
제한된 단기기억능력(limited short-term memory capacity)
제한된 판별능력(limited discrimination ability)

매직넘버 7, 플러스(+) 마이너스(–) 2 인간의 **제한된 단기기억능력**(limited short-term memory capacity)과 **제한된 판별능력**(limited discrimination ability)을 나타내는 말이다.

① 제한된 단기기억능력과 관련하여 인간은 조금씩의 편차는 보일 수 있지만 단기적으로 기억할 수 있는 개체의 수는 7±2개 정도라는 것이다. 다음과 같은 실험을 해보자. 한 자리 숫자 7개를 사람들에게 천천히 하나씩 불러주고 다 부른 후 이를 기억해 내어 그 숫자들을 써보라고 해보라. 7개 정도는 많은 사람들이 기억해 내지만 숫자들의 수가 9개, 11개 등으로 증가함에 따라 기억해 내는 사람들의 수는 현저히 줄어드는 것을 볼 수 있을 것이다.

② 제한된 판별능력과 관련하여 인간의 변별력이 가장 잘 발휘될 때는 선택 대안이 둘일 경우이다. 둘 중에 하나 고르는 것은 두 대안의 장단점이 뚜렷이 구별되어 가장 쉽다. 하지만 선택 대안이 증가하게 되면 변별력은 떨어지는

는데, 그래도 대안이 7개 정도인 경우에는 변별력이 어느 정도 유지되지만 그것을 초과하면 변별력이 급격히 떨어지게 된다. 실제로 종류가 너무 많이 갖추어진 매장보다 적절히 갖춘 매장이 실제 매출은 더 높다는 실험 결과가 많이 있는데, 이는 선택 대안의 과잉이 오히려 소비자들의 선택을 미루게 하여 아이쇼핑은 이루어지지만 실제 구매에는 오히려 역효과를 냄을 나타낸다.

그렇다면 대안의 수가 적으면 선택이 항상 수월할까? 그렇지는 않다. 반대로 대안의 수가 많더라도 선택이 쉬운 경우도 있다. 우리가 한 가지 속성만을 고려해서 선택을 하는 경우가 그렇다. 예를 들어, 자동차를 구입할 때 가격만을 보고 고르겠다면 모든 차종을 대상으로 고르더라도 선택은 의외로 쉽게 끝난다. 이 방법은 무척 빠른 선택을 유도할 수는 있지만 다른 속성들을 무시함으로써 전체를 고려하지 않는 선택이 될 위험이 있다.

대안의 수가 적더라도 선택이 힘든 이유는 우리가 선택을 위해 고려해야 하는 기준이 여럿이기 때문이다. 그리고 그 기준이 정량적으로 측정될 수 있는 것이 있는 반면 정성적인 특성이 있는 기준들도 함께 섞여있기 때문이다. 예를 들어, 자동차를 구입하는 상황을 고려해 보자. 현재 내 예산으로 구입할 수 있고 마음에 드는 차종의 자동차가 세 가지 있다고 가정하자. 이제 내가 가장 선호하는 자동차가 무엇인지 결정하기 위해서는 선택의 기준이 되는 속성을 생각해야 한다. 예를 들어, 나의 자동차 선택기준은 가격, 디자인, 연비, 안락성 네 가지라고 하자. 이제 이러한 네 가지 선택기준을 종합적으로 고려해서 세 대안 중 하나를 선택해보자. 쉬운 일인가? 쉽다는 사람은 네 가지 평가기준을 종합적으로 고려하지 않았기 때문이다. 자신은 고려했다고 생각하지만 실제로는 그렇지 않다. 인간의 두뇌는 우리가 생각하는 것처럼 여러 가지를 한꺼번에 고려해 가장 좋은 해를 구할 수 있는 능력을 갖추고 있지 않다. 십중팔구 네 가지 평가기준을 종합적으로 고려한 것이 아니라 그들 중 어느 한 기준에 매우 큰 비중을 두고 대안을 선택한 경우이다.

선택 문제의 유형은 다음과 같이 네 가지로 나눌 수 있다. ① 평가기준이 하나이고 대안의 수가 적절한 경우, ② 평가기준이 하나이고 대안의 수가 많은 경우, ③ 평가기준이 다수이고 대안의 수가 적절한 경우, ④ 평가기준이 다수이고 대안의 수가 많은 경우이다.

문제유형 ①과 ②는 과학적 방법의 적용 없이도 쉽게 해결할 수 있는 반면 ③과 ④의 해결을 위해서는 체계적인 방법의 적용이 필요하다.

12.2 선택을 위한 간단한 방법

여러 가지 평가기준 하에서 선택을 위해 사용할 수 있는 간단한 방법으로 다음 몇 가지를 들 수 있다.

1 단일속성방법(single attribute strategy)

이 방법은 선택을 위한 가장 간단한 방법이다. 시간이 많지 않거나 여러 기준 중에서 특정 기준을 우선적으로 고려하는 사람이 이용하는 방법으로, 한 가지 기준에 의해서 대안을 선택하는 방법이다. 예를 들어, 마트에 가서 샴푸를 고를 때 가격만 보고 가장 저렴한 샴푸를 장바구니에 넣는 방법이다. 무척 간단하지만 다른 여러 가지 기준들을 고려하지 못하는 단점이 있다.

2 속성결합방법(conjunctive strategy)

교집합(intersection)
최소 수준(cutoff level)

속성결합방법은 의사결정자가 여러 대안들 중에서 부적격 대안을 빠르고 쉽게 제외시키기 위한 방법이다. 단어 'conjunctive'는 **교집합(intersection)**의 의미이다. 여러 가지 평가기준(속성)이 있을 때 각 기준별로 받아들일 수 있는 **최소 수준(cutoff level)**을 정해 놓고, 어느 한 기준이라도 이 수준에 못 미칠 경우 그 대안은 제외시키게 된다. 예를 들어, 행정고시나 공인회계사시험 등 국가고시에서 다른 과목들의 성적은 괜찮지만 한 과목에서 과락이 되면 그 지원자는 탈락시키는 방식이다. 즉, 각각의 평가기준에서 최소 수준을 모두 충족시키는 대안을 선택하게 된다. 이 방법을 이용하면 복수의 대안이 남을 수 있다. 속성결합방법은 최초의 대안들을 모든 평가기준 하에서 어느 수준 이상 되는 대안들로 줄이는 데 이용된다.

3 속성분리방법(disjunctive strategy)

최소 수준(cutoff level)
합집합(union)

속성결합방법과 마찬가지로 각 평가기준별로 받아들일 수 있는 **최소 수준(cutoff level)**을 정하지만, 속성결합방법과는 달리 어느 한 기준이라도 최소 수준을 만족하는 대안들은 선택된다. 단어 'disjunctive'는 **합집합(union)**의 의미이다. 예를 들어, 어떤 기관의 장을 공모하는 공고문에서 열거된 여러 가지 자격 중 하나라도 해당되는 사람은 지원할 수 있다면, 이것은 속성분리방법으로 지원자를 제한하는 방식이다. 이 방법을 사용하면 속성결합방법을 사용할 때보다 더 많은 대안이 선택된다.

4 사전편찬식 방법(lexicographic strategy)

우선순위

이 방법은 마치 사전에서 단어를 찾는 방식과 유사하다고 하여 이런 이름이 붙여졌다. 예를 들어, 'run'이라는 단어를 사전에서 찾을 때, 처음에는 'r'로 시작하는 단어로 들어간 후, 이 중에서 'u'로 시작하는 단어를 찾고, 마지막으로 세 번째 철자가 'n'인 단어를 찾는 방식이다. 이 방법을 이용하기 위해서는 평가기준들을 **우선순위**에 따라 열거할 수 있어야 한다. 그런 후 가장 중요한 평가기준 하에서 가장 선호하는 대안을 선택하는 방법이다. 가장 선호하는 대안이 하나라면 그것을 선택하고, 두 개 이상의 대안이 동일한 선호도를 갖는다면 그들만을 대상으로 두 번째로 중요한 기준에 대해 선호도를 가린다. 이러한 방법으로 최종 대안을 선택하는 방식이다. 가장 중요한 기준에서 낙오되면 다른 기준에서 아무리 우수해도 선택될 수 없다.

5 속성별 제거법(EBA: elimination by aspects)

우선순위
최소 수준(cutoff level)

이 방법을 이용하기 위해서는 평가기준들의 **우선순위**와 함께 각 기준별로 받아들일 수 있는 **최소 수준(cutoff level)**이 정해져야 한다. 그런 후 가장 중요한 기준부터 시작하여 최소 수준에 못 미치는 대안들을 차례로 제거해 나가는 방식이다. 이 과정은 하나의 대안이 남을 때까지 진행된다. 유튜브(YouTube)에 보면 'Freschetta'라는 브랜드의 냉동피자 광고가 나오는데, 속성별 제거법을 이용해 소비자가 자사의 피자를 선택하는 과정을 보여주고 있다.[1] 이 방법도 신속히 대안을 추려낼 수 있는 장점은 있지만, 어떤 대안이 한 기준에서는 최소수준에 조금 못 미쳐 미리 탈락

1) https://www.youtube.com/watch?v=wDWJTX3y9OA

했지만, 다른 기준 모두에서 월등한 성과를 보일 수 있는 문제를 갖고 있다.

위에서 설명한 다섯 가지 선택방법은 **비보상형 모형**(non-compensatory models)이라고 한다. 비보상형이라는 이름을 붙인 이유는 한 기준에서의 열등함이 다른 기준에서의 우월함에 의해 상쇄되지 않는 방법들이기 때문이다. 비보상형 모형은 선택의 시간이 충분치 않은 상황에서 신속한 선택을 유도할 수 있다. 또한 대안들이 매우 많을 때 어느 정도 조건에 맞는 대안들을 우선적으로 추릴 수 있는 방법이다. 이 추려진 대안들은 좀 더 정교한 방법에 의해 우열이 가려질 수 있다. 선택을 위한 정교한 모형으로 많이 사용되는 것이 **보상형 모형**(compensatory models)이다.

비보상형 모형(non-compensatory models)
보상형 모형(compensatory models)

보상형 모형이란 한 기준에서의 열등함이 다른 기준에서의 우월함에 의해 상쇄될 수 있도록 하는 선택모형이다. 전체적인 관점에서 가장 선호하는 대안을 선택할 수 있는 방법으로 이 방법을 이용하기 위해서는 두 가지 정보가 필요하다. 하나는 평가기준들의 **상대적 중요도**(가중치), 그리고 각 평가기준 하에서 각 대안들의 **선호도**(매력도)이다. 이 두 가지 정보가 수치로 주어지면 소위 가중합계방식의 **가중점수법**(the weighted scoring method, the weighting and scoring method)을 이용하여 가장 가중점수가 높은 대안을 선택하는 방식이다. 이 방법을 이용할 때 가장 중요하게 고려할 점은 이 두 가지 수치가 과연 의사결정자 또는 의사결정자 집단의 진정한 선호체계를 반영한 것인가 하는 것이다. 이 두 가지 수치가 정교하게 정해질 수 없다면 가중점수법에 의해 나온 선택 결과는 그 객관성을 보장받기 힘들다.

상대적 중요도(가중치)
선호도(매력도)
가중점수법(the weighted scoring method, the weighting and scoring method)

벤저민 프랭클린의 조언 보상형 모형의 고전적인 예는 지금으로부터 250여 년 전 미국의 현자인 벤저민 프랭클린(Benjamin Franklin)이 친구인 조지프 프리스틀리(Joseph Priestley)에게 조언한 대안 선택방법이다. 프리스틀리의 고민은 다음과 같았다. 두 가지 선택대안이 있는데, 어느 대안이 좋은 대안인지 결정하기 어려웠던 것이다. 각 대안마다 장점도 있고, 단점도 있기 때문이다. 프랭클린의 조언은 다음과 같았다. 대안마다 종이 한 장 위에 가운데로 선을 그어 두 칸으로 나눈 다음 왼쪽에는 장점이라 쓰고, 오른쪽에는 단점이라 쓴다. 그리고 한 사나흘 숙고하여 왼쪽에는 그 대안의 장점들을 나열하고, 오른쪽에는 단점들을 나열한다. 그 다음 왼쪽의 장점 하나와 오른쪽의 단점 하나가 동일하다 생각하

> 면 두 가지를 종이에서 지우고, 하나의 장점이 두 개의 단점을 상쇄할 수 있으리라 생각하면, 그 세 가지를 종이에서 지운다. 어느 두 개의 단점이 세 개의 장점을 상쇄할 수 있으면 그 다섯 가지를 종이에서 지운다. 이런 과정을 반복하다 보면 종이에는 장점이든 단점이든 어느 쪽으로 기우는지 명확히 나타날 것이다. 그러면 단점보다 장점이 많이 남은 대안을 선택하면 되지 않겠는가. 이런 방법을 이용하면 섣불리 결정하는 실수는 피할 수 있지 않겠나. 1772년 9월 19일 런던에 거주하던 프랭클린이 친구 프리스틀리에게 보낸 편지 내용이다.

계층화분석과정(AHP: analytic hierarchy process)
보상형 모형

우리가 본 장에서 학습할 **계층화분석과정(AHP: analytic hierarchy process)**은 여러 가지 평가기준 하에서 대안들의 장점과 단점을 모두 고려해 전체적인 관점에서 선택을 한다는 점에서 **보상형 모형**의 범주에 속한다. 하지만 계층화분석과정은 보상형 모형을 문제에 적용할 때 꼭 필요한 평가기준들의 상대적 중요도와 각 평가기준 하에서 대안들의 상대적 매력도를 의사결정자(들)의 진정한 선호체계를 최대한 객관적으로 반영하여 수치화 한다는 장점이 있다.

12.3 선택이 쉽지 않은 이유

여러 가지 평가기준 하에서 자신의 진정한 선호체계를 반영하여 대안을 선택하는 것은 결코 쉬운 작업이 아니다. 그 이유는 다음과 같다.

정(+)의 관계

첫째, 선택을 위한 평가기준들이 **정(+)의 관계**에 있지 않기 때문이다. 평가기준들이 정(+)의 관계에 있다는 것은, 예를 들어 자동차 선택문제에서 가격이 마음에 들면 디자인도 좋아 보이고, 연비도 좋으며, 안락성도 뛰어난 것을 말한다. 하지만 실제로는 가격이 마음에 들면 디자인이 마음에 안 들고, 연비가 좋으면 안락성은 떨어지는 것이 상례이다. 선택을 위한 기준들은 보통 서로 충돌하면서 의사결정자에게 선택을 위한 충분하고도 종합적인 정보를 제공한다.

절충관계(trade-offs)

둘째, 다수의 평가기준들이 서로 충돌하는 관계에 있으면 그 기준들의 **절충관계(trade-offs)**를 계량화 하는 것이 필요하다. 즉, 연비 한 단위를 희생하는 것이 안락성을 어느 정도 높일 수 있는지를 수치로 표현할 수 있어야 한다. 하지만 평가기준들의 상대적인 중요도(가중치)를 명확히 계량화 하는 것은 쉬운 일이 아니다. 예를 들어, 다음과 같은 설문을 받고 응답한 적이 있을 것이다. 5개의 항목이 있다. 당신이 생각하는 각 항목의 중요도를 100이라는 숫자를 나누어 측정해 보라. 즉, 100을 항목별 중요도에 따라 나누어 보라는 것이다. 한번 나누어 보라. 그런 후 자신이 매긴 항목별 중요도를 다시금 돌아보라. 자신이 매긴 각 항목의 중요도에 대해 자신감이 있는가? 어느 항목의 중요도를 20으로 매겼는데, 그 항목의 중요도가 왜 꼭 20이어야 하냐고 누가 질문하면 거기에 대한 대답을 자신 있게 할 수 있는가? 왜 그 항목의 중요도는 22가 되면 안 되는가? 이러한 질문들은 자신이 방금 매긴 수치에 대한 자신감을 점점 잃게 만들 것이다. 평가기준들의 절충 관계를 고려하여 각 기준의 상대적 중요도를 수치로 표현하는 것은 실제로 매우 힘든 일이다.

셋째, 인간의 **선호도**에 관한 것이다. 예를 들어, 가격이라는 기준 하에서 두 대안 A와 B를 비교해 보자. A의 가격은 1,000만원이고, B의 가격은 2,000만원이라고 할 때, 두 대안 중 어느 대안이 선호되는가? 대안 A인가? 아쉽게도 사람에 따라 가격이 저렴한 대안 A를 선호하지 않을 수도 있다. 오히려 가격이 비싼 B를 선호하는 사람들도 분명 있다. 모든 사람이 저렴한 가격을 선호한다고 가정해도 문제는 또 있다. 다음과 같은 질문에 답을 해보자. "가격이라는 기준 하에서 대안 A는 대안 B보다 얼마나 더 선호됩니까?" 모든 사람이 대안 A의 가격이 B의 반밖에 되지 않으니 대안 A를 B보다 2배 선호할까? 사람들의 행태를 조사해 보면 실제로는 그렇지 않다. 두 대안의 가격 차이 1,000만원을 대수롭지 않게 생각하여 선호도에 별 차이가 없다는 사람이 있는 반면, 어떤 사람에게는 1,000만원이라는 가격 차이가 매우 크게 생각되어 대안 A가 대안 B보다 10배 이상 선호된다고 대답하는 사람도 있을 것이다. 이처럼 **정량적으로 측정할 수 있는 기준(quantitative criteria)**의 경우에도 대안들의 속성 값 비율에 따라 상대적인 선호도가 결정되는 것이 아니다. 더욱이 디자인이나 안락성과 같은 **정성적 기준(qualitative criteria)**의 경우, 대안들의 상대적인 선호도를 일관성 있게 결정하는 것은 더더욱 쉽지 않다.

선호도

정량적 기준(quantitative criteria)

정성적 기준(qualitative criteria)

12.4 스마트한 선택을 위한 방법

계층화분석과정(AHP: analytic hierarchy process)
다기준의사결정(MCDM: multi-criteria decision making)

우리 주위에 선택문제는 수없이 많이 존재한다. 하지만 앞에서 언급한 대로 선택을 위한 기준이 다수이고 그 속성이 복합적일 경우, 의사결정자 또는 의사결정자 집단의 선호도를 반영한 대안들(alternatives)의 체계적인 비교는 쉽지 않다. 본 장에서 학습할 **계층화분석과정(AHP: analytic hierarchy process)**은 평가기준이 다수인 문제 상황에서 여러 가지 대안들의 상대적인 매력도를 체계적으로 점수화 하는 **다기준의사결정(MCDM: multi-criteria decision making)** 기법이다. AHP는 대안들의 선호도를 비교하고, 평가하는 데 있어 의사결정자로 하여금 객관적인 요소뿐만 아니라 주관적 요소, 그리고 정량적 요소뿐만 아니라 정성적 요소도 고려할 수 있도록 한다.

1 쪼개서 정복하기

쪼개서 정복하기 전략(divide and conquer strategy)

숫자에서 압도하는 적과의 싸움에서 전면전은 불리하다. 이 경우 소위 '**쪼개서 정복하기 전략(divide and conquer strategy)**'을 이용한다. 옛 로마군단이나 나폴레옹 군대도 이 전략을 이용했다. 쪼개서 정복하기 전략은 적진을 여러 개의 작은 집단으로 쪼개고 쪼개진 적을 개별적으로 나누어 정복함으로써 적 전체를 제압하는 전략이다.

AHP에서는 당면한 선택문제를 한꺼번에 해결하려 하지 않는다. 속성이 다른 여러 개의 평가기준이 존재하는 상황에서 여러 대안들 중 의사결정자가 진정으로 선호하는 대안이 무엇인지를 한 번에 선택하는 일은 인간 두뇌의 능력을 초과하는 문제이다. 인간은 한꺼번에 여러 개의 요소를 처리할 능력이 없다. AHP라는 이름에서 볼 수 있듯이 이 기법은 당면한 선택문제를 인간이 해결할 수 있는 작은 문제들로 나누고 나누어진 작은 문제들을 우선 해결한 후, 작은 문제들의 해결책을 종합함으로써 원래의 선택문제를 해결하는 문제해결 방식을 취한다.

계층구조(hierarchy)

AHP는 그 이름에 있는 것처럼 문제를 인간이 감당할 수 있는 작은 문제들로 나누기 위해 **계층구조(hierarchy)**를 이용한다. 즉, 선택문제와 같은 다기준의사결정문제를 [그림 12-1]과 같은 계층구조를 이용하여 체계화 시킴으로써 쪼개서 정복하기 전략을 실천한다.

2 문제의 계층구조화

계층구조는 복잡한 문제를 체계적으로 구조화할 수 있는 방법일 뿐만 아니라 기능적으로도 정보가 어떻게 전달되는지 그 흐름을 보여주는 도구이다. 일반적으로 선택문제의 계층구조는 크게 목표, 기준, 대안의 세 단계로 나누어진다.

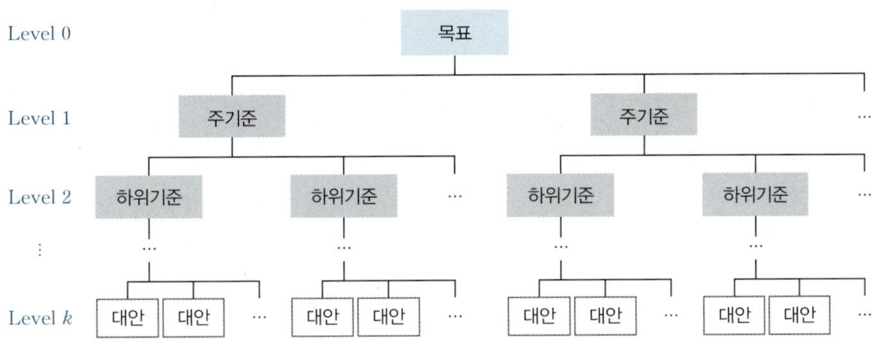

그림 12-1
선택문제의 계층구조화

[그림 12-1]의 계층구조에서 가장 상위 단계(level 0)는 **전반적 목표(overall goal)**를 나타낸다. 여러 가지 대안들 중에서 하나를 선택하는 문제에서는 '최선의 대안 선택'이 전반적 목표가 될 것이다. 또는 구성원들의 성과를 평가해서 성과에 따라 상여금을 나누어 주는 문제에서는 '구성원들의 성과평가'가 전반적인 목표가 될 것이다.

전반적 목표(overall goal)

다음 단계(level 1)는 선택을 위한 기준들(criteria)이 자리하게 된다. 기준들은 큰 기준(주기준, **criteria**)과 작은 기준(하위기준, **sub-criteria**)으로 나뉘게 되며, 하위 기준은 다시 원하는 수준까지 그 밑으로 세분화 될 수 있다. 예를 들어, 자동차 선택문제에서 **주기준**이 비용이라면 비용은 다시 구입비, 유지비 등의 **하위기준**으로 나누어질 수 있고, 유지비는 다시 연료비, 보험료, 관리비 등의 **차하위기준**으로 세분화 될 수 있다. 계층구조의 마지막 단계(level *k*)에는 대안들이 위치한다. 선택문제에서 대안들은 개인이나 조직의 역량, 환경적인 제약, 법적 규제 하에 내가 택할 수 있는 이용 가능한 대안들로 구성된다. 예를 들어, 자동차 구입문제에서 나의 현재 위치나 형편에서 구입할 수 있는 자동차가 중형이라면 소나타, SM5, K5 등이 대안이 된다.

주기준(criteria)
하위기준(sub-criteria)
차하위기준

TIP

계층구조에서 어느 한 단계(level)의 구성요소의 수는 7개를 초과하지 않는 것이 좋다. 이는 앞서 언급한 '매직넘버 7, ±2'와 관련된 것이다. 예를 들어, 어떤 선택문제의 평가 기준이 15개라면 이들을 같은 단계의 기준으로 나열하지 말고 유사한 성격의 기준들끼리 군집화 하여 소수의 주기준을 만들고, 이를 다시 하위기준으로 나누는 것이 추천된다.

쪼개서 정복하기

이제 선택문제를 계층구조화 하였으면 **쪼개서 정복하기** 전략을 이용하여 문제를 해결한다. 사실 어떠한 선택문제도 두 가지 정보만 알면 어렵지 않게 해결할 수 있다. 하나는 평가기준들의 상대적 중요도(가중치)이고, 다른 하나는 각 대안이 각 평가기준 하에서 얼마나 선호되느냐이다. 이 두 가지 정보를 수치로 평가할 수 있으면 모든 평가기준을 고려했을 때의 각 대안의 상대적 매력도(선호도)는 가중합계를 이용해 구할 수 있고, 이 점수의 비교를 통해 대안들의 우열을 결정할 수 있다.

이제 쪼개서 정복하기 전략을 이용해서 계층구조의 아래에서부터 문제를 해결해 보자. 즉, 가장 하위의 기준 하에서 대안들의 상대적인 선호도를 평가하고, 그런 다음 하위기준들의 상대적 중요도, 상위기준들의 상대적 중요도를 차례로 평가한다.

3 AHP의 평가 방식

절대적 측정(absolute measurement)
상대적 측정(relative measurement)

인간은 **절대적 측정(absolute measurement)**보다 **상대적 측정(relative measurement)**을 더 쉽게 할 수 있다. 강의실에서 학생들에게 천장에 달린 형광등이 밝기가 어느 정도냐고 물어보면 전문가가 아닌 이상 이 질문에 대해 정확한 대답을 하기는 거의 불가능하다. 그저 "많이 밝다."라든지 "적절한 밝기이다." 정도로 답하는 경우가 대부분이다. "이 형광등의 밝기는 140럭스(lux)입니다."라고 대답할 수 있는 사람은 거의 없다. 하지만 "이 형광등은 저 밖의 불빛보다 얼마나 밝습니까?"라고 질문을 바꾸면 아까보다는 쉽게 대답한다. "훨씬 더 밝은데요.", "두 배 정도 밝은데요." 등으로 절대적인 측정을 요구할 때보다는 상대적인 측정을 요구할 때 구체적인 대답을 하게 된다.

AHP에서는 기준 또는 하위 기준들의 상대적 중요도(가중치), 그리고 각 기준 하에서 각 대안의 매력도(선호도)를 측정할 때 상대적인 비교를 수행한다.[2] 그리고 여러 개를 한꺼번에 비교하려 하지 않고 한 번에 두 개씩을 비교한다. 앞서 인간의 제한된 판별능력을 이야기할 때 인간이 태생적으로 비교를 가장 잘 할 수 있는 문제 환경은 비교 대안이 둘인 경우라고 말한 바 있다. 인간은 한 번에 두 개체를 상호 비교할 때 판별력이 극대화될 수 있고, AHP에서는 이러한 비교방식을 이용하여 선택문제의 해결을 위해 필요한 두 가지 정보인, 기준 또는 하위 기준들의 상대적 중요도, 그리고 각 기준 하에서 각 대안의 상대적 매력도(선호도)를 측정한다. 이를 **이원비교(pairwise comparisons)** 또는 **쌍대비교**라고 한다.

이원비교(pairwise comparisons)
쌍대비교

4 이원비교의 힘

이원비교란 한 번에 두 개체씩을 비교하는 것을 말한다. 예를 들어, [그림 12-2]와 같은 계층구조의 선택문제를 고려해보자. 나에게 가장 알맞은 자동차를 선택하는 문제로 네 가지 평가기준과 세 개의 대안이 있는 문제이다. 여기서 비용이라는 기준 하에서 세 대안의 상대적인 선호도(매력도)를 평가해 보자. 이원비교를 이용하면 세 가지 대안을 두 개씩 뽑아 비교해야 하므로 3번($_3C_2$)의 비교가 필요하다. 즉, 비용이라는 기준 하에서 소나타는 SM5보다 얼마나 선호되는지,[3] SM5는 K5보다 얼마나 선호되는지, 소나타는 K5보다 얼마나 선호되는지를 평가한다.

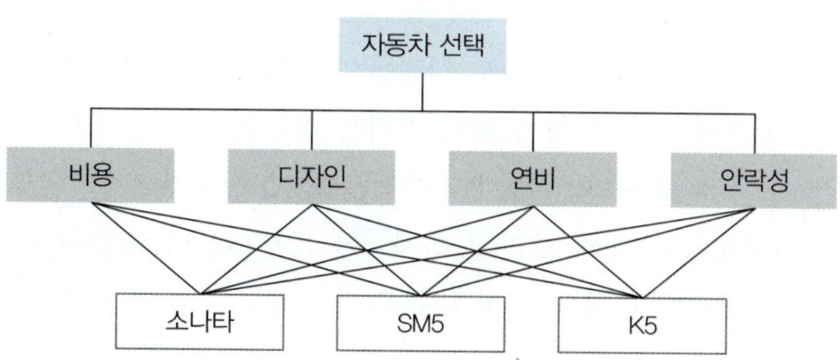

그림 12-2
자동차 선택문제의 계층구조

이원비교를 하다보면 왜 비슷비슷한 비교를 중복적으로 하는 것인가라는 의문을 갖게 한다. **이원비교의 힘(power of pairwise comparisons)**은 바로 **중복성(redundancy)**

이원비교의 힘(power of pairwise comparisons)
중복성(redundancy)

2) 이를 AHP의 상대적 측정(relative measurement)이라고 한다. 하지만 절대적 측정(absolute measurement)을 할 경우도 있는데 여기에 대해서는 본 장의 후반부에서 구체적으로 논의한다.
3) 역으로 SM5는 소나타보다 얼마나 선호되는지를 평가해도 무방하다.

에서 나온다. 즉, 중복적이라 생각하는 비교를 반복함으로써 인간이 내리는 판단의 정확도를 높일 수 있다. 이원비교의 힘을 실험한 대표적인 예는 다섯 개의 도형 문제이다. [그림 12-3]을 보면 다섯 개의 도형이 있다. 도형 안의 숫자는 도형들의 실제 면적을 측정하여 상대적인 비율을 나타낸 것이다. 예를 들어, 원의 면적은 다섯 개 도형의 면적을 합친 것의 47%이며, 정사각형의 면적은 전체의 24% 등이다.

그림 12-3
다섯 개의 도형

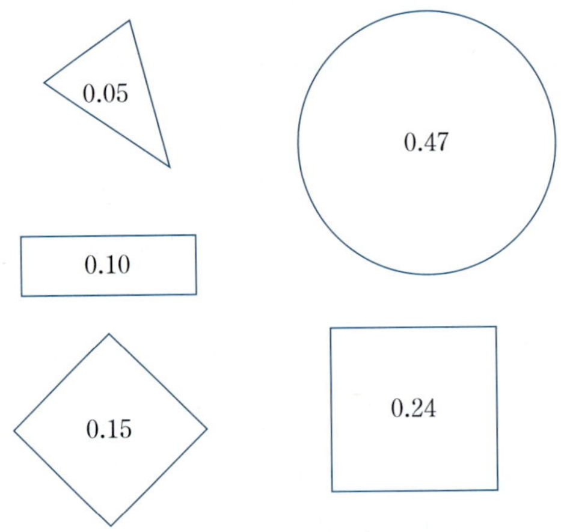

이제 다섯 개 도형의 면적을 측정하지 않고, 당신의 시각만을 이용해서 다섯 개 도형의 면적 비율을 추정해 보라는 질문을 해보자. 매우 황당한 질문일 뿐만 아니라 질문에 대한 대답을 한다 하더라도 사람들의 대답은 실제의 면적 비율과는 거리가 멀게 된다. 한꺼번에 다섯 개 도형의 면적을 비교한다는 것이 인간의 두뇌 능력을 뛰어 넘는 일이기 때문이다. 하지만 다섯 개의 도형을 두 개씩 뽑아 도형의 면적에 대해 이원비교를 수행해 보라고 하자. 이 10번($_5C_2$)의 이원비교 결과를 이용해 구하게 되는 다섯 개 도형의 면적 비율은 놀랍게도 실제의 면적 비율과 흡사해진다.

〈표 12-1〉과 〈표 12-2〉도 이원비교의 힘을 보여주는 예이다. 미국에서 소비되는 여러 음료수의 소비 비율은 어떠한지, 여러 음식물의 단백질 함유량 비율은 상대적으로 어떠한지 등도 실제 값을 이용해 구한 비율과 이원비교를 통해 추정한 비율과는 놀랍게도 유사하다.

표 12-1

음료수 소비 비율에 대한 이원비교 결과와 실제 비율

음료수	커피	와인	차	맥주	소다	우유	물
커피	1	9	5	2	1	1	1/2
와인		1	1/3	1/9	1/9	1/9	1/9
차			1	1/3	1/4	1/3	1/9
맥주				1	1/2	1	1/3
소다					1	2	1/2
우유						1	1/3
물							1

	커피	와인	차	맥주	소다	우유	물
이원비교추정치	.177	.019	.042	.116	.190	.129	.327
실제소비비율	.180	.010	.040	.120	.180	.140	.220

표 12-2

음식물의 단백질 함유량 비율에 대한 이원비교 결과와 실제 비율

	쇠고기	감자	사과	콩	통밀빵	케이크	생선
쇠고기	1	9	9	6	4	5	1
감자		1	1	1/2	1/4	1/3	1/4
사과			1	1/3	1/3	1/5	1/9
콩				1	1/2	1	1/6
통밀빵					1	3	1/3
케이크						1	1/5
생선							1

	쇠고기	감자	사과	콩	통밀빵	케이크	생선
이원비교추정치	.345	.031	.030	.065	.124	.078	.328
실제함유량비율	.370	.040	.000	.070	.110	.090	.320

5 이원비교 척도

비율척도(ratio scale)

AHP에서 이원비교에 사용하는 척도는 1에서 9까지의 비율척도(ratio scale)[4]로서 각 수치의 의미는 〈표 12-3〉과 같다.

표 12-3
이원비교척도

척도	해석
1	동일하게(equal) 중요함(또는 선호됨)
3	어느 한 쪽이 조금 더(moderately) 중요함(또는 선호됨)
5	어느 한 쪽이 강하게(strongly) 중요함(또는 선호됨)
7	어느 한 쪽이 매우 강하게(very strongly) 중요함(또는 선호됨)
9	어느 한 쪽이 극단적으로(extremely) 중요함(또는 선호됨)
2, 4, 6, 8	위 단계들의 중간 단계(예를 들어, 2는 '동일하게'와 '조금 더'의 중간 단계)

〈표 12-3〉의 척도의 해석에서 '중요함'이란 두 기준의 상대적 중요도를 이원비교할 때 사용하고, '선호됨'이란 어떤 기준 하에서 두 대안의 상대적 선호도(매력도)를 이원비교할 때 사용하는 말이다. 또한 비율척도란 가감승제 결과가 의미를 갖는 수치로 서열, 거리, 비율의 특성을 모두 갖춘 척도이다. 예를 들어, 이원비교척도 '5'는 두 기준 중 어느 한 기준이 다른 기준보다 강하게 중요시된다는 의미임과 동시에 한 기준이 다른 기준보다 5배 중요하다고 해석할 수도 있다.

이원비교척도는 1부터 9까지의 정수만 되는 것이 아니라 그 범위 내의 모든 실수 값도 될 수 있다. 예를 들어, 어떤 사람이 가격이라는 기준 하에서 두 대안을 비교할 때 두 대안의 가격비율을 이용하여 한 대안이 다른 대안보다 얼마나 선호되는지를 평가한다면 그 이원비교결과는 실수 값을 가질 수 있다.

이원비교의 방법 이원비교의 방법으로는 ① 수치를 이용한 방법(numerical judgment), ② 언어를 이용한 방법(verbal judgment), 그리고 ③ 도형을 이용한 방법이 있다. 수치를 이용한 방법은 1부터 9까지의 이원비교척도를 이용하는 것이고, 언어를 이용한 방법은 '선호도(중요도)가 동일하다'부터 '한 쪽이 다른 쪽보다 극단적으로 선호된다(중요하다)'는 표현을 이용해 비교하는 것을 말한다. 도형을 이용한

4) 척도의 종류에 대해서는 〈부록 2〉를 참조하기 바란다.

이용한 방법은 AHP 전문 소프트웨어에서 사용자가 경험할 수 있는데 막대의 길이나 원의 면적을 변화시킴으로써 이원비교의 정도를 나타내는 것이다. 보통 수치적 방법이 이원비교를 위해 가장 많이 사용되는 간편한 방법이기는 하나 이원비교를 수행하는 사람에 따라 왜곡된 결과가 나타나기도 한다. 즉, 이원비교란 현재의 비교 대상인 두 개체만을 놓고 비교해야 하는데, 어떤 사람의 경우 자신이 매우 일관성 있게 비교한다는 것을 보여주기 위해 이전에 다른 두 개체를 어떤 수치로 비교했는가를 고려해서 지금의 이원비교를 수행하는 경우도 있다. 이럴 경우, 이원비교가 그 사람의 진정한 선호체계를 반영하기 어려워진다. 이러한 문제를 방지하기 위해서 수치를 이용한 방법보다는 언어를 이용하거나 도형을 이용한 방법을 사용하는 것을 추천한다. 예를 들어, 연구자가 설문지를 통해 이원비교를 수행하는 경우, 이원비교를 수행하는 사람들에게는 언어를 이용해서 응답하도록 하고, 연구자는 응답자의 이원비교 결과를 수치로 변환하여 후속적인 분석에 사용하는 것을 추천한다.

6 이원비교행렬

이원비교행렬(pairwise comparison matrix)
정방행렬(square matrix)

여러 번의 이원비교결과는 **이원비교행렬(pairwise comparison matrix)**로 요약될 수 있다. 이원비교행렬은 행의 수(the number of rows)와 열의 수(the number of columns)가 같은 **정방행렬(square matrix)**이다. 또한 대각선을 중심으로 대각선 위의 요소와 아래의 요소가 서로 역수관계를 갖는다. 대각선 열의 요소는 모두 '1'의 값을 갖는다. 예를 들어, 디자인이라는 기준 하에서 세 가지 대안을 이원비교하게 되면 3번의 이원비교가 수행될 것이고, 그 이원비교결과는 [그림 12-4]와 같이 3×3 이원비교행렬로 나타나게 된다.

[그림 12-4]를 보면 대각선에 위치한 이원비교결과는 동일한 개체들을 비교한 것이다. 당연히 두 대안의 선호도는 동일하므로 '1'이라는 척도가 사용되었다. 3×3 이원비교행렬에는 세 번의 이원비교결과만이 필요하다. 즉, 특정 기준 하에서 행 $i(i=1, 2, 3)$의 개체가 열 $j(j=1, 2, 3)$의 개체보다 얼마나 선호되는지(매력적인지) 세 번의 이원비교만이 필요하고 나머지는 대각선을 중심으로 역수를 이용하면 된다. 예를 들어, 디자인 측면에서 소나타가 SM5보다 강하게 선호된다면 1행과 2열이 만나는 셀에는 척도 '5'를 표시한다. 그러면 2행과 1열이 만나는 셀의 값은 그 역수인 '1/5'

이 되는 것이다. 또한 디자인 측면에서 소나타가 K5보다 얼마나 선호되는지 평가하려는데 오히려 K5가 소나타보다 선호된다면 셀(3, 1)에 이원비교결과를 넣고, 셀(1, 3)에는 그 역수를 넣으면 된다.

그림 12-4
이원비교행렬의 예

디자인	소나타	SM5	K5
소나타	1	5	1/3
SM5	1/5	1	1/7
K5	3	7	1

대각선 행렬(diagonal matrix)
아이겐밸류 방법(eigenvalue method)

이원비교행렬의 일반적인 형태는 [그림 12-5]와 같다. [그림 12-5]에서 보듯이 이원비교행렬 A는 $n \times n$의 **대각선 행렬(diagonal matrix)**로 대각선을 중심으로 $a_{ij}=1/a_{ji}$의 관계에 있음을 알 수 있다. 이제 이원비교행렬로부터 **아이겐밸류 방법(eigenvalue method)**이라는 수학적 절차를 거쳐 특정 기준 하에서 대안들의 상대적 선호도와 기준들의 상대적 중요도가 도출된다.

그림 12-5
이원비교행렬의 일반적인 형태

$$A=\begin{pmatrix} 1 & a_{12} & a_{13} & \cdots & a_{1n} \\ a_{21} & 1 & a_{23} & \cdots & a_{2n} \\ a_{31} & a_{32} & 1 & \cdots & a_{3n} \\ \vdots & \vdots & \vdots & \cdots & \vdots \\ a_{n1} & a_{n2} & a_{n3} & \cdots & 1 \end{pmatrix}$$

아이겐밸류 방법(eigenvalue method)이란 $A \cdot \boldsymbol{w}=\lambda_{\max} \cdot \boldsymbol{w}$에서 $\lambda_{\max}$와 그에 상응하는 열벡터 $\boldsymbol{w}$(가중치 벡터)를 구하는 방법이다.[5] A가 $n \times n$ 행렬일 경우, n차 방정식 $A \cdot \boldsymbol{w}=\lambda_{\max} \cdot \boldsymbol{w}$를 풀면 아이겐밸류($\lambda$, 람다)는 n개가 발생하는데, 이 중 가장 큰 λ를 $\lambda_{\max}$로 표기한다. 이 $\lambda_{\max}$에 상응하는 $\boldsymbol{w}$ 벡터가 대안들의 상대적 선호도 또는 평가기준들의 상대적 중요도가 된다. 아이겐밸류 방법을 간편화 한 계산절차는 12.5절에서 학습한다.

5) 아이겐밸류 방법의 수학적 내용은 〈부록 3〉과 〈부록 4〉를 참조하기 바란다.

7 AHP 문제해결 절차의 요약

스마트한 선택을 위한 AHP의 문제해결 절차는 다음의 다섯 단계로 요약할 수 있다.

① **문제의 분해(decomposition)**이다. 즉, 문제를 단계별로 계층구조화 함으로써 문제를 한꺼번에 해결하려 하지 않고 인간이 관리할 수 있는 작은 문제들로 쪼개어 작은 문제들의 해결책을 먼저 구한 후 그 해결책을 종합하여 전체 문제를 해결하는 **시스템 접근방식(systems approach)**을 취한다.

문제의 분해(decomposition)
시스템 접근방식(systems approach)

② 선택문제는 두 가지 정보를 계량화함으로써 해결할 수 있다. 하나는 평가기준들의 **상대적 중요도(relative importance)**이고, 다른 하나는 각 평가기준 하에서 각 대안의 **상대적 선호도(relative preference)**이다. 이를 위해 계층구조의 계층별로 의사결정요소들 간의 **이원비교**를 수행한다.

상대적 중요도(relative importance)
상대적 선호도(relative preference)
이원비교

③ **판단의 일관성(consistency)**을 측정한다. 이원비교행렬이 유용한 정보로 이용될 만큼 일관성을 갖추었는지 **일관성 비율(consistency ratio)**을 이용해 측정하고, 비일관적으로 평가된 이원비교행렬을 수정하거나 폐기하는 등 필요한 조치를 취한다. 이 단계에 대해서는 나중에 자세히 논의한다.

판단의 일관성(consistency)
일관성 비율(consistency ratio)

④ 이원비교행렬에 수학적 방법을 적용하여 계층별 의사결정요소들의 상대적 중요도와 상대적 선호도를 도출한다. 수학적 방법이란 구체적으로 **아이겐밸류 방법(eigenvalue method)**을 말하는 것으로 다음의 식을 만족하는 가장 큰 λ(lambda, 람다)인 $\lambda_{\max}$와 그에 상응하는 $\boldsymbol{w}$ 벡터(vector)를 구한다.

아이겐밸류 방법(eigenvalue method)

$$A \cdot \boldsymbol{w} = \lambda_{\max} \cdot \boldsymbol{w}$$

여기서 A는 $n \times n$ 이원비교행렬을 나타내며, 위 식을 통해 도출되는 w 벡터는 **평가기준들의 상대적 중요도**나 각 평가기준 하에서 **대안들의 상대적 선호도**를 나타낸다.

평가기준들의 상대적 중요도
대안들의 상대적 선호도

⑤ 모든 의사결정요소들의 상대적 중요도와 상대적 선호도를 결합하여 대안들의 **종합적인 매력도(선호도)**를 구하고, 이에 따라 대안의 선택이나 대안들의 우선순위를 결정한다.

종합적인 매력도(선호도)

12.5 AHP 문제해결과정의 예시

노총각인 김보람군(42세)은 부모님의 재촉으로 결혼 상대자를 고르고자 한다. 김군은 배우자가 갖추어야 할 주요 조건으로 외모, 지성미, 나이, 인간성을 꼽고 있다. 김군은 지금까지 선을 본 여자는 많았으나 그 중 황진이, 심청이, 성춘향 등 세 여성이 자신이 보기에 배우자감으로 가장 적합한 것 같아 이들 중에서 배필을 선택하고자 한다. 각 여성에 대한 부분적인 신상 정보는 다음과 같다.

기준 \ 배우자감	황진이	심청이	성춘향
나이	30	26	24
키(cm)/몸무게(kg)	162/45	160/52	166/48
학력	대학원졸	전문대졸	고졸

1 문제의 계층구조화

AHP의 첫 단계로서 선택문제의 구조화가 필요하다. 즉, 문제를 목표(goal), 기준(criteria), 하위 기준(sub-criteria), 대안(alternatives) 등으로 체계화 한다. 본 예제에서 목표는 최선의 배우자 선택이고, 배우자 선택의 기준으로는 외모, 지성미, 나이, 인간성 등 네 가지가 고려되고 있으며,[6)] 배우자감(대안)으로는 황진이, 심청이, 성춘향 등 세 여성이 존재한다. 따라서 위 예제를 계층구조로 나타내면 [그림 12-6]과 같다.

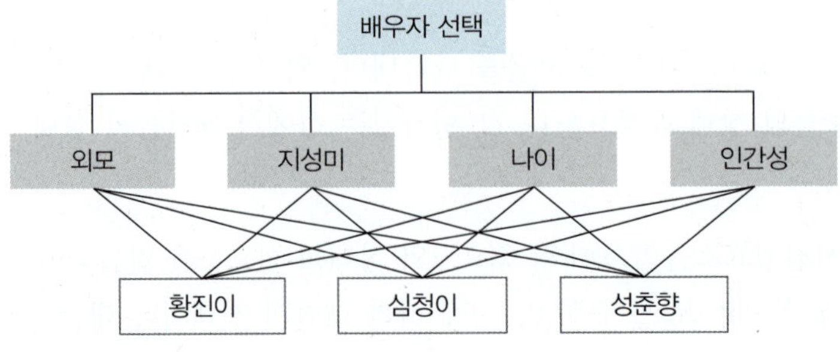

그림 12-6
배우자 선택문제의 계층구조

6) 주기준은 다시 하위 기준으로 세분화 될 수 있다. 예를 들어, '지성미'라는 평가기준은 지혜, 학력 등의 하위 기준으로 세분화 할 수 있으나, 본 예제에서는 분석의 단순화를 위해 생략한다.

2 계층별 의사결정요소들 간의 이원비교

이 단계는 평가기준들의 상대적 중요도, 그리고 각 평가기준 하에서 대안들의 상대적 선호도를 도출하기 위해 사전에 수행해야 하는 이원비교 단계이다. 김군은 최선의 배우자를 선택하기 위해 두 가지 정보가 필요하다. 하나는 네 가지 평가기준의 상대적 중요도, 다른 하나는 각 선택 기준에 비추어 세 명의 여성 각각이 얼마나 선호되는지를 평가하는 것이다. 이러한 평가를 위해서는 객관적인 자료뿐만 아니라 의사결정자의 지식 및 주관적 경험도 이용된다.

이 단계에서 우리는 계층구조의 맨 아래에서부터 시작하여 다음과 같은 일련의 이원비교를 수행한다.

- 외모를 기준으로 했을 때의 세 여성의 상대적 선호도
- 지성미를 기준으로 했을 때의 세 여성의 상대적 선호도
- 나이를 기준으로 했을 때의 세 여성의 상대적 선호도
- 인간성을 기준으로 했을 때의 세 여성의 상대적 선호도
- 최선의 배우자를 선택하기 위한 네 가지 평가기준들의 상대적 중요도

이원비교는 AHP의 상대적 측정에서 사용되는 기본적인 비교 방법으로 다음과 같이 수행된다.

이원비교의 예

외모를 기준으로 세 여성에 대한 김군의 상대적 선호도를 측정하기 위해 우리는 세 여성을 둘씩 선택해 한 여성이 다른 여성보다 얼마나 선호되는지 김군에게 이원비교를 수행하도록 요청해야 한다. 세 여성이 있으므로 모두 세 번($_3C_2$)의 이원비교가 수행된다. 김군의 이원비교결과는 다음과 같다고 가정하자.

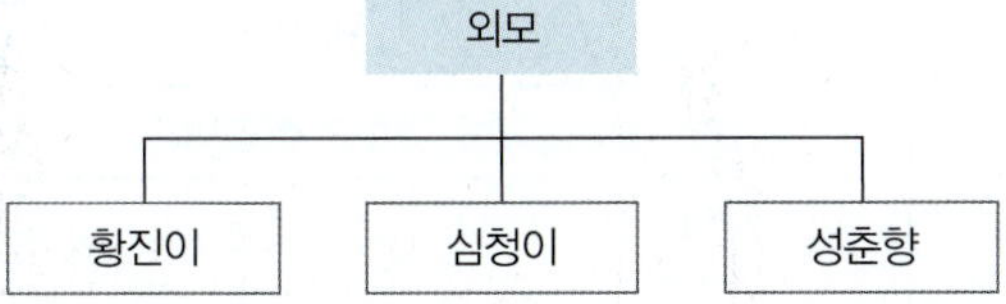

- 황진이 대 심청이: 김군은 외모를 기준으로 했을 때 황진이가 심청이보다 강하

게 선호된다고(척도 5만큼)[7] 평가한다.

- 황진이 대 성춘향: 김군은 외모를 기준으로 했을 때 성춘향이 황진이보다 조금 더 선호된다고(척도 3만큼) 평가한다.
- 심청이 대 성춘향: 김군은 외모를 기준으로 했을 때 성춘향이 심청이보다 매우 선호된다고(척도 7만큼) 평가한다.

이러한 김군의 이원비교결과를 이원비교행렬로 요약하면 〈표 12-4〉와 같다.

표 12-4
외모를 기준으로 했을 때 세 여성에 대한 이원비교행렬

외모	황진이	심청이	성춘향
황진이	1	5	1/3
심청이	1/5	1	1/7
성춘향	3	7	1

위와 같은 방법으로 나머지 세 가지 평가기준 하에서 수행한 세 여성의 선호도에 대한 이원비교결과는 〈표 12-5〉, 〈표 12-6〉, 〈표 12-7〉과 같다.

표 12-5
지성미를 기준으로 했을 때 세 여성에 대한 이원비교행렬

지성미	황진이	심청이	성춘향
황진이	1	1/3	2
심청이	3	1	5
성춘향	1/2	1/5	1

표 12-6
나이를 기준으로 했을 때 세 여성에 대한 이원비교행렬

나이	황진이	심청이	성춘향
황진이	1	1/5	1/7
심청이	5	1	1/3
성춘향	7	3	1

표 12-7
인간성을 기준으로 했을 때 세 여성에 대한 이원비교행렬

인간성	황진이	심청이	성춘향
황진이	1	5	5
심청이	1/5	1	2
성춘향	1/5	1/2	1

7) AHP의 이원비교척도는 비율척도(ratio scale)로서 척도 5는 '강하게 선호됨'을 의미할 뿐만 아니라 5배 정도 선호된다고 해석할 수도 있다.

이제 각 평가기준 하에서 대안들의 선호도에 대한 이원비교행렬이 완성되었다. 이원비교행렬은 각 평가기준 하에서 대안들의 상대적 선호도를 측정하기 위한 자료의 역할을 한다. 우리는 특정 기준 하에서 대안들의 상대적 선호도를 한꺼번에 결정하는 것이 아니라 이원비교행렬로부터 체계적으로 유도하게 된다. 이것이 바로 AHP의 독특한 장점이기도 하다.

하지만 이원비교행렬로부터 대안들의 상대적 선호도를 구하기 위해서는 아이겐밸류 방법이라는 수학적 방법이 필요한데, 이는 고차방정식의 해법과 유사한 것으로 컴퓨터의 도움 없이는 계산하기가 매우 복잡하다. 여기서는 이원비교행렬로부터 대안들의 상대적 선호도를 구할 수 있도록 아이겐밸류 방법을 단순화 시킨 계산 방법을 소개한다.[8)]

3 이원비교행렬로부터 대안들의 상대적 선호도 및 평가기준들의 상대적 중요도 도출 방법

[단계 1] 이원비교행렬 각 열(column)의 요소(a_{ij})[9)]들을 합한다.

[단계 2] 이원비교행렬을 **정규화 행렬(normalized matrix)**로 변환한다. 정규화 행렬이란 이원비교행렬 각 열의 요소를 [단계 1]에서 구한 해당 열의 합으로 나누어 만든 새로운 행렬을 말한다. 정규화 행렬 각 열의 합은 당연히 '1'이 된다.

정규화 행렬(normalized matrix)

[단계 3] [단계 2]에서 만든 정규화 행렬의 각 행 평균을 구한다.[10)] 즉, 각 행의 요소들의 합을 각 행의 요소 개수로 나누어 각 행의 평균을 구한다. 이 각 행의 평균이 바로 해당 평가기준 하에서 각 대안의 상대적 선호도이다. 상대적 선호도의 합은 '1'이 된다.

이러한 상대적 선호도 계산 절차를 예로 들어 설명해 보자. 외모를 기준으로 했을 때의 세 여성의 상대적 선호도는 다음과 같이 계산된다.

8) 마찬가지 방법으로 평가기준들의 중요도에 대한 이원비교행렬로부터 평가기준들의 상대적 중요도 또한 구할 수 있다.

9) i는 행의 번호를 j는 열의 번호를 나타낸다. 예를 들어, a_{12}는 이원비교행렬에서 1행과 2열이 만나는 요소를 의미한다.

10) 만일 이원비교행렬이 완벽한 일관성을 갖출 경우, 정규화 행렬의 각 행의 요소는 모두 동일한 값을 갖는다.

[단계 1] 이원비교행렬의 열의 합 구하기

외모	황진이	심청이	성춘향
황진이	1	5	1/3
심청이	1/5	1	1/7
성춘향	3	7	1
열의 합	21/5	13	31/21

[단계 2] 정규화 행렬로의 변환

외모	황진이	심청이	성춘향
황진이	5/21	5/13	7/31
심청이	1/21	1/13	3/31
성춘향	15/21	7/13	21/31
열의 합	1	1	1

[단계 3] 상대적 선호도의 도출

외모	황진이	심청이	성춘향	행의 평균
황진이	(5/21 +	5/13 +	7/31) ÷ 3	0.283
심청이	(1/21 +	1/13 +	3/31) ÷ 3	0.074
성춘향	(15/21 +	7/13 +	21/31) ÷ 3	0.643
합				1.000

위의 절차를 통해 우리는 외모라는 기준 하에서 세 여성의 상대적 선호도를 도출하였다. 즉, 외모를 기준으로 했을 때 성춘향이 가장 선호되고, 그 다음이 황진이, 그리고 심청이가 가장 떨어지는 것을 알 수 있다. 여기서 각 여성의 상대적 선호도는 비율척도를 이용해 도출된 수치로 이 역시 비율척도의 특성을 유지한다. 따라서 도출된 상대적 선호도는 외모를 기준으로 했을 때의 세 여성의 우선순위를 알려줄 뿐만 아니라 그 수치 자체도 비율적인 해석이 가능하다. 예를 들어, 도출된 상대적 선호도를 통해 황진이는 심청이보다 외모라는 기준 하에서 4배 정도 선호된다고 말할 수 있다.

나머지 세 가지 평가기준인 지성미, 나이, 인간성에 대한 세 여성의 상대적 선호도도 마찬가지 방법으로 도출될 수 있다. 〈표 12-8〉, 〈표 12-9〉, 〈표 12-10〉은 그 결과를 보여주고 있다.

지성미	황진이		심청이		성춘향	행의 평균
황진이	(2/9	+	5/23	+	2/8) ÷ 3	0.230
심청이	(6/9	+	15/23	+	5/8) ÷ 3	0.648
성춘향	(1/9	+	3/23	+	1/8) ÷ 3	0.122
합						1.000

표 12-8
지성미를 기준으로 했을 때의 세 여성의 상대적 선호도

나이	황진이		심청이		성춘향	행의 평균
황진이	(1/13	+	1/21	+	3/31) ÷ 3	0.074
심청이	(5/13	+	5/21	+	7/31) ÷ 3	0.283
성춘향	(7/13	+	15/21	+	21/31) ÷ 3	0.643
합						1.000

표 12-9
나이를 기준으로 했을 때의 세 여성의 상대적 선호도

인간성	황진이		심청이		성춘향	행의 평균
황진이	(5/7	+	10/13	+	5/8) ÷ 3	0.703
심청이	(1/7	+	2/13	+	2/8) ÷ 3	0.182
성춘향	(1/7	+	1/13	+	1/8) ÷ 3	0.115
합						1.000

표 12-10
인간성을 기준으로 했을 때의 세 여성의 상대적 선호도

하지만 여기서 우리가 한번 생각해 보아야 할 것은 과연 김군의 이원비교가 일관성이 있느냐 하는 것이다. 즉, 이원비교행렬이 상대적 선호도나 상대적 중요도를 도출하기 위한 유용한 자료가 되기 위해서는 이원비교행렬의 질을 평가하는 것이 필요하다. 지금부터 우리는 과연 우리가 수집한 이원비교결과가 일관성을 갖추었는지를 평가하도록 한다.

4 판단의 일관성 측정

판단의 일관성

AHP는 의사결정자가 수행한 일련의 이원비교결과가 일관성을 갖추었는지 측정하는 도구를 갖고 있다. **판단의 일관성**이란 좋은 의사결정을 위한 충분조건은 아니지만 필요한 조건으로, 일관성 없는 판단을 근거로 한 의사결정은 엉뚱한 결과를 초래할 수도 있다. 이원비교의 일관성에 대해 설명하기 전에 우선 일관성의 종류에 대해 알아보기로 한다.

① 일관성의 종류

서수적 일관성(ordinal consistency)
기수적 일관성(cardinal consistency)

일관성은 **서수적 일관성(ordinal consistency)**과 **기수적 일관성(cardinal consistency)** 두 가지로 나눌 수 있다. 각 일관성이 무엇을 의미하는지 설명하기 위해 A, B, C 세 가지 대안을 고려해 보자.

- 서수적 일관성: A가 B보다 선호되고 B가 C보다 선호되는 경우, A가 C보다 선호된다면 이들 세 대안은 서수적 일관성을 만족한 것이다.

완벽한 일관성(perfect consistency)

- 기수적 일관성: A가 B보다 2배 선호되고 B가 C보다 3배 선호되는 경우, A가 C보다 6배 선호된다면 이들 세 대안은 기수적 일관성을 만족한 것이다. 기수적 일관성은 **완벽한 일관성(perfect consistency)**을 의미한다.

이원비교결과를 모아놓은 이원비교행렬이 완벽한 일관성을 유지한다는 것은 모든 i, k, j에 대하여 다음의 식을 만족하는 것이다.

$$a_{ik} \times a_{kj} = a_{ij}$$

TIP

일관성을 유지한다는 것은 좋은 의사결정을 위한 필요조건이지만 충분조건은 아니다. 즉, 좋은 의사결정을 위해 일관성이란 필요한 조건이지만 일관성을 유지한다고 해서 항상 좋은 의사결정이 이루어지는 것은 아니다. 아래 그림과 같이 크기가 다른 사과 세 개가 있는데, 어떤 사람이 수행한 세 사과의 크기에 대한 이원비교결과가 다음과 같다고 하자.

사과 1　　사과 2　　사과 3

사과 1의 크기가 사과 2와 같고, 사과 2의 크기가 사과 3과 같으며, 사과 1의 크기는 사과 3과 같다. 이 사람이 수행한 세 번의 이원비교는 완벽한 일관성을 갖추고는 있지만 그 사람의 비교는 완전히 잘못된 것이다.

AHP에서는 개인의 주관적 정보도 판단에 이용하고, 한 번에 두 개체만을 비교하기 때문에 판단의 완벽한 일관성을 기대하지는 않는다. 즉, 인간이 내리는 판단의 불완전성을 AHP는 포용한다. 예를 들어, 인간성을 기준으로 했을 때의 대안 간 이원비교행렬을 살펴보자.

인간성	황진이	심청이	성춘향
황진이	1	(5)	(5)
심청이	1/5	1	(2)
성춘향	1/5	1/2	1

표 12-11

인간성을 기준으로 했을 때의 대안 간 선호도의 이원비교행렬

김군의 판단에 따르면 인간성에 있어서 황진이의 선호도는 심청이의 5배이고, 심청이의 선호도는 성춘향의 2배이다. 그렇다면 이원비교행렬이 완벽한 일관성이 있으려면 황진이의 선호도는 성춘향의 10배이어야 할 것이다. 그러나 〈표 12-11〉의 이원비교행렬을 보면 황진이의 선호도는 성춘향의 5배로 나타나고 있다. 그렇다면 완벽한 일관성(기수적 일관성)이 보장되지 않는 이 이원비교행렬은 정보로서의 가치가 없는 것일까? 이원비교행렬의 완벽한 일관성을 기하기 위해 우리는 이원비교행렬의 어떤 요소(a_{ij})를 수정해야 하는가?

중복성(redundancy)

대답은 "수정할 필요가 없다."이다. 이원비교란 현재의 비교대상인 두 개체만을 비교해야지, 이전에 다른 두 개체를 어떻게 비교했는지를 생각해서 현재의 이원비교를 수행해서는 안 된다. 중복적이듯 보이는 비슷비슷한 이원비교를 반복적으로 하는 이유는 앞서도 언급했듯이 **중복성(redundancy)**을 통해 인간이 내리는 판단의 정확도를 향상시키기 위함이다. 이원비교를 수행할 때 의사결정자는 한 번에 두 개체만을 비교하므로 일련의 이원비교결과들이 완벽한 일관성을 갖는다는 것은 기대할 수 없고, 또 이를 기대해서도 안 된다는 것이 AHP의 장점이다. 아울러 개인마다 각 평가기준에 대한 선호함수의 모양이 다르기 때문에 이원비교 척도에 대한 느낌 또한 개인별로 다를 수 있다. 즉, AHP에서 완벽한 판단의 일관성이란 기대될 수도 없고 기대되어서도 안 된다.

비일관성(inconsistency)

문제는 어느 정도의 **비일관성(inconsistency)**이 올바른 의사결정을 위해 허용될 수 있느냐 하는 것이다. 완벽한 일관성은 갖추지 않더라도 서수적 일관성까지 위배한다면 그러한 이원비교행렬 또한 올바른 의사결정에 걸림돌이 될 것이다. AHP는

일관성 비율(consistency ratio)

이원비교행렬의 **일관성 비율(consistency ratio)**을 측정함으로써 이원비교의 일관성 여부를 판단한다. 일반적으로 일관성 비율이 0.1을 초과하면 이원비교행렬은 일관성이 결여된 것으로 보고 비일관성의 요인을 찾아내어 수정을 하거나 해당 이원비교자료를 폐기한다. 이원비교행렬의 일관성 비율이 0.1 이하이면 판단의 일관성이 있다고 본다.[11] 이원비교행렬의 일관성 비율을 계산하는 방법을 소개하면 다음과 같다.

② 일관성 비율 계산 절차

[단계 1] 이원비교행렬과 이원비교행렬로부터 계산된 상대적 선호도(또는 상대적 중요도) 벡터를 곱한다. 곱한 결과는 $n \times 1$ 열벡터(column vector)가 된다.

[단계 2] [단계 1]에서 구한 결과(벡터)의 각 요소를 각 요소에 상응하는 대안의 상대적 선호도(또는 평가기준의 상대적 중요도)로 다시 나눈다.[12]

[단계 3] [단계 2]에서 구한 수치들의 산술평균을 계산한다. 이 평균을 λ_{max}로 놓는다.

[단계 4] 일관성 지수(CI: consistency index)를 다음과 같이 계산한다.

$CI = (\lambda_{max} - n)/(n-1)$, 여기서 n = 비교되는 대안(또는 평가기준)의 수

[단계 5] 일관성 비율(CR: consistency ratio)을 다음과 같이 정의하고 계산한다.[13]

$CR = CI/RI$, 여기서 RI = 무작위 지수(random index)

무작위 지수(RI: random index)

무작위 지수(RI: random index)란 1부터 9까지의 이원비교척도를 무작위로 생성하여 이원비교행렬을 구성했을 때의 일관성 지수(CI)를 말한다. 즉, 매우 비일관적인 이원비교행렬의 일관성 지수이다. 행렬의 크기가 n일 때의 무작위 지수는

11) 일관성 여부를 가늠하는 일관성 비율의 기준값 '0.1'은 경험치이다. 과거에 시도된 적이 없는 탐색적 연구에서는 일관성 비율의 기준값을 0.15 또는 0.2까지 완화하는 경우도 있다.

12) 만일 이원비교행렬이 완벽한 일관성을 갖춘다면 [단계 2]의 결과는 모두 같은 값 'n'이 된다.

13) 이원비교행렬이 완벽한 일관성을 갖춘 경우 $\lambda_{max} = n$이므로, CI는 0이고 따라서 CR도 0이 된다. 즉, 일관성이 결여될수록 CI와 CR의 값은 커진다.

〈표 12-12〉와 같다.[14)]

n	RI
2	.00
3	.58
4	.90
5	1.12
6	1.24
7	1.32
8	1.41
9	1.45
10	1.49
11	1.51

표 12-12
$n \times n$ 이원비교행렬의 무작위 지수

〈표 12-12〉를 보면 이원비교행렬의 무작위 지수는 행렬의 크기가 커질수록 그 값이 커지며, 행렬의 크기가 2일 때는 '0'임을 알 수 있다. 즉, 행렬의 크기가 2인 경우, 이원비교행렬은 항상 완벽한 일관성을 취한다. 왜일까? 행렬의 크기가 2인 경우, 대각선 요소 a_{11}과 a_{22}의 값은 '1'이고, 나머지 두 요소 a_{12}와 a_{21}는 역수관계에 있으므로 완벽한 일관성을 취하지 않을 수 없기 때문이다.

이제 앞서 기술한 일관성 비율 계산 절차를 이원비교행렬에 적용해 보자. 외모를 기준으로 했을 때의 세 여성에 대한 이원비교행렬의 일관성 비율을 구하고, 해당 행렬이 일관성이 있는지의 여부를 평가해 보자.

[단계 1]

$$\begin{bmatrix} 1 & 5 & 1/3 \\ 1/5 & 1 & 1/7 \\ 3 & 7 & 1 \end{bmatrix} \begin{bmatrix} 0.283 \\ 0.074 \\ 0.643 \end{bmatrix} = \begin{bmatrix} 0.867 \\ 0.222 \\ 2.010 \end{bmatrix}$$

[단계 2]

$$0.867 \div 0.283 = 3.064$$
$$0.222 \div 0.074 = 3.000$$
$$2.010 \div 0.643 = 3.126$$

14) 1에서 9까지의 숫자를 무작위로 생성해 수백 개의 이원비교행렬을 만든 후 이원비교행렬 각각의 CI 값을 구하고, 이들을 평균하면 RI가 얻어진다.

[단계 3] $\lambda_{\max} = (3.064+3.000+3.126) \div 3 = 3.063$

[단계 4] $CI = (3.063-3) \div (3-1) = 0.0315$

[단계 5] $CR = 0.0315/0.58 = 0.054 < 0.10$

따라서 김군의 판단(외모를 기준으로 했을 때의 세 여성 선호도의 이원비교)은 상당한 일관성이 있다고 평가할 수 있다.

5 평가기준들의 상대적 중요도 계산

지금까지 우리는 각 평가기준 하에서 대안들의 상대적 선호도를 구하는 방법과 판단의 일관성을 측정하는 과정에 대해 학습하였다. 〈표 12-13〉은 외모, 지성미, 나이, 인간성 등 네 가지 평가기준 하에서 세 대안들의 상대적 선호도를 요약한 것이다. 어떠한 대안도 네 가지 평가기준 모두에서 우월한 지위에 있지 않음을 볼 수 있다. 예를 들어, 황진이는 인간성에 있어서는 세 대안 중 가장 선호되지만 나이라는 기준 하에서는 가장 매력도가 떨어지며, 심청이는 지성미를 보면 가장 우월하지만 외모는 가장 떨어지는 것을 알 수 있다. 성춘향은 외모와 나이에서는 가장 선호되지만 지성미와 인간성에서는 가장 열등함을 알 수 있다.

표 12-13
평가기준에 따른 세 대안의 상대적 선호도

기준 / 대안	외모	지성미	나이	인간성
황진이	0.283	0.230	0.074	0.703
심청이	0.074	0.648	0.283	0.182
성춘향	0.643	0.122	0.643	0.115

상대적 중요도(가중치)

이렇듯 평가기준에 따라 선호도에 차이를 보이는 세 여성들 중 누가 전체적인 관점에서 가장 선호되는지를 파악하기 위해서는 또 하나의 중요한 정보인 평가기준들의 **상대적 중요도(가중치)**가 필요하다. 즉, 외모, 지성미, 나이, 인간성 등 네 가지 평가기준이 상대적으로 얼마나 중요한지를 계량화 할 필요가 있다.

이에 대한 정보는 앞서와 같은 이원비교를 통해 얻을 수 있다. 즉, 우리는 김군으로 하여금 네 가지 평가기준들(외모, 지성미, 나이, 인간성) 간의 이원비교를 수행하도록 함으로써 평가기준들의 상대적 중요도를 도출할 수 있다. 평가기준이 네 가지이므로 모두 6번($_4C_2$)의 이원비교를 수행한다. 김군이 수행한 6번의 이원비교결과는 〈표 12-14〉와 같다.

의사결정기준	외모	지성미	나이	인간성
외모	1	5	7	1/2
지성미	1/5	1	2	1/4
나이	1/7	1/2	1	1/8
인간성	2	4	8	1

표 12-14
평가기준들 간의 중요도 이원비교행렬

앞서 이원비교행렬로부터 대안들의 상대적 선호도를 도출한 것과 마찬가지 방법으로 네 가지 평가기준들의 상대적 중요도를 〈표 12-14〉의 이원비교행렬로부터 구할 수 있다. 계산 절차는 다음과 같다.

[단계 1] 이원비교행렬의 열의 합 계산

평가기준	외모	지성미	나이	인간성
외모	1	5	7	1/2
지성미	1/5	1	2	1/4
나이	1/7	1/2	1	1/8
인간성	2	4	8	1
열의 합	117/35	21/2	18	15/8

[단계 2] 정규화 행렬 구하기

평가기준	외모	지성미	나이	인간성
외모	35/117	10/21	7/18	4/15
지성미	7/117	2/21	1/9	2/15
나이	5/117	1/21	1/18	1/15
인간성	70/117	8/21	4/9	8/15
열의 합	1	1	1	1

[단계 3] 평가기준들의 상대적 중요도 계산

의사결정기준	외모	지성미	나이	인간성	행의 평균
외모	(35/117 +	10/21 +	7/18 +	4/15) ÷ 4	0.357
지성미	(7/117 +	2/21 +	1/9 +	2/15) ÷ 4	0.100
나이	(5/117 +	1/21 +	1/18 +	1/15) ÷ 4	0.053
인간성	(70/117 +	8/21 +	4/9 +	8/15) ÷ 4	0.489
합					1.000

[단계 3]에 나타난 평가기준들의 상대적 중요도 계산 결과를 보면 김군은 배우자 선택 기준으로 인간성을 가장 중요시 하고, 다음으로 외모, 지성미, 나이 순으로 그 중요도를 평가함을 알 수 있다. 또한 이 상대적 중요도 수치도 비율척도이므로 인간성의 중요도는 지성미보다 거의 5배 중요함을 알 수 있다. 이제 모든 평가기준을 고려하여 대안들의 전반적 선호도와 그 우선순위를 결정하기 위해 종합화 단계로 넘어가 보자.

6 종합화

〈표 12-15〉는 평가기준들의 상대적 중요도와 각 평가기준 하에서 대안들의 상대적 선호도를 요약한 것이다. 각 평가기준 아래 괄호 안의 수치는 해당 기준의 상대적 중요도를, 각 열의 수치는 해당 평가기준 하에서 세 대안들의 상대적 선호도를 나타낸다. 이 표를 이용하여 각 대안의 전반적 선호도, 즉 모든 평가기준을 고려했을 때의 선호도를 구해보자.

표 12-15 상대적 중요도 및 상대적 선호도 요약

기준 / 대안	외모 (0.357)	지성미 (0.100)	나이 (0.053)	인간성 (0.489)
황진이	0.283	0.230	0.074	0.703
심청이	0.074	0.648	0.283	0.182
성춘향	0.643	0.122	0.643	0.115

가중합계(weighted sum)

각 대안의 전반적 선호도는 각 평가기준 하에서 해당 대안의 상대적 선호도를 각 평가기준의 가중치로 곱해 모두 더한 **가중합계(weighted sum)**로 다음과 같이 계산된다.

황진이의 선호도 = 0.357(0.283) + 0.100(0.230) + 0.053(0.074) + 0.489(0.703) = 0.473
심청이의 선호도 = 0.357(0.074) + 0.100(0.648) + 0.053(0.283) + 0.489(0.182) = 0.195
성춘향의 선호도 = 0.357(0.643) + 0.100(0.122) + 0.053(0.643) + 0.489(0.115) = 0.332

7 결과의 해석

계산 결과를 보면, 황진이가 가장 선호되고, 그 다음이 성춘향, 심청이 순임을 알 수 있다. 이 예제의 경우, 고려하는 대안들은 상호배반적이므로[15] 김군의 선호체계에 따르면 황진이가 최선의 배우자로 선택되어야 할 것이다. 하지만 대안들이 상호배반적이 아닌 상황, 예를 들어 고려하는 대안들이 투자대안이고, 한정된 자금을 대안들의 최종 선호도에 따라 배분하고자 하는 문제의 경우에는 대안의 최종 선호도 비율에 따라 자금을 분배할 수 있을 것이다. 이는 최종 선호도가 비율척도(ratio scale)이기 때문에 가능하다. 또한 평가기준의 상대적 중요도에 따라 대안의 최종 선호도는 영향을 받게 되는데, 가중치 변화에 따른 대안들의 선호도와 우선순위 변화를 추적하는 **민감도 분석**도 대안의 선택을 견고하게 할 수 있는 중요한 도구가 된다.

민감도 분석

12.6 엑셀을 이용한 AHP 분석

AHP 분석을 위한 대표적인 소프트웨어로는 **Expert Choice**, **Open Decision Maker** 등이 있다. 하지만 범용 소프트웨어인 엑셀을 이용해서도 지금까지 우리가 전개한 분석을 수행할 수 있다. [그림 12-7]은 엑셀 시트 상에 배우자 선택 문제의 분석 과정을 구현한 것이다.

Expert Choice
Open Decision Maker

[그림 12-7]의 주요 셀에 입력한 식은 다음과 같다. 독자들의 편의를 위해 셀 번호가 표시된 테이블을 이용해 입력한 식을 보여주겠다.

① 우선, 평가기준별 대안 간 선호도 이원비교행렬의 **정규화 행렬(normalized matrix)**을 구해보자. 예를 들어, 셀 범위 F5:H7에는 외모 기준 하에서의 정규화

정규화 행렬(normalized matrix)

15) 대안들이 상호배반적(mutually exclusive)이라는 것은 한 대안이 선택되면 다른 대안은 선택될 수 없음을 의미한다. 이 예제의 경우, 대안들은 배우자 후보들이므로 일부일처제 하에서는 한 대안만이 배우자로 선택될 수 있다.

그림 12-7 엑셀을 이용한 AHP 분석

	A	B	C	D	E	F	G	H	I	J	K	L	M	N	O
1	**배우자 선택문제**														
2															
3	**외모 기준 pairwise comparisons**					normalized matrix				scores	Aw	n			
4		황진이	심청이	성춘향											
5	황진이	1	5	1/3		0.2381	0.3846	0.2258		0.2828	0.8662	3.0624			
6	심청이	1/5	1	1/7		0.0476	0.0769	0.0968		0.0738	0.2223	3.0127			
7	성춘향	3	7	1		0.7143	0.5385	0.6774		0.6434	2.0083	3.1215			
8										**lambda_max**	3.0655	**CI**	0.0328	**CR**	0.0565
9										**일관성 검토**	**일관성만족**				
10	**지성미 기준 pairwise comparisons**					normalized matrix				scores	Aw	n			
11		황진이	심청이	성춘향											
12	황진이	1	1/3	2		0.2222	0.2174	0.2500		0.2299	0.6902	3.0026			
13	심청이	3	1	5		0.6667	0.6522	0.6250		0.6479	1.9485	3.0071			
14	성춘향	1/2	1/5	1		0.1111	0.1304	0.1250		0.1222	0.3667	3.0013			
15										**lambda_max**	3.0037	**CI**	0.0018	**CR**	0.0032
16										**일관성 검토**	**일관성만족**				
17	**나이 기준 pairwise comparisons**					normalized matrix				scores	Aw	n			
18		황진이	심청이	성춘향											
19	황진이	1	1/5	1/7		0.0769	0.0476	0.0968		0.0738	0.2223	3.0127			
20	심청이	5	1	1/3		0.3846	0.2381	0.2258		0.2828	0.8662	3.0624			
21	성춘향	7	3	1		0.5385	0.7143	0.6774		0.6434	2.0083	3.1215			
22										**lambda_max**	3.0655	**CI**	0.0328	**CR**	0.0565
23										**일관성 검토**	**일관성만족**				
24	**인간성 기준 pairwise comparisons**					normalized matrix				scores	Aw	n			
25		황진이	심청이	성춘향											
26	황진이	1	5	5		0.7143	0.7692	0.6250		0.7028	2.1886	3.1140			
27	심청이	1/5	1	2		0.1429	0.1538	0.2500		0.1822	0.5527	3.0327			
28	성춘향	1/5	1/2	1		0.1429	0.0769	0.1250		0.1149	0.3466	3.0159			
29										**lambda_max**	3.0542	**CI**	0.0271	**CR**	0.0467
30										**일관성 검토**	**일관성만족**				
31	**기준들간 pairwise comparisons**					normalized matrix				weights	Aw	n			
32		외모	지성미	나이	인간성										
33	외모	1	5	7	1/2	0.2991	0.4762	0.3889	0.2667	0.3577	1.473748	4.119805			
34	지성미	1/5	1	2	1/4	0.0598	0.0952	0.1111	0.1333	0.0999	0.400024	4.005134			
35	나이	1/7	1/2	1	1/8	0.0427	0.0476	0.0556	0.0667	0.0531	0.215343	4.052064			
36	인간성	2	4	8	1	0.5983	0.3810	0.4444	0.5333	0.4893	2.029365	4.147866			
37										**lambda_max**	4.0812	**CI**	0.0271	**CR**	0.0301
38										**일관성 검토**	**일관성만족**				
39	**기준별 점수표**														
40		외모	지성미	나이	인간성		**총점수**								
41	황진이	0.2828	0.2299	0.0738	0.7028		0.4719								
42	심청이	0.0738	0.6479	0.2828	0.1822		0.1953								
43	성춘향	0.6434	0.1222	0.6434	0.1149		0.3328								

행렬이 자리하고 있는데, 각 셀에는 다음과 같은 식이 입력되었다. F열에 해당 식을 입력하고, 오른쪽으로 끌기하여 G열과 H열에 식을 복사한다.[16]

	F	G	H
5	=B5/SUM(B$5:B$7)	=C5/SUM(C$5:C$7)	=D5/SUM(D$5:D$7)
6	=B6/SUM(B$5:B$7)	=C6/SUM(C$5:C$7)	=D6/SUM(D$5:D$7)
7	=B7/SUM(B$5:B$7)	=C7/SUM(C$5:C$7)	=D7/SUM(D$5:D$7)

지성미, 나이, 인간성 기준의 정규화 행렬도 마찬가지 방식으로 식을 입력한다.

16) 물론 5행에 해당 식을 입력하고, 아래로 끌기하여 6행과 7행에 복사해도 마찬가지이다.

② 다음으로 평가기준별로 대안들의 **상대적 선호도(scores)**를 도출하고, 해당 이원비교행렬의 **일관성 비율**을 구하는 식을 입력해 보자. 예를 들어, 외모 기준 하에서 대안들의 상대적 선호도를 구하는 식은 다음 표의 셀 범위 J5:J7에 입력하였고, 일관성 비율 계산 절차는 나머지 셀에 입력하였다.

상대적 선호도(scores)
일관성 비율

	J	K	L	M	N	O
5	=AVERAGE(F5:H5)	{=MMULT(B5:D7,J5:J7)}	=K5/J5			
6	=AVERAGE(F6:H6)	{=MMULT(B5:D7,J5:J7)}	=K6/J6			
7	=AVERAGE(F7:H7)	{=MMULT(B5:D7,J5:J7)}	=K7/J7			
8	lambda_max	=AVERAGE(L5:L7)	CI	=(K8-3)/2	CR	=M8/0.58
9	일관성 검토	=IF(O8<=0.1,"일관성만족","일관성결여")				

셀 범위 K5:K7에는 두 행렬 A와 w를 곱한 결과를 나타내야 하므로 셀 범위 K5:K7를 마우스로 먼저 선택한 후, =MMULT(B5:D7,J5:J7)를 입력하고, [Ctrl]+[Shift]+[Enter]를 동시에 누른다.[17] 다른 셀의 내용은 앞서 설명한 일관성 비율 계산 절차에 따라 차례로 입력한 것이다. 지성미, 나이, 인간성 평가기준에 대해서도 같은 방식으로 입력한다.

③ 이제 평가기준 간 상대적 중요도와 해당 이원비교행렬의 일관성 비율을 구해보자. 우선, 이원비교행렬의 정규화 행렬(normalized matrix)을 구하기 위해 셀 범위 F33:I36에 다음과 같이 입력한다.

	F	G	H	I
33	=B33/SUM(B$33:B$36)	=C33/SUM(C$33:C$36)	=D33/SUM(D$33:D$36)	=E33/SUM(E$33:E$36)
34	=B34/SUM(B$33:B$36)	=C34/SUM(C$33:C$36)	=D34/SUM(D$33:D$36)	=E34/SUM(E$33:E$36)
35	=B35/SUM(B$33:B$36)	=C35/SUM(C$33:C$36)	=D35/SUM(D$33:D$36)	=E35/SUM(E$33:E$36)
36	=B36/SUM(B$33:B$36)	=C36/SUM(C$33:C$36)	=D36/SUM(D$33:D$36)	=E36/SUM(E$33:E$36)

그러면 평가기준들의 **상대적 중요도(scores)**는 셀 범위 J33:J36에 다음과 같은 식으로 계산된다. 나머지 셀은 이원비교행렬의 일관성 비율을 구하는 절차를 나타내고 있다.

상대적 중요도(scores)

17) 결과가 나타날 셀 범위를 선택한 후 식을 입력하고 [Ctrl]+[Shift]+[Enter]를 누르면, 식 주위에는 중괄호 { }가 자동적으로 생성된다.

	J	K	L	M	N	O
33	=AVERAGE(F33:I33)	{=MMULT(B33:E36,J33:J36)}	=K33/J33			
34	=AVERAGE(F34:I34)	{=MMULT(B33:E36,J33:J36)}	=K34/J34			
35	=AVERAGE(F35:I35)	{=MMULT(B33:E36,J33:J36)}	=K35/J35			
36	=AVERAGE(F36:I36)	{=MMULT(B33:E36,J33:J36)}	=K36/J36			
37	lambda_max	=AVERAGE(L33:L36)	CI	=(K37-4)/3	CR	=M37/0.90
38	일관성 검토	=IF(O37<=0.1,"일관성만족","일관성결여")				

④ 이제 네 가지 평가기준의 상대적 중요도와 각 기준 하에서 세 대안의 상대적 선호도가 구해졌으므로 이들을 종합해 각 대안의 종합적인 선호도를 구해보자. [그림 12-7]을 보면 분석에 사용된 5개의 이원비교행렬 모두는 일관성을 만족함을 알 수 있다.

셀 범위 B41:E43에는 평가기준별 세 대안의 상대적 선호도가 나타나 있는데, 이를 위해 다음과 같이 입력한다. 41행에 식을 입력하고, 아래로 끌기하여 42행과 43행에 식을 복사한다. 예를 들어, B41에 =J5를 입력하고, 아래로 끌기하여 B43까지 복사한다.

다음으로 각 대안의 최종 선호도를 구하기 위해 셀 범위 G41:G43을 마우스로 먼저 선택한 후, =MMULT(B41:E43,J33:J36)을 입력하고, [Ctrl]+[Shift]+[Enter]를 동시에 누른다. 그러면 셀 범위 G41:G43에 세 대안의 최종 선호도가 산출된다. =MMULT(B41:E43,J33:J36)에서 B41:E43는 평가기준별 세 대안의 상대적 선호도를 나타내는 3×4 행렬이고, J33:J36는 평가기준의 상대적 중요도를 나타내는 4×1 행렬이므로 두 행렬의 곱은 결국 3×1 행렬(열벡터)이 되어 G41:G43에는 세 대안의 최종 선호도가 산출된다.

	B	C	D	E	F	G
41	=J5	=J12	=J19	=J26		{=MMULT(B41:E43,J33:J36)}
42	=J6	=J13	=J20	=J27		{=MMULT(B41:E43,J33:J36)}
43	=J7	=J14	=J21	=J28		{=MMULT(B41:E43,J33:J36)}

[그림 12-7]에 나타난 세 대안의 최종 선호도와 앞서 수작업으로 계산한 최종

선호도는 조금 차이를 보이는데 이는 소수점 계산 차이(rounding errors) 때문이다. 엑셀을 이용해 계산한 것이 보다 정교한 결과이다.

12.7 집단의사결정

의사결정자가 한 명이 아니라 여러 명일 경우가 있다. 앞의 배우자 선택문제를 예로 들면, 배우자를 선택하는 데 있어 김군뿐만 아니라 김군의 부모님도 의사결정에 개입하는 경우이다. **집단의사결정(group decision making)**이란 의사결정자가 여러 명일 때의 의사결정을 말한다. 그룹의사결정이 어려운 것은 사람마다 보는 눈이 다르기 때문이다. 좀 더 학술적으로는 개인마다 선호함수, 가치함수, 효용함수의 모양이 다르기 때문이다. 이처럼 각기 다른 여러 사람의 의견을 어떻게 수렴하여 결정을 내릴 수 있을까?

집단의사결정(group decision making)

예를 들어, 특정 기준 하에서 김군이 수행한 두 대안의 이원비교 결과는 '9'로 나타났지만, 김군 아버지의 이원비교 결과는 '3', 어머니의 이원비교 결과는 '1'이라고 가정하자. 이처럼 차이가 큰 이원비교결과를 조화시키기 위해서 AHP에서는 **기하평균(GM: geometric mean)**을 이용한다. 즉, 집단의사결정 상황에서는 각 평가자의 이원비교 결과를 기하평균하여 새로운 이원비교행렬을 만들고 그 이원비교행렬로부터 상대적 선호도나 상대적 중요도를 도출하게 된다. 기하평균이란 여러 평가자의 이원비교결과를 곱하여 그 수만큼 제곱근 한 값을 말한다. 위의 예에서 김군, 아버지, 어머니 세 사람이 수행한 이원비교결과의 기하평균을 구하면 $\sqrt[3]{9\times3\times1}=3$ 이 된다.

기하평균(GM: geometric mean)

> **기하평균(GM)**이란 여러 관측값들의 곱을 관측값의 수로 제곱근한 것을 말한다. 즉, $GM=\sqrt[n]{X_1\cdot X_2\cdots X_n}$ 으로 정의된다.

AHP에서 여러 사람의 판단을 조화시키기 위해 기하평균을 이용하는 이유는 기하평균의 두 가지 특징 때문이다. 우선, 기하평균은 극단값의 영향력을 감소시키는 특징을 갖는다. 위의 예에서 기하평균은 '3'으로 계산되었는데, 이 수치는 아버지와 어머니의 이원비교 결과와는 큰 차이를 보이는 김군의 이원비교 결과 '9'의 영향력을 많이 감소시키게 된다. 일반적인 산술평균을 구하게 되면 $(9+3+1)\div3=4.3$으로 기하평균보다 극단값의 영향을 많이 받음을 알 수 있다.

역수조건(reciprocal property)

기하평균이 갖는 또 다른 특징은 이원비교행렬의 **역수조건(reciprocal property)**을 만족시킨다는 것이다. 이원비교행렬의 역수조건이란 이원비교행렬의 요소들이 대각선 요소를 기준으로 서로 역수관계에 있음을 말한다. 위의 예에서 김군이 수행한 이원비교결과의 역수는 1/9, 아버지가 수행한 이원비교결과의 역수는 1/3, 어머니가 수행한 이원비교결과의 역수는 1이다. 이제 세 사람의 이원비교결과와 이원비교결과의 역수를 각각 산술평균했을 때 산술평균 또한 역수관계에 있는 지 살펴보자.

– 이원비교결과의 산술평균 $= (1+3+9)/3 = 13/3$
– 이원비교결과의 역수의 산술평균 $= (1+1/3+1/9)/3 = 13/27$

위의 계산에서 볼 수 있듯이 두 수치 13/3과 13/27은 역수관계를 만족시키지 않는다. 반면 세 사람의 이원비교결과와 그 역수들을 각각 기하평균한 경우, 두 수치 3과 1/3은 다음과 같이 역수관계를 유지하게 된다.

– 이원비교결과의 기하평균 $= \sqrt[3]{1\times3\times9} = 3$
– 이원비교결과의 역수의 기하평균 $= \sqrt[3]{1\times\frac{1}{3}\times\frac{1}{9}} = 1/3$

여러 사람의 이원비교결과를 기하평균하여 새로운 이원비교행렬을 구성함에 있어 기하평균은 극단값의 영향을 줄일 수 있을 뿐만 아니라 이원비교행렬의 역수조건도 유지시키는 의견수렴 방법이다.

12.8 순위역전현상

상대적 측정(relative measurement)
절대적 측정(absolute measurement)

다기준 하에서 대안들의 우열을 비교하기 위한 측정 방법으로는 **상대적 측정(relative measurement)**과 **절대적 측정(absolute measurement)** 두 가지가 있다. 상대적 측정이란 이원비교와 같이 대안을 둘씩 짝 지워 각 평가기준 하에서 서로 비교하는 방식이다. 반면, 절대적 측정은 대안을 둘씩 짝 지워 상호 비교하는 것이 아니라 축적된 지식이나 경험에 의해 만들어진 표준 잣대를 이용해 각 대안이 각 평가기준 하에서 어느 정도에 해당하는지 측정하는 것을 말한다.

지금까지 우리가 학습한 AHP 분석 과정은 상대적 측정을 이용한 것으로 AHP에서 많이 사용하는 측정 방법이다. 그러나 이 방법은 소위 **순위역전현상(rank reversal)**을 초래할 수 있다. 순위역전현상이란 대안들의 우선순위가 바뀌는 현상을 말한다.

순위역전현상(rank reversal)

새로운 평가기준이 추가되거나 기존의 평가기준 중 어느 하나가 삭제될 경우, 대안들의 우선순위가 달라지는 것은 당연한 일이다. 순위역전현상이란 평가기준이 달라질 때 대안들의 우선순위가 바뀌는 현상을 말하는 것이 아니라 평가기준은 동일하게 유지되는 상황에서 새로운 대안이 추가되거나(비록 그 대안이 모든 평가기준 하에서 가장 우수하거나 가장 열등한 대안이라 할지라도[18]) 또는 기존의 대안 중 어느 하나가 삭제될 경우, 기존 대안들의 우선순위가 바뀌는 것을 말한다.[19] 예를 들어, A, B, C라는 3가지 대안의 선호도 순위는 A가 1순위, B가 2순위, C가 3순위였다. 그런데 기존 대안들보다 모든 면에서 열등한 D라는 대안이 새로이 추가됨으로써 A가 2순위, B가 1순위, C가 3순위, D가 4순위가 되어, 대안 A와 B의 기존 순위가 역전되는 현상을 말한다.

TIP

관련성 없는 대안(irrelevant alternatives)이란 모든 평가기준에서 기존 대안들보다 우수하거나 열등한 속성 값을 갖는 대안으로 이 대안이 추가되어도 기존 대안들의 우선순위에 전혀 영향을 미치지 않을 것처럼 생각되는 대안을 말한다. 이러한 대안이 추가되면 그 대안의 우선순위는 당연히 가장 높거나 낮게 된다.

관련성 없는 대안(irrelevant alternatives)

이러한 현상은 얼핏 생각하기에는 이상해 보이지만 상대적 측정에서는 일어날 수

18) 이러한 대안을 **관련성 없는 대안(irrelevant alternatives)**이라고 한다.

19) 기존 대안들의 우선순위가 항상 바뀌는 것은 아니다. 바뀔 수도 있다는 말이다. 순위역전현상은 다기준 하에서만 발생하고, 단일 기준 하에서는 발생하지 않는다.

희석효과(dilution effect)
대체효과(substitution effect)

있는 자연스러운 현상이다. 상대적 측정에서 대안들의 선호도는 항상 상대적이다. 즉, 새로운 대안이 추가되거나 기존의 대안이 삭제됨으로 해서 발생하는 **희석효과(dilution effect)**나 **대체효과(substitution effect)**는 특정 기준의 중요도를 희석시킴과 동시에 다른 기준의 중요도를 부각시킴으로써 기존 대안들의 순위역전을 가능하게 한다.

예를 들어, IT 벤처회사에서 종업원들의 역량을 평가하는 상황을 고려해 보자. 종업원의 역량을 평가할 수 있는 기준으로는 여러 가지가 있는데, 그 중 컴퓨터 기술이라는 기준이 회사의 특성에 비추어 가장 중요한 기준이라고 가정하자. 이제 종업원 갑과 을이 있는데, 갑은 컴퓨터 기술에 있어서는 다른 종업원보다 탁월한 능력을 가지고 있지만 다른 기준들에서는 그저 그런 능력을 보이고 있다. 을은 컴퓨터 기술은 떨어지지만 다른 평가기준에서는 갑보다 훨씬 뛰어난 능력을 가지고 있다. 이제 AHP의 상대적 측정을 이용해(이원비교를 이용해) 갑과 을의 역량을 평가하면, 컴퓨터 기술이라는 기준의 중요도로 인해 갑이 을보다 훨씬 역량 있는 사람으로 평가될 것이다. 이제 이 회사에서 필요에 의해 컴퓨터 기술이 뛰어난 신입사원을 계속 채용한다고 가정하자. 그러면 어느 시점에서 을은 갑보다 역량 있는 종업원으로 평가될 수 있다. 왜냐하면 컴퓨터 기술이 뛰어난 사원들이 계속 영입되면서 이제 컴퓨터 기술이라는 기준은 더 이상 종업원들의 역량을 차별화 시킬 수 있는 요소가 되지 못하고(희석효과), 대신 다른 평가기준들이 차별화 요인으로 부각됨으로써(대체효과) 모든 평가기준을 고려했을 때 을이 갑보다 선호될 수 있는 것이다.

유령제품(phantom item)

유령제품(phantom item)이라는 말이 있다. 실제로 소비자가 구매하리라 기대하지는 않지만 이 제품을 시장에 소개함으로써 소비자들의 기존 제품에 대한 선호도를 변화시키는 제품을 말한다. 기업들이 유령제품(phantom item)을 시장에 소개하는 이유는 기존 제품들에 대한 소비자들의 선호순위를 바꾸어 특정 제품의 소비를 유도하기 위해서이다.

예를 들어, 어느 신혼부부가 전세 집을 구하러 부동산중개업소에 들렸더니 중개인이 집 두 곳을 보여주었다. A라는 집은 가격은 매우 저렴하나 거주 환경과 시설이 떨어졌고, B라는 집은 A보다 가격은 두 배가 되지만 그만큼 거주 환경이나 시설은 뛰어났다. 하지만 사회 초년생인 신혼부부에게 집 선택을 위한 기준으로 현재 가장 중요한 것은 가격이어서 B라는 집이 마음에 들기는 하지만 나중을 기약하며 A를 선택하기로 마음먹었다. 그래서 계약을 하려는데 중개인이 집 하나를 더 보자고 한다(중개인은 집값에 비례해 중개수수료를 받는다). 그래서 마지못해 이 C라는 집을 보니 가격은 B보다도 더 비쌌지만 환경이나 시설은 B보다 그다지 나아보지 나아보이지 않았다. 이제 이 신혼부부는 어떠한 결정을 할까? A와 B만 있는 상황에서는 A를 선택하려 했지만 이제 대안 C가 추가됨으로써 B가 가격 대비 매우 가치 있는 대안으로 생각될 것이다. 조금 무리를 해서라도 이 가치 있는 대안을 놓치고 싶지 않은 마음에 신혼부부의 이전 선택은 번복될 수 있다. 여기서 대안 C는 유령제품의 역할을 한 것이다.

다음의 간단한 예제를 통해 순위역전현상이 어떻게 발생하는지 살펴보자.

예제 군에서 30년을 복무하고 이번에 만기 전역한 김 준위는 일시불로 받은 퇴직연금의 투자대상을 찾고 있다. 투자 기준으로 그는 예상수익율과 위험도를 똑같이 중요하다고 판단하고 있다. 하지만 투자 대안의 예상수익률이 높으면 위험도 또한 높듯이 예상수익율과 위험도는 정(+)의 관계에 있다는 것은 널리 인정되는 사실이다. 가족과 상의한 결과 김 준위는 두 가지 대안(대안 1, 대안 2)이 투자 대상으로 가장 적절하다고 판단하여 이 중 한 대안을 선택하고자 한다. 김 준위가 각 투자 기준 하에서 두 대안 간의 상대적 선호도를 이원비교한 결과는 다음과 같다.[20]

예상수익률	대안 1	대안 2
대안 1	1	1/2
대안 2	2	1

위험도	대안 1	대안 2
대안 1	1	3
대안 2	1/3	1

① 위 이원비교행렬에 비추어 볼 때 두 대안 중 어느 대안이 선호되는가?

풀이 김 준위는 예상수익률과 위험도의 중요도를 동일하게 보고 있으므로 두 평

20) 2×2 이원비교행렬은 항상 완벽한 일관성을 갖춘다.

가기준의 상대적 중요도는 각각 0.5이다. 이제 위의 두 이원비교행렬로부터 두 대안의 상대적 선호도를 구하고, 이를 투자기준의 상대적 중요도와 함께 요약한 결과는 다음과 같다.

	예상수익률(0.5)	위험도(0.5)
대안 1	1/3	3/4
대안 2	2/3	1/4

따라서 대안 1의 최종 선호도 $=0.5(1/3)+0.5(3/4)=13/24$, 대안 2의 최종 선호도는 $0.5(2/3)+0.5(1/4)=11/24$이므로 두 대안 중 대안 1이 선호된다.

② 위의 두 가지 투자 대안 외에 한 가지 투자 대안이 더 있다고 가정하자. 각 투자기준 하에서 세 대안의 이원비교행렬은 다음과 같다.[21] 이 경우 세 대안의 선호도 순위는 어떻게 되는가? 이 결과를 ①의 결과와 비교하라.

예상수익율	대안 1	대안 2	대안 3
대안 1	1	1/2	4
대안 2	2	1	8
대안 3	1/4	1/8	1

위험도	대안 1	대안 2	대안 3
대안 1	1	3	1/2
대안 2	1/3	1	1/6
대안 3	2	6	1

풀이 대안이 추가된 이원비교행렬로부터 두 대안의 상대적 선호도를 각각 구하고, 이를 투자기준의 상대적 중요도와 함께 요약한 결과는 다음과 같다.

21) 이 예제에서 예로 든 3×3 이원비교행렬은 완벽한 일관성을 갖추고 있다. 완벽한 일관성을 갖춘 이원비교행렬의 정규화 행렬에서 모든 열의 요소는 동일하게 나타나므로 상대적 선호도를 구하기 위해 각 행의 평균을 구할 필요 없이 정규화 행렬의 한 열의 요소만 보면 이것이 바로 대안들의 상대적 선호도가 된다.

	예상수익률 (0.5)	위험도 (0.5)
대안 1	4/13	3/10
대안 2	8/13	1/10
대안 3	1/13	6/10

따라서 대안 1의 최종 선호도는 0.5(4/13)+0.5(3/10)=79/260, 대안 2의 최종 선호도는 0.5(8/13)+0.5(1/10)=93/260, 대안 3의 최종 선호도는 0.5(1/13)+0.5(6/10)=88/260이므로 세 대안의 선호도 순위는 대안 2, 대안 3, 대안 1 순이다.

즉, 문제 ①의 대안 1과 대안 2만 있는 상황에서는 대안 1이 대안 2보다 선호되었지만, 대안 3이 추가됨으로써 문제 ②에서는 대안 2가 대안 1보다 선호되는 선호역전현상이 일어났음을 알 수 있다.

순위역전현상이 의사결정자에게 부담으로 작용한다면 AHP는 이러한 순위역전현상을 방지하는 방법도 제공한다. **절대적 측정방법(absolute measurement method, ratings approach)**이라 불리는 이 방법은 대안의 상대적 선호도를 측정하기 위해 이원비교를 수행하지 않는다. 예를 들어, 어느 대기업이 올해 초 신입사원을 1,000명 신규채용하기로 결정했다고 하자. 이 신입사원 모집에는 100,000명이 지원하여 경쟁률은 100:1이다. 이 회사에서 신입사원을 선발하는 기준은 매우 다양할 것이다. 이제 여러 가지 선발기준 하에서 신입사원을 뽑기 위해 지금까지 우리가 학습한 상대적 측정방법을 이용한다고 가정해 보자. 얼마나 많은 이원비교를 수행해야 하는가? 한 기준 하에서만도 ${}_{100,000}C_2$번의 실무적으로는 불가능한 이원비교를 수행해야 할 것이다. 이렇게 대안의 수가 많아 대안들의 이원비교가 어려운 경우에도 절대적 측정방법은 유용하게 활용될 수 있다.

절대적 측정방법(absolute measurement method, ratings approach)

12.9 절대적 측정

AHP의 **절대적 측정방법**은 순위역전현상을 방지할 수 있는 방법으로 어떠한 대안이 추가되거나 삭제되더라도 기존 대안들의 우선순위는 변하지 않는다. 즉, 대안 A가 대안 B보다 선호되었으면, 이후 아무리 많은 대안이 추가되더라도 대안 A는 대안 B보다 항상 선호된다.

절대적 측정방법은 대안들의 수가 무척 많아 이원비교가 실무적으로 어려운 문제 상황에도 유용하게 적용될 수 있으나, 단순히 대안의 수가 많다고 이 방법을 이용하는 것은 아니다. 절대적 측정방법을 이용하기 위해서는 과거의 축적된 경험과 지식을 바탕으로 각 평가기준을 차별적으로 등급화 할 수 있다는 믿음과 그 믿음을 지원할 수 있는 객관적 근거가 있어야 한다.

1 절대적 측정방법의 특징

절대적 측정에서는 각 평가기준 하에서 대안들을 이원비교하는 것이 아니라, 각 평가기준을 여러 개의 **등급(rating intensities)**으로 나누고, 각 대안이 갖는 속성 값이 어떠한 등급에 속하는 지를 평가하고 이를 점수화 하게 된다. 즉, 상대적 측정에서는 각 평가기준 하에서 대안들을 쌍(pair)으로 묶어 선호도를 상호 비교하지만 절대적 측정에서는 각 대안의 속성 값이 사전에 설정된 평가기준의 등급들 중 어디에 속하는지 판단하게 된다. 결과적으로 대안의 선호도는 남과 비교되는 것이 아니라 자신이 가진 속성 값에 따라 평가되므로 대안들의 **순위역전현상**은 발생하지 않는다. [그림 12-8]은 절대적 측정을 위한 계층구조를 나타낸다. [그림 12-8]에서 주기준은 필요에 따라 다시 하위 기준으로 나누어 질 수 있는데, 그때는 하위 기준에 대한 등급화가 필요하다.

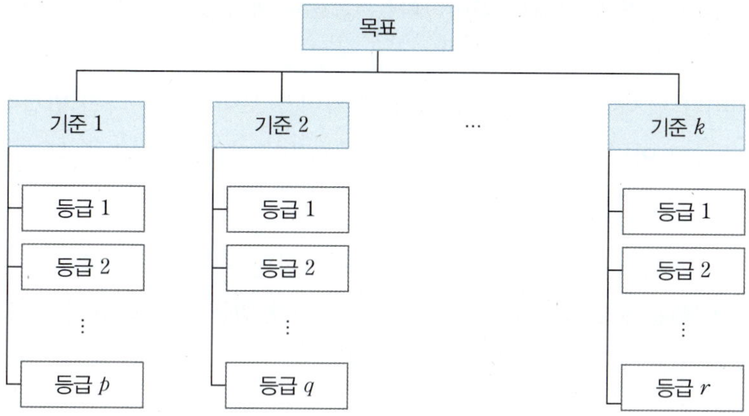

그림 12-8 절대적 측정의 계층 구조

절대적 측정에서 가장 중요시해야 할 사안은 **평가기준의 등급화**이다. 즉, 각 평가기준을 몇 개의 등급으로 나눌 것이고, 각 등급의 정의는 무엇이고, 각 등급은 어떻게 성취될 수 있는지를 명확히 해야 한다. 아울러 한 등급이 다른 등급과 차별화된다는 믿음이 경험 및 자료에 의해 뒷받침될 수 있어야 한다. 또한 평가기준의 등급은 **MECE**, 즉 상호배반적이면서도(**mutually exclusive**) 해당 기준 전체를 설명할 수 있어야(**collectively exhaustive**) 한다. 등급이 상호배반적이라는 것은 등급의 속성 값이 중복되어서는 안 된다는 것이고, 해당 기준 전체를 설명한다는 것은 어떠한 속성 값도 등급들 중 하나에 반드시 속해야 한다는 것이다.

평가기준의 등급화
MECE
mutually exclusive
collectively exhaustive

예를 들어, 신입사원 선발을 위한 기준들 중 하나가 면접이고, 면접결과는 A, B, C 세 등급으로 나눈다고 가정하자. 이 경우, 등급 A는 어떠한 면접결과를 말하는지 명확히 정의되어 있어야 한다. 즉, 면접대상자가 어떠한 태도를 보이고 질문에 어떻게 답변을 해야지 이 등급을 받을 수 있는지 정의해야 한다. 또한 모든 면접대상자의 면접결과는 등급 A, B, C 중 어느 하나에 배타적으로 속해야 하며(등급의 상호배반적 특성), 어떠한 면접대상자의 면접결과도 세 등급 중 하나로 측정할 수 있어야 한다(세 등급이 면접 결과를 모두 설명할 수 있어야 한다).

또 등급 간에는 차이가 있어야 한다. 등급 A는 등급 B와, 등급 B는 등급 C와 어떠한 차이를 보여 면접이라는 기준을 세 개의 등급으로 등급화 했는지 객관적으로 설명할 수 있어야 한다. 신입사원을 채용해 그들의 업무성과 자료를 다년 간 축적한 경우, 자료의 분석을 통해 면접에서 등급 A를 받은 사원이 등급 B를 받은 사원보다 업무수행 능력이 실제로 뛰어나다는 증거를 제시할 수 있을 것이다. 이때 이 증거는 등급화의 근거가 될 수 있다. 만일 면접에서 등급 A를 받은 사원이나 B를 받은 사원이나 입사 후 업무능력에 있어 별 차이를 보이지 않는다면 면접이라는 기준은 세 등급이 아니라 두 등급으로 축소하는 것이 바람직하다. 등급은 차별화 되어야 한다.

아울러 평가기준의 등급화와 각 등급에 대한 정의는 특정인에 의해 결정되기 보다는 모든 이해관계자들과 논의되고 그들의 동의를 얻는 것이 필요하다. 그래야 객관적인 평가기준으로서의 역할을 할 수 있다.

절대적 측정에서도 평가기준들의 상대적 중요도를 도출하는 방법은 상대적 측정에서와 같이 이원비교를 수행한다. 또한 각 평가기준에서 등급 간의 상대적 선호도도 이원비교를 통해 도출한다. 예를 들어, "신입사원을 선발하기 위한 기준으로 대학성적이라는 기준은 면접이라는 기준과 비교하여 얼마나 중요합니까?"와 같은 평가기준들의 상대적 중요도를 도출할 수 있는 이원비교, 그리고 "면접이라는 기준에서 등급 A는 등급 B보다 얼마나 선호되는 등급입니까?"와 같은 평가기준별 등급들의 상대적 선호도를 도출할 수 있는 이원비교를 수행한다.

2 절대적 측정의 예시

모 대학의 경영전문대학원은 지금까지의 MBA 입시를 통해 많은 경험을 축적했고, 이러한 축적된 경험을 바탕으로 신입생을 서류심사와 면접을 통해서만 선발하고 있다. 신입생 선발기준은 모두 네 가지로 학부성적(대학마다 학점 기준이 다르므로 100점 만점으로 환산한 점수를 이용), 표준시험성적(예를 들어, GMAT 성적), 지도교수 추천서, 그리고 면접이다. 이 대학원은 신입생 선발과 관련해 쌓아온 과거 자료를 분석하여 각 선발기준의 등급을 [그림 12-9]와 같이 설정하였다.

[그림 12-9]에서 괄호 안의 수치는 선발기준의 상대적 중요도(가중치)와 각 선발기준 등급들 간의 상대적 선호도를 나타내는 것으로 경영전문대학원 신입생 선발 전문가들의 의견을 수렴한 것이다.

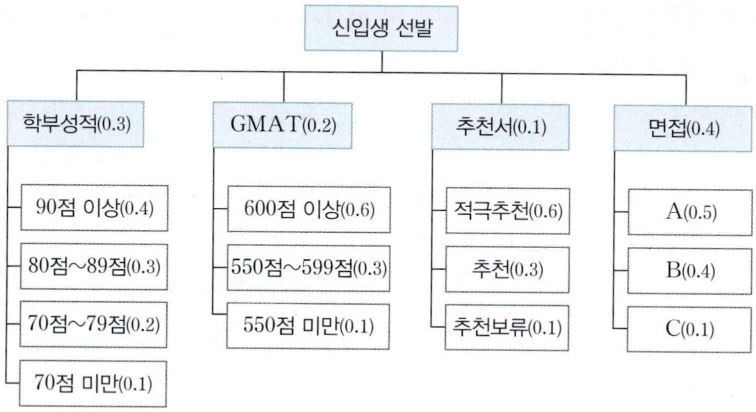

그림 12-9

신입생 선발기준 및 등급

이번 학기 경영전문대학원 MBA 과정에 지원한 학생은 모두 500명으로 이 중 김철수군과 박영희양의 학부성적, GMAT, 추천서, 면접 등 네 가지 선발기준의 속성 값은 다음과 같다.

기준 / 지원자	학부성적	GMAT	추천서	면접
김철수	78	575	적극추천	A
박영희	88	620	추천	C

[단계 1] 선발기준들의 상대적 중요도 도출

상대적 측정에서와 같은 방법으로 선발기준 간 상대적 중요도를 이원비교를 통해 도출한다.

[단계 2] 선발기준의 등급 설정

선발기준의 등급은 [그림 12-9]와 같다. 예를 들어, 면접의 결과는 A, B, C 등 세 등급으로 분류하였고, 등급 간 이원비교를 통해 각 등급의 상대적 선호도를 구한 결과는 괄호 안에 나타나 있다. 면접이라는 기준 하에서 A는 다른 등급들보다 선호됨을 알 수 있고, 등급의 상대적 선호도가 비율척도이므로 면접결과가 A인 지원자는 C인 지원자보다 5배 선호된다고 이야기 할 수도 있다. 또한 면접결과를 이렇게 세 개의 등급으로 나눈 근거를 제시할 수 있어야 한다. 즉, 면접결과가 A인

지원자는 면접결과가 B인 지원자보다, 면접결과가 B인 지원자는 면접결과가 C인 지원자보다 대학원에서의 학업수행능력이 뛰어나다는 경험적 근거가 있어야 한다. 마찬가지로 학부성적이 90점 이상인 지원자는 학부성적이 89점인 지원자와 MBA 과정에서의 학업능력이 차별화된다는 근거가 있어야 등급화를 이렇게 할 수 있다.

[단계 3] 대안의 선호도 구하기

예를 들어, 김철수 지원자의 선호도를 구하는 과정은 다음과 같다.

① 각 평가기준(선발기준) 하에서 김철수 지원자의 속성 값이 어떤 등급에 속하는지 체크한다.

② 각 평가기준 하에서 가장 선호되는 등급의 상대적 선호도에 대한 김철수 지원자가 속한 등급의 상대적 선호도의 비율을 구한다.

③ ②의 결과에 평가기준의 가중치를 적용하여 가중합계를 구한다.

즉, 김철수 지원자의 선호도는 다음과 같이 계산된다.

$$(0.3)\times\left(\frac{0.2}{0.4}\right)+(0.2)\times\left(\frac{0.3}{0.6}\right)+(0.1)\times\left(\frac{0.6}{0.6}\right)+(0.4)\times\left(\frac{0.5}{0.5}\right)=0.75$$

순위역전현상

절대적 측정을 이용했을 때 모든 평가기준에서 가장 높은 등급을 받은 대안의 선호도 점수는 '1'이 되고, 대안의 선호도가 떨어짐에 따라 선호도 점수는 낮아진다. 예를 들어, 한 대안의 선호도가 0.9이고 다른 대안의 선호도가 0.45라면 전자가 후자보다 2배 선호됨을 의미한다. 또한 대안들은 각 기준 하에서 다른 대안과 상대적으로 평가되는 것이 아니라 개별적으로 대안의 속성 값이 각 기준의 어느 등급에 속하는지를 평가하므로 대안이 추가되거나 삭제되더라도 순위역전현상은 발생하지 않을 뿐만 아니라 한번 계산된 선호도는 동일하게 유지된다.

3 절대적 측정 결과의 활용

[그림 12-10]은 어떤 회사의 임원 12명을 평가하기 위한 계층구조이다. 평가의 목적은 연말 상여금을 평가결과에 따라 분배하기 위함이다. 계층구조를 보면 평가기준이 여섯 가지이고, 각 기준이 등급화 되어 있음을 알 수 있다. 그리고 각 기준의 상대적 중요도와 각 기준 등급들의 상대적 선호도, 그리고 신뢰성 기준에서 최고 등급과 해당 등급의 선호도 비율이 예로 나타나 있다.

다시 강조하지만, 평가기준과 각 기준의 등급은 치열한 논의를 통해 구성원들이 공감하고 동의할 수 있는 것들이 되어야 한다. 아울러 평가기준과 등급의 명확한 정의, 그리고 어떻게 하면 해당 등급을 달성할 수 있는지 그 방법을 구체적으로 제시할 수 있어야 한다. 신뢰성이라는 기준을 예로 들어보자. 우선, 신뢰성이란 무엇인지 평가대상 임원들이 명확히 이해할 수 있도록 정의하고, 왜 이 기준이 임원들의 평가에 필요한지 설명할 수 있어야 한다. 다음으로 신뢰성의 등급이 왜 5개로 구분되었는지, 그리고 '탁월'이라는 등급은 무엇을 의미하고, 신뢰성이 탁월하기 위해서는 어떻게 행동해야 하는지를 구체적으로 제시할 수 있어야 한다.

한편, 등급들의 순서와 상대적 선호도는 항상 비례적인 관계에 있는 것은 아니다. 예를 들어, [그림 12-10]을 보면 학력이라는 기준은 박사, 석사, 학사, 고졸 등 4등급으로 나뉘어져 있는데, 모든 문제 상황에서 [그림 12-10]처럼 학력 순으로 상대적 선호도가 결정되는 것은 아니다. [그림 12-10]을 보면 학력이라는 기준 하에서 박사는 석사보다, 석사는 학사보다, 학사는 고졸보다 선호되는 것으로 나타났는데, 이 순서로 선호도가 결정되지 않는 경우도 있다. 어느 중소기업에서 생산직 사원을 뽑는 경우를 생각해 보자. 이 때 학력이라는 선발기준의 등급이 박사, 석사, 학사, 고졸로 구분되었다고 가정하자. 이때도 과연 [그림 12-10]의 예에서처럼 박사는 석사보다, 석사는 학사보다, 학사는 고졸보다 선호되는 것일까? 그렇지 않을 것이다. 생산직 사원을 뽑는 경우, 아마 박사학위는 가장 선호되지 않는 등급이 될 가능성이 높다. 즉, 문제에 따라 등급의 선호도는 달라질 수 있다.

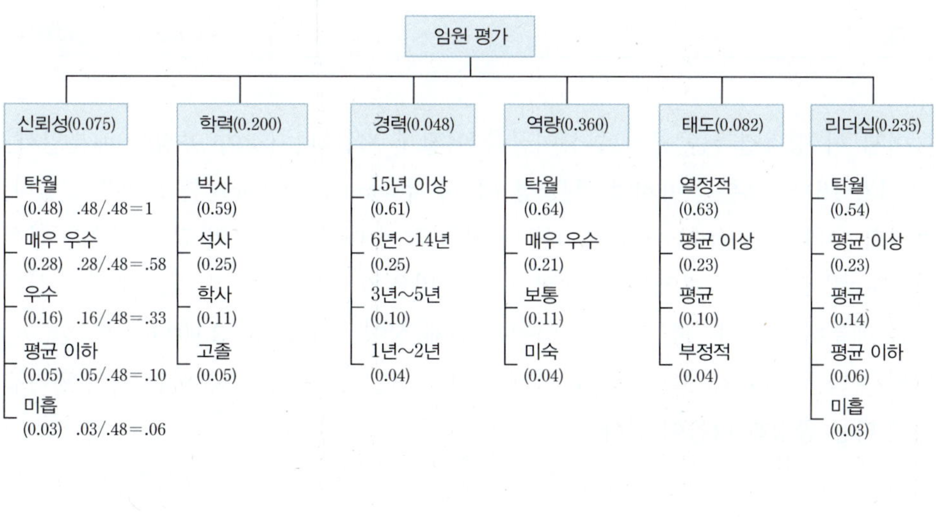

그림 12-10
임원 평가를 위한 계층구조

이제 이 회사 12명 임원들의 각 평가기준 하에서의 속성 값과 이들을 이용해 계산한 평가결과를 최고 점수부터 최하 점수까지 순서대로 정렬한 결과는 〈표 12-16〉과 같다. 〈표 12-16〉의 오른쪽 끝에서 두 번째 열은 각 임원의 선호도 점수를 나타내고 있다. 이 선호도 점수가 어떻게 나왔는지는 앞에서 자세히 설명한 바 있다. 예를 들어, 평가순위 1위인 박○○ 임원은 모든 평가기준에서 가장 선호되는 등급에 자신의 속성 값이 속했으므로 선호도 점수는 '1'이 나왔음을 알 수 있다.

표 12-16
12명 임원에 대한 평가 결과

	신뢰성 0.0746	학력 0.2004	경력 0.0482	역량 0.3604	태도 0.0816	리더십 0.2348	선호도	정규화 수치
박○○	탁월	박사	15년 이상	탁월	열정적	탁월	1.000	0.153
한○○	탁월	석사	15년 이상	탁월	열정적	평균 이상	0.752	0.115
백○○	탁월	석사	15년 이상	매우 우수	열정적	탁월	0.641	0.098
이○○	탁월	학사	6년~14년	탁월	평균 이상	평균	0.580	0.089
김○○	우수	학사	1년~2년	탁월	열정적	평균	0.564	0.086
고○○	우수	학사	3년~5년	탁월	평균	평균	0.517	0.079
조○○	평균 이하	고졸	3년~5년	탁월	평균	평균	0.467	0.071
최○○	탁월	석사	3년~5년	매우 우수	열정적	평균 이상	0.466	0.071
안○○	매우 우수	석사	3년~5년	매우 우수	열정적	평균 이상	0.435	0.066
오○○	탁월	고졸	15년 이상	매우 우수	열정적	평균	0.397	0.061
임○○	탁월	석사	1년~2년	매우 우수	평균 이상	평균	0.368	0.056
구○○	매우 우수	학사	15년 이상	매우 우수	평균	평균 이상	0.354	0.054
합							6.541	1.000

정규화 수치(normalized scores)

이제 이 평가결과를 근거로 상여금을 어떻게 지급하는 것이 공정한 배분일까? 〈표 12-16〉의 오른쪽 마지막 열은 **정규화 수치(normalized scores)**를 보여주고 있다. 정규화 수치란 원 점수(선호도 점수)를 다 합한 값에 대한 특정인의 점수 비율을 말한다. 즉, 전체를 '1'로 보았을 때 대안별 점수 비율을 의미한다. 이 비율에 따라 상여금을 배분하면 된다. 즉, 박○○ 임원은 전체 상여금의 15.3%(1.000/6.541), 한○○ 임원은 11.5%(0.752/6.541) 등으로 올해 책정된 연말 상여금을 배분하는 것이 평가결과에 따른 공정한 나눔이 된다.

12.10 우선순위 기반 가중치 결정방법

상대적 측정이든 절대적 측정이든 AHP에서 우리는 평가기준들의 상대적 중요도(가중치)를 결정하기 위하여 이원비교방법을 이용하였다. 그런데 이 방법은 평가기준의 수가 증가함에 따라 수행해야 하는 이원비교의 수가 급격히 증가하는 문제점을 갖고 있다. 예를 들어, 평가기준이 2개인 경우에는 한 번의 이원비교가 필요하지만, 평가기준이 3개인 경우에는 3번의 이원비교, 평가기준이 4개인 경우에는 6번의 이원비교가 필요하며, 일반적으로 평가기준이 n개인 경우에는 이원비교의 수는 ${}_nC_2=n(n-1)/2$이 된다.

물론 이원비교란 비슷비슷한 비교를 반복적으로 함으로써 인간이 내리는 판단의 정확성을 높일 수 있는 장점을 갖고 있다. 하지만 이원비교를 수행하는 사람들로서는 평가기준의 수가 많을 경우 매우 지루한 작업을 반복해야 하는 실무적인 단점도 갖고 있다. 또한 일련의 비슷비슷한 질문들에 답을 해야 하는 경우, 응답이 자칫 신중하지 못하거나 때로는 매우 무성의하게 이루어져 이원비교결과가 허용범위를 벗어날 만큼 비일관적으로 나타나는 경우도 많다.

본 절에서는 평가기준들의 우선순위 정보만을 이용해 가중치를 결정하는 방법 두 가지를 소개한다. 이 두 가지 방법은 평가기준의 수가 증가함에 따라 이원비교의 수가 급격히 증가하는 이원비교방법의 단점을 해소할 수 있다.

1 순위중심방법

순위중심방법(ROC: rank order centroid)을 이용하기 위해 의사결정자는 평가기준들의 중요도 순으로 그 우선순위만 결정하면 된다. 이러한 우선순위를 기반으로 i번째로 중요한 평가기준의 가중치 w_i는 다음의 식을 이용하여 도출된다.

순위중심방법(ROC: rank order centroid)

$$w_i=\frac{1}{n}\sum_{k=i}^{n}\frac{1}{k}\ \ (i=1,\ 2,\ \cdots,\ n)$$

여기서 i는 i번째 우선순위를 나타내며, n은 평가기준의 수를 나타낸다.

예를 들어, C_1, C_2, C_3라는 세 가지 평가기준이 있고, 중요도 우선순위는 C_1이 첫 번째, C_2가 두 번째, C_3가 세 번째라고 하자. 그러면 이러한 우선순위 정보를 이용하여 기준 C_1, C_2, C_3의 상대적 중요도(가중치)는 위 식에 의해 다음과 같이 유도된다.

C_1의 가중치: $w_1 = \frac{1}{3}\left(\frac{1}{1} + \frac{1}{2} + \frac{1}{3}\right) = 0.611$

C_2의 가중치: $w_2 = \frac{1}{3}\left(\frac{1}{2} + \frac{1}{3}\right) = 0.278$

C_3의 가중치: $w_3 = \frac{1}{3}\left(\frac{1}{3}\right) = 0.111$

〈표 12-17〉은 평가기준의 개수별로 가장 중요한 기준부터 가장 덜 중요한 기준까지 평가기준의 상대적 중요도(가중치)를 순위중심방법으로 계산하여 요약해 놓은 것이다.

표 12-17
ROC에 의해 도출된 가중치(%)

	평가기준 개수	2	3	4	5	6	7	8	9	10	11	12
우선순위	1	75.0	61.1	52.1	45.7	40.8	37.0	34.0	31.4	29.3	27.4	25.9
	2	25.0	27.8	27.1	25.6	24.2	22.8	21.5	20.3	19.3	18.4	17.5
	3		11.1	14.6	15.7	15.8	15.6	15.2	14.8	14.3	13.8	13.4
	4			6.2	9.0	10.3	10.8	11.1	11.1	11.0	10.8	10.6
	5				4.0	6.1	7.3	7.9	8.3	8.5	8.5	8.5
	6					2.8	4.5	5.4	6.1	6.5	6.7	6.8
	7						2.0	3.3	4.2	4.8	5.2	5.4
	8							1.6	2.6	3.4	3.9	4.2
	9								1.2	2.1	2.8	3.2
	10									1.0	1.7	2.3
	11										0.8	1.5
	12											0.7
계		100	100	100	100	100	100	100	100	100	100	100

이 방법은 평가기준이 많아질수록 우선순위가 낮은 평가기준의 가중치는 급격히 저하되어 해당 평가기준의 영향력은 거의 무시되는 한계를 보인다. 또한 정형화된 식에 의해 평가기준이 몇 개이냐에 따라 평가기준의 가중치가 사전에 일률적으로 결정되는 단점을 갖고 있으나 수행해야 하는 이원비교의 수가 많은 상황에서 평가기준

의 우선순위 정보만을 가지고 상대적 중요도를 도출할 수 있는 유용한 방법이다.

2 비율방법

비율방법(Ratio Method)
정규화(normalize)

비율방법(Ratio Method)도 순위중심방법(ROC)과 마찬가지로 의사결정자가 평가기준들의 우선순위만 사전에 결정하면 된다. 우선순위에 따라 평가기준들이 나열되면, 가장 낮은 우선순위의 평가기준에 '10'이라는 가중치를 부여한다. 다른 평가기준들의 가중치는 '10'의 배수로 결정된다. 여기서 한 기준과 차상위 기준과의 가중치 차이가 일률적으로 10일 필요는 없다. 그런 후 평가기준들의 가중치를 **정규화(normalize)**하여 각 평가기준의 최종 가중치를 결정한다. 정규화란 개별 가중치를 전체 가중치의 합으로 나누는 것을 말한다. 결국, 최종 가중치의 합은 1(100%)이 된다.

예를 들어, C_1, C_2, C_3, C_4라는 네 가지 평가기준이 있고, 중요도 우선순위는 C_1이 첫 번째, C_2가 두 번째, C_3가 세 번째, C_4가 네 번째로 설정되었다고 하자. 이러한 우선순위 정보를 가지고 비율방법을 이용하면 네 가지 평가기준의 가중치는 〈표 12-18〉과 같이 결정된다.

표 12-18 Ratio Method에 의한 가중치 결정의 예

기준 / 절차	C_1	C_2	C_3	C_4
우선순위 결정	1	2	3	4
가중치 배정	60	50	20	10
정규화	60÷140	50÷140	20÷140	10÷140
최종 가중치	42.9%	35.7%	14.3%	7.1%

〈표 12-18〉에서 정규화 절차의 분모 140은 각 평가기준에 처음 배정된 가중치를 모두 합한 값(60+50+20+10)이다. 평가기준 C_1, C_2, C_3, C_4의 최종 가중치는 각각 42.9%, 35.7%, 14.3%, 7.1%이고, 그 합은 100%가 됨을 알 수 있다. 비율방법은 의사결정자가 생각하는 가장 낮은 우선순위의 평가기준을 준거점으로 해서 다른 평가기준들이 이 준거점보다 얼마나 중요한지를 10[22]의 배수로 측정함으로써 평가기준들의 가중치를 결정하는 방법이다. 처음에 설정한 평가기준들의 우선순위와 의사결정자의 주관적 판단이 최종 가중치 결과에 많은 영향을 미친다.

22) '10' 대신에 '1'이나 '100'을 이용해도 무방하다.

부록 1 Open Decision Maker의 활용

Expert Choice
Open Decision Maker(ODM)

AHP 분석은 엑셀 자체를 이용해서 수행할 수도 있지만 조금 번거로운 것이 사실이다. 이원비교행렬을 엑셀 시트에 입력한 후 여러 가지 엑셀 함수를 이용해서 이원비교행렬을 가공하는 과정은 어렵지는 않지만 자칫 실수하기도 쉽다. 따라서 AHP 사용자들을 위한 전문 소프트웨어도 만들어졌다. 가장 유명한 상용 소프트웨어는 **Expert Choice**이다.[23] Expert Choice는 화려한 그래픽으로 AHP 분석을 지원해 주기는 하나 값이 비싸 일반인들이 사용하기에는 한계가 있다. 과거에는 3단계의 계층구조를 갖는 간단한 문제를 해결할 수 있는 데모 버전을 일반인들도 무료로 다운로드 받아 일정 기간 사용할 수 있었으나 최근 이 제도가 사라져 일반인들이 Expert Choice를 사용하기가 더욱 어렵게 되었다. 다행히 일반인들도 무료로 사용할 수 있는 오픈 소스 소프트웨어(OSS: open source software)도 존재하는데, 이것이 바로 우리가 이용할 **Open Decision Maker(ODM)**이다. Open Decision Maker는 Java 기반의 AHP 소프트웨어로, 인터넷을 통해 무료로 다운로드해서 사용이 가능하다.

본 부록에서는 앞서 예제로 사용한 배우자 선택 문제를 이용하여 Open Decision Maker의 활용법을 소개한다. Open Decision Maker의 설치에서부터 시작하여 문제의 해결 과정, 민감도 분석 등에 대해 차례로 알아보도록 한다.

1 Open Decision Maker의 설치

① Open Decision Maker는 Java 기반의 소프트웨어로, 이를 실행하기 위해서는 사용자의 PC에 Java가 설치되어 있어야 한다. Java는 홈페이지(http://java.com/ko)에서 무료로 다운로드하여 설치가 가능하다. [그림 12-11]은 Java의 설치과정을 좌측 상단부터 차례로 보여 준다.

23) http://expertchoice.com

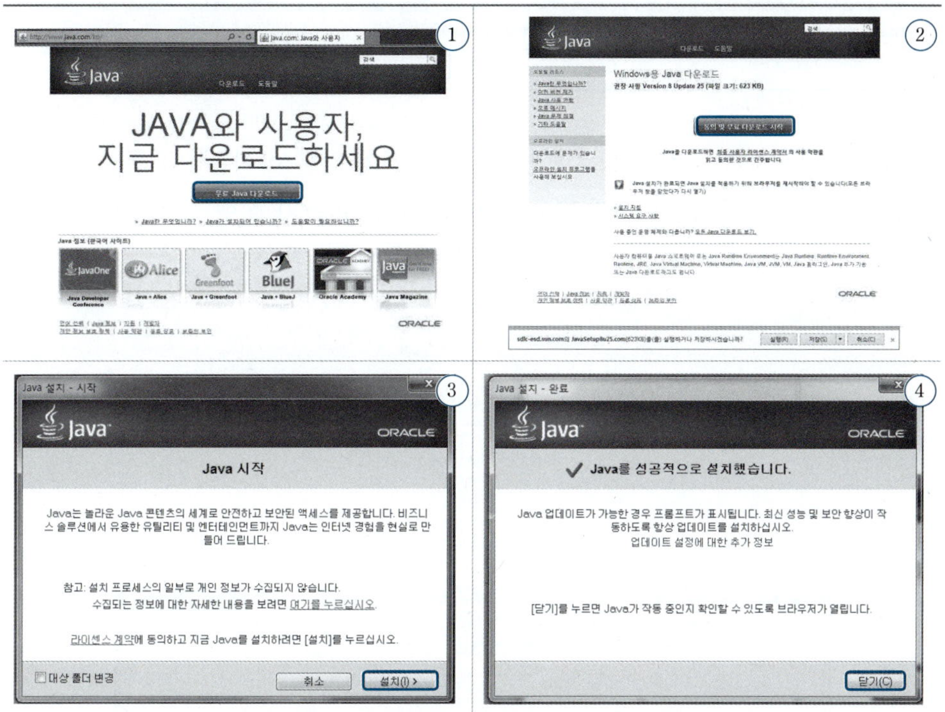

그림 12-11

Java 설치 방법

② Open Decision Maker의 설치를 위해 http://sourceforge.net/projects/opendecisionmak/에 방문한다. 그러면 [그림 12-12]와 같은 화면을 볼 수 있다. 화면 우측 중앙에 있는 'Download'를 누르면 화면이 전환되며 약 5초 후 화면 하단에 [그림 12-13]과 같은 다운로드 창이 나타난다. '저장' 또는 '다른 이름으로 저장'을 클릭하여 경로를 지정한 후 프로그램을 저장한다.

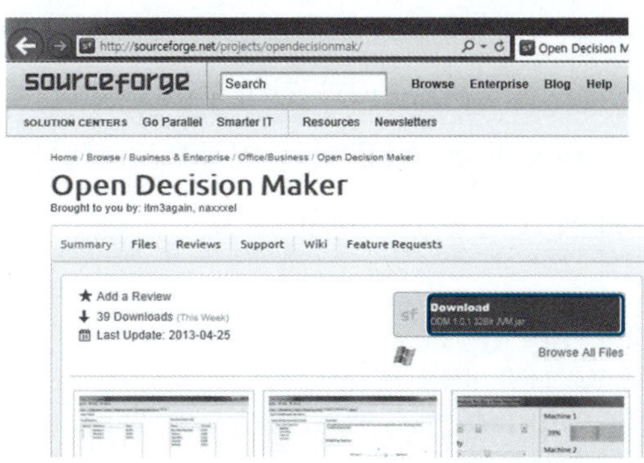

그림 12-12

Open Decision Maker 방문화면

그림 12-13
Open Decision Maker 다운로드 창

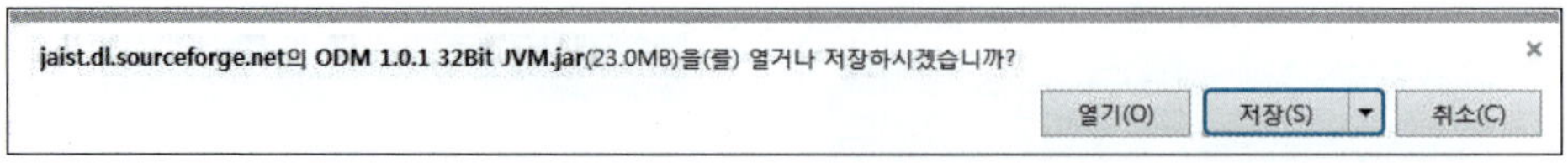

그러면 사용자가 지정한 경로에 [그림 12-14]와 같은 아이콘[24]이 생성된다. 생성된 아이콘을 더블클릭하면 Open Decision Maker가 실행되어 [그림 12-15]와 같은 Open Decision Maker 실행 화면이 나타난다.

그림 12-14
Open Decision Maker 아이콘

그림 12-15
Open Decision Maker 실행 화면

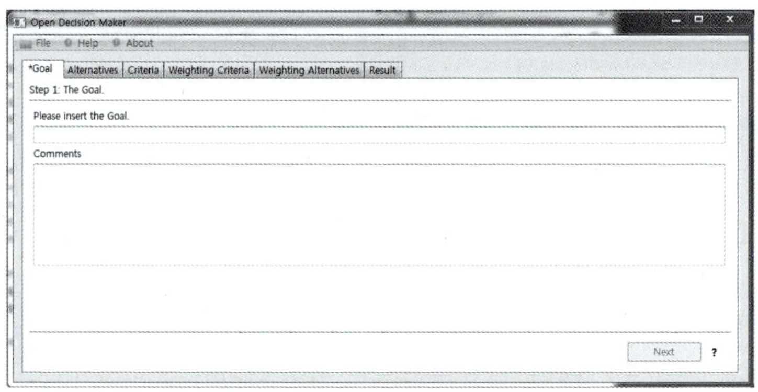

2 Open Decision Maker의 시작

① AHP 분석에 앞서 파일을 저장하고 불러오는 방법을 알아보도록 한다. 파일을 저장하기 위해서는 [그림 12-16]과 같이 File▶Save To File을 차례대로 선택한다. 여기서는 wedding_AHP라는 이름으로 파일을 저장하였다. Open Decision Maker의 파일 확장자는 .odm이다.

24) 일부 컴퓨터에서는 아이콘을 더블클릭할 경우 프로그램이 실행되지 않고 압축풀기가 실행될 수 있다. 이 경우는 앞서 설치한 Java를 통해 프로그램을 실행시키면 된다. 프로그램 아이콘에 마우스를 대고 우측 버튼을 누른다. 나오는 단축메뉴의 연결 프로그램(H)에서 'Java(TM) Platform SE binary'를 선택한다. 그러면 정상적으로 Open Decision Maker 프로그램이 실행된다.

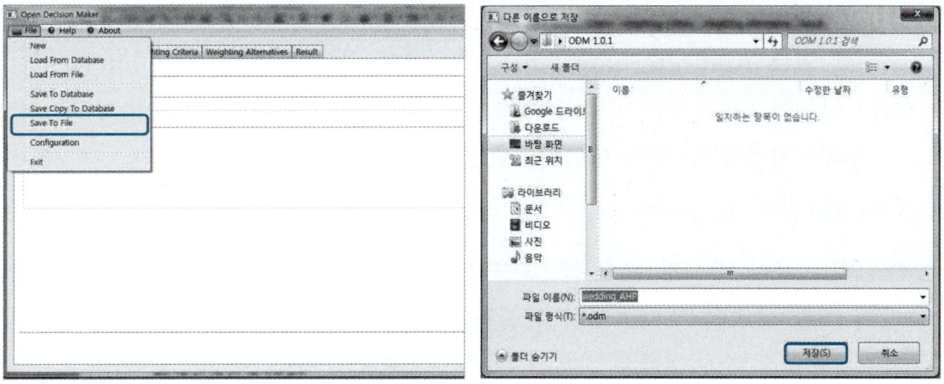

그림 12-16
파일 저장

② 저장한 파일을 불러오기 위해서는 File▶Load From File을 차례대로 선택한 후, 파일이 저장된 경로를 확인하여 저장된 .odm 파일을 선택하면 된다.

3 문제의 계층구조화

① AHP의 첫 단계는 문제를 목표(goal), 평가기준(criteria), 하위기준(sub-criteria), 대안(alternatives) 등으로 체계화하는 것이다. Open Decision Maker의 첫 화면을 보면, 화면 상단에 Goal 탭이 활성화되어 있는데, 이는 AHP의 전반적 목표가 무엇인지를 입력하는 창이다. [그림 12-17]과 같이 예제의 목표인 "최선의 배우자 선택"이라고 입력하고 우측 하단의 Next 버튼을 클릭하면, 화면 상단의 Alternatives 탭이 활성화 된다.

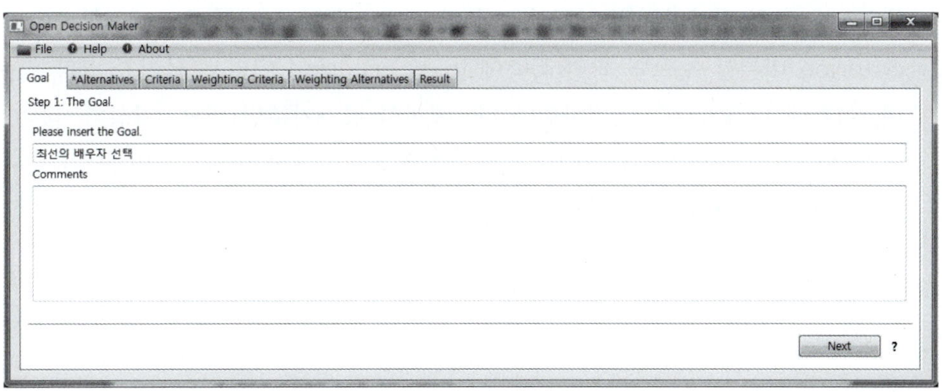

그림 12-17
목표 입력

② Alternatives 탭은 선택 대안들이 무엇인지 입력하는 창이다. [그림 12-18]의 우측에 있는 Add alternative 버튼을 누르면 화면 좌측에 [new alternative 라는 글씨가 나타난다. 여기에 대안을 입력하면 된다. 예제의 대안인 '황진이', '심청이', '성춘향'을 차례로 입력하고 화면 우측 하단의 Next 버튼을 클릭하면 Criteria 탭이 활성화된다.

대안의 이름을 바꾸기 위해서는 화면 우측의 Edit alternative name 버튼, 대안에 대한 설명을 추가하거나 편집하기 위해서는 Add/Edit description 버튼, 그리고 입력한 대안을 지우기 위해서는 해당 대안을 선택한 후 화면 우측의 Remove alternative 버튼을 누르면 된다.

그림 12-18
대안의 입력

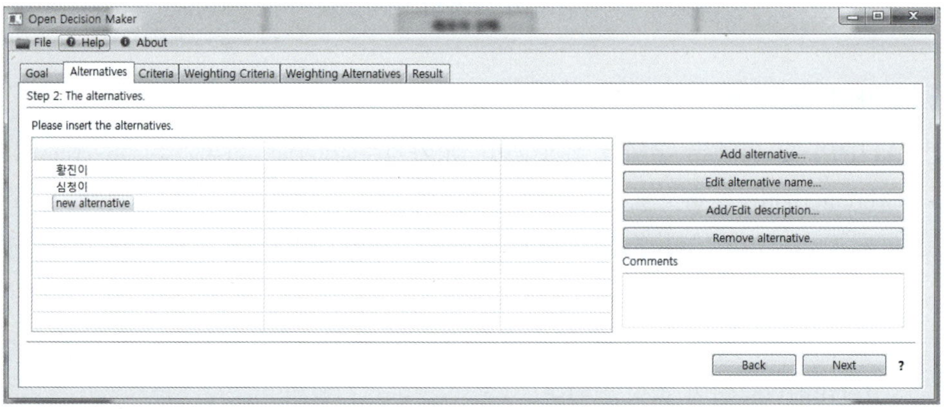

③ Criteria 탭은 평가기준을 입력하는 창이다. [그림 12-19]의 우측에 있는 Add criterion 버튼을 누르면 화면 좌측에 [new criterion 이라는 글씨가 나타나는데, 여기에 평가기준을 입력하면 된다. 예제의 평가기준인 외모, 지성미, 나이, 인간성을 차례로 입력하고, 화면 우측 하단의 Next 버튼을 클릭하면 [그림 12-20]과 같이 Weighting Criteria 탭이 활성화 되는 것을 볼 수 있다.

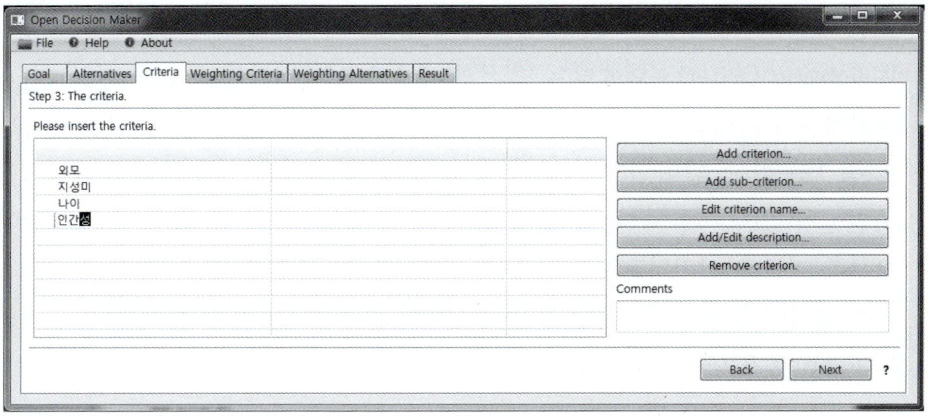

그림 12-19
평가기준 입력

하위기준(sub-criteria)을 추가하기 위해서는 하위기준이 추가될 평가기준을 선택한 후, Add sub-criterion 버튼을 누른다. 또 입력된 평가기준 및 하위기준의 이름을 바꾸기 위해서는 화면 우측의 Edit criterion name 버튼, 평가기준에 대한 설명을 추가하거나 편집하기 위해서는 Add/Edit description 버튼, 그리고 입력된 평가기준을 지우기 위해서는 해당 평가기준을 선택한 후 화면 우측의 Remove criterion 버튼을 누른다.

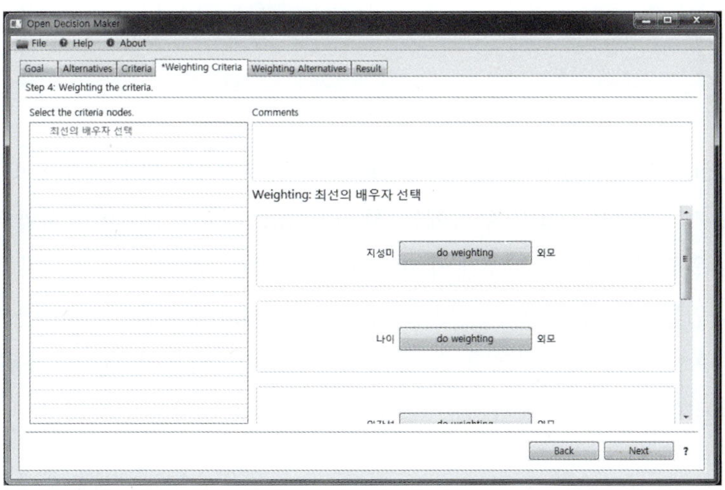

그림 12-20
활성화된 Weighting Criteria 탭

4 평가기준의 상대적 중요도 및 평가기준별 대안의 상대적 선호도 계산

① Weighting Criteria 탭에서는 '최선의 배우자 선택'이라는 목표에 대한 4가지 평가기준의 상대적 중요도를 도출한다. Weighting Criteria 탭이 활성화 되면 [그림 12-20]과 같이 화면 우측에 총 6개의 이원비교를 위한 막대가 생성됨을 확인할 수 있다. 'do weighting'을 클릭하면 [그림 12-21]과 같이 왼쪽 기준과 오른쪽 기준을 이원비교 할 수 있는 스크롤바가 나타나는데, 스크롤바의 조절키를 움직여 상대적 중요도를 차례로 입력한 후 Next 버튼을 클릭한다. 그러면 Weighting Alternatives 탭이 활성화된다.

그림 12-21
평가기준 이원비교

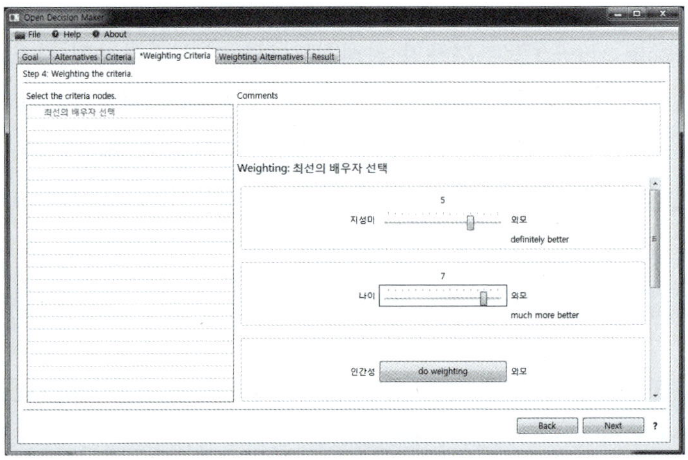

② Weighting Alternatives 탭이 활성화 되면, [그림 12-22]의 좌측 상자에는 목표와 평가기준들이, 화면 우측에는 'Weighting: 외모'라는 메시지와 함께 대안들을 이원비교할 수 있는 3개의 이원비교 막대가 생성된다. 외모라는 기준 하에서 대안들을 이원비교하는 단계이다. 'do weighting'을 클릭하면 왼쪽 대안과 오른쪽 대안을 이원비교할 수 있는 스크롤바가 나타나는데, 스크롤바의 조절키를 움직여 외모라는 평가기준 하에서 두 대안의 상대적 선호도를 차례로 입력한다.

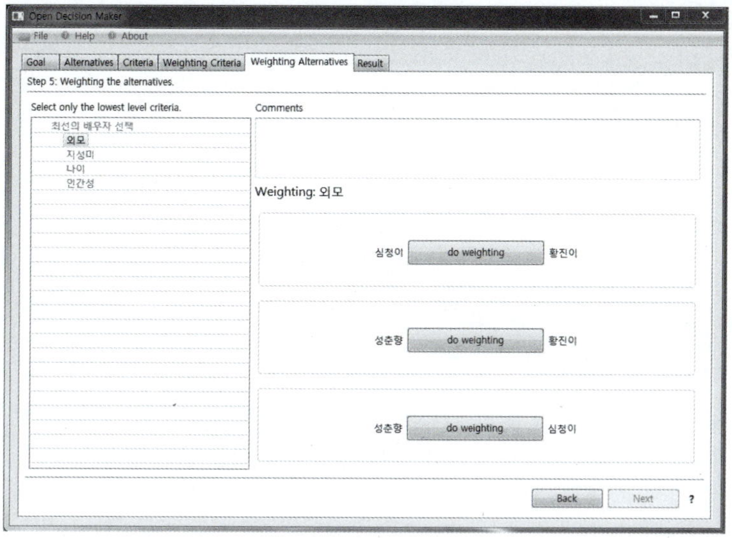

그림 12-22

외모 기준 하에서의 대안들의 이원비교

③ 외모 기준 하에서의 대안들의 이원비교가 완료되면, 화면 좌측 상자에서 다음 기준인 지성미를 클릭한다. 지성미를 클릭하면 화면에는 'Weighting: 지성미' 라는 메시지와 함께 새로운 이원비교를 위한 막대가 생성된다. 앞서 외모 기준 하에서와 같이 지성미 기준 하에서 두 대안의 상대적 선호도를 차례로 입력한다.

④ 지성미 기준 하에서 상대적 선호도의 입력이 완료되면, 마찬가지로 나이와 인간성 기준 하에서의 상대적 선호도를 차례로 입력한다. [그림 12-23]은 인간성 기준 하에서 대안들의 이원비교를 마친 화면이다. 모든 기준 하에서 대안들의 이원비교가 완료되면 우측 하단의 Next 버튼을 클릭한다. 그러면 [그림 12-24]와 같이 Result 탭이 활성화 된다.

그림 12-23

인간성 기준 하에서의 대안들의 이원비교

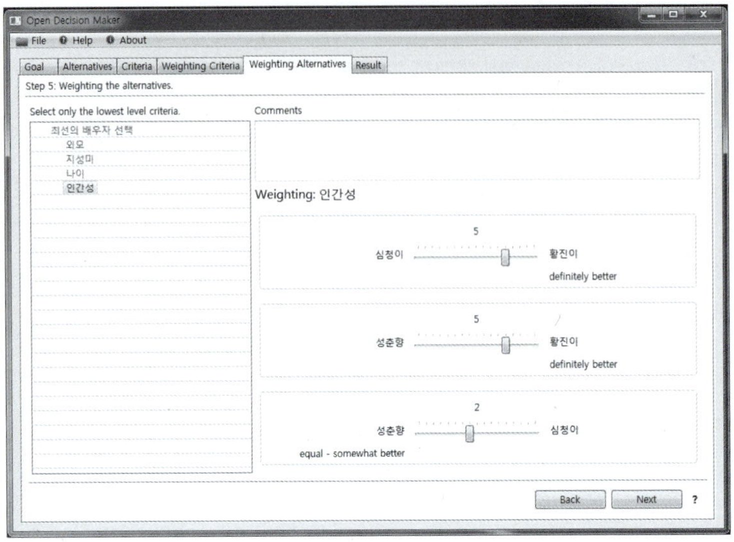

5 종합화 및 결과의 해석

① Result 탭에서는 대안별 순위와 종합적 선호도, 이원비교행렬의 일관성 비율, 그리고 평가기준별 대안의 상대적 선호도를 확인할 수 있다. [그림 12-24]의 결과는 앞서 엑셀을 이용해 분석한 결과([그림 12-7] 참조)와 일치함을 알 수 있다.[25]

그림 12-24

분석 결과

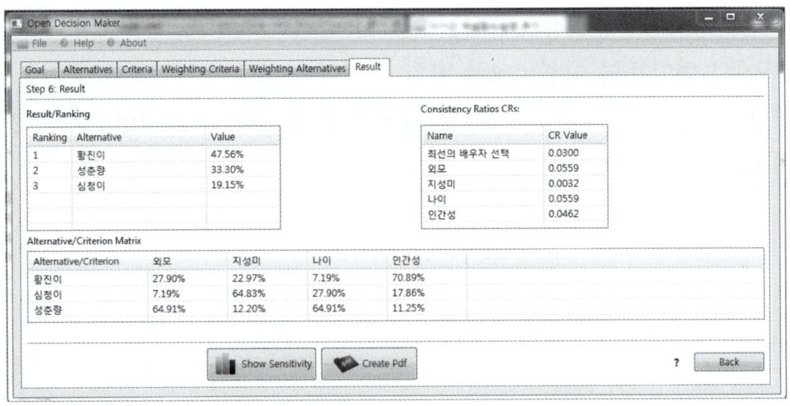

25) 수치상의 미세한 차이는 계산과정에서 일어난 라운딩에러(rounding error) 때문이다.

② 먼저 각 대안의 종합적 선호도를 살펴보자. 황진이의 종합적 선호도는 47.56%, 성춘향은 33.30%, 심청이는 19.15%로, 황진이가 가장 높은 선호점수를 얻었고, 성춘향, 심청이가 그 뒤를 이었음을 알 수 있다.

③ 우리는 앞서 올바른 의사결정을 위한 평가의 일관성에 대해 학습하였는데, 일반적으로 이원비교행렬의 일관성 비율이 0.1 이하이면 해당 이원비교행렬은 일관성이 있는 것으로 판단한다. [그림 12-24]에 나타난 일관성 비율을 보면, 최선의 배우자 선택을 위한 평가기준들의 중요도 이원비교행렬의 일관성 비율은 0.0300으로 나타났고, 외모, 지성미, 나이, 인간성 등 각 평가기준 하에서의 대안들의 선호도 이원비교행렬의 일관성 비율도 각각 0.0559, 0.0032, 0.0559, 0.0462로 매우 낮게 나타나 평가자의 판단에는 일관성이 있다고 평가할 수 있다. 일관성 비율이 허용한도를 초과한 경우 빨간색으로 표시된다.

일관성 비율의 허용한도(critical consistency ratio)는 연구의 성격에 따라 0.15 또는 0.2까지 늘어날 수 있다고 하였다. Open Decision Maker의 실행 화면에서 File▶Configuration을 누르면 ODM Configuration 대화상자가 나타나는데, 대화상자 상단에 보면 일관성 비율의 허용한도를 조절할 수 있는 조절키가 있다. 이 조절키를 이용하면 일관성 비율의 허용한도를 조절할 수 있다. 기본값(default)은 0.1로 설정되어 있다.

일관성 비율의 허용한도 (critical consistency ratio)

④ 평가기준별 대안의 선호도를 살펴보면, 외모와 나이에서는 성춘향(외모: 64.91%, 나이: 64.91%), 지성미에서는 심청이(64.83%), 그리고 인간성에서는 황진이(70.89%)가 가장 높은 선호점수를 얻었음을 알 수 있다. 성춘향은 외모와 나이 두 가지 기준에서 가장 높은 선호도를 얻었음에도 불구하고 종합적 선호도는 황진이에 비해 낮게 나왔다. 이는 외모나 나이보다 황진이가 가장 높은 선호도를 획득한 인간성에 더 큰 가중치가 주어졌기 때문으로 판단할 수 있다. 따라서 평가기준의 가중치가 달라지면 대안의 선호도 또한 달라져 대안들의 우선순위는 바뀔 수 있다. 평가기준의 가중치 변화에 따른 대안들의 우선순위 변화를 추적하기 위해서는 분석 후 분석인 **민감도 분석**이 필요하다.

민감도 분석

6 민감도 분석

Open Decision Maker는 간단한 민감도 분석 도구도 제공한다. Result 탭 하단의 Show Sensitivity 버튼을 클릭하면 [그림 12-25]와 같이 좌측에 평가기준의 상대적 중요도(가중치)를 좌우로 변화시킬 수 있는 스크롤바가 나타난다. 현재는 외모 35%, 지성미 9%, 나이 5%, 인간성 49%로 가중치가 나타나 있다. 화면 우측에는 이러한 가중치 하에서 대안들의 종합적 선호도가 수치와 함께 막대 길이로 제공된다. 현재는 황진이 47%, 심청이 19%, 성춘향 33%로 나타났음을 볼 수 있다. 선호 점수가 가장 높은 황진이의 경우 막대 길이가 초록색으로 표시된다. 나머지 대안들의 막대 길이는 노란색으로 표시된다.

그림 12-25
민감도 분석 화면

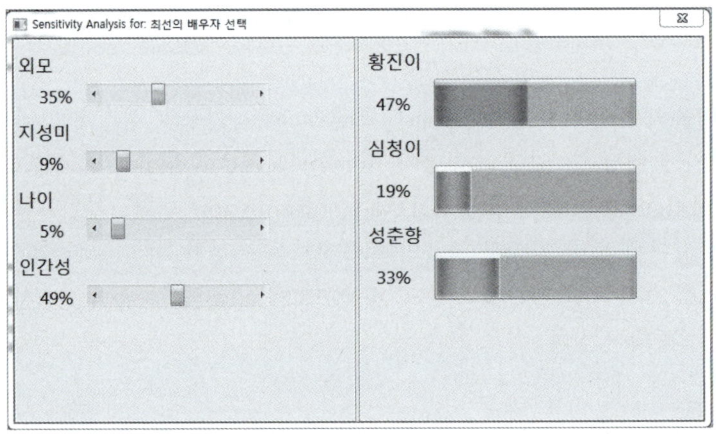

이제 화면 좌측에 있는 스크롤바를 움직이면 모든 수치가 함께 움직이는데, 이것이 바로 평가기준의 가중치 변화에 따른 대안들의 선호도 변화를 보여주는 것이다. 예를 들어, 현재 가중치가 5%인 나이의 가중치를 변화시켜보자. 스크롤바를 움직여 가중치를 26%로 증가시키면, [그림 12-26]에서 보듯이 다른 기준인 외모, 지성미, 인간성의 가중치는 각각 27%, 7%, 38%로 감소하고, 대안들의 선호점수는 황진이 38%, 심청이 21%, 성춘향 40%로 바뀌는 것을 확인할 수 있다. 이때 성춘향의 선호점수를 나타내는 막대 길이는 나이의 가중치가 24%일 때부터 노란색에서 초록색으로 변하는데, 이를 통해 나이의 가중치를 24% 이상으로 증가시킬 경우 성춘향이 최선의 배우자로 선택됨을 알 수 있다. 여기서 한 가지 첨언하면 나이의 가중치가 24%일 경우 황진이와 성춘향의 선호점수는 39%로 동일한 것으로 화면에 나타나지만 소수점까지 계산하면 초록색 막대 길이를 갖는 성춘향의 선호점수가 실제로 더 높음을 알 수 있다.

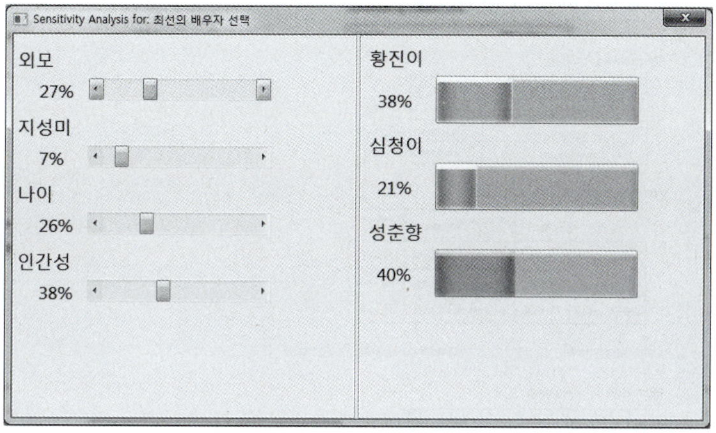

그림 12-26
민감도 분석의 실행

한편, Resut 탭 하단의 Create Pdf 버튼은 지금까지의 분석결과를 pdf 파일로 만들어 저장해 주는 역할을 한다. 버튼을 누르고 pdf 파일의 이름과 경로를 지정하고 저장한다. [그림 12-27]과 같은 'Report of your AHP – Analysis'라는 제목의 보고서가 만들어진다. 여기서 한 가지 주의해야 할 사항은 Open Decision Maker는 아직 한글을 제대로 지원하지 못하는 관계로 목표, 기준, 대안 등의 이름을 지금까지와 같이 한글로 입력한 경우 생성된 pdf 보고서에는 목표, 기준, 대안 등이 빈칸으로 나타난다. 따라서 AHP 분석 보고서를 제대로 출력하고 싶다면 목표, 기준, 대안 등을 영어로 입력해야 한다. [그림 12-27]은 배우자 선택 문제의 목표, 기준, 대안의 이름을 영어로 입력한 후 만들어진 보고서 파일이다.

이제부터는 목표, 기준, 하위 기준, 대안 등의 이름과 설명을 영어로 입력한 결과를 보여준다.

그림 12-27

Create Pdf로 생성된 보고서 첫 페이지

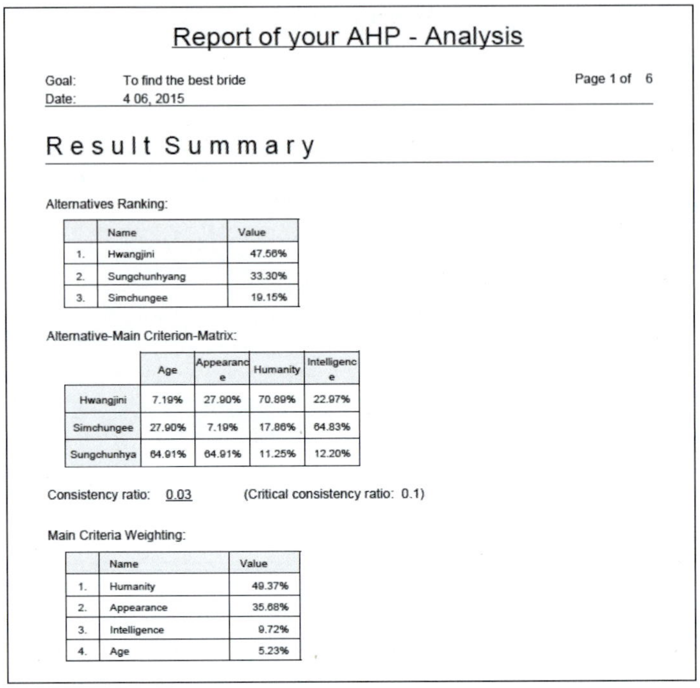

Report of your AHP - Analysis

Goal: To find the best bride

Date: 4 06, 2015

Page 1 of 6

Result Summary

Alternatives Ranking:

	Name	Value
1.	Hwangjini	47.56%
2.	Sungchunhyang	33.30%
3.	Simchungee	19.15%

Alternative-Main Criterion-Matrix:

	Age	Appearance	Humanity	Intelligence
Hwangjini	7.19%	27.90%	70.89%	22.97%
Simchungee	27.90%	7.19%	17.86%	64.83%
Sungchunhya	64.91%	64.91%	11.25%	12.20%

Consistency ratio: 0.03 (Critical consistency ratio: 0.1)

Main Criteria Weighting:

	Name	Value
1.	Humanity	49.37%
2.	Appearance	35.68%
3.	Intelligence	9.72%
4.	Age	5.23%

7 하위 기준의 추가

기준은 필요에 따라 다시 하위 기준(sub-criteria)으로 나눠진다. 앞서 살펴봤던 배우자 선택문제에서 지성미를 학력으로만 평가하였다면, 지금부터는 지성미(Intelligence)를 학력(Education)과 지혜(Wisdom)로 세분화 하여 분석해보도록 하자. 하위 기준 간의 중요도는 지혜가 학력보다 강하게 중요하고(척도 5), 하위 기준인 학력에 대한 이원비교행렬과 지혜에 대한 이원비교행렬은 다음과 같다고 가정하자.[26]

학력	황진이	심청이	성춘향	지혜	황진이	심청이	성춘향
황진이	1	1/3	2	황진이	1	3	2
심청이	3	1	5	심청이	1/3	1	1/5
성춘향	1/2	1/5	1	성춘향	1/2	5	1

26) 하위 기준이 없었던 기존 문제에서 지성미는 학력으로만 평가했기 때문에 학력에 대한 이원비교행렬은 기존의 지성미에 대한 이원비교행렬과 동일하다.

① 기존에 작성한 wedding_AHP.odm 파일을 불러 Criteria 탭에서 지성미(Intelligence)를 학력(Education)과 지혜(Wisdom)로 세분화 한다. 이를 위해 [그림 12-28]에서 보는 바와 같이 지성미(Intelligence)를 클릭하여 선택한 상태에서 Add sub-criterion 버튼을 누르면 화면 좌측에 new criterion이라는 입력창이 나타나는데, 여기에 하위 기준인 Education과 Wisdom을 각각 입력한 후 Next 버튼을 누른다. 그러면 Weighting Criteria 탭이 활성화된다.

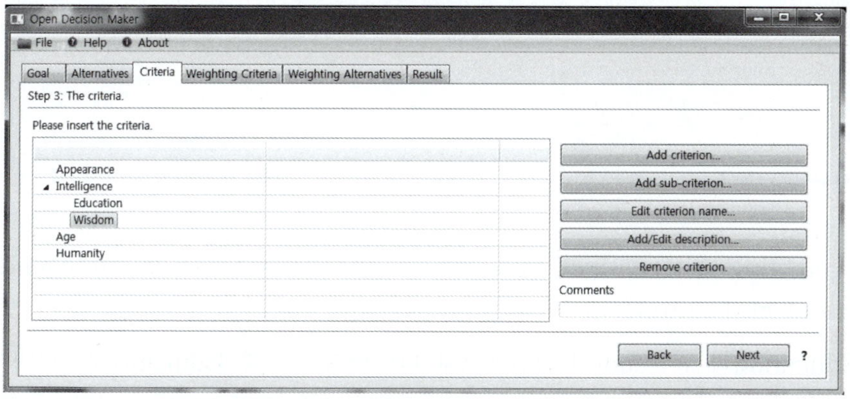

그림 12-28

지성미(Intelligence)의 하위 기준 추가

② Weighting Criteria 화면의 좌측에는 목표(Goal)인 최선의 배우자 찾기(To find the best bride)가 빨간색으로 나타나고, 화면 우측에는 기존에 수행했던 평가기준에 대한 이원비교 결과가 그대로 나타난다. 여기서 목표가 빨간색으로 표시된다는 것은 평가기준에 대한 추가적인 이원비교가 남아있음을 의미한다. 목표에 마우스 포인터를 올려놓으면 목표 좌측에 작은 삼각형이 나타나는데, 이 삼각형을 클릭해주면 기존에 입력했던 4개의 평가기준이 나타난다. 이 중 지성미(Intelligence)는 빨간색으로 표시되며 좌측에 작은 삼각형이 나타난다. 작은 삼각형은 이 기준에 대한 추가적인 이원비교가 남아있음을 의미한다.

③ 지성미(Intelligence)를 클릭해보자. 그러면 화면 우측에 지성미의 하위 기준인 학력(Education)과 지혜(Wisdom)의 중요도를 이원비교할 수 있는 막대가 생성되는데, 전과 마찬가지로 'do weighting'을 클릭하면 [그림 12-29]와 같이 이원비교를 수행할 수 있는 스크롤바가 나타난다. 조절키를 이용하여 지혜(Wisdom)가 학력(Education)보다 강하게 중요함을 지정한다. 다음으로 Next 버튼을 클릭하면

Weighting Alternatives 탭이 활성화된다.

그림 12-29

지성미의 하위 기준에 대한 이원비교

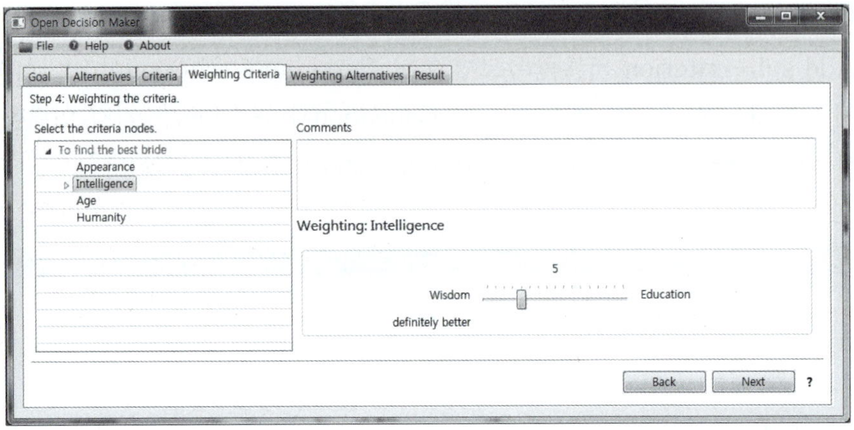

④ Weighting Alternatives 탭이 활성화되면 화면 좌측 상자의 Intelligence의 색깔이 달리 나타나는데, 이때 Intelligence를 마우스로 선택하면 하위기준인 Education과 Wisdom이 빨간색으로 나타난다. 이 중 Education을 선택하면 화면 우측에는 'Weighting: Education'라는 제목 아래 대안들을 이원비교할 수 있는 3개의 막대가 생성된다. 막대의 'do weighting'을 클릭하고 스크롤바의 조절키를 움직여 [그림 12-30]과 같이 학력(Education)이라는 하위 기준 하에서 세 대안들에 대한 이원비교를 실시한다. 학력에 대한 이원비교가 끝나면 화면 좌측의 또 다른 하위 기준인 Wisdom을 선택하여 마찬가지로 지혜(Wisdom)라는 하위 기준 하에서 세 대안들에 대한 이원비교를 수행한다.

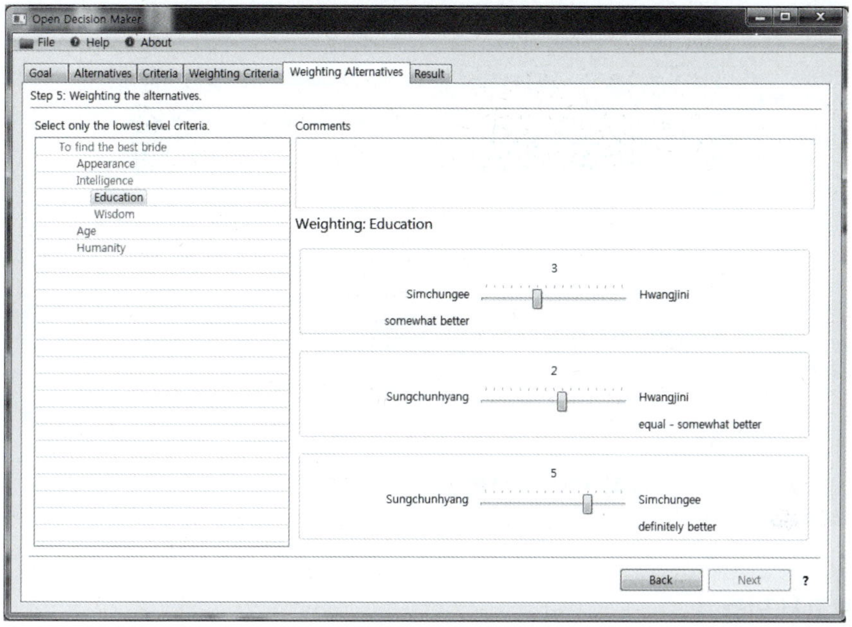

그림 12-30

하위 기준 학력(Education) 하에서의 대안들의 이원비교

⑤ 하위 기준 하에서의 이원비교를 모두 끝낸 후 Next 버튼을 누르면 [그림 12-31]과 같이 Result 탭이 활성화된다. 여기서 하나 눈여겨 볼 점은 지성미(Intelligence)에 대한 일관성 비율이다. Intelligence에 대한 일관성 비율은 하위 기준인 Education과 Wisdom의 중요도 이원비교행렬을 이용해 계산된다. 2×2 이원비교행렬은 항상 완벽한 일관성을 갖추므로 Intelligence에 대한 일관성 비율은 0.0000으로 나타남을 볼 수 있다. 아울러 지성미(Intelligence)의 하위 기준인 학력(Education)과 지혜(Wisdom)에 대한 일관성 비율이 추가되었음을 확인할 수 있다. 참고로 Wisdom에 대한 일관성 비율(하위기준 Wisdom 하에서 세 대안의 선호도 이원비교행렬의 일관성 비율)은 0.1407이 나타났는데, 이는 Open Decision Maker에서 기본값으로 설정된 일관성 비율의 허용한도(critical consistency ratio) 0.1을 초과한 수치이므로 앞에서 설명한 바와 같이 빨간색으로 표시된다. 일관성 비율의 허용한도는 화면 오른쪽 상단의 File▶Configuration으로 들어가 사용자가 조절할 수 있다.

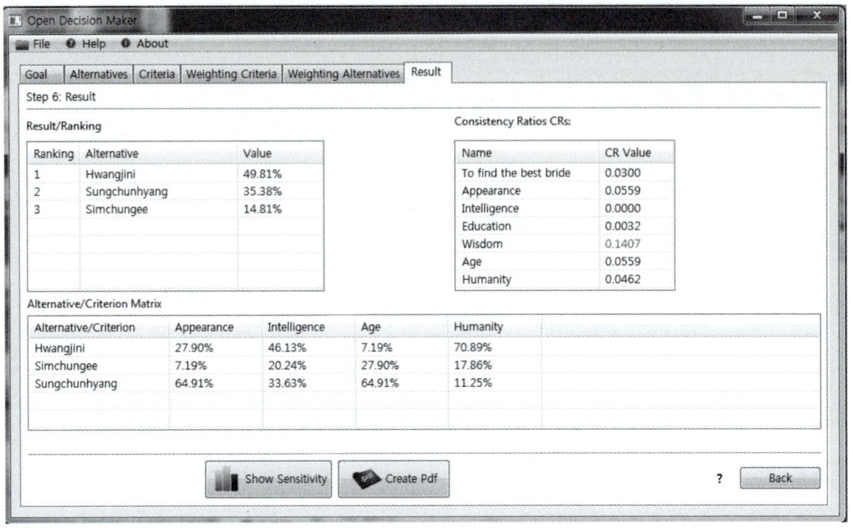

그림 12-31

하위 기준이 추가된 AHP 분석 결과

8 보고서 만들기

Open Decision Maker는 사용자가 수행한 AHP 분석의 결과를 간단한 보고서로 만들어 주는 기능을 갖고 있다. Result 탭 하단의 Create Pdf 버튼을 누르고 경로 및 파일이름을 지정하면 [그림 12-32]와 같이 'Report of your AHP-Analysis'라는 제목의 보고서가 생성된다. 보고서의 머리에는 목표(Goal)와 보고서를 생성한 날짜(Date), 그리고 보고서 페이지 번호(Page # of #)가 나타난다.

보고서는 크게 Result Summary, Alternatives Summary, Criteria Summary로 구성되어있다. 평가기준 지성미의 하위 기준을 학력과 지혜로 세분화하고, 목표, 주기준, 하위기준, 대안의 이름을 모두 영어로 입력한 후 생성된 보고서의 내용을 구체적으로 살펴보면 다음과 같다.

① Result Summary: AHP 분석의 전반적인 결과를 보고한다.

- Alternatives Ranking: 대안들의 종합적 선호도와 그 순위를 보여준다.
- Alternative-Main Criterion-Matrix: 평가기준별 대안의 선호도, 목표에 대한 평가기준들의 중요도 이원비교행렬의 일관성 비율, 그리고 일관성 비율의 허용한도를 보여준다. 본 예제에서는 허용한도를 따로 설정하지 않았으므로 ODM의 허용한도 기본값인 0.1이 나타난다. 참고로 하위 기준 하에서의 분석

결과는 나타나지 않으며, 평가기준과 대안은 입력한 순서가 아닌 알파벳 순서로 정렬된다. [그림 12-32]를 보면 평가기준이 우리가 입력한 Appearance, Intelligence, Age, Humanity 순서가 아닌 Age, Appearance, Humanity, Intelligence 순으로 나타남을 확인할 수 있다. 대안도 마찬가지이다.

- Main Criteria Weighting: 주기준의 상대적 중요도를 중요도순으로 보여준다.

Report of your AHP - Analysis

Goal: To find the best bride　　Page 1 of 8
Date: 4 06, 2015

Result Summary

Alternatives Ranking:

	Name	Value
1.	Hwangjini	49.81%
2.	Sungchunhyang	35.38%
3.	Simchungee	14.81%

Alternative-Main Criterion-Matrix:

	Age	Appearance	Humanity	Intelligence
Hwangjini	7.19%	27.90%	70.89%	46.13%
Simchungee	27.90%	7.19%	17.86%	20.24%
Sungchunhya	64.91%	64.91%	11.25%	33.63%

Consistency ratio: 0.03　　(Critical consistency ratio: 0.1)

Main Criteria Weighting:

	Name	Value
1.	Humanity	49.37%
2.	Appearance	35.68%
3.	Intelligence	9.72%
4.	Age	5.23%

그림 12-32
ODM 보고서 – Result Summary

② Alternatives Summary: [그림 12-33]과 같이 대안들에 대한 정보를 보여준다. 보고서 좌측에는 입력한 대안들의 이름이 나타나며, 우측에는 각 대안에 대한 설명(description)이 표시된다. 본 예제에서는 대안들에 대한 설명을 입력하지 않았기 때문에 우측은 빈칸으로 나타나고 있다. Alternatives 탭에서 Add/Edit description 버튼을 클릭하여 대안에 대한 설명을 추가하거나 편집할 수 있다.

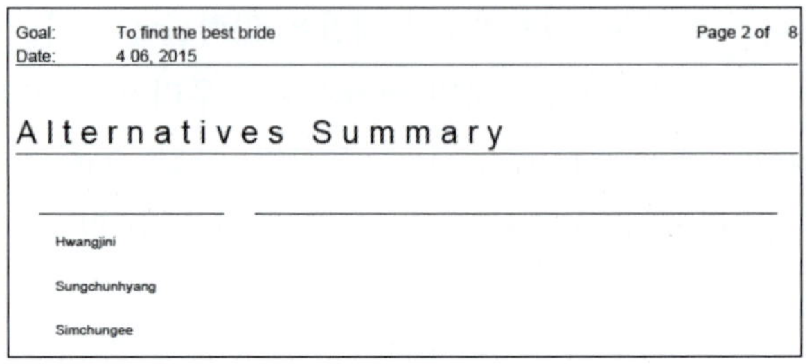

그림 12-33
ODM 보고서 – Alternatives Summary

③ Criteria Summary: 각 평가기준 하에서 대안들의 이원비교행렬, 평가기준별 대안들의 선호도 및 순위를 보여준다. 보고서 상단의 상자 안에는 'Main Criterion: 주기준 이름'이 나타나고, 하위 기준의 경우에는 'Sub Criterion: 하위기준 이름'과 함께 이 하위 기준이 속해 있는 주기준의 이름이 'Parent(s): 주기준 이름'으로 보고된다. [그림 12-34]는 주기준 4개와 지성미(Intelligence)의 하위 기준 2개에 대한 분석 결과를 보여주고 있다.

- Description: 평가기준에 대한 설명(description)이 나타난다. 본 예제에서는 평가기준에 대한 설명을 입력하지 않았으므로 빈칸 또는 'no description available'로 표시된다. Criteria 탭에서 Add/Edit description 버튼을 클릭하여 평가기준에 대한 설명을 추가하거나 편집할 수 있다.
- Weighting Matrix: 평가기준 하에서의 대안들의 이원비교행렬 또는 주기준 하에서의 하위기준의 이원비교행렬을 보여준다. 아울러 해당 이원비교행렬의 일관성 비율과 일관성 비율의 허용한도를 보여준다. 본 예제에서는 허용한도를 따로 설정하지 않았으므로 ODM의 일관성 비율 허용한도의 기본값인 0.1이 보고된다.
- Result(Ranking): 각 평가기준 하에서 대안들의 선호도와 순위를 보여준다. 대안들은 선호도가 높은 순으로 정렬된다.

1. Main Criterion: Appearance

Goal: To find the best bride Page 3 of 8
Date: 4 06, 2015

Criteria Summary

1. Main Criterion: Appearance
Parent(s): -

Description:

Weighting Matrix:

	Hwangjini	Simchungee	Sungchunhyang
Hwangjini	1	5.00	0.33
Simchungee	0.20	1	0.14
Sungchunhyang	3.00	7.00	1

Consistency ratio: 0.06 (Critical consistency ratio: 0.1)

Result (Ranking):

	Name	Value
1.	Sungchunhyang	64.91%
2.	Hwangjini	27.90%
3.	Simchungee	7.19%

2. Main Criterion: Intelligence

Goal: To find the best bride Page 4 of 8
Date: 4 06, 2015

2. Main Criterion: Intelligence
Parent(s): -

Description:

Weighting Matrix:

	Education	Wisdom
Education	1	0.20
Wisdom	5.00	1

Consistency ratio: 0.00 (Critical consistency ratio: 0.1)

Result (Ranking):

	Name	Value
1.	Hwangjini	46.13%
2.	Sungchunhyang	33.63%
3.	Simchungee	20.24%

2.1. Sub-Criterion: Education

Goal: To find the best bride Page 5 of 8
Date: 4 06, 2015

2.1. Sub Criterion: Education
Parent(s): Intelligence

Description:
"no description available"

Weighting Matrix:

	Hwangjini	Simchungee	Sungchunhyang
Hwangjini	1	0.33	2.00
Simchungee	3.00	1	5.00
Sungchunhyang	0.50	0.20	1

Consistency ratio: 0.00 (Critical consistency ratio: 0.1)

Result (Ranking):

	Name	Value
1.	Simchungee	64.83%
2.	Hwangjini	22.97%
3.	Sungchunhyang	12.20%

2.2. Sub-Criterion: Wisdom

Goal: To find the best bride Page 6 of 8
Date: 4 06, 2015

2.2. Sub Criterion: Wisdom
Parent(s): Intelligence

Description:
"no description available"

Weighting Matrix:

	Hwangjini	Simchungee	Sungchunhyang
Hwangjini	1	3.00	2.00
Simchungee	0.33	1	0.20
Sungchunhyang	0.50	5.00	1

Consistency ratio: 0.14 (Critical consistency ratio: 0.1)

Result (Ranking):

	Name	Value
1.	Hwangjini	50.76%
2.	Sungchunhyang	37.91%
3.	Simchungee	11.33%

3. Main Criterion: Age

Goal: To find the best bride Page 7 of 8
Date: 4 06, 2015

3. Main Criterion: Age
Parent(s): -

Description:

Weighting Matrix:

	Hwangjini	Simchungee	Sungchunhyang
Hwangjini	1	0.20	0.14
Simchungee	5.00	1	0.33
Sungchunhyang	7.00	3.00	1

Consistency ratio: 0.06 (Critical consistency ratio: 0.1)

Result (Ranking):

	Name	Value
1.	Sungchunhyang	64.91%
2.	Simchungee	27.90%
3.	Hwangjini	7.19%

4. Main Criterion: Humanity

Goal: To find the best bride Page 8 of 8
Date: 4 06, 2015

4. Main Criterion: Humanity
Parent(s): -

Description:

Weighting Matrix:

	Hwangjini	Simchungee	Sungchunhyang
Hwangjini	1	5.00	5.00
Simchungee	0.20	1	2.00
Sungchunhyang	0.20	0.50	1

Consistency ratio: 0.05 (Critical consistency ratio: 0.1)

Result (Ranking):

	Name	Value
1.	Hwangjini	70.89%
2.	Simchungee	17.86%
3.	Sungchunhyang	11.25%

그림 12-34
ODM 보고서 – Criteria Summary

부록 2 척도의 종류

명목척도(nominal scale)
서열척도(ordinal scale)
구간척도(interval scale)
비율척도(ratio scale)
순서(order)
거리(distance)
의미 있는 원점(natural zero point)

AHP의 이원비교 척도는 비율척도라고 하였다. 본 부록에서도 척도의 종류와 그 특징에 대하여 구체적으로 살펴본다. 척도는 **명목척도(nominal scale)**, **서열척도(ordinal scale)**, **구간척도(interval scale)**, **비율척도(ratio scale)** 등 네 가지로 나누어진다. 수치가 어떤 척도인가 하는 것은 수의 **순서(order)**가 있느냐, 수 사이에 **거리(distance)**의 개념이 있느냐, 그리고 수에 **의미 있는 원점(natural zero point)**이 있느냐에 따라 결정된다.

1 명목척도

명목척도는 단지 관측결과의 특성을 분류하고자 할 때 쓰인다. 예를 들어, 남성에 1번을 부여하고 여성에 2번을 부여한다든지 백인에 1번을 부여하고 황인에 2번, 흑인에 3번을 부여할 때 사용하는 숫자 1, 2, 3은 명목척도이다. 여기서 숫자는 임의로 선택되었고 다른 숫자를 사용해도 무방하다. 여기에 사용된 수는 관측결과의 특성만을 나타낼 뿐 순서의 개념 등 다른 개념은 없다.

2 서열척도

리커르트(Likert) 척도
등간척도(equidistance scale)

서열척도는 순서의 개념은 있으나 거리의 개념이나 의미 있는 원점은 없는 숫자를 말한다. 예를 들어, 품질수준에 따라서 고급에 1, 중급에 2, 하급에 3을 붙이는 경우 사용된 숫자 1, 2, 3은 서열척도이다. 서열척도는 수의 순서는 있지만 거리의 개념은 존재하지 않는다. 예를 들어, 고급과 중급의 품질 차이가 숫자상으로는 1이지만 이것이 중급과 하급의 품질차이 1과 같음을 의미하지는 않는다. 설문조사에서 많이 사용하는 **리커르트(Likert) 척도**는 서열척도의 대표적 예이다. 리커르트 척도는 보통 '매우 부정적이다'에서 '매우 긍정적이다'까지의 느낌을 1에서 5 또는 1에서 7까지의 자연수를 이용해 측정한다. 전자를 5점 척도, 후자를 7점 척도라고 부른다. 서열척도는 척도의 특성상 가감승제 연산 결과가 의미를 갖지 않는다. 하지만 설문조사 결과를 분석할 때, 어떤 항목에 대한 응답자들의 의견이 어떠한지 보여주기 위해 응답 결과의 평균을 내는 경우가 많은데 이는 엄밀하게는 잘못된 것이다. 이 경우, 편의상 리커르트 척도가 **등간척도(equidistance scale)**라는 가정을 하고,

즉 느낌 간의 차이가 '1'로 동일하다는 가정을 하고 응답결과의 평균을 내어 의미를 부여하곤 한다. 서열척도인 리커르트 척도로 측정한 설문 결과를 보여줄 때는 평균을 내는 것보다는 **빈도분석(frequency analysis)**을 하는 것이 바람직하다. 어떤 설문 항목에 매우 긍정적인 반응을 보이는 응답자는 전체의 몇 %, 부정적인 반응을 보이는 응답자는 전체의 몇 %인지 등을 보여주는 것이 응답 결과를 보다 정확히 파악할 수 있는 방법이다. 서열척도는 가감승제가 의미를 갖지 않는다.

빈도분석(frequency analysis)

3 구간척도

구간척도는 순서와 거리의 개념은 있으나 의미 있는 원점이 없는 경우이다. 따라서 구간척도에는 **비율의 개념**이 적용되지 않는다. 구간척도에도 물론 원점은 존재하나 그것은 의미 있는 것이 아니고 임의로 정해 놓은 것이다. 예를 들어, 0℃는 물이 어는 온도를 임의로 정해 놓은 것이고, 시간의 0시도 하루의 시작 시점을 인간이 임의로 정한 것에 지나지 않는다. **의미 있는 원점**이란 측정하고자 하는 특성 자체가 존재하지 않는 원점을 말한다. 의미 있는 원점이 없는 척도의 경우 비율의 개념은 존재하지 않는다. 예를 들어, 서울의 3월 중 평균 온도가 10℃이고 제주의 3월 중 평균 온도가 20℃라고 할 때 제주의 3월 중 평균 온도가 서울보다 2배 높다고 하지는 않는다(일상생활에서 이러한 표현을 쓴다고 해도 그것은 잘못된 표현이다. 올바른 표현은 제주의 3월 중 평균 온도가 서울보다 10℃ 높다고 하는 것이다). 왜냐하면 10℃와 20℃를 화씨로 각각 변환하면 50°F와 68°F가 되는데 이때는 섭씨의 경우처럼 2배가 되지 않기 때문이다. 비율의 개념이 존재하면 측정단위가 바뀌더라도 비율은 그대로 유지된다. 즉, 구간척도에는 비율의 개념이 존재하지 않는다. 구간척도는 가감의 결과는 의미를 갖지만 승제의 결과는 의미를 갖지 않는다.

비율의 개념
의미 있는 원점

4 비율척도

비율척도는 순서, 거리의 개념뿐만 아니라 의미 있는 원점도 존재하는 수치이다. 비율척도의 예로는 무게, 길이, 자녀 수 등과 같이 비율의 개념이 존재하는 숫자를 들 수 있는데, 이들의 경우 원점(0)은 측정하고자 하는 특성 자체가 존재하지 않음을 나타낸다. 예를 들어, 자녀의 수가 '0'이라는 것은 자녀가 없음을 나타내고, 자녀 수가 넷인 가구는 자녀 수가 둘인 가구보다 자녀 수가 2배 많다고 말할 수 있는 것이다. 가감승제 연산 결과가 모두 의미를 갖는 수치는 비율척도뿐이다. 다행히 우리가 실생활에서 접하는 많은 숫자는 비율척도이다.

〈표 12-19〉는 척도의 종류와 그 특성을 요약해 놓고 있다.

표 12-19
척도의 종류

	관측결과의 특성	순서	거리	비율 (의미 있는 원점)
명목척도	○	×	×	×
서열척도	○	○	×	×
구간척도	○	○	○	×
비율척도	○	○	○	○

(※ ○, ×는 해당 개념의 유, 무를 나타냄)

사례: 숫자의 거짓말에 속지 마라[27)]

2010년 4월, 경제지 〈포브스(Forbes)〉는 '미국에서 가장 살기 좋은 도시(America's Most Livable Cities)'라는 제목으로 다음과 같은 조사 결과를 발표했다.

> 〈포브스〉는 2010년 4월 미국에서 가장 살기 좋은 도시로 펜실베이니아(Pennsylvania)주의 피츠버그(Pittsburgh)를 선정했다.

많은 변화가 있었다 하더라도 과거 철강도시로 이름 높았던 공업도시가 수많은 도시를 제치고 미국에서 가장 살기 좋은 도시 1위로 선정된 것에 대해 의구심을 갖는 사람들이 있었다. 포브스의 선정 방법을 한번 살펴보자.

〈포브스〉는 미국 대도시 200곳을 대상으로 다섯 가지 기준을 적용해 각 도시의 순위를 매겼다. 각 기준에 대한 도시의 자료(속성 값)를 사용해 가장 선호되는 곳은 1, 가장 선호되지 않는 곳은 200이라는 등수가 매겨졌다. 다섯 가지 기준은 실업률, 범죄율, 소득증가율, 생활비, 문화생활 여건이었다. 실업률의 경우 노동통계국의 현재 실업률 데이터를 이용해 각 도시의 순위를 매겼으며, 소득증가율은 과거 5년 동안의 소득증가율에 근거해 순위를 매겼다. 그런 다음 이 다섯 가지 기준에 따라 매겨진 순위들의 합을 구했다. 그 합이 가장 작은 도시가 가장 살기 좋은 도시가

27) 민재형(2014), 『생각을 경영하라』, 청림출판, pp. 208-211.

되는 것이다. 이러한 방법으로 1위부터 5위까지로 선정된 베스트 5 도시의 각 평가 기준에 따른 순위와 그 합은 〈표 12-20〉과 같다.

표 12-20
미국에서 가장 살기 좋은 도시 베스트 5

최종 순위	도시	실업률	범죄율	소득증가율	생활비	문화생활 여건	순위 합
1	펜실베니아 주 피츠버그	73	15	20	52	26	186
2	유타 주 오그덴	24	34	12	71	54	195
3	유타 주 프로보	22	11	1	76	104	214
4	미시간 주 앤아버	50	41	14	89	51	245
5	펜실베니아 주 해리스버그	39	17	28	59	111	254

이 평가결과가 어떻게 보이는가? 〈포브스〉의 발표는 적어도 두 가지 측면에서 문제가 있다.

첫째, 살기 좋은 도시를 선정하기 위한 기준의 상대적 중요도(가중치)를 동일하게 보았다는 것이다. 각 평가기준의 중요도는 경중이 있게 마련이다. 그렇기 때문에 평가기준들의 가중치 선정이 선택문제에서 중요하게 부각되는 것이다. 그런데 여기서는 다섯 가지 평가기준의 가중치를 동일하게 가정하고 있다. 이 문제는 그래도 그러려니 하고 넘길 수 있다. 다섯 가지 평가기준의 상대적 중요도가 동일하다고 주장하면 되니까 말이다.

하지만 또 다른 문제점은 심각하다. 이미 당신은 숫자가 다 같은 숫자가 아니라는 것을 알고 있다. 어떤 숫자는 더하기, 빼기는 괜찮지만 곱하기, 나누기는 의미가 없고, 또 어떤 숫자는 더하기, 빼기 연산조차 의미가 없음을 알고 있다. 그렇다. 〈표 12-20〉에서 각 평가기준 아래 적혀 있는 숫자는 각 기준에 따른 선호 순위를 나타내는 서열척도다. 이 서열척도는 명목척도와 마찬가지로 가감 연산을 해도 그 결과는 우리가 기대하는 의미를 갖지 않는다.

왜 그럴까? 우선, 각 평가기준은 다른 것을 측정하고 있어 속성도 다르고, 측정 단위도 다르다. 실업률에서 1위와 2위 차이와 생활비에서 1위와 2위 차이가 같은 것이 아니다. 또 같은 기준이라 할지라도 숫자 사이의 차이가 동일하지 않음을 간과하고 있다. 예를 들어, 범죄율에서 3위와 4위 차이가 50위와 51위 차이와 같지 않다는 것이다. 다섯 가지 평가기준에 따라 5개 순위를 합해 가장 작은 합을 갖는 도시를 가장 살기 좋은 도시로 선정한 이 결과는 숫자면 다 같은 숫자로 보는 무지에 기인한 것이다. 하지만 일반 대중은 경제지로서 〈포브스〉가 갖는 명성 때문에 이 결과를 신뢰성 있는 정보로 받아들일 수 있다. 거짓말이 그럴듯하게 포장된 사례다.

부록 3 이원비교행렬의 수학적 이해

만일 우리가 평가기준들의 상대적 중요도(또는 특정 평가기준 하에서 대안들의 상대적 선호도)인 열벡터 $\boldsymbol{w}$를 다음과 같이 알고 있다고 가정하자.

$$\boldsymbol{w} = \begin{bmatrix} w_1 \\ w_2 \\ w_3 \\ \vdots \\ w_n \end{bmatrix}$$

그러면 이원비교행렬 A는 다음과 같이 나타낼 수 있다.

$$A = \begin{bmatrix} \frac{w_1}{w_1} & \frac{w_1}{w_2} & \frac{w_1}{w_3} & \cdots & \frac{w_1}{w_n} \\ \frac{w_2}{w_1} & \frac{w_2}{w_2} & \frac{w_2}{w_3} & \cdots & \frac{w_2}{w_n} \\ \frac{w_3}{w_1} & \frac{w_3}{w_2} & \frac{w_3}{w_3} & \cdots & \frac{w_3}{w_n} \\ \vdots & \vdots & \vdots & \cdots & \vdots \\ \frac{w_n}{w_1} & \frac{w_n}{w_2} & \frac{w_n}{w_3} & \cdots & \frac{w_n}{w_n} \end{bmatrix}$$

완벽한 일관성(perfect consistency)
정방행렬(square matrix)

A는 이제 **완벽한 일관성(perfect consistency)**을 갖춘, 즉 모든 i, k, j에 대해 $a_{ik} \times a_{kj} = a_{ij}$가 성립하는 **정방행렬(square matrix)**이 된다. 이제 $A \times \boldsymbol{w}$를 구해

보자.

$$Aw = \begin{bmatrix} \frac{w_1}{w_1} & \frac{w_1}{w_2} & \frac{w_1}{w_3} & \cdots & \frac{w_1}{w_n} \\ \frac{w_2}{w_1} & \frac{w_2}{w_2} & \frac{w_2}{w_3} & \cdots & \frac{w_2}{w_n} \\ \frac{w_3}{w_1} & \frac{w_3}{w_2} & \frac{w_3}{w_3} & \cdots & \frac{w_3}{w_n} \\ \vdots & \vdots & \vdots & \cdots & \vdots \\ \frac{w_n}{w_1} & \frac{w_n}{w_2} & \frac{w_n}{w_3} & \cdots & \frac{w_n}{w_n} \end{bmatrix} \begin{bmatrix} w_1 \\ w_2 \\ w_3 \\ \vdots \\ w_n \end{bmatrix} = \begin{bmatrix} nw_1 \\ nw_2 \\ nw_3 \\ \vdots \\ nw_n \end{bmatrix} = n \begin{bmatrix} w_1 \\ w_2 \\ w_3 \\ \vdots \\ w_n \end{bmatrix}$$

행렬의 계급(rank of matrix)

즉, $\boldsymbol{Aw}=n\boldsymbol{w}$가 된다. 여기서 완벽한 일관성을 갖춘 이원비교행렬 A의 각 행은 첫 번째 행에 특정 상수를 곱하면 산출되는 특성이 있다. 즉, 행렬 A에서 독립적인 행의 수는 1이고, 이러한 **행렬의 계급(rank of matrix)**은 1이 된다. 계급이 1인 행렬에 대한 $\boldsymbol{Aw}=\lambda\boldsymbol{w}$의 n개의 아이겐밸류(λ)는 한 개를 제외하고는 모두 '0'이 된다. 그리고 n개의 아이겐밸류의 합은 행렬의 크기인 n이 된다.[28]

실제로 이원비교행렬 A가 완벽한 일관성을 갖출 경우, $\boldsymbol{Aw}=\lambda\boldsymbol{w}$에서 구하게 되는 n개의 아이겐밸류(λ) 중 가장 큰 아이겐밸류인 $\lambda_{\max}$의 값은 n이 되고, 나머지 $(n-1)$개의 아이겐밸류(λ)의 값은 '0'이 된다. 그리고 이 $\lambda_{\max}$에 해당하는 w 벡터는 우리가 이미 안다고 가정한 열벡터 $w=[w_1\ w_2\ w_3 \cdots w_n]$가 된다.

한편, 행렬 A의 각 열은 벡터 $\boldsymbol{w}$에 일정 상수를 곱한 것이므로 벡터 $\boldsymbol{w}$는 행렬 A의 특정 열을 정규화(normalize)함으로써 구할 수 있다. 하지만 실제로 우리는 벡터 $\boldsymbol{w}$를 알지 못하고, 벡터 $\boldsymbol{w}$는 인간이 수행한 이원비교 결과를 가지고 $\boldsymbol{Aw}=\lambda_{\max}\boldsymbol{w}$로부터 도출하게 된다. 그런데 아쉽게도 인간이 수행한 이원비교 결과를 모아놓은 이원비교행렬 A는 완벽한 일관성을 갖추지 못한다. 따라서 $\boldsymbol{Aw}=\lambda_{\max}\boldsymbol{w}$를 풀게 되면 $\lambda_{\max}$는 n과 조금 차이를 보이고(실제로 $\lambda_{\max}$의 값은 n보다 커짐), 다른 λ들도 '0'보다 그 값이 조금 커진다. 여기서 $(\lambda_{\max}-n)$는 $\lambda_{\max}$를 제외한 나머지 $(n-1)$개의 λ들의 합이 된다.

28) 완벽한 일관성을 갖춘 이원비교행렬의 아이겐밸류의 합은 이 행렬의 대각선 요소(a_{ii})의 합인 n과 같다. 여기서 대각선 요소의 합은 행렬의 **대각합(trace of matrix)**이라고 부른다.

완벽한 일관성을 갖춘 $n \times n$ 이원비교행렬의 $\lambda_{max} = n$이므로 이제 λ_{max}의 값이 n에 가까워질수록 이원비교행렬 A는 일관성을 보임을 알 수 있다. 따라서 $(\lambda_{max} - n)$은 우리가 자료로 사용하고자 하는 이원비교행렬이 어느 정도 일관성이 있는지를 평가해 줄 수 있는 척도가 된다. 즉, $(\lambda_{max} - n)$의 값이 '0'에 가까워질수록 이원비교행렬은 일관적이라고 평가하며, 만일 $(\lambda_{max} - n)$의 값이 '0'이 되면 우리의 이원비교행렬은 완벽한 일관성을 갖추었다고 말할 수 있다.

일관성 지수(CI: consistency index)

일관성 비율(CR: consistency ratio)

AHP에서는 $(\lambda_{max} - n)$을 $(n-1)$로 나눈 수치를 **일관성 지수(CI: consistency index)**라고 부른다. 사실, 일관성 지수는 λ_{max}를 제외한 나머지 λ들의 평균값을 의미한다. 일관성 지수의 값이 '0'일 때 해당 이원비교행렬은 완벽한 일관성을 갖추었다고 평가할 수 있다. 하지만 일반적인 이원비교행렬의 경우, 일관성 지수의 값만 보아서는 그 값이 큰지 작은지 비교 대상이 없으므로 평가하기 힘들다. 따라서 이원비교행렬의 일관성 여부를 판단하기 위해 소위 **일관성 비율(CR: consistency ratio)**이라는 새로운 척도를 만들게 된다.

무작위 지수(RI: random index)

이원비교행렬의 일관성 비율은 해당 행렬의 일관성 지수를 **무작위 지수(RI: random index)**로 나눈 값(CI/RI)이다. 여기서 무작위 지수란 매우 비일관적인 이원비교행렬의 일관성 지수를 말한다.[29] 즉, 일관성 비율이 '0'이라는 것은 일관성 지수가 '0'이라는 의미로 해당 이원비교행렬은 완벽한 일관성을 갖추었다고 평가한다. 그리고 일관성 비율이 '1'에 가깝다는 것은 우리가 작업하고 있는 이원비교행렬의 일관성 지수와 매우 비일관적인 이원비교행렬의 일관성 지수(무작위 지수)가 비슷하다는 의미로, 우리가 작업하고 있는 이원비교행렬도 매우 비일관적임을 의미한다.

일반적으로 이원비교행렬의 일관성 여부를 판단하는 일관성 비율의 기준값(cutoff value)은 '0.1'로 설정한다. 즉, 이원비교행렬의 일관성 비율이 0.1 이하이면 해당 이원비교행렬은 후속적인 분석에 사용할 수 있을 만큼 일관성이 있다고 평가하지만, 일관성 비율이 0.1을 초과하면 해당 이원비교행렬은 일관성이 결여된 것으로 평가한다. 하지만 기준값 '0.1'은 경험적인 값으로 문제의 성격에 따라(예를 들어, 해당 문제

29) 매우 비일관적인 이원비교행렬의 일관성 지수인 무작위 지수는 이원비교행렬의 크기 n에 따라 그 값이 주어지는데, 그 값은 12.5절의 〈표 12-12〉에 나와 있다. 여기서 매우 비일관적인 이원비교행렬은 이원비교행렬의 대각선 위쪽(또는 아래쪽)의 $n(n-1)/2$개 요소에 1부터 9까지의 이원비교척도를 무작위로 뿌려 만들게 된다. 이러한 비일관적인 이원비교행렬을 수백 개 만들고 각각의 이원비교행렬로부터 일관성 지수를 계산하여 평균한 값이 해당 크기 이원비교행렬의 무작위 지수가 된다.

가 처음 접하는 것으로 이원비교가 비교적 힘들 경우) 이 기준값은 0.1을 초과하여 0.15 또는 0.2로 설정할 수도 있다.

부록 4 아이겐밸류 방법

이원비교행렬 A로부터 λ_{max}를 구하고, 이 λ_{max}에 상응하는 가중치 벡터 $\boldsymbol{w}$를 수학적으로 산출하는 방법인 **아이겐밸류 방법**(고유값 방법, eigenvalue method)에 대해 알아보자.

아이겐밸류 방법(고유값 방법, eigenvalue method)

식 $A\boldsymbol{w}=\lambda\boldsymbol{w}$를 푸는 것은 이원비교행렬의 크기가 n일 경우, n차 방정식을 푸는 과정과 흡사하다. 즉, n개의 λ값을 구하는 식이다. 이 식을 **고유방정식**(특성방정식, characteristic equation)이라고 한다. 그리고 이 식을 풀어 구하게 되는 λ를 **아이겐밸류**(고유값, eigenvalue) 또는 **특성값**(characteristic value)이라고 하고, n개의 λ값 중 가장 큰 값을 갖는 λ(이를 λ_{max}로 표기)에 상응하는 벡터 $\boldsymbol{w}$를 **아이겐벡터**(고유벡터, eigenvector) 또는 **특성벡터**(characteristic vector)라고 부른다.[30]

고유방정식(특성방정식, characteristic equation)
아이겐밸류(고유값, eigenvalue)
특성값(characteristic value)
아이겐벡터(고유벡터, eigenvector)
특성벡터(characteristic vector)

즉, 우리의 목적은 고유방정식 $A\boldsymbol{w}=\lambda\boldsymbol{w}$를 풀어 우선 λ_{max}를 구하고, 다음으로 이 λ_{max}에 대한 가중치 벡터 $\boldsymbol{w}$를 구하는 것이다.

이를 위해 고유방정식 $A\boldsymbol{w}=\lambda\boldsymbol{w}$를 동일한 특성을 갖는 식으로 변환시켜보자. $A\boldsymbol{w}=\lambda\boldsymbol{w}$는 다음과 같이 동일한 특성을 갖는 식으로 바꾸어 표현할 수 있다.

$$(A-\lambda I)\boldsymbol{w}=0 \quad \cdots\cdots \text{①}$$

식 ①에서 I는 **단위행렬**(identity matrix)로 어떤 행렬에 단위행렬을 곱하면 원래의 행렬로 돌아온다.[31] 즉, 스칼라(scalar)에서 '1'의 역할을 하는 정방행렬이다.

단위행렬(identity matrix)

30) 아이겐벡터(고유벡터, eigenvector) 또는 특성벡터(characteristic vector)란 행렬 A에 의해 이 벡터가 어떤 선형변환이 일어난 후에도 그 방향이 변하지 않고 그 크기만 변하는, 즉 확대 또는 축소 변환만 이루어지는 벡터를 말한다. 그리고 이러한 변환 후에 아이겐벡터의 크기가 변하는 비율, 즉 확대 또는 축소비율을 아이겐밸류(고유값, eigenvalue) 또는 특성값(characteristic value)이라고 한다.

31) 단위행렬은 대각선 요소(a_{ii})가 모두 '1'이고, 나머지 요소들은 모두 '0'인 정방행렬이다.

이제 식 ①은 다시 동일한 특성을 갖는 식 ②로 바꾸어 나타낼 수 있다.

$$\det(A-\lambda I)=0 \quad \cdots\cdots\cdots\cdots \quad ②$$

식 ②는 정방행렬 $(A-\lambda I)$의 행렬식(determinant)이 '0'이 되는 λ를 구하는 식이다. 여기서 λ는 이원비교행렬의 크기 n과 같은 개수의 값을 갖는다. n개의 λ들 중 가장 큰 값을 갖는 λ를 $\lambda_{\max}$로 표기하고, $\lambda_{\max}$에 대한 벡터 $\boldsymbol{w}$를 구하면, 이것이 바로 우리가 찾는 가중치 벡터 $\boldsymbol{w}$이다.

간단한 예를 들어, $A\boldsymbol{w}=\lambda\boldsymbol{w}$에서 $\lambda_{\max}$와 벡터 $\boldsymbol{w}$를 찾는 과정에 대해 구체적으로 알아보자.

2×2 이원비교행렬 A가 다음과 같다고 하자.

$$A=\begin{bmatrix}1 & 3\\ \frac{1}{3} & 1\end{bmatrix}$$

행렬 A는 완벽한 일관성을 갖는 2×2 행렬이다.

이 경우, λ는 2개가 산출되며, $\lambda_{\max}=2$, 그리고 다른 하나의 λ값은 0이 됨을 우리는 알고 있다. 실제로 λ의 값이 2와 0으로 나오는지 고유방정식을 풀어보자.

$$A-\lambda I=\begin{bmatrix}1 & 3\\ \frac{1}{3} & 1\end{bmatrix}-\lambda\begin{bmatrix}1 & 0\\ 0 & 1\end{bmatrix}$$
$$=\begin{bmatrix}1-\lambda & 3\\ \frac{1}{3} & 1-\lambda\end{bmatrix}$$

$$\det(A-\lambda I)=(1-\lambda)^2-1=0$$

따라서 $1-\lambda=\pm1$이므로 $\lambda=2$ 또는 0이 된다. 두 개의 λ 중 큰 값은 2이므로 $\lambda_{\max}=2$가 된다.

이제 $A\boldsymbol{w}=\lambda_{\max}\boldsymbol{w}$를 풀어 우리가 원하는 아이겐벡터 $\boldsymbol{w}$를 구해보자.

$$\begin{bmatrix} 1 & 3 \\ \frac{1}{3} & 1 \end{bmatrix} \begin{bmatrix} w_1 \\ w_2 \end{bmatrix} = 2 \begin{bmatrix} w_1 \\ w_2 \end{bmatrix}$$

위 식을 풀면 다음과 같은 두 개의 식을 갖게 된다.

$$\begin{aligned} w_1 + 3w_2 &= 2w_1 \\ \frac{1}{3}w_1 + \ \ w_2 &= 2w_2 \end{aligned}$$

위의 두 식은 같은 식으로 두 식을 만족하는 w_1과 w_2의 관계는 $w_1 = 3w_2$이고, 이 관계를 만족하는 w_1과 w_2의 값은 무한개이다. 하지만 AHP에서 가중치의 합은 1이므로 $w_1 + w_2 = 1$의 조건을 추가하면 $w_1 = 0.75$, $w_2 = 0.25$라는 가중치를 구할 수 있다.

즉, 우리가 구하고자 하는 가중치 벡터 $\boldsymbol{w} = \begin{bmatrix} w_1 \\ w_2 \end{bmatrix} = \begin{bmatrix} 0.75 \\ 0.25 \end{bmatrix}$임을 알 수 있다.

익·힘·문·제

1. 선택을 위한 다음 방법 중 비보상형 모형(non-compensatory models)이 아닌 것은?

① 가중점수법
② 속성분리방법
③ 속성결합방법
④ 속성별 제거법
⑤ 사전편찬식 방법

2. 다음 설명 중 옳지 않은 것을 모두 고르시오.

① 속성결합방법은 속성분리방법보다 더 많은 대안을 추려낼 수 있다.
② 속성별 제거법(EBA)은 대안이 많은 경우 다기준 하에서 신속한 선택을 위한 간편한 방법이다.
③ 계층화분석과정(AHP)에서 문제의 계층구조화는 쪼개서 정복하기(divide and conquer) 전략의 일환이다.
④ AHP의 이원비교(pairwise comparisons)는 유사한 비교의 반복(redundancy)을 통해 인간이 내리는 판단의 정확성을 제고할 수 있다.
⑤ 판단의 일관성(consistency)은 좋은 의사결정을 위한 충분조건이다.

3. 계층화분석과정(AHP)의 순위역전현상(rank reversal)에 대한 설명으로 옳지 않은 것은?

① 단일 기준 하에서는 발생하지 않는다.
② 상대적 측정방법을 이용할 때 발생하는 자연스러운 현상이다.
③ 유령제품(phantom item)을 이용한 마케팅 전략에 활용되기도 한다.
④ 희석효과(dilution effect) 또는 대체효과(substitution effect)에 의해 초래된다.
⑤ 새로운 평가기준이 추가되거나 기존의 평가기준 중 하나가 삭제됨에 따라 기존 대안들의 평가순위가 달라지는 현상이다.

4. 계층화분석과정(AHP)의 절대적 측정방법(absolute measurement)에 대한 설명으로 옳지 않은 것을 모두 고르시오.

① 한 대안의 선호도를 다른 대안과 상호 비교하는 것이 아니라 각 대안이 지닌 속성값이 각 평가기준의 어느 등급에 속하는 지를 평가하여 대안의 선호도를 평가한다.

② 대안 A의 선호점수가 0.9이고, 대안 B의 선호점수가 0.3이면 대안 A는 대안 B보다 3배 선호된다고 말할 수 있다.

③ 평가기준들의 상대적 중요도와 평가기준별 등급들의 상대적 선호도는 이원비교를 통해 산출한다.

④ 모든 평가기준에서 가장 높은 등급을 받은 대안의 선호점수는 1이다.

⑤ 대안들의 순위역전현상은 발생할 수 없다.

⑥ 대안의 수가 많을 경우 유용하게 활용될 수 있다.

5. 계층화분석과정(AHP)에서 집단의사결정을 할 경우에는 여러 평가자의 이원비교 결과를 종합하여 이원비교행렬을 만들게 된다. 이 때 종합화 수단으로 사용하는 방법은 무인가?

① 여러 이원비교 결과의 중앙값

② 여러 이원비교 결과의 최빈값

③ 여러 이원비교 결과의 산술평균

④ 여러 이원비교 결과의 기하평균

⑤ 여러 이원비교 결과의 가중평균

6. 세 명의 의사결정자(甲, 乙, 丙)가 어떤 의사결정기준 하에서 어떤 두 대안의 상대적 선호도를 이원비교한 결과를 수치로 나타내면 다음과 같다고 한다. 의사결정자 甲의 이원비교결과: 8, 의사결정자 乙의 이원비교결과: 2, 의사결정자 丙의 이원비교결과: 4. AHP에서 세 의사결정자의 평가를 종합하여 하나의 수치로 나타내시오.

7. 대안 선택을 위한 방법으로서 속성분리방법, 속성결합방법, 사전편찬식 방법, 속성별 제거법 각각이 활용되는 사례를 실생활에서 하나씩 찾아 제시하시오.

8. 두 행렬을 곱한 결과를 엑셀을 이용해 나타내 보자. 셀 범위 A1:D3와 셀 범위 F1:F4를 곱한 결과를 나타내는 엑셀 함수를 기술하시오.

9. 평가기준이 세 가지이고, 대안의 수가 4개인 선택 문제를 고려해보자. 세 가지 평가기준의 가중치는 엑셀 워크시트의 셀 범위 E2:E4에 있고, 각 평가기준 하에서 대안들의 상대적 선호도는 B2:D5에 있을 경우, 각 대안의 종합적 선호도는 셀 범위 F2:F5에 나타낼 수 있다. 셀 범위 F2:F5를 마우스로 선택한 후 각 대안의 종합적 선호도를 F2:F5의 각 셀에 나타나도록 하려면 어떤 엑셀 함수식을 입력해야 하는지 답하시오.

10. 다음 각 항목을 나타내는 수치는 무슨 척도인지 답하시오.

① 귀하의 출생년도

② 석굴암의 해발 고도

③ 리커르트(Likert) 5점 척도

④ 현재 내 차에 남아 있는 휘발유의 양

⑤ 주민등록번호 뒤의 7자리 숫자

11. 다음 표는 AHP의 상대적 측정방법을 이용하여 세 대안 A, B, C의 선호도를 평가하기 위한 정보를 요약한 것이다. 표의 괄호 안 수치는 기준의 상대적 중요도를 나타내며, 다른 수치는 해당 기준 하에서 대안들의 상대적 선호도를 나타낸다.

기준 / 대안	기준 1 (0.6)	기준 2 (0.4)		
		하위기준 1	하위기준 2	하위기준 3
A	0.4	0.2	0.4	0.3
B	0.3	0.5	0.4	0.3
C	0.3	0.3	0.2	0.4

각 대안의 선호도를 계산하기 위해서는 기준 2의 세 가지 하위 기준의 상대적 중요도를 구하는 것이 필요하다. 다음의 이원비교행렬은 하위 기준 1, 2, 3의 상대적 중요도를 도출하기 위한 자료이다.

하위 기준	1	2	3
1	ⓐ	ⓑ	2
2	3	ⓒ	5
3	ⓓ	ⓔ	ⓕ

(1) 이원비교행렬의 빈 셀 ⓐ에서 ⓕ까지 들어갈 수치를 말하시오.

(2) 위 이원비교행렬을 이용하여 하위 기준 1, 2, 3의 상대적 중요도를 도출하시오.

(3) 위 이원비교행렬의 일관성을 일관성 비율을 이용하여 평가하시오.

(4) (2)의 정보를 이용하여 대안 A의 선호도를 구하시오.

12. 2×2 이원비교행렬은 항상 완벽한 일관성을 유지한다. 완벽한 일관성을 갖는 $n \times n$ 이원비교행렬의 경우, 고유값 방법(eigenvalue method)을 통해 행렬의 고유값(eigenvalues)을 구하게 되면 가장 큰 아이겐밸류(λ_{max})의 값은 n이고, 다른 $(n-1)$개의 아이겐밸류 값은 모두 0이 된다.

(1) 다음의 2×2 이원비교행렬의 아이겐밸류를 고유값 방법을 이용해 구하고, λ_{max}의 값이 2이고, 다른 하나의 아이겐밸류는 0임을 보이시오.

1	$\frac{1}{5}$
5	1

(2) (1)의 결과를 근거로 가중치 벡터($\boldsymbol{w}$)를 구하시오.

13. 다음의 계층구조를 보고 질문에 답하시오. 계층구조에서 괄호 안의 수치는 기준 2의 하위 기준 1과 하위 기준 2의 상대적 중요도이다.

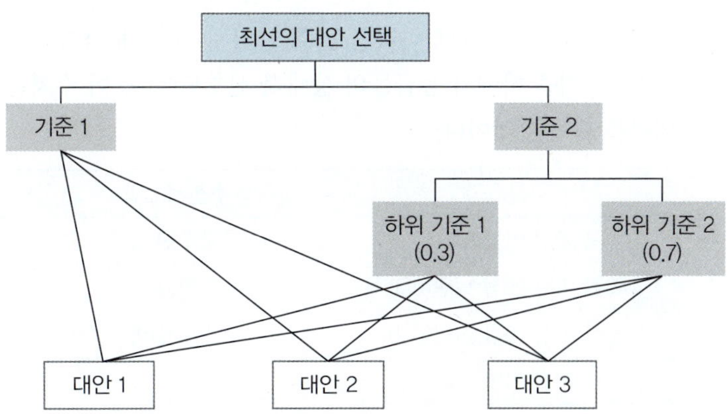

(1) 다음의 이원비교행렬은 기준 1과 기준 2의 상대적 중요도를 도출할 수 있는 자료이다. 빈 칸 ⓐ, ⓑ, ⓒ에 들어갈 수치는?

	기준 1	기준 2
기준 1	ⓐ	4
기준 2	ⓑ	ⓒ

(2) 위의 이원비교행렬을 이용하여 기준 1과 기준 2의 상대적 중요도를 구하시오.

(3) 2×2 이원비교행렬은 항상 완벽한 일관성을 갖는다. 그 이유를 설명하시오.

(4) 기준 1 및 기준 2의 하위 기준 하에서의 대안 1, 2, 3의 상대적 선호도는 다음과 같다. 계층구조에 의거하여 대안 1의 최종 선호도를 구하시오.

기준 / 대안	기준 1	기준 2	
		하위 기준 1	하위 기준 2
대안 1	0.3	0.5	0.2
대안 2	0.4	0.3	0.3
대안 3	0.3	0.2	0.5

14. 모 기업에서는 축적된 경험을 바탕으로 신입사원들을 서류심사와 면접을 통해 선발하고 있다. 선발기준은 세 가지로 대학성적(학교마다 학점 기준이 다르므로 100점 만점으로 환산한 점수를 이용함), 지도교수 추천서, 그리고 면접점수이다. 이 회사는 신입사원 선발과 관련하여 수집한 과거 자료를 이용하여 각 선발기준의 등급(rating intensities)을 다음 표와 같이 설정하였다. 표에 나타난 괄호 안의 수치는 세 가지 선발기준의 상대적 중요도(가중치)와 각 기준 하에서 등급들의 상대적 선호도이다. 이 수치는 신입사원 선발 전문가들의 의견을 수렴한 것이다.

학점(0.3)	추천서(0.2)	면접(0.5)
90점 이상(0.4)	적극추천(0.6)	A(0.5)
80점 이상 90점 미만(0.3)	추천(0.3)	B(0.4)
70점 이상 80점 미만(0.2)	추천보류(0.1)	C(0.1)
70점 미만(0.1)		

신입사원 지원자 중 김철수와 박영희의 학점, 추천서, 면접결과는 다음과 같다.

후보자 \ 기준	학점	추천서	면접
김철수	92	추천	C
박영희	78	적극추천	B

(1) AHP의 절대적 측정방법(absolute measurement)을 이용하여 박영희의 최종 선호점수를 구하시오.

(2) 위 선발기준의 우선순위가 면접, 학점, 추천서 순이라고 하자. 순위중심방법(ROC)을 이용하여 학점의 가중치를 도출하시오.

(3) 이 기업에서는 추천서를 가장 덜 중요한 기준이라고 생각하고 있고, 학점은 추천서보다 3배, 면접은 추천서보다 5배 중요하다고 생각하고 있다. 비율방법(ratio method)을 이용하여 세 가지 평가기준의 가중치를 구하시오. 가중치의 합은 1이 되도록 하시오.

(4) AHP의 절대적 측정방법을 실제 문제에 활용하기 위해서는 각 평가기준의 등급화에 신중을 기해야 한다. 좋은 등급화의 조건을 기술하시오.

15. 선호도에 따라 자금을 배분하는 문제를 고려하자. AHP의 절대적 측정방법을 이용하여 프로젝트 1, 2, 3의 선호도를 구하였더니, 각각 0.3, 1.0, 0.7로 나타났다. 가용한 프로젝트 투자자금으로 1억원이 있다고 가정할 때 프로젝트 1에는 얼마를 배분해야 하는가?

16. 다음 표는 연말 상여금의 지급을 위해 다섯 명 팀장들의 지난 1년간 업무성과를 다양한 측면에서 절대적 측정방법으로 평가한 결과이다.

팀장	선호점수
박팀장	1.00
한팀장	0.75
오팀장	0.53
임팀장	0.48
구팀장	0.27

전체 상여금을 선호점수에 근거하여 다섯 명의 팀장들에서 어떤 비율로 배분해야 하는지 제안하시오.

17. 취업시즌이 되면 기업들은 우수한 인재를 뽑으려 하고 취업희망자들은 좋은 회사를 선택하고 싶어 한다. 취업희망자들이 생각하는 좋은 회사란 어떤 것일까? 직장 선호에 관한 실증연구에 따르면 그 속성들은 매우 다양하나 이는 크게 경제적 요인, 근무조건, 기업의 전망, 개인의 전망 등 네 가지로 나눌 수 있다. 각 속성의 세부 내용은 다음과 같은 계층구조로 나타낼 수 있다.

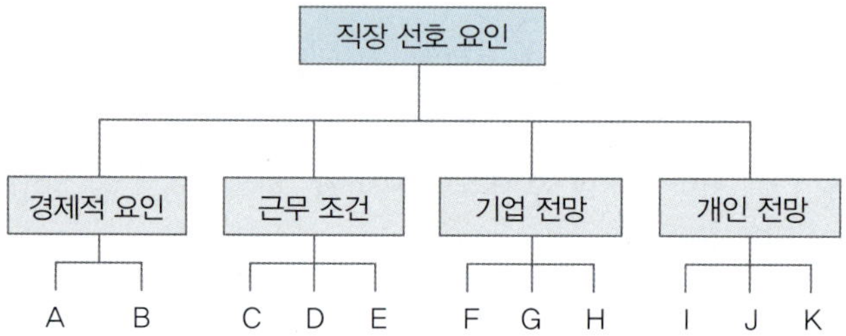

A: 월소득　B: 복지후생　C: 근무부서　D: 근무지역　E: 근무시간
F: 기업명성　G: 기업규모　H: 기업장래성　I: 승진가능성
J: 적성 및 능력개발 여지　K: 고용안전성

(1) 계층화분석과정(AHP)을 이용하여 직장 선호 요인의 상대적 중요도를 평가하시오. 설문대상은 대학졸업 예정자로 취업을 희망하는 사람으로 하시오.

(2) AHP의 절대적 측정방법(absolute measurement)을 이용하여 직장의 매력도를 산출하는 과정에 대하여 논의하시오. 귀하가 고려하고 있는 여러 직장의 매력도를 평가하기 위해 위의 계층구조에서 하위 속성의 등급(rating intensities)은 어떻게 설정해야 하는지 근거를 갖고 제안하시오.

18. 김갑순 여사는 부업으로 젊은 층 및 가족들을 주요 대상으로 하는 아이스크림가게를 내려고 한다. 김갑순 여사는 아이스크림가게의 입지 후보지로 3곳을 생각하고 있는데 이 중 한 곳을 택해 장사를 시작하고자 한다. 첫 번째 후보지는 서울 근교의 아파트촌 상가이고, 두 번째 후보지는 강남의 중심가, 그리고 세 번째 후보지는 서울 중심가(시청 근처)의 대형 백화점 내 점포이다. 각 후보지에 대해 김갑순 여사가 갖고 있는 정보는 다음과 같다.

① 서울근교 아파트촌 상가

아파트촌 상가에 위치한 후보지는 이전에 피자가게였는데 지금은 비어 있다. 이 상가는 네거리에 위치해 있는데 평소 교통량이 많은 곳이다. 지역인구는 약 4만 5천명으로 아파트나 단독주택에 살고 있고, 지역주민 대부분이 젊은 연령층의 중산층이다. 상가에는 수퍼마켓, 약국, 인테리어점, 미용소, 이발소, 병원 등 다양한 종류의 점포들이 있어 항상 소비자들로 북적인다. 현재 이 상가에는 아이스크림 가게가 없으며, 임대료는 한 달에 평당 28만원이다.

② 강남 중심가

강남중심가의 후보지는 고층빌딩의 지하에 위치해 있는데 이 빌딩 내에는 많은 업체의 사무실이 입주해 있다. 대상 점포는 지하 출입구 근처에 위치해 있어 사람들의 왕래가 잦으며, 왕래하는 사람들 대부분이 이 빌딩 내의 사무실에서 일하는 젊은 회사원이다. 이 빌딩에서 반경 10m 내의 지역에 현재 한 곳의 아이스크림가게가 있다. 임대료는 한 달에 평당 50만원이다.

③ 서울 중심가의 대형 백화점

지하철로 바로 연결되는 이곳 대형 백화점은 100여개의 점포로 구성되어 있는데 후보지는 백화점 8층의 전문식당가에 위치해 있다. 이 백화점은 특히 주말, 그리고 주중 저녁에 청소년, 젊은 주부, 그리고 가족 단위의 소비자들로 성황을 이루고 있다. 이 대형 백화점 내에는 현재 2개의 아이스크림 점포가 영업 중인데 이들은 지하 식당가에 위치해 있다. 임대료는 한 달에 평당 75만원이다.

이 문제 상황을 계층구조화 하시오. 계층구조의 평가기준, 하위 기준 등을 귀하의 지식과 경험, 관련 자료를 이용해 선정하시오. 전문가의 의견을 구하여 평가기준과 하위 기준의 가중치를 산출하고, 이에 근거하여 최적의 입지를 상대적 측정방법을 이용해 제안하시오.

19. 최근 정부의 주택담보대출 규제에 따라 시중은행들은 신용대출 영업을 강화하고 있는 추세이다. 동양은행은 전문가들의 의견을 반영한 새로운 개인신용대출 심사모형을 개발하여 이를 활용함으로써 합리적인 개인신용대출이 이루어지도록 계획하고 있다. 하지만 개인신용대출의 경우 대출신청자의 수가 매우 많고, 대출심사 기준의 항목 분류 및 각 항목의 등급화가 필요하며, 정량적 요소뿐만 아니라 정성적 요소도 함께 고려해야 하는 특수성을 갖고 있다. 이러한 이유로 AHP의 절대적 측정방법을 이용하는 것이 개인신용대출심사를 위해 적합하다고 판단하였다. 동양은행은 두 명의 개인신용대출 전문가를 섭외하여 서면 문의와 인터뷰, 설문조사 등의 과정을 거쳐 개인신용대출심사를 위한 자료를 수집하였다. 다음 그림은 개인신용대출심사를 위한 계층구조이다.

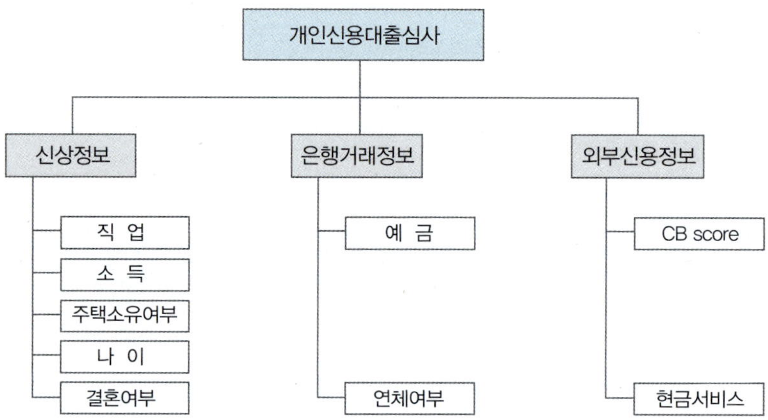

(1) 위 계층구조에서 하위 기준 각각의 등급을 설정하고, 그렇게 등급을 설정한 이유를 기술하시오.

(2) 가능할 경우, 개인신용대출 전문가를 실제로 섭외하여 (1)번에서 설정한 하위기준 등급의 타당성을 조언 받으시오. 또한 그들의 의견을 구하여 위 계층구조의 기준과 등급의 상대적 중요도와 상대적 선호도를 평가하시오.

(3) 이상의 평가정보를 이용하여 다음 표에 나타난 10명의 개인신용대출 신청자에 대한 신용평가를 수행하시오.

ID	신상정보					은행거래정보		외부신용정보	
	직업	소득 (만원)	주택 소유	나이	결혼여부	예금 (만원)	연체여부 (일)	CB score (등급)	현금서비스 (만원/년)
1	공무원	9,331	무	54	기혼	1,187	0	2	463
2	자영업	2,615	무	53	기혼	24,062	14	7	59
3	일반기업	7,612	유	35	기혼	25,258	24	2	79
4	공무원	14,938	무	30	미혼	245	0	6	463
5	공무원	5,418	유	56	미혼	12,515	0	9	34
6	무직	8,389	무	57	기혼	0	35	6	333
7	공무원	10,880	무	76	미혼	3,363	0	9	601
8	자영업	15,278	무	62	기혼	6,494	72	8	0
9	일반기업	18,223	무	53	미혼	416	0	10	0
10	일반기업	15,737	유	41	미혼	24,103	0	8	564

스마트 경영과학

SMART MANAGEMENT SCIENCE

PART V 불확실성 하에서의 의사결정

13
CHAPTER

의사결정분석

불확실한 상황이란 앞으로 일어날 사건이 둘 이상이고, 각 사건의 발생가능성이 가변적인 상황을 말한다. 이 장에서는 미래를 확실히 내다 볼 수 없는 상황에서 최선의 의사결정을 이끄는 방법에 대해 논의한다. 의사결정나무(DT: decision tree) 분석을 중심으로 시간의 흐름에 따라 복수의 의사결정이 어떻게 연계되어 이루어져야 하는지 최적의 의사결정 경로를 모색한다. 아울러 의사결정나무 분석을 위한 PrecisonTree의 활용, 정보의 가치 산정, 주관적 확률의 평가 방법, 위험성향을 고려한 의사결정, 위험성향과 효용함수의 관계, 효용함수의 도출 방법, 위험회피정도의 측정, 프레이밍 효과(framing effect) 등에 대해서도 학습한다.

운 좋은 사람들은 운이 별로 없다고 생각하는 사람에 비해 불확실성을 즐긴다.

– 리처드 와이즈먼(Richard Wiseman), 영국의 심리학자

의사결정분석(Decision Analysis)
의사결정나무(decision tree)

앞으로 어떤 일이 일어날지 모르는 상황에서 현재 어떤 결정을 하는 것이 개인이나 조직의 혜택을 최대화 하고 후회를 최소화 할 수 있을까? 이 장에서는 이러한 질문에 답을 찍하는 과정, 소위 의사결정분석(Decision Analysis)이라는 주제에 대해 학습한다.

의사결정분석(Decision Analysis)이란 미래에 발생할 사건이 다수이고 각 사건의 발생 가능성이 가변적인 상황에서 현재 이용할 수 있는 여러 가지 행동 대안 중 어떤 대안을 선택하는 것이 최선인지를 결정하고, 미래의 상황 변화에 따라 선택의 결과는 어떠한 영향을 받는지 그 민감도를 분석하는 과정을 말한다. 의사결정은 한번 이루어지기도 하고, 여러 단계에 걸쳐 연속적으로 이루어지기도 한다. 후자의 경우, 하나의 결정이 이루어진 후 그것에 근거하여 후속적인 결정이 시간 차를 두고 이루어진다.

본 장에서는 불확실한 상황 하에서 의사결정을 체계적으로 수행할 수 있도록 지원하는 도구로 많이 활용되는 **의사결정나무(decision tree)**를 중심으로 학습한다. 아울러 의사결정에 도움을 주는 **정보의 가치(value of information)**를 산정하는 방법, **주관적 확률(subjective probability)**을 평가하는 방법, **위험에 대한 태도(attitude toward risk)**를 고려하여 의사결정을 수행하는 방법, **PrecisionTree**의 활용 방법, **위험회피정도(degree of risk aversion)**의 측정, **프레이밍 효과(framing effect)** 등에 대해서도 논의한다.

13.1 불확실성 하에서의 의사결정

우리는 흔히 불확실한 미래라든지 불확실한 상황이라는 표현을 쓰곤 한다. 하지만 '미래가 불확실하다'는 말이 무슨 뜻인지 질문하면 명확히 대답하는 사람은 그리 많지 않다. 미래가 불확실하다는 것은 앞으로 발생할 사건이 둘 이상이고, 각 사건이 발생할 확률이 정확히 알려지지 않음을 의미한다. 앞으로 일어날 사건이 단 하나라면 미래는 확실하며, 그 사건이 일어날 확률은 '1'이 된다. 예를 들어, 내일의 날씨가 흐릴지, 비가 올지, 맑을 지는 불확실하고, 내가 시작한 사업이 시장에서 성공할지의 여부도 불확실한 것이다. 내가 오늘 산 주식이 6개월 후 나에게 어떤 손익을 가져올지도 불확실하고, 내가 구입한 아파트 시세가 5년 후 얼마가 될지도 불확실하다. 이처럼 불확실한 미래 상황의 예는 우리 주변에서 얼마든지 찾을 수 있다. 의사결정분석이란 불확실한 상황 하에서 현재 어떠한 선택이나 판단을 하는 것이 가장 바람직한지를 결정하는 과정이다. 해당 문제 상황을 분석하여 가장 바람직한 대안을 선택하고, 상황의 변화에 따라 선택의 결과는 어떠한 영향을 받는지, 그리고 어떠한 대안이 기존의 대안보다 바람직한지 그 민감도를 분석하는 과정을 말한다.

미래가 확실하게 알려져 있다면 현 시점에서의 의사결정은 매우 간단하다. 예를 들어, 어떤 주식의 가격이 반드시 오를 거라면 그 종목을 사면 될 것이다. 하지만 그 주식의 가격이 앞으로 어찌될지는 알 수 없는 노릇이기 때문에 의사결정은 어려워지고, 투자전문가들은 여러 가지 파생상품을 이용하여 미래의 불확실성에 대비하고자 한다.

좋은 의사결정(good decision)
좋은 결과(good outcomes)

불확실성 하에서의 의사결정이 힘든 이유는 의사결정자가 현 시점에서 내린 의사결정의 결과를 자신이 통제하지 못하기 때문이다. 1장에서 의사결정의 기본 개념을 이야기 할 때도 강조했듯이 **좋은 의사결정(good decision)**이 항상 **좋은 결과(good outcomes)**를 가져오는 것은 아니다. 의사결정은 의사결정자가 통제하는 것이지만 결과는 의사결정자가 통제하지 못하는 여러 가지 요소가 개입될 수 있기 때문이다. 예를 들어, 글로벌 경제환경의 변화, 시장의 추이, 기술의 개발 속도, 새로운 규제의 입법화, 이해관계자의 욕구 변화, 예상치 못한 변수의 출현 등으로 인해 내가 바라지 않은 결과가 일어날 수도 있다.

하지만 그럼에도 불구하고 우리가 좋은 의사결정을 위해 노력해야 하는 이유는 우리가 원하는 결과가 일어날 가능성을 최대화 하고, 우리가 사려 깊지 못한 의사결정을 함으로써 경험하게 될 회한과 후회를 최소화 하기 위해서이다.

앞서 1장의 간단한 예를 다시 들어 보자. 다음과 같은 두 가지 게임 중에서 하나를 선택해보자. 하나는 주사위를 던지는 게임으로 주사위를 던져 주사위 눈이 1이 나오면 '성공'을 하고, 다른 주사위 눈이 나오면 '실패'를 하는 게임이다. 다른 것은 동전을 던지는 게임으로 동전을 던져 앞면이 나오면 성공을 하고, 뒷면이 나오면 실패를 하는 게임이다. 여기서 성공과 실패의 크기는 두 게임 모두에서 동일하다고 가정하자.

만일 두 게임에 참여하는 데 동일한 비용이 든다면 여러분은 어떤 게임에 참여하고자 하겠는가? 깊게 생각할 것도 없이 동전 게임에 참여하는 것이 합리적인 선택이다. 동전 게임에 참여하면 성공할 가능성이 1/2이고, 주사위 게임에 참여하면 성공할 가능성은 1/6이기 때문이다.

하지만 여러분이 좋은 선택(동전 게임에 참여)을 하더라도 결과는 애석하게 뒷면이 나와 실패를 경험할 수도 있고, 여러분이 열등한 선택이라고 생각한 주사위 게임에 여러분의 친구가 참여했는데 우연히 주사위 눈이 1이 나올 수도 있다. 하지만 이러한 결과를 보고, 주사위 게임에 참여하는 것이 좋은 선택이라고 이야기 하는 사람은 없을 것이다. 결과는 우리가 바라는 것이 나오지 않을 수도 있지만 그럼에도 불구하고 우리는 동전 게임을 선택해야 하는 것이다. 그렇게 하는 것이 성공의 가능성을 높일 수 있기 때문이다.

조직에서 구성원의 성과를 평가할 때 결과보다는 과연 그가 좋은 의사결정을 하기 위해 최선의 노력을 다했는가를 보아야 하는 이유가 이 때문이다. 과정보다는 결과를 보고 평가하는 것은 주사위 게임을 선택한 사람이 동전 게임을 선택한 사람보다 훌륭한 직원으로 잘못 평가받을 수 있는 위험을 필연적으로 동반한다.

의사결정분석에서 명심해야 할 사항은 여러분이 합리적인 방법을 이용해 선택한 가장 좋은 대안의 결과는 가장 좋은 결과보다는 항상 열등하거나 같다는 것이다.

13.2 의사결정분석의 구성요소

의사결정분석을 위해서는 다음의 세 가지 요소가 필요하다.

의사결정 대안(decision alternatives)
전략(strategies)
사건(future events)
사건의 발생 가능성(probability of each event)
가치(value)

① 의사결정자가 이용할 수 있는 **의사결정 대안(decision alternatives)** 또는 **전략(strategies)**의 집합

② 미래에 발생 가능한 **사건(future events)**[1]과 각 **사건의 발생 가능성(probability of each event)**

③ 의사결정 대안과 미래 사건의 다양한 조합이 가져오는 **가치(value)**

화폐가치(monetary value)
가치함수(value function)

세 번째 요소에서 가치는 보통 화폐단위(예, ₩, $ 등)로 측정되는데, 화폐단위로 측정된 가치를 **화폐가치(monetary value)**라 한다. 그리고 의사결정 대안과 미래 사건의 조합에 따라 얼마나 큰 가치가 발생하는지는 의사결정자의 **가치함수(value function)**에 의해 결정된다.

의사결정기준(decision criteria)
최적의 의사결정(optimal decision)

의사결정분석을 위한 세 가지 요소가 주어지면 의사결정자는 다양한 **의사결정기준(decision criteria)**에 따라 **최적의 의사결정(optimal decision)**을 모색할 수 있다. 여러 가지 의사결정기준을 설명하기 위해 다음과 같은 간단한 예를 살펴보자.

예제 1 의사결정자는 현 시점에서 D_1, D_2, D_3 세 가지 대안 중 하나를 선택할 수 있고, 미래의 상황은 E_1, E_2, E_3 세 가지로 나타날 수 있다. 의사결정자가 대안을 선택하는 현 시점에서는 미래 상황이 어찌 될지 알 수 없지만 어느 정도 시간이 흘러 미래 상황이 무엇인지 나타나면 거기에 따라 의사결정자가 얻는 보상(가치)은 결정된다. 즉, 의사결정자가 선택한 대안이 가져올 보상은 미래에 어떤 상황이 발생하느냐에 따라 달라진다.

이제 세 가지 대안 D_1, D_2, D_3와 세 가지 미래상황 E_1, E_2, E_3의 조합에 따른 보상이 〈표 13-1〉과 같다고 가정하자.

1) 사건은 상황, 결과(possible outcomes)라고도 표현된다.

대안 \ 미래상황	E_1	E_2	E_3
D_1	20	20	20
D_2	-20	40	80
D_3	-60	60	140

표 13-1
보상표

보상표(payoff table)
비용표(cost table)

〈표 13-1〉은 **보상표(payoff table)**라 부르는데, 대안이 세 가지가 존재하고, 미래상황이 세 가지 있으므로 모두 아홉 가지의 가치가 발생한다. 〈표 13-1〉에 나타난 가치를 의사결정자가 얻는 보상이라고 생각하면 된다. 예를 들어, D_1, D_2, D_3을 세 가지 투자 대안이라고 생각하자. D_1은 확정금리 금융상품에 투자하기, D_2는 채권에 투자하기, D_3은 주식에 투자하기, 그리고 미래상황 E_1, E_2, E_3은 미래의 시장상황으로 각각 불황, 보통, 호황을 나타낸다고 가정하자. 그러면 세 가지 대안과 세 가지 미래상황을 조합한 아홉 개의 (대안, 상황) 각각의 가치는 미래의 시장 상황에 따라 결정되는 투자 대안의 수익률(%)로 생각할 수 있다. 한편, 〈표 13-1〉에서 보상은 비용(cost)으로 대체될 수도 있다. 보상이 비용으로 표현되면 보상표는 **비용표(cost table)**라고 부른다.

안전한 의사결정(safe decision)
위험한 의사결정(risky decision)

이제 어떤 대안을 선택하는 것이 가장 바람직한지 생각해 보자. 우선, D_1은 미래 상황이 어떠하든지 항상 동일한 가치를 가져온다. 즉, 이 대안은 확실한 가치 20을 보장하므로 이 대안을 선택하는 것은 가장 **안전한 의사결정(safe decision)**이 될 것이다. 반면 D_3는 어떠한가? D_3의 경우, 미래 상황이 E_3으로 나타나면 가장 큰 가치를 가져다주지만 미래상황이 E_1이 되면 가장 큰 손실을 안겨준다. 즉, 이 대안을 선택하는 것은 미래 상황에 따라 가치의 기복이 가장 심한 **위험한 의사결정(risky decision)**이 된다. D_2는 D_1과 D_3 중간 정도에 해당하는 대안임을 알 수 있다.

한편, D_1, D_2, D_3 중 어느 대안이 가장 바람직한지는 개인의 위험에 대한 성향에 따라서도 달라질 수 있다. 즉, 미래의 상황이 어떻든 확실한 가치를 보장받고 싶은 사람은 D_1을 선호하겠지만, 위험을 추구하는 갬블러(gambler) 성향의 사람이라면 상황이 좋으면 가장 큰 가치를 얻을 수 있는 D_3을 선택할 수도 있다. 귀하는 어떠한 선택을 하겠는가? 이제 선택에 대한 합리적 근거를 제공할 수 있는 단순한 판단 기준 몇 가지를 설명해 본다.

13.3 단순한 의사결정기준

우선 세 가지 미래상황의 발생가능성을 추정하는 것이 어려워 세 가지 상황의 발생가능성을 동일하다고 가정할 경우, 어떠한 의사결정기준을 이용할 수 있는지 생각해 보자.

1 맥시민 기준

맥시민 기준(maximin criterion)

위험회피적이거나 보수적인 사람이라면 의사결정 시 발생할 수 있는 가장 나쁜 결과(minimum payoff)를 최대화(maximize)하는 대안을 선택하는데, 이 기준을 **맥시민 기준(maximin criterion)**이라고 한다. 즉, 각 대안이 가져올 가장 작은 가치 중 가장 큰 가치를 가져오는 대안을 선택하는 방법이다. 〈표 13-2〉에서 보듯이 각 대안(각 행)에서 가장 작은 가치는 20, −20, −60인데, 이 중 가장 큰 것은 20이다. 따라서 맥시민(maximin)에 해당하는 대안은 D_1이다. 이 전략은 최악의 경우를 대비한 것으로 큰 손실은 막을 수 있지만 반대로 큰 혜택을 고려하지 않는 매우 보수적인 의사결정 전략이다.

표 13-2 맥시민 기준에 의한 선택

대안 \ 미래상황	E_1	E_2	E_3	min
D_1	20	20	20	20*
D_2	-20	40	80	-20
D_3	-60	60	140	-60

2 맥시맥스 기준

맥시맥스 기준(maximax criterion)

맥시민 기준과 반대되는 의사결정 기준으로 위험추구적이거나 낙관적인 성향의 사람이 이용하는 전략이다. **맥시맥스 기준(maximax criterion)**은 가장 좋은 결과(maximum payoff)를 최대화(maximize) 하는 대안을 선택한다. 〈표 13-3〉에서 보듯이 각 대안이 가져올 수 있는 가장 큰 가치는 각각 20, 80, 140인데, 이 중 가장 큰 가치 140을 가져오는 대안 D_3을 선택하는 방법이다. 이 전략은 상황이 좋을 경우, 큰 혜택을 얻을 수 있는 전략이지만 반대로 큰 손실의 발생 가능성을 간과한 매우 낙천적인 전략이다.

대안 \ 미래상황	E_1	E_2	E_3	max
D_1	20	20	20	20
D_2	-20	40	80	80
D_3	-60	60	140	140*

표 13-3
맥시맥스 기준에 의한 선택

3 후회의 미니맥스 기준

후회(regret)
후회의 미니맥스 기준 (minimax regret criterion)

자신이 내린 의사결정에 만족하는 경우도 있지만 후회하는 경우도 다반사다. 이 전략에서 **후회(regret)**란 내가 어떤 의사결정을 했을 때 다른 의사결정을 했으면 더 얻을 수도 있었던 가치의 크기를 말한다. 예를 들어, 〈표 13-1〉에서 D_2를 선택하는 의사결정을 했는데, 미래상황이 E_3가 되어 80의 가치를 얻게 되었다. 하지만 내가 만일 D_2를 선택하지 않고 D_3을 선택했더라면 140의 가치를 얻을 수도 있었을 것이다. 이 경우 후회란 내가 의사결정을 잘했더라면 더 얻을 수도 있었던 가치 60(=140-80)을 말한다.[2)] 즉, 어떤 의사결정의 후회란 보상표의 각 열(각 미래상황)에서 가장 큰 가치와 자신이 내린 의사결정이 가져온 가치와의 차이를 말한다. **후회의 미니맥스 기준(minimax regret criterion)**이란 각 행에서 가장 큰 후회(maximum regret)를 구하고, 이들 중 가장 작은(minimum) 후회에 해당하는 대안을 선택하는 전략이다. 〈표 13-4〉와 〈표 13-5〉는 〈표 13-1〉의 보상표를 후회표(regret table)로 변형하는 과정을 보여 주고 있다. 우선 〈표 13-4〉는 각 열(각 미래상황)에서 가장 큰 가치가 무엇인지 보여준다.

대안 \ 미래상황	E_1	E_2	E_3
D_1	20	20	20
D_2	-20	40	80
D_3	-60	60	140

표 13-4
각 열에서 가장 큰 가치 찾기

이제 〈표 13-5〉에서 보듯이 각 열의 가장 큰 가치에서 각 대안이 가져올 가치를 빼면 그것이 각 대안의 미래상황 각각에서의 후회가 된다. 이제 각 행에서 가장 큰

2) 후회(regret)를 **기회상실(opportunity loss)**이라고도 한다.

후회(maximum regret)를 찾아보자. D_1에서는 120, D_2에서는 60, D_3에서는 80이다. 이 세 개의 후회들 중 가장 작은 값은 60으로 후회의 미니맥스 기준(minimax regret criterion)에 따르면 가장 좋은 의사결정은 D_2를 선택하는 것이다.

표 13-5
후회표 만들기

미래상황 / 대안	E_1	E_2	E_3	maximum regret
D_1	0(=20-20)	40(=60-20)	120(=140-20)	120
D_2	40(=20-(-20))	20(=60-40)	60(=140-80)	60*
D_3	80(20-(-60))	0(=60-60)	0(=140-140)	80

후회의 미니맥스 기준은 잘못된 선택이 가져올 수 있는 가장 큰 회한을 최소화할 수 있는 방법이기는 하지만 불확실한 상황에서 매우 위험한 결과를 초래할 수도 있다. 이를 설명하기 위해 〈표 13-6〉의 보상표를 고려해 보자.

표 13-6
보상표

미래상황 / 대안	E_1	E_2
D_1	200	200
D_2	-800	1201

후회의 미니맥스 기준을 이용하여 두 대안 중 어느 대안을 선택할지 결정하기 위해 만든 후회표는 〈표 13-7〉과 같다.

표 13-7
후회표

미래상황 / 대안	E_1	E_2	maximum regret
D_1	0	1001	1001
D_2	1000	0	1000*

〈표 13-7〉의 후회표에서 후회의 미니맥스 기준을 적용하면 D_2가 선택된다. 하지만 만일 미래상황 E_1의 발생 가능성이 무척 크다면 D_2의 선택은 재앙을 가져올 위험이 크다.

13.4 기대화폐가치 기준

화폐가치(monetary value)
기대화폐가치(EMV: expected monetary value)

앞에서 언급한 세 가지 의사결정기준은 간단하다는 장점은 있지만 미래상황의 발생 가능성이 모두 동일하다고 가정하고 있다. 앞으로 어떤 일이 일어날지는 아무도 장담하기 어렵지만 그래도 우리는 현재 우리에게 가용한 정보를 이용하여 미래상황의 발생 가능성을 추정할 수 있을 것이다. 미래상황의 발생 가능성을 추정할 수 있다는 가정 하에 가장 많이 활용되는 의사결정기준은 기댓값(expected value)을 이용하는 것이다. 대안과 미래상황의 조합이 가져오는 가치는 보통 돈으로 표현되는 **화폐가치(monetary value)**인 경우가 많으므로 이 의사결정기준을 **기대화폐가치(EMV: expected monetary value)** 기준이라고 부른다. 기대화폐가치는 각 대안을 선택했을 때 기대할 수 있는 가치를 각 미래상황이 발생할 가능성을 고려하여 계산한 것이다.

앞서도 언급했듯이 〈표 13-1〉에서 만일 미래상황 E_1이 일어날 가능성이 희박하다면, 맥시민(maximin) 기준에 따라 선택한 D_1은 너무 보수적인 대안으로 큰 혜택의 기회를 놓칠 수 있다. 반면, E_3의 발생 가능성이 희박하다면 맥시맥스(maximax) 기준에 따라 선택한 D_3는 너무 낙관적이어서 상황이 좋지 않을 경우 과도한 손실을 떠안게 될 위험이 있다. 어떤 대안의 기대화폐가치란 미래상황 각각의 발생 가능성을 가중치로 하여 각 미래상황에서 이 대안이 가져올 가치를 가중평균한 값으로, 기대화폐가치 기준은 가장 큰 기대화폐가치를 가진 대안을 최적의 대안으로 선택하는 전략이다.

어떤 대안의 **기대화폐가치(EMV: expected monetary value)**란 각 미래상황의 발생가능성을 가중치로 하여 그 대안이 각 상황에서 가져올 가치를 가중평균한 값이다. 즉, 각 미래상황의 발생확률에다 해당 미래상황에서 그 대안이 가져올 가치를 곱하여 모두 더한 값이다.

〈표 13-8〉은 〈표 13-1〉에서 미래상황 E_1, E_2, E_3의 발생 가능성(확률)이 각각 0.2, 0.4, 0.4로 추정되었다는 가정 하에 대안 D_1, D_2, D_3의 기대화폐가치를 계산한 것이다.

표 13-8
기대화폐가치의 계산

대안 \ 미래상황	E_1	E_2	E_3	기대화폐가치(EMV)
D_1	20	20	20	20(0.2)+20(0.4)+20(0.4) = 20
D_2	-20	40	80	-20(0.2)+40(0.4)+80(0.4) = 44
D_3	-60	60	140	-60(0.2)+60(0.4)+140(0.4) = 68*
확률	0.2	0.4	0.4	

〈표 13-8〉을 보면 D_1의 기대화폐가치는 20, D_2의 기대화폐가치는 44, D_3의 기대화폐가치는 68로 나와 기대화폐가치가 가장 큰 D_3을 선택하는 것이 기대화폐가치 기준에 따르면 최적의 의사결정이 된다.

기대화폐가치 기준을 문제에 적용하기 위해서는 다음의 세 가지 사항에 대해 생각해 볼 필요가 있다.

1 미래상황의 확률 평가

대안의 기대화폐가치는 미래상황의 발생 가능성에 따라 달라지므로 기대화폐가치 기준을 적용해 대안을 선택하기 위해서는 미래상황의 확률을 추정하는 것이 매우 중요하다. 이 확률은 과연 어떻게 나오게 된 것일까? 독자들은 간혹 이러한 확률이 교과서의 예제나 연습문제처럼 항상 독자들에게 주어지는 것으로 오해할 수 있다. 하지만 이러한 정보는 주어지는 것이 아니라 의사결정자가 결정해야 할 사안이다. 미래상황의 발생확률은 어떻게 평가할 수 있을까? 확률을 평가하는 방법은 일반적으로 세 가지이다.

고전적 이론(classical theory)

① 첫째는 **고전적 이론(classical theory)**으로 특별한 이유가 없는 한 표본공간을 구성하는 실험의 결과 각각의 발생 가능성은 동일하다는 이론이다. 동전을 던져 앞면이 나올 확률이 0.5라거나 카드 한 묶음에서 무작위로 카드 한 장을 뽑았을 때 이 카드가 다이아몬드일 가능성은 1/4이라고 말하는 것은 고전적 이론에 의한 것이다.

상대도수이론(relative frequency theory)

② 둘째는 **상대도수이론(relative frequency theory)**이다. 즉, 동일한 실험을 여러 차례(이론적으로는 무수히 많이) 수행했을 때 특정 사건이 발생하는 빈도의 비율(상대도수)에 의해 해당 사건의 발생 가능성을 평가하는 것이다. 과거 어떤 의사가 수행

한 100차례의 수술에서 90건의 수술이 성공적이었다면 이 의사의 수술 성공 가능성은 0.90으로 평가하는 것이다.

하지만 많은 문제에서 미래상황의 발생가능성을 고전적 이론이나 상대도수이론으로 평가할 수 없는 경우도 있다. 예를 들어, 앞으로 발생할 미래상황이 세 가지라고 해서 각 상황이 발생할 확률을 고전적 이론을 적용해서 모두 1/3이라고 추정하는 것이 타당치 않다. 또 축구 A매치에서 우리 팀이 상대팀을 이길 확률이 어느 정도인가를 추정하는 경우, 그 팀과의 과거 대전 기록이 충분히 없다면 상대도수이론을 적용하기도 힘들다. 이런 경우, 우리는 확률을 평가하는 세 번째 방법, 즉 주관적 확률 추정을 이용한다.

③ **주관적 확률(subjective probability)**이란 우리의 경험이나 지식을 이용해서 추정하는 확률로서 개인의 믿음을 반영한 확률이다. 실제로 불확실성 하의 많은 의사결정문제에서는 주관적 확률을 이용해야 하는 경우가 많다. 따라서 미래상황의 발생확률의 영향력에 대한 민감도 분석은 중요하게 고려된다.

주관적 확률(subjective probability)

2 민감도 분석의 필요성

사실 불확실한 미래상황의 발생 가능성을 추정하는 일은 올바른 의사결정을 위해서 가장 중요하게 고민해야 할 문제이다. 앞에서도 언급했지만 미래가 불확실하다는 말은 앞으로 발생할 사건의 수가 둘 이상이고, 각 사건의 발생확률이 가변적이라는 특징을 갖고 있다. 미래상황의 발생확률을 아무리 신중히 추정했다 하더라도 그것은 바뀔 수 있는 운명을 갖고 있으므로 미래상황의 발생확률이 변화함에 따라 의사결정은 어떠한 영향을 받는지를 파악하는 **민감도 분석(sensitivity analysis)**은 의사결정분석에서 고려해야 할 중요한 주제이다.

민감도 분석(sensitivity analysis)

3 기대화폐가치의 의미

기댓값의 의미를 아는 독자들은 기대화폐가치의 의미도 쉽게 이해할 수 있다. 어떤 대안의 기대화폐가치란 해당 대안을 선택했을 때 실현이 기대되는 화폐가치란 말은 아니다. 예를 들어, 〈표 13-8〉에서 대안 D_2의 기대화폐가치는 44이지만 어떤 미래상황에서도 44라는 값은 실현될 수 없는 값이다.

장기적 관점에서의 평균값(long-run average of repetitions)

기대화폐가치란 기댓값과 같이 **장기적 관점에서의 평균값(long-run average of repetitions)**의 개념이다. 즉, D_2라는 대안을 선택하면 미래 상황이 E_1일 때는 20의 손실, E_2일 때는 40의 이득, E_3일 때는 80의 이득을 보게 되는데, 만일 D_2라는 대안을 선택할 기회가 나에게 무수히 많이 주어질 경우(예를 들어, 100번의 기회가 주어질 경우), 내가 각 기회에서 얻게 되는 화폐가치를 다 더하여 그것을 평균하면 그 값은 44가 된다는 말이다.

위험성향(risk attitude)

이러한 설명은 기대화폐가치가 무엇인지에 대한 설명은 해주지만 또 다른 질문도 우리에게 던진다. 만일 이러한 선택 기회가 앞으로 무수히 있는 것이 아니라 나에게 한번만 주어진다면 기대화폐가치의 개념은 성립되지 않는 것이 아닌가? 결론적으로 말하면 이런 경우라도 기대화폐가치는 불확실한 상황 하에서 올바른 의사결정을 위한 좋은 기준이 된다. 일생에 몇 번 없는 중요한 의사결정, 예를 들어 결혼이나 취업, 그리고 몇 백억 이상 매우 큰돈이 걸려있는 문제를 제외하고는 나에게 그러한 선택 기회가 한번 주어지든 많이 주어지든 기대화폐가치는 좋은 의사결정기준이 된다는 것이 의사결정 전문가들의 공통된 견해이다. 일생에 몇 번 없는 중요한 의사결정문제나 매우 큰돈이 걸린 문제의 경우, 개인이나 조직의 **위험성향(risk attitude)**을 고려하는 방법이 있는데, 여기에 대해서는 13.10절에서 논의하기로 한다.

13.5 민감도 분석

미래상황의 발생 가능성을 정확히 하나의 숫자로 추정하는 것은 매우 힘든 일이다. 과거가 더 이상 미래의 거울이 되기에는 모든 것이 빨리 변하는 세상에 우리는 살고 있기 때문이다. 따라서 미래상황의 발생 가능성에 대한 민감도 분석은 의사결정분석에서 중요한 위치를 차지한다. 민감도 분석의 예로 〈표 13-8〉에 나타난 미래 상황 E_1의 발생확률이 현재의 0.2에서 그 값이 바뀜에 따라 최적의 대안은 어떻게 달라지는지 살펴보자.

[그림 13-1]은 엑셀을 이용해 수행한 민감도 분석의 예를 보여주고 있다. [그림 13-1]에서 의사결정 D_1, D_2, D_3의 기대화폐가치(EMV)는 =SUMPRODUCT 함

수를 이용하여 구한 것이다. 우선, E_1의 발생확률을 나타내는 셀 B7에 0.2를 입력하고, E_2의 발생확률을 나타내는 셀 C7에 =(1−B7)/2, 그리고 E_3의 발생확률을 나타내는 셀 D7에 =C7을 입력한다. 즉, E_2와 E_3의 발생확률은 동일하고, 두 확률은 E_1의 발생확률에 영향을 받음을 알 수 있다.

다음으로 셀 E4에 =SUMPRODUCT(B4:D4,$B$7:$D$7)를 입력한다. 입력된 함수는 의사결정 D_1의 기대화폐가치를 산출한다. 이제 셀 E4의 식을 아래로 끌기하여 E6까지 복사한다. 그러면 의사결정 D_2와 D_3의 기대화폐가치도 자동적으로 계산된다. 셀 F4에 =MAX(E4:E6)을 입력한다. 그러면 계산된 세 개의 EMV 중 가장 큰 EMV가 나타난다.

	A	B	C	D	E	F	G
1	데이터-테이블을 이용한 민감도분석						
2							
3		E1	E2	E3	EMV	최대 EMV	의사결정
4	D1	20	20	20	20	68	D3
5	D2	-20	40	80	44		
6	D3	-60	60	140	68		
7	발생확률	0.2	0.4	0.4			

그림 13-1
데이터-테이블을 이용한 민감도 분석 1

이제 기대화폐가치에 근거하여 최적의 의사결정이 D_1, D_2, D_3 중 어느 것을 선택하는 것인지 판단하기 위해 셀 G4에 다음과 같이 입력한다.

=IF(F4=E4,A4,IF(F4=E5,A5,A6))

이 식은 가장 큰 기대화폐가치를 산출하는 대안이 어느 것인지를 알려주는 IF문이다.

E_1의 발생확률이 현재처럼 0.2일 경우에는 D_3가 가장 좋은 대안임을 알 수 있다. 이제 E_1의 발생확률을 0.1에서 0.9까지 0.1의 간격으로 증가시킬 때, 기대화폐가치를 가장 크게 하는 대안은 어떻게 달라지는지 엑셀의 **데이터-테이블(Data-Table)** 기능을 이용하여 알아보자.

데이터-테이블(Data-Table)

데이터-테이블 기능 이용하기

우선, E_1의 확률이 변화함에 따라 우리가 그 값을 알고 싶어하는 변수를 선정해야 한다. 이 문제에서는 E_1의 발생확률이 변화할 때 세 가지 대안의 기대화폐가치

자동채우기

들 중 가장 큰 기대화폐가치가 무엇이고, 또 그것에 해당하는 대안이 무엇인지를 알고 싶다고 가정하자. 이를 위해 [그림 13-2]의 셀 B12에 =F4, 셀 C12에 =G4를 입력한다. 그리고 셀 A13에 0.1, 셀 A14에 0.2를 입력하고, **자동채우기** 기능을 이용하여 셀 A21까지 0.1 간격으로 E_1의 확률을 채워놓는다.

그림 13-2

데이터-테이블을 이용한 민감도 분석 2

	A	B	C	D	E	F	G	H	I	J
1	데이터-테이블을 이용한 민감도분석									
2										
3		E1	E2	E3	EMV	최대 EMV	의사결정			
4	D1	20	20	20	20	68	D3			
5	D2	-20	40	80	44					
6	D3	-60	60	140	68					
7	발생확률	0.2	0.4	0.4						
8										
9	민감도분석		=F4	=G4						
10										
11	E1 확률	최대 EMV	의사결정							
12		68	D3							
13	0.1									
14	0.2									
15	0.3									
16	0.4									
17	0.5									
18	0.6									
19	0.7									
20	0.8									
21	0.9									

데이터 메뉴
가상분석
데이터 표(T)

다음으로 데이터-테이블 기능을 이용하여 E_1의 발생확률 변화에 따른 최대 EMV와 그때 어떤 대안을 선택해야 하는지 나타내도록 한다. 이를 위해 우선 셀 범위 A12:C21을 선택한다. 그런 다음 **데이터 메뉴**로 들어가 **가상분석**에서 **데이터 표(T)**를 선택하면 [그림 13-3]과 같은 데이터 표 대화상자가 나타난다.

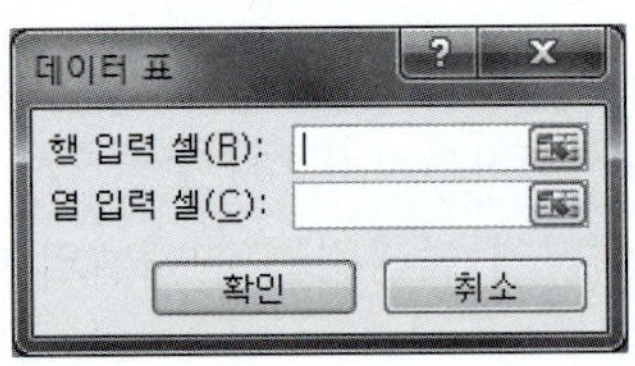

그림 13-3

데이터 표 대화상자

행 입력 셀
열 입력 셀

[그림 13-3]에서 **행 입력 셀**은 공란으로 두고 **열 입력 셀**에 E_1의 발생확률이 있는 셀 B7을 마우스로 선택한다. 그러면 자동적으로 셀 번호 B7이 **열 입력 셀**에 입력된다. 지금까지의 과정은 선택한 셀 범위 A12:C21의 첫째 열에 있는 숫자(E_1의

발생확률)들을 셀 B7에 하나씩 차례로 집어넣어 이전에 행한 모든 계산을 반복한 후 우리가 알고 싶어 하는 최대 EMV와 그때의 최적 대안을 보여 달라는 명령이다.

	A	B	C	D	E	F	G	H	I	J
1	**데이터-테이블을 이용한 민감도분석**									
2										
3		E1	E2	E3	EMV	최대 EMV	의사결정			
4	D1	20	20	20	20	68	D3			
5	D2	-20	40	80	44					
6	D3	-60	60	140	68					
7	발생확률	0.2	0.4	0.4						
8										
9	**민감도분석**									
10										
11	**E1 확률**	**최대 EMV**	**의사결정**							
12		68	D3							
13	0.1	84	D3							
14	0.2	68	D3							
15	0.3	52	D3							
16	0.4	36	D3							
17	0.5	20	D1							
18	0.6	20	D1							
19	0.7	20	D1							
20	0.8	20	D1							
21	0.9	20	D1							

그림 13-4 데이터-테이블을 이용한 민감도 분석 3

[그림 13-4]는 데이터-테이블 기능에 의한 민감도 분석 결과를 보여주고 있다. 결과를 보면, E_1의 발생확률이 0.1에서 0.4까지 변화할 때는 D_3가 기대화폐가치를 가장 크게 하는 최적 대안으로 나타나지만, E_1의 발생확률이 0.5 이상이 되면 그때는 최적 대안이 D_1으로 바뀜을 알 수 있다. 즉, E_1의 발생확률이 작을 때는 가장 위험한(미래 상황에 따라 가치의 기복이 가장 큰) 대안인 D_3가 가장 좋은 대안이 되지만, E_1의 발생확률이 커짐에 따라 가장 안정적인 대안 D_1이 가장 좋은 대안으로 선택됨을 알 수 있다.

13.6 의사결정나무 분석

의사결정나무(decision tree)
보상표(payoff table)

의사결정나무(decision tree)는 불확실성 하에서의 의사결정을 지원하기 위한 좋은 도구이다. 앞서 언급한 예제의 경우에는 문제의 단순성으로 인해 **보상표(payoff table)** 자체만을 이용해도 어떤 의사결정이 가장 바람직한지 쉽게 알 수 있었다. 하지만 의사결정이 순차적으로 두 번 이상 행해져야 하는 경우에는 보상표만 가지고 분석하기는 힘들다. 의사결정나무는 시간의 흐름에 따른 의사결정과정을 시각적으로 보여줄 수 있다.

1 의사결정나무의 구성요소

마디(nodes)
가지(branches)

의사결정나무는 **마디(nodes)**와 **가지(branches)**로 이루어진다. 마디는 특정 시점을 나타내는 기호로서 어떠한 역할을 하느냐에 따라 다시 세 가지로 나누어진다.

의사결정 마디(decision nodes)

① 첫째는 **의사결정 마디(decision nodes)**로 사각형(ㅁ)으로 나타낸다. 의사결정 마디는 어떠한 의사결정이 이루어지는(어떤 대안이 선택되는) 시점을 나타내는데, 이 마디에서 뻗어나가는 가지는 현재 고려 중인 대안 각각을 나타낸다.

확률 마디(probability node)

② 둘째는 **확률 마디(probability node)**이다. 이 마디는 원(○)으로 표시하는데, 불확실한 미래상황이 현실로 나타나는 시점을 나타낸다. 즉, 미래상황의 불확실성이 해소되는 시점이다. 확률 마디에서 뻗어나가는 가지들은 미래상황 각각을 나타내고, 각 가지 위에는 해당 미래상황과 그 발생확률이 기입된다. 당연히 하나의 확률 마디에서 뻗어나간 가지들의 발생확률의 합은 1이 된다.

종료 마디(end node)
PrecisionTree

③ 셋째는 **종료 마디(end node)**로서 좌측으로 기울어진 삼각형(◁)으로 나타낸다. 종료 마디는 모든 의사결정이 끝나고, 모든 불확실성이 벗겨지고, 모든 이득(gains)과 손실(losses)의 발생이 종료된 시점을 나타낸다. 이 마디 끝에는 해당 의사결정과 해당 미래상황의 발생에 따른 순이득(net gains)이 자리한다. 종료 마디는 보통 수작업으로 의사결정나무를 그릴 때는 생략하기도 하는데, **PrecisionTree**[3]와 같은 소프트웨어를 이용해 의사결정나무를 그릴 때는 자동적으로 나타난다.

3) Lumivero(https://lumivero.com)에서 제공하는 의사결정나무 분석을 위한 소프트웨어이다.

이산형 분포(discrete distribution)

연속형 분포(continuous distribution)

미래상황의 분포 의사결정나무를 이용한 분석에서 불확실한 미래상황의 확률분포는 이산형(discrete distribution)으로 가정한다. 하지만 미래상황의 분포는 연속형(continuous distribution)일 수도 있다. 즉, 우리가 관심을 갖는 미래상황은 몇 가지 범주로 구분되거나 한정된 값만을 갖는 이산형 분포로 표현되기도 있지만 어떤 범위 내의 모든 실수 값을 갖는 정규분포, 일양분포, 삼각분포, 지수분포 등의 연속형 분포일 수도 있다. 그런데 의사결정나무 분석에서 미래상황의 개수는 바로 확률 마디에서 뻗어나가는 가지의 수가 되기 때문에 미래상황의 분포가 연속형일 경우에는 의사결정나무를 이용해 분석하기 어려운 단점이 있다. 하지만 미래상황의 분포가 연속형일 경우에도 이를 이산형 분포로 근사화(approximation) 하여 문제의 원래 취지를 변색시키지 않고 의사결정나무를 이용해서 문제를 해결할 수 있는 방법도 있다. 연속형 분포를 이산형 분포로 근사화 할 수 있는 방법[4]은 다음과 같다. 연속형 분포의 하위 10%에 해당하는 값, 하위 50%에 해당하는 값(중앙값), 그리고 하위 90%(상위 10%)에 해당하는 값을 추정한 후, 이 세 가지 값 각각에 0.3, 0.4, 0.3의 확률을 배정해 이산형 분포로 전환하는 것이다. 예를 들어, 우리가 이번에 시장에 소개한 신제품의 다음 분기 수요가 어떤 범위 내에서 연속형 분포를 한다고 가정하자. 이 경우, 의사결정자가 다음 분기 수요가 500보다 작을 가능성은 10%, 700보다 작을 가능성은 50%, 1,000보다 작을 가능성은 90%라고 추정할 수 있으면, 다음 분기 신제품의 수요 분포는 500, 700, 1,000 세 가지 값을 수요량으로 하고, 수요량 각각의 확률을 0.3, 0.4, 0.3으로 하는 이산형 분포로 근사화 시킬 수 있다. 많은 실험결과에 의하면 이러한 이산형 분포로의 근사화는 연속형 분포를 이용할 때와 유사한 의사결정을 유도할 수 있음을 보고하고 있다.

2 의사결정나무의 해석

[그림 13-5]는 앞서의 예제를 의사결정나무로 표현한 것이다. [그림 13-5]를 보면 가장 왼쪽에 위치한 의사결정 마디에서 세 개의 가지(세 가지 대안)가 뻗어나가고, 대안 D_2와 D_3의 가지 끝에는 확률 마디가 각각 자리하고 있다. 대안 D_1의 경우 다른 대안과 달리 확률 마디가 따라오지 않는데, 그 이유는 D_1의 경우에는 미래상황

4) Keefer, Donald L. and Samuel E. Bodily (1983), "Three-Point Approximations for Continuous Random Variables," *Management Science*, Vol. 29, No.5 , pp. 595-609.

이 어떠하든 동일한 가치 20을 가져오므로 확률 마디를 생략하고 D_1 가지 끝에 바로 해당 대안이 가져올 확실한 가치 20을 기입하였다.

그림 13-5

예제에 대한 의사결정나무

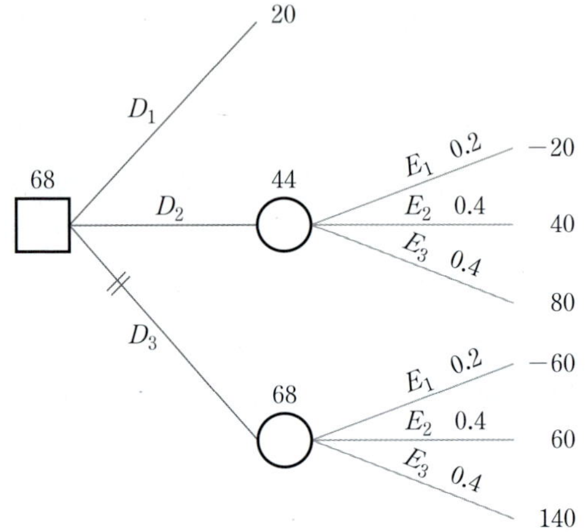

하지만 D_2와 D_3의 경우 미래상황이 무엇이냐에 따라 해당 의사결정의 가치가 각기 달라지므로 가지 끝에 확률 마디가 자리 잡고 있다. 예를 들어, D_2 가지 끝의 확률 마디는 세 개의 가지로 갈라지는데 각 가지 위에는 미래상황 E_1, E_2, E_3와 각 상황의 발생확률이 기입되어 있고, 각 가지의 끝에는 D_2를 선택하고 미래상황이 E_1, E_2, E_3로 나타날 경우의 가치가 각각 자리하고 있다.

역산방식(folding-back procedure)

또한 D_2에서 뻗어나간 확률 마디 위에는 44라는 숫자가 기입되어 있는데, 이것은 대안 D_2를 선택했을 경우의 기대화폐가치를 계산해서 기입한 것이다. 기대화폐가치를 계산하는 방법은 뒤에서 앞으로 진행하는 **역산방식(folding-back procedure)**을 따른다. 즉, 의사결정 마디의 가지 끝에 위치한 확률 마디 위에는 해당 의사결정의 기대화폐가치가 자리하는데, 이것은 확률 마디에서 뻗어나간 가지 끝에 표시된 각 미래상황 하에서의 가치와 각 미래상황이 발생할 확률을 곱하여 모든 가지에 대해 더한 값이다. 예를 들어, 대안 D_2를 선택했을 때의 기대화폐가치 44는 다음과 같이 계산된 것이다.

$$\text{EMV}(D_2) = 0.2(-20) + 0.4(40) + 0.4(80) = 44$$

이러한 방식으로 각 대안을 선택했을 때의 기대화폐가치를 계산하고 비교할 수 있다. 위 예제에서 D_1의 기대화폐가치는 20, D_2의 기대화폐가치는 44, D_3의 기대화폐가치는 68임을 알 수 있다. 이제 기대화폐가치가 가장 큰 대안을 최적의 대안으로 삼고자 한다면 최적의 대안은 D_3가 된다. 의사결정나무에서는 최적의 대안임을 표시하기 위해 해당 가지에 두 개의 작은 선(notches)을 긋고, 의사결정나무의 시작 시점인 의사결정 마디 위에 최적 대안의 기대화폐가치를 기입한다. [그림 13-5]를 보면 최적 대안은 D_3이고, D_3을 선택했을 때의 기대화폐가치는 68임을 알 수 있다.

3 의사결정나무에서의 시간 흐름

의사결정나무의 마디는 특정 시점을 나타낸다고 하였다. 의사결정나무에서 시간은 좌측에서 우측으로 흐른다. 즉, [그림 13-5]에서 보듯이 의사결정이 내려지면(대안이 선택되면), 그 다음에 미래상황이 나타나고, 거기에 따른 가치가 정해진다. 어떤 시점(어떤 마디)이든 그 시점을 기준으로 좌측은 이미 발생한 과거를 나타내고, 우측은 아직 나타나지 않은 미래를 의미한다. 아울러 명심할 것은 의사결정은 의사결정자가 통제하여 내리는 것이지만 미래상황은 어떤 것이 실제로 나타날지 의사결정자가 통제할 수 없는 것이다. 하지만 의사결정자는 현 상황에서 가용한 정보를 십분 활용하여 불확실한 미래상황의 발생확률을 추정하고, 이에 따라 현명한 의사결정을 위한 분석을 수행하는 것이다.

4 위험 프로필

현 시점에서의 의사결정은 미래상황이 무엇이냐에 따라 그 가치가 달리 나타남을 보았다. 어떤 의사결정의 **위험 프로필(risk profile)**이란 해당 의사결정이 가져올 결과의 확률분포를 말한다. 예제에서 대안 D_3을 선택하는 의사결정의 위험 프로필을 그림으로 나타내면 [그림 13-6]과 같다.

위험 프로필(risk profile)

[그림 13-6]은 D_3을 선택했을 때의 결과 −60, 60, 140과 각 결과가 나타날 확률 0.2, 0.4, 0.4를 **막대그래프(bar chart)**로 표현한 것이다. 우리는 현 시점에서 내릴 수 있는 여러 가지 의사결정의 위험 프로필을 비교함으로써 각 의사결정의 상대적인 장점과 약점을 시각적으로 판단할 수 있다.

막대그래프(bar chart)

D_1은 확실한 대안으로 D_1을 선택했을 때의 위험 프로필은 가치 20에서 막대의 높이가 1인 모양을 보일 것이다. 여기서 유의해야 할 점은 D_2의 기대화폐가치 44나 D_3의 기대화폐가치 68은 미래상황이 어떠하든 실현할 수 있는 가치가 아니라는 것이다. 기대화폐가치는 위험 프로필의 평균값을 나타내는 것으로 기대화폐가치를 기준으로 보면 D_3가 가장 좋은 대안으로 보이지만 위험을 싫어하는(risk-averse) 사람은 D_3보다 기대화폐가치는 작지만 덜 위험한(less risky)한 D_2를 선호할 수도 있다. 극단적으로 위험을 회피하는 사람이라면 기대화폐가치는 20으로 가장 작지만 미래상황이 어떠하든 결과는 20으로 확실한 대안 D_1을 선호할 수도 있다. 즉, 위험 프로필은 기대화폐가치라는 대표값이 제공하지 못하는 각 대안이 갖고 있는 위험에 대한 정보를 제공한다.

그림 13-6
D_3 선택의 위험 프로필

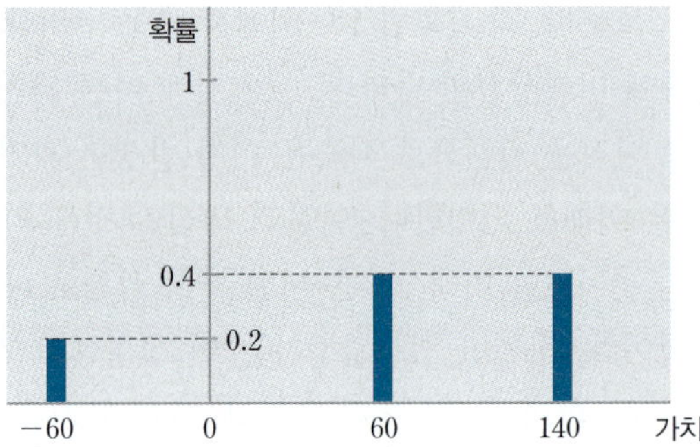

5 의사결정 결과의 다양성

의사결정나무 분석에서 의사결정기준은 일반적으로 기대화폐가치의 극대화로 설정한다. 하지만 문제에 따라 의사결정의 결과는 화폐가치가 아닌 다른 지표, 예를 들어 시간, 거리, 내가 느끼는 즐거움 등 다른 것으로도 얼마든지 나타날 수 있다. 다음 예제는 의사결정의 결과가 시간으로 측정되는 문제이다.

예제 2 제약회사 JW는 C형 간염 치료제를 새로이 개발하고자 한다. 기존의 방법으로 신약을 개발할 경우, 개발에 6년이 걸릴 확률은 40%, 4년이 걸릴 확률은 60%이다. 반면, 새로운 방법을 도입하면 신약개발시간을 현저히 줄일 수는 있지만 잘못되면 오히려 개발이 지연될 위험도 있다. JW사는 신약개발을 위해 기존의 방법을 사용할지, 아니면 위험을 무릅쓰고 신약개발기간을 현저히 줄일 수 있는 새로운 방법을 도입할 것인지를 고민하고 있다. 새로운 방법을 이용하게 되면, 신약을 개발하는데 1년이 걸릴 가능성은 20%, 2년이 걸릴 가능성은 40%이지만, 이 방법이 신약개발에 별 도움이 안 되이 개발기간을 8년으로 지체시킬 가능성도 40%는 있는 것으로 JW사는 추정하고 있다. 기대개발시간의 최소화 관점에서 어떤 결정을 내리는 것이 합리적인지 의사결정나무를 이용하여 답하라.

풀이 위 예제에서 의사결정 대안은 신약개발을 위해 기존의 방법을 쓸 것인지 아니면 새로운 방법을 쓸 것인지 두 가지이다. [그림 13-7]은 의사결정나무를 이용하여 문제를 구조화 하고 있다. 우선 가장 왼쪽의 의사결정 마디에서 두 가지 대안을 나타내는 가지가 뻗어나가고, 각 가지의 끝에는 확률 마디가 존재한다. 기존의 방법을 이용하는 대안 가지 끝의 확률 마디는 두 가지 미래상황으로 나누어지고, 새로운 방법을 이용하는 대안 가지 끝의 확률 마디는 세 가지 미래상황으로 나누어짐을 알 수 있다. 또한 의사결정나무의 맨 우측 가지의 끝에는 각 대안을 선택했을 때 각 상황별로 개발시간이 기입되어 있다.

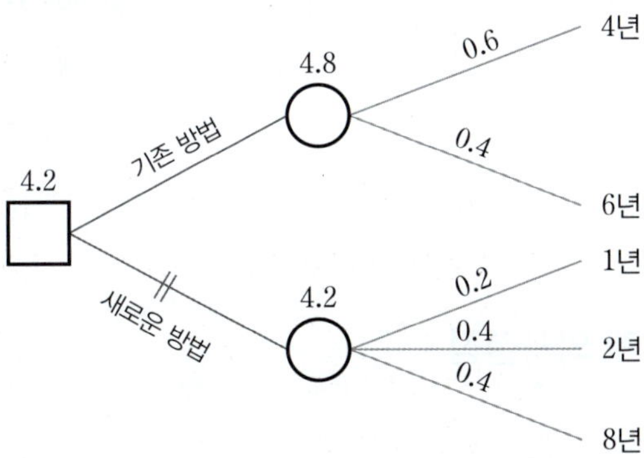

그림 13-7 신약개발문제 의사결정나무

이제 앞서 이야기한 역산방법을 이용해 각 확률 마디 위에 각 대안의 기대개발시간을 계산해 기입하였다. 이 문제에서는 기대개발시간이 짧은 것이 우월한 대안이므로 기존 방법보다는 새로운 방법을 사용하는 것이 추천된다. 새로운 방법을 나타내는 가지 위에 두 개의 작은 선(notches)을 그었고, 시작 시점의 의사결정 마디 위에 최적의 대안이 가져올 기대개발시간을 기입하였다. 즉, 이 문제의 경우 새로운 방법을 이용하는 것이 기존의 방법을 고수하는 것보다 기대개발시간 측면에서 우월함을 보여주고 있다.

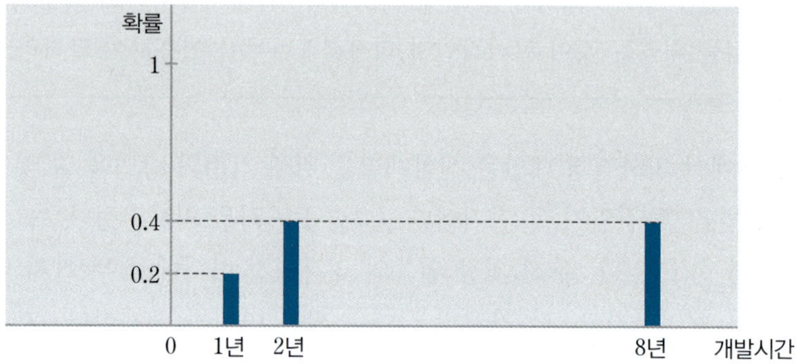

그림 13-8
새로운 방법의 위험 프로필

하지만 [그림 13-8]의 새로운 방법의 위험 프로필을 보면, 신약개발시간이 8년으로 지체될 가능성이 0.4로 상당히 높고, 개발시간의 기복도 상당히 커 위험회피적인 사람이라면 기존 방법을 고수하는 입장을 취할 수도 있다. 즉, 새로운 방법을 이용하기보다 기존 방법을 고수할 때의 기대개발시간 증가분 0.6년과 새로운 방법이 가져올 위험의 심각성을 비교하여 기댓값을 기준으로 했을 때와는 다른 의사결정을 할 수도 있을 것이다.

13.7 다단계 의사결정

다단계 의사결정문제(multi-stage decision problems)

지금까지 우리가 논의한 문제들은 사실 의사결정나무를 이용하지 않고서도 충분히 해결할 수 있는 문제이다. 그럼에도 불구하고 의사결정나무를 이용한 까닭은 의사결정나무가 문제에 어떻게 적용되는지 그 과정을 예시하기 위해서이다. 본 절에서는 의사결정나무의 유용성을 경험할 수 있는 **다단계 의사결정문제(multi-stage decision problems)**에 대해 학습하도록 한다.

다단계 의사결정문제란 의사결정이 두 번 이상 시간을 두고 연속해서 일어나는 문제를 말한다. 즉, 의사결정이 일어난 후 미래상황이 밝혀지고, 그러한 미래상황하에서 또 다른 의사결정이 일어나는 식의 문제를 말한다.

다음의 예제를 고려해 보자.

> **예제 3** S화학㈜는 신제품 생산을 위한 공장 신설 문제를 사전 검토하고자 한다. 건설하려는 공장의 규모와 시장에서의 신제품 성공 여부에 따라 이익과 손실의 크기는 달라진다. 대규모 공장을 건설하는 경우, 신제품이 시장에서 성공하면 연간 10억원의 이익이 가능하지만 실패하면 15억원의 손실이 발생한다. 소규모 공장을 건설할 경우, 신제품이 시장에서 성공하면 5억원의 이익이 발생하지만 실패하면 10억원의 손실이 발생하게 된다. 물론 S화학㈜는 공장의 신설을 포기할 수도 있다. 시장에서의 신제품 성공 여부를 컨설팅 회사에 자문하는 비용은 1억원이다. 과거의 자료를 분석해보면 신제품이 시장에서는 성공적이었는데 자문의 결과는 부정적으로 나온 경우는 20%이었고, 신제품이 시장에서는 실패했는데도 자문의 결과가 긍정적이었던 경우는 10%이다. 또한 과거의 경험에 의하면 신제품의 시장 성공 확률은 60%, 실패 확률은 40%로 알려져 있다. S화학㈜는 이제 두 가지 의사결정을 순차적으로 해야 한다. 첫째, 컨설팅 회사로부터 자문을 받을 것인지의 여부, 그리고 둘째, 어떠한 규모의 공장을 건설할 것인지를(공장의 신설 포기 포함) 결정해야 한다.

위 예제에서는 두 가지 의사결정이 순차적으로 필요한데, 하나는 자문을 받을 것인지의 여부, 그리고 또 하나는 어떤 규모의 공장을 지을 것인지이다. 후자의 의사결정에는 공장의 신설포기도 포함된다. [그림 13-9]는 위의 문제를 의사결정나무로 표현한 것이다. 그리 복잡한 문제는 아니지만 의사결정나무의 크기는 앞의 예제보다 훨씬 커졌음을 알 수 있다.

[그림 13-9]를 보면 아직 의사결정나무는 완성되지 않았는데, 확률 마디에서 뻗어나간 미래상황 가지들의 확률이 아직 기입되지 않았음을 알 수 있다. 예를 들어, 컨설팅 회사의 자문 결과가 긍정적일 확률, 자문 결과가 긍정적이어서 대규모 공장을 지었는데 시장에서도 신제품이 성공할 확률, 자문을 받지 않고 소규모 공장을 지었는데 신제품이 시장에서 실패할 확률 등이 아직 의사결정나무에 기입되지 않아

후속적인 분석을 할 수 없는 것이다.

반면 의사결정나무 우측 끝의 이익과 손실은 주어진 정보를 통해 파악할 수 있다. 예를 들어, 컨설팅 회사의 자문 없이 대규모 공장을 지었는데, 신제품이 시장에서 성공할 경우에는 10억원의 이익을 보게 되고, 컨설팅 회사의 자문을 받고 자문결과가 부정적이라서 소규모 공장을 지었는데, 불행히도 신제품이 시장에서 실패할 경우에는 자문비용 1억원까지 합쳐 모두 11억원의 손실을 보게 된다. 다른 경우의 손익도 이와 같이 계산할 수 있다. 하지만 확률 마디에서 뻗어나간 가지들의 확률을 모르는 상황에서 기대화폐가치를 최대로 하는 의사결정은 어떻게 이루어져야 하는지는 아직 알 수 없다.

그림 13-9

S화학(주) 문제의 완성되지 않은 의사결정나무

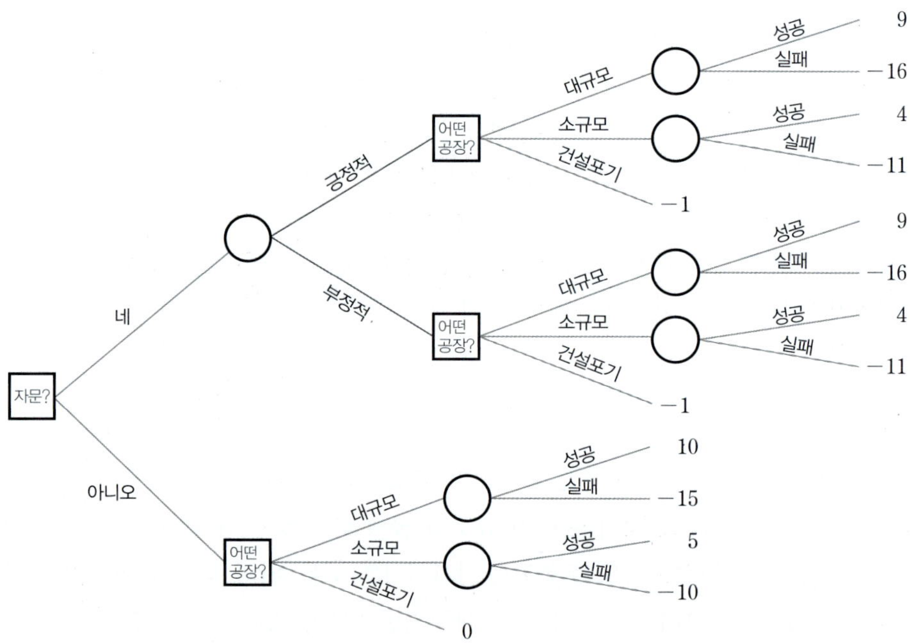

따라서 위 문제를 해결하기 위해서는 미래상황에 대한 확률평가가 필요하다. 예를 들어, 자문의 결과가 긍정적일 경우 신제품이 시장에서 성공할 확률이라든지, 자문을 받지 않은 상태에서 신제품이 시장에서 실패할 확률 등을 파악하는 것이 필요하다. 여기서, 컨설팅 회사의 자문 결과는 의사결정자에게 주어지는 추가적인 정보로서의 역할을 한다. 그리고 의사결정자에게 주어지는 추가적 정보는 후속적인 미래상황의 발생확률을 조정하는 역할을 한다.

즉, 아무 정보가 없는 상태에서 신제품이 시장에서 성공할 확률과 컨설팅 회사에 자문을 구한 결과 신제품이 시장에서 성공할 것이라는 긍정적 보고를 접한 상황에서 신제품이 시장에서 성공할 확률은 다른 것이다. 전자를 **사전확률(prior probability)**, 후자를 **사후확률(posterior probability)** 이라고 한다. 즉, 추가적 정보가 없는 상황에서 어떤 미래상황의 발생확률은 사전확률이라 하고, 추가적 정보가 있는 상황에서 미래상황의 조정된 발생확률은 사후확률이라 한다. 사후확률을 계산하기 위해서는 소위 **베이즈정리(Bayes' rule)**라는 확률 조정 규칙에 대해 학습할 필요가 있다.

사전확률(prior probability)
사후확률(posterior probability)
베이즈정리(Bayes' rule)

1 베이즈정리

베이즈정리는 **조건부확률(conditional probability)**의 개념을 연장한 확률 조정 규칙으로 한 사건이 일어나고, 그 사건에 근거하여 다른 사건이 일어날 확률을 구할 때 사용한다. 즉, 새로운 정보를 접하게 되면, 그 정보로 인해 나의 사고영역(통계학에서는 표본공간이라 함)은 변화되고(실제로는 줄어듦), 사고영역의 변화에 따라 평가하고자 하는 미래상황의 발생확률 역시 달라지는 것이다.

조건부확률(conditional probability)

베이즈정리를 설명하기 위해 다음과 같은 이야기로 논리를 풀어보자. 미래 상황이 A_1, A_2, …, A_n 등 n가지로 나타난다고 가정하자. 여기서 n가지 사건 A_1, A_2, …, A_n은 상호배반적이면서(mutually exclusive) 합쳐서 전체(표본공간)를 이루는(collectively exhaustive) 표본공간의 **분할(partitions)**이다. 이제 두 가지 조건부확률 $P(A_1|B)$과 $P(B|A_1)$은 다른 의미를 갖는다. 전자는 B라는 사건이 일어났다는 가정 하에 사건 A_1이 일어날 가능성을 나타내고, 후자는 사건 A_1의 결과로서 사건 B가 관측될 확률이다. 보통 문제에서는 $P(B|A_1)$을 주고 $P(A_1|B)$를 구하도록 하는데, 이때 베이즈정리가 사용된다.

분할(partitions)

표본공간의 분할 공사건이 아닌 n개의 사건 A_1, A_2, …, A_n(즉, 모든 $P(A_i)>0$)에 대하여 $A_i \cap A_j = \phi (i \neq j)$이고, $A_1 \cup A_2 \cup \cdots \cup A_n = S$이면, 사건 A_1, A_2, …, A_n를 표본공간의 분할(partitions)이라고 한다.

베이즈정리를 유도하기 위해 다음과 같은 조건부확률의 정의를 이용하자.

$$P(A_k|B) = \frac{P(B \cap A_k)}{P(B)} = \frac{P(B|A_k)P(A_k)}{P(B)}$$

전확률정리(Theorem of Total Probability)

이제 위 조건부확률의 분모인 $P(B)$는 **전확률정리(Theorem of Total Probability)**에 의해 다음과 같이 유도된다.

$$\begin{aligned} P(B) &= P[(B \cap A_1) \cup (B \cap A_2) \cup \cdots \cup (B \cap A_n)] \\ &= P(B \cap A_1) + P(B \cap A_2) + \cdots + P(B \cap A_n) \\ &= P(B|A_1)P(A_1) + P(B|A_2)P(A_2) + \cdots + P(B|A_n)P(A_n) \end{aligned}$$

위의 식에서 두 번째 등호는 $(B \cap A_1)$, $(B \cap A_2)$, $\cdots$, $(B \cap A_n)$이 상호배반사건이므로 성립하고, 세 번째 등호는 조건부확률의 정의에 의한 것이다.

전확률정리 공사건이 아닌 사건 A_1, A_2, $\cdots$, A_n를 표본공간 S의 분할이라 하면, 임의의 사건 B의 확률은 다음과 같다.

$$\begin{aligned} P(B) &= P(B \cap A_1) + P(B \cap A_2) + \cdots + P(B \cap A_n) \\ &= P(B|A_1)P(A_1) + P(B|A_2)P(A_2) + \cdots + P(B|A_n)P(A_n) \\ &= \sum_{i=1}^{n} P(B|A_i)P(A_i) \end{aligned}$$

따라서 $$P(A_k|B) = \frac{P(B|A_k)P(A_k)}{P(B|A_1)P(A_1) + P(B|A_2)P(A_2) + \cdots + P(B|A_n)P(A_n)} = \frac{P(B|A_k)P(A_k)}{\sum_{i=1}^{n} P(B|A_i)P(A_i)}$$

사전확률
사후확률
우도(尤度, likelihood)

위의 식을 베이즈정리라고 한다. 베이즈정리에서 $P(A_k)$을 **사전확률**, $P(A_k|B)$은 **사후확률**, 그리고 $P(B|A_k)$을 **우도(尤度, likelihood)**라 한다. 즉, 사후확률은 베이즈정리에 의해 사전확률과 우도를 이용해 결정된다.

베이즈정리 사건 $A_1, \cdots, A_n$를 표본공간의 분할이라 하면, 임의의 사건 B에 대하여

$$P(A_k|B) = \frac{P(B|A_k)P(A_k)}{\sum_{i=1}^{n} P(B|A_i)P(A_i)}$$

만일 사건이 A, B 두 가지인 경우 베이즈정리는 다음과 같이 단순화된다.

$$P(A|B) = \frac{P(B|A)P(A)}{P(B|A)P(A) + P(B|A^C)P(A^C)}$$

여기서 A^C는 사건 A의 여사건(complement)을 말한다.

2 사후확률 구하기

베이즈정리를 이용하여 S화학(주) 문제를 해결하는 데 필요한 미래상황의 확률을 계산해 보자. 우선, 다음과 같이 사건을 정의하자.

Y: 자문의 결과가 긍정적인 사건, N: 자문의 결과가 부정적인 사건
S: 신제품이 시장에서 성공인 사건, F: 신제품이 시장에서 실패인 사건

여기서 사건 Y와 N, 그리고 사건 S와 F는 각각 상호배반적이면서 **여사건(complement)** 관계에 있는 표본공간의 분할임을 알 수 있다. 이제 문제에서 주어진 정보를 열거해 보기로 하자.

여사건(complement)

우선, 신제품이 시장에서는 성공적이었는데 자문의 결과는 부정적으로 나온 경우는 20%이므로 $P(N|S)=0.2$, 신제품이 시장에서는 실패했는데 자문의 결과가 긍정적이었던 경우는 10%이므로 $P(Y|F)=0.1$이다. 이러한 정보로부터 $P(Y|S)=1-P(N|S)=0.8$, 그리고 $P(N|F)=1-P(Y|F)$임을 알 수 있다. 이들 확률은 **우도(likelihood)**의 역할을 한다.

우도(likelihood)

또한 문제에서 신제품의 시장 성공확률은 60%, 실패확률은 40%라고 했으므로 $P(S)=0.6$, $P(F)=0.4$이다. 이들 확률은 **사전확률**의 역할을 한다.

사전확률

이제 앞의 정보를 이용하여 우리가 문제를 해결하기 위해 구해야 할 확률은 다음과 같다.

① 자문 결과가 긍정적일 확률, $P(Y)$
② 자문 결과가 긍정적일 경우 신제품이 시장에서 성공할 확률, $P(S|Y)$
③ 자문 결과가 부정적일 경우 신제품이 시장에서 성공할 확률, $P(S|N)$

위의 3가지 확률을 구하게 되면 나머지 확률은 여사건의 확률개념을 이용해 쉽게 구할 수 있다. 예를 들어, 자문 결과가 부정적일 확률은 (1−자문 결과가 긍정적일 확률)이고, 자문 결과가 긍정적일 경우 신제품이 시장에서 실패할 확률은 (1−자문 결과가 긍정적일 경우 신제품이 시장에서 성공할 확률)이 된다.

각 확률은 다음과 같이 계산된다.

① 자문 결과가 긍정적일 확률

전확률정리에 의해 $P(Y)=P(Y|S)P(S)+P(Y|F)P(F)=0.8(0.6)+0.1(0.4)$
$=0.52$,

따라서 $P(N)=1-0.52=0.48$

② 자문 결과가 긍정적일 경우 신제품이 시장에서 성공할 확률

①의 결과와 베이즈정리에 의해 $P(S|Y)=\dfrac{P(Y|S)P(S)}{P(Y)}=\dfrac{0.8(0.6)}{0.52}=0.92$

③ 자문 결과가 부정적일 경우 신제품이 시장에서 성공할 확률

①의 결과와 베이즈정리에 의해 $P(S|N)=\dfrac{P(N|S)P(S)}{P(N)}=\dfrac{0.2(0.6)}{0.48}=0.25$

따라서 [그림 13-9]의 미완성 의사결정나무는 [그림 13-10]과 같이 완성된다.

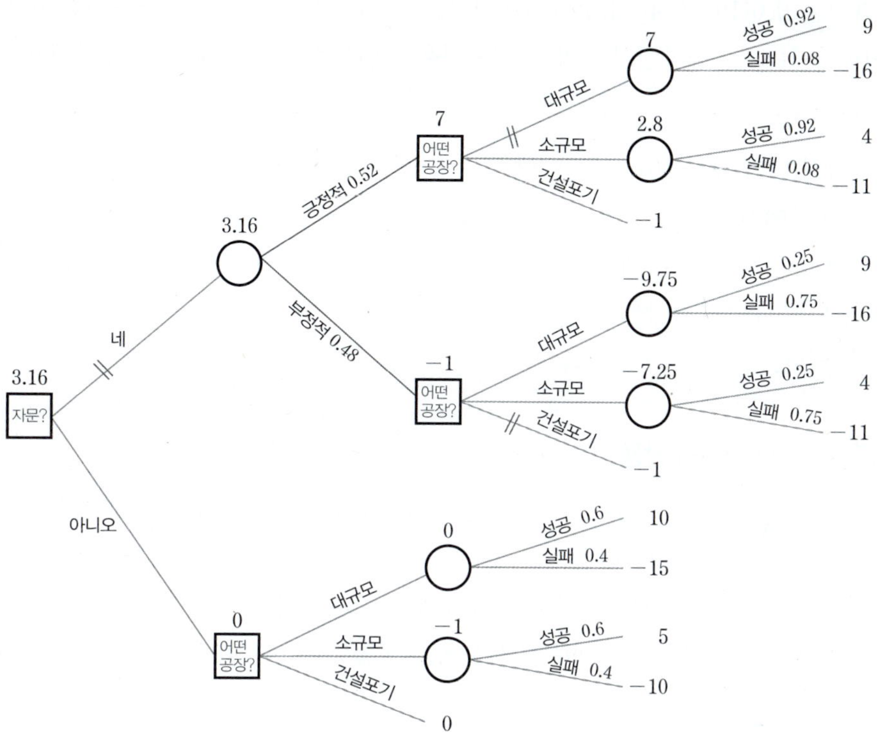

그림 13-10
완성된 의사결정나무

[그림 13-10]을 보면 컨설팅 회사의 자문을 받지 않았을 경우 신제품이 시장 성공 확률(사전확률)은 0.6임을 알 수 있다. 하지만 컨설팅 회사의 자문을 받고 난 후 그 자문 결과에 따라 조정된 신제품의 시장 성공 확률(사후확률)은 자문 결과가 긍정적일 경우에는 0.92로 매우 높은 반면, 자문 결과가 부정적일 경우에는 0.25로 낮아짐을 알 수 있다. 또한 의사결정나무의 각 확률 마디 위에는 해당 확률 마디 왼쪽에서 이루어진 의사결정이 가져올 기대화폐가치가 기입되어 있는데, 이 기대화폐가치는 의사결정나무의 역산방법을 이용하여 구한 것이다.

예를 들어, 컨설팅 회사의 자문을 받고 자문 결과가 긍정적이라 대규모 공장을 건설했을 때의 기대화폐가치는 0.92(9)+0.08(−16)=7(억원)이고, 소규모 공장을 건설하는 경우는 0.92(4)+0.08(−11)=2.8(억원), 공장신설을 포기하는 경우는 컨설팅 비용만 지불하게 되므로 −1(억원)이다. 자문 결과가 부정적인 경우의 세 가지 의사결정의 기대화폐가치도 마찬가지로 구할 수 있다.

반면, 컨설팅 회사의 자문을 받지 않는 경우 대규모 공장을 건설할 때의 기대화폐가치는 0.6(10)+0.4(−15)=0(억원)이고, 소규모 공장을 건설할 때는 0.6(5)+0.4(−10)=−1(억원), 공장신설을 포기하는 경우는 아무런 손익이 없어 기대화폐가치는 '0'이 된다.

따라서 [그림 13-10]의 의사결정나무에 근거한 최적의 의사결정은 다음의 두 단계로 이루어진다. 첫째, 컨설팅 회사의 자문을 받는다. 둘째, 컨설팅 회사의 자문결과가 긍정적인 경우 대규모 공장을 신설하고, 부정적인 경우는 공장신설을 포기한다. 이렇게 의사결정을 하게 되면 기대되는 이익(기대화폐가치)는 3.16(억원)이 됨을 알 수 있다.

3 PrecisionTree의 활용

PrecisionTree

지금까지의 의사결정나무 분석을 **PrecisionTree**[5]를 이용해 수행해 보자. [그림 13-11]은 PrecisionTree 분석을 수행하기 위해 필요한 사건들의 사전확률, 우도, 사후확률을 보여주고 있다. 우선, 셀 범위 B3:B4에는 문제에서 주어진 사전확률을 입력하였다. 셀 B3에는 신제품이 시장에서 성공할 확률인 0.6을 입력하고, 셀 B4

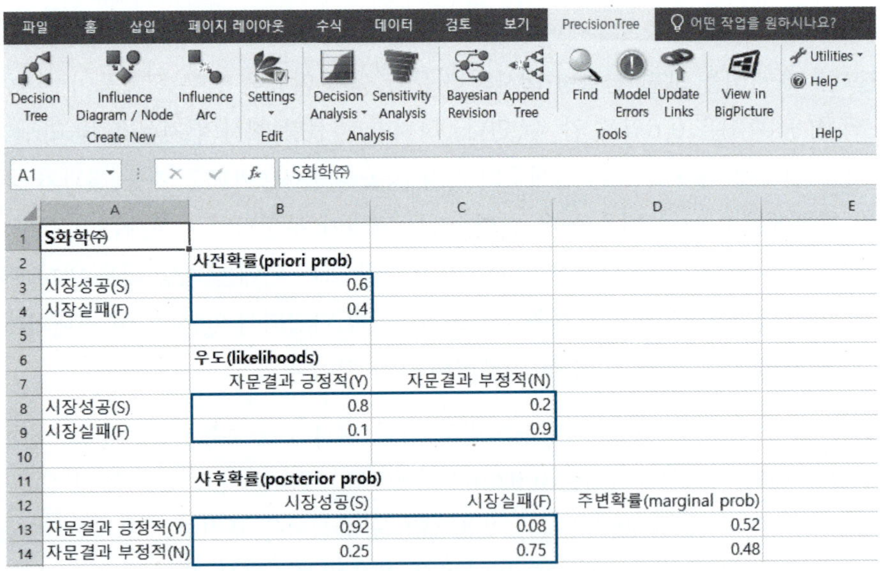

	A	B	C	D
1	S화학㈜			
2		사전확률(priori prob)		
3	시장성공(S)	0.6		
4	시장실패(F)	0.4		
5				
6		우도(likelihoods)		
7		자문결과 긍정적(Y)	자문결과 부정적(N)	
8	시장성공(S)	0.8	0.2	
9	시장실패(F)	0.1	0.9	
10				
11		사후확률(posterior prob)		
12		시장성공(S)	시장실패(F)	주변확률(marginal prob)
13	자문결과 긍정적(Y)	0.92	0.08	0.52
14	자문결과 부정적(N)	0.25	0.75	0.48

그림 13-11
PrecisionTree를 이용하기 위한 입력자료

5) PrecisionTree는 Lumivero 사이트(https://lumivero.com)에서 데모 버전을 다운받아 15일간 사용할 수 있다.

에는 신제품이 시장에서 실패할 확률 0.4를 입력하였다. 다음으로 셀 범위 B8:C9는 우도를 보여주고 있다. 셀 C8에는 문제에서 주어진 신제품이 시장에서 성공이었는데 자문의 결과는 부정적으로 나온 비율 0.2를 입력하였고, 셀 B9에는 신제품이 시장에서는 실패했는데 자문의 결과는 긍정적이었던 비율 0.1을 입력하였다. 셀 B8과 셀 C9에는 이들 사건의 여사건 확률이 나타나도록 B8에는 =1−C8, C9에는 =1−B9를 입력하였다.

이제 사전확률과 우도를 이용하여 사후확률을 구해 보자. [그림 13−11]에서 사후확률은 셀 범위 B13:C14에 나타나 있다. 사후확률을 구하기 전에 우선 셀 D13에 전확률정리를 이용하여 자문결과가 긍정적일 확률이 산출되도록 =SUMPRODUCT(B8:B9,B3:B4)를 입력하였다. 자문결과가 부정적일 확률을 나타내는 셀 D14에는 =1−D13을 입력하였다. 이제 베이즈정리를 이용해 사후확률을 구해보자. 자문결과가 긍정적일 경우 신제품이 시장에서 성공할 확률을 나타내는 셀 B13에는 =B8*B3/D13을 입력하였고,[6] 자문결과가 부정적일 경우 신제품이 시장에서 성공할 확률을 나타내는 셀 B14에는 =C8*B3/D14를 입력하였다. 셀 C13과 셀 C14에는 각각 여사건의 확률이 계산되도록 =1−B13과 =1−B14를 입력하였다.

[그림 13−12]는 PrecisionTree를 이용해 의사결정나무를 그린 결과이다.[7] [그림 13−12]를 보면 의사결정 마디에서 뻗어나간 가지에 **'TRUE'** 또는 **'FALSE'**라고 기입되어 있는데, 'TRUE'라고 기입된 가지를 따라가면 그것이 최적의 의사결정 경로가 된다. 즉, 자문을 받고, 자문결과가 긍정적일 경우 대규모 공장을 신설하고, 자문결과가 부정적일 경우 공장신설을 포기하는 것이 최적의 의사결정이며, 그 때의 기대화폐가치는 3.2(억원)임을 알 수 있다.[8] [그림 13−12]의 결과는 수작업으로 수행한 [그림 13−10]의 결과와 일치함을 알 수 있다.

TRUE
FALSE

6) [그림 13−11]의 셀 B13은 0.92로 나타나 있지만 정확한 계산값은 0.923076923이다. 셀 서식을 이용해 소수점 2째 자리까지 나타나게 반올림한 값이다. 앞에서 수작업으로 계산한 확률도 소수점 2째 자리까지 나타나도록 반올림한 값이다. PrecisionTree에서는 셀 B13의 값으로 0.92를 사용하지 않고 원래 값 0.923076923을 이용해 후속적인 분석을 수행하므로 앞에서 수작업으로 분석한 결과와 조금 차이를 보일 것이다.

7) PrecisionTree를 이용해 의사결정나무를 만들고, 후속적인 분석을 수행하는 과정은 프로그램에 포함된 매뉴얼(Help 참조)을 보면 쉽게 익힐 수 있다.

8) [그림 13−12]에서 최적 의사결정 경로의 기대화폐가치는 3.2(억원)으로 나타나 앞의 수작업 분석 결과인 3.16(억원)과 차이를 보인다. 이렇게 차이를 보이는 이유는 앞의 각주에서 언급한 바와 같이 자문결과가 긍정적일 경우 신제품이 시장에서 성공할 확률을 나타내는 셀 B13의 값으로 PrecisionTree는 근사값 0.92가 아닌 정확한 계산값 0.923076923을 이용했기 때문이다.

그림 13-12

PrecisionTree를 이용한 의사결정나무

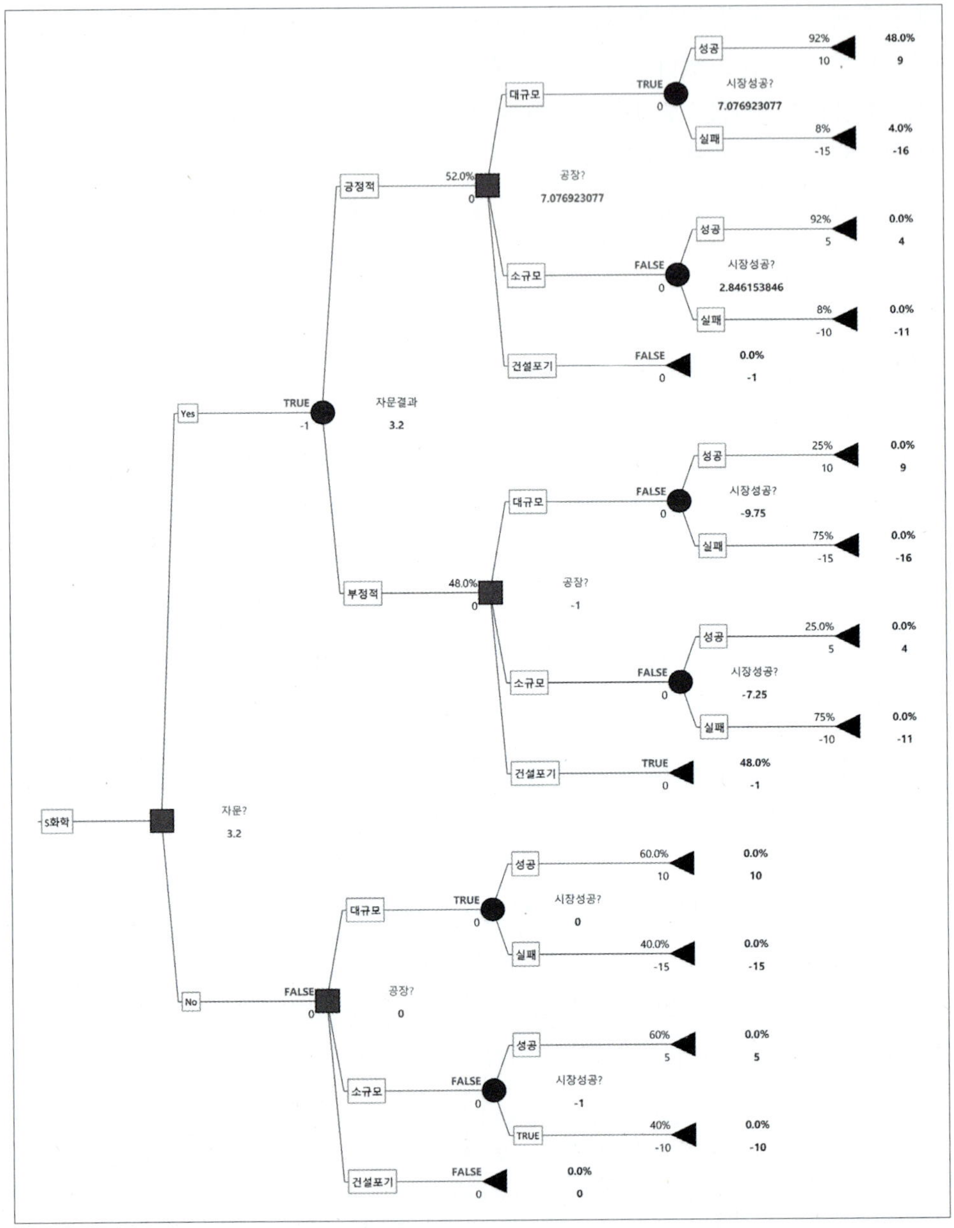

최적 의사결정 경로(optimal policy)

한편, [그림 13-13]은 [그림 13-12]에 근거해 PrecisionTree가 도출한 **최적 의사결정 경로(optimal policy)**이다. 최적 의사결정 경로는 [그림 13-11]의 상단에 있는 PrecisionTree의 메뉴 중 Decision Analysis 을 눌러 Policy Suggestion... 을 선택하면 도출된다.

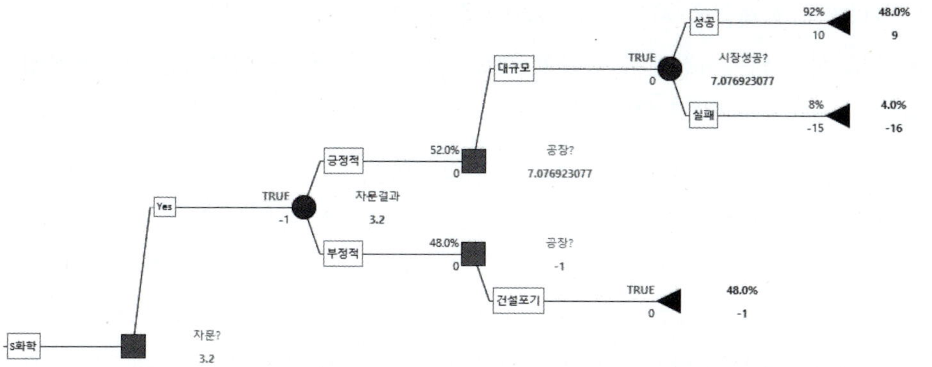

그림 13-13

PrecisionTree가 제안한 최적 의사결정 경로

위의 예제에서 경험하였듯이 의사결정나무는 다단계 의사결정이 요구되는 상황에서 유용하게 활용될 수 있다. 아울러 불확실한 미래상황의 발생 가능성이 달라짐에 따라 최적 의사결정은 달라지게 마련이므로 미래상황의 확률에 대한 올바른 추정, 그리고 미래상황의 확률을 포함한 관련 자료(예를 들어 컨설팅 비용, 신설되는 공장의 종류와 미래상황의 조합에 따른 손익 등)의 변화에 따른 민감도 분석도 의사결정나무 분석에서 중요한 역할을 한다.

13.8 정보의 가치

정보의 기대가치(expected value of information)

정보를 가진 자와 그렇지 않은 자는 의사결정의 질에 있어 차이를 보인다. 정보는 가치를 갖기 때문에 우리는 실생활에서 정보를 얻기 위해 비용을 지불한다. 회계사나 변호사비용 등 전문가비용도 정보에 대한 대가이고, 위의 예제에서 언급한 컨설팅비용 1억원도 시장 상황에 대한 정보를 얻기 위해 지불한 비용이다. 마음이 답답할 때 점집을 찾아가 역술인에게 치르는 돈도 마찬가지이다. 과연 우리는 정보의 가치에 걸맞은 비용을 치르고 있는 것일까? 본 절에서는 이러한 질문에 답하기 위해 **정보의 기대가치(expected value of information)**라는 개념을 학습한다.

S화학(주)의 문제에서 컨설팅 회사의 자문을 받는 이유는 신제품의 성공확률을 보다 정확히 추정하기 위해서이다. 하지만 컨설팅 회사의 자문 결과가 긍정적이

불완전한 정보
표본정보(sample information)

라 하더라도 신제품은 시장에서 실패할 수 있고, 또 역으로 자문 결과가 부정적이라 해도 신제품은 시장에서 성공할 수도 있다. 이처럼 **불완전한 정보를 표본정보(sample information)**라고 한다.

이 문제에서는 컨설팅비용을 1억원 치루더라도 자문을 받는 것이 그렇지 않는 것보다 기대화폐가치를 3.16(억원)만큼 크게 하는 좋은 의사결정이었다. 따라서 컨설팅 회사의 자문은 가치 있는 정보였다고 평가할 수 있다. 만일 S화학(주)가 컨설팅 자문을 받지 않는다고 가정하면 그때는 공장신설을 포기하는 것이 최선의 결정이다. 하지만 자문을 받음으로 해서 자문 결과가 긍정적인 경우에는 대규모 공장을 신설하고, 자문 결과가 부정적이면 공장시설을 포기하는 쪽으로 최선의 결정이 바뀜으로서 S화학(주)는 컨설팅 비용을 제하고도 3.16(억원)의 화폐가치를 기대하게 된 것이다

표본정보의 기대가치(EVSI: expected value of sample information)

이제 컨설팅 회사의 자문비용이 1억원이 아닌 정해지지 않은 값이라고 가정하자. 과연 이 컨설팅 회사의 자문은 얼마나 가치 있는 정보일까? 자문의 가치 상한선이 바로 **표본정보의 기대가치(EVSI: expected value of sample information)**가 된다.

완전정보(perfect information)

정보는 표본정보와 **완전정보(perfect information)** 두 가지로 나뉜다. 표본정보란 틀릴 수도 있는 완전하지 않은 정보를 말하며, 완전정보는 해당 정보대로 미래가 움직이는 그런 완벽히 신뢰할 수 있는 정보를 말한다. 예를 들어, 컨설팅 회사의 긍정적인 자문 결과가 신제품의 시장 성공을 반드시 이끌고, 부정적인 자문 결과는 신제품의 시장 실패를 틀림없이 보장한다면 컨설팅 회사의 자문정보는 완전정보가 된다. 하지만 현실에서 완전정보란 우리가 얻을 수 있는 것이 아니다. 사실 완전정보란 절대자만이 제공할 수 있는 정보이다. 현실에서 우리가 접하는 모든 정보는 표본정보이다. 따라서 표본정보의 기대가치는 해당 정보를 얻는데 치러야 할 비용의 상한값을 의미한다.

1 표본정보의 기대가치

표본정보의 기대가치(EVSI: expected value of sample information)

표본정보의 기대가치(EVSI: expected value of sample information)란 이 정보를 공짜로 이용할 때의 기대화폐가치와 이 정보를 이용하지 않을 때의 기대화폐가치의 차이로 정의된다.

표본정보의 기대가치(EVSI)
= 표본정보를 공짜로 이용할 때의 기대화폐가치(EMV with free sample information)
− 표본정보를 이용하지 않을 때의 기대화폐가치(EMV without sample information)

예를 들어, S화학㈜ 문제에서 현재 컨설팅 회사의 자문비용은 1(억원)인데, 자문비용이 무료라면 최적 의사결정의 기대화폐가치는 3.16+1=4.16(억원)이 될 것이다. 하지만 자문 기회가 없다면, 최적의 의사결정은 공장신설을 포기하는 것이며, 이때의 기대화폐가치는 '0'이다. 따라서 컨설팅 회사 자문의 기대가치, 즉 표본정보의 기대가치(EVSI)은 4.16(억원)이 된다.

만일 컨설팅 회사에서 자문비용으로 4.16(억원)보다 많이 요구하게 되면, [그림 13-10]에서 최적의 의사결정은 자문을 받지 않고 공장신설을 포기하는 것으로 결정된다. 즉, 4.16(억원)보다 많은 비용을 들여 자문을 받게 되면 기대화폐가치는 음의 값을 갖게 되어 자문을 받지 않고 공장신설을 포기하는 쪽이 더 우월한 결정이 되는 것이다. 즉, 표본정보의 기대가치 4.16(억원)은 자문비용의 상한값이 되며, 컨설팅 회사에서 이보다 큰 액수를 요구하면 그들의 요구를 뿌리치는 것이 현명하다. 반면, 자문비용이 4.16(억원)보다 작을 경우에는 컨설팅 회사의 자문을 받고, 자문 결과에 따라 후속적인 결정을 내리는 것이 현명하다. 즉, 자문 결과가 긍정적일 경우에는 대규모 공장을 신설하고, 부정적일 경우에는 공장신설을 취소하는 것이 현명한 결정이다.

2 완전정보의 기대가치

완전정보의 기대가치(EVPI: expected value of perfect information)

완전정보란 완벽히 신뢰할 수 있는 정보로서 우리가 실제로 취할 수 있는 정보는 아니다. 하지만 표본정보를 포함한 이 세상의 그 어떤 정보도 그 가치 상한선이 얼마나 되는지를 알기 위해서는 소위 **완전정보의 기대가치(EVPI: expected value of perfect information)**라는 개념을 학습할 필요가 있다.

앞서 우리가 경험했듯이 다단계 의사결정에서 표본정보의 기대가치(EVSI)를 계산하기 위해서는 다소 복잡한 의사결정나무를 만들고, 또 베이즈정리를 이용해서 여러 가지 사후확률도 구해야 했다. 사실 앞의 문제에서 S화학㈜는 신제품의 시장 성공 가능성을 파악하기 위해 컨설팅 회사의 자문뿐만 아니라 다른 여러 가지 정보원(information sources)으로부터 다양한 정보를 얻을 수도 있을 것이다. 문제에 포함된 컨설팅 회사의 자문은 여러 가지 정보원 중 하나일 뿐으로 이 모든 정보의 가치 상한선은 완전정보의 기대가치가 제공할 수 있다.

완전정보의 기대가치는 표본정보의 기대가치보다 계산하기가 훨씬 수월하다. 예를 들어, S화학(주)에게 다음과 같이 신(神)이 내린 예언이 들어 있는 봉투가 입수되었다고 가정하자. 봉투 안에는 신제품의 시장에서의 성공 여부가 담겨 있다. 이제 봉투를 열어 그 안의 메시지를 보게 되면 미래의 불확실성은 모두 사라지고, S화학(주)는 그 봉투 속 메시지에 따라 의사결정을 하면 된다. 완전정보의 기대가치는 바로 이 신이 내린 봉투의 가치를 말한다.

그림 13-14

완전정보의 기대가치(EVPI) 계산 논리

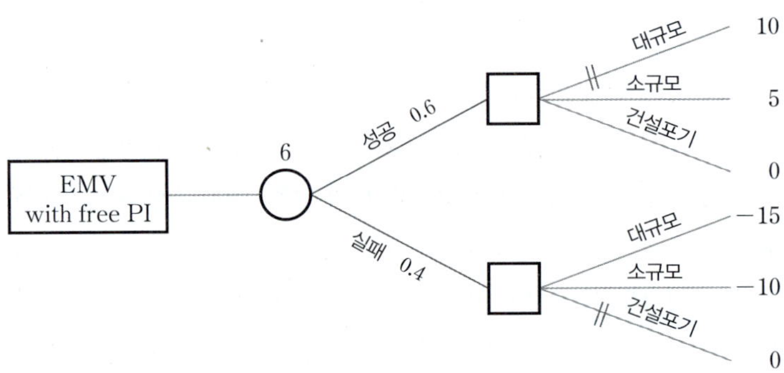

[그림 13-14]는 완전정보의 기대가치를 계산하는 논리를 의사결정나무로 보여주고 있다. 이 의사결정나무를 보면 [그림 13-10]의 의사결정나무와 마디들의 시간 흐름 순서가 뒤바뀐 것을 알 수 있다. 즉, [그림 13-10]에서는 공장 신설에 대한 의사결정 마디가 먼저 존재하고, 신제품의 시장 성공 여부를 나타내는 확률 마디가 뒤따르고 있는데, [그림 13-14]를 보면 확률 마디가 먼저 나오고, 의사결정 마디가 뒤따름을 볼 수 있다. [그림 13-14]에서는 봉투를 열어 그 안의 메시지에 따라 의사결정이 이루어져야 함을 나타내고 있다. 예를 들어, 봉투 안 메시지가 신제품의 시장 성공이라고 가정하자. 그러면 이에 따른 올바른 의사결정은 당연히 신제품의 시장 성공 상황에서 가장 많은 이득을 주는 대규모 공장의 신설이다. 반대로 봉투 안의 메시지가 신제품의 시장 실패라면 이 상황에서는 대규모 공장이든 소규모 공장이든 공장을 신설하는 것은 각각 15(억원), 10(억원)의 손실을 가져오므로 당연히

공장신설을 포기하는 결정을 내려야 할 것이다. 따라서 신이 내려준 이 봉투의 기대화폐가치는 [그림 13-14]의 기대화폐가치인 0.6(10)+0.4(0)=6(억원)이 된다.

완정정보의 기대가치는 완전정보를 공짜로 이용할 때의 기대화폐가치와 그 완전정보를 이용하지 않을 때의 기대화폐가치의 차이로 정의된다.

완전정보의 기대가치(EVPI)
= 완전정보를 공짜로 이용할 때의 기대화폐가치(EMV with free perfect information)
− 완전정보를 이용하지 않을 때의 기대화폐가치(EMV without perfect information)

따라서 문제에서 완전정보의 기대가치는 신이 내린 봉투를 공짜로 얻었을 때의 기대화폐가치 6(억원)에서 [그림 13-10]에서 본 것처럼 아무런 정보도 이용하지 않았을 때의 기대화폐가치 '0'을 뺀 값인 6(억원)이다. 표본정보를 포함한 어떠한 정보의 가치도 이 값을 초과할 수 없다. 어떤 사람이 S화학(주)에게 "틀림없는 정보"라고 말하며 완전정보의 기대가치보다 높은 가격을 요구하면, S화학(주)는 그들의 제안을 일언지하에 거절하는 것이 현명한 일이다.

13.9 주관적 확률의 평가

불확실성을 고려하는 의사결정문제에서는 미래 사건의 발생 가능성을 평가하는 데 **주관적 확률(subjective probability)**을 많이 이용한다. 주관적 확률이란 미래 사건의 발생 가능성을 개인의 전문성, 지식, 믿음, 통찰력 등을 이용해 평가한 것을 말한다. 실무에서 쉽게 이용할 수 있는 주관적 확률의 평가 방법 다섯 가지를 소개하면 다음과 같다.

주관적 확률(subjective probability)

1 직접 평가 방법(direct assignment method)

주관적 믿음을 이용해 사건의 발생 가능성, 예측대상이 어떠한 값을 갖거나 어떤 범위 내에 값을 가질 확률 등을 직접 배정하는 방법을 말한다. 예를 들어, A 매치 축구 경기에서 한 팀이 다른 팀을 이길 확률을 70%로 평가하거나 다음 분기 매출액

직접 평가 방법(direct assignment method)

이 1억원에서 2억원 사이일 가능성을 20%로 평가하는 것을 예로 들 수 있다.

2 누적분포함수 방법(cumulative distribution function method, CDF method)

누적분포함수 방법(cumulative distribution function method, CDF method)

확률변수가 취할 수 있는 값을 크기순으로 열거할 수 있는 경우에 적용할 수 있는 확률평가 방법이다. 확률변수가 취할 수 있는 가장 큰 값의 누적확률은 '1'이므로 이 확률변수가 어떤 값 이하의 값을 취할 확률을 누적분포함수를 이용해 평가함으로써 특정 값을 취할 확률을 순차적으로 평가할 수 있다. 예를 들어, 어떤 과목의 학점을 A, B, C, D, F 등 다섯 단계로 나눌 수 있을 때, 학점 A는 전체의 20%, B학점까지는 전체의 50%, C학점까지는 전체의 75%, D학점까지는 전체의 90%를 주는 상대평가체계에서는 학점 A를 받을 가능성이 20%, B를 받을 가능성은 30%, C를 받을 가능성은 25%, D를 받을 가능성은 15%, 그리고 F를 받을 가능성은 10%가 된다.

3 P 방법(P method)

P 방법(P method)

가장 발생 가능성이 큰 값(most likely value)의 확률을 P로 설정하고, 다른 가능한 값의 확률을 P의 비율로 평가한다. 그런 후 확률의 합은 '1'이 되어야 하므로 P의 비율로 평가한 모든 확률들의 합을 1로 놓고 P의 값을 구한 후, 이를 이용해 각 값의 확률을 평가한다. 예를 들어, 다음 분기 특정 전기차 모델의 판매량이 100, 200, 300, 400으로 예측되는데, 이중 가장 발생 가능성이 높은 판매량을 200이라고 하자. 그러면 판매량이 200일 확률을 P로 두고, 판매량이 100, 300, 400일 가능성을 각각 P의 비율로 평가한다. 예를 들어, 판매량이 100일 가능성은 판매량이 200일 가능성의 반, 판매량이 300일 가능성은 200일 가능성의 70%, 판매량이 400일 가능성은 200일 가능성의 30%라고 평가하면 모든 확률의 합은 $0.5P+P+0.7P+0.3P=2.5P=1$이므로 $P=0.4$이다. 따라서 판매량이 100일 확률은 0.2, 판매량이 200일 확률은 0.4, 판매량이 300일 확률은 0.28, 판매량이 400일 가능성은 0.12가 된다.

4 고정 구간 방법(fixed interval method)

고정 구간 방법(fixed interval method)

예측대상이 취할 수 있는 최소값(minimum value)과 최대값(maximum value)을 우선 구하고, 이 범위를 동일한 폭의 n개의 구간으로 등분한다. 그런 다음, 예측대상이 각 구간 내의 값을 가질 확률을 평가한다. 필요하면 앞서 등분한 구간을 다시 여러 개의 등 구간으로 나눈 후 동일한 과정을 반복한다. 예를 들어, 어떤 기계의 수명이 0년에서 10년까지라고 할 때 이 기계의 수명 범위를 2년 단위로 5개의 구간으로 등분할 수 있다. 그런 후 이 기계의 수명이 각 구간의 값을 가질 확률을 평가한다. 예를 들어, 이 기계의 수명이 0~2년, 2~4년, 4~6년, 6~8년, 8~10년 등 5개 구간에 포함될 확률을 차례대로 0.1, 0.15, 0.4, 0.2, 0.15로 평가했다고 가정하자. 그리고 마지막 8~10년 구간에서 수명이 9년 이상일 확률이 전체의 30%밖에 안 된다면, 이 기계의 수명이 9~10년일 확률은 다시 0.045이고, 8~9년일 확률은 0.105로 평가된다.

5 다섯 수치 방법(the five point method)

다섯 수치 방법(the five point method)

예측대상이 취할 수 있는 최소값(minimum value), 최대값(maximum value), 중앙값(median), 하위 25%(25th percentile, 1st quartile), 상위 25%(75th percentile, 3rd quartile)의 값을 차례로 구한다. 그런 후 각 값의 누적확률을 이용하여 예측대상의 값이 특정 범위에 속할 확률을 구할 수 있다. 예를 들어, 예측대상이 취할 수 있는 최소값이 10, 최대값이 100, 중앙값이 70, 하위 25%의 값이 30, 상위 25%의 값이 90이라면, 예측대상이 90에서 100 사이의 값을 가질 가능성은 25%, 30에서 70 사이의 값을 취할 확률은 25%, 70에서 100 사이의 값을 취할 확률은 50% 등으로 평가함을 말한다.

위에서 언급한 다섯 가지 주관적 확률평가 방법은 문제에 따라 상호보완적으로 혼용해서 이용할 수 있다.

세인트 피터스버그(St. Petersburg)의 역설

세인트 피터스버그(St. Petersburg)의 역설 기댓값 또는 기대화폐가치를 의사결정 기준으로 삼는 것의 단점을 보여주는 역설(paradox)이다. 대니얼 베르누이(Daniel Bernoulli)가 러시아의 세인트 피터스버그(St. Petersburg)에 머무를 때 학술지 『Commentaries of the Imperial Academy of Science of Saint Petersburg』에 1738년 발표한 문제이다. 사실 이 문제는 대니얼 베르누이가 발표하기 훨씬 전인 1713년 그의 사촌인 니콜라스 베르누이(Nicolas Bernoulli)에 의해 제기되었다.

다음과 같은 게임을 고려해 보자. 공평한 동전(fair coin)을 던져 뒷면이 나오면 계속 던지고, 처음 앞면이 나오면 종료되는 게임이다. 첫 번째 동전을 던졌을 때 앞면이 나오면 2루블을 받고, 두 번째 동전을 던졌을 때 처음 앞면이 나오면 4루블, 세 번째 동전을 던졌을 때 처음 앞면이 나오면 8루블 등으로 n번째 동전을 던졌을 때 처음으로 앞면이 나오면 2^n루블의 상금을 받는 게임이다. 이 도박에 참가하는데 얼마의 참가비를 지불하겠는가?

이 게임에서 얻을 수 있는 상금의 기댓값(E)을 구해보면 다음과 같다.

$$\begin{aligned} E &= 2\times\left(\frac{1}{2}\right)^1 + 4\times\left(\frac{1}{2}\right)^2 + 8\times\left(\frac{1}{2}\right)^3 + \cdots \\ &= 1+1+1+\cdots \\ &= \infty \end{aligned}$$

이 게임에서 얻을 수 있는 상금의 기댓값은 위 식에서 보듯이 무한대가 된다. 기대화폐가치 기준으로는 이 게임에 참여하기 위해 매우 큰돈을 지불해도 될 것 같지만 실제로는 어느 누구도 이 게임에 큰돈을 내고 참여하지는 않는다. 50%의 확률로 2루블을 딸 수 있고, 75%의 확률로 4루블이나 그 이하, 87.5%의 확률로도 기껏해야 8루블을 딸 수 있는 이러한 게임에 누가 그리 큰돈을 내고 참여하겠는가? 이러한 역설은 다음에 학습할 효용함수를 이용해 해결할 수 있다.

13.10 위험성향을 고려한 의사결정

위험에 대한 태도(attitude toward risk)

위험을 회피하는 성향(risk-averse attitude)

위험을 추구하는 성향(risk-seeking attitude)

위험중립적 성향(risk-neutral attitude)

인간의 **위험에 대한 태도(attitude toward risk)**는 세 가지로 나누어질 수 있다. 첫째는 **위험을 회피하는 성향(risk-averse attitude)**, 둘째는 **위험을 추구하는 성향(risk-seeking attitude)**, 셋째는 **위험중립적 성향(risk-neutral attitude)**이다. 의사결정에 인간의 위험성향이 고려되면 기대화폐가치를 기준으로 삼았을 때와는 다른 선택이 이루어질 수 있다.

1 위험에 대한 태도

① 위험회피 성향

다음과 같은 두 가지 기회가 있다고 하자. 하나는 0.1의 확률로 1억원을 딸 수 있으나 나머지 0.9의 확률로 아무 것도 건질 수가 없는 기회이다. 다른 한 기회는 확실하게 500만원을 챙길 수 있는 기회이다. 귀하는 어떤 기회를 선택하겠는가? 전자는 **확률적 대안** 또는 **복권(lottery)**이라고 부르고, 후자는 **확실한 대안**이라고 한다. 전자의 기댓값은 1000만원이고, 후자의 기댓값은 500만원이다. 기댓값을 기준으로 한다면 당연히 전자의 기회를 선택하는 것이 합리적이지만 모든 사람이 그리 행동하지는 않는다. 기댓값은 전자가 크나 확실하게 500만원을 챙길 수 있는 후자를 택하는 사람도 많다. 그런 사람은 0.9의 확률로 아무 것도 건질 수 없는 전자의 위험을 회피하기 위해 과감히 1000만원−500만원=500만원의 기대화폐가치(EMV)를 포기하는 사람이다.

확률적 대안
복권(lottery)
확실한 대안

보다 현실적인 예로 자동차보험을 고려해보자. 보험이란 무엇인가? 매우 낮은 가능성의 큰 손실을 피하기 위해 확실한 손실(보험료)을 감수하는 것이다. 일반적으로 보험료는 자동차사고로 인한 기대손실보다 높게 책정된다. 그래야 보험회사도 이윤을 내고 운영될 수 있기 때문이다. 자동차보험에 가입해야 하는 의무가 없는 상황에서 이 문제를 다음과 같은 선택 문제로 바꾸어 보자.

한 대안은 확률적 대안으로 자동차사고를 감수하는 것이다. 즉, 낮은 확률의 큰 손실이 일어날 수 있는 위험을 감수하는 것이다. 다른 대안은 그 위험에서 벗어나기 위해 얼마의 보험료를 보험사에 지불하는 것이다. 귀하는 어느 기회를 선택하겠는가? 앞서 말했듯이 전자의 기대손실은 보통 후자보다 작다. 기대화폐가치를 기준으로 하면 전자를 선택하는 것이 합리적이다. 하지만 법적인 의무감 이외에도 많은 사람들이 전자의 기대손실 금액을 초과하는 보험료를 기꺼이 보험사에 지불한다. 즉, 많은 사람들이 위험을 회피하기 위해 어느 정도의 기대화폐가치를 기꺼이 포기하는 것이다.[9)]

위와 같은 행동을 보이는 사람은 **위험회피적(risk-averse)**이라고 부른다. 특히, 많은 돈이 걸린 상황에서 사람들은 위험회피적인 성향을 보이곤 하는데, 위험을 회피

위험회피적(risk-averse)

9) 위험을 회피하기 위해 기꺼이 포기하는 기대화폐가치를 **위험 프리미엄(risk premium)**이라고 한다.

하기 위해 기꺼이 포기하고자 하는 기대화폐가치가 크면 클수록 더욱 위험회피적이라고 부른다.

② 위험추구 성향

위험추구(risk-seeking)

위험추구(risk-seeking)는 위험회피와는 정반대의 위험에 대한 태도를 말한다. 즉, 어느 정도의 기대화폐가치를 포기하면서까지 위험한(확률적) 대안을 선택하는 성향이다. 예를 들어, 민사소송이 걸려있다고 가정하자. 다음 두 가지 대안 중 어느 것을 택하겠는지 다른 비용(변호사 비용, 재판 비용, 시간 등)은 고려하지 말고 답해보자.

하나는 확률적 대안으로 재판으로 가서 50%의 확률로 2억원을 배상하거나 나머지 50%의 확률로 아무런 배상도 하지 않는 대안이고, 다른 하나는 합의를 통해 확실하게 8000만원을 배상하는 대안이다. 기대화폐가치는 전자가 －1억원(1억원 손실), 후자가 －8000만원(8000만원 손실)로 후자가 더 크나, 재판으로 가는 대안을 선택하는 사람도 많다. 그 이유는 재판으로 가면 2억원을 배상할 위험도 있으나 아무런 배상도 하지 않을 기회도 존재하기 때문이다. 이런 행동을 하는 사람은 위험추구적이라고 한다. 이런 사람은 기대화폐가치 2000만원을 포기하면서까지 확률적 대안을 선호하는 사람이다. 카지노에서 가장 승률이 높은 게임도 50%를 넘지 않는다. 기댓값의 논리에 따르면 결국 카지노에서 게임하는 사람은 평균적으로 돈을 잃게 된다는 것이다. 그럼에도 불구하고 카지노 산업이 황금알을 낳는 거위가 된 이유는 위험추구적인 성향의 사람들이 몰리기 때문이다. 어떤 카지노는 심지어 입장료까지 받는데도 말이다. 객관적 승률은 남의 이야기이고 나만은 게임의 승자가 될 것 같은 기대 심리가 작용하기 때문이다.

③ 위험중립 성향

위험중립(risk-neutral)

위험중립(risk-neutral) 성향이란 확률적 대안이든 확실한 대안이든 상관없이 기대화폐가치의 크기에 따라 대안의 우열을 가리는 위험에 대한 태도를 말한다. 즉, 위험을 고려하지 않는 성향을 말한다. 예를 들어, 한 대안은 확률적 대안으로 50%의 확률로 20억원을 벌 수 있고, 50%의 확률로는 아무것도 얻지 못하는 대안이고, 다른 대안은 확실하게 10억원을 벌 수 있는 대안일 경우, 위험중립적인 사람에게 두 대안의 선호도는 무차별하다. 두 대안의 기대화폐가치가 10억원으로 동일하기 때문이다.

TIP

어떤 개인의 위험성향은 절대적인 것은 아니다. 현재 그의 자산이 어느 정도인지, 복권이나 게임에 걸려있는 돈의 액수가 얼마인지에 따라 위험회피적인 성향의 사람도 위험추구적으로 변할 수 있다. 예를 들어, 내 자산이 100만원일 때의 선택과 100억원일 때의 선택은 다를 수밖에 없다. 또한 확률적 대안에서 내가 딸 가능성이 있는 이득이 10만원일 때와 10억원일 때 확률적 대안과 확실한 대안 사이의 우열은 달라질 수밖에 없다.

2 효용함수

개인이나 조직의 위험성향과 밀접한 관련이 있는 개념이 **효용(utility)**이다. 효용이란 재화나 물질의 획득으로부터 개인이나 조직이 느끼는 **즐거움의 정도(degree of pleasure)**나 **순혜택(net benefit)**을 의미한다. 효용은 후속적인 분석을 위해 함수 형태로 그 구체적인 특성을 나타내는데, 개인이나 조직의 위험성향에 따라 **효용함수(utility function)**는 **오목함수(concave function)**, **볼록함수(convex function)**, 그리고 **선형함수(linear function)**로 구분할 수 있다.

효용(utility)
즐거움의 정도(degree of pleasure)
순혜택(net benefit)
효용함수(utility function)
오목함수(concave function)
볼록함수(convex function)
선형함수(linear function)

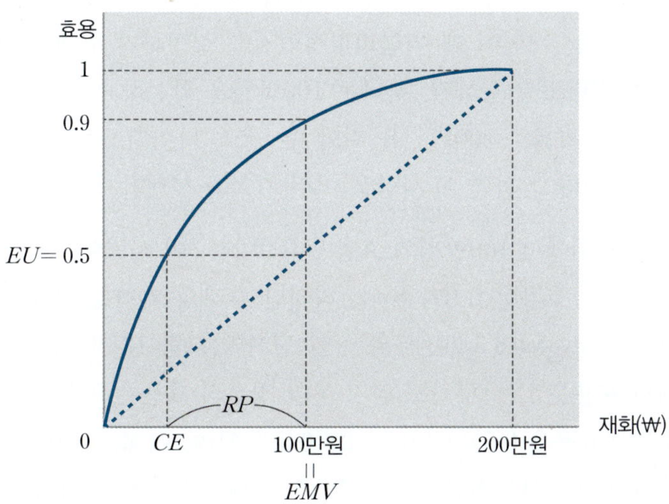

그림 13-15
효용함수의 예

① 위험성향과 효용함수의 관계

[그림 13-15]는 효용함수의 한 예를 보여주고 있다. [그림 13-15]에서 원점(0)은 개인이나 조직의 **준거점(reference point)**을 나타내고, 횡축은 재화(또는 물질)의 크

준거점(reference point)

구간척도(interval scale)

기, 종축은 그 재화가 가져다주는 효용을 나타낸다. 준거점이란 의사결정자가 판단의 기준으로 삼는 원점을 말한다. 종축의 측정단위, 즉, 효용의 크기는 보통 0과 1 사이(또는 0과 100 사이)의 숫자로 나타내는데, 사실 그 측정단위가 어떠하든 효용이란 그 상대적 크기에 따라 대안들의 우열을 가리는 **구간척도(interval scale)**이다.

프레이밍 효과(framing effect)

프레이밍 효과(framing effect) 객관적으로 동일한 상황임에도 개인의 준거점에 따라 그 상황이 달리 표현됨을 말한다. 물 컵에 물이 정확히 반이 채워져 있는 광경을 보고 어떤 이는 컵에 물이 반밖에 없다고 말하는가 하면 어떤 이는 컵에 물이 반이나 채워져 있다고 한다. 전자의 경우, 준거점은 컵에 물이 가득 채워져 있는 상태이고, 후자의 경우 준거점은 컵에 물이 하나도 없는 상태이다. 객관적으로 동일한 상황이라 할지라도 준거점이 무엇이냐에 따라 그 상황이 내게 이득이 되기도 하고 손실이 되기도 한다.

[그림 13-15]는 위험회피적인 개인(또는 조직)의 효용함수를 보여주고 있다. 위험회피적이란 앞서 언급한 바와 같이 일정 크기의 기대화폐가치(EMV)를 희생하면서까지 확률적 대안보다는 확실한 대안을 선호하는 성향을 말한다. [그림 13-15]와 같은 효용함수를 갖는 개인이 왜 위험회피적인지를 설명하기 위해 그 사람에게 두 가지 기회가 주어졌다고 가정하자. 하나는 100만원을 확실하게 취할 수 있는 기회, 다른 하나는 50%의 확률로 200만원을 취할 수 있고, 나머지 50% 확률로 아무것도 얻을 수 없는 기회이다.[10] 과연 이 사람은 어떤 기회를 선택할까?

기대효용(EU: expected utility)
오목함수(concave function)
위험회피적인 성향

우선 [그림 13-15]에서 100만원의 효용은 0.9이다. 이 사람이 전자의 기회를 택하게 되면 이 사람의 효용은 0.9가 된다. 하지만 후자의 기회를 택하게 되면 이 사람의 **기대효용(EU: expected utility)**[11]은 어찌 될까? [그림 13-15]를 보면 200만원을 얻게 될 때의 효용은 1, 아무것도 얻지 못할 경우의 효용은 0이므로 후자의 기회를 택할 때의 기대효용은 $0.5\times1+0.5\times0=0.5$가 되며, 이 값은 100만원을 확실하게 취할 때의 효용 0.9보다 훨씬 작음을 알 수 있다. 따라서 두 기회의 기대화폐가치는 같더라도 기대효용이 큰 확실한 기회를 선택하게 되는 것이다. 즉, **오목함수(concave function)** 형태의 효용함수는 **위험회피적인 성향**의 효용함수를 나타낸다.

10) 여기서 확률적 대안의 $p(0<p<1)$와 보상금(payoffs)은 무슨 값을 갖든 상관없다.

11) **기대효용(expected utility)**이란 기댓값의 개념을 이용하여 재화 각각이 가져오는 효용에 재화 각각의 발생 확률을 곱하여 모두 더한 값을 말한다.

같은 이유로 **볼록함수(convex function)** 형태의 효용함수는 확률적 대안의 기대효용이 확실한 대안의 효용보다 커져 일정 금액을 지불하고서라도 확률적 대안을 선택하는 **위험추구적인 성향**의 효용함수를 의미한다. 오목함수 형태든 볼록함수 형태든 곡선의 기울기가 편평해져 효용함수의 모양이 직선의 형태가 되면 확실한 대안의 효용과 확률적 대안의 기대효용은 그 값이 같아져 기대효용은 기대화폐가치와 같은 역할을 하게 된다.

볼록함수(convex function)
위험추구적인 성향

[그림 13-15]에서 CE는 확률적 대안의 **확실성등가(certainty equivalent)**를 나타낸다. CE는 확률적 대안의 기대효용과 동일한 효용을 주는 재화의 크기를 말한다. RP는 **위험 프리미엄(risk premium)**을 나타낸다. 확률적 대안의 RP는 그 대안의 EMV에서 CE를 뺀 값으로 정의한다. RP가 양수(+)이면 해당 효용함수는 위험회피적인 성향을 나타내는 오목함수(concave function)이고, RP가 음수(−)이면 해당 효용함수는 위험추구적인 성향을 나타내는 볼록함수(convex function)이다. RP가 '0'인 효용함수는 위험중립적인 성향을 나타내는 선형함수(linear function)인데, 그때 확률적 대안의 EMV와 CE는 일치하게 된다. 이에 대한 구체적 내용은 본 절의 후반부에서 설명한다.

확실성등가(certainty equivalent)
위험 프리미엄(risk premium)

보통 개인의 위험성향은 위험회피적으로 가정하는 경우가 많으나 항상 그런 것은 아니다. 또한 개인의 자산 상태에 따라 위험회피 정도도 달라질 수 있다. 예를 들어, 어느 재벌 회장의 위험성향이 위험회피적이라고 가정해도 그 사람의 효용함수는 [그림 13-15]의 효용함수보다 훨씬 편평한 직선에 가까운 모습을 보일 것이고, 그 기울기도 매우 작은 양의 값을 가질 것이다.

② 효용함수의 특징

[그림 13-16]은 네 가지 형태의 효용함수를 나타내고 있다. 그림 (가)는 위험회피적인 성향을 갖는 효용함수를 나타낸다. 이러한 모양의 함수를 증가하는 형태의 오목함수(increasing concave function)라고 한다. 이 함수의 특징은 첫째, 재화의 양이 커짐에 따라 효용의 크기는 증가한다. 둘째, 재화 추가적 한 단위의 효용이 재화가 증가함에 따라 감소하는 **한계효용체감(diminishing marginal utility)**의 특징을 보인다. 배가 몹시 고플 때 먹는 한 공기 밥의 효용은 한 공기를 먹고 난 후에 먹게 되는 또 다른 밥 한 공기의 효용보다 크다는 것이다.

한계효용체감(diminishing marginal utility)

그림 13-16
효용함수의 종류

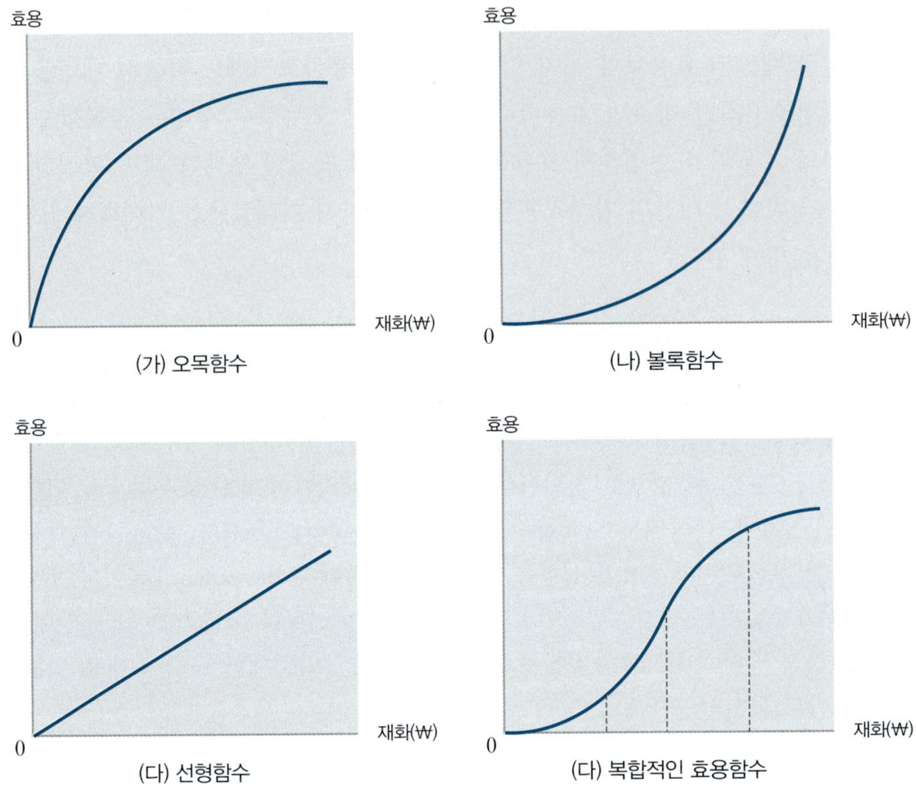

이런 모양의 효용함수를 갖는 사람은 확률적 대안보다는 확실한 대안을 선호하며, 확률적 대안의 위험을 피하기 위해 어느 정도의 기대화폐가치(EMV)를 기꺼이 희생하는 행태를 보인다. 곡선의 형태가 편평해 짐에 따라 희생하는 기대화폐가치의 크기가 작아지는 덜 위험회피적인 성향을 나타낸다. 수학적으로 증가하는 오목함수는 다음의 특징을 갖는다.

$U'(x) > 0$, $U''(x) < 0$, 여기서 x는 재화의 크기를, $U(x)$는 그때의 효용을 나타낸다.

그림 (나)는 위험추구적인 성향을 나타내는 효용함수이다. 이러한 모양의 효용함수를 증가하는 형태의 볼록함수(increasing convex function)라 한다. 이 함수의 경우, 그림에서 보듯이 효용의 크기는 재화의 양이 커짐에 따라 증가하지만 단위당 증가폭도 재화의 양이 증가함에 따라 증가한다. 즉, 재화 추가적 한 단위의 효용이 재화가 증가함에 따라 증가하는 **한계효용체증(increasing marginal utility)**의 특징을 보인다. 이런 모습의 효용함수를 갖는 사람은 어느 정도의 기대화폐가치를 희생하면서까지 위험을 추구하는 행태를 보인다. 곡선의 형태가 편평해 짐에 따라 희생하는 기대화폐가치의 크기가 작아지는 덜 위험추구적인 성향을 나타낸다. 수학적으로 증가하는 볼록함수는 다음의 특징을 갖는다.

한계효용체증(increasing marginal utility)

$U'(x) > 0$, $U''(x) > 0$, 여기서 x는 재화의 크기를, $U(x)$는 그때의 효용을 나타낸다.

그림 (다)는 위험중립적인 성향을 나타내는 효용함수이다. 이러한 모양의 효용함수를 증가하는 형태의 선형함수(increasing linear function)라 한다. 그림에서 보듯이 효용의 크기는 재화의 양이 커짐에 따라 증가하지만 단위당 증가폭은 재화의 양에 상관없이 항상 동일함을 알 수 있다. 즉, 재화 한 단위가 추가됨에 따라 증가하는 **한계효용의 크기가 언제나 일정한(constant marginal utility)** 특징을 갖는다. 이런 모양의 효용함수를 갖는 사람은 확률적 대안이든 확실한 대안이든 기대화폐가치가 큰 대안을 선택한다. 수학적으로 증가하는 선형함수는 다음의 특징을 갖는다.

한계효용일정(constant marginal utility)

$U'(x) > 0$, $U''(x)=0$, 여기서 x는 재화의 크기를, $U(x)$는 그때의 효용을 나타낸다.

그림 (라)는 재화의 크기에 따라 세 가지 효용함수가 혼재되어 있음을 보여준다. 재화의 크기가 작을 때에는 위험추구적인 볼록함수 형태의 효용함수를 보이다가 재화의 크기가 어느 수준을 지나면 효용함수가 위험중립적인 선형함수로 변하고, 이후 어떤 재화 수준을 넘게 되면 효용함수가 위험회피적인 오목함수 형태로 나타남을 알 수 있다.

3 이성적 선택을 위한 법칙

여기서 잠시 **이성적 선택(rational choice)**을 위해 따라야 할 다섯 가지 법칙을 설명해 보자. 이 다섯 가지 법칙은 미래의 예상결과가 어떠한 척도로 표현되든 성립한다. 즉, 미래의 결과가 돈, 거리, 시간 등 물리적 척도로 표현되든 효용으로 표현되든 상관없이 성립한다.

이성적 선택(rational choice)

① 확률법칙

확률법칙(probability rule)
확률적 거래(probabilistic deal)
복권(lottery)
미래의 예상결과(future prospects)
확률나무(probability tree)

확률법칙(probability rule)은 어떤 **확률적 거래(probabilistic deal)** 또는 **복권(lottery)**을 특징화 하는 **미래의 예상결과(future prospects)**에 관련 확률을 배정하는 것을 말한다. 여기서 확률적 거래를 도시하는 가장 일반적인 방법은 **확률나무(probability tree)**를 이용하는 것이다. 확률나무의 가지 끝에는 몇 가지 예상결과가 위치하고, 각 가지 위에는 해당 결과의 발생가능성이 표시된다. 확률나무는 의사결정나무의 확률 마디에 해당한다. 확률나무에서 확률의 합은 '1'이 된다.

② 서열법칙

서열법칙(order rule)

서열법칙(order rule)을 통해 우리는 예상결과를 가장 선호하는 것으로부터 가장 선호하지 않는 순서로 배열할 수 있다. 만일 우리가 예상결과 A를 예상결과 B보다 선호한다면($A>B$로 표현), A는 B보다 서열상 높이 위치한다. 두 예상결과 간의 선호가 무차별하다면 예상결과 A와 B는 서열상 같은 위치에 존재하게 되며, 이 경우 $A=B$로 표현한다.

③ 등가법칙

등가법칙(equivalence rule)
선호확률(preference probability)
확실성등가(certainty equivalent)

등가법칙(equivalence rule)을 설명하기 위해 다음과 같은 예를 들어보자, 세 가지 예상결과 A, B, C가 있다고 가정하자. 세 가지 예상결과의 선호순서는 $A>B>C$이다. 즉, 선호서열에 있어 A는 B보다, B는 C보다 상위에 존재한다. 이 경우, 등가법칙이란 예상결과 B를 확실하게 얻는 것과 A라는 예상결과를 확률 p로 얻고 예상결과 C를 확률 $(1-p)$로 얻을 수 있는 확률적 거래를 무차별하게 만드는 확률 p의 값을 구체화하는 것이다. 확률 p는 0과 1을 포함하지 않는 어떤 실수도 가능하다. 확률 p가 0과 1을 포함하지 않아야 하는 이유는 p가 1이면 예상결과 A와 B가 동일하게 선호되고, p가 0이면 B와 C가 동일하게 선호됨을 의미하므로 이는 $A>B>C$라는 가정에 위배된다. 의사결정자가 위의 두 거래를 동일하게 하는 p를 발견했다면, 이 p를 **선호확률(preference probability)**이라고 부른다. 등가법칙에 의해 찾은 p에 대하여, 예상결과 B를 예상결과 A와 C로 이루어진 확률적 거래의 **확실성 등가(certainty equivalent)**라고 부른다.

④ 대체법칙

대체법칙(substitution rule)은 의사결정자가 선호에 있어 무차별한 어떤 예상결과와 어떤 확률적 거래를 서로 교환할 수 있다는 것이다. 여기서 선호에 무차별한 어떤 예상결과는 어떤 확률적 거래의 확실성등가를 말한다. 즉, 확실한 결과와 선호확률이 p인 확률적 거래를 동일시하고, 이를 현 시점에서 교환할 수 있다는 말이다.

대체법칙(substitution rule)

⑤ 선택법칙

선택법칙(choice rule)을 설명하기 위해 다음과 같은 상황을 고려하자. 의사결정자는 두 가지 예상결과 D와 E 중에서 D를 E보다 선호한다고 가정하자. 즉, $D>E$이다. 이제 의사결정자는 두 가지 예상결과 D와 E를 갖는 두 가지 확률적 거래 중 하나를 선택하고자 하며, 각 거래에서 예상결과 D를 얻을 수 있는 확률이 설정되었다고 하자. 이 경우, 선택법칙이란 D를 얻을 수 있는 확률이 큰 거래를 반드시 선택해야 한다는 것이다. 즉, 선택법칙이란 의사결정자가 선호하는 예상결과의 발생 가능성이 가장 높은 거래를 선택해야 함을 의미한다. 이것이 다섯 가지 법칙 중 마지막 법칙이고, 의사결정자의 행동을 구체화하는 법칙이다.

선택법칙(choice rule)

어떠한 이성적 선택도 이 다섯 가지 법칙의 적용을 통해 이루어진다. 그리고 이러한 법칙에 의해 이루어진 선택의 경우, 어떠한 대안이 사라진다고 해도 기존 대안들의 선호순서는 바뀌지 않는다.

4 효용함수 만들기

개인이나 조직의 효용함수를 만드는 일은 생각처럼 쉽지 않다. 효용함수를 도출하는 대표적 방법으로는 **확률등가방법(probability equivalence approach)**과 **확실성등가방법(certainty equivalence approach)**이 있다. 두 가지 방법에 대해 구체적으로 설명하면 다음과 같다.

확률등가방법(probability equivalence approach)
확실성등가방법(certainty equivalence approach)

① 확률등가방법

이 방법을 이용하기 위해서는 우선 내가 취할 수 있는 가장 선호하는 결과와 가장 선호하지 않는 결과가 무엇인지 파악한 후, 가장 선호하는 결과의 효용은 '1', 가장 선호하지 않는 결과의 효용은 '0'으로 설정한다. 그런 후 확률 p로 가장 선호하는 결과를 얻을 수 있고, 확률 $(1-p)$로 가장 선호하지 않는 결과를 얻을 수 있는 가상의 복권을 만든다. 여기서 결과는 화폐가치로 나타날 수도 있고, 다른 척도(예를 들어, 시간, 거리 등)로 나타날 수도 있다.

그러면 가장 선호하는 결과와 가장 선호하지 않는 결과 사이에 존재하는 특정 결과의 효용은 다음의 등식을 만족하는 p를 구함으로써 얻을 수 있다. 즉, 특정 결과를 확실하게 얻는 것과 가상의 복권이 주는 즐거움을 동일하게 만드는 p를 구한다.

$$\begin{aligned} U(\text{특정 결과}) &= pU(\text{가장 선호하는 결과}) + (1-p)U(\text{가장 선호하지 않는 결과}) \\ &= p(1) + (1-p)(0) \\ &= p \end{aligned}$$

등가법칙(equivalence rule)
선호확률(preference probability)

위의 등식에서 볼 수 있듯이 이 p가 바로 특정 결과의 효용이 된다. 이 방법은 앞에서 설명한 이성적 선택을 위한 다섯 가지 법칙 중 세 번째 법칙인 **등가법칙(equivalence rule)**에서 **선호확률(preference probability)**을 구하는 것과 동일하다. 즉, 위의 식에서 특정 결과의 효용인 p가 바로 선호확률이 된다.

이제 확률등가방법을 이용하여 효용함수를 만드는 과정을 구체적으로 예시하기 위해 앞서 보았던 [예제 2]를 다시 이용하도록 한다.

> 제약회사 JW는 C형 간염 치료제를 개발하고자 한다. 기존의 방법으로 신약 개발을 수행하면 개발에 6년이 걸릴 확률은 40%, 4년이 걸릴 확률은 60%이다. 반면, 새로이 개발된 방법을 이용하면 신약개발 기간을 현저히 줄일 수는 있지만 잘못되면 오히려 개발이 늦어질 위험도 있다. JW사는 신약개발을 위해 기존의 방법을 쓸 것인지, 아니면 위험을 무릅쓰고 신약개발기간을 현저히 줄일 수 있는 새로운 방법을 도입할 것인지 고민하고 있다. 새로운 방법을 이용하게 되면, 신약개발에 1년이 걸릴 가능성이 20%, 2년이 걸릴 가능성이 40%이지만, 이 새로운 방법이 신약개발에 별 도움이 안 되어 개발기간을 8년으로 지체시킬 가능성도 40%가 될 것으로 JW사는 추정하고 있다. 기대효용 극대화 관점에서 어떤 결정을 내리는 것이 합리적인지 의사결정나무를 이용하여 답하라.

앞서는 기대개발시간의 최소화 관점에서 어떤 결정을 내리는 것이 합리적인지 질문했지만, 이제는 기대효용 극대화 관점에서의 의사결정을 요구하고 있다. 앞서 기대개발시간의 최소화 관점에서는 새로운 방법으로 신약개발을 할 경우 기대개발시간은 4.2년이고, 기존의 방법을 이용하면 기대개발시간은 4.8년이 되어 새로운 방법을 이용하는 것이 기대개발시간을 최소화 할 수 있는 선택이었다. 하지만 새로운 방법의 경우, 모든 상황이 잘 풀리면 개발시간은 1년으로 단축되지만 상황이 안 좋을 경우에는 개발시간이 8년까지 지연될 수 있는(개발시간의 기복이 큰) 위험한 대안이다.

이제 효용함수를 이용해 어떤 방법으로 신약개발을 하는 것이 좋을 지 알아보자. 이를 위해 우선 [그림 13-7]에 나타나 있는 의사결정나무의 각 결과(개발시간)의 효용부터 확률등가방법에 의해 평가해 보자.

의사결정자(신약 개발 책임자)가 가장 선호하는 개발시간은 가장 짧은 1년이고, 가장 선호하지 않는 개발시간은 가장 긴 8년일 것이므로 가장 선호하는 결과의 효용을 '1', 가장 선호하지 않는 결과의 효용을 '0'으로 설정한다. 즉, U(1년)=1, U(8년)=0이다. 그런 다음, 1년과 8년 사이에 존재하는 다른 개발시간 각각에 대한 효용을 확률등가방법으로 구한다.

예를 들어, 신약 개발 책임자가 느끼기에 개발시간이 2년 걸리는 것이 95%의 확률로 개발시간이 1년 걸리거나 5%의 확률로 개발시간이 8년 걸리는 가상의 복권과 무차별 하다면 개발시간 2년의 효용은 다음과 같이 0.95가 된다.

$$\begin{aligned} U(2\text{년}) &= 0.95U(1\text{년}) + 0.05U(8\text{년}) \\ &= 0.95(1) + 0.05(0) \\ &= 0.95 \end{aligned}$$

같은 방법으로 개발시간 4년과 6년에 대한 효용도 다음과 같이 구했다고 가정하자.

$$U(4\text{년})=0.75,\ U(6\text{년})=0.5$$

이제 4가지 개발시간에 대한 효용을 이용해서 나타낸 의사결정자의 효용함수는 [그림 13-17]과 같다.

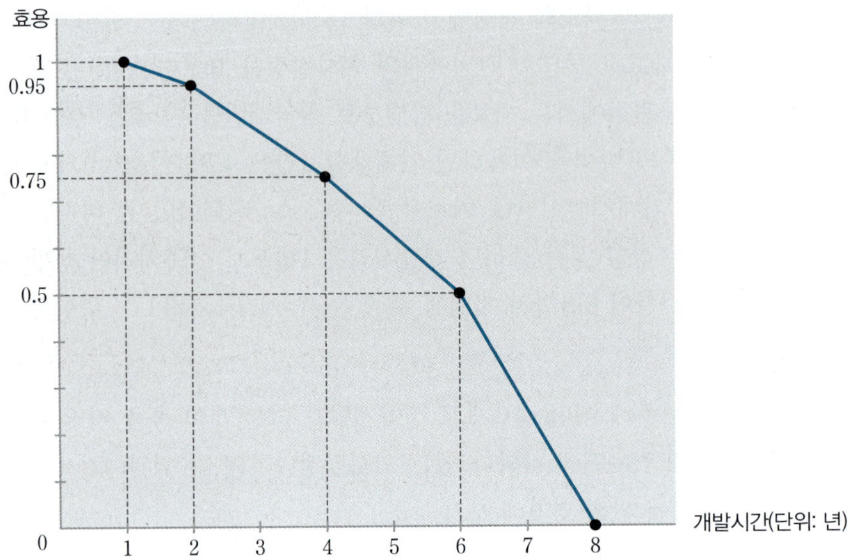

그림 13-17
신약개발시간에 대한 효용함수

[그림 13-17]의 효용함수는 개발시간이 증가함에 따라 효용이 감소하고, 단위 개발시간에 대한 한계효용도 감소하는 오목함수(decreasing concave function) 형태를 보이고 있다. 즉, 개발 책임자는 개발시간에 대해 위험회피적인 성향을 띄고 있음을 알 수 있다.

이제 도출된 효용을 이용하여 의사결정나무를 그리면 [그림 13-18]과 같다. [그림 13-18]을 보면 기존 방법을 이용할 때의 기대효용은 $0.6(0.75)+0.4(0.5)=0.65$, 새로운 방법을 이용할 때의 기대효용은 $0.2(1)+0.4(0.95)+0.4(0)=0.58$임을 알 수 있다. 따라서 효용함수를 이용할 경우, 두 방법 중 기대효용이 큰 기존 방법을 이용하는 것이 더 선호됨을 보여주고 있다.

효용함수를 이용할 때의 결과는 앞서 기대개발시간을 이용할 때와는 다른 결과를 보여주고 있다. 이는 의사결정자가 위험회피적인 성향을 보임으로써 개발시간의 기복이 큰 새로운 방법보다는 위험이 덜한 기존 방법을 선호함을 의미한다.

확실성등가방법(certainty equivalence approach)

확률등가방법은 선호확률을 이용해 효용함수를 도출하는 방법으로 확률에 대한 개념이 없고, 확률평가에 어려움을 느끼는 경우에는 이용하기 어려운 방법이다. 이처럼 확률평가에 어려움을 느끼는 경우에는 대안으로 **확실성등가방법(certainty equivalence approach)**을 이용하여 효용함수를 추정할 수 있다.

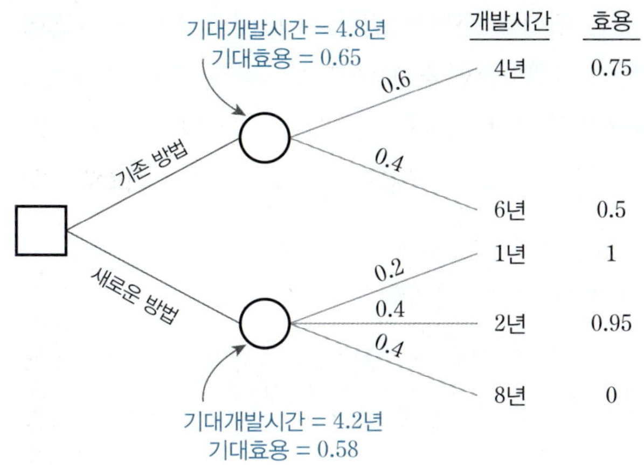

그림 13-18

신약개발 의사결정 나무

② 확실성등가방법

이 방법은 의사결정자로 하여금 가장 선호하는 결과를 얻을 가능성이 50%이고, 가장 선호하지 않는 결과를 얻을 가능성은 50%인 50:50의 도박에 참여하는데 최대 얼마까지의 돈을 지불할 것인지를 물어 효용함수를 도출하는 방법이다. 예를 들어, 의사결정자가 취할 수 있는 화폐가치의 범위가 −200만원에서 600만원이라고 가정하자. 그러면 U(−200만원)=0, U(600만원)=1로 설정할 수 있다.

이제 다음과 같은 질문을 의사결정자에 던져보자. 600만원을 딸 가능성과 200만원을 잃을 가능성이 동일한 도박에 참여하는데 참가비를 내야 한다면 귀하는 최대 얼마까지 지불하겠는가? 물론 이 도박의 기대화폐가치는 0.5(600)+0.5(−200)=200(만원)이다. 하지만 사람들의 행태를 관찰해보면 어떤 것을 잃었을 때의 고통이 동일한 것을 얻었을 때의 희열보다 2배 이상 된다고 한다.[12] 따라서 위 도박에 참여하는데 지불하고자 하는 금액은 기대화폐가치보다 작은 것이 일반적이다. 의사결정자가 도박에 참여하는데 100(만원)까지는 지불하겠다고 대답했다고 가정하자. 그러면 100만원에 대한 효용은 이제 다음과 같이 결정된다.

$$\begin{aligned} U(100\text{만원}) &= 0.5U(-200\text{만원}) + 0.5U(600\text{만원}) \\ &= 0.5(0) + 0.5(1) \\ &= 0.5 \end{aligned}$$

12) 인간의 손실회피(loss aversion) 성향을 말한다.

확실성등가(CE: certainty equivalent)

여기서 100만원은 이성적 선택을 위한 세 번째 법칙인 등가법칙에서 선호확률이 0.5이고, 600만원과 −200만원을 예상결과로 갖는 확률적 거래의 **확실성등가(CE: certainty equivalent)**임을 알 수 있다.

위의 100만원은 새로운 가상 도박의 예상결과로 다시 이용된다. 이제 다음과 같은 질문을 의사결정자에게 던져보자. 600만원을 딸 가능성과 100만원을 딸 가능성이 동일한 도박에 참여하는데 참가비를 내야 한다면 귀하는 최대 얼마까지 지불하겠는가? 이 질문에 200만원이라고 대답했다고 가정하자. 그러면 200만원의 효용은 다음과 같이 결정된다.

$$\begin{aligned} U(200\text{만원}) &= 0.5U(100\text{만원}) + 0.5U(600\text{만원}) \\ &= 0.5(0.5) + 0.5(1) \\ &= 0.75 \end{aligned}$$

위의 도박에서 100만원은 선호되지 않는 결과로 이용되었는데, 이를 다시 선호되는 결과로 이용해서 50:50의 확률로 100만원을 따거나 200만원을 잃는 가상 도박을 만들 수 있다. 이제 다음과 같은 질문을 의사결정자에게 던져보자. 100만원을 딸 가능성과 200만원을 잃을 가능성이 동일한 도박에 참여하는데 참가비를 내야 한다면 귀하는 최대 얼마까지 지불하겠는가? 이 질문에 의사결정자는 참여하지 않겠다고, 즉 '0'원이라고 대답했다고 가정하자. 그러면 0원의 효용은 다음과 같이 결정된다.

$$\begin{aligned} U(0\text{원}) &= 0.5U(-200\text{만원}) + 0.5U(100\text{만원}) \\ &= 0.5(0) + 0.5(0.5) \\ &= 0.25 \end{aligned}$$

이 방법은 −200만원, 0원, 100만원, 200만원, 600만원이라는 화폐가치가 0, 0.25, 0.5, 0.75, 1이라는 효용을 주는 [그림 13−19]와 같은 효용함수를 산출한다.

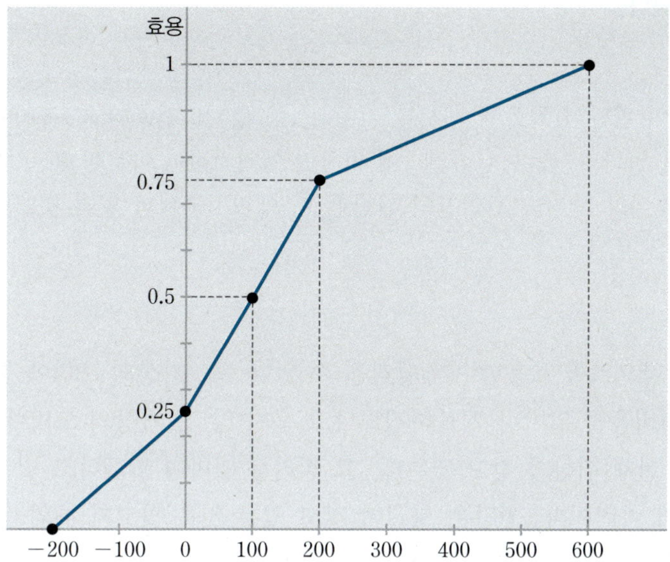

그림 13-19
확실성등가방법을 이용한 효용함수

[그림 13-19]의 효용함수는 의사결정자의 돈에 대한 효용이 돈의 크기에 따라 볼록함수와 오목함수로 나누어지는 모습을 보인다. 즉, 돈이 증가함에 따라 효용은 증가하지만, 100만원까지는 한계효용도 증가하는 볼록함수의 모습을 보이다가 100만원을 넘어서면 한계효용은 체감하는 오목함수 형태를 보임을 알 수 있다. 즉, 이 의사결정자가 돈의 크기에 따라 위험을 추구하다가 다시 위험을 회피하는 태도를 보이고 있다.

확실성등가방법은 확률등가방법처럼 확률을 평가하도록 요구하지 않고, 50:50의 도박에 참여하는데 지불하고자 하는 금액을 대답하도록 함으로써 일반인들도 쉽게 자신의 효용함수를 도출할 수 있도록 하지만 다음과 같은 단점도 가지고 있다.

연쇄 반응(chaining)
기준점(anchor point)
앵커링 효과(anchoring effect)

첫째, 처음 대답이 효용함수에 큰 영향을 미친다. 즉, 처음 대답한 도박의 참가비용이 후속적인 도박 설계에 계속 사용됨으로써 효용함수를 만드는데 큰 영향을 미친다. 위의 예에서 처음 대답한 도박 참가비용 100만원은 다음 도박들에서 가장 선호되는 값과 가장 선호되지 않는 값으로 사용되었는데, 이는 효용함수를 만드는데 **연쇄 반응(chaining)**을 일으키게 한다. 즉, 처음 대답한 100만원은 효용함수를 만드는데 **기준점(anchor point)**의 역할을 하고, 이는 **앵커링 효과(anchoring effect)**라는 인지편향을 일으킬 수 있다.

앵커지점(anchor point)

앵커링 효과 인간의 판단이 처음에 제시된 기준점, 즉 앵커지점(anchor point)에 큰 영향을 받는 것을 말한다. 많은 실험결과에 의하면 앵커지점이 아무런 의미 없이 임의로 제시된 것이라 할지라도 인간의 판단은 이 앵커지점에서 멀리 벗어나지 못하는 인지편향을 보인다.

소유효과(endowment effect)

둘째, 질문을 달리 함으로써 효용함수가 달라질 수 있다. 즉, 가상의 도박에 참여하고자 할 때 그 참가비용을 얼마나 지불하겠느냐고 묻지 않고, 가상의 도박에 참여할 수 있는 권리를 현재 귀하가 갖고 있는데, 그 권리를 얼마면 팔겠냐고 질문을 하면 대답은 달라지기 마련이다. 인간은 자신이 갖고 있는 것을 팔고자 때와 동일한 것을 사고자 할 때 가치평가가 달라진다. 보통 전자의 경우가 후자의 경우보다 가치가 높이 평가된다. 이를 소유효과(endowment effect)라고 한다. 인간은 동일한 것이라 할지라도 자신이 갖고 있던 것을 내놓을 때는 그것의 객관적 가치에 자신의 애착까지 더해져 동일한 것을 살 때 보다 훨씬 높은 가격을 부르게 된다.

한편, 확률등가방법과 확실성등가방법은 동일한 상황에 대해서도 서로 다른 효용함수를 도출한다. 효용은 가상의 복권에 사용되는 보상의 크기, 보상의 확률, 보상에 손실이 포함되느냐의 여부 등에 따라 민감한 반응을 보이므로 두 방법의 결과는 다르기 마련이다. 실험결과에 의하면 일반적으로 확률등가방법이 확실성등가방법보다 더 위험회피적인 효용함수를 만드는 것으로 알려져 있다.

확률등가방법과 확실성등가방법은 효용함수를 도출하기 위해 많이 사용하는 방법이기는 하지만 확률이나 확실성등가의 개념에 대해 훈련이 되어 있지 않은 사람들은 이 방법들을 이해하기 어렵다. 또한 이 방법들을 이용하려면 대답하기도 모호한 일련의 가상의 질문들에 답해야 하는데, 그 과정이 매우 지루할 뿐만 아니라 일관성 있는 대답을 기대하기도 힘든 단점이 있다. 더욱이 개인의 효용함수가 아닌 조직의 효용함수를 도출하기 위해서는 위험에 대해 서로 다른 태도를 가지고 있는 여러 의사결정자의 의견을 하나로 묶어야 하는데 이러한 의견수렴 또한 실무적으로 매우 힘든 일이다.

따라서 대안적 방법으로 우리는 이론적으로 만들어진 효용함수를 이용하기도 한다. 보통 개인이나 조직의 위험에 대한 성향은 위험회피적이라 가정하고, 오목함수 형태의 효용함수를 이용하는데, 투자분석 관련 문제에서는 지수함수(exponential function) 형태의 효용함수를 많이 이용한다.

지수함수(exponential function)

5 지수효용함수

지수효용함수(exponential utility function)는 실무에서 위험회피적인 성향을 보이는 개인이나 조직의 효용함수로 많이 활용된다. 지수효용함수의 모양을 결정하는 중요한 모수(parameter)는 위험허용량(risk tolerance)인데, 이 값의 크기에 따라 위험을 회피하는 정도가 결정된다. 위험허용량은 의사결정자가 기꺼이 받아들일 수 있는(견딜 수 있는) 위험의 양을 화폐가치로 나타낸 것이다. 위험허용량의 크기가 크면 클수록 덜 위험회피적이 된다. 즉, 견딜 수 있는 위험의 양이 많을수록 위험을 회피하는 정도가 낮아진다.

지수효용함수(exponential utility function)
위험허용량(risk tolerance)

지수효용함수 $U(x)$는 다음의 식으로 표현된다.

$$U(x)=1-e^{-\frac{x}{R}}$$

여기서, x는 내가 얻거나 잃는 화폐가치의 크기로 얻을 경우에는 양(+)의 값, 잃을 경우에는 음(−)의 값을 갖는다. R은 위험허용량으로 양(+)의 값을 갖는다.

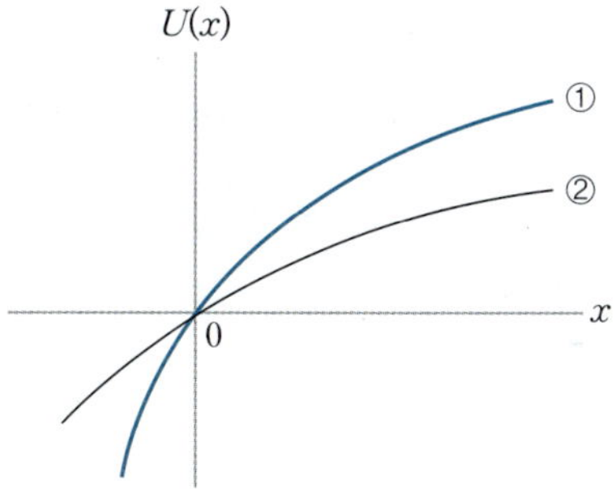

그림 13-20
지수효용함수

지수효용함수는 $U'(x)>0$, $U''(x)<0$의 조건을 만족시키는 오목함수인데, R의 값이 커질수록 효용함수는 선형의 함수에 가깝게 된다. 즉, 견딜 수 있는 위험의 양이 증가할수록 의사결정자의 위험에 대한 태도는 위험회피적인 성향에서 위험중립적인 성향으로 바뀌게 된다. [그림 13-20]에서 ①의 R은 ②의 R보다 작다. 즉, 위험허용량(R)이 클수록 지수효용함수는 오목함수에서 완만한 선형함수의 모양에 가깝게 변한다.

따라서 개인이나 조직의 효용함수를 지수함수로 표현하기 위해서는 위험허용량

R의 값을 정하는 것이 필요하다. R의 값을 정하기 위한 실무적 지침으로는 다음과 같이 두 가지가 있다.

① 개인의 위험허용량 결정 지침

첫 번째 지침은 보통 개인의 위험허용량을 결정하는데 사용된다. 다음과 같은 두 가지 대안이 있다고 하자.

대안 1: 확실한 대안으로 도박에 참여하지 않아 아무것도 얻거나 잃지 않는 대안
대안 2: 확률적 대안으로 50%의 확률로 R(원)을 잃고, 50%의 확률로 $2R$(원)을 따는 도박에 참여

두 대안의 선호도를 무차별하게 하는(두 대안의 효용을 똑같이 생각하도록 하는) R의 값은 무엇인가? 이 값이 바로 귀하의 위험허용량이 된다.[13] 일반적으로 부자일수록 R의 값은 커지고, 위험을 회피하는 정도 또한 낮아진다.

② 기업의 위험허용량 결정 지침

두 번째 지침은 보통 기업의 위험허용량을 정하는데 사용된다. 의사결정분석의 태두 중 한 사람으로 불리는 스탠퍼드 대학교의 론 하워드(Ron Howard)는 기업 컨설팅 경험에 의거해 다음과 같은 몇 가지 재무지표와 위험허용량과의 개략적인 관계를 제안하였다.[14]

순매출(net sales)의 약 6.4%, 순수익(net income)의 124%, 자기자본(equity)의 15.7% 정도가 위험허용량으로 적절하다는 것이다. 예를 들어, 어떤 기업의 순매출이 1000억원이라면 그 기업의 위험허용량은 64억원 정도로 추정할 수 있다는 것이다. 이 지침은 제한된 기업 경험을 토대로 내린 것이지만 기업의 위험허용량을 정하기 위한 하나의 경험적인 가이드라인으로서의 역할을 할 수 있다. 지침을 보면 재무성과가 좋거나 규모가 큰 기업일수록 견딜 수 있는 위험의 양이 커지고, 따라서 큰돈이 걸린 문제에서 위험을 감수할 능력도 더 큼을 알 수 있다.

13) 대안 2를 선택하게 하는 R의 값을 구하는 것이 실무적으로 더 쉬운 방법일 것이다.

14) Howard, Ronald A. (1988), "Decision Analysis: Practice and Promise," *Management Science*, Vol. 34, No. 6, pp. 679–695.

6 로그효용함수

지수효용함수와 함께 실무에서 효용함수로 많이 활용하는 것이 **로그효용함수(logarithmic utility function)**이다. 로그효용함수는 다음의 식으로 표현된다.

로그효용함수(logarithmic utility function)

$$U(x) = \ln(x)$$

여기서, x는 내가 얻거나 잃는 화폐가치의 크기(monetary payoff) 또는 부(wealth)의 수준을 나타낸다. 로그함수에서 x는 음의 값을 가질 수 없으므로 만일 x가 음의 값을 갖는 경우에는 임의의 양의 상수 K를 더해 로그함수의 인자(argument)인 $(x+K)$가 양수가 되도록 한다.

[그림 13-21]은 로그효용함수의 모습을 보여준다. 오목함수로 위험회피적인 선향을 나타내며, x가 음수일 경우에는 함수의 값이 정의되지 않음을 볼 수 있다.

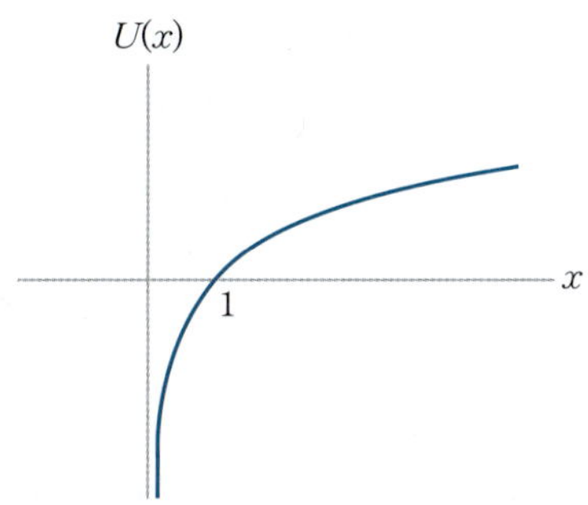

그림 13-21
로그효용함수

로그효용함수가 지수효용함수와 다른 점은 지수효용함수의 경우, 부의 수준(x)이 증가하여도 위험회피정도는 일정한(**constant risk aversion**) 반면, 로그효용함수의 경우에는 부의 수준(x)이 증가함에 따라 위험회피정도가 감소하는(**decreasing risk aversion**) 특징을 갖는다.[15] 즉, 지수효용함수의 경우에는 부의 수준이 증가하여도 위험회피정도는 일정하게 유지되는 반면, 로그효용함수의 경우에는 부의 수준이 증가함에 따라 위험회피정도는 감소한다. 로그효용함수의 경우, 가진 돈이 많을수록 과거에는 꺼려졌던 도박도 점점 덜 꺼려진다는 말이다.

constant risk aversion
decreasing risk aversion

15) 이에 대해서는 13.11절 위험회피정도의 측정에서 구체적으로 다룬다.

7 PrecisionTree의 활용

다음의 예제를 통해 효용함수가 지수함수인 의사결정문제를 해결해 보자. 아울러 예제를 이용해 PrecisionTree의 활용 방법도 학습해 보자.

> **예제 4** 한국테크(주)는 연간 순매출이 300억원에 달하는 생명공학회사이다. 한국테크(주)는 다음의 세 가지 투자안 중 하나를 선택하고자 한다. 투자안 셋 중 하나는 확실한 결과를 보장하는 대안이고, 나머지 둘은 위험한 대안이다. 확실한 대안(대안 1)에 투자하게 되면 1억2500만원의 이득은 확실히 보장된다. 나머지 두 대안은 확률적 대안인데, 이 중 위험이 작은 투자안(대안 2)의 경우 앞으로의 시장 상황이 좋으면 10억원의 이득을, 시장 상황이 보통이면 1억원의 이득을, 그리고 시장 상황이 안 좋으면 5억원의 손실을 가져온다. 시장 상황이 좋을 확률은 0.25, 시장 상황이 보통일 확률은 0.5, 시장 상황이 안 좋을 확률은 0.25로 추정되고 있다. 위험이 큰 투자안(대안 3)의 경우, 5%의 확률로 30억원, 60%의 확률로 10억원의 이득을 볼 수 있으나 나머지 35%의 확률로 10억원의 손실을 볼 수 있는 결과의 기복이 큰 대안이다. 한국테크(주)의 효용함수를 지수함수로 가정하여 세 가지 투자안 중 어느 대안을 택하는 것이 합리적인지 기대효용을 기준으로 판단하라.

지수효용함수를 이용하기 위해서는 우선 한국테크(주)의 위험허용량을 구하는 것이 필요하다. 현재 한국테크(주)의 순매출이 연 300억원이므로 하워드(Ron Howard)의 지침에 따르면 위험허용량은 순매출의 6.4%인 19억2천만원으로 추정할 수 있다. 따라서 한국테크(주)의 효용함수는 다음과 같이 나타낼 수 있다.

$$U(x)=1-e^{-\frac{x}{R}}=1-e^{-\frac{x}{19.2}}$$, 여기서 x와 R의 단위는 억원이다.

이제 위의 효용함수를 이용하여 세 가지 투자안 각각이 가져올 손익에 대한 효용을 구해 보자. 엑셀의 =EXP 함수를 이용하면 지수함수의 값을 쉽게 구할 수 있다.

우선, 대안 1의 효용은 다음과 같이 계산된다.

$$U(1.25)=1-e^{-\frac{1.25}{19.2}}=1-0.9370=0.0630$$

다음으로 대안 2의 세 가지 손익에 대한 효용은 다음과 같다.

$$U(-5)=1-e^{-\frac{(-5)}{19.2}}=1-1.2975=-0.2975$$[16]
$$U(1)=1-e^{-\frac{1}{19.2}}=1-0.9492=0.0508$$
$$U(10)=1-e^{-\frac{10}{19.2}}=1-0.5940=0.4060$$

마지막으로 대안 3의 세 가지 손익의 효용은 다음과 같다.

$$U(-10)=1-e^{-\frac{(-10)}{19.2}}=1-1.6834=-0.6834$$
$$U(10)=1-e^{-\frac{10}{19.2}}=1-0.5940=0.4060$$
$$U(30)=1-e^{-\frac{30}{19.2}}=1-0.2096=0.7904$$

[그림 13-22]는 한국테크(주) 문제의 의사결정나무이다.

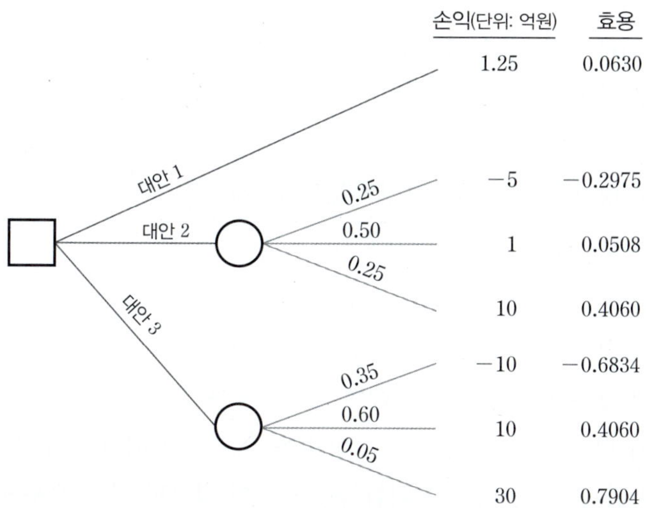

그림 13-22
한국테크(주)의 의사결정나무

[그림 13-22]는 각 대안을 선택했을 때의 손익(화폐가치)과 효용을 함께 보여주고 있다. 우선, 기대화폐가치를 보면, 대안 1의 기대화폐가치는 1.25(억원), 대안 2의 기대화폐가치는 1.75(억원), 대안 3의 기대화폐가치는 4(억원)으로 대안 3을 선택하는 것이 기대화폐가치 기준 하에서는 최적이다. 즉, 결과의 기복을 고려하지 않는

16) 효용이 음(−)의 값이 나왔다고 이상하게 생각하지 말기 바란다. 효용은 상대적인 척도로서 그 값이 양수이든 음수이든 의사결정을 위해서는 효용의 상대적인 값만이 의미를 갖는다.

위험중립적인 개인이나 조직에게는 이 대안이 가장 선호된다.

하지만 한국테크(주)는 위험회피적인 성향을 보이므로 효용을 이용하면 기대화폐가치를 기준으로 했을 때와는 선택이 바뀔 수 있다. 각 대안의 기대효용(EU: expected utility)을 계산하면 다음과 같다.

대안 1: EU = 0.0630

대안 2: EU = 0.25(−0.2975)+0.50(0.0508)+0.25(0.4060) = 0.0525

대안 3: EU = 0.35(−0.6834)+0.60(0.4060)+0.05(0.7904) = 0.0439

각 대안의 기대효용을 구한 결과, 기대화폐가치를 기준으로 했을 때와는 정반대의 순서로 대안들의 우열이 나타나 기대효용을 기준으로 했을 때는 확실한 대안이 최적의 대안임을 알 수 있다. 즉, 위험회피적인 성향을 갖는 한국테크(주)는 대안 3에 내재된 위험을 피하기 위해 2.75(억원)의 기대화폐가치를 기꺼이 포기하고자 함을 알 수 있다. 여기서, 2.75(억원)은 기대화폐가치 기준 하에서 가장 우월한 대안으로 평가된 대안 3의 기대화폐가치(4억원)에서 기대효용을 기준으로 했을 때 가장 우월한 대안으로 평가된 대안 1의 기대화폐가치(1.25억원)를 뺀 값이다.

여기서 지수효용함수의 모양을 결정하는 모수인 위험허용량(R)은 대안의 선택에 중요한 역할을 한다. 즉, 위험허용량의 값이 현재보다 커지면 이는 한국테크(주)가 현재보다 덜 위험회피적이 된다는 의미이므로 어느 시점에서는 위험한 대안이 최적 대안으로 바뀔 것이다. 독자들은 이때의 위험허용량이 약 22.1(억원) 정도가 됨을 스스로 확인하기 바란다. 위험허용량이 이 값을 초과하면 최적의 대안은 대안 1에서 대안 3으로 바뀌게 된다. 하지만 위험허용량이 이 값보다 작은 경우에는 확실한 대안이 최적 대안으로 그대로 유지된다.

PrecisionTree
Model Settings 대화상자
Display 상자

[그림 13-23]은 **PrecisionTree**를 이용하여 기대화폐가치와 기대효용을 기준으로 의사결정나무 분석을 각각 진행한 결과이다. 기대화폐가치 기준 하에서는 대안 3이 선택되었지만 기대효용 관점에서는 대안 1이 선택되었음을 알 수 있다. [그림 13-23]의 결과는 앞서 수작업으로 분석한 결과와 동일하다. PrecisionTree를 이용하면 [그림 13-24]와 같은 **Model Settings 대화상자**를 불러 지수효용함수의 위험허용량(R-value)을 여러 가지 값으로 변화시킨 결과를 볼 수 있다. 또한 **Display**

그림 13-23

PrecisionTree를 이용한 의사결정 나무 분석

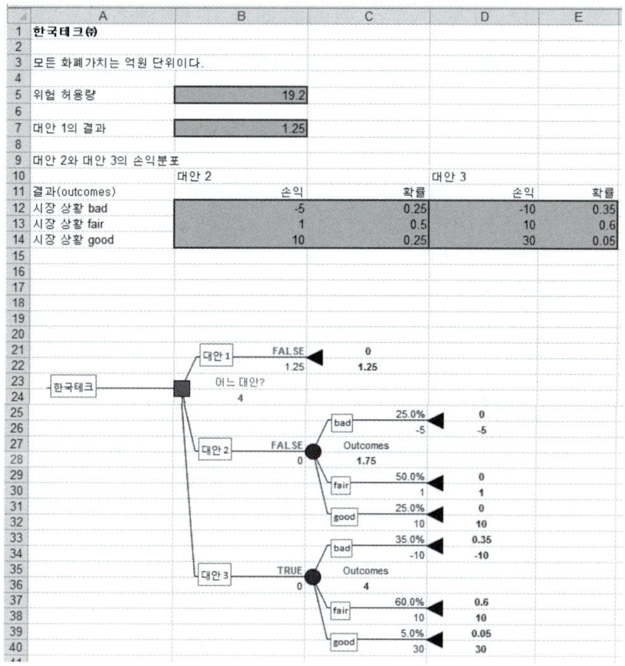

(가) 기대화폐가치 기준

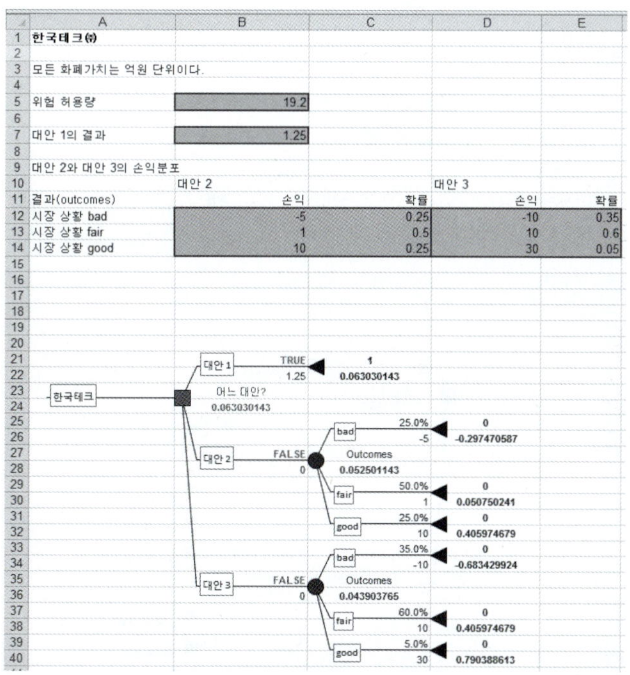

(나) 기대효용 기준

상자의 메뉴를 펼쳐 의사결정기준을 기대화폐가치, 기대효용, 확실성등가 등으로 변화시켜 그 결과를 관찰할 수 있다. [그림 13-25]는 위험허용량을 22.1억원으로 바꾼 결과를 보여주고 있다.

그림 13-24

Model Settings 대화상자

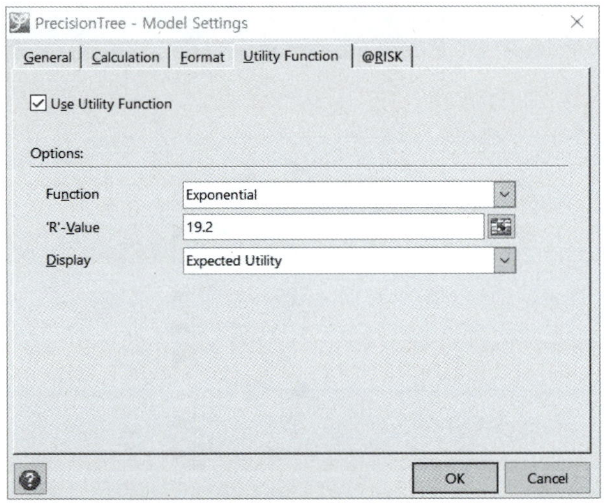

그림 13-25

위험허용량이 22.1억 원일 경우의 결과

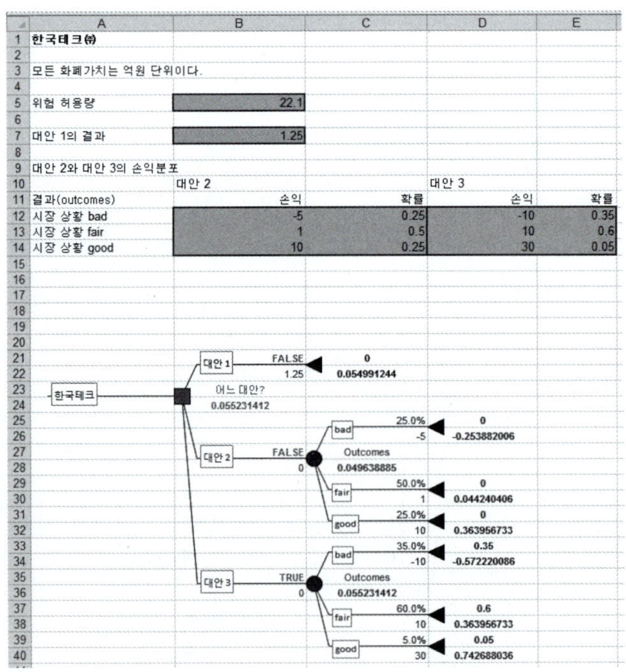

8 확실성등가의 계산

확실성등가(CE: certainty equivalent)란 어떤 확률적 거래와 동일한 효용을 주는 확실한 화폐가치를 말한다. 한국테크㈜의 경우, 확률적 거래에 해당하는 위험한 대안은 대안 2와 대안 3이다. 이제 위험한 대안과 동일한 효용을 주는 확실성등가를 구해보자.

확실성등가(CE: certainty equivalent)

예를 들어, 대안 2의 확실성등가를 구해보자. 우선 대안 2의 기대효용은 원래의 문제에서 0.0525임을 알고 있다. 따라서 우리가 구하고자 하는 것은 이 효용과 동일한 효용을 주는 화폐가치 x이다. 따라서 다음의 식을 만족하는 x의 값을 구하면 그 값이 바로 대안 2의 확실성등가이다.

$$U(x)=1-e^{-\frac{x}{19.2}}=0.0525$$

위 식을 x에 대해 풀면 다음과 같다.

$$x = -19.2 \cdot \ln(0.9475) = 1.035$$

대안 2의 확실성 등가는 1.035억원이다. 즉, 한국테크㈜는 대안 2를 선택하는 것과 1억350만원을 확실하게 얻는 것을 동일하게 생각한다는 것이다. 여기서 대안 2의 기대화폐가치 1억7500만원에서 확실성등가 1억350만원을 뺀 값 7150만원은 한국테크㈜가 위험을 회피하기 위해 기꺼이 지불하고자 하는 기대화폐가치를 의미한다.

위험을 회피하기 위해 의사결정자가 기꺼이 포기하는 기대화폐가치를 **위험 프리미엄(risk premium)**이라고도 부른다. 따라서 어떤 대안의 확실성등가가 작을수록 위험을 회피하기 위해 포기하는 기대화폐가치(위험 프리미엄)는 커지므로 그 대안은 더 위험한 대안임을 알 수 있다.

위험 프리미엄(risk premium)

확률적 거래의 위험 프리미엄(risk premium)
= 확률적 거래의 기대화폐가치(EMV) − 확률적 거래의 확실성등가(CE)

대안 2와 대안 3의 위험도를 비교하기 위해 대안 3의 확실성등가를 구해보자. 대안 3의 기대효용은 0.0439이므로, 다음의 식을 만족하는 x의 값을 구하면 그 값이 바로 대안 3의 확실성등가이다.

$U(x)=1-e^{-\frac{x}{19.2}}=0.0439$ 로부터 $x = 0.862$이다.

즉, 대안 3의 확실성등가는 8620만원으로 대안 3의 기대화폐가치 4억원에서 확실성등가 8620만원을 빼면 그 차이는 3억1380만원이 된다. 이 값은 대안 3의 위험을 회피하기 위해 한국테크(주)가 기꺼이 포기하고자 하는 기대화폐가치(위험 프리미엄)의 크기로 대안 2의 경우보다 훨씬 큼을 알 수 있다.

[그림 13-26]은 확실성등가를 이용해 대안들의 우열을 비교한 의사결정나무이다. 기대효용을 이용했을 때([그림 13-23] 참조)와 마찬가지로 대안 1이 선택되었음을 알 수 있다.

그림 13-26

확실성등가로 표현된 의사결정나무

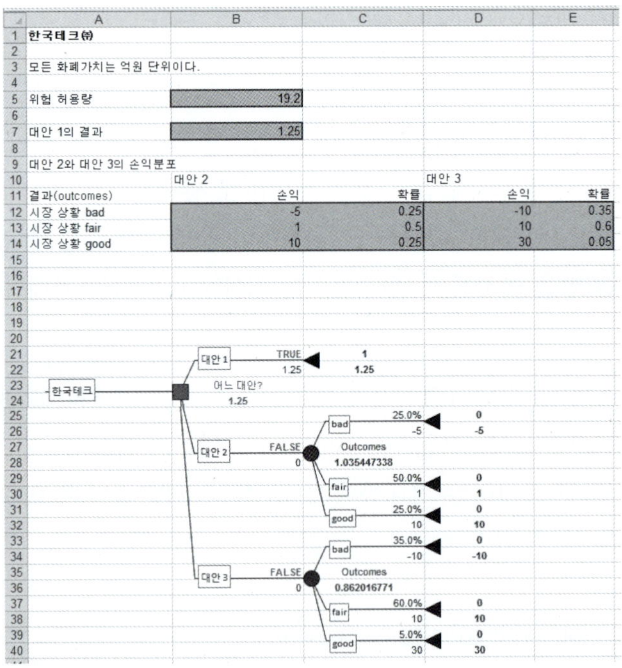

9 민감도 분석

민감도 분석(sensitivity analysis)

지수효용함수를 이용할 때 위험허용량(R)의 크기에 따라 최적 의사결정경로가 바뀜을 보았다. 위험허용량이 바뀜에 따라 의사결정경로가 어떻게 바뀌는지를 보다 편리하게 볼 수 있는 방법은 PrecisionTree의 **민감도 분석(sensitivity analysis)** 기능을 이용하는 것이다. Model Settings 대화상자의 'R-Value' 입력상자에 위험허용량 값을 하나씩 넣어 그 결과를 보는 대신 민감도 분석 기능을 이용하면 위험허용량이 얼마일 때 어떠한 의사결정을 해야 하는지 훨씬 편리하게 파악할 수 있다.

단일방향 민감도 분석(One-Way Sensitivity)

양방향 민감도 분석(Two-Way Sensitivity)

PrecisionTree의 민감도 분석은 두 가지 종류가 있다. 하나는 **단일방향 민감도 분석(One-Way Sensitivity)**이고, 또 하나는 **양방향 민감도 분석(Two-Way Sensitivity)**이다. 전자는 하나의 입력변수의 값을 변화시켰을 때 결과의 변화를 보는 것이고, 후자는 두 가지 입력변수의 값을 변화시켜 두 변수의 값이 어떤 조합을 이룰 때 결과는 어떻게 달라지는지 파악하는데 이용한다.

① 단일방향 민감도 분석

단일방향 민감도 분석을 예시하기 위해 위험허용량을 입력변수로 선택하자. 위험허용량에 대한 단일방향 민감도 분석을 위해 우선 PrecisionTree 메뉴에서 민감도 분석 아이콘 을 누른다. 그러면 [그림 13-27]과 같은 민감도 분석(Sensitivity Analysis) 대화상자가 나타난다.

One-Way Sensitivity

여기서는 위험허용량이라는 한 변수에 대한 민감도 분석을 수행할 것이므로 Analysis Type을 'One-Way Sensitivity'로 선택한다. 다음으로 Inputs: 상자에는 값을 변화시킬 입력변수를 지정한다. 위험허용량의 값을 변화시킬 것이므로 Add... 버튼을 눌러 모델 시트에서 위험허용량 값이 입력된 셀 B5를 선택한다. 그러면 [그림 13-27]과 같이 셀 B5의 현재 값(Current) '19.2'와 현재 값을 기준으로 어떠한 범위(Variation)에서 민감도 분석을 수행할 것이라는 메시지를 볼 수 있다. 기본값으로 (현재 값-25%)에서 (현재 값+25%)의 범위[17]를 11단계로 나누어 각 단계에서 어떤 의사결정을 하는 것이 기대효용을 더 크게 하는지 보여준다.

여기서 사용자는 Edit... 버튼을 눌러 민감도 분석의 범위와 단계 수를 원하

17) [19.2-25%(19.2)]에서 [19.2+25%(19.2)]의 범위를 말한다.

Strategy Region

는 대로 편집할 수 있다. 분석 결과로는 **Strategy Region**을 선택한다. Strategy Region은 위험허용량의 범위를 11단계로 나누어 기대효용에 따른 세 가지 대안의 우열을 그림과 데이터로 보여주는 옵션이다. 이제 OK 버튼을 눌러보자. 그러면 [그림 13-28]과 [그림 13-29]와 같은 결과가 함께 엑셀의 새로운 시트로 만들어진다.

그림 13-27

PrecisionTree의 민감도 분석 대화상자

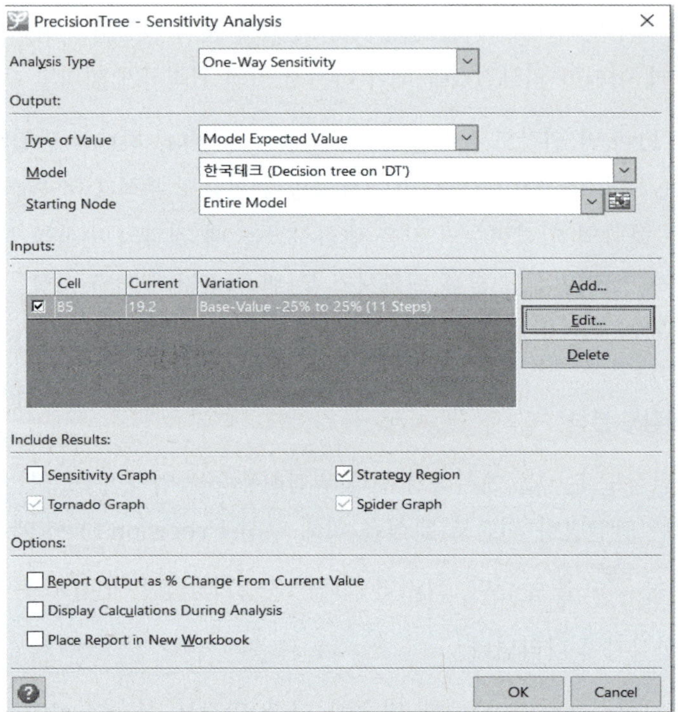

[그림 13-28]을 보면 위험허용량의 변화에 따라 의사결정이 대안 1에서 대안 3으로 바뀜을 알 수 있다. 대안 2는 위험허용량의 변화 범위 내에서 기대효용을 가장 크게 하는 경우는 없는 것을 알 수 있다. 즉, [그림 13-28]을 보면 위험허용량이 작을 때(더 위험회피적일 경우) 안전한 대안인 대안 1이 우위를 보이지만, 위험허용량이 어떤 값을 초과하게 되면(덜 위험회피적인 경우) 가장 위험한 대안인 대안 3이 우위를 보임을 알 수 있다. 그렇다면 대안 1에서 대안 3으로 최적 대안이 바뀌는 위험허용량은 얼마일까? 이 질문에 답하기 위해 대안 1과 대안 3이 교차하는 점 위에 마우스 포인터를 위치시켜보자. 그러면 그때의 위험허용량과 기대효용이 나타나는데 이 점에서의 위험허용량은 '22.08'로 나타남을 알 수 있다. 즉, 위험허용량이 22.08(억

원) 이상이 되면, 대안 3이 우월하고, 위험허용량이 22.08(억원)보다 작으면 대안 1이 최적 대안이 됨을 알 수 있다.

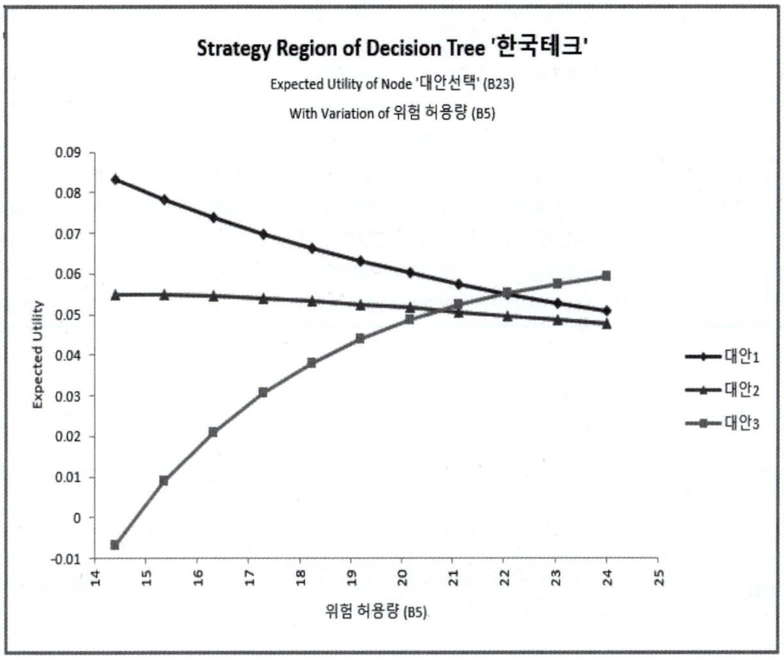

그림 13-28
위험허용량의 변화에 따른 대안의 우열

또 다른 방법은 [그림 13-28]과 함께 산출되는 [그림 13-29]의 **Strategy Region Data**를 참고할 수도 있다. [그림 13-29]를 보면, Input 변수인 위험허용량 값이 11단계에 걸쳐 변함에 따라 대안 1, 2, 3 각각의 기대효용이 어떠한 값을 갖는지, 그리고 현재의 위험허용량(19.2)에서의 기대효용을 기준으로 각 단계의 기대효용이 몇 % 증감하는지를 보여준다. 이 데이터를 보아도 위험허용량이 22.08일 때 대안 3이 대안 1을 기대효용 차원에서 지배하고 있고, 위험허용량이 그보다 작을 때는 대안 1이 다른 대안들을 지배함을 알 수 있다.

Strategy Region Data

그림 13-29
Strategy Region Data

Strategy Region Data								
	Input		대안1		대안2		대안3	
	Value	Change (%)	Value	Change (%)	Value	Change (%)	Value	Change (%)
#1	14.4	-25.00%	0.083144644	31.91%	0.054923282	-12.86%	-0.006745471	-110.70%
#2	15.36	-20.00%	0.078156868	24.00%	0.054951585	-12.82%	0.008869106	-85.93%
#3	16.32	-15.00%	0.07373336	16.98%	0.054630075	-13.33%	0.021006609	-66.67%
#4	17.28	-10.00%	0.069783536	10.71%	0.054067311	-14.22%	0.030511362	-51.59%
#5	18.24	-5.00%	0.066235209	5.08%	0.053339588	-15.37%	0.037993886	-39.72%
#6	19.2	0.00%	0.063030143	0.00%	0.052501143	-16.70%	0.043903765	-30.34%
#7	20.16	5.00%	0.060120843	-4.62%	0.051590869	-18.15%	0.048577406	-22.93%
#8	21.12	10.00%	0.057468187	-8.82%	0.050636835	-19.66%	0.052270099	-17.07%
#9	22.08	15.00%	0.055039658	-12.68%	0.049659384	-21.21%	0.055178019	-12.46%
#10	23.04	20.00%	0.052808011	-16.22%	0.048673275	-22.78%	0.057453605	-8.85%
#11	24	25.00%	0.050750241	-19.48%	0.047689203	-24.34%	0.059216503	-6.05%

② 양방향 민감도 분석

Two-Way Sensitivity

양방향 민감도 분석을 예시하기 위해 위험허용량과 함께 대안 1의 확실한 결과(payoff)를 입력변수로 선택하자. 두 변수에 대한 양방향 민감도 분석을 위해 우선 PrecisionTree 메뉴에서 민감도 분석 아이콘 Sensitivity Analysis 을 누른다. 그러면 앞서와 같이 민감도 분석(Sensitivity Analysis) 대화상자가 나타나는데, 여기서는 위험허용량과 대안 1의 결과라는 두 변수에 대한 민감도 분석을 수행할 것이므로 [그림 13-30]과 같이 Analysis Type을 '**Two-Way Sensitivity**'로 선택한다.

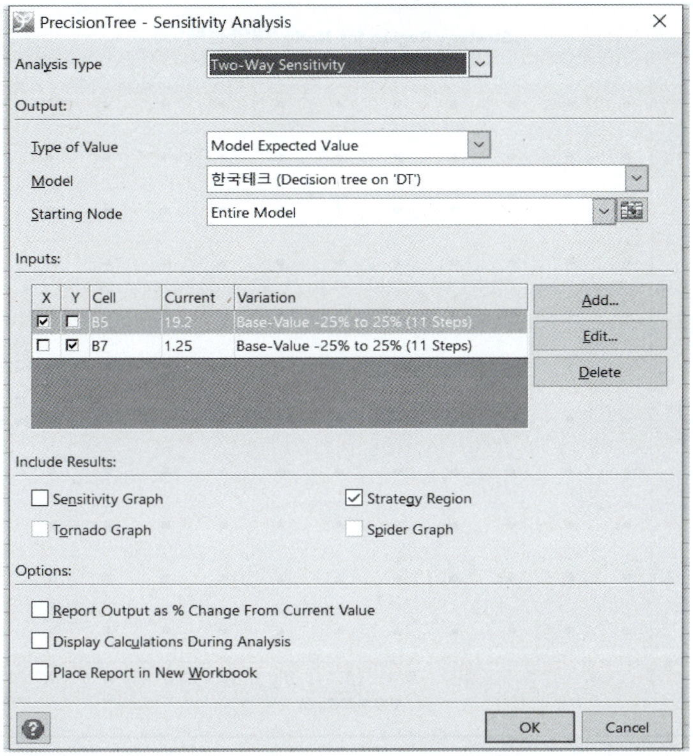

그림 13-30

Two-Way Sensitivity

다음으로 Inputs: 상자에는 값을 변화시킬 두 가지 입력변수를 지정한다. 앞서 단일방향 민감도 분석을 위해 위험허용량 변수는 입력했으므로 Add... 버튼을 눌러 모델 시트에서 대안 1의 확실한 결과가 입력된 셀 B7을 선택한다. 그러면 [그림 13-30]에서 보듯이 Inputs: 상자에는 두 가지 변수가 나타나게 된다. 두 변수 중 한 변수를 변수 X로 선택하고, 나머지 한 변수를 Y로 선택한다. X로 선택한 변수는 Strategy Region에서 횡축으로, Y로 선택한 변수는 Stragegy Region에서 종축으로 자리한다. 양방향 민감도 분석에서 Strategy Region은 두 변수 각각이 (현재 값−25%)에서 (현재 값+25%)의 범위에서 11단계의 값을 가질 때 두 변수 값의 조합(121개의 조합)에 따라 어떤 대안을 선택하는 것이 최적인지를 보여준다. 이제 OK 버튼을 눌러보자. 그러면 [그림 13-31]과 같은 그림이 새로운 시트로 산출된다.

그림 13-31
양방향 민감도 분석의 Strategy Region 결과

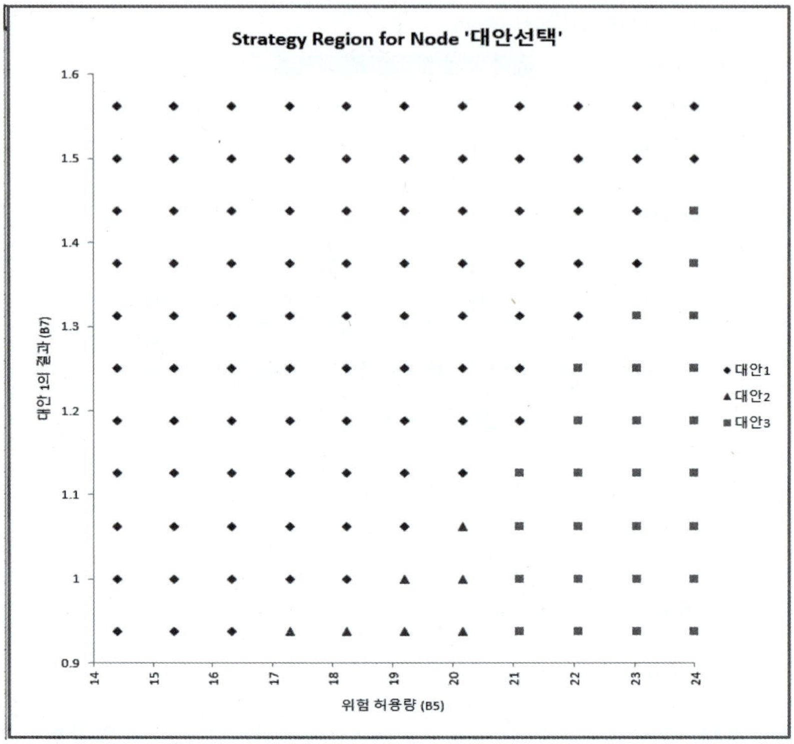

[그림 13-31]은 시각적으로 두 변수 값의 어떤 조합에서 어떤 대안을 선택하는 것이 최적인지를 보여준다. 예를 들어, 위험허용량이 17 이하일 경우에는 대안 1의 결과에 상관없이 대안 1을 선택하는 것이 최적임을 보여주고, 위험허용량이 17에서 20 정도까지의 범위에서는 대안 1의 결과가 매우 작을 때 대안 2가 선택됨을 알 수 있다. 그리고 위험허용량이 22 이상으로 크면 대안 3이 선택되는 빈도가 높음을 알 수 있다.

③ 토네이도 분석과 스파이더 분석

토네이도 그래프(Tornado Graph)
스파이더 그래프(Spider Graph)

PrecisionTree의 민감도 분석에서 유용하게 활용할 수 있는 기능으로 **토네이도 그래프(Tornado Graph)**와 **스파이더 그래프(Spider Graph)**를 학습해 보자. 이들 기능은 단일방향 민감도 분석(One-Way Sensitivity)에서 여러 개의 입력변수 각각이 결과변수에 어느 방향(양의 방향 또는 음의 방향)으로 얼마나 큰 영향을 미치는지를 상호 비교할 수 있는 유용한 기능이다.

예를 들어, 한국테크(주) 예제에서 위험허용량(현재값 19.2억원), 대안 1의 확실한 결과(현재값 1.25억원), 시장 상황이 안 좋을 경우의 대안 2의 결과(현재값 −5억원), 시장 상황이 안 좋을 경우의 대안 3의 결과(현재값 −10억원)의 4가지 입력변수가 결과변수인 기대효용에 각각 어느 방향으로 얼마큼 영향을 미치는지 비교해 보자. 이를 위해 [그림 13−32]와 같이 단일방향 민감도 분석(One−Way Sensitivity) 대화상자에서 4가지 입력변수를 지정하고(모형 시트에서 각 변수에 해당하는 셀을 마우스로 선택한다), 출력 결과로서 토네이도 그래프(Tornado Graph)와 스파이더 그래프(Spider Graph)를 선택한다. 여기서 입력변수의 변화 범위는 동일하게 지정한다. [그림 13−32]에서는 4가지 입력변수의 변화 범위를 현재 값±25%로 지정했음을 볼 수 있다.

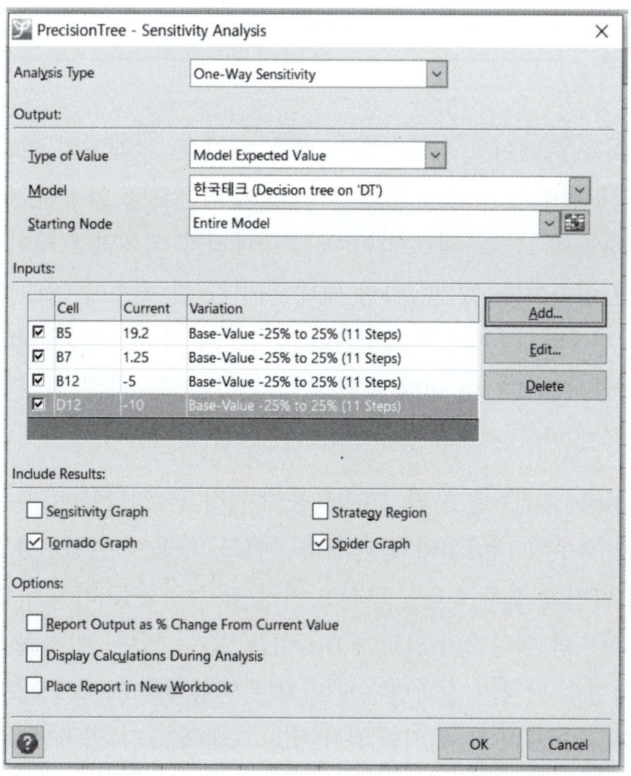

그림 13-32
토네이도 그래프와 스파이더 그래프 만들기

대화상자에서 지정을 마친 후 OK 버튼을 누르면 [그림 13−33]과 [그림 13−34]처럼 두 가지 그래프가 새로운 시트로 각각 생성된다.

그림 13-33

토네이도 그래프

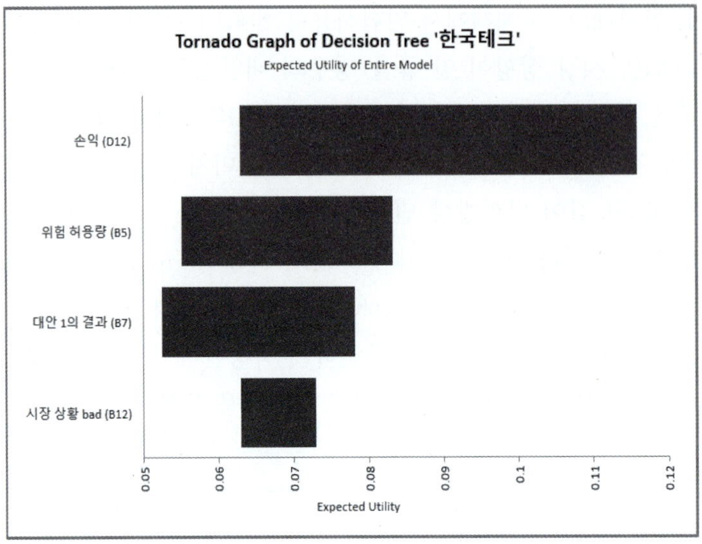

[그림 13-33]은 토네이도 그래프를 보여주고 있다. 그래프의 횡축은 기대효용, 종축에는 각 입력변수가 나타나 있다.[18] 막대 길이순으로 입력변수가 위에서부터 차례대로 위치하는데 그래프의 모양이 마치 아메리카 대륙의 토네이도와 흡사하다고 해서 붙여진 이름이다. 우선, 가장 막대 길이가 긴 변수가 기대효용에 가장 큰 영향을 미치는 변수이다. 여기서 막대길이는 각 변수의 최소값과 최대값에 대한 결과변수 값(여기서는 기대효용)의 변화 범위를 나타낸다. 즉, 막대 길이가 길다는 것은 입력변수의 변화에 따른 기대효용의 변화분이 큼을 의미한다.

[그림 13-33]의 그래프를 보면, 기대효용에 가장 큰 영향을 미치는 변수는 시장 상황이 안 좋을 경우의 대안 3의 결과(셀 D12)이고, 다음이 위험허용량(셀 B5), 그다음이 대안 1의 확실한 결과(셀 B7), 그리고 가장 작은 영향을 미치는 변수는 시장 상황이 안 좋을 경우의 대안 2의 결과(셀 B12)임을 알 수 있다. 이처럼 토네이도 그래프는 여러 입력변수 각각이 결과변수에 미치는 영향력을 시각적으로 비교할 수 있게 하는 유용한 그래프이다. 하지만 토네이도 그래프는 각 입력변수가 결과변수에 어떠한 방향으로 영향을 미치는지는 알려주지 않는다. 이러한 토네이도 그래프의 한계는 [그림 13-34]의 스파이더 그래프를 산출함으로써 해결할 수 있다.

18) 입력변수의 이름은 해당 변수의 셀 위치에 따라 자동으로 정해진 것이다. 입력변수의 이름을 사용자가 원하는 것으로 바꾸려면 [그림 13-32]에서 원하는 입력변수를 마우스로 선택하고 **Edit...** 버튼을 눌러 변경한다.

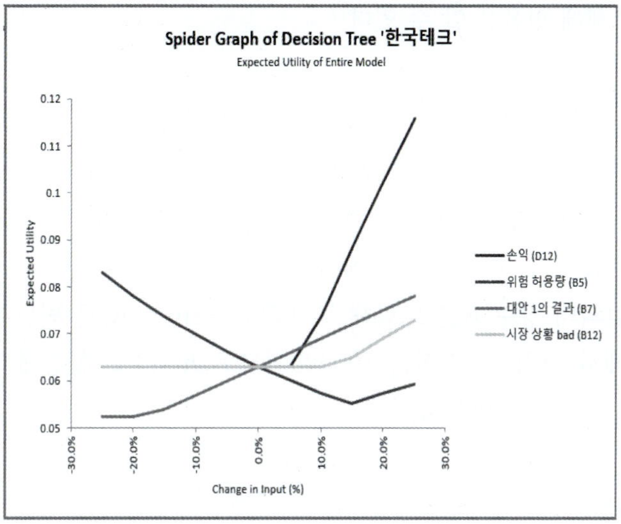

그림 13-34
스파이더 그래프

스파이더 그래프는 각 입력변수가 결과변수에 어느 방향으로 얼마큼의 영향을 미치는지 알려주는 그래프이다. 그래프의 모양이 거미줄과 같다고 해서 붙여진 이름이다. 스파이더 그래프의 횡축은 각 입력변수의 변화 범위를 나타내고, 종축은 결과변수인 기대효용을 나타낸다. 각 입력변수는 색이 다른 선으로 표시되는데, 우선 기울기의 절대값이 가장 큰(즉, 기울기의 경사가 가장 가파른) 입력변수가 결과변수에 가장 큰 영향을 미치는 변수이다. 앞서 토네이도 그래프에서와 마찬가지로 기대효용에 가장 큰 영향을 미치는 입력변수는 시장 상황이 안 좋을 경우의 대안 3의 결과(셀 D12), 다음이 위험허용량(셀 B5), 그다음이 대안 1의 확실한 결과(셀 B7), 그리고 가장 작은 영향을 미치는 입력변수는 시장 상황이 안 좋을 경우의 대안 2의 결과(셀 B12)임을 알 수 있다.

이러한 정보와 함께 스파이더 그래프는 각 입력변수가 결과변수에 어떠한 방향으로 영향을 미치는지도 알려준다. 스파이더 그래프에서 각 입력변수를 나타내는 선의 기울기가 양수(+)일 경우, 해당 입력변수는 결과변수에 양(+)의 영향을 미치고, 기울기가 음수(−)일 경우, 해당 입력변수는 결과변수에 음(−)의 영향을 미침을 의미한다. 예를 들어, 위험허용량은 변화 범위 대부분에서 기대효용에 음(−)의 영향을 미치고, 다른 변수들은 양(+)의 영향을 미침을 알 수 있다. 즉, 위험허용량이 커짐에 따라 기대효용은 감소하고, 다른 변수들의 경우, 변수 값이 커짐에 따라 기대효용은 증가하는 추세에 있음을 알 수 있다.

10 로그함수의 이용

[예제 4]의 효용함수를 로그함수로 바꾸어 PrecisionTree를 이용해 다시 분석해 보자. 앞에서 설명했듯이 로그함수 $\ln(x)$의 인자(argument) x는 음의 값을 가질 때는 정의되지 않는다. 따라서 문제에서 가장 작은 화폐가치(monetary value)를 양수로 만드는 임의의 상수 K를 도입해 로그함수를 $\ln(x+K)$로 변환시키는 것이 필요하다. 문제에서 가장 큰 손실은 10(억원)이므로 K=11로 설정해 최악의 경우의 화폐가치를 양의 값으로 만든다.[19]

그림 13-35

PrecisionTree에서 로그함수의 이용(K=11)

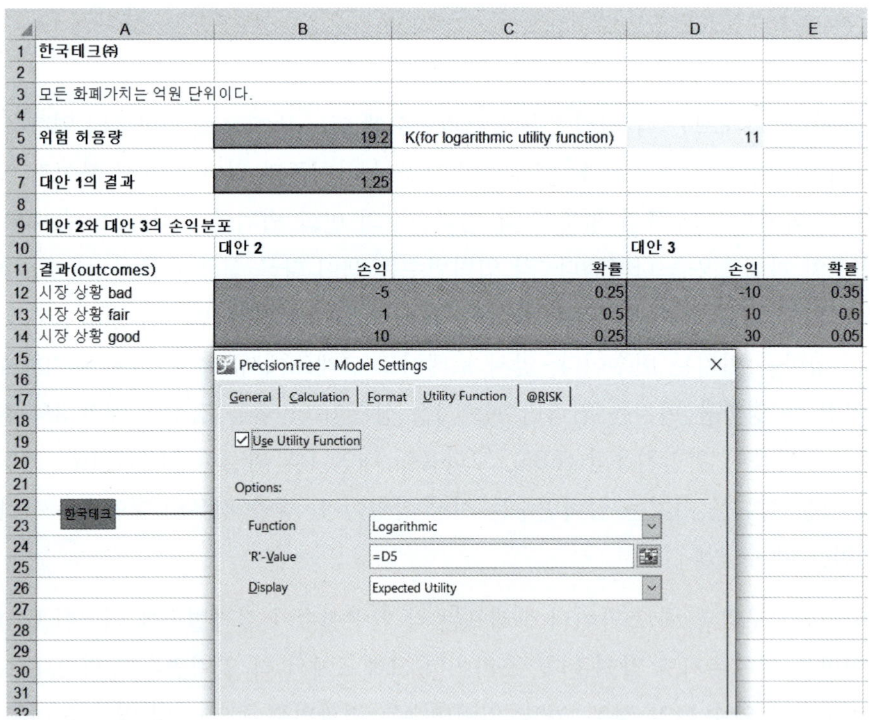

[그림 13-35]는 PrecisionTree에서 로그함수를 효용함수로 이용할 때 로그함수의 인자를 양수로 만들기 위해 임의의 상수 K의 값을 11로 설정한 예이다. [그림

19) 여기서 K의 값은 절대값이 가장 큰 음의 화폐가치를 양수로 만드는 임의의 값이다.

13-35]에서 보듯이 Model Settings 대화상자로 들어가 'R-Value' 항목에서 모델 시트의 셀 D5를 마우스로 선택하면 해당 셀 번호가 자동으로 입력됨을 알 수 있다.[20] 여기서 주의해야 할 사항은 효용함수가 로그함수일 경우, 'R-Value' 항목에 입력한 것은 지수함수의 위험허용량(risk tolerance)이 아니라 로그함수의 인자를 양수(+)로 만들기 위한 임의의 상수라는 것이다.

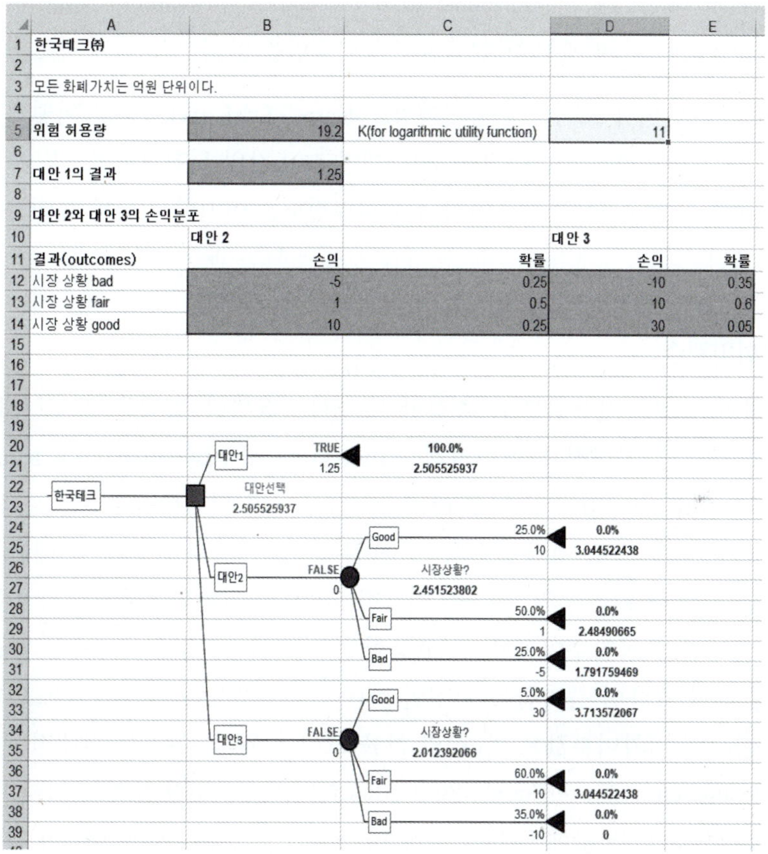

그림 13-36
로그함수(K=11)일 때의 의사결정나무 분석 결과

[그림 13-36]은 K=11로 설정하고, 로그함수를 이용해 의사결정나무 분석을 수행한 결과이다. 최적 의사결정은 대안 1을 선택하는 것으로, 이때 기대효용을 '2.505526'으로 가장 크게 만듦을 알 수 있다. 엑셀을 이용해 =LN(1.25+11)을 계산해 보라. PrecisionTree가 계산한 '2.505526'과 같음을 알 수 있을 것이다.

20) 물론 이 항목에 숫자 '11'을 직접 입력해도 무방하다.

13.11 위험회피정도의 측정

엄격한 오목함수(strictly concave function)

일반적으로 개인이나 조직의 부(富, wealth)에 대한 효용함수는 정도의 차이는 있으나 **엄격한 오목함수(strictly concave function)**로 가정한다. 즉, 위험에 대한 태도를 위험회피적으로 가정한다. 앞서 이론적 효용함수의 예로 든 지수함수(exponential utility function)나 로그함수(logarithmic utility function)도 부(wealth)나 복권(확률적 거래)의 보상(monetary payoff)에 대한 엄격한 오목함수임을 알 수 있다.

위험회피정도(degree of risk aversion)

그렇다면 개인이나 조직의 **위험회피정도(degree of risk aversion)**는 어떻게 측정할 수 있을까? 위험회피정도의 측정을 통해 개인(조직) 간의 위험회피성향을 비교할 수 있을 것이다. 또는 부의 증감에 따라 위험회피정도는 어떠한 변화를 보이는지도 판단할 수 있다.

1 위험회피계수

절대적 위험회피계수(measure of absolute risk aversion, coefficient of absolute risk aversion)

위험회피정도를 계량적으로 측정할 수 있는 간편한 방법은 프랫(John W. Pratt)이 제안한 **절대적 위험회피계수(measure of absolute risk aversion, coefficient of absolute risk aversion)**이다.[21] 이 위험회피계수는 효용함수의 특징을 이용한 것으로, 효용함수의 일차미분값(the first derivative)에 대한 이차미분값(the second derivative)의 비율을 이용한 것이다. 위험회피성향을 보이는 효용함수는 엄격한 오목함수이므로 이 효용함수의 이차미분값은 음(−)의 값을 보이고, 부에 대한 효용이 증가함을 가정할 때(즉, 재산이 많을수록 효용이 커짐을 가정할 때) 이 효용함수의 일차미분값은 양(+)의 값을 보이게 된다. 여기서 절대적 위험회피계수(이후 absolute risk aversion의 약자인 ARA로 표기함)는 효용함수의 이차미분값을 일차미분값으로 나눈 값에 (−1)을 곱해 양의 값으로 만든 지표이다. 이 값이 크면 클수록 더욱 위험회피적이라고 평가한다. 즉, 위험자산에 돈을 덜 투자하는 성향을 의미한다.

절대적 위험회피계수(ARA)는 다음과 같이 정의된다.

21) Pratt, J. W. (1964) "Risk Aversion in the Small and in the Large," *Econometrica*, Vol. 32, pp. 122–136.

$$ARA(x) = -\frac{U''(x)}{U'(x)}$$

예를 들어, 어떤 개인 또는 조직의 효용함수가 다음과 같은 네 가지 형태의 오목 함수일 때의 절대적 위험회피계수를 구해보자.

① $U(x) = \sqrt{x}$ 여기서 x=부의 수준[22)]

$$U'(x) = \frac{1}{2}x^{-\frac{1}{2}}$$

$$U''(x) = -\frac{1}{4}x^{-\frac{3}{2}}$$

따라서 $$ARA(x) = -\frac{U''(x)}{U'(x)} = -\frac{-\frac{1}{4}x^{-\frac{3}{2}}}{\frac{1}{2}x^{-\frac{1}{2}}} = \frac{1}{2}x^{-1} = \frac{1}{2x}$$

② $U(x) = \ln(x)$

$$U'(x) = \frac{1}{x}$$

$$U''(x) = -\frac{1}{x^2}$$

$$ARA(x) = -\frac{U''(x)}{U'(x)} = -\frac{-\frac{1}{x^2}}{\frac{1}{x}} = \frac{1}{x}$$

③ $U(x) = 1 - e^{-\frac{x}{R}}$ 여기서 R=위험허용량

$$U'(x) = \frac{1}{R}e^{-\frac{x}{R}}$$

$$U''(x) = -\frac{1}{R^2}e^{-\frac{x}{R}}$$

22) 부의 수준(x)이 음수일 경우에는 해당 효용함수가 정의되지 않으므로 이때는 양의 상수 K를 더해 제곱근 안의 수치가 비음이 되도록 한다. 즉, $U(x) = \sqrt{x+K}$ 로 변환하여 이용한다.

$$\begin{aligned} ARA(x) &= -\frac{U''(x)}{U'(x)} \\ &= -\frac{-\frac{1}{R^2}e^{-\frac{x}{R}}}{\frac{1}{R}e^{-\frac{x}{R}}} \\ &= \frac{1}{R} \end{aligned}$$

④ $U(x) = ax - bx^2$ 여기서 $0 < x < \frac{a}{2b}$

$$U'(x) = a - 2bx$$

$$U''(x) = -2b$$

$$ARA(x) = -\frac{U''(x)}{U'(x)} = -\frac{-2b}{a-2bx} = \frac{2b}{a-2bx}$$

효용함수 ①, ②, ③, ④의 절대적 위험회피계수(ARA)를 보면 ①과 ②의 경우에는 부의 수준 x의 값이 증가함에 따라 ARA는 감소함을 보이고, ③의 경우에는 부의 수준 x의 값과는 상관없이 ARA는 $\frac{1}{R}$로 일정함을 알 수 있다. 즉, 효용함수가 지수함수일 경우에는 부의 수준에 상관없이 ARA는 위험허용량(R)에만 의존한다. 위험허용량의 정의에서도 알 수 있듯이 위험허용량이 커지면 지수효용함수의 위험회피정도는 낮아지고, 위험허용량이 작아지면 위험회피정도는 커진다. 효용함수가 이차함수(quadratic function)로 표현되는 ④의 경우는 부의 수준 x의 값이 증가함에 따라 ARA는 오히려 커지는 결과를 보인다. 즉, 가진 것이 많을수록 더 위험회피적이 된다는 말인데, 효용함수 ①, ②와는 반대의 결과이다. 이러한 특징으로 이차함수 형태의 효용함수 ④는 위험회피 성향을 나타내는 오목함수이지만 인간의 보편적 행태와는 반대의 모습을 보인다. 지금까지 우리가 ARA를 산출하여 논의한 내용은 소위 한계위험회피정도(marginal risk aversion)를 구함으로써 더 명료하게 나타낼 수 있다.

2 한계위험회피정도

한계위험회피정도(marginal risk aversion)

한계위험회피정도(marginal risk aversion)란 부의 수준이 한 단위 증가했을 때의 위험회피정도의 변화분을 말한다. 즉, 부의 수준이 증가할수록 위험회피정도가 증가하는지 감소하는지 또는 일정한지를 나타낼 수 있는 지표이다. 한계(marginal)라는 용어의 정의에 따라 한계위험회피정도는 절대적 위험회피계수(ARA)를 부의 수준(x)으로 일차미분한 값을 말한다.

$$\text{한계위험회피정도} = ARA'(x) = \frac{dARA(x)}{dx}$$

이 값이 양수이면 부의 증가에 따라 개인이나 조직의 위험회피정도는 증가함(**incresing risk aversion**)을 나타내고, 이 값이 음수이면 부의 증가에 따라 위험회피정도는 감소함(**decreasing risk aversion**)을 나타낸다. 그리고 이 값이 부의 수준에 상관없이 '0'으로 나타날 때도 있는데, 이 경우는 부의 증감과 관계없이 위험회피정도는 일정한 상수로 나타나게 된다(**constant risk aversion**). 사람들의 행태를 관찰하면 부의 수준이 증가함에 따라 위험회피정도는 낮아지는 것이 일반적이다. 즉, 돈이 많으면 많을수록 덜 위험회피적이 되는 것을 의미한다. 예를 들어, 과거에는 구입하기 꺼려졌던 복권이나 참여하기 꺼려졌던 도박도 돈이 많아짐에 따라 덜 꺼려지게 됨을 의미한다.

incresing risk aversion
decreasing risk aversion
constant risk aversion

위에서 이용한 네 가지 효용함수의 한계위험회피정도 $ARA'(x)$를 구해보자.

① $U(x) = \sqrt{x}$

$$ARA = \frac{1}{2x}$$

$$ARA'(x) = -\frac{1}{2x^2} < 0$$

② $U(x) = \ln(x)$

$$ARA(x) = \frac{1}{x}$$

$$ARA'(x) = -\frac{1}{x^2} < 0$$

③ $U(x) = 1 - e^{-\frac{x}{R}}$

$$ARA(x) = \frac{1}{R}$$

$$ARA'(x) = 0$$

④ $U(x) = ax - bx^2$ 여기서 $x < \frac{a}{2b}$

$$ARA(x) = \frac{2b}{a - 2bx}$$

$$ARA'(x) = \frac{4b^2}{(a-2bx)^2} > 0$$

이차효용함수(quadratic utility function)

한계위험회피정도의 결과 부호를 보면, ①과 ②의 효용함수의 경우에는 부의 수준이 증가함에 따라 위험회피정도가 감소함을 알 수 있고, ③의 지수함수의 경우에는 부의 수준과는 관계없이 위험회피정도는 일정함을 보여준다. 반면 효용함수가 **이차함수(quadratic utility function)**로 나타난 ④의 경우, 부의 수준이 증가함에 따라 오히려 더 위험회피적이 된다는 결과를 보여주고 있는데, 이러한 결과는 인간의 일반적인 행태와는 맞지 않는 모습이다. 이러한 이유로 이차함수 형태의 효용함수는 오목함수임에도 불구하고 실제로는 잘 사용하지 않는다.

13.12 프레이밍 효과와 의사결정기준

프레이밍 효과(framing effect)
전망이론(prospect theory)

프레이밍 효과(framing effect)란 객관적으로 동일한 문제 상황이라도 문제를 보는 시각에 따라 판단이 달라질 수 있음을 말한다. 카너먼(Daniel Kahneman)과 트버스키(Amos Tversky)의 **전망이론(prospect theory)**[23]에 따르면 사람들은 보통 선택이 가져올 결과가 준거점(reference point)보다 이득이 된다고 생각하면 확실한 대안을 확률적 대안보다 선호하고, 선택이 가져올 결과가 준거점보다 손해가 된다고 생각하면 확실한 대안보다 확률적 대안을 선호하는 태도를 보인다고 한다. 전자는 위험을 회피하는 성향을 말하고, 후자는 위험을 추구하는 성향을 의미한다. 하지만 객관적으로는 동일한 결과라 할지라도 그것이 이득인지 손실인지는 내가 기준으로 삼는 점, 즉 준거점에 따라 달라질 수 있다. 다음의 예를 이용해 프레이밍 효과를 설명해 보자.

23) Kahneman, Daniel and Amos Tversky (1979), "Prospect Theory: An Analysis of Decision under Risk," *Econometrica*, Vol. 47, No. 2, pp. 263-291. 대니얼 카너먼은 전망이론으로 2002년 노벨경제학상을 받았다. 에이머스 트버스키는 1996년에 별세해 노벨상을 받지 못했다.

한 자동차 회사가 최근 닥친 여러 가지 경제적인 어려움으로 곤경에 처해 있다. 곧 세 곳의 공장 문을 닫아야 하고 6,000명의 근로자를 해고해야 할 지경에 놓여 있다. 이 회사의 생산 담당 책임자는 이러한 위기를 극복하기 위한 대안을 생각한 결과, 다음과 같은 네 가지 계획안을 내놓았다.

① 1안: 세 곳의 공장 중 한 곳은 살릴 수 있으며 2,000명의 근로자를 계속 일하게 할 수 있다.
② 2안: 3분의 1의 확률로 세 곳의 공장 모두를 살릴 수 있으며 6,000명 근로자를 모두 일하게 할 수 있다. 그러나 나머지 3분의 2의 확률로 세 곳의 공장 모두를 살릴 수 없으며, 따라서 6,000명의 일자리도 살릴 수 없다.
③ 3안: 세 곳의 공장 중 두 곳의 문을 닫게 할 수 있으며 4,000명의 일자리를 잃게 할 수 있다.
④ 4안: 3분의 1의 확률로 어느 공장도 문 닫게 하지 않으며 일자리를 잃게 되는 경우도 없다. 그러나 나머지 3분의 2의 확률로 세 곳 공장 모두를 문 닫게 할 수 있으며 6,000명의 일자리를 잃게 할 수 있다.

이성적으로 판단하면 1안과 3안은 동일한 대안이고, 2안과 4안은 동일한 대안이다. 말만 달리 표현했을 뿐이다. 그런데 실험 집단을 둘로 나누어 한 집단은 1안과 2안 중 선호하는 안을 선택하게 하고, 다른 집단은 3안과 4안 중 선호하는 안을 선택하도록 해보자. 전자의 경우 1안을, 후자의 경우에는 4안을 더 많이 선택하는 결과를 보인다.

왜 이런 일관성 없는 결과가 나오는 것일까? 프레이밍 효과 때문이다. 1안과 2안을 보면 '살린다', '일하게 한다'라는 표현으로 문장이 기술되어 있다. 이 경우 판단의 준거점은 모든 공장이 문을 닫고 6,000명의 근로자 모두가 직장을 잃은 상태로서, 1안과 2안의 실행은 준거점보다 플러스적인 상황(이득)이 됨을 알 수 있다. 반면에 3안과 4안은 '문을 닫게 한다', '일자리를 잃게 한다'라는 표현으로 문장이 묘사되어 있다. 이때의 준거점은 모든 공장이 가동되고 6,000명의 근로자 모두가 일을 하는 상태로서, 3안과 4안의 실행은 준거점보다 마이너스적인 상황(손실)이 된다.

결국 객관적으로 동일한 문제임에도 불구하고 준거점보다 플러스적인 상황에서는 확실한 대안인 1안을 더 많이 선호하고, 준거점보다 마이너스적인 상황에서는 확률적 거래인 4안을 더 많이 선호하는 것이다.

즉, 내가 준거점을 무엇으로 보느냐에 따라 예상 결과는 이득이 되기도 하고 손실로 보일 수도 있다. 그리고 그것에 의해 확실한 대안과 확률적 대안 중에서 나의 선택은 달라질 수 있다. 따라서 사안마다 사람들이 행하는 선택은 그때그때는 좋은 선택으로 여겨지지만 좋다고 생각한 그런 선택들이 모이면 오히려 열등한 결과를 낳을 수도 있다.

이에 대한 예로 트버스키와 카너먼이 고안한 다음의 질문[24)]을 살펴보자. 두 가지 판단 문제가 있다. 각 문제에서 어느 대안을 선호하는지 선택해보라.

문제 A

대안 1: 확실하게 240달러를 얻는다.

대안 2: 25퍼센트 확률로 1,000달러를 얻고, 75퍼센트의 확률로 아무것도 얻지 못한다.

문제 B

대안 3: 확실하게 750달러를 잃는다.

대안 4: 75퍼센트의 확률로 1,000달러를 잃고, 25퍼센트의 확률로 아무것도 잃지 않는다.

150명에게 물어본 결과는 이렇다. 문제 A에서는 84퍼센트의 응답자가 대안 1을 선택했고, 나머지 16퍼센트는 대안 2를 선택했다. 문제 B에서는 87퍼센트의 응답자가 대안 4를 선택했고, 나머지 13퍼센트는 대안 3을 선택했다.

전망이론에서 이야기한 대로, 문제 A의 대안들은 이득이라는 표현으로 문제가 구조화되어 많은 사람이 위험회피적이 되고, 따라서 확실한 대안의 선택 비율이 압도적으로 높았다. 반면 문제 B의 대안들은 부정적인 결과를 가져오게끔 기술되어 이 문제를 접한 사람들은 위험추구적이 되고, 따라서 기대한 대로 대안 4를 선택한 응답자가 압도적으로 많았다. 두 문제에 대한 응답 결과를 종합하면 73퍼센트의 응답자가 대안 1과 대안 4를 선택했고, 3퍼센트만이 대안 2와 대안 3을 선택했다. 나머지는 대안 1과 대안 3, 대안 2와 대안 4를 선택했다.

이제 앞의 두 문제를 접하지 않은 다른 집단 86명에게 다음 문제를 제시하고 두

24) Tversky, Amos and Daniel Kahneman (1981), "The Framing of Decisions and the Psychology of Choice," *Science*, Vol. 211, pp. 453–458.

대안 중 선호하는 대안을 선택하도록 했다.

문제 C

대안 5: 25퍼센트의 확률로 240달러를 얻고, 나머지 75퍼센트의 확률로 760달러를 잃는다.

대안 6: 25퍼센트의 확률로 250달러를 얻고, 나머지 75퍼센트의 확률로 750달러를 잃는다.

문제 C에 대한 결과는 어떻게 나왔을까? 당연히 동일한 확률로 많이 얻고, 덜 잃는 대안 6을 응답자 전원이 선택했다. 그런데 재미있는 사실은 문제 A와 B에서 압도적으로 많은 사람이 선호한다고 선택한 대안 1과 4를 합치면 대안 5가 되고, 문제 A와 B에서 열등한 대안이라고 생각한 대안 2와 3을 합치면 대안 6이 된다는 것이다. 이를 설명하는 식은 다음과 같다.

$$\begin{aligned}\text{대안 1과 대안 4의 합} &= 100\% \times (\$240) + [75\% \times (-\$1000) + 25\% \times (\$0)] \\ &= 25\% \times (\$240) + 75\% \times (\$240) + 75\% \times (-\$1000) + 25\% \times (\$0) \\ &= 25\% \times (\$240) + 75\% \times (-\$760) = \text{대안 5}\end{aligned}$$

$$\begin{aligned}\text{대안 2와 대안 3의 합} &= [25\% \times (\$1000) + 75\% \times (\$0)] + 100\% \times (-\$750)] \\ &= 25\% \times (\$1000) + 75\% \times (\$0) + 75\% \times (-\$750) + 25\% \times (-\$750) \\ &= 25\% \times (\$250) + 75\% \times (-\$750) = \text{대안 6}\end{aligned}$$

즉, 열등한 대안들의 합이 바람직하다고 생각한 대안들의 합보다 선호되는 **선호역전현상(preference reversal)**이 일어난 것이다. 준거점에 따라 이득 또는 손실 상황에서 각각 행한 선택이 합쳐지면 오히려 열등한 결과를 낳게 됨을 알 수 있다.

선호역전현상(preference reversal)

이 예는 우리에게 어떤 교훈을 주는가? 개인이든 조직이든 오랜 기간 동안 연속적인 판단을 하며 살아가게 된다. 판단할 때마다 문제가 어떻게 표현되는지 그 프레이밍에 휘둘리게 되면 그때그때의 판단이 그 당시에는 좋아 보일지 몰라도 실제로는 일관성이 결여될 뿐만 아니라 그 판단들을 종합해보면 오히려 열등한 결과를 초래할 위험이 있다는 것이다.

그때그때마다 프레이밍에 휘둘리는 판단은 조직에서 **부서 이기주의(silo effect)**와 **부분 최적화(sub-optimization)**를 부추길 수 있고, 결과적으로 조직 전체에는 오히

부서 이기주의(silo effect)

부분 최적화(sub-optimization)

려 마이너스가 될 위험이 있다. 예를 들어, 영업부서에서는 자신들의 의사결정 사안을 매출 극대화로 프레이밍 할 수 있고, 위험관리부서에서는 반대로 의사결정 사안을 손실의 최소화로 프레이밍 할 수 있다. 각 부서에서는 자신들의 입장에서 최선의 판단을 했다고 주장할지 몰라도 프레이밍에 휘둘려 내린 판단은 조직 전체적으로는 일관성이 없는 판단일 수 있으며, 전체적인 최적화와는 거리가 먼 솔루션이 될 위험이 있다.

프레이밍에 휘둘리지 않기 위한 의사결정 전문가들의 조언은 간단하다. 좋은 선택을 위해서는 대안의 기대화폐가치(기댓값)를 기준으로 하는 것이 다양한 선택 상황이 반복되는 인생이라는 긴 시간 속에서 이득과 손실 프레임을 상쇄하기 위해 바람직하다는 것이다. 본 장의 후반부에서 학습한 위험을 고려한 선택은 수백억 원 이상의 매우 큰돈이 걸린 문제나 취업이나 결혼 등 일생에 몇 번 없는 희귀한 문제에 한정하는 것이 좋다.

익·힘·문·제

1. 미래 시점에 경기상황이 좋은 확률은 0.3이다. 경기상황이 좋을 경우 매출이 증가할 확률은 0.9, 경기상황이 좋지 않을 경우 매출이 감소할 확률은 0.6이라고 한다. 미래 시점에 매출이 증가할 확률을 평가하시오.

2. 한국화학㈜는 신제품의 시장 출시를 위해 컨설팅사의 자문을 받고자 한다. 과거의 컨설팅 경험에 의하면 신제품이 시장에서는 성공적이었는데 자문의 결과는 부정적으로 나온 경우는 20%이었고, 신제품이 시장에서는 실패했는데도 자문의 결과가 긍정적이었던 경우는 10%였다. 통상 신제품의 시장 성공 확률은 70%, 실패 확률은 30%로 알려져 있다. 컨설팅사의 자문결과가 긍정적인 경우, 신제품이 시장에서 성공할 확률을 평가하시오.

3. 다음 각 문장이 맞으면 T, 틀리면 F라고 표기하고 틀린 문장의 경우 잘못 기술된 것을 찾아 바르게 고치시오. (틀린 문장의 경우, 주어나 조건은 고치지 마시오.)

① 의사결정기준으로서 맥시민 기준(maximin criterion)은 낙관적인 성향의 의사결정자에게 적합한 기준이다.

② 기대후회의 최소화 전략은 기대화폐가치의 최대화 전략과 동일한 결과를 낳는다.

③ 표본정보를 포함한 어떠한 정보의 가치도 완전정보의 기대가치(EVPI) 이상이 되어서는 안 된다.

④ 위험중립적인 성향의 사람은 확률적 대안이든 확실한 대안이든 대안의 기대화폐가치에 따라 대안의 우열을 판단한다.

⑤ 어떤 확률적 대안의 위험이 크면 클수록(more risky) 이 대안의 확실성등가(certainty equivalent)는 커진다.

⑥ 어떤 대안의 위험 프리미엄(risk premium)이 다른 대안보다 클수록 그 대안은 다른 대안보다 더 위험한(more risky) 대안임을 의미한다.

⑦ 어떤 확률적 대안에 대한 의사결정자의 위험 프리미엄(risk premium)이 음(−)의 값을 갖는다는 것은 이 의사결정자가 위험회피적인(risk-averse) 성향을 보이는 것을 의미한다.

⑧ 확실성등가방법(certainty equivalence approach)을 이용해 효용함수를 만드는 경우

앵커링 효과(anchoring effect)에 휘둘릴 수 있다.

⑨ 효용함수 도출을 위해 확률등가방법(probability equivalence approach)을 이용하는 경우, 가장 선호하는 결과와 가장 선호하지 않는 결과 사이에 존재하는 특정 결과의 효용은 가장 선호하는 결과와 가장 선호하지 않는 결과로 구성된 복권(lottery)의 선호확률(preference probability)과 같다.

⑩ 전망이론(prospect theory)에 따르면 선택이 가져올 미래의 결과가 준거점(reference point)보다 손실이 된다고 생각하면 보통 사람들은 위험회피적이 된다.

4. 효용함수를 지수함수(exponential utility function), 즉 $U(x) = 1 - e^{-\frac{x}{R}}$로 가정하자. 여기서 x는 돈으로 표현한 어떤 대안의 결과이고 R은 위험허용량(risk tolerance)을 나타낸다. 이 효용함수와 관련한 다음 기술들 중 옳지 않은 것을 모두 고르고, 옳지 않은 문장의 경우 잘못 기술된 것을 찾아 바르게 고치시오. (주어나 조건은 고치지 마시오.)

① 이 효용함수는 위험을 싫어하는 위험회피적인(risk-averse) 성향을 나타낸다.

② 위험허용량이란 의사결정자가 기꺼이 받아들일 수 있는 위험의 양을 화폐가치로 나타낸 것이다.

③ 위험허용량이 작으면 작을수록 덜 위험회피적이라고 할 수 있다.

④ 위험허용량이 크면 클수록 의사결정자의 효용함수는 오목함수(concave function) 형태에서 선형함수(linear function) 형태에 가깝게 된다.

⑤ 이 효용함수를 갖는 개인은 위험을 피하기 위해 어느 정도의 기대화폐가치(EMV)를 기꺼이 포기하고자 한다.

⑥ 이 효용함수의 위험회피정도를 Pratt의 'measure of absolute risk aversion'으로 측정했을 때, 위험회피정도는 x가 커질수록 감소한다.

5. 다음의 보상표(payoff table)를 고려하자.

대안 \ 미래상황	E_1	E_2	E_3
D_1	10	10	10
D_2	-10	20	40
D_3	-30	30	70

(1) 맥시맥스 전략(maximax criterion)을 이용하여 대안을 선택하시오.

(2) 후회의 미니맥스 전략(minimax regret criterion)을 이용하여 대안을 선택하시오.

(3) E_1, E_2, E_3의 발생가능성이 각각 0.5, 0.2, 0.3일 경우, 기대후회(expected regret)를 최소화 하는 대안은 무엇인지 선택하시오.

(4) E_2의 발생 가능성을 p, E_1, E_3의 발생 가능성을 각각 $(1-p)/2$라고 하자. 여기서 $0<p<1$이다. 기대후회의 관점에서 대안 D_1과 D_3을 무차별하게 만드는 p의 값을 구하시오.

(5) 기대후회의 최소화 전략과 기대화폐가치의 최대화 전략이 동일한 결과를 보이는 이유를 설명하시오.

(6) E_1과 E_2의 발생가능성이 p로 동일하다고 가정하자. 엑셀의 데이터-테이블(Data-Table) 기능을 이용하여 p가 0에서 0.5까지 0.05의 간격으로 변할 때 기대화폐가치 관점에서 최선의 대안은 어떻게 변화하는지 기술하시오.

(7) (6)에서 p가 0.5를 초과할 수 없는 이유는 무엇인지 기술하시오.

6. 두 피자회사 A와 B가 시장에서 경쟁하는 상황을 고려해 보자. 현재 회사 A는 회사 B가 피자 한 판의 가격을 6(천원)에 책정할 가능성은 25%, 8(천원)에 책정할 가능성은 50%, 10(천원)에 책정할 가능성은 25%로 보고 있다. 만일 회사 A가 피자 한 판의 가격을 P_A로 책정하고, 회사 B는 피자 한 판의 가격을 P_B로 책정하면 회사 A의 하루 피자 판매량은 $100+30(P_B-P_A)$가 된다. 여기서 P_A와 P_B는 천원 단위이다. 회사 A가 피자 한 판을 만드는 데는 4(천원)이 든다고 한다. 회사 A는 현재 피자 한 판의 가격을 5천원에서 9천원까지 천원 단위로 책정하고자 한다. 기대이윤의 관점에서 회사 A는 피자 한 판의 가격을 얼마로 책정하는 것이 좋을지 판단하시오.

7. 삼송전자(주)는 새로운 휴대폰의 출시를 고려하고 있다. 신제품의 출시는 성공 또는 실패 두 가지 결과를 가져온다. 신제품이 성공할 확률은 p이다. 만일 신제품이 시장에 소개되어 실패하게 되면 회사는 40(억원)의 손실을 입는다. 반면, 신제품을 출시하여 시장에서 성공하게 되면 70(억원)의 이득을 얻게 된다. 물론 시장 출시를 포기할 수도 있는데, 이 경우 회사에게 이득이나 손실은 발생하지 않는다. 삼송전자(주)는 신제품의 시장 출시 전에 잠재 고객의 반응을 파악하기 위한 시장조사도 계획하고 있다. 시장 조사 결과는 호의적, 보통, 부정적의 세 가지로 나타난다. 과거에 수행한 유사한 제품에 대한 시장조사 결과를 보면, 신제품이 시장에서 성공을 거두었을 때 시장 조사 결과가 호의적이었던 경우는 0.6, 보통이었던 경우는 0.3, 부정적이었던 경우는 0.1이었다. 반면, 신제품이

시장에서 실패했을 때 시장 조사 결과가 호의적이었던 경우는 0.1, 보통이었던 경우는 0.2, 부정적이었던 경우는 0.7이었다. 시장 조사에 들어가는 비용을 C라고 하자.

(1) 신제품이 시장에서 성공할 확률(p)이 0.4라고 가정하자. 시장 조사 비용(C)이 얼마 이하이면 삼송전자(주)가 시장 조사를 착수하겠는가?

(2) 신제품의 성공 여부에 대한 정보 수집을 위해 삼송전자(주)가 치르고자 하는 비용의 상한값은 얼마인가?

(3) 신제품의 시장 성공 확률(p)은 0.5이고, 시장 조사 비용(C)은 1억5천만원일 때 기대 화폐가치를 최대화하기 위한 전략을 제시하시오.

8. 내년 우리 앞에 닥칠 경제 상황은 '호황', '보합', '저조', '불황'의 네 가지 상황으로 나타낼 수 있다. 경제전문가의 견해에 따르면 내년의 경제 상황은 '저조'일 가능성이 가장 크고, '호황'일 가능성은 '저조'일 가능성의 1/5, '보합'일 가능성은 '저조'일 가능성의 1/3, 그리고 '불황'일 가능성은 '저조'일 가능성의 1/2 정도라고 한다. 이러한 전문가의 견해를 바탕으로 내년의 경제 상황이 '호황', '보합', '저조', '불황'일 가능성 각각을 P 방법을 이용하여 추정하시오.

9. 인간이 이성적 선택을 위해 따라야 할 다섯 가지 법칙은 다섯 가지 법칙의 앞 자를 따서 'POE'S Choice'라고 부른다. 다섯 가지 법칙 중 세 번째 법칙인 등가법칙(equivalence rule)에서 선호확률(preference probability)과 확실성등가(certainty equivalent)란 무엇인지 설명하시오. 세 가지 예상결과 A, B, C가 있고, 그 선호순서는 $A>B>C$라 가정하고 논리를 기술하시오.

10. 한 케이블채널에서 어떤 시즌에 방영되는 프로그램은 성공작(Hit)일수도 있고 실패작(Flop)일 수도 있다. 만일 해당 프로그램이 성공작이 되면 이 케이블채널은 16(억원)의 흑자를 달성할 수 있다. 하지만 실패작으로 판명될 경우 4(억원)의 적자가 예상된다. 최근 몇 년 동안 이 채널에서 방영된 프로그램들 중 25%는 성공작으로 평가된 반면, 나머지 75%는 실패작이었다. 이 채널은 1.6(억원)을 들여 방영 예정 프로그램의 성공 여부에 대한 마케팅 조사기관의 자문을 받을 수 있다. 지금까지 수행된 이 조사기관의 방영 예정 프로그램에 대한 자문결과를 분석해 보면, 프로그램 방영 후 실제로 이 프로그램이 성공작으로 판명된 경우, 이 조사기관이 이 프로그램의 성공을 예측한 비율은 90%였고, 프로그램이 실제로 실패했음에도 불구하고 이 조사기관이 이 프로그램의 성공을 예측했던 비율도 20%에 달한다. 위 문제에 대한 PrecisionTree 분석 결과는 그림과 같다.

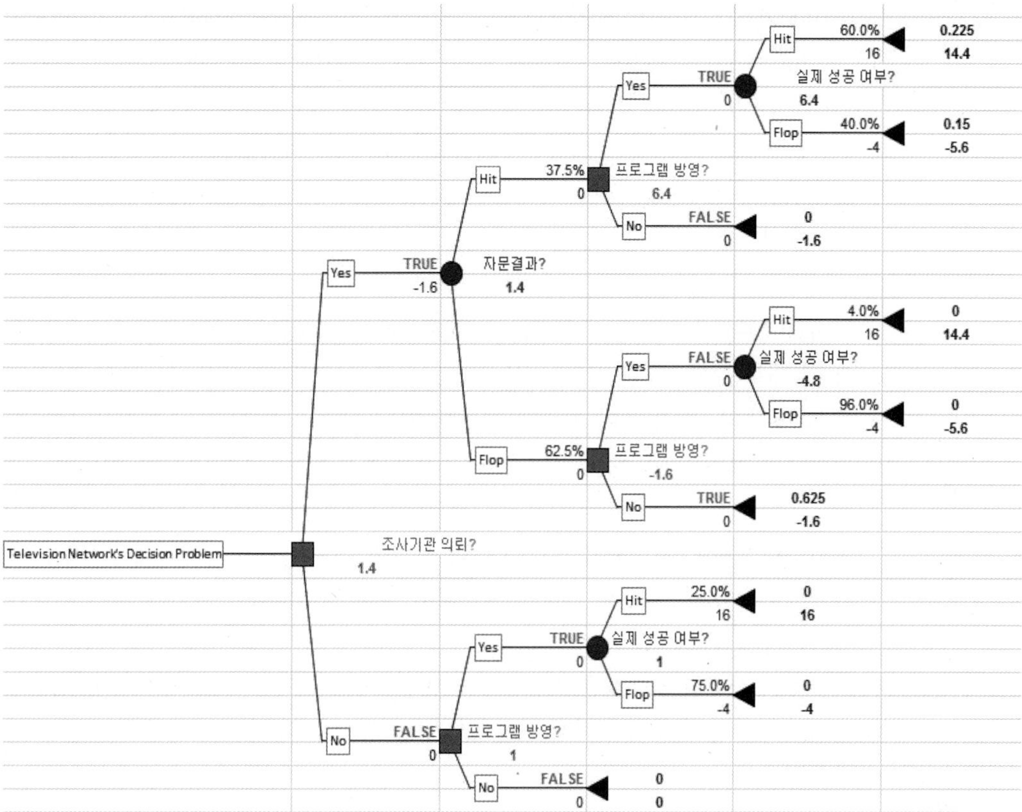

(1) Precision Tree 결과를 보면 마케팅 조사기관이 실패작(Flop)으로 예측했음에도 불구하고 이 프로그램을 방영할 경우 실제로 이 프로그램이 성공작(Hit)이 될 확률은 4%로 나타나고 있다. 이 확률이 어떠한 과정을 거쳐 나온 것인지 식으로 도출하시오.

(2) PrecisionTree 결과를 보고 기대화폐가치(EMV) 기준에서 어떠한 의사결정을 해야 하는지, 그리고 그때의 EMV는 얼마인지 기술하시오.

(3) 마케팅 조사기관에 자문을 의뢰하는 의사결정의 위험 프로필(risk profile)을 그래프 또는 표로 나타내시오.

(4) 마케팅 조사기관이 제공하는 정보의 기대가치(EVSI)를 PrecisionTree 결과를 보고 답하시오.

(5) 마케팅 조사기관이 제공하는 정보를 포함한 그 어떤 정보, 즉 완전정보의 기대가치(EVPI)를 구하시오.

(6) 이 케이블채널의 효용함수는 지수함수(exponential function)이고, 위험허용량은 20(억원)으로 가정하자. 이 경우, 마케팅 조사기관에 자문을 의뢰하는 의사결정의 기대효용(expected utility)은 약 "0.01496"이다. 이 기대효용이 어떻게 나온 수치인지 앞의 의사결정나무를 보고 그 계산식을 제시하시오.

(7) 마케팅 조사기관에 자문을 의뢰하는 의사결정의 확실성등가(certainty equivalent)를 구하시오. 그리고 이때의 위험 프리미엄(risk premium)을 구하시오.

11. 헤이모(주)는 남성용 탈모 치료를 위한 새로운 치료제를 개발하고 있다. 만일 헤이모(주)가 이 새로운 치료제를 시장에 소개하고, 시장에서 성공한다면 8(억원)의 추가 이익을 거둘 수가 있다. 하지만 이 치료제가 시장에서 성공하지 못한다면, 헤이모(주)는 연구개발 및 마케팅비용을 감안하여 4(억원)의 적자를 보게 된다. 과거 이 치료제와 유사한 제품의 시장 성공 기록을 분석한 결과, 이 치료제의 시장 성공 가능성은 65%로 추정되고 있다. 한편, 이 새로운 치료제의 효과는 미리 시험해 볼 수 있는데, 여기에는 1(억원)이 소요된다. 만일 시험의 결과, 이 치료제가 성공할 것으로 예측되면, 이 치료제가 시장에서 성공할 확률은 80%로 증가한다. 반면, 시험의 결과가 실패할 것으로 예측하면, 이 치료제가 시장에서 성공할 가능성은 30%밖에 되지 않을 것으로 추정하고 있다. 헤이모(주)는 현재 자사의 새로운 치료제가 사전 시험에서 성공적으로 예측될 가능성을 70%로 보고 있다.

(1) 위 문제에서 "이 치료제의 시장 성공 가능성은 65%로 추정되고 있다."의 계산 근거를 제시하시오. [힌트: 문제에 제시된 확률들에 전확률정리(theorem of total probability)를 적용하시오.]

(2) 위 문제 상황에 대한 의사결정나무 분석을 수행하고, 헤이모(주)의 기대이익을 최대화 할 수 있는 전략과 그때의 기대이익을 제안하시오. [힌트: 이 문제에서는 Bayes' rule을 이용할 필요가 없음.]

(3) 위 문제 상황에서 완전정보의 기대가치(EVPI)를 구하시오.

12. 서강카드(주)는 신용불량 가능성이 큰 잠재적 고객에게 카드를 발급할 위험을 줄이기 위해 잠재적 고객의 신용상태를 확인하는 신용조사의 효과를 분석하고자 한다. 과거 자료를 분석해 보면 카드 사용자의 8%가 제때 대금을 갚지 못해 결국 신용불량자가 된다. 카드 사용자가 신용불량자가 되면 서강카드에게는 500(만원)의 손실이 발생하게 된다. 신용불량이 아닌 카드 사용자는 서강카드(주)에 100(만원)의 가치를 제공한다. 서강카드(주)는 잠재적 고객에게 카드를 발급하기 전 수행하는 신용조사의 효과를 검토하고자 한다. 잠재적 고객에 대한 신용조사를 수행하는 데는 한 건당 10(만원)의 비용이 든다. 하지만 신

용조사 결과는 그 신뢰성에 있어 완벽할 수는 없다. 또한 서강카드(주)는 잠재적 고객에 대한 신용조사 결과를 무시하고 카드를 발급할 수도 있다. 예를 들어, 신용조사 결과가 부정적인 사람에게 카드를 발급할 수도 있다. 과거의 사례를 분석해 보면, 어떤 고객이 결국 신용불량자가 되었는데, 그 사람의 신용조사 결과가 긍정적이었던 경우는 15%였고, 어떤 고객이 신용불량자가 아니었음에도, 그 사람에 대한 신용조사가 부정적으로 나온 경우도 6%였다.

(1) 신용조사를 수행한 결과가 긍정적으로 나타날 확률을 구하시오. [힌트: 전확률정리를 이용하시오.]

(2) 신용조사를 수행하여 결과가 긍정적으로 나온 경우, 이 사람이 신용불량자가 될 가능성은 1.4%라고 한다. 그렇다면 신용조사를 수행하여 결과가 부정적으로 나온 경우, 이 사람이 신용불량자가 되지 않을 가능성은 얼마인지 구하시오.

(3) 문제에서 제시된 정보와 (1), (2)의 결과를 이용하여 문제에 대한 의사결정나무 분석(decision tree analysis)을 수행하고, 이 회사의 기대화폐가치(EMV)를 최대화할 수 있는 전략을 제시하시오. 또 그때의 기대화폐가치를 구하시오.

(4) 신용조사 비용으로 얼마까지 지불하는 것이 타당한지 답하시오.

13. 대한박스(주)는 고려물류(주)에 지난 3년 동안 독점적으로 카드보드박스를 납품해 왔는데 재계약 시점이 되어 가격협상을 하고자 한다. 고려물류(주)의 내년도 카드보드박스 수요는 650,000개로 예측된다. 고려물류(주)는 만일 대한박스(주)가 내년에도 현재의 가격으로 납품해 줄 수 있다면 다른 공급업체의 입찰을 받지 않고 계속 대한박스(주)를 독점적 공급업체로 유지하겠다는 제안을 해왔다. 현재 가격으로 대한박스(주)는 박스 1개당 0.35(천원)의 이윤을 내고 있다. 그러나 만일 대한박스(주)가 가격을 인상하면 내년도에 납품계약을 따낸다는 보장은 없다. 대한박스(주)는 예상하기를 만일 납품가격을 5% 인상할 경우(단위당 이윤도 5% 증가), 자신의 경쟁업체인 한솔박스(주)가 내년도 계약을 따낼 확률은 5%로 보고 있으며, 가격을 10% 인상할 경우(단위당 이윤도 10% 증가), 한솔박스(주)가 내년도 계약을 따낼 확률은 8%로 보고 있다. 대한박스(주)는 내년도 계약을 잃지 않으면서 이윤을 극대화 할 수 있는 전략을 마련하고자 한다. PrecisionTree를 이용하여 기대화폐가치(EMV) 기준으로 의사결정나무 분석을 수행한 결과는 다음과 같다.

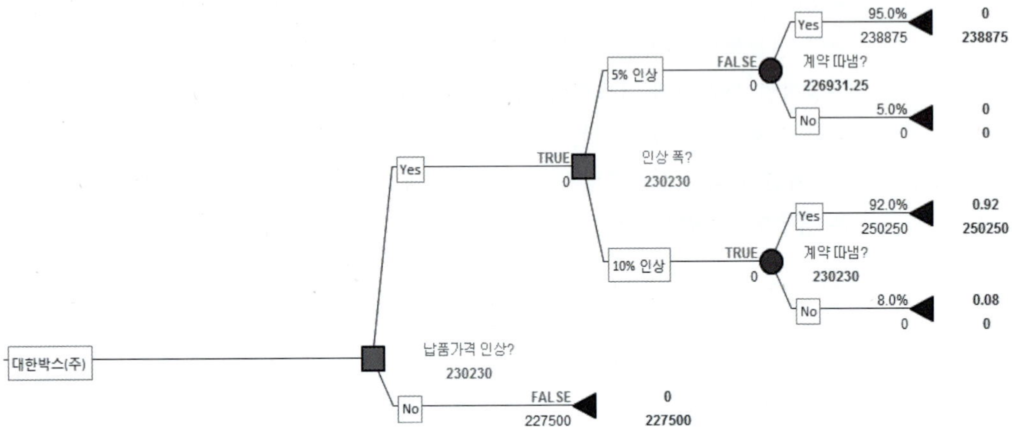

(1) PrecisionTree 분석결과를 이용하여 기대화폐가치를 기준으로 어떠한 의사결정을 해야 하는지, 그리고 그때의 기대화폐가치는 얼마인지 답하시오.

(2) 평가기준이 기대효용이고, 지수효용함수(exponential utility function)를 이용한다고 가정하자. 가격을 10% 인상하는 경우와 무차별한 확실성등가(certainty equivalent)를 구하시오. 또 이때의 위험 프리미엄(risk premium)은 얼마인지 구하시오. 지수함수의 위험허용량(risk tolerance)은 3천만원으로 가정하시오.

14. 재미교포로 LA에서 전자회사를 운영하는 장봉진 사장은 2028년 LA 올림픽의 전자시스템 사업자 선정에 입찰하고자 한다. 입찰은 앞으로 3개월 후이다. 지난 수년간 장사장은 새로운 마이크로프로세서 개발에 전력을 다해 왔으며, 이 마이크로프로세서는 입찰 대상인 전자시스템의 주요 부품이다. 이 부품 개발이 성공적으로 완료되면 전자시스템의 성능은 현재 시장의 어떤 제품보다도 우수할 것으로 평가되고 있다. 하지만 이 부품의 개발은 현재 지연되고 있는 실정인데, 3개월 후 입찰시점까지 개발이 완료될 지는 현재 불투명한 상황이다. 만일 부품이 제시간에 개발되면(가능성은 p_1) 장사장이 입찰에 성공해 1백만 달러의 계약을 따낼 확률은 p_2이다. 제시간에 부품 개발이 완료되지 않더라도 장사장이 계약을 따낼 가능성은 여전히 존재하는데(가능성은 p_3), 이때는 이미 개발된 성능이 좀 떨어지는 대안 부품을 사용해야 한다. 만일 장사장이 부품 개발을 계속 진행할 경우에는 연구개발에 20만 달러를 더 투자해야 한다. 더욱이 부품 개발의 성공 여부를 안 후 결정하게 될 입찰을 위해서는 전자시스템의 견본을 만드는 것이 필요하다. 부품 개발이 성공적으로 완료될 경우에는 견본을 만드는데 5만 달러가 들지만 부품 개발이 완료되지 않아 기존의 대안 부품을 사용할 경우에는 견본을 만드는데 4만 달러가 소요될

것으로 예상된다. 또한 장사장이 계약을 따낸다면 완성품을 납품하는 데는 15만 달러가 소요된다.

(1) 위 문제 상황을 의사결정나무로 나타내시오. $p_1=0.4$, $p_2=0.8$, $p_3=0.1$로 가정하고, 기대화폐가치(EMV) 관점에서 최적의 의사결정 경로를 제시하시오.

(2) $p_2=0.8$, $p_3=0.1$인 경우, 부품 개발의 진행 여부를 무차별하게 만드는 p_1의 값을 구하시오.

(3) 만일 장사장의 부품 개발이 성공적일 경우 올림픽조직위원회가 장사장에게 낙찰을 보장한다면 이는 얼마만한 가치가 있는 것인가? $p_1=0.4$, $p_2=0.8$, $p_3=0.1$로 가정하시오.

(4) 장사장에게 이번 계약은 큰 금액이 걸린 것이므로 기대효용을 기준으로 대안을 선택하고자 한다. 효용함수로는 지수함수(exponential function)를 이용하고자 한다. $p_1=0.4$, $p_2=0.8$, $p_3=0.1$로 가정할 때, 장사장이 부품 개발 프로젝트를 계속 진행하는 것과 프로젝트를 포기하는 것을 무차별하게 만드는 위험허용량(risk tolerance)을 구하시오.

15. 경쟁이 심한 업종에 속한 A기업의 대표는 주요 임원 중 한 명이 경쟁사에 회사의 기밀정보를 흘리고 있다고 믿고 있다. 최고경영자는 이 기밀유출자가 재무담당부사장(CFO)라고 80% 확신하고 있는데, 이 사람이 가진 정보는 회사의 현금흐름과 관련하여 매우 중요한 사항이다. 만일 최고경영자가 CFO를 해고하기로 결정하고, 이 사람이 기밀유출자라면 회사는 추가로 기밀 유출을 막을 수 있으므로 회사에게는 10억원의 혜택이 있을 것으로 추정하고 있다. 만일 최고경영자가 CFO를 해고하기로 결정하였으나 이 사람이 기밀유출자가 아니라면 회사는 CFO의 전문성을 잃게 되는 것이고, 또 기밀유출자는 아직 회사 내에 존재하는 것이므로 이러한 일은 회사에게 40억원의 손실을 안겨줄 것으로 최고경영자는 추정하고 있다. 반면, 최고경영자가 CFO를 해고하지 않기로 결정한다면 회사는 CFO가 기밀유출자이든 아니든 상관없이(결국 기밀유출자는 사내에 존재하므로) 20억원의 손실을 입을 것으로 보고 있다. CFO의 해고 여부를 결정하기 전에 최고경영자는 거짓말 탐지기 검사를 시행할 수도 있다. 하지만 특정인에 대해서만 거짓말 탐지기 검사를 할 경우, 추후 해당인이 명예훼손으로 회사에 소송을 걸 염려도 있으므로 거짓말 탐지기 검사를 한다면 전 직원을 대상으로 시행하고자 한다. 모든 직원을 대상으로 시행하는 이 검사는 2억원이 들 것으로 예상하고 있다. 하지만 거짓말 탐지기 검사 결과는 완벽한 신뢰성을 갖긴 어렵다. 과거의 거짓말 탐지기 검사 결과를 보면, 어떤 사람이 거짓말을 할 경우, 그 사람이 거짓말을 한다고 검사 결과가 나온 비율은 95%이고, 어떤 사람이 거짓말을 하

고 있지 않을 경우, 그 사람이 거짓말을 하고 있지 않다고 검사 결과가 나온 비율은 85%이다.

PrecisionTree를 이용하여 다음 문제에 답하시오.

(1) 문제를 의사결정나무(decision tree)로 구조화하시오.
(2) 기대화폐가치(EMV)를 최대화하기 위해 최고경영자는 어떤 전략을 구사해야 하나? 그때의 기대화폐가치는 얼마인가?
(3) 거짓말 탐지기 검사에 드는 비용의 상한선은 얼마인가?
(4) 위 문제에서 완전정보의 기대가치(EVPI)는 얼마인가?
(5) 위 문제의 평가기준을 기대효용으로 가정하고, 효용함수로는 지수함수(exponential utility function)를 이용하자. 이때 위험허용량(risk tolerance)은 15(억원)으로 설정하시오.

① 최적 의사결정 경로와 그때의 기대효용을 구하시오.
② 위험허용량에 대한 민감도 분석을 수행하고 거짓말 탐지기의 사용과 사용하지 않음을 무차별하게 만드는 위험허용량을 구하시오. 민감도 분석 시 위험허용량의 최초 범위를 5억원에서 15억원으로 설정하여 분석하고, 분석 결과에 따라 범위를 세분화하여 거짓말 탐지기의 사용과 사용하지 않음을 무차별하게 만드는 위험허용량의 근사값을 구하시오.
③ 위 문제에서 밑줄 친 4가지 정보와 위험허용량을 입력변수로 하여 기대효용에 대한 토네이도(tornado) 분석 및 스파이더(spider) 분석을 수행하시오. 결과변수에 가장 큰 영향과 가장 작은 영향을 미치는 변수는 각각 무엇이고, 해당 변수가 결과변수에 양(+)의 영향을 미치는지 음(−)의 영향을 미치는지 판단하시오. 민감도 분석 시 5가지 입력변수의 증감분은 모두 현재 값(base value)±10%로 설정하시오.
④ "기밀유출자가 재무담당부사장(CFO)이라고 최고경영자가 확신하는 정도(현재 80%)"와 "최고경영자가 CFO를 해고하기로 결정하였으나 이 사람이 기밀유출자가 아닐 경우의 회사 손실(현재 40억원)"의 두 변수를 입력변수로 이용하여 양방향(two-way) 민감도 분석을 수행하시오. 즉, 두 변수의 조합에 따라 거짓말 탐지기 사용 여부가 어떻게 달라지는지 Strategy Region 결과를 근거로 답하시오. 두 변수의 증감분은 모두 현재 값(base value)±25%로 설정하시오.

(6) 위 문제의 효용함수로 로그함수(logarithmic utility function)를 이용하고, 그때의 최적 의사결정 경로와 기대효용을 구하시오.

16. 귀하의 효용함수를 확률등가방법(probability equivalence approach)과 확실성등가방법(certainty equivalence approach) 각각을 이용하여 만드시오.

(1) 귀하의 두 가지 효용함수를 그래프로 나타내시오.

(2) 일반적으로 확률등가방법은 확실성등가방법보다 더 위험회피적인 효용함수를 만든다고 알려져 있다. 귀하가 만든 두 가지 효용함수도 그러한지 평가하시오.

17. 효용함수 $U(x)=\text{SQRT}(x)$와 $U(x)=\ln(x)$를 고려하자.

(1) 두 효용함수 중 어느 효용함수가 더 위험회피적인지 판단하시오. 효용함수에서 x는 자산의 크기(amount of wealth)를 나타낸다고 가정하자($x>0$). 위험회피정도를 측정하기 위한 방법으로는 Pratt의 measure of absolute risk aversion(ARA)을 이용하시오.

(2) $U(x)=10+20x-10x^2$를 가정하자, 여기서 $x<1$을 가정하자. 이 효용함수의 한계위험회피정도(marginal risk aversion)를 구하고, 자산의 크기(x)가 커짐에 따라 위험회피정도는 어떻게 변화하는지 답하시오. 그리고 이 결과에 따라 이 효용함수가 대부분 인간의 위험에 대한 태도를 잘 반영하는지 평가하시오.

14

CHAPTER

몬테칼로 시뮬레이션

현실 시스템은 많은 복잡성을 띠고 있다. 시스템의 구성요소도 여러 가지 불확실한 행태를 보이고, 시스템을 둘러싼 환경도 항상 가변적이다. 이러한 상황에서 해석적인 방법(analytic approach)으로 문제를 해결하는 것은 한계를 갖는다. 본 장에서는 현실 시스템을 수리적 모형으로 모사(imitation)하고, 모형의 행태를 컴퓨터를 이용해 관찰함으로써 시스템의 현재 성과를 측정하고, 대안 시스템을 탐구하며, 개선된 시스템을 디자인하는 과정을 학습한다. 난수를 이용해 시뮬레이션 모형을 만들고, 컴퓨터를 이용해 모형을 분석하고, 그 결과를 도출한 후, 후속적인 통계분석을 통해 경쟁 대안의 우열을 가리는 전 과정을 여러 가지 사례를 이용하여 구체적으로 논의한다. 엑셀과 시뮬레이션 전문 소프트웨어인 @RISK를 각각 이용해 시뮬레이션을 수행하는 과정을 학습한다.

14.1 시뮬레이션의 기본 개념

세상에 유일하게 확실한 것은 아무 것도 확실하지 않다는 것이다.

–플라이니(Pliny the Elder), 로마시대 학자

1 시뮬레이션이란?

시뮬레이션(simulation)
모방(imitation)

시뮬레이션(simulation)이란 현실 시스템의 움직임과 행태를 **모방(imitation)**하는 것을 말한다. 비행기가 기류에 어떠한 반응을 보이는지 파악하기 위해 풍동(wind tunnel)을 만들어 실험한다든지 우주인의 훈련을 위해 우주 공간과 흡사한 중력이 없는 공간을 만들어 여러 가지 상황을 설정하고 상황 변화에 따른 그들의 행태를 살펴보는 것, 스크린 골프장에서 전자장치를 이용하여 마치 필드에 나가 라운딩을 하는 것과 같은 효과를 주는 게임, 서바이벌 게임(airsoft) 같은 레저 스포츠, 유사시에 대비해 아군과 적군을 가상으로 나누어 진행하는 군사훈련 등이 우리가 미디어를 통해서나 주변에서 많이 볼 수 있는 시뮬레이션의 예이다.

우리가 지금부터 배우고자 하는 시뮬레이션이란 위에서 언급한 예와 같이 물리적 장치(현실 시스템의 물리적 모형)를 이용하여 실재(reality)를 모방하는 것이 아니라 수와 수식을 이용하여 시스템을 수리적으로 표현한 후(수리적 모형으로 만든 후), 컴퓨터를 이용하여 수리적 모형의 행태를 관찰하고, 관찰 결과에 근거하여 현실 시스템 및 대안 시스템의 성과 및 특성을 추론하는 것을 말한다.

시뮬레이션을 통해 우리는 현재 시스템의 성과를 측정하고, 가능한 대안 시스템을 탐구하며, 개선된 시스템을 디자인 하게 된다. 즉, 현재 시스템의 성과는 어떠한지 기술하고, 시스템을 물리적으로 변형시키지 않으면서도 여러 가지 대안 시스템의 성과를 파악할 수 있으며, 이러한 분석을 통해 새롭고도 더 나은 시스템을 디자인하게 된다.

한 은행의 지점을 예로 들어 보자. 최근 들어 고객의 증가

와 함께 서비스 대기시간도 늘어나 고객들의 불만이 증가하고 있다. 이 은행의 지점장은 고객의 불만을 해소하기 위한 새로운 시스템을 마련하고자 한다. 현재 이 지점에는 일반 고객을 응대하는 출납원(tellers)이 3명 있는데 서비스 대기시간을 줄이기 위해 생각할 수 있는 대안은 여러 가지가 있을 수 있다. 예를 들어, 출납원 한 명을 더 증원하여 서비스 라인을 4개로 하는 방법, 기존의 3명 중 한 명은 입출금과 같은 간단한 서비스만을 제공하는 출납원으로 지정하여 기존의 3라인 중 한 라인은 간편 서비스 라인으로 만들고 나머지 2라인은 기존처럼 일반 서비스 라인으로 하는 방법, 서비스 라인별로 출납원들을 특화시켜 특정 서비스는 특정 라인에서 담당하도록 라인을 분리하는 방법 등 여러 가지 대안을 생각할 수 있다.

이러한 문제 상황에서 시뮬레이션은 여러 대안들의 성과를 추정하여 비교할 수 있는 유용한 도구로서의 역할을 한다. 시스템을 물리적으로 변형시키지 않으면서(예를 들어, 출납원 한 명을 실제로 더 고용하거나 또는 서비스 라인의 구조를 실제로 변형시키지 않고서도), 여러 대안을 실행했을 때의 성과(예를 들어, 고객이 서비스를 받기까지 평균적으로 대기하는 시간)를 측정하고 비교함으로써 현재보다 더 나은 시스템 디자인이 무엇인지 발견할 수 있다.

2 불확실성과 시뮬레이션

불확실성(uncertainty)
해석적인 방법(analytic methods)

시뮬레이션이 현실 문제를 해결할 수 있는 과학적 방법으로 그 유용성이 높은 이유는 현실 문제에 필연적으로 존재하는 **불확실성(uncertainty)** 때문이다. 미래가 불확실하다는 것은 간단히 이야기하면, 앞으로 발생할 사건(상황)이 둘 이상이고, 각각의 발생 가능성도 가변적임을 말한다. 위의 은행 지점 예에서 만일 고객들이 은행에 도착하는 시간이 1분 간격으로 일정하고, 출납원들의 고객 서비스 시간도 업무별로 일정하다면 시스템을 어떻게 디자인하는 것이 고객의 평균 대기시간을 최소화 할 수 있는지 수학적으로 간단한 방법을 이용하여 해결할 수 있다. 하지만 모든 것은 정해진 것이 없다. 고객들이 은행에 도착하는 시간도 정해지지 않은 불규칙한 패턴을 보이고, 출납원들의 고객 서비스 시간도 마찬가지로 가변적이다. 이러한 상황에서 **해석적인 방법(analytic methods)**으로 이 문제를 해결하려면 어느 정도 수학적인 방법에 대한 훈련이 필요하고, 문제에 대한 여러 가지 비현실적 가정도 필요하다. 시뮬레이션은 이러한 문제를 큰 수학적인 지식 없이도 해결할 수 있는 유용한 도구이다.

14.2 시뮬레이션과 시스템

1 시스템의 정의

앞에서 시스템이라는 단어가 많이 언급되었는데, 시뮬레이션에서 **시스템(system)**이란 우리가 관심을 갖는 연구 대상을 말한다. 시스템은 공동의 목적을 위해 상호작용하는 구성요소들의 집합으로 정의할 수 있다. 위에서 은행 지점은 시스템의 예이다. 시스템의 예를 하나 더 들어 보자. 내가 서울의 한 사립대학에 관심을 갖고 연구를 수행하고자 한다면 그 사립대학은 시스템이 된다. 왜냐하면 해당 사립대학은 그 대학의 설립취지에 맞는 인재를 양성하기 위하여 상호작용하는 대학의 구성요소들, 즉 교원, 학생, 직원 등의 인적자원과 건물, 시설 등의 하드웨어, 그리고 교육과정, 교과목 등과 같은 소프트웨어의 집합이기 때문이다.

시스템(system)

2 시스템의 구분

시스템은 **시스템 경계(system boundary)**를 기준으로 시스템 **내부**와 **외부**로 구분할 수 있다. 시스템 내부와 외부를 구분하는 기준은 통제가능 여부이다. 따라서 시스템 내부의 요소는 우리가 **통제할 수 있는 요소(controllable elements)**인 반면, 외부요소는 환경적인 요소로 우리가 **통제할 수 없는 요소(uncontrollable elements)**이다. 시스템 내부요소는 **내생변수(endogenous variables)**라고도 하며, 외부요소는 **외생변수(exogenous variables)**라고 한다. 예를 들어, 구성원들의 역량은 조직이 교육과 훈련을 통해 기르고 향상시킬 수 있는 내부요소이지만, 시장 환경은 조직이 원하는 대로 움직일 수 없는 외부요소이다. 내부요소는 보통 시스템의 구성요소를 말하고, 외부요소는 시장 환경, 기술의 진보 상황, 법적 규제, 이해관계자들의 욕구 변화 등 나의 의지와 노력에 의해 변화시키기 어려운 요소를 말한다.

시스템 경계(system boundary)
시스템 내부
시스템 외부
통제할 수 있는 요소(controllable elements)
통제할 수 없는 요소(uncontrollable elements)
내생변수(endogenous variables)
외생변수(exogenous variables)

하지만 어떤 특정 요소가 항상 내부요소나 외부요소로 정해지는 것은 아니다. 어떤 제품의 판매가를 예로 들어보자. 판매가는 해당 기업이 통제할 수 있는 요소인가? 아니면 통제할 수 없는 요소인가? 답은 '상황에 따라 다르다'이다. 기업의 시장 위치에 따라 가격은 통제 가능한 요소가 되기도 하고, 그렇지 않기도 하다. 해당 기업이 독과점적 기업이라면 제품의 가격은 기업이 통제할 수 있는 내부요소가 되지만 해당 제품 시장이 완전경쟁에 가까운 형태이면 가격은 시장 기능에 의해 정해지는 외부요소가 된다.

3 시스템 용어

시스템의 문제를 시뮬레이션을 이용해 해결하려면 시스템 구성요소와 관련된 용어 몇 가지를 이해하는 것이 도움이 된다.

① 개체 (entities)	시스템에서 연구자가 관심을 갖고 있는 대상 (objects of interest in the system)
② 속성 (attributes)	시스템 개체의 특성 (properties of an entity in the system)
③ 상태변수 (state variables)	특정 시점에서 시스템의 여러 가지 상태를 기술하는 변수들
④ 상태 (state)	특정 시점에서 시스템의 상황을 나타내는 상태변수들의 집합 (a set of state variables)
⑤ 사건 (event)	시스템의 상태를 변화시키는 순간적인 행위 (an instantaneous occurrence that can change the state of the system)
⑥ 활동 (activity)	일정 시간이 소요되는 행위 (an act representing a duration of time of specified length)

개체(entities)
속성(attributes)
상태변수(state variables)
상태(state)
사건(event)
활동(activity)

예를 들어, 자동차조립공정을 시스템으로 간주하고 시스템 용어를 설명해 보자. 조립공정 시스템에서 조립기계는 **개체**가 되고, 조립기계의 특성인 속도, 용량, 연식, 고장률 등은 **속성**이 된다. 그리고 조립이라는 특정 시간이 소요되는 행위는 **활동**이 되고, **사건**의 예로는 조립기계의 고장 발생을 들 수 있다. 그리고 시스템의 **상태**를 구성하는 **상태변수**의 예로는 조립기계가 잘 돌아가는지, 놀고 있는지, 고장나 있는지 등을 기술하는 조립기계의 상태를 들 수 있다.

자동차 조립공정 시스템	
개체	조립기계
속성	조립기계의 속도, 용량, 연식, 고장률
활동	조립
사건	조립기계의 고장 발생
상태변수	조립기계의 상태 (조립기계가 잘 돌아가는지, 놀고 있는지, 고장났는지)

그림 14-1
자동차 조립공정 시스템의 예

4 시스템의 종류

이산형 시스템(discrete system)
연속형 시스템(continuous system)

시스템은 시스템의 상태가 어떤 시점에서 변하느냐에 따라 **이산형 시스템(discrete system)**과 **연속형 시스템(continuous system)**으로 분류할 수 있다.

① 이산형 시스템

상태변수의 값이 이산적인 시점(a discrete set of points in time), 즉 하나, 둘 셀 수 있는 시점에서만 변하는 시스템을 말한다. 이산형 시스템의 예로는 앞에서 기술한 은행 지점을 들 수 있다. 고객들은 9시 1분 20초, 9시 20분 30초 등으로 분리되어 측정할 수 있는 이산적 시점에 도착(또는 이탈)을 하고 고객의 도착(또는 이탈)에 따라 상태변수의 값, 예를 들어 지점 내부에서 서비스를 기다리는 고객의 수가 해당 시점에 바뀌게 된다.

② 연속형 시스템

상태변수의 값이 연속적인 시점에서 끊임없이 변하는 시스템을 말한다. 연속적인 시점인 찰나 찰나에 상태변수의 값이 계속 변하는 시스템이다. 자동차 주행거리를 예로 들어보자. 시동을 걸고 가속기를 밟음에 따라 순간순간 연속적인 시점에 상태변수인 주행거리는 증가하게 된다.

그림 14-2

이산형 시스템과 연속형 시스템의 비교

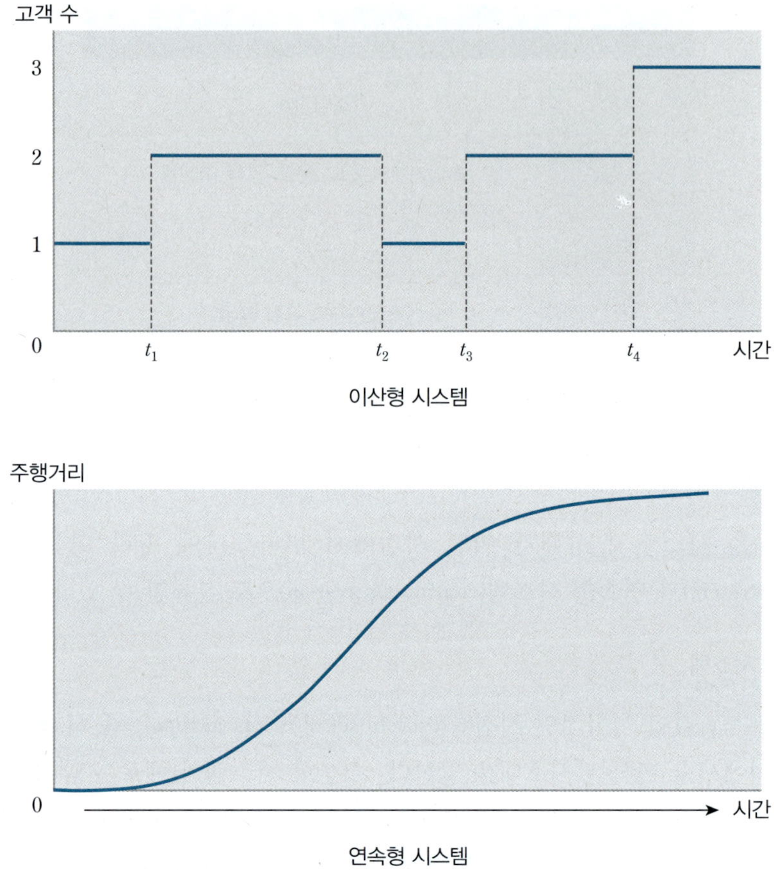

현실 시스템을 이 두 가지 시스템 중 어느 하나로 확연히 구분하기는 어려운데, 그 이유는 실제로 두 가지 시스템은 혼재해 있기 때문이다. 다만 어느 시스템의 특성이 우세하느냐에 따라 해당 시스템을 이산형으로 보기도 하고, 연속형으로 간주하기도 한다. 또한 연속형 시스템의 경우에도 연속적인 시간 구간을 몇 개의 시점(예를 들어, 시간별, 일별, 월별 등)으로 이산적으로 나누어 분석하게 되면 해당 시스템은 이산형 시스템으로 간주될 수 있다.

14.3 시뮬레이션과 모형

1 모형의 정의

모형(model)이란 시스템을 연구할 목적으로 연구자가 만드는 시스템의 대응물(a representation of a system)을 말한다. 시뮬레이션의 수행을 위해 우리는 현실 시스템을 관찰하고 시스템의 주요 구성요소와 그들의 상호작용을 잘 나타낼 수 있는 모형이라는 시스템의 대응물을 만든다.

모형(model)

국어사전에서 모형의 뜻이 무엇인지 찾아보면 일반적으로 "실제 원형을 목적에 맞추어 축소하고 단순화시킨 것"이라고 나온다. 국어사전에서 설명하고 있는 모형은 보통 물리적 모형(physical model)을 말하는데, 아이들이 가지고 노는 장난감 자동차, 아파트 단지를 3차원 도형으로 축소해 놓은 조감도, 목적에 따라 배율이 다른 우리나라 지도 등이 여기에 해당한다. 하지만 우리가 시뮬레이션을 위해 만드는 모형은 이런 물리적 모형이 아니라 현실 시스템을 수와 수식을 이용해 나타낸 수리적 모형(mathematical model)이다.

물리적 모형(physical model)

수리적 모형(mathematical model)

2 수리적 모형을 만들 때 고려해야 할 요소

수리적 모형이란 현실 시스템의 허용 가능하고 관리 가능한 추상물(acceptable and manageable abstraction)을 말한다. 여기서 '허용 가능하다'는 말은 모형이 현실 시스템과 너무 동떨어져서는 안 된다는 것이고, '관리 가능하다'는 말은 모형이 수리적으로 너무 복잡해서 그 모형을 풀거나 이용하기 어려워서는 곤란하다는 의미이다. 즉, 수리적 모형을 만들기 위해 우리는 다음의 두 가지 상충되는 요소를 함께 고려해야 한다.

허용 가능하고 관리 가능한 추상물(acceptable and manageable abstraction)

① 실제근접성(fidelity)

수리적 모형은 현실 시스템의 구성요소와 그들 간의 관계 및 상호작용을 가능하면 실제와 똑같이 나타낼 수 있어야 한다는 말이다. 하지만 이것이 너무 강조되면 모형의 크기와 복잡성 증가로 인해 해당 모형을 풀거나 이용하기가 어려워질 수 있다.

실제근접성(fidelity)

② 실행가능성(feasibility)

수리적 모형을 풀기 쉽도록 모형을 가능하면 단순하게 만드는 것을 말한다. 하

실행가능성(feasibility)

지만 이 요소가 너무 강조되면 모형과 현실 시스템이 유리되어 모형의 결과는 현실 시스템의 문제를 해결하는데 별 도움이 되지 않을 위험이 있다.

수리적 모형을 만들기 위해서는 이처럼 상충하는 두 가지 요소를 함께 고려해야 한다. 모형을 만드는 것을 과학(science)이라기보다 기술(art)이라고 하는 이유는 모형의 질(質)이 경험에 의해 결정되기 때문이다. 모형화의 경험이 많은 사람은 이 두 가지 서로 충돌하는 요소를 어떻게 배합할지에 대해 암묵지(tacit knowledge)와 같은 경험적 지식을 갖게 된다.

하지만 이런 이야기는 고수(高手)들의 세계에서 매우 크고 복잡한 모형에 적용되는 규범적인 이야기다. 입문과정에서 수리적 모형을 처음 만들어 보는 독자들은 실제근접성을 아무리 강조해도 지나치지 않으니 당면한 문제 상황의 모든 주요 구성 요소, 그들의 관계 및 상호작용을 포괄할 수 있는 모형을 만들기를 추천한다.

우리가 앞으로 시뮬레이션을 수행하기 위해 만드는 시뮬레이션 모형은 수리적 모형의 일종이다. 시뮬레이션 모형의 종류를 구체적으로 살펴보면 다음과 같다.

3 시뮬레이션 모형의 종류

시뮬레이션 모형은 시간 개념의 포함 여부, 사건의 연속성 여부, 확률변수의 포함 여부에 따라 다음과 같이 구분할 수 있다.

① 시간 개념의 포함 여부에 따른 분류

정적 모형(static model)
동적 모형(dynamic model)

- **정적 모형(static model)**: 시스템의 성과를 특정 시점에서 관찰하는 모형
- **동적 모형(dynamic model)**: 시스템의 성과를 시간의 흐름에 따라 추적, 관찰하는 모형

② 사건[1)]의 연속성 여부에 따른 분류

이산형 모형(discrete model)
연속형 모형(continuous model)

- **이산형 모형(discrete model)**: 시스템의 상태가 이산적인 시점에서 변하는 것을 추상화 한 모형
- **연속형 모형(continuous model)**: 시스템의 상태가 연속적인 시점에서 변하는 것을 추상화 한 모형

1) 앞에서 이야기했듯이 사건(event)이란 시스템의 상태를 변화시키는 순간적인 행위를 말한다.

③ 확률변수의 포함 여부에 따른 분류

- **확정적 모형(deterministic model)**: 모형에 확률변수가 포함되지 않은 모형으로 모든 입력자료(input data)가 하나의 숫자로 알려지거나 추정되어 모형의 결과도 변동성 없이 하나의 숫자로 확정적으로 나타난다.
- **확률적 모형(stochastic model)**: 하나 이상의 확률변수가 모형의 입력자료(input data)에 포함된 모형으로 입력자료가 변동성을 보이므로 모형의 결과도 확률적으로 변동성을 갖는다. 확률변수의 값을 발생시키기 위해 난수(random numbers)를 이용한다. 입력자료의 확률분포 추정과 시뮬레이션 결과(output)에 대한 통계적 분석이 필요하다.

확정적 모형(deterministic model)
확률적 모형(stochastic model)

확률변수(random variables) 확률변수란 실험의 결과에 수치를 부여하는 규칙으로 정의된다. 쉽게 표현하면 수치로 나타낸 실험의 결과를 말한다. 확률변수는 **이산형 확률변수(discrete random variables)**와 **연속형 확률변수(continuous variables)**로 나누어진다. 이산형 확률변수란 취할 수 있는 값이 한정되어 있거나, 한정되어 있지 않더라도 셀 수 있는 확률변수를 말하고, 연속형 확률변수란 취할 수 있는 값이 특정 범위에 존재하는 모든 실수 값으로 그 수가 무한한, 따라서 셀 수 없는 확률변수를 말한다. 예를 들어, 어느 은행에 오전 9시부터 10시 사이에 도착하는 고객의 수를 확률변수 X로 표기하면 X가 취할 수 있는 값은 한 명, 두 명 등으로 셀 수 있으므로 X는 이산형 확률변수가 된다. 반면, 은행에 도착하는 고객들의 도착시간 간격은 정밀히 측정할 경우 얼마든지 소수점 이하로도 표시할 수 있으므로 고객들의 도착시간 간격을 확률변수 Y로 표기하면 Y는 연속형 확률변수이다. 이산형 확률변수의 값은 센다고(count) 말하고, 연속형 확률변수의 값은 측정한다고(measure) 말한다.

확률변수(random variables)
이산형 확률변수(discrete random variables)
연속형 확률변수(continuous variables)

몬테칼로 시뮬레이션(Monte Carlo simulation) 협의의 개념으로는 **난수(random numbers)**와 정적 모형(static model)을 이용한 시뮬레이션을 말하지만, 광의의 개념으로는 난수를 이용한 모든 시뮬레이션을 말한다. 보통 몬테칼로 시뮬레이션이라 함은 후자를 뜻한다.

몬테칼로 시뮬레이션(Monte Carlo simulation)
난수(random numbers)

몬테칼로(Monte Carlo)
맨해튼 프로젝트(Manhattan project)

몬테칼로의 의미 **몬테칼로(Monte Carlo)**는 프랑스 남동부 지중해와 면한 모나코 공국의 국영 카지노 이름이다. 카지노에는 여러 가지 확률적인 게임들이 있는데, 이 게임에서 이기고 지는 것은 무작위한 난수들의 발생 과정과 깊은 관계가 있다. 시뮬레이션 앞에 카지노 이름이 붙여진 이유는 2차 세계대전 중 연합군의 원자폭탄 개발과 관련이 있다. 당시 미국을 중심으로 연합군은 1942년부터 1946년까지 **맨해튼 프로젝트(Manhattan project)**라는 암호명의 원자폭탄 개발 프로젝트를 진행하였다. 이 프로젝트에서 폴란드계 미국인 수학자인 스타니스와프 울람(Stanislaw Ulam)이 원자폭탄의 실행 가능성을 검토하기 위해 핵분열 과정을 난수를 이용해 시뮬레이션 하였는데, 이 시뮬레이션의 암호명이 'Monte Carlo'이었다.

14.4 시뮬레이션 연구의 절차

당면한 문제를 시뮬레이션을 이용해 해결하기 위해서는 밟아야 할 단계들이 있다. 물론 문제에 따라 이 단계들 중 어떤 것들은 생략할 수도 있지만 일반적으로 다음의 10개 단계를 통해 시뮬레이션 연구가 정교해질 수 있다.

1 문제의 인식

첫 번째 단계는 당면한 문제를 올바로 인식하는 것이다. 현실 문제는 교과서 문제와는 달리 모든 것이 명확히 주어지지 않고 모호한 특성이 있다. 문제의 인식이란 모호한 현실 문제에서 진액을 추출하는 단계이다. 당면한 문제에서 진정으로 해결해야 할 문제점이 무엇인지, 그 문제를 해결하지 않고 그대로 방치하면 어떤 비용을 치러야 하는지, 그 문제를 해결함으로써 얻게 될 혜택은 무엇인지 등을 바로 인식하는 것이 필요하다.

2 목표의 설정과 계획의 수립

문제를 바로 인식한 후에는 구체적으로 답해야 할 질문들을 판별해야 한다. 큰 문제를 해결하기 위해 구체적으로 답해야 할 질문들은 우리가 문제 해결을 통해 달성하고자 하는 여러 가지 목표들이다. 또한 이 단계에서 과연 시뮬레이션이 이 문제를 해결하기 위해 적절한 방법인지에 대해서도 고민해야 한다. 어떤 이들은 시뮬레이션을 '**최후의 해결책(the last resort)**'이라고 말하기도 한다. 다른 방법을 이용해보고 안 될 경우에 기대어 보는 마지막 수단이란 말이다. 사실 **해석적인 방법(analytic methods)**으로 해결할 수 있는 문제의 경우, 시뮬레이션보다는 해석적인 방법을 이용하는 것이 좋다. 그 이유는 해석적인 방법은 **최적해(optimal solution)**를 보장해 주는 반면, 시뮬레이션은 일반적으로 그렇지 못하기 때문이다. 시뮬레이션은 가능한 모든 대안들 중 가장 좋은 대안을 찾아주는 것이 아니라 우리가 생각하는 대안들 중 어떤 대안이 가장 바람직한지를 찾을 수 있게 도와준다.

최후의 해결책(the last resort)
해석적인 방법(analytic methods)
최적해(optimal solution)

하지만 해석적인 방법으로 해결하기 어려운, 여러 가지 불확실성이 포함된 확률적 문제의 경우 시뮬레이션은 일정 수준의 수학적 지식 없이도 문제를 해결할 수 있는 유용한 도구이다. 시뮬레이션을 이용해 문제를 해결하기로 결정하였으면, 이제 문제 해결을 위한 계획을 세워야 할 것이다. 시뮬레이션 연구의 각 단계별로 필요한 시간, 자원, 인력 등의 할당과 배치가 여기에 해당한다.

3 개념적 모형의 개발/자료의 수집 및 분석

개념적 모형(conceptual model)을 개발하는 일과 관련 자료를 수집하고 분석하는 일은 동시에 진행되어야 한다. 각 활동에 대해 구체적으로 설명하면 다음과 같다.

개념적 모형(conceptual model)

① 개념적 모형의 개발

개념적 모형이란 현실 시스템의 행태를 말이나 기호, 그림 등으로 나타낸 것을 말한다. 유사한 예로, 컴퓨터 프로그래밍에서 말이나 기호로 자신의 논리를 표현한 유사코드(pseudo-code), 플로우차트(flowchart) 등이 여기에 해당된다. 자신의 논리를 간결하고도 명확히 표현한 것이다. 개념적 모형이 현실 시스템을 잘 반영하기 위해서는 모형의 설계자(designers)와 사용자(users) 간의 의사소통과 협조가 필요하다.[2] 이러한 **사용자-설계자 파트너십(user-designer partnership)**을 통해 좀 더 정교한 시뮬레이션 모형이 만들어질 수 있고, 또 그 모형의 결과를 사용자들이 보다 잘 받아

사용자-설계자 파트너십(user-designer partnership)

2) 모형의 설계자란 시뮬레이션과 같은 과학적 방법을 이용하여 문제를 분석하여 새로운 해결책, 행동방법 등을 제시하는 사람을 말하고, 사용자란 설계자에 의해 제시된 해결책을 실제 행동으로 옮기는 조직 구성원을 말한다. 설계자가 외부 전문가인 경우, 사용자-설계자 파트너십은 불필요한 피드백을 줄이기 위해 더욱 요구된다.

들일 수 있는 분위기가 고취될 수 있다.

② 자료의 수집 및 분석

입력자료분석(input data analysis)

현실 시스템의 행태를 잘 나타내는 모형을 만들기 위해서는 시스템의 행태를 관찰하고, 그 관찰 결과를 수집하여, 거기에 걸맞은 확률분포를 추정하는 일이 수반되어야 한다. 즉, 시스템의 불확실한 행태를 확률분포로 잘 표현할 수 있어야 하는데, 이를 **입력자료분석(input data analysis)**이라고 한다. 예를 들어, 은행 지점에 도착하는 고객의 도착시간 분포를 추정할 수 있어야 시뮬레이션을 통해 고객들의 도착 행태를 복제하여 특정 대안(시스템 디자인)의 성과를 추정하게 된다. 입력자료분석을 위해서는 며칠 동안의 시스템 관찰을 통해 고객의 도착시간에 대한 자료를 수집하고, 이 자료를 가장 잘 묘사할 수 있는 확률분포를 추정해야 한다.

자료의 수집(data collection)

GIGO(garbage in, garbage out)

한편, **자료의 수집(data collection)**을 위해서는 자료수집방법을 미리 계획하여 불필요한 시행착오를 방지하는 것이 필요하다. 또한 자료의 수집이란 말처럼 그리 쉬운 일이 아니다. 많은 시간과 비용, 그리고 인내가 수반되는 단계이니만큼 개념적 모형을 만들 때 시뮬레이션을 위해 필요한 자료가 무엇인지 결정되었으면 바로 해당 자료의 수집을 시작하는 것을 추천한다. **GIGO(garbage in, garbage out)**라는 말처럼 필요한 최신의 자료를 적시에 수집하는 것은 의미 있는 결과를 위해 반드시 필요하다.

4 수리적 모형의 개발과 모형의 문서화

수리적 모형

모형의 검토(verification)

모형의 타당성 확인(validation)

수리적 모형이란 시뮬레이션을 실제로 수행하는 모형(operational model)을 말한다. 유사한 예로, 컴퓨터 프로그래밍에서 유사코드나 플로우차트를 컴퓨터가 인식할 수 있는 컴퓨터 언어(예, FORTRAN, C, Java, C++ 등)로 전환한 프로그램을 말한다. 즉, 앞서 개발한 개념적 모형을 컴퓨터가 인식하여 계산 작업을 수행할 수 있도록 수리적인 모형으로 바꾸어 준다. 아울러 수리적 모형에 대한 설명(변수의 설명, 기호의 설명, 논리의 설명 등)을 문서화 함으로써 나중에 다른 사람이 내가 만든 모형을 보더라도 이해할 수 있고, 필요 시 수정할 수 있도록 한다. 이 단계에서 만든 수리적 모형은 다음 단계인 **모형의 검토(verification)**과 **타당성 확인(validation)**의 대상이 된다.

5 모형의 검토와 타당성 확인

① 모형의 검토(verification)

이 단계는 수리적 모형의 **문법적 오류**(syntax errors)와 **논리적 오류**(logical errors)를 찾아 수정하는 단계이다. 문법적 오류의 예는 숫자 '0'을 알파벳 'O'로 잘못 입력했다든지, 더하기를 해야 하는데 실수로 곱하기를 입력한 경우 등을 말한다. 반면, 논리적 오류는 생각의 오류로 문법적 오류보다 발견하기 어렵다. 문법적 오류는 내가 실수하였음을 금방 찾아내어 고칠 수 있는 오류지만 논리적 오류는 나의 생각이 잘못 되었음을 인정해야 발견할 수 있는 오류이기 때문이다.

문법적 오류(syntax errors)
논리적 오류(logical errors)

② 모형의 타당성 확인(validation)

모형의 타당성 확인이란 내가 만든 시뮬레이션 모형이 현실 시스템의 행태를 제대로 복제하는지를 확인하는 것이다. 시뮬레이션 모형의 결과가 실제 시스템의 행태와 유사하지 않다면 이 모형의 분석 결과를 이용해 현실 문제에 대한 해결책을 제시하거나 현실 시스템에 대해 어떤 결론을 내리는 것은 타당하지 않다. 따라서 이 단계는 과연 내가 만든 시뮬레이션 모형을 이용해서 실제 시스템의 특성에 대하여 결론을 내려도 괜찮은지를 확인하는 중요한 단계이다. 모형의 타당성 확인을 위해서는 시뮬레이션 모형을 이용해 모형의 결과를 일부 산출하고, 이 결과를 현실 시스템의 행태와 비교하여 둘 사이가 얼마나 유사한지를 검토하는 **예비조사**(pilot study)가 필요하다. 예비조사 결과, 모형의 행태와 실제 시스템의 행태가 많은 차이를 보인다면 앞의 세 번째 단계인 개념적 모형의 개발과 자료의 수집 및 분석 단계로 되돌아가는 피드백 과정이 필요하다.

예비조사(pilot study)

6 실험계획

시뮬레이션 모형의 타당성이 확인되었으면 이제 이 모형으로 본격적인 시뮬레이션을 수행할 준비를 해야 한다. **실험계획**(experimental design)이란 시뮬레이션의 대안(alternatives)을 판별하고(어떤 대안들, 몇 개 대안들의 성과를 비교할 것인가), 시뮬레이션 길이(simulation length)와 반복활동의 수(the number of replications) 등을 정하는 것을 말한다. 이 실험계획에 따라 시뮬레이션을 수행하고 그 결과에 따라 추가적인 실험계획 단계를 밟을 수도 있다.

실험계획(experimental design)

7 시뮬레이션 수행 및 결과 분석

시뮬레이션을 수행하고(simulation run), 그 결과를 분석하는 단계이다. 시뮬레이션 모형은 '푼다고(solve)' 하지 않고, '수행한다고(run)' 한다. 시뮬레이션의 수행 결과를 보고 추가적인 실험계획이 필요한지를 결정한다.

8 추가적인 실험계획

앞서 수행한 시뮬레이션의 결과에 따라 대안을 추가한다든지 시뮬레이션 길이, 반복활동의 수 등을 조정하여 추가적인 시뮬레이션을 수행한다.

9 시뮬레이션 결과 분석 및 시뮬레이션 전 과정의 문서화

통계분석
연대기(chronology)

시뮬레이션 모형의 입력자료가 확률적이기 때문에 시뮬레이션 수행의 결과도 확률적으로 나타난다. 따라서 시뮬레이션 결과로부터 어떤 대안의 특성이나 대안들의 우열을 비교하기 위해서는 **통계분석**이 수반되어야 한다. 아울러 하나의 시뮬레이션 연구가 마무리되면, 이 연구의 전 과정(즉, 문제의 인식부터 모형의 개발, 자료의 수집, 모형의 검토 및 타당성 확인, 실험계획, 시뮬레이션의 수행, 결과 분석까지의 전 과정)이 어떻게 전개되고 수행되었는지, 소위 시뮬레이션 작업의 **연대기(chronology)**를 문서화 하여 기록으로 남기고, 다른 사람들이 참고할 수 있도록 한다.

10 시뮬레이션 결과의 실행

실행(implementation)

실행(implementation)이란 시뮬레이션을 통해 우리가 해결하고자 했던 문제에 대한 해결책을 제시하고, 이러한 해결책이 의사결정 권한이 있는 사람에 의해 받아들여졌을 경우, 실제 행동으로 옮겨지는 단계이다. 많은 사람들이 오해하는 것은 시뮬레이션을 위한 제반 활동이 성공적으로 이루어졌으면 이 단계는 자동적으로 진행이 되리라는 생각이다. 하지만 실제로는 이 단계에서 가장 많은 문제가 발생할 수 있다. 예를 들어, 새로움과 변화에 대한 반감과 두려움, 현상에 머무르고자 하는 인간의 습성, 설계자와 사용자 간의 의사소통 부재, 경영진의 새로운 해결책에 대한 실행 의지와 지원 부족 등이 그것이다. 하지만 모든 해결책이란 그 자체로서 가치가 있기보다는 그것이 행동으로 옮겨졌을 때 가치가 발하듯, 시뮬레이션 연구가 내놓은 해결책에 영향을 받는 이해관계자들에게 새로움이 지금까지의 관행보다 낫다는 점을 구체적으로 제시하고 그들을 설득함으로써 그들 스스로 새로운 행동방법을 받아들이고 실천할 수 있게 하는 조직 분위기가 조성되어야 할 것이다.

지금까지 설명한 시뮬레이션 연구의 절차를 그림으로 요약하면 [그림 14-3]과 같다.

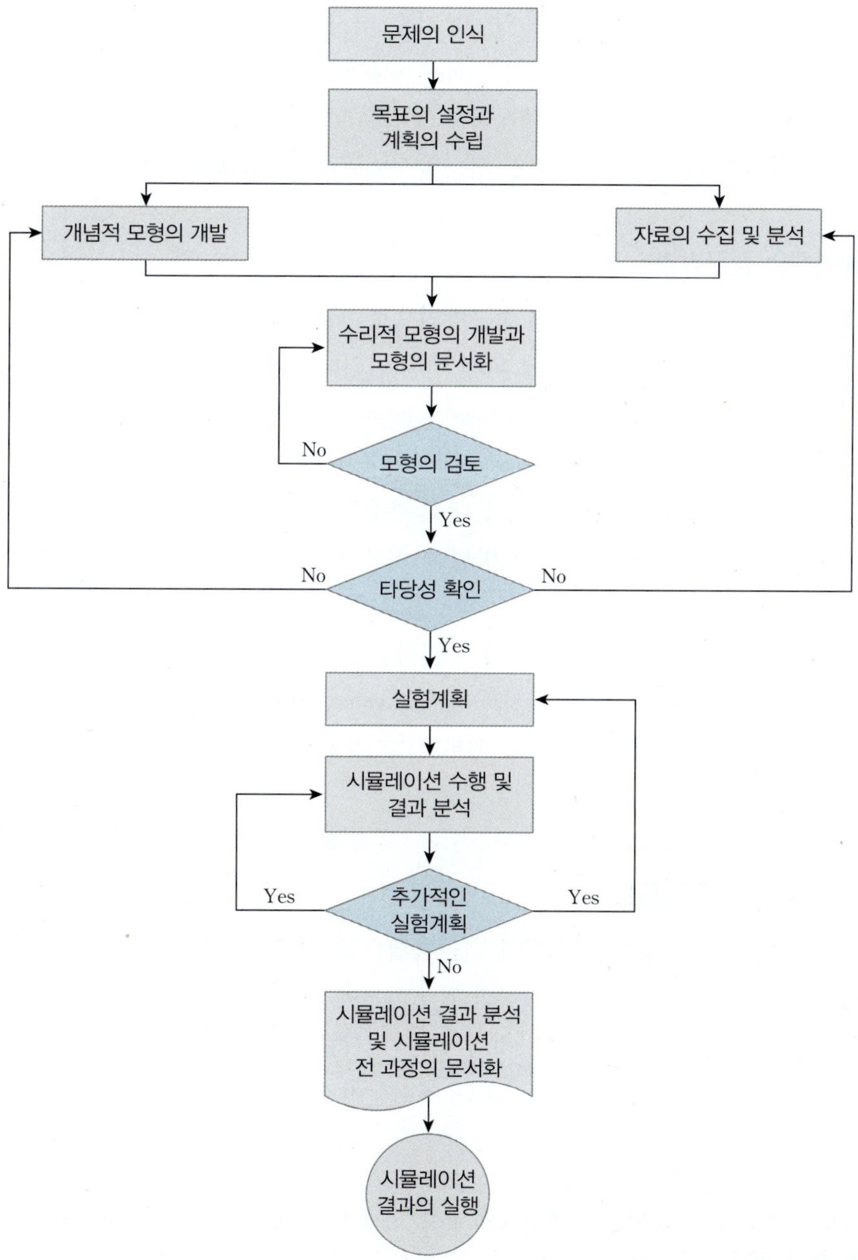

그림 14-3
시뮬레이션 연구 절차

14.5 시뮬레이션과 해석적 방법의 차이

해석적 방법(analytic approach)
시뮬레이션 방법(simulation approach)
규범적인 접근방식(normative approach)
기술적인 접근방식(descriptive approach)

과학적 문제해결 접근방법으로서 **해석적 방법(analytic approach)**과 **시뮬레이션 방법(simulation approach)**의 차이를 알아보기로 하자. 해석적 방법이란 수학적인 방법을 이용하여 문제에 대한 최적해(optimal solution)를 찾아주는 **규범적인 접근방식(normative approach)**인 반면, 시뮬레이션 방법은 '대안이 이럴 경우 그 결과는 이렇다'라고 기술하는(describe) **기술적인 접근방식(descriptive approach)**이다.[3)]

1 해석적인 접근방법

최적해(optimal solution)

해석적인 접근방법은 규범적인 접근방법으로 "what's the best?"라는 질문에 답을 하고자 한다. 수학적인 방법에 의해 '이러이러하게 행동하는 것이 최선이고, 그때의 성과는 이렇다'라는 **최적해(optimal solution)**를 제공해 준다. 모형의 입력자료로는 여러 가지 매개변수 값(parameter values)이 사용된다. 매개변수 값은 하나의 값으로 추정되기도 하고, 확률분포의 형태로 추정되기도 한다. 하지만 매개변수가 확률분포로 추정될 경우에는 수학적 방법을 이용해 모형을 풀기가 상당히 까다로워진다. 해석적인 접근방법에서는 최적화 알고리듬에 의해 수리적 모형을 풀게 되고, 모형의 해는 우리가 찾고 싶어 하는 의사결정변수의 가장 좋은 값(optimal values of decision variables)과 또 그때의 성과(optimal value of the measure of effectiveness of a system)를 보여준다. 해석적 방법의 예로 수학 방정식이나 최적화 기법인 선형계획법, 정수계획법, 비선형계획법 등을 들 수 있다.

2 시뮬레이션 접근방법

시뮬레이터(simulator)

시뮬레이션 접근방법은 기술적인 접근방법으로 "what-if?"라는 질문에 답을 하고자 한다. 해석적인 방법처럼 최적화 알고리듬에 의해 모형을 풀어 어떻게 행동하는 것이 가장 좋을지를 발견하는 것이 아니라 **시뮬레이터(simulator, 시뮬레이션 모형)**를 이용해 대안이 이러할 때 그 결과는 어떠할지 기술하는 방법이다. 해석적인 방

3) 규범적인 접근방식은 의사결정이 어떻게 이루어져야 하는지를 지시하는(direct how a decision should be made) 반면, 기술적인 접근방식은 의사결정이 실제로 어떻게 이루어지는지를 기술한다(describe how a decision is made).

법과 큰 차이점은 해석적인 방법에서는 **의사결정변수(decision variables**, 우리가 찾고자 하는 대상)의 값이 모형의 결과(output)로 나오게 되지만 시뮬레이션에서 의사결정변수는 입력자료가 된다. 시뮬레이션에서 의사결정변수는 **정책(policies)**, **전략(strategies)** 등의 이름으로도 불린다. 즉, 시뮬레이션에서는 우리가 이러한 의사결정, 정책, 전략을 펼치면 그 결과는 어떠한지를 파악하게 된다. 따라서 우리가 현재 고려하는 대안들 중 어느 대안이 가장 좋은지는 알 수 있지만 그것이 최적 대안이라는 보장은 없다. 하지만 시뮬레이션은 해석적으로 해결하기 어려운 문제, 예를 들어 입력자료 중 여러 가지 매개변수가 확률변수로 표현되는 문제를 큰 수학적인 지식 없이도 해결할 수 있는 장점을 갖는다.

의사결정변수(decision variables)
정책(policies)
전략(strategies)

14.6 시뮬레이션의 시작

1 확정적 시뮬레이션

시뮬레이션이 어떻게 수행되는지 구체적으로 학습하기 위해 간단한 예를 들어 보자.

문제1 한 돼지사육 농장에서는 돼지의 발육을 촉진하기 위해 돼지 먹이에 호르몬이 첨가된 물(호르몬 용해액)을 넣고 있다. 매일 아침 1kg의 호르몬 용해액이 1톤(1,000kg) 탱크에서 흘러나와 돼지 먹이에 첨가된다. 탱크에서 1kg의 호르몬 용해액이 빠지게 되면, 그 즉시 1kg의 순수한 물이 탱크에 채워진다. 따라서 매일 탱크에는 1000kg의 호르몬 용해액이 존재하며, 호르몬의 농도는 날마다 줄어든다.

새해 첫 날인 1월 1일, 1톤 탱크에는 250kg의 호르몬 농축액이 용해되어 있다. 이 농장은 물탱크의 호르몬 농축액 수준이 162kg 이하로 떨어지면 호르몬 용해액의 농도를 일정 이상으로 유지하기 위해 호르몬 농축액을 보충한다. 호르몬 농축액을 보충하기까지 며칠이 걸리겠는가?

풀이 [문제 1]을 보면 불확실한 것은 아무 것도 없다. 따라서 간단한 수학적인 개념만 가지면 위 문제를 해결할 수 있다. 또한 프로그래밍 지식이 있는 사람은 'Do-loop'을 이용한 간단한 프로그램을 만들어 이 문제를 해결할 수 있다.

이 문제의 해결 논리는 다음과 같다. 1일차 호르몬 농축액 수준은 $250\times(1-1/1{,}000)$이고, 2일차 호르몬 농축액 수준은 1일차 농축액 수준에 $(1-1/1{,}000)$를 곱한 $[250\times(1-1/1{,}000)]\times(1-1/1{,}000)=250\times(1-1/1{,}000)^2$이다. 따라서 n일 후의 호르몬 농축액 수준은 $250\times(1-1/1{,}000)^n=250\times(.999)^n$이 됨을 알 수 있다.

목표값 찾기(goal-seeking)

따라서 $250\times(.999)^n\leq162$를 만족시키는 n을 구하면 될 것이다. 여기서는 엑셀의 데이터 탭의 가상분석 메뉴에 있는 **목표값 찾기(goal-seeking)**를 이용하여 문제를 해결해 보자.

그림 14-4
목표값 찾기

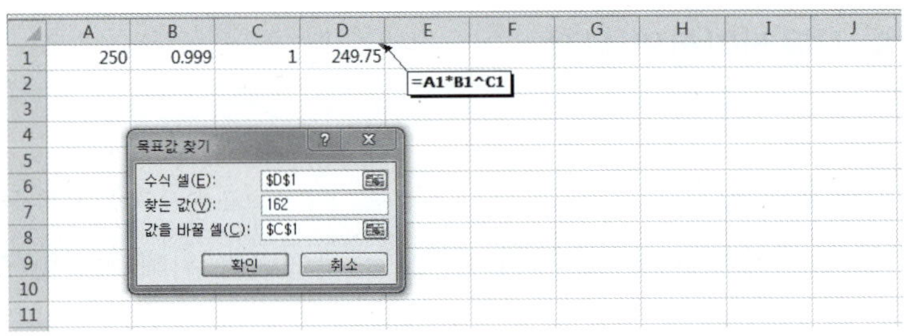

목표 값 찾기 대화상자
수식 셀(E)
찾는 값(V)
값을 바꿀 셀(C)

[그림 14-4]에서 보듯이 셀 A1에 250, 셀 B1에 0.999, 셀 C1에 1, 셀 D1에 =A1*B1^C1을 입력한다. 그리고 **목표값 찾기**를 선택하면 나타나는 **목표 값 찾기 대화상자**에서 **수식 셀(E)** 상자에는 D1, **찾는 값(V)** 상자에는 162, **값을 바꿀 셀(C)** 상자에는 C1을 입력하고,[4] 확인 버튼을 누른다. 그러면 값을 바꿀 셀인 C1의 값은 433.6475으로 변하고, 수식 셀인 D1에는 그때의 호르몬 농축 수준인 162가 나타난다. 즉, 434일 지나면 호르몬 농축 수준이 162보다 낮아지므로 그 때 호르몬 농축액을 보충해야 함을 알 수 있다.

이 예제에서는 불확실성이 전혀 고려되고 있지 않다. 따라서 해석적인 방법(analytic methods)을 이용해서도 문제를 충분히 해결할 수 있다. 이 시뮬레이션은 매

4) 찾는 값을 제외하고는 실제로 셀 번호를 입력하지 않고 엑셀 시트의 해당 셀을 마우스로 누르면 해당 셀 번호가 자동으로 입력된다.

일 아침 호르몬 농축액 수준의 변화를 추적할 수 있으므로 **이산사건 동적 시뮬레이션(discrete-event dynamic simulation)**이라 할 수 있고, 불확실성을 나타내는 확률변수가 문제에 존재하지 않으므로 **확정적 시뮬레이션(deterministic simulation)**의 예라고 할 수 있다.

이산사건 동적 시뮬레이션 (discrete-event dynamic simulation)

확정적 시뮬레이션 (deterministic simulation)

하지만 모든 것이 알려져 있는 확정적 문제 상황에서는 굳이 시뮬레이션 방법을 이용하지 않고서도 해석적인 방법으로 문제를 해결할 수 있으므로 시뮬레이션의 장점이 그다지 부각되지 않는다. 보통 시뮬레이션이 적용되는 문제 상황은 하나 이상의 확률변수가 포함되는 확률적인 상황으로 문제에서 고려하는 확률변수의 수가 증가할수록 해석적인 방법으로 문제를 해결하는 것이 어렵기 때문에 시뮬레이션의 장점이 부각될 수 있다.

2 확률적 시뮬레이션

이제 불확실성이 포함된 간단한 예를 들어보자. 이 문제는 소위 **신문팔이 소년문제(newsboy problem)**라고 알려진 것이다. 신문팔이 소년에게는 매일 아침 해결해야 할 문제가 있다. 보급소에서 신문을 얼마나 가져오는 것이 가장 좋을까라는 고민이다. 너무 적게 가져오면 판매 기회를 상실할 위험이 있고, 너무 많이 가져오면 신문이 남게 될 위험이 존재한다. 신문이란 그날 아침에 팔리지 않으면 그 가치를 잃기 때문이다. 이런 신문팔이 소년문제는 여러 가지 문제 상황에 변형되어 적용되고 있다.

신문팔이 소년문제(newsboy problem)

다음 문제를 고려해 보자.

문제2 — 서강서점은 올해 10월 다음 해 다이어리를 인쇄소에 몇 개나 주문해야 할지 결정해야 한다. 다이어리 하나의 주문비용은 7,500원이고, 10,000원에 판매한다. 새해 1월이 지나도 안 팔린 다이어리는 제작사에 다시 반품할 수 있는데, 이 때 반품되는 다이어리 하나에 2,500원씩 받을 수 있다. 서강서점은 내년 1월까지의 다이어리 수요가 〈표 14-1〉과 같은 확률분포를 할 것으로 믿고 있다.

표 14-1
다이어리 수요량 분포

수요량	확률
100	.30
150	.20
200	.30
250	.15
300	.05

즉, 서강서점은 다이어리가 100부 팔릴 가능성은 30%이고, 150부 팔릴 가능성은 20% 등으로 보고 있다. 과연 서강서점은 기대이익(expected profit)을 최대화하기 위해 다이어리를 몇 부나 주문하는 것이 좋을지 시뮬레이션을 이용해 답해보자.

풀이 만일 [문제 2]에서 내년 다이어리의 수요량이 얼마라고 하나의 숫자로 정확히 추정될 수 있으면 그만큼만 주문하는 것이 가장 좋을 것이다. 하지만 미래의 상황은 항상 불확실성을 내포한다. 신문팔이 소년의 고민처럼 다이어리 수요량이 얼마나 될지 주문 시점에서는 확실하게 알 수 없는 것이 현실이다. 그리고 이 불확실성 때문에 문제는 복잡성을 띄게 된다.

우선 [문제 2]와 관련하여 두 가지 질문이 제기될 수 있다. 첫째, 다이어리 수요량은 〈표 14-1〉에 제시된 다섯 가지 이외에는 발생할 수 없느냐는 질문이다. 현재 다이어리 수요량의 분포는 이산형 분포(discrete distribution)로 가정하고 있다. 물론 문제에서 제시된 다섯 가지 수요량 이외에 다른 수요량도 발생 가능하지만 시뮬레이션의 개념을 이해하기 위해 내년도 다이어리의 수요량은 〈표 13-1〉과 같이 다섯 가지로 추정된다고 일단 가정하자. 나중에 다시 구체적으로 논의하겠지만 우리가 관심을 가지고 있는 변수의 분포는 위 문제에서와 같이 이산형 분포일수도 있고, 정규분포와 같은 연속형 분포(continuous distribution)로 나타날 수도 있다. 또한 변수의 분포가 연속형 분포인 경우에도 이를 이산형 분포로 근사화 할 수 있으며, 이러한 근사화를 통해서도 현실 문제의 중요한 특성을 흐리지 않으면서 해결책을 제시할 수 있다.[5)]

5) 예를 들어, 키퍼와 보딜리(Keefer and Bodily)는 연속형 분포를 이산형 분포로 근사화 하는 간단한 방법을 제시했는데, 연속형 분포의 하위 10%에 해당하는 값, 하위 50%에 해당하는 중앙값, 그리고 상위 10%에 해당하는 값을

둘째, 수요량의 분포는 어떻게 정해진 것이냐는 질문이다. 많은 사람들이 이러한 분포는 교과서 연습문제처럼 항상 주어지는 것으로 착각하고 있다. 하지만 시뮬레이션의 핵심은 이러한 분포를 추정하는 데 있다. 보통 많은 교재에서 이러한 분포는 과거의 자료나 경험에 의해 추정될 수 있다고 넘어가는 경우가 많은데, 이러한 가이드라인이 적용되지 않을 수도 있다. 위 문제에서 서강서점이 문을 연지 5년밖에 안된 서점이라면 과거 자료의 크기는 다섯 개밖에 되지 않아 수요량의 분포를 이처럼 작은 크기의 표본으로부터 추정하는 것이 적절하지 않다. 서강서점이 100년 역사를 가진 서점이라도 문제는 발생한다. 수십 년 전의 다이어리 수요량을 가지고 내년도 다이어리 수요량을 예측하는 것이 과연 타당하겠는가? 과거의 행동 패턴이 미래의 거울이 되기에는 불충분한, 모든 것이 빨리 변하는 세상에 우리는 살고 있다. 그러면 이러한 수요량 분포는 어떻게 추정할 수 있을까? 하나의 방법으로 서강서점과 규모와 입지가 유사한 서점들의 과거 2, 3년 동안의 다이어리 수요량을 조사하면 꽤 큰 표본을 수집할 수 있을 것이다. 이 표본을 이용하여 다이어리 수요량의 분포를 추정하는 것이 가능한 대안이 될 수 있다.

이제 시뮬레이션을 이용해 문제를 해결해 보자. 우선 개념적 모형을 만들어 보자. 이윤은 수입에서 비용을 차감한 값이다. 그리고 문제에서 수입은 두 가지로 구성된다. 하나는 판매수입이고 다른 하나는 반품수입이다. 비용은 다이어리 구입비용 하나이다. 판매수입은 판매가 곱하기 판매량이 되고, 반품수입은 반품가 곱하기 반품량이 된다. 그리고 구입비용은 구입단가 곱하기 주문량이 될 것이다. 해결해야 할 사안은 다이어리를 판매함으로써 얻을 수 있는 이윤을 최대화 하는 주문량을 구하는 것이다.

이제 판매량은 어떻게 결정되는지 살펴보자. 판매량이란 주문량과 수요량 중 작은 값이다. 예를 들어, 주문량이 200이고, 수요량이 250이라면, 판매량은 200에 그치게 되고, 반대로 주문량이 200인데, 수요량이 150이라면 판매량은 150이 되는 것이다. 따라서 판매량은 =MIN(주문량, 수요량)으로 나타낼 수 있다.[6]

다음으로 반품량은 어떻게 결정되는지 보자. 반품량은 주문은 했지만 팔리지 않

구한 후, 이 세 가지 값 각각에 0.3, 0.4, 0.3의 확률을 배정해 이산형 분포를 만드는 것이다. Keefer, Donald L. and Samuel E. Bodily (1983), "Three-Point Approximations for Continuous Random Variables," *Management Science*, Vol. 29, No. 5, pp. 595–609.

6) 물론 MIN 대신에 IF 문을 사용하여 판매량을 정할 수도 있다. 즉, =IF(주문량〉수요량,수요량,주문량)

아 남게 되는 다이어리의 양이다. 따라서 반품량은 주문량에서 수요량을 뺀 값(즉, 주문량 - 수요량)으로 생각할 수 있다. 하지만 이 생각에는 한 가지 논리적 오류가 있다. 주문량이 수요량보다 클 경우에는 이 생각도 괜찮지만 만일 주문량보다 수요량이 클 경우에는 반품량의 값이 음수가 되어 오히려 반품수입이 이윤에 부정적 영향을 미치게 되는 결과를 얻게 된다. 따라서 반품량의 올바른 표현은 (주문량 - 수요량)과 '0' 중에서 큰 값이 되어야 한다. 예를 들어, 주문량이 200이고 수요량이 150인 경우에는 반품량은 50이 되지만, 주문량이 150이고 수요량이 250인 경우에는 반품량은 '0'이 되어야 할 것이다. 따라서 반품량을 나타내는 올바른 표현은 =MAX(주문량 - 수요량,0)이다.[7]

이제 우리는 이윤을 다음과 같이 표현할 수 있다.

이윤 = 판매수입 − 주문비용 + 반품수입
  = 10,000*MIN(주문량,수요량) − 7,500*주문량 + 2,500*MAX(주문량 - 수요량,0)

이제 주문량이 200일 경우의 이윤은 어떻게 될까? 위 식을 이용하여 이윤이 얼마나 되는지 그 값을 구하기 위해서는 다이어리의 수요량이 먼저 결정되어야 한다. 그러면 수요량은 어떻게 결정되는 것인가? 이것이 바로 몬테칼로 시뮬레이션의 핵심이 된다.

14.7 난수와 몬테칼로 시뮬레이션

난수(random numbers)

확률변수의 값을 구하기 위해서는 **난수(random numbers)**가 필요하다. 즉, 위 예제에서 수요량의 분포로부터 수요량의 값을 결정하기 위해서는 난수가 필요하다. 사실, 몬테칼로 시뮬레이션이란 넓은 의미로 난수를 이용한 모든 시뮬레이션을 말한다.[8]

7) 이 경우에도 IF 문을 이용하여 표현할 수 있다. 즉, =IF(주문량>수요량,주문량−수요량,0)

8) 좁은 의미로 몬테칼로 시뮬레이션은 난수를 이용한 정적 시뮬레이션(static simulation)을 말한다. 정적 시뮬레이션이란 시간의 흐름에 따른 상태의 변화를 고려하지 않는, 즉 특정 시점에서 시스템의 행태를 관찰하고자 하는 시뮬

난수란 0과 1 사이의 값을 갖는 **일양분포(uniform distribution)**를 하는 확률변수의 값이다. 즉, 난수 R_i는 다음과 같은 확률밀도함수(pdf: probability density function)를 갖는 일양분포로부터 추출된 확률변수의 값을 말한다.

일양분포(uniform distribution)

$$f(x)=\begin{cases}1 & 0\leq x\leq 1\\ 0 & \text{그 밖의 경우}\end{cases}$$

1 난수의 특성

난수는 다음과 같은 두 가지 특성을 동시에 갖추어야 한다.

① 일양성

일양성(uniformity)이란 간단히 말하면 개별 난수의 발생 가능성이 모두 동일함을 말한다. 예를 들어, 100개의 난수가 발생했으면 각 난수의 발생 가능성은 1/100이라는 것이다. 이를 좀 더 공식적으로 표현하면 다음과 같다. 발생된 총 난수의 개수를 N이라 하자. 난수의 일양성이란 난수의 발생구간인 0과 1 사이를 n개의 동일한 크기의 구간으로 나누었을 때(따라서 각 구간의 길이는 $1/n$), 각 구간에서 관찰될 난수의 기대 개수는 N/n이라는 것이다. 예를 들어, 발생시킨 난수가 1,000개이고, 0과 1 사이의 범위를 10개의 동일한 크기의 구간으로 나누면 0과 0.1 사이에 존재하는 난수의 기대 개수나 0.5에서 0.6 사이에 존재하는 난수의 기대 개수나 동일하게 100개가 된다는 것이다. 다른 구간에서의 난수의 기대 개수도 동일하게 100개가 된다.

일양성(uniformity)

② 독립성

독립성(independence)은 간단히 말하면 각 난수는 이전에 발생한 난수나 이후에 발생할 난수와 아무런 관련성이 없어야 한다는 것이다. 이를 공식적으로 표현하면 다음과 같다. 난수의 범위인 0과 1 사이의 특정 구간에서 난수가 관찰될 확률은 그 이전에 발생한 난수의 값과는 독립적이라는 것이다. 예를 들어, 0.3이라는 난수가 발생했다고 가정하자. 이제 새로운 난수가 0.3보다 큰 값을 가질 확률은 방금 발생한 난수의 값 0.3과는 관계없이(독립적으로) 0.7이라는 것이다. 마찬가지로 새로운

독립성(independence)

레이션을 말한다.

난수가 0.5보다 작은 값을 가질 확률은 지금 발생한 난수 0.3과 관계없이 0.5인 것이다.

난수발생기(random number generator)

[그림 14-5]는 엑셀의 **난수발생기**(random number generator)인 =RAND( )를 이용하여 난수를 1,000개 발생시키고, 이 난수들의 도수분포표와 이 도수분포표와 연결된 히스토그램을 그린 화면이다.

그림 14-5

엑셀에서의 난수발생

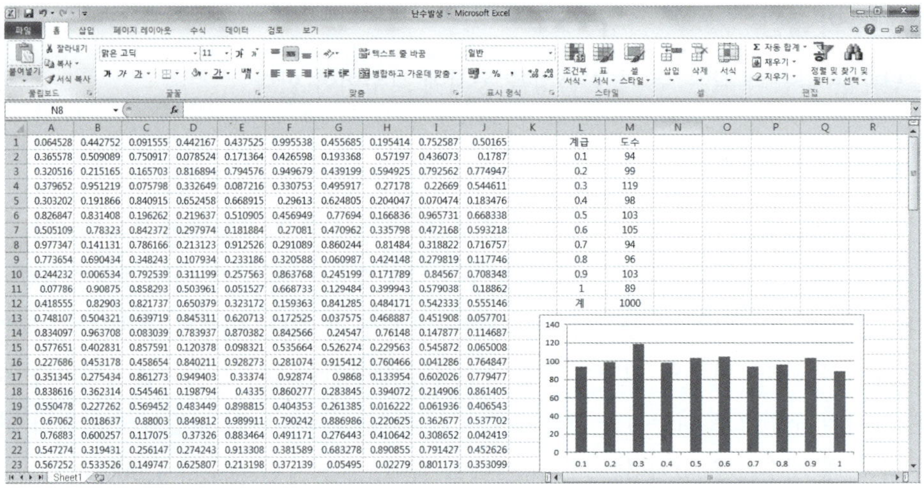

엑셀 시트에 난수를 발생시키는 방법은 다음과 같다. [그림 14-5]의 셀 A1에 =RAND()를 입력하고, 이 셀의 오른쪽과 아래로 셀을 복사하여 셀 범위 A1:J100에 1,000개의 난수를 발생시킨다. 여러분이 발생시킨 난수는 [그림 14-5]에 있는 난수와는 당연히 다르게 나타날 것이다. 이제 키보드의 F9키를 반복해 쳐보자. 그러면 화면의 난수가 계속 바뀌는 것을 볼 수 있다. 난수가 바뀜에 따라 난수와 연결된 도수분포표와 히스토그램도 바뀌는 것을 알 수 있다. [그림 14-5]에 있는 도수분포표의 계급(bins 또는 classes)은 10개로 0과 1 사이의 구간을 10개로 나누었다. 따라서 각 구간에 존재하리라 기대되는 도수(난수의 개수)는 100(=1000/10)임을 알 수 있다. 하지만 각 구간에 존재하는 난수의 수를 보면 동일하게 100으로 나타나지 않고 어느 정도의 편차를 보임을 알 수 있다. 이는 난수의 수가 많지 않기 때문에 발생하는 오차인데, 만일 난수의 수가 천 개가 아니라 만 개, 십만 개, 백만 개 등으로 그 수가 증가하면 각 구간에 존재하는 난수의 수는 전체 난수의 10%에 근접한 수로 큰 변화 없이 안정화 되어 감을 볼 수 있다.

TIP

도수분포표를 만들 때 각 계급의 도수는 =FREQUENCY(자료의 셀 범위, 계급의 셀 범위)을 이용하여 나타내었다. [그림 14-5]에서 도수분포표의 계급은 10개로 각 계급의 폭은 0.1이다. 각 계급에는 해당 계급의 상한값(즉, 0.1, 0.2, 0.3, ⋯, 1)만을 입력하는데 첫 번째 계급은 0에서 0.1까지, 두 번째 계급은 0.1 초과 0.2까지 등으로 해석하면 된다. 이제 각 계급의 도수를 산출하기 위해 우선 도수가 나타날 셀 범위 M2:M11을 선택한다. 그러면 셀 범위가 음영으로 나타나는데, 여기서 =FREQUENCY(A1:J100,L2:L11)을 입력하고, Ctrl+Shift+Enter를 함께 누른다.[9] 그러면 각 계급의 도수가 해당 셀에 나타난다. 그래프는 엑셀의 삽입 메뉴에 있는 세로막대형 차트를 이용한 것이다.

=FREQUENCY(자료의 셀 범위, 계급의 셀 범위)

2 난수의 역할

이제 난수의 특성을 알았으니 난수를 이용해서 문제의 수요량 분포와 같은 **이산형 분포(discrete distribution)**의 확률변수 값이 어떻게 결정되는지 살펴보자.

이산형 분포(discrete distribution)

옛날, 번데기를 파는 리어카를 기억하는 독자도 있을 것이다. 이 리어카에는 원형의 판이 하나 놓여 있었는데, 번데기 한 봉지 값을 내면 이 판을 돌려 화살을 한 번 던질 수 있는 권리가 주어진다. 화살이 어디에 꽂히느냐에 따라 '꽝'이 나와 한 봉지도 건질 수 없는 경우도 있고, 재수가 좋을 때는 한 봉지 값으로 10봉지, 100봉지도 딸 수 있는 놀이가 있었다. 이 번데기 판을 보면, 꽝이나 한 봉지라고 써진 곳은 원판에서 넓게 자리를 잡고 있는 반면, 당첨 봉지 수가 10봉지, 100봉지 등으로 올라가면 해당 면적은 현저히 좁아진다. 따라서 이런 원판을 돌려 화살을 던지게 되면 횡재수에 화살이 꽂힐 가능성은 작고, 원판에서 넓은 면적을 차지하는 곳, 즉 꽝이나 한 봉지라고 써진 곳에 화살이 꽂힐 가능성이 많았다.

마찬가지 예로 카지노에 가면 **행운의 원판(wheel of fortune)**이라는 게임이 있다. 커다란 원판을 돌려 정중앙에 있는 화살표가 원판의 어디에 위치하느냐에 따라 내가 베팅한 돈의 몇 배를 따거나 또는 베팅한 돈을 잃게 되는 게임이다. 이 게임에서

행운의 원판(wheel of fortune)

9) 여기서 Enter만 누르게 되면 첫 번째 계급의 도수만 나타난다. 여러 개의 셀로 구성된 셀 범위를 선택하고, 셀 범위의 각 셀에 원하는 숫자가 나타나도록 하려면 Ctrl+Shift+Enter를 함께 눌러야 한다.

화살표는 보통 꽝이나 베팅금액의 1배(본전)에 위치하기는 쉽지만 베팅금액의 10배, 100배를 딸 수 있는 숫자에는 멈추기 힘든데, 그 이유는 원판을 구성하는 숫자들이 위의 번데기 판처럼 횡재수 숫자는 몇 개 안되고 꽝이나 본전을 나타내는 숫자는 많기 때문이다.

난수를 이용해 확률변수의 값을 결정하는 것은 번데기 판을 돌려 몇 봉지를 딸지 결정하거나 또는 행운의 원판을 돌려 화살표가 어느 곳에 위치하느냐에 따라 베팅금액을 잃거나 그 몇 배를 따는 것과 같은 논리이다.

구체적으로, [그림 14-6]과 같은 원판을 생각해 보자. [그림 14-6]의 원판은 〈표 14-1〉의 확률분포를 이용한 것으로, 원판 전체의 30% 되는 면적에는 100이라고 쓰고, 20% 되는 또 다른 면적에는 150, 또 다른 30% 면적에는 200 등으로 원판의 전체 면적을 1로 보고, 수요량 각각의 확률만큼 원판을 나누어 각 면적에 수요량을 표기한다. 이제 이 원판을 돌린 다음 화살을 던져 원판을 맞혀 보자. 화살이 100이라고 쓰인 곳에 꽂히면 수요량은 100으로 결정하고, 150이라는 곳에 꽂히면 수요량을 150으로 결정하는 것이다. 그리고 이러한 실험을 무수히 반복하면 수요량의 분포대로 수요량이 100이 될 상대빈도는 30%, 150이 될 상대빈도는 20%, 200이 될 상대빈도는 30%, 250이 될 상대빈도는 15%, 300이 될 상대빈도는 5%가 될 것이다.

그림 14-6
원판으로 표현된 확률분포

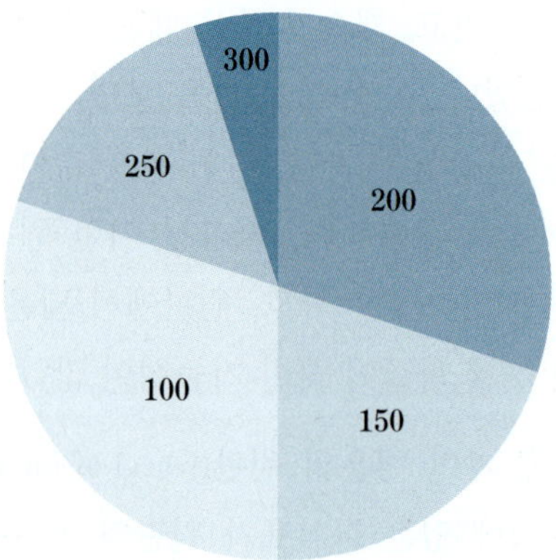

하지만 확률변수의 값을 발생시키기 위해 원판을 계속 돌릴 수는 없는 노릇이다. 컴퓨터를 이용한 시뮬레이션에서 이제 난수는 바로 원판의 역할을 한다. 즉, 컴퓨터를 이용하여 난수를 발생시켜 난수의 값이 0에서 0.3 사이에 있게 되면(이는 원판의 전체 면적 중 30%에 해당하는 면적에 화살이 꽂히는 것과 같음) 수요량은 100, 난수의 값이 0.3에서 0.5 사이에 있게 되면 수요량은 150, 난수의 값이 0.5에서 0.8 사이에 있게 되면 수요량은 200, 난수의 값이 0.8에서 0.95 사이에 있게 되면 수요량은 250, 그리고 난수의 값이 나머지 0.95에서 1 사이에 있게 되면 수요량은 300으로 결정하는 것이다.

이러한 논리가 성립하는 이유는 난수의 두 가지 특징, 즉 일양성과 독립성 때문이다. 물론, 난수를 역순으로 배정해서 수요량을 결정해도 괜찮으며(예를 들어, 난수가 0에서 0.05 사이에 있게 되면, 수요량은 300, 난수가 0.05에서 0.20 사이에 있으면 수요량을 250 등으로 결정하는 것), 난수를 이 밖의 다른 순서로 배정해서 수요량을 결정해도 무방하다. 예를 들어, 난수가 0에서 0.2 사이에 있게 되면 수요량은 150, 난수가 0.2에서 0.35 사이에 있으면 수요량은 250 등으로 수요량을 결정해도 난수의 특성으로 인해 무방하다. 하지만 보통 확률분포에 나타난 순서대로, 즉 누적확률의 순서에 따라 난수를 배정하여 확률변수 값을 결정하는 것이 관례이다.

〈표 14-2〉는 〈표 14-1〉의 다이어리 수요량 분포에 누적확률을 추가하고, 누적확률에 따라 난수를 배정한 것이다.

표 14-2
이산형 분포와 난수의 배정[10)]

다이어리 수요량	확률	누적확률	난수의 배정
100	.30	.30	0 ~ 0.30
150	.20	.50	0.30 ~ 0.50
200	.30	.80	0.50 ~ 0.80
250	.15	.95	0.80 ~ 0.95
300	.05	1	0.95 ~ 1

10) 만일 난수가, 예를 들어 0.3이 나오면 그때의 수요량은 100으로 해야 하는지 150으로 해야 하는지 궁금해 하는 독자가 있을 것이다. 하지만 계급의 경계선 상에 위치한 난수의 값이 나오면 어찌할까하는 걱정은 기우에 지나지 않는다. 왜냐하면 연속형 확률변수의 값인 난수가 정확히 0.3의 값을 가질 가능성은 이론적으로 '0'이고 실제로도 나타나지 않기 때문이다.

14.8 시뮬레이션의 수행

이제 컴퓨터를 이용하여 난수를 발생시키고, 이 난수를 이용해 서강서점의 문제를 해결해 보자.

앞에서 우리는 서강서점의 다이어리 판매이익을 다음과 같은 식으로 표현한 바 있다.

이윤 = 판매수입 − 주문비용 + 반품수입
= 10,000*MIN(주문량, 수요량) − 7,500*주문량 + 2,500*MAX(주문량 − 수요량, 0)

이제 주문량이 200일 경우의 이윤을 구해보자. [그림 14-7]은 주문량이 200일 경우 이윤은 어떻게 될지 엑셀로 시뮬레이션 하는 과정을 보여주고 있다.

그림 14-7
주문량이 200일 경우의 시뮬레이션

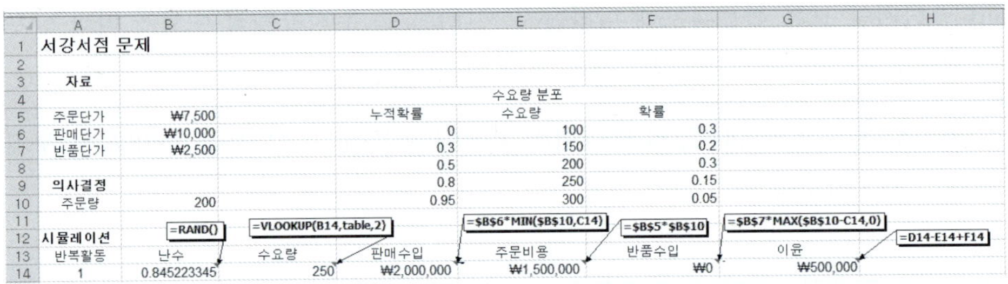

반복활동(replications)
반복활동의 수(the number of replications)
표본의 크기(sample size)

문제의 시뮬레이션 논리는 간단하다. 우선 난수를 발생시켜 난수에 따라 수요량을 결정하고, 수요량이 결정됨에 따라 이윤은 위의 식에 의해 결정된다. 그러면 이렇게 구해진 이윤이 주문량이 200일 때의 이윤을 말하는 것일까? 그렇지 않다. 왜냐하면 이는 한 번 수행한 실험의 우연한 결과(즉, 난수가 우연히 그렇게 나와 수요량이 그렇게 정해져서 계산된 결과)이기 때문이다. 우연한 결과로부터 일반적인 결과를 이끌어 내기 위해서는 이러한 실험을 여러 번 반복하고, 반복적인 실험의 결과를 통계적으로 처리하는 작업이 후속적으로 진행되어야 한다. 여기서 여러 번 반복되는 실험을 시뮬레이션에서는 **반복활동(replications)**이라고 부르며, **반복활동의 수(the number of replications)**는 통계학에서 말하는 **표본의 크기(sample size)**와 같은 개념이다.

대수의 법칙(the law of large numbers)

통계학을 배운 독자들은 **대수의 법칙(the law of large numbers)**이라는 통계학에서 매우 중요한 기본 법칙을 알 것이다. 대수의 법칙이란 표본의 크기가 크면 클수록 표본의 결과는 모집단의 특성에 근접해 간다는 것이다. 예를 들어, 표본의 크기가 무한대로 커지면 표본의 평균은 모집단의 평균에 수렴하게 된다. 대수의 법칙은 표본조사를 통해 미지의 모집단 특성을 추정하는 작업에 논리적 정당성을 부여한다.

정밀도(precision)
표본오차(sampling error)

그럼 반복활동은 몇 번 정도가 적당한가? 반복활동은 표본의 크기와 같은 개념이므로 반복활동의 수는 많으면 많을수록 좋다고 생각할 수 있다. 하지만 반복활동의 적절한 크기란 우리가 추정에서 어느 정도의 **정밀도(precision)**를 원하느냐에 따라 달라질 수 있다. 즉, 여론조사를 통해 특정 후보자의 지지율을 추정할 때 **표본오차(sampling error)**가 어느 정도라고 하는 것처럼 표본의 결과와 미지의 모집단 특성과의 차이를 어느 정도로 할지 미리 정하게 되면 그 크기에 맞게 반복활동의 수를 구할 수 있다. 반복활동의 수를 정하는 방법에 대해서는 나중에 구체적으로 설명하기로 한다.

1 엑셀을 이용한 시뮬레이션

[그림 14-8]은 반복활동의 수를 100으로 했을 때의 시뮬레이션 결과를 보여주고 있다. 이제 [그림 14-8]을 보면서 시뮬레이션이 어떻게 수행되는지 단계별로 설명해보자.

	A	B	C	D	E	F	G	H	I
1	서강서점 문제								
2									
3	자료								
4					수요량 분포				
5	주문단가	₩7,500		누적확률	수요량	확률			
6	판매단가	₩10,000		0	100	0.3			
7	반품단가	₩2,500		0.3	150	0.2			
8				0.5	200	0.3			
9	의사결정			0.8	250	0.15			
10	주문량	200		0.95	300	0.05			
11									
12	시뮬레이션	=RAND()	=VLOOKUP(B14,table,2)		=$B$6*MIN($B$10,C14)	=$B$5*$B$10	=$B$7*MAX($B$10-C14,0)		
13	반복활동	난수	수요량	판매수입	주문비용	반품수입	이윤	=D14-E14+F14	
14	1	0.845223345	250	₩2,000,000	₩1,500,000	₩0	₩500,000		
15	2	0.683963835	200	₩2,000,000	₩1,500,000	₩0	₩500,000		
16	3	0.473562685	150	₩1,500,000	₩1,500,000	₩125,000	₩125,000		
17	4	0.837411003	250	₩2,000,000	₩1,500,000	₩0	₩500,000		
18	5	0.855052256	250	₩2,000,000	₩1,500,000	₩0	₩500,000		
109	96	0.077109271	100	₩1,000,000	₩1,500,000	₩250,000	-₩250,000		
110	97	0.789847605	200	₩2,000,000	₩1,500,000	₩0	₩500,000		
111	98	0.92061569	250	₩2,000,000	₩1,500,000	₩0	₩500,000		
112	99	0.273776308	100	₩1,000,000	₩1,500,000	₩250,000	-₩250,000		
113	100	0.151183459	100	₩1,000,000	₩1,500,000	₩250,000	-₩250,000		
114								=AVERAGE(G14:G113)	
115						평균이윤	₩218,750		
116						표준편차	₩325,851	=STDEV.S(G14:G113)	
117								=$G$115+NORM.S.INV(0.975)*$G$116/SQRT(100)	
118						신뢰구간 상한값	₩282,616		
119						신뢰구간 하한값	₩154,884	=$G$115-NORM.S.INV(0.975)*$G$116/SQRT(100)	

그림 14-8
반복활동의 수를 100으로 한 경우의 시뮬레이션 결과

① 우선, 문제에서 주어진 자료를 시트에 입력한다.[11] 즉, 단위당 구입비용, 판매가, 반품가, 그리고 수요량의 분포를 입력한다. 여기서, 하나 특이하게 보이는 사항은 수요량의 분포 왼쪽 열에 추가한 누적확률이 한 단계씩 밀려서 나타난 것이다. 즉, 수요량이 100인 경우의 누적확률은 0.3이 되어야 하는데 0으로 나타나고, 수요량이 150인 경우에는 0.5가 아닌 0.3으로 나타나 있다. 이렇게 누적확률을 한 계급씩 밀려 나타낸 것은 이유가 있는데, 수요량 분포로부터 수요량을 결정하기 위해서는 IF문을 이용할 수도 있으나 그 대신 좀 더 간편한 **VLOOKUP** 함수를 이용하기 위해서이다. 여기에 대해서는 단계 ③에서 설명한다.

② 이제 필요한 자료를 입력했으므로 난수를 발생시켜 시뮬레이션을 수행해 보자. 첫 번째 반복(replication)의 시뮬레이션 결과를 보기 위해 다음과 같이 입력한다. 우선, 셀 B14에 =RAND( )를 입력한다. 그러면 이 셀에 난수가 발생된다. 이 난수는 셀 C14의 수요량을 결정하는데 사용된다.

③ 셀 C14에 수요량을 나타내는 방법은 두 가지이다. 하나는 IF문을 이용하는 방법, 다른 하나는 VLOOKUP 함수를 이용하는 것이다.

- IF문을 이용해서 수요량을 나타내기 위해서는 셀 C14에 다음과 같이 입력한다.

=IF(B14<.3,100,IF(B14<.5,150,IF(B14<.8,200,IF(B14<.95,250,300))))

수요량을 결정하기 위해 이와 같이 중첩된 IF(nested-if)문을 사용해도 무방하지만, 조건이 많아지면 IF문이 많이 중첩되어 복잡하게 보이는 단점이 있다. 따라서 대안으로 VLOOKUP 함수를 이용할 수 있다. 수요량의 분포 왼쪽 열에 누적확률을 한 계급씩 밀려 입력한 것은 바로 VLOOKUP 함수를 이용하기 위함이다.

- VLOOKUP 함수를 이용해서 수요량을 결정하기 위해서는 셀 C14에 다음과 같이 입력한다.

11) 독자들은 이러한 자료가 문제에서 항상 주어지는 것으로 오해할 수 있다. 하지만 실제 상황에서 이러한 자료들은 사용자가 추정해야 하는 것이다. 또한 지금은 하나의 수치로 주어진 자료, 예를 들어 단위당 주문비용이나 판매가도 가변적일 수 있다. 이 경우, 단위당 주문비용이나 판매가의 분포도 추정할 수 있어야 한다.

=VLOOKUP(B14,D6:E10,2)

위의 VLOOKUP 함수는 앞서 설명한 IF문과 동일한 효과를 준다. 그럼 VLOOKUP 함수는 원래 어떤 기능을 가지고 있기에 이를 이용해서 수요량을 결정할 수 있는지 알아보자.

VLOOKUP 함수 VLOOKUP 함수는 다음과 같이 네 가지 구성인자(arguments)를 가지고 있다.[12)]

=VLOOKUP(참조값, 테이블, 값을 찾을 열, 논리값)

여기서, **참조값**이란 우리가 지정한 테이블(표)의 첫 번째 열에서 찾아야 하는 값이다. 테이블의 첫 번째 열은 오름차순으로 정렬되어 있어야 한다. **테이블**에는 내가 지정한 테이블의 이름(셀 범위에 이름을 지정한 경우) 또는 테이블의 셀 범위를 입력한다. **값을 찾을 열**이란 참조값과 같은 행에 있는 값을 찾을 테이블의 열 번호를 말한다. **논리값**에는 **TRUE** 또는 **FALSE**를 입력할 수 있는데,[13)] TRUE는 테이블의 첫 번째 열에서 참조값과 동일한 값을 찾거나 동일한 값이 존재하지 않을 경우 참조값보다 작은 값 중 가장 큰 값을 찾으라는 명령이다. 논리값 TRUE는 입력하지 않고 생략해도 마찬가지 기능을 한다. 논리값 FALSE는 테이블의 첫 번째 열에서 참조값과 동일한 값을 찾으라는 명령으로 참조값과 동일한 값이 존재하지 않을 경우, 에러(error)가 발생한다.

VLOOKUP 함수
참조값
테이블
값을 찾을 열
논리값
TRUE
FALSE

이제 셀 C14에 입력한 =VLOOKUP(B14,D6:E10,2)이 어떤 결과를 내놓는지 살펴보자. 우선, 논리값이 생략되어 있으므로 셀 B14의 난수와 동일한 값을 셀 범위 D6:E10에 있는 테이블의 첫 번째 열에서 찾든지 동일한 값이 없으면 그보다 작은 값 중에서 가장 큰 값을 찾는다. 셀 B14에 나타난 난수가 0.845223이므로 테이블의 첫 번째 열에서 이 난수와 같은 값이 있는지 찾아보자. 같은 값이 없으므로 그보다 작은 값 중에서 가장 큰 값인 0.8을 찾게 된다. 이제 0.8과 같은 행에 있는 값을 테이블의 두 번째 열에서 찾으면 되는데, 그 값은 250임을 알

12) VLOOKUP의 앞자 'V'는 세로(vertical)를 나타낸다.

13) 논리값 TRUE 대신에 1, FALSE 대신에 0을 입력해도 된다.

수 있다.

독자들은 이제 왜 수요량 분포의 누적확률을 수요량의 왼쪽 열에 한 단계씩 밀려서 입력했는지 그 이유를 이해할 수 있을 것이다. 발생한 난수가 0에서 0.3 사이일 경우, 수요량은 우리가 의도한대로 100으로 결정되고, 난수가 0.3에서 0.5 사이이면 수요량은 150, 난수가 0.5에서 0.8 사이이면 수요량은 200, 난수가 0.8에서 0.95 사이이면 수요량은 250, 난수가 0.95에서 1 사이이면 수요량은 300으로 결정된다. 우리가 보듯이 VLOOKUP 함수는 IF문과 동일한 역할을 하지만 그 모양은 훨씬 단순하다.

④ 이제 셀 D14, E14, F14에 들어갈 판매수입, 주문비용, 반품수입의 식을 앞서 이야기한 바와 같이 입력한다. 셀 D14에 =10,000*MIN(주문량,수요량), 셀 E14에 =7,500*주문량, 셀 F14에 =2,500*MAX(주문량 - 수요량,0)을 입력한다. 즉, 셀 D14에 =$B$6*MIN($B$10,C14), 셀 E14에 =$B$5*$B$10, 셀 F14에 =$B$7*MAX($B$10 - C14,0)을 입력한다.[14] 그런 후 이윤을 나타내는 셀 G14에는 =D14−E14+F14을 입력한다. 이제 첫 번째 반복활동이 완료되었다. 셀 G14에 나타난 이윤은 주문량이 200인 경우 우연히 발생한 하나의 이윤을 말한다. 따라서 이러한 시뮬레이션을 이제 100번 반복해 100개의 이윤을 구해보자. 그러면 여러분은 주문량이 200인 경우, 100개의 이윤으로 구성된 표본을 갖게 된다.

자동채우기
행 감추기

⑤ 이제 반복활동을 100차례 수행하기 위해 우선 **자동채우기** 기능을 이용하여 셀 A14부터 A113에 1부터 100까지의 반복활동 번호를 나타내보자. 그리고 지금까지 우리가 식을 입력한 셀 범위 B14:G14을 마우스로 선택하고, 이를 아래로 쭉 끌어 B113:G113까지 동일한 식이 복사되도록 한다. 이제 여러분은 셀 범위 G14:G113에 100개의 이윤이 발생된 것을 볼 수 있다. 즉, 주문량이 200일 경우, 이윤은 −₩250,000, ₩125,000, ₩500,000의 세 가지 값을 갖는 것을 알 수 있다. 독자들은 스스로 주문량이 200일 때 왜 이윤은 이 세 가지 값만을 갖는지 생각해 보기 바란다. [그림 14−8]은 100번의 반복활동 결과를 한 화면에 보기 위해 **행 감추기**를 한 것이다.

14) 식에서 셀 번호에 절대참조를 붙인 이유는 나중에 이 셀을 끌기 하여 복사할 때 해당 셀 번호가 변하지 않도록 하기 위해서이다.

⑥ 이제 셀 범위 G14:G113에 나타난 100개의 이윤의 평균과 표준편차를 구해보자. 셀 G115에 =AVERAGE(G14:G113)을 입력하여 표본의 평균을 구하고, 셀 G116에는 =STDEV.S(G14:G113)[15]을 입력해 표본의 표준편차를 구한다.

지금까지 여러분이 수행한 것은 주문량이 200일 경우, 시뮬레이션을 이용해 발생시킨 이윤 100개의 평균(표본평균)과 표준편차(표본의 표준편차)를 구한 것이다. 즉, 주문량이 200일 경우, 100번의 반복활동으로 발생한 이윤들의 평균은 ₩218,750, 표준편차는 ₩325,851이다. 여기서 한 가지 주의해야 할 점은 평균 ₩218,750은 주문량이 200일 경우의 **기대이윤(expected profit)**은 아니라는 것이다. 기대이윤이란 미지의 값으로 통계학에서 **모평균(μ)**의 개념이다. 여러분은 지금부터 반복활동을 통해 얻은 표본의 결과를 토대로 주문량이 얼마일 때 기대이윤(모평균)이 실제로 존재하리라 믿는 구간을 일정한 **신뢰도(confidence level)**로 추정할 것이며, 이를 **신뢰구간(confidence interval)**이라고 한다.

기대이윤(expected profit)
모평균(μ)
신뢰도(confidence level)
신뢰구간(confidence interval)

TIP

여러분의 시뮬레이션 결과는 이 책의 그림과는 당연히 다르게 나올 것이다. 이는 [그림 14-8]의 난수와 여러분의 난수가 달리 생성되었기 때문이다. **F9**키를 한번 눌러보자. 그러면 화면의 수치가 변함을 볼 수 있는데, 이는 난수가 바뀌기 때문이다. **F9**키를 누르지 않았는데도 엑셀에서 어떤 작업을 하면 이때도 수치가 바뀜을 알 수 있다. 이렇게 수치가 바뀌는 현상은 때때로 사용자를 짜증나게 할 수도 있는데 나중에 난수가 바뀌지 않도록 하는 방법(난수의 동결 방법)에 대해 설명할 것이다.

⑦ 이제 반복활동의 결과(표본결과)를 가지고 주문량이 200일 경우, 기대이윤(expected profit), 즉 모평균(μ)의 신뢰구간을 구해보자.

모평균(μ)의 신뢰구간 모평균(μ)의 신뢰구간이란 미지의 모평균이 실제로 존재하리라 믿는 범위를 일정한 신뢰도로 추정한 것을 말한다. 예를 들어, 95% 신뢰구

모평균(μ)의 신뢰구간

15) 엑셀 2007 및 그 이전 버전에서는 =STDEV 함수를 사용하였다. 이 함수는 엑셀 2010 이후 버전에서도 호환성을 위해 사용이 가능하다.

신뢰수준(confidence level)
유의수준(significance level)

간은 모평균이 이 신뢰구간에 존재하리라 확신하는 정도가 95%이고, 이 범위에 존재하지 않을 가능성도 최대 5%가 됨을 의미한다. 여기서 95%(또는 0.95)는 **신뢰수준(confidence level)**, 5%(또는 0.05)는 **유의수준(significance level)**을 나타낸다. 유의수준은 그리스 문자 α로 표기하고, 신뢰수준과 유의수준은 합쳐서 1이 되는 관계에 있으므로 신뢰수준은 $(1-\alpha)$로 표기한다. 모평균(μ)의 $100\times(1-\alpha)\%$ 신뢰구간을 구하는 일반적인 식은 다음과 같다.

$$\overline{X}\pm t_{\frac{\alpha}{2},\ n-1}\cdot\frac{s}{\sqrt{n}}$$

위 식에서 $\overline{X}$는 표본평균, s는 표본의 표준편차, n은 반복활동의 수를 나타낸다. 여기서 $t_{\frac{\alpha}{2},\ n-1}$ 값은 표본의 크기가 충분히 클 때는 $Z_{\frac{\alpha}{2}}$ 값으로 대체될 수 있다. 즉, 신뢰구간은 다음과 같이 나타낼 수 있다.

$$\overline{X}\pm Z_{\frac{\alpha}{2}}\cdot\frac{s}{\sqrt{n}}$$

엑셀 2010에서 t값은 =T.INV.2T 함수를 이용해 나타내고, Z값은 =NORM.S.INV 함수를 이용해 나타낸다.

예를 들어, 신뢰수준이 95%인 신뢰구간을 구해보자. 이 신뢰구간의 상한값과 하한값은 [그림 14-8]의 셀 G118과 셀 G119에 다음의 식을 각각 입력함으로서 구할 수 있다.

95% 신뢰구간의 상한값: =G115+NORM.S.INV(.975)*G116/SQRT(100)
95% 신뢰구간의 하한값: =G115−NORM.S.INV(.975)*G116/SQRT(100) …… ①

또는

95% 신뢰구간의 상한값: =G115+T.INV.2T(.05,99)*G116/SQRT(100)
95% 신뢰구간의 하한값: =G115−T.INV.2T(.05,99)*G116/SQRT(100) …… ②

식 ①에서 표준오차 G116/SQRT(100)의 앞의 계수 NORM.S.INV(.975)[16]는

16) 엑셀 2007 및 그 이전 버전에서는 =NORMSINV 함수를 사용하였다. 이 함수는 엑셀 2010 이후 버전에서도 호환성을 위해 사용이 가능하다.

표준정규분포(*Z*분포)에서 왼쪽꼬리면적이 97.5%가 되는 *Z*값(1.96)을 나타내는 함수이다. =NORM.S.INV의 일반적 형태는 =NORM.S.INV(1−α/2)로, 여기서 α는 유의수준[17]을 나타낸다. 모평균에 대한 95% 신뢰구간을 구할 경우, 모집단의 표준편차(σ)를 모를 경우에는 원칙적으로 *t*분포를 이용해야 한다. 하지만 위의 예에서는 반복활동의 수가 100으로 표본의 크기가 충분히 크다고 볼 수 있으므로 *t*분포 대신에 *Z*분포를 이용하여 신뢰구간을 구하였다.

표본의 크기가 작을 경우, *t*분포를 이용해 신뢰구간을 구하고자 하면 식 ②를 이용한다. 식 ②를 이용할 경우, 표준오차 G116/SQRT(100)의 앞의 계수는 NORM.S.INV(.975) 대신에 T.INV.2T(.05,99)[18]를 사용한다. T.INV.2T 함수의 일반적인 형태는 =T.INV.2T(α,υ)이다. T.INV.2T 함수는 α와 υ 두 개의 구성인자를 갖는데, α는 유의수준을 나타내며, υ는 자유도를 나타낸다.[19] *t*분포의 자유도는 (표본크기−1)의 값을 갖는다. 표본의 크기(반복활동의 수)가 커질수록 *t*분포는 표준정규분포(*Z*분포)에 수렴하므로 T.INV.2T(α,υ)의 값은 NORM.S.INV(1−α/2)의 값과 흡사해진다.

⑧ [그림 14-8]에 나타난 신뢰구간(₩154,884, ₩282,616)은 *Z*분포를 이용한 것이다. 이 신뢰구간은 주문량이 200일 때 기대이윤(expected profit)이 존재하리라 우리가 95%로 확신하는 범위를 나타낸다. 즉, 기대이윤이 15만4884원에서 28만2616원 사이에 존재하리라 95% 확신할 수 있고, 이 범위 내에 기대이윤이 존재하지 않을 가능성도 최대 5%는 된다는 말이다. 신뢰구간은 그 폭이 좁을수록 정보로서의 가치를 갖는데, 이 신뢰구간의 폭은 13만원에 가까운 값으로 나타나 비교적 넓음을 알 수 있다.

신뢰구간의 폭(width of confidence interval) **줄이기** 신뢰구간의 폭을 줄이는 방법에는 두 가지가 있다. 신뢰구간을 구하는 식에서 쉽게 알 수 있듯이 신뢰수준을 낮

신뢰구간의 폭(width of confidence interval) 줄이기

17) 유의수준은 1에서 신뢰수준을 뺀 값이다. 유의수준이란 미지의 모평균이 우리가 구한 신뢰구간에 포함되지 않을 위험을 수치로 표현한 것으로 이해하면 된다.

18) 엑셀 2007 및 그 이전 버전에서는 =TINV 함수를 사용하였다. 이 함수는 엑셀 2010 이후 버전에서도 호환성을 위해 사용이 가능하다.

19) 자유도를 나타내는 그리스문자 υ는 누(nu)라고 읽는다.

추거나 표본의 크기(시뮬레이션에서는 반복활동의 수)를 늘리는 것이다. 하지만 신뢰수준을 낮추는 방법은 추천되지 않는데, 그 이유는 신뢰수준을 낮추면 신뢰구간의 폭은 줄어들지만, 해당 구간에 미지의 모평균이 포함되리라 확신하는 정도 또한 낮아지기 때문이다. 따라서 일정한 신뢰수준 하에서 신뢰구간의 폭을 줄이기 위해서는 반복활동의 수를 늘리게 된다. 실제로 반복활동의 수를 현재의 100에서 1,000, 10,000 등으로 늘리게 되면 신뢰구간의 폭이 현저히 줄어드는 것을 관찰할 수 있다. 하지만 반복활동의 수를 늘리는 것은 비용의 증가를 의미하기 때문에 일정한 정밀도(신뢰구간의 폭)를 유지하기 위해 어느 정도의 반복활동이 수행되어야 하는지를 결정하는 것이 필요하다.

2 반복활동의 횟수 정하기

최대허용오차(maximum probable error)
표본오차(sampling error)

반복활동의 수를 정하는 일은 통계학에서 표본의 크기를 정하는 것과 같다. 즉, 미지의 모수(population parameter)에 대한 구간추정에서 일정한 신뢰구간 폭을 유지하기 위해 몇 번의 반복활동을 수행해야 하는지를 결정하기 위해서는 우선 원하는 신뢰수준 하에서 **최대허용오차**(**maximum probable error**, 표본오차의 상한값)를 어느 정도로 할 것인지를 정해야 한다. 예를 들어, 서강서점문제에서 주문량이 200일 때의 기대이윤의 신뢰구간을 구해보았더니 신뢰구간의 폭이 130,000원 정도로 나왔는데, 이를 50,000원으로 줄이려면 몇 번의 반복활동이 필요할까라는 질문에 대해 답을 해보자. 신뢰구간 폭의 반은 **표본오차**(**sampling error**)라고 하는데, 신뢰구간의 폭을 50,000으로 줄이겠다는 말은 표본오차를 25,000원으로 줄이겠다는 말이다. 그리고 이때의 표본오차 크기 25,000원이 바로 최대허용오차가 된다. 일반적으로 최대허용오차를 A로 표기하면 반복활동의 수는 식 ③을 이용해서 구하게 된다.

$$z_{\alpha/2}\frac{\sigma}{\sqrt{n}} \le A \longrightarrow n \ge \frac{(z_{\alpha/2}\cdot\sigma)^2}{A^2} \quad \cdots\cdots ③$$

식 ③에서 모집단 표준편차(σ)는 우리가 그 값을 알 수 없는 미지의 모수이므로 다음과 같은 두 가지 방법을 이용해 그 값을 추정한다. ① 현재의 반복활동을 통해 나온 표본의 표준편차를 사용하거나 또는 ② 모집단의 분포(서강서점 문제에서는 이윤의 분포)가 정규분포와 흡사하다고 가정할 경우, 정규분포의 논리에 의해 모집단 표준

편차(σ)는 다음과 같이 개략적으로 추정할 수 있다.[20]

$$\sigma \simeq (\text{최대값} - \text{최소값}) \div 6$$

서강서점문제에서 이윤의 분포가 정규분포와 흡사하다는 믿음이 있으면, 주문량이 200일 때 나타날 수 있는 이윤의 최대값은 500,000원이고, 최소값은 −250,000원이므로 표준편차는 (500,000−(−250,000))÷6=125,000원으로 추정할 수 있다. 하지만 이 예제에서 이윤의 분포는 표본의 결과를 보면 정규분포와 큰 차이를 보이므로 ②번의 방법보다는 ①번의 방법을 이용하는 것이 바람직하다.

현재 100번의 반복활동으로부터 계산된 이윤의 표준편차를 이용하여 원하는 신뢰구간 폭(50,000원)을 얻기 위한 반복활동의 횟수를 구하면 다음과 같이 됨을 알 수 있다.

$$n \geq \frac{(1.96 \cdot 325,851)^2}{25,000^2} = 652.6348 \approx 653$$

독자들은 이 방법을 이용해 구한 반복활동의 수만큼 시뮬레이션을 수행한 후, 기대이윤에 대한 95% 신뢰구간을 구해보라. 그러면 신뢰구간의 폭은 원했던 수준으로 나옴을 확인할 수 있을 것이다.

3 대안의 성과 비교

지금까지는 주문량이 200인 경우를 예로 들어 시뮬레이션의 수행 과정을 설명하고 그 결과를 살펴보았다. 이제 다른 주문량에 대한 시뮬레이션 결과도 구해서 이들 결과를 비교하는 것이 필요하다. 그래야 다이어리를 얼마나 주문하는 것이 기대이윤의 최대화 관점에서 가장 좋을지 결정할 수 있기 때문이다. 주문량 결정을 위한 성과평가의 기준으로 우선 이윤의 표본평균을 이용해 보자.

20) 정규분포를 하는 확률변수가 취할 수 있는 거의 모든(99.73%) 값은 평균±3×표준편차 범위 내에 존재한다는 사실을 이용한 것이다.

그림 14-9

주문량이 150일 때의 표본의 결과

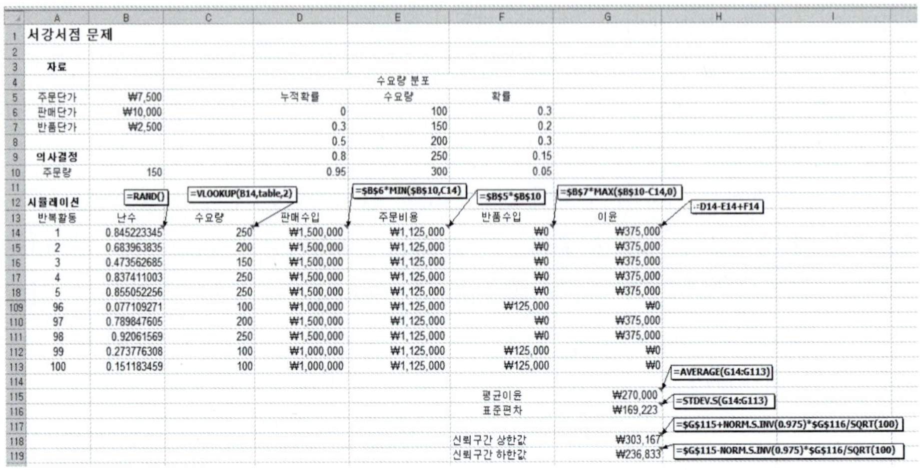

	A	B	C	D	E	F	G	H	I
1	서강서점 문제								
2									
3	자료								
4					수요량 분포				
5	주문단가	₩7,500		누적확률	수요량	확률			
6	판매단가	₩10,000		0	100	0.3			
7	반품단가	₩2,500		0.3	150	0.2			
8				0.5	200	0.3			
9	의사결정			0.8	250	0.15			
10	주문량	150		0.95	300	0.05			
11									
12	시뮬레이션								
13	반복활동	난수	수요량	판매수입	주문비용	반품수입	이윤		
14	1	0.845223345	250	₩1,500,000	₩1,125,000	₩0	₩375,000		
15	2	0.683963835	200	₩1,500,000	₩1,125,000	₩0	₩375,000		
16	3	0.473562685	150	₩1,500,000	₩1,125,000	₩0	₩375,000		
17	4	0.837411003	250	₩1,500,000	₩1,125,000	₩0	₩375,000		
18	5	0.855052256	250	₩1,500,000	₩1,125,000	₩0	₩375,000		
109	96	0.077109271	100	₩1,000,000	₩1,125,000	₩125,000	₩0		
110	97	0.789847605	200	₩1,500,000	₩1,125,000	₩0	₩375,000		
111	98	0.92061569	250	₩1,500,000	₩1,125,000	₩0	₩375,000		
112	99	0.273776308	100	₩1,000,000	₩1,125,000	₩125,000	₩0		
113	100	0.151183459	100	₩1,000,000	₩1,125,000	₩125,000	₩0		
114									
115						평균이윤	₩270,000		
116						표준편차	₩169,223		
117									
118						신뢰구간 상한값	₩303,167		
119						신뢰구간 하한값	₩236,833		

데이터-표

다른 주문량, 예를 들어, 주문량이 150일 때의 성과는 어떻게 구할 수 있을까? 가장 쉽게 생각할 수 있는 방법은 주문량을 나타내는 셀 B10에 150을 넣으면 시뮬레이션 결과가 [그림 14-9]처럼 바뀌게 될 것이다. 다른 주문량의 결과도 마찬가지 방법으로 파악할 수 있을 것이다. 하지만 이보다 훨씬 효율적인 방법이 있는데, 그것은 엑셀의 **데이터-표** 기능을 이용하는 것이다. 데이터-표 기능은 엑셀을 이용해서 시뮬레이션을 수행할 때 매우 요긴하게 사용할 수 있는 유용한 도구이다.

데이터-표 기능을 이용해서 여러 가지 주문량에 따른 성과(예, 평균이윤, 이윤의 표준편차 등)를 빠르게 비교해 볼 수 있는 방법을 알아보자.

① 우선 [그림 14-10]에서 보듯이 [그림 14-8]의 셀 J5에 =G115를 입력하고, 셀 K5에 =G116을 입력한다. 그러면 주문량 200일 때의 평균이윤과 표준편차가 나타난다.

② 셀 범위 I6:I14에 비교하고자 하는 주문량 대안들을 입력한다. 본 예제에서는 주문량을 100부터 300까지 25개 단위로 확인해보도록 한다.

③ 다음으로 셀 범위 I5:K14을 선택한다. 그러면 해당 셀 범위가 음영으로 나타난다. 그 상태에서 메뉴표시줄의 **데이터 탭**을 누르고, 이어 나타나는 **가상분석**을 눌러 **데이터 표(T)**를 선택한다. 그러면 [그림 14-10]에서 보는 바와 같이 **데이터 표 대화상자**가 나타난다. **데이터 표 대화상자**에서 **행 입력 셀(R)**은 빈칸으로 놓아두고, **열 입력 셀(C)**에 B10을 입력한다(셀 번호를 직접 입력하지 않고 엑셀 시트의 셀 B10을 마우스로 누르면 해당 셀 번호가 자동으로 입력된다). 확인 버튼을 누른다.

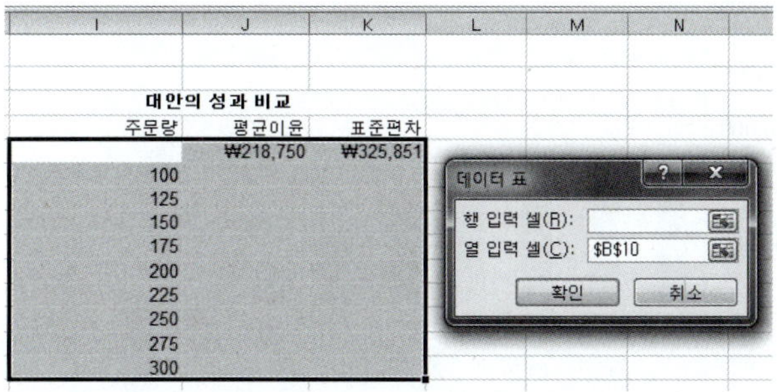

그림 14-10

데이터-표 기능 이용하기

④ 그러면 [그림 14-11]과 같이 셀 범위 I5:K14에 주문량에 따른 평균이윤과 이윤의 표준편차가 나열된다. 위 ③의 내용은 앞서 선택한 셀 범위 I5:K14의 첫 번째 열에 있는 각 수치(주문량)를 셀 B10에 넣어 주문량이 200일 때 수행한 모든 시뮬레이션 과정을 반복한 후, 각각의 주문량에 대하여 연구자가 지정한 성과(①에서 평균이윤과 표준편차를 지정했음)를 해당 셀에 출력하라는 것이다.

대안의 성과 비교		
주문량	평균이윤	표준편차
	₩218,750	₩325,851
100	₩250,000	₩0
125	₩260,000	₩84,611
150	₩270,000	₩169,223
175	₩244,375	₩241,995
200	₩218,750	₩325,851
225	₩127,500	₩361,382
250	₩36,250	₩406,813
275	-₩79,375	₩422,297
300	-₩195,000	₩441,073

그림 14-11

데이터-표를 이용한 대안의 성과 비교

이제 우리는 주문량 각각에 대한 성과를 일목요연하게 비교할 수 있고, 이 결과를 차트 기능을 이용하여 그림으로 나타낼 수도 있다. [그림 14-12]는 주문량 9개에 대한 평균이윤을 비교한 차트이고, [그림 14-13]은 주문량 9개에 대한 평균이윤과 표준편차를 함께 비교한 차트이다. 만일 독자들이 주문량 각각에 대한 기대이윤의 95% 신뢰구간 상한값과 하한값을 보고 싶으면 셀 L5에 =G118, 셀 M5에 =G119를 입력하고, 위의 과정을 반복하면 주문량 각각에 대한 기대이윤의 95% 신뢰구간도 비교할 수 있다. 그 외의 다른 성과도 마찬가지로 지정하여 비교할 수 있다.

그림 14-12

주문량에 따른 평균이윤의 비교

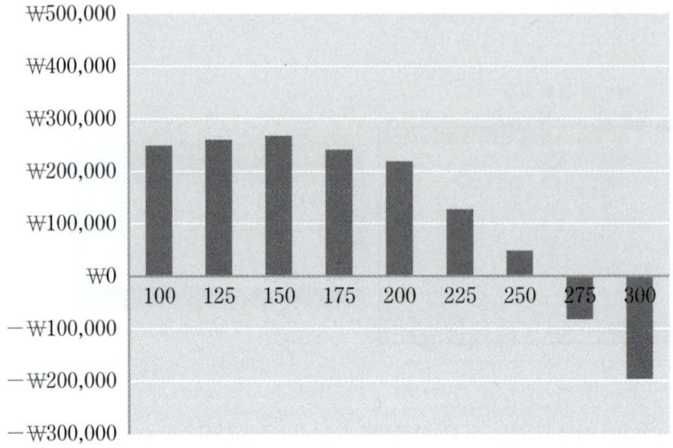

그림 14-13

주문량에 따른 평균이윤과 표준편차의 비교

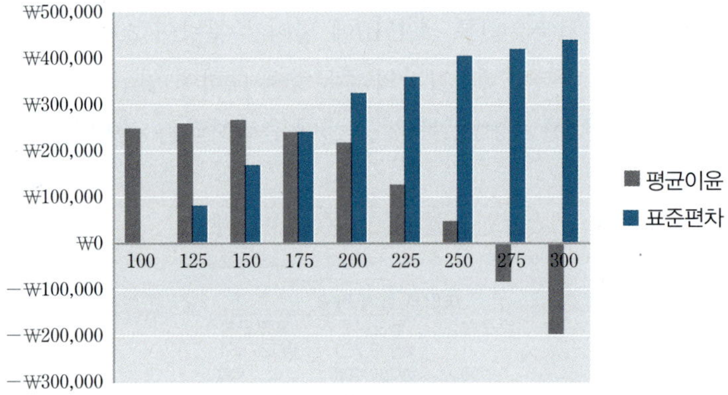

⑤ 이제 **데이터-표** 기능이 제공한 결과를 해석해 보자. 결과를 보면 주문량이 100부터 300까지 25단위로 나눠진 9개 대안의 평균이윤과 표준편차가 나타나 있다. 평균이윤을 보면 주문량이 150일 때가 가장 크게 나와 만일 평균이윤을 평가기준으로 삼으면 9개 대안 중에는 주문량 150이 가장 좋은 대안이 될 것이다. 하지만 표준편차까지 평가기준으로 생각하면 주문량 125와 주문량 150의 우열을 가리기 위해서는 추가적인 분석이 필요하다. 즉, 표준편차란 이윤들의 기복을 나타내는 수치로서 그 값이 작으면 이윤들의 기복이 작아 해당 대안은 덜 위험하다고(less risky) 평가하는 반면, 그 값이 크면 이윤들의 기복이 커서 해당 대안은 더 위험한(more risky) 것으로 평가한다. 이제 주문량 125와 주문량 150의 두 대안을 비교해 보면 주문량 125는 주문량 150에 비해 평균이윤은 조금 작지만 덜 위험해서, 위험회피적인 성향을 가진 사람은 오히려 주문량 125를 더 선호할 수 있다.

따라서 평균과 표준편차를 함께 고려하여 두 대안의 객관적 비교를 위한 통계적 방법이 필요하다. 대안의 통계적 비교 방법에 대해서는 나중에 구체적으로 설명할 것이다. 여기서 독자들은 잠시 주문량이 100일 경우의 표준편차는 왜 '0'인지 생각해 보기 바란다. 표준편차가 '0'라는 말은 100번의 반복활동에서 발생한 100개의 이윤이 모두 250,000원으로 동일하다는 말이다.[21)]

난수의 고정(freezing random numbers)
공통난수집단(common random number stream)

난수의 고정(freezing random numbers) 앞서도 언급했듯이 우리가 엑셀 시트에서 어떤 작업을 수행하면 난수는 계속 바뀌고, 이에 따라 우리가 관심을 갖고 있는 각 주문량의 성과(예를 들어, 평균이윤, 이윤의 표준편차, 신뢰구간의 상한값, 하한값 등)도 계속 변하는 현상을 볼 수 있다. 반복활동의 수가 매우 클 경우에는 표본의 결과에 큰 변화가 없으나, 앞의 예처럼 반복활동의 수가 100 정도 되는 경우에는 표본결과의 변화가 심해, 평균이윤을 가지고 가장 좋은 주문량이 무엇인지 결정하는 경우, 어떨 때는 150이 좋다가도 어떨 때는 125가 더 좋은 주문량으로 나타나는 문제가 발생한다. 또한 어떤 주문량이 가장 좋은지 공정하게 비교하기 위해서는 100번의 반복활동에서 100개의 수요량을 발생시킨 100개의 난수들이 모든 대안(주문량)에서 동일해야 되지 않느냐는 문제도 제기할 수 있다.

이러한 문제를 해결하기 위한 방법으로 난수를 고정(freeze)시키는 방법이 있다. 난수를 고정시키면 F9키를 누르거나 엑셀 시트에서 어떤 작업을 하더라도 난수는 변하지 않고, 난수에 따라 발생되는 확률변수의 값도 변하지 않는다. 따라서 **공통난수집단(common random number stream)**을 이용하여 공정한 대안 비교도 수행할 수 있다.[23)]

난수를 고정시키는 방법은 다음과 같다.

① [그림 14-14]에서 난수가 발생된 셀 범위를 선택한다. 마우스 오른쪽 버튼을 눌러 복사를 선택한다. 해당 셀 범위의 테두리가 점선으로 변하면서 반짝거릴 것이다.

21) 주문량이 100일 경우, 어떤 수요량이 발생하더라도 다이어리는 100개만 팔리게 되고, 따라서 판매수입과 주문비용은 각각 1,000,000원과 750,000원이 되어 이윤은 250,000원으로 일정하게 된다.

22) 이를 시뮬레이션에서 **CRN(common random numbers)** 방법이라고 한다. CRN 방법은 특정 난수 집단을 특정 확률변수 값을 발생시키는데 사용하도록 함으로써 CRN 방법을 사용하지 않는 경우에 비해 동일한 신뢰수준하에서 신뢰구간의 폭을 줄일 수 있는(추정의 정밀도를 높일 수 있는) 유용성을 갖는다.

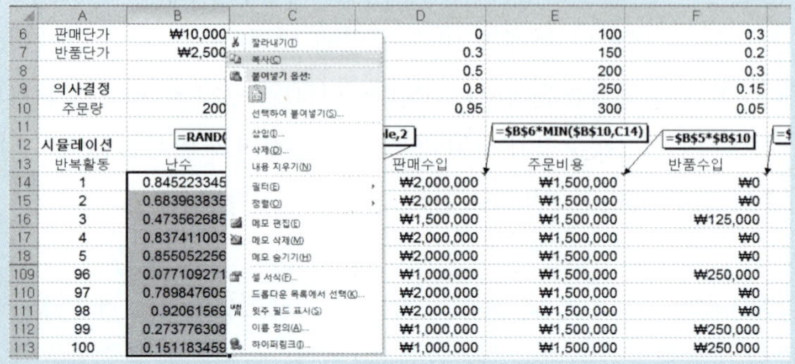

그림 14-14

난수의 고정

② 여기서 다시 마우스 오른쪽 버튼을 눌러 값으로 선택하기 붙여넣기 한다. 그러면 이제 해당 난수 집단은 더 이상 그 값이 변하지 않게 된다. 이제 어느 셀이든 난수를 마우스로 선택해보라. 이전까지는 해당 셀의 내용이 =RAND( ) 함수였지만 난수를 값으로 고정시킴으로써 해당 셀의 내용이 숫자로 고정되었음을 알 수 있다. 값으로 고정된 난수는 F9키를 눌러도 그 값은 더 이상 바뀌지 않는다.

4 대안의 세분화

여기서 잠시 평균이윤만을 고려해서 최적의 주문량을 결정해보자. 현재의 9개 대안 중에는 주문량 150이 최적의 대안으로 나타나고 있으나, 좀 더 많은 대안을 생각해 보자. [그림 14-12]에서 현재 9개 대안들의 평균이윤 추이를 보면 주문량이 증가함에 따라 평균이윤은 어느 수준까지 증가하다가 그 이후로는 다시 감소하는 모습을 볼 수 있다. 즉, 특정 주문량 범위에서 평균이윤이 봉우리 형태를 보임을 알 수 있다. 따라서 봉우리를 구성하는 주문량 125와 175 사이를 좀 더 세분화 하여 그 성과를 지켜볼 필요가 있을 것이다.

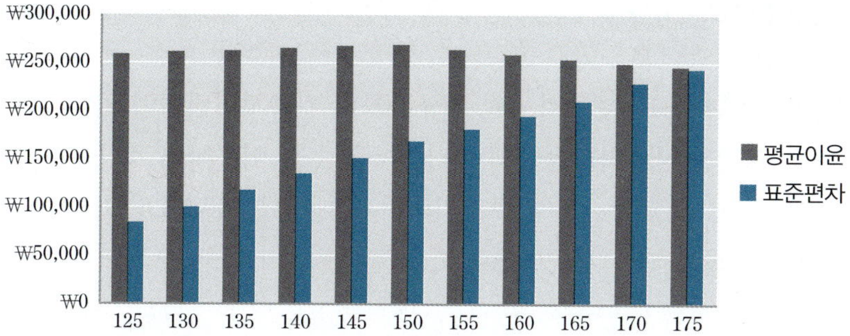

그림 14-15
세분화 된 주문량의 평균이윤과 표준편차

데이터-표 기능을 이용하여 주문량 125와 175 사이를 5단위로 세분화하고, 주문량에 따른 평균이윤과 표준편차를 구해 비교해 보자. 결과는 [그림 14-15]와 같다. [그림 14-15]를 보면 이 경우에도 150이 평균이윤을 기준으로 했을 때 가장 좋은 주문량으로 나타나고 있다. 이제 [그림 14-15]에서 평균이윤 분포의 봉우리를 이루는 145와 155 사이를 다시금 1단위로 세분화 하여 최적 주문량이 무엇인지 살펴보자. 이때도 150이 가장 좋은 주문량으로 나타남을 알 수 있다. 이상의 세분화된 주문량에 대한 분석을 통해 우리는 주문량 150이 평균이윤을 기준으로 했을 때 가장 좋은 주문량이라고 판단할 수 있다.

14.9 주요 분포의 시뮬레이션 적용

1 정규분포의 적용

정규분포(normal distribution)

정규분포(normal distribution)는 통계학에서 가장 중요한 분포이고, 또 여러 가지 실제 현상을 나타내는데 많이 활용되는 연속형 분포이다. 정규분포의 모양은 두 가지 모수인 평균(μ)과 표준편차(σ)에 의해 결정된다. 엑셀에는 정규분포를 하는 확률변수의 값을 발생시킬 수 있는 함수가 있다. 이 함수는 원래 정규분포의 왼쪽꼬리면적이 α[23]인 정규분포 확률변수의 값을 산출하는 함수로서 다음과 같다.

23) 0에서 1 사이의 숫자 또는 해당 %를 입력한다. 예를 들어, 0.3 또는 30%를 입력하면 평균이 μ이고, 표준편차가 σ인 정규분포의 왼쪽꼬리면적이 30%가 되는 확률변수의 값을 산출해 준다. 여기서의 α는 유의수준을 나타내는 것이 아니라 정규분포의 왼쪽꼬리면적을 나타낸다.

=NORM.INV(α, μ, σ)

=NORM.INV(α, μ, σ)

즉, 평균이 μ이고, 표준편차가 σ인 정규분포의 왼쪽꼬리면적이 α가 되는 정규분포 확률변수의 값을 산출하라는 함수이다. 이 함수를 이용하면 정규분포 확률변수의 값을 발생시킬 수 있다. 즉, 왼쪽꼬리면적 α 대신에 RAND( )를 입력하면, 난수가 왼쪽꼬리면적이 되는 평균이 μ이고, 표준편차가 σ인 정규분포 확률변수 값을 발생시킨다.

=NORM.INV(RAND( ),μ,σ)

위 함수에서 왼쪽꼬리면적은 0에서 1 사이의 값을 갖고, 난수도 0에서 1 사이의 값을 무작위로 갖기 때문에 =NORM.INV 함수[24)]를 이용하면 원하는 평균과 표준편차를 갖는 정규분포의 확률변수 값을 난수를 이용해 구할 수 있다.

이제 앞서 본 서강서점문제에서 수요량의 분포를 이산형 분포에서 평균이 200이고, 표준편차가 30인 정규분포로 바꾸어보자.

=ROUND
=INT

앞서 수요량의 분포가 이산형 분포였던 [그림 14-8]에서 셀 C14에 =VLOOKUP 함수 대신에 =NORM.INV(B14,200,30)을 입력하면 [그림 14-16]과 같이 평균이 200이고 표준편차가 30인 정규분포 확률변수의 값이 발생되는데, 이것이 바로 정규분포를 따르는 수요량이 된다. 여기서 수요량은 정수로 떨어지지 않고 소수점으로 나타나는데, 이는 정규분포가 연속형 분포이기 때문이다. 수요량이 소수점으로 표현되었다고 해서 우리가 시뮬레이션으로부터 얻고자 하는 정보, 예를 들어 최적의 주문량 결정 등이 바뀌는 것은 아니다. 모든 주문량에서 같은 조건이 적용되기 때문이다. 하지만 수요량이 정수로 나오기를 원하는 독자들은 엑셀의 **=ROUND**나 **=INT** 함수를 이용해 발생되는 수요량을 정수로 만들 수 있다.[25)]

24) 엑셀 2007 및 그 이전 버전에서는 =NORMINV 함수를 사용하였다. 이 함수는 엑셀 2010 이후 버전에서도 호환성을 위해 사용이 가능하다.

25) **=ROUND** 함수는 소수점을 반올림하고, **=INT** 함수는 소수점을 잘라내는 기능을 한다. 예를 들어, =ROUND(3.6,0)은 3.6을 정수로 반올림하라는 것으로 '4'가 산출된다. =ROUND 함수의 두 번째 구성인자는 몇 째 자리로 반올림할 것인지를 지정한다. '0'은 정수로 반올림하라는 명령이다. 반면, =INT(3.6)은 소수점을 잘라내고 '3'을 산출해 준다.

	A	B	C	D	E	F	G	H	I
1	서강서점 문제								
2									
3	자료								
4					수요량 분포				
5	주문단가	₩7,500		누적확률	수요량	확률			
6	판매단가	₩10,000		0	100	0.3			
7	반품단가	₩2,500		0.3	150	0.2			
8				0.5	200	0.3			
9	의사결정			0.8	250	0.15			
10	주문량	200		0.95	300	0.05			
11		=RAND()	=NORM.INV(B14,200,30)	=$B$6*MIN($B$10,C14)			=$B$7*MAX($B$10-C14,0)		
12	시뮬레이션				=$B$5*$B$10				
13	반복활동	난수	수요량	판매수입	주문비용	반품수입	이윤	=D14-E14+F14	
14	1	0.845223345	230.4847931	₩2,000,000	₩1,500,000	₩0	₩500,000		
15	2	0.683963835	214.3643621	₩2,000,000	₩1,500,000	₩0	₩500,000		
16	3	0.473562685	198.010487	₩1,980,105	₩1,500,000	₩4,974	₩485,079		
17	4	0.837411003	229.516188	₩2,000,000	₩1,500,000	₩0	₩500,000		
18	5	0.855052256	231.7505276	₩2,000,000	₩1,500,000	₩0	₩500,000		
109	96	0.077109271	157.2563651	₩1,572,564	₩1,500,000	₩106,859	₩179,423		
110	97	0.789847605	224.1767775	₩2,000,000	₩1,500,000	₩0	₩500,000		
111	98	0.92061569	242.2767528	₩2,000,000	₩1,500,000	₩0	₩500,000		
112	99	0.273776308	181.9570546	₩1,819,571	₩1,500,000	₩45,107	₩364,678		
113	100	0.151183459	169.0588728	₩1,690,589	₩1,500,000	₩77,353	₩267,942		
114									
115						평균이윤	₩414,269		
116						표준편차	₩145,560		
117									
118						신뢰구간 상한값	₩442,798		
119						신뢰구간 하한값	₩385,740		

그림 14-16

수요량이 정규분포를 따르는 경우

이제 셀 C14의 식을 C113까지 끌기해서 복사해 보자. 그러면 정규분포를 따르는 수요량이 반복활동마다 무작위로 발생할 것이며, 이에 따라 이윤 등 모든 후속적 계산이 이루어진다. 또한 **데이터-표** 기능을 이용해 여러 가지 주문량에 따른 평균이윤, 이윤의 표준편차 등 원하는 성과를 산출함으로써 대안들의 우열을 비교할 수 있다. [그림 14-17]을 보면, 수요량의 분포를 정규분포로 가정할 경우, 9개의 주문량 중 최적의 주문량은 평균이윤을 기준으로 하였을 때 200임을 알 수 있다.

데이터-표

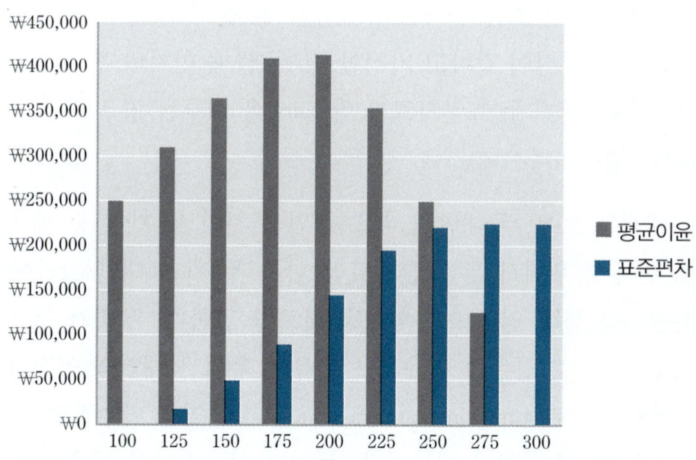

그림 14-17

수요량의 분포가 정규분포일 때의 평균이윤과 표준편차

2 두 대안의 통계적 비교

앞서 서강서점문제에서 수요량을 이산형 분포로 가정한 경우, [그림 14-11]에서 보는 것처럼 9개의 주문량 중에서는 주문량 150이 평균이윤 측면에서 가장 좋은 대안임을 알 수 있다. 하지만 주문량이 125일 경우, 평균이윤은 주문량이 150일 때보다 1만원 낮으나, 표준편차는 주문량이 150일 때의 반밖에 안되어 위험을 회피하는 성향을 가진 사람들은 주문량 125를 더 선호할 수 있다. 따라서 평균이윤뿐만 아니라 이윤의 기복을 나타내는 표준편차까지 고려하여 주문량 125와 주문량 150의 기대이윤 관점에서의 우열을 가리기 위해서는 추가적인 통계적 분석이 필요하다.

기대이윤 관점에서 두 대안의 통계적 비교를 위해서는 통계학에서 이야기하는 두 모집단 평균 차이에 대한 검정 개념을 이용하는데, 차이 검정을 위해서 보통 두 모평균 차이에 대한 신뢰구간을 이용한다. 시뮬레이션에서 대안의 평가기준으로는 일반적으로 성과의 기댓값을 많이 사용한다. 통계학에서 성과의 기댓값은 미지의 모집단 특성(θ)을 말한다. 미지의 모집단 특성의 예로는 모평균을 들 수 있다. 서강서점문제에서도 평가기준으로 대안별 이윤의 모평균인 기대이윤(expected profit)을 사용하였다.

통계학을 배운 독자들은 두 모집단 평균의 차이($\mu_1 - \mu_2$)에 대한 신뢰구간을 구하는 방법이 상황에 따라 조금씩 차이가 있음을 알 것이다. 상황은 세 가지인데, 첫째 미지의 두 모집단 분산이 같다고 가정할 경우, 둘째 미지의 두 모집단 분산이 다르다고 가정할 경우, 셋째 두 표본자료가 쌍(pairs)을 이루는 경우로, 두 자료가 양의 상관관계를 갖는 경우이다.

시뮬레이션에서는 보통 두 대안의 비교를 위해 위의 세 가지 중 세 번째 경우를 이용한다. 세 번째 경우에서 두 표본자료라 함은 두 가지 대안 각각에 대하여 일정 수의 반복활동을 통해 얻은 이윤의 표본자료를 말한다. 우리가 두 대안의 통계적 비교를 위해 세 번째 경우를 이용하는 이유는 우리가 대안의 공정한 비교를 위해 난수를 고정시킴으로써(freezing random numbers) 동일한 난수집단(공통난수집단)을 이용해 시뮬레이션을 수행했기 때문이다. 동일한 난수집단을 이용하게 되면 두 대안의 표본결과를 비교할 때 난수의 차이로 인해 발생하는 오차를 제외한 두 대안의 성과 차이만을 통계적으로 규명할 수 있는데, 이 경우 **쌍대 t-검정(matched pairs t-test)**을 이용한다.

쌍대 t-검정(matched pairs t-test)

쌍대 t-검정에서 두 모집단의 평균 차이($\mu_1 - \mu_2$)에 대한 신뢰수준 $100 \times (1-\alpha)$%의 신뢰구간은 식 ④와 같이 계산된다. 반복활동의 수(n)는 100으로 가정한다.

$$\overline{D} \pm t_{\alpha/2,\ n-1} \frac{s_D}{\sqrt{n}} \quad \cdots\cdots ④$$

쌍대자료(matched pairs)

식 ④에서 $\overline{D}$는 차이자료인 $D_i(i=1,\ 2,\ 3,\ \cdots,\ 100)$의 평균, 즉 주문량이 125일 때의 i번째 반복활동의 이윤과 주문량이 150일 때의 i번째 반복활동의 이윤 차이의 평균을 나타내고, s_D는 차이자료의 표준편차를 나타낸다. 여기서 주문량이 125일 때의 i번째 반복활동의 이윤과 주문량이 150일 때의 i번째 반복활동의 이윤은 동일한 난수를 이용해 발생된 자료로서 양의 상관관계를 갖는 **쌍대자료(matched pairs)**가 된다. 또한 t-분포의 자유도는 차이자료의 크기, 즉 반복활동의 수에서 1을 뺀 값이 된다. 따라서 서강서점문제에서 t-분포의 자유도는 $(100-1)=99$가 되어, t값은 앞서 배웠듯이 함수 =T.INV.2T(α,99)[26]로 구할 수 있다.

[그림 14-18]은 주문량이 125일 때와 150일 때의 100번 반복활동으로 산출된 이윤자료와 그 차이자료, 그리고 차이자료의 평균($\overline{D}$)과 표준편차(s_D)를 보여주고 있다.

26) 만일 반복활동의 수가 충분히 많으면(즉, 표본의 크기가 충분히 크면) t분포는 표준정규분포(Z분포)에 근접하므로 =T.INV.2T(α,자유도) 대신에 =NORM.S.INV(1−α/2)를 사용해도 무방하다. =NORM.S.INV(1−α/2)는 왼쪽꼬리면적이 (1−α/2)인 Z값을 산출해 준다. 표본의 크기가 매우 크면 =T.INV.2T(α,자유도)와 =NORM.S.INV(1−α/2)의 값은 거의 일치한다. 예를 들어, 표본의 크기가 1,000이고 α=0.05일 경우, 두 함수의 값을 엑셀에서 구해보도록 하자. 그러면 두 값은 모두 1.96에 매우 근접한다. 일반적으로 모평균 추정의 경우, 표본의 크기가 충분히 크다는 것은 표본크기가 적어도 30 이상이 됨을 말한다.

그림 14-18

주문량 125와 150의 차이자료

	A	B	C	D	E	F	G
1							
2		반복활동	이윤		차이자료(D_i)		
3			주문량=125	주문량=150			
4		1	₩312,500	₩375,000	-₩62,500		
5		2	₩312,500	₩375,000	-₩62,500		
6		3	₩312,500	₩375,000	-₩62,500		
7		4	₩312,500	₩375,000	-₩62,500		
8		5	₩312,500	₩375,000	-₩62,500		
99		96	₩125,000	₩0	₩125,000		
100		97	₩312,500	₩375,000	-₩62,500		
101		98	₩312,500	₩375,000	-₩62,500		
102		99	₩125,000	₩0	₩125,000		
103		100	₩125,000	₩0	₩125,000		
104							
105				차이평균($\bar{D}$)	-₩10,000	=AVERAGE(E4:E103)	
106				표준편차(s_D)	₩84,611	=STDEV.S(E4:E103)	
107							

일반적으로 두 모수(모집단 특성)의 차이$(\theta_1 - \theta_2)$에 대한 신뢰구간을 구하면 다음과 같은 세 가지 경우가 발생한다.

① 신뢰구간의 상한값과 하한값이 모두 양수(+)인 경우, 즉 $+ \leq \theta_1 - \theta_2 \leq +$인 경우이다. 이 경우에는 유의수준 α로 θ_1이 θ_2보다 크다고 말할 수 있다. 성과평가기준이 기대이윤일 경우에는 큰 쪽이 더 선호되므로 모수가 θ_1인 대안이 선호된다고 할 수 있다. 여기서 유의수준이란 이런 신뢰구간을 이용해 내린 우리의 결정이 틀릴 가능성의 최대값이라고 생각하면 된다.

② 신뢰구간의 상한값과 하한값이 모두 음수(−)인 경우, 즉 $- \leq \theta_1 - \theta_2 \leq -$인 경우이다. 이 경우는 유의수준 α로 θ_1이 θ_2보다 작다고 말할 수 있다. 성과평가기준이 기대이윤일 경우에는 큰 쪽이 더 선호되므로 모수가 θ_2인 대안이 이때는 더 선호된다.

③ 신뢰구간의 상한값은 양수(+), 하한값은 음수(−)인 경우, 즉 $- \leq \theta_1 - \theta_2 \leq +$인 경우이다. 이 경우는 신뢰구간이 '0'을 포함하고 있어 유의수준 α로 θ_1과 θ_2가 통계적으로 의미 있는 차이를 보이지 않는다고 말한다. θ_1과 θ_2가 통계적으로 의미 있는 차이를 보이지 않으므로 두 대안의 성과는 유의수준 α로 같다고 평가한다.

TIP

반복활동이 100인 경우, 두 모수의 차이에 대한 신뢰구간을 구하면 두 대안 간 차이가 존재하지 않는다고 평가되더라도 반복활동의 수를 늘리면 신뢰구간의 폭이 좁아져 두 대안 간 차이가 있는 것으로 나타날 수 있다. 따라서 앞서 설명한 원하는 크기의 신뢰구간 폭을 얻기 위한 반복활동의 수를 결정하는 것이 시뮬레이션에서 중요한 이슈가 된다.

서강서점문제에서 주문량 125와 주문량 150의 우열을 통계적으로 가리기 위해 $(\theta_1 - \theta_2)$에 대한 신뢰수준이 95%인 신뢰구간(간단히 95% 신뢰구간이라 함)을 [그림 14-18]의 차이자료 평균(-10,000)과 표준편차(84,611)를 이용해 구하면 다음과 같다. 다음 식에서 θ_1은 주문량 125일 경우의 기대이윤, θ_2는 주문량 150일 경우의 기대이윤을 나타낸다.

$$\theta_1 - \theta_2 \text{ 의 95\% 신뢰구간 하한값} = -10{,}000 - \text{T.INV.2T}(5\%,99)*84{,}611/\sqrt{100}$$
$$= -26{,}788.74$$
$$\theta_1 - \theta_2 \text{ 의 95\% 신뢰구간 상한값} = -10{,}000 + \text{T.INV.2T}(5\%,99)*84{,}611/\sqrt{100}$$
$$= +6{,}788.74$$

즉, $\theta_1 - \theta_2$의 95% 신뢰구간은 다음과 같다.

$$-26{,}788.74 \le \theta_1 - \theta_2 \le +6{,}788.74$$

위의 신뢰구간은 '0'을 포함하고 있어 5% 유의수준으로 주문량 125와 주문량 150의 기대이윤은 통계적으로 의미 있는 차이를 보이지 않는다는 결론을 내린다.

3 이항분포의 적용

이항분포(binomial distribution)는 중요한 이산형 분포로서 현실 세계의 많은 현상을 이항분포로 나타낼 수 있다. 이항분포 확률변수는 상호독립적인 여러 개의 **베르누이 분포(Bernoulli distribution)** 확률변수들의 합으로 정의된다.

이항분포(binomial distribution)
베르누이 분포(Bernoulli distribution)

① 베르누이 분포

베르누이 확률변수

확률질량함수(pmf: probability mass function)

어떤 실험의 결과를 '성공'과 '실패'라는 두 가지 상호배반적인 사건[27]으로 나눌 수 있다고 하자. 이 때 성공의 경우에는 '1'의 값을 부여하고, 실패의 경우에는 '0'의 값을 부여하는 규칙을 **베르누이 확률변수**라고 정의한다. 아울러 성공의 확률을 p라 하고, 실패의 확률을 $q(=1-p)$라 하면 베르누이 확률분포는 식 ⑤와 같은 **확률질량함수(pmf: probability mass function)**로 표현된다.[28]

$$p(x)=\begin{cases} p & x=1 \\ 1-p & x=0 \\ 0 & \text{그 밖의 경우} \end{cases} \quad \cdots\cdots ⑤$$

여기서 '성공'이란 꼭 성공의 개념을 말하는 것이 아니라 실험의 결과를 두 가지 상호배반적인 사건으로 나눌 수 있을 때, 두 가지 사건 중 내가 관심을 갖는 어느 한 사건을 성공으로 보는 것이다. 예를 들어, 주사위를 한번 던지면 1부터 6까지 여섯 가지의 주사위 눈이 나오지만, 1이라는 주사위 눈이 나오는 사건을 성공, 그 밖의 주사위 눈들이 나오는 사건을 실패로 생각하면 성공의 확률은 1/6, 실패의 확률은 5/6인 베르누이 분포로 이 상황을 표현할 수 있다.

식 ⑤의 베르누이 분포에 기댓값의 법칙을 적용하여 베르누이 확률변수의 기댓값과 분산을 구하면 기댓값은 p, 분산은 $p(1-p)$이 된다.

② 이항분포

이항분포 확률변수

이항분포 확률변수란 여러 개의 독립적인 베르누이 확률변수를 합한 것으로 식 ⑥과 같이 표현할 수 있다. 식 ⑥에서 이항분포 확률변수는 Y, n개의 독립적인 베

27) **상호배반적인 사건(mutually exclusive events)**이란 공통적인 요소를 갖지 않는 두 가지 이상의 사건들을 말한다. 즉, 곱사건(intersection)이 공사건(ϕ)인 두 개 이상의 사건들을 상호배반적인 사건이라 한다. 이러한 정의는 상호배반사건들 중 어느 한 사건이 발생하면 다른 사건들은 발생할 수 없음을 나타낸다. 즉, 상호배반사건은 극단적인 종속사건이다. 많은 학생들이 상호배반사건과 독립사건의 의미를 혼동하고 있는데, 이를 정확히 구별하는 것이 필요하다. 상호배반사건들이 모여서 전체(표본공간)를 이룰 경우, 이러한 상호배반사건들은 표본공간의 분할(partitions)이라고 부른다.

28) 연속형 확률변수의 분포는 **확률밀도함수(probability density function)**, 이산형 확률변수의 분포는 **확률질량함수(probability mass function)**라고 한다.

르누이 확률변수는 X_1, X_2, $\cdots$, X_n로 표기하였다.

$$Y = X_1 + X_2 + \cdots + X_n \quad \cdots\cdots ⑥$$

그러면 이항분포 확률변수는 0에서 n까지의 정수 값을 취하게 되며, 이 값은 n번의 독립적인 베르누이 시행에서 얻을 수 있는 성공의 횟수가 된다. 예를 들어, 주사위를 10번 던져 주사위 눈이 1이 나오는 경우를 성공이라고 할 때 성공의 횟수는 0에서 10까지의 값을 취할 수 있고, 각 값을 취할 확률은 이항분포로 표현할 수 있다는 것이다. 이항분포는 식 ⑦과 같은 확률질량함수로 정의된다.

$$p(x) = \begin{cases} \binom{n}{x} p^x (1-p)^{n-x} & x = 0,\ 1,\ 2,\ \cdots,\ n \\ 0 & \text{그 밖의 경우} \end{cases} \quad \cdots\cdots ⑦^{29)}$$

이항분포의 모양을 결정짓는 모수(parameters)는 두 가지인데, 하나는 독립적인 베르누이 시행의 횟수 n과 각 시행에서의 성공확률 p이다.

베르누이 확률변수의 기댓값이 p, 분산은 $p(1-p)$이므로, 기댓값의 법칙을 적용하면 이항분포 확률변수의 기댓값은 np, 분산은 $np(1-p)$가 됨을 쉽게 알 수 있다.

③ 이항분포 확률변수 값 발생시키기

시뮬레이션의 핵심은 연구자가 관심을 갖고 있는 불확실한 현상의 분포를 추정해서 이 분포를 따르는 확률변수의 값을 발생시키는 것이다.

이항분포의 누적분포함수는 폐쇄형이 아니기 때문에 앞에서 배운 역변환방법으로 이항분포의 확률변수 값 발생기를 만들 수는 없다. 하지만 정규분포와 마찬가지로 엑셀에서 제공하는 함수를 응용하면 이항분포 확률변수의 값을 발생시킬 수 있다.

엑셀은 BINOM.INV 함수를 제공하는데,[30] 이 함수는 이항분포의 누적확률을

29) $\binom{n}{x}$는 ${}_nC_x$와 같은 의미이다.

30) 엑셀 2007 및 그 이전 버전에서는 =BINOMINV 함수를 사용하였다. 이 함수는 엑셀 2010 이후 버전에서도 호환성을 위해 사용이 가능하다.

특정 수준 이상으로 만드는 이항분포 확률변수 값들 중에서 가장 작은 값을 발생시키는 기능을 한다. 구체적으로 BINOM.INV 함수는 다음과 같이 세 가지 구성인자를 갖는다.

=BINOM.INV(n,p,α)

=BINOM.INV(n, p, α)

여기서, n은 독립적인 베르누이 시행 횟수, p는 각 시행에서의 성공확률, 그리고 α는 특정 누적확률을 말한다. 즉, 위 함수는 n과 p라는 모수를 갖는 이항분포의 누적확률이 α 이상이 되도록 만드는 이항분포 확률변수 값의 최소값을 구하는 기능을 한다.

예를 들어, =BINOM.INV(10,0.2,0.8)를 구해보자. 베르누이 시행의 횟수는 10, 각 시행에서의 성공확률은 0.2인 이항분포의 누적확률을 0.8 이상으로 만드는 가장 작은 확률변수 값을 찾으라는 것이다. 이항분포 표를 이용해 이 값을 찾아보면 3임을 알 수 있다. 이 값을 엑셀에서 =BINOM.INV(10,0.2,0.8)을 이용해 찾아보면 역시 3이 나옴을 확인할 수 있다.

BINOM.INV 함수를 이용하면 어떠한 n과 p를 갖는 이항분포의 확률변수 값도 발생시킬 수 있는데, 그 발생 방법은 간단하다. =BINOM.INV(n,p,α)에서 누적확률의 특정 수준인 α 대신에 엑셀의 난수발생기인 RAND( )를 입력하는 것이다. 그러면 0과 1 사이의 값을 갖는 난수의 두 가지 특성(일양성과 독립성)에 의해 우리는 원하는 n과 p를 갖는 이항분포 확률변수의 값을 무작위로 발생시킬 수 있다.

[그림 14-19]는 n이 6이고, p가 0.5인 이항분포 확률변수 값 250개를 =BINOM.INV(6,0.5,RAND( )) 함수로 발생시킨 결과이다. 그리고 250개 값의 분포를 표와 그래프로 나타내 보았다. 발생한 확률변수의 값이 그다지 많지 않지만 그래프를 보면 우리가 기대한 대로 p가 0.5이므로 좌우대칭의 분포 모양과 흡사한 모습을 하는 것을 알 수 있다. 발생시킨 확률변수 값이 많으면 많을수록 그 값들의 분포는 원래 우리가 의도한 분포 모양을 잘 나타내 준다.

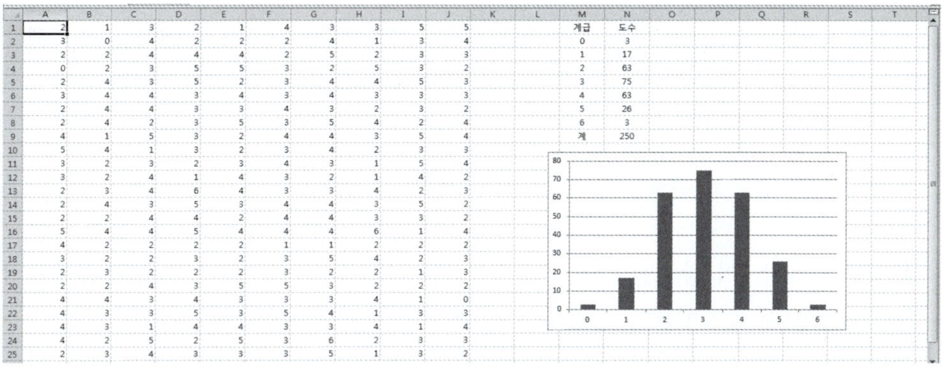

	A	B	C	D	E	F	G	H	I	J	M	N
1	2	1	3	2	1	4	3	3	5	5	계급	도수
2	3	0	4	2	2	2	4	1	3	4	0	3
3	2	2	4	4	4	2	5	2	3	3	1	17
4	0	2	3	5	5	3	2	5	3	2	2	63
5	2	4	3	5	2	3	4	4	5	3	3	75
6	3	4	4	3	4	3	4	3	3	3	4	63
7	2	4	4	3	3	4	3	2	3	2	5	26
8	2	4	2	3	5	3	5	4	2	4	6	3
9	4	1	5	3	2	4	4	3	5	4	계	250
10	5	4	1	3	2	3	4	2	3	3		
11	3	2	3	2	3	4	3	1	5	4		
12	3	2	4	1	4	3	2	1	4	2		
13	2	3	4	6	4	3	3	4	2	3		
14	2	4	3	5	3	4	4	3	5	2		
15	2	2	4	4	2	4	4	3	3	2		
16	5	4	4	5	4	4	4	6	1	4		
17	4	2	2	2	2	1	1	2	2	2		
18	3	2	2	3	2	3	5	4	2	3		
19	2	3	2	2	2	3	2	2	1	3		
20	2	2	4	3	5	5	3	2	2	2		
21	4	4	3	4	3	3	3	4	1	0		
22	4	3	3	5	3	5	4	1	3	3		
23	4	3	1	4	4	3	3	4	1	4		
24	4	2	5	2	5	3	6	2	3	3		
25	2	3	4	3	3	3	5	1	3	2		

그림 14-19

이항분포 확률변수의 발생

TIP

앞서도 언급하였듯이 도수분포표를 만들 때 각 계급의 도수는 =FREQUENCY(자료의 셀 범위, 계급의 셀 범위)을 이용해서 출력하였다. 각 계급(이항분포 확률변수가 취할 수 있는 각 값)의 도수를 산출하기 위해 우선 도수가 산출될 셀 범위 **N2:N8**을 선택한다. 선택한 셀 범위가 음영으로 나타나면 **=FREQUENCY(A1:J25,M2:M8)**을 입력하고, **Ctrl+Shift+Enter**를 함께 누른다.[31] 그러면 각 계급에 해당하는 도수가 해당 셀에 표시된다.

=FREQUENCY(자료의 셀 범위, 계급의 셀 범위)

④ 문제에의 적용

[항공기 예약 문제] 요즘처럼 인터넷 예약이 활발하지 않던 시절에는 대부분의 항공사가 예약을 초과해서 받았다. 즉, 항공편의 좌석 수보다 예약을 많이 받는 관행이 있었다. 그 이유는 적지 않은 예약자들이 예약만 하고는 실제로 탑승을 위해 공항에 나타나지 않기 때문이다. 하지만 이런 항공사의 관행은 위험도 갖고 있는데, 만일 항공편의 좌석 수보다 많은 예약자들이 탑승하기 위해 공항에 나타나게 되면 항공사는 일부 예약자들에게 좌석을 양보하도록 요청해야 하기 때문이다. 물론 좌석 양보는 자발적으로 일어나야 한다. 그래서 양보를 위한 인센티브도 필요하다. 만일 어떤 예약자가 공항에 나와 표를 산 후(예약자는 탑승 당일 공항에 나와 표를 산다고 가정하자), 자신의 자리를 다른 사람에게 양보해야 한다면 항공사는 이 고객에게 충분한 보상을 해야 한다. 예를 들어, 항공료 반환은 물론이고 비슷한 거리의 다른 목적지까지 갈 수 있는 별도의 항공권을 무료로 증정하는 관례가 있

31) 앞에서도 언급했듯이 여기서 Enter만 누르게 되면 첫 번째 계급의 도수만 나타난다. 여러 개의 셀로 구성된 셀 범위를 선택하고, 셀 범위에 있는 각 셀에 원하는 숫자가 나타나게 하려면 Ctrl+Shift+Enter를 함께 눌러야 한다.

정하는 관례가 있다. 이러한 비용의 발생에도 불구하고 항공사가 예약을 초과해서 받는 이유는 항공편 좌석을 모두 채움으로써 얻게 되는 수익이 좌석의 모자람으로 인해 발생하는 비용을 상쇄하고도 남음이 있을 것이라는 믿음 때문이다.

이제 다음과 같은 상황을 고려해 보자. 강원항공은 36개의 좌석이 있는 조그마한 제트 여객기를 갖고 서울에서 강원도 정선에 있는 카지노를 목적지로 하여 왕복운항하고 있다. 이 항공편의 편도 요금은 30(만원)이다. 이 여객기의 편도 운항에는 100(만원)의 고정비용이 발생하는데, 이 고정비용에는 조종사 및 승무원의 인건비, 연료, 공항 이용료 등이 포함된다. 또한 편도 운항 시 승객 1인당 10(만원)의 변동비용도 추가로 발생한다. 예약을 하고 나타나지 않는 고객의 비율(no-show rate)은 불확실한데, 과거의 경험에 비추어 보면 예약한 고객들 중 90%는 탑승을 위해 공항에 나온다고 한다. 한편 초과 예약으로 인해 자신의 좌석을 양보한 고객에 대해서 강원항공은 이 고객이 이미 지불한 항공료의 2배인 60만원을 보상한다. 이제 강원항공은 서울에서 정선까지 가는 항공편에 몇 명의 예약을 받는 것이 기대이익(expected profit)의 관점에서 최적일지를 결정하고자 한다. 시뮬레이션을 이용하여 강원항공의 의사결정에 도움을 주자.

이항분포

풀이 이 문제의 핵심은 강원항공의 이익을 최대화 하는 예약자의 수를 결정하는 것이다. 예약자의 수를 n이라 하고, 각 예약자가 실제로 공항에 나오는 사건을 '성공', 공항에 나오지 않는 사건을 '실패'로 간주하자. 그러면 과거의 경험에 따라 성공확률(show rate)은 0.9, 실패확률(no-show rate)은 0.1이 된다. 또한 예약자 각각이 공항에 나오고 안 나오고는 서로 독립적인 일이다. 따라서 예약한 사람들 중 실제로 공항에 나타나는 사람의 수는 **이항분포**를 따르게 된다. 이제 이 확률변수의 값을 발생시키기 위해 =BINOM.INV(n,0.9,RAND( ))를 이용하자.

[그림 14-20]은 이 문제를 시뮬레이션으로 해결한 엑셀 시트이다. [그림 14-20]에서 셀 범위 A4:B10에는 문제에서 주어진 자료를 입력하였다. 이 문제에서 우리가 결정해야 할 것은 강원항공에게 가장 큰 이윤을 가져다줄 수 있는 예약자 수로 우선 40명으로 그 값을 설정하여 어떠한 결과가 나타나는지 시뮬레이션을 수행하였다. 반복활동은 [그림 14-20]에서 보듯이 100번으로 하였다. 독자들의 시뮬레이션 결과와 [그림 14-20]에 나타난 수치는 조금 차이를 보일 것이다. 이는 발생한 난수가 다르기 때문이다.

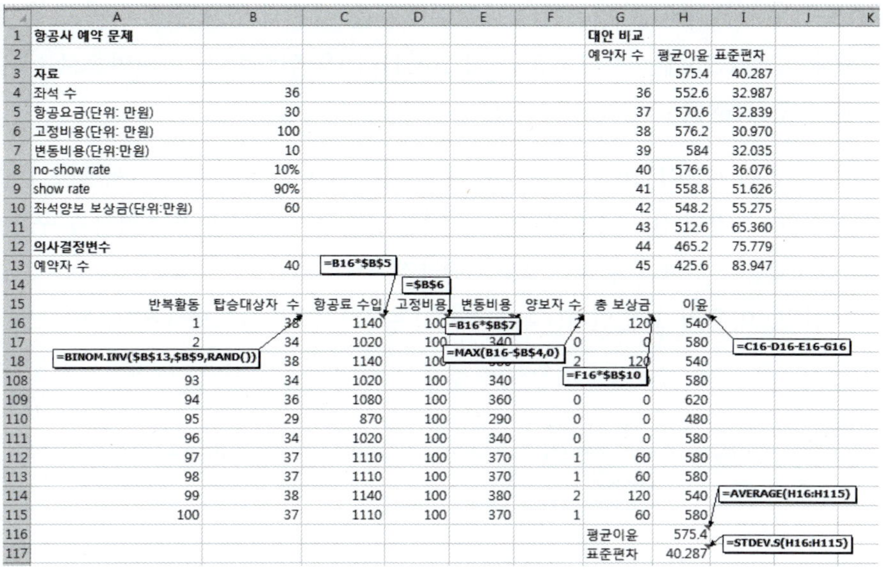

	A	B	C	D	E	F	G	H	I
1	항공사 예약 문제						대안 비교		
2							예약자 수	평균이윤	표준편차
3	자료							575.4	40.287
4	좌석 수	36					36	552.6	32.987
5	항공요금(단위: 만원)	30					37	570.6	32.839
6	고정비용(단위: 만원)	100					38	576.2	30.970
7	변동비용(단위:만원)	10					39	584	32.035
8	no-show rate	10%					40	576.6	36.076
9	show rate	90%					41	558.8	51.626
10	좌석양보 보상금(단위:만원)	60					42	548.2	55.275
11							43	512.6	65.360
12	의사결정변수						44	465.2	75.779
13	예약자 수	40					45	425.6	83.947
14									
15	반복활동	탑승대상자 수	항공료 수입	고정비용	변동비용	양보자 수	총 보상금	이윤	
16	1	38	1140	100	[illegible]	2	120	540	
17	2	34	1020	100	340	0	0	580	
18	[illegible]	38	1140	100	[illegible]	2	120	540	
108	93	34	1020	100	340	[illegible]	[illegible]	580	
109	94	36	1080	100	360	0	0	620	
110	95	29	870	100	290	0	0	480	
111	96	34	1020	100	340	0	0	580	
112	97	37	1110	100	370	1	60	580	
113	98	37	1110	100	370	1	60	580	
114	99	38	1140	100	380	2	120	540	
115	100	37	1110	100	370	1	60	580	
116							평균이윤	575.4	
117							표준편차	40.287	

그림 14-20

항공기 예약문제 시뮬레이션

이제 셀 B16부터 셀 H16까지 우리의 논리를 식으로 표현해 입력해 보자. 이것이 바로 시뮬레이션 모형이 되는 것이다. 우선, 셀 B16은 탑승대상자의 수를 나타내는데, 이는 예약을 하고 공항에 나타나 항공권 결제를 마친 사람의 수이다. 따라서 예약자의 수가 베르누이 시행의 횟수이고 'show rate'가 각 시행에서의 성공확률인 이항분포 확률변수 값을 발생시켜야 하므로 셀 B16에는 다음의 함수를 입력한다.

=BINOM.INV($B$13,$B$9,RAND())

여기서, $B$13는 예약자 수, $B$9는 'show rate'[32]

다음으로 셀 C16에는 =B16*$B$5, 셀 D16에는 =$B$6, 셀 E16에는 =B16*$B$7을 입력한다.[33] 양보자 수는 예약을 하고 공항에 나와 항공권 결제를 마쳤지만 항공사의 초과 예약으로 인해 자리를 양보하는 사람의 수를 말한다. 자리의 양보는 셀 B16의 탑승대상자 수가 좌석 수보다 많은 경우 발생하고, 탑승대상자 수가 좌석 수보다 적은 경우에는 발생하지 않는다. 따라서 셀 F16에는

32) 셀 번호에 절대참조기호($)를 붙인 이유는 B16:H16에 입력한 식을 아래로 끌기하여 복사할 때 절대참조로 지정한 셀 번호의 내용은 바뀌지 않도록 하기 위해서이다.

33) 여기서는 예약을 하고 공항에 나타나 항공권 결제를 마친 사람에게 변동비용이 적용됨을 가정한다. 만일, 항공기에 실제로 탑승한 고객에게만 변동비용이 적용될 경우 셀 E16에는 =MIN(B16,B4)*$B$7을 입력한다.

=MAX(B16−$B$4,0)를 입력한다. 물론 IF문을 이용해 양보자의 수를 표현해도 무방하다.[34] 셀 G16에는 총보상금인 =F16*$B$10을 입력한다. 마지막으로 이윤을 나타내는 셀 H16에는 =C16−D16−E16−G16을 입력한다.

이제 셀 범위 B16:H16을 마우스로 선택하고 아래로 끌기하여 반복활동 100까지 복사한다. 그러면 100개의 이윤이 산출되고, 이들의 평균과 표준편차를 구할 수 있다. 반복활동을 100번 수행한 결과, 예약자 수가 40일 때의 평균이윤(표본평균)은 575만4천원, 이윤의 표준편차(표본 표준편차)는 40만2870원으로 나타났음을 알 수 있다.

그림 14-21

예약자 수에 따른 대안들의 비교

F	G	H	I	J	K	L	M
	대안 비교						
	예약자 수	평균이윤	표준편차				
		575.4	40.287				
	36	552.6	32.987				
	37	570.6	32.839				
	38	576.2	30.970				
	39	584	32.035				
	40	576.6	36.076				
	41	558.8	51.626				
	42	548.2	55.275				
	43	512.6	65.360				
	44	465.2	75.779				
	45	425.6	83.947				

데이터-표

이제 대안들의 비교를 위해 **데이터-표** 기능을 이용하여 예약자 수가 36부터 45까지 10개의 대안의 성과를 비교한 결과는 [그림 14-21]과 같다.[35] [그림 14-21]의 결과를 보면, 예약자 수가 39명일 때 평균이윤이 584만원으로 가장 큼을 알 수 있다. 하지만 예약자 수가 38명일 때 이윤의 표준편차는 가장 낮은 것으로 나타나 두 대안의 우열을 가리기 위해서는 후속적인 통계적 비교가 필요함을 알 수 있다.[36]

34) =IF(B16>$B$4,B16−$B$4,0)

35) 예약자의 수가 항공기의 좌석 수보다 적은 경우는 대안으로 고려할 필요가 없다.

36) [그림 14-21]에서 셀 H3에는 예약자 수가 40일 때의 평균이윤인 =H116, 셀 I3에는 예약자 수가 40일 때의 표준편차인 =H117을 입력하고, 데이터-표 기능을 이용해 여러 대안들의 평균이윤과 표준편차를 비교하였다. 그런데 데이터-표 기능을 통해 산출된 예약자 수가 40일 때의 평균이윤과 표준편차를 보면 셀 H3와 셀 I3에 있는 값과 다름을 볼 수 있다. 이는 데이터-표를 실행한 후 난수가 바뀌어 발생한 현상이다.

4 일양분포의 적용

일양분포가 포함된 문제 상황이 시뮬레이션을 통해 어떻게 해결되는지 다음의 입찰문제를 고려해 보자.

[입찰문제] 서울건설(주)는 다음 주에 있을 소규모 건설공사 입찰에 참여하고자 한다. 이 공사에 낙찰되어 공사를 수행하게 되면 1,000만원의 비용이 들 것으로 서울건설은 생각하고 있다. 서울건설 외에도 4곳의 건설회사가 입찰에 참여할 것으로 예상되는데, 가장 낮은 입찰가를 제시한 건설회사가 낙찰되며, 낙찰자는 제시한 입찰금액으로 공사를 수행하게 된다. 과거의 경험에 따르면, 각 경쟁자의 입찰가격은 서울건설이 프로젝트를 수행하는 데 드는 비용 1,000만원과 이 비용의 3배인 3,000만원 사이의 값이 될 것으로 추정하고 있는데, 이 범위 내 각 값의 발생 가능성은 동일할 것으로 생각하고 있다. 4곳 경쟁사들의 입찰가격은 서로 독립적이라고 가정한다. 서울건설은 입찰가격으로 1,100만원에서 2,000만원까지 100만원 간격으로 얼마를 써낼까 고민하고 있다. 입찰가를 얼마로 제시하는 것이 서울건설의 기대이윤(expected profit)을 최대화 할 수 있는지 시뮬레이션을 이용하여 답하라.

풀이 이 문제에서 확률변수는 경쟁자의 입찰가격이다. 문제에 따르면 각 경쟁자의 입찰가격은 서로 독립이며, 1,000만원과 3,000만원 사이의 **일양분포**를 하는 것을 알 수 있다. 따라서 시뮬레이션을 이용해서 이 문제를 해결하기 위해서는 우선 각 경쟁자의 입찰가격을 발생시키는 것이 필요하다. 경쟁자 i의 입찰가격을 확률변수 X_i라 하자. 그러면 일양분포를 하는 확률변수 X_i의 값, x_i를 발생시키는 식은 다음과 같이 나타낼 수 있다.

일양분포

$$x_i = 1000 + (3000 - 1000) \times R, \text{ 여기서 } R = \text{난수}$$

이제 엑셀 시트에 문제에서 제공한 정보를 입력해 보자. [그림 14-22]는 입찰문제의 시뮬레이션 결과를 보여주고 있다.

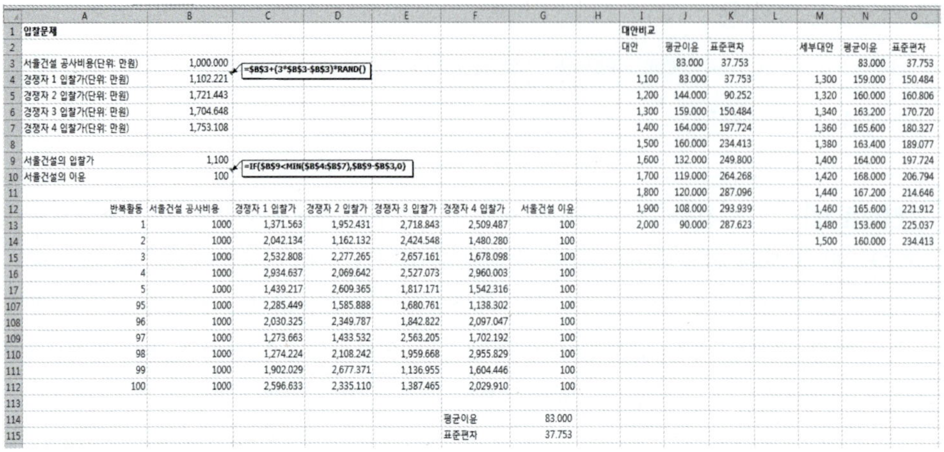

	A	B	C	D	E	F	G
1	입찰문제						
2							
3	서울건설 공사비용(단위: 만원)	1,000.000					
4	경쟁자 1 입찰가(단위: 만원)	1,102.221					
5	경쟁자 2 입찰가(단위: 만원)	1,721.443					
6	경쟁자 3 입찰가(단위: 만원)	1,704.648					
7	경쟁자 4 입찰가(단위: 만원)	1,753.108					
8							
9	서울건설의 입찰가	1,100					
10	서울건설의 이윤	100					
11							
12	반복활동	서울건설 공사비용	경쟁자 1 입찰가	경쟁자 2 입찰가	경쟁자 3 입찰가	경쟁자 4 입찰가	서울건설 이윤
13	1	1000	1,371.563	1,952.431	2,718.843	2,509.487	100
14	2	1000	2,042.134	1,162.132	2,424.548	1,480.280	100
15	3	1000	2,532.808	2,277.265	2,657.161	1,678.098	100
16	4	1000	2,934.637	2,069.642	2,527.073	2,960.003	100
17	5	1000	1,439.217	2,609.365	1,817.171	1,542.316	100
107	95	1000	2,285.449	1,585.888	1,680.761	1,138.302	100
108	96	1000	2,030.325	2,349.787	1,842.822	2,097.047	100
109	97	1000	1,273.663	1,433.532	2,563.205	1,702.192	100
110	98	1000	1,274.224	2,108.242	1,959.668	2,955.829	100
111	99	1000	1,902.029	2,677.371	1,136.955	1,604.446	100
112	100	1000	2,596.633	2,335.110	1,387.465	2,029.910	100
113							
114						평균이윤	83.000
115						표준편차	37.753

	I	J	K	L	M	N	O
1	대안비교						
2	대안	평균이윤	표준편차		세부대안	평균이윤	표준편차
3		83.000	37.753			83.000	37.753
4	1,100	83.000	37.753		1,300	159.000	150.484
5	1,200	144.000	90.252		1,320	160.000	160.806
6	1,300	159.000	150.484		1,340	163.200	170.720
7	1,400	164.000	197.724		1,360	165.600	180.327
8	1,500	160.000	234.413		1,380	163.400	189.077
9	1,600	132.000	249.800		1,400	164.000	197.724
10	1,700	119.000	264.268		1,420	168.000	206.794
11	1,800	120.000	287.096		1,440	167.200	214.646
12	1,900	108.000	293.939		1,460	165.600	221.912
13	2,000	90.000	287.623		1,480	153.600	225.037
14					1,500	160.000	234.413

=$B$3+(3*$B$3-$B$3)*RAND()

=IF($B$9<MIN($B$4:$B$7),$B$9-$B$3,0)

그림 14-22

입찰문제의 분석결과

[그림 14-22]에서 문제에 대한 기본 논리부터 살펴보자. 서울건설의 공사비용 1000만원은 셀 B3에 입력했고, 각 경쟁사의 입찰가는 최소값이 1,000만원이고 최대값이 3,000만원인 일양분포를 한다고 하였으므로 셀 B4에 =$B$3+(3*$B$3-$B$3)*RAND( )를 입력하고, 이 식을 B7까지 끌기하여 복사하였다. 그러면 난수의 특성 중 하나가 독립성이므로 4개 경쟁사의 입찰가 각각은 서로 독립적으로 발생한다. 다음으로 서울건설의 입찰가는 우리가 결정해야 할 대상이므로 대안의 역할을 한다. 입찰가를 1,000만원 이하 또는 3,000만원 이상으로 하는 것은 의미가 없으므로(왜 그런가?) 하나의 대안으로 입찰가 1,100만원을 셀 B9에 입력하였다.

이제 서울건설의 입찰가가 1,100만원일 때의 이윤을 구해보자. 서울건설이 낙찰되면 그때의 이윤은 입찰가에서 건설비용을 뺀 값이 되며, 낙찰되지 못하면 그때의 이윤은 '0'이 될 것이다. 그렇다면 서울건설은 어떤 경우에 낙찰을 받게 되는가? 문제를 보면 최저가 낙찰제가 적용되는 상황이므로 서울건설의 입찰가가 네 곳 경쟁사와 비교하여 가장 작으면 서울건설이 낙찰될 것이다. 따라서 셀 B10에 서울건설의 이윤을 나타내는 식을 다음과 같이 입력한다.

=IF(B9<MIN(B4:B7),B9−B3,0)

즉, IF문을 이용하여 낙찰되는 경우와 그렇지 않은 경우의 이윤이 각각 산출되도록 하였다.

다음으로 셀 B13에는 =$B$3을 입력하였고, C13에는 =$B$3+(3*$B$3−

$B$3)*RAND( )를 입력한 후, F13까지 끌기하여 복사하였다. 그리고 G13에는 이윤을 나타내는 식인 =IF($B$9〈MIN(C13:F13),$B$9−B13,0)을 입력하였다. 그런 후, 100번의 반복활동을 수행하기 위해 셀 범위 B13:G13을 마우스로 선택하고 아래로 끌기하여 B112:G112까지 복사하였다. 셀 범위 G13:G112에는 100개의 이윤이 발생했음을 볼 수 있다. 이제 발생한 100개 이윤의 평균과 표준편차를 구하기 위해 셀 G114에는 =AVERAGE(G13:G112), 셀 G115에 =STDEV.S(G13:G112)를 각각 입력하였다.

지금까지의 과정은 입찰가가 1,100만원인 경우의 표본결과를 보기 위한 것이었다. 반복활동을 100회 수행한 결과, 이윤의 표본평균은 8만3천원, 표준편차는 3만7천753원으로 나타났음을 알 수 있다.

이제 대안들의 성과를 비교해 보자. **데이터-표** 기능을 이용하여 1,100(만원)부터 2,000(만원)까지 100만원 간격으로 나눈 10개 대안의 성과를 비교한 결과는 [그림 14-23]의 왼쪽에 나타나 있다. 이 경우 동일한 난수집단을 이용하여 대안을 비교하기 위해 [그림 14-22]의 셀 범위 C13:F112를 **선택하여 붙여넣기** 기능을 이용해 난수발생 함수인 RAND( )를 숫자로 동결(freeze)하였다. 그 결과는 셀 범위 I4:K13에 나타나 있다.

셀 범위 I4:K13의 대안 비교 결과를 보면, 평균이윤 관점에서 10개 대안 중 입찰가 1400만원이 가장 좋은 대안인 것으로 나타났다. 또한 평균이윤은 입찰가가 1400만원까지는 증가하는 추이를 보이다가 그 이후로는 다시 감소하는 봉우리 모습을 보임을 알 수 있다. 따라서 최적 입찰가는 1,300만원에서 1,500만원 사이에 있음을 추정할 수 있다.

I	J	K	L	M	N	O
대안비교						
대안	평균이윤	표준편차		세부대안	평균이윤	표준편차
	83.000	37.753			83.000	37.753
1,100	83.000	37.753		1,300	159.000	150.484
1,200	144.000	90.252		1,320	160.000	160.806
1,300	159.000	150.484		1,340	163.200	170.720
1,400	164.000	197.724		1,360	165.600	180.327
1,500	160.000	234.413		1,380	163.400	189.077
1,600	132.000	249.800		1,400	164.000	197.724
1,700	119.000	264.268		1,420	168.000	206.794
1,800	120.000	287.096		1,440	167.200	214.646
1,900	108.000	293.939		1,460	165.600	221.912
2,000	90.000	287.623		1,480	153.600	225.037
				1,500	160.000	234.413

그림 14-23
대안의 비교

최적의 입찰가가 무엇인지 좀 더 구체적으로 파악하기 위해 1,300만원에서 1,500만원 사이의 범위를 20만원 단위로 세분화하고, **데이터-표** 기능을 다시 이용해 1,300만원부터 1,500만원까지 11개 대안의 평균이윤과 표준편차를 구하였다. 결과는 [그림 14-23]의 셀 범위 M4:O14에 나타나 있다. 결과를 보면 평균이윤 관점에서는 입찰가를 1,420만원으로 책정하는 것이 가장 좋음을 알 수 있다. 더 세부적인 입찰가를 원하는 독자들은 앞의 과정을 반복하여 다시금 범위를 세분화할 수 있다.

하지만 표본평균은 기대이윤(expected profit)이 아님을 독자들은 알고 있다. 따라서 기대이윤 관점에서 최적의 입찰가를 구하기 위해서는 표본평균뿐만 아니라 표준편차도 함께 고려하여 두 대안의 기대이윤을 통계적으로 비교하기 위한 분석도 추가로 진행할 필요가 있다. 즉, 대안 1,420만원보다 평균이윤은 조금 떨어지나 이윤의 기복이 작아 덜 위험한 대안을 대안 1,420만원과 비교하여 어떤 입찰가가 통계적으로 더 우월한지 결정할 수 있다. 독자들 스스로 앞에서 배운 내용을 토대로 대안 비교를 수행해 보기 바란다.

낙찰가능성의 계산

낙찰가능성

입찰문제에서 입찰가에 따른 **낙찰가능성**을 구해보자. 그리고 입찰가가 증가함에 따라 낙찰가능성은 어떻게 변화하며, 입찰가는 평균이윤과는 어떠한 관계에 있는지 시뮬레이션을 이용해 알아보자.

상식적으로 생각하면 입찰가가 높아짐에 따라 낙찰가능성은 떨어질 것이다. 하지만 입찰가와 평균이윤과의 관계는 모호하다. 입찰가가 낮아지면 낙찰가능성은 높아지지만 이윤은 줄어들 것이고, 입찰가가 높으면 낙찰가능성은 떨어지지만 이윤은 높아지는 낙찰가능성과 이윤의 절충관계 때문이다.

우선, 특정 입찰가의 낙찰가능성을 계산하기 위해 [그림 14-24]에서 보는 것과 같이 기존 엑셀 시트의 H열에 낙찰 여부라는 제목의 새로운 열을 만든다. 그리고 셀 H13에 다음과 같이 입력한다.

```
=IF($B$9<MIN(C13:F13),1,0)
```

이 식은 서울건설의 입찰가가 다른 경쟁사의 입찰가보다 작으면 '1'이 발생되도록 하고, 그렇지 않을 경우에는 '0'이 발생되도록 하는 식이다. 즉, 숫자 '1'은 낙찰을 의미하고, '0'은 낙찰되지 않음을 나타낸다. 이 식을 아래로 끌기 하여 H112까지 복사한다.

이제 어떤 대안(입찰가)의 낙찰가능성은 반복활동에서 산출되는 낙찰 여부를 나타내는 '1'과 '0'의 평균이 된다. [그림 14-24]에서 반복활동은 100회이므로 100개의 **이진변수(binary variables)**[37] 값의 평균이 바로 낙찰가능성이 되는 것이다. 따라서 입찰가가 1,100만원인 경우의 낙찰가능성은 셀 I114에 =AVERAGE(H13:H112)를 입력하면 구할 수 있다. 결과는 0.83으로 나타났음을 알 수 있다. 이제 입찰가가 증가함에 따라 낙찰가능성은 어떠한 추이를 보이는지, 그리고 낙찰가능성과 평균이윤은 어떠한 관계에 있는지 **데이터-표** 기능을 이용해서 살펴보자.

이진변수(binary variables)

[그림 14-24]의 셀 범위 J4:L13에 나타난 대안 비교 결과를 보면 우선 입찰가가 높아질수록 낙찰가능성은 단조 감소하는 것으로 나타났다. 이러한 결과는 우리의 상식과도 일치하는데 입찰가가 높아질수록 다른 경쟁사가 낙찰될 가능성이 커지기 때문이다. 하지만 입찰가가 높아질수록 평균이윤은 일정 수준까지는 증가하다가 다시 감소하는 봉우리 형태를 보인다. 이는 앞서 우리가 예상했듯이 입찰가의 변화에 따른 낙찰가능성과 이윤의 절충관계 때문에 나타나는 현상이다.

	A	B	C	D	E	F	G	H	I	J	K	L	M
1	입찰문제									낙찰가능성 비교			
2										대안	낙찰 가능성	평균이윤	
3	서울건설 공사비용(단위: 만원)	1,000.000									0.83	83.000	
4	경쟁자 1 입찰가(단위: 만원)	1,104.917								1,100	0.83	83.000	
5	경쟁자 2 입찰가(단위: 만원)	1,176.137								1,200	0.72	144.000	
6	경쟁자 3 입찰가(단위: 만원)	1,455.709								1,300	0.53	159.000	
7	경쟁자 4 입찰가(단위: 만원)	2,302.054								1,400	0.41	164.000	
8										1,500	0.32	160.000	
9	서울건설의 입찰가	1100								1,600	0.22	132.000	
10										1,700	0.17	119.000	
11										1,800	0.15	120.000	
12	반복활동	서울건설 공사비용	경쟁자 1 입찰가	경쟁자 2 입찰가	경쟁자 3 입찰가	경쟁자 4 입찰가	서울건설 이윤	낙찰 여부		1,900	0.12	108.000	
13	1	1000	1,371.563	1,952.431	2,718.843	2,509.487	100	1		2,000	0.09	90.000	
14	2	1000	2,042.134	1,162.132	2,424.548	1,480.280	100	1					
15	3	1000	2,532.808	2,277.265	2,657.161	1,678.098	100	1					
16	4	1000	2,934.637	2,069.642	2,527.073	2,960.003	100	1					
17	5	1000	1,439.217	2,609.365	1,817.171	1,542.316	100	1					
107	95	1000	2,285.449	1,585.888	1,680.761	1,138.302	100	1					
108	96	1000	2,030.325	2,349.787	1,842.822	2,097.047	100	1					
109	97	1000	1,273.663	1,433.532	2,563.205	1,702.192	100	1					
110	98	1000	1,274.224	2,108.242	1,959.668	2,955.829	100	1					
111	99	1000	1,902.029	2,677.371	1,136.955	1,604.446	100	1					
112	100	1000	2,596.633	2,335.110	1,387.465	2,029.910	100	1					
113													
114						평균이윤	83.000	낙찰가능성	0.83				
115						표준편차	37.753						

=IF($B$9<MIN(C13:F13),1,0)

=AVERAGE(H13:H112)

그림 14-24

낙찰가능성 추이

37) **이진변수(binary variables)**란 '0'과 '1' 두 가지 값만을 갖는 변수를 말한다. 입찰문제에서 낙찰 여부는 이진변수의 예가 된다.

14.10 @RISK의 활용

지금까지 독자들은 엑셀을 이용하여 시뮬레이션을 수행하였다. 물론 엑셀은 시뮬레이션을 수행할 수 있는 기본적인 기능은 갖추고 있지만 시뮬레이션을 수행하면서 여러 가지 불편한 점도 느꼈을 것이다. 예를 들어, 반복활동(replications)을 수행하기 위해 행마다 동일한 식을 복사해 시스템의 성과를 복제한다든지, 여러 가지 대안의 성과를 비교하기 위해 데이터-표 기능을 이용한 점, 그리고 반복활동 후의 성과의 요약 통계량을 구하기 위해 엑셀의 통계함수 또는 데이터 분석 기능을 추가로 이용하는 등 여러 가지 불편한 점이 있었다.

@RISK

이제부터 독자들은 세계적으로 가장 많이 활용되는 몬테칼로 시뮬레이션 소프트웨어 중 하나인 **@RISK**[38]를 이용하여 시뮬레이션을 보다 쉽게 수행하는 방법과 과정에 대해 학습할 것이다. @RISK는 엑셀 기반의 소프트웨어로 엑셀을 이용할 수 있는 독자들은 @RISK 또한 쉽게 익힐 수 있으며, 엑셀의 모든 기능을 @RISK에서도 이용할 수 있다.

@RISK에서 사용자는 시뮬레이션의 반복활동을 100번이 아니라 1000번, 10000번 등 본인이 원하는 횟수만큼 지정만 해 주면 되고, 여러 대안의 성과 비교도 매우 쉽게 수행할 수 있다. 또한 @RISK를 이용함으로써 원하는 확률변수 값을 매우 손쉬운 함수를 이용해 복제해낼 수 있다.

=RiskTriang
=RiskNormal
=RiskBinomial

예를 들어, 세 가지 모수(minimum value, most likely value, maximum value)의 값이 (10,20,50)인 삼각분포 확률변수의 값을 발생시키고자 하면 단순히 **=RiskTriang**(10,20,50)이라는 식을 해당 셀에 입력하면 된다. 평균이 100이고 표준편차가 20인 정규분포의 확률변수 값을 발생시키려면 **=RiskNormal**(100,20), 독립적인 시행의 수(n)가 50이고, 각 시행에서의 성공확률(p)이 0.4인 이항분포 확률변수 값을 발생시키려면 **=RiskBinomial**(50,0.4)

38) **@RISK**는 **Lumivero**(https://lumivero.com)에서 제공하는 소프트웨어이다. Lumivero 사이트에서 15일간 사용할 수 있는 데모 버전(trial version)을 다운로드 받을 수 있다. 유사한 소프트웨어로 **Oracle**의 **Crystal Ball**, **Vose**의 **ModelRisk**가 있다. 이 소프트웨어들은 사용법이 유사하여 하나의 소프트웨어를 익히면 다른 소프트웨어도 쉽게 익힐 수 있다. 특히, 후발 소프트웨어인 ModelRisk는 @RISK와 Crystal Ball로 구현된 시뮬레이션 모형을 바로 ModelRisk 모형으로 변환시켜주는 편리한 기능을 갖고 있다.

을 입력하는 등 어떠한 확률분포든지 =Risk 다음에 해당 분포의 이름을 나타내는 단어를 입력한 후 해당 분포의 모수 값을 괄호 안에 입력하면 해당 분포의 확률변수 값을 복제하게 된다.

1 @RISK의 시작

@RISK을 설치한 후 구동하면 [그림 14-25]와 같이 엑셀 시트 상단에 @RISK 탭이 추가로 나타난다.

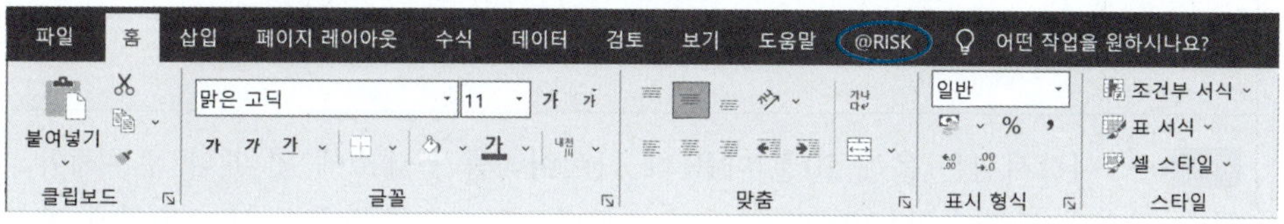

그림 14-25
@RISK 탭의 생성

[그림 14-25]의 @RISK 탭을 누르면 이제 @RISK의 여러 가지 기능을 이용할 수 있는 아이콘들이 [그림 14-26]과 같이 나타난다.

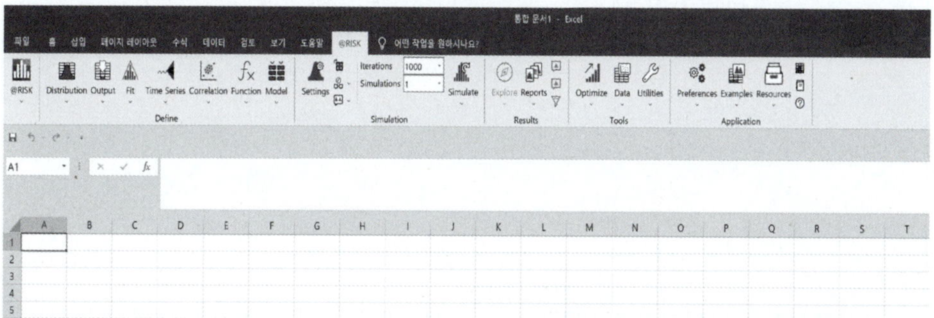

그림 14-26
@RISK 메뉴 아이콘

[그림 14-26]에서 우리가 시뮬레이션을 수행하기 위해 주로 사용할 아이콘은 [그림 14-27]과 같다. 주요 아이콘들은 크게 **모형화(Define)**, **시뮬레이션(Simulation)**, **결과(Results)**라는 세 가지 부분으로 나눠진다.

모형화(Define)
시뮬레이션(Simulation)
결과(Results)

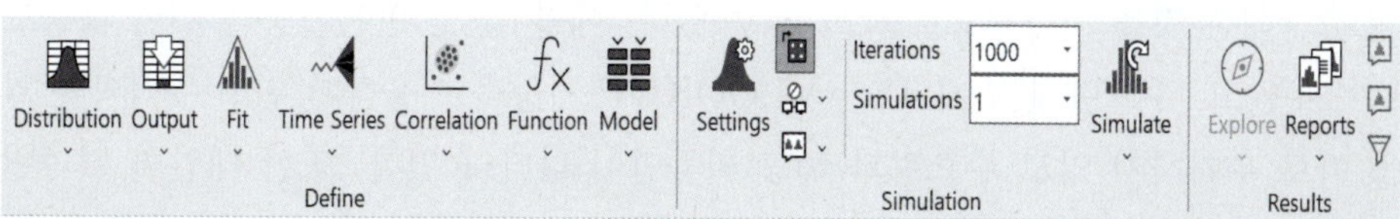

그림 14-27
몬테칼로 시뮬레이션을 위한 주요 아이콘

모형화 아이콘은 시뮬레이션 모형을 만드는데 사용되고, 시뮬레이션 아이콘은 시뮬레이션을 수행하는데 사용되며, 결과 아이콘은 시뮬레이션 수행 결과를 다양한 양식으로 나타내는데 사용된다.

2 @RISK 익히기

@RISK의 기본 기능을 학습하기 위해 앞서 기본 예제로 이용했던 서강서점을 다시 방문해 보자. [그림 14-28]은 서강서점 문제를 @RISK를 이용해 시뮬레이션을 수행하기 위해 엑셀 시트에 입력한 모형이다. 학습의 편의를 위해 서강서점 문제를 다시 기술하면 다음과 같다.

예제 서강서점은 올해 10월 다음 해 다이어리를 인쇄소에 몇 개나 주문해야 할지 결정해야 한다. 다이어리 하나의 주문비용은 7,500원이고, 10,000원에 판매한다. 새해 1월이 지나도 안 팔린 다이어리는 제작사에 다시 반품할 수 있는데, 이 때 반품 다이어리 하나에 2,500원씩 받을 수 있다. 서강서점은 내년 1월까지의 다이어리 수요가 〈표 14-3〉과 같은 확률분포를 할 것으로 믿고 있다.

표 14-3
다이어리 수요량 분포

다이어리 수요량	확률
100	.30
150	.20
200	.30
250	.15
300	.05

즉, 서강서점은 다이어리가 100부 팔릴 가능성은 30%이고, 150부 팔릴 가능성은 20% 등으로 보고 있다. 과연 서강서점은 기대이익(expected profit)을 최대화하기 위해 다이어리를 몇 부나 주문하는 것이 좋을지 시뮬레이션을 이용하여 답해보자.

[그림 14-28]을 보면 앞서 엑셀을 이용해 시뮬레이션을 수행할 때보다 모형이 훨씬 간단해진 것을 시각적으로도 느낄 수 있다. 예를 들어, 반복활동을 위한 행들도 보이지 않고, 수요량 분포에서도 =VLOOKUP 기능을 이용하기 위해 누적확률 열을 따로 추가하지 않고 수요량과 해당 확률만이 나타나 있다. 또한 대안별 결과변

수의 값(이윤)을 보기 위해 데이터–표 기능을 사용한 흔적도 보이지 않는다.

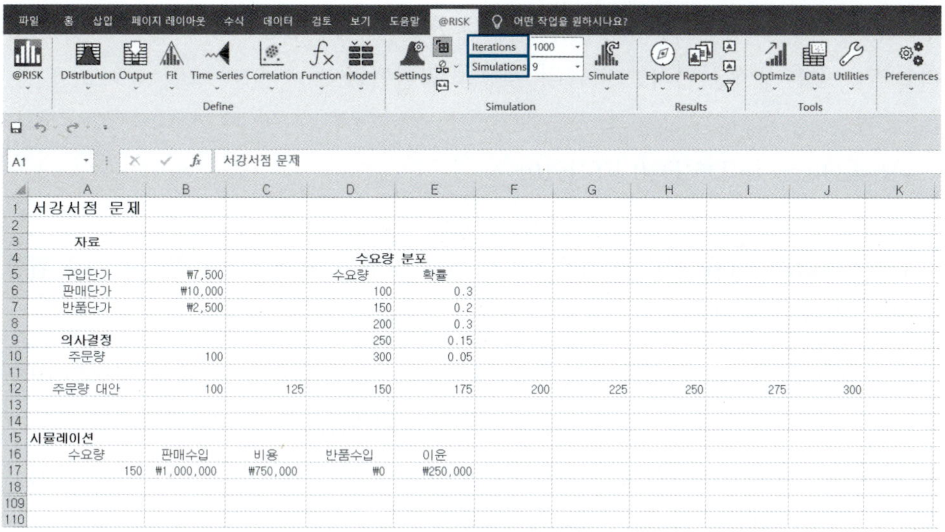

그림 14-28

@RISK로 표현한 서강서점 모형

우선 [그림 14–28]의 상단 아이콘들의 중간 정도에 보이는 **Iterations 상자**(Iterations 1000) 안의 숫자는 반복활동 수를 나타낸다. 여러분이 상자에 원하는 반복활동 수를 직접 입력하거나 상자 우측의 작은 화살표(1000)를 눌러 원하는 반복활동 수를 선택할 수 있다. 현재 1,000번의 반복활동을 수행하라고 입력되어 있다.

Iterations 상자

다음으로 **Simulations 상자**(Simulations 9) 안의 숫자는 대안의 수를 나타낸다. 서강서점 문제에서 우리가 결정하고자 하는 것은 주문량을 얼마로 하는 것이 기대이윤(expected profit)의 최대화를 위해 가장 바람직하냐는 것이다. [그림 14–28]의 셀 범위 B12:J12에 우리가 고려하는 9가지 대안(주문량)이 입력되어 있다. 따라서 Simulations 상자에는 대안의 수 '9'를 입력하였음을 알 수 있다. 사용자는 대안의 수를 상자에 직접 입력할 수도 있고, 상자 우측의 작은 화살표를 눌러 대안의 수를 선택할 수도 있다.

Simulations 상자

이제 엑셀 시트에 어떤 식이 입력되어 있는지 살펴보자. 우선 이 문제에서 주문량을 나타내는 셀 B10에는 **=RiskSimtable**(B12:J12)을 입력한다.[39] 즉, 동일한 시뮬레이션 과정을 9개 주문량 대안 각각에 대하여 수행하라는 의미이다.

=RiskSimtable

39) 대안들을 셀 범위로 입력하지 않고 직접 숫자로 입력하고자 할 때는 B12에 =RiskSimtable({100, 125,150,175,200,225,250,275,300})을 입력한다. 즉, 대안들을 직접 숫자로 입력할 때는 중괄호 { }를 씌운다.

이산형분포(discrete distribution)

엑셀 시트에 입력한 시뮬레이션 모델은 엑셀을 이용했을 때와 거의 동일하다. 다만 확률변수 값을 발생시키는 과정이 단순해진다. 이 문제에서 유일한 확률변수는 수요량이다. 수요량을 발생시키기 위해 셀 A17에 **이산형분포(discrete distribution)** 확률변수 값을 발생시키라는 다음의 함수를 입력한다.

=RiskDiscrete(D6:D10,E6:E10)

=RiskDiscrete

위 **=RiskDiscrete** 함수의 괄호 안 첫 번째 인자는 이산형분포 확률변수가 취할 수 있는 값들의 셀 범위이고, 두 번째 인자는 각 값을 취할 확률들의 셀 범위이다.

이제 판매수입, 비용, 반품수입, 그리고 이윤을 나타내는 식은 앞서 엑셀을 이용해 만든 수식과 동일하다. 즉, 셀 B17에는 =$B$6*MIN(A17,$B$10)을 입력하고, 셀 C17에는 =$B$5*$B$10, 셀 D17에는 =$B$7*MAX($B$10−A17,0), 그리고 셀 E17에는 =B17−C17+D17을 입력한다.[40)]

결과변수(output variables)

마지막으로 우리가 **결과변수(output variables)**로 삼고자 하는 셀을 클릭한 후 [그림 14-28] 상단의 모형화(Define) 아이콘 중 왼쪽에서 두 번째 Output 아이콘(Output)을 누른다. 그러면 해당 셀의 식 앞에는 자동적으로 'RiskOutput( )+'이 추가된다. 즉, 이윤을 나타내는 셀 E17을 클릭한 후 Output 을 누르면 셀 E17의 식은 다음과 같이 자동으로 변형된다.

=RiskOutput( )

=RiskOutput( )+B17−C17+D17

결과변수에 원하는 이름을 입력하기를 원할 경우, Output 을 누르면 [그림 14-29]와 같은 이름 입력창이 나타나는데 이곳에 이름을 직접 입력한다.

40) 셀 B17, C17, D17의 식은 다른 곳에 복사하지 않을 것이므로 절대참조 기호($)는 생략해도 무방하다.

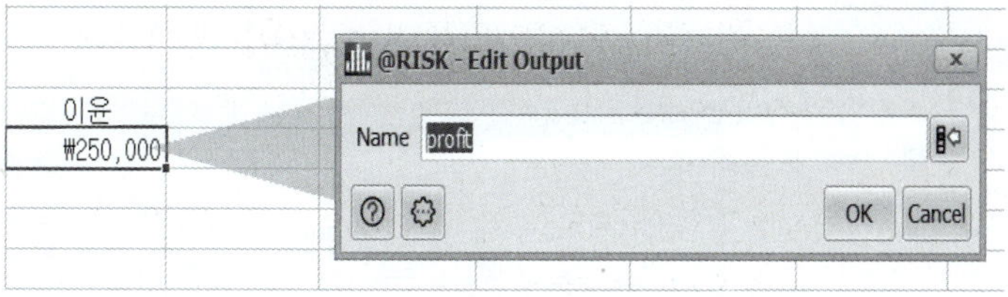

그림 14-29
결과변수 이름 입력창

결과변수의 이름을 [그림 14-29]와 같이 profit으로 입력한 경우, 결과변수의 식은 =RiskOutput("profit")+B17−C17+D17으로 바뀌게 된다. 여기서는 이름을 별도로 입력하지 않은 경우를 가정한다. 이름을 별도로 입력하지 않으면 해당 셀의 이름은 그 셀의 왼쪽에서 처음 나오는 문자열(text)과 그 셀의 위쪽에서 처음 나타나는 문자열의 조합으로 정해진다. 즉, 여기서 결과 셀 E17의 이름은 시뮬레이션 수행 후 '이윤'으로 나타난다.

이것으로 위 문제에 대한 시뮬레이션 준비가 완료되었다.

이제 시뮬레이션을 수행해보자. [그림 14-28]의 아이콘 중 Simulate 아이콘(Simulate)을 눌러보자. 그러면 9개 대안 각각에 대한 시뮬레이션이 1,000번씩 수행되고, 각 대안의 결과를 볼 수 있다. Simulate 을 누르면 엑셀 시트 좌측 하단에 시뮬레이션 수행과정이 [그림 14-30]처럼 나타난다.

그림 14-30
시뮬레이션의 수행 과정

시뮬레이션이 종료되면 첫 번째 대안에 대한 결과변수(이윤)의 분포 및 요약통계량이 [그림 14-31]과 같이 나타난다.

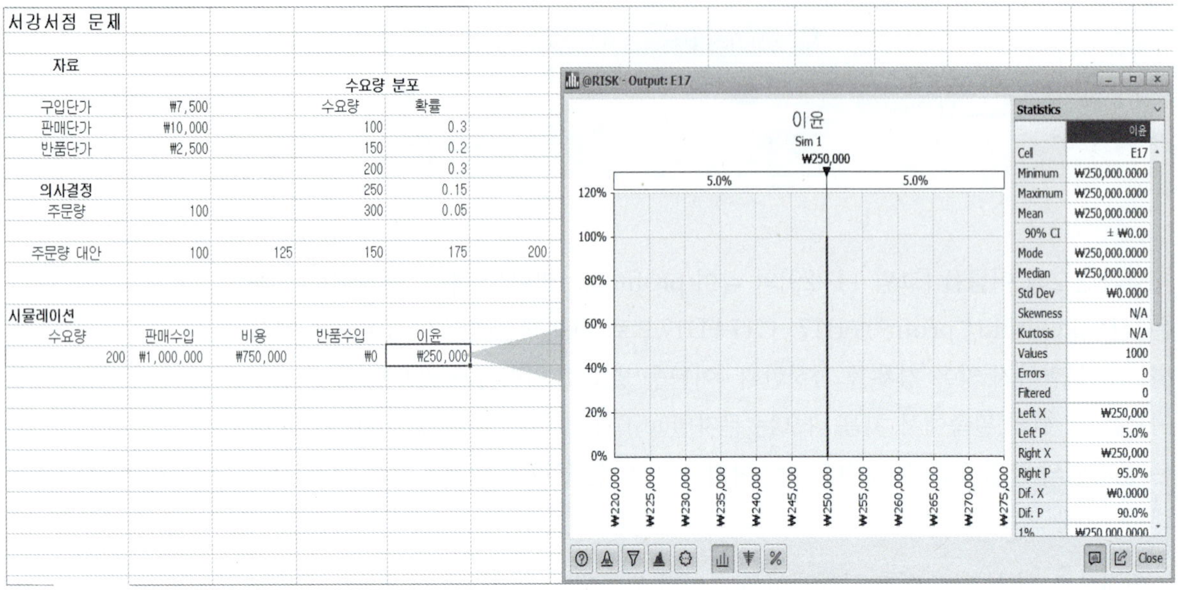

그림 14-31

주문량이 100일 때 이윤의 분포

[그림 14-31]을 보면 주문량이 100일 때의 이윤은 1,000번의 반복활동 모두에서 250,000원으로 일정함을 알 수 있다(독자들은 왜 그런지 스스로 생각해 보기 바란다). [그림 14-31]의 그래프는 1,000번의 반복활동에서 발생하는 1,000개 이윤의 분포를 보여준다. 그리고 그래프 오른쪽에는 1,000개 이윤의 요약통계량이 제공된다. 요약통계량 중 평균(Mean) 밑에 나타난 90% CI는 기대이윤(expected profit)의 90% 신뢰구간(confidence interval)의 표본오차(sampling error)를 나타낸다. 즉, 기대이윤의 90% 신뢰구간은 '평균(Mean)±90% CI'가 된다. [그림 14-31]의 경우, 시뮬레이션을 통해 발생한 1,000개의 이윤 모두가 동일한 값 250,000원을 갖게 되므로 표준오차는 당연히 '0'이 된다.

요약 결과표(Results Summary)

이제 9개 주문량에 대한 결과변수(이윤)의 분포를 비교해 보자. 이를 위한 가장 간단한 방법은 시뮬레이션을 수행한 후 Results Summary 아이콘( )을 누르는 것이다. [그림 14-32]는 을 눌렀을 때 나타나는 **요약 결과표(Results Summary)** 창이다.

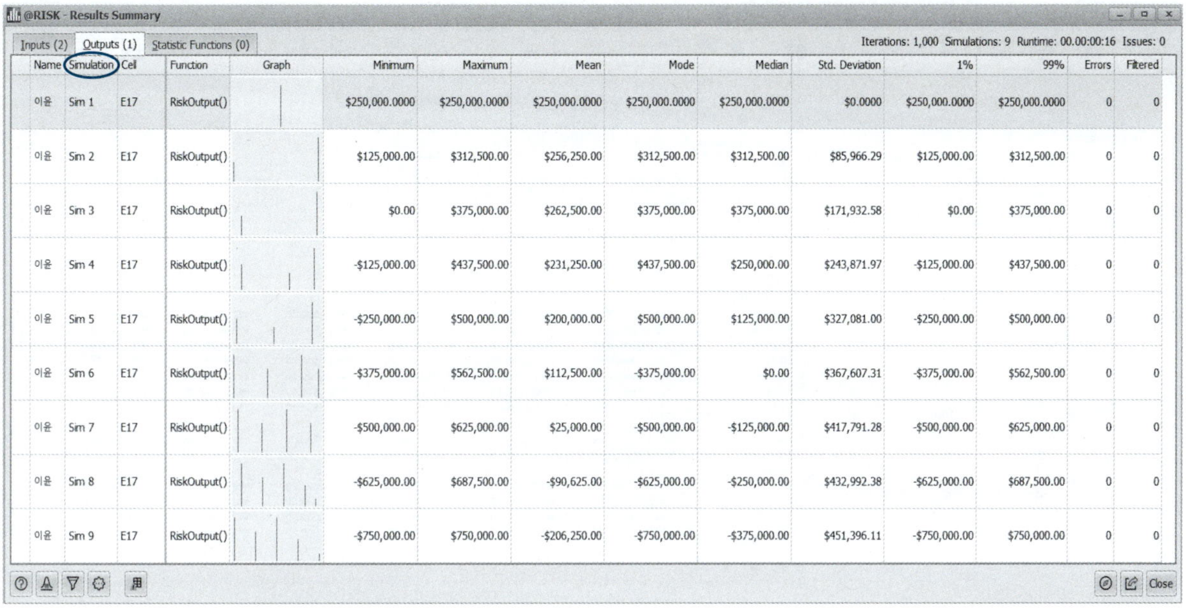

@RISK - Results Summary

Inputs (2) | Outputs (1) | Statistic Functions (0)

Iterations: 1,000 Simulations: 9 Runtime: 00.00:00:16 Issues: 0

Name	Simulation	Cell	Function	Graph	Minimum	Maximum	Mean	Mode	Median	Std. Deviation	1%	99%	Errors	Filtered
이윤	Sim 1	E17	RiskOutput()		$250,000.0000	$250,000.0000	$250,000.0000	$250,000.0000	$250,000.0000	$0.0000	$250,000.0000	$250,000.0000	0	0
이윤	Sim 2	E17	RiskOutput()		$125,000.00	$312,500.00	$256,250.00	$312,500.00	$312,500.00	$85,966.29	$125,000.00	$312,500.00	0	0
이윤	Sim 3	E17	RiskOutput()		$0.00	$375,000.00	$262,500.00	$375,000.00	$375,000.00	$171,932.58	$0.00	$375,000.00	0	0
이윤	Sim 4	E17	RiskOutput()		-$125,000.00	$437,500.00	$231,250.00	$437,500.00	$250,000.00	$243,871.97	-$125,000.00	$437,500.00	0	0
이윤	Sim 5	E17	RiskOutput()		-$250,000.00	$500,000.00	$200,000.00	$500,000.00	$125,000.00	$327,081.00	-$250,000.00	$500,000.00	0	0
이윤	Sim 6	E17	RiskOutput()		-$375,000.00	$562,500.00	$112,500.00	-$375,000.00	$0.00	$367,607.31	-$375,000.00	$562,500.00	0	0
이윤	Sim 7	E17	RiskOutput()		-$500,000.00	$625,000.00	$25,000.00	-$500,000.00	-$125,000.00	$417,791.28	-$500,000.00	$625,000.00	0	0
이윤	Sim 8	E17	RiskOutput()		-$625,000.00	$687,500.00	-$90,625.00	-$625,000.00	-$250,000.00	$432,992.38	-$625,000.00	$687,500.00	0	0
이윤	Sim 9	E17	RiskOutput()		-$750,000.00	$750,000.00	-$206,250.00	-$750,000.00	-$375,000.00	$451,396.11	-$750,000.00	$750,000.00	0	0

Close

그림 14-32
대안별 이윤의 요약 결과표(Results Summary)

[그림 14-32]의 **Results Summary** 창에서 **Simulation**은 대안을 나타낸다. 즉, Sim 1은 주문량이 100인 경우, Sim 2는 주문량이 125일 때의 이윤 분포를 나타낸다. 이 요약 결과표에는 각 주문량에 따른 이윤의 분포(Graph), 이윤의 최소값(Minimum), 최대값(Maximum), 평균(Mean), 최빈값(Mode), 중앙값(Median), 표준편차(Std. Deviation), 그리고 발생한 1,000개의 이윤 중 하위 1%에 해당하는 값(1%), 상위 1%에 해당하는 값(99%)이 나타난다. 요약 결과표를 보면 평균이윤[41]의 관점에서 주문량이 150일 때가 가장 바람직한 것을 알 수 있다.

Results Summary
Simulation

다음으로 좀 더 구체적인 결과를 보고자 하면 Results 메뉴에서 탐색 아이콘(Explore)을 누르고, 나타나는 하위 메뉴에서 **Simulation Details**의 **Statistics**( )를 선택한다. 그러면 [그림 14-33]과 같이 9개 주문량 각각에 따른 결과변수(이윤)의 보다 자세한 통계량을 볼 수 있다.

Simulation Details
Statistics

41) 여기서 평균이윤(mean profit, average profit)은 기대이윤(expected profit)을 말하는 것이 아니라 표본평균(sample mean)을 의미한다. 하지만 통계학의 **대수의 법칙(the law of large numbers)**에 따라 반복활동 수가 많아짐에 따라 표본평균(평균이윤)은 모평균(기대이윤)에 접근한다.

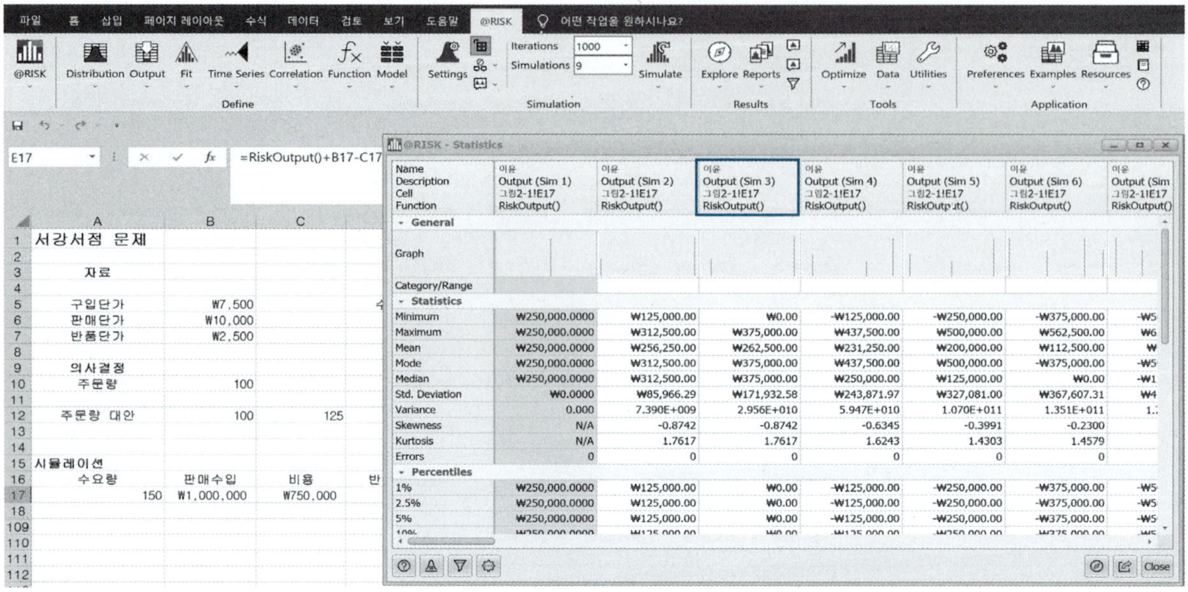

그림 14-33
Statistics 1

예를 들어, 주문량이 150인 경우(Sim 3)의 요약통계량을 살펴보자. [그림 14-34]는 [그림 14-33]의 Statistics를 확대한 것이다. 우선, 최소값(Minimum), 최대값(Maximum), 평균(Mean), 최빈값(Mode), 중앙값(Median), 표준편차(Std. Deviation), 분산(Variance)의 의미는 독자들이 이미 아는 것이다.

비대칭도(Skewness)

다음으로 **비대칭도(Skewness)**는 결과변수(여기서는 이윤)의 분포가 평균을 중심으로 좌우대칭의 모습에서 어느 한쪽으로 얼마큼 치우쳐 있는가를 나타내는 수치로, 양(+)의 값을 가질 때는 오른쪽 꼬리분포(skewed to the right), 음(−)의 값을 가질 때는 왼쪽꼬리분포(skewed to the left), '0'의 값을 가질 때는 좌우대칭의 모습을 나타냄을 의미한다.[42] 비대칭도의 절대값이 크면 클수록 분포의 비대칭 정도가 심함을 나타낸다. 아울러 오른쪽꼬리분포에서는 평균이 중앙값보다 크고, 왼쪽꼬리분포에서는 평균이 중앙값보다 작게 나타난다. 좌우대칭분포에서는 평균과 중앙값이 일치한다. Sim 3(주문량 150)에서 비대칭도(−0.8742)는 음의 값을 가지므로 왼쪽꼬리분포의 모습을 보이고, 이때 평균(262,500원)은 중앙값(375,000원)보다 작음을 확인할 수 있다.

42) 오른쪽으로 꼬리를 늘어뜨린 분포인 오른쪽꼬리분포를 왼쪽으로 치우친 분포라 부르기도 하고, 왼쪽으로 꼬리를 늘어뜨린 분포인 왼쪽꼬리분포를 오른쪽으로 치우친 분포라고 부르기도 한다.

@RISK - Statistics

Name Description Cell Function	이윤 Output (Sim 1) 그림2-1!E17 RiskOutput()	이윤 Output (Sim 2) 그림2-1!E17 RiskOutput()	이윤 Output (Sim 3) 그림2-1!E17 RiskOutput()
▾ General			
Graph			
Category/Range			
▾ Statistics			
Minimum	₩250,000.0000	₩125,000.00	₩0.00
Maximum	₩250,000.0000	₩312,500.00	₩375,000.00
Mean	₩250,000.0000	₩256,250.00	₩262,500.00
Mode	₩250,000.0000	₩312,500.00	₩375,000.00
Median	₩250,000.0000	₩312,500.00	₩375,000.00
Std. Deviation	₩0.0000	₩85,966.29	₩171,932.58
Variance	0.000	7.390E+009	2.956E+010
Skewness	N/A	-0.8742	-0.8742
Kurtosis	N/A	1.7617	1.7617
Errors	0	0	0
▾ Percentiles			
1%	₩250,000.0000	₩125,000.00	₩0.00
2.5%	₩250,000.0000	₩125,000.00	₩0.00
5%	₩250,000.0000	₩125,000.00	₩0.00
10%	₩250,000.0000	₩125,000.00	₩0.00
20%	₩250,000.0000	₩125,000.00	₩0.00
25%	₩250,000.0000	₩125,000.00	₩0.00
30%	₩250,000.0000	₩125,000.00	₩0.00
35%	₩250,000.0000	₩312,500.00	₩375,000.00
40%	₩250,000.0000	₩312,500.00	₩375,000.00
45%	₩250,000.0000	₩312,500.00	₩375,000.00
50%	₩250,000.0000	₩312,500.00	₩375,000.00
55%	₩250,000.0000	₩312,500.00	₩375,000.00

그림 14-34

Statistics 2

첨도(Kurtosis)는 분포 봉우리의 뾰족함 정도 또는 꼬리분포의 모양을 나타내는 척도이다. 특정 평균과 표준편차를 갖는 정규분포의 봉우리 뾰족함 정도를 '보통 첨도'라 하는데, 보통 첨도를 나타내는 수치는 '3'이다.[43] 첨도가 '3'보다 큰 수치일 경우, '높은 첨도'라 부르고, '3'보다 작은 수치일 경우, '낮은 첨도'라 한다. 높은 첨도일 경우 분포의 봉우리가 동일한 평균과 표준편차를 갖는 정규분포의 봉우리보다 뾰족함을 나타내고, 낮은 첨도일 경우, 정규분포의 봉우리보다 납작함을 나타낸다. 분포 아래의 면적은 '1'이 되어야 하므로 높은 첨도의 꼬리분포는 정규분포의 꼬리보다 길고 두껍고(longer and fatter tails), 낮은 첨도의 꼬리분포는 정규분포보다 짧고 얇게(shorter and thinner tails) 나타난다. 꼬리분포가 길고 두껍다는 것은 평균에서 멀리 벗어난 **희귀사건(rare events)**의 발생 가능성이 정규분포보다 높음을 의미한

첨도(Kurtosis)
longer and fatter tails
shorter and thinner tails
희귀사건(rare events)

43) 앞서 엑셀의 데이터분석 도구를 이용해 첨도를 구할 경우, 보통 첨도는 '0'으로 나타나는데, 이 수치는 원래의 첨도에서 '3'을 뺀 수치이다. @RISK는 원래의 첨도를 계산해 준다.

다. Sim 3에서 분포의 첨도는 '1.7617'로 '3'보다 작게 나타나 낮은 첨도임을 알 수 있다.

요약통계량(Statistics)
백분위수(Percentiles)

요약통계량(Statistics) 아래에 있는 **백분위수(Percentiles)**는 시뮬레이션으로부터 발생한 결과변수 값들을 작은 것부터 큰 것 순으로 나열했을 때 밑에서 몇 %에 해당하는 결과변수 값이 무엇인지를 보여준다. 따라서 '10%'는 하위 10%에 해당하는 결과변수의 값을 나타내고, '50%'는 하위 50%에 해당하는 결과변수(이윤)의 값으로 중앙값을 나타낸다.

3 수요량 분포의 변화

=RiskNormal

@RISK를 이용하면 확률변수의 분포를 쉽게 바꿀 수 있다. 예를 들어, 서강서점의 다이어리 수요량 분포가 기존처럼 이산형 분포가 아니라 평균이 200이고, 표준편차가 30인 정규분포라고 가정해 보자. 수요량 분포를 바꾸기 위해서는 [그림 14-28]의 기존 모형에서 셀 범위 D6:E10에 입력된 이산형 수요량 분포를 삭제하고, 셀 D6와 셀 E6에 정규분포의 평균과 표준편차 200과 30을 각각 입력한다. 그리고 수요량을 나타내는 셀 A17의 식을 =RiskDiscrete(D6:D10,E6:E10)에서 **=RiskNormal**(D6,E6)로 바꾸어준다. 그다음 시뮬레이션을 수행하는 과정은 앞서 언급한 기존 과정과 동일하다.

[그림 14-35]는 수요량의 분포를 정규분포로 바꾸었을 때의 Results Summary 창을 보여주고 있다. 주문량이 커짐에 따라 평균이윤은 증가하는 추이를 보이다가 주문량이 200(Sim 4)일 때 정점을 찍고 다시 감소하는 추세를 보임을 알 수 있다.

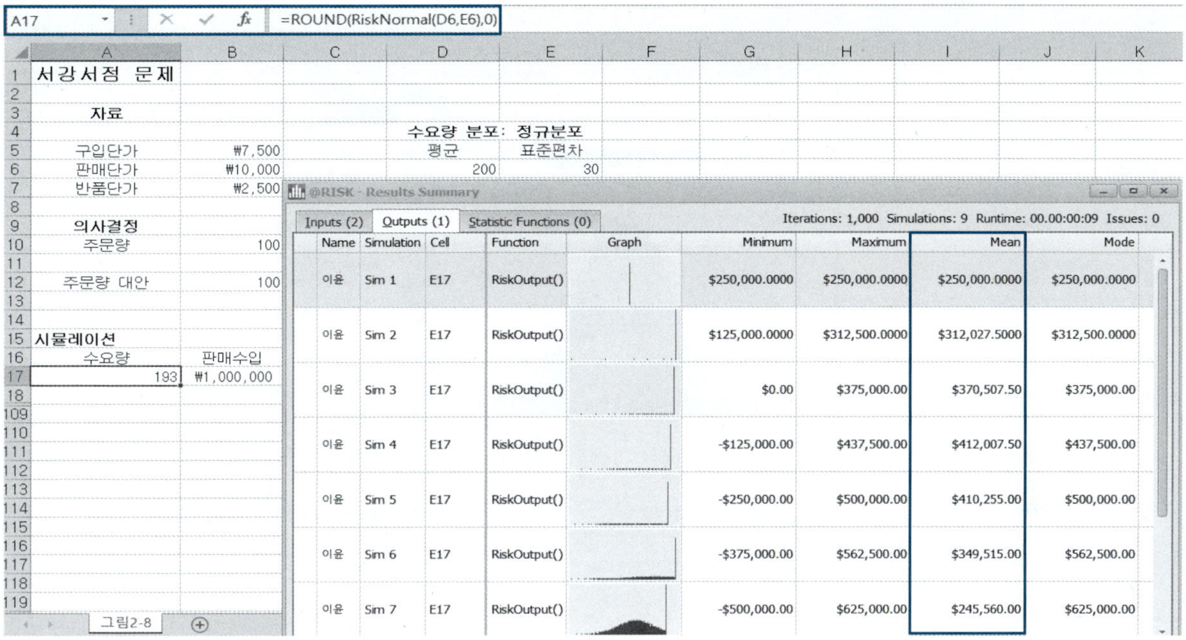

그림 14-35
수요량의 분포가 N(200,30)일 경우의 Results Summary

여기서 셀 A17에 =RiskNormal(D6,E6)이 아닌 **=ROUND**(RiskNormal(D6, E6),0)을 입력한 이유는 소수점으로 표시되는 정규분포 수요량을 반올림하여 정수로 만들기 위해서이다.[44)]

=ROUND

[그림 14-36]은 주문량이 300일 경우(Sim 9), 발생한 이윤의 분포와 요약통계량을 보여준다. Results Summary에서 Sim 9에 대한 조그마한 분포 그림을 마우스로 클릭한 후 끌기(drag) 하면 [그림 14-36]과 같은 그림이 나타난다. 수요량의 분포가 연속형 분포로 바뀜에 따라 이윤의 분포도 이산형이 아닌 연속형으로 나타남을 알 수 있다. 그 밖의 창의 내용은 앞서 학습한 내용과 같다.

44) 다이어리 수요량이 연속형 분포인 정규분포를 따를 경우, 다이어리 수요량은 소수점을 포함한 실수값을 갖게 된다. 하지만 위의 모형에서처럼 다이어리 수요량을 정수값으로 변환하지 않더라도 문제해결 과정과 결과의 특성은 변하지 않는다.

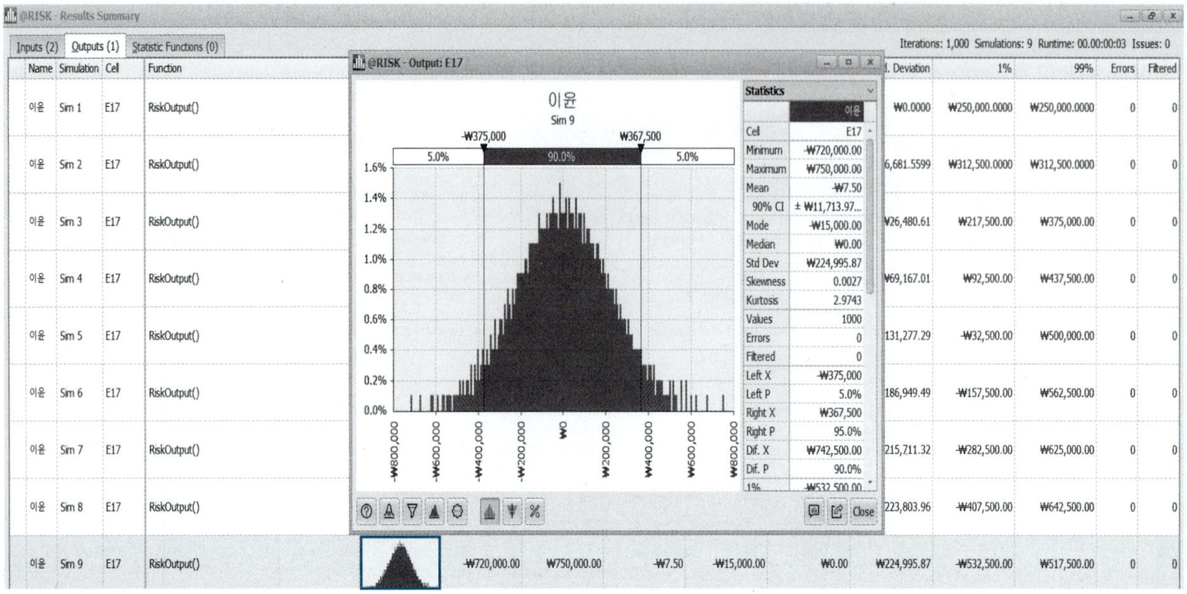

그림 14-36

주문량이 300일 때 이윤의 분포와 요약 통계량

독자들은 지금까지 @RISK의 기본적인 실행방법 및 결과의 해석에 대해 살펴보았다.

14.11 @RISK를 이용한 미래계획기간의 불확실성 분석

미래의 계획기간(future planning horizon)

본 절에서는 @RISK의 추가적인 분석 기능을 익혀보자. 이를 위해 **미래의 계획기간(future planning horizon)** 동안 현금흐름이 발생하는 프로젝트를 고려해보자. 프로젝트에서 발생하는 수입과 비용이 매년 가변적인 상황에서 미래의 현금흐름은 불확실한 행태를 보일 것이고, 따라서 기업의 경영자들은 중요한 프로젝트를 실제로 수행하기 전에 다음과 같은 몇 가지 질문에 대한 답을 꾀하고자 할 것이다.

이 프로젝트는 우리에게 어느 정도의 가치를 가져다줄 수 있을까? 이 프로젝트가 우리에게 손실을 안겨줄 가능성은 얼마나 될까? 이 프로젝트를 수행함으로써 우리가 얻게 될 이윤이 목표 수준을 달성할 가능성은 얼마나 될까? 이 프로젝트의 수행으로 우리가 얼마 이상의 손실을 볼 가능성을 어떻게 될까?

시뮬레이션은 많은 불확실성이 개입된 상황에서 이러한 질문에 대한 답을 찾는 데 도움을 줄 수 있는 유용한 도구이다. 본 절에서는 @RISK를 이용하여 가상의 프로젝트를 대상으로 위와 같은 질문에 답을 모색하도록 한다. 아울러 불확실성이 개입된 문제에서는 **민감도 분석**(sensitivity analysis)과 **시나리오 분석**(scenario analysis)이 중요한 위치를 차지한다. 본 절에서는 @RISK의 민감도 분석과 시나리오 분석 도구를 이용하여 관련 내용을 함께 학습한다.

민감도 분석(sensitivity analysis)
시나리오 분석(scenario analysis)

1 프로젝트의 수익성 분석

다음의 예제를 이용하여 미래의 계획기간 동안 프로젝트의 수익성을 분석해 보자.

예제 (주)신라자동차는 새로운 전기차 모델인 Q3을 시장에 소개할지를 고심하고 있다. 신라자동차 경영진은 Q3의 수익성이 다음의 요인들에 의해 결정될 것으로 예상한다.

첫째, Q3의 개발에 필요한 고정비용(fixed cost)은 상황에 따라 3,000억원에서 5,000억원 사이의 값을 가질 것으로 추정된다. 전기차 개발 전문가는 고정비용의 분포를 삼각분포(triangular distribution)로 추정하고 있는데, 가장 가능성이 많은 값은 3,000억원, 가장 적게 들 경우는 2,000억원, 가장 많이 들 때는 5,000억원이 발생할 것으로 믿고 있다.

둘째, 판매량에 대한 추정치이다. 이 회사 경영진은 시장에 소개한 첫 번째 해의 판매량은 평균이 200,000대이고, 표준편차는 50,000대인 정규분포를 따를 것으로 예상한다. 각 해의 판매량은 서로 연결되어 있어, 두 번째 해의 판매량은 평균이 첫 번째 해의 실제 판매량이고, 표준편차는 50,000인 정규분포를 따를 것으로 추정한다. 마찬가지로 세 번째 해의 판매량 평균은 두 번째 해의 실제 판매량이고, 표준편차는 50,000인 정규분포를 따를 것으로 예상한다. 예를 들어, 만약 첫 번째 해의 판매량이 180,000대라면 두 번째 해 판매량의 평균은 180,000대가 될 것이다.

셋째, 판매가이다. 첫 번째 해의 판매가는 1,300만원으로 책정하고 하며, 두 번째 해부터의 가격은 다음과 같이 결정하고자 한다.

두 번째 해의 가격=1.05×[(첫 번째 해의 가격)+3만원×(첫 번째 해의 예상 판매량에 대한 첫 번째 해의 실제 판매량 초과분 %)], 여기서 1.05는 인플레이션을 고려한 물가상승계수이다.

세 번째 해의 가격=1.05×[(두 번째 해의 가격)+3만원×(두 번째 해의 예상 판매량에 대한 두 번째 해의 실제 판매량 초과분 %)]

예를 들어, 만약 첫 번째 해의 실제 판매량이 180,000대라면, 두 번째 해의 가격은 1.05×{1,300+3(−10)}=1333.5(만원)로 결정된다.

넷째, Q3 대당 변동비용(variable cost)은 다음과 같다.

첫 번째 해의 Q3 대당 가변비용은 500(만원), 600(만원), 700(만원) 또는 800(만원)으로 추정하고 있으며, 가변비용 각각의 발생가능성은 동일하다. 두 번째 해부터의 가변비용은 인플레이션을 고려하여 다음과 같이 추정된다.

두 번째 해의 가변비용=1.05×(첫 번째 해의 가변비용)
세 번째 해의 가변비용=1.05×(두 번째 해의 가변비용)

NPV(net present value, 순현재가치)

이제 귀하는 Q3에 대한 향후 3년 동안의 **NPV(net present value, 순현재가치)**를 추정하고자 한다. 현금흐름은 연간 10%로 할인한다고 가정한다. 즉, 현재의 100원은 1년 후의 110원과 동일하다. 시뮬레이션을 이용해 다음 문항에 답해보자.

① 시뮬레이션 반복활동(replications)을 1,000번 수행하여 향후 3년간 NPV의 평균과 표준편차를 추정하시오.
② NPV가 음(−)이 될 가능성은 얼마인가?
③ 시뮬레이션을 통해 발생된 NPV의 상위 5%(95th percentile)와 하위 5%(5th percentile)를 답하시오.
④ NPV 기대값(expected NPV)의 95% 신뢰구간을 구하시오.
⑤ Q3의 NPV에 가장 큰 영향을 미치는 요소가 무엇인지 토네이도 그래프(tornado graph)를 이용하여 답하시오.
⑥ 상위 10%에 해당하는 NPV를 고려해보자. 이 시나리오에서 특이한 행동을 보이는 입력변수(input variables)는 무엇인지 판별하시오.

우선 위 문제 상황에서 우리가 입력변수로 사용해야 하는 것들의 대부분은 하나의 값으로 알려지기보다는 확률변수로 나타나고 있음을 알 수 있다. 따라서 앞서 기본 예제로 사용한 서강서점보다는 불확실성이 많이 개입된 복잡한 문제임을 알 수 있다. 우선 위 문제를 해결하기 위해 만든 @RISK 모형은 [그림 14-37]과 같다.

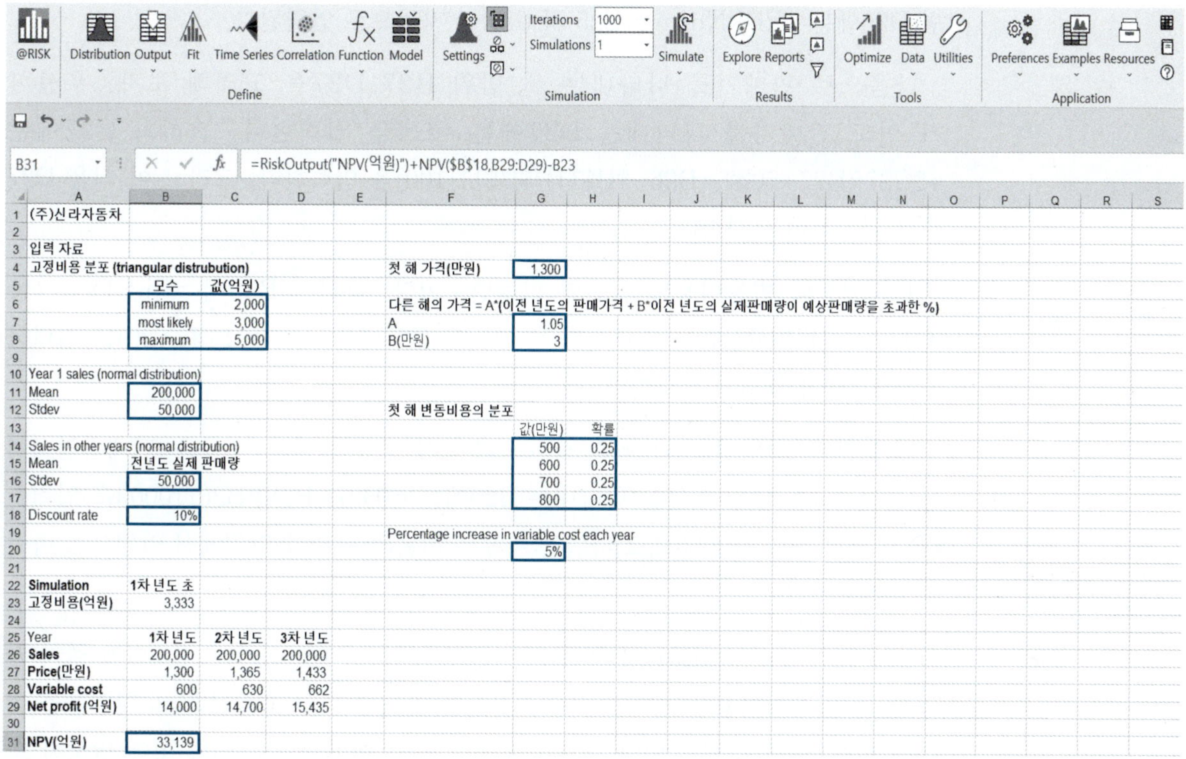

	A	B	C	D	F	G	H
1	(주)신라자동차						
2							
3	입력 자료						
4	고정비용 분포 (triangular distrubution)				첫 해 가격(만원)	1,300	
5		모수	값(억원)				
6		minimum	2,000		다른 해의 가격 = A*(이전 년도의 판매가격 + B*이전 년도의 실제판매량이 예상판매량을 초과한 %)		
7		most likely	3,000		A	1.05	
8		maximum	5,000		B(만원)	3	
9							
10	Year 1 sales (normal distribution)						
11	Mean	200,000					
12	Stdev	50,000			첫 해 변동비용의 분포		
13						값(만원)	확률
14	Sales in other years (normal distribution)					500	0.25
15	Mean	전년도 실제 판매량				600	0.25
16	Stdev	50,000				700	0.25
17						800	0.25
18	Discount rate	10%					
19					Percentage increase in variable cost each year		
20						5%	
21							
22	**Simulation**	1차 년도 초					
23	고정비용(억원)	3,333					
24							
25	Year	1차 년도	2차 년도	3차 년도			
26	**Sales**	200,000	200,000	200,000			
27	**Price(만원)**	1,300	1,365	1,433			
28	**Variable cost**	600	630	662			
29	**Net profit (억원)**	14,000	14,700	15,435			
30							
31	**NPV(억원)**	33,139					

그림 14-37
신라자동차 재무계획문제

이 문제에서 우리가 결과변수로 설정해야 하는 것은 3개 연도의 이익을 현재 시점의 가치로 할인한 NPV이다. NPV를 구하기 위해서는 우선 1차 연도, 2차 연도, 3차 연도의 이윤을 각각 구하는 것이 필요하다. 이를 위한 과정을 단계별로 기술해 보자.

=RiskTriang

먼저 이 문제에 포함된 확률변수부터 확인해보자. 첫째, 1차 연도 초에 발생하는 고정비용이다. 고정비용은 [그림 14-37]의 셀 범위 B6:C8에서 보듯이 세 가지 모수 값을 갖는 삼각분포를 가정하고 있다. 따라서 셀 범위 B6:C8의 정보를 이용하여 셀 B23에 **=RiskTriang**(C6,C7,C8)을 입력한다.

둘째, 첫 번째 해의 판매량(sales)으로 평균이 200,000이고, 표준편차가 50,000인 정규분포를 가정하고 있다. 따라서 B26에 =RiskNormal($B$10,$B$11)을 입력한다. 2차 연도, 3차 연도의 판매량은 이전 연도의 실제 판매량을 평균으로 하고, 표준편차가 50,000인 정규분포를 한다고 문제에서 가정했으므로 C26에 =RiskNormal(B25,$B$15)을 입력하고, 이 식을 끌기하여 D26에 복사한다. 그러면 D26에는 =RiskNormal(C25,$B$15)이 자동으로 입력된다.

다음으로 판매가를 나타내는 셀 범위 B27:D27을 고려해 보자. 우선 1차 연도 판매가를 나타내는 B27에는 =G4를 입력한다. 그리고 C27에는 =$G$7*(B27+$G$8*(B26−$B$11)/$B$11*100)을 입력한다. 그리고 이 식을 D27으로 끌기하여 복사한다.

1차 연도의 변동비용도 이산형 확률변수이다. 따라서 B28에 =RiskDiscrete(G14:G17,H14:H17)를 입력한다.[45)] 그리고 C28에는 =B28*(1+$G$20)을 입력하고, 끌기하여 D28에 복사한다.

이제 각 연도의 이윤(net profit, net cashflow)를 구해야 한다. 이윤은 (판매수입 − 비용)이므로 1차 연도 이윤을 나타내는 B29에는 =(B27−B28)*B26/10000을 입력한다. 여기서 식을 10,000으로 나눠준 이유는 이윤의 단위를 만원에서 억원으로 바꾸기 위해서이다.

B31에는 =NPV($B$18,B29:D29)−B23를 입력한다. 이 식은 3개년에 걸쳐 발생한 각 연도의 이윤(각 연도의 이윤은 각 년도 말에 발생한다고 가정)을 10%의 할인율을 적용해 현재 시점(1차 연도 초)의 가치로 할인한 것의 합에서 1차 연도 초에 발생한 고정비용을 차감한 것이다.

이제 이 셀을 결과 셀로 지정하기 위해 @RISK 메뉴의 Output을 누른다. 나타나는 결과 셀 이름 입력 창에 'NPV(억원)'을 입력한다. 그러면 셀 B31의 식은 방금 입력한 결과 셀의 이름을 반영하여 =RiskOutput("NPV(억원)")+NPV($B$17,B28:D28)−B22로 변형된다.

45) 1차 연도 변동비용을 나타내는 대안적 방법으로 =RiskDuniform(G14:G17)을 입력해도 마찬가지 확률변수 값을 발생시킨다. **=RiskDuniform(확률변수 값의 셀 범위)**은 이산형 분포의 확률변수 값들이 모두 같은 발생 가능성(확률)을 가질 때 사용한다.

엑셀 시트에 @RISK 모형을 만들었으므로 시뮬레이션을 수행해보자. 반복활동의 수(Iterations)를 1,000으로 하여 수행한 결과(Results Summary)는 [그림 14-38]과 같다. 여기서는 여러 대안의 성과를 비교하는 것이 아니므로 [그림 14-37]에서 대안의 수(Simulations)는 '1'로 설정하였음을 알 수 있다.

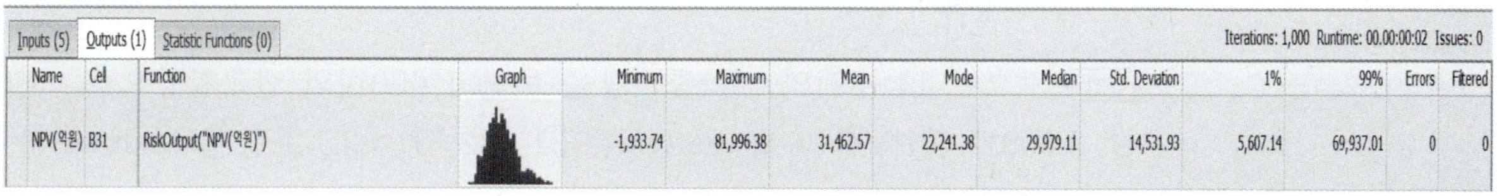

그림 14-38

신라자동차 문제의 요약 결과표(Results Summary)

[그림 14-38]에 나타난 작은 그래프를 클릭한 후 끌기 해보자. 그러면 [그림 14-39]와 같이 결과 셀(B31)의 분포와 함께 구체적인 요약통계량이 큰 그림으로 나타난다. 대안적 방법으로 Results 메뉴에서 아이콘을 눌러도 [그림 14-39]와 같이 결과 셀(B31)의 분포와 함께 구체적인 요약통계량을 큰 그림으로 볼 수 있다.

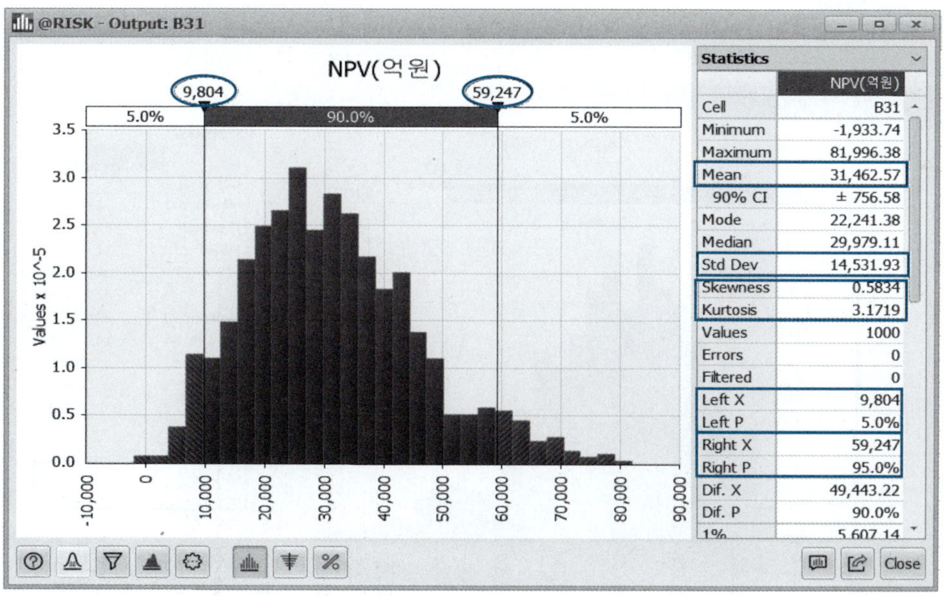

그림 14-39

결과 셀의 분포와 요약통계량

우선, [그림 14-39]를 보면 결과변수인 NPV의 분포가 정규분포와 흡사한 모양을 함을 알 수 있다. 이러한 모습은 요약통계량의 비대칭도(0.5834)와 첨도(3.1719)가

정규분포의 그것(비대칭도 0, 첨도 3)과 크게 다르지 않게 나타난 것을 봄으로써 확인할 수 있다.

이제 앞서 언급한 다음 질문에 대해 답해보자.

① 시뮬레이션 반복활동(replications)을 1,000번 수행하여 향후 3년간 NPV의 평균과 표준편차를 추정하시오.

답변 [그림 14-39]의 요약통계량을 보면 1,000번의 반복활동으로 나타난 1,000개 NPV들의 평균(Mean)은 31,462.57(억원), 표준편차(Std Dev)는 14,531.93(억원)임을 알 수 있다.

② NPV가 음(-)이 될 가능성은 얼마인가?

답변 1,000개의 NPV 중 '0' 이하의 NPV가 발생한 상대빈도를 구하는 문제이다. [그림 14-39] 분포의 왼쪽 조절 바를 횡축의 '0'에 맞추어 보자. 그러면 NPV가 음(-)이 될 가능성은 [그림 14-40]에서 보는 바와 같이 0.1%가 됨을 알 수 있다.

그림 14-40

NPV가 음(-)의 값을 가질 가능성

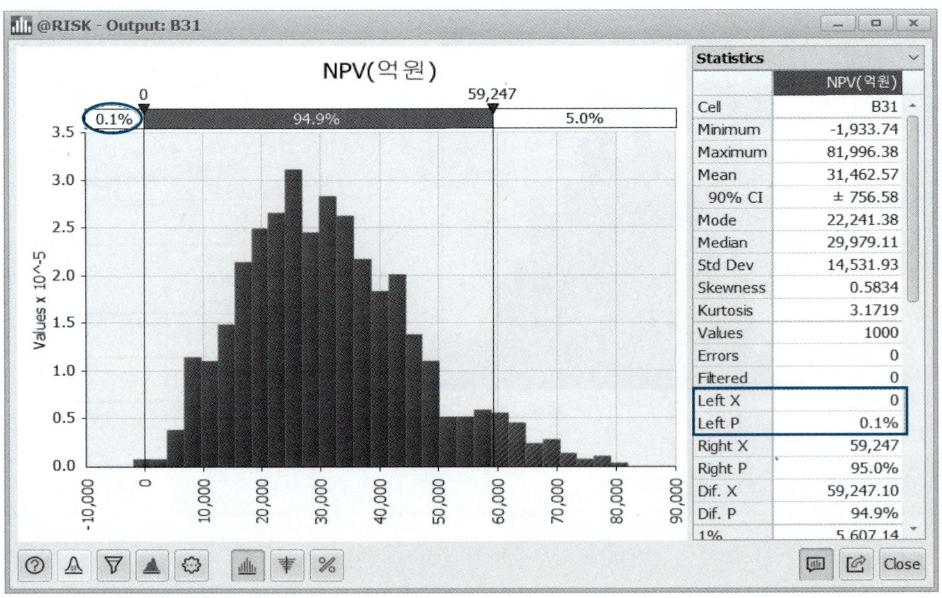

즉, 그래프의 왼쪽 또는 오른쪽 조절 바를 움직임으로써 결과변수가 특정 값 이하나 이상을 취할 가능성을 그래프에서 바로 확인할 수 있다. 왼쪽 조절 바를 횡축의 '0'에 맞춤에 따라 그래프 오른쪽의 요약통계량에 나타난 Left X는 '0', Left P는 '0.1%'로 그래프와 연동해서 바뀌었음을 확인할 수 있다.

③ 시뮬레이션을 통해 발생한 NPV의 상위 5%와 하위 5%를 답하시오.

답변 시뮬레이션 수행 후 나타나는 [그림 14-39]의 NPV 분포를 보면 하위 5%에 해당하는 NPV는 9,804(억원), 상위 5%(하위 95%)에 해당하는 NPV는 59,247(억원)임을 알 수 있다.

④ NPV 기대값(expected NPV)의 95% 신뢰구간을 구하시오.

답변 NPV의 기대값은 미지의 모평균을 의미한다. 따라서 NPV 기대값의 95% 신뢰구간은 다음과 같이 표현된다.

$$\text{표본평균} \pm Z\text{값}(\text{또는 } t\text{값}) \times \frac{\text{표준편차}}{\sqrt{\text{표본의 크기}}}$$

반복활동 수가 1,000으로 충분히 크므로 Z값을 사용한다.[46] 좌측과 우측 꼬리 면적이 각각 2.5%가 되는 Z값은 1.96이므로 95% 신뢰구간은 다음과 같이 계산된다.

$$31462.57 \pm 1.96\left(\frac{14531.93}{\sqrt{1000}}\right) = (30{,}561.87,\ 32{,}363.27)$$

지금까지의 질문 ①, ②, ③, ④는 불확실한 미래계획기간의 현금흐름과 관련한 것이었다. 이제 위의 예제를 이용하여 @RISK의 민감도 분석 기능에 대하여 학습해 보자.

2 민감도 분석

신라자동차 문제에서 민감도 분석과 관련된 질문은 ⑤이다.

46) 이 경우 엑셀의 =T.INV.2T(5%,999) 함수를 이용해 t값을 구하면 1.962341로 나타나 Z값과 거의 같아짐을 알 수 있다.

토네이도 그래프(tornado graph)

⑤ Q3의 NPV에 가장 큰 영향을 미치는 요소가 무엇인지 **토네이도 그래프(tornado graph)**를 이용하여 답하시오.

Explore
Simulation Details
Sensitivities

답변 Results 메뉴에서 **Explore** 아이콘 Explore 을 누르면 소메뉴들이 나타나는데, 이 중 **Simulation Details**에서 **Sensitivities**( )를 선택한다. 그러면 [그림 14-41]과 같이 확률변수로 표현된 여러 가지 입력변수들이 결과변수에 어떠한 방향으로 얼마나 영향을 미치는지 분석한 결과가 나타난다.

Change in Output Statistic
Regression Coefficients
Regression Mapped Values
Correlation Coefficients
Contribution to Variance

[그림 14-41]을 보면 결과변수인 셀 B31에 영향을 미치는 입력변수는 다섯 가지가 있으며, 각 입력변수는 어떠한 분포를 하는지 기술되어 있다. 입력변수의 결과변수에 대한 영향력을 나타내는 방법으로는 다섯 가지가 지원된다. 이들을 보기 위해 화면 하단의 아이콘을 누르면 **'Change in Output Statistic'**, **'Regression Coefficients'**, **'Regression Mapped Values'**, **'Correlation Coefficients'**, **'Contribution to Variance'** 등 다섯 가지의 Display 메뉴가 나타난다.

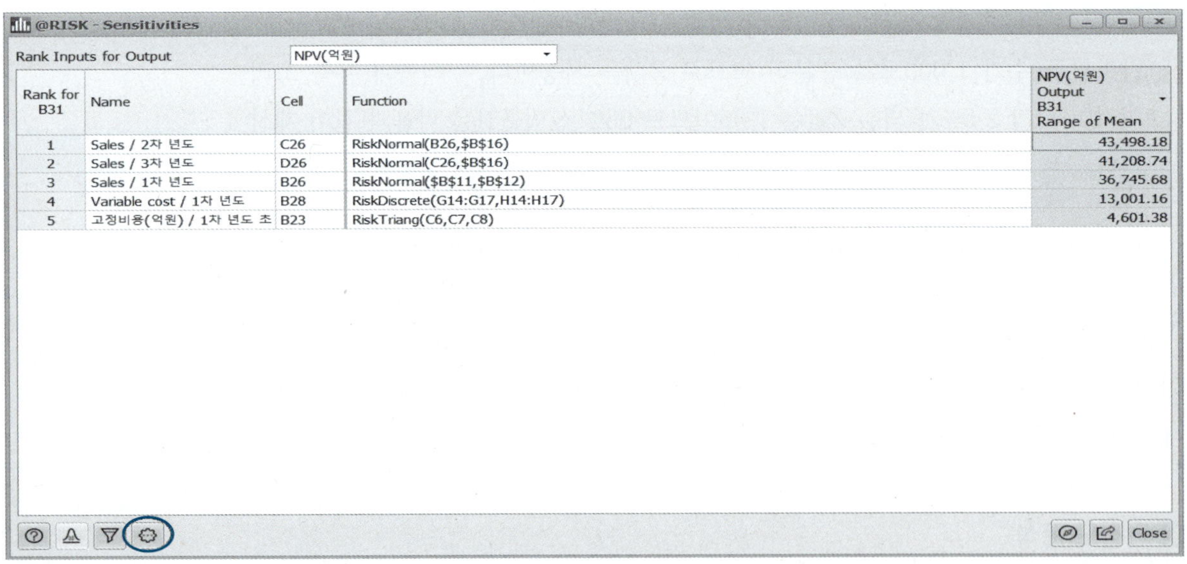

Rank for B31	Name	Cell	Function	NPV(억원) Output B31 Range of Mean
1	Sales / 2차 년도	C26	RiskNormal(B26,$B$16)	43,498.18
2	Sales / 3차 년도	D26	RiskNormal(C26,$B$16)	41,208.74
3	Sales / 1차 년도	B26	RiskNormal($B$11,$B$12)	36,745.68
4	Variable cost / 1차 년도	B28	RiskDiscrete(G14:G17,H14:H17)	13,001.16
5	고정비용(억원) / 1차 년도 초	B23	RiskTriang(C6,C7,C8)	4,601.38

그림 14-41
민감도 분석 결과

[그림 14-41]은 이 다섯 가지 메뉴 중 'Change in Output Statistic'을 선택한 결과로 결과변수에 가장 큰 영향을 미치는 입력변수 순으로 나타난다. 이 메뉴를

선택하면 각 입력변수의 최소값과 최대값의 범위에서 결과변수(여기서는 NPV)의 평균값이 얼마큼 변화하는지 그 변화범위(Range of Mean)를 보여준다.

위 다섯 가지 메뉴 중 각 입력변수가 결과변수에 어느 방향으로 얼마큼 영향을 미치는지를 판단하는 데 가장 많이 사용되는 것은 회귀계수(Regression Coefficients)와 상관계수(Correlation Coefficients)이다.

① 회귀계수

회귀계수(Regression Coefficients)는 입력변수를 독립변수로 놓고 결과변수를 종속변수로 하는 다중회귀분석의 **표준화 회귀계수(standardized regression coefficients)**를 말한다. [그림 14-42]는 민감도 분석의 Display 메뉴를 'Regression Coefficients'로 바꾼 결과이다. 표준화 회귀계수의 부호는 해당 입력변수가 결과변수에 양(+)의 영향을 미치는지, 음(-)의 영향을 미치는지 영향력의 방향을 나타내고, 표준화 회귀계수의 절대값은 해당 입력변수가 결과변수에 미치는 상대적 영향력을 나타낸다. 표준화 회귀계수는 **베타계수(beta coefficients, β)**라고도 하는데, 입력변수가 하나의 표준편차만큼 증가할 때 종속변수는 몇 개의 표준편차만큼 변화하는지를 말해준다. 즉, 표준화 회귀계수를 이용하면 입력변수들의 측정단위가 다르더라도 각 입력변수가 결과변수에 미치는 영향력을 상호 비교할 수 있다.[47]

회귀계수(Regression Coefficients)
표준화 회귀계수 (standardized regression coefficients)
베타계수(beta coefficients, β)

47) 다중회귀분석에서 독립변수들의 회귀계수(**regression coefficients, 비표준화 회귀계수**)는 해당 독립변수가 한 단위 증가했을 때의 종속변수의 기댓값은 얼마큼 변화하는지를 나타낸다. 하지만 독립변수들의 측정단위가 다를 경우에는 회귀계수의 크기 자체를 가지고 영향력을 상호 비교할 수는 없다. 표준화 회귀계수는 독립변수와 종속변수 모두 평균이 '0'이고, 표준편차가 '1'인 변수로 표준화 시켰을 때의 회귀계수를 말한다.

그림 14-42

Regression Coefficients 메뉴 선택 결과

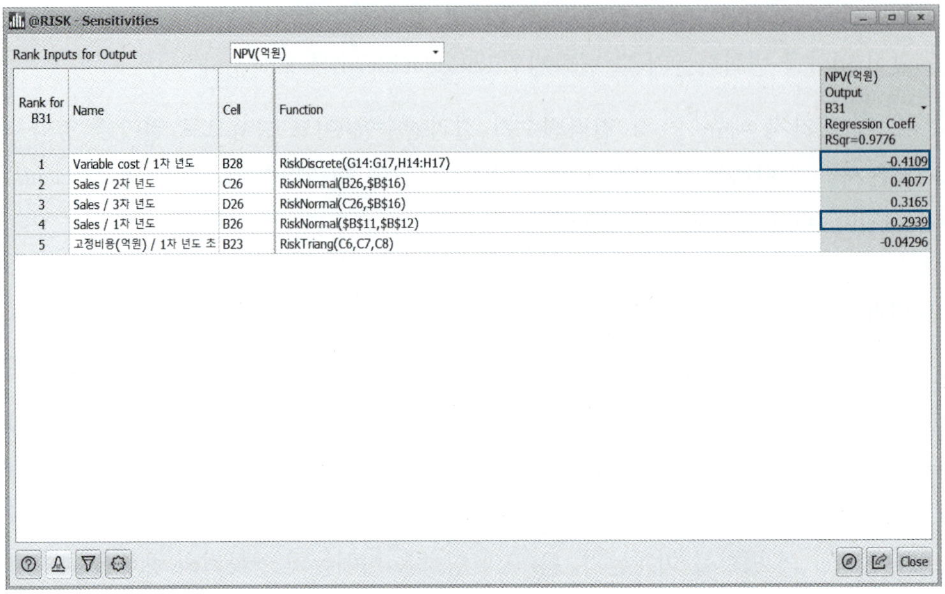

@RISK - Sensitivities

Rank Inputs for Output: NPV(억원)

Rank for B31	Name	Cell	Function	NPV(억원) Output B31 Regression Coeff RSqr=0.9776
1	Variable cost / 1차 년도	B28	RiskDiscrete(G14:G17,H14:H17)	-0.4109
2	Sales / 2차 년도	C26	RiskNormal(B26,$B$16)	0.4077
3	Sales / 3차 년도	D26	RiskNormal(C26,$B$16)	0.3165
4	Sales / 1차 년도	B26	RiskNormal($B$11,$B$12)	0.2939
5	고정비용(억원) / 1차 년도 초	B23	RiskTriang(C6,C7,C8)	-0.04296

Close

표준화 회귀계수(β)
비표준화 회귀계수(b)

예를 들어, [그림 14-42]에서 1차 연도 판매량의 표준화 회귀계수는 '0.2939'이고, 1차 연도 변동비용의 표준화 회귀계수는 '－0.4109'로 나타나고 있다. 즉, 1차 연도 판매량이 한 개의 표준편차(단위: 대)만큼 증가하면 NPV의 기댓값은 0.2939개의 표준편차(단위: 억원)만큼 증가한다는 말이고, 1차 연도 변동비용이 한 개의 표준편차(단위: 만원)만큼 증가하면 NPV의 기댓값은 0.4109개의 표준편차(단위: 억원)만큼 감소한다는 의미이다. 물론 민감도 분석에서는 다른 입력변수의 값은 현재 수준을 유지한다는 전제(다른 조건이 같다면, cetris paribus, other things being equal)가 필요하다. **표준화 회귀계수(β)**와 **비표준화 회귀계수(b)**의 관계는 다음과 같이 정의된다.

$$b = \beta \frac{s_y}{s_x}$$

여기서 s_x는 특정 입력변수의 표준편차, s_y는 결과변수의 표준편차를 나타낸다.

결정계수(RSqr, r^2)

아울러 Regression Coefficients 메뉴에서는 표준화 회귀계수와 함께 **결정계수(RSqr, r^2)** 값도 보여주는데, 이 값은 현재의 입력변수(독립변수)들이 종속변수(결과변수)의 변동을 어느 정도 설명하고 있는지를 나타낸다. 결정계수의 값은 '0'에서 '1' 사이에 존재하며, 그 값이 클수록 현재의 독립변수들이 종속변수의 변동을 잘 설명

함을 의미한다. [그림 14-42]를 보면 결정계수의 값은 '0.9776'으로 나타나고 있어, 현재의 입력변수들이 결과변수의 변동을 매우 잘 설명해 주고 있음을 알 수 있다.

② 상관계수

다음으로 민감도 분석에서 많이 사용되는 메뉴는 **상관계수(Correlation Coefficients)**이다. Correlation Coefficients는 **스피어만의 서열상관계수(Spearman's rank correlation coefficients)**를 말하는 것으로, **피어슨의 상관계수(Pearson's correlation coefficients)**와는 다른 개념이다. 하지만 해석은 유사하게 할 수 있다.

상관계수(Correlation Coefficients)

스피어만의 서열상관계수(Spearman's rank correlation coefficients)

피어슨의 상관계수(Pearson's correlation coefficients)

우리가 보통 상관계수라고 말하는 피어슨 상관계수(r)는 두 변수의 선형관계의 방향과 강도를 나타내는 개념으로 그 값은 '−1'에서 '+1' 사이에 존재한다. 만일 피어슨 상관계수의 절대값이 '1'에 가까울수록 두 변수의 관계는 하나의 직선으로 더 잘 나타낼 수 있다는 의미이다. 즉, 강한 비례 또는 반비례의 관계를 갖는다는 것이다. 상관계수가 '+1'에 가까울수록 하나의 변수 값이 증가하면 다른 변수의 값도 증가하고, 한 변수의 값이 감소하면 다른 변수의 값도 감소한다는 의미이고, 상관계수가 '−1'에 가까울수록 하나의 변수 값이 증가하면 다른 변수의 값은 감소하고, 한 변수의 값이 감소하면 다른 변수의 값은 증가한다는 의미이다. 피어슨 상관계수의 값이 '0'에 가까울수록 두 변수의 관계는 선형으로 나타내기 부적절함을 의미한다. 피어슨 상관계수(r)는 식 ⑧로 정의된다.

$$r=\frac{\sum_{i=1}^{n}(x_i-\overline{x})(y_i-\overline{y})}{n-1}=\frac{\sum_{i=1}^{n}x_iy_i-n\overline{x}\,\overline{y}}{n-1} \quad \cdots\cdots ⑧$$

여기서 x_i는 한 변수의 값, y_i는 다른 변수의 값 $\overline{x}$, $\overline{y}$는 각 변수의 평균을 나타낸다.

하지만 @RISK에서는 피어슨 상관계수보다는 스피어만의 서열상관계수(r_s)를 사용한다. 서열상관계수는 두 변수의 값을 직접 사용하여 구한 상관계수가 아니라 두 변수가 취하는 값들의 크기 순위를 이용하여 구한 상관계수를 말한다. 서열상관계수는 두 변수 값들의 분포가 **정규성(normality)**을 만족하지 않을 때 많이 사용하는데, 사회과학 분야의 많은 자료가 정규성을 만족하지 않는 경우가 많으므로 @

정규성(normality)

RISK에서 상관계수라 함은 스피어만의 서열상관계수를 말한다. 서열상관계수의 값도 '−1'에서 '+1' 사이에 존재한다. 서열상관계수의 값이 '+1'이라는 것은 두 변수의 순위가 완전히 일치함을 말하고, 그 값이 '−1'이라는 것은 두 변수의 순위가 완전히 반대라는 의미이다. 스피어만의 서열상관계수는 식 ⑨와 같이 정의된다.

$$r_s = 1 - \frac{6\sum_{i=1}^{n} d_i^2}{n^2(n-1)} \quad \cdots\cdots\cdots\cdots\cdots\cdots\cdots\cdots \text{⑨}$$

여기서 d_i는 관측 i의 두 변수 값(속성 값)의 순위 차이, n은 관측의 수를 나타낸다.

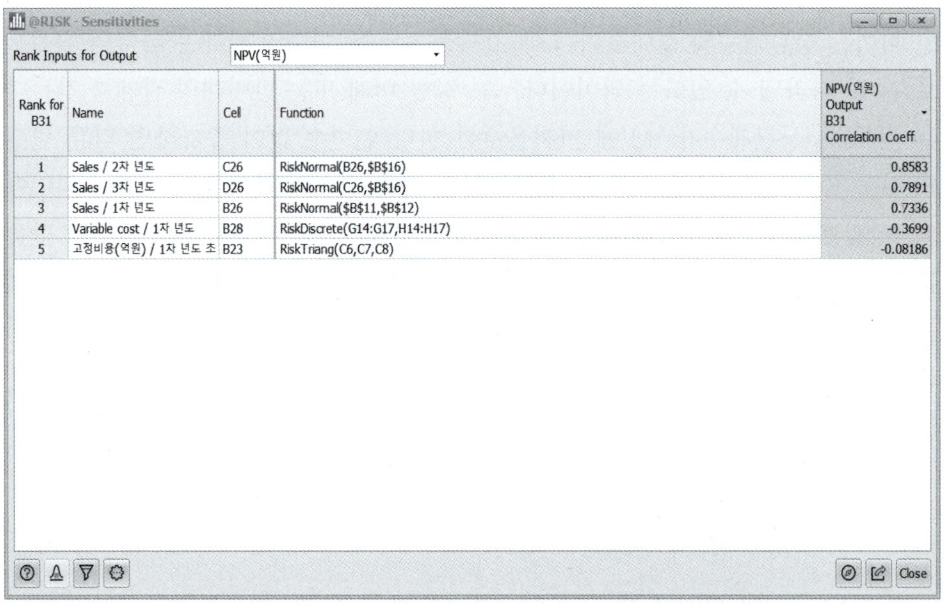

@RISK - Sensitivities

Rank Inputs for Output: NPV(억원)

Rank for B31	Name	Cell	Function	NPV(억원) Output B31 Correlation Coeff
1	Sales / 2차 년도	C26	RiskNormal(B26,$B$16)	0.8583
2	Sales / 3차 년도	D26	RiskNormal(C26,$B$16)	0.7891
3	Sales / 1차 년도	B26	RiskNormal($B$11,$B$12)	0.7336
4	Variable cost / 1차 년도	B28	RiskDiscrete(G14:G17,H14:H17)	-0.3699
5	고정비용(억원) / 1차 년도 초	B23	RiskTriang(C6,C7,C8)	-0.08186

Close

그림 14-43

Correlation Coefficients 메뉴 선택 결과

[그림 14-43]은 민감도 분석의 Display 메뉴를 Correlation Coefficients로 바꾼 결과이다. 입력변수의 순서는 서열상관계수의 절대값 크기순으로 나타난다. 각 입력변수의 서열상관계수 부호는 해당 입력변수와 결과변수가 비례관계에 있는지 또는 반비례 관계에 있는지를 나타내고, 서열상관계수의 절대값은 두 변수 값의 순위가 정(+)의 방향 또는 역(−)의 방향으로 일치하는 정도를 나타내준다. 즉, 부호가 양(+)이고 절대값이 클수록 두 변수 값의 순위는 더 잘 일치함을 나타낸다. 예를

들어, 입력변수 중 가장 위에 있는 2차 연도 판매량과 결과변수인 NPV의 서열상관계수는 0.8583으로 나타나는데, 이 수치의 부호(+)는 2차 연도 판매량이 많으면 NPV도 높고, 2차 연도 판매량이 적으면 NPV도 작게 나타나는 경향이 있음을 말한다. 아울러 그 절대값이 다른 입력변수보다 큼을 볼 때 2차 연도 판매량과 NPV의 순위 일치 정도가 다른 입력변수보다 강함을 의미한다.

③ 토네이도 그래프

수치로 나타난 민감도 분석 결과는 그림으로도 나타낼 수 있는데, 이를 **토네이도 그래프(tornado graph)**라고 한다. "토네이도"라는 이름은 그래프의 모양이 아메리카 대륙에서 발생하는 토네이도와 그 모양이 흡사하다고 해서 만들어졌다. 토네이도 그래프를 만들기 위해 Explore 아이콘을 누르고, **Simulation Graphs**에서 **Sensitivity**로 들어가 원하는 **Tornado Graph**를 선택한다. [그림 14-44]는 **Regression Coefficients**을 선택한 결과이다.

토네이도 그래프(tornado graph)
Simulation Graphs
Sensitivity
Tornado Graph
Regression Coefficients

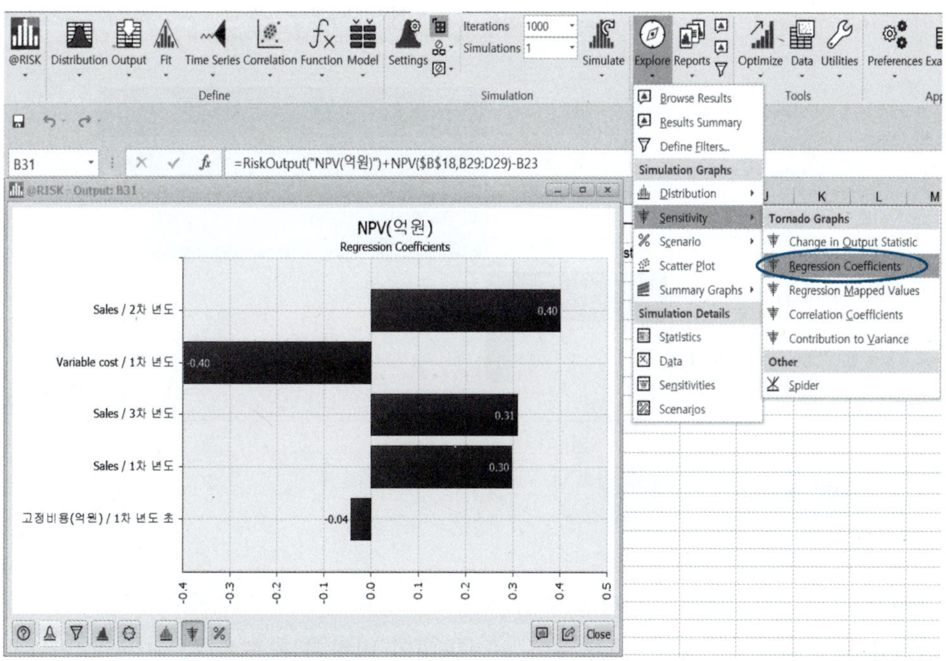

그림 14-44
표준화 회귀계수의 토네이도 그래프

[그림 14-44]의 토네이도 그래프를 보면 가장 영향력이 큰 입력변수부터 차례로

막대가 그려져 있어 토네이도 형태의 그림을 보여주고 있다. 가장 긴 막대가 맨 위에 위치하고, 가장 짧은 막대가 맨 아래에 위치한다. 또한 횡축의 원점(0)을 기준으로 좌측으로 막대가 뻗은 입력변수는 결과변수에 음(−)의 영향을 미치고, 우측으로 막대가 뻗은 입력변수는 결과변수에 양(+)의 영향을 미침을 나타낸다. [그림 14-44]를 보면 2차 연도의 판매량이 결과변수인 NPV에 가장 큰 영향을 미침을 알 수 있다.

Correlation Coefficients

[그림 14-45]는 스피어만 서열상관계수를 토네이도 그래프로 나타내기 위해 Tornado Graphs에서 **Correlation Coefficients**를 선택한 결과이다. 이 그래프도 역시 결과변수와 서열상관계수의 절대값이 큰, 즉 막대 길이가 긴 입력변수 순으로 그려져 있다. [그림 14-45]를 보면 2차 연도 판매량과 결과변수(NPV)의 서열상관계수(0.85)가 가장 큼을 알 수 있다. 표준화 회귀계수와 비교하여 양(+)과 음(−)의 방향은 동일하게 나타남을 볼 수 있다.

그림 14-45

서열상관계수의 토네이도 그래프

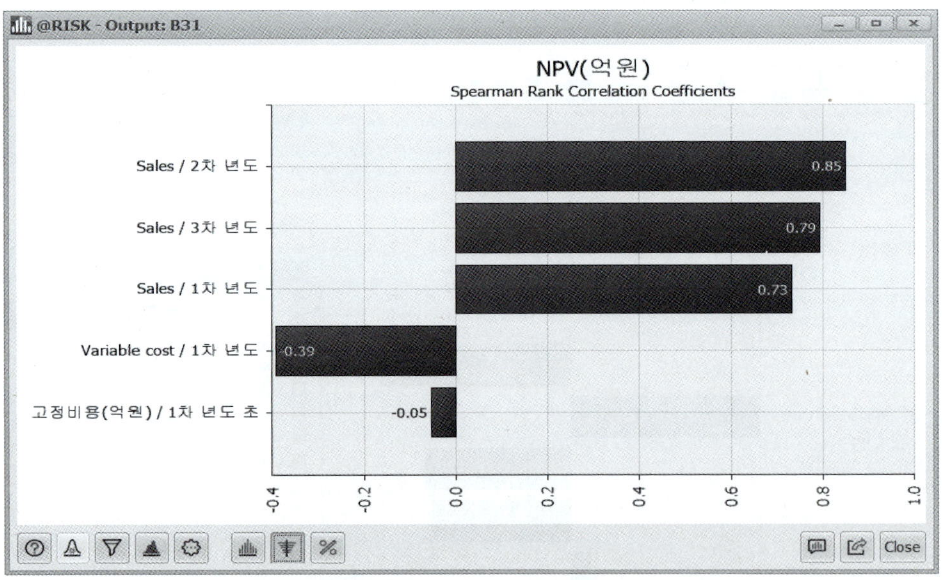

여기서 하나 주의해야 할 사실은 상관계수는 입력변수와 결과변수의 인과관계를 나타내는 수치라기보다는 두 변수의 선형관계의 방향과 강도를 나타내는 것인 만큼(관측값 자체를 사용하든 그 순위를 사용하든) 입력변수들이 종속변수에 미치는 영향력과

그 방향을 비교하고자 하면 표준화된 회귀계수를 사용하는 것을 추천한다.

3 시나리오 분석

시나리오(scenario)

시나리오(scenario)란 결과변수의 특정 집단을 의미한다. @RISK의 시나리오 분석 기능은 결과변수의 특정 집단에서 특이한 행동을 보이는 입력변수가 무엇인지 판별해 줌으로써 특정 시나리오에서 관리의 대상이 되는 입력변수가 무엇인지를 알려준다. 신라자동차 문제의 질문 ⑥을 이용하여 시나리오 분석을 학습해 보자.

⑥ 상위 10%에 해당하는 NPV 집단을 고려해보자. 이 시나리오에서 특이한 행동을 보이는 입력변수(input variables)는 무엇인지 판별하시오.

Simulation Details
Scenarios
Scenario Settings

답변 @RISK 메뉴에서 Explore 아이콘을 누르고 **Simulation Details**에서 **Scenarios**(%)를 선택한다. 그러면 [그림 14-46]과 같은 시나리오 분석 결과 창이 뜨는데, 특정 결과변수 집단에서 특이한 행동을 보이는 입력변수를 판별하는데 이용된다. 시나리오의 기본값은 세 가지로 주어진다. 하나는 상위 25%에 해당하는 결과변수 값들의 집단(75%〈Output〈100%), 다른 하나는 하위 25%에 해당하는 결과변수 값들의 집단(0%〈Output〈25%), 또 하나는 상위 10%에 해당하는 결과변수 값들의 집단(90%〈Output〈100%)이다. 사용자가 원할 경우, [그림 14-46] 하단에 있는 아이콘을 눌러 원하는 시나리오를 선택하거나 **Scenario Settings**로 들어가 사용자가 원하는 시나리오로 변경할 수도 있다.

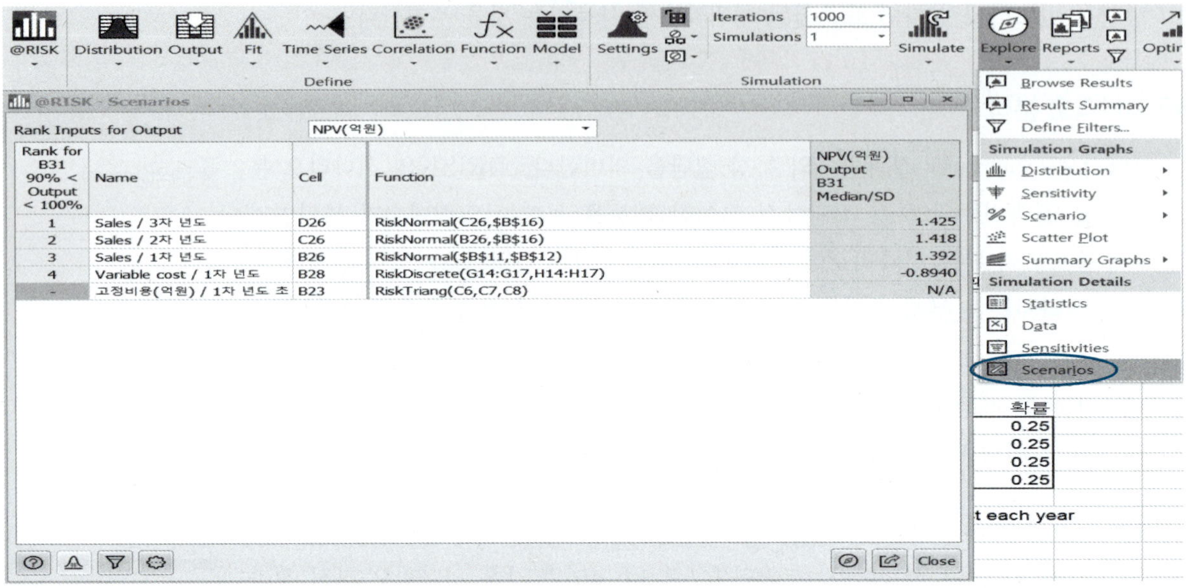

그림 14-46
시나리오 분석 결과

Significance (Median Change/Std Dev)
Subset Median
Percentile of Subset Median

시나리오 분석 결과는 **Significance(Median Change/Std Dev)**, **Subset Median**, **Percentile of Subset Median** 등 세 가지 형태로 나타낼 수 있는데, Scenario Settings로 들어가 Display 형태를 바꿀 수 있다. Display 형태로 가장 많이 사용하는 것은 Significance(Median Change/Std Dev)이다. [그림 14-46]은 시나리오 분석 결과를 Significance(Median Change/Std Dev) 형태로 보여준 것이다.

Significance(Median Change/Std Dev)는 유의성 비율이라고 해석할 수 있는데, 식 ⑩과 같이 정의된다.

$$\text{Significance} = \frac{\text{subest median} - \text{overall median}}{\text{overall standard deviation}} \quad \cdots\cdots ⑩$$

유의성 비율(Significance)

위 정의를 보면, **유의성 비율(Significance)**이란 해당 시나리오(특정 조건을 만족하는 결과변수 값들의 집단)를 발생시키는 입력변수 값들의 중앙값(subset median)과 해당 입력변수 값 전체의 중앙값(overall median)의 차이를 해당 입력변수 값 전체의 표준편차(overall standard deviation)로 나눈 값이다. 이 비율의 절대값이 0.5 이상일 때만 시나리오 분석 결과에 그 값이 나타난다. 즉, 해당 시나리오에서 일반적인 입력변수

보다 주의를 기울일 만큼 그 값이 크거나 작은 값을 갖는 입력변수가 무엇인지 판별할 수 있다.[48]

예를 들어, [그림 14-46]에서는 상위 10%에 해당하는 NPV 집단을 시나리오로 설정하고 있다. 크기순으로 나타난 유의성 비율을 보면 3차 연도 판매량이 1.425, 2차 연도 판매량이 1.418, 1차 연도 판매량이 1.392, 1차 연도 변동비용이 −0.8940으로 나타나고 있으며, 고정비용은 유의성 비율이 나타나지 않고 있다. 고정비용의 유의성 비율이 나타나지 않는 이유는 비율의 절대값이 0.5보다 작기 때문이다. 즉, 상위 10%에 해당하는 NPV 집단에서 특이한 행동을 보이는(유의성 비율의 절대값이 0.5 이상인) 입력변수는 절대값 순서로 3차 연도 판매량, 2차 연도 판매량, 1차 연도 판매량, 그리고 1차 연도 변동비용임을 알 수 있다.

유의성 비율의 의미를 해석해 보면, 상위 10%의 NPV 집단(즉, 1,000번의 반복활동을 통해 발생하는 1,000개의 NPV들 중 크기순으로 상위 1위부터 100위에 해당하는 NPV 집단)을 발생시키는 3차 연도 판매량(100개의 3차 연도 판매량)의 중앙값은 3차 연도 판매량 전체(1,000개의 3차 연도 판매량)의 중앙값보다 1.425개의 표준편차만큼 큼을 의미한다. 즉, NPV가 클 경우, 이 결과변수 집단을 발생시키는 3차 연도 판매량은 일반적인 판매량보다 그 값이 주의를 끌만큼 크다는 것을 의미한다. 마찬가지로 1차 연도 변동비용의 유의성 비율은 "−0.8940"으로 나타나고 있는데, 이를 해석하면 다음과 같다. 상위 10%의 NPV를 발생시키는 1차 연도 변동비용 100개의 중앙값은 1차 연도 변동비용 전체(1,000개의 변동비용)의 중앙값보다 0.8940개의 표준편차만큼 작음을 의미한다. 즉, NPV가 클 경우, 이 결과변수 집단을 발생시키는 1차 연도 변동비용은 일반적인 변동비용보다 그 값이 주의를 끌만큼 작음을 의미한다.

시나리오 분석의 다른 Display 형태인 **Subset Median**은 해당 시나리오에서 특이한 행동을 보이는 입력변수의 부분 중앙값(subset median)이 무엇인지 보여주는 메뉴이고, **Percentile of Subset Median**은 부분 중앙값(subset median)이 전체에서 차지하는 위치를 Percentile(하위 몇 %)로 보여주는 메뉴이다. 시나리오 분석은 해당 시나리오에서 특이한 행동을 보이는 입력변수를 판별함으로써 해당 변수에 관리의 초점을 맞추는데 활용할 수 있다.

Subset Median
Percentile of Subset Median

48) @RISK에서는 특정 자료의 대표값으로 평균보다는 중앙값을 많이 사용한다. 그 이유는 자료의 분포가 좌우대칭에 가까울 때는 평균이나 중앙값 모두 자료의 대표값으로서 적절하나 자료의 분포가 한쪽으로 치우친 경우에는 중앙값이 자료의 대표값으로 보다 적절하기 때문이다.

부록 엑셀의 데이터 분석 기능 활용하기

엑셀의 데이터 분석 도구는 독자들이 통계학에서 접하는 여러 가지 분석을 손쉽게 할 수 있도록 도와주는 유용한 도구이다. 이 도구를 이용하여 시뮬레이션 결과에 대한 요약통계량 값을 구하는 방법을 학습해보자.

1 기술 통계법 기능의 활용

데이터 분석
통계 데이터 분석
기술 통계법

반복활동으로부터 산출된 표본자료의 특성을 좀 더 구체적으로 살펴보기 위해서 엑셀의 **데이터 분석** 기능을 이용해 보자. 데이터 분석 기능은 엑셀의 기본 메뉴에서 데이터 탭을 누르면 나타난다.[49] 데이터 분석 기능을 선택하면 화면에 [그림 14-47]과 같은 **통계 데이터 분석** 대화상자가 나타나는데, **분석 도구(A)**에서 **기술 통계법**을 선택하면 [그림 14-48]과 같은 기술 통계법 대화상자가 나타난다.

그림 14-47
분석도구 대화상자

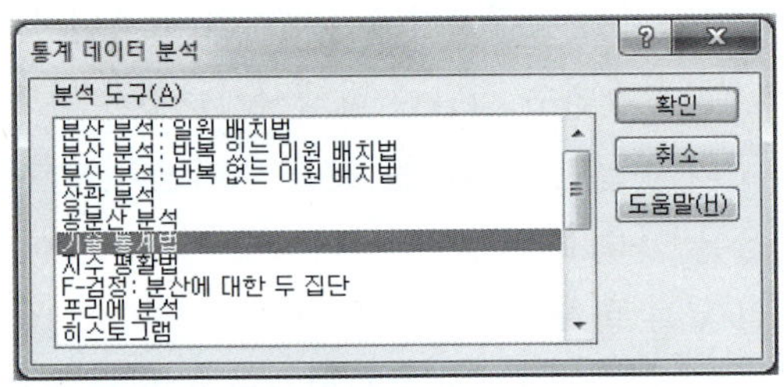

그림 14-48
기술 통계법 대화상자

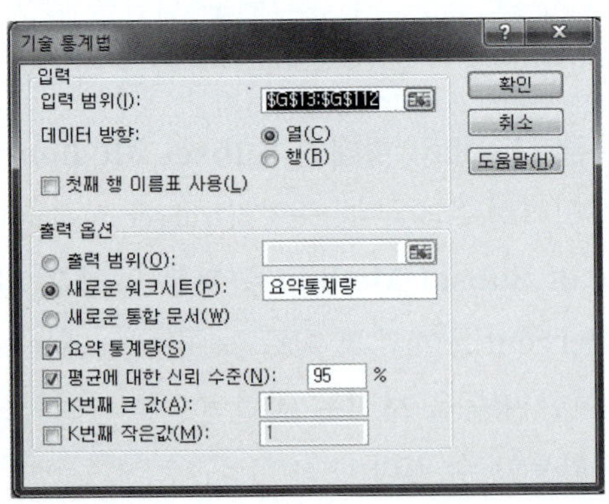

49) **데이터 분석** 기능은 엑셀을 표준 설치할 때 자동으로 설치되지 않는다. 엑셀의 **추가기능** 옵션을 이용해서 이 기능을 추가로 설치해야 한다.

기술 통계법 대화상자에 자료의 셀 범위를 입력하고 필요한 옵션을 선택하면 입력한 자료에 대한 **요약통계량**을 구할 수 있다. 예를 들어, 앞서 입찰문제에서 입찰가가 1,100만원일 경우 100번의 반복활동으로 산출된 100개 이윤의 셀 범위를 **입력 범위(I)** 상자에 입력하고(해당 셀 범위를 엑셀 시트에서 마우스로 선택하면 셀 범위가 자동으로 입력됨), 원하는 항목을 선택한 후 확인을 누르면 [그림 14-49]와 같은 자료에 대한 여러 가지 요약통계량을 볼 수가 있다. 이 요약통계량에는 여러분이 통계학에서 배운 여러 가지 **기술통계량(descriptive statistic)**이 담겨있다.

요약통계량
기술통계량(descriptive statistic)

	A	B	C	D	E	F	G	H
1		요약통계량						
2								
3		평균	83					
4		표준 오차	3.775252					
5		중앙값	100					
6		최빈값	100					
7		표준 편차	37.75252					
8		분산	1425.253					
9		첨도	1.206042					
10		왜도	-1.78391					
11		범위	100					
12		최소값	0					
13		최대값	100					
14		합	8300					
15		관측수	100					
16		신뢰 수준(95.0%)	7.490918					

그림 14-49
요약통계량

2 요약통계량의 의미

[그림 14-49]에 나타난 요약통계량을 설명하면 다음과 같다.

① **평균**은 해당 자료의 산술평균을 말하고, **중앙값**은 자료를 크기 순서로 정렬했을 때 가운데에 위치하는 관측값을 말한다. **최빈값**은 자료를 구성하는 관측값들 중 가장 발생빈도가 높은 값을 말한다. **분산**과 **표준편차**는 자료의 기복을 측정하는 수치로서 표준편차는 분산을 제곱근한 값이다. 표준편차의 측정 단위는 관측값의 측정 단위와 같다.

평균
중앙값
최빈값
분산
표준편차

② **첨도**는 자료의 분포모양이 얼마나 뾰족한가를 측정하는 수치이다. 엑셀의 기술통계법에서 산출되는 정규분포의 첨도는 '0'이다.[50] 정규분포의 첨도를 '**보통 첨도**'라고 한다. 자료의 분포모양이 요약통계량에 나타나 있는 평균과 표준편차

첨도
보통 첨도

50) 일반적으로 정규분포의 첨도는 '3'이지만, 엑셀의 기술 통계법 도구가 산출하는 정규분포의 첨도는 첨도를 계산하는 원래 식의 값에서 3을 뺀 '0'으로 나타난다.

높은 첨도
길고 두꺼운 꼬리분포(longer and fatter tails)
낮은 첨도
짧고 얇은 꼬리분포(shorter and thinner tails)

를 갖는 정규분포보다 뾰족할 경우, 첨도는 양(+)의 값을 갖고 이를 '**높은 첨도**'라고 부른다. 높은 첨도의 경우, 정규분포보다 **길고 두꺼운 꼬리분포(longer and fatter tails)**를 갖는다. 정규분포보다 길고 두꺼운 꼬리분포를 갖는다는 말은 평균으로부터 멀리 떨어진 관측값(달리 표현하면, 희귀한 사건)이 발생할 가능성이 정규분포보다 큼을 의미한다. 반면, 자료의 분포모양이 요약통계량에 나타나 있는 평균과 표준편차를 갖는 정규분포보다 편평하면 첨도는 음(–)의 값을 갖는다. 이를 '**낮은 첨도**'라고 부른다. 낮은 첨도의 경우, 정규분포보다 **짧고 얇은 꼬리분포(shorter and thinner tails)**를 갖는다.

왜도
비대칭도
오른쪽꼬리분포
왼쪽꼬리분포
좌우대칭

③ **왜도**는 분포의 **비대칭도**를 측정하는 수치이다. 자료의 분포가 **오른쪽꼬리분포**일 경우, 즉 평균이 중앙값보다 크면 왜도는 양(+)의 값을 갖고, 자료의 분포가 **왼쪽꼬리분포**일 경우, 즉 평균이 중앙값보다 작으면 왜도는 음(–)의 값을 갖는다. 자료의 분포가 완전한 **좌우대칭**일 경우, 왜도는 '0'의 값을 갖는다.

표준오차(standard error of the mean)

④ **표준오차(standard error of the mean)**는 표본평균의 표준편차를 말한다. 표본자료를 이용해 모평균의 신뢰구간을 구하는 식에서 마지막 항인 '표본의 표준편차를 반복활동의 수(표본크기)의 제곱근으로 나눈 값'이다. 앞서 서강서점문제에서 t분포를 이용해 모평균의 신뢰구간을 구하는 식을 학습한 바 있는데, 그 식을 다시 나타내면 식 ⑩과 같다. 식 ⑩에서 표준오차는 G116/SQRT(100)를 나타낸다. 여기서 셀 G116은 표본자료의 표준편차를 의미한다.

95% 신뢰구간의 상한값: =G115+T.INV.2T(5%,99)*G116/SQRT(100)
95% 신뢰구간의 하한값: =G115−T.INV.2T(5%,99)*G116/SQRT(100) ...... ⑩

신뢰 수준(95.0%)
표본오차(sampling error)

⑤ 요약통계량의 마지막 행에 보이는 **신뢰 수준(95.0%)**는 신뢰수준 95%에서의 **표본오차(sampling error)**를 나타낸다. 표본오차란 신뢰구간 길이의 반으로 식 ⑧에서 T.INV.2T(5%,99)*G116/SQRT(100)을 말한다. 즉, 모평균과 표본평균의 차이를 말한다.

범위
관측수

⑥ **범위**는 최대값과 최소값의 차이를 말하고, **관측수**는 관측값의 수로 반복활동의 수를 나타낸다.

3 두 대안의 비교

앞서 우리는 두 대안의 기대이윤(expected profit)을 비교하기 위해 **쌍대자료(matched pairs)**의 차이를 이용해 두 대안의 기대이윤 차이에 대한 신뢰구간을 구한 바 있다. 신뢰구간은 앞서 학습한 식 ④를 이용해 구할 수도 있으나 차이자료에 대한 요약통계량을 이용하면 더 쉽게 구할 수 있다. 독자들의 이해를 돕기 위해 두 대안의 기대이윤 차이에 대한 신뢰구간 식을 다시 나타내면 식 ⑪과 같다.

쌍대자료(matched pairs)

$$\overline{D} \pm t_{\alpha/2,\ n-1} \cdot \frac{s_D}{\sqrt{n}} \quad \cdots\cdots ⑪$$

이제 서강서점 문제로 다시 돌아가 기대이윤 관점에서 주문량 125와 150의 우열을 다시 비교해 보자. [그림 14-50]은 주문량이 125일 때 100회 반복활동으로부터 산출된 100개의 이윤과 주문량이 150일 때 100회의 반복활동으로부터 산출된 100개 이윤의 차이([그림 14-18] 참조)에 대한 요약통계량이다. 여기서 주문량이 125일 때와 150일 때 산출된 100개 이윤 각각은 쌍을 이루는 자료이다.

[그림 14-50]에서 **평균**(-10000)은 차이자료의 평균($\overline{D}$)을 나타내고, **표준편차**(84611.4)는 차이자료의 표준편차(s_D)를 나타낸다. 이 수치는 앞서 [그림 14-18]에서 함수를 이용해 구한 수치와 동일함을 알 수 있다.

또한 요약통계량의 두 번째 항목인 **표준오차**는 식 ⑪에서 $\frac{s_D}{\sqrt{n}}$를 나타낸다. 그 값은 8461.14임을 알 수 있는데, 이 수치는 식 ⑪에서 보듯이 표준편차 84611.4를 반복활동의 제곱근인 $\sqrt{100}$ 으로 나눈 수치와 일치한다. 아울러 요약통계량의 마지막 항목인 **신뢰수준(95.0%)**은 신뢰수준 95%에서의 **표본오차(sampling error)**를 나타낸다. 표본오차는 식 ⑪에서 $t_{\alpha/2,\ n-1} \cdot \frac{s_D}{\sqrt{n}}$ 이다. 요약통계량에 나타난 표본오차의 값은 16788.74로서 이는 앞서 T.INV.2T(5%,99)에 표준오차 8461.14를 곱한 수치와 일치한다.

그림 14-50

차이자료에 대한 요약 통계량

	A	B	C	D
1		요약통계량		
2				
3		평균	-10000	
4		표준 오차	8461.141122	
5		중앙값	-62500	
6		최빈값	-62500	
7		표준 편차	84611.41122	
8		분산	7159090909	
9		첨도	-1.031115686	
10		왜도	0.99494468	
11		범위	187500	
12		최소값	-62500	
13		최대값	125000	
14		합	-1000000	
15		관측수	100	
16		신뢰 수준(95.0%)	16788.73964	
17				

따라서 두 대안의 기대이윤 차이에 대한 95% 신뢰구간은 [그림 14-50]의 요약통계량을 이용해 다음과 같이 쉽게 구할 수 있다.

$$\textbf{평균} \pm \textbf{신뢰수준}(95.0\%) = -10{,}000 \pm 16{,}788.74$$
$$= (-26{,}788.74,\ +6{,}788.74)$$

이 신뢰구간은 앞서 엑셀로 식을 만들어 구한 신뢰구간과 일치한다. 신뢰구간이 '0'을 포함하므로 5% 유의수준으로 주문량 125와 주문량 150의 기대이윤은 통계적으로 의미 있는 차이를 보이지 않는다는 결론을 내린다.

익·힘·문·제

1. 시뮬레이션에서 시스템이란 연구자가 관심을 갖는 연구 대상을 말한다. 시스템에 대한 설명으로 옳지 않은 것은?

① 시스템 경계(system boundary)란 시스템 내부와 외부를 구분하는 기준이다.

② 시스템 내부요소와 외부요소는 시스템의 통제 가능 여부에 따라 구분된다.

③ 시스템 상태(state)란 어느 한 시점에서의 시스템 상태변수들의 집합(a set of state variables)을 말한다.

④ 사건(event)이란 시스템의 상태를 변화시킬 수 있는 일정 시간이 소요되는 행위이다.

⑤ 사건의 발생 시점을 셀 수 있을 경우, 해당 시스템을 이산형 시스템(discrete system)이라 한다.

2. 시뮬레이션 모형에 관한 설명으로 옳지 않은 것은?

① "모형은 현실 시스템의 허용 가능하고(acceptable), 관리 가능한(manageable) 추상물(abstract)이다"라는 정의에서 '허용 가능하다'는 말은 실행가능성(feasibility)을 나타내는 개념이다.

② 확률적 모형(stochastic model)의 입력물(input)과 산출물(output)은 변동성을 가지므로 통계적 분석이 수반되어야 한다.

③ 동적 모형(dynamic model)이란 시간이 지남에 따라 시스템의 성과가 어떠한 변화를 보이는지 추적할 수 있는 모형이다.

④ 연속형 모형(continuous model)이란 시스템의 상태가 연속적인 모든 시점에서 변할 수 있는 모형이다.

⑤ 위에 적절한 보기가 없다.

3. 시뮬레이션 연구 절차와 관련된 설명으로 옳지 않은 것은?

① 문제를 올바로 인식한 후 시뮬레이션이 과연 이 문제 해결에 적합한 방법인지의 여부를 판단해야 한다.

② 불필요한 피드백을 줄이기 위해서는 개념적 모형(conceptual model)의 개발에 사용자(users)의 참여가 필요하다.

③ 모형의 타당성 확인(validation)을 통해 모형의 결과가 실제 시스템의 행태를 잘 반영하는지 확인해야 한다. 이를 위해 예비조사(pilot study)가 필요하다.

④ 시뮬레이션 연대기(chronology)라 불리는 시뮬레이션 진행 과정의 문서화는 시뮬레이션을 이용한 문제 해결 경험을 구성원들이 공유하기 위해 필요하다.

⑤ 위에 적절한 보기가 없다.

4. 과학적 문제해결 접근방식으로서 해석적 방법(analytic approach)과 시뮬레이션 방법(simulation approach)에 대한 설명으로 옳지 않은 것은?

① 해석적 방법은 기술적 접근방식(descriptive approach)을 의미한다.

② 시뮬레이션 방법에서 의사결정변수는 입력물(input)에 해당한다.

③ 시뮬레이션 방법은 'what-if?' 질문에 대한 답을 꾀한다.

④ 해석적 방법은 무엇이 가장 좋은 해인지를 규범적으로 제시한다.

⑤ 위에 적절한 보기가 없다.

5. 난수(random numbers)에 대한 설명으로 옳은 것을 모두 고르시오.

① 난수는 0과 1 사이의 값을 갖는 일양분포(uniform distribution) 확률변수이다.

② 난수의 값이 0.7일 경우, 다음에 발생할 난수가 0.7보다 큰 값을 가질 확률은 0.7보다 작은 값을 가질 확률보다 크다.

③ 난수가 0.1에서 0.3 사이의 값을 취할 가능성은 0.6에서 0.8 사이의 값을 취할 가능성과 동일하다.

④ 난수의 값이 짝수일 경우, 다음에 발생할 난수는 홀수의 값을 가질 가능성이 더 크다.

⑤ 난수의 값이 0.3일 경우, 다음에 발생할 난수가 0.3보다 큰 값을 가질 확률은 50%이다.

6. 어느 부동산의 매매가(단위: 백만원)는 하한가가 300이고 상한가가 500인 일양분포(uniform distribution)를 하는 확률변수이다. R을 0과 1 사이의 값을 갖는 난수라고 하면, 이 부동산의 매매가는 난수를 이용하여 어떻게 표현할 수 있는가?

① $200R$ ② $300+R$

③ $500-R$ ④ $300+200R$

⑤ $300-500R$

7. 엑셀 시트에서 'TABLE'이라고 이름을 정의한 다음의 표를 보고 =VLOOKUP 함수의 값을 말하시오.

0.53	100	50
0.67	200	45
1.2	300	40
3.0	400	20
7.8	500	10

(1) =VLOOKUP(1,TABLE,2)

(2) =VLOOKUP(0.7,TABLE,3,TRUE)

(3) =VLOOKUP(3,TABLE,2,FALSE)

(4) =VLOOKUP(10,TABLE,1)

8. 다음 중 옳지 않게 기술된 것을 바르게 고치시오. 옳은 기술은 "옳다"라고 표기하시오.

① 주식시장 개장 시간 동안의 상장기업의 주가 변동은 연속형 시스템(continuous system)의 예이다.

② 시뮬레이션에서 의사결정변수(정책, 전략)는 입력자료(input data)의 역할을 한다.

③ 시뮬레이션 모형의 타당성 확인(validation)이란 모형의 논리적 오류(logical errors)를 찾아 수정하는 단계를 말한다.

④ 모 지역의 평당 땅 값 분포가 A(원)에서 B(원) 사이의 일양분포(uniform distribution)를 따르는 확률변수라면(여기서 $A < B$), 확률변수 값인 평당 땅 값을 산출하기 식은 $B+(A-B)R$로 표현할 수 있다(여기서 R은 난수를 나타낸다).

9. 현재 A자동차보험(주)에 가입해 있는 강기수씨는 A자동차보험의 서비스에 만족하지 않아 B자동차보험㈜으로 옮기고자 한다. B자동차보험에서는 강기수씨의 과거 사고기록 및 보험금 청구기록을 A자동차보험에 협조 요청하여 다음과 같이 강기수씨의 연간 자동차 사고건수의 확률분포를 추정하였다.

사고건수	확률
0	0.2
1	0.4
2	0.3
3	0.1

또한 강기수씨의 사고 건당 손해액의 분포도 다음과 같이 추정하였다.

사고 건당 손해액(단위: 만원)	확률
40	0.3
80	0.3
100	0.2
150	0.15
200	0.05

난수
0.34
0.17
0.61
0.94
0.28
0.91
0.34
0.92
0.09
0.43
0.15
0.24
0.49
0.60
0.23
0.76
0.81
0.23
0.30
0.42

강기수씨는 자기부담금(deductible)으로 50만원을 선택하고자 한다. 자기부담금이란 사고로 인한 손해액이 50만원 이하인 경우에는 보험가입자가 손해액 전액을 부담하고, 손해액이 50만원을 초과할 경우에는 보험가입자가 손해액 중 50만원을 부담하고 보험회사가 50만원을 초과하는 나머지 금액을 부담하는 것을 말한다. 강기수씨의 첫 해 보험료는 보험계리인에 의해 60만원으로 추정되었고, 다음 해부터의 보험료는 이전 해의 사고건수에 영향을 받아 다음과 같이 책정한다.

다음 해의 보험료 = 이번 해의 보험료×(1+(이번 해의 사고건수−1)×0.1)

주어진 난수(random numbers)를 이용하여(위에서 아래로의 순서로 이용) 향후 3년에 대한 수작업 시뮬레이션을 수행하고, 연간 보험회사가 부담하는 손해액의 평균과 강기수씨가 부담하는 손해액의 평균, 그리고 보험회사의 연평균 이익을 구하시오. 과정을 구체적으로 기술하시오(힌트: 각 연도의 사고건수가 결정된 후 사고 건당 손해액이 결정된다).

10. 한국 고엽제 피해자 협의회는 회원들의 생계 및 복지를 위해 시민들에게 자발적인 헌금을 요청해 왔다. 헌금은 전화요청을 통해 이루어지는데 과거의 경험으로 보아 전화통화를 통해 헌금요청을 수락하는 사람들의 비율은 30%이다. 그리고 헌금을 승낙한 사람들이 약정하는 헌금액은 다음과 같은 확률분포를 한다.

헌금액(단위: 만원)	확률(%)
0.5	40
1	20
2	20
3	15
6	5

이 중 6만원을 헌금하는 사람들에게는 2만원 상당의 화장비누를 선사한다. 그리고 협회에서 전화로 헌금요청을 하는 데 드는 비용은 헌금액에 관계없이 전화통화 한 건당 0.1만원이다. 이 협회에서는 기대이윤의 관점에서 하루에 몇 통 정도의 전화로 시민들과 접촉하는 것이 좋을지 결정하고자 한다.

난수
0.524
0.426
0.160
0.972
0.496
0.172
0.416
0.331
0.861
0.626
0.332
0.277
0.722
0.526
0.397

수작업 시뮬레이션을 수행하여 하루에 5통의 전화접촉을 통해 얻을 수 있는 이익을 주어진 난수를 이용하여 구하시오. 난수는 위에서부터 차례대로 이용하고, 각 반복활동(통화)에서의 헌금요청 승낙 여부, 헌금액수, 비용, 그리고 이윤을 명시하고, 5번 반복활동의 평균이윤을 구하시오.

11. 신촌 모 대학 근처의 청정횟집은 갈치회 전문점으로 매일 새벽에 노량진 수산시장에서 갈치횟감을 구입해서 당일 손님들에게 판매한다. 갈치횟감은 kg당 2만원에 구입하며, 판매가는 kg당 4만원이다. 그런데 이 집 주인은 갈치회의 신선도를 위해 당일 판매되지 않고 남은 갈치는 횟감으로 판매하지 않고 근처 생선구이 집에 kg당 1만원에 판매한다. 횟집 운영비용은 일일 판매수입(판매가×횟감 판매량)의 30%이다. 이 횟집 주인은 과거의 판매기록을 근거로 일일 갈치회 판매량 분포를 다음과 같이 추정하였다.

판매량(단위: kg)	확률
10	0.2
15	0.2
20	0.3
25	0.25
30	0.05

(1) 횟집 주인은 기대이윤(expected profit)의 관점에서 하루에 노량진 수산시장에서 얼마큼의 갈치회를 구입하는 것이 좋은지 결정하고자 한다. 갈치회 구입량이 20kg일 경우의 평균이윤을 5번의 반복활동을 수행하여 구하시오. 난수는 오른쪽에 제시된 것을 이용하시오(위에서부터 차례로 이용). 각 반복활동에서의 난수, 갈치회 판매량, 수입, 비용, 그리고 이윤을 명시하고 평균이윤을 구하시오.

난수
0.132
0.980
0.306
0.658
0.472
0.873
0.479
0.839
0.975
0.388

(2) 갈치회 판매량의 분포가 평균 20kg이고 표준편차가 5kg인 정규분포를 한다고 가정하자. 엑셀을 이용하여 갈치회 구입량을 10kg에서 35kg까지 5kg 단위로 시뮬레이션을 수행하고 기대이윤 관점에서 최적 구입량을 결정하시오. 반복활동은 100회 수행하시오. 경쟁대안의 통계적인 비교는 유의수준 1%로 수행하시오.

12. 용평스키장에서 스키숍을 운영하고 있는 김 사장은 이번 스키시즌을 겨냥하여 스키복을 주문하고자 한다. 현재 스키복의 구매단가는 60(천원)이고, 이 스키복은 시즌에 100(천원)에 판매된다. 시즌에 팔리지 않은 스키복은 시즌 말에 30(천원)에 판매하여 처분한다. 반면, 시즌에 모자라는 스키복은 단가 80(천원)에 추가로 구입할 수 있다. 과거의 경험을 보면 스키시즌의 스키복 판매량은 평균이 300이고, 표준편차가 20인 정규분포를 한다고 한다. 김 사장은 최적의 스키복 주문량을 시뮬레이션을 이용하여 결정하고자 한다.

(1) 판매량(S로 표기)을 엑셀 함수를 이용하여 나타내시오.

(2) 수입(revenue), 비용(cost), 이윤(profit) 각각을 표현하는 식을 기술하시오(주문량은 Q로 표기하시오).

(3) 주문량을 240벌부터 360벌까지 20벌 단위로 시뮬레이션 하여 기대이윤(expected profit) 관점에서 최적 대안을 구하시오. 반복활동은 100회 수행하시오. 필요할 경우, 경쟁 대안의 통계적인 비교를 유의수준 5%로 수행하시오.

13. 한 백화점의 의류매장에서는 봄철에 팔 인기브랜드 K의 신상품을 얼마나 선주문해서 확보할지 결정하고자 한다. 이 신상품의 수요량은 평균이 400이고, 표준편차가 100인 정규분포를 따른다고 한다. 의류매장에서 선주문한 신상품의 양을 봄철 시즌에 실제로 모두 구입할 경우, 신상품의 구매단가는 50(천원)이고, 이 신상품은 시즌에 100(천원)에 판매된다. 하지만 의류매장에서 선주문한 양보다 수요가 적어 실제로는 선주문량보다 적게 구입하는 경우에는 실제로 구입하지 않은 신제품 단위당 10(천원)씩 브랜드 K에게 물어주어야 한다. 선주문한 양보다 많이 구입할 수는 없다. 예를 들어, 의류매장에서 선주문을 500개 했는데, 봄철 수요가 400개뿐이라 실제로 시즌에 400개를 구입한다면, 의류매장이 치러야 할 비용은 400×50(천원)$+100 \times 10$(천원)이다. 의류매장에서는 기대이윤의 최대화 관점에서 브랜드 K의 신상품을 얼마나 많이 선주문해야 하는지 지금 결정하고자 한다.

(1) 수요량(D로 표기)을 나타내는 식을 엑셀 함수를 이용하여 나타내시오(소수점으로 산출되는 수요량은 반올림하여 정수로 표시되도록 식을 만드시오).

(2) 의류매장의 이익을 표현할 수 있는 식을 기술하시오(선주문량은 Q로 표기하시오).

14. 부산에 기반을 둔 한 항공사는 매일 부산에서 서울로 출퇴근하는 직장인들을 위한 통근 서비스를 제공하고 있다. 이 항공편의 티켓 가격은 10(만원)으로, 환불(refund)이 가능하다. 이 항공편의 좌석 수는 50개이다. 부산에서 서울을 비행하는 데 들어가는 고정비용(fixed cost)는 300(만원)로 추정되고 있다. 그리고 탑승한 승객 1인당 발생하는 변동비용(variable cost)은 3(만원)이다. 만일 이 항공편의 좌석 수보다 많은 승객이 이 항공편을 예약하고 공항에 나와 티켓을 구입했다면 누군가는 좌석을 양보해야 하는데, 좌석을 양보하는 고객에게는 티켓 값의 세 배인 30(만원)을 보상하는 것이 이 항공사의 방침이다. 과거의 경험으로 볼 때, 평균적으로 이 항공편을 예약한 사람들의 80%가 실제로 공항에 나와 티켓을 구입한다고 한다(티켓은 예약을 하고 공항에 나와 구입한다고 가정하자). 이 항공사는 이 항공편을 운영함으로써 발생하는 기대이윤(expected profit)을 극대화 하기 위해 얼마나 많은 예약승객을 받아야 하는지 시뮬레이션을 통해 결정하고자 한다. 다음 엑셀 화면은 이 문제를 해결하기 위한 시뮬레이션 모형을 보여주고 있다. 아래 화면에서 빈 칸 A는 의사결정변수를 나타낸다. 빈칸 B, C, D, E, F에 알맞은 엑셀 식을 셀 번호를 이용하여 나타내시오.

	A	B	C	D	E
1	**항공사 예약 문제**				
2					
3	**입력자료**			**예약 승객 수 대안**	
4	티켓가격(만원)	10		51	
5	좌석 수	50		52	
6	고정비용(만원)	300		53	
7	변동비용(만원)	3		54	
8	좌석양보고객 보상금(만원)	30		55	
9	예약 승객의 실제 티켓구입 비율	0.8		56	
10				57	
11	예약 승객 수	**A**		58	
12				59	
13	**시뮬레이션**			60	
14	예약 후 실제로 공항에 나타나는 고객 수	**B**			
15	항공사 수입(revenue)	**C**			
16	양보고객에 대한 총 보상금	**D**			
17	변동비용	**E**			
18	고정비용	300			
19	이윤(profit)	**F**			
20					

15. 한국빅데이터학회는 대규모 국제학술대회를 유치하였다. 한국빅데이터학회는 학술대회가 열리기 6개월 전에 회원들의 학술대회 투숙을 위해 얼마나 많은 방을 예약해야 할지 결정해야 한다. 현 시점에서 각 방은 5만원의 가격으로 예약할 수 있으며, 예약한 방이 사용되지 않더라도 개런티 계약에 따라 방 값 5만원은 지불해야 한다. 과거의 국제학술대회 경험을 토대로 한국빅데이터학회는 학술대회에 참가하는 사람의 수가 평균이 500(명)이고 표준편차가 100(명)인 정규분포를 따를 것으로 예상하고 있다. 여기서 학술대회 참가자는 배우자를 동반할 수도 있으므로 모두 방을 따로 사용한다고 가정한다. 만약 학술대회에 참가하는 사람의 수가 예약한 방의 수를 초과하게 되면 방 하나에 8만원의 비용으로 추가 예약할 수 있다. 한국빅데이터학회는 기대비용(expected cost)을 최소화하기 위해 얼마나 많은 방을 예약해야 하는지 시뮬레이션을 이용하여 결정하고자 한다. 한국빅데이터학회의 결정에 도움을 주시오. 반복활동은 200회 수행하고, 필요 시 경쟁 대안의 통계적인 비교를 유의수준 1%로 수행하시오.

16. 올해 8월, 한 자동차 딜러는 요즈음 인기 차종인 프리미엄 소형차 M을 얼마나 많이 주문해야 할지 결정하려고 한다. 올해 8월에 주문한 자동차는 올해 말에 입고가 되며, 내년도 고객들의 수요를 충당하게 된다. 올해 8월에 주문하는 자동차의 대당 가격은 1,000(만원)이다. 내년 이 자동차의 수요는 다음 표에 제시된 확률분포를 따를 것으로 예상되며, 자동차 대당 판매가는 1,500(만원)으로 결정되었다. 만약 내년도 자동차 수요가 올해 8월의 자동차 주문량을 초과하게 되면 딜러는 대당 1,200(만원)의 가격으로 재주문을 해야 한다. 반면 공급이 수요를 초과하여 팔리지 않은 자동차는 대당 900(만원)에 처분된다.

〈내년도 프리미엄 소형차 M의 수요 분포〉

수요량	확률
30	0.20
35	0.15
40	0.30
45	0.18
50	0.17

이 딜러는 올해 8월 얼마나 많은 자동차를 주문해야 하는지 기대이익(expected profit)의 관점에서 결정하고자 한다. 시뮬레이션을 이용해 다음 질문에 답하시오. 반복활동은 400번 수행하고, 대안 비교 시 공통난수집단(common random number stream)을 이용하시오.

(1) 표본평균(sample mean)을 기준으로 주문량을 얼마로 하는 것이 가장 좋을지 판단하시오.

(2) 주문량이 40일 때의 기대이윤(expected profit)의 95% 신뢰구간을 구하시오.

(3) (2)에서 산출한 신뢰구간의 폭을 반으로 줄이기 위해서는 몇 번의 반복활동(replications)이 필요한지 답하시오.

(4) 기대이익(expected profit) 관점에서 최적 주문량을 통계적으로 결정하시오. 유의수준은 5%로 하시오.

17. 16번 문제에서 내년도 M의 수요량 분포는 평균이 40이고, 표준편차가 5인 정규분포를 따른다는 정보가 입수되었다. 이 딜러는 올해 8월 얼마나 많은 자동차를 주문해야 할지 기대이익(expected profit)의 관점에서 결정하고자 한다. @RISK를 이용해 이 딜러의 의사결정에 도움을 주어 보자. 반복활동은 1,000번 수행하고, 대안의 성과를 비교할 때 공통난수집단(common random number stream)을 이용하시오.

(1) 표본평균(sample mean)을 기준으로 주문량을 얼마로 하는 것이 가장 좋을지 판단하시오. 대안은 주문량 32부터 48까지 2단위 간격으로 9개로 하시오.

(2) (1)에서 구한 최적 주문량의 이윤에 대한 요약통계량을 보고 답하시오. 비대칭도(skewness)와 첨도(kurtosis) 수치를 보고 각각의 수치는 무엇을 의미하는지 기술하시오.

(3) (1)에서 구한 최적 주문량의 이윤 분포에서 하위 5%(5th percentile)와 상위 5%(95th percentile)의 값은 무엇인지 답하시오.

(4) (1)에서 구한 최적 주문량의 이윤 분포를 이용하여 이윤이 13,000(만원) 이하일 가능성과 16,000(만원) 이상일 가능성을 각각 구하시오.

18. 현재 귀하는 100(만원)을 가지고 있다. 매 주마다 귀하는 귀하가 가지고 있는 돈의 범위 내에서 위험자산에 투자할 수 있다. 귀하의 투자가 3배가 될 확률은 0.4이고(예를 들어, 당신이 100만원을 투자했다면 당신은 자산을 300만원으로 증가시킬 수 있다), 귀하가 투자한 것을 모두 잃을 확률은 0.6이다. 다음의 세 가지 투자전략을 고려해보자.

> 전략 1. 매주 당신이 갖고 있는 돈의 10%를 투자한다.
> 전략 2. 매주 당신이 갖고 있는 돈의 30%를 투자한다.
> 전략 3. 매주 당신이 갖고 있는 돈의 50%를 투자한다.

(1) 전략별로 100주 동안 시뮬레이션을 수행하시오. 반복활동 수는 100번으로 하시오. 시뮬레이션 결과를 근거로 어떤 전략이 가장 좋은 지를 결정하시오.

(2) 한 이론에 따르면, 일반적으로 당신이 당신의 투자금액을 M배로 증가시킬 수 있는 확률이 p이고, 투자금액을 잃을 확률이 q라면 당신은 매주 당신이 갖고 있는 돈의 $(p(M-1)-q)/(M-1)$만큼 투자하는 것이 가장 좋은 전략으로 알려져 있다. 켈리 기준(Kelly criterion)이라고 알려져 있는 이 전략은 호의적인 게임(p가 q보다 큰 게임)에서 당신이 갖고 있는 재산의 주당 기대성장률을 최대화 시킬 수 있다. 시뮬레이션을 이용하여 켈리 기준의 타당성을 검토하시오.

19. 미국에서 유행했던 게임쇼로 '거래합시다(Let's Make a Deal)'라는 프로그램이 있다. 이 게임쇼 사회자의 이름은 '몬티홀(Monty Hall)'인데, 이 사회자의 이름을 딴 '몬티홀문제(Monty Hall problem)'라는 유명한 문제가 오랫동안 많은 사람들의 관심을 집중시켰다. 이 문제는 다음과 같다. 만일 당신이 이 게임의 마지막 라운드에 진입하게 되면 스포츠카를 탈 수 있는 기회를 가지게 된다. 구체적으로 당신 앞에는 세 개의 문(Door 1, 2, 3)이 놓여 있는데, 이 중 하나의 문 뒤에는 최신식 스포츠카가 상품으로 있고, 나머지 두 개의 문 뒤에는 염소가 있게 된다. 이 게임쇼의 사회자는 어느 문 뒤에 스포츠카가 있고, 어느 문 뒤에 염소가 있는지 알고 있다. 이제 당신은 세 개의 문 중 하나의 문을 선택하게 되고, 그 문 뒤에 스포츠카가 있다면 그 스포츠카를 상품으로 타게 되고, 선택한 문 뒤에 염소가 있게 되면 아무 것도 얻지 못한다. 이제 당신은 한 문을 선택하였다. 선택한 문을 열기 전에 사회자인 몬티홀은 남은 두 문 중 염소가 있는 문을 열어 보여주면서 당신에게 선택한 문을 바꾸겠느냐는 제안을 하게 된다. 예를 들어, 당신이 'Door 1'을 선택한 경우, 사회자는 당신에게 'Door 2' 또는 'Door 3'으로 선택을 바꿀 기회를 주는 것이다. 스포츠카를 탈 가능성을 높이기 위해서 당신은 이미 선택한 문을 고수할 것인가 아니면 다

른 문으로 선택을 바꿀 것인가? 각각의 경우, 스포츠카를 탈 확률은 어떻게 되는가? 개념적으로 이 문제에 대하여 답변한 후, 시뮬레이션을 이용하여 이 문제를 다시 분석하시오.

20. 카지노에서 마틴게일(martingale) 베팅 전략은 다음과 같다. 베팅마다 승률이 40%인 게임에 계속해서 참여한다고 가정하자. 처음 게임에 1달러를 베팅하자. 만일 당신이 이기게 되면 다음 베팅에는 동일한 금액인 1달러를 베팅한다. 그런데 만일 당신이 지게 되면 다음 게임에는 베팅 금액을 그 전의 2배로 증가시키는 것이다. 현재 당신은 50달러를 가지고 있다. 그리고 당신은 신용이 좋아 돈이 떨어져도 베팅을 계속 할 수 있다고 가정하자. 시뮬레이션을 이용하여 이 게임을 50번 계속한 후 따게 되는 기대금액을 추정해 보시오.

21. 어떤 연구에 의하면 영국의 모든 가구는 매주 회사 A, B, C에서 오렌지 주스 1갤런씩을 구입한다고 한다. 이제 p_i를 회사 i에서 생산된 주스(1갤런)의 품질이 불만족스러울 확률이라고 하자. 현재 $p_A=0.10$, $p_B=0.15$, $p_C=0.20$이라고 한다. 만약 어떤 가구가 마지막에 구입한 주스가 만족스러운 품질이면, 그 가구는 다음 주에도 같은 회사의 주스를 구입한다. 그러나 만약 마지막에 구입한 주스가 만족스럽지 않다면 그 가구는 다음 번에는 경쟁사의 주스를 구입하게 된다. 이제 특정 주에 A곳의 가구는 A사의 주스를 구입하고, B곳의 가구는 B사의 주스를 구입하며, C곳의 가구는 C사의 주스를 구입했다고 가정하자. 그리고 주스의 품질에 불만족하여 회사를 바꾸는 가구들은 현재의 시장점유율에 비례해서 다른 두 회사의 주스를 구입한다고 가정하자. 즉, 어떤 가구가 A사에서 다른 회사의 주스로 옮긴다면, B사로 옮길 확률은 B/(B+C)가 되고, C사로 옮길 확률은 C/(B+C)가 된다. 현재의 가구 수는 300가구로 가정하고, 초기 시장점유율은 동일하다고 하자. 시뮬레이션을 이용하여 다음 질문에 대하여 답하시오.

(1) 1년 후 각 회사의 시장점유율을 예측하시오(힌트: 이항분포를 이용하여 다른 회사로 옮겨가는 가구 수를 결정하시오).

(2) A사에게 1%의 시장점유율 증가는 주당 10,000파운드(GBP)의 가치가 있다고 한다. 현재 $p_A=0.10$, $p_B=0.15$, $p_C=0.20$이다. A사는 연간 1백만 파운드의 비용을 들이면 불만족스러운 주스의 비율을 반으로 줄일 수 있다고 믿고 있다. 이러한 투자는 과연 그럴만한 가치가 있는 것인지 판단하시오.

22. 현재 시장에는 두 가지 브랜드의 브라우니(brownie)가 판매되고 있다. 각 브랜드의 당도(sweetness), 씹는 맛(chewiness), 그리고 가격은 〈표 1〉에 나타나 있다. 당도 및 씹는 맛은 1부터 10까지의 척도로 평가한 것으로, 그 값이 클수록 당도가 높고, 씹는 맛이 쫄깃함을 나타낸다.

〈표 1〉 브랜드 자료

	당도	씹는 맛	가격(천원)
브랜드 1	8	6	3.0
브랜드 2	10	7	3.8

이제 당신은 브라우니 시장으로의 진출을 고려하고 있다. 연구 자료를 보면, 사람들은 브라우니를 구입할 때, 가장 큰 효용을 주는 브랜드를 선택한다고 한다. 사람들의 브라우니에 대한 효용점수는 다음의 식으로 표현될 수 있다고 한다.

효용점수 = (개인별 당도 가중치) × (브랜드의 당도 점수)
+ (개인별 씹는 맛 가중치) × (브랜드의 씹는 맛 점수)
+ (개인별 가격 가중치) × (브랜드 가격)

브라우니 애호가들을 대상으로 수행한 시장조사 결과, 브라우니의 당도, 씹는 맛, 가격에 대한 개인별 가중치는 〈표 2〉와 같은 평균과 표준편차를 갖는 정규분포로 추정될 수 있다고 한다.

〈표 2〉 가중치 자료

	평균	표준편차
당도 가중치	5	1.0
씹는 맛 가중치	4	0.6
가격 가중치	-9	2.0

이제 당신은 두 가지 새로운 브랜드를 시장에 소개하고자 한다. 두 가지 새로운 브랜드의 당도, 씹는 맛, 예상 판매가는 〈표 3〉에 요약되어 있다.

〈표 3〉 새로운 브랜드 사양

	당도	씹는 맛	가격(천원)
새로운 브랜드 1	7	5	2.0
새로운 브랜드 2	10	9	4.8

(1) 시뮬레이션을 이용해 새로운 브랜드 두 가지의 시장점유율(새로운 브랜드가 기존 브랜드보다 선호되는 비율)을 각각 추정하시오.

(2) 새로운 브랜드 두 가지 중 어느 브랜드가 시장점유율을 최대화할 수 있는지 판단하시오.

23. 충성고객은 회사에 얼마나 가치가 있는 것일까? 이 질문은 기업에게는 매우 중요한 것이며, 고객관계관리(CRM: customer relationship management)의 중요한 부분을 차지한다. 만일 어떤 기업의 고객이 그 기업의 제품에 불만족하였다면, 그 고객은 다른 기업의 제품으로 돌아설 것이며 다시는 돌아오지 않는다는 것을 기업은 알고 있다. 마케팅 전문가들은 이러한 고객이탈로 인한 손실(customer loss)을 '천(churn)'이라는 용어로 표현하고 있다. 고객이탈로 인한 손실은 매우 클 수 있는데, 그 이유는 오랜 기간 동안 관계를 유지해 온 고객은 신규 고객보다 기업에 큰 이윤을 가져다주기 때문이다. 다음 사례를 통해 고객충성도의 개념과 고객이 기업에게 얼마만큼의 가치를 제공하는지를 알아보자.

> 한국카드(주)는 경쟁이 극심한 카드시장에서 고객유치에 최선을 다하고 있는 신용카드 회사이다. 보통 신규고객이 유치되면 첫해에 이 고객은 기업에게 손실을 안겨주는데, 그 이유는 여러 가지 행정적 비용이 신규고객의 경우 발생하기 때문이다. 그러나 첫해가 지나고 나면 이 고객은 회사에 이윤을 가져다주기 시작하고, 시간이 경과할수록 이윤은 증가하는 추세를 보인다. 한국카드는 전형적인 카드고객 한 사람으로부터 기대할 수 있는 평균이익을 다음 표와 같이 추정하고 있다. 예를 들어, 한국카드는 고객 한 사람으로부터 첫 해에는 평균 4만원의 손실을 기대하나, 5년차에는 평균 8만7천원의 이익을 기대한다는 것이다. 물론 각 연도에서의 평균이익은 고객이 이 카드회사의 고객으로 이 기간만큼 유지되는 조건 하에서이다.

〈연도별 이익의 평균〉

Year	평균이익(단위: 천원)	Year	평균이익(단위: 천원)
1	-40	16	+137
2	+66	17	+142
3	+72	18	+148
4	+79	19	+155
5	+87	20	+161
6	+92	21	+161
7	+96	22	+161
8	+99	23	+161
9	+103	24	+161
10	+106	25	+161
11	+111	26	+161
12	+116	27	+161
13	+120	28	+161
14	+124	29	+161
15	+130	30	+161

이 문제를 모형화하기 위해 n차 연도에 특정 고객으로부터 얻게 되는 실제 이익은 앞의 표의 평균과 평균의 10%로 추정되는 표준편차를 갖는 정규분포를 따른다고 가정하자. 한편, 각 연도 말에 고객은 한국카드를 떠나 돌아오지 않을 수 있는데, 이 가능성은 15%로 이 비율을 천 비율(churn rate)이라고 한다. 반면, 고객이 한국카드와 관계를 계속 유지할 확률은 85%로 이 비율은 유지 비율(retention rate)이라고 한다.

한국카드는 이제 막 신규고객이 된 고객으로부터 발생하는 이윤의 순현재가치(NPV)를 시뮬레이션을 이용해 추정하고자 한다. 이 문제에서 할인율(discount rate)은 10%로 가정하고, 현금흐름은 각 연도 말에 발생한다고 가정하시오.

(1) 30년 동안의 시뮬레이션을 통해 신규고객 한 사람으로부터 얻을 수 있는 순현재가치의 평균을 추정하시오.

(2) 신규고객이 한국카드의 고객으로 유지되는 평균 기간을 추정하시오.

(3) (1)과 (2)에서 구한 순현재가치의 평균과 평균 유지기간이 천 비율(churn rate)에 얼마나 민감하게 반응하는지 그 관계를 그래프로 설명하시오.

24. 서울의 한 종합병원 응급실에서는 특정 환자집단의 치료 활동에 소요되는 시간을 추정하고자 한다. 이 환자집단은 다음과 같은 여섯 가지 치료 단계, 즉 등록, 간호사 진단, 의사 진단, 혈액검사, 의사 재진단, 퇴원수속을 순서대로 거치게 된다. 각 활동에 소요되는 시간(기다리는 시간 포함)은 아래 그림에 나타난 확률분포를 따른다. 하지만 혈액검사 전의 세 가지 단계(등록, 간호사 진단, 의사 진단)에 걸리는 시간의 합이 20분 이상 걸리면 혈액검사는 빨리 처리될 수 있다. 이 세 단계에 소요되는 시간의 합이 20분보다 짧으면 혈액검사 시간은 원래의 확률분포를 따른다. 중앙질병센터에서는 이 환자집단에 속한 환자가 응급실 등록에서부터 퇴원에 이르기까지 응급실에 머무는 시간이 30분을 넘지 않도록 하는 기준을 전국 종합병원에 전달한 바 있다. 이 문제 상황에 적합한 시뮬레이션 모형의 일부분은 다음 그림과 같다. 빈칸에 알맞은 식을 넣어 모형을 완성하고, @RISK를 이용하여 시뮬레이션을 수행한 후 다음 질문에 답하시오. 반복활동은 1,000번 수행하시오.

	A	B	C	D	E	F	G
1	응급실 치료단계						
2							
3							
4		확률분포	모수 값(단위: 분)				
5	등록	Triangular	1	3	8		
6	간호사 진단	Triangular	6	8	18		
7	의사 진단	Lognormal	9	20		평균 9, 표준편차 20	
8	혈액 검사(일반)	Triangular	10	16	25		
9	혈액 검사(속성)	Triangular	5	8	10		
10	의사 재진단	Lognormal	1	5		평균 1, 표준편차 5	
11	퇴실 수속	Uniform	2	6			
12							
13							
14							
15	각 단계의 소요시간						
16							
17	등록	A					
18	간호사 진단	B					
19	의사 진단	C					
20							
21	혈액검사를 속성으로 할 것인가?	D					
22							
23	혈액 검사	E					
24	의사 재진단	F					
25	퇴실 수속	G					
26							
27							
28	환자가 응급실에 머무르는 시간	H					
29							

(1) 빈칸 A, B, C, D, E, F, G, H에 알맞은 식을 입력하시오.

(2) 이 문제에서 각각의 반복활동은 무엇을 나타내는가?

(3) 이 환자집단에 속한 환자가 응급실에 머무르는 시간의 평균과 중앙값을 구하시오.
(4) 이 종합병원 응급실이 중앙질병센터의 기준을 충족시킬 가능성은 얼마인가?
(5) 응급실에서의 여섯 가지 치료 단계의 소요시간을 입력변수로 설정하고, 민감도 분석을 수행하시오. Tornado graph와 spider graph를 이용하여 어떤 활동의 소요시간이 결과변수(환자가 응급실에 머무르는 시간)에 가장 큰 영향을 미치는지, 그리고 이 변수는 결과변수에 어떤 방향으로 영향을 미치는지 답하시오.

25. 9장 프로젝트 일정관리의 익힘문제를 불확실성을 고려해 변형해 보자. 서울의 한 대학은 새로운 경영대학 건물을 짓고자 하며, 다음 표는 건물 건립을 위한 구체적 활동과 각 활동의 직전 활동(immediate predecessors), 그리고 각 활동에 소요되는 시간의 평균과 표준편차를 나타내고 있다. 여기서 모든 시간의 단위는 월(month)이다. 각 활동에 소요되는 시간은 퍼트분포(Pert distribution)를 따르고, 퍼트분포에서 가장 낙관적인 시간(most optimistic value)은 (평균−2×표준편차), 가장 가능성이 많은 시간(most likely value)은 평균, 그리고 가장 비관적인 시간(most pessimistic value)은 (평균+4×표준편차)로 가정하시오. @RISK를 이용하여 이 문제 상황에 적절한 모형을 만들어 시뮬레이션을 수행한 후 다음 질문에 답하시오. 반복활동은 1,000번 수행하시오.

〈프로젝트 정보〉

활동	직전활동	평균소요시간(달)	표준편차
A. 자금 확보	-	6	0.6
B. 건물 설계	A	8	1.3
C. 대지 준비	A	2	0.2
D. 기초 공사	B, C	2	0.3
E. 벽, 지붕 공사	D	3	1.0
F. 외부 공사 완료	E	3	0.6
G. 내부 공사 완료	D	7	1.5
H. 주변 환경 조성	F, G	5	1.2

(1) 위 프로젝트에 대한 프로젝트 다이어그램(project diagram)을 AOA(activity on arc) 방법으로 작성하시오.
(2) 위 프로젝트가 2년 이내에 완료될 가능성을 추정하시오.
(3) 위 프로젝트에 소요되는 시간이 30개월을 초과할 가능성을 추정하시오.
(4) 프로젝트를 구성하는 각 활동이 주활동(critical activity)이 될 확률을 추정하시오.

26. 패스트푸드 시장의 강자 두 곳(맥도널드, 버거킹)의 시장점유율 추정 문제를 고려해보자. 매주 특정 지역 거주자 5,000명은 맥도널드나 버거킹에서 음식을 사 먹는다고 가정하자. 지난주 버거킹에서 음식을 사 먹은 사람이 이번 주에도 버거킹에서 음식을 사 먹을 확률은 85%라고 한다. 즉, 이 사람이 이번 주에 맥도널드로 브랜드를 전환할 가능성은 15%이다. 지난주 맥도널드에서 음식을 사 먹은 사람이 이번 주에도 맥도널드에서 음식을 사 먹을 확률은 88%라고 한다. 즉, 이 사람이 이번 주 버거킹으로 브랜드를 전환할 가능성은 12%이다. 현재 특정 지역에 거주하는 패스트푸드 고객 5,000명 중 58%는 맥도널드 소비자이다. 다음 그림에는 시뮬레이션을 위한 기초 자료가 입력되어 있다. 앞으로 1년 동안(52주 동안) 시장점유율 변화를 추적하기 위한 시뮬레이션 모형을 완성하고, 다음 질문에 답하시오. 매주 전체 고객의 수는 5,000명으로 일정함을 가정하시오.

	A	B	C	D	E
1	입력자료				
2					
3	맥도널드로의 전환 확률	0.15			
4	버거킹으로의 전환 확률	0.12			
5	시장 크기(명)	5000			
6	맥도널드 현재 시장 점유율	0.58			
7					
8					
9	**Simulation**				
10	주	맥도널드 고객 수(주초)	버거킹 고객 수(주초)	맥도널드로 전환 고객 수	버거킹으로 전환 고객 수
11	1				
12	2				
13	3				
60	50				
61	51				
62	52				
63					
64					
65	1년 후 시장점유율	맥도널드	버거킹		
66					
67					
68		맥도널드	버거킹		
69	1년 후 시장점유율의 평균				
70					

(1) 위 그림에 필요한 @RISK 식을 입력하고, 시뮬레이션을 수행하시오. 그리고 1년 후 맥도널드와 버거킹의 평균 시장점유율을 추정하시오. 반복활동은 1,000번으로 하시오.

(2) 지난주 버거킹에서 음식을 사 먹은 사람이 이번 주에도 버거킹에서 음식을 사 먹을 확률이 80%, 85%, 90%일 때와 지난주 맥도널드에서 음식을 사 먹은 사람이 이번 주에도 맥도널드에서 음식을 사 먹을 확률이 86%, 88%, 90%일 때를 조합하면 모두 아홉 가지의 경우(대안)가 나온다. 아홉 가지 대안 각각의 1년 후 맥도널드와 버거킹의 평균 시장점유율을 추정하고, 대안에 따라 두 브랜드의 시장점유율은 어떠한 변화 추이를 보이는지 기술하시오. 하나의 모형을 이용해서 9개 대안의 성과를 비교할 수 있게 =RiskSimtable 함수를 이용하시오.

27. 질병의 확산과정을 시뮬레이션을 이용해 실험해보자. 현재 전체 인구는 100명으로 5명의 전염병 환자(infectives, 감염자)와 95명의 건강한 사람(susceptibles, 감염될 수 있는 자)으로 구성되어 있다고 가정하자. 어느 한 기간 어떤 감염자가 건강한 사람을 만날 수 있는 확률은 5%이다. 그리고 감염자가 건강한 사람은 만났을 때, 이 건강한 사람이 전염병에 감염될 확률은 50%이다. 단, 사람들은 감염 방지를 위한 보호기구를 사용할 수 있는데, 보호기구의 사용은 건강한 사람이 감염자를 만나 전염병에 걸릴 확률을 기존의 50%에서 10%로 감소시킨다고 한다. 보호기구는 백신을 포함한 의학적, 물리적 보호기구를 통칭한다. 한편, 감염자는 병에 걸린 채 평균 10 기간을 산다. 즉, 어느 한 기간에 감염자가 사망할 확률은 0.1이다. @RISK를 이용하여 앞으로 100 기간에 걸쳐 인구의 감염 상황을 시뮬레이션을 이용하여 묘사하시오. 그리고 사람들이 보호기구를 사용하지 않는 경우와 사용하는 경우 각각에 대해 다음 질문에 답하고, 그 결과를 비교하시오.

(1) 100 기간 후 인구가 멸종할 확률은 얼마인가?

(2) 100 기간 후 전염병이 사라질 확률은 얼마인가?

(3) 100 기간 후 건강한 상태로 남게 되는 인구의 비율은 평균적으로 어느 정도 되는가?

28. 27번 문제에서는 치료약이 없다는 가정 하에 감염자가 정상인으로 회복되는 경우는 고려하지 않고 있다. 이제 치료제가 개발되어 치료가 가능한 상황을 고려해보자. 문제를 해결하기 위해 특정 기간에 감염자가 치료되어 정상인으로 회복할 가능성(즉, 치료율)을 0%, 10%, 30%, 50%로 설정하자. 여기서 치료율이 0%인 경우는 27번 문제의 모형을 말한다. 보호기구 사용 여부와 함께 치료율을 조합하면 모두 8가지의 대안이 나올 수 있다. =RiskSimtable 함수를 이용하여 시뮬레이션 모형을 하나의 파일로 만들고, 다음 질문에 답하시오. 반복활동은 1,000번 수행하시오.

(1) 질문 ①, ②, ③에 대하여 8가지 대안의 결과를 비교하시오.

① 100 기간 후 인구가 멸종할 확률은 얼마인가?

② 100 기간 후 전염병이 사라질 확률은 얼마인가?

③ 100 기간 후 건강한 상태로 남게 되는 인구의 비율은 평균적으로 어느 정도 되는가?

(2) (1)의 결과를 근거로 보호기구 사용 여부와 치료율의 조합에 따른 효과를 기술하시오.

국문 찾·아·보·기

ㄴ

ㄷ

ㅂ

ㅅ

영문 찾·아·보·기

A

B

C

D

E

S